DISCLAIMER

The author and publisher are providing this book and its contents on an "as is" basis and make no representations or warranties of any kind with respect to this book or its contents. The author and publisher disclaim all such representations and warranties, including but not limited to warranties of merchantability. In addition, the author and publisher do not represent or warrant that the information accessible via this book is accurate, complete, or current.

Except as specifically stated in this book, neither the author nor publisher, nor any authors, contributors, or other representatives will be liable for damages arising out of or in connection with the use of this book. This is a comprehensive limitation of liability that applies to all damages of any kind, including (without limitation) compensatory; direct, indirect, or consequential damages; loss of data, income, or profit; loss of or damage to property; and claims of third parties.

BESTACTIVITYBOOKS.COM

FIRST EDITION - Published 2021

Extra Graphic Material From: www.freepik.com
Thanks to: Alekksall, Starline, Pch.vector, Rawpixel.com, Dgim-studio, Upklyak, Macrovector & Freepik.com Designers

This Book Offers Free Bonus Puzzles

Available Here:

BestActivityBooks.com/WSBONUS20

Ready, Set... Go!

Did you know there are around 7,000 different languages in the world? Words are precious.

We love languages and have been working hard to make the highest quality books for you. Our ingredients?

One part easy-to-read print, three parts entertainment, then we add some challenging words and a pinch of rare ones. We brew them with care to serve you lots of fun and an opportunity to solve the best puzzles.

Your feedback is essential. You can be an active participant in the success of this book by leaving us a review. Tell us what you liked most in this edition!

Here is a short link which will take you to your Amazon orders review page.

BestBooksActivity.com/Review50

Thanks for your fidelity and enjoy the Game!

Delta Classics Team

Puzzle 1

见	委	树	亲	首	富	基	考	远	骄	稻	存	因	趣	车	保	貌
惊	员	之	热	摇	水	喜	肉	察	机	克	惧	丁	栗	宜	环	觉
丁	会	添	衡	露	稻	要	己	吸	收	年	议	自	滑	>	狮	坠
乐	定	加	请	镜	貓	宜	有	克	建	驴	望	页	驱	恐	子	快
恢	及	其	貓	之	决	复	老	有	子	草	动	毁	旋	素	毁	木
口	心	发	鳍	栅	马	赂	图	稳	素	袋	思	便	最	摇	子	趣
下	觉	丁	静	下	动	摇	定	规	差	降	旋	祖	貓	马	遇	情
牛	奶	自	情	趣	究	的	摇	查	觉	恐	鳍	幸	典	调	查	滑
信	乐	灵	心	网	惫	便	骄	看	平	介	已	私	恐	龄	袋	梁
老	滑	本	袖	球	瑞	行	中	电	影	院	经	什	么	保	海	绵
父	上	约	好	遇	延	野	信	衫	趣	本	动	余	桌	貓	丁	保
泽	母	能	够	中	车	品	不	股	遥	而	子	活	事	蛾	有	闲
试	高	况	露	型	解	种	项	想	蔻	之	考	过	定	己	修	底
领	听	紧	乐	口	的	转	骄	嘲	讽	过	本	骄	眉	拘	了	解
顶	露	下	亲	人	租	选	有	梳	根	复	素	本	有	面	捕	信

了解
电影院
牛奶
父母
试听
狮子
拘捕
调查
及其
吸收
添加
委员会
品种
海绵
什么
网球
已经
首富
能够
嘲讽

Puzzle 2

晚些时候和
声明
冷冻
扭动
投入
成本
犀牛
获得
现在
宠物
揭示
另一个
目前
游泳
巨大的
微小的
顿时
，动物
很多
果汁

基	蠕	视	倍	中	灵	建	有	乐	了	记	日	然	获	真	破	则
性	恢	基	情	礼	素	得	最	最	延	信	成	本	得	觉	好	部
亲	书	揭	人	扭	部	蛾	区	人	不	倍	桥	瑞	乎	护	亲	雨
音	能	草	示	动	看	惫	焕	四	分	有	存	遥	余	眉	马	衫
情	便	情	巨	大	的	小	微	有	宠	物	蔻	皂	桌	社	乐	他
最	特	飞	树	。	晚	些	时	候	和	动	保	复	趣	于	自	社
心	便	冷	冻	票	蠕	的	顿	高	撞	，	况	草	安	释	情	信
高	图	己	雪	惫	行	恢	飞	老	近	>	焕	虑	事	喜	欲	平
目	现	在	他	面	然	灵	袋	子	便	察	行	他	游	摇	滑	热
前	有	觉	下	惊	犀	牛	另	遇	持	祖	袖	上	信	泳	几	欲
平	试	先	梁	树	安	乎	一	露	很	多	栗	果	的	乐	梁	栏
车	肉	噪	况	从	错	望	个	透	声	香	发	汁	恐	自	来	遥
高	几	根	情	研	部	雪	下	便	许	明	源	趣	自	的	惧	有
页	人	情	票	的	木	諾	透	醒	研	醒	旋	泽	损	露	上	自
焕	图	宜	娱	摇	解	投	入	坠	稻	先	口	稳	乐	士	本	露

Puzzle 3

直	考	复	电	豆	飞	道	试	记	介	情	底	从	坠	余	克	草
恐	自	循	飞	不	焕	歉	察	村	程	眼	傲	本	磁	带	汉	建
护	充	考	伊	性	面	解	究	带	口	放	也	觉	质	泽	堡	观
权	选	放	倍	书	摇	安	排	交	自	镜	回	了	遇	苦	包	栅
闲	光	号	车	过	幸	他	见	易	虫	间	豆	充	建	顶	旋	过
父	事	信	面	请	他	口	类	过	香	复	雪	地	立	外	考	安
牛	奶	中	解	光	想	透	热	一	碰	本	肢	貂	事	套	复	护
煲	定	乃	远	水	乎	怖	透	焕	点	镜	则	动	光	权	先	直
肢	动	信	举	页	身	图	肉	虑	马	惊	私	作	携	量	镜	乃
情	遥	光	热	思	倍	重	惧	静	望	建	的	个	人	肢	要	了
特	有	复	解	便	安	恢	手	套	试	损	重	建	过	人	飞	己
心	类	远	延	浓	虎	则	号	人	恐	上	有	雨	乐	机	会	，
最	鳍	蠕	几	缩	三	觉	最	马	蔻	乐	近	灵	研	行	宜	。
观	高	饭	仅	循	明	支	子	音	年	马	延	有	益	毁	车	乐
龄	人	议	仅	木	治	出	自	理	滑	回	复	况	有	。	驱	欲

本质
机会，
外套
手套
动作
牛奶中
安排
汉堡包
支出
的个人
三明治
浓缩
雪貂
仅仅
一点
道歉
交易
有益
建立
磁带

Puzzle 4

的脂肪
自愿
的内容
牛仔
标题
第七
可移植
报告
拼写
抗拒
向日葵
阳台
水葱
的进展
昨天
唱歌
明智
结果
显著
急剧

领	的	紧	建	安	自	他	胶	草	可	移	植	试	保	息	结	惧
最	脂	观	自	根	热	便	心	唱	歌	第	乐	报	了	条	果	究
自	肪	放	愿	他	增	自	信	光	见	休	七	告	差	平	磨	透
肉	飞	不	木	能	明	牛	碎	己	子	热	梁	保	社	眉	桌	抗
分	滑	雪	破	木	智	仔	蔻	的	电	型	根	鳍	桌	本	阳	拒
行	亲	諾	出	主	坠	虫	透	分	亲	袋	部	解	亲	苦	台	分
标	龄	研	伊	子	号	邀	号	本	乐	转	便	部	梁	信	喜	保
题	碰	乃	许	的	后	紧	蔻	则	摇	显	真	特	请	闲	里	滑
了	伏	秘	噪	四	>	自	事	欲	乐	虎	著	图	条	水	身	远
急	光	破	蛾	信	娱	远	程	坠	不	坠	复	情	摇	葱	车	邀
剧	疲	量	醒	放	展	增	迟	镜	泽	租	镜	错	乐	运	生	主
飞	于	恢	邀	拼	进	的	肥	瑞	伊	音	落	记	股	的	增	型
过	素	之	昨	写	的	内	容	向	日	葵	本	他	权	面	来	滑
镜	保	热	乐	天	车	热	几	秘	书	马	醋	碰	里	镜	有	状
宜	充	露	落	信	蔻	部	衫	紧	后	思	坠	通	自	子	考	野

Puzzle 5

疲雨研存不乃书煲最部摇去马心书息下

信本人镜于！信介行物理虫除信野项举

回光木栅了复灵苦差事检鳍人醒加苹果

行事部蚊子达成一致驱验持续时间蠕察

倍电安马摇活放子肉休此惫泽的旅馆焕

理余野惫机饭余丁究的处上持保平静克

过考海葵遇恐结摇状心趣礼许幸雪的权

年雪图赂邀考论因赂喜发觉本最位骄喜

程然决动保于便娱好人了事件丁紧置数

车延噪忽略諾图邀基惨的考灵肢带栗加

增驯权镜典恐举驴坚固酸心热日倍通袋

肉鹿携亮分想心运视答牛面稳灵秘直通

父子充恢复过循思不观奶研马惊的袖马

看确有页伊恐雨恐心他平然飞差喜直从

释解定乎礼行疲噪私下摇趣服从平书栗

苦差事
忽略
位置
苹果
酸牛奶
检验
物理
驯鹿
此处
蚊子
持续时间
去除
达成一致
海葵
服从
的旅馆
事件
结论
坚固
确定

Puzzle 6

表达
开玩笑
特异性的
忠诚
其他
的舞蹈
窗帘
博物馆
调整
包含
扑通
计算机
消化
蓝铃
工作
的希望
的邮件
连拍
五个
组织

静远窗心则充动护的紧蹈栗蓝铃恢有马

过动生帘的放组乎惫滑舞伏忠博计算机

主程赂通远邮织眼衬几的凑诚物露复损

子五其邀惧后件复包含希调存馆上他开

于个他保恐活梳人扑素望整连拍露损玩

亲直机邀便的丁高通租趣饭典先迟秀笑

豆恢伊选决发欲优素秘傲马村自解苦复

解能的遇建携消亲醒噪惨面出领树议觉

欲的的野面惫化休安心礼己的亮发运乐

了本类升恐飞来循喜则眼请坠信上热从

伏观落露来栗本看机行心肢远亲表皂>

究地区焕视复领幸请循亲答心得亲达袋

热袖热自带记举醒自灵豆迟高不蠕赂灵

领特异性的坠放觉趣的护许工作动中高

差差几损举乃他议租高于请毁丁不恐见

Puzzle 7

光人闲之胶坠复趣日遥持租因有怖书桌
书话自高椭木最不怖便自复素乃克惊顶
梁谈虑年桌圆危机财政恐趣醋基恢差部
息的兄弟弟小形游戏奶情灵欲部复发的
复较黑情运直日雪想油携约发虑近主眼
衬惧差色记作本眉研理噪袋见活心许骄
举梁相关票家乃过行充融化稳出答息撞
建喜落理领平自袖紧凑里间议损愤静举
理间香过自事露伊的护决之转静怒心>
！不区究自间便几领损磨通远马的快远
快肉惨日眼环的量镜型最碰举面大上近
！不进行活部想自倍噪泽磨好理最错虎
快透豆乃发雨量摇。增喜骄选观重噪蠕
心镜高栅过复损许有项活复生落想镜得
滑要龄建根图丁落雪警察汽车保有里机

因素
恢复
的兄弟
警察
奶油
的谈话
汽车保有
小弟弟
财政
危机
相关
椭圆形
游戏
融化
黑色
较差
愤怒的
最大的
进行
作家

Puzzle 8

取了静权娱而骄部便来私望理欲事区芹
闲决增不镜中特典息滑海洋发撞间发菜
乐马于碎平本惫运驱便基！信驴下言自
私飞雨查充数子主栏介填保自衡而权保
股摇心欲年袖顶龄流体乃趣然之见醒查
虎滑记便远蠕人蛾倾人丁后分复生来土
碎数梁伊征灵根貓斜有生看最乎远便地
自恐护答捕察中年摇貓特衡运他银行而
既不类滑获便宜的噪望也灵典伏放>邀
打娱的苦眼喜透兰人权虎凑上热饭自运
击摇观出不服摇苍自摇闲皂察灵欲型的
。撞>望规疲务小本的定焕典心修梁了
欲页光香则绍差树说摇四发伊有研丁雪
替代电子书况降恢惨余赂栏思豆本视图
自肉察存肉错自行迟思惊护余页打招呼

焕发
倾斜
打击
芹菜
打招呼
流体
捕获
银行
替代电子书
既不
海洋
小说
小苍兰
发言权
远征
服务
土地
取决于
便宜的
不规则

Puzzle 9

看	飞	落	眼	子	直	木	后	乐	然	心	栗	雨	领	也	皂	人
>	考	特	摇	落	的	礼	雪	的	紧	鳍	驱	世	胶	衬	研	磨
之	部	身	的	坠	出	蔻	妆	自	虑	稻	优	界	子	趣	复	父
栅	底	喜	>	迷	究	文	化	书	恐	视	出	见	马	伏	醒	本
脚	先	噪	光	热	惑	电	考	梁	遥	增	底	解	项	恐	便	近
蹼	研	请	而	权	定	方	子	分	他	宜	恐	趣	野	秘	亮	介
噪	衡	远	的	好	高	式	真	页	父	骄	有	可	傲	稳	蛾	出
了	动	来	肉	书	露	栗	考	分	持	肉	便	重	野	袋	赂	想
橱	柜	本	手	册	欲	填	虎	肉	衫	草	得	复	周	三	自	了
人	真	滑	祝	己	水	惨	栅	可	升	衫	则	使	况	社	驴	安
摇	本	飞	贺	桥	转	己	飞	能	理	紧	栏	用	差	飞	瑞	宜
请	加	伊	子	沙	乎	解	他	的	眼	属	权	的	动	情	介	行
基	金	典	先	古	塔	摇	编	思	热	望	于	眼	秀	考	碰	重
龄	页	肢	四	董	要	复	辑	理	特	衡	能	角	落	发	建	得
下	近	草	建	根	行	宜	图	静	平	夏	天	的	许	现	>	选

可能的
脚蹼
角落
手册
基金
祝贺
橱柜
化妆
属于
沙塔
周三
夏天的
发现
文化
古董
方式
可重复使用的
迷惑
世界
编辑

Puzzle 10

欲	安	努	心	雪	复	增	电	村	息	灵	试	从	遥	公	事	决
发	解	力	探	貓	鳍	约	先	娱	摇	运	人	书	包	司	放	里
源	持	子	讨	秘	好	自	电	信	社	蠕	释	了	型	摇	人	镜
信	增	从	考	活	壁	出	票	木	动	休	号	梁	出	情	趣	乐
手	提	箱	培	训	炉	两	部	飞	介	头	雪	静	乎	血	趣	飞
可	爱	的	携	活	条	蠕	个	的	摇	脑	带	马	摇	惫	图	遥
滑	南	部	不	不	村	木	木	苏	也	栅	安	稻	不	发	增	人
性	饭	直	然	醒	环	地	諾	打	动	请	心	摇	蛾	最	便	信
灵	栗	煲	类	赂	毁	滑	滑	水	要	研	追	的	醋	恐	车	趣
型	摇	情	信	增	光	保	租	桥	欲	究	求	填	泽	噪	要	循
电	源	日	骄	放	想	降	放	不	冬	中	过	动	撞	降	信	土
香	休	饭	通	父	想	携	坠	承	青	惨	。	书	胶	充	便	豆
根	息	查	制	造	光	醒	的	诺	情	摇	遥	察	衡	梳	满	信
而	活	里	>	心	坠	后	他	迟	远	肉	特	最	磨	噪	释	乐
见	快	携	蔻	排	醋	瑞	活	破	程	驱	不	瑞	真	数	循	项

土豆
壁炉
公司
培训
充满
头脑
努力
苏打水
可爱的
出血
承诺
冬青
制造
手提箱
探讨
南部
两个
书包
追求
休息

Puzzle 11

加 释 镜 貌 释 桌 回 复 ， 也 没 有 肉 餐 肉 热 你

香 摇 增 区 解 木 衡 平 > 机 回 皂 滑 此 厅 桂 自

动 镜 从 雪 思 理 龄 年 煲 豆 部 栗 灵 句 信 究 己

马 蛾 諾 驴 滑 礼 生 之 摇 的 礼 观 焕 噪 破 能 本

票 惊 乐 伊 子 迟 梳 平 礼 出 自 伏 赂 香 了 娱 请

特 书 马 之 磨 况 来 几 撞 香 栏 记 请 分 子 驱 得

下 察 野 的 小 模 事 实 伊 记 放 环 信 疲 的 的 动

降 伊 坠 肥 数 拟 风 恐 直 议 樱 桃 复 村 动 袋 貌

经 济 坠 究 定 票 暴 子 股 信 觉 观 坠 复 而 长 克

热 破 填 透 平 邀 解 心 肥 大 部 分 思 劳 动 颈 苦

皂 上 状 部 乎 惨 飞 解 皂 当 光 存 地 子 眼 鹿 人

远 梳 父 素 桥 諾 解 放 动 源 前 骄 桥 日 虑 息 持

要 股 信 主 村 桥 己 松 木 顶 最 疲 高 远 村 解 煲

增 肢 秘 量 本 行 分 解 延 肉 。 笑 了 恢 自 观 宜

决 动 底 子 眉 衡 试 紧 情 程 鳍 参 与 者 虫 性 醋

肥皂

你自己

笑了

模拟

樱桃

长颈鹿

此句

劳动

参与者

大部分

小数

，也没有

放松

经济

餐厅

当前

回复

事实

风暴

肉桂

Puzzle 12

作画

艺术

典型

手柄

的手表

落入

王子

捍卫

的对手

官员

设计

账户

摇滚

在去年

摘要

疼痛

无数

激发

蝴蝶

产生

产 栗 典 皂 得 子 便 增 差 在 惊 约 远 的 滑 滑 貌

带 生 型 坠 特 行 疼 的 摘 去 下 幸 恐 对 约 蛾 心

豆 真 高 惊 生 娱 痛 有 要 年 眼 存 表 手 的 休 旋

祖 草 惧 蝴 蝶 艺 术 而 醋 便 行 最 心 活 祖 皂 眉

快 透 释 分 过 请 环 主 程 豆 梁 书 型 号 安 上 人

究 携 袋 请 间 重 许 摇 蔻 梁 动 试 落 私 袖 持 露

骄 区 骄 老 行 里 远 露 携 遇 议 情 之 入 灵 过 从

作 碎 丁 本 来 衡 惊 动 部 约 貓 肢 人 恐 醒 雪 栏

能 画 袖 情 热 桌 坠 顶 远 煲 摇 紧 惧 升 邀 议 桌

绍 无 约 破 摇 闲 。 欲 觉 醋 马 持 重 设 计 激 发

直 数 答 私 滚 亮 复 情 肥 日 持 保 直 延 书 账 究

信 磨 典 木 决 答 后 情 保 驱 直 袖 官 员 里 户 远

驱 乐 士 眉 查 桌 回 梁 他 许 惧 惧 信 桌 携 查 柔

宜 欲 能 想 状 生 摇 况 噪 乐 肉 倍 错 选 手 雪 凑

王 子 肉 飞 类 间 镜 复 高 。 主 先 亲 本 柄 捍 卫

Puzzle 13

能请建型真虫木子选不貓遥讨明亮面护

怖携直>事正了子间息碎望不论紧对摇

究梁趣的源倍的状最士研本了股急过记

欲面的事素一中伊视责明星真事机野解

几雨虑件约起乃生击任通乃本礼上泽察

地秘镜看音携放飞剑上快秘重行得日区

好研香真骄人梁于的肥情便赂梁望恐快

于患蕉眉书不透野子惧他赂好状直余貓

保者的复子发转骄克野运坠人露情雪加

镜区过行赂虎介热看喜子的工作人员信

释下，加老欲里源考近余几欲况压视碰

损乃情但修惧最丁人导人！转丁力说项

信下保顶野自欲雨滑航建>透举人服村

混豆人不>最近菜花克蔻重雪老也车肉

合典股延见透破思己页有出究增能碎。

最近
香蕉
，但
患者
击剑
的工作人员
说服
责任
压力
讨论
菜花
紧急
真正的
混合
导航
明亮
面对
的事件
明星
一起

Puzzle 14

柔滑
的妹妹
的批判
导向
一目了然
叫声
话题
完美的
政治
最坏的
结婚
明年
自行车
鹦鹉
需要
任务
聚焦
放心地
蟾蜍
追逐

电饭野凑发一目了然机稳项欲不情放话

恐高宜的露情乐而条事况视延行排释题

马諾保饭而发数亮性思自水建叫热复回

蟾龄通能欲子滑平不损的克士排声好放

蜍高数虑恐趣摇典判图上几远部思条心

究高音机肥延惫摇批根马本觉面社胶地

疲分排追基图最坏的美完结婚根亲理瑞

保远聚逐高的士然觉的任务加豆骄近村

车坠焦煲肉肉本复人坠肥保的妹妹泽降

要放修高苦政疲看优导向特肉状的面信

部数里邀量则治噪蔻环加子社乐上约苦

豆程于图驱蔻貓高乎煲降透优信秘柔许

幸本灵定音马皂明情幸柔过自行车的有

考眉眉祭领惧煲泽年图滑面上面木部欲

需要特面发车喜动皂查发鹦鹉项的通惊

Puzzle 15

士 马 况 分 过 程 的 坠 好 直 答 况 祖 香 放 地 面
想 亲 量 储 备 缤 纷 差 先 怖 轿 自 驴 稻 人 直 行
究 分 见 衬 根 错 几 恐 遇 乐 跑 充 身 的 何 典 的
而 数 飞 复 安 心 子 配 备 动 车 豆 自 底 任 基 惫
亲 肥 地 栅 蔻 究 他 有 现 音 绍 请 规 持 的 行 为
口 恐 最 行 年 约 好 事 人 代 类 照 貓 飞 考 落 惫
真 程 欣 研 煲 奇 权 高 闲 情 发 片 马 皂 梁 优 音
建 > 基 然 滑 口 迹 议 朋 友 滑 雪 直 醒 来 的 举
回 项 鳍 地 图 释 定 增 远 突 音 错 身 坠 增 况 本
解 面 趣 程 噪 况 面 苦 情 然 醋 諾 子 有 地 人 不
部 飞 于 秘 号 泽 受 害 者 的 书 放 露 的 信 考 心
股 底 年 考 桥 填 想 从 分 息 落 成 为 快 虫 多 素
> 近 趣 磨 恐 赂 袋 亲 票 音 > 事 也 子 摇 次 梳
磨 过 肢 闲 趣 社 研 水 机 稻 栅 携 宜 动 亲 过 苦
心 直 。 里 瑞 貌 理 议 伏 摇 四 息 研 身 倍 草 绍

滑雪
突然的
储备
地面
照片
成为
多次
现代
受害者
奇迹
轿跑车
欣然
醒来的
的行为
的任何
朋友
过程
缤纷
地图
配备

Puzzle 16

水 顶 而 思 休 木 指 汽 车 旅 馆 剪 刀 犹 > 赂 复
好 考 静 因 上 雪 甲 也 无 聊 草 解 亮 豫 坠 他 从
观 适 吸 梁 从 煲 号 喜 而 后 平 介 理 惧 虎 增 页
填 当 引 喜 特 得 信 消 卫 查 带 看 远 重 。 回 降
不 足 力 投 票 热 了 口 防 查 惊 音 桥 优 增 领 野
灵 本 远 光 类 见 然 坠 怖 员 飞 亲 老 亮 许 稀 缺
野 信 任 亮 旋 遭 栅 高 紧 了 人 租 护 他 错 也 最
不 能 年 光 股 受 选 諾 衬 书 本 循 增 透 趣 透 磨
上 蠕 修 马 肉 醒 迟 股 理 邀 区 环 逐 渐 建 梁 毁
望 饭 驱 行 人 虎 考 活 私 环 直 便 胶 驴 分 遇 的
落 的 草 栗 朋 的 肉 发 人 动 思 定 日 见 四 从 热
欲 心 有 甸 友 草 环 间 建 区 活 静 思 衬 泽 本 车
电 信 果 结 的 赂 决 息 最 惫 镜 秘 有 书 疲 同 衡
高 泽 欲 心 增 趣 摇 股 放 柔 的 怖 邀 鳍 释 发 情
绍 来 了 面 顶 落 便 增 桥 生 虎 社 醒 因 碰 自 透

不足
循环
汽车旅馆
稀缺
剪刀
草甸
投票
朋友的
犹豫
指甲
防卫
同情
的结果
消防员
适当
遭受
无聊
逐渐
信任
吸引力

Puzzle 17

惨 苦 书 松 的 泽 因 为 然 身 秀 后 人 行 运 伊 回
保 动 类 因 鼠 醋 于 ！ 红 萝 卜 保 衫 諾 机 情 家
解 转 娱 袋 稳 自 观 性 披 萨 惫 人 查 修 高 望 走
决 远 树 源 露 平 特 重 大 鼬 图 撞 衬 来 性 然 廊
方 得 中 煲 分 特 理 惨 他 鼠 乐 携 损 的 伊 飞 想
案 自 建 项 优 自 子 究 顶 乐 镜 镜 骄 进 的 諾 瑞
人 生 菜 娱 质 桌 > 热 型 理 野 貓 眉 一 护 考 最
坠 得 己 领 的 乐 携 光 惨 栗 。 释 的 步 他 衡 则
地 泽 伴 侣 音 发 傲 虎 木 到 处 事 肥 放 ！ 书 乐
的 宜 面 木 火 息 生 祖 余 充 放 复 地 理 子 自 心
傲 热 加 领 社 炉 破 灵 的 衡 下 权 升 水 好 根 护
于 灵 答 通 碎 煲 特 情 恢 自 电 影 主 镜 马 梳 议
香 望 自 绍 放 人 毁 蚂 木 傲 洞 穴 镜 运 优 的 要
私 趣 雪 心 貌 复 看 蚁 热 视 口 惫 落 户 趣 增 远
书 社 考 规 肢 凑 情 > 喜 水 权 安 研 瑞 热 平 本

重大
火炉
松鼠
到处
解决方案
落户
优质的
披萨
走廊
电影
发生
红萝卜
洞穴
生菜
蚂蚁
因为
回家
进一步
鼬鼠
伴侣

Puzzle 18

第 一 蠕 衬 蠕 回 素 的 书 迟 转 的 活 选 便 邀 先
量 周 安 驱 野 破 保 基 私 水 年 草 基 之 虫 稳 蔻
页 了 的 草 衬 程 他 父 栏 雨 状 怖 逃 生 便 源 股
瑞 子 究 海 动 驴 饭 的 画 笔 书 过 野 豆 光 泽 答
近 机 会 拔 排 镜 最 选 草 选 发 能 能 人 梁 复 释
成 长 身 源 老 怖 租 填 恐 欲 撞 股 保 撞 见 趣 ！
约 最 高 议 私 心 蔻 貌 露 过 区 日 于 的 热 带 况
书 条 豆 的 休 ！ 雪 解 而 书 中 野 解 页 子 介 落
他 便 区 挑 赂 乌 根 增 价 瑞 第 权 解 惨 面 摇 充
大 类 别 战 香 龟 图 牙 格 惧 摇 十 礼 情 释 邀 典
衣 究 持 高 度 延 间 医 填 研 落 桥 惫 活 分 热 野
神 秘 苦 释 平 热 骄 虫 于 优 心 亲 最 发 苦 透 量
转 的 贸 凑 坠 看 记 股 素 > 最 介 见 举 来 伏 持
他 议 最 易 理 定 租 填 趣 他 信 乐 他 释 顶 最 也
静 的 人 露 股 子 携 諾 余 出 袖 后 人 ！ 票 惊 息

他的
乌龟
高度
牙医
神秘
第一
第十
光泽
大衣
挑战
类别
成长
贸易
周一
的画笔
海拔
机会
逃生
的热带
价格

Puzzle 19

摇思想错理袖亮諾存梳上驱灵热观祖灵
梳恐况况保袖事点不究栗顾保况幸查的
的就貓也许根先梳梁梳有。客驾车转运
年像稻遥。鳍通持驱口见老护磨直人租
有信他想骄雨破本不眼机有解情升好奇
光饭究重安自宝回判定员工不举之自恐
介袋傲惊计算宝源余紧眼定露丁行貌亲
降运最中通记口本皂稻衡貓根行碰人也
地信社包人页研稳选赂镜灵马树的遇保
亲惊转飞子疲票人情最心响错剧驱亲远
摇真协状毁性信电请高举亮图场想热镜
修人议的权情考类几遇灵遇部肉露露规
相当，稳机袋回心分趣基袋出类貌加人
子镜老中断鳍智慧行想貌喜高基年豆马
的喜欢音虑车毁定涉及心露灵信宜克优

也许
肉类
好奇
驾车
判定
剧场
计算
包子
宝宝
就像
响亮
员工
涉及
协议，
相当
喜欢
智慧
顾客
中断
亮点

Puzzle 20

书记
大专
元年
维生素
成年
欢快的
全球
冲突
打破
匆匆
升入
动机
执行
秋季。
宽幅
撕裂
无效
教练
一年
的有用

伏夆面而理填滑雨情生伏迟的士之喜究
便衬遇衬了维生素宽基有惧保无来增焕
况建欲于亲恐保中错幅露程情效远乐规
考执顶肥思他安坠马来苦量况顶香日发
动行秀况欲虎行票状子不树口大专票子
机类驱休胶欢全人虎过复雪紧恢噪了日
电便毁父秋快球木栗想好想通放本亲动
匆匆撕驴季的雨衡持条眼面项行木恐冲
动心程裂。的行热遇一年不野量安苦突
稳察凑情落有飞里稻票成元惊远加疲保
虑的己稳破用来典栏型桥邀宜性皂煲考
欲便疲状复型排稻紧旋的桥社飞介自己
想諾优议安面权人疲他数邀书记树见有
页木定打破鳍选乎日损伏本升入教练欲
存木复紧马条理衡遇动举从醒疲信地状

Puzzle 21

业 中 周 车 息 看 考 区 租 激 怒 书 。 填 噪 排 年

克 务 长 看 答 考 灵 行 里 车 了 柜 区 绍 己 部 有

察 飞 于 亲 毁 情 肉 公 共 迟 等 水 平 香 滑 飞 音

趣 稳 面 得 有 子 新 胶 便 平 待 议 村 出 静 决 判

辉 增 而 飞 视 典 鲜 部 热 乐 决 充 私 生 撞 行 定

煌 乎 重 > 自 冰 箱 考 里 闲 的 眼 露 眉 转 的 休

桥 梁 秀 撞 先 娱 剪 见 的 见 本 本 虫 肥 面 持 顶

礼 里 票 人 绍 最 惫 辑 指 责 面 中 分 日 桥 特 遇

充 北 滑 最 虫 衡 灵 自 栏 马 丁 邀 携 骆 驼 驴 凑

蔻 极 坠 运 父 马 他 远 理 过 丁 子 面 约 雨 先 本

豆 便 稳 舒 适 士 们 情 迟 坠 金 丝 雀 考 心 部 静

快 虫 持 上 存 降 许 机 栗 驱 况 的 信 眉 旋 蠕 醋

理 行 焕 了 镜 子 心 考 高 露 克 惧 得 型 定 上 心

他 灵 秘 闲 貓 怖 虫 了 遥 机 摇 龄 撞 飞 的 许 饭

自 焕 木 衬 龄 香 究 情 日 循 木 ！ 后 醒 分 地 摇

桥梁
公共
决定
判决
等待
舒适
骆驼
冰箱
金丝雀
镜子
北极
剪辑
指责
业务
周长
辉煌
他们
书柜
激怒
新鲜

Puzzle 22

热 惊 趣 的 股 马 高 动 礼 性 雪 醋 况 肉 察 面 家

缓 栅 娱 扶 手 椅 无 名 指 了 纠 车 而 定 选 项 伙

人 解 了 最 露 记 饭 透 便 音 结 觉 碎 社 择 的 延

克 电 闲 日 毁 栗 树 书 顶 热 系 统 行 想 之 爸 爸

肉 余 伏 机 光 静 本 建 己 视 也 图 优 飞 祖 便 近

肥 答 不 静 肉 蠕 的 热 根 据 > 持 静 有 礼 貌 衬

理 面 差 根 书 填 复 下 项 从 了 研 。 然 看 胶 自

雪 梁 差 最 喜 先 子 车 增 虎 运 雨 绍 乐 不 一 绽

苦 车 真 正 来 行 倍 年 增 根 便 书 高 转 貓 次 放

驾 教 室 环 ！ 解 升 苦 柔 机 举 露 复 图 的 便 野

考 驶 书 袋 衫 精 答 心 解 子 稳 则 电 书 查 发 乃

望 闲 旋 蜘 宜 碎 细 惫 资 格 醒 蠕 热 加 升 最 焕

落 摇 数 蛛 肯 解 傲 露 透 老 运 摇 护 木 电 然 最

滑 骄 本 木 定 栅 议 远 书 虎 行 秀 数 惊 增 平 得

版 本 察 理 高 恐 而 持 息 观 礼 雨 虫 摇 骄 之 望

有礼貌
根据
版本
爸爸
驾驶
家伙
资格
精细
系统
教室
绽放
选择
纠结
真正
一次
蜘蛛
扶手椅
缓解
肯定
无名指

Puzzle 23

雪震定心驱特欲傲遇泽灵子社重力股最

重撼义从摇木水环己乃看尽一份降不理

马滑回稻规凑欲建直本的四的乃增信傲

生动来老高日了考优行底稳时惨有苦口

坠热秀信子老发了便错角木候面身息记

焕露人碰股鼻子书检查色虎面伊>草数

树干远确雨透页金年摇出间升赂热几回

后源水切伊后他权的则衡龄人远自规人

木梁稳撞记素>间过察栗噪保凑主泽信

选滑条最惩罚！携存稻村根分生产社镜

察鳍损大落放查蛾行飞而镜关木延骄能

重几飞举充马先过机热紧错修联落灵梁

想社磨煲倍情排权撞先频记误衡特喜动

乎滑直后心马解增股介繁机身幸乐热图

护士主下加修面趣觉试的她马人议平于

尽一份
检查
角色
惩罚
护士
她的
关联
定义
频繁的
生产
的时候
错误
鼻子
震撼
滑动
最大
确切
的金子
树干
重力

Puzzle 24

发动机
股票
至少
天使
森林
天气
拉动
记得
笔记本
词汇
药物
勺子
兴趣
听到
政策
结石
果冻
似乎
衣柜
配对

则恐出野充兴释的马号之使天衫条香记

磨选运平桥趣飞书书驱保至气乐怖重得

滑保规底稳差倍赂父袋填少损顶思衫自

惧肢桌乐礼平村自书飞主政策的记便灵

马稻不听观马程议了型皂上本坠香延复

笔配对到的木状看自人间保解然介活身

己记重转摇复祖绍举带赂循本平泽士袋

近人本热增要增虑权分桥幸之勺视加己

错排肉不灵真行衣柜重摇有主子药物果

邀自灵心性虎光热过信词自袋>身最冻

定股票建胶蔻最衫欲森汇稻结石状动水

欲>基的桥考撞况因发林票饭几眼灵图

性带安似乎桥持理平桥动拉了伊父底高

虑保的野生秀车树紧惊增机图自露书保

村有。近撞虑士租乎噪虑坠远貌研想袋

Puzzle 25

自信闲答面唤礼每水最四乐人年图产事
而柔而醋之醒思只子直行有栗基度品权
木先举人自他坠本的有自滑降香菜草降
衡了类后项便惊私项车理数的祖泽地除
的规领他破的请瑞木克招况举建龄伏外
决复撞源野观羊草情特商瑞机水最增亲
然士欲要情坠的转移香引邀的先分试静
底飞最马况选也数摇视资每个人落复蛾
息最理木马解有貌据露丁栗存的龄过权
香公携书直秀醋肢惨本。排型虎梁约泽
不记鸡理图保懦夫介野的租衡皱纹衬水
的根肥眉视着转肢项复放自最发行柔量
丁看宜源量急乃解本杂生摇护技恐社眼
马许发增醋定咆况从野倍复解术请高怖
究保面蛋糕欲哮考西瓜乐理记有四好摇

西瓜
香菜
复杂
懦夫
招商引资
技术
每只
每个人
公鸡
除外
的数据
咆哮
年度
蛋糕
着急
转移
的羊
产品
皱纹
唤醒

Puzzle 26

人。观排量降露货梳雇亲也旋还选子得
蘑菇日根票加雨况车用介骄型原灵图记
查焕高升乃情人幸飞姥姥书想镜子视得
损几重情授权自自袖飞衫主之面醒武士
桌然宜源持信图坠情复坠蒸汽飞瑞灵坠
木的许捕捞热然倍重规人保息音记查蠕
肉存延静碎煲解野热觉特野车社猛地四
自不数饭皂虫活见研情自野平生有毁建
加理野凑桌请面好排过伏邀草然数王室
过入共同高桥肢底远怖典特欲在见香恐
私项发选子自的允恢灵升地村时主人迟
信村量尺寸信图许焕光看发环恐类稻马
乐看性有伊秘象袋视栗凑的管理答延。
伊热看胶保间来镜情自遇错草木优透排
飞最释水恐柔马护理紧过摇飞介乃状龄

胶水
共同
姥姥
猛地
加入
王室
武士
允许
捕捞
管理
授权
蒸汽
尺寸
货车
雇用
还原
蘑菇
降雨
在时
的图象

Puzzle 27

虫 便 疾 体 碎 数 几 护 运 长 他 则 快 增 主 衬 透

究 行 病 碎 育 下 橡 子 租 度 们 毁 有 透 驱 虑 携

疏 散 秘 便 研 修 暴 力 用 作 的 降 优 理 心 决 宜

远 带 情 情 状 书 最 冒 犯 避 望 饭 快 虑 决 最 过

于 余 生 不 发 来 惫 坠 摇 免 失 快 观 社 柔 分 子

特 秀 能 磨 眉 马 的 安 破 里 镜 乃 机 木 摇 蛾 情

近 约 优 型 不 事 皂 性 发 凑 摇 四 事 构 复 不 动

马 克 杯 占 据 项 瑞 泽 车 乐 足 类 ！ 秘 趣 士 子

行 子 回 损 究 恢 ！ 快 标 记 够 上 事 恢 便 平 直

条 人 上 而 失 释 趣 便 延 子 的 苦 草 碎 携 快 栗

行 则 稻 欲 休 不 醋 子 底 鳍 遇 人 撞 马 近 倍 乃

带 根 察 豆 香 伤 心 最 因 拓 情 况 父 子 胶 休 梳

许 不 想 有 票 保 察 部 秘 展 理 直 肉 飞 况 自 高

解 举 研 损 泽 平 马 貓 转 水 请 欲 上 动 持 虑 肉

亲 信 摇 动 职 业 股 邀 的 能 老 老 间 桥 生 草 惨

体育
标记
足够的
橡子
冒犯
拓展
损失
长度
占据
疏散
疾病
暴力
失望的
避免
职业
机构
马克杯
伤心
的作用
他们的

Puzzle 28

洋 行 决 携 衬 顶 碎 也 行 稳 驴 得 私 胶 分 特 望

葱 股 星 瑞 选 落 最 动 复 面 会 见 中 惧 奏 请 碰

雪 通 达 摇 欲 心 惨 驱 磨 平 则 香 伊 复 携 动 的

身 议 到 议 蛾 肢 摇 发 滑 最 均 栗 事 心 眼 型 营

行 娱 旋 护 因 通 蔻 研 部 带 有 的 错 举 高 飞 养

充 模 看 视 桌 况 理 有 填 充 灵 心 生 出 幸 最 底

热 式 乐 眼 稳 克 旋 解 乐 喜 灵 远 露 伏 毁 区 泽

諾 好 素 人 主 马 素 秃 醋 从 情 村 音 貓 木 图 高

虑 数 权 便 题 望 香 答 鹰 口 动 马 秀 远 望 量 贵

高 奢 侈 品 噪 仁 状 错 上 灵 状 水 建 人 衬 豆 惧

贵 。 子 状 生 慈 安 木 存 怖 ！ 况 驴 貌 评 价 马

的 池 塘 醋 建 的 的 约 地 程 眼 证 顶 子 议 部 喜

类 摇 栅 有 子 眼 议 凑 区 平 老 据 号 程 持 平 存

祖 热 傲 袖 恢 出 口 充 落 视 醒 水 肉 车 通 观 高

便 转 见 他 镜 出 坠 马 便 图 决 蠕 幸 情 因 先 思

视图
填充
平面
主题
会见
的营养
模式
评价
高贵
证据
奏请
秃鹰
池塘
奢侈品
洋葱
达到
平均
高贵的
仁慈的
行星

Puzzle 29

沉	视	龄	带	损	传	心	环	草	紧	摇	部	灵	栗	包	循	保
默	降	摇	复	试	统	生	迟	坪	怖	远	要	维	护	裹	经	望
过	息	请	复	回	稳	乃	规	醋	心	赂	考	栏	面	飞	搜	常
建	查	权	露	有	惧	目	户	心	乃	。	规	延	惫	休	索	热
护	发	息	蠕	礼	部	标	的	外	摇	条	事	里	保	露	况	领
股	平	飞	面	真	行	研	排	恢	最	区	有	无	之	公	镜	存
雪	日	栅	的	约	乐	乐	身	几	自	不	高	形	间	布	亮	醋
惧	趣	信	之	露	傲	醒	信	视	请	木	邀	肥	貓	欲	蛾	排
灵	动	情	之	定	居	者	人	年	察	填	醒	持	况	滑	释	部
素	主	能	头	村	中	泽	便	见	保	梦	想	高	也	丁	保	虎
然	事	衫	图	部	子	秀	自	露	>	不	考	栗	真	看	鳍	部
栗	透	绍	想	坠	栗	降	动	带	究	事	摇	升	平	灵	雪	眉
几	膝	息	自	复	请	的	喜	页	观	察	平	恐	来	过	反	碎
赂	盖	存	！	绍	性	号	！	闲	眉	重	上	高	到	飞	进	入
理	持	袋	雪	花	费	碰	稻	自	研	究	高	梳	部	心	程	下

梦想
之间
传统
膝盖
公布
草坪
户外
头部
花费
反过来
定居者
包裹
搜索
无形
经常
进入
维护
沉默
目标
来到

Puzzle 30

自	存	苍	鳍	考	旋	页	转	从	保	车	复	子	区	袖	滑	赂
带	社	邀	鹭	停	>	邀	栅	间	虫	的	的	衫	远	活	许	灵
息	驴	马	图	留	则	特	疲	决	部	蛾	损	权	本	雪	有	摇
赂	衬	观	欲	坠	远	理	保	亮	股	队	伍	项	高	宜	惧	号
解	衫	子	平	解	释	填	书	丁	有	信	则	眉	疲	惊	目	碎
龄	条	许	子	苦	之	情	马	则	见	野	镜	介	分	电	项	的
环	之	里	增	研	动	野	乐	迟	眉	考	况	身	最	好	的	灵
动	周	解	合	足	球	农	场	股	情	紧	查	恢	肢	运	邻	居
因	袋	六	格	试	社	欲	保	环	口	带	柔	克	项	环	宜	恢
栏	惧	释	机	的	视	伏	迟	趣	情	部	最	龄	他	上	图	祖
不	号	优	亲	介	三	只	邀	表	示	礼	查	见	面	肉	栗	露
规	的	亲	得	傲	摇	许	坠	请	小	子	恢	凑	稻	亲	远	惊
里	部	安	宁	露	醒	滑	主	介	碎	循	人	运	栏	也	村	最
介	乃	袋	要	分	望	冰	他	况	自	记	高	解	醋	本	能	升
根	本	复	驴	不	过	水	过	得	保	数	选	>	父	分	母	研

邀请
衬衫
停留
农场
解释
见面
分母
安宁
苍鹭
队伍
小子
周六
合格
足球
滑冰
三只
的项目
邻居
最好的
表示

Puzzle 31

分便地醒肉修。见远寒定噪社宜摇转乐
也约伊考保柔典究近冷解灵摩静要噪眼
。旋邀保理自便基肉的面情托源状生安
惨高况类分试持稻图想眉虫车子票转放
落管价值区本加树旋错页马。年蛾平身
人栅则遇乎察木画复书碰滑人升面顶身
请光高高尤运乃笔解他近行承考鳍！远
的衫坠摇其动伊醋老亲修通知认子况信
事绍动信是放龄数虎也快图瑞四究权鳍
情桌落权因赂凑木主野直礼欲顶静坚号
也不能高树排焕行持落水考物不显着果
丁故虎下信了典行亲他看他袋觉肉护瑞
镜障惫究。答眉议透远貌之解观承食用
水的坠日典子理恢有欲直议主雪担有视
车撞热落水恐肢有领栗士组合下娱因乐

老虎
木乃伊
寒冷的
礼物
也不能
尤其是
高管
承担
摩托车
承认
画笔
组合
的事情
显着
故障
价值
通知
食用
远近
坚果

Puzzle 32

底部
野心
建议
大师
必须
意见
的操作
篮球
教授
午餐
密集
温度
电视
行业
蜡笔
的场景
预测
背后
月球
急于

子静许撞破于条机自排建自>蔻娱视便
泽好护充篮面必须！雨股议亮查木四礼
月球遥发球增碰存自栗>察余车口复面
丁上鳍安袋里延邀远的露望票了遥祖自
欲见他马议。平放栗出露重信密鳍教授
諾镜泽则自自请复旋雪背后幸集的秀赂
飞热私究保性修车作动有书中惨条蛾的
不情量自发行摇袖操乐安疲书重理答噪
因不中肉记业饭惧的查循飞不的。便页
底部意见电克野释摇场远醒建豆乎休摇
复页瑞坠视思了增子放景平降袋迟蔻源
优克预测日动毁本面行坠午绍温的野究
错最通后状情乐理惨四存释餐度环放根
野心平性考放恐加>趣蜡笔急社虑肢亮
租活回噪大师于区露安貓滑于先答真野

Puzzle 33

恐 增 快 修 精 神 复 圆 大 落 击 快 保 面 了 心 栏
音 醒 亲 水 改 棒 增 柱 厅 稳 > 败 人 衡 马 木 望
静 理 政 府 人 球 举 本 子 温 柔 地 升 休 欲 许 豆
自 桥 议 木 稻 草 人 增 加 火 鸡 他 父 本 修 看 重
落 书 能 行 迟 保 帽 露 木 释 娱 闲 人 特 图 焕 情
数 秘 梳 如 离 开 子 之 得 醋 高 的 喜 能 香 伊 秀
分 本 里 何 规 图 机 野 根 下 自 人 究 年 建 保 鳍
倍 错 落 人 恐 考 虎 究 而 数 凑 飞 近 马 区 己 坠
克 了 见 状 商 年 书 紧 间 不 近 发 飞 撞 木 考 环
。 土 研 老 眼 业 皂 通 邀 情 滑 损 蔻 醒 量 源 修
的 耳 乐 股 有 秘 的 遇 迟 皂 最 醋 年 保 优 四 因
摇 其 行 蔻 木 要 旋 身 复 磨 电 之 惨 出 亲 望 栗
四 存 擦 洗 上 镜 介 情 珍 贵 解 欲 本 貓 子 面 面
惧 源 本 也 龄 亮 未 回 。 桌 倍 部 自 试 复 他 凑
然 木 典 自 迟 音 来 迟 试 不 子 娱 差 蝙 蝠 的 量

商业的
增加
稻草人
修改
离开
大厅
棒球
如何
火鸡
击败
珍贵
精神
政府
擦洗
温柔
帽子
土耳其
未来
蝙蝠
圆柱

Puzzle 34

树 皂 程 区 醋 信 携 諾 源 苍 人 碎 高 衡 最 树 的
热 有 查 要 近 运 蠕 面 携 底 蝇 坠 思 心 遥 惊 观
环 英 观 觉 了 社 带 栅 虫 凑 运 灵 的 过 面 回 稻
于 语 影 丈 恐 子 区 汽 车 保 幸 绍 规 也 > 部 区
惊 摇 响 夫 源 马 龄 携 不 于 环 个 人 存 动 迟 恐
飞 复 醋 虎 稻 貌 的 恢 生 根 表 面 镜 状 乐 祖 近
瑞 车 因 项 条 护 遇 趣 因 然 祖 错 回 瑞 老 环 复
自 灵 雨 考 栏 快 惧 顶 典 究 安 真 电 毁 便 环 事
侵 租 序 盛 大 信 遇 理 便 遥 存 衬 宜 整 桥 的 议
视 略 列 的 许 望 露 落 主 面 试 年 闲 齐 项 市 社
举 四 性 肉 部 肉 子 转 噪 则 他 邀 根 定 经 场 子
事 镜 升 喜 能 保 木 他 摇 的 之 的 驱 位 营 父 飞
煲 便 举 艰 难 拳 究 绍 恐 肥 旅 部 眉 飞 地 趣 典
貓 他 恐 息 祖 击 情 情 醒 回 性 分 部 饭 衬 柔 撞
露 来 怕 部 修 裙 子 请 持 的 人 于 能 型 根 树 丁

恐怕
表面
拳击
苍蝇
艰难
定位
英语
汽车
市场
盛大
序列
个人
丈夫
侵略性
部分
经营
之旅
影响
整齐
裙子

Puzzle 35

行	肢	持	士	不	情	磨	过	丁	可	肢	恢	息	情	察	泽	士
得	远	况	得	环	息	复	草	苦	见	马	中	几	上	乎	基	地
规	直	结	领	桥	迁	的	女	儿	的	情	型	旋	特	保	状	保
转	数	构	克	怖	移	旋	饭	面	包	车	灵	热	落	亲	心	便
摇	从	惊	信	毁	素	研	区	举	上	租	平	驴	人	灵	桥	鳍
降	真	得	情	心	四	选	皂	习	惯	出	排	焕	于	栏	！	的
了	有	从	数	书	乐	自	成	举	喜	降	桌	草	便	报	情	遥
部	活	恢	约	了	肢	条	眉	功	成	熟	露	了	损	价	规	思
乐	携	几	素	号	考	直	查	焕	的	便	瑞	从	复	肥	过	行
滑	皂	研	看	事	泽	察	带	间	表	明	露	设	有	骄	欲	木
口	稳	碰	幸	今	舞	台	升	平	！	灵	不	推	乃	生	况	栗
号	龄	高	他	>	晚	便	静	况	的	升	久	出	收	集	分	析
蠕	真	村	人	答	乐	增	考	的	村	惊	后	过	本	惊	增	龄
见	袖	下	乐	考	恢	约	喜	最	步	活	心	约	几	凑	摇	遥
飞	发	排	从	煲	顶	日	苦	栅	落	伐	增	选	心	考	胶	特

的女儿
出租车
舞台
可见的
报价
步伐
成熟
设有
分析
推出
成功的
不久
结构
收集
习惯
面包车
迁移
表明
今晚
基地

Puzzle 36

>	源	先	己	便	于	部	奇	究	飞	皂	子	远	项	型	欲	保
动	分	伏	量	请	苦	士	怪	摇	能	的	>	灵	坠	马	日	存
也	社	虫	员	两	边	颗	了	落	心	源	乎	部	怖	决	蠕	便
遇	会	快	递	图	有	粒	答	年	他	欲	梳	复	热	远	举	底
钢	琴	！	邮	不	片	虎	星	期	五	升	骄	露	定	保	豆	从
蠕	保	年	肉	！	凑	典	的	有	乐	赂	理	桌	事	底	股	充
惊	摇	年	解	碰	镜	于	磨	过	特	摇	研	论	徽	章	高	毁
衬	蔻	里	绍	栅	增	情	透	记	情	伏	虫	特	上	肥	遥	的
选	状	恐	程	倍	从	紧	有	摇	研	栗	规	权	噪	包	衫	趣
见	镜	而	己	保	眉	考	的	遇	充	落	！	则	定	括	静	袋
本	相	拥	发	远	乐	的	面	行	底	保	从	来	没	有	趣	礼
宜	皂	坠	降	柔	趣	况	欲	为	休	蠕	究	后	填	凑	眼	喜
正	滑	衬	碎	行	地	子	亲	回	稳	摇	好	源	遇	虫	安	喜
式	草	他	的	好	觉	特	平	分	自	股	村	究	惫	一	个	息
野	复	存	源	自	怖	基	不	祖	灵	乐	倍	热	焕	况	记	破

规则
两边
保存
徽章
星期五
快递
奇怪
正式
从来没有
包括
钢琴
后来
一个
理论上
相拥
行为
邮递员
颗粒
图片
社会

Puzzle 37

滑 人 性 高 恢 野 页 部 觉 源 撞 的 碎 最 观 水 平

书 环 祖 级 破 肉 衡 驴 填 增 有 现 情 面 粉 波 坠

欲 终 于 升 绍 释 不 爆 惨 从 摇 实 趣 瓢 虫 有 礼

趣 平 季 袖 通 充 栏 虑 发 幸 护 遇 破 马 草 升 行

则 肢 理 度 日 > 蠕 回 优 骄 身 然 复 机 饭 的 人

木 秘 克 驱 期 释 音 了 应 图 察 解 父 好 从 复 士

想 从 修 焕 望 环 胶 宜 静 乐 领 恐 毁 諾 自 鳍 活

填 究 中 毁 直 页 介 观 祖 傲 解 蛾 摇 人 保 主 瑞

完 己 复 恐 答 光 他 摇 加 自 乐 决 雪 增 乃 而 后

整 后 碰 页 股 地 有 平 复 摇 栏 行 鳄 租 面 奇 自

的 鳍 木 骄 年 怖 修 再 定 飞 增 栅 鱼 虎 肉 怪 间

吊 着 有 面 恢 面 填 次 事 典 幸 滑 苦 指 手 的 蠕

闪 耀 保 包 热 木 优 沙 漠 许 解 恐 运 增 不 增 人

休 能 人 秀 想 柔 人 权 信 错 过 醋 之 生 丁 肉 根

考 宜 桥 书 性 数 幸 得 余 蛾 父 稻 定 马 四 最 于

爆发

的手指

奇怪的

高级

再次

现实

完整的

季度

水波

沙漠

鳄鱼

错过

吊着

闪耀

面包

终于

瓢虫

面粉

回应

期望

Puzzle 38

保护

知识

塑料

具备

第二

的家乡

抽屉

联合收割机

水壶

菜肴

冰雹

整洁的

周日

的深浅

相信

是指

鹌鹑

之前

衰变

一般

联 合 收 割 机 静 保 虫 老 回 蠕 望 鹌 鹑 热 填 地

乐 图 近 邀 坠 机 发 选 香 优 諾 排 书 环 衬 研 木

存 之 加 雨 摇 性 浅 ！ 秘 真 一 般 第 草 镜 增 树

諾 之 前 坠 不 雪 深 保 从 年 桥 携 二 部 毁 衰 降

究 柔 奁 顶 充 然 的 父 有 驴 机 欲 绍 来 桌 变 撞

透 环 碰 > 平 面 洁 家 平 肉 亲 增 稳 赂 礼 伏 老

热 不 解 子 > 迟 整 带 乡 乐 绍 过 破 不 眼 带 情

车 泽 研 错 是 指 野 宜 赂 票 了 傲 乃 根 票 桥 凑

秘 视 保 护 定 倍 试 恢 身 近 毁 豆 租 雨 察 老 状

答 复 行 父 试 灵 复 看 源 则 毁 桌 则 飞 数 子 源

保 增 决 鳍 迟 香 惊 议 鳍 抽 理 理 部 书 醋 得 具

周 日 来 怖 老 充 举 特 煲 屉 约 知 相 他 塑 记 备

菜 赂 透 灵 皂 议 自 护 露 电 间 识 信 信 料 冰 雹

袖 肴 情 日 部 几 量 丁 伊 坠 部 先 惧 虫 滑 露 宜

望 水 壶 最 也 保 虑 然 心 稳 有 主 栅 填 根 焕 理

Puzzle 39

>	疲	绍	差	稳	各	毁	主	磨	选	帐	篷	面	停	况	惫	能
转	护	貌	滑	试	祖	方	胶	差	鳍	带	动	栗	因	止	煲	加
驴	型	填	赂	动	马	宜	己	蔻	望	磨	了	欲	过	视	光	乐
心	胶	惧	填	环	蠕	飞	几	考	数	趣	飞	警	报	遇	放	趣
他	电	惫	来	肥	露	延	马	情	有	先	信	虎	眼	坠	假	源
行	解	紧	主	于	蛾	升	绍	平	源	自	镜	基	飞	马	建	程
秘	老	祖	丁	磨	坠	自	素	余	介	排	护	本	马	下	一	个
也	的	情	释	差	来	本	考	秘	的	蛾	恐	理	运	梁	热	飞
破	乃	号	见	排	况	袖	降	保	苦	幸	远	典	机	怖	性	静
动	袖	焕	动	趣	自	带	惊	想	骑	露	剥	情	衬	增	毁	带
光	惊	情	物	醒	碰	情	差	事	自	点	夺	梳	快	克	书	父
衡	息	排	充	喜	分	钟	便	排	行	区	老	数	丁	趣	树	请
远	重	本	足	安	晚	社	不	泽	车	试	有	帮	树	人	记	地
信	狗	小	的	项	上	公	园	东	部	透	仍	然	助	机	老	四
衡	蔻	袖	乐	便	规	了	>	惊	底	故	事	赂	因	票	的	欲

东部
基本
停止
公园
警报
剥夺
动物
的小狗
分钟
骑自行车
故事
各方
放假
充足的
晚上
下一个
帮助
露点
帐篷
仍然

Puzzle 40

的愿望
愿望
套索
过去的
财产
学术
容易
紧张
呼吸
男性
攻击
叫着
的专家
缺乏
合作伙伴
的产品
小鸭
开启
注意到
晚饭

然	>	缺	事	图	答	惧	惊	坠	机	水	惊	容	规	过	木	音
稻	不	乏	转	分	己	惨	驱	晚	增	心	鳍	中	易	去	的	放
木	分	间	士	露	迟	觉	肢	饭	摇	保	理	家	专	的	凑	真
选	究	部	滑	项	的	愿	望	状	然	充	雪	口	男	高	愿	望
程	热	露	袋	呼	请	里	租	欲	思	出	坠	心	衡	性	摇	发
蠕	坠	稻	娱	吸	醋	礼	士	亲	袋	之	怖	疲	欲	心	肉	磨
噪	马	惊	袖	噪	顶	稻	碎	活	领	底	桌	猫	雨	情	的	看
宜	持	瑞	伊	口	合	作	伙	伴	书	试	喜	则	心	程	蠕	的
注	碎	查	规	平	开	类	醒	而	直	虑	己	飞	父	心	考	稻
伊	意	克	想	遇	启	中	增	过	私	财	蠕	马	研	虑	柔	礼
衫	加	到	优	想	噪	议	套	索	品	产	的	>	项	面	旋	落
领	眼	生	决	性	音	察	过	出	趣	能	条	类	克	闲	紧	数
生	延	趣	高	袖	叫	梳	因	也	身	最	过	梳	攻	击	张	从
底	人	顶	伏	本	着	试	伏	虎	然	学	术	皂	饭	宜	娱	究
快	回	惧	四	号	股	情	议	后	部	程	究	眉	小	鸭	便	虎

Puzzle 41

运循真情迟见解自摇事动人观事远村便
战快因雨士面丁视自由项栏察了情察解
车争碎光根信静闲赂填伏秘村重雪几加
实验礼过幸栗栏路觉中觉源解充的怖乎
骄衫便下人环撞公安真破决碰保动身借
泽镜子状邀较低的动直视社行苦趣坠给
近煲领表白事况袋信息噪木想醒伏了建
往区则子形见保选高好重定间社惊虑旋
也往海姥状亮性书延摧毁部灵爱复貓充
举惫滩觉爷飞乃页见图子最研好而持宜
动蛾专观升观便携虫的丁旋军记图龄镜
列车家最伏恐龄修出记试理队马性带项
惧源升高了邀秀延要忆民恐落梁乐欲煲
露毁惨年毁乐租增眉子俗则伏想则子上
皂真乐状记基举毁研快惫信邀动透的梳

观察
信息
爱好
的记忆
战争
自由
借给
的公路
姥爷
民俗
军队
列车
专家升
摧毁
海滩
实验
较低的
往往
表白
形状

Puzzle 42

心龄露喜虎项父骄情醒衬热衫害租的路
放宜飞图克惫过伊野己情增究羞豆伏径
双亲环快的记便近私的真礼雨部保恩上
相最源心心究而他遥乎自栅貓绍环爱典
同他老脏告诉请惨有绍凑灵活重秘通记
确实号收保的许木来排视本噪出摇眉要
欲露克藏袋怖惫查驴考环降的区马考礼
直页恢灵热快晚雪上素乐循增解先遇木
动秀则稳己觉的餐煲存喜喜四素转最惨
特苦保好亲铅笔愚信滑惊情启动怪物试
修灵环驴声音里摇蠢坠书有护部试平部
灵情木修放飞循过况的惊发驱乎之眉充
行雪间高怖数近损能面諾胶桥票祖权欲
绍肥滑权股休子要围数贤露了从泽他遥
程衬肉豆蔻过的差巾性私人修面答亲老

肉豆蔻
灵活
怪物
心脏
恩爱
声音
贤人
愚蠢的
双亲
铅笔
启动
路径
雪上
害羞
相同
告诉
收藏
围巾
确实
晚餐

Puzzle 43

稳 观 定 身 子 况 飞 自 看 于 释 信 充 灵 高 项 况
惧 蠕 的 约 社 破 人 的 程 量 旋 他 程 思 峰 得 增
祖 升 父 然 部 醒 树 。 趣 镜 的 租 优 况 碰 醒 释
典 草 损 条 延 区 皮 的 运 乐 特 梁 看 蛾 书 飞 损
木 滑 趣 亮 回 特 想 肉 颜 料 肉 欲 心 快 父 他 定
情 的 滑 记 看 了 乐 中 遥 肥 坠 坠 野 排 伏 飞 况
间 肉 考 平 草 衫 光 亲 欲 人 增 决 面 地 远 答 >
虹 许 惫 怖 于 谈 到 破 稳 虑 趣 水 马 循 村 案 草
膜 介 转 旋 陪 梳 条 本 察 保 延 栅 视 后 处 闲 肉
田 静 循 透 审 麋 鹿 恐 研 机 证 充 来 没 好 于 己
径 有 最 快 团 遇 平 趣 因 私 惨 发 本 话 的 能 量
察 要 复 乐 面 携 报 豆 傻 伏 规 水 有 说 接 信 回
身 权 书 骄 傲 的 间 纸 瓜 排 程 旋 甚 木 近 四 平
飞 想 约 坠 四 最 撞 桥 解 活 决 梁 遇 至 他 面 优
肉 便 袖 约 车 的 他 建 本 面 心 书 肉 镜 子 撞 研

树皮
陪审团
的能量
的好处
高峰
保证
傻瓜
没话说
谈到
骄傲的
答案
报纸
田径
接近
甚至
看了
虹膜
麋鹿
颜料
快乐

Puzzle 44

修复
移动
首都
儿子
技巧
策略
免费
足够
功能
法官
定的
周年
数据
申请
早晨
辣椒
连接
绘画
早餐
政府的

破 > 衬 数 据 技 先 保 特 情 领 充 记 灵 不 循 旋
情 项 典 恢 破 巧 型 的 傲 辣 椒 的 不 护 虑 安 余
丁 饭 諾 因 皂 考 马 书 自 袋 遥 也 特 领 摇 瑞 请
下 地 梳 热 过 木 研 然 肉 草 信 马 飞 足 够 伏 怖
木 要 落 绘 焕 的 摇 记 区 龄 过 的 号 后 衫 高 存
增 解 衡 諾 画 真 心 坠 醋 自 书 恐 申 乃 法 不 转
动 研 欲 木 亲 放 丁 撞 的 遇 定 饭 请 口 官 亲 顶
况 闲 连 接 光 有 不 坠 休 况 的 分 排 损 伊 泽 凑
不 驱 衬 社 灵 日 人 破 约 磨 究 滑 查 建 亲 情 条
人 号 栅 增 息 马 保 的 年 热 驱 约 快 丁 规 鳍 坠
欲 机 情 餐 早 晨 秀 修 的 亲 见 生 复 面 栅 理 稳
的 他 心 情 趣 面 修 复 之 惧 栅 紧 高 己 碰 策 略
亲 闲 政 的 首 功 解 见 周 重 儿 子 高 高 士 情 虑
丁 透 后 府 都 能 邀 草 转 年 的 娱 因 磨 情 衡 免
觉 充 热 顶 的 远 休 发 移 动 平 本 请 图 驴 瑞 费

Puzzle 45

信 许 有 然 望 不 趣 鱿 惫 亮 稳 的 页 子 研 研 规

试 惊 释 降 研 究 秀 鱼 雨 摇 持 子 接 受 休 护 成

的 驴 地 热 泽 差 观 毁 马 任 何 惧 惧 傲 遥 情 功

不 梁 秘 不 来 喜 增 桥 有 提 幸 野 猫 本 衬 破 而

热 远 衬 有 疲 部 快 趣 野 况 供 牙 刷 释 复 飞 饭

欲 克 木 平 况 展 览 部 有 卫 生 栗 况 心 绍 梳 主

煲 面 条 貌 亲 加 环 驴 件 稳 伊 雨 滑 幸 特 士 得

老 马 了 栅 通 情 部 醋 动 差 防 止 乎 凑 恨 雪 下

女 巫 安 底 噪 便 破 西 红 柿 发 因 便 坠 仇 草 衫

看 增 电 来 噪 落 几 的 近 带 望 差 定 秘 的 卧 室

有 闲 理 复 飞 增 蛾 坠 信 磨 最 便 紧 型 好 望 摇

虫 欲 乐 过 灵 通 乎 龄 不 持 灵 情 水 己 友 龄 先

村 也 乐 貌 礼 的 觉 稻 想 当 过 噪 信 号 性 格 衫

胶 转 自 醋 根 许 乐 亲 发 碰 蔻 孩 伊 亮 面 雨 的

典 倍 况 里 放 他 复 光 量 的 记 子 本 数 胶 来 迟

信号

性格

野猫

牙刷

成功

女巫

的卧室

接受

提供

孩子

卫生

鱿鱼

防止

展览

的仇恨

不当

友好的

部件

任何

西红柿

Puzzle 46

他 草 紧 人 平 滑 约 喜 皂 信 倍 优 理 入 后 部 虫

的 恐 惧 修 祖 图 人 余 秀 完 美 亮 延 口 许 可 规

伊 气 味 子 物 露 貌 豆 建 租 延 测 透 出 真 乎 观

了 下 平 不 种 的 雨 蔻 衬 露 豆 牛 量 静 年 > 傲

主 解 最 票 于 高 望 转 貌 桌 议 蒡 木 肢 试 究 乎

建 滑 源 摇 的 邀 存 动 而 滑 本 便 于 桥 滑 感 因

眉 驱 热 最 日 运 连 因 根 票 携 乃 信 灵 欲 谢 最

静 子 便 亲 来 想 柔 续 能 秀 环 页 > 区 心 闲 亲

煲 存 梳 自 父 租 议 虫 余 便 信 亮 梳 噪 最 地 了

围 墙 碎 草 平 修 。 他 视 增 之 便 性 便 增 平 生

面 周 素 几 有 之 粗 停 机 坪 几 回 动 程 水 疲 人

特 到 量 图 从 草 细 木 焕 祖 要 乎 人 阵 牛 考 几

驱 的 栅 增 栗 便 过 龄 决 私 的 发 音 降 风 灵 研

飞 答 肉 免 子 天 傲 硬 骄 延 存 鳍 乃 他 心 衡 机

租 根 远 子 因 书 口 币 栗 特 破 子 带 自 梁 放 本

亲自

入口

许可

周到的

感谢

物种

牛蒡

气味

停机坪

水牛

粗细

完美

的发音

兔子天

阵风

测量

围墙

连续

的恐惧

硬币

Puzzle 47

赂 人 水 研 栗 型 蔻 了 蔻 諾 转 年 摄 像 头 醋 状
选 向 马 獭 出 焦 点 程 远 不 赂 稳 程 碰 虎 生 透
子 方 持 坠 生 娱 子 > 怖 貓 通 本 趣 人 租 风 了
后 的 型 光 活 远 磨 之 四 撞 惨 下 露 衫 貌 窗 考
通 不 色 田 鼠 况 稳 音 平 先 车 状 发 碎 继 部 肉
类 先 信 彩 貌 面 请 回 摇 究 摇 了 有 来 栗 续 心
木 欲 修 试 落 事 情 本 心 定 保 部 驱 口 信 碎 填
排 秀 祖 亮 觉 乃 了 区 的 肉 加 高 凑 虑 子 不 子
心 泽 后 凑 皂 日 淋 浴 块 克 肉 部 理 释 于 复 自
稳 肥 虫 研 的 胶 过 能 豆 煲 好 热 迫 文 本 眉 的
排 毁 延 袋 趣 心 根 惊 填 虫 处 趣 使 议 家 庭 号
蛾 狐 保 带 了 行 降 心 的 性 发 人 典 亲 生 泽 对
记 狸 亲 循 貓 四 远 不 携 特 社 疲 冲 更 漂 亮 不
近 之 坠 瑞 心 而 怖 不 龄 间 豆 趣 击 沿 着 情 起
页 镜 看 权 便 举 龄 自 选 蛾 复 梁 后 区 自 因 考

的色彩
焦点
好处
冲击
更漂亮
对不起
狐狸
出生
家庭
摄像头
的方向
水獭
沿着
的块
文本
淋浴
迫使
田鼠
继续
风窗

Puzzle 48

饭 马 标 来 先 租 乎 秘 滑 鸡 水 痛 状 光 约 领 后
面 透 貓 志 有 望 保 复 教 蛋 间 苦 的 乐 驴 的 栅
赶 自 碎 面 摇 保 能 息 师 情 棉 优 他 虎 娱 根 自
路 素 士 心 持 恐 便 的 间 士 超 花 主 肢 许 间 保
雨 秘 袋 动 底 光 余 简 滑 草 越 权 飞 灵 先 保 升
要 究 复 落 高 日 动 单 泽 亲 肉 落 龄 条 权 社 考
十 年 保 瑞 磨 木 秀 望 降 肢 存 滑 查 眼 选 的 重
自 思 有 老 望 有 自 填 坠 余 草 修 人 宜 露 东 有
今 身 利 差 解 各 种 自 惧 解 礼 有 书 梁 木 西 灵
天 定 栏 通 书 携 眼 眉 举 心 喜 煲 礼 望 而 肉 水
身 晃 晃 悠 悠 蔻 状 人 增 貓 袋 真 自 底 毁 赂 虑
村 子 项 类 护 错 宜 循 柔 木 毁 焕 奥 秘 领 瑞 票
究 绍 规 秘 差 眉 苦 面 最 自 喜 树 日 领 眼 外 观
醋 宜 情 雨 肢 过 成 分 野 傲 生 豆 后 袋 桌 分 龄
息 的 生 日 许 素 便 乎 休 见 人 飞 桥 不 不 私 紧

的简单
成分
棉花
自身
奥秘
外观
十年
晃晃悠悠
的生日
教师
各种
鸡蛋
赶路
超越
痛苦
有利
有望
今天
的东西
标志

Puzzle 49

特 图 虑 量 情 亲 余 最 请 破 信 保 好 乐 年 介 典
平 遇 重 上 权 数 自 解 肢 排 豆 貌 秘 延 情 四 恐
> 信 考 选 研 之 最 解 解 坠 惫 释 远 量 最 顶 邀
信 事 项 条 喜 地 球 则 透 试 反 映 蔻 性 趣 雨 欲
得 伏 香 件 复 票 虎 父 好 眼 肉 透 木 好 书 村 肉
从 后 错 解 电 地 请 桥 部 视 高 音 休 间 坠 通 人
日 近 项 宏 循 动 上 衣 静 饭 领 蜗 牛 摇 篮 话 重
父 的 研 伟 带 豆 理 举 环 携 坠 袖 娱 凑 也 喜 毁
好 的 似 类 乐 决 諾 透 保 坠 优 不 落 特 私 。 最
的 色 蓝 惧 眉 瑞 持 桥 绍 肢 坠 驴 恐 梳 衡 木 桥
貌 出 伊 延 差 得 龄 持 觉 特 解 事 了 四 惧 号 惊
充 虎 时 高 自 自 碰 稳 撞 数 马 衫 况 况 邀 放 觉
克 想 候 后 ， 野 邀 保 升 机 车 改 复 趣 邀 。 肉
运 柔 梳 定 之 鸡 称 坠 通 好 书 革 来 草 程 四 肉
坠 秘 真 保 复 肥 错 定 持 考 信 得 状 的 高 坠 桌

领袖
蓝色的
地球
事项
称定
后，
野鸡
好的
类似的
宏伟
电动
反映
摇篮
时候
蜗牛
条件
改革
上衣
出色的
通话

Puzzle 50

解决
俏皮
部门
性能
的爸爸
性质
妖精
大量
学习
学校
紧凑
蔓延
放养
卡车
开始
蜥蜴
乘法
某处
分散注意力
地板

飞 释 灵 分 野 地 栅 保 的 摇 开 携 然 龄 保 肉 便
充 雪 保 得 带 觉 恐 决 条 思 始 观 活 绍 心 醋 倍
思 袖 信 碎 区 况 最 类 虎 热 决 树 有 瑞 赂 人 基
凑 项 肉 得 某 条 来 遥 木 面 望 雪 书 机 解 项 转
部 余 研 动 处 泽 有 高 质 性 能 坠 丁 袖 决 书 远
卡 丁 子 蔓 身 行 他 决 坠 倍 持 惧 从 学 习 蜥 蜴
电 车 察 延 持 不 最 息 分 散 注 意 力 部 主 觉 心
部 门 貓 能 特 理 灵 放 养 了 妖 精 学 校 不 书 雨
休 优 恐 的 答 了 倍 了 的 老 惨 降 日 子 欲 克 紧
的 爸 爸 想 信 素 他 迟 保 乘 究 热 人 定 信 的 凑
村 况 察 复 惨 社 露 理 升 觉 法 于 蛾 休 余 降 租
惫 大 带 几 碰 肉 露 不 车 乎 息 望 有 龄 年 特 水
驴 重 量 便 梳 了 填 社 面 数 香 秀 镜 人 飞 栏 面
蛾 回 视 俏 皮 看 好 近 活 车 > 摇 程 出 情 雨 降
顶 带 地 板 填 下 答 稻 复 树 年 的 部 排 马 热 袖

Puzzle 51

瑞 豆 热 衡 损 生 远 不 的 自 肉 蔻 试 本 木 保 香
毁 类 号 马 栗 股 于 基 文 数 透 车 修 子 人 生 片
因 欲 木 的 口 镜 后 带 章 桥 虑 焕 音 平 态 度 段
飞 有 闲 持 望 驴 觉 信 放 条 后 马 过 光 定 护 答
本 试 焕 究 木 克 遇 面 热 复 最 撞 先 考 ！ 优 建
父 视 的 直 差 怖 己 保 研 居 面 条 然 平 里 私 筑
> ！ 了 认 为 息 饭 密 封 民 选 了 树 时 肥 醋 物
本 发 保 赂 栗 源 权 最 定 直 了 顶 视 觉 的 绅 士
迟 许 重 摇 鳍 苦 的 自 日 了 情 安 桥 充 有 木 议
困 难 > 通 碎 自 得 醒 胶 皂 士 高 运 秀 考 ！ 邀
规 时 刻 貌 滑 遇 自 煤 准 则 想 乐 父 酒 泽 议 瑞
野 研 快 凑 雨 上 落 虫 炭 理 私 滑 趣 吧 老 建 煲
口 的 乐 于 旋 修 请 思 摇 草 紧 胶 礼 条 理 损 人
电 的 子 可 观 阳 光 曾 经 灵 撞 面 丁 视 票 带 坠
话 得 图 灵 能 乐 错 上 树 社 数 后 携 根 升 举 本

乐趣
困难
煤炭
认为
视觉
准则
片段
密封
阳光
居民
的绅士
的文章
可能
时刻
电话
平时
建筑物
酒吧
曾经
态度

Puzzle 52

眉 来 飞 便 了 上 橡 带 本 重 面 乃 过 试 有 乐 过
赛 季 心 野 因 情 ！ 胶 不 记 重 范 围 内 远 香 充
道 最 充 热 亲 雪 袋 自 察 焕 社 规 信 祖 奖 金 肢
存 德 镜 苦 欲 士 鼠 情 重 了 挥 杆 恢 排 源 郁 栗
条 真 顶 号 驱 页 后 亮 研 复 焕 区 发 衡 桌 摇 倍
野 选 幸 项 底 藏 修 野 兔 望 滑 条 射 不 最 虫 己
看 趣 眼 股 栏 工 红 保 亲 主 部 自 娱 自 乐 身 不
虫 思 坠 程 最 具 的 花 因 伊 过 的 雪 光 龄 国 际
乎 举 租 充 他 坠 秀 人 醒 宜 赂 型 迟 动 性 看 的
机 的 无 意 义 的 木 试 量 醋 排 倍 心 己 菠 萝 近
乎 视 运 租 见 亲 光 图 介 基 领 素 况 环 噪 生 惧
日 线 蔻 栏 梳 机 解 考 电 规 肢 木 滑 身 木 便 选
亲 通 几 飞 镜 水 鳍 袋 他 信 镜 亲 观 况 直 飞 本
保 常 票 号 静 自 雪 虫 环 水 究 源 程 重 伊 考 乐
了 理 间 面 的 乎 本 项 运 芹 子 便 度 究 人 > 蔻

的视线
国际
藏红花
程度
袋鼠
橡胶
奖金
挥杆
赛季
菠萝
发射
水芹
郁金香
范围内
工具
无意义的
通常
道德
自娱自乐
野兔

Puzzle 53

虫	议	袋	请	积	下	秀	桌	心	运	远	于	了	信	考	票	亲
过	衫	梳	放	极	标	准	下	木	蔻	乐	型	生	不	股	了	地
毁	心	延	碎	源	镜	近	中	领	老	降	释	惧	露	趣	柔	露
页	人	便	动	不	恐	便	出	子	循	许	考	摇	机	衫	真	股
乐	具	体	理	论	的	快	惨	事	回	鳍	存	摇	好	那	年	车
最	的	迟	心	骄	观	伊	环	生	生	类	音	增	温	么	露	优
想	子	领	疲	持	音	皂	私	境	先	生	释	休	眼	水	定	稻
解	雇	噪	驱	香	音	摇	平	闲	延	野	优	环	镜	子	保	释
细	节	直	几	高	保	性	阻	页	士	分	最	栅	发	静	滑	运
不	家	信	稻	秀	傲	性	止	邀	复	豆	型	充	透	携	也	机
外	国	部	磨	休	紧	豆	权	骄	草	面	带	选	释	人	记	观
椅	惨	之	通	栅	便	望	马	子	水	紧	则	貓	栏	情	况	持
则	子	露	关	心	丁	香	热	疲	带	礼	梳	答	欲	究	格	心
饭	烧	毁	祖	远	丁	理	最	针	对	选	部	研	貓	飞	式	息
胶	静	信	心	情	人	思	想	稻	貓	自	栗	礼	约	貓	子	心

眼镜
丁香
椅子
烧毁
外国
积极
具体
关心
解雇
先生
针对
环境
理论
阻止
温水
那么
细节
国家
标准
格式

Puzzle 54

顶	！	况	磨	考	平	摇	源	的	类	从	特	日	娱	数	飞	信
行	票	幸	人	諾	规	增	自	教	记	页	木	约	复	子	四	貌
饭	源	信	上	摇	选	举	村	育	眉	惨	露	小	饭	数	建	衫
落	区	面	亮	源	村	坠	撞	发	循	生	肉	型	草	乃	父	乃
社	记	士	年	研	木	技	比	较	权	礼	蛾	带	从	周	释	面
子	顶	赂	亲	惊	号	工	眉	栏	快	议	素	远	旋	二	桌	自
考	部	眉	飞	快	想	凑	展	示	瑞	豆	静	平	排	光	自	宜
书	虑	醋	充	有	首	脑	会	议	了	恢	许	溜	本	高	的	护
增	车	平	语	议	趣	顶	发	，	答	惨	心	冰	子	赂	艇	体
优	碎	光	丁	音	醒	瑞	区	因	心	豆	伊	根	错	諾	考	安
里	请	乐	增	障	碍	恐	思	此	肉	直	口	带	来	秘	日	遥
看	手	基	本	惧	茶	壶	研	不	本	信	眉	口	最	雪	改	善
桥	臂	本	快	平	大	声	许	音	损	典	复	不	的	人	梳	衡
买	惫	发	分	书	而	之	特	袖	数	镜	性	坏	灵	间	存	人
的	入	毁	则	口	好	情	栗	栅	驴	乐	看	电	喜	恐	错	破

考虑
顶部
艇体
大声
茶壶
技工
, 因此
手臂
小型
周二
语音
雪人
改善
比较
展示
的教育
障碍
溜冰
首脑会议
买入

Puzzle 55

好 亮 露 快 子 来 幸 安 得 乐 掩 静 己 娱 情 柠 的
> 摇 花 骄 自 鳍 袋 理 热 究 量 盖 排 本 况 檬 地
狼 狼 蜜 墙 自 容 衬 过 醋 绍 噪 选 视 眼 情 汁 方
面 伊 树 上 年 蠕 忍 程 带 素 面 伏 生 毁 遥 蔻 马
镜 乐 热 见 苦 难 书 中 近 而 降 建 滑 醒 充 粗 心
豆 梳 赂 坠 树 本 灵 乐 中 喜 欲 毁 子 凝 视 乐 心
热 的 真 考 恢 父 租 娃 娃 数 号 袖 情 清 自 己 的
建 票 雪 页 的 木 灵 摇 野 查 毁 股 考 宜 晰 电 心
数 不 息 桥 通 错 状 信 底 然 不 肉 洽 能 镜 情 情
机 释 则 优 绍 书 社 梁 乐 他 骨 子 谈 最 赂 邀 保
的 解 精 袋 有 了 过 伏 休 通 头 摇 礼 权 极 其 豆
项 动 度 紧 柔 驱 坠 定 旋 滑 区 自 社 宜 书 便 安
股 镜 面 观 举 护 基 英 欲 > 肥 本 规 带 车 重 情
平 马 地 貌 猫 的 直 寸 袖 马 静 本 袖 碰 选 错 宜
状 蠕 定 心 欲 高 答 面 平 巨 大 区 衡 远 柔 图 镜

墙上
骨头
英寸
娃娃
柠檬汁
花蜜
狼狼
苦难
凝视
粗心
精度
容忍
自己的
掩盖
巨大
清晰
洽谈
过程中
极其
的地方

Puzzle 56

区 律 桌 许 镜 书 眼 肥 错 过 羊 况 定 梳 过 的 桥
的 师 恐 皂 子 乐 年 轻 袋 紧 群 社 也 制 摇 鼻 想
惫 真 怖 諾 察 状 思 充 肥 皂 水 木 露 人 的 子 休
再 考 安 书 情 噪 士 性 落 定 息 查 选 存 消 息 动
见 解 马 从 后 信 类 规 亲 系 存 复 举 见 子 萝 卜
惫 自 情 因 动 休 事 动 子 列 赂 蛾 邀 释 娱 股 活
木 驱 子 察 乐 修 状 态 考 降 增 息 心 坠 望 记 驱
惧 心 自 记 平 惊 蔻 透 热 毛 衣 降 状 过 信 从 木
驰 蓬 雨 趣 信 顶 破 状 究 恐 护 亮 疲 放 露 闲 填
真 骋 松 绍 之 快 速 少 数 过 驴 自 人 露 升 桥 保
人 页 能 活 数 己 木 下 马 过 摇 升 过 研 欲 见 释
子 规 休 > 直 焕 面 父 有 磨 他 人 议 安 倍 观 平
先 程 考 通 镜 皂 下 高 好 斑 点 蠕 落 柔 股 音 见
自 关 键 特 页 底 的 人 野 绍 有 肉 觉 马 趣 选 克
主 真 息 股 口 乐 伊 趣 面 来 错 热 过 他 决 虎 虑

恐怖
快速
状态
定制的
驰骋
萝卜
再见
关键
系列
蓬松
的鼻子
少数
毛衣
消息
肥皂水
斑点
选举
律师
羊群
年轻

Puzzle 57

諾 龄 解 惊 趣 公 间 号 优 事 衫 要 社 凑 正 安 他
生 充 分 保 自 交 乐 马 势 宜 试 梳 分 鳍 疲 确 的
步 骤 胶 稳 上 回 白 色 中 镜 分 发 傲 豆 便 车 的
喜 考 闲 遥 村 运 损 特 有 票 惊 保 里 透 这 种 情
喜 肢 人 排 过 理 面 升 透 露 讶 镜 速 磨 蠕 真 袖
要 衫 香 科 > 分 蔻 的 谦 虚 高 信 度 绍 优 看 毁
快 车 父 趣 学 子 也 动 几 复 放 泽 填 高 幸 严 重
心 号 亲 理 书 家 保 亮 噪 复 主 子 旋 便 运 摇 的
人 觉 鳍 环 滑 环 举 上 雪 也 信 木 降 环 能 幸 发
的 的 导 坠 袋 撞 秘 遥 花 保 真 保 坠 释 灵 动 乐
复 四 演 然 苦 好 泽 貌 蔻 保 虎 稻 书 先 惨 书 定
复 宜 惊 性 醒 摇 不 社 碎 本 植 物 条 带 落 过 信
直 胶 皂 来 活 考 旋 本 草 理 地 赂 部 疲 傲 议 蜗
貓 特 坠 信 乐 梳 而 灵 观 面 里 远 惨 顶 许 喜 杆
瑞 望 噪 惨 驴 研 情 携 噪 出 趣 蔻 人 镜 撞 余 上

幸运
地理
严重
公交
植物
正确的
分发
惊讶
分子
谦虚
导演
步骤
科学家
蜗杆
雪花
速度
本地
白色
这种
优势

Puzzle 58

第三个
主题,
一次性
生命之
创建
打法
动物园
百个
母鸡
音乐
相反
黄色
新的
一滴
绿色
均匀
任命
得到
耳朵
当然

素 自 租 项 热 介 介 最 一 休 情 碰 得 研 的 宜 面
研 过 透 保 基 礼 考 貓 生 次 自 滑 到 机 源 丁 豆
释 自 主 的 几 煲 諾 不 命 打 性 惊 考 图 数 过 延
一 滴 醋 题 蛾 娱 己 面 之 法 滑 欲 衫 循 情 紧 醒
木 间 动 记 ， 驴 考 木 看 衬 镜 驱 喜 间 安 豆 木
碰 落 物 秀 貌 本 请 滑 苦 邀 信 近 旋 邀 音 的 根
条 的 园 存 望 赂 野 租 高 情 秀 损 机 行 士 乐 母
丁 恢 飞 约 蔻 眼 伊 桌 当 然 本 百 个 上 理 解 鸡
凑 均 匀 型 雪 优 摇 电 新 皂 书 蠕 不 损 祖 > 环
创 建 特 乃 秀 视 破 貓 的 露 雨 马 摇 私 有 最 自
究 眉 面 貓 答 疲 的 凑 快 乐 落 部 坠 他 回 黄 栗
情 木 第 三 个 从 面 号 情 梁 坠 考 梳 快 任 色 绿
木 保 议 四 摇 循 了 重 透 修 ！ 因 几 电 命 破 议
快 凑 驴 透 人 心 露 惨 破 口 情 稻 究 雨 考 乐 透
露 考 马 排 栏 肥 研 煲 眉 最 人 丁 相 反 耳 朵 约

Puzzle 59

降	究	保	试	蛾	遥	无	望	租	地	机	议	评	估	焕	村	面
举	增	雨	要	放	选	线	惨	特	子	四	区	况	从	肥	热	降
柳	絮	树	秘	丁	发	电	保	情	伊	真	请	碰	看	的	增	撞
决	旋	皂	乐	有	飞	思	镜	过	村	事	摇	苦	秀	眉	电	毁
撞	的	损	克	民	族	了	记	瑞	惊	镜	黄	平	热	乐	书	右
情	休	活	降	桥	滑	音	心	心	木	露	瓜	惫	考	发	机	手
来	趣	赂	选	带	复	韭	循	研	蔻	差	许	人	权	地	碎	条
肥	乎	皂	环	梁	雨	菜	马	栏	升	栏	请	假	趣	了	不	保
高	秘	底	行	损	人	三	不	过	衫	领	加	近	镜	能	的	增
决	源	直	究	朝	着	角	口	了	人	越	雪	橇	坠	上	放	书
飞	的	时	最	举	然	然	望	状	克	来	质	木	薪	绍	坠	究
降	答	钟	保	乐	复	娱	要	觉	年	越	奉	量	酬	恢	通	私
衡	己	约	运	的	的	程	究	出	心	龄	袋	献	摇	电	动	基
视	凑	透	输	放	过	喜	建	释	亲	梳	之	的	情	行	延	衡
	美	国	带	村	则	自	蛾	秀	视	木	绍	过	蠕	灵	乐	本

不过
美国
年龄
柳絮
评估
无线电
奉献
请假
越来越
民族
右手
质量
黄瓜
雪橇
薪酬
韭菜
时钟
朝着
运输
三角

Puzzle 60

颈部
下面
保持
最高
悲惨
香肠
绝望的
复杂的
外部
购买
的欢迎
参加
钢笔
资源
男子
的生菜
丘比特
的演员
这样
方面

颈	部	悲	丘	外	部	心	究	约	醒	思	因	伏	转	性	从	眼
的	来	惨	趣	比	保	观	人	约	本	页	自	性	领	察	增	究
稻	肉	伊	绍	延	特	持	摇	眉	租	恐	面	快	事	桌	要	权
参	加	了	增	落	坠	>	来	貌	出	雪	便	而	惨	真	桌	肢
磨	飞	惨	眉	复	电	热	面	错	撞	了	增	稻	程	增	秘	露
露	底	肉	露	丁	页	安	不	丁	眼	决	损	本	热	野	见	心
延	毁	貓	瑞	源	也	生	伊	苦	>	租	眉	部	中	发	乐	袋
运	热	中	来	解	票	蛾	肉	灵	香	遥	>	龄	数	图	复	邀
考	电	票	己	亲	便	信	于	树	肠	梁	这	样	马	区	私	机
不	音	伏	几	本	露	男	购	买	骄	迎	状	绝	马	约	邀	动
！	身	复	最	醒	坠	子	乎	情	喜	型	欢	望	本	最	磨	权
恢	典	自	高	的	钢	笔	噪	权	心	员	演	的	动	复	不	面
灵	研	透	丁	镜	发	坠	后	日	倍	飞	觉	杂	带	下	面	的
资	源	信	安	龄	>	护	栗	的	木	秀	议	复	心	亲	方	生
醒	光	视	他	过	亲	出	情	下	放	草	携	秀	露	观	四	菜

Puzzle 61

极	限	邀	源	村	面	袖	形	勇	敢	梳	肉	基	滑	乐	欲	几
木	而	理	平	保	木	位	移	式	凑	桌	根	理	夆	肢	秀	！
最	特	不	蔻	怖	马	而	发	底	栗	理	于	举	露	秀	闲	怖
毁	面	根	试	有	思	休	填	虫	延	况	号	自	的	疲	别	人
书	噪	信	优	趣	回	觉	的	记	类	人	信	遇	回	旋	马	不
桥	他	见	克	见	乐	巧	保	之	饭	虎	间	不	年	人	小	部
存	保	喜	持	先	父	克	情	邀	后	重	动	有	本	泼	麦	栏
梳	本	疲	树	怖	桥	力	望	自	过	逮	捕	一	休	有	妇	趣
旗	觉	源	袖	撞	摇	心	许	的	灵	持	票	声	研	肢	考	惊
标	桥	许	了	老	滑	页	票	壁	性	驴	许	静	亲	充	顶	研
近	看	建	估	心	鼠	父	请	画	自	举	露	机	察	人	貌	存
娱	灵	惨	计	乎	村	邀	情	思	肢	猫	栏	乎	读	完	皂	袋
延	特	子	男	柠	檬	桌	余	马	过	座	安	便	书	成	重	亲
绍	毁	老	孩	观	噪	不	循	安	肥	袋	源	衬	量	条	持	光
研	地	带	肥	父	增	倍	衡	出	本	最	摇	议	持	修	生	怖

位移
的壁画
极限
老鼠
估计
读书
别人
猫座
勇敢
完成
泼妇
男孩
巧克力
旗标
小马
小麦
一声
逮捕
形式
柠檬

Puzzle 62

遥远
延迟
争辩
胡萝卜
谢天谢地
特权
关系
请求
刺猬
天鹅
讲述
情感的
汽油
最幸福
消失
支持
洗衣
旅程
中心
世纪

特	介	特	滑	见	生	平	携	夆	转	邀	亲	旅	程	谢	己	碎
权	想	幸	余	最	克	人	树	摇	噪	飞	遇	许	煲	天	倍	损
桥	乐	试	疲	幸	解	能	顶	过	也	遇	滑	瑞	摇	谢	年	子
活	中	静	社	福	来	请	貌	礼	光	有	程	主	碎	地	股	直
秀	重	心	的	行	关	求	克	年	旋	遇	祖	胡	老	解	租	旋
饭	父	于	重	恢	系	消	破	信	諾	年	信	萝	考	后	平	便
毁	不	泽	复	究	日	失	回	虑	平	环	龄	卜	身	讲	息	日
醒	醒	典	喜	飞	祖	柔	的	心	保	凑	况	四	便	述	增	本
究	水	间	快	苦	桥	最	条	汽	修	衫	持	子	领	争	辩	顶
情	感	的	士	性	飞	试	股	油	心	自	醒	驴	见	规	热	皂
身	肉	研	转	动	延	世	纪	欲	栅	不	直	旋	饭	便	行	旋
天	鹅	能	灵	携	克	迟	坠	闲	破	望	伊	保	研	底	遥	远
人	下	能	了	恐	刺	猬	下	肢	社	请	袋	的	洗	衣	秀	肢
肉	况	举	光	子	情	支	惧	余	自	出	于	他	于	蛾	有	宜
号	远	性	请	飞	闲	野	持	部	摇	的	落	鳍	露	恢	欲	日

Puzzle 63

事	妻	蜻	蜓	水	直	雪	蠕	得	型	平	原	葡	围	他	机	租
地	人	子	解	释	热	充	蠕	过	近	升	村	萄	栏	驱	最	有
息	复	究	子	露	信	他	加	复	欲	得	理	见	伟	大	的	根
下	后	遥	露	人	复	赂	底	乎	上	柔	欣	赏	活	傲	乐	祖
橡	底	生	真	然	车	素	平	遥	栏	子	碰	皂	撞	充	飞	信
身	皮	观	相	余	坠	胶	紧	行	车	几	老	水	不	士	携	股
能	存	擦	情	亮	的	延	蛾	升	傲	迟	差	本	摇	试	动	乃
他	过	自	况	梳	特	环	绍	水	数	研	现	场	观	答	部	透
书	高	水	畲	隐	藏	！	本	先	先	邀	记	生	物	学	区	的
宜	真	面	信	趣	紧	露	身	数	情	军	理	倍	树	趣	諾	恢
远	本	虑	破	>	蔬	菜	袜	袖	情	事	落	例	莓	得	夕	阳
疲	！	胶	号	地	年	项	子	人	本	稻	。	外	存	的	野	衬
他	近	独	坠	破	便	区	书	生	秀	鳍	平	定	特	不	后	疲
存	摇	人	立	驱	究	的	父	赂	柔	雨	香	想	选	特	加	坠
本	许	请	规	性	飞	错	木	量	填	思	光	持	镜	情	决	间

情况
橡皮擦
树莓
军事
妻子
伟大的
现场
夕阳
欣赏
葡萄
蔬菜
独立性
隐藏
平原
生物学
真相
袜子
蜻蜓
围栏
例外

Puzzle 64

察	放	坠	乐	平	皂	准	备	规	出	复	惨	请	之	制	基	股
复	宽	栏	情	乐	乃	的	烂	灿	光	阳	迟	信	降	定	绍	面
程	年	区	露	建	丁	坠	爷	驱	子	丁	乃	运	碰	答	高	心
子	喜	应	四	醋	碎	也	研	爷	称	充	究	乐	乃	情	脖	子
特	况	该	特	放	典	差	远	心	为	来	的	反	！	>	车	农
根	村	祖	骄	便	保	书	降	回	根	坠	试	项	向	一	领	场
摇	的	己	大	肉	议	恐	约	部	动	领	香	目	飞	些	得	主
马	究	的	怒	木	滑	便	木	拒	>	运	余	袋	马	肥	主	来
项	年	激	励	过	理	排	龄	绝	平	先	的	热	降	况	驱	伊
年	底	心	他	恢	从	他	恢	煲	肉	答	底	最	野	老	皂	间
栏	人	放	衫	输	入	人	衫	单	水	平	性	面	转	能	袋	摇
畲	骄	豆	重	木	鳍	间	亲	复	独	小	猫	填	选	放	諾	亮
毁	主	了	的	年	研	马	镜	查	的	然	记	皂	乃	分	四	发
类	观	灵	看	股	源	貌	人	落	鹿	野	亲	人	亲	考	量	情
然	不	心	解	保	摇	衬	雪	下	心	而	驴	趣	灵	面	落	梳

称为
大怒
的爷爷
农场主
准备
制定
拒绝
水平
反向
阳光灿烂的
单独
小猫
放宽
输入
一些
鹿野
激励
项目
脖子
应该

Puzzle 65

胶 真 发 伊 貌 宜 约 社 威 胁 怖 降 破 建 安 好 胶

检 测 余 了 有 他 音 增 源 露 坠 远 肢 倍 复 噪 丁

绍 宜 野 娱 龄 娱 蛾 情 树 平 重 > 类 典 可 身 股

小 思 觉 驱 边 境 子 镜 蔻 貓 一 二 二 。 笑 虫 光

摇 时 衡 绍 快 乐 恐 觉 主 增 条 上 乎 自 的 滑 来

环 惨 鳍 梁 中 恢 回 亲 持 惊 理 而 音 木 小 心 草

傲 子 根 顶 理 情 坠 克 情 理 好 修 于 能 他 大 介

碎 远 究 磨 撞 杂 乐 最 几 损 试 四 > 源 驱 胆 秘

答 过 西 兰 花 志 龄 生 ！ 高 的 本 人 性 考 之 况

活 苦 里 请 克 人 部 情 口 趣 远 过 性 口 一 子 摇

也 野 平 从 望 树 余 亮 亮 乐 书 加 几 究 系 秘 觉

减 镜 人 坠 怖 也 原 谅 差 异 行 骄 个 疲 列 不 高

少 乐 味 高 丁 思 面 邀 优 灵 有 蜈 傲 况 自 噪 升

见 自 信 道 休 了 光 便 灵 转 栅 赂 蚣 差 在 柔 书

欲 野 镜 举 交 融 数 保 远 倾 向 于 信 礼 野 行 特

交融
自在
检测
几个
一系列
减少
大胆
一二二。
威胁
可笑的
小心
西兰花
小时
原谅
倾向于
差异
边境
味道
蜈蚣
杂志

Puzzle 66

联 自 视 摇 破 回 四 况 乐 书 己 带 加 考 状 乐 碰

醒 邦 于 望 便 真 图 的 远 透 状 惊 紧 中 不 稳 定

情 雨 行 野 研 部 的 一 信 士 了 的 倍 面 木 胶 运

坠 骄 优 填 高 数 权 切 坠 马 ！ 过 市 中 心 驱 露

条 镜 便 士 举 乐 股 许 区 的 回 填 发 坠 状 能 滑

有 类 行 光 欲 伊 自 煲 域 皇 露 谎 目 的 草 面 不

复 图 光 举 保 宜 秀 眼 了 后 近 言 马 衫 理 土 狼

父 热 动 许 口 袋 冬 排 豆 仓 鼠 领 光 车 凑 疲 瑞

观 便 桥 肥 典 也 天 想 想 恐 平 稻 复 肉 差 透 有

透 选 活 项 图 噪 宜 书 充 的 选 建 信 亲 过 直 机

袖 心 梳 栅 他 权 转 噪 音 年 响 应 后 因 领 觉 坠

情 人 节 虎 办 公 桌 马 的 惊 他 特 条 欲 试 行 近

泥 豆 。 匹 情 猕 驴 前 项 的 毁 蔻 近 草 栅 乐 答

蠕 泞 私 况 配 猴 议 者 恐 便 快 举 带 。 柔 有 分

车 伏 型 真 了 桃 填 虫 情 喜 部 书 信 面 毁 余 苦

噪音
联邦
不稳定
仓鼠
冬天
情人节
猕猴桃
办公桌
区域
前者
谎言
泥泞
响应
匹配
的一切
皇后
口袋
市中心
目的
土狼

Puzzle 67

平 降 衬 学 环 四 傲 蠕 始 终 闲 袖 复 降 持 能 书
降 运 休 错 生 约 他 撞 权 虎 闲 稻 几 保 保 人 幸
磨 损 便 息 欺 的 的 梁 木 平 请 自 有 则 通 不 性
子 特 透 肉 骗 野 出 口 观 迟 香 马 量 私 面 秀 野
遥 热 公 释 稳 荒 丁 欲 状 乐 日 栗 不 票 充 观 野
本 也 > 鸭 噪 的 数 破 检 查 中 增 醒 黄 稻 试 释
那 心 傲 根 恐 父 木 坏 的 选 护 号 查 油 饭 释 特
些 咖 保 来 情 亲 型 下 乐 重 情 諾 碎 克 貌 乎 通
保 啡 泽 衡 宜 摇 排 恐 护 保 有 惊 四 量 热 动 的
事 顶 好 要 滑 性 时 桥 孤 高 的 研 究 肉 动 面 定
子 年 太 阳 里 有 间 查 静 独 面 貌 木 乃 思 试 信
错 口 恐 电 胶 乐 表 解 醋 音 栗 面 四 鳍 运 心 噪
书 静 不 修 祖 定 机 关 稳 热 醋 填 傲 因 建 生 栗
树 机 绍 议 顶 ！ 护 祖 书 直 觉 衡 灵 主 保 带 直
见 约 衬 程 出 虑 木 毁 坐 在 河 马 从 年 后 决 破

磨损
的父亲
检查中
出口
始终
的荒野
太阳
时间表
公鸭
孤独
学生
咖啡
欺骗
黄油
河马
机关
那些
破坏
坐在
的研究

Puzzle 68

重复
专门
微笑
作用
，直到
傍晚
妈妈
循规蹈矩
温文尔雅
接收
沙堡
卷曲
必要的
的专业
名词
的飞机
蜜蜂
边缘
栗子
迅速

坠 了 木 中 接 机 记 边 他 排 最 主 作 傍 晚 。 数
紧 地 转 最 收 理 究 答 缘 子 情 最 用 骄 娱 惊 存
人 ， 直 到 举 望 透 亮 肉 瑞 口 泽 的 专 业 事 息
的 蛾 露 特 皂 傲 本 里 下 视 煲 肉 要 区 条 区 露
身 飞 焕 议 便 考 号 型 迟 远 四 地 必 马 几 虫 袋
租 梳 机 栗 坠 有 察 查 日 研 摇 保 复 摇 赂 考 瑞
迅 况 衡 子 虎 人 骄 欲 老 卷 转 绍 欲 飞 > 諾 眉
速 余 情 远 趣 宜 碰 镜 沙 曲 名 虫 心 趣 增 雨 磨
循 规 蹈 矩 温 文 尔 雅 地 堡 词 虎 典 灵 老 肥 面
幸 自 肥 喜 快 伏 父 也 亲 觉 亮 复 快 复 驱 重 四
欲 音 的 雪 携 动 幸 身 错 后 的 休 观 专 来 复 过
视 旋 了 妈 妈 微 笑 绍 性 了 动 望 高 门 子 降 露
项 > 释 肢 数 增 焕 > 怖 程 静 草 余 惨 蜜 蜂 股
平 碰 转 村 喜 分 遥 皂 余 虫 的 研 眼 露 真 复 环
得 发 性 祖 查 亲 礼 过 发 究 子 底 趣 的 部 间 保

Puzzle 69

静号驴露柔延领研雪主语答瑞觉洪水觉
人之特皂灵透碎答的口言的他香察娱乎
桌选发灵过音恐不滑人程。自日事信漂
视究信保护的肥滑性紧序稳梳动说明亮
页醒研来的紧权乃欲磨远树野袋磨有通
建民主特>底驱身电自他情煲考净中不
那种胶私有邀村了桥身基领情眼衡干同
有亮票趣老貌考不主定苦水带父计设的
从马望环典心栏本中人他降领请查桌暖
的梁苦过书梁考人热欲梳衬的观构胶温
复部环典究瑞灵回落回中地惨实造蛾状
娱从计划自欲论文栏肉风平父飞际增远
猫蔻亮信况行醒疲乃得险欲柔议镜昂皂
木顶保人机携滑摇安远分复源情环贵改
放保自租栗滑梁充坠增损社摇伏柔后变

风险
构造
程序
计划
论文
说明
的设计
民主
温暖的
语言
的实际
改变
不同的
洪水
的干净
的领带
漂亮
得分
昂贵
那种

Puzzle 70

触摸
乌鸦
休闲
先前
尖尖的
拍摄
的官方
提交
买得起
泄漏
的需求
粗鲁
崩溃
海雀
冒险的
睡眠
统治者
羊肉
普通
侵入

保撞祖粗上举傲羊肉间修崩溃乌邀许研
本人心鲁书煲究最马了喜煲乎鸦直几基
有保行项行礼欲触私上马先平直状冒权
的需求马买得起摸程栅栏稳充情保险特
运滑惨乃约增惊能页条护基香士页的灵
视解图皂本趣驱因提交肉面回海礼伏情
怖研透虑灵露衡饭恐不瑞升况好雀木惨
睡眠选苦理保袖领便息最>身面諾飞优
拍摄议也统治者的普通休闲情子尖尖的
分部的先>根娱官恢行栅自定研遇袋介
栅重觉喜前摇的方察的研紧看乐携木考
人优情摇袖先地泄眼人思远稳行要典远
倍情最露欲携观漏过碰平的伊子肥侵迟
循香议貌亲部议木视面梁毁了觉人伊入
灵量素规息程伊飞蛾约的发自衡息带乎

Puzzle 71

您充己视保的梁日皂伊最潜最释远循机
选祖面答出信有也眼醒焕水蛾自源疲自
择类伏眉情视惧亲亮不他带稳醒灵秀后
宜部子栅袋加量恢情股复页面书人有伏
桥飞磨礼骄他携建苦覆释碰上信毁惨尝
>快老希望欲碰维持过盖水高子部子试
的决而伏皂量来便邀联回野修草雪运气
完苦球用破区便批皂举系人试便决喜决
全顶棍品回坠礼判最紧稻面查最鳍飞好
破从曲线桌村增草管理者滑人醋研克优
野私究树剩余致命莓面携的保机考直乃
鳍坠想灰亲毛的煲的不视衡得解亲平傲
树虫绍色望巾士考滑考苦之携静高龄从
因放秘遇蛾人填面优平最量页绍生车观
观况直破究情后諾查出后乐傲栗最飞介

联系
致命
覆盖
灰色
批判
剩余
完全
草莓
毛巾
用品
曲棍球
管理者
您选择
尝试
维持
希望
最后
运气
潜水
曲线

Puzzle 72

循查释摇闲胶欲选肥恐惊虎趣阿环觉亮
息噪老息桥股得能余许四举休姨日事雨
人滑镜桌特充复惊喜幸乎冰柱觉权碎份
中惫领乐自见携丁事面理遥乐音驱>额
权水野蛾有重灵宜泽底下静能布发梳人
决眉延身心伏野基克主增截洗发旋不领
护人迟透之摇自心亮从解距远源回机衡
负图车飞虎外保醋柔保环西柔便娱透充
责的先自干扰间惧修。磨镜部私能焕焕
粉型决信描述蛾研里骄于动諾增伊惨欲
部红栗人通趣况个别蛾真父快乐的宜延
破日色諾草绍释礼服心面好祖己许绍觉
状正！顶滑记录音高复信倍研旋持>研
伏是查分支监桥考携记护状栏分远梳规
本摇介议型测股想摇情见龄然眼记考存

快乐的
惊喜
礼服
份额
西部
记录
冰柱
分支
粉红色
正是
截距
发布
洗发
阿姨
负责
描述
个别
监测
干扰
之外

Puzzle 73

有 况 流 蠕 野 情 私 亮 便 树 顶 倍 最 特 的 凑 傲
菠 傲 行 衫 以 况 礼 桥 规 理 貓 错 查 傲 驴 心 电
于 菜 的 步 及 书 碎 自 环 循 修 医 最 升 鳍 焕 疲
滑 决 运 的 坠 性 煲 填 保 胶 过 院 况 自 楼 梯 动
充 股 龄 感 究 醋 年 旋 虫 醒 惨 马 惫 觉 保 年 秀
木 瑞 典 人 情 亮 生 醋 酒 后 惊 旋 过 股 面 人 凑
心 瑞 充 一 乐 等 于 远 情 有 貌 然 子 光 荣 蠕 >
图 虎 主 定 领 雨 不 绍 了 透 恐 虎 栅 真 研 自 素
牙 齿 人 趣 虑 情 肉 带 然 状 许 电 上 稻 发 走 惫
息 他 的 考 老 情 衡 虫 股 肉 能 几 事 碎 究 了 栏
延 遇 木 便 雨 快 票 延 惫 趣 排 几 类 肢 飞 心 查
过 存 乐 平 玻 璃 型 议 雨 型 条 款 树 重 惨 滑 找
快 苦 快 礼 摇 有 幸 基 野 见 环 饭 直 平 运 惊 惫
复 諾 携 子 发 饭 亲 恐 优 柔 諾 存 透 说 木 活 复
察 宜 平 建 间 父 修 程 分 离 的 试 人 ， 饭 车 看

瑞典人
流行的
分离的
感情
楼梯
等于
光荣
走了
玻璃
牙齿
菠菜
步行
医院
主人
一定
以及
酒后
条款
说，
查找

Puzzle 74

望远镜
的重要
火箭
在这里
的关注
然而
阴天
实现
整个
油漆
的音乐
虚拟
明天
退出
上升
带来
监狱
青蛙
眼睛
地毯

在 祖 ！ 看 运 领 磨 秘 书 年 实 现 差 惊 休 飞 稳
这 闲 行 持 摇 坠 视 飞 滑 的 饭 分 蛾 中 遥 机 远
里 介 胶 老 情 底 护 欲 赂 状 然 而 树 本 然 私 加
举 油 股 定 赂 的 迟 亮 肉 瑞 树 父 火 电 高 行 迟
摇 漆 > 几 上 眉 有 考 伏 信 眼 士 箭 因 貌 虑 平
虎 秘 幸 注 升 考 惫 车 理 貌 解 他 保 情 傲 灵 要
热 乎 书 关 身 露 情 乐 袋 马 虛 惧 透 出 四 蠕 来
部 要 重 的 镜 怖 试 带 远 监 拟 ！ 野 子 蛾 本 欲
研 填 状 礼 音 根 情 来 放 狱 自 醒 衫 要 碎 心 页
票 事 肢 泽 身 乐 信 礼 领 桥 苦 > 思 倍 镜 口 碎
书 碎 情 私 。 雪 答 降 望 特 亲 人 的 恐 观 栅 平
量 人 惊 不 不 型 雨 远 况 远 见 自 眼 真 > 青 坠
地 毯 落 转 摇 栏 不 衬 碎 保 镜 况 睛 观 整 蛙 自
几 平 底 本 自 乃 行 明 私 退 举 性 有 惊 人 个 子
飞 赂 遇 便 典 面 优 天 阴 出 雪 条 闲 复 号 亲 复

Puzzle 75

议	放	疲	不	得	蛾	不	的	坠	赂	眼	肉	考	人	欲	解	谈
行	摇	有	而	股	木	己	互	雪	>	貌	娱	的	本	回	远	论
带	>	信	能	医	猴	子	动	信	身	书	恢	秀	傲	惧	娱	典
野	请	心	乐	龄	疗	安	全	自	情	顶	蛾	行	灵	坠	的	页
私	透	原	因	有	木	驱	介	缩	写	雨	地	灵	凑	光	充	木
答	有	滑	子	究	马	日	活	虑	地	透	醋	见	恐	竞	热	存
顶	轨	恐	驴	许	婚	礼	行	保	年	规	局	蠕	最	争	日	则
的	电	热	桥	试	部	面	恐	权	便	恐	限	秀	然	四	马	摇
胶	车	情	泽	高	信	自	直	类	之	子	滑	肉	风	肢	排	坠
优	赛	选	蠕	护	虎	周	末	灵	心	欲	鳍	权	格	情	研	柔
坠	跑	欲	保	欲	貌	损	落	袖	破	量	便	存	噪	排	最	理
的	野	露	也	礼	信	焕	来	休	察	觉	滑	过	行	修	信	保
独	不	女	状	有	使	用	貓	然	查	书	察	惧	旋	最	摇	情
奏	露	稳	孩	时	最	查	秘	中	栏	摇	坠	驴	特	分	伊	型
傲	然	不	理	页	己	的	错	况	香	旋	乃	主	的	摇	配	人

使用
竞争
女孩
独奏
猴子
有轨电车
安全
婚礼
原因
分配
谈论
医疗
周末
赛跑
缩写
的互动
局限
有信心
有时
风格

Puzzle 76

约	香	袋	信	页	人	况	便	大	虎	平	的	倍	惊	恐	香	马
>	况	增	热	眉	趣	总	书	便	口	音	祖	视	况	部	驱	区
面	情	更	新	公	增	领	线	要	便	苦	他	医	鳍	状	存	赂
梁	灵	循	碎	式	煲	本	本	泡	情	身	份	药	许	先	亲	肢
看	远	况	批	处	理	光	惨	打	摇	手	情	本	信	几	了	解
程	坠	摇	回	请	降	项	雨	粉	蔻	机	透	明	持	各	地	滑
修	稳	衬	貓	带	碎	释	惨	了	镜	类	修	梳	条	蔻	恐	究
状	>	况	灵	鳍	想	犯	虎	绍	野	事	稻	快	桌	携	究	试
灵	肥	发	桥	性	短	动	罪	磨	通	恐	特	趣	遇	复	书	坠
梳	的	乎	快	露	暂	修	信	疲	余	坠	快	的	栗	稻	富	含
人	木	鳍	高	惨	木	增	秀	降	肉	查	社	充	稻	鳍	私	滑
指	望	特	别	野	发	乃	真	村	灵	落	答	恢	虑	情	底	撞
底	最	木	靠	可	展	转	驱	乐	安	机	宜	错	信	好	惨	平
木	饭	静	幸	以	理	想	发	的	底	只	摇	眼	梳	虑	眉	幸
桌	决	休	视	己	的	栅	后	有	迟	真	是	排	静	喜	觉	趣

大便
泡打粉
总线
特别
公式
手机
犯罪
指望
富含
可以
发展
各地
只是
身份
医药
可靠
透明
更新
批处理
短暂

Puzzle 77

平	梳	视	貌	肉	情	有	欲	飞	从	见	号	过	定	碰	！	也
间	遇	租	四	>	真	回	亲	雪	灰	家	根	未	英	里	的	主
研	复	温	不	毁	部	自	衡	分	尘	具	受	孕	能	意	图	望
特	秀	度	自	瑞	况	护	存	量	循	皂	坠	动	灵	规	虑	权
骄	便	计	休	中	利	虎	在	焕	邀	秘	自	的	性	饲	发	稳
余	飞	趣	出	休	动	润	许	旋	循	梁	运	信	动	料	错	加
查	书	许	雪	护	请	丁	滑	情	有	他	的	镜	草	特	然	许
蛾	复	直	安	高	欲	项	考	间	眉	能	栗	栅	举	信	人	雨
想	请	明	确	马	想	北	升	了	心	趣	旋	停	忘	余	静	页
的	典	循	祖	父	口	方	子	领	出	摇	最	顿	记	驴	木	人
规	车	己	欲	权	灵	子	灵	倍	眼	露	解	的	带	亮	恐	木
动	乐	人	皂	父	部	不	况	蠕	幸	乐	型	露	鼠	标	有	回
类	眼	了	况	便	摇	赂	考	貌	活	栗	插	入	主	了	宜	页
眼	余	日	。	洗	涤	心	好	源	衡	木	眉	然	伊	事	身	伊
面	基	暑	露	则	娱	恐	静	自	日	破	私	的	欲	条	约	高

条约
意图
忘记
停顿
利润
存在
插入
家具
北方
受孕
温度计
洗涤
英里的
鼠标
日暑
明确
身高
灰尘
饲料
未能

Puzzle 78

驰名
醋栗
建造
健康
女人
指标
奶酪
任何人
协助
详细
菊花
玉米
艺术家
溜冰鞋
变量
干旱
交叉
人口
地址
的情侣

平	则	衡	木	喜	过	车	项	能	不	溜	协	艺	排	坠	高	书
礼	错	顶	约	自	机	四	栗	肉	也	冰	助	术	马	摇	迟	票
梁	保	口	光	面	日	马	况	有	基	鞋	于	家	娱	通	研	有
邀	生	近	状	香	醋	然	解	恐	心	恢	平	觉	諾	饭	面	好
建	造	醋	条	女	干	之	释	生	驱	健	的	情	侣	伏	恐	保
驰	名	光	栗	人	记	旱	玉	米	煲	康	摇	焕	面	区	行	日
数	指	奶	热	何	观	香	研	情	祖	要	平	。	木	>	部	底
不	标	酪	毁	任	降	详	细	增	有	蠕	项	的	况	租	余	木
衫	许	便	龠	答	闲	解	于	木	村	不	有	亮	他	自	桌	保
安	近	视	平	眼	察	的	露	介	木	变	袋	乃	本	里	携	项
地	址	眼	亲	自	旋	蠕	克	回	填	人	量	区	排	私	驱	凑
最	亲	喜	稳	自	骄	票	权	循	苦	人	本	性	好	有	欲	疲
发	摇	增	恐	肉	出	他	票	人	口	摇	欲	马	坠	！	>	>
碰	记	错	露	亲	升	露	升	的	摇	秘	理	余	复	梁	租	菊
柔	研	源	遥	驱	醒	究	镜	他	的	胶	交	叉	降	究	中	花

Puzzle 79

保 遥 复 灵 专 从 本 息 情 灵 规 票 也 答 日 安 貌
心 私 邀 肢 家 而 野 特 权 带 野 观 紧 顶 行 静 焕
充 下 毁 衡 了 区 桌 的 请 苦 恐 复 伏 恢 俱 的 典
亲 见 从 乐 马 损 的 喜 生 情 保 区 了 的 乐 饭 不
考 请 破 的 试 撞 可 很 好 的 醒 伊 私 复 部 长 期
电 休 人 迟 人 好 可 日 人 自 几 情 营 觉 的 想 优
两 次 鳍 研 乐 才 最 蔻 年 身 情 紧 许 带 近 乎 平
紧 环 惊 之 的 骄 的 迟 虎 主 摇 出 他 祖 人 社 解
记 空 树 梳 惨 梳 观 野 。 野 不 电 滑 自 充 热 斑
考 中 凑 欲 解 自 差 行 差 人 骨 只 有 状 露 鸟 马
事 马 图 释 露 重 信 思 运 傲 架 信 量 平 随 机 啼
事 醒 信 想 稻 食 不 望 远 研 复 士 。 伊 区 澄 的
驱 型 祖 余 况 秘 品 看 糖 果 栗 持 己 加 基 清 面
諾 伏 貓 马 树 本 票 见 数 存 安 增 实 宜 遥 运 优
素 的 乐 音 想 紧 重 数 生 姜 惨 先 际 趣 素 况 身

骨架
空中
俱乐部
私营
安静的
鸟啼
可可
长期
糖果
生姜
只有
随机
实际
专家
的人才
食品
两次
斑马
很好的
澄清

Puzzle 80

充 车 村 心 梳 的 趣 有 雪 口 绍 试 最 股 地 也 子
沙 发 伏 蛾 几 直 茶 碰 轨 雨 鳍 虫 貌 直 的 驴 父
克 放 摇 定 也 自 > 壶 道 灾 泽 基 增 基 諾 衡 赂
性 驱 出 野 生 宜 因 > 过 难 > 复 想 桌 肢 不 飞
延 放 乐 司 灵 望 坠 年 人 恢 行 型 高 职 责 复 光
充 士 大 满 机 倍 的 怖 携 的 基 车 议 特 信 乐 行
饭 宜 家 足 人 环 欲 法 约 采 稻 真 乐 研 理 看 情
放 蔻 因 镜 几 的 露 院 宜 访 几 子 有 错 摇 填 里
民 用 事 类 碎 乐 理 肉 分 煲 心 保 趣 树 源 雪 破
乐 采 作 物 质 静 研 保 自 快 桌 升 星 幸 醋 日 事
坠 露 趣 互 证 明 状 况 苦 票 通 保 期 最 科 从 不
乐 解 好 平 相 护 肉 典 请 状 人 基 答 飞 学 栅 桥
的 宜 静 本 信 他 喜 。 有 语 根 充 心 地 日 驴 醋
条 放 机 出 肉 上 > 过 性 速 要 修 根 出 秀 自 静
乃 基 上 欲 马 述 摇 滑 秘 几 惨 乃 香 领 恐 修 情

上述
职责
科学
采用
的茶壶
大家
采访
灾难
证明
有趣的
物质
沙发
语速
民用
司机
相互作用
法院
星期
轨道
满足

Puzzle 81

番 运 幸 梁 动 栏 日 循 根 夹 根 老 貓 增 感 觉 武

茄 事 情 伏 秘 自 增 情 碎 觉 克 不 上 灭 部 稻 器

凑 增 长 马 部 豆 自 根 约 类 错 行 噪 绝 延 礼 认

况 保 研 失 稳 源 动 克 答 肉 增 木 音 露 活 里 识

欲 心 然 护 去 修 栗 滑 运 通 滑 心 日 煲 坠 损 请

骄 年 摇 四 分 了 子 介 下 信 数 秀 便 人 情 过 煲

热 后 撞 坠 觉 飞 安 倍 光 定 事 下 决 鳍 的 理 持

乐 型 续 领 持 幸 下 排 马 马 本 好 过 露 存 邀 复

护 考 虑 出 特 错 典 头 发 本 破 携 皂 饮 料 树 出

貓 露 损 事 保 回 面 摇 諾 特 况 好 望 马 邀 研 碎

厨 房 木 答 通 马 本 伏 得 虑 持 克 面 试 赂 。 答

草 高 兴 保 自 根 表 议 图 信 落 宜 观 下 的 好 更

试 傲 建 遇 近 保 现 醒 迟 观 记 动 水 音 机 恢 不

活 介 得 试 后 回 自 遥 年 发 决 保 叔 恢 会 吃 饭

动 驱 区 鳍 醒 肥 秘 下 己 送 权 > 叔 桌 携 坠 伊

高兴
灭绝
夹克
头发
失去了
感觉
增长
武器
认识
叔叔
厨房
活动
后续
的机会
发送
番茄
吃饭
更好的
表现
饮料

Puzzle 82

便 察 本 近 素 炎 子 行 便 平 危 议 的 醒 绍 国 举

滑 携 携 煲 秘 热 然 碎 宜 疲 险 泽 柔 差 绍 王 平

程 携 式 究 面 飞 转 复 的 木 护 情 复 己 要 宜 理

面 树 破 静 惨 龄 有 惧 运 引 进 释 身 研 真 飞 人

信 露 子 过 而 的 亲 口 动 图 像 余 的 损 考 的 轻

中 煲 秀 秀 滑 特 则 秀 日 乐 士 锄 降 电 发 不 微

优 降 邀 驴 考 权 好 稳 躺 的 有 头 乃 项 摇 邀 梁

迟 生 延 增 约 蛾 蛾 惊 在 于 鞋 树 真 况 程 便 鳍

绍 木 肥 蔻 发 遇 驱 身 性 情 貌 他 察 平 定 > 过

的 栅 安 而 休 苦 理 看 了 想 象 新 闻 驴 页 绍 肉

碰 场 循 免 机 人 自 况 高 恐 考 露 热 吸 血 鬼 袋

心 景 增 状 子 事 书 公 不 灵 趣 喜 滑 风 于 泽 机

面 介 衬 不 行 过 的 路 几 带 人 而 究 筝 马 许 稳

而 子 鳍 的 破 操 眉 飞 安 泽 降 带 欲 的 这 况 保

答 > 自 驴 性 作 栗 规 虫 他 虎 柔 远 优 些 状 保

炎热
引进
兔子
吸血鬼
想象
锄头
公路
操作
躺在
危险
这些
运动
轻微
图像
便携式
新闻
的鞋
场景
国王
风筝

Puzzle 83

根 定 邀 复 欲 ！ 最 趣 分 放 惊 心 疲 禁 欲 觉 肉
雨 的 水 衡 皮 肤 泰 迪 熊 生 充 袋 倦 快 止 得 栅
乐 信 衬 倍 直 通 木 乐 豆 衫 循 升 况 梳 他 技 区
苦 毁 木 上 状 。 老 典 况 机 况 驴 间 行 状 艺 特
胶 根 一 亲 。 面 乐 充 焕 苦 延 热 麻 有 型 保 面
候 祖 直 能 落 机 转 諾 观 增 长 排 烦 情 而 坠 幸
选 迟 现 而 撞 复 号 梁 循 量 不 亮 凑 透 虑 远 数
人 他 任 保 养 部 衡 定 休 好 撞 的 况 心 雪 释 修
马 特 丁 肥 生 近 动 带 最 能 力 人 建 数 平 皂 秘
生 伊 增 飞 选 不 部 观 研 不 下 草 类 事 胶 衫 股
答 ！ 生 存 票 型 宜 伏 恐 秀 虑 坠 性 之 衫 想 丁
心 貌 租 自 脚 马 选 > 主 惊 情 灵 顶 村 过 书 灵
快 余 亲 自 然 趾 娱 乎 本 之 肥 柔 条 狩 猎 了 貌
年 型 情 空 间 趣 驴 音 考 了 之 错 貓 祖 量 约 约
治 疗 约 热 保 保 马 衫 试 根 实 践 环 高 真 平 建

觉得
延长
禁止
自然
脚趾
现任
狩猎
空间
候选人
技艺
生存
疲倦
治疗
实践
麻烦
泰迪熊
皮肤
一直
能力
保养

Puzzle 84

自动
疯狂的
外壳
可怕的
在楼下
婴儿
独自
词汇表
计算器
列表
太阳镜
说话
岸上
否定
对比度
结束
月亮
的伤害
细胞
衣服

带 况 状 磨 可 草 的 野 结 衡 豆 对 心 分 保 决 遥
遇 的 情 延 怕 最 高 研 束 子 复 比 驱 通 水 信 里
过 也 考 坠 的 虎 月 亮 疯 狂 的 度 醒 幸 独 碎 倍
乃 热 顶 信 能 迟 部 灵 思 的 直 焕 坠 衣 自 放 梁
摇 答 量 好 醒 建 遇 复 桌 考 眼 在 自 服 从 柔 諾
太 胶 降 邀 肉 之 上 的 数 的 噪 楼 动 栗 的 香 子
得 阳 面 諾 欲 便 考 伤 恐 号 填 下 自 稻 差 喜 外
否 宜 镜 衡 的 惧 透 害 充 解 部 说 列 表 飞 保 壳
建 定 欲 野 桌 热 面 瑞 根 下 欲 之 话 汇 不 磨 复
飞 项 喜 况 乎 决 闲 梁 差 真 车 赂 露 词 部 高 举
有 解 复 惊 然 想 发 领 凑 赂 克 的 约 好 面 婴 儿
答 闲 骄 煲 保 损 请 木 稳 私 计 算 器 岸 护 恐 究
降 毁 中 息 落 不 镜 降 亮 许 股 惫 便 上 股 下 灵
细 胞 迟 降 介 欲 恢 情 醋 地 几 迟 泽 欲 马 研 典
面 丁 日 底 优 考 坠 音 信 人 毁 口 胶 绍 看 香 观

Puzzle 85

携	子	中	雨	遥	底	摇	私	况	经	伊	真	绍	橙	面	数	信
灭	亡	信	理	素	露	因	夫	煲	验	木	碎	有	虑	色	量	破
控	制	解	摇	根	约	音	人	摇	遥	落	加	衫	左	主	创	造
音	虎	排	了	来	想	社	惧	虑	优	里	自	参	地	腿	最	延
鲜	亮	龄	>	欲	情	区	碎	要	醒	平	书	加	股	好	怖	肢
丁	花	平	滑	转	类	梁	貓	情	坠	情	后	的	肉	快	里	子
伏	蔻	解	胶	宜	延	坠	直	上	惊	煲	来	特	摇	型	四	票
镜	自	怖	信	野	事	恐	升	存	高	动	词	看	篱	蠕	梳	安
护	行	惧	真	得	上	望	机	选	亲	疲	毁	型	笆	特	解	于
蜡	烛	没	情	降	远	护	趣	便	便	摇	滑	保	毁	落	飞	页
带	绍	事	特	殊	人	克	则	秘	雪	人	私	情	露	撤	销	股
条	决	信	傲	透	快	乐	桌	惧	球	四	柔	喜	蔻	状	乎	信
滑	摇	考	自	了	雪	看	动	心	碰	自	他	思	怖	循	于	貓
虫	见	最	摇	士	惧	子	型	了	驴	本	最	惧	建	他	人	发
举	填	重	察	栅	分	自	优	眉	驱	袋	基	村	狭	隘	肢	亲

社区
直升机
夫人
特殊
橙色
控制
没事
鲜花
篱笆
狭隘
创造
动词
雪球
撤销
蜡烛
数量
左腿
参加的
灭亡
经验

Puzzle 86

秘	野	护	克	转	动	和	坠	考	验	谷	仓	况	自	地	绍	作
环	噪	也	看	公	民	平	看	面	坠	姐	鳍	本	疲	坠	透	者
主	眉	眼	察	到	项	啤	酒	觉	上	虎	姐	乐	平	来	真	父
摇	最	坠	皂	先	肢	便	静	蠕	研	雨	携	复	究	父	热	不
本	携	动	来	解	，	根	亮	动	根	办	法	辩	论	虫	乃	发
活	马	口	雨	答	而	祖	活	静	平	士	乎	本	栏	马	研	露
优	想	子	记	子	不	部	观	建	量	四	地	存	便	諾	草	保
雨	马	不	肉	了	是	觉	思	里	肉	的	票	己	欲	乐	修	木
运	静	摇	肢	心	衬	本	落	最	一	二	○	二	虎	特	旋	迟
军	人	历	史	恢	镜	数	先	眼	回	旋	查	马	梁	警	飓	风
运	苦	况	露	梁	栅	摇	本	先	决	的	领	骄	邀	告	量	能
亲	行	亮	特	安	邀	破	得	部	典	环	蠕	飞	性	撞	灵	不
磨	本	花	下	况	状	情	状	光	喜	情	乐	乐	特	喜	本	恐
驱	直	园	望	坠	子	请	损	定	高	香	亲	宜	书	本	乃	之
下	午	解	宜	而	损	卖	家	幸	祖	释	子	自	赂	马	重	条

飓风
考验
作者
花园
军人
警告
姐姐
公民
谷仓
办法
历史
卖家
一二○二
和平
看到
下午
啤酒
，而不是
辩论
运行

Puzzle 87

自	桥	也	貌	股	里	不	趣	充	回	父	信	稳	羊	透	而	想
己	很	我	们	苦	冰	霜	贫	有	木	谈	话	明	毛	能	远	降
特	征	少	繁	摇	自	心	疲	困	型	观	顶	显	不	携	摇	碰
落	赂	露	忙	典	邀	思	几	定	先	磨	面	股	运	直	研	撞
赂	下	然	填	间	得	摇	乎	远	肥	的	类	似	排	源	不	坠
木	增	树	重	解	电	复	是	能	紧	识	别	甲	虫	恐	>	了
排	试	保	里	马	远	部	苦	乐	复	状	口	机	雨	远	自	觉
衬	鳍	衬	租	紧	栏	股	父	看	桥	牙	膏	骄	坠	试	遥	年
的	素	型	号	视	自	欲	焕	环	梳	考	热	项	袋	看	醋	焕
议	研	栏	也	便	信	蠕	子	赂	选	乎	凑	高	定	延	况	袋
视	貌	大	出	建	动	顶	典	乐	焕	骄	豆	不	宜	野	情	疲
鳍	释	究	象	皂	醋	延	野	源	动	最	龄	尖	叫	带	来	了
形	容	最	碎	胶	栅	携	想	最	试	露	胶	水	傲	来	信	理
有	部	护	面	的	休	乎	飞	加	惧	马	音	书	疲	便	排	人
记	定	赂	傲	建	諾	面	驴	携	他	摇	了	乃	不	部	察	飞

碰撞
自己
我们
几乎是
特征
识别
带来了
大象
牙膏
类似
贫困
尖叫
冰霜
谈话
繁忙
甲虫
明显
羊毛
形容
很少

Puzzle 88

乐	下	音	趣	紧	怖	于	乃	木	恢	状	反	天	空	凑	租	损
的	了	马	区	宜	行	袋	总	统	草	日	应	的	医	生	桥	信
降	最	差	自	记	惨	重	骄	活	后	醋	真	>	高	袖	地	也
鳍	答	甜	蜜	子	源	视	熟	悉	恢	士	自	紧	便	压	选	充
存	股	的	情	察	滑	心	树	栏	电	动	傲	而	自	过	低	研
马	有	树	饭	里	排	下	答	研	鳍	检	美	保	有	邀	胶	秘
心	之	恢	得	秀	情	书	灵	损	宗	讨	味	子	持	数	近	柔
带	焕	余	四	肉	护	乐	马	许	训	教	的	思	碎	撞	雪	木
情	因	远	乃	欲	分	醋	眼	虑	了	虑	高	考	子	己	也	士
加	数	租	祖	的	身	邀	亲	出	邀	过	栗	心	答	眉	己	社
惨	亮	通	桥	子	从	木	爱	自	本	于	不	信	加	亲	人	貓
情	滑	坠	饭	根	便	私	的	星	级	直	运	>	镜	镜	迟	降
情	真	飞	释	谨	慎	最	建	栗	乐	记	主	理	自	行	加	远
豌	存	信	转	娱	社	豆	功	露	周	问	要	面	规	的	私	生
闲	豆	衬	考	苦	衫	下	率	己	期	题	介	赂	克	特	便	股

主要
熟悉
总统
重视
检讨
天空
谨慎
压低
的医生
功率
宗教
反应
豌豆
周期
甜蜜
亲爱的
的教训
问题
美味
星级

Puzzle 89

祖先到恐疲傲沟通红蔻便露稻定护突撞
肉条本达幽看人约色香建信幸底本然车
排下栅担灵的灵醒降諾便地撞请问快飞
绍的上心活机球趣条发本了稳出现特底
理白菜摇滑>日员请觉人醋即时本乐信
惊平察下毁>里有煲。子怖安记近状近
于直地栅落通饭休透素的心衫栏顶赂答
的马察自租运充身克亮解恐情部有喜惫
懒心音焕露透礼露心绍村恐顶礼雪则迟
惰信上修磨人典动的细增乎休猫释介音
量特误研透项栗思移平腻木紧饭好眼从
喜爱差欲部最高的动瑞便社怖然复远性
近有>面视媒升惊身木飞山露思许飞惨
恐光恐数乃体保请摇己上羊租之循增驴
碎父子存答上车衫复赂安要撞议口的究

祖先
懒惰
突然
媒体
的球员
误差
担心
出现
即时
到达
请问
山羊
沟通
喜爱
红色
细腻
最高的
白菜
幽灵
的移动

Puzzle 90

栅栏
骨折
装配
，虽然
多数
，其
第六
审判
原子
合作
极地猫
没有
虚假
教堂
推迟
猫头鹰
文章
人像
，除了
激烈

心稻量他面肉趣他，其本猫克从乎极复
持恢循栅于惧丁几！了子头瑞了心地不
推迟量区栏多数试信得噪鹰落老情猫諾
马错下心栅通人喜考降諾倍几部的撞父
典建护光肢典于的许肉最自惫有飞遥解
类社激骨折原肢摇口最稻碰克年得蔻人
填諾烈桥磨子焕惧带权肢存查幸权肢赂
的运审袋行自回赂的马安，回主电自雨
袖木选判了源要人像苦人稳虽得毁香欲
虚假摇老趣亲野伏觉，祖保猫然恢增携
音自不究教堂面察情除克焕泽错护先傲
特好而议能文焕票情了欲恐近释装第六
光合作>况章撞自想试典思不摇配马环
心香梳趣肥旋>主于带瑞马情乃况高虑
喜源量带自顶他木煲见碰真没有规口的

Puzzle 91

静毁从情黄升时梳则祖从马重损祖村部
水行虫则鼠电间绝有肥心欲量趣举去>
桥梳刚性狼顶不野对生有车伊鳍平恢年
的己他惨环衡存生主驱幸安滑几解灵坠
最摇热况便灵远议胶股豆过议农民驼鹿
情凑虎命中撞增胶存本自领先栏图水肉
权欲特余的虎子考己顶情撞肉人木果饭
远碎举子龄重信程村树休有噪信平欲梁
车便亮复行磨生之年过高吸取视看放的
骄心考衫基肉人趣规恢便书通噪平安悲
秘方向傲村保将来面排的四音猫乃情剧
秀有丁邀情倍情平部柳恐然旋威幸望页
况基私热复选他子持视叶替代力类租本
放疲依赖惊尽管惧傲私况破眉瑞便增赂
信有顶量稳保衬碰快上马了充心桌便的

悲剧
野生
依赖
威力
重量
农民
刚性
驼鹿
水果
去年
吸取
命中
将来
方向
尽管
黄鼠狼
绝对
替代
柳叶
时间

Puzzle 92

平的碎人衬面灵破的项平发优信煲决野
信龄根车视规热得梁衡觉虎量镜里持苦
子量惫出乐雪平页亲乐保野想保顶>决
慷桌考敌人挽子坠重过了型鳍领然暂停
日慨循约情留所需情觉重灰过凑恐恐降
便喜回信老约心透下自欲尘趣桌香年的
权士项知道胶紧典复立独的租源答最四
栅眼本碰桌请程恐坠气球不根增摇稳乐
有回解语句延露而考趣亲信根热单衡灵
四肉携面因损遇源复虫出恐闲本元噪祖
距邀便透乐子热怖安苦村遥息决近疲饭
栗离草日底怖排。木排填记皂！树母亮
循心水惫延网络祖树出程安非常简亲滑
湿气胶了亮票有面况增放人撞通化奶苦
下惧从能趣遇之要平草持页思撞紧奶的

便士
知道
奶奶
慷慨
语句
简化
的独立
母亲
排出
单元
挽留
所需
气球
敌人
距离
灰尘的
非常
暂停
湿气
网络

Puzzle 93

规 的 便 几 袖 则 皂 书 区 办 考 的 型 栗 他 蛾 马
法 律 克 好 人 差 根 升 胆 摇 公 内 部 四 邀 理 稳
能 口 量 解 了 程 循 稻 小 龄 电 室 地 放 修 延 惧
音 蛾 醒 遇 区 人 > 平 静 先 真 亲 举 肉 飞 保 桌
春 天 看 露 焕 请 清 量 保 骄 坠 复 事 紧 图 增 领
幸 虑 趣 保 自 木 柔 空 怖 进 错 喷 泉 观 根 过 衬
研 从 看 野 衬 凑 型 的 视 口 惧 来 己 滑 有 赂 暴
一 究 士 虎 恢 通 摇 马 树 重 肉 遥 马 苦 梳 子 躁
分 娱 生 复 他 动 项 瑞 看 理 惧 袋 特 落 貓 信 保
钱 惊 圣 试 有 转 优 运 先 滑 村 况 解 看 亲 许 便
赂 安 诞 磨 私 貌 提 许 放 动 惨 热 究 的 遥 主 过
虑 自 傲 看 想 子 醒 乐 高 了 醒 喜 保 伏 息 特 考
社 宜 加 欲 木 持 醋 恐 优 闲 存 智 袖 图 延 建 的
木 ！ 因 项 精 填 间 解 文 凭 桥 能 四 领 量 骄 恢
记 聪 明 不 灵 大 米 况 图 。 远 典 能 泽 马 定 过

平静
研究生
圣诞
大米
一分钱
办公室
内部
精灵
法律
文凭
提醒
法规
春天
进口
清空
喷泉
智能
聪明
胆小
暴躁

Puzzle 94

释 栅 貌 面 野 驴 决 从 规 迟 碰 事 最 意 息 坠 情
释 光 考 便 通 面 人 。 直 凑 近 他 情 图 通 飞 乎
季 度 胶 安 日 降 情 栏 也 奥 亲 思 许 持 上 升 面
损 气 后 的 周 三 木 底 差 秘 升 民 决 发 木 凑 动
普 球 礼 差 来 的 来 分 从 租 升 惊 族 镜 性 携 丁
的 通 活 遇 雪 木 香 来 野 鹿 衬 肉 父 人 事 领 中
充 持 观 规 自 飞 趣 观 兔 野 日 栅 地 究 运 袖 电
析 环 便 高 修 水 己 查 肢 士 情 地 增 控 动 远 袋
分 面 迟 头 脑 退 的 重 树 项 排 之 音 制 己 修 领
母 则 坠 袋 豆 出 恐 便 考 私 雪 破 野 特 后 项 秘
眼 爆 直 树 恢 间 惧 观 车 桥 增 上 修 转 安 马 规
发 发 口 秘 露 权 后 研 梳 凑 了 究 情 宜 存 的 。
摇 瑞 磨 闲 肉 撞 人 欲 重 典 亲 部 的 落 规 滑 树
从 亲 特 伊 遥 答 迟 基 活 身 栗 近 部 中 傲 栗 諾
飞 增 动 > 页 想 余 金 撞 主 摇 不 状 延 复 介 趣

周三
基金
头脑
分母
分析
季度
爆发
雪上
的恐惧
奥秘
野兔
民族
鹿野
普通
上升
退出
意图
运动
控制
气球

Puzzle 95

有 规 亮 不 查 龄 项 摧 察 降 而 损 欲 喜 部 延 子

情 则 而 乐 书 亲 肢 况 毁 面 虫 领 要 欢 ！ 保 书

总 统 循 释 解 己 日 香 量 好 发 桌 栅 因 改 善 填

马 觉 收 型 惨 惧 栗 醒 桌 循 遇 惫 梳 闲 袖 灵 特

倍 信 集 稳 信 的 吊 本 休 牙 医 子 理 蛾 木 克 息

亮 驱 性 动 焕 画 远 着 乐 分 发 来 行 激 伊 恐 活

欲 疲 情 恐 紧 笔 滑 草 记 想 间 己 稻 励 信 循 循

木 底 查 苦 排 的 雪 自 看 礼 光 平 貌 极 其 部 动

状 木 滑 难 滑 泽 蔻 摇 休 栅 部 不 有 栅 出 从 最

复 带 眉 理 释 礼 飞 碰 醒 静 差 坠 时 雨 增 口 身

情 近 情 摇 克 祖 香 乐 自 噪 充 老 之 答 的 解 决

存 倍 怖 介 雪 水 环 余 侵 入 满 遇 定 祖 的 加 飞

泽 。 过 村 车 焕 通 远 部 飞 落 颈 美 想 顶 士 草

恢 面 木 露 持 毁 票 惫 高 胶 日 部 味 諾 建 部 眉

决 露 根 电 身 遥 远 稳 看 驴 蔻 看 秘 胶 因 马 柔

充满
的画笔
牙医
喜欢
收集
吊着
摧毁
解决
改善
极其
苦难
分发
颈部
遥远
激励
出口
侵入
有时
美味
总统

Puzzle 96

领 西 乃 思 飞 出 护 毁 发 梳 存 马 滑 野 放 木 面

有 兰 试 举 便 亲 袋 野 释 袋 稻 龄 的 回 心 人 鲜

风 花 肢 放 松 举 休 定 人 活 量 滑 条 要 伏 查 花

暴 便 直 里 条 泽 过 柔 答 音 草 身 循 程 回 最 循

转 凑 下 部 肢 运 基 龄 动 骄 虑 碰 基 > 基 电 素

傲 疲 村 特 下 马 豆 司 机 出 平 定 举 老 露 增 升

想 象 口 姐 貌 克 剪 刀 独 西 蔻 承 发 恐 况 长 分

面 里 野 姐 人 人 傲 优 自 书 红 担 袖 动 旋 理 散

疲 而 活 复 环 惫 信 醒 心 惨 肥 柿 携 惧 摇 子 注

特 马 桌 不 地 蟾 蜍 书 乃 见 远 解 保 保 试 人 意

焕 研 本 袋 面 雪 后 马 快 碎 人 了 情 底 下 便 力

项 回 可 趣 议 心 树 机 项 况 静 高 人 惫 部 闲 高

静 滑 以 增 怖 释 柔 然 通 话 究 权 衡 失 袋 近 理

紧 自 凑 衡 子 填 惧 查 本 见 谈 不 倍 望 近 考 优

喜 乐 源 不 木 望 音 稻 便 思 车 话 觉 的 特 遥 草

风暴
放松
蟾蜍
地面
剪刀
失望的
承担
底部
西红柿
通话
分散注意力
西兰花
可以
司机
增长
想象
独自
鲜花
姐姐
谈话

Puzzle 97

的 好 最 余 于 苦 许 四 滑 差 子 车 况 转 镜 奶 子
醒 专 书 柔 看 湿 不 飞 稻 自 情 属 车 部 的 奶 虑
母 察 家 来 运 恢 气 面 规 栅 放 于 号 日 热 老 音
能 鸡 本 趣 人 护 见 许 克 眉 车 租 休 热 虎 胶 虑
栗 心 瑞 蛾 口 桥 飞 通 知 循 心 观 怖 ！ 生 过 加
乃 马 克 杯 露 子 情 许 间 驴 虫 野 的 息 的 色 彩
摇 理 摇 蛾 保 秃 鹰 惧 袋 最 建 镜 的 理 噪 运 然
思 请 假 底 摇 私 填 之 带 排 香 不 深 思 观 研 终
私 携 部 情 填 尽 管 不 惊 源 伏 稻 浅 释 中 香 于
于 人 复 也 然 先 地 面 喜 醒 梁 解 趣 摇 諾 蠕 倍
上 乃 栅 驱 的 底 图 雇 用 动 过 乐 伏 得 稻 循 因
马 村 灵 面 性 能 休 保 子 乎 梳 树 有 肥 柔 梳 后
的 本 典 过 雨 议 热 远 平 子 顶 > 小 鸭 间 惧 祖
飞 本 便 决 也 秀 日 源 柔 丁 面 情 保 高 区 看 数
衫 飞 也 修 增 热 快 坠 不 怖 则 数 远 镜 娱 皂 諾

属于
地图
雇用
马克杯
秃鹰
最好的
通知
终于
的深浅
小鸭
的专家
的色彩
性能
母鸡
请假
惊喜
人口
尽管
湿气
奶奶

Puzzle 98

貓 研 的 有 价 有 息 了 增 分 恐 老 龄 马 衬 蔻 田
明 鳍 透 股 值 人 紧 书 能 远 绍 人 车 察 泽 的 径
年 究 休 源 好 特 。 主 飞 花 许 水 笔 带 心 马 虎
衡 情 查 娱 试 光 研 中 保 面 园 果 记 通 常 研 毁
特 乃 袋 雪 自 镜 采 访 好 况 主 便 本 伊 细 露 衬
保 选 驴 木 书 区 部 高 皂 想 通 衬 欲 士 自 胞 页
私 填 不 觉 栅 利 特 人 好 顶 马 周 的 惨 木 余 镜
士 礼 恢 雨 举 润 苦 落 旋 摇 情 长 士 行 某 肉 源
老 桥 见 便 ！ 落 不 秘 衡 摇 导 保 解 票 作 处 四
信 能 信 转 坠 来 上 而 错 镜 航 连 续 解 操 音 野
虑 延 落 子 视 带 发 鳍 貌 娱 修 类 很 好 的 试 升
树 皂 也 间 静 领 充 得 带 惊 数 有 建 遥 来 己 特
增 露 因 高 运 年 行 降 了 栅 子 龄 股 香 醒 复 ！
先 生 乐 里 书 排 保 蜈 蚣 不 伏 页 则 部 充 摇 私
树 噪 > 情 增 约 租 书 柜 增 望 虎 好 醋 最 素 动

导航
明年
醒来的
书柜
周长
笔记本
价值
的操作
田径
连续
某处
通常
先生
蜈蚣
利润
很好的
采访
细胞
花园
水果

Puzzle 99

活恐亲摇瑞疲驱休便观崩木典情回事落

里好下人类本而碎旋解溃通排。豆邀栗

不想橱查休洽究建信排苦衬加貓护绍稳

量觉柜日闲人谈。错欲究基木亲票袖镜

衬况于年自人焕降亲骄修倍撞秘基虑伊

平衬危损口克状镜蔻凑梁作用私见乐可

植物机牛仔可雪亮高露情发驱尤其是怕

凑生的学坠靠行快子摇秘的特子持亲的

一个邀生领木而便乐恐露观镜快公研好

野摇>息举平邀赂秘记排也介父鸭菜处

鸡音动摇研根露肥貓秀带坠复木。本花

平雨光闲余运信恐解胶权年有灵充灵柔

绍醒建老肉秋季。先貓复便号记于建肢

乃机条选票伏保存野高图安己心许惊摇

也娱苦项擦洗父后年水后绝望的野中电

牛仔
危机
橱柜
菜花
秋季。
尤其是
擦洗
一个
快乐
好处
野鸡
洽谈
植物
绝望的
学生
公鸭
作用
崩溃
可靠
可怕的

Puzzle 100

雪貂
融化
击剑
的妹妹
的行为
肉类
也许
皱纹
维护
声音
俏皮
温水
地理
循规蹈矩
说，
在这里
火箭
雪球
原子
柳叶

面香的惊特摇日融决伏了况子傲动循飞

面不醒活也好乐化票祖露疲号噪遇规数

梁木复于热许乐几损鳍后乐龄不镜蹈惨

栗的面后惊介宜几原理香环的蛾维矩摇

皱己况龄趣票士透蔻子貓有行遥护要部

纹年平自权滑闲回露状桌！为虑底水环

有肢雪球过士温水灵桥乐不恐>碰究研

木肉噪说余老最权在能考行绍部>草惧

事俏皮，间行心透马这迟地摇飞自察约

高镜驴年人远雪余生遥里号程远四查票

地复他查凑人貂虫项快平热心肉类眼乃

理亮醋乐而秀焕加鳍议衡恐研试摇雪击

火人好远性思豆衫雨自摇泽真复恐趣剑

箭声音的妹妹本之顶灵凑决野骄凑最肉

欲自树娱肢数充傲差思凑柳叶焕运想虫

Puzzle 101

觉 想 先 他 中 摇 胶 则 本 侣 情 的 坠 平 父 领 安

行 木 部 醋 乐 便 宜 香 典 鳍 感 瑞 人 他 上 亲 观

表 疲 重 重 考 后 四 放 净 干 的 持 研 恐 人 带 人

示 肥 栅 放 梳 袖 倍 娱 摇 眼 镜 热 填 回 决 雪 撞

树 音 雨 不 亲 烧 毁 貌 公 司 区 顿 时 复 眼 顶 填

勇 敢 伊 休 人 木 行 虫 行 飞 填 乃 子 底 直 水 的

平 面 号 部 伊 顶 民 焕 衫 蛾 肉 动 间 蛾 虫 碰 栗

信 虑 社 了 坠 坠 发 主 储 辉 好 查 摇 快 选 护 的

因 中 自 雪 子 闲 根 ！ 备 煌 特 描 有 望 答 举 亮

高 好 想 携 惨 肉 马 选 梳 行 殊 延 述 遇 本 通 子

答 从 绍 租 > 转 自 直 虫 保 秘 雨 面 恐 木 源 发

便 平 先 摇 主 回 邀 惫 心 护 不 樱 试 词 便 信 事

视 理 保 性 梁 复 的 木 乎 携 撞 桃 虎 汇 热 安 增

甲 基 灵 的 邀 趣 梳 信 摇 西 部 望 惧 表 车 循 柔

虫 状 平 下 老 升 口 性 定 灵 子 分 程 的 趣 保 了

顿时
公司
回复
樱桃
储备
辉煌
表示
有望
烧毁
选举
勇敢
情感的
的干净
民主
描述
西部
的情侣
词汇表
特殊
甲虫

Puzzle 102

规 优 落 究 动 自 余 类 幸 解 娱 水 子 龄 光 灵 后

回 应 心 骄 栏 状 填 旋 日 机 源 葱 的 您 选 择 镜

租 面 项 丁 肢 通 然 则 雨 信 快 了 作 坠 优 然 也

休 子 袜 认 基 租 亮 不 情 遥 优 便 用 观 条 灵 闲

情 延 子 为 奶 醋 怖 镜 。 面 对 马 申 本 飞 人 则

草 紧 答 人 酪 加 秀 要 坠 股 衫 蜥 请 虎 性 旋 考

木 信 衫 能 高 记 图 稳 信 开 票 蜴 考 撞 苦 坠 貓

几 桥 年 排 坠 坠 摇 中 稻 玩 秘 不 保 便 优 諾 最

露 坠 的 虎 想 稳 子 泽 貓 笑 息 不 决 雪 人 建 驴

滑 因 泼 妇 摇 亲 肢 傲 趣 见 焕 子 行 觉 热 建 的

温 度 计 后 篮 绍 直 视 地 灵 己 查 号 情 。 马 的

延 赂 先 惧 镜 乎 思 可 笑 的 条 亲 去 镜 祖 乐 里

恢 喜 粗 落 重 乃 从 答 里 因 紧 车 究 除 页 排 乎

木 雪 己 鲁 最 学 校 放 重 香 素 光 乐 也 柔 怖 损

子 程 地 碰 貌 后 滑 机 梁 镜 喜 保 肥 当 前 条 飞

水葱
去除
开玩笑
当前
面对
的作用
回应
申请
摇篮
蜥蜴
学校
认为
泼妇
袜子
可笑的
粗鲁
最后
您选择
温度计
奶酪

Puzzle 103

醋股马远即请高光喜露蛾恢磨况有桌梳
部亲特身透时比较面领出误己选填部桌
雪苍蝇则的项目上自驴增差衫延介乐！
回条部差镜循透来从骄状乃图片见桥请
身光解程艺休蛾面约视的举步乐幸项股
父车修热术望思不肉鳍举监骤四研热究
表数面护苦猫袋上最心政号狱介露迟栏
现存下降错喜中页礼里府老书不况亲因
面典解，放亮豆租约源便视觉最己释充
虑伏的其想柔息不导破然小猫旋本心保
情然基手紧张秀的演后循的凑身本分喜
趣升名持册光部数人衫丁分息木平释降
摇亲词欲子父地复邀差增情闲过邀心的
存理约通答直升机定间选的骄重研露好
最痛苦里雨快豆定分间环邀便遥分衬部

手册
艺术
的项目
政府
苍蝇
图片
紧张
痛苦
视觉
比较
步骤
导演
小猫
名词
监狱
表现
直升机
即时
误差
，其

Puzzle 104

复页驴倍研己欲稳口梁豌加欲修电骄研
碎有蛾雨。保的梁苦胶存豆的解性书碎
碎活磨苦的宝填安查乐复鳍批转果质蔬
的身树介肥宝休修量基理组判人汁机菜
环境萝龄平动撞看自研便合远他稳遇第
的性卜书安几信香祖汽乐特快己而骄十
旋。虎身乃好惫幸保车龄延情特之袖部
碰灵机高的牙膏柔亲保情许便也木从请
他带透充有回机投延有不几秀研权增饭
定飞内部身份从乐入野木的底有！票坠
迟猫见观貌复过部填根而足惫人惊肉恢
乐毁帮护胶人疲士恐研况够的介不虎雨
貌惊助条存建煲面邀相拥差苏打水视镜
他人日图鳍环道得紧举而通祖研自行察
的礼行他类书德趣醒面源梳来便摇村信

果汁
投入
汽车保有
苏打水
的批判
第十
宝宝
组合
相拥
帮助
足够
性质
道德
环境
萝卜
蔬菜
身份
牙膏
豌豆
内部

Puzzle 105

心	欲	支	公	究	恐	回	闲	出	橡	可	能	的	程	虎	持	最
秘	碎	出	鸡	灵	电	不	坠	系	放	胶	有	出	胶	坠	研	区
便	顶	子	票	增	蛾	諾	！	统	考	骄	遇	分	老	要	乐	音
过	程	中	行	虎	人	恢	蠕	之	虑	心	野	的	虑	生	四	延
选	循	野	便	雪	遥	许	可	增	蛾	察	运	顶	考	行	充	推
截	观	肉	错	行	貌	考	源	想	子	透	文	错	貌	便	通	出
距	高	号	趣	快	项	恢	>	能	了	研	滑	章	子	面	本	绍
发	行	趣	平	查	惊	研	答	己	活	论	究	滑	貓	排	恢	保
想	况	飞	带	信	记	>	的	有	落	便	文	梁	趣	有	复	心
活	草	最	了	貌	间	于	信	顶	降	惫	下	小	迟	试	之	几
娱	语	言	焕	远	释	日	！	动	雨	素	自	马	型	远	号	虎
饭	保	士	衫	能	撞	特	顶	子	自	源	士	根	过	遇	视	排
增	衬	增	保	决	有	书	师	信	行	转	考	梁	请	人	量	性
人	赂	最	木	主	量	举	大	量	紧	移	况	之	出	来	携	旋
桌	请	事	丁	加	惧	镜	研	升	凑	损	息	父	娱	肉	的	镜

支出
恢复
可能的
系统
转移
公鸡
降雨
大师
推出
许可
紧凑
大量
橡胶
考虑
过程中
小马
语言
论文
截距
文章

Puzzle 106

餐厅
你自己
混合
任务
的热带
宽幅
频繁的
蛋糕
三只
裙子
愚蠢的
停机坪
拒绝
农场主
的需求
批判
走了
女孩
灰尘的
进口

农	场	主	典	信	看	区	觉	衡	蛋	混	合	停	马	先	行	任
年	解	转	香	加	梳	特	柔	书	马	糕	凑	机	他	便	女	务
解	特	餐	厅	闲	袋	栅	思	坠	眼	醒	议	坪	从	。	孩	饭
则	的	需	求	便	的	肉	柔	不	顶	余	情	带	人	持	生	的
循	繁	蠢	顶	丁	桥	祖	于	驴	想	保	煲	稻	不	衬	解	页
心	频	介	愚	镜	的	页	顶	权	坠	镜	复	露	恢	旋	了	而
理	士	见	也	觉	苦	欲	紧	磨	填	口	肉	老	皂	复	行	然
信	恢	错	复	恐	环	排	填	马	保	人	邀	香	从	迟	介	的
远	释	思	眼	释	音	摇	倍	加	典	梁	赂	见	出	露	静	保
批	判	倍	灵	宜	亲	拒	绝	的	热	带	从	恐	肉	礼	你	马
延	秀	便	解	活	袋	諾	三	蛾	类	透	顶	便	人	填	自	远
的	自	醋	过	裙	子	摇	只	释	状	碎	约	考	幸	焕	己	复
雪	！	雪	规	娱	雨	保	走	了	稻	傲	柔	宽	进	口	直	远
特	>	煲	情	安	香	远	充	环	状	得	上	噪	幅	平	因	高
最	情	灰	尘	的	书	热	摇	年	不	飞	镜	焕	休	则	落	能

Puzzle 107

马	行	状	启	动	泽	车	间	安	决	静	思	的	陪	来	惨	桥
豆	坠	袋	鼠	有	主	面	丁	型	在	去	年	旅	审	的	思	行
肉	树	希	差	卫	生	面	激	烈	机	鳍	栏	馆	团	父	心	约
高	发	望	怖	面	粱	四	粉	建	底	车	增	绍	远	亲	间	间
镜	发	欲	心	碎	喜	情	滑	地	树	伊	蔻	发	近	规	龄	护
股	子	野	粱	于	错	蔻	图	滑	之	人	落	日	号	护	衡	票
落	静	疲	巨	车	虑	乐	日	真	通	察	程	身	页	保	士	己
状	降	摇	大	机	袖	书	骄	桌	年	书	了	日	透	源	真	特
恐	恐	降	生	坠	艰	休	亲	灵	木	下	过	放	宽	查	页	区
亲	部	带	条	自	难	驴	主	野	社	光	程	心	袋	自	究	摇
保	情	惨	保	错	议	过	主	蛾	通	紧	一	分	钱	凑	条	雨
音	木	辩	惊	父	最	不	特	人	息	类	秀	凑	优	定	事	回
身	蠕	条	论	桥	恢	木	回	特	碎	木	想	栅	四	回	欲	饭
不	规	则	转	面	主	想	究	衡	撞	存	的	球	员	伊	镜	地
镜	许	绍	衬	肉	伏	>	平	人	灵	伊	的	最	野	胶	树	四

的旅馆
不规则
在去年
过程
镜子
远近
艰难
面粉
启动
陪审团
卫生
袋鼠
巨大
放宽
的父亲
希望
辩论
的球员
激烈
一分钱

Puzzle 108

遇	升	查	相	虫	豆	伏	特	醋	中	加	栅	醋	香	位	便	碎
人	基	底	情	当	严	试	硬	币	型	私	光	状	约	置	衡	来
栏	绍	灵	的	蠕	重	运	重	自	主	响	民	了	况	排	泽	情
状	于	开	情	书	年	见	瑞	地	自	亮	俗	撞	活	自	乐	蠕
虑	自	启	带	面	观	源	差	事	摇	眼	飞	书	定	考	胶	赂
英	寸	社	有	护	思	惨	自	究	滚	有	益	加	研	袋	验	决
虎	直	出	生	动	灵	部	部	况	究	围	绍	书	好	顶	草	于
语	数	肥	肉	情	后	蛾	的	口	祖	巾	解	定	毁	衬	祖	欲
句	雨	怖	胶	几	有	鳍	煲	驴	好	况	马	>	复	倍	栗	息
车	快	持	最	决	己	袋	活	试	自	羊	群	降	而	袖	复	驱
伊	理	镜	试	存	亲	余	趣	稻	重	子	电	面	乃	回	因	木
摇	摇	亲	舒	图	加	摇	谦	虚	理	解	蠕	亲	差	透	绍	决
碎	研	运	理	适	桌	镜	摇	租	坠	释	祖	真	泽	复	袋	皂
胶	自	下	通	最	自	填	自	蛾	衡	程	后	正	底	恐	带	草
恐	两	次	察	惊	皂	了	桥	年	雪	雨	素	的	慈	仁	有	露

有益
位置
摇滚
真正的
相当
响亮
舒适
仁慈的
解释
开启
民俗
围巾
硬币
英寸
羊群
谦虚
严重
两次
考验
语句

Puzzle 109

碎	欲	上	醒	飞	光	>	星	行	绍	得	>	摇	坠	虑	了	页
复	复	状	醋	伏	热	伏	环	期	怖	觉	子	的	泽	桥	增	决
光	究	觉	恐	衬	许	绍	动	的	五	撞	蔻	黄	鼠	狼	他	自
不	自	骄	雪	部	延	貓	书	衡	运	自	行	车	泽	有	赂	加
下	要	肉	心	摇	充	本	煲	，	而	不	是	接	稻	不	肢	号
情	源	滑	雨	乐	来	记	间	行	几	数	祖	收	一	系	列	面
雨	的	热	行	中	理	直	情	况	决	面	惊	邀	坠	了	平	驱
情	无	破	镜	亮	余	复	数	趣	乃	摇	苦	马	况	乐	遥	碎
典	保	效	冲	答	驴	号	活	优	之	豆	的	便	素	型	错	特
伟	大	的	突	保	四	克	摇	降	醋	貌	人	木	带	灰	尘	增
久	雪	顶	生	凑	子	票	透	凑	也	水	环	议	醋	根	自	的
不	同	的	姜	携	息	性	乐	型	透	转	武	伊	的	到	达	胶
要	焕	决	基	目	保	稻	研	生	发	闲	坠	器	看	栗	上	水
他	热	过	諾	的	爸	顶	生	息	灵	眉	紧	股	了	恢	查	定
蛾	胶	远	考	先	爸	亮	平	试	的	决	信	记	建	子	源	真

自行车
无效
冲突
爸爸
胶水
不久
星期五
看了
伟大的
情况
一系列
目的
接收
不同的
灰尘
生姜
武器
，而不是
到达
黄鼠狼

Puzzle 110

制造
教练
升入
滑动
除外
招商引资
加入
平均
错过
田鼠
奖金
消息
耳朵
柳絮
洗衣
土狼
饲料
星期
蜡烛
很少

驱	主	社	教	练	动	升	紧	遥	蜡	底	很	草	乎	泽	建	木
摇	丁	旋	飞	于	见	己	肥	基	烛	除	少	醒	答	马	马	肥
复	后	答	高	信	恢	能	试	毁	行	外	欲	基	特	招	页	飞
部	平	田	直	瑞	请	况	情	眉	答	出	项	高	绍	商	性	平
便	均	鼠	真	基	树	伏	书	升	泽	奖	金	消	息	引	究	图
持	面	伏	号	了	加	远	土	入	礼	答	因	衬	洗	资	保	察
瑞	于	究	解	息	入	柳	絮	狼	饲	灵	权	柔	衣	复	源	快
情	惫	发	安	然	梁	自	条	高	料	面	口	马	决	丁	衬	亮
他	飞	绍	解	查	心	望	邀	因	错	过	肥	究	许	栅	碰	有
于	休	灵	音	请	图	放	观	地	父	胶	况	遇	信	类	幸	衡
紧	制	况	充	摇	源	蠕	星	期	煲	源	也	了	票	噪	差	举
社	释	造	香	娱	延	情	便	区	皂	静	鳍	视	先	重	露	飞
飞	滑	复	眉	视	水	父	人	过	重	安	热	复	柔	活	得	邀
眼	驱	动	损	理	近	生	人	醒	远	坠	音	差	平	透	究	凑
镜	基	得	损	耳	朵	虎	>	项	热	高	醋	程	旋	本	面	信

Puzzle 111

书	量	的	信	地	自	修	安	达	试	理	滑	欣	然	从	议	而
也	权	加	驱	自	考	袖	人	成	的	关	注	程	度	带	焕	觉
皂	分	豆	便	飞	父	带	约	一	鳍	领	摇	书	建	试	页	宜
人	最	的	惫	有	损	高	升	致	撞	丁	确	定	的	立	人	虑
的	眉	的	察	真	蔻	之	水	情	遇	思	躺	典	有	趣	顶	桌
移	合	后	坠	后	树	的	稳	的	边	自	在	虎	己	视	租	心
动	作	他	从	况	状	举	平	教	境	。	桌	间	醒	倍	望	香
宜	伙	存	生	醒	眉	书	喜	训	电	想	私	扶	顶	娱	虑	眉
持	伴	护	面	紧	私	视	也	苦	遇	滑	要	手	差	研	决	考
肉	虫	柔	信	磨	不	回	桥	草	便	建	觉	椅	坠	定	私	胶
本	教	狼	降	间	疲	乐	秘	乐	桥	摇	撞	驱	因	灵	约	飞
眼	室	面	狼	貓	伊	有	宜	范	话	题	情	于	栗	动	音	计
乐	子	股	马	人	煲	的	虑	围	胶	研	上	木	子	外	套	算
型	信	间	然	考	复	决	人	内	菊	镜	虫	面	损	升	发	素
觉	重	驱	后	页	的	复	书	回	有	花	信	上	余	页	源	领

建立
外套
确定
达成一致
话题
欣然
计算
扶手椅
教室
合作伙伴
范围内
程度
狼狼
边境
栗子
的关注
菊花
躺在
的教训
的移动

Puzzle 112

记	年	页	肢	带	镜	损	运	输	雨	便	己	摇	衬	肉	差	然
得	号	检	衬	惨	信	亲	增	摇	究	先	决	栅	际	子	龄	温
错	升	测	眉	真	休	趣	标	升	恐	蒸		美	国	赂	迟	度
喜	中	中	本	页	紧	图	准	远	生	凑	汽	貌	记	情	梳	眉
乐	直	议	他	惨	量	然	数	趣	镜	人	复	倍	远	泽	露	紧
面	热	光	源	飞	交	本	皂	考	惊	趣	因	解	望	车	类	栏
选	眉	周	日	肢	邀	易	高	亮	雪	完	扑	填	自	直	坠	最
肉	看	特	！	不	马	有	红	光	释	全	通	便	租	标	怖	栅
视	了	决	骄	部	热	木	色	环	程	状	树	信	中	题	秘	性
带	村	余	貓	镜	乐	亲	滑	趣	鳍	复	视	乐	请	蠕	发	镜
有	不	>	皂	祖	高	木	恢	的	运	杂	觉	量	从	车	摇	况
。	建	里	落	倍	怖	马	保	息	乐	的	遥	发	栏	复	信	损
看	约	不	滑	过	虎	宜	议	不	出	页	乐	諾	撞	小	试	乐
行	冰	后	考	解	旋	排	本	滑	余	现	类	似	的	子	的	下
页	箱	灵	祖	子	遇	了	乎	心	袖	发	部	乃	恢	根	紧	醋

交易
标题
扑通
发现
冰箱
记得
蒸汽
小子
温度
周日
类似的
国际
标准
运输
美国
复杂的
检测
完全
红色
出现

Puzzle 113

损 > 号 则 心 摇 解 察 自 型 上 复 的 挽 最 特 滑
毁 亮 骄 车 出 情 区 加 煲 安 的 信 树 书 留 宜 眼
日 高 票 余 醋 有 沉 怖 秘 飞 恐 透 野 动 趣 量 坠
况 后 高 水 幸 有 默 区 人 静 闲 坠 携 毁 眉 泡 欲
坠 请 镜 官 员 思 片 諾 行 面 最 充 考 复 貌 打 先
衬 有 乐 露 地 人 段 的 然 桌 带 想 显 情 释 粉 快
建 根 桌 私 护 领 好 乃 摇 趣 撞 心 村 著 真 源 蛾
通 而 宜 于 不 建 露 性 许 查 护 基 保 采 电 甚 许
复 杂 香 梳 高 好 保 请 介 醒 虫 瑞 落 用 得 至 迟
说 话 稳 查 转 心 了 状 的 观 镜 中 梳 情 计 考 礼
究 的 行 先 状 泽 回 性 日 画 趣 迟 损 打 划 基 活
无 貌 好 租 祖 先 谈 设 解 雇 笔 情 考 法 户 > 整
意 坠 类 了 保 貌 论 有 充 记 差 复 的 损 外 好 齐
义 从 最 约 便 高 热 的 通 书 于 活 也 灵 究 树 了
的 平 行 转 热 宜 柔 娱 性 摇 坠 饭 议 马 蠕 领 老

显著
官员
复杂
沉默
户外
画笔
整齐
设有
甚至
片段
无意义的
解雇
打法
计划
谈论
泡打粉
采用
说话
祖先
挽留

Puzzle 114

海绵
一起
一年
表面
姥爷
冲击
教师
平时
一滴
黄色
支持
葡萄
阳光灿烂的
制定
小心
温暖的
干扰
总线
满足
生存

醋 究 闲 落 摇 柔 页 子 他 驱 旋 静 身 乐 察 动 增
> 本 马 通 热 人 考 最 护 自 总 亮 直 倍 ！ 过 有
类 骄 心 不 的 见 胶 数 行 紧 几 线 持 乐 年 遇 瑞
惫 身 行 > 自 貓 本 型 修 带 项 决 喜 恐 典 雪 姥
了 年 年 信 蔻 坠 信 直 疲 转 权 有 冲 击 规 梁 爷
平 飞 型 阳 光 灿 烂 的 暖 温 己 究 坠 望 书 面 释
时 趣 自 的 电 选 惧 填 不 蠕 热 袋 地 真 特 平 草
间 数 生 释 乎 满 己 了 栏 间 露 之 皂 滴 一 选 电
透 諾 存 的 栏 他 足 趣 要 行 醋 便 便 年 年 最 伊
秀 安 项 醋 高 乎 书 祖 教 而 他 破 人 本 黄 来 自
心 父 号 放 素 葡 赂 情 师 面 余 型 亲 他 色 主 修
电 程 貓 觉 想 萄 的 股 干 扰 排 露 自 表 海 绵 研
分 研 观 况 建 乐 惧 试 信 日 水 乐 素 面 也 秀 部
行 面 也 一 村 肢 信 衬 皂 礼 袖 上 环 小 心 宜 页
稳 基 支 持 起 镜 摇 区 研 保 页 平 制 定 望 差 醋

Puzzle 115

赂	究	过	租	焕	租	要	真	书	栗	形	未	能	能	麻	机	欲
父	倍	理	电	主	>	股	桥	上	号	式	能	书	觉	烦	恐	股
諾	决	坠	区	的	饭	修	恐	涉	及	模	因	回	。	祖	驴	事
遭	磨	噪	根	碰	股	性	间	过	滑	信	乃	雨	马	量	肉	地
受	解	老	地	存	车	光	己	信	稳	骄	村	研	不	信	试	迟
肥	惊	老	肉	飞	损	数	区	木	四	蠕	前	警	报	则	建	肥
生	菜	息	赂	资	栗	判	愤	木	果	摇	者	凑	迟	项	分	建
条	的	摇	乃	领	格	定	子	怒	结	私	落	基	醋	行	人	有
特	权	票	他	毁	面	类	肥	胶	的	辣	椒	得	桥	实	>	望
军	队	免	不	磨	回	肉	特	毁	好	页	下	型	号	验	邀	活
瑞	号	主	子	议	撞	便	伊	稳	更	木	栗	平	噪	有	凑	木
先	栅	面	帽	天	查	旋	租	恢	权	升	破	虫	醋	虫	子	望
口	土	耳	其	介	余	心	龄	定	书	差	面	建	惫	豆	子	亮
号	里	蠕	袋	紧	惨	衡	恢	特	建	私	桥	乃	肉	本	里	降
虎	苦	本	升	究	望	遇	于	有	增	撞	祖	延	惧	灵	察	飞

愤怒的
遭受
的结果
生菜
涉及
判定
资格
模式
土耳其
帽子
警报
实验
军队
辣椒
兔子天
形式
前者
未能
更好的
麻烦

Puzzle 116

五个
博物馆
流体
蝴蝶
紧急
成为
汽车旅馆
重力
圆柱
经营
邮递员
下一个
告诉
粗细
迫使
工具
恐怖
口袋
看到
极地猫

露	衡	优	蝴	蝶	邮	递	员	下	经	肉	毁	重	携	余	查	优
心	行	里	也	他	五	持	人	一	营	肉	焕	社	乐	恐	怖	镜
碎	眉	毁	紧	迟	个	博	分	个	心	增	木	己	望	香	有	飞
汽	邀	乐	急	亲	远	物	己	磨	出	决	乎	活	最	区	考	安
肢	车	工	马	露	本	馆	图	也	圆	柱	思	蔻	。	士	口	看
粗	细	旅	具	肢	转	解	解	碰	有	木	老	基	号	的	。	到
虑	倍	光	馆	行	肢	重	动	后	能	邀	摇	私	的	成	豆	栗
碎	雪	的	最	决	损	最	恐	栗	蛾	况	口	则	子	为	心	身
趣	回	惧	中	好	光	水	热	主	瑞	修	袋	介	极	地	猫	通
修	的	平	本	延	决	胶	滑	>	亲	流	体	社	衬	恐	木	马
袋	鳍	信	型	之	程	理	重	考	礼	的	饭	快	放	驱	马	平
究	草	子	告	解	便	豆	力	人	重	看	本	迫	从	页	近	错
迟	父	考	诉	本	放	区	袋	趣	最	他	好	醒	使	过	静	得
心	票	本	性	袖	猫	亮	树	有	回	草	转	惊	先	闲	傲	碎
便	建	近	心	龄	野	后	保	虎	平	机	研	重	理	高	热	数

Puzzle 117

循 升 颜 联 合 收 割 机 。 子 绍 蛾 安 肢 修 研 基
乐 肉 料 肉 子 蛾 亲 日 试 动 心 答 宁 羊 信 闲 权
滑 直 不 存 栏 醒 运 复 士 活 持 乡 家 的 余 树 损
村 决 动 镜 坠 保 热 遇 中 父 长 他 程 爷 约 身 页
信 恐 出 乎 泽 野 柔 傲 狮 子 从 期 研 爷 人 生 程
坠 坠 回 无 来 稳 怖 揭 示 的 傲 惧 磨 素 记 光 喜
迟 权 了 建 聊 口 主 理 解 记 牙 驱 之 规 识 秀 部
驴 理 人 步 自 透 通 露 皂 忆 刷 木 驱 近 别 先 蛾
的 有 主 本 行 平 便 介 肉 不 水 恐 噪 地 记 带 坠
遥 野 保 > 信 增 树 考 快 自 碎 素 想 面 素 理 欲
醋 自 理 幸 信 察 衫 疲 眉 坠 皂 解 试 恢 速 度 观
车 租 平 苦 赂 击 败 惨 水 之 焕 野 水 解 秀 本 绍
增 火 炉 条 件 直 部 伊 坠 坠 车 泽 棉 花 看 股 袋
几 的 闲 子 的 成 年 部 摇 填 稳 损 部 热 页 出 梳
性 后 部 草 转 本 龄 运 研 不 衫 究 心 选 情 树 议

狮子
揭示
成本
无聊
火炉
的羊
安宁
击败
联合收割机
的家乡
的记忆
颜料
牙刷
棉花
条件
速度
的爷爷
步行
长期
识别

Puzzle 118

土地
替代电子书
走廊
武士
的营养
停留
修改
颗粒
骑自行车
牛蒡
部门
系列
任命
市中心
炎热
参加的
啤酒
作者
非常
文凭

选 停 骑 休 衡 特 乎 雪 解 部 发 运 有 顶 究 苦 乐
马 留 秀 自 娱 音 填 肢 通 克 炎 栗 赂 村 程 的 加
市 中 心 稳 行 惊 身 豆 镜 的 热 便 稳 息 基 营 行
远 本 亲 好 间 车 惊 查 老 瑞 露 部 武 恐 地 养 研
噪 不 惫 面 颗 粒 修 改 则 定 加 肉 士 衫 加 部 理
趣 水 介 雨 远 坠 亮 觉 替 参 先 定 的 栅 平 选 生
煲 高 究 便 几 赂 加 租 代 加 基 理 权 行 子 猫 任
趣 典 的 乐 记 人 虫 镜 电 的 諾 秀 身 活 几 袋 命
也 惊 条 损 环 环 情 理 子 自 释 牛 余 系 非 常 面
从 最 观 回 区 股 有 行 书 请 本 土 蒡 衬 列 充 身
遇 释 地 自 平 部 怖 镜 票 本 日 地 趣 上 余 文 旋
磨 走 廊 发 灵 草 水 子 看 考 礼 克 建 特 条 凭 露
村 礼 肢 动 察 本 摇 察 选 乐 性 啤 酒 选 疲 中 机
水 性 运 飞 不 部 门 条 虑 股 保 的 衫 的 部 运 顶
议 部 本 泽 静 ！ 得 惧 最 望 素 本 试 作 者 升 定

Puzzle 119

议	父	从	塑	料	查	找	护	也	毁	性	日	肉	恢	幸	好	解
噪	规	分	飞	之	滑	类	性	宜	社	记	底	循	规	丁	考	亲
思	衡	顶	毁	遇	增	草	伊	自	火	鸡	>	的	转	带	标	近
的	焕	邀	有	来	马	秘	间	约	解	驱	活	栗	老	运	记	观
迟	鼻	旋	释	带	焕	答	错	乐	自	乐	错	柔	真	修	项	典
近	飞	子	桌	伏	观	驱	皂	赂	村	摘	信	排	类	坠	碎	最
克	热	推	迟	的	鞋	中	越	来	越	要	信	察	旋	视	填	摇
能	高	透	光	恐	私	己	车	行	几	礼	出	自	快	特	热	充
的	进	展	稀	缺	滑	几	惧	年	从	请	研	信	的	特	特	看
噪	重	豆	马	肉	性	灵	能	喜	音	衡	木	社	从	降	礼	究
情	便	间	安	諾	放	状	香	最	停	肉	宜	先	柠	遥	面	心
落	滑	脚	地	区	信	水	透	几	止	发	票	野	檬	约	看	子
私	特	草	蹼	虫	娱	惧	滑	来	灵	惩	罚	的	汁	故	事	卷
夤	闲	选	请	究	磨	书	礼	露	幸	本	眉	况	平	惨	蔻	曲
諾	肢	衫	天	鹅	也	数	量	素	间	许	质	驱	幸	自	肉	人

本质
的进展
脚蹼
摘要
稀缺
惩罚
标记
火鸡
塑料
故事
停止
柠檬汁
的鼻子
越来越
天鹅
卷曲
查找
的鞋
数量
推迟

Puzzle 120

他	透	子	幸	况	得	带	根	中	磨	桥	醋	通	光	摇	况	丁
静	人	觉	木	木	因	究	礼	落	情	只	观	倍	根	遥	乐	己
先	延	日	肥	光	貌	摇	便	活	况	有	衬	！	动	摇	人	降
疲	于	数	操	理	生	状	过	发	素	热	倍	觉	电	有	梳	遥
分	欲	号	了	作	快	亮	木	过	树	素	摇	趣	叔	人	真	间
苦	础	私	恢	机	况	亲	股	行	便	看	定	研	叔	况	望	有
子	梳	娱	虫	赂	性	蠕	鳍	碎	驴	动	规	飞	究	雨	亮	毁
号	，	也	没	有	技	看	桥	见	磨	重	余	环	分	高	间	木
饭	提	循	蠕	的	巧	的	摇	办	律	雨	音	通	配	运	解	损
里	醒	释	差	磨	飞	定	数	研	法	觉	携	程	序	的	好	处
老	车	优	答	露	环	升	年	后	恐	惨	休	开	始	爱	日	衬
租	通	摇	礼	近	热	遥	安	便	小	思	议	平	心	亲	飞	醒
引	夕	阳	衰	雪	人	马	远	子	数	日	諾	豆	通	量	森	林
镜	进	驴	变	马	亲	约	野	观	菠	萝	远	亮	携	袋	后	心
从	持	破	便	幸	夤	士	>	部	袖	回	有	心	乃	能	子	重

，也没有
小数
森林
衰变
的好处
技巧
开始
菠萝
雪人
夕阳
程序
分配
只有
叔叔
操作
引进
办法
亲爱的
提醒
法律

Puzzle 121

面透露的静信理落数充类约干下说服远
增坠父内的舞蹈木错数据快秀旱书重人
的所需容考社高人伏解露子环宜想木醋
周解便爱来光镜试热类最乎租灵豆欲试
复期高好醒乐活衫毁书中的间领伏乐重
自填惨之遥地乎真研虎马展护秀草栅素
休坠信的水桥最趣记信惧发惨理错子绍
人直远灵状娱分心程梁碰布有看紧貌远
便恢距离遥胶环许的欲飞蔻野落分眉恐
事股自磨中摇碰选！延有冒险的入约滑
本增自乐请摇护究音摇毁号自增保护研
他情高复究情坠的产品思袖看亲滑树有
柔公恢根外丁好宠物鳍心携然的摇旋状
中共惨平壳急于貓怪水主惧想伏有发身
断型决坠来>息虑灵本幸苦光要有镜车

宠物
的内容
的舞蹈
落入
说服
中断
公共
急于
的产品
爱好
怪物
数据
冒险的
发布
发展
干旱
外壳
周期
距离
所需

Puzzle 122

网球
肉桂
拓展
稻草人
水壶
各方
套索
今天
郁金香
韭菜
蜜蜂
先前
酒后
空中
治疗
衣服
压低
检讨
命中
敌人

己平究皂醋根出活栗几泽自惫社树>思
人敌人排闲号稻镜父股恢蜜蜂空雪页驱
网拓四快先释草趣决邀思他性中特重区
球展觉飞前要人远情见治疗袋虎眉号乎
毁露典情修保坠填克摇亲面光坠諾韭恐
热加心压低马驴光租举根蠕降醋栏娱菜
郁近摇饭野议出豆图草释不子衬请套趣
电金的地典项的野数人伏本光事安索。
休飞香解木秘衣服便记宜释的醋疲延自
查迟生豆远伏蛾然复心看排今天增余举
破树几部记带本议查丁自定过木而重袖
不不礼焕醋绍滑远命行衡要解平持树性
领存恢滑排复日人貓中肉错排水壶加傲
士泽定增自数亮面保露里怖高袖>各方
马諾的衡音！检讨肉桂酒后之虑事口规

Puzzle 123

士 便 貌 问 题 虹 见 出 许 乎 驴 页 见 升 决 衡 透
遥 最 况 本 私 膜 决 降 人 亮 高 接 受 量 虑 量 究
木 则 的 木 柔 遇 恢 水 书 答 能 研 况 形 容 过 理
理 特 下 觉 大 便 心 桥 礼 余 况 书 人 研 饭 部 解
顶 坠 了 直 透 摇 秀 然 自 决 虫 人 理 士 父 确 选
袖 环 解 权 究 有 高 柔 稳 由 日 袖 克 持 疲 实 柔
礼 马 疲 宜 部 了 书 充 选 的 用 使 复 重 可 记 有
安 物 情 乐 乐 水 自 信 行 见 方 怖 差 趣 惧 镜 再
最 恐 镜 便 瑞 议 底 宜 望 可 介 向 重 衬 饭 木 次
股 心 亮 考 木 下 源 思 骄 雪 倍 股 结 束 位 移 来
平 眉 碎 定 查 察 号 露 有 不 情 乎 衫 发 野 祖 身
了 己 然 况 页 自 皂 区 性 迟 摇 具 体 醒 主 上 恐
马 约 工 面 究 谨 慎 的 面 娱 保 祖 安 醋 规 考 >
错 娱 作 包 的 傲 容 易 之 亲 项 护 约 草 后 活 试
宜 理 肥 车 也 鳍 的 研 有 号 水 损 远 量 灵 通 性

工作
可重复使用的
礼物
面包车
可见的
再次
容易
自由
确实
虹膜
接受
的方向
具体
位移
大便
自然
结束
形容
问题
谨慎

Puzzle 124

三明治
较差
壁炉
滑雪
匆匆
的金子
足球
木乃伊
建筑物
少数
联邦
欺骗
致命
周末
竞争
指标
图像
疲倦
人像
农民

克 然 桌 坠 惧 看 自 老 口 雪 页 野 指 四 子 最 自
桌 了 信 区 近 放 约 持 噪 平 复 究 致 标 的 循 情
票 幸 快 驴 香 面 心 页 便 部 持 主 命 损 通 部 查
间 乐 放 察 乐 了 驴 项 欲 疲 视 查 上 滑 要 胶 解
书 循 滑 煲 静 伏 乐 饭 分 余 倦 心 自 雪 携 趣 选
欺 身 有 惧 远 乎 举 驴 差 秀 领 三 明 治 瑞 肉 错
骗 图 像 联 复 噪 存 恐 少 数 亲 柔 驱 灵 条 遇 优
保 部 人 邦 则 解 摇 老 能 他 程 本 父 秘 较 差 木
错 近 惫 领 面 察 图 音 情 娱 坠 带 重 最 真 村 乃
水 雪 究 后 灵 息 视 壁 炉 旋 袋 理 平 心 决 车 伊
柔 自 竞 争 研 觉 本 足 木 蔻 毁 丁 坠 护 宜 亲 乎
不 有 建 筑 物 皂 考 因 球 有 书 私 分 匆 匆 噪 伊
查 豆 的 情 日 定 雪 望 活 坠 转 的 放 真 身 信 见
乐 周 金 最 票 热 思 马 之 解 肥 农 飞 邀 眼 身 决
惫 末 子 的 凑 子 要 觉 私 四 貓 民 车 上 项 程 究

Puzzle 125

心 恐 马 修 乐 盛 大 况 况 倍 透 心 型 他 最 快 速
碎 行 优 醋 光 试 乎 虎 部 饮 不 考 经 济 顶 书 损
欲 泽 根 欲 泽 桥 梁 古 宜 料 摇 飞 惨 觉 安 了 惧
议 则 克 灵 欲 增 饭 董 覆 盖 号 研 子 视 况 碎 票
到 处 礼 要 差 考 素 面 信 特 过 諾 諾 电 乎 撞 栏
律 师 虫 定 带 过 肉 幸 撞 领 激 巧 克 力 公 放 面
欲 破 水 选 马 顶 的 复 磨 情 村 发 远 > 式 股 释
撕 优 顶 面 年 条 最 倍 面 基 息 温 栏 信 坠 衡 心
答 裂 乐 树 有 有 摇 丁 碰 考 秘 研 文 高 护 中 飞
香 村 私 源 醋 亮 惨 香 眼 虫 循 差 秀 尔 露 邀 梁
现 实 撞 最 项 自 带 权 宜 赂 优 袖 研 丁 雅 桌 研
便 底 股 放 宜 要 村 马 源 特 蛾 ！ 丁 排 飞 身 情
最 高 子 坠 觉 本 余 村 考 有 分 趣 远 包 持 的 行
便 转 心 龄 过 规 规 克 鸡 醋 存 差 惊 裹 解 音 梳
面 地 马 肢 过 疲 他 香 蛋 口 转 差 有 > 因 信 赂

古董
经济
激发
到处
光泽
撕裂
桥梁
包裹
盛大
现实
鸡蛋
丁香
律师
快速
最高
巧克力
温文尔雅
覆盖
公式
饮料

Puzzle 126

惨 > 四 余 鼬 鼠 坠 因 祖 肉 思 定 遥 行 后 婴 想
理 马 源 不 增 焕 息 蔻 亲 面 透 亲 衬 况 典 儿 木
理 洋 葱 朝 邀 快 子 损 子 带 水 公 因 信 人 因 貌
然 音 研 着 租 下 貓 理 过 电 领 园 议 视 旋 水 欲
趣 四 观 模 拟 察 亲 骄 热 可 爱 的 完 的 肉 芹 了
幸 静 毁 间 急 然 碎 皂 快 望 重 大 整 重 赂 倍 蛾
亲 从 苦 衡 剧 昂 梁 中 平 袋 用 有 的 情 坠 乐 年
观 秘 怖 社 远 贵 权 趣 考 焕 中 传 静 恐 有 日 主
租 保 转 心 租 蔻 任 能 损 袋 旋 统 蛾 镜 面 喜 暑
机 项 邀 的 连 拍 何 图 页 高 机 分 怖 大 栅 自 木
优 究 建 祖 惫 士 人 情 木 程 规 中 河 惊 怒 衡 柔
蔻 事 记 权 差 己 趣 动 考 社 坠 解 马 > 乎 醒 虎
升 损 发 四 驴 数 情 试 想 自 恢 凑 破 来 衬 摇 欲
丁 欲 摇 损 排 碰 页 胶 露 亲 自 乃 瑞 灵 部 父 自
香 保 露 透 礼 运 权 租 諾 要 不 书 转 諾 眼 况 坠

急剧
连拍
可爱的
模拟
鼬鼠
重大
的有用
洋葱
传统
完整的
公园
水芹
朝着
大怒
河马
昂贵
的领带
日暑
任何人
婴儿

Puzzle 127

骄 增 填 宜 号 不 部 遥 一 股 马 书 中 闲 蔻 远 乃
亲 过 研 发 人 选 降 肢 蛾 直 休 父 研 本 音 定 特
而 肥 项 见 理 諾 貓 豆 的 亲 闲 议 最 本 况 型 好
迟 恢 要 村 心 父 驴 邀 远 私 。 面 近 飞 认 识 袋
息 机 上 晚 饭 亮 他 担 选 知 马 坠 撞 洞 理 肢 秀
感 情 欲 傲 口 车 摇 心 飞 道 骄 究 反 穴 之 光 饭
要 真 子 加 丈 夫 保 存 特 恐 邀 票 映 办 错 噪 则
镜 肥 光 眉 答 雨 四 柔 有 惧 见 发 布 公 最 觉 量
转 木 泽 日 分 傲 动 远 亲 行 恐 领 肉 桌 > 修 状
貓 动 平 子 坠 出 亮 释 出 铅 解 请 究 最 的 栗 情
的 互 心 遇 子 介 袖 醋 护 自 笔 解 喜 肉 撞 苦 野
看 的 对 手 车 选 充 赂 保 士 草 信 自 于 安 人 车
欲 傲 坠 存 底 领 重 事 面 木 相 凑 中 驴 类 也 过
滑 幸 释 优 平 亲 股 眼 柔 基 同 能 介 邀 人 介 马
惧 蔻 顾 客 先 己 循 条 梳 心 栏 够 展 示 远 灵 坠

能够
的对手
洞穴
顾客
护士
公布
丈夫
晚饭
相同
铅笔
反映
展示
办公桌
休闲
感情
的互动
认识
一直
担心
知道

Puzzle 128

计算机
小说
银行
焕发
大专
珍贵
序列
英语
表明
习惯
的视线
柠檬
小麦
读书
机关
的专业
的实际
保养
脚趾
延长

线 视 的 通 试 情 眉 带 习 里 趣 几 衬 子 肉 野 加
护 眼 虎 实 察 请 号 稳 惯 序 列 乐 柔 见 研 木 远
带 书 区 衫 际 计 算 机 怖 大 虑 口 查 泽 动 而 本
便 底 丁 的 亲 租 紧 差 业 专 的 差 子 碰 > 貌 饭
旋 的 露 人 亲 摇 趣 热 平 中 重 迟 焕 发 栅 木 破
蔻 貌 定 丁 恢 凑 议 遥 图 飞 本 音 先 珍 贵 人 真
野 后 从 绍 保 热 柠 有 热 表 动 撞 稻 喜 研 出 发
权 放 错 乐 延 长 檬 了 发 明 保 养 携 人 喜 虫 决
香 雪 不 他 乐 先 小 保 諾 保 乐 充 乐 鳍 泽 迟 介
口 银 灵 保 排 间 页 说 号 之 选 来 活 举 能 灵 行
试 行 英 语 有 数 音 龄 读 碰 余 了 子 亮 胶 栗 释
他 过 平 身 解 信 活 考 书 子 典 的 衫 礼 平 带 里
环 梁 有 议 出 > 规 苦 心 信 破 紧 草 最 典 条 机
小 麦 升 通 中 镜 幸 究 脚 静 毁 迟 特 条 考 光 关
则 望 乐 欲 选 娱 社 ！ 考 趾 事 增 好 露 电 光 机

Puzzle 129

中	他	心	龄	答	桌	真	鳍	绍	惨	精	神	落	毁	丁	焕	区
。	煲	动	程	驴	摇	貌	行	定	的	悆	焕	野	身	后	之	项
瑞	行	反	遇	真	香	底	桥	错	转	思	里	请	问	香	疲	然
请	摇	过	滑	程	观	扭	动	生	悆	复	匹	镜	看	肠	面	环
骄	情	来	灵	老	妻	子	无	线	电	行	过	配	木	赂	私	龄
循	复	答	怖	快	选	介	延	欲	上	老	情	最	衬	士	趣	貌
他	远	思	携	栗	自	记	本	光	蠕	娱	究	电	规	的	快	自
保	栏	业	信	运	余	信	考	疲	祖	也	有	亲	子	源	衬	不
地	鳍	貓	务	车	自	通	袋	权	顶	条	回	的	女	儿	醋	稳
邀	请	夫	己	伊	安	书	便	运	稻	排	心	质	财	政	好	亲
高	灵	人	边	静	过	排	平	类	草	决	草	优	袋	马	身	究
礼	醋	增	缘	许	飞	量	娱	剩	焕	根	皂	欲	梳	恐	存	降
保	他	桥	惊	鱿	解	保	排	余	照	片	远	人	许	木	的	休
见	心	皂	错	鱼	的	了	基	赂	信	最	间	老	平	惧	貌	远
不	灵	情	的	则	伏	请	草	甸	。	典	典	得	社	而	鳍	情

扭动
财政
照片
草甸
优质的
业务
反过来
邀请
精神
的女儿
儿子
鱿鱼
无线电
香肠
妻子
匹配
边缘
剩余
夫人
请问

Puzzle 130

则	恐	访	答	理	候	时	危	亲	特	想	回	乐	有	懦	夫	安
马	栗	问	稳	鳍	分	钟	险	自	发	送	租	灵	多	雪	源	乐
有	休	定	护	近	木	况	风	股	有	几	的	諾	次	>	自	焕
透	恢	底	本	高	>	增	电	实	沟	况	转	部	循	身	不	信
绍	有	摇	伏	不	木	要	墙	上	际	通	则	貓	租	丁	雪	透
程	伊	他	香	优	考	的	许	况	村	乎	稻	音	然	月	亮	明
袖	衬	音	袖	飞	欲	存	之	远	真	降	复	貌	的	底	貌	回
毁	约	升	胶	况	增	思	趣	理	袋	增	则	区	事	>	情	苦
加	碎	柔	滑	决	高	雨	证	转	最	介	苦	恐	权	不	通	噪
复	虑	素	惧	自	旋	露	明	觉	信	亲	肉	自	心	亮	衡	音
通	遇	凑	貓	趣	护	幸	肉	远	焕	水	肥	中	本	骄	得	理
而	热	议	梁	看	保	镜	高	傲	的	摇	下	野	典	过	思	程
豆	发	建	热	思	步	伐	驴	发	驱	自	存	的	亮	型	驱	邀
观	特	露	>	幸	秀	不	坠	灵	讨	条	方	休	驱	人	梳	衡
肉	傲	口	疲	蛾	桌	排	从	眼	论	持	向	他	根	考	不	伏

访问
典型
讨论
多次
懦夫
步伐
亲自
时候
墙上
时钟
噪音
风险
透明
实际
证明
发送
危险
月亮
沟通
方向

Puzzle 131

蛾 的 然 觉 循 型 人 热 之 底 书 镜 页 察 要 倍 眉
主 几 摇 而 记 乐 保 要 机 惧 号 顶 活 娱 高 的 先
> 便 肢 他 斑 马 部 子 旋 源 带 股 四 自 活 因 恢
好 鳍 便 镜 身 > 祝 贺 权 远 惧 他 也 项 周 二 人
乘 法 基 欲 高 社 基 动 车 袖 马 亲 社 顶 貓 建 究
本 得 有 研 灵 看 损 有 决 恐 破 离 开 皂 ! 自 梁
性 考 灵 快 记 民 分 动 坠 人 自 私 > 音 息 年 热
野 蛾 底 惨 衬 用 保 地 必 须 股 情 页 伊 见 地 灵
绍 远 遥 面 野 运 降 有 毯 介 蠕 约 恐 野 动 人 豆
己 士 的 上 亮 思 年 喜 程 页 很 幸 高 权 一 物 自
请 加 滑 衣 衫 上 曲 线 子 驱 多 木 便 碰 次 性 园
解 滑 紧 本 的 之 就 像 状 破 栏 恐 伏 轻 微 乐 驴
瑞 典 人 便 持 环 惧 己 迅 速 出 落 心 摇 过 幸 桌
噪 保 醋 子 摇 因 眉 噪 日 主 典 肢 秘 亲 镜 科 学
秘 况 野 保 碎 真 貌 > 区 静 查 諾 宜 理 亮 约 保

很多
祝贺
就像
一次
必须
离开
上衣
乘法
周二
动物园
迅速
曲线
瑞典人
地毯
然而
身高
斑马
民用
科学
轻微

Puzzle 132

过 号 休 了 源 尖 坚 树 心 毁 理 最 最 不 于 得 木
眼 栅 喜 差 运 尖 固 书 思 查 论 考 最 稳 许 下 组
泥 泞 爱 蠕 出 的 溜 冰 鞋 部 上 情 摇 定 栏 梁 织
基 地 觉 理 赂 焕 水 复 飞 规 自 便 面 股 的 决 虑
书 则 得 怖 高 根 重 页 泽 栗 木 考 摇 买 错 份 惨
转 源 面 伏 热 查 建 修 人 议 降 过 高 得 镜 额 程
热 自 举 乎 思 马 欲 远 平 面 秘 高 梳 起 上 碰 页
本 滑 栗 自 定 静 父 请 自 子 飞 乎 车 数 小 时 则
滑 乐 查 倍 泰 迪 熊 也 眉 怖 他 因 透 他 士 况 生
的 信 素 马 而 出 书 不 高 四 摇 察 蛾 费 花 蜜 定
运 摇 远 记 亲 最 页 能 兴 諾 惫 私 机 雨 子 眉 思
胶 年 高 摇 伏 平 惨 日 心 乃 充 记 信 滑 鳍 信 保
蠕 雪 介 则 的 > 情 遥 决 光 自 间 肯 损 失 破 不
携 里 眉 村 状 乐 余 伏 龄 不 醒 高 社 定 行 增 热
上 想 柔 摇 己 焕 四 肉 重 升 高 坠 四 香 人 肉 部

坚固
组织
肯定
损失
花费
也不能
基地
理论上
花蜜
小时
泥泞
不稳定
买得起
尖尖的
份额
溜冰鞋
高兴
泰迪熊
觉得
喜爱

Puzzle 133

见灵惧出有热衬远香蕉类疲父望升数摇
了袋旋的音乐苦泽管理思介回也肉而项
阿机坠貌草乃避滑信的因坠增龄秘动光
木姨活。惨损免諾规特部疲乃伊中而父
士幸梁栅影有的了损肢冰下村不权情木
秘紧修亲响后疲显约礼要雹貓一部便心
然特香碰信己高着恐见面遇空二自喜秘
填宜先年鳍远趣解有持充也间○太阳典
复领有车情后量数信龄机会，二页秀肢
噪主来出是指肥研心理电性然地瑞探配
安遇行摇摇程类祖性察增护亲人泽讨对
惨蠕摇龄欲复举四源根邀复栅选近飞有
出复衬带保镜修可旋电热赂视的绍驱介
好！紧议恐乐自面能柔的了真人事乐子
木日社坠存不瑞通理修程解醋解放假赂

了解
机会,
探讨
香蕉
配对
管理
避免
见面
显着
影响
是指
冰雹
放假
可能
太阳
阿姨
的音乐
有信心
空间
一二○二

Puzzle 134

许趣亲紧望也解活答息条撞携静因傲快
草特技艺迟有约部简的状定她快携雪增
乐转要书了定制的化心医义的平父秘私
星级解光本面雪许坠疲部生本加恐安规
疏马静复貓乐醋礼四的惧！运自恐心发
况散自村差邻滑怖桌究之生复稳伊乎了
觉亮闲驱虚居部肢法院母真修灵惧赛季
冒他升丁想假滑木娱增亲龄基滑滑便高
犯邀信栏通，宜行息露坠苦貌袖平复数
解面眼出乎但来礼得程人惊社循醒驱乐
坠中礼自许旋事闲虎车虫的梁栅毁绍间
快解口究的间野的破坏原自愿本口填动
号过休遥苹果虑面解过谅观倍恢音礼子
顶骄页碰于人情镜降解。桌磨迟遥撞远
惊况释驱察秘增定而本伏要逐渐闲趣上

自愿
苹果
,但
逐渐
定义
她的
疏散
冒犯
邻居
赛季
定制的
原谅
破坏
法院
技艺
星级
的医生
虚假
母亲
简化

Puzzle 135

升欲事觉想衫租车的醋心热财行之型动

微源理回自乎驱加出鳍黄瓜产掩伊量饭

息小倍行了桥野市的伏犹余袖盖填太皂

肪脂的不醋答摇旋场分坠豫页亮梁阳骄

己项撞降法官分飞鳍苦肉分人袖远镜理

议租泽中惨素乐草复决本的闲草信他音

人书宜马举记热举丁栏蔻清空露隐赂怖

考他木解有幸日视怖观镜蔻保书藏遥错

区惊乐虫考重自远亲便准人信凑上选破

望行心上！恐类带本摇则顶惨灭撞书自

的木祖本。村错能马桌碰消失亡查型觉

驱分支无社直醋坠静修过趣>疲也人摇

肉龄香名会护惨然衡明定祖看雪諾龄图

衬豆栗指秘凑稻各种显自怖考音情的飞

乃休还原页人机见喜伏衬衡乐乐余碎趣

微小的

的脂肪

犹豫

无名指

还原

市场

社会

财产

法官

各种

准则

掩盖

黄瓜

消失

隐藏

分支

太阳镜

灭亡

明显

清空

Puzzle 136

的个人

结论

大部分

设计

的事件

他们

共同

奏请

主题

背后

露点

列车

例外

准备

谎言

牙齿

条约

有趣的

计算器

天空

恐落光察护领士貌损解奏野士面野背惧

惊机父根肥况解欲的欲请规摇光页后程

有露要便趣权桥饭虫要也镜自的乐撞车

考面面类素放转栗惊惊马大木类飞准落

本稳亲热人重安栏马骄顶马部例外备则

列车雪中乐倍发理马部迟遇木分他们身

约研介从本自諾倍余野摇雪。。摇驱填

露点乐醋远桌研克口社骄类>欲领填的

况谎言幸热设身错静件特来娱子觉泽老

天绍根饭来计息得宜事牙快撞！虑电不

空最有瑞灵闲之有趣的娱齿结论计算器

乎条察过惨高的个人车苦损延行滑保环

议约倍排梁闲共遥娱栏不存稻主想理情

高出升心碎苦水同栅本规保心题喜鳍票

的最延伊的欲生的貓衡不基运雨祖老情

Puzzle 137

肉 桥 素 究 介 查 源 热 考 错 行 放 碰 电 视 错 余

露 肢 肉 思 的 伊 究 > 上 胶 苦 衫 坠 虎 中 误 保

老 虎 凑 泽 貓 最 型 展 衡 视 而 子 飞 先 也 新 的

研 幸 的 建 批 大 子 览 的 充 自 虫 凑 修 的 于 快

权 怖 的 书 处 的 激 怒 村 丁 高 摇 号 人 绍 亮 欢

重 的 过 怖 理 雪 保 透 水 雪 凑 眉 衡 碎 稻 保 持

复 存 亲 平 伊 最 年 自 通 驱 修 木 而 分 想 木 恢

四 。 他 雪 摇 号 规 摇 香 香 定 心 底 号 旋 安 恢

有 书 有 亲 排 想 衬 执 迟 遥 好 面 蛾 趣 老 过 察

苦 加 伏 驱 蔻 闲 直 行 的 子 携 饭 后 信 型 本 不

亮 考 疲 复 梁 息 日 况 考 遇 特 手 臂 四 租 过 滑

社 动 肉 骨 滑 直 休 的 邀 重 > 征 > 欲 肥 情 乎

条 思 先 头 理 身 趣 从 碰 排 两 亮 能 树 皂 车 底

马 战 秘 人 许 蔻 子 > 请 升 边 倍 至 介 水 的 考

思 克 争 解 丁 排 基 试 摇 规 转 马 鳍 少 受 害 者

最大的受害者
执行
欢快的
激怒
错误
至少
老虎
电视
两边
战争
展览
手臂
骨头
肥皂水
新的
保持
重复
批处理
特征

Puzzle 138

酸牛奶
手提箱
承诺
明星
松鼠
北极
允许
伤心
定居者
部分
侵略性
乐趣
椅子
娃娃
驰骋
当然
皇后
楼梯
短暂
指望

根 承 自 下 量 安 伏 加 楼 手 心 惫 滑 释 条 票 自

摇 安 诺 灵 之 松 宜 通 梯 提 况 侵 略 性 情 子 四

瑞 身 信 焕 眼 鼠 驰 持 情 箱 ! 顶 规 的 真 性 自

选 椅 加 伊 亲 北 骋 研 露 介 查 类 坠 之 的 亲 后

便 子 顶 运 根 极 区 水 有 的 环 况 素 虑 源 察 间

允 许 有 坠 记 亲 皂 欲 指 酸 傲 娃 释 乃 闲 年 近

部 虑 年 情 马 后 顶 梁 望 运 牛 情 娃 状 社 书 秀

分 撞 动 老 增 充 梳 请 护 租 虫 奶 看 损 滑 基 人

的 皂 眉 素 撞 虫 老 先 循 发 恐 子 分 赂 中 的 动

皂 邀 乃 明 星 余 当 答 草 便 肥 特 恐 的 乐 加 研

私 短 暂 碎 摇 看 然 究 虑 来 亮 本 信 类 趣 休 票

情 看 环 了 本 排 损 镜 镜 透 来 噪 了 定 快 不 赂

优 灵 衫 本 伤 不 欲 决 摇 本 复 来 遇 居 高 肉 苦

惨 答 遇 视 心 存 袖 信 过 摇 木 欲 日 者 出 答 坠

然 了 龄 考 于 皇 后 约 木 桥 恐 栅 趣 之 底 分 衡

Puzzle 139

绽放的事研碰理丁蔻喜英里的究迟惧重
快恐图视驴条木虑马选他迟豆祖答案过
称摇象放晚的能恢窗露项赂坠諾先私秀
为蠕则野情些社带帘地规极限趣信逃生
得口租息信性时>静最带凑的护飞里号
顶典心便部快的候几乎日休素源也延好
幸号请介坠平票权和便自衫坠撞噪虎肉
欲凑求！条！情遇野先面胶梳龄老交叉
复>素地而心查鹌差乐特露露心不老乃
约条疲事址间情諾鹑灵貓间况间乐视上
类镜然摇透始宜貓透社带几王室了肥选
而惨区衫答终手套木保思眉好延重定位
参与者差本股素车虑本有坠思持带中见
驴泽举克况有从休肥他不延心充有亲了
定欲部填情香保理人类野雨复飞精细亲

晚些时候和
手套
窗帘
参与者
逃生
绽放
精细
的图象
王室
视图
定位
鹌鹑
答案
极限
请求
称为
始终
英里的
地址
交叉

Puzzle 140

品种
现在
阳台
服从
沙塔
事实
版本
的事情
收藏
傻瓜
周年
领袖
正是
整个
协助
醋栗
澄清
吸血鬼
狩猎
岸上

页议衬几马能况查而的察的村品素领号
地选考思收藏摇他介惊梁权事泽种视袖
飞亮狩猎活驴煲复便里他香实伏灵恢建
直驱傲惧灵露答亲况！他驴动磨发身鳍
建环亲岸畚携子丁露见想树视傻瓜也解
毁书分上肉雪乐！饭素特休版本碎协乐
的事情想里于行摇生带>！释复恐助修
的鳍视条生现理之人皂马伏倍士想动邀
疲素因周年沙在修静面透马胶破心研的
差素醋栗的塔蔻票秀服从蠕建驴面人疲
面热正是袖恐毁热飞试差类后肉决亮过
环坠热的桥撞理遥息恐静究存望旋骄心
焕鳍桥放平察循吸血鬼泽中休便整个栏
惧欲基优惨项热眼护重柔稳凑视特惨老
见亮于栗桥优阳台澄清素举栗士损士放

Puzzle 141

亲 人 袋 则 煲 磨 保 重 定 性 降 夹 情 况 村 本 分
驱 看 页 书 遇 后 区 条 信 伊 趣 克 约 碎 许 灵 下
远 本 乌 人 自 摇 填 员 傲 权 钢 理 快 本 量 父 绍
的 音 龟 摄 像 头 升 工 心 赂 望 琴 议 祖 傍 的 音
雪 私 领 怖 监 年 看 泽 稻 桥 好 惧 不 坠 晚 决 选
况 充 部 见 测 醋 摇 傲 最 栗 建 梳 页 胶 音 加 紧
最 保 亮 情 倾 安 桌 便 理 然 瑞 回 基 昨 天 号 人
媒 体 手 柄 向 全 苦 的 乃 木 要 怖 伊 不 程 觉 有
人 领 皂 优 于 欲 页 乐 音 惊 祖 数 视 趣 动 惊 便
选 专 最 闲 趣 中 虎 碎 自 因 分 遥 碎 平 创 骄 平
透 不 家 出 色 的 持 坠 也 后 察 事 人 面 祖 建 生
马 重 木 欲 礼 贵 事 过 镜 私 自 行 人 下 午 亲 驱
不 议 瑞 的 野 高 木 携 怖 不 查 的 骄 释 破 的 乐
面 而 惊 灾 难 然 出 公 交 便 不 梁 答 树 摇 肢 乐
许 中 赂 有 的 鳍 面 绍 约 惧 栏 闲 机 惨 磨 则 类

昨天
手柄
乌龟
员工
高贵的
平面
钢琴
摄像头
出色的
公交
创建
倾向于
傍晚
监测
安全
专家
灾难
夹克
下午
媒体

Puzzle 142

果 雨 猫 座 赛 跑 的 事 飞 平 基 础 规 基 压 保 肢
野 冻 条 捕 捞 不 人 的 呼 亲 想 破 的 本 而 力 从
秘 素 持 保 有 滑 雨 页 吸 煲 好 音 傲 摇 增 子 迟
绍 复 乐 旋 凑 趣 试 请 息 諾 野 袋 热 信 运 上 保
信 身 貓 觉 携 查 谷 仓 欲 碎 过 保 苦 也 究 携 栗
保 透 了 栏 本 活 有 环 超 伊 思 油 数 有 遥 光 信
克 复 私 子 身 远 要 煲 越 梁 眉 漆 木 > 他 许 衬
旅 程 滑 性 人 灵 城 木 柔 的 运 持 滑 建 高 諾 人
灵 记 马 格 期 望 市 分 带 通 从 优 势 量 丁 差 噪
来 桌 己 错 于 的 梳 亮 则 饭 信 倍 马 便 护 乐 后
到 飞 先 柔 惨 解 欢 租 也 直 老 肉 疲 紧 于 伊 究
四 伊 秘 怖 镜 醋 情 迎 蠕 乃 条 倍 保 思 的 然 骄
填 特 人 选 平 面 口 的 飞 机 而 人 乐 伏 娱 欲 结
肉 程 滑 恐 娱 情 子 几 本 面 便 肉 休 丁 村 惧 果
高 宜 豆 树 莓 理 身 书 察 面 自 趣 机 直 图 梳 有

城市
结果
压力
果冻
捕捞
来到
期望
基本
呼吸
性格
超越
优势
的欢迎
猫座
旅程
树莓
的飞机
油漆
赛跑
谷仓

Puzzle 143

心	趣	光	选	恐	来	凑	型	有	机	根	细	突	然	的	填	安
音	带	里	过	然	肉	则	究	露	观	本	腻	滑	野	衬	方	趣
损	苦	滑	生	区	考	余	护	乐	瑞	透	己	建	因	素	面	得
典	护	闲	貌	肉	股	怖	士	露	地	的	村	选	循	情	护	分
量	傲	行	察	直	最	身	不	乃	肉	想	镜	接	近	解	惫	举
会	见	风	之	休	落	望	剪	水	最	解	日	叫	从	马	平	护
请	坠	的	筝	飞	的	木	辑	特	音	建	动	声	里	视	怖	重
加	快	情	乐	息	修	貌	坠	增	晃	克	碰	了	保	平	口	动
亲	骄	得	恐	娱	考	觉	况	毁	自	晃	解	复	改	革	伊	香
之	袋	祖	奇	真	正	的	政	记	延	答	悠	马	坠	分	泽	观
研	理	静	迹	摇	最	恐	府	生	人	中	解	悠	建	事	情	情
木	，	虽	然	木	心	平	的	性	虫	热	决	镜	蛾	保	项	这
着	主	虫	父	喜	身	里	的	升	秀	保	方	情	父	研	了	些
急	数	怖	型	滑	子	则	车	本	议	祖	案	露	性	的	露	面
村	保	护	答	持	回	疲	转	能	欲	本	排	心	中	野	！	来

因素
叫声
奇迹
突然的
解决方案
剪辑
真正
着急
会见
接近
政府的
晃晃悠悠
改革
事项
方面
得分
风筝
这些
细腻
，虽然

Puzzle 144

第七
调整
捍卫
轿跑车
防卫
词汇
天气
每个人
膝盖
午餐
蝙蝠
水波
气味
薪酬
单独
提交
玻璃
只是
特别
大米

便	每	露	人	不	乐	车	从	动	通	坠	考	几	克	租	水	也
乐	个	量	特	护	解	薪	特	私	肢	只	是	醋	衡	自	摇	于
饭	人	里	煲	音	栏	酬	别	许	典	约	复	玻	璃	解	邀	数
稳	碎	灵	鳍	则	源	煲	机	条	行	音	透	胶	袋	水	本	循
天	味	动	情	栗	复	遥	车	防	卫	社	解	平	豆	最	理	虎
的	气	机	上	举	的	情	伏	信	人	有	了	栏	己	第	车	闲
心	单	独	驱	日	紧	柔	议	素	增	主	摇	丁	父	七	骄	视
飞	而	底	倍	稻	蝙	试	亲	提	机	磨	项	条	察	也	趣	娱
人	究	日	情	煲	蝠	他	典	区	交	镜	皂	惧	他	透	惊	存
镜	调	整	衫	大	于	灵	活	口	根	野	镜	马	恐	闲	事	乃
灵	许	午	餐	米	礼	自	便	落	醒	邀	父	惫	复	词	捍	卫
胶	的	的	书	约	趣	煲	轿	的	电	携	机	请	间	汇	情	坠
的	私	的	增	醋	水	栏	跑	举	看	休	则	乃	趣	摇	亲	于
娱	本	记	恐	领	情	波	车	衬	欲	衡	况	介	惨	增	丁	复
热	驱	票	自	自	惧	醒	肥	秀	程	磨	桥	考	加	雨	膝	盖

Puzzle 145

亮 梳 礼 瑞 研 选 护 眉 焕 摇 桌 间 凑 社 自 什 书
本 主 服 迟 究 梁 士 持 绍 议 胶 他 迷 惑 下 么 过
息 题 肉 静 生 怖 透 坠 能 没 泽 饭 下 遥 面 骄 究
野 ， 型 镜 不 理 衫 碰 号 镜 有 顶 他 泽 研 他 延
基 池 动 子 老 本 中 梁 则 柔 了 条 碰 信 因 娱 安
草 塘 转 香 老 豆 ！ 袋 摇 便 心 地 子 稳 乐 情 先
諾 中 远 乐 马 傲 权 伊 带 源 带 考 年 行 世 界 区
远 邀 修 量 便 > 出 身 信 能 豆 胶 复 记 类 灵 稳
生 程 草 行 保 迟 四 也 的 条 香 驱 毛 梳 视 最 典
情 平 恢 饭 噪 则 惨 的 曲 棍 球 棒 衣 排 煲 部 望
坠 几 衬 私 好 过 优 子 理 延 蓝 证 顶 请 本 思 根
驱 社 醒 几 父 灵 心 高 凑 貌 色 环 据 自 娱 自 乐
授 带 野 心 落 性 数 关 度 傲 的 自 条 摇 柔 存 研
权 雪 克 木 许 一 声 联 究 傲 答 飞 己 信 欲 貓 决
选 坠 降 马 约 本 从 研 近 坠 栏 恐 焕 之 前 情 运

什么
世界
迷惑
高度
关联
授权
池塘
证据
棒球
之前
蓝色的
自娱自乐
毛衣
主题,
下面
一声
曲棍球
礼服
没有
研究生

Puzzle 146

父母
电影院
驯鹿
海洋
指甲
循环
剧场
西瓜
奢侈品
队伍
继续
标志
卡车
电话
年轻
咖啡
犯罪
熟悉
时间
胆小

视 了 建 页 剧 咖 继 书 奢 书 护 量 的 眼 基 循 摇
年 轻 电 话 场 啡 稳 续 侈 旋 保 了 动 本 自 梁 环
建 欲 的 西 瓜 增 旋 项 品 况 乐 不 议 疲 延 碰 觉
他 桌 驯 鹿 父 母 欲 幸 决 基 书 衬 带 喜 先 桥 焕
复 惧 安 静 熟 差 记 决 摇 源 的 规 加 的 煲 桥 村
时 降 龄 紧 悉 眼 伊 摇 快 子 发 亲 考 蔻 优 中 特
间 直 蔻 解 海 貓 的 落 貓 定 复 差 不 碎 过 自 ！
间 胆 指 加 洋 肉 伊 面 保 底 野 页 许 电 影 院 动
肢 小 甲 上 人 租 典 增 迟 士 查 香 犯 举 便 究 特
标 志 父 情 绍 队 伍 存 卡 马 复 近 底 罪 社 建 租
人 不 马 直 规 议 存 携 车 > 龛 举 状 露 源 出 修
闲 得 木 行 树 灵 醋 动 充 试 口 研 好 存 摇 觉 带
情 遥 素 日 光 记 龄 摇 特 香 自 充 露 排 然 上 情
虑 根 建 煲 泽 源 亮 惨 分 充 面 许 蛾 貌 后 素 顶
透 上 带 骄 存 老 醋 事 树 类 梁 况 私 光 近 便 好

Puzzle 147

热 查 来 摇 的 顶 规 的 高 则 此 查 得 底 项 破 男
底 的 几 咆 哮 静 护 祖 第 本 句 觉 最 活 落 高 子
的 时 候 间 的 衫 肉 乐 二 一 租 之 能 区 皂 况 拳
亮 约 虫 驴 书 宜 便 声 明 定 主 排 查 第 蘑 菇 击
中 息 木 转 野 主 祖 幸 考 解 袋 马 伊 六 宜 。 虫
諾 举 蠕 约 平 解 他 信 素 镜 有 股 解 私 查 摇 性
骄 条 况 野 原 完 机 衫 两 个 袋 热 私 降 定 自 型
肉 能 梁 情 事 灵 成 增 木 栏 士 放 旋 肥 虫 过 而
恢 豆 保 子 件 的 四 约 胶 携 的 约 间 查 磨 则 乃
平 噪 蔻 雪 雨 释 想 摇 升 驴 后 噪 泽 保 情 赂 思
修 本 柔 橇 礼 理 约 面 恐 破 带 根 典 恐 水 飞 仍
衬 后 续 肉 介 年 子 情 电 能 惫 出 子 碰 平 草 然
损 保 乎 眼 衫 过 碰 噪 优 子 亲 血 条 发 因 项 骄
平 休 于 顶 票 人 光 欲 有 不 己 地 过 绍 号 礼 日
草 身 醋 特 肢 远 规 苦 恐 最 填 肥 部 飞 伊 降 自

声明
事件
两个
出血
此句
的时候
咆哮
蘑菇
拳击
第二
仍然
肉豆蔻
雪橇
男子
完成
平原
水平
一定
后续
第六

Puzzle 148

考 情 记 男 高 稻 了 带 条 试 的 磨 的 闲 摇 社 规
信 先 年 请 性 私 修 类 肉 便 思 分 人 平 木 复 身
议 中 心 碎 蛾 营 不 秘 领 解 思 煲 的 于 约 栗 上
自 而 木 村 间 士 驴 日 绍 乐 出 的 间 功 带 先 乎
恩 爱 考 请 有 碎 充 此 村 自 增 科 梁 能 树 便 士
了 不 驱 典 定 生 子 蜘 处 身 本 学 村 信 间 特 转
水 秀 摇 能 的 袋 增 蛛 镜 便 蛾 家 分 坠 碎 解 也
栏 放 焕 虫 心 几 个 > 减 查 复 自 信 来 而 虎 情
事 克 乃 平 考 建 休 的 少 子 怖 自 摇 特 野 加 闲
骄 蓝 铃 家 庭 怖 香 肥 手 马 泽 苦 好 典 自 镜 顶
几 进 行 主 视 袖 骄 稳 克 表 醒 差 双 根 填 > 本
号 介 存 赂 雪 携 观 心 休 肉 决 事 亲 礼 袖 追 坠
电 破 闲 欲 礼 桥 便 驴 有 苦 蔻 坠 礼 袋 解 逐 况
亲 理 坠 过 自 人 恐 数 保 图 分 雨 。 带 来 趣 觉
挥 杆 乐 情 胶 复 草 填 后 柔 本 地 四 蠕 最 保 查

此处
苦差事
蓝铃
进行
的手表
追逐
蜘蛛
男性
双亲
恩爱
定的
功能
家庭
挥杆
科学家
减少
几个
带来
私营
便士

Puzzle 149

约镜则醋碎上貌蔻私书中调。人况究一
苦书滑数毁梳况了余规豆查间环疲倍些
不身首富凑类规日旋雨虑貌饭社坠最趣
胶首乃直柔研程秀然私余飞露觉傲雪諾
而脑页的考排老解差面于股肉保电充亲
过会他近泽趣复乃>化考约虫灵平静号
平议撞差碎伏热闲香妆平约雪后，摇究
型因那些之记雨量社菜虎乎优野人思存
观特心约后欲平紧村芹热四从幸子复几
宜许子领露村镜了焕稻马典乐选查栅虫
惊理闲下特皂延车信肉周存后数摇近信
游晚上条拍摄情增噪买出到有增手通息
请戏真高请地老有私入音觉的亲机树磨
秘高贵肥角落宜惊转祖亲然其他保口举
娱欲能快噪摇祖护程迟有最坠音威力欲

首富
调查
其他
游戏
芹菜
化妆
角落
香菜
高贵
晚上
信息
周到的
后，
买入
首脑会议
一些
那些
拍摄
手机
威力

Puzzle 150

伊存行醋复页议动选苦议眼来豆赂书年
瑞间士存下从春己转报过破梁领驱乐洗
运复望肉漂野天恢状纸露研环想心息发
方介骄察亮娱四>坠活梦士旋喜股试马
地欲车错本身主考信排想，自情便图型
的伤害衡过驴每怖闲上增柔除书观约的
最恢热本去镜只人不艇体信远了特后带
灭绝升书的栗特存秀当本保信凑乎娱娱
好直放自优私究约通蔻眼焦点紧露考看
释老升答傲苦情旋子股相错机。思的不
身地社教有橡放本士发反情会摇他存社
平冰柱真堂皮碎增闲皂肉定乐宜摇祖恐
平马生落介擦飞怖摇考领信量旋心子运
趣环飞子不介露损>柔下坠坠想转机近
遇子特静醒高栏类存肢肢蛾栅蜗牛滑热

机会
每只
梦想
过去的
报纸
不当
焦点
蜗牛
艇体
的地方
相反
橡皮擦
漂亮
洗发
冰柱
灭绝
的伤害
，除了
教堂
春天

Puzzle 151

露 毁 运 栅 情 研 自 观 回 权 理 噪 特 袖 醒 有 仓
记 录 马 释 面 定 况 身 条 答 惊 近 填 倍 虑 野 鼠
磨 柔 醒 持 部 环 放 源 瑞 欲 子 排 发 人 惧 傲 源
考 滑 日 倍 胶 请 情 喜 坠 雨 的 怖 动 言 梳 社 趣
首 都 的 不 梳 豆 长 恐 袖 私 下 醒 眼 皂 权 热 最
士 人 仅 肢 绿 树 干 颈 傲 究 蔻 环 摇 泽 答 他 人
也 转 仅 区 色 雨 保 究 鹿 根 年 事 先 保 梁 面 醋
桥 乐 趣 碎 好 貓 鳍 建 不 碎 度 驴 木 主 程 镜 察
肢 日 祖 身 蠕 鳍 马 子 热 亲 损 究 解 乎 雪 最 运
遇 喜 袖 野 迟 重 恐 解 恐 考 马 他 胶 遇 充 幸 最
面 多 答 复 举 自 然 分 人 雪 最 们 宏 伟 肥 福 究
也 数 恐 衫 携 木 余 本 地 花 豆 的 忠 诚 基 便 焕
紧 究 皂 保 心 坠 撞 阵 风 了 型 心 醒 子 释 怖 。
心 重 决 定 底 性 柔 绍 虎 股 马 恐 于 加 生 直 马
定 想 规 平 紧 木 子 他 伊 瑞 秀 皂 望 重 稳 安 租

仅仅
忠诚
发言权
长颈鹿
柔滑
决定
树干
年度
他们的
首都
阵风
自身
宏伟
本地
雪花
绿色
最幸福
仓鼠
记录
多数

Puzzle 152

号 灵 欲 灵 身 间 磨 车 因 源 视 克 闲 典 好 休 重
理 主 眼 下 输 入 疲 皮 加 优 马 票 碎 遇 袋 赂 先
论 懒 惰 租 持 驱 。 之 肤 傲 心 之 程 股 车 思 记
解 光 灵 本 木 解 动 从 栅 飞 程 人 旅 日 闲 而 父
优 磨 惧 骄 。 秘 转 骄 护 衬 狐 狸 排 理 请 栅 保
趣 虑 遥 ！ 数 究 号 保 来 已 经 有 紧 余 疯 决 型
克 克 基 建 型 柔 修 地 苦 奁 试 便 视 稻 狂 乐 查
项 ， 因 此 转 特 见 况 建 伏 转 亲 望 希 的 的 面
煲 撞 下 虎 间 议 平 从 技 怖 虫 瑞 考 紧 程 祖 栗
村 国 家 大 变 量 女 性 术 存 落 转 上 几 摇 社 持
数 状 人 权 觉 插 入 亮 遇 公 远 底 驱 鳍 几 木 差
运 草 通 自 飞 第 坠 先 各 里 民 蔻 虎 约 护 情 休
不 最 坠 稳 摇 三 机 丁 地 桌 袋 蠕 观 柔 究 电 惨
较 低 的 飞 行 个 滑 部 坠 动 栅 稻 遥 滑 自 了 袋
秀 信 特 运 碎 瑞 错 选 怖 惧 理 恐 他 修 肉 树 凑

女性
已经
的希望
技术
之旅
较低的
狐狸
国家
理论
，因此
第三个
输入
各地
插入
变量
大家
皮肤
疯狂的
公民
懒惰

Puzzle 153

增	克	源	的	东	西	健	的	放	怖	举	透	量	的	部	礼	发
定	号	页	父	他	欲	康	虫	面	直	请	能	父	透	生	条	有
拉	动	乐	摇	人	高	见	龄	情	望	谈	到	阳	便	乐	菜	轨
部	发	祖	余	上	主	龄	倍	成	功	树	热	光	凑	宜	野	电
便	袖	从	机	栏	直	里	煲	高	听	静	图	丁	循	间	的	车
请	磨	租	则	遇	发	增	几	自	到	明	确	遇	年	察	秘	他
存	口	丁	子	眉	息	坠	直	平	乐	马	胶	紧	欲	镜	优	年
灵	相	关	书	諾	环	区	域	相	互	作	用	寒	冷	的	权	试
煲	带	观	页	形	书	乐	乃	部	醒	部	租	了	优	解	刚	性
子	士	摇	动	状	复	信	疲	秘	水	复	页	醋	灵	的	醒	回
香	行	衫	眼	子	号	子	护	的	页	转	乐	从	毛	貌	口	娱
于	木	图	部	热	凑	约	亲	面	状	鳍	过	特	巾	灵	情	过
音	木	查	礼	可	桥	自	袋	带	好	中	衬	磨	清	晰	饭	滑
疲	部	眼	光	心	移	绍	稻	肢	举	息	静	底	草	蛾	觉	了
护	秘	情	解	礼	见	植	摇	究	充	村	口	信	马	号	栏	身

可移植
相关
便宜的
听到
拉动
寒冷的
形状
谈到
成功
的东西
阳光
清晰
的生菜
区域
毛巾
有轨电车
明确
健康
相互作用
刚性

Puzzle 154

的邮件
作画
放心地
聚焦
政治
吸引力
衣柜
经常
商业的
从来没有
早晨
的生日
外国
别人
说明
可可
吃饭
羊毛
带来了
暂停

蛾	通	肉	动	羊	带	部	亲	机	驱	举	骄	政	治	伊	音	自
木	袋	理	放	毛	苦	数	然	发	息	貓	露	坠	出	自	梳	的
毁	根	修	心	他	租	惨	有	过	便	赂	克	基	究	解	社	直
从	可	可	地	本	动	袋	远	聚	灵	瑞	信	柔	查	源	高	部
怖	梁	惨	回	马	。	人	吃	秘	焦	外	国	坠	栅	几	定	私
飞	图	究	下	磨	透	休	饭	闲	士	高	视	静	有	香	趣	马
破	环	滑	雨	息	噪	循	雨	惨	差	动	转	惫	没	早	作	画
部	加	衬	栅	从	人	热	试	娱	亲	乎	镜	带	来	了	晨	类
肉	醒	页	件	发	赂	想	乐	后	书	通	本	野	从	下	经	加
余	许	条	邮	解	环	介	雨	远	地	袖	吸	过	释	镜	常	他
别	人	暂	的	生	日	亲	条	安	稻	错	高	引	坠	口	说	噪
视	疲	停	业	衣	察	通	摇	望	从	护	记	号	力	号	明	建
祖	增	放	商	柜	最	释	电	伊	不	摇	瑞	镜	来	鳍	状	骄
他	幸	延	己	上	里	眉	本	顶	差	发	饭	保	情	撞	肥	坠
量	秘	复	骄	条	!	香	保	焕	人	豆	条	心	柔	豆	查	野

Puzzle 155

运 带 部 行 分 钟 保 人 保 平 休 落 解 喜 宜 查 皂
部 动 人 有 复 人 间 落 的 静 想 安 个 别 行 煲 发
定 升 人 量 发 諾 程 加 场 延 坠 自 排 型 释 请 不
查 特 好 蛾 本 木 亲 环 景 亲 亲 惧 选 等 于 遇 克
优 保 过 相 信 降 惧 回 泽 特 伊 > 木 请 的 特 赂
先 梁 书 真 骄 请 休 娱 里 丁 租 惊 出 然 便 飞 遥
肉 察 休 傲 态 度 平 余 树 信 考 机 热 权 正 土 豆
皂 而 看 因 保 复 摇 电 定 中 怖 的 思 状 态 式 行
规 放 复 优 乐 喷 素 护 决 出 上 时 刻 蔻 主 雨 带
性 不 增 恢 想 泉 况 心 四 柔 否 己 喜 諾 心 坠 下
部 书 四 碎 规 椭 决 分 情 项 生 定 而 下 脏 恐 考
雨 眉 程 快 的 圆 复 衡 噪 要 研 野 己 泽 鳍 应 震
察 不 得 栗 遥 形 諾 觉 研 典 远 上 环 飞 士 该 撼
事 最 惨 惨 高 里 刺 嘲 讽 约 然 飞 行 桥 复 栅 研
人 坠 试 苦 机 循 猬 迟 最 ！ 保 滑 本 人 不 基 究

研究
嘲讽
安排
椭圆形
土豆
震撼
的场景
正式
相信
分钟
心脏
态度
时刻
状态
刺猬
应该
个别
等于
否定
喷泉

Puzzle 156

木 从 究 马 况 毁 观 水 獭 谢 天 谢 地 车 于 伊 稻
议 请 木 生 预 信 树 记 趣 年 高 的 身 人 摇 响 应
傲 基 驴 伏 测 军 事 回 信 余 子 休 数 > 旋 不 壶
木 因 因 虑 草 皂 通 查 答 他 票 便 书 望 焕 也 茶
本 动 词 面 间 分 近 他 数 从 项 本 活 试 考 选 的
延 复 丁 而 恐 根 理 恐 水 有 胶 放 老 建 好 状 卧
排 旋 人 野 雪 近 试 本 马 坠 毁 亲 镜 驴 噪 摇 室
觉 伊 东 部 主 许 自 疲 举 转 乐 动 四 从 木 有 面
静 的 父 自 远 护 特 语 骄 最 乐 息 邀 优 思 过 信
了 条 便 有 票 自 的 速 观 梳 丁 远 面 丁 热 乃 则
不 解 差 惨 利 运 底 停 顿 明 亮 口 先 项 从 袖 有
使 龄 放 热 究 香 的 怖 部 不 本 惊 得 于 争 辩 加
信 用 遇 事 玉 毁 蛾 透 运 心 究 平 觉 回 惧 滑 野
后 食 程 亲 米 培 举 远 信 皂 光 鳍 父 家 困 难 柔
貌 几 四 灵 余 虎 训 高 自 柔 研 优 焕 近 分 恐 请

培训
明亮
回家
食用
预测
东部
的卧室
水獭
有利
困难
谢天谢地
争辩
军事
响应
使用
停顿
玉米
语速
的茶壶
动词

Puzzle 157

露香复丁树坠举究諾乐海运邀情人休吸

面缓女落衬消于车泽衫雀滑伊人人转收

面解雪人后娱化活升热子亮精节机旋最

諾醒伊自最根车股发射坠肉灵衫摇恢凑

成滑高碎红朋友的行摇疲约考光建情胶

长试管露萝快升足撞噪光行从项性部能

便面露绍卜因飞充动本衬摇不乎策保本

来里有年自便加部年的闲平>三略护究

上栏惨傲请旋本破野而见心复祖角梁苦

能梳休中不从保自回远心循闲便栗休骨

书光理有他直权部情袖飞毁理电面的架

父典事肥部摇存来乐驴老得趣沙远便情

雪人差村延口丁心音类源村鳍漠草增秘

瑞面程分编遇中肉情图摇>拘捕条幸>

情雪衬条辑优查上决飞有修野请错基日

吸收
拘捕
消化
编辑
朋友的
红萝卜
成长
缓解
高管
沙漠
保护
充足的
策略
发射
三角
情人节
海雀
女人
骨架
精灵

Puzzle 158

乐桌私中热人快木决社了情因密复带特

吸许打凑攻击野衡热了缺乏的封请降鳍

取保证破恐增查碰查木自胶梁头发真相

息碎典摇紧数伴书饭况号租估评安桥瑞

因见现研蔻蔻侣摇复惫数四胶计便面磨

栏伊有任蔻我们书视生凑乃趣父稳车水

摇飞凑电降本近旋能乎欲间请有过饭加

邀恢自特异性的对不起动物高马私金邀

定来雪想试面信坠草的后野便然醋丝之

型马肥事己坠恐磨自的项能娱眼从雀惧

衫宜倍图记祖祖顶水有高因撞研欲基镜

要过增能的差书热人摇列为怖惫出间恐

恐页凑察出保树损议人表要眼转肉醒衡

紧近约记草己类好高乎驴的情惧人绍摇

栅考视音数帐篷坠骄栏望喜高思胶号人

特异性的
伴侣
因为
打破
金丝雀
帐篷
动物
缺乏
攻击
保证
对不起
密封
评估
估计
真相
头发
现任
列表
我们
吸取

Puzzle 159

环 面 先 观 心 闲 滑 皂 一 之 滑 袖 记 研 驴 联 几

环 遇 发 动 机 优 项 看 目 滑 先 孤 私 马 柔 系 >

主 持 定 恢 情 充 循 本 了 眉 条 独 马 素 惊 思 亮

皂 肢 高 整 磨 镜 部 心 然 泽 疲 股 丁 情 子 噪 发

胶 条 醒 洁 最 礼 差 过 意 的 欲 观 考 人 高 碎 安

衡 延 唱 的 高 驴 复 小 见 免 费 摇 然 举 生 绍 中

礼 磨 歌 理 的 袖 野 型 研 坠 优 书 想 面 最 乐 遥

骄 遥 稳 究 疲 活 过 醋 存 查 信 类 解 项 喜 贤 破

真 远 丁 皂 特 不 信 休 研 考 慷 赢 解 他 得 人 虫

碎 类 便 报 便 本 四 ！ 优 自 慨 面 了 水 泽 电 也

图 热 余 紧 价 驴 记 娱 紧 煲 士 遥 稻 道 歉 看 研

况 怖 静 一 排 最 部 惫 高 情 摇 惧 租 祖 想 举 间

排 思 有 摇 次 量 下 蛾 惫 约 老 转 木 桥 木 循 潜

望 远 镜 煲 根 性 出 车 转 面 况 理 了 遇 碎 瑞 水

而 排 出 恢 虫 落 页 摇 滑 栏 有 有 地 的 指 责 人

赢了
道歉
唱歌
一目了然
指责
发动机
意见
报价
整洁的
贤人
免费
小型
一次性
孤独
潜水
联系
望远镜
最高的
排出
慷慨

Puzzle 160

向日葵
蚊子
表达
亮点
包子
等待
月球
成熟
剥夺
表白
技工
顶部
光荣
的重要
飓风
宗教
幽灵
白菜
装配
去年

究 议 转 克 滑 白 苦 貌 成 娱 热 决 间 的 好 排 技

乐 虑 灵 转 木 菜 定 秘 熟 车 车 放 己 口 过 循 工

袋 便 驴 豆 社 克 查 貌 祖 私 表 梳 四 闲 月 球 源

衡 自 存 丁 平 差 木 试 娱 有 达 通 野 肉 静 热 雪

然 袖 自 而 坠 自 究 子 子 加 图 动 向 日 葵 好 面

性 顶 研 好 飓 风 特 雪 破 亮 特 面 惫 机 镜 肥 露

顶 部 的 剥 夺 音 远 领 想 充 点 光 排 马 不 碎 来

释 桌 重 破 乐 滑 环 眉 梁 飞 幽 灵 荣 乎 转 人 真

电 蚊 要 休 带 肉 后 趣 本 马 乐 思 释 遥 理 量 之

信 子 包 上 胶 毁 排 类 虑 热 类 了 镜 复 的 蛾 遥

虎 绍 装 配 马 情 肢 ！ 他 素 等 他 驴 运 素 饭 落

胶 去 宗 安 部 快 乐 理 摇 信 苦 待 望 视 而 性 人

有 年 教 欲 本 > 从 排 保 地 水 表 他 快 自 眼 事

喜 蠕 书 增 填 马 先 记 机 考 因 白 肉 通 灵 恐 眼

便 存 邀 出 安 紧 肥 趣 自 信 野 虑 平 遇 情 惧 来

Puzzle 161

升 状 过 过 领 基 程 虎 私 部 的 股 过 虑 透 远 究

车 秀 邀 根 他 自 飞 数 洗 木 蔻 几 项 的 柔 遥 自

碎 程 欲 沙 发 过 复 电 涤 惨 鳍 自 树 究 摇 灵 便

摇 木 定 记 通 坐 在 存 捕 获 行 类 了 建 造 蔻 社

然 曾 规 保 快 便 降 保 镜 解 亮 上 出 老 便 后 有

中 过 经 皂 惧 瑞 水 滑 富 观 村 平 复 脖 真 自 长

护 绍 优 维 持 面 中 蛾 含 自 答 角 典 子 草 草 度

追 底 惊 票 运 许 存 草 部 先 热 色 面 机 莓 紧 雪

求 领 复 衡 虑 不 然 眼 栗 热 的 根 存 便 主 亲 好

动 碰 摇 动 惫 溜 快 决 选 的 主 的 答 口 究 野 灵

观 飞 衡 了 分 究 冰 乐 父 况 中 解 机 查 闲 ！ 行

人 瑞 高 宜 新 恐 恐 优 老 热 特 看 决 里 部 机 老

高 身 理 恐 鲜 桌 理 虫 蛾 惨 便 释 的 的 摇 租 页

乐 口 票 休 龄 动 要 加 四 镜 因 生 分 教 眉 。 损

想 心 惊 趣 人 充 大 声 况 日 复 转 充 观 育 绘 画

捕获

追求

新鲜

角色

长度

保存

绘画

曾经

溜冰

的教育

大声

脖子

坐在

维持

草莓

富含

洗涤

存在

建造

沙发

Puzzle 162

巨大的

肥皂

最近

动机

检查

药物

的数据

温柔

规则

树皮

物种

语音

精度

老鼠

项目

差异

专门

狭隘

替代

单元

虫 醒 木 遇 信 光 信 精 于 自 焕 书 秀 有 复 树 回

要 情 恢 视 望 最 衡 度 狭 通 毁 请 面 社 秀 皮 苦

肥 皂 单 野 傲 放 便 木 隘 坠 先 理 书 的 保 视 延

四 量 元 心 乃 乐 肢 破 的 况 骄 怖 理 之 介 通 落

透 充 项 树 电 语 面 音 人 摇 最 人 梁 磨 试 动 持

傲 错 子 透 磨 音 观 检 理 加 蠕 近 保 规 自 机 情

遇 惫 存 药 音 龄 机 袖 查 年 的 落 礼 得 则 增 页

记 自 种 物 远 举 眉 最 近 里 数 类 顶 温 的 特 绍

巨 大 的 电 量 坠 恢 伊 醒 恐 据 惨 许 柔 噪 老 鼠

惨 静 的 高 量 幸 桌 旋 木 研 趣 自 恐 信 环 栅 高

事 疲 里 > 书 程 页 事 滑 皂 远 许 本 亲 惫 领 差

秘 克 野 要 桥 饭 举 损 过 回 况 树 祖 摇 便 专 破

也 光 伏 伊 差 动 热 部 错 饭 替 代 蛾 不 面 野 门

鳍 的 的 镜 异 的 排 乎 记 远 闲 研 苦 滑 考 号 情

放 转 优 之 滑 机 类 安 惨 项 根 项 目 页 延 有 豆

Puzzle 163

不 加 口 自 撞 年 讲 领 泽 马 觉 宜 飞 存 露 蠕 野

电 直 伊 底 子 龄 述 则 梳 宜 焕 况 飞 余 填 袖 量

量 动 闲 惫 行 马 源 醒 从 平 如 何 毁 光 放 世 重

稻 作 飞 便 便 衫 > 发 克 便 的 便 特 球 篮 纪 最

惨 携 上 梳 亮 落 行 社 伊 错 瑞 差 中 猛 地 飞 项

快 牛 奶 排 通 过 视 升 骄 恐 疲 护 研 考 心 环 灵

观 典 虑 灵 见 看 环 忽 本 士 本 休 息 书 音 静 滑

撞 间 信 龄 考 也 栅 略 想 信 书 充 乎 上 雨 怖 而

蜗 惧 分 村 肥 息 出 针 迟 乐 眼 存 页 见 蠕 马 喜

杆 议 木 子 猴 凑 撤 对 心 ! 典 貓 携 煲 信 水 充

袋 落 蔻 凑 露 乐 销 充 小 苍 兰 伊 己 祖 镜 桌 根

豆 伏 自 眉 草 疲 书 滑 的 虫 思 草 本 行 下 子 破

加 老 观 撞 透 紧 ! 乐 野 设 克 钢 栗 携 子 他 坠

乐 思 复 旋 释 > 的 能 量 行 计 笔 数 请 增 礼 子

马 复 > 事 则 间 栅 身 秀 丁 欲 票 宜 ! 选 马 皂

牛奶
动作
忽略
小苍兰
休息
猛地
篮球
如何
的能量
地球
针对
蜗杆
分子
年龄
钢笔
世纪
讲述
的设计
猴子
撤销

Puzzle 164

物理
智慧
维生素
行星
之间
增加
叫着
好的
格式
容忍
购买
独立性
交融
冬天
，直到
眼睛
失去了
贫困
几乎是
合作

也 水 心 热 伊 远 栏 租 部 也 马 则 眼 睛 噪 醒 降

光 优 迟 电 栏 高 答 栏 惊 基 木 携 后 乐 升 旋 环

肉 眉 容 高 部 复 眉 父 中 邀 龄 便 人 复 降 图 则

遥 保 忍 视 因 惨 填 循 父 透 趣 本 错 分 露 了 喜

权 怖 諾 情 ， 直 到 透 贫 复 增 貓 欲 几 滑 部 持

喜 交 融 滑 记 娱 冬 从 困 而 情 主 瑞 乎 欲 喜 摇

状 野 人 然 桌 好 天 电 梁 区 决 智 慧 是 因 本 建

透 驴 赂 失 根 的 底 煲 远 损 型 恐 飞 视 紧 雨 之

私 直 的 透 去 能 梁 飞 雨 伏 典 欲 之 察 伊 维 间

存 条 己 丁 页 了 惊 倍 格 活 瑞 露 行 保 幸 生 分

来 亲 不 源 况 惧 租 见 式 保 近 的 星 破 亲 素 煲

有 子 子 衫 约 稳 克 煲 活 生 惊 来 独 安 蔻 余 镜

合 好 胶 降 的 因 条 私 物 理 条 事 不 立 购 买 摇

宜 作 情 考 亮 疲 增 加 叫 特 车 草 安 后 性 信 自

肥 心 磨 租 胶 凑 重 增 着 请 毁 人 动 好 怖 远 能

Puzzle 165

草 木 上 主 带 灵 了 之 年 克 建 鸟 草 况 抽 也 日

眼 镜 趣 梳 适 特 真 亲 动 栅 闲 啼 发 婚 屉 远 幸

过 领 典 日 野 当 夏 天 的 况 特 行 先 礼 己 防 运

村 醒 马 信 研 自 主 许 虑 驱 典 故 障 梳 的 修 止

摇 傲 况 日 恢 滑 人 旋 信 外 观 本 回 镜 不 仇 定

胶 权 电 绍 他 建 有 动 人 惨 瑞 村 延 情 面 票 恨

感 野 心 建 放 过 伏 面 疲 建 答 平 恢 远 遇 权 稻

谢 破 而 看 > 自 木 梳 类 疾 从 傲 心 饭 凑 解 紧

了 究 填 士 情 野 生 暴 力 病 则 通 情 复 衡 自 乎

衫 答 闲 顶 喜 灵 降 噪 解 定 邀 保 社 远 责 己 镜

稻 休 优 心 类 机 木 栏 梁 延 醒 栏 查 梁 任 数 栏

水 饭 平 复 摇 丁 便 醋 决 不 龄 错 父 保 自 豆 升

循 素 复 香 眉 最 研 优 紧 根 稳 心 损 栏 ！ 士 的

典 傲 最 静 源 功 貌 秀 不 克 赂 部 近 况 源 规 貓

他 撞 怖 饭 复 率 回 底 亲 平 权 骄 中 日 肉 柔 中

夏天的
责任
适当
暴力
疾病
故障
野心
抽屉
的仇恨
防止
感谢
外观
眼镜
幸运
主人
婚礼
鸟啼
自己
功率
野生

Puzzle 166

虑 障 > 小 滑 身 平 有 股 条 视 坠 绍 肢 望 马 情

破 碍 的 弟 损 趣 ！ 情 驱 海 滩 先 活 考 父 许 胶

落 降 一 弟 直 热 了 山 条 村 恐 他 的 选 评 的 保

余 能 切 面 考 书 发 羊 直 幸 热 梁 议 选 价 静 息

看 真 苦 类 根 警 伏 自 露 平 乃 凑 上 股 身 稳 肥

驰 名 焕 建 据 察 任 何 研 十 之 过 出 透 怖 于 复

滑 遇 余 衡 乐 况 行 领 底 年 性 邀 坠 家 理 间 决

冰 胶 畲 议 修 议 皂 碰 近 马 稳 乐 典 伙 第 间 亲

雪 差 滑 项 子 野 虫 摇 电 稻 趣 宜 饭 透 填 一 解

树 也 秀 倍 木 喜 好 木 车 发 的 丁 社 真 情 本 中

况 虫 选 摇 紧 票 存 滑 中 底 类 凑 栗 > 而 社 害

条 諾 草 回 素 地 坠 研 欲 肢 提 南 己 从 地 顶 羞

胶 加 稻 坪 灵 稳 伊 稳 放 审 供 部 便 素 建 来 醋

倍 蛾 图 迁 移 因 顶 远 权 乐 判 保 优 年 遥 记 亲

本 量 平 理 区 撞 试 不 稳 高 顶 分 余 条 复 延 袋

小弟弟
警察
南部
第一
家伙
根据
评价
草坪
滑冰
迁移
海滩
害羞
任何
提供
十年
障碍
的一切
驰名
山羊
审判

Puzzle 167

丁	己	衫	肉	旋	活	持	信	的	貓	碰	部	豆	稻	衫	眼	有
煲	安	静	的	灵	活	趣	带	而	回	记	撞	许	野	能	袋	父
木	类	而	的	正	确	的	生	亲	了	型	记	行	蔻	使	动	乃
观	的	降	飞	乐	风	醒	虫	平	眼	围	栗	因	答	出	凝	视
察	龄	情	况	约	格	栏	举	部	今	墙	智	能	缩	龄	惊	豆
马	有	情	降	平	惨	社	事	查	晚	锄	四	页	写	绍	遇	有
要	高	延	转	了	下	滑	透	增	惧	头	梳	究	转	摇	衫	有
乎	貌	特	思	通	书	类	的	四	野	几	保	摇	区	区	有	远
乐	电	好	撞	磨	马	决	年	醒	然	他	复	介	而	行	口	决
息	子	亲	本	的	书	士	约	凑	决	破	降	携	乃	错	肢	瑞
间	乃	己	思	源	凑	快	恢	坠	运	记	伊	梳	身	露	的	近
落	梳	自	究	护	的	饭	本	梳	情	增	滑	目	标	恐	建	士
，	解	通	野	股	先	虑	自	年	于	了	本	惧	有	怕	后	子
降	动	静	有	桥	醋	解	在	口	马	区	冰	雪	同	基	煲	子
拼	写	物	驱	的	凑	页	袖	肢	紧	究	祖	霜	情	电	迟	骄

使出
，动物
拼写
同情
目标
恐怕
今晚
观察
灵活
围墙
凝视
正确的
自在
风格
缩写
安静的
锄头
冰霜
碰撞
智能

Puzzle 168

打招呼
冬青
类别
有礼貌
确切
勺子
晚餐
没话说
的块
蔓延
茶壶
生命之
旗标
用品
灰色
医疗
场景
骨折
驼鹿
法规

子	举	请	心	梳	乐	紧	近	底	木	升	余	排	坠	面	场	迟
能	自	蔓	延	特	分	鳍	里	饭	填	息	便	举	上	生	景	里
稻	灰	发	没	型	克	因	邀	栅	晚	餐	衡	磨	克	命	香	日
坠	色	袋	话	确	切	心	中	亲	项	最	从	休	口	之	放	克
便	用	落	说	露	乐	填	自	试	破	本	面	不	木	栗	究	肉
栏	充	品	野	机	存	蛾	茶	壶	排	貓	况	亲	子	马	貌	自
醒	亮	类	环	自	法	柔	票	骨	领	保	要	冬	有	礼	貌	欲
透	畲	他	填	打	规	桌	村	破	折	了	乐	青	不	发	灵	自
医	疗	碎	桌	栅	招	重	眉	观	源	旗	标	部	衡	查	驱	不
眉	飞	降	驼	鹿	光	呼	的	块	况	迟	直	类	别	要	惨	稻
諾	股	噪	驱	闲	乐	肥	木	决	！	几	柔	滑	号	袋	议	子
的	复	情	持	察	车	勺	子	车	里	心	怖	差	最	稳	基	醒
煲	坠	修	几	区	过	的	查	理	复	有	滑	他	静	趣	理	而
研	的	肢	中	想	凑	从	亮	典	想	驱	亲	遥	议	衬	地	远
上	自	皂	望	亲	马	中	行	况	衫	豆	飞	而	惧	根	雨	宜

Puzzle 169

滑 惨 动 后 女 巫 碰 焕 乃 便 口 然 地 远 议 究 惨
带 心 望 驴 自 马 惊 图 人 重 日 投 票 虑 加 落 安
面 摇 士 类 优 衬 动 野 的 程 灵 复 乐 选 乃 增 既
露 桌 运 水 凑 不 子 马 灵 复 焕 信 番 粗 重 视 不
醒 ！ 于 后 光 运 数 运 野 飞 稻 面 茄 心 桥 伏 旋
特 音 结 车 私 骄 欲 野 气 祖 梳 藏 议 衫 桥 袖 高
梁 树 构 农 场 部 怖 环 经 填 信 充 红 栅 猕 士 然
近 定 秘 諾 皂 通 宜 底 验 一 二 二 。 花 猴 在 时
觉 碰 安 便 己 本 介 后 过 带 地 光 高 亮 桃 滑 请
野 露 衫 宜 得 驴 黑 驴 尺 出 便 患 决 车 驱 伊 音
秀 错 > 坠 乐 放 欲 色 寸 之 程 者 飞 而 延 息 坠
他 面 落 惨 亲 的 先 部 本 外 运 村 情 根 迟 因 举
人 损 坠 雪 便 手 底 心 考 乐 有 票 定 保 趣 借 给
年 貌 决 礼 遇 指 思 情 傲 皂 镜 休 柔 树 能 袖 >
柔 木 情 水 子 举 胶 雨 子 野 差 便 解 有 解 镜 村

黑色
既不
患者
投票
在时
尺寸
农场
结构
的手指
借给
女巫
藏红花
粗心
一二二。
猕猴桃
运气
之外
番茄
经验
重视

Puzzle 170

抗拒
缤纷
骆驼
无形
搜索
汽车
舞台
面包
修复
的爸爸
自己的
逮捕
时间表
青蛙
受孕
轨道
实践
候选人
反应
办公室

遥 摇 貌 伊 坠 租 乐 望 下 撞 中 青 蛙 的 候 选 人
抗 拒 肉 察 顶 欲 貌 皂 醒 马 动 坠 木 议 本 不 四
汽 息 伏 子 书 最 考 高 票 > 父 乐 放 静 饭 眉 了
人 车 惫 恢 碰 瑞 选 电 泽 区 过 苦 建 从 察 错 上
复 票 坠 最 余 项 蠕 闲 增 镜 骆 驼 身 木 木 情 饭
栅 眼 平 过 复 之 特 受 孕 旋 他 想 释 趣 梳 醋 先
举 实 践 子 饭 观 欲 倍 几 领 的 的 理 区 恢 几 试
鳍 諾 焕 见 类 机 地 复 规 面 包 袋 书 热 衡 要 傲
士 水 的 时 而 下 衫 音 人 骄 的 票 先 型 苦 柔 稻
日 香 栗 间 先 最 木 底 恐 人 高 眉 高 亲 梳 欲 建
秀 娱 主 表 的 皂 最 惨 修 复 逮 捕 轨 肥 喜 复 趣
无 高 舞 理 己 爸 况 碰 研 性 噪 蔻 道 驴 办 好 规
迟 形 台 优 自 马 爸 伏 电 私 查 决 信 諾 公 搜 索
租 从 复 虎 镜 自 灵 直 落 瑞 衡 士 分 缤 室 貌 亲
惨 桌 反 应 面 便 迟 考 环 增 倍 研 决 纷 不 疲 来

Puzzle 171

究 惫 闪 近 祖 况 骄 建 旋 骄 傲 的 察 趣 胡 娱 的
息 不 耀 乐 保 特 驴 活 具 分 离 的 桌 紧 萝 升 >
书 面 足 人 疲 自 信 幸 备 惨 主 噪 惫 的 卜 复 本
人 邀 本 袋 观 升 秀 旋 虎 增 理 循 醋 面 疲 光 克
活 立 保 香 驱 下 升 邀 本 查 型 延 通 有 区 及 野
安 独 坠 不 恢 学 术 究 露 特 特 有 答 梳 他 其 则
程 的 机 会 绍 直 特 的 行 惧 碎 顶 延 有 貓 乐 决
保 栗 生 最 行 伊 梁 的 机 行 运 衫 飞 复 持 秘 惫
余 蔻 怖 梁 滑 趣 活 乐 水 牛 苍 的 灵 坠 观 袋 贸
奇 怪 的 复 情 考 的 落 环 间 諾 鹭 根 携 特 阴 易
亲 ！ 祖 克 面 况 决 平 平 子 分 虫 亲 野 摇 天 基
滑 迟 桌 凑 泽 稻 疲 生 鼠 标 运 蠕 充 便 延 的 余
鳍 镜 平 思 想 信 镜 平 规 子 克 惧 包 雪 携 部 条
篱 动 雪 出 皂 倍 热 。 飞 类 怖 肥 括 类 充 式 先
笆 酒 吧 介 桌 几 情 。 记 过 飞 想 雪 携 蛾 息 动

及其
不足
贸易
苍鹭
包括
闪耀
奇怪的
具备
学术
骄傲的
水牛
酒吧
胡萝卜
分离的
阴天
鼠标
的机会
便携式
篱笆
的独立

Puzzle 172

冷冻
检验
笑了
导向
的任何
落户
快递
信号
的发音
居民
的演员
的壁画
延迟
围栏
管理者
活动
没事
社区
运行
主要

增 何 任 的 修 能 复 傲 醒 磨 惧 情 信 没 面 举 快
摇 热 香 壁 有 定 视 情 顶 驴 社 导 自 事 梳 礼 噪
马 发 灵 画 运 觉 子 机 趣 觉 社 恢 向 回 号 主 要
源 水 后 保 煲 透 倍 本 部 况 从 区 地 书 热 规 袖
从 要 諾 梁 豆 心 碰 疲 稻 子 活 桌 填 要 活 稳 撞
顶 摇 摇 中 分 笑 休 煲 加 的 热 环 解 桌 伊 肢 复
不 围 快 递 特 了 稻 快 信 演 祖 能 发 平 过 排 口
人 栏 保 冷 特 貌 活 镜 过 员 鳍 恐 傲 本 解 蛾 则
过 喜 的 冻 年 保 动 自 静 检 验 差 恐 便 煲 惫 亮
顶 亮 管 况 撞 惫 胶 日 状 素 凑 情 充 信 号 于 定
顶 错 的 理 里 鳍 。 下 欲 镜 近 图 父 情 胶 滑 便
查 得 出 傲 者 中 虫 情 貌 延 信 而 眉 运 煲 转 摇
面 木 宜 安 静 源 的 发 音 迟 豆 书 之 落 焕 惧 了
典 情 肉 安 平 动 觉 地 稻 摇 情 运 怖 户 部 错 权
毁 升 己 飞 了 充 答 行 循 视 情 行 光 稳 居 民 也

Puzzle 173

肢	特	顶	不	在	复	心	他	区	规	而	活	蜻	重	之	转	能
的	近	休	亲	楼	乐	公	日	不	情	觉	考	蜓	量	口	撞	衡
恐	复	丘	饭	下	摇	路	地	的	考	羊	肉	秀	镜	衡	上	携
社	恢	比	了	滑	通	议	日	克	特	书	的	乐	北	真	自	惧
保	丁	特	幸	幸	的	驱	马	驴	情	鳍	毁	撞	方	栗	趣	地
觉	自	噪	况	降	公	怖	解	父	举	劳	泽	从	分	苦	连	衡
电	傲	负	责	惊	路	本	的	车	人	碰	动	。	露	释	接	惧
雪	议	行	乐	坠	宜	不	幸	运	建	望	娱	虎	镜	喜	部	占
环	发	复	底	素	部	趣	灵	社	源	乐	麋	鹿	飞	保	梁	据
倍	平	出	地	！	复	程	能	饭	的	威	存	情	秀	露	镜	项
释	秘	回	生	得	平	了	子	木	不	胁	磨	梁	撞	延	旋	先
上	望	恐	宜	规	修	动	见	型	加	况	子	面	秘	他	的	泽
本	稻	祖	上	村	页	沿	着	马	议	木	天	柔	面	恢	便	远
>	衫	间	毁	野	貓	信	通	杂	克	先	使	放	有	研	心	人
瑞	衫	乐	图	滑	试	规	动	志	亮	秀	赂	虑	养	况	领	桌

劳动
他的
天使
占据
的公路
麋鹿
连接
沿着
出生
放养
丘比特
蜻蜓
杂志
威胁
羊肉
负责
北方
公路
在楼下
重量

Puzzle 174

磁带
浓缩
取决于
打击
方式
账户
鹦鹉
股票
达到
周六
出租车
知识
专家升
友好的
更漂亮
不过
粉红色
类似
突然
绝对

见	更	漂	亮	泽	权	虑	友	虫	不	方	分	周	专	坠	傲	情
远	因	填	他	议	自	水	打	好	过	绝	式	六	家	过	类	了
丁	撞	水	的	高	马	约	击	带	的	对	村	也	升	驱	似	最
间	热	他	出	活	观	撞	飞	高	醒	子	乃	滑	考	栅	股	蔻
账	乃	乐	衫	真	邀	而	鹦	鹉	通	状	惨	龄	出	心	票	损
户	休	乃	桌	驴	日	中	生	衡	娱	老	安	分	租	平	惨	己
通	因	好	状	怖	煲	口	雪	宜	邀	见	肢	蔻	车	稳	柔	理
丁	间	最	摇	取	决	于	突	摇	远	况	磨	视	坠	灵	鳍	虫
复	望	远	分	觉	情	情	然	摇	型	见	存	状	解	部	恢	票
放	己	浓	真	转	粉	休	图	素	他	好	的	平	遇	遥	最	领
父	磁	缩	知	答	红	达	规	真	生	摇	号	先	稳	伏	考	欲
惧	带	根	面	识	色	到	地	机	远	倍	趣	降	修	典	秘	理
>	排	自	的	情	带	坠	雪	便	草	运	区	马	部	的	坠	野
解	信	破	衡	然	虎	有	年	饭	摇	蠕	雪	究	娱	高	便	人
貓	伊	士	摇	衬	从	马	后	许	心	村	口	树	发	貓	息	图

Puzzle 175

顶 毁 撞 租 国 休 本 的 也 心 凑 马 答 有 想 暴 躁
遇 选 损 约 王 优 > 毁 蓬 松 记 复 原 紧 幸 惨 损
趣 能 驱 损 遇 而 领 自 恐 亲 思 另 因 奉 撞 左 领
似 飞 风 最 视 保 邀 不 回 建 行 中 一 献 思 祖 腿
乎 胶 了 窗 解 雨 请 的 条 私 坠 破 要 个 卖 家 己
磨 最 心 情 情 修 察 愿 回 区 瑞 放 延 然 复 平 便
项 观 光 息 迟 瑞 的 望 水 紧 源 虫 人 伏 趣 请 中
瓢 虫 遥 村 望 加 醋 自 马 从 的 物 质 状 私 复 心
好 肉 最 活 的 宜 迟 克 秀 热 有 丁 人 貓 蔻 平 灵
諾 泽 看 遥 直 坠 男 蛾 坠 存 旋 老 有 驴 直 遥 碰
子 的 的 毁 放 貌 孩 真 > 惧 焕 有 身 口 于 虫 也
撞 人 文 议 他 娱 状 疲 马 升 摇 摇 乐 护 重 貓 面
票 才 章 苦 解 泽 许 直 要 存 不 碎 请 栏 统 治 者
网 络 禁 止 保 许 怖 延 的 的 研 雨 恐 携 源 本 直
鳍 况 特 程 坠 先 坠 情 的 傲 惊 身 他 情 木 持 发

另一个
似乎
瓢虫
的愿望
风窗
的文章
蓬松
奉献
男孩
中心
统治者
原因
的人才
物质
国王
禁止
左腿
卖家
网络
暴躁

Puzzle 176

委员会
的谈话
需要
现代
书记
尽一份
货车
橡子
蜡笔
菜肴
愿望
味道
的荒野
构造
睡眠
触摸
条款
局限
更新
家具

解 的 撞 绍 桥 规 条 款 柔 醋 迟 碎 行 恐 话 虫 构
视 委 情 虎 人 四 素 也 胶 本 毁 循 年 乃 谈 撞 造
旋 碎 员 滑 惧 自 蜡 傲 他 本 本 摇 余 行 的 马 便
充 己 运 会 愿 望 笔 人 答 量 透 而 于 环 休 荒 车
惫 活 升 心 下 更 衡 的 基 蔻 人 家 具 中 快 性 野
思 不 亲 的 > 新 便 究 领 稳 触 解 菜 下 程 木 旋
而 而 眼 野 观 透 私 煲 况 稳 摸 人 肴 上 赂 中 雪
凑 马 面 伏 书 的 村 况 龄 驱 理 约 放 保 磨 试 的
貌 眉 行 克 优 下 要 祖 味 面 过 部 则 信 不 碰 幸
人 摇 延 桥 远 衬 地 乎 道 从 图 规 源 乎 书 之 上
情 的 性 紧 迟 社 凑 毁 观 恐 人 得 的 马 记 喜 祖
优 需 倍 素 增 磨 野 驴 香 驱 人 顶 记 介 亲 复 亮
胶 要 现 马 中 磨 底 绍 橡 撞 究 得 平 破 好 惧 增
货 远 代 研 考 虫 先 要 毁 子 举 活 乐 丁 息 局 怖
车 了 便 睡 眠 视 露 袋 解 尽 一 份 娱 傲 直 限 余

Puzzle 177

觉 然 特 得 柔 行 邀 飞 秀 股 图 看 领 考 因 职 雨
加 怖 的 老 远 蠕 貓 见 上 复 傲 音 作 便 四 业 错
究 梳 察 理 礼 根 奇 稻 子 请 优 身 家 发 号 过 规
肉 中 区 护 而 见 怪 煲 许 身 出 貓 虫 衬 车 远 解
平 私 本 足 有 素 来 露 答 栗 特 保 私 摇 苦 路 径
桥 想 子 够 排 便 许 心 的 落 想 衬 转 身 考 喜 理
分 明 天 的 量 究 木 直 欲 飞 降 加 看 视 努 朋 友
好 伊 桌 恢 素 之 喜 里 信 食 木 股 现 便 力 兴 趣
思 亮 领 损 坠 飞 过 而 好 品 复 通 亮 场 上 高 的
书 包 称 充 透 部 飞 撞 余 顶 他 了 究 了 龄 了 绅
基 苦 底 定 动 规 关 心 理 四 蛾 礼 部 之 记 貌 士
带 之 撞 幸 先 看 行 马 查 落 信 顶 得 能 行 动 毁
眼 的 查 里 子 发 试 热 他 实 木 远 瑞 力 充 滑 主
宜 悲 龄 书 欲 虎 大 幸 > 现 乌 鸦 带 安 类 破 要
露 许 惨 的 树 权 厅 己 趣 秀 栏 充 趣 祖 填 部 图

作家
书包
努力
朋友
兴趣
职业
足够的
大厅
奇怪
路径
称定
的绅士
关心
悲惨
现场
乌鸦
明天
实现
食品
能力

Puzzle 178

挑 医 的 好 程 充 不 伏 顶 士 音 惫 产 欲 遇 滑 许
战 药 合 奇 日 释 欲 私 礼 香 不 全 品 不 排 饭 类
个 上 格 心 关 系 傲 本 瑞 橙 色 球 余 持 书 部 透
静 人 的 雨 号 恐 动 心 惊 来 事 袖 音 里 先 修 热
里 降 况 豆 条 礼 龄 心 复 出 幸 特 优 行 的 简 单
礼 镜 > 人 答 露 。 自 票 记 望 保 根 业 坏 衡 上
解 肉 虑 余 平 面 袋 区 飞 休 思 条 一 子 最 思 远
远 出 主 饭 。 复 近 之 状 恐 则 摩 持 点 宜 蔻 因
地 苦 皂 优 梁 士 坠 动 生 心 上 托 目 下 龄 息 的
甜 蜜 充 放 平 蠕 人 于 最 部 諾 车 号 前 悲 剧 通
闲 眼 梳 惫 野 股 秘 机 人 骄 增 恐 摇 蛾 服 地 得
本 > 区 醒 父 諾 发 自 研 视 环 柔 明 智 务 复 几
坠 蛾 动 出 权 年 撞 动 保 亲 旋 伏 子 > 究 修 泽
数 高 的 的 木 保 建 马 绍 有 热 情 素 号 高 桌 他
乐 顶 摇 几 释 紧 增 状 项 梁 观 面 远 护 存 型 然

目前
一点
明智
服务
最坏的
挑战
好奇
全球
产品
合格
摩托车
行业
个人
的简单
关系
医药
自动
橙色
甜蜜
悲剧

Puzzle 179

鳍 驴 间 肢 毁 草 孩 口 桥 披 萨 放 私 关 乐 稻 后

凑 源 放 自 行 和 事 子 邀 落 貓 获 得 源 键 士 部

本 子 请 肉 驱 信 平 自 高 静 热 而 发 香 体 骄 号

衬 书 亮 的 类 倍 错 木 父 最 因 租 蠕 口 育 私 信

乐 泽 摇 余 地 复 记 磨 肉 衫 噪 余 人 豆 来 热 眼

惊 中 心 的 观 复 灵 有 活 撞 野 余 真 > 完 生 蛾

随 人 也 赂 音 先 心 栗 特 露 升 马 飞 填 美 自 的

机 乎 情 绍 雪 理 牛 栅 栏 四 损 父 野 瑞 自 趣 他

碰 研 行 宜 坠 环 奶 特 从 增 惊 袖 休 破 理 股 地

发 号 重 梁 衬 行 中 得 理 胶 发 生 升 热 选 下 答

真 秀 许 过 便 私 地 到 远 泽 记 镜 自 行 落 乃 伊

瑞 页 百 个 马 察 貓 妖 闲 毁 眉 便 考 情 父 人 面

持 续 时 间 圣 再 见 精 稳 转 虎 恐 选 择 最 电 选

增 结 闲 持 诞 眉 的 眉 机 部 草 举 心 惫 余 视 降

部 石 程 解 日 镜 音 欲 增 私 远 惧 优 部 件 遇 能

获得
牛奶中
持续时间
发生
披萨
选择
结石
体育
部件
孩子
完美
妖精
关键
再见
得到
百个
随机
和平
栅栏
圣诞

Puzzle 180

汉堡包
文化
王子
的工作人员
电影
周一
大衣
元年
生产
行为
移动
煤炭
阻止
质量
生物学
大胆
检查中
磨损
感觉
尖叫

情 基 的 安 摇 面 蔻 香 马 疲 煲 基 热 能 最 心 页

子 傲 工 栅 喜 后 最 栅 秘 页 许 动 学 眉 不 复 面

驴 回 作 袋 行 栗 > 私 尖 叫 恢 身 欲 物 眉 了 复

从 撞 人 年 眼 素 票 填 携 露 蛾 自 几 中 生 四 皂

惫 。 员 士 看 要 直 持 阻 恐 行 欲 后 秘 产 马 行

典 乎 的 书 蠕 降 疲 请 止 趣 为 眉 修 > 信 稻 有

部 碎 动 肥 亲 遇 持 许 破 生 定 动 丁 环 先 考 地

衡 子 行 检 查 中 约 有 看 行 王 四 远 音 移 桥 己

最 士 趣 梳 衣 大 亲 地 村 自 子 情 建 汉 动 电 影

煤 炭 错 磨 损 胆 休 乐 分 虫 请 质 量 人 堡 皂 真

镜 间 柔 感 文 化 幸 复 的 雪 先 信 解 怖 能 包 解

行 源 恐 觉 坠 子 保 有 特 中 典 优 衫 有 权 的 木

飞 摇 ！ 领 周 一 望 野 面 怖 瑞 填 复 眼 况 遥 高

释 生 元 先 保 苦 部 本 议 最 心 中 错 摇 貓 貌 基

桌 他 栏 年 口 约 静 乐 乃 丁 木 状 他 皂 便 秀 伏

Puzzle 181

间	研	惊	神	图	！	增	社	野	唤	醒	机	信	建	平	马	蔻
雨	子	结	秘	反	向	答	袋	资	源	典	教	授	保	热	好	繁
携	苦	议	婚	肉	察	约	蔻	理	保	远	增	心	释	本	考	忙
便	思	试	视	信	克	灵	出	便	赂	自	稳	毁	配	电	素	醒
带	高	自	上	迟	记	的	马	事	解	记	页	喜	镜	备	雪	顶
年	木	马	雨	入	口	惫	人	木	斑	点	密	集	加	里	之	水
过	持	能	上	携	建	填	驴	源	栅	他	破	余	于	欲	部	定
带	人	持	伏	落	马	平	本	坠	不	树	情	旋	本	分	音	回
则	伏	人	独	树	页	真	项	衬	人	大	高	峰	图	究	欲	上
页	间	信	奏	选	通	过	俱	乐	部	袖	象	究	政	策	衫	自
顶	雪	年	底	因	直	车	思	下	平	娱	兔	子	衬	蔻	惫	貓
雨	灵	直	栗	排	于	乐	社	热	衡	究	动	部	恐	远	页	遥
便	记	飞	高	优	衫	远	征	人	乃	最	鳍	糖	早	从	本	龄
回	而	充	想	损	衡	香	源	肉	携	思	煲	果	餐	填	乐	差
坠	伊	己	中	情	稳	>	情	从	驱	紧	间	饭	号	许	稻	错

远征
结婚
配备
神秘
政策
唤醒
密集
教授
高峰
早餐
入口
斑点
资源
反向
独奏
糖果
俱乐部
兔子
繁忙
大象

Puzzle 182

试听
报告
包含
奶油
信任
进一步
海拔
成年
建议
徽章
鳄鱼
往往
赶路
那么
积极
必要的
妈妈
医院
菠菜
详细

往	往	野	摇	海	复	书	领	释	量	根	乐	柔	飞	必	袋	泽
口	上	基	坠	拔	噪	不	安	光	下	摇	衡	类	不	要	日	释
了	野	那	遥	幸	优	肉	平	远	灵	绍	升	。	填	的	而	不
建	议	么	循	过	间	有	得	>	究	举	保	然	详	进	一	步
通	热	雨	光	自	区	行	携	程	飞	自	损	项	遇	细	亲	惧
保	保	亲	亲	雪	请	袋	举	先	眼	秘	驴	肢	豆	情	思	眼
性	恐	许	惨	迟	转	村	遥	灵	镜	积	极	鳍	理	信	则	行
下	自	视	雪	错	带	情	考	亲	怖	成	年	皂	近	过	任	鳄
豆	议	包	丁	衬	试	的	上	袖	项	日	菠	菜	医	院	徽	鱼
信	存	平	含	娱	能	飞	骄	答	赶	复	娱	惧	填	口	章	快
书	破	观	粟	虫	栏	亮	况	最	路	最	因	况	私	不	部	傲
木	眉	典	生	发	降	鳍	灵	程	己	礼	项	约	虑	胶	间	面
得	出	碎	量	桌	年	不	口	况	苦	他	基	人	妈	试	热	稻
遥	答	柔	鳍	马	礼	面	貌	图	则	心	奶	油	妈	听	顶	动
落	携	报	告	闲	余	傲	情	租	增	本	然	镜	胶	飞	身	焕

Puzzle 183

延根添黄通出諾好他建树这见下下恢中

骄社加油音考静的部从秘填种野厨无数

自便试的兄弟解真保胶木赂便有房子复

肉村摇出老介稻优怖秘介平能保看桌下

成填虎人的修升醋木年貓四滑查露下滑

从分情四热绍伏损木情镜息因伏眼特草

降噪苦傲里秀量延安增骄决衬飞淋浴研

直惊过肉驱子身规煲保有衫坠察宜飞飞

恢！存欲学习邀想上驾驶纠理机构惊讶

息鳍私的噪豆新改蛾自心修结伏口木带

理秘衫秀趣皂闻变安最考信他活旋他思

犀牛上述便议肥马直况书年静规最中高

观过亮蛾环艺恐基的护镜私坠摇煲请状

乃宜他事肥术的自均匀的研究邀亮的典

察迟定放建家降瑞马娱肉飞！的信情滑

添加
犀牛
的兄弟
无数
纠结
驾驶
机构
淋浴
成分
学习
这种
惊讶
均匀
的研究
黄油
改变
艺术家
上述
厨房
新闻

Puzzle 184

况祖特趣虫素香倾基雪紧父虫諾延乐动

文直乐最不便循斜貓肢人本。股重心特

滑本落亮傲则雪迟龄龄马私觉他撞高级

面眉里草增人老想上休野于于蔻研本加

协议，股携察老遥疲头部快乐的肥下香

机试的磨面况>加遥祖游他基先人保增

乎人人社决股己口袖号泳因袋肉紧决有

完美的约豆驴飞许活己自充状来袋遥得

露飞自衬野有近解摇有怖鳍邀填稳沙这

考也毁衫桥得欲行四士老老赂历史堡样

乐那种迟股见动皂动娱平许保动摇摇建

摇最泄村亲情驱貓也票龄判邀重保恢介

选眼上漏租傲最信过理面决对比度惫的

延职间闲遥伏见鳍虚事焕泽远梳过细热

来责汽油迟的自心拟机间究旋栏理察节

游泳
倾斜
完美的
协议，
判决
头部
衬衫
高级
文本
细节
这样
汽油
沙堡
那种
泄漏
快乐的
虚拟
职责
对比度
历史

Puzzle 185

！ > 注 亲 邀 差 要 生 快 旋 不 基 要 运 碎 图 凑
一 般 意 ！ 情 丁 栅 礼 事 回 撞 趣 好 瑞 。 破 约
肉 情 到 心 光 于 行 释 摇 迟 解 页 泽 喜 素 况 柔
骄 子 从 许 不 的 灵 生 栗 过 怖 填 理 欲 数 胶 骄
有 底 老 己 镜 野 热 柔 特 升 页 有 理 醋 号 承 认
远 碰 究 理 重 肥 衫 信 依 权 灵 加 下 马 香 洪 水
后 来 规 损 也 通 便 解 赖 傲 蔻 苦 从 伊 分 许 信
破 衫 价 恐 不 热 况 尝 试 地 放 行 高 马 姥 姥 幸
旋 透 格 议 倍 醒 状 状 快 权 远 优 察 创 消 防 员
根 转 袖 私 人 露 中 音 最 恐 观 野 区 之 造 未 来
热 延 决 性 镜 几 露 乐 宜 瑞 貓 坚 热 来 究 礼 存
延 梁 乃 而 木 回 喜 行 差 鼻 保 果 增 带 蠕 过 醋
老 四 亲 然 票 坠 雨 克 过 子 木 白 諾 考 马 他 条
的 小 狗 情 水 惫 损 的 桥 海 行 色 股 有 煲 乐 镜
驱 里 磨 增 坠 回 野 猫 倍 型 葵 远 保 泽 虑 填 雪

海葵
消防员
价格
鼻子
姥姥
坚果
承认
未来
后来
一般
的小狗
注意到
野猫
白色
音乐
特权
洪水
尝试
创造
依赖

Puzzle 186

行 坠 护 他 观 填 镜 肉 摇 心 的 升 进 将 肥 而 身
增 外 领 议 情 通 滑 部 状 测 人 官 入 来 权 碎 回
木 部 欣 赏 秀 桌 损 衬 通 便 量 右 方 区 闲 了 心
梳 马 人 参 聪 明 考 的 远 苦 特 手 行 村 坠 平 理
程 事 虑 的 加 产 生 电 秀 便 子 傲 源 书 草 趣 社
图 于 区 破 的 灵 ！ 动 微 面 的 增 秀 趣 典 本 护
权 香 肥 直 有 静 定 凑 笑 出 的 复 回 袋 典 自 流
的 野 部 撞 升 旋 源 部 草 破 想 赂 镜 电 近 坠 行
雨 释 乐 本 树 秘 近 情 了 警 驾 车 苦 信 伏 忘 的
皂 因 飞 栅 后 介 破 存 真 告 喜 猫 头 鹰 音 记 高
有 保 最 答 碰 衫 书 动 人 灵 最 军 不 疲 几 循 也
旋 底 心 摇 得 循 飞 活 丁 貌 填 人 回 克 而 则 事
草 能 降 栏 最 约 摇 能 增 部 充 复 噪 噪 建 损 摇
部 回 热 磨 衫 栗 地 醋 年 貌 泽 分 眼 马 能 驱 条
克 息 飞 顶 循 豆 板 量 諾 欲 来 选 蔻 情 露 了 马

产生
驾车
填充
进入
测量
电动
地板
右手
参加
外部
欣赏
微笑
的官方
流行的
忘记
警告
军人
猫头鹰
将来
聪明

Puzzle 187

年 外 部 免 释 亮 素 发 恐 骄 出 衡 人 则 高 过 建
便 书 考 规 费 紧 木 绝 对 分 口 冬 青 办 灵 飞 恐
凑 底 子 存 职 业 远 地 遇 趣 复 肢 有 法 情 带 趣
视 定 趣 股 灵 露 行 租 绿 本 马 况 皂 释 木 乃 理
觉 领 的 草 许 村 雪 日 苦 色 驱 摇 撞 选 惫 惨 带
热 有 克 惊 觉 素 邀 错 视 人 型 篮 快 过 信 有 本
皂 苏 打 水 虎 释 稳 情 理 举 事 醒 乃 灵 的 虫 惧
闲 马 通 灵 倍 直 骄 秀 坠 条 重 书 有 循 > 面 保
驱 有 信 资 绍 素 自 主 究 租 日 老 损 子 灵 碰 碎
请 通 飞 格 的 衡 肢 的 木 携 租 许 焕 考 胶 了 镜
肉 近 肉 图 则 袖 护 市 看 日 直 试 生 菜 报 虑 回
磨 年 选 型 通 子 底 中 基 余 机 复 页 饭 告 梁 充
安 喜 复 技 艺 绍 克 心 村 饭 增 况 的 热 。 露 眼
子 欲 杂 举 特 觉 得 视 究 子 破 透 规 小 根 机 请
虫 稻 的 来 口 伏 恐 灵 便 画 笔 衫 摇 麦 书 马 票

出口
摇篮
视觉
苏打水
复杂的
画笔
资格
生菜
市中心
办法
小麦
技艺
绿色
免费
冬青
绝对
职业
行业
报告
外部

Puzzle 188

通话
花园
选举
蜡烛
沉默
实验
衰变
计算机
祝贺
两边
椅子
解决方案
后续
第三个
的生日
打招呼
一点
大衣
特权
注意到

动 摇 通 话 子 桌 惧 两 边 注 蜡 烛 野 > 静 数 典
特 驴 社 特 眉 袖 社 栗 滑 豆 意 远 最 了 坠 便 活
焕 权 破 欲 乐 。 绍 袖 坠 衰 变 到 野 露 放 人 行
看 稻 惧 议 间 旋 摇 快 他 > 也 租 答 便 不 典 音
议 龄 苦 旋 惫 毁 重 活 租 许 秀 直 中 口 发 的 理
木 复 举 理 雨 雨 延 亮 解 决 方 案 则 理 觉 生 几
底 增 活 打 招 呼 灵 镜 梁 护 看 碎 私 循 安 木 心
稻 驱 破 也 主 许 理 望 有 事 区 护 滑 的 生 日 事
选 日 通 諾 真 本 胶 理 宜 香 眼 决 灵 不 典 里 醒
举 惨 摇 票 虎 虫 蛾 光 决 的 老 煲 最 磨 息 大 衣
人 稻 > 信 活 真 亲 村 主 修 他 恐 下 坠 几 他 马
！ 了 远 貓 沉 顶 蠕 间 本 稳 的 日 存 伊 选 最 肉
后 凑 保 虑 默 计 凑 顶 直 第 椅 子 紧 保 条 趣 野
续 数 来 得 的 延 算 鳍 通 三 加 坠 花 园 祝 贺 实
一 点 议 坠 持 桥 便 机 雪 个 思 惧 许 书 摇 肉 验

Puzzle 189

坠增旅察条性区于木乃桥查程用错木的
的卧室程各赢自号人排识社观泥品透况
恐源>近种了透。遇进别已经泞情醒数
动安循滑中情车携先入人司余老请瑞权
查图自碎规遇行转焕四不机生子平己宜
及型例过相究娱面觉父碰心脏父区顶升
其活外磨拥地！露音本持部不虑音飞之
先士平他见的许况因便镜音娱的股光优
型雨。恢研票决骄远记乐亮醋秀凑乃破
最升的票觉里租士几个地马驱情股口余
检查中恐蛾野！升欲动提供究短的行疲
重量摇远桥察的过研坠携号的暂马谈之
转有定碰热香事降喜绍水破页静心坠话
记落蠕恐坠不虎瑞坠摇究野人坠肢远胶
权醒平木>香>解环恐碰礼约草本规静

司机
相拥
识别
泥泞
各种
例外
短暂
旅程
几个
已经
心脏
的卧室
赢了
提供
用品
及其
重量
的谈话
检查中
进入

Puzzle 190

植物
表示
一分钱
艰难
的内容
可见的
表明
懦夫
高度
电影院
那些
海雀
情人节
道歉
主人
山羊
贸易
愿望
质量
的工作人员

碰梳眉懦息特地惨特降梳怖士直考究可
蔻性得回夫的工作人员的欲电望皂肉见
加复间乃草日理栅后不平灵影车容内的
的况许损便余自惊野事惨稳院乎了礼有
坠傲虑秀欲加建落豆定一分钱息遥近介
事噪滑眼镜落摇焕高度回子贸瑞护稳碎
素运观那些村胶人远便肢身易虫心车数
质量决本傲情人节源存本特艰活道要持
私望过醋愿老看雨衬野根豆难木雨歉落
上木乐远望加修他排灵本之飞究过透坠
表示碎心肉的衡量上充摇动答马焕许驴
上介马议几蔻滑望中的望想惊部邀稳权
疲秘海雀持桌眼娱人图答保分乐主傲亮
远延破紧乐镜也便特有远表明植物人秘
护摇心主型山羊人高醋型疲况伏镜稳好

Puzzle 191

年 卡 车 虑 理 则 香 保 环 放 最 袋 生 热 休 灵 程
认 充 发 错 误 考 动 发 领 增 高 宜 试 酸 牛 奶 查
镜 为 表 源 驱 市 场 送 许 保 生 他 生 解 顶 滑 生
差 解 衫 白 音 修 条 介 人 情 落 推 顶 也 因 草 重
自 页 了 运 马 错 升 复 人 礼 便 介 出 貌 貌 眼 信
直 。 私 醒 保 答 状 真 不 香 建 基 查 凑 平 镜 肉
树 莓 图 坠 息 降 安 情 傲 典 保 透 动 欲 携 乐 丁
老 恐 理 迟 闲 丁 乐 坠 提 醒 领 间 建 的 本 部 权
他 乃 从 考 本 摇 定 机 考 温 直 保 试 毁 增 自 复
落 重 情 情 恢 性 型 伏 上 度 赂 情 报 纸 请 保 发
的 排 自 衬 私 人 复 落 素 计 要 高 过 摇 蛾 他 亮
行 蛾 平 自 扭 图 村 根 啤 之 乎 主 露 火 箭 老 约
充 差 解 有 动 损 增 稻 酒 计 算 器 丘 比 特 人 祖
肢 息 豆 特 动 理 平 四 龄 惫 驾 袖 碰 喜 驴 马 保
龄 上 自 增 情 记 碎 摇 数 租 驶 特 见 羊 肉 量 分

火箭
温度计
认为
推出
啤酒
提醒
扭动
发送
市场
计算器
错误
酸牛奶
树莓
卡车
报纸
表白
眼镜
羊肉
丘比特
驾驶

Puzzle 192

充 热 下 人 下 发 地 情 栅 遇 有 袋 恐 人 蠕 水 号
复 损 能 车 的 票 理 能 里 型 近 运 运 排 飞 间 持
基 的 噪 高 衫 增 驱 主 子 紧 赂 音 灭 亡 书 自 音
得 记 差 教 子 碰 猫 察 的 灵 票 后 得 数 思 眼 状
灵 充 便 师 从 车 社 的 举 顶 袖 倍 骄 股 通 加 领
幸 权 典 静 马 价 碰 说 明 自 飞 轿 部 试 定 上 想
护 正 是 因 音 格 貌 公 共 研 坠 跑 水 秀 过 典 远
出 条 件 转 的 地 方 音 考 则 人 车 自 决 凑 复 法
生 凑 摇 移 本 眉 滑 加 于 老 飞 野 虎 马 乐 介 院
下 稻 摇 加 信 碰 于 撞 猫 交 主 分 长 雨 错 想 摇
虑 一 里 眉 况 运 票 娱 貌 叉 降 散 迟 度 增 便 伏
高 看 个 紧 磨 稻 觉 毁 减 存 面 注 记 雪 特 领 龄
马 面 几 娱 复 护 保 后 紧 少 。 意 栏 磨 发 部 记
虎 规 坠 乎 护 向 日 葵 凑 车 况 力 醒 情 心 苦 露
他 栅 亲 栗 直 信 保 私 回 介 也 优 的 能 喜 傲 平

分散注意力
地理
紧凑
转移
教师
下一个
条件
公共
法院
灭亡
交叉
正是
轿跑车
减少
的地方
说明
向日葵
长度
出生
价格

Puzzle 193

中 部 凑 性 最 试 欲 根 摇 蔻 豆 特 况 闲 事 瑞 >

权 记 请 的 许 眼 煲 增 日 蔻 机 梳 年 息 肢 煲 摇

试 面 紧 后 ！ 树 欲 口 滑 的 的 心 袋 度 图 特 醋

娱 获 心 上 底 马 是 草 焕 年 自 > 错 后 领 能 年

闲 真 得 类 神 秘 指 解 摇 年 子 心 进 平 闲 倍 性

眼 带 解 股 微 笑 己 究 于 破 宜 于 行 最 狭 傲 的

面 本 噪 飞 选 而 保 木 骄 先 乐 办 公 室 隘 了 发

条 毛 口 帽 别 类 性 肥 人 己 撞 梳 的 延 根 惧 音

苍 鹭 巾 子 人 释 心 自 ！ 醋 最 礼 不 醋 机 数 四

能 增 欲 素 惧 家 复 袖 一 起 便 观 情 皂 鳍 醒 试

碰 过 项 租 野 庭 驱 蛾 饭 理 研 先 私 喜 坠 老 先

准 理 自 请 平 降 雪 凑 子 租 焕 动 先 日 少 困 难

则 因 柔 下 灵 看 项 音 热 胶 老 虎 觉 量 数 野 量

则 草 秘 股 见 水 摇 机 桥 得 考 性 幸 持 转 焕 胶

情 娱 有 复 回 恐 有 赂 余 雪 本 能 顶 碎 礼 建 增

性能
一起
帽子
少数
是指
准则
老虎
家庭
进行
年度
毛巾
别人
困难
狭隘
办公室
苍鹭
的发音
获得
神秘
微笑

Puzzle 194

的恐惧
一系列
替代电子书
韭菜
水芹
的有用
邀请
奏请
来到
晚上
女性
水獭
宗教
幸运
没话说
达到
妈妈
包含
音乐
坚果

的 究 保 排 况 基 的 露 本 桥 充 > 也 人 热 察 存

音 欲 噪 里 镜 雨 恐 肉 祖 地 的 近 貌 乐 恢 也 坚

乐 妈 建 没 话 说 惧 镜 然 私 有 错 之 的 子 记 果

袋 加 妈 他 疲 蛾 答 鳍 选 恢 用 保 遥 蔻 部 来 到

口 底 惧 图 本 瑞 撞 许 村 复 通 貓 瑞 乐 包 含 安

香 定 胶 因 磨 研 研 礼 肥 来 的 达 素 撞 高 惊 观

情 驱 伏 快 几 有 柔 闲 韭 菜 奏 到 驱 雨 人 灵 梳

醋 四 循 不 排 晚 出 秀 镜 亲 请 邀 考 循 滑 便 回

页 议 幸 优 女 上 特 > 摇 摇 子 于 息 量 摇 透 马

性 面 惧 运 降 性 宗 教 礼 灵 行 面 请 了 好 典 饭

獭 伏 坠 胶 信 介 一 柔 碰 部 稳 错 雨 欲 因 快 量

水 芹 虫 摇 邀 乎 系 驱 书 衫 从 替 代 电 子 书 重

快 信 面 衫 平 电 列 木 情 露 趣 醋 水 填 情 解 飞

充 得 坠 修 衫 特 书 音 虑 图 基 鳍 究 解 平 伊 顶

的 电 乐 了 疲 秀 复 填 音 旋 携 諾 雪 摇 摇 平 自

Puzzle 195

不 合 子 碰 土 票 通 安 宁 查 木 静 音 虚 究 部 平
上 电 作 磁 地 自 情 环 充 特 排 释 行 拟 快 分 究
错 视 礼 伙 带 书 蠕 典 延 遥 安 答 木 不 驱 得 的
约 凝 动 词 伴 曲 棍 球 焦 点 探 凑 泰 迪 熊 年 页
趣 心 自 平 回 损 疲 便 解 优 讨 类 乃 行 信 选 环
安 秘 他 乐 笔 肥 伊 遥 基 諾 旋 增 亲 书 马 请 则
碎 幸 护 远 记 究 疲 鳍 撞 碰 息 疲 最 衫 见 假 选
貓 来 发 生 本 理 平 机 克 远 面 理 龄 光 皂 好 运
权 释 真 震 余 信 有 定 约 之 克 他 旋 镜 幸 情 部
远 秀 有 撼 遥 活 稳 欲 蔻 有 能 而 蔻 活 了 情 己
惊 乐 增 懒 迟 蔻 > 瑞 携 真 煲 定 露 主 面 伊 请
近 紧 乎 页 惰 苦 静 虎 余 号 疼 得 的 于 梁 通 选
视 自 透 口 行 平 骄 上 休 雨 痛 子 后 当 从 迟 条
驴 底 破 木 灵 摇 醋 遥 桥 性 放 不 书 前 要 肉 木
驴 事 不 则 私 香 情 心 马 木 本 真 肢 于 出 香 真

疼痛
请假
笔记本
当前
合作伙伴
安宁
土地
泰迪熊
探讨
电视
部分
曲棍球
焦点
懒惰
震撼
动词
凝视
磁带
发生
虚拟

Puzzle 196

有 程 摇 新 量 本 行 秘 四 滑 存 带 己 风 有 本 镜
行 星 噪 鲜 票 最 循 父 蠕 之 车 动 老 险 滑 日 条
醒 休 遇 降 蔻 图 分 貓 源 价 值 研 书 驱 > 泽 约
飞 蛾 况 安 情 肉 惨 上 国 际 柔 栅 最 回 豆 木 柔
乐 有 信 桌 最 类 怖 里 见 面 亲 租 摇 心 复 也 父
有 事 破 望 克 乐 动 乐 答 倍 充 旋 士 状 行 数 苦
娱 香 衫 的 活 出 好 肉 保 试 坠 区 不 复 回 颜 料
肥 况 亲 则 信 号 平 镜 本 草 直 则 惧 下 休 过 虫
领 望 驱 远 页 升 原 部 请 究 近 状 衬 先 填 察 租
作 延 面 子 放 的 的 充 趣 子 袋 绝 根 衫 充 后 不
画 焕 试 况 控 四 最 差 瑞 发 高 望 真 心 村 遥 蛾
音 。 鳍 四 制 怖 议 排 机 藏 不 的 解 决 信 租 倍
统 治 者 喜 摇 绍 究 想 复 貓 红 蜜 蜂 柔 则 凑 远
乃 镜 眼 亲 自 分 早 议 也 升 降 花 严 光 保 马 乃
排 携 页 的 事 父 惊 餐 蔻 上 况 眼 重 欲 带 优 肢

控制
解决
价值
绝望的
肉类
严重
国际
颜料
蜜蜂
风险
平原
作画
新鲜
行星
藏红花
信号
统治者
早餐
衬衫
填充

Puzzle 197

野热修破伊了然大秘袋豆皂城市伊碰私
记转滑程木木饭家雪察部稳摇自携行营
遇貌下想坠好肢士自地衫木驴有降量克
傲梳行驴解邀答看了静衫动驴记惊究稻
理生乐老他安自没出坠降研也也袋性能
梳！机鳍人建噪事黄鼠狼父肥不后幸遥
他欲香增噪情瑞于差马事飞错能休重坠
稻光豆桌觉回衫股的小情量豆间考事心
带特填规梁摘肉动持猫迟环基过过有况
持蛾肉精度要察动直修摇雪护加存领息
人则介驱乐程户碰落理之号木建破先子
池面袖今天飞怖外的入前的旅馆諾间况
的塘的回知直思亲的他数肉惊释决蔻蠕
损碎人虫道丁存撞父公鸭>遇事也举遥
的重眼特差身凑视亲磨望根快试冒险的

公鸭
小猫
的父亲
的旅馆
黄鼠狼
户外
摘要
冒险的
落入
今天
知道
也不能
城市
之前
池塘
私营
大家
精度
没事
他的

Puzzle 198

闲文化下察便息部梁也保遥查疲！远填
音杂志也面野决人议遇面他保的调信电
透机望之来飞面眼居民稳近于心旋查情
秘里学校音况脚趾>许饭稳光答栗遇娱
凑丁型社心惧摇回权保而出错高排循电
梳股小马复租要老考碎快不特蠕信桥露
几绍本倍摇填最远的中面滑恢遥便买赂
况增己亲热袖克议驱有心香存摇的入高
任何事增娱袋>型程稳之活况号个人贵
安雨雪醋子皂从延要木思于肉。人他几
究选雨存木本趣电要休豆项承认安>能
展示羊毛信的恐雪过护！光马瑞考静信
己苦页娱月稳从本真便阵娱他书有蠕的
宜举过趣球木袖存村旋风坠伏秘运研马
后心容忍有从请理猴子了撞袖看灵便趣

学校
小马
展示
脚趾
的个人
下面
买入
高贵
调查
阵风
羊毛
月球
猴子
容忍
任何
安静的
居民
杂志
文化
承认

Puzzle 199

议袋遇充心反量考稳上绍图闲栅木礼活

的研>音觉映老子栏眼摇动查特思趣饭

里有碰坠股摇答记环约人自特乃状部凑

建对野电特图苦子人虫士电摇木子定衫

况不复状恐征諾己研木面秘部建甲思三

思起放租查之息恢望亲看举噪身虫落明

丁解宜区秀能通活答机定程过源程碰治

填近降领人根行肢存草娱四的士怖草己

来分母焕撞远蛾肉乐生幸赂欲绅土醒复

排环如乃心填考自！允许自己的耳光选

傲项雪何独自摇马查礼雪磨建的其有权

紧子部然心觉事之条情查信筑破虎行克

！的军祖介委乐试本滑部园物动坠大厅

衡肉情人个员落惫持然性书鳄鱼梁再见

摇释衫看不会行眼雨出平复肥排本分要

分母
独自
甲虫
土耳其
建筑物
三明治
反映
动物园
特征
允许
对不起
如何
自己的
委员会
的绅士
大厅
个人
再见
鳄鱼
军人

Puzzle 200

上升
的行为
蜥蜴
田鼠
满足
涉及
的进展
温文尔雅
相同
时钟
显着
她的
受害者
带来
每只
刺猬
最近
蔓延
的壁画
检验

衬苦因音面煲不条然礼丁差她优然毁柔

息修的的眉部赂的间秀肉研的镜皂出觉

镜碎检验骄自村排煲好驱保时坠田票栅

摇落根伊坠事议肉安程磨疲涉钟鼠议虫

显自出马本高每只相惫快>的及因举坠

的着驱露里惨护坠同部人摇衬中自议真

余究情紧情飞基摇蜥蜴复地电自欲充行

自乐复特带碰考部亮落透选伏安里日。

虑先蔻水来底树受想>规肉租理衫飞傲

諾毁差赂议绍自害介放中驱旋不回考动

不温文尔雅乎高者而惫特的秀上摇页己

为行的壁画喜动子袋虫理好。升过最近

士欲特的解票请存摇保举车怖光基木觉

动音幸进转视幸肉面满热热滑思坠过有

克了娱展理基驴刺猬足蔓延的中面惊秘

Puzzle 201

记 静 豆 肥 试 股 噪 洗 肉 驴 栅 设 有 解 心 租 带
循 马 于 能 滑 原 页 衣 决 惧 栏 忘 记 释 温 社 研
欲 音 通 四 源 子 规 请 票 过 的 演 员 祖 度 量 社
安 日 宜 欲 请 伊 循 过 不 当 蔻 性 梁 磨 丁 复 皂
介 恐 他 皂 静 动 虎 镜 程 的 音 通 升 看 马 衫 最
好 因 下 情 虑 保 护 分 支 怖 家 停 留 静 碰 远 重
马 肉 丁 亲 循 子 因 亲 四 闲 书 乡 梁 自 远 查 瑞
日 考 似 木 不 活 灵 图 眉 梁 热 号 知 飞 察 肢 决
伊 肥 乎 降 碎 近 约 有 出 四 息 伤 心 识 底 乃 安
胶 情 保 后 便 衫 项 坠 雪 惫 的 研 最 便 有 灵 从
循 百 个 紧 年 自 动 车 ！ 区 重 平 素 人 究 父 凑
香 落 通 部 年 高 人 野 面 释 的 遇 马 底 虑 栅 情
树 特 肉 直 过 考 醒 滑 有 他 热 数 运 日 几 自 克
肥 电 肢 雪 闲 桥 梁 的 重 ！ 的 自 草 租 解 充 因
自 底 的 趣 醋 程 信 数 介 看 到 约 流 行 的 分 底

原子
过程
解释
洗衣
温度
设有
看到
的家乡
停留
分支
伤心
不当
的演员
知识
似乎
自动
栅栏
百个
忘记
流行的

Puzzle 202

水 察 不 灵 毁 怖 带 马 部 伏 蠕 事 木 袖 有 疲 桥
他 答 稳 士 雨 破 好 苦 的 上 条 动 能 衡 人 衬 不
车 丁 定 车 幸 亮 桌 惊 理 碎 不 旋 克 紧 显 通 存
驼 鹿 星 主 几 的 飞 顶 坠 举 了 木 边 缘 著 一 直
遥 日 噪 期 本 部 平 情 不 解 飞 复 直 镜 观 复 中
亲 便 惫 定 动 肉 下 快 加 间 乐 参 项 地 先 察 勇
损 豆 丁 毁 配 方 稳 视 凑 遥 项 加 摇 高 察 最 敢
信 宜 闲 号 对 动 向 木 的 状 研 了 考 最 想 基 地
菠 萝 里 。 状 最 碰 车 肥 宜 票 最 部 惫 惊 旋 喜
源 亲 衫 来 想 邀 恐 摇 摇 能 通 空 露 解 碰 真 木
的 数 据 亮 惫 余 便 带 桌 口 发 间 等 于 必 须 栅
迟 条 礼 摇 遥 请 迟 信 露 要 的 增 。 醋 > 损 雨
究 的 于 諾 人 栅 飞 分 伊 鹌 特 欲 有 解 撞 摇 环
系 村 諾 损 趣 泽 四 ！ 过 鹑 了 怖 真 亮 存 然 信
列 优 介 身 页 傲 存 破 镜 虫 解 区 透 建 决 请 通

勇敢
星期
显著
系列
菠萝
一直
边缘
方向
必须
不稳定
基地
空间
配对
了解
鹌鹑
等于
的数据
观察
驼鹿
参加

Puzzle 203

量 便 转 来 重 引 蔻 研 发 娃 娃 亲 龄 他 间 天 豆
恐 虑 克 柔 闲 进 看 摇 鳍 然 肉 祖 趣 摇 畚 视 鹅
生 运 老 心 尖 欲 部 趣 恐 股 衬 身 本 肥 情 桥 士
子 后 来 河 叫 驱 察 子 车 升 野 最 议 马 先 梁 访
至 骄 通 马 型 试 本 驱 情 旋 磨 的 恐 碰 典 息 问
貌 少 降 木 发 发 动 面 错 乃 素 究 护 解 栗 本 部
无 介 惧 决 趣 四 主 下 毁 保 来 持 从 余 书 的 肉
绍 意 了 行 飞 程 有 保 骄 傲 增 放 泽 研 信 领 落
分 安 义 得 特 特 差 环 了 木 ！ 落 升 衫 音 因 填
衫 研 香 的 殊 破 也 桥 图 落 人 不 自 肉 社 损 保
胡 萝 卜 貌 差 碎 然 书 马 面 烧 根 克 号 情 道 丁
木 了 梁 权 的 区 介 型 武 情 毁 特 碰 媒 体 德 了
项 飞 有 了 飞 摇 回 人 士 吸 后 异 乐 通 雪 摇 来
肉 碎 > 先 遇 趣 损 骄 也 血 栏 性 秀 携 后 未 来
桂 请 错 回 增 梳 毁 日 諾 鬼 股 的 驴 稻 摇 四 况

特殊
烧毁
道德
无意义的
武士
天鹅
引进
肉桂
桥梁
河马
访问
至少
娃娃
吸血鬼
媒体
特异性的
胡萝卜
尖叫
后来
未来

Puzzle 204

退出
奶奶
小鸭
维护
的作用
，其
范围内
打法
蝴蝶
牙刷
文凭
怪物
酒后
各方
激怒
手柄
主题，
聚焦
麋鹿
新闻

远 蛾 毁 区 举 镜 眉 远 貌 部 了 有 源 租 衬 运 不
程 观 顶 肉 页 了 情 动 酒 权 信 貌 损 平 生 栏 柔
疲 理 奶 露 最 记 眼 研 后 发 高 新 典 况 行 携 四
则 类 奶 则 差 有 衫 特 量 高 转 闻 看 马 书 树 升
貓 欲 许 下 研 父 典 打 解 小 绍 肥 各 查 畚 袖 增
放 皂 礼 真 亲 况 考 法 本 维 鸭 露 方 磨 过 柔 也
中 牙 刷 倍 桥 动 查 激 怒 滑 护 蝴 文 凭 退 保 从
眼 性 灵 栗 循 日 然 自 貓 乐 透 蝶 喜 保 出 行 驱
心 士 规 选 排 高 条 则 存 麋 鹿 木 秘 过 下 摇 諾
情 撞 肉 地 醒 柔 子 请 马 权 望 理 过 自 光 的 ，
约 记 自 乎 几 过 聚 记 > 稻 查 袋 碎 上 疲 作 其
自 放 本 降 信 快 充 焦 了 范 围 内 活 怪 查 用 滑
面 静 马 信 地 区 号 顶 邀 稻 虑 情 虑 物 的 运 直
恐 恢 灵 升 放 趣 情 平 放 研 延 理 保 复 手 露 基
驴 典 不 远 的 露 子 介 坠 主 题 ， 旋 心 柄 损 豆

Puzzle 205

肥 镜 蛾 鳍 研 保 页 透 秘 毁 性 乐 好 间 便 情 激
鳍 生 恐 骄 建 思 自 坠 的 醒 欲 运 惧 察 通 要 傲
！ 子 怖 蜗 牛 本 镜 马 底 本 信 转 信 暴 木 查 间
之 上 想 怖 重 紧 光 保 四 建 貓 肥 坠 领 力 不 填
野 不 视 理 他 考 龄 谨 便 运 驰 名 微 水 壶 最 观
。 野 幸 列 部 稻 降 慎 觉 肥 输 遥 小 护 骄 运 娱
复 惧 通 表 醋 秀 惧 他 息 素 何 任 的 完 木 惫 循
政 治 坠 从 基 好 部 娱 灵 衫 欲 热 恢 整 究 的 健
肉 坠 自 租 随 破 权 马 机 便 电 数 醋 的 恢 上 康
便 分 衫 瑞 机 估 计 年 看 坠 休 木 在 这 里 幸 错
稳 辩 论 无 聊 降 间 雪 惧 下 老 虎 遥 之 ！ 安 苦
能 人 老 树 而 肥 放 他 答 信 不 量 惧 情 底 碰 木
己 老 皂 村 觉 细 欲 余 见 野 落 降 开 玩 笑 虫 情
袋 得 安 高 过 节 规 情 了 来 亲 马 梁 保 理 平 机
情 里 鳍 有 快 虎 量 升 灵 秀 乐 他 型 有 不 模 式

在这里
开玩笑
辩论
运输
模式
无聊
水壶
谨慎
完整的
微小的
蜗牛
健康
政治
列表
估计
暴力
驰名
的任何
随机
细节

Puzzle 206

素 飞 科 欲 激 肢 身 热 后 然 老 电 可 循 动 察 丁
错 号 学 理 烈 飞 建 携 撞 直 高 循 能 看 回 息 亮
的 介 驱 溜 冰 选 择 老 休 撞 皂 瑞 的 介 远 动 静
日 视 里 村 的 坠 租 宜 透 电 停 香 区 降 复 源 邀
的 票 线 自 法 保 老 望 研 观 顿 程 信 行 部 肉 延
肥 高 素 增 律 撞 他 灵 梁 豆 研 信 乃 周 最 乐 约
复 权 毁 复 的 他 决 研 热 创 味 道 亲 日 皂 数 木
骄 素 复 乃 典 灵 顶 坠 持 苦 造 士 数 迟 惨 惧 降
貓 自 伏 树 虑 惧 酒 吧 木 倍 上 请 理 考 坠 情 根
绍 亲 技 工 过 面 最 旋 坠 要 碎 转 本 摇 面 面 亮
真 近 恐 增 人 然 后 带 疲 号 典 光 携 无 信 的 升
快 煲 看 胶 情 后 > 摇 因 自 伏 毁 心 名 惫 雨 草
急 于 的 远 子 木 有 因 试 马 梁 请 要 指 头 部 趣
滑 丁 主 远 加 秘 通 部 息 私 瑞 复 确 自 快 虑 亮
放 梳 乐 迟 的 有 亲 保 复 情 安 排 他 实 建 议 环

最后
可能的
激烈
周日
法律
急于
确实
的视线
科学
无名指
安排
停顿
技工
溜冰
酒吧
味道
选择
建议
头部
创造

Puzzle 207

近衬苦分发息梳绍发祖馆鸟行私的过迟

摇行恐号乃最貌心申请旅啼权复远上解

马好礼之摇机保衡车列车香填！本的年

理恢娱票傲喜究傲素露汽自马汽根延音

栗重从没信恢区煲肥毁草复恢车野自转

过请求面有面眼因晃快莓几宜年携私驴

理马栗他保存木观晃项基过过最运树类

意图试子口看典来悠保直转了苦农音娱

解行素上动噪视修悠状举页转自场研木

公园了特滑动骄飞蔻复年蛾礼諾主行情

然直况了伏貌的特条煲马>则煤炭身心

醒来的自最他最不>面子犀牛转傲伏欲

考几里日间先眉携龄之损自开理撞后解

己生信的考于研便马介周几坠始数了饭

骄特面考幸碰答諾虑亲肢末乃下坠而保

意图
分发
醒来的
申请
农场主
滑动
汽车旅馆
开始
周末
公园
列车
请求
晃晃悠悠
没有
草莓
保存
鸟啼
汽车
煤炭
犀牛

Puzzle 208

宜乎红说欲倍貓己介邀图便马镜电理茶

作者色服况车主梳先安部像衫建子建壶

香体育人衫答了保证乐保直优立光分伊

虎最活怖右水摇复醒最喜主环喜赂动动

遥胶服从手心乃考衡理桥损请苦于望秀

木特最上父的远身下面沙票醒运木量倍

发复鳍升鳍情飞乎貓>看漠雨议惊数保

情有子租伊侣苦护士量理里皂栏瑞撞察

龄查赂年撞闲情逃生面绍考雪豆安数稳

议信差近的条程碎大士填查亲图马欲子

辣水则桌蛾情的光便了日驱遥自保的想

加椒而虑人察撞况的碎回应繁子疲野面

敌人来记便究心心胶人傲乐忙不梳貓蔻

摇区许休栗趣毁肉面亮观数降排静。恐

祖先行的典马顶则中马树袋雪露上得面

的情侣
回应
建立
红色
祖先
辣椒
作者
说服
敌人
大便
图像
护士
逃生
服从
沙漠
保证
茶壶
体育
繁忙
右手

Puzzle 209

桌	自	解	几	的	需	求	幽	基	欲	諾	好	亮	想	人	理	马
经	济	惨	乎	的	栏	下	灵	觉	车	类	处	梁	重	特	袋	平
携	怖	才	是	撞	四	发	虎	欲	落	欲	最	绍	源	现	在	行
乃	建	人	清	过	虑	区	热	保	基	之	望	息	排	增	祖	答
失	望	的	空	近	瑞	定	伊	>	过	木	充	发	通	反	恐	护
眼	升	释	树	音	便	不	子	柔	露	的	音	桌	士	子	过	了
看	心	存	日	静	乐	试	草	稳	人	袖	条	本	错	考	本	来
木	修	答	案	也	泽	恐	也	思	的	私	放	经	验	部	远	带
出	改	差	而	野	雨	不	最	乎	选	差	的	素	桥	羊	群	然
子	骄	鳍	页	况	亲	排	桥	子	。	定	型	不	木	磨	马	况
过	程	稳	稻	马	摇	书	究	信	貌	他	本	答	基	视	于	里
安	差	记	转	息	面	他	瑞	约	破	状	科	租	特	摇	源	有
根	转	有	虑	行	灵	蛾	有	衡	通	人	学	一	票	社	马	热
情	早	则	延	顶	保	灵	子	飞	来	举	家	光	般	区	股	解
复	权	晨	静	息	静	破	骄	邀	高	火	炉	树	然	升	近	伏

失望的
好处
的需求
羊群
火炉
修改
经济
反过来
清空
答案
现在
科学家
带来了
早晨
幽灵
几乎是
经验
社区
的人才
一般

Puzzle 210

考	木	鳍	惊	衫	蠕	的	不	子	摇	土	狼	书	马	胶	乎	转
阳	光	灿	烂	的	股	保	租	欲	上	直	分	只	先	延	远	量
马	状	复	飞	惧	数	形	高	虫	蛾	保	权	是	感	情	下	解
便	修	惊	柔	则	邀	容	趣	灵	煲	存	破	肥	虫	栏	落	栏
丁	事	肢	蔻	之	间	傲	高	惊	马	醒	蔻	的	子	程	马	携
乐	亲	乐	设	坠	草	闲	眼	乎	便	先	带	保	马	乐	肢	绍
日	喜	运	计	最	栗	请	不	回	持	宜	秘	的	几	滑	破	花
的	研	究	复	士	优	旋	情	热	>	本	桥	的	差	于	增	蜜
遥	打	小	数	您	选	择	接	收	消	防	员	北	饭	那	本	怖
部	击	恐	性	携	马	欲	持	走	了	究	木	方	虫	泽	么	环
恐	真	蠕	况	保	情	几	望	续	复	然	摇	自	平	则	宜	试
的	方	向	亲	乐	降	底	和	候	时	些	晚	基	急	保	镜	惨
远	增	存	老	情	心	野	护	坠	碰	间	苦	下	面	苦	安	欲
趣	通	股	回	本	快	之	桌	泽	回	考	看	难	焕	静	记	焕
的	研	破	雪	通	车	木	环	分	答	木	骄	紧	记	重	下	远

苦难
您选择
走了
接收
土狼
阳光灿烂的
小数
形容
的方向
感情
花蜜
设计
晚些时候和
只是
北方
打击
持续时间
那么
的研究
消防员

Puzzle 211

飞 亲 纠 父 水 子 丁 携 素 欲 龄 恐 图 典 查 复 膝
的 理 结 驱 音 子 绍 静 放 稻 宜 心 子 惫 欲 野 盖
部 几 灵 加 旋 究 坠 情 特 虎 中 饭 便 约 领 骄 中
真 人 自 紧 紧 放 祖 绍 碰 最 观 动 秘 雪 面 卷 曲
苍 蝇 误 有 究 怖 发 恐 窗 滑 最 子 肉 桌 幸 > 的
亲 视 差 许 量 草 灵 人 帘 梳 露 徽 介 服 务 沿 着
错 欲 醒 本 量 数 秀 祖 疲 社 不 焕 章 票 的 年 轻
放 光 类 别 下 部 图 有 几 草 礼 衡 饭 情 因 网 肉
伊 底 源 包 本 乐 试 虫 类 黑 撞 面 于 骄 伏 络 损
建 静 解 括 因 子 租 程 举 运 色 亮 肉 优 想 眉 部
苦 特 音 高 之 欲 联 合 收 割 机 电 塑 图 鲜 花 摇
肉 口 项 保 自 桥 野 得 定 能 蔻 携 料 伏 人 动 充
望 研 决 加 试 克 性 透 灵 几 亲 延 面 解 信 请 复
信 的 能 量 排 损 底 口 倍 宜 摇 的 乃 有 亲 顶 介
蛾 错 胶 > 便 性 野 猫 息 野 最 事 > 之 平 自 恢

鲜花
误差
苍蝇
联合收割机
卷曲
塑料
亲自
窗帘
膝盖
年轻
的能量
类别
黑色
包括
沿着
网络
服务
徽章
纠结
野猫

Puzzle 212

平静
舒适
摇滚
军队
博物馆
整个
捕捞
提交
西瓜
蓝铃
玉米
精灵
消化
好的
灵活
受孕
舞台
试听
添加
沙堡

护 况 年 增 摇 平 有 放 恐 充 眉 票 解 提 傲 灵 精
玉 煲 坠 破 面 的 项 木 充 子 请 沙 堡 交 梁 错 活
受 米 好 喜 带 树 整 个 不 生 复 平 草 区 答 部 袖
露 孕 的 口 觉 骄 迟 的 平 栗 恐 类 捕 的 栏 绍 亲
舞 野 添 携 租 况 差 特 私 。 博 平 捞 露 降 面 社
台 栗 加 见 直 间 见 程 情 貓 物 静 苦 水 蛾 栏 驱
碰 决 惫 动 人 书 之 凑 的 事 馆 信 排 露 重 西 瓜
虫 几 过 亲 举 远 中 电 祖 里 最 观 下 泽 克 惧 优
! 释 地 快 之 最 修 损 军 镜 > 理 乐 恢 远 身 倍
保 解 答 信 之 野 考 父 队 舒 适 数 幸 决 区 醋 充
视 摇 自 他 四 露 蓝 宜 人 傲 状 信 面 士 情 休 蛾
动 滚 消 型 老 本 铃 信 泽 野 约 旋 肉 建 部 遥 胶
号 不 化 主 木 醒 思 项 野 过 见 选 解 自 见 约 股
高 栅 约 喜 过 虫 喜 不 乃 倍 情 的 有 先 镜 衫 下
坠 四 许 下 木 草 热 四 醋 他 试 听 ! 骄 便 肉 几

Puzzle 213

怖情平来士惊环村惊噪存露碎释栗乐乃

增雪饭升复重宽人栗上增发究运丁露乎

理飞小时号况幅典细梳理论伊摇己面环

的欲平有要毁日闲腻便里疲子雪来坠信

延程祖的出过加便真撞乃举碎马快自己

也情优己天使丁的便出保趣趣开音承马

顶介透袋父损决貌迟隐藏研书透启担想

丁四记页考树的释思密集信人貌焕研虎

转香地地热音降损特加信苦带特书伏究

的循址板。马豆面观警告惧典况行眼马

碰年影剥最带图摇主栅恢趣之型近碰他

落想响夺香见心也海葵排差异错坠余倍

凑乐优解的下放错视木自煲决奁绍直祖

号驴测量摇心领旋煲驱高望光桥领他祖

>煲直皂动动保自思程热瑞坠过有研人

有时
承担
宽幅
开启
丁香
典型
小时
影响
隐藏
地址
细腻
理论
剥夺
差异
天使
密集
海葵
警告
地板
测量

Puzzle 214

的专家
通常
菜花
循规蹈矩
拒绝
复杂
总线
的营养
夕阳
专家
得分
什么
吸引力
谢天谢地
反应
条款
橙色
明智
牛奶中
白色

龄页衡驱远他的复娱高见理行而余总迟

恢的存项部遇亲杂也条款后安护远线乃

惧木特衡秘皂本考摇蛾面项号人野约究

什过间研迟真觉谢租举情通常循瑞野的

么奁年视增旋幸欲天旋因信的规己排专

专家的皂远肢反马特谢研伏营蹈便。家

想梁典衫醋最日应木升地秘养矩权欲幸

最貓趣>旋部来四察乐股桌考拒充得动

加行看信奁分议循镜闲恐龄保口绝分諾

遥野泽露焕息野顶图自面不带便明克有

袖柔上宜先想桥牛奶中滑延心便智解来

直定透菜木充类充凑放饭闲趣摇村秀灵

本坠貓花介于欲中源股鳍野灵后吸胶也

橙程查高凑摇乐马焕面护宜发上引夕延

色白镜栗草事性蔻远野貌许喜恐力阳邀

Puzzle 215

唤 傲 事 的 源 主 信 幸 票 礼 秃 地 量 见 装 配 柠
醒 鳍 灵 携 加 因 考 远 下 袖 鹰 书 面 一 声 增 檬
。 面 乐 心 的 最 的 蛾 迟 行 邀 貌 察 便 最 复 因
激 情 > 倍 余 考 亲 倍 恢 泽 考 情 坠 泽 循 修 肢
议 励 自 人 研 胶 图 自 本 貌 素 增 况 然 马 袖 号
记 损 解 升 响 亮 过 错 环 充 露 滑 坠 考 衫 马 几
了 底 乐 差 选 破 通 一 年 书 煲 自 远 高 语 音 充
乐 皂 书 保 远 醒 从 的 项 拼 写 究 复 量 年 股 满
通 答 答 养 情 野 权 音 希 驴 瑞 于 便 看 磨 动 磨
狐 狸 循 了 修 人 丁 最 野 望 循 迟 遥 苦 损 伏 损
袖 貓 不 马 源 焕 眼 行 绍 情 研 行 错 数 量 亮 间
秀 水 修 动 貓 士 休 紧 近 授 栗 蠕 的 碎 香 日 部
趣 况 宜 页 邀 源 得 稳 保 上 权 飞 书 想 子 桌 要
介 胶 桌 机 根 号 ！ 礼 子 虎 言 进 乐 透 最 股 高
木 也 肢 面 举 地 则 社 幸 现 发 口 惧 子 近 举 心

激励
充满
秃鹰
进口
响亮
发现
一年
数量
保养
柠檬
一声
授权
发言权
狐狸
的希望
装配
语音
拼写
磨损
唤醒

Puzzle 216

气候
的画笔
尤其是
的热带
围巾
制造
社会
版本
出色的
他们的
树干
东部
密封
场景
轨道
时间表
暴躁
最坏的
文本
判决

肢 野 间 社 主 飞 醒 栗 滑 笔 画 的 坏 最 场 景 觉
年 娱 焕 肉 休 坠 想 的 乐 东 部 色 热 特 透 根 优
气 图 喜 虎 的 判 疲 租 骄 他 过 出 亲 带 惨 煲 时
候 考 龄 里 村 决 瑞 密 规 增 存 运 回 程 制 造 间
觉 答 。 惊 栅 袋 释 封 解 马 光 后 露 解 出 尤 表
规 余 水 人 考 的 倍 行 理 碎 袋 见 树 干 人 其 自
他 版 本 他 动 凑 人 焕 增 升 的 四 得 。 数 是 醒
放 们 从 发 肉 性 票 灵 马 持 答 情 研 几 部 貓 理
喜 能 的 生 建 复 灵 典 降 乐 素 社 虑 来 水 则 惧
绍 蛾 諾 中 程 性 见 胶 复 源 活 会 解 增 人 环 运
不 便 马 木 娱 存 磨 情 解 况 心 磨 克 趣 肢 修 面
碎 安 活 龄 后 马 摇 查 通 最 研 平 几 雪 静 素 暴
举 自 情 本 觉 父 真 碰 基 怖 趣 亮 文 坠 根 高 躁
放 焕 机 子 根 衫 鳍 喜 热 子 磨 自 喜 本 选 围 高
年 修 领 地 则 亲 轨 道 香 运 动 优 生 露 口 巾 年

Puzzle 217

本惧欢快的的摇事基傲瑞光稳医充女乐
区胆心过行类判记祖自豆直于恢疗巫远
域自小瓢虫礼定有考心衬机填社特梁快
瑞子延水本飞小子虑护能视雪父持也祖
了型介飞保虎安口泽遇观自增日情旋心
木编醋栗高考高理亮解遥然考加美破延
的辑梁迟观摇部增疲落事村之胶味克保
伏休坠动人动稳肢程放实思存书复持能
年木他最书人衡马解>虎伊毁亲丁老负
驴亲亮>漂典电来状安恐滑信要动人责
面惫考权保亮影差不喜许定不然无理面
过迟持迟呼野人基足野磨本骄携线心人
自追逐滑吸人坠填尝试差人碰排电栏的
！桥有磨树不电热肉肉排察社底余面护
延龄信望生能不破眉稳先镜便口旋秀坠

美味
小子
判定
无线电
欢快的
醋栗
事实
呼吸
胆小
追逐
漂亮
区域
编辑
医疗
女巫
不足
负责
瓢虫
电影
尝试

Puzzle 218

日肢护学秀自研遥存电修旋觉保的泽语
马落便习行填恐醋肉智复页热出袖趣速
况乎底介视露社建乐复能部况来袖土豆
怖护旋自回过私噪村间素面的场景衡过
身答肉静肥租伊便信稳惨瑞高然顶热面
几欲碰傲过礼加究热评价热最议命惨增
醋本自电本动灵复马亮飞恐来便权中基
高行平袖指快情心宜滑延察乐灵怖释好
类类地的标典外最频四惧的疲情复股然
泽似释于帐篷观惫繁破差撞复乐数稻自
下的笑可中凑想直的欲机撞伊股不大煲
不有怕人煲事坠复。肥灵醒要妖灵象远
！信飞可面猫栅疲蔻规素建理精高>人
医院惧便评事环惊情礼日木碎息拍摄摇
蛾乎持破估建>露记光后胶许滑建究袖

可怕的
可笑的
频繁的
类似的
命中
指标
拍摄
的场景
土豆
语速
评估
帐篷
最高的
外观
评价
智能
妖精
大象
医院
学习

Puzzle 219

礼 最 决 磨 动 解 蛾 醋 自 充 心 人 护 毁 建 的 缓
音 惨 树 静 邀 活 增 面 自 出 持 中 电 状 差 雇 解
。 豆 骆 的 研 迟 最 的 欲 最 则 书 镜 基 放 面 日
恐 究 驼 己 行 量 心 生 他 煲 议 损 近 倍 源 欲 晷
坠 部 坠 静 最 磨 过 菜 动 露 息 议 本 豆 木 煲 肉
骄 坠 虫 情 领 秘 平 决 区 通 想 丁 条 醒 自 雨 复
子 特 信 雨 衬 稻 面 太 阳 镜 平 赶 路 充 有 行 复
本 得 爸 爸 研 奢 侈 品 水 瑞 特 人 里 解 父 能 行
的 四 蛾 遇 祖 ， 而 不 是 身 解 迟 损 他 马 惫 马
豆 娱 不 马 不 填 摇 股 稳 高 恐 自 的 遇 情 飞 肥
条 情 类 坠 研 女 倾 人 图 梳 怕 便 过 活 因 记 礼
不 胶 高 模 拟 惨 人 向 记 平 高 蝙 摇 事 胶 升 试
答 马 股 建 顶 间 分 亲 于 复 试 车 蝠 优 保 伊 磨
面 皂 欲 乐 桥 树 配 好 皂 撞 规 村 然 考 宜 邀 摇
而 先 自 休 身 毁 适 当 活 四 能 热 而 梳 裙 子 损

裙子
，而不是
爸爸
解雇
分配
日晷
模拟
身高
太阳镜
倾向于
平面
蝙蝠
奢侈品
的生菜
女人
缓解
适当
恐怕
骆驼
赶路

Puzzle 220

亲 信 事 秘 修 要 乐 惨 项 地 他 倍 焕 出 的 亲 理
考 情 马 奇 怪 心 面 高 电 骄 ， 持 发 租 顶 复 动
自 桌 修 办 肉 从 瑞 顶 人 心 虽 己 栏 车 信 子 自
因 便 旋 公 闲 情 马 傲 亮 虑 然 况 惊 星 期 五 貌
的 逮 捕 桌 观 心 下 觉 恐 柳 改 善 思 秀 衬 旋 有
之 煲 趣 填 从 建 鳍 事 有 絮 于 举 乐 放 升 人 分
娱 秘 的 复 镜 想 醒 而 觉 桥 破 究 快 父 保 惨 热
过 毁 护 晚 饭 袖 票 惧 建 得 过 视 子 伊 便 宜 究
乐 约 娱 循 真 稻 鼬 蠕 请 修 释 后 加 自 。 能 发
顶 分 特 牛 眼 的 遥 鼠 不 最 理 坠 乎 梳 子 真 肉
的 沟 存 蒡 差 惨 皂 书 木 解 的 试 自 灵 真 心 凑
栏 通 静 阳 光 不 信 解 部 音 巧 高 虑 排 息 升 部
从 增 胶 议 过 保 格 情 摇 下 热 克 见 储 备 查 平
降 项 然 保 电 的 式 主 底 存 间 袖 力 觉 稻 不 乎
醒 乐 飞 面 主 的 好 处 行 水 闲 柔 中 木 貌 逐 渐

改善
储备
星期五
柳絮
牛蒡
的好处
巧克力
鼬鼠
办公桌
晚饭
焕发
沟通
觉得
逐渐
，虽然
阳光
格式
逮捕
出租车
奇怪

Puzzle 221

视 气 日 ， 衬 秘 虑 高 树 票 貌 上 差 心 状 肥 程
年 味 股 但 的 东 西 动 增 的 光 情 部 在 楼 下 高
傲 特 宠 怖 情 滑 想 噪 远 滑 荣 解 行 保 蛾 解 特
破 便 物 梁 举 约 镜 乐 权 桥 醒 考 运 子 ＞ 领 差
移 动 药 决 程 栅 错 秘 梁 则 噪 介 便 镜 携 梁 修
地 稳 解 的 灵 了 远 滑 鳍 娱 私 有 雨 落 有 通 。
西 红 柿 素 口 肉 的 位 定 栗 投 修 灵 放 疲 赂 柔
热 观 特 坠 理 雇 欲 女 置 子 入 部 过 根 焕 柔 里
伊 滑 毁 子 保 带 用 使 儿 乐 迟 建 最 发 子 便 活
旋 得 热 稻 持 蔻 于 摇 秀 况 状 惧 运 邀 落 ！ 便
基 闲 树 记 皂 老 不 后 闲 桥 露 心 老 焕 电 修 则
雨 有 落 有 虎 转 乐 木 野 生 图 坠 差 眼 记 出 书
衡 村 落 衬 木 冰 箱 瑞 填 记 损 镜 人 升 老 幸 心
结 婚 克 排 马 音 增 泄 漏 噪 摇 的 后 导 柔 况 恐
特 租 近 解 透 紧 马 加 驴 护 有 存 程 航 乃 能 亮

西红柿
雇用
导航
投入
位置
栗子
冰箱
宠物
的女儿
，但
气味
的东西
使用
光荣
药物
野生
在楼下
移动
结婚
泄漏

Puzzle 222

排 雨 错 源 栗 票 事 解 携 然 信 复 保 携 蠕 口 图
修 邀 衬 快 乐 加 旋 拳 他 见 的 ＞ 充 远 高 恐 香
坠 机 趣 许 貌 丁 噪 击 从 凑 类 諾 情 携 情 虎 上
特 驴 条 基 驴 试 梳 休 状 重 想 领 优 部 不 雪 视
马 孩 子 野 车 过 议 面 先 差 傲 修 光 乐 件 考 日
书 记 型 鸡 老 落 不 的 煲 携 他 遥 最 俱 答 自 定
不 栅 面 情 桥 伊 皂 领 持 过 草 书 下 克 联 邦 人
鳍 邮 递 员 生 趣 过 带 情 摇 透 心 撞 基 香 升 野
心 惨 请 问 保 乐 地 票 过 野 试 私 规 牙 计 算 于
也 于 研 直 带 虑 四 乐 的 程 的 保 则 膏 香 本 撞
最 回 不 第 六 惊 饭 差 梳 ！ 中 升 答 有 疲 间 摇
复 私 类 协 的 地 于 回 伏 看 袖 租 里 乐 蔻 持 豆
摇 乐 肉 议 先 了 的 顶 乐 遥 保 野 草 碎 介 諾 因
疲 许 貓 ， 防 情 护 落 察 性 秀 区 滑 坪 修 复 特
视 幸 得 心 止 视 滑 的 许 有 的 田 径 倍 闲 碰 的

田径
野鸡
快乐
牙膏
过程中
计算
邮递员
联邦
的领带
请问
第六
拳击
规则
防止
草坪
修复
孩子
部件
俱乐部
协议，

Puzzle 223

会	见	高	出	观	泽	本	瑞	马	答	邀	理	请	梁	也	转	摇
姐	姐	级	平	露	水	介	伊	躺	马	要	建	破	修	成	长	建
士	>	栗	特	闻	动	要	趣	在	挑	战	觉	摇	顶	蔻	思	父
貓	动	雨	自	摇	蚂	蚁	灵	观	答	先	热	坠	>	欲	疲	许
安	好	约	动	则	觉	村	自	邀	直	距	离	根	后	书	回	特
程	本	围	栏	惫	饭	碰	事	面	日	草	页	袖	则	考	股	父
约	汉	眉	人	回	型	倍	社	能	撞	亲	动	皮	量	士	部	好
持	恐	堡	情	先	肥	武	器	不	过	柔	克	了	肤	柔	增	水
乐	虎	的	包	否	定	信	租	答	最	碰	真	试	飞	转	人	村
出	子	柔	摇	乎	士	焕	远	的	动	乃	最	幸	福	规	数	礼
情	书	页	快	升	根	摇	镜	填	行	活	加	坠	音	滑	保	。
的	基	中	坠	带	复	约	加	回	子	复	稳	书	>	问	自	坠
秀	亲	股	社	人	高	恐	的	复	奇	惊	状	区	尽	题	书	雨
复	鳍	傲	选	驱	观	梁	碰	特	平	迹	查	研	管	地	蛾	页
草	四	袋	遇	考	增	护	回	亲	娱	迟	子	驱	栏	球	肉	型

蚂蚁
姐姐
尽管
回复
武器
躺在
距离
问题
会见
奇迹
最幸福
皮肤
否定
成长
地球
围栏
不过
挑战
汉堡包
高级

Puzzle 224

吊着
皱纹
任命
周期
花费
收藏
犯罪
咖啡
水平
机会
我们
一次性
亮点
温柔
尺寸
具备
友好的
能力
路径
将来

型	露	瑞	量	有	宜	旋	乐	撞	栅	环	好	人	欲	高	平	条
程	他	咖	摇	野	静	降	活	一	次	性	试	人	本	选	乐	趣
自	的	啡	有	好	请	存	然	议	源	自	蔻	栅	请	趣	不	滑
肥	理	保	远	试	衡	回	信	驴	子	光	村	吊	分	惧	惫	不
机	会	直	了	许	排	平	考	远	环	出	循	着	礼	犯	能	力
趣	恐	温	柔	村	考	便	的	>	伊	余	下	程	降	迟	罪	最
亮	有	肉	行	蔻	具	备	的	滑	填	信	自	之	回	尺	寸	趣
了	生	马	水	平	复	面	主	虑	性	路	径	貌	恐	携	性	碰
乃	蔻	礼	坠	亮	点	友	考	间	环	循	不	皱	项	皂	花	面
我	邀	车	延	遇	镜	好	他	丁	不	坠	租	纹	恐	区	费	马
们	周	举	况	察	安	的	将	摇	蛾	平	因	号	的	号	柔	况
任	命	期	疲	素	不	保	来	解	镜	老	灵	豆	老	碎	思	村
加	状	通	顶	露	蛾	排	的	因	克	事	的	遥	持	因	从	自
带	秘	分	远	傲	坠	欲	收	热	书	决	本	最	年	祖	条	试
破	有	傲	旋	蛾	察	顶	闲	藏	最	休	音	项	部	乐	人	真

Puzzle 225

村 典 的 从 使 规 克 信 静 形 恢 候 底 部 他 于 破

得 的 幸 行 出 滑 祖 建 自 式 理 选 日 程 复 决 音

栏 带 差 带 携 撞 决 地 傲 要 行 人 规 飞 水 项 最

保 能 年 部 想 胶 己 凑 区 飞 乃 遥 研 官 存 了 书

信 坠 充 了 村 热 型 欲 马 解 驴 肉 特 员 蠕 驯 绍

消 息 此 复 重 之 虫 礼 上 奥 秘 情 放 信 坠 鹿 持

的 批 判 因 秘 欲 柔 远 介 型 驴 赂 心 自 栏 倍 决

紧 老 几 素 ， 自 祖 复 趣 冲 击 惨 地 出 乌 究 凑

毁 状 充 书 条 部 有 租 滑 直 情 邀 存 现 社 龟 放

四 况 量 情 过 特 答 型 情 肉 丁 源 复 动 选 娱 出

人 之 面 蠕 破 型 他 的 威 胁 余 人 紧 祖 顶 便 高

重 上 肉 遥 乐 皂 惧 察 分 休 的 磨 介 醒 柔 驴 胶

克 延 胶 虎 最 邀 信 信 下 复 本 规 错 栏 建 功 趣

紧 便 泽 碰 有 衫 息 村 理 野 平 家 具 碎 马 成 增

梳 真 遇 年 租 的 觉 稳 带 保 持 > 虑 野 的 里 熟

奥秘
的批判
消息
出现
官员
冲击
形式
保持
乌龟
因素
驯鹿
信息
，因此
成功
放心地
成熟
使出
候选人
威胁
家具

Puzzle 226

普通
考虑
你自己
语句
谈论
一滴
惩罚
承诺
其他
首都
清晰
可可
物种
夏天的
农场
青蛙
男孩
医药
披萨
必要的

信 理 披 肢 错 根 许 必 要 的 幸 迟 夏 惨 心 数 幸

一 滴 萨 宜 乐 木 运 幸 身 稻 解 通 天 闲 修 人 >

动 稳 然 看 亲 选 来 几 机 光 肢 排 的 伏 上 先 你

可 可 行 喜 滑 疲 况 四 子 分 野 护 降 不 树 充 自

傲 面 顶 区 稻 年 士 性 复 栅 生 行 信 考 虑 面 己

农 场 惩 股 典 回 最 他 的 项 疲 型 鳍 视 亲 衬 考

则 梁 摇 罚 男 孩 ！ 根 本 电 典 带 租 定 树 便 己

增 便 有 自 思 热 理 语 直 喜 肢 有 野 放 运 建 老

衬 填 数 的 首 碎 梳 句 图 了 普 充 衫 人 最 平 ！

镜 权 自 优 都 建 肉 书 平 想 通 雪 余 查 增 丁 平

租 真 年 傲 底 日 医 典 清 延 考 镜 士 桥 议 权 平

肉 青 蛙 的 驴 便 快 药 晰 举 护 差 其 惫 物 谈 稻

的 平 口 音 蛾 信 增 察 部 错 丁 间 他 考 种 娱 论

乐 过 项 有 亲 > 煲 人 优 衫 碎 面 乐 娱 得 克 音

通 而 不 自 胶 承 诺 回 分 摇 热 近 区 稳 瑞 泽 马

Puzzle 227

母	他	特	傲	自	排	伏	特	主	信	乐	得	落	飞	私	鳍	他
亲	諾	自	飞	几	子	便	况	数	修	然	迟	序	镜	平	蔻	木
察	介	遇	试	了	解	坠	坠	里	重	惊	幸	列	有	肢	的	宜
身	骑	破	露	他	乐	了	运	毁	理	喜	野	解	祖	发	醋	焕
滑	自	雨	欲	项	本	衫	顶	典	图	森	损	梁	坠	循	社	来
口	行	透	身	闲	携	观	恢	的	鳍	林	约	蜘	赂	错	定	焕
特	车	饭	肉	水	摇	事	条	兔	己	最	延	部	蛛	顶	底	雪
报	价	的	鼻	子	息	充	过	的	子	惊	镜	破	主	表	部	有
吃	饭	平	均	查	匹	活	喜	怖	损	天	眼	便	傲	龄	现	分
坠	图	顶	记	稻	配	信	协	恩	爱	条	祖	考	日	论	文	离
肉	远	动	图	领	野	看	助	信	瑞	恐	则	型	心	察	延	的
自	瑞	信	子	这	马	豆	不	运	定	许	秀	考	解	老	最	而
规	信	雪	露	些	来	虎	傲	票	余	了	焕	邀	梁	草	源	介
棒	球	心	观	龄	己	过	衡	重	检	测	间	怖	行	型	雨	主
里	转	从	填	护	况	本	眉	饭	灵	介	建	貌	灵	循	优	选

惊喜
表现
论文
平均
检测
兔子天
骑自行车
的鼻子
森林
序列
匹配
母亲
协助
这些
棒球
恩爱
蜘蛛
吃饭
报价
分离的

Puzzle 228

爆发
喜欢
可以
步骤
橡胶
速度
衣服
光泽
一二○二
灾难
肉豆蔻
的时候
手机
态度
叫着
迁移
实践
配备
上述
倾斜

倾	斜	生	可	情	蔻	信	要	喜	下	马	的	露	因	保	喜	欢
本	循	惨	貌	以	眼	约	滑	因	于	肢	马	配	备	降	宜	伊
有	稻	活	秘	主	豆	眉	查	保	惊	倍	运	亲	部	优	也	撞
降	四	因	叫	着	幸	举	素	衬	坠	出	亲	自	型	肉	研	直
携	欲	有	便	静	请	破	安	的	祖	倍	泽	恐	想	丁	试	根
实	的	稳	加	有	考	分	定	日	请	衬	基	虎	自	保	息	肉
践	时	上	述	规	电	祖	恢	理	活	士	则	的	爆	发	的	豆
日	候	研	票	亲	衣	服	错	几	桥	区	摇	根	露	高	步	蔻
活	下	橡	胶	看	驱	香	里	眉	摇	日	情	定	趣	心	丁	骤
虎	年	事	毁	要	眼	升	欲	了	撞	胶	来	见	况	木	貌	喜
赂	宜	滑	充	恐	恐	野	书	速	运	父	解	存	桌	伊	考	电
迁	手	机	心	事	量	约	丁	度	士	因	介	基	事	环	考	过
移	秀	号	察	私	乃	源	雪	态	傲	灾	难	虎	释	部	不	典
豆	远	桌	骄	袋	遥	理	野	平	一	二	○	二	子	光	填	噪
素	来	之	倍	的	的	四	他	试	碰	梳	便	况	素	察	泽	撞

Puzzle 229

也	草	定	乐	加	碎	保	面	噪	观	自	典	启	人	平	社	高
的	舞	蹈	图	部	循	骄	地	噪	惨	马	心	动	惧	动	心	回
的	飞	机	肉	祖	彩	色	的	邮	件	闲	胶	顶	的	旋	领	携
幸	远	碎	觉	记	息	平	坠	蛾	貓	息	图	信	领	有	技	巧
噪	想	的	图	象	见	游	赂	决	损	底	约	错	不	了	的	整
休	象	保	介	错	欲	戏	护	礼	面	后	考	泽	书	乎	实	洁
的	出	自	行	饭	倍	信	活	股	乐	邀	而	因	傍	晚	际	的
本	议	带	醋	降	疲	惊	图	坠	虑	增	恢	马	傲	赂	来	损
有	远	持	凑	便	保	加	察	的	车	远	音	特	几	租	类	貓
迟	不	因	复	况	保	人	音	间	欲	自	直	事	约	栏	祖	碎
牛	奶	部	得	丁	思	飞	发	坠	中	怖	栗	则	修	有	虫	程
面	栗	源	虑	重	马	惫	好	镜	位	研	书	不	差	主	理	底
增	对	步	伐	遥	有	紧	谈	出	浓	移	贤	人	惊	闲	号	视
区	野	思	迟	于	书	然	话	而	复	缩	热	紧	人	究	秘	得
之	马	下	类	恢	克	保	自	蛾	。	，	直	到	衬	复	而	解

谈话
想象
的色彩
面对
启动
技巧
的舞蹈
位移
的实际
步伐
的图象
傍晚
的飞机
游戏
的邮件
贤人
整洁的
牛奶
，直到
浓缩

Puzzle 230

剪刀
周长
混合
两次
仁慈的
升入
制定
紧急
发布
叫声
事件
香菜
较低的
相互作用
状态
顶部
世纪
鹦鹉
实现
那种

相	人	滑	错	高	那	>	重	貌	音	思	的	社	出	自	约	趣
互	复	煲	安	降	种	究	根	的	疲	惊	傲	状	态	柔	远	混
作	人	衫	的	想	票	实	现	程	泽	的	落	不	保	坠	趣	合
用	量	回	的	循	的	身	稻	差	村	鹦	然	行	赂	究	请	特
优	能	恐	赂	心	伏	便	蠕	情	主	鹉	填	间	于	便	坠	究
栅	决	紧	较	低	的	便	最	视	考	降	情	自	克	人	升	入
自	。	宜	急	自	于	本	的	肥	衡	源	考	疲	不	灵	事	人
镜	龄	旋	亮	发	布	滑	疲	活	栏	疲	肥	有	年	休	幸	信
电	肉	不	定	票	胶	心	保	梳	世	露	娱	梳	四	议	凑	回
本	部	情	不	赂	赂	眼	最	考	纪	>	行	考	眼	柔	磨	梳
心	人	本	好	人	乎	规	底	剪	刀	雨	露	野	静	电	粪	面
顶	虑	升	倍	破	怖	乎	选	面	趣	租	飞	制	分	地	平	柔
栏	部	动	栏	事	肥	秘	的	破	心	蔻	趣	发	定	仁	权	周
叫	声	请	迟	件	士	两	次	增	看	绍	高	量	转	慈	丁	长
放	页	通	觉	顶	稻	恢	柔	祖	优	优	香	菜	惧	的	梳	上

Puzzle 231

面	有	怖	修	有	平	研	草	人	复	不	优	平	坠	欲	过	幸
的	车	心	本	类	部	恐	迟	护	来	树	秀	桥	结	构	怖	型
权	事	驴	赂	解	衡	自	回	虑	喜	，	也	没	有	优	趣	赂
便	见	生	落	香	雨	远	视	图	飞	饭	幸	噪	复	也	得	社
日	复	看	特	发	透	望	惊	书	摇	眼	页	好	程	持	车	状
考	远	眉	标	的	碰	龄	租	记	通	不	型	绍	眼	撞	虑	鳍
他	稻	摇	志	源	想	高	灵	典	欲	的	遥	眼	存	来	肉	从
典	撞	加	恐	镜	破	截	定	今	衫	马	官	衬	己	人	想	优
故	事	的	背	情	信	特	距	晚	音	望	高	方	菊	树	滑	极
电	心	干	后	本	饭	父	解	乃	行	栗	数	状	花	季	度	限
眉	页	净	虑	平	乐	项	匆	邀	雨	运	面	龄	怖	面	不	素
乐	四	信	伊	的	不	露	匆	增	数	重	苹	私	释	租	社	直
野	复	自	全	球	安	洋	葱	望	远	镜	活	果	回	书	条	信
复	休	数	规	亲	运	遇	保	观	伏	闲	不	停	止	自	信	错
到	处	票	口	转	理	视	建	桥	股	了	热	因	书	人	口	电

季度
人口
的干净
截距
菊花
停止
故事
，也没有
匆匆
到处
洋葱
苹果
背后
极限
标志
望远镜
今晚
结构
全球
的官方

Puzzle 232

的	坠	降	持	露	快	摄	解	木	丁	木	子	带	伊	飞	钢	笔
人	破	星	镜	南	部	像	绍	底	规	桥	票	真	闲	便	欲	人
持	露	有	级	行	因	头	典	性	也	几	醒	投	的	现	代	栗
了	栅	延	心	驱	镜	试	碰	除	外	间	数	票	露	条	骄	摇
票	不	机	充	自	因	私	碎	部	型	亲	栗	醋	情	书	真	股
苦	眼	栅	的	回	雨	破	导	望	本	情	>	露	股	紧	于	发
北	极	各	有	蜗	香	马	演	工	作	坠	乐	基	量	恢	恐	解
理	肢	紧	地	杆	肠	增	出	肉	有	己	疲	请	凑	諾	票	远
倍	程	介	出	长	见	理	出	欲	信	况	好	最	发	基	答	草
帮	助	复	词	排	颈	有	部	理	最	趣	保	亮	类	部	类	欲
约	号	煲	汇	喜	伊	鹿	趣	复	碎	于	栏	部	机	究	目	前
通	知	鳍	表	虎	最	休	车	克	邀	损	情	惊	能	部	况	生
情	皂	差	碎	肉	煲	情	摇	项	便	人	页	不	喜	透	碰	噪
幸	回	型	灵	规	豆	私	持	数	真	之	飞	重	食	见	近	增
然	乐	试	破	坏	电	看	眉	人	究	研	梁	察	品	究	回	梁

通知
词汇表
导演
帮助
除外
工作
香肠
星级
破坏
北极
摄像头
长颈鹿
各地
钢笔
蜗杆
南部
投票
现代
食品
目前

Puzzle 233

旋	衬	然	惊	野	驴	经	转	答	定	毁	骄	过	然	生	预	不
落	本	赂	高	也	机	营	皇	后	程	他	快	焕	驱	规	测	己
坠	心	望	衡	遥	察	素	分	龄	情	页	权	热	量	自	心	车
最	旋	静	之	本	木	觉	不	摇	理	亮	了	私	>	闲	秀	想
保	了	马	远	露	突	噪	飞	骄	保	不	了	直	邀	水	牙	休
坠	秀	身	担	碎	然	周	的	面	便	下	衬	视	保	间	决	齿
稳	区	本	马	心	的	一	泽	灵	情	衬	克	豆	坠	马	增	排
摇	灵	质	不	动	理	衫	栅	有	原	私	车	持	心	考	素	加
惨	查	龄	的	摇	多	次	然	虫	因	稳	亮	过	决	情	看	复
摇	面	露	身	源	动	滑	恐	怖	喜	觉	间	的	倍	性	秀	而
静	绍	素	遇	相	当	冰	周	年	秘	错	于	余	思	摇	况	稳
本	充	解	撞	惧	地	书	余	转	平	子	諾	数	音	机	部	信
租	约	镜	追	号	己	记	趣	秘	顶	电	坠	程	赛	理	碰	增
进	一	步	求	生	产	眉	私	过	平	面	选	先	跑	自	重	村
根	自	理	栗	乎	毁	宜	赂	肉	几	想	安	持	项	遥	不	骄

相当
恐怖
经营
本质
担心
多次
牙齿
皇后
周年
赛跑
突然的
预测
追求
增加
滑冰
原因
书记
生产
周一
进一步

Puzzle 234

乎	究	昨	恐	素	栗	顶	秀	考	他	于	条	肉	遇	余	过	伊
电	根	蔻	天	衬	惫	页	私	灵	心	间	肉	典	稻	举	过	遥
本	出	部	运	真	怖	地	曾	保	能	木	袋	不	视	考	携	上
特	醒	增	宜	遥	平	瑞	经	定	野	研	亮	活	察	地	降	错
灵	己	许	号	本	解	见	焕	木	复	究	理	回	虎	理	蘑	菇
老	骄	柔	栅	肢	人	面	貓	年	特	复	桥	龄	后	滑	草	飞
光	幸	最	基	绍	放	降	情	定	村	量	柔	磨	慷	真	摇	稳
远	了	上	本	露	环	乐	碰	议	状	不	看	许	慨	肥	财	自
灰	色	快	乐	惨	士	衡	子	子	转	出	过	情	他	情	雨	产
的	信	速	。	思	热	衬	透	旋	口	情	木	蛾	们	虎	口	权
疲	心	特	袋	有	望	克	了	车	下	行	幸	研	下	蓝	马	心
出	己	保	绍	日	快	秀	近	磨	心	直	组	车	答	而	色	欲
村	自	在	豆	父	肯	见	野	亮	热	的	织	紧	尽	一	份	的
定	制	的	糖	果	定	梳	特	口	望	排	士	通	木	遇	环	也
称	因	觉	惊	露	增	滑	状	草	桌	保	因	约	里	碎	决	龄

有望
快速
肯定
组织
定制的
财产
他们
昨天
基本
蓝色的
蘑菇
研究
慷慨
曾经
自己
自在
灰色
尽一份
称定
糖果

Puzzle 235

虑他栅电复理几性究修几落车降侵趣怖
稻研后有中肉面电亮年属伴侣情肥略图
公欲心试人了飞看静差于发本破热磨性
司一远复上人近亲的鳍上超灵息遇亲源
状次执行典上研下！士胶越露的通礼源
好木秘摇袋礼村状热能规面士恐建子先
休损状研碎源貌高解人像近视素车肥子
发行>瑞余欲查十号举放顶约排答许情
存型究虑雨树觉年息文数降私本他标口
热理因静绍损秘恐灵章醋的面草规记旋
露区合护因本保思猫后解响车肉监狱遥
类型作驱于傲视有利头则应的参凑察运
>野袖>坠不源保虑条鹰租文望与自皂
喜乐坠好况的亮然考远滑香章肉心者鳍
重治疗降举动绍然讨论木便根！租最伏

属于
公司
监狱
文章
标记
治疗
人像
讨论
一次
执行
侵略性
参与者
超越
响应
有利
伴侣
合作
十年
的文章
猫头鹰

Puzzle 236

黄瓜亲也虫。循颈苦栅鳍约妻间觉建选
泼妇高远喜水静稻部碰信答子展览怖活
通胶驱情胶镜心优乎坠私娱错高露四衡
生避雪马查雨乐降转相护摇諾有议的循
音免公路稳分型项通关伊紧镜领心近休
防卫飞平子衬衫倍闲肉醒书野面自生行
源条真权局权究本有毁稻而错图面法规
乎量倍老过限信地底坠肉远损研蠕修建
摇平战争书典号老放袖瑞征音松加音私
坠骄释礼傲复香自的虑栏倍增怖鼠有答
镜乎伊撞赂香恐諾恐野旋面肉光自来底
衬镜闲分便父本邀社股状灵栗娱息>典
几飞平信条桥泽最书自视状破角噪定香
联系增镜幸释肢旋衡摇入口朝色热位最
面稻怖携马填遇状蠕伊迟幸着也水日保

颈部
泼妇
朝着
妻子
避免
黄瓜
展览
战争
松鼠
定位
防卫
本地
相关
联系
角色
法规
公路
局限
入口
远征

Puzzle 237

的护皂试乃余祖男面安况股龄蛾栗典安
自人菜滑的一切性分便本傲惊看持能秘
理底请肴己毁机典活木充本复差年衡心
望书虎有老先凑从本活亲年延权泽运最
汽车保有鼠焕过出泽图马紧素复直加图
镜子男的分木克心衬蠕蠕水面摇情下研
信亲不栏乐不伏间望自闲人遇灵邀好远
源分惫镜下稳有的建肥于自卫生子摇信
栏木便稳雨底决性程带条来余亮疯面定
平乃衬本镜发领权傲蠕水波礼物狂他秀
平果桥傲音余袖有马乐试情几老的子况
情焕冻自肥皂水机音金丝雀地发射赂马
口素露心物票选遇息人的眼毯重面中活
从查面粉重理。程他自衬滑虫艇体本动
过情稻旋柔重记虎恐热子视肥保子页人

汽车保有
卫生
面粉
镜子
礼物
地毯
肥皂水
领袖
果冻
水波
男子
男性
艇体
疯狂的
发射
金丝雀
老鼠
物理
的一切
菜肴

Puzzle 238

鹿野
细胞
大师
标题
的爷爷
自由
认识
批处理
重复
最大的
接近
从来没有
交融
独立性
野心
障碍
方式
的简单
资源
高峰

自！独四貌觉稳倍迟从老方况近行肉摇
由栅考立资坠车惫邀来观式野鹿身本息
息驴休桥性源号驴生没接许心远选欲焕
细信型直障的车先约有近运本差保蔻破
的胞通电碍龄人图平股乎的延复人书落
自子趣倍远释认识单简的爷爷马闲性赂
股升然底热出之噪不梳解情趣人不本最
近透机伊幸过出驱持醒部栗水许重权顶
绍紧租透平选音驱的摇而衬平栏破复諾
错记典批处理娱释柔查保草升考错身转
皂究树股发性马典保乃复观携因梳也修
紧典视师之的错想信息滑项循举交融标
遇重最大的高优蛾亲电绍究乎毁苦部题
存复桌察程峰滑机梳木骄回肉保坠基树
票面分乐眼定绍桥解过回条撞保通便车

Puzzle 239

根摇本错休旋噪惫活口本村乃趣宜充活
伊觉虫秘下权发读书袋光延性要泽恢填
看拉过本怖焕私解复议股的蛾人数情运
醒动构造迟！情迫使票虑苦了回放撞倍
摇热试的运驱惨好下觉噪露磨行约复选
煲子行秀亮号先恐紧灵根惫肉然许带下
远口毁因项绍亲查机子鳍了奉本热闲观
里木马况乐远业的信任环恐献也恐士类
究票来直不近专事车降傲豆先虎性士而
伟足球有奇怪的件生行自子碰噪况研素
建大重信>不面冷存动乎平乐后木有主
加凑的心士惧连坠寒乐貓音升遥子况动
情秘乐虎自复接亮栏复骄望情要草则便
活桥程直心。察直循肉钢秀露马眼落栏
部底惫恢究走廊的仇恨蔻琴研充息娱放

远近
伟大的
生存
口袋
迫使
走廊
足球
的专业
读书
有信心
的事件
钢琴
寒冷的
拉动
的仇恨
奇怪的
连接
奉献
构造
信任

Puzzle 240

近伊绍降栅欲解则网柔功能近中状栗理
理怖几热豆栏稻员球的而型平桥里发书
泽諾解前信远栏典试醒泽破延露喜雨灵
的动马后者程要秘息遥充怖间心马信号
肉乎考研过能本碎！煲马乐不有最秘出
不高损袖乐得词的底摇研破的过地驱有
橡皮擦骄票视汇增长环牛仔基。桌回飞
外套定年虫心底许热胶马便蔻后保磨特
出恐摇趣得优保本信票士傲肉趣于娱想
面坠疲木顶时间面产有国王摇也苦决士
根据区！有村回飞充品心上之解梳岸上
豆的察蔻区信雪！军运书苦数平复的伊
远况放磨得而自人事书包蛾的自秘小区
息>蛾滑破携类典量里通情水面携弟要
娱解号答諾邀要瑞察高充增息侵入弟衬

侵入
增长
牛仔
的球员
外套
前者
雪人
网球
瑞典人
岸上
词汇
时间
功能
橡皮擦
军事
根据
小弟弟
国王
书包
产品

Puzzle 241

理	桌	灵	套	紧	更	午	餐	雨	本	这	研	顶	身	乐	快	重
许	加	权	索	坠	好	活	重	恐	磨	种	复	研	乎	解	类	袋
不	醋	股	喜	想	的	傲	释	諾	有	热	排	不	基	苦	延	过
喜	飞	中	复	野	栏	袋	肉	了	有	子	飞	諾	高	落	保	虫
汽	油	泽	活	能	>	喜	醒	虑	惫	便	香	苦	乐	諾	蔻	泽
心	分	在	落	>	人	环	皂	很	少	亲	爱	的	冰	雹	！	直
惧	思	时	能	香	撞	情	约	部	门	决	里	水	特	雪	祖	社
带	情	他	醒	觉	貌	村	社	底	损	虎	形	状	果	马	型	社
通	亲	降	队	肢	然	蠕	乐	心	亮	了	了	信	柔	便	乃	热
自	旋	年	伍	的	。	升	落	村	静	恐	野	欲	理	见	保	后
坠	答	信	丁	来	回	乐	则	请	远	香	傲	况	降	远	于	型
亲	信	复	想	平	生	中	社	部	肥	龄	子	习	机	关	释	的
试	远	口	惊	余	延	长	错	便	蔻	从	成	理	惯	时	刻	草
私	项	自	程	身	恐	释	近	人	遥	磨	循	分	研	填	树	凑
乐	坠	落	便	磨	苦	子	保	热	的	草	子	手	臂	栗	豆	惫

底部
水果
很少
更好的
部门
亲爱的
套索
延长
机关
习惯
冰雹
手臂
午餐
队伍
形状
时刻
在时
这种
成分
汽油

Puzzle 242

马克杯
蔬菜
第十
警报
步行
再次
的对手
小说
视图
改革
关联
继续
雪花
公民
暂停
经常
抽屉
关心
历史
洪水

数	信	惊	下	改	而	优	梳	醒	！	真	亲	马	了	经	暂	乐
了	警	的	部	革	出	有	肉	面	情	蛾	凑	灵	蠕	常	停	增
信	报	再	次	洪	视	雪	花	了	修	礼	摇	议	的	四	貓	真
栗	便	丁	护	龄	水	图	转	趣	皂	的	木	不	疲	填	人	信
木	根	梁	余	口	转	马	权	书	了	能	信	觉	口	克	祖	丁
有	袋	蔬	菜	间	书	程	惊	而	电	毁	马	部	电	闲	面	有
究	底	定	饭	修	远	抽	屉	继	惊	要	克	撞	充	自	议	礼
心	社	见	赂	第	十	项	理	续	便	趣	杯	生	乎	过	区	静
关	历	史	磨	树	便	情	信	领	静	填	恢	环	性	趣	饭	增
联	子	量	地	自	最	事	特	议	最	私	错	快	望	破	虫	项
安	肢	解	飞	高	眉	梁	主	梳	解	克	破	惊	察	了	运	许
动	约	的	带	破	的	步	公	考	约	休	远	恐	恢	心	小	型
复	肢	过	光	亲	对	行	民	稳	貓	静	型	护	信	回	机	说
不	带	型	身	秀	手	规	野	素	木	闲	人	差	热	焕	号	错
理	高	梳	自	然	子	因	木	肉	便	镜	摇	蠕	稳	惫	最	惧

Puzzle 243

人回分豆草因先的树号人状差观摇疲情
电书家社规秘面信欲情素从野查同面赂
自解游泳飞息本书焕的欲本幸的情也损
醋从警察恐摇情出傲驱傲野諾荒煲运他
幸特后传然出静！约落豆日看野接受龄
驴有葡统而揭虫机恢噪的后排遇皂碰来
衬坠萄过伏示马以及菠菜图快底护乎的
滑高书破貌里性选息回自面条旋有本香
野子间考保直眉子机击独回栏保自旋自
分乃>见填根持修构败奏持光袋机伊音
衫龄的典年煲私解静余雨权程议豆年衡
车远视情滑带坠衬况考海袖看士部情高
惧股程便间招商引资看检滩高车梁安伊
部桥发过遇子行见>木讨规从填表然通
秘恢解亲眼中降观复动社兔子过远达社

以及
招商引资
葡萄
击败
揭示
检讨
接受
传统
然而
回家
表达
海滩
警察
同情
的荒野
兔子
独奏
菠菜
机构
游泳

Puzzle 244

很好的
俏皮
即时
三只
谦虚
的移动
蒸汽
壁炉
尖尖的
损失
始终
狩猎
芹菜
的重要
等待
富含
维持
的设计
购买
延迟

电直上己透绍自延的衡富等待复图举趣
撞便底带子亲！迟尖移含惊约部察不遇
心下坠三介观记从尖记动谦虚柔根肉喜
优高最只租坠丁摇香过循保电不木选许
规虫了信下近迟惊动答信议父源程的不
考则然稳幸礼水余释驴龄他快树面之闲
透之飞鳍马虑亮能驴分电信很貌保父环
自子究延士状保娱皂车壁炉好环信的社
蒸汽生排子村视转股面摇泽的倍赂瑞数
后虑眉项错柔有野坠肢回醋乐不平机源
始音观远的重要举况重远典乐有娱豆好
终修循秘释衡即时解。旋也坠木不狩决
蛾破租间的填维情领草自得乎木购买猎
然克芹菜设心欲持损噪磨肢研观行错不
情保行士计车定选失人便俏皮的梳静主

Puzzle 245

己	的	年	乃	运	填	息	伏	错	虎	源	真	醋	过	娱	音	考
见	面	建	动	错	斑	拘	紧	复	蛾	研	草	恐	宜	理	便	恐
迟	惫	亲	到	醒	点	捕	鳍	试	延	部	喜	上	升	礼	增	然
均	匀	生	达	激	邀	！	图	栅	本	建	本	面	虫	便	眉	木
士	选	明	显	发	天	气	栗	领	介	自	间	情	子	胶	延	有
碎	亮	有	远	放	栅	乐	地	幸	延	他	面	凑	好	稳	本	里
性	有	老	醒	记	生	快	有	饭	情	了	运	素	碎	栅	社	余
查	落	掩	盖	几	上	典	插	入	日	虑	人	则	休	老	煲	滑
升	余	事	恢	电	柔	下	远	欲	里	查	人	成	考	宏	通	重
有	人	倍	娱	几	降	有	安	桌	骨	朋	友	亮	为	伟	摩	机
面	马	虫	亲	摇	落	不	研	醋	最	头	闲	护	驱	紧	托	透
的	于	镜	项	摇	的	桥	几	撞	几	的	先	坠	傲	亮	车	士
解	本	了	泽	子	增	宜	发	眼	电	亮	秀	现	场	释	书	坠
苦	几	遇	试	虑	子	看	规	礼	话	性	毁	恐	议	凑	条	宜
冰	霜	查	找	举	下	的	的	复	优	赂	质	议	见	页	远	活

性质
到达
成为
查找
激发
见面
明显
掩盖
骨头
天气
电话
宏伟
插入
拘捕
冰霜
现场
朋友
摩托车
斑点
均匀

Puzzle 246

姥	世	闲	木	坠	音	选	动	伊	竞	怖	克	木	几	远	晚	的
动	爷	界	碰	坠	阴	天	息	秘	栅	争	头	脑	先	通	餐	脂
不	野	秘	因	恐	租	简	排	的	四	几	充	乃	乃	建	状	肪
旋	兔	复	便	休	噪	化	出	惫	中	坠	有	口	的	乎	研	撞
有	而	香	不	闲	坠	滑	辉	煌	情	护	运	惊	数	信	事	人
人	页	蕉	礼	过	身	灵	权	的	凑	桥	而	人	从	约	醋	父
撞	过	湿	气	型	貓	活	错	落	降	恐	决	规	降	答	口	不
填	电	便	噪	差	环	人	型	考	快	父	宜	优	票	于	趣	复
醋	许	了	苦	猕	源	惨	直	稳	醒	升	桌	自	平	欲	带	车
亲	眼	望	个	猴	存	特	绍	木	充	大	伏	礼	绍	豆	地	心
木	惧	远	别	桃	书	的	摇	根	的	专	的	保	面	也	有	余
行	修	镜	转	面	落	视	子	余	木	远	事	权	村	飞	热	栅
他	礼	音	的	运	动	程	源	心	磨	行	许	主	本	保	介	放
虫	源	撞	基	优	情	视	中	遇	遭	野	梳	怖	豆	的	凑	亮
泽	出	眼	热	本	近	远	好	绍	受	究	趣	他	出	虫	曲	线

运动
野兔
头脑
湿气
辉煌
姥爷
遭受
竞争
休闲
大专
曲线
香蕉
简化
的脂肪
世界
个别
排出
晚餐
猕猴桃
阴天

Puzzle 247

洞 穴 水 车 排 的 休 面 损 撞 究 考 衡 乐 情 马 理

乐 祖 结 顶 木 栅 行 行 数 带 可 转 趣 情 平 复 香

情 趣 论 觉 导 向 惧 衬 考 的 能 环 状 秀 修 试 马

五 个 焕 柔 快 最 损 四 充 坠 露 稻 ， 动 生 稳 高

型 醋 主 状 子 休 况 真 野 伏 不 保 复 动 姜 记 透

便 行 环 > 大 部 分 根 定 出 年 差 过 虫 物 持 典

灵 有 请 书 先 便 苦 身 恢 镜 情 喜 决 考 士 中 情

惫 票 真 磨 人 携 露 老 虎 携 人 露 里 野 特 票 单

租 举 本 察 貓 式 观 远 自 复 量 刚 吸 理 凑 举 元

皂 本 依 眉 冰 柱 部 安 具 树 赂 性 收 的 觉 灵 便

况 源 赖 惫 页 数 落 快 体 股 回 蔻 四 袖 肉 坠 权

理 无 灵 闲 摇 恐 胶 眉 有 泽 自 定 的 要 之 根 光

实 际 数 保 惊 下 行 增 趣 研 娱 高 亲 迟 肢 稳 护

书 赂 条 坠 本 来 喜 肢 眼 睛 自 研 雪 加 带 定 带

水 损 热 碰 他 错 复 理 余 木 乐 数 秀 重 于 况 恐

生姜
五个
具体
洞穴
实际
可能
大部分
结论
乐趣
自娱自乐
冰柱
刚性
吸收
单元
眼睛
，动物
便携式
导向
无数
依赖

Puzzle 248

举 试 欲 老 梁 驱 感 觉 分 本 的 动 不 傲 社 息 虑

伏 后 过 页 页 于 分 规 析 香 蛾 充 书 柔 页 行 转

害 伤 的 口 蛾 要 栏 光 能 篮 飞 凑 傲 惊 先 不 坠

乐 有 乐 关 重 得 邻 的 鞋 况 球 坠 栗 通 中 平 桌

滑 里 分 滑 注 到 居 号 蔻 貌 摇 口 本 不 摇 噪 活

热 性 人 焕 欲 保 议 情 饭 举 区 最 远 子 蓬 恐 降

的 乐 理 有 精 神 衡 紧 从 噪 音 大 理 透 基 松 有

上 建 乐 条 部 树 娱 灵 胶 的 紧 露 后 基 动 野 高

衣 眉 幸 约 高 增 迟 素 行 记 自 情 有 蔻 恐 脚 蹼

复 摇 迟 活 管 修 落 伏 过 转 区 自 幸 不 因 栏 带

因 面 票 生 议 记 充 倍 往 往 惊 露 遥 狼 狼 的 蠕

分 衡 亮 高 复 主 桌 中 断 型 动 礼 图 环 分 理 转

平 余 衬 心 情 > 得 坠 因 考 部 租 片 信 稳 修 理

出 飞 量 余 本 蛾 高 袖 傲 龄 面 遥 伏 伊 。 源 摇

惧 基 性 肢 特 议 保 木 衡 老 怖 面 条 有 约 自 士

最大
分析
图片
的关注
狼狼
的鞋
脚蹼
中断
精神
噪音
上衣
邻居
条约
的伤害
高管
篮球
蓬松
得到
感觉
往往

Puzzle 249

息 通 选 项 遇 持 ！ 的 请 过 皂 间 行 的 包 见 保
答 骄 底 增 子 分 旋 急 剧 去 村 醋 无 效 状 子 护
希 的 看 人 的 优 木 惫 先 的 皂 梳 觉 运 书 信 因
望 便 了 肉 冷 电 飞 惨 貌 真 也 面 亲 约 农 柜 惨
究 邀 袋 宜 冻 苦 口 落 释 子 里 虑 乐 族 民 貓 活
老 存 的 自 醋 区 号 滑 之 高 兴 心 惨 虑 填 滑 发
许 恐 諾 子 过 蠕 带 柔 碎 > 草 从 理 丁 肉 远 复
落 音 夫 间 的 眼 礼 领 栏 察 有 惨 皂 察 环 泽 雪
类 似 醒 人 草 稻 木 损 规 释 之 露 香 约 源 瑞 后
的 放 伊 秀 惧 充 书 机 老 然 的 趣 礼 生 倍 碎 日
也 携 肢 举 伊 坠 光 快 看 亲 填 虎 木 最 错 士 心
恐 衬 几 摇 龄 。 自 惫 理 论 上 衬 自 摇 龄 喜 自
磨 他 请 远 人 日 存 之 回 了 树 凑 人 支 持 下 运
主 袋 解 根 自 部 息 照 片 便 马 乐 打 破 性 的 源
倍 语 言 秀 得 试 远 增 喜 数 伊 放 保 规 马 也 人

民族
书柜
语言
希望
看了
无效
支持
稻草人
农民
急剧
夫人
照片
高兴
理论上
过去的
保护
打破
包子
冷冻
类似

Puzzle 250

母鸡
采访
女孩
标准
表面
程序
手提箱
手套
优势
政府的
捍卫
熟悉
首脑会议
外国
衣柜
冬天
的手指
更新
货车
这样

这 身 升 绍 桥 平 滑 马 父 过 政 府 的 行 研 见 灵
样 心 约 人 他 自 也 惧 露 型 保 考 四 行 循 真 源
柔 摇 他 木 醒 建 升 柔 雨 摇 车 根 露 > 记 活 龄
熟 子 根 不 远 程 序 惫 年 野 运 母 鸡 子 生 表 野
悉 肉 乐 便 察 转 行 领 保 蔻 毁 坠 身 页 快 面 定
蔻 子 特 情 填 填 请 状 看 遇 自 饭 私 女 息 要 规
货 衣 望 能 保 木 鳍 解 过 人 差 子 自 孩 子 紧 苦
车 柜 套 灵 观 毁 差 远 本 最 子 乐 则 最 活 四 平
冬 天 手 提 箱 伏 的 下 首 脑 会 议 马 真 得 子 决
马 惊 欲 骄 更 木 手 的 音 领 中 面 肉 闲 望 行 分
子 捍 事 子 不 新 指 人 余 研 页 摇 傲 优 势 活 外
肉 肢 卫 乎 过 亲 介 觉 带 介 采 访 远 部 亲 老 国
直 梁 情 香 木 镜 选 条 考 决 飞 动 肉 自 蛾 马 灵
分 。 特 摇 水 稻 肉 > 则 了 行 ！ 标 乐 惫 自 傲
倍 程 情 后 > 存 区 远 有 里 望 > 草 准 破 龄 老

Puzzle 251

考	粟	便	子	出	究	典	定	损	私	民	用	研	马	胶	理	最
諾	滑	持	解	！	损	马	项	特	利	润	滑	>	加	书	有	家
面	栏	衫	人	热	记	看	心	根	梳	损	循	肉	因	得	袖	伙
亮	观	部	肢	皂	电	乐	破	人	貌	摇	自	有	释	克	部	来
自	恐	乐	萝	卜	当	然	电	复	有	益	高	观	排	近	类	乃
肉	肥	增	决	状	水	主	过	转	错	自	袖	人	亲	野	野	醋
闲	身	皂	根	衡	不	电	口	学	生	摇	肥	祖	毁	子	飞	桥
电	乐	因	栅	权	乐	凑	静	究	理	傻	瓜	循	复	紧	保	飞
基	金	试	滑	衡	票	欲	最	主	区	大	声	克	主	降	自	释
平	草	修	柔	怖	部	他	心	得	察	醒	事	了	技	也	己	透
虫	排	甸	高	蠕	好	生	究	电	子	衬	有	研	术	方	股	旋
噪	优	欲	礼	柔	情	保	典	保	龄	每	不	机	下	面	娱	泽
下	领	觉	量	非	常	丁	肢	不	几	他	个	顶	商	片	段	自
小	苍	兰	自	动	热	最	士	保	查	龄	请	人	业	变	胶	！
趣	破	己	水	排	瑞	觉	租	便	不	试	部	租	的	量	携	先

基金
利润
学生
萝卜
有益
片段
非常
草甸
民用
当然
傻瓜
方面
每个人
变量
技术
商业的
大声
肥皂
小苍兰
家伙

Puzzle 252

蟾蜍
雪貂
考验
灰尘
只有
剩余
的医生
赛季
谎言
主题
澄清
便士
的手表
一些
听到
正式
猛地
占据
对比度
职责

特	要	镜	眉	里	近	究	定	释	宜	透	况	遇	正	野	香	雪
能	便	职	责	只	有	主	题	肥	透	水	父	亮	察	式	虫	貂
领	士	驴	答	中	煲	保	的	行	循	音	有	通	瑞	损	绍	也
好	猛	面	理	醋	了	灰	尘	的	灵	破	排	磨	赂	区	持	解
衡	地	欲	灵	士	远	察	肢	桌	间	醒	虎	栏	书	皂	携	素
皂	升	表	人	年	乃	车	有	区	破	信	野	惧	本	水	考	解
他	想	手	落	谎	觉	绍	觉	远	赛	基	野	欲	远	坠	重	面
磨	人	的	医	生	言	观	票	镜	季	礼	栅	子	远	自	欲	心
乐	蟾	之	蔻	定	热	过	规	蠕	研	建	过	雨	桌	信	行	滑
露	蜍	子	坠	持	肢	泽	过	听	绍	程	延	降	豆	撞	条	野
自	滑	排	主	自	快	状	恐	到	选	信	况	息	有	占	据	带
类	一	滑	木	父	本	木	中	惨	本	醒	回	身	恐	升	面	木
事	些	紧	皂	不	考	验	亲	飞	了	乃	号	的	栗	惫	梳	貓
鳍	澄	对	比	度	剩	余	持	亲	人	遇	源	从	自	约	雨	了
坠	村	清	项	见	页	虫	桌	放	便	携	典	数	摇	虫	祖	灵

Puzzle 253

面一碰撞许黄图试不衫区自秘改租的休
心二条情恢油马落存伏破的素他变眼介
规二活动击试眉赂便主乐士惫惫的口焕
释。号透剑增情！社皂特貌见放撞瑞增
虫灵！图士磨己便不栅机便许修松指责
的事灵瑞滑典肥研面旗标书虎肢滑事规
灭绝选复法部煲根惧平豆况蠕了倍安项
平时监测官水磨摇现蠕搜察放得栏自目
娱秘特解本人趣旋状任索諾心而情丁龄
遥滑乐不最露木选醒水自平休解磨碎保
号草解平幸典人水恐煲四虎能考考解最
复静幸光动橱好古柔的环从马顶定遥察
惊人面觉有柜选董邀运行马差恐则摇凑
素惨通音他皂秀况填地桌的虫信梳平议
滑祖视平木况光梁恢高艺术查发闲栏宜

放松
橱柜
击剑
艺术
平时
古董
法官
监测
灭绝
现任
指责
项目
碰撞
旗标
一二二。
搜索
运行
活动
改变
黄油

Puzzle 254

也行的望生介噪区推迟野摇察亮凑思邀
高身信>鳍数损页降展煲页肢驴亲权研
面解水娱雨复稻私洗发视情况貓书余转
请他余相答票规坠区快乎高袖眼趣欲安
摇木需记信加不滑雪自惫数加私基蔻思
指甲要快乐的规坠循究增复充议运食用
真伊桥完娱友则活事项年从王幸摇后休
望中劳全特朋迟解放摇特身室研型乎衬
秘来梳动稳雨静磨的发篱笆有专交易能
滑则毁父看行虫顶解望修损栗家环首富
幸虫周察驱惊举的礼噪好要摇升不过之
木香坠二升不间社议木复树息许回四水
饭运生携疲本瑞部諾增旋柔保研祖野出
情上则稻四书己生直热状坠升灵撞自绍
礼有人欲有疲皂栅士面优况雨请口己差

不规则
情况
完全
交易
推迟
发展
周二
王室
事项
指甲
首富
洗发
相信
食用
朋友的
篱笆
劳动
专家升
需要
快乐的

Puzzle 255

丁乃好奇高木有野紧木醒类记心驴民赂
正秀源梳衡野稻信动结果议息灵来肥俗
姥确检查乐驾考有>车撞身惫马生物学
木姥的趣惫车中书信本典！不的乎最出
查遇目他。议望快肉离开复远衬落信乐
理的几柔解便复鳍理飞諾惊转恐观想望
虎四的答机肉迷惑人则也碎想滑书延要
情蔻热部数亲答乐声不带旋领情身人虫
权答护欲驱马泽能音后破状了碎复自观
书坠惊梁梁的乐恢填部饭骄平栏草恢丁
想远数他子秀的快伊答中坠伊恢傲傲携
动昂错噪差幸独眼充增重大巨惨好粉分
地贵骄顶摇摇立信电虫落携物质紧红虫
礼的愿望区的息破傲数据能状型的色书
典蛾亮破桌觉碎决坠情私父规书虎猫灵

声音
巨大
民俗
目的
数据
昂贵
重大
离开
结果
迷惑
检查
正确的
的独立
粉红色
物质
的愿望
好奇
生物学
姥姥
驾车

Puzzle 256

携书摇热的质优香惊加介的面事亲有虫
重审判水结远循坠四醋特蛾子乎瑞貌书
能稳灵野果输英机人试于真的直项的顶
虫雨修草柔入语四然分环通本邀真趣况
透碎皂建想建保根有！骄虎举乃肢余紧
自状见身露碎基真四桥大生复绍远的部
高惨傲欲页之主自有栗米高乐梁他保>
不袖特闲袖条旅貌本情看项通本幸四自
磨好鳍理肉他碎里本骄日动从恐乐乃面
滑存雪亲>休状的看傲骨恢复状复书坠
真的幸焕下惧碰休息信架理议本梁了地
衬思描骄恐便时露成解恐衫动间明星安
迟摇士述疲图理候本老>秀凑倍惫欲股
不平观摇肥专门望升人惊磨情不豆机煲
父情更漂亮他定义来动物错过粗细增下

描述
恢复
错过
的结果
粗细
成本
英语
优质的
时候
定义
明星
大米
输入
之旅
骨架
动物
专门
休息
审判
更漂亮

Puzzle 257

顶 释 的 填 平 下 试 人 遥 复 降 橡 活 祖 柔 租 选
底 驴 忽 略 遥 面 地 素 理 行 克 子 护 行 有 约 性
直 升 机 余 典 高 充 许 可 电 几 之 特 类 的 眼 磨
本 先 野 驴 紧 衡 人 素 要 心 衫 领 别 蠕 喜 雪 介
袋 火 典 父 不 电 赂 过 好 议 便 生 休 > 父 不 了
蛋 鸡 存 的 的 书 薪 降 建 根 骄 镜 亲 排 自 究 龄
源 损 源 光 秘 的 类 酬 间 顶 先 三 角 秘 复 便 撞
行 过 倍 看 伏 他 灵 稻 欲 的 路 公 的 突 然 便 情
乐 真 ， 自 露 权 亲 页 光 保 心 复 羊 优 也 了 身
项 本 滑 除 况 梳 栗 社 灵 情 自 镜 直 栅 拓 伏 高
亮 察 转 肥 了 告 诉 情 行 撞 加 自 静 损 也 展 决
过 阳 音 的 蔻 情 保 休 人 研 素 便 人 围 赂 栗 规
观 台 不 社 息 的 旋 坠 自 自 动 泽 树 墙 落 基 灵
情 口 型 惊 趣 肥 柔 木 票 请 真 相 豆 优 而 稳 有
解 的 主 要 的 典 克 详 细 静 思 子 重 恢 的 諾 衫

直升机
许可
告诉
的羊
火鸡
拓展
鸡蛋
阳台
特别
薪酬
，除了
三角
真相
忽略
围墙
主要
的公路
突然
橡子
详细

Puzzle 258

差 旋 持 碰 恐 透 望 灵 梳 型 飞 反 向 坠 有 泽 运
人 携 动 人 要 擦 祖 行 镜 凑 增 压 恐 类 释 记 安
性 趣 特 然 特 洗 醒 雨 来 煲 破 低 灵 便 眉 皂 究
柳 焕 书 过 子 乐 驴 口 雨 梳 的 过 区 安 棉 恢 情
叶 自 英 排 事 错 栗 滑 醋 观 的 恐 则 恢 租 花 乃
循 疏 便 寸 袖 豆 恐 况 电 怖 乎 错 坠 顶 带 镜 真
袋 散 部 信 豆 猫 座 饭 请 桌 雪 重 行 余 热 年 类
顾 客 紧 饭 邀 见 充 子 特 真 秘 落 议 转 便 摇 磨
的 状 子 带 性 老 想 疲 重 人 息 研 事 书 回 近 光
运 摇 填 有 复 因 焕 间 账 中 本 镜 复 停 儿 来 坠
睡 后 动 欲 活 便 了 雪 户 亲 政 策 会 机 的 子 野
眠 带 查 情 虑 分 后 规 升 区 奖 结 束 坪 旋 稻 年
型 采 虎 定 年 钟 煲 热 雪 身 金 恐 面 觉 音 恐 信
见 用 转 ！ 究 动 车 也 也 悲 恢 他 快 本 能 快 考
有 欲 动 最 错 娱 主 摇 释 剧 带 克 野 复 究 分 自

擦洗
柳叶
停机坪
英寸
奖金
采用
棉花
压低
结束
顾客
儿子
疏散
猫座
分钟
的机会
账户
睡眠
悲剧
反向
政策

Puzzle 259

计里栗自究教丁观携根恐运介喜回况幸
柔划坠雨子授票蛾解亲规趣热领不重野
保机会，透己>定的梦想好紧亲亮克不
滑惫动栗唱理有领疲信身远他碰春天虎
主热股发歌高望平鳍许諾地雪栏电素定
面复蛾趣许了子想完美的先雨貓带情视
的的落理理社摇西高的秘前考心的看究
虫克数定卖生差兰身香士信惧肥权虑程
的！里了家便倍花中子伏优泽野灵娱面
无日镜安理撞扑许余通不不蛾驴想动机
形衡数环紧况通发眼>木摇>马克底间
绍柔野复情第解从图水信遇坠灵保>视
的带项部政社二根望人他身之马然中静
心苦理底府活图旋眼直程喜外肉型滑碎
工具类梁邀面社栏记香草邀他的产品虎

西兰花
政府
扑通
计划
工具
的产品
先前
机会，
第二
定的
春天
梦想
发动机
唱歌
动机
之外
无形
卖家
教授
完美的

Puzzle 260

西部
圆柱
颗粒
致命
还原
的欢迎
性格
单独
海洋
角落
仓鼠
椭圆形
培训
去年
撤销
第一
股票
触摸
悲惨
兴趣

树休车趣衡四保諾的决机绍草观野也型
况情下觉形己恢加于有热查根撞秘撤销
胶车。想解圆股票西噪修放运子惫领运
许部乐人颗柱椭条部错香柔平蔻近野中
秘父中机粒便噪坠諾量邀书驱蔻赂权量
得行皂触摸蛾条虎的欢迎仓许秘第携醋
面性私碰灵理源的得优于鼠培训一面还
遥村水欲解泽乐绍坠自好情来子优能原
>肥马面下梁栏单日乃肥迟类父欲察灵
兴趣出镜觉条信错独察望热素保觉疲来
查豆事况私根稻栅况紧底赂海洋致发重
解性焕幸底想栗近！介悲肥类士命况豆
角落格号磨直娱去年他惨书基股差子高
恢雨放眼饭高面行露袋趣行蠕灵租旋自
恐复豆议的建里后乐碰草疲蔻保机循骄

Puzzle 261

柔滑諾行乘法己年磨风自社活信子请护
则保带坠页升恐皂介暴得遇亮瑞号也电
噪底惨降定中类坠自坠幸木骄泽>坠保
考心视木充页露栏口虫眼不的建差平安
大量娱的性饭草子决袖雪增主造雨情飞
克股考静煲疲坠素状水橇楼有便夹查老
最父复本好倍亮过品种书休梯解克排条
克自买地袖闲坠社摇望恢音吸分建赂型
票愿得瑞真排基有柔心赂训>取部面的
带电起律能约己号栅地秘教得性村亮祖
亲木然师不条蠕然请乐社的透明蜡笔中
规身间袖同乐面近远稳定能兄信伊己动
丁梳查中的便信长下转得飞里弟日极老
特人毁露秀延柔期加行延摇本醒携其旋
循落心延优人保毁木究之行木间究欲信

极其
风暴
大量
不同的
的教训
长期
律师
透明
乘法
买得起
自愿
楼梯
品种
夹克
雪橇
柔滑
吸取
建造
蜡笔
的兄弟

Puzzle 262

雪球
边境
干扰
越来越
面包车
木乃伊
丈夫
能够
的音乐
新的
员工
期望
威力
喷泉
充足的
疾病
勺子
番茄
粗心
快递

观自驱况典行快数远光分勺带自期醋出
紧干扰子子毁事信决行礼子衡丁望解有
填透余带充况平苦龄面面填自礼子豆便
撞怖觉番茄复伊粗龄图包余能后便骄复
社有碎音答望复心眉机车快递能够特子
幸亮于不视举泽克人肢回木乐动克老滑
情肉威力雪的音乐释携坠也人马得亮碰
查草也放想球究员工充子鳍栏票的疾衬
书。疲真来恐>试喷趣则越来越眉病况
循苦木面复决情主边泉权衡貌许过香有
况摇部复蔻柔型息放境遇灵父新疲虎平
解降噪见丈夫乐落考人噪私醋的木恢面
袖雨差坠貌露龄好龄存平水木足遇地面
考饭出树伏木乃伊机露煲得肢充恐请情
。有查面驱活存息的树欲静复远乐放数

Puzzle 263

滑 了 害 的 充 身 量 转 休 坠 增 幸 究 人 情 运 。
持 飞 羞 教 的 下 考 赂 来 醋 光 人 余 成 感 存 士
答 甜 蜜 育 皂 主 研 之 胶 觉 面 老 秘 功 的 信 请
木 落 察 书 面 思 察 眉 野 重 先 痛 亮 的 于 父 保
了 最 差 木 信 升 面 重 木 存 举 条 苦 底 栅 页 飞
他 桌 觉 升 雪 衫 性 底 结 石 察 露 票 面 苦 顶 克
高 趣 请 地 他 心 循 情 恢 马 。 摇 赂 马 排 疲 梳
倍 流 子 循 复 马 士 话 温 水 的 小 狗 行 阿 姨 礼
远 体 加 头 马 记 人 说 柔 恐 的 雪 了 木 为 理 服
查 倍 页 发 举 社 社 ， 桌 信 想 保 人 草 幸 > 貌
眼 电 顶 研 木 持 面 得 充 平 能 查 智 衫 建 喜 栅
便 有 饭 视 建 热 木 充 虑 皂 特 间 远 慧 灵 虑 况
通 得 记 得 克 蔻 降 面 区 思 諾 从 亲 最 放 惫 伊
自 股 得 虑 能 书 有 况 想 摇 自 怖 坠 梳 假 驱 热
身 眉 社 票 状 解 性 增 趣 有 研 人 。 摇 四 肢 树

成功的
说，
温水
情感的
痛苦
记得
说话
流体
阿姨
放假
礼服
自身
头发
的教育
智慧
害羞
甜蜜
结石
行为
的小狗

Puzzle 264

趣 电 毁 主 衬 雪 旋 容 动 仅 情 闲 操 面 间 。 绍
虫 有 排 邀 蔻 生 真 重 易 仅 稳 争 作 灵 融 化 复
便 蛾 木 老 选 蔻 溜 。 眼 况 发 的 辩 伏 数 音 好
票 摇 缺 伏 恐 许 冰 马 的 建 趣 底 心 梁 豆 貓 真
填 增 乏 乐 紧 解 鞋 > 调 露 亲 回 音 傲 也 想 通
损 生 加 解 饭 坠 子 望 整 释 迟 焕 增 人 差 状 幸
升 虫 电 出 旋 之 欲 主 的 油 自 衡 底 型 研 自 区
木 主 不 重 定 恐 公 交 状 漆 然 确 定 好 祖 摇 趣
间 介 增 士 己 书 的 转 亲 马 最 定 马 村 士 信 露
性 欲 泽 父 人 能 出 存 作 家 定 镜 恐 存 本 持 本
破 静 素 祖 胶 则 出 他 心 镜 父 母 风 格 数 惊 保
望 的 远 伏 子 环 飞 醋 携 电 摇 沙 建 摇 议 諾 远
页 情 的 特 活 运 指 能 肉 人 里 发 平 倍 瑞 恢 滑
潜 高 凑 喜 水 因 望 栏 根 损 望 银 。 老 观 存 趣
父 水 中 村 怖 加 眉 考 凑 努 力 行 > 克 摇 复 趣

融化
确定
操作
自然
容易
银行
溜冰鞋
指望
公交
油漆
调整
父母
仅仅
争辩
缺乏
潜水
沙发
风格
努力
作家

Puzzle 265

貌	决	息	可	复	撞	镜	恢	释	况	便	况	野	日	降	欲	权
袋	定	袖	移	看	碎	不	镜	子	豆	乐	衡	惫	行	失	连	最
坠	直	磨	植	己	议	上	记	小	型	整	胶	稻	活	去	拍	究
傲	野	携	想	真	回	蚊	行	股	己	齐	况	社	磨	了	息	排
心	野	复	活	正	>	子	宜	倍	错	书	。	过	面	情	息	特
信	！	觉	蔻	的	顶	不	号	于	选	地	行	驴	的	了	飞	根
根	观	顶	撞	过	牙	医	能	本	信	恐	里	票	摇	貌	心	定
心	机	父	安	页	见	便	傲	增	亲	许	泽	栗	面	恢	秀	衫
高	音	惊	不	举	胶	毁	间	地	亮	绍	的	>	宜	试	运	本
泽	后	通	书	肉	雪	树	栅	宜	梁	子	议	重	栗	怖	动	见
转	肉	条	终	于	增	上	豆	想	量	着	有	蔻	肥	便	查	煲
安	马	心	灵	相	反	从	己	远	恐	过	急	马	身	票	书	碎
型	老	最	欲	饮	虑	遇	最	针	对	摧	毁	乐	观	静	的	爱
坐	在	平	皂	料	木	信	梁	高	的	块	平	滑	加	修	要	好
坠	存	凑	的	本	增	皂	项	快	查	磨	望	滑	动	车	规	趣

雪上
摧毁
牙医
终于
真正的
整齐
爱好
饮料
最高
连拍
着急
相反
决定
可移植
小型
蚊子
坐在
针对
失去了
的块

Puzzle 266

地面
的深浅
粗鲁
程度
话题
炎热
盛大
大怒
天空
真正
证据
两个
教堂
明亮
分子
目标
骄傲的
笑了
关键
王子

伊	亲	雪	噪	的	皂	衡	蠕	礼	露	量	转	四	碎	事	子	解
趣	四	摇	然	柔	深	恐	复	恐	静	错	树	马	举	伏	肥	性
保	摇	特	热	转	苦	浅	克	究	情	摇	转	醋	煲	要	滑	重
话	题	生	自	里	人	近	諾	镜	票	娱	观	父	！	面	上	程
恢	撞	梳	面	草	书	视	摇	了	心	有	遥	机	的	大	本	明
盛	大	趣	的	恢	笑	了	电	蠕	性	理	解	转	休	怒	行	亮
欲	露	虎	机	士	秀	天	了	最	活	恢	环	况	部	地	面	近
炎	热	选	高	野	士	空	发	项	护	分	子	王	柔	骄	因	典
证	据	究	租	机	程	亲	两	状	野	也	心	光	上	望	傲	顶
不	自	眼	粗	鲁	书	子	木	个	恐	信	惧	年	许	乐	乐	的
降	观	子	衡	约	根	眼	想	蠕	便	不	看	有	了	衫	真	信
鳍	况	教	堂	修	摇	许	见	趣	特	恐	决	豆	然	里	正	程
关	键	而	究	车	摇	回	克	肉	车	得	错	理	欲	娱	木	度
定	间	諾	不	充	降	特	露	不	！	释	信	>	碰	的	目	标
秘	年	滑	考	因	有	虑	书	先	撞	虑	安	数	领	则	>	想

Puzzle 267

驴可闲滑社怖策野有伊驴保镜携管解焕
欲爱叔叔自优略条本视而信灵鳍理间眉
查的风驱>锄头倍底肉心后过諾年驱士
出项筝情望究父村书理虑有灵飞怖落型
耳雪精细野虫视迟解碎车老增皂发区袋
摇朵然灵乐亮摇镜子本趣伊马不转优领
肥危胶状恐四间增排上娱有年木决增瑞
袋鼠机有社稻柔情趣惨皂娱理皂贫风项
完成租答解存迟马龄饭解也排面困窗请
近号类情票露亲桌创建复环眼栏遥领栅
孤独驴平的身他视环足够的区虫秀绘心
龄礼几热票护树过境性梳许镜状焕画议
人惊摇摇于眼。碰苦口人日的愤损人根
苦亮降人惫。身项倍蔻衫过眉权怒社较
虑雪蠕乐的邀察凑醒看日人心年动的差

危机
环境
袋鼠
耳朵
愤怒的
叔叔
较差
可爱的
管理
精细
创建
风筝
完成
策略
孤独
绘画
贫困
锄头
风窗
足够的

Puzzle 268

崩溃
一个
袜子
名词
的项目
支出
参加的
公式
财政
危险
有趣的
谷仓
玻璃
此句
出血
化妆
重视
学术
关系
艺术家

木究事滑化鳍惧的趣有乃乐觉差>来行
情惧伊克妆此句项加平蛾邀选关公摇乎
危险眉几肉崩溃目转参不也权系增式镜
龄书苦雪驴喜恢父四人亮宜谷私出血木
有重考摇露老野本行信自书仓疲支稻究
自四视号顶研梁不选木有的情木则了自
镜答摇娱龄先带号因真增类间的露恐日
不间情增绍得幸桌察底眼排学一延根私
循蠕稻>后摇加有直情见好术个喜从有
过页页填光决了理决状远野傲紧本秘他
身状复快疲迟口马也机书增袜驱股树信
惊坠醋碰从书后自镜皂乐热子复露透鳍
程龄根热骄秘差出梁艺典雪租排惊事过
财政眉栗栗名玻璃优术生本衡见欲升的
己伊主旋号词生权租家情错貓下护好水

Puzzle 269

心	栅	淋	增	透	然	肢	鼻	子	上	自	肥	私	肥		美	国
龄	木	浴	心	部	欲	秀	错	情	铅	行	充	祖	量	查	保	滑
子	年	转	发	龄	灵	的	马	怖	笔	车	出	疲	好	本	举	凑
放	心	的	型	顶	增	互	肥	类	降	趣	飞	透	柔	稳	幸	本
落	典	乐	平	号	恐	动	栅	镜	恐	部	的	不	諾	士	柔	行
查	捕	获	元	年	绍	先	肉	草	租	底	根	然	请	雪	灵	建
性	虑	查	灰	白	介	高	于	里	覆	邀	的	护	放	养	遇	损
灵	究	重	尘	便	菜	主	绍	邀	究	盖	本	身	故	蛾	礼	要
饭	灵	放	的	用	使	复	重	可	压	雨	面	惫	障	复	衡	疲
规	区	紧	远	优	充	肉	人	迟	力	得	皂	排	复	傲	然	倦
滑	先	动	就	像	木	透	落	地	理	子	欲	透	图	惊	稳	研
加	稻	露	票	究	静	树	户	肉	焕	动	因	梳	主	凑	热	马
区	源	的	持	眉	年	龄	情	的	滑	车	的	发	梳	举	恢	介
野	摇	桥	便	瑞	明	幸	素	子	高	磨	答	事	情	凑	答	回
页	身	理	虎	坠	过	天	伊	看	发	修	机	亮	绍	马	惨	回

灰尘的
自行车
美国
可重复使用的
疲倦
覆盖
的互动
铅笔
就像
压力
白菜
捕获
年龄
故障
落户
放养
明天
元年
淋浴
鼻子

Puzzle 270

主	后	人	后	运	灵	近	过	究	袖	权	面	秀	毁	顶	虹	究
克	量	水	趣	面	树	皮	试	出	雪	觉	租	的	最	的	膜	顶
他	情	牛	能	复	规	滑	破	便	约	栗	了	理	基	项	犹	豫
。	约	眉	解	释	源	余	自	乐	社	余	热	虎	虑	型	查	亲
桥	况	人	蛾	领	有	试	释	苦	电	皂	答	根	苦	定	私	底
保	议	諾	摇	觉	桌	几	迟	马	飞	旋	约	望	况	先	眼	介
差	热	先	袖	觉	的	貌	灵	中	洗	涤	持	优	远	生	所	需
亲	邀	顶	宜	有	程	爸	肢	乃	要	面	安	梁	私	充	项	书
人	之	心	也	果	重	安	爸	发	性	面	全	坠	滑	解	本	泽
礼	心	望	袖	汁	页	便	因	为	镜	页	平	约	地	的	亲	多
空	中	共	同	规	阻	止	马	休	程	生	许	动	人	不	状	数
静	欲	心	遇	因	秘	貌	许	恢	远	泽	驰	骋	收	鱿	饭	书
龄	最	完	美	欲	本	研	木	皂	循	底	人	不	主	集	鱼	情
感	部	幸	发	因	龄	傲	议	村	虑	疲	瑞	权	便	研	理	远
谢	于	排	肉	毁	乐	树	恢	直	远	状	村	衫	灵	乐	顶	特

收集
先生
果汁
所需
空中
虹膜
鱿鱼
犹豫
共同
驰骋
安全
多数
因为
洗涤
树皮
感谢
的爸爸
水牛
完美
阻止

Puzzle 271

落 根 释 觉 修 闲 机 思 泡 煲 醋 平 型 页 许 情 况

快 请 饭 赂 事 惧 也 亮 打 諾 主 热 复 不 环 便 便

人 露 摇 飞 撕 约 则 镜 粉 研 携 滑 股 而 特 查 能

数 衫 后 活 裂 记 录 欲 机 马 的 祖 考 本 类 请 区

错 复 ， 饭 近 驱 眼 运 根 四 便 疲 惧 傲 乐 私 有

私 优 面 况 村 子 马 自 息 遥 情 邀 底 滑 雪 第 七

快 雨 平 定 抗 柔 股 醒 仍 社 眼 焕 龄 子 最 蠕 袖

人 系 休 电 露 拒 攻 击 然 村 近 护 于 豆 重 脖 放

转 电 统 摇 泽 惨 醒 骄 幸 特 觉 惊 先 禁 的 紧 子

骄 项 亲 选 从 差 稻 顶 行 貌 黄 色 带 止 灵 的 研

望 放 宽 票 面 条 焕 破 间 损 行 露 邀 也 聪 底 醋

降 树 醋 自 洽 票 > 挽 留 安 型 部 修 也 明 雪 稻

后 出 研 瑞 谈 高 乐 里 不 坠 虫 桌 保 中 厨 领 本

稻 基 生 娱 倍 静 记 饭 了 便 优 乐 几 车 房 部 国

不 远 士 摇 思 况 复 亲 了 升 地 祖 伏 饭 冒 犯 家

洽谈
系统
放宽
挽留
泡打粉
黄色
滑雪
撕裂
冒犯
第七
仍然
后，
记录
国家
攻击
脖子
抗拒
禁止
厨房
聪明

Puzzle 272

民主
手册
降雨
达成一致
干旱
欺骗
准备
绽放
沙塔
研究生
循环
一定
咆哮
周到的
红萝卜
婚礼
骨折
确切
蜻蜓
乌鸦

达 醋 页 桥 研 袋 摇 过 喜 底 有 降 雨 ！ 面 面 热

高 成 不 稻 选 通 衡 亮 本 胶 祖 諾 特 程 驴 高 亲

能 行 一 的 蜻 周 到 的 情 一 咆 哮 幸 研 碰 袋 日

中 能 他 致 子 蜓 考 克 的 定 龄 沙 塔 心 远 则 草

乌 鸦 复 他 研 究 生 惨 自 确 环 解 然 答 摇 快 想

旋 准 备 考 虎 不 傲 猫 本 切 毁 口 手 干 票 趣 红

升 泽 马 觉 地 觉 出 眼 不 欺 约 间 册 旱 桌 有 萝

民 主 书 出 生 骨 折 子 增 蛾 骗 鳍 解 蠕 权 有 卜

祖 绽 答 桥 鳍 查 转 而 电 里 然 究 喜 磨 恐 排 蛾

滑 放 有 近 电 娱 栏 惨 坠 的 顶 伏 有 醋 欲 恢 究

撞 趣 最 的 碰 镜 记 几 > 本 露 柔 他 持 趣 紧 露

情 自 身 水 也 > 树 复 底 绍 底 自 他 情 特 。 情

解 人 间 股 磨 老 源 理 损 镜 近 不 望 亲 觉 循 环

碎 页 醋 优 性 自 面 高 飞 人 研 决 发 水 修 过 。

婚 礼 研 活 先 自 领 释 然 介 木 虑 领 思 了 苦 近

Puzzle 273

考	惊	了	携	教	存	书	根	赂	光	惊	肉	业	患	者	闪	耀
增	喜	定	情	练	通	四	信	桌	错	讶	木	务	然	年	根	过
乎	机	况	降	议	趣	明	年	滑	过	亲	日	貓	肢	下	心	疲
作	某	处	怖	醒	情	另	项	口	宜	木	行	心	约	父	衫	的
圣	用	秋	季	。	电	动	一	便	有	动	乐	摇	然	坠	欲	信
诞	蛾	介	秀	諾	肥	碎	直	个	礼	保	远	肉	保	年	根	动
飞	议	平	乎	年	奶	乐	地	摇	貌	介	因	水	愚	租	娱	倍
想	消	失	心	坠	酪	柔	究	镜	转	护	秘	恢	蠢	野	究	考
信	远	里	复	出	迟	他	地	坚	固	电	填	底	的	梳	虎	心
休	情	的	行	摇	约	释	休	遇	灵	条	他	答	紧	便	了	木
人	便	复	伊	邀	野	则	乐	优	海	保	村	约	蔻	滑	从	于
乐	热	护	镜	记	行	皂	旋	热	飞	绵	村	租	行	秘	貓	性
底	因	来	直	转	图	有	樱	许	然	型	人	的	直	研	答	的
>	便	不	典	源	不	灵	桃	柔	摇	不	本	瑞	栅	通	情	加
了	事	亮	马	泽	比	较	马	子	主	顶	直	试	行	心	底	怖

某处
明年
作用
秋季。
樱桃
奶酪
比较
愚蠢的
教练
海绵
业务
坚固
消失
有礼貌
患者
闪耀
另一个
圣诞
惊讶
电动

Puzzle 274

最好的
可靠
公鸡
批判
任务
不久
胶水
小心
稀缺
现实
包裹
任何人
证明
迅速
露点
英里的
苦差事
一目了然
替代
缤纷

公	鸡	活	一	包	四	小	便	数	畚	动	书	本	心	觉	证	便
灵	动	己	目	裹	马	底	心	本	余	况	复	噪	遇	动	行	明
批	判	的	了	修	娱	安	思	研	老	不	看	本	错	身	遇	的
醋	解	人	然	因	娱	想	毁	现	实	久	想	木	苦	迅	速	龄
复	面	碰	木	欲	信	凑	的	坠	己	任	缤	磨	差	带	高	息
觉	环	苦	书	介	驱	平	加	露	点	务	放	纷	事	究	生	增
肉	栏	身	基	貓	保	运	直	考	举	虫	最	车	幸	部	几	最
视	子	年	镜	焕	肢	条	>	考	伊	解	重	后	最	可	靠	好
人	研	决	蛾	的	衬	保	后	不	饭	书	衡	排	降	磨	碰	的
的	的	于	柔	项	想	草	里	况	稀	缺	胶	水	上	衬	要	自
人	自	高	肉	便	栏	本	错	决	介	项	优	便	袖	保	遇	试
电	木	社	遇	议	地	举	稳	型	远	保	有	饭	破	情	豆	日
赂	傲	信	最	放	看	察	自	摇	得	破	任	何	人	恢	身	蔻
于	研	类	领	升	坠	虎	马	野	替	信	部	眼	。	不	研	地
行	项	英	里	的	活	最	父	眉	代	也	答	宜	乐	环	的	地

Puzzle 275

运 剪 辑 的 因 乐 保 查 迟 便 真 议 中 回 左 增 巨
静 特 马 解 来 苦 查 了 灵 权 欣 然 状 教 腿 活 大
解 衡 娱 近 运 镜 定 约 諾 部 肥 村 典 室 子 面 的
分 本 究 休 之 静 顶 很 多 察 摇 页 之 试 区 理 包
答 欲 露 放 ！ 鳍 蔻 双 好 优 解 虫 升 的 坠 填 程
破 > 豆 远 出 放 填 亲 保 子 察 的 操 作 貓 便 瑞
去 除 思 趣 讲 研 滑 了 通 梁 草 衫 通 安 错 动 肢
运 日 而 号 述 恐 貓 栗 摇 醋 情 情 本 不 好 上 想
也 信 里 里 > 镜 身 不 桥 环 自 乐 也 人 柔 疲 觉
远 底 修 甚 热 倍 面 人 倍 降 龄 有 量 看 生 命 之
延 惧 信 情 至 看 宜 顶 人 醒 通 素 声 定 先 虫 了
惫 持 则 定 饭 驴 露 情 快 平 事 此 明 闲 条 伊 望
票 袖 野 典 趣 差 人 保 从 惊 护 处 乐 冲 突 积 极
奶 解 口 撞 静 落 趣 则 恢 中 草 伏 坠 乐 不 斑 梁
饭 油 未 能 真 降 娱 社 虑 子 定 马 木 真 选 马 票

的操作
去除
冲突
教室
欣然
甚至
未能
斑马
很多
剪辑
声明
双亲
此处
巨大的
讲述
生命之
面包
左腿
积极
奶油

Puzzle 276

车 觉 豌 蛾 年 噪 余 驱 情 加 的 信 惫 貓 修 面 况
心 循 延 豆 透 飞 透 心 木 入 茶 放 直 衬 上 复 豆
摇 察 持 遥 > 发 宜 动 鳍 飞 壶 蜈 蚣 貓 书 的 视
！ 保 优 肢 中 信 人 复 车 许 香 视 摇 草 顿 豆 主
数 类 情 行 栏 村 虑 然 应 理 根 图 生 错 落 时 理
迟 部 醋 类 修 心 桥 。 该 貓 貓 之 碎 携 面 答 想
成 年 忠 便 宜 的 自 骄 有 中 栗 间 醋 携 四 过 坠
称 为 诚 餐 既 电 部 思 子 灵 答 皂 不 底 查 日 部
口 望 自 厅 不 虎 介 后 加 看 皂 鼠 音 自 的 心 觉
社 下 紧 信 不 解 祖 肢 动 祖 透 标 释 胶 几 考 諾
娱 焕 决 便 究 护 真 重 责 任 保 礼 社 也 木 栅 考
欲 有 光 页 年 亲 许 来 摇 宝 宝 人 存 在 号 木 性
间 信 旋 增 得 水 老 周 遥 远 票 条 便 循 的 不 最
类 页 鳍 则 自 护 葱 三 几 性 试 鳍 研 稳 摇 了 水
间 最 碰 貓 来 信 克 真 主 趣 然 桥 克 子 透 貌 肢

周三
遥远
蜈蚣
顿时
水葱
豌豆
宝宝
餐厅
加入
称为
忠诚
便宜的
应该
的茶壶
存在
之间
责任
既不
鼠标
成年

Puzzle 277

况 身 衬 紧 平 亲 便 上 衬 宜 欲 人 透 放 活 优 稻

蛋 份 欲 延 先 区 落 在 去 年 肉 木 醋 填 放 根 木

滑 糕 四 持 复 亲 瑞 查 优 研 驱 定 见 试 肥 心 从

露 栅 肢 的 妹 妹 思 转 间 分 不 究 错 本 便 看 野

栅 信 的 贵 秘 带 素 许 马 情 查 书 情 > 余 恐 安

不 摇 太 高 幸 摇 优 解 远 毁 举 婴 老 特 远 子 饭

好 亮 阳 社 肉 克 面 理 坠 木 况 儿 闲 记 人 气 虎

恢 旋 条 喜 子 页 口 举 遥 先 飞 私 鳍 情 票 和 球

底 素 身 性 旋 权 饭 间 释 研 凑 不 面 桥 嘲 平 海

醒 情 温 解 撞 傲 释 滑 复 规 肢 带 驴 书 讽 墙 拔

大 胆 暖 过 高 要 损 > 下 平 高 行 傲 发 余 上 便

量 解 的 乐 来 饭 饲 料 了 午 倍 平 碎 便 香 优 周

地 驱 从 灵 怖 肥 貌 士 携 肉 况 情 量 的 金 子 六

图 喜 权 野 本 身 己 复 则 分 马 坠 然 心 郁 坠 惧

坠 惫 幸 介 蛾 书 口 研 心 苦 衫 图 欲 宜 权 镜 复

气球

地图

的妹妹

身份

蛋糕

在去年

饲料

温暖的

郁金香

的金子

婴儿

墙上

太阳

下午

高贵的

嘲讽

周六

和平

大胆

海拔

Puzzle 278

总统

内部

麻烦

极地猫

重力

狮子

公布

轻微

喜爱

定居者

的事情

毛衣

剧场

明确

谈到

维生素

功率

缩写

合格

欣赏

桌 最 剧 场 觉 自 转 区 根 查 况 諾 维 图 鳍 露 好

肉 于 醒 请 股 保 了 村 眉 情 排 光 生 諾 底 有 摇

而 伏 坠 从 快 了 了 情 于 肢 轻 微 素 的 部 主 便

梁 项 上 中 人 自 雪 麻 便 碎 自 灵 思 好 村 惧 约

增 幸 决 票 察 程 延 车 烦 部 有 素 记 乐 摇 查 的

碰 能 理 栗 蛾 心 野 便 选 介 谈 本 的 子 合 格 功

定 极 地 猫 来 狮 子 怖 驱 他 到 他 撞 肉 四 保 率

乐 居 坠 缩 情 宜 平 村 摇 赂 考 观 热 虎 虫 镜 飞

豆 下 者 写 心 然 子 解 的 事 情 典 则 摇 动 噪 明

租 总 统 欣 赏 租 存 鳍 眉 内 许 复 信 香 答 草 确

老 答 栅 几 木 撞 特 桌 记 部 骄 克 乐 饭 之 了 书

趣 数 鳍 自 栏 虎 摇 心 察 蔻 镜 饭 镜 口 的 倍 眉

恢 研 重 平 摇 过 毛 。 喜 降 公 布 私 恢 恐 胶 上

虑 情 力 页 基 考 皂 衣 带 驱 远 迟 许 项 面 雨 页

思 填 绍 饭 带 滑 的 摇 伏 喜 爱 闲 伏 租 好 究 马

Puzzle 279

了落存便欲胶决的挥杆胶的远来野充情
落祖！视则娱基克究露高记不肉真建近
股复错信数运气亲坠而肉忆信硬币日增
意见页飓己四保滑！人中心运人分灵紧
日信来风珍贵亲股肉灵释士保则龄肉张
龄本主间区的真畚复伏部豆介书分信眼
信蛾坠飞栗根行幸有轨电车条错带延喜
子携看优得面高年生保惊情差傲肢的思
滑错重量貓的祖情许况乐远月护回的柠
根见下从野行程礼最畚连降因亮租约檬
自子增扶手椅查旋恢碰稻续复碎马欲汁
究磨页机有觉足动作村不安看光存租胶
碰复考野的恢够情疲木煲基蠕高泽视趣
规克直书修份露根本外壳数能肉乃也许
先衬原谅条的额间破马生露惧增木娱子

连续
也许
紧张
足够
硬币
扶手椅
的记忆
柠檬汁
外壳
珍贵
月亮
份额
原谅
挥杆
有轨电车
意见
飓风
动作
运气
中心

Puzzle 280

喜皂绍的洁整身延坠激则理碎士远况袋
查书高产虎栅摇镜迟烈四视觉教堂碎因
活不定品日马许有排旋娱遇日护活升解
惧亮袋幸来貌票望木中伏自骄坠延饭闲
则理香噪木升野中香动数露远之塑料理
基趣则有环便信业务苦答优觉恐遥傲行
驴马则瑞护本木长年乃上瓢条错通本上
分地热桥露质转期肉驴绍最虫贤研防袖
研灵停瑞豆票携野循复举坠泽人娱卫热
平均留型领木见状答走了信梁子惧焕梁
雪直驱五情静飞遇人马部碎于平光摇远
最增行期最护而秀运解年充野出的栏遥
孤损优星排选人礼复解稻许部村了议幸
独释的宜优鳍栏惊直树图老倍答栏区填
不撞眉于里存举请倍老好热直情摇部程

视觉
行星
停留
激烈
走了
塑料
瓢虫
星期五
平均
整洁的
贤人
本质
有望
防卫
延迟
的产品
长期
教堂
孤独
业务

Puzzle 281

碰	坠	邀	破	伊	试	损	遇	几	增	任	务	记	的	丁	奶	定
领	旅	程	倍	决	自	行	本	私	讲	述	遇	惧	祖	镜	奶	亲
试	性	克	人	心	解	性	查	趣	！	幸	肢	性	之	秀	考	镜
聚	醋	周	年	气	味	野	年	的	恢	来	滑	况	虑	心	今	赂
焦	拍	看	旋	平	醋	后	喜	特	得	高	野	心	虎	出	延	晚
旋	摄	降	雨	于	恐	遇	典	肥	高	醋	增	豆	试	票	娱	压
醒	况	袋	类	袋	身	稻	特	不	了	恐	坠	后	之	差	磨	低
究	日	士	娱	平	眼	许	增	远	究	股	呼	吸	热	便	领	过
看	试	放	环	持	车	冲	突	雪	橇	增	破	介	转	延	的	他
野	心	特	建	父	况	橡	安	安	况	区	了	他	丁	好	不	乃
日	释	通	常	书	迟	不	皮	试	落	欲	优	乐	梁	透	持	然
马	面	情	滑	损	包	肉	视	擦	增	规	理	过	肥	先	栅	人
里	肢	典	村	摇	不	胶	水	绍	正	解	过	温	重	有	娱	子
远	坠	口	伊	乐	露	毁	环	克	式	疲	柔	度	中	基	龄	携
倍	也	伏	顶	量	请	议	娱	不	滑	的	四	计	排	平	滑	遥

旅程
温度计
聚焦
奶奶
通常
呼吸
拍摄
气味
今晚
周年
野心
书包
橡皮擦
正式
压低
雪橇
降雨
任务
讲述
冲突

Puzzle 282

职业
解决方案
的地方
狭隘
性能
流行的
看到
至少
持续时间
唤醒
拉动
形状
经常
小说
检讨
圆柱
自愿
员工
确定
甚至

典	镜	蛾	远	持	直	灵	考	肉	性	鳍	碰	水	好	携	的	排
基	肉	人	子	子	余	有	最	小	能	破	音	过	检	坠	看	情
转	恢	理	然	里	增	来	露	说	过	差	型	员	工	讨	到	后
绍	灵	丁	惧	！	号	车	加	根	貌	凑	闲	想	出	于	栅	秀
充	号	！	栗	直	自	因	坠	落	饭	典	经	木	安	损	活	差
得	保	士	倍	安	愿	规	祖	型	破	撞	常	程	理	情	而	研
他	邀	持	村	远	草	动	理	重	滑	镜	型	宜	马	型	了	形
拉	出	续	动	梳	程	举	研	考	图	肢	释	休	瑞	释	恢	状
考	动	时	的	部	的	了	乐	确	优	狭	隘	伊	惧	远	职	圆
雨	号	间	肉	研	行	地	持	定	底	袖	衬	虫	情	面	业	柱
发	休	。	本	的	流	案	方	决	解	定	栗	情	疲	噪	信	私
信	票	梁	自	灵	心	碎	毁	思	至	少	祖	蔻	看	号	年	赂
梁	排	子	型	日	里	娱	木	条	甚	余	里	不	图	顶	则	发
放	排	有	碰	性	举	保	后	唤	图	泽	高	虑	袖	噪	况	疲
的	源	信	的	人	信	试	便	醒	生	衬	绍	摇	乃	猫	鳍	桌

Puzzle 283

决 摇 露 野 的 量 过 动 得 马 业 眉 自 况 骄 本 皂

环 究 栏 父 的 信 野 面 聪 有 乐 专 己 痛 苦 增 心

惧 充 发 亲 马 坠 胶 不 明 人 型 高 的 马 发 复 心

几 下 惊 循 雨 损 定 蔻 望 最 惫 便 量 桥 肥 根 猴

本 肥 諾 飞 况 热 建 书 透 坠 机 道 解 飞 噪 复 子

雪 保 惫 因 的 。 胶 栏 栅 祖 社 歉 亲 身 热 身 望

察 乎 水 胶 猫 虎 称 为 投 入 煲 的 损 增 型 后 究

日 电 幸 请 座 恐 出 皂 皮 乐 热 来 赂 不 鳍 快 来

乐 滑 修 衫 狮 子 木 动 肤 觉 查 驴 释 醒 况 充 便

任 命 区 人 人 眉 宏 。 书 怖 见 肢 分 乐 怖 从 蔻

透 得 的 运 出 绍 伟 面 票 间 面 闲 > 摇 饭 本 眼

毁 克 要 况 透 控 究 旋 保 况 迟 娱 各 袋 放 假 社

错 好 间 克 摇 制 遥 心 乐 了 解 蛾 醋 地 摇 高 视

坠 部 重 约 热 克 延 理 视 烧 毁 信 余 特 绍 信 摇

分 手 提 箱 了 错 己 本 自 恢 惫 特 镜 人 况 静 许

道歉
控制
猴子
自己的
后来
烧毁
投入
皮肤
任命
各地
的专业
宏伟
见面
手提箱
猫座
放假
痛苦
聪明
称为
狮子

Puzzle 284

计算机
犀牛
发言权
医疗
语速
巧克力
吊着
更好的
的设计
眼睛
草甸
动机
针对
牙医
风窗
参加的
支出
国家
圣诞
周三

滑 的 好 更 马 也 直 私 人 坠 滑 煲 社 摇 护 中 重

便 趣 设 倍 静 社 乐 梁 之 马 坠 不 特 医 疗 心 重

蠕 鳍 衬 计 参 加 的 增 木 得 柔 水 针 牙 活 租 欲

恐 祖 因 复 欲 好 损 栅 巧 克 力 > 对 发 胶 口 携

露 持 子 眼 定 重 余 幸 柔 私 选 桌 袖 言 书 镜 研

理 究 亮 带 睛 情 试 的 心 苦 赂 摇 的 权 填 望 保

紧 父 煲 底 宜 紧 性 介 分 醋 带 建 高 典 选 便 伏

趣 思 从 因 下 音 的 况 基 磨 携 能 充 紧 己 老 差

了 ! 肢 活 毁 高 发 根 惊 貌 见 运 泽 有 动 性 伊

欲 袋 好 建 貓 项 肉 研 惫 的 远 建 查 循 草 甸 动

语 犀 牛 持 情 排 心 部 鳍 倍 复 图 充 秀 快 吊 机

速 携 回 驴 计 滑 年 顶 人 加 区 肥 因 见 动 露 着

国 家 圣 诞 算 不 机 解 伊 > 察 遇 桌 条 灵 香 况

于 平 衬 修 机 考 远 支 出 中 绍 本 周 本 惫 树 风

子 发 老 票 考 的 ! 类 袖 票 股 要 三 热 优 考 窗

Puzzle 285

黄 油 虫 直 驴 怪 物 滑 趣 马 复 亮 傲 煲 便 举 于
目 前 区 雪 议 紧 马 型 信 羊 宜 区 信 奖 金 碎 最
周 娱 士 祖 根 露 性 选 欲 伏 群 远 望 填 源 情 过
六 马 顶 撞 定 从 露 权 镜 镜 平 举 父 则 虎 究 噪
复 眉 醋 视 真 加 倍 放 项 滑 邀 恐 情 升 破 规 马
隐 以 增 加 舒 自 梁 热 年 > 光 要 情 特 定 事 平
藏 及 驴 栗 适 的 生 日 树 信 出 定 便 破 请 规 袖
梁 升 页 醋 中 护 木 不 分 里 循 顶 项 趣 持 降 租
财 不 考 中 野 丁 情 胶 了 介 惨 近 木 察 远 究 胶
政 丁 肢 > 最 克 修 从 面 发 信 优 老 磨 肢 后 选
喜 肥 稻 木 型 决 可 以 察 动 明 亮 袖 幸 决 泽 究
缤 恢 保 磨 面 老 过 冰 雹 机 本 车 落 人 状 水 面
规 纷 秘 醒 能 况 路 区 飞 转 袋 > 老 解 赂 骄 填
瑞 子 衡 错 环 栏 傲 径 喜 情 心 特 遇 便 查 碰 介
的 批 判 后 复 諾 间 想 整 个 社 马 饭 规 状 视 主

的生日
怪物
羊群
整个
舒适
隐藏
路径
的批判
可以
目前
增加
冰雹
以及
黄油
奖金
发动机
明亮
财政
缤纷
周六

Puzzle 286

冬青
的工作人员
牙刷
列车
类别
总线
拒绝
出租车
水平
本地
插入
大专
听到
篱笆
的公路
拓展
品种
作家
学术
多数

约 欲 书 员 己 碰 况 透 拒 品 牙 刷 排 信 类 音 绍
先 增 心 人 型 解 恢 考 列 绝 种 究 主 树 别 日 信
思 焕 士 作 家 衫 年 怖 车 究 秀 貌 理 胶 便 息 车
程 桌 理 工 信 不 袖 安 私 肉 ！ 行 车 苦 主 梁 碎
插 带 蠕 的 地 股 议 村 肢 滑 也 趣 破 瑞 情 野 恢
入 的 循 区 车 几 栏 口 听 到 大 介 桌 本 面 有 坠
得 公 碰 上 总 线 信 典 人 身 专 树 最 程 持 柔 冬
了 路 飞 里 数 排 遥 亮 野 修 车 真 香 运 亮 查 青
焕 重 拓 展 心 伏 碰 几 自 则 年 顶 释 底 延 介 特
梁 父 素 议 惨 摇 延 保 惨 他 自 木 便 规 安 的 惨
娱 出 碎 梳 排 状 远 桥 稻 快 的 栏 最 宜 水 的 觉
多 数 租 紧 里 典 恐 学 术 的 惫 镜 祖 镜 平 看 本
袖 不 研 车 理 情 驴 年 真 行 倍 本 运 。 解 梁 平
私 篱 笆 人 木 喜 子 修 梁 最 分 地 幸 答 村 本 伏
身 滑 有 视 约 皂 焕 胶 保 子 休 试 复 便 充 稻 降

Puzzle 287

数 好 子 项 先 追 几 查 雪 梳 错 地 谷 地 本 的 高
好 雪 情 平 机 求 便 类 直 惊 好 面 仓 马 可 笑 的
中 觉 领 亲 貌 视 亲 口 平 噪 环 况 乎 眼 记 排 低
携 的 汉 最 试 放 有 肉 豆 克 记 特 来 娱 ！ 特 较
试 约 茶 堡 亲 趣 村 特 倍 灵 焕 社 议 面 差 况 倍
貌 怖 重 壶 包 桥 光 袋 从 的 柔 考 田 机 桌 心 私
动 滑 情 村 青 保 融 士 滑 热 恢 坠 鼠 类 凑 伏 稳
袋 平 > 口 蛙 租 几 化 撞 带 热 的 定 骄 填 面 不
电 则 规 数 鳍 光 灵 梁 桥 马 特 疲 噪 雨 身 疲 更
影 开 始 香 摇 肉 摇 发 特 地 项 伏 循 故 升 蛾 漂
院 肉 错 放 坠 四 坠 究 规 财 滑 驱 信 事 因 心 亮
察 貓 发 貓 快 承 护 性 骄 产 图 远 而 有 面 士 不
秀 许 间 露 的 诺 保 记 特 本 票 冬 天 貓 战 争 木
护 遥 乐 虎 年 旋 香 活 疲 议 保 諾 项 记 基 条 页
摇 上 伏 有 碎 恐 先 的 倦 的 宜 研 租 回 木 转 醒

电影院
田鼠
开始
的热带
可笑的
汉堡包
青蛙
承诺
较低的
故事
追求
财产
战争
冬天
更漂亮
融化
地面
谷仓
疲倦
的茶壶

Puzzle 288

泰迪熊
他的
蜥蜴
手柄
公园
右手
火炉
充满
格式
柳絮
惩罚
协助
，直到
星级
蓝色的
定制的
阴天
理论上
放松
胶水

疲 解 木 坠 眉 平 士 举 放 。 书 心 究 思 虫 本 自
人 定 惩 自 摇 子 根 错 松 肉 情 平 答 胶 高 察 ！
几 制 罚 决 醋 动 紧 衬 旋 典 衡 量 的 水 环 宜 排
素 的 他 驱 乃 性 龄 灵 思 年 觉 摇 鳍 租 衫 磨 顶
惧 后 性 坠 回 答 格 光 坠 音 驱 马 持 露 本 便 乎
娱 栅 木 倍 地 旋 式 趣 持 蠕 生 諾 底 木 底 毁 迟
环 飞 保 理 快 右 四 不 回 摇 貓 阴 的 娱 了 后 请
带 素 的 本 放 手 机 票 豆 蜥 信 天 电 透 直 树 最
平 栏 面 。 克 的 保 ， 直 到 蜴 的 理 灵 循 栅 衬
公 园 损 树 噪 栗 稳 地 循 遇 柳 絮 论 肥 领 摇 破
蓝 恢 水 遥 最 约 手 遇 祖 从 重 諾 上 状 泰 遇 租
色 热 协 醒 好 坠 柄 理 灵 请 间 高 充 得 灵 迪 过
的 素 助 增 复 出 型 星 复 本 疲 思 满 迟 的 查 熊
的 碰 图 焕 火 炉 静 最 级 社 人 的 水 然 摇 复 静
机 存 典 循 动 惧 饭 决 幸 赂 型 降 碰 行 遥 秀 >

Puzzle 289

自	乐	赂	基	约	柔	的	貌	举	自	粉	部	担	的	看	驱	透
排	貌	真	金	人	滑	间	放	约	瑞	稻	红	心	栅	不	看	赂
许	降	一	先	稳	排	伊	快	思	而	碎	有	色	人	破	破	心
子	性	源	些	词	汇	表	几	秘	区	鳍	约	秀	答	乐	趣	热
栗	自	区	保	望	蛾	了	虫	有	信	请	草	释	便	循	信	复
骄	露	醒	存	泽	复	说	明	定	约	旋	光	的	不	介	虎	保
人	点	事	袖	身	驴	的	许	电	信	快	定	理	关	键	首	都
然	而	来	柔	碎	素	部	心	错	欲	带	的	木	基	虎	想	保
音	瑞	有	滑	衡	人	蛾	桥	木	小	子	灵	噪	后	衡	栗	子
页	根	己	的	勺	子	焕	图	亮	袖	>	露	回	驰	名	持	口
危	车	考	理	放	尺	寸	行	伊	他	究	眉	持	赂	赂	面	保
出	机	知	识	的	移	动	考	保	心	醒	保	基	了	镜	旋	性
记	饭	图	私	动	权	撞	遇	的	驴	春	出	衡	遇	透	摇	生
克	乎	碎	士	栅	木	考	袖	有	滑	天	特	绍	况	真	理	静
决	伏	权	面	傲	来	过	存	部	个	别	复	傲	龄	特	身	见

说明
知识
驰名
小子
栗子
尺寸
首都
词汇表
担心
然而
的移动
个别
基金
一些
粉红色
春天
勺子
关键
危机
露点

Puzzle 290

洗	涤	单	许	唱	也	宜	祖	眼	错	龄	撞	护	貓	远	护	柔
外	部	复	独	歌	了	调	观	图	不	察	肉	磨	修	中	理	撞
号	社	捕	察	雨	性	记	查	定	自	过	填	不	下	摇	宜	票
升	决	捞	煲	衫	见	胶	事	的	加	放	伤	傲	不	程	滑	礼
！	他	安	分	特	视	考	碎	生	趣	飞	心	伏	程	事	运	祖
马	学	项	先	镜	理	肉	驱	存	延	声	明	排	恐	则	能	稳
最	生	日	重	木	升	查	鳍	貌	有	增	建	可	音	近	安	力
生	露	碰	自	况	特	查	的	量	望	便	主	怕	部	号	任	镜
丁	迟	野	素	喜	惨	人	填	环	苦	件	事	的	镜	出	何	情
近	人	页	諾	焕	摇	底	携	肉	的	娱	况	则	建	袋	要	特
加	豆	遥	究	四	复	安	察	过	进	快	>	升	露	便	恐	年
解	木	远	情	行	损	高	转	喜	展	带	议	之	究	车	来	便
雪	项	余	饭	带	了	安	票	海	绵	沙	来	性	快	记	晚	饭
趣	远	傲	放	的	有	余	考	得	面	塔	惊	心	人	差	思	面
放	宽	惫	根	好	携	释	皂	升	能	碎	主	书	决	通	视	村

外部
任何
调查
的进展
伤心
捕捞
可怕的
晚饭
能力
的事件
生存
学生
唱歌
单独
洗涤
放宽
沙塔
海绵
声明
遥远

Puzzle 291

骄	修	考	保	人	桌	形	身	要	中	骄	循	持	要	记	面	趣
觉	有	情	旋	貌	远	容	乐	动	书	静	源	解	差	最	坠	议
栏	水	村	柔	梳	躺	趣	欲	介	己	面	记	事	士	伏	柔	部
不	量	事	欲	凑	人	在	醒	瑞	下	惧	热	子	带	除	外	私
典	焕	充	胶	票	优	个	精	细	观	先	查	运	定	平	指	望
特	思	介	重	人	理	邀	的	独	立	想	大	声	无	平	最	便
赂	情	心	察	灵	的	透	带	况	士	远	观	本	乎	线	眼	妖
妈	心	究	损	环	有	环	摇	近	充	昨	察	泄	漏	滑	电	精
妈	脏	空	许	环	身	毁	恢	破	保	天	赂	创	遇	摇	>	煲
约	规	间	摇	礼	落	间	焕	露	带	素	中	建	亲	坠	条	乐
过	觉	老	栅	桌	社	平	迟	素	香	眉	恢	肥	乐	视	幸	余
父	有	决	礼	心	查	，	而	不	是	驱	虑	皂	而	饭	煲	介
图	丁	部	况	四	惨	滑	察	衫	行	高	究	肉	蠕	柔	思	欲
望	权	后	几	倍	袋	疲	降	理	状	部	乐	记	秘	滑	面	肥
休	加	信	的	道	德	存	回	条	复	举	稳	研	源	理	修	考

心脏
妈妈
的个人
空间
道德
形容
无线电
妖精
，而不是
泄漏
躺在
除外
昨天
肥皂
大声
的独立
柔滑
指望
创建
精细

Puzzle 292

饭	真	马	而	镜	地	伊	惊	煲	眉	桌	整	快	疲	虫	紧	树
旋	驴	几	分	疲	里	。	股	机	特	查	齐	考	瑞	碎	量	音
蠕	乎	也	从	傲	宜	主	特	量	数	顶	落	转	复	降	人	露
伏	望	。	面	苦	苦	栅	得	在	楼	下	阻	租	杂	区	分	发
决	视	心	看	锄	私	而	大	桥	遥	恐	状	止	的	恐	思	信
远	考	乎	便	蔻	头	的	米	草	衬	飞	碰	马	有	想	规	虑
煲	貌	礼	项	降	政	水	波	直	见	迟	自	错	袖	眼	试	身
飞	决	滑	息	号	府	那	么	一	电	饭	项	邀	列	惧	桌	高
动	究	旋	视	而	好	顶	马	个	自	选	定	邀	表	有	土	优
答	错	然	有	情	内	梁	社	车	保	复	赂	趣	机	重	豆	定
条	循	自	机	循	部	恢	几	类	增	填	绝	对	试	瑞	人	欲
礼	有	恐	建	喜	迟	亲	醒	疼	间	明	私	热	近	饭	修	邀
快	素	试	底	衫	焕	电	评	价	痛	年	有	貓	事	怖	考	而
灵	复	蠕	遥	惫	虫	泽	重	况	快	的	复	车	放	他	车	绍
饭	宜	稻	真	数	乐	特	释	书	伊	社	醒	究	雨	图	便	人

绝对
复杂的
疼痛
一直
列表
分发
那么
评价
土豆
身高
在楼下
水波
大米
政府
整齐
锄头
一个
阻止
明年
内部

Puzzle 293

人情充光便考饭柔安肉士绅的醒露摇证

维持排透要验幸幸滑恐落乐脂从宜延据

升看人地动书释野复倍克中肪错衡惫惊

车子差优草坪的事息蘑栅遇便木旋栗特

快醋看虫老的四项木菇紧休貌他姥！文

带稳便修衡摇人解灵明皂乐村情观姥凭

肥自马基答发树考柔切确衡解娱地貓欲

樱电于修有肉乎上自高了的坠惨情主能

桃影驴远时间表心建定心本往遇撞碎答

。马自面静现实宜介子赂约往手册等于

程素部近持的落停子也邀选！视>答驱

露优视乐豆绍量机解中部宜栅年过领飞

了赂音父摇他栗坪己平自热己乃乐于虫

惨栅解行热木口性部分子绍的伏露复>

觉露最热子车焕部肥建摇动蠕望看野！

的绅士

等于

文凭

时间表

电影

草坪

蘑菇

维持

的脂肪

往往

考验

事项

姥姥

停机坪

证据

确切

手册

樱桃

现实

明确

Puzzle 294

表明

家庭

动词

土地

衬衫

无聊

最后

膝盖

摇滚

语音

放心地

光泽

爆发

长颈鹿

根据

警报

更新

恢复

先前

鼠标

复子租先前长摇宜快语电先解惨面生平

复己龄士介颈梳上鳍音类灵肢不休运心

要无聊更凑鹿电底邀乐蛾察平娱年面皂

疲>爆发新根马马滑直摇磨>静摇情差

条想警来余远据条乐丁滚的信远飞选见

请放报里后书权典坠光地顶噪四了蛾紧

桥有信最后落磨醒恢复木摇增加面光上

视降透鼠标权延建而露租梳望能便光泽

自不解租遇保规土恐要情凑碰坠要惧露

亮则丁老考顶损草地衬村鳍日高不本音

秀权请事动动试携心衫活醋惨趣虫磨赂

膝盖复先词的答紧放差顶虫错村真远衬

不好修真行家庭研稳坠增栏特乐间滑不

不表有私伏情特情私也型摇答趣坠典究

坠明规喜諾乐典欲破本程灵坠余礼想领

Puzzle 295

过 最 平 见 雨 了 情 野 倍 选 恐 建 远 升 亲 类 间
信 部 饭 想 赂 活 醒 欲 选 本 直 延 见 不 部 类 也
之 摇 惊 礼 平 定 分 增 保 自 人 地 条 虑 不 况 议
特 煲 桌 蔓 延 便 而 本 觉 野 通 底 豆 不 不 图 想
稻 貌 充 口 护 从 实 际 怖 加 书 升 惨 木 村 环 镜
子 马 年 坠 过 剧 几 区 释 升 卡 车 飞 音 考 滑 上
车 顶 趣 地 远 场 填 鳍 排 充 栏 肢 定 ！ 行 人 排
信 情 喜 保 惫 见 欲 护 基 栅 号 摘 光 定 亮 直 木
喜 村 欲 上 年 领 苦 赂 士 性 滑 要 克 菜 肴 于 了
惊 静 类 士 欲 稳 傲 况 破 质 衬 想 梁 的 护 观 真
雨 倍 了 无 形 保 存 产 典 保 便 柔 电 村 权 破 高
摇 龄 建 带 直 果 然 生 赂 坠 决 人 不 奢 情 赂 落
搜 特 别 水 坠 周 汁 影 复 木 乃 口 野 侈 重 复 欲
桥 索 恐 皂 外 长 出 响 请 降 諾 降 了 品 凑 替 运
静 过 村 树 国 肥 机 蠕 根 娱 加 动 碎 惨 的 代 项

产生
卡车
摘要
蔓延
保存
护士
影响
奢侈品
周长
菜肴
重复
性质
实际
外国
搜索
特别
无形
果汁
替代
剧场

Puzzle 296

损 坠 健 康 栅 温 区 衬 突 然 休 优 瑞 恐 香 乃 煲
草 机 私 草 > 度 有 ！ 父 决 不 自 士 书 复 自 子
益 飞 雪 貂 大 举 望 丁 木 肢 透 特 滑 虎 升 毁 充
有 的 对 手 胆 理 举 情 自 特 答 灵 柔 鼻 子 乐 惨
决 趣 环 野 增 究 滑 最 然 桥 加 碎 性 放 ！ 栗 香
思 究 的 生 项 机 心 草 信 乐 遇 修 本 泽 袖 村 约
蠕 本 大 理 滑 笔 电 图 苦 克 票 马 租 心 的 思 木
基 恢 伟 滑 视 醒 记 片 恐 平 木 恢 了 面 得 远 本
梳 袋 醒 下 保 恐 諾 本 亲 亲 迟 磨 雨 号 肢 伏 循
快 邀 保 项 諾 袖 增 顶 皂 本 票 带 恐 > 父 口 貌
紧 镜 貌 机 木 身 外 套 了 己 虑 快 雪 稻 自 后 虑
真 便 人 子 项 柔 肢 洽 部 乃 肢 答 > 肉 皂 差 保
摇 傲 蛾 人 乐 袋 士 谈 树 水 优 欲 车 喜 虎 的 露
觉 灰 色 检 验 不 鼠 趣 子 增 丁 介 梳 煲 优 苦 快
本 上 祖 股 袋 醋 理 建 灵 毁 欲 皂 饭 观 研 蠕 量

笔记本
检验
温度
健康
野生
的飞机
灰色
伟大的
外套
的对手
图片
有益
雪貂
突然
自然
袋鼠
有趣的
鼻子
洽谈
大胆

Puzzle 297

便 动 天 乎 稻 底 自 请 思 近 自 放 钢 票 延 类 机
飞 本 使 下 自 心 落 的 欲 休 循 能 图 琴 解 子 特
情 坠 飞 貓 试 露 的 察 亲 密 封 驱 人 的 中 解 己
因 性 类 倍 雪 镜 露 书 发 凑 迟 幸 树 真 虎 来 充
面 次 坠 滑 规 复 的 看 瑞 究 举 议 规 驱 人 有 破
的 一 切 经 济 饭 平 龠 号 看 肢 礼 桥 驴 肉 飞 复
险 建 村 骄 几 栅 况 型 自 下 恐 顶 龄 马 趣 视 ！
冒 远 透 驴 热 思 子 面 虫 遥 排 伊 了 专 傲 恐 顶
乐 便 趣 定 骄 的 远 趣 包 号 填 好 类 门 小 解 升
程 本 草 行 快 幸 书 木 他 类 日 之 。 面 心 过 肥
虑 然 视 不 的 究 趣 丁 小 型 肉 人 驱 情 子 察 香
姥 爷 趣 凑 建 己 情 感 的 活 然 醒 皂 趣 平 请 动
远 保 北 极 眼 他 滑 因 疏 复 旋 怖 离 乐 趣 子 的
雀 海 洋 稻 泽 草 滑 龄 散 差 自 皂 音 开 眉 上 情
上 情 亮 自 坠 喜 于 放 票 私 升 合 格 泽 底 租 增

海雀
冒险的
经济
天使
密封
一次性
北极
的一切
钢琴
姥爷
乐趣
离开
专门
疏散
海洋
情感的
小型
小心
面包
合格

Puzzle 298

花园
法院
知道
居民
相同
配对
天鹅
无名指
周末
打击
狐狸
一声
帐篷
钢笔
冰霜
骨头
活动
越来越
高贵的
意见

行 持 状 平 重 桥 修 水 狐 状 加 马 肉 的 人 煲 人
桥 花 天 鹅 露 意 自 究 狸 心 平 亲 惨 因 音 望 权
的 园 ！ 特 要 见 信 村 页 落 来 龄 肉 因 旋 露 滑
遇 行 坠 碎 諾 子 木 欲 然 雪 究 股 考 顶 平 主 社
书 类 规 喜 怖 动 鰭 高 运 面 记 雨 信 自 苦 马 克
动 持 损 后 灵 草 肢 的 冰 霜 快 程 草 高 贵 的 情
知 打 击 复 书 四 释 桌 要 真 面 宜 观 释 遥 静 不
答 道 中 自 居 民 量 梳 旋 自 摇 配 状 来 心 > 栗
凑 幸 过 衬 究 社 破 型 子 后 日 对 复 钢 笔 不 摇
中 回 了 骨 豆 远 余 恢 研 要 旋 于 露 基 日 周 末
肥 紧 况 头 迟 口 携 的 村 回 法 放 动 衡 状 伏 虎
无 名 指 相 同 几 飞 他 排 素 遥 院 来 图 活 复 坠
乃 肉 肢 票 乎 惊 人 不 情 特 一 最 延 安 四 动 远
亲 木 情 保 。 帐 篷 区 栅 秘 声 心 保 底 便 的 议
越 来 越 伏 社 飞 恢 型 倍 怖 滑 后 乐 研 趣 视 己

Puzzle 299

马 马 肉 书 透 乃 想 碰 得 龄 惫 惨 机 > 人 数 梳

饭 定 市 的 遇 远 静 象 到 见 回 过 瑞 祖 口 典 先

的 自 邀 场 老 子 保 水 芹 定 选 典 本 恐 桥 子 煲

精 灵 活 典 遥 便 快 肉 子 > 择 虎 水 究 栗 坠 亲

镜 子 程 蠕 欲 野 地 子 视 热 硬 币 諾 平 恐 泽 面

复 中 看 环 观 灵 乐 闲 究 娱 本 保 复 了 发 袋 复

草 见 迷 心 察 书 复 惊 不 安 先 本 蔻 携 袋 喜 能

发 蔻 惑 不 行 约 摇 露 本 人 信 报 请 信 草 欢 欲

骄 惫 > 药 滑 便 克 落 先 的 雪 纸 马 眼 因 骄 灵

发 究 衡 考 物 遭 先 底 安 干 要 照 优 来 口 焕 雨

提 驴 休 信 紧 受 损 回 议 净 桌 片 人 主 龄 子 远

醒 心 领 年 上 情 运 保 喜 倍 因 购 武 他 发 趣 >

快 真 醋 闲 娱 噪 野 面 虫 灵 貌 买 士 究 滑 热 安

的 桌 后 租 的 页 高 通 试 倍 安 墙 上 差 草 动 护

栗 倍 龄 定 转 透 磨 领 租 项 根 日 年 栗 凑 转 热

报纸
市场
提醒
水芹
观察
武士
选择
精灵
药物
喜欢
想象
的干净
人口
购买
遭受
得到
照片
迷惑
墙上
硬币

Puzzle 300

村 自 的 豆 趣 损 温 排 恢 马 蠕 真 研 柔 主 温 露

村 模 乐 透 肉 情 文 平 出 动 惧 定 摇 观 活 柔 存

村 拟 到 情 加 解 尔 四 露 望 选 豌 豆 乎 休 息 惧

直 答 达 父 自 优 雅 。 醒 树 亲 权 苦 高 己 克 携

转 书 醋 的 摇 情 选 摇 饭 惊 马 的 有 稻 人 项 稳

觉 士 的 闲 社 的 了 电 人 亮 皂 里 信 乐 的 木 伏

闪 耀 察 近 里 蛾 分 母 充 股 梁 袋 心 能 宜 不 降

便 口 恐 伏 书 数 高 肉 因 余 > 结 摇 宜 平 村 循

填 河 原 子 噪 坠 皂 趣 乃 身 > 落 束 摇 觉 里 真

充 疲 马 平 究 喜 答 于 諾 究 破 图 栏 龄 职 绍 惨

则 摇 喜 露 老 事 平 解 闲 充 察 高 填 于 责 建 造

性 礼 介 安 袋 远 的 心 衫 灭 绝 活 醒 眼 ！ 袖 滑

英 语 观 存 惧 迟 肉 议 便 摇 碰 书 社 遥 袋 底 亮

。 人 水 本 肉 礼 经 心 毁 护 乐 木 眼 恐 主 休 煲

批 判 欲 本 蠕 子 验 噪 书 噪 露 先 骄 香 虑 定 差

填充
分母
温文尔雅
原子
河马
经验
模拟
温柔
有信心
到达
排出
职责
灭绝
休息
英语
结束
建造
闪耀
批判
豌豆

Puzzle 301

保	书	然	性	发	布	问	里	降	村	定	条	野	动	草	的	东
桌	查	面	租	携	身	浅	题	然	雪	肢	见	草	近	数	量	部
错	骄	村	程	顶	资	深	里	口	他	平	趣	从	况	落	皂	香
部	源	信	见	加	格	的	图	象	泥	这	样	程	充	女	平	生
滑	中	部	祖	因	安	研	充	顶	泞	飞	木	>	平	性	特	产
机	间	傲	貓	请	桥	马	鳍	情	性	闲	便	几	人	之	情	信
错	木	高	地	蔻	重	热	租	有	自	遇	便	惊	稳	煲	思	部
损	举	源	飞	本	权	焕	来	肉	类	重	年	私	则	袖	携	亲
气	研	存	的	近	伊	的	信	到	的	最	透	的	最	通	护	望
球	亮	坠	领	中	子	本	增	举	顶	余	怖	皂	休	雪	諾	便
信	平	运	喜	项	目	收	衫	过	保	恐	心	许	先	静	镜	蔻
衬	图	直	伏	幸	欲	信	藏	解	梁	露	不	不	马	情	究	租
误	差	热	答	伊	摇	带	口	滑	回	持	议	数	亲	状	损	丁
乃	衫	祖	底	决	过	票	社	亲	考	透	衣	恐	木	努	力	最
书	转	衡	香	保	增	他	转	衡	循	释	服	说	娱	碎	动	图

资格
泥泞
女性
来到
肉类
说服
误差
数量
东部
问题
收藏
衣服
的图象
发布
生产
这样
项目
努力
的深浅
气球

Puzzle 302

衰变
轿跑车
建筑物
煤炭
典型
秃鹰
你自己
世纪
状态
混合
季度
金丝雀
方式
的重要
语言
捍卫
生物学
目标
程度
铅笔

宜	欲	社	建	毁	上	眉	持	胶	灵	活	的	木	心	恐	遇	目
因	加	研	筑	心	高	觉	主	捍	究	克	安	老	肢	骄	的	标
信	人	信	物	雪	貌	然	桌	程	卫	差	号	要	树	闲	图	股
镜	不	子	议	木	乐	便	>	的	重	要	性	苦	记	煲	貌	自
运	信	许	>	页	便	雨	选	心	>	号	趣	有	木	租	选	股
典	混	合	能	人	错	金	丝	雀	伊	绍	村	充	落	素	桌	铅
型	部	底	恢	怖	循	来	休	优	过	活	趣	思	后	程	条	笔
己	破	查	磨	老	树	了	差	方	规	放	数	你	自	己	煤	议
程	心	最	复	秃	鹰	有	因	式	面	袖	的	克	的	回	炭	错
度	季	瑞	毁	重	察	秀	思	选	图	轿	醋	的	情	号	惧	保
面	也	情	落	滑	望	落	携	请	破	面	跑	子	根	肥	错	也
衰	语	言	马	因	骄	先	人	恢	排	重	幸	车	肉	要	肉	宜
地	变	下	破	世	纪	绍	宜	梁	生	然	基	究	底	他	领	视
复	解	坠	考	于	型	衫	凑	通	物	热	面	稳	>	状	后	近
醒	动	破	赂	后	梳	乃	了	摇	学	持	栅	中	差	态	蛾	蠕

Puzzle 303

面 来 便 权 袜 豆 水 错 透 转 镜 毁 木 肉 光 的 绍
成 因 他 赂 子 可 能 的 语 程 也 的 > 建 高 音 私
部 熟 厨 坠 想 有 释 租 句 保 马 平 驴 的 考 乐 醋
地 优 房 梁 回 增 便 稳 马 老 源 主 摇 木 考 蔻 草
址 介 摇 秀 存 书 虎 底 龄 过 桥 介 遇 安 衡 伏 怖
龄 图 闲 惧 理 先 亲 之 摇 究 人 不 来 想 透 他 电
请 坠 远 水 子 规 生 本 摇 重 后 望 息 人 时 候 后
的 规 降 许 果 顶 部 了 坠 带 察 小 趣 桌 饭 建 直
重 心 究 人 遥 光 况 透 露 得 间 猫 下 欲 豆 然 日
里 静 快 要 事 栅 最 请 于 玉 惧 考 选 顶 数 公 司
保 活 亮 香 查 木 地 快 栏 米 分 宜 鳍 己 乐 保 份
加 好 版 本 眉 栏 飞 野 理 研 坠 不 安 四 雪 草 额
瑞 木 答 复 北 碎 选 柔 他 理 不 露 降 的 充 自 子
出 村 蛾 泽 方 分 离 的 鳍 的 区 编 不 远 信 碰 机
醋 先 邀 型 电 热 号 袋 过 音 视 辑 自 由 后 望 雪

小猫
北方
玉米
地址
版本
编辑
成熟
语句
分离的
顶部
公司
自由
水果
可能
时候
的音乐
袜子
先生
厨房
份额

Puzzle 304

鳄鱼
未来
细节
保证
消防员
明智
复杂
发现
焕发
工作
葡萄
非常
相信
三角
性格
公交
明天
惊讶
缩写
定居者

未 最 余 于 究 解 肉 木 喜 工 作 野 栏 程 安 转 坠
树 来 图 心 瑞 栅 的 页 衡 飞 情 豆 面 书 惊 相 欲
面 马 亲 而 领 娱 排 平 破 究 虑 余 社 四 讶 信 貓
典 豆 木 凑 生 动 亮 回 心 望 理 野 豆 醒 领 丁 栏
的 破 错 虎 乐 骄 高 衫 栗 建 亮 真 查 噪 子 本 想
胶 信 泽 遥 泽 租 不 重 三 角 信 复 面 出 而 热 持
貓 > 貓 紧 理 项 凑 乐 股 透 葡 萄 杂 非 常 栏 定
缩 焕 现 貌 情 车 瑞 出 光 桌 惊 车 定 转 虑 摇 亲
写 况 发 约 坠 的 瑞 礼 记 便 的 自 的 回 远 鳄 鱼
约 驱 肢 面 他 惨 发 飞 性 过 自 消 防 员 迟 性 木
迟 高 袖 优 察 事 有 思 选 请 息 焕 心 自 镜 格 天
损 根 眼 而 衫 况 稳 衡 本 保 证 定 居 者 选 摇 明
乐 撞 间 许 信 里 父 于 貌 公 交 的 子 量 紧 的 智
后 趣 灵 子 恢 绍 信 解 细 节 的 过 余 本 幸 ！ 乐
怖 落 。 特 出 碰 思 磨 电 行 丁 量 梳 查 余 释 乐

Puzzle 305

答 挑 战 直 审 判 话 基 发 情 型 梳 口 自 祖 里 草

排 放 露 类 饭 真 题 蔻 伏 他 热 状 露 保 醋 本 栅

息 页 上 面 研 欣 骄 肢 透 答 保 ！ 分 量 里 不 镜

瑞 > 素 马 滑 量 赏 区 鳍 年 村 的 行 根 存 脖 情

士 胶 计 算 的 究 丁 蠕 平 水 不 同 的 的 有 里 子

本 蜗 人 延 木 的 增 记 快 有 情 便 情 草 木 他 袋

而 杆 喜 优 草 豆 记 > 煲 趣 修 放 乐 主 面 迟 趣

决 上 黄 年 栅 肢 情 生 究 权 胶 觉 特 租 不 朋 也

镜 号 瓜 饭 息 自 量 能 草 雪 的 摇 持 活 闲 友 威

视 图 中 里 心 量 骄 建 蠕 信 年 舞 蛾 成 号 的 力

有 轨 电 车 ， 镜 排 高 龄 根 赂 带 蹈 本 > 撞 他

页 醋 许 有 其 研 部 管 的 面 理 梁 水 蠕 区 携 运

摇 瑞 区 恐 柔 余 携 的 存 环 境 程 驴 的 镜 最 特

绍 草 理 错 思 详 碎 介 本 基 坠 驴 飞 趣 雪 信 差

下 思 亮 情 父 细 坠 觉 日 袋 则 出 口 娱 闲 区 苦

出口
，其
计算
挑战
的舞蹈
蜗杆
黄瓜
视图
高管
朋友的
审判
成本
详细
不同的
威力
话题
环境
脖子
欣赏
有轨电车

Puzzle 306

的数据
引进
味道
申请
辣椒
红色
的人才
地板
循规蹈矩
场景
田径
犯罪
位移
标志
快速
亲爱的
摩托车
朋友
餐厅
原谅

摩 平 恐 性 飞 上 田 自 填 肉 桥 标 原 谅 发 乎 保

信 托 趣 亲 爱 的 径 鳍 赂 快 速 雪 志 绍 磨 差 保

碎 恢 车 静 主 野 远 自 摇 辣 椒 主 乎 乃 惨 礼 村

鳍 毁 犯 罪 餐 自 露 肉 他 朋 友 思 胶 护 充 权 况

看 红 理 出 厅 蛾 的 理 驱 丁 据 数 的 分 研 运 醋

热 色 味 转 桥 坠 后 四 票 猫 肉 毁 特 人 心 面 电

记 丁 道 娱 放 考 栏 桌 醒 回 信 惊 记 热 才 自 恢

欲 填 摇 程 规 优 热 循 规 蹈 矩 申 平 的 电 究 也

思 有 面 理 本 得 直 撞 面 情 几 请 基 引 持 望 有

觉 日 滑 持 滑 好 迟 的 有 不 近 亲 区 进 摇 想 事

试 的 衡 村 。 傲 书 然 热 醋 最 惧 保 瑞 中 口 究

灵 稻 顶 肢 瑞 请 修 想 位 移 情 基 绍 间 不 地 地

不 考 而 露 静 机 场 景 稳 惊 > 饭 > 特 解 板 带

情 定 热 保 静 解 错 秀 秀 面 飞 本 豆 便 静 有 野

泽 不 理 栏 乎 决 权 部 信 生 心 究 虑 醒 坠 高 泽

Puzzle 307

眉释分放安活野能请举不鳍建平真露肥

赂望亮充年的许思假察光驱错试套索皂

欲奉延试听举究两活胶磨乐带飞蔻增水

疲献权几便最梳迟个数衬乐礼平时礼惫

发摇肢子的面状蜻邀素有月球口撞焕肉

安私议马演凑遇蜓功坠光一动专家桌便

克安加先员老本喜了能镜年马作赛季亲

破源碎煲地溜亲子不蛾坠袖于衡不行静

车见龄的飞冰从带降错乐人疲秀股磨考

惫皂热龄根噪查热马眼状观碰栅疲考蔻

喜运静票衡音有有赂衡活远肉乐梁状光

记凑花费的专家人豆极限规基最填社复

胶电察机的栅真驴释情自信请预测紧远

便村答凑栅释克项有性升护情本马型不

保而休滑得区不恐饭情答状撞间便动碎

请假
月球
的演员
溜冰
试听
专家
的专家
一年
花费
极限
预测
肥皂水
奉献
功能
套索
赛季
平时
两个
蜻蜓
动作

Puzzle 308

碰举文基本自神护思透保特私查最高生

，虽然本亮年疲秘考了貓碎规面本保度

瑞息趣图状复页循滑磨解警告休试养要

宽察坠远规鳍快坠发祖娱煲自无数近量

幅步鳍书真典乐赂热闲碎高栗子木究亲

部骤好人过重的得微笑摇。四活諾欲亲

稳复滑降肢错眉复从修行虑近直页了落

恢欲望基马素子直鳍的场景后续领闲车

煲状伏栏况驴桌伏秀直票紧回的趣袋最

约优再情他肥热从保透得皂磨栅最存信

落势见醋们汽车平增疲租貓本平雪惫透

自高研苦摇摇>而远露梳股主修从梁休

音许况镜野村平来露究上票因木图了真

平镜余子然领远高感觉图惊考栅栏解见

优觉因不信瑞区马自察心分亲露顶视书

后续
高度
微笑
神秘
再见
栅栏
了解
汽车
警告
宽幅
保养
文本
的场景
，虽然
步骤
他们
无数
感觉
优势
股票

Puzzle 309

察 俱 因 土 晚 衫 人 行 放 紧 向 袋 远 地 数 安 优

自 乐 想 耳 出 上 急 休 马 书 日 便 绍 貌 私 全 基

复 部 徽 其 近 袖 项 闲 迫 使 葵 骄 研 袋 木 土 权

究 自 章 特 秀 量 简 化 然 飞 修 子 车 了 保 狼 肥

降 礼 父 水 运 过 乎 研 幸 豆 量 貓 黄 鼠 狼 醒 租

赂 主 项 滑 最 袖 露 第 一 延 见 諾 龄 许 自 修 虑

增 图 滑 子 携 看 惊 鳍 摇 源 能 车 邀 间 亲 遇 眉

根 查 日 举 蠕 信 自 出 幸 勇 敢 量 年 理 书 父 介

稻 梳 柔 页 飞 眼 看 柔 请 区 设 计 远 人 喜 地 苦

柔 他 典 顶 雪 年 骄 素 理 从 究 复 遥 胡 差 保 类

！ 疲 恢 木 肉 机 会 灵 而 > 思 肥 自 萝 根 情 究

发 延 了 乐 下 究 ！ 因 眼 衡 也 究 虑 卜 见 焕 素

延 条 坠 填 缓 带 方 煲 增 宜 了 来 饭 摇 树 后 磨

电 因 欲 填 这 解 向 伏 性 眉 几 观 信 高 号 了 木

增 眼 伊 恢 毁 种 了 焕 然 桌 的 行 为 面 諾 碎 复

向日葵
晚上
黄鼠狼
土耳其
的行为
方向
勇敢
胡萝卜
设计
土狼
徽章
缓解
俱乐部
机会
迫使
这种
简化
休闲
第一
安全

Puzzle 310

祝贺
情人节
地理
幸运
退出
感情
医院
办公桌
家具
事件
有利
卫生
继续
表达
高兴
夫人
正确的
大量
新的
民主

办 退 许 秀 伊 记 正 医 护 便 直 量 遇 夫 灵 况 有

公 出 肥 视 便 最 确 的 院 解 有 利 地 理 人 的 底

桌 民 看 衡 马 蠕 的 见 延 年 余 龄 面 树 大 量 眉

票 主 家 娱 余 觉 新 部 的 紧 本 的 蔻 遥 肢 香 老

定 过 桥 具 继 发 祖 放 数 信 觉 旋 书 虎 不 紧 马

便 本 权 亲 续 的 肥 近 豆 柔 雪 绍 远 灵 子 灵 间

因 机 热 况 试 虎 行 平 情 节 有 分 行 碰 动 高 解

情 绍 人 破 区 的 貓 光 保 人 肢 祝 惨 马 行 转 伊

望 磨 娱 顶 持 选 老 亲 感 情 自 贺 乐 乐 貌 转 怖

急 号 镜 便 研 望 余 稻 好 邀 丁 士 闲 而 他 有 选

考 复 年 条 最 运 音 龄 己 热 饭 有 条 电 眼 发 真

表 达 卫 露 之 类 优 复 碰 镜 事 恢 木 查 高 衬 磨

自 类 生 撞 后 复 镜 书 根 事 > 旋 租 决 兴 幸 >

柔 重 香 惊 带 复 望 秘 袋 件 下 自 自 骄 的 运 自

急 木 > 不 真 马 保 他 回 行 热 的 疲 本 延 人 得

Puzzle 311

父 ！ 明 保 信 马 肥 错 本 亮 木 后 泽 传 好 的 的
的 仇 恨 显 坠 蠕 保 蝴 镜 摇 快 遇 视 统 电 致 远
的 画 笔 研 举 露 约 蝶 此 错 信 领 伊 权 的 貌 命
用 木 镜 木 醋 乐 木 便 句 遇 平 因 他 排 礼 况 转
使 损 蛾 栗 热 桌 本 租 错 静 察 为 蛾 步 伐 也 碎
复 电 情 护 租 迟 答 特 地 幸 理 饮 料 醒 面 日 欲
重 话 栏 休 书 电 几 马 答 思 运 保 肥 最 近 镜 自
可 书 惫 旋 加 人 页 主 胶 复 諾 选 己 号 生 动 高
从 数 飞 皂 人 有 快 秀 存 虎 皂 可 亲 虫 觉 露 过
礼 上 己 自 口 自 恐 那 况 密 集 爱 远 行 马 衬 之
的 决 则 的 本 落 决 些 程 忆 记 的 豆 情 稻 > 蠕
大 摇 性 地 查 的 技 好 摇 图 父 草 蔻 木 优 携 子
水 象 私 泽 的 人 工 类 袋 则 许 衫 坠 情 马 主 信
马 本 特 子 定 区 释 蠕 飞 人 栅 光 类 傲 保 主 来
了 便 的 虎 想 数 丁 想 不 碎 丁 面 泽 恐 近 重 梳

那些
最近
蝴蝶
技工
好的
密集
的画笔
大象
步伐
的仇恨
传统
电话
明显
致命
饮料
可爱的
此句
可重复使用的
因为
的记忆

Puzzle 312

市中心
树莓
的发音
早餐
意图
社区
现在
夕阳
类似的
恐怕
出现
疯狂的
尖尖的
刚性
条约
每个人
好奇
英寸
欺骗
教练

数 士 选 自 己 过 的 日 飞 己 况 草 复 票 特 几 肉
己 最 欺 骗 定 摇 性 露 肢 皂 好 撞 有 不 理 日 碎
行 约 情 加 父 究 英 之 票 > 奇 了 转 本 肉 意 飞
社 区 刚 性 查 雪 桌 寸 虎 情 遥 早 餐 而 来 图 损
栏 信 灵 子 运 灵 量 电 桥 而 镜 疲 下 便 型 量 直
信 生 动 心 理 木 信 伊 基 木 桥 上 桌 部 有 他 本
乎 主 书 破 号 究 量 音 飞 礼 请 梳 諾 坠 有 光 衡
豆 高 释 然 从 伏 循 发 携 之 马 绍 号 差 娱 夕 虎
胶 士 能 摇 远 尖 尖 的 身 日 摇 教 眉 蠕 肉 胶 阳
市 中 心 伊 几 肉 出 狂 许 毁 出 练 现 在 条 约 项
错 虎 音 下 滑 子 请 疯 理 疲 现 草 考 梁 自 坠 疲
每 喜 举 地 得 况 的 区 礼 类 似 的 貌 来 不 看 典
个 欲 秀 解 答 恐 高 动 热 特 从 性 行 透 幸 树 赂
人 自 车 间 发 摇 怕 乐 娱 骄 回 惨 后 肢 票 莓 镜
行 便 肉 邀 决 飞 乐 乃 恐 解 间 充 不 惫 便 自 自

Puzzle 313

祖肉露疲分部摇基许凑损选本观摇社本
源洗之的情侣区梳水鳍失两边剪辑来觉
速度衣！音女域胶露页上不安考则赂车
平举也迟热朝巫宜增答升过环不当租要
本于错马貓着察>地便出考复木理苦望
复苦身过幸人最碰图特状带动损木然差
不解底透紧蔻摇喜醒性年士选雨真介口
驱股光摇平张究私疲水坠撞毁惨想滑伏
反映究醋转远的摇直观许情动坠之心肉
破区亲眉情观好泽栅摇士苦转保稳眉衬
源遇人本几本处撞类赂保雪滑摇人许释
介面展升号自四思乐况他木面本父不因
音滑示透然要旋苦煲龄活科情分的鞋面
循胶存眉乐静的现场程恐学研梁指美味
紧研过状骄镜回瑞错龄便家疲项标得衡

两边
展示
反映
不当
洗衣
的情侣
科学家
女巫
区域
美味
指标
的好处
速度
朝着
损失
现场
的鞋
剪辑
地图
紧张

Puzzle 314

面程村增究宜望泽页豆眉分情许了充菜
社序因他环皇书见动草条便特类要重花
区怖充剩余后的桥数事毁有毁蔻错复木
完醋伊谈到瑞况惫菜坠里项望试栗类父
成的恐有上音马的生考日况香排乐露平
规摇肥虎娱述肉自的静梁冷煲解最社饭
胶放>秀驴了平面球的乐冻马因转了磨
伊便之源快惨木人员内撞升的情记坠热
好他摇驱遥的地复滑容主释保信信音父
！滑礼醒木煲年动携也人状太透飞遇乐
驴程人况落苦远肥护回地面阳草拳击坠
桥肥特木的条撞股好栏股区镜发了肉桌
惊察苦增身型热规权拘水静另循乎木世
考落规间旋动汽车保有捕希望一称定界
试修高持傲好研思摇地>龄镜决个便蛾

主人
的内容
菜花
的生菜
太阳镜
拳击
上述
皇后
称定
汽车保有
的球员
拘捕
世界
冷冻
希望
程序
剩余
完成
另一个
谈到

Puzzle 315

究书旋喜名词乃研视行看肉况运远迟毁
丁静宜恐观亮邀蝙蝠增休人底摇稳柔心
醋了蛾达解礼他息桌栗考乎的乎他则型
变量放到声也衫来趣能乐介休雪泽衫号
柔升苦心紧音遥考磨书本页紧息降乎老
快部滑排觉心认保然乌活的肥规坠记龄
摇本热特转人为他充鸦转泽梳降遥延趣
行运乎滑村梁循票鳍了心填源>领思虑
破肉虑在情休欲底龄分边口要底醋了过
情好从去倾漂亮眉私优先境遇亮复胶飞
循程面年考向增报伊娱定人察乐权权旋
见本有眼心>于告喜进入因坠灵晃于子
趣梳！察平草灵身坠旋貌镜本干晃衬的
直升机历史教授发填亮书蠕饭扰悠页自
加较差游泳不恐眉况信疲宜碰镜悠修信

报告
进入
认为
达到
晃晃悠悠
漂亮
蝙蝠
倾向于
历史
游泳
变量
声音
直升机
教授
干扰
边境
较差
名词
乌鸦
在去年

Puzzle 316

艰难
羊肉
公共
获得
虚拟
个人
茶壶
望远镜
伴侣
执行
关心
斑点
结论
熟悉
定义
西部
结石
英里的
稀缺
功率

肉惧口礼皂子虑马遇泽不升错肢复高解
西部人理通遇老旋面下子出泽最素眉状
不差人欲惫露过镜苦高填视噪心项生分
飞私欲虫活稳私自下介闲远下摇延数的
保然区望斑增真>醒图便号带个人摇休
噪马请肉点修类亮梁近袋肉活四便透几
栗动茶定义豆灵蛾特遥约状请碰恐骄区
股答社壶平蔻稀类得子倍视来闲袋规马
凑蠕摇亮熟肢缺梁子性觉透音马磨坠己
带眼面根宜悉获得英里的远也观紧他伏
石量解面状错凑艰察乎休怖他灵特破！
结介公见喜不选难许自保自柔香解间撞
论伴共项摇自马便龄紧望倍喜幸回惧区
虚拟侣执功率面羊马得远皂马得虫关心
决疲议行他娱释肉惊票镜貌动放遇心规

Puzzle 317

落	肉	加	复	灵	放	绍	事	龄	。	坠	形	式	肉	最	不	状
真	复	疲	过	飞	养	状	肉	过	豆	>	眉	不	生	的	傲	况
租	快	乐	的	目	日	后	子	趣	程	过	稳	饭	则	本	机	部
电	差	规	大	欲	眼	咆	请	充	放	栗	重	面	根	情	草	会
！	惧	复	最	查	思	的	哮	绍	承	吸	书	定	考	宜	里	丁
饭	喜	自	究	余	几	热	真	疲	担	血	栏	能	乎	了	环	眉
趣	水	携	牙	区	过	袖	热	秀	飞	鬼	闲	疲	类	及	信	出
分	獭	的	膏	动	亲	条	书	发	研	信	身	远	袋	其	本	考
类	自	伊	损	介	娱	觉	心	灰	子	赂	日	秘	之	社	皱	纹
伏	后	子	镜	组	织	>	桥	蠕	尘	源	快	视	安	考	发	先
议	息	噪	有	举	举	惊	分	之	自	草	諾	趣	动	飞	生	人
欲	的	马	型	！	后	遇	衫	存	不	木	面	龄	股	木	不	量
电	喜	约	自	远	余	情	股	好	便	宜	惊	典	纠	幸	鳍	加
动	最	况	转	私	消	欲	身	瑞	构	真	情	则	结	四	他	电
解	肢	过	许	错	失	摇	恐	从	造	高	便	肥	下	趣	理	幸

及其
水獭
发生
吸血鬼
纠结
承担
牙膏
皱纹
形式
组织
最大的
构造
灰尘
快乐的
目的
的机会
放养
咆哮
电动
消失

Puzzle 318

打招呼
提供
计算器
发送
震撼
新鲜
舞台
社会
报价
标题
菠菜
俏皮
中断
雪球
说,
风格
容易
失去了
灰尘的
有礼貌

研	马	摇	亲	木	动	则	最	趣	答	諾	日	貌	马	眉	中	带
蠕	风	格	情	信	放	存	的	保	填	打	招	呼	秀	活	断	行
的	邀	股	乐	报	乐	灰	不	余	趣	惨	便	諾	信	泽	鳍	思
露	>	保	香	的	价	尘	标	题	香	马	情	运	鳍	出	然	携
娱	租	的	下	恢	祖	的	行	票	泽	思	乐	趣	舞	台	之	况
发	送	新	持	存	类	延	噪	泽	娱	计	地	镜	噪	行	不	木
部	行	鲜	释	他	生	差	村	不	信	算	人	恐	远	的	碎	伊
降	视	出	区	区	闲	区	水	容	易	器	主	肢	护	间	肥	惊
状	错	性	身	约	破	余	保	怖	而	惨	的	区	有	况	礼	想
损	老	信	磨	欲	失	人	信	发	情	余	典	衡	雪	了	得	袋
摇	父	遥	老	区	喜	去	马	情	眼	间	菠	菜	球	快	因	许
近	得	震	马	俏	社	会	了	安	电	心	摇	坠	持	来	然	保
提	醒	有	撼	皮	梳	机	过	说	,	毁	升	高	己	选	喜	从
供	野	礼	祖	安	考	肉	动	虎	>	试	研	不	身	稻	社	鳍
也	情	貌	错	怖	远	运	好	保	己	存	车	欲	宜	有	降	父

Puzzle 319

了 究 来 远 间 迟 豆 増 看 心 性 思 先 条 面 几 不
急 于 理 四 便 趣 > 解 雪 树 他 坠 滑 幸 子 惨 柔
胶 栅 驴 乐 鳍 持 四 父 而 干 租 桌 貌 情 露 后 升
号 许 肥 落 充 主 肉 袋 木 观 乎 网 球 电 放 远 数
要 瑞 复 研 追 礼 马 梳 破 发 和 平 静 远 落 落 梁
保 解 邀 上 自 逐 有 父 幸 过 身 复 吃 饭 马 自 飞
乘 静 叫 灵 答 了 鹌 页 远 野 马 议 下 复 树 的 柔
法 发 着 沿 持 察 成 鹑 人 磨 諾 快 傲 > 苦 复 増
了 蔻 能 错 的 本 年 骄 动 噪 肥 定 龄 环 自 老 貓
测 介 煲 快 环 邀 虎 光 恢 礼 自 人 増 车 中 口 规
监 狱 重 察 过 栏 决 貓 总 几 通 ！ 伊 信 心 蛾 的
灵 趣 了 究 欲 紧 乃 肉 统 乎 权 碰 情 于 諾 伊 绍
复 于 规 考 煲 究 循 焕 傲 是 底 赂 袖 情 焕 未 能
准 加 。 坠 里 余 幸 考 权 决 如 懦 夫 口 活 不 条
则 趣 高 之 究 镜 望 最 音 他 骄 何 程 情 根 柔 理

懦夫
准则
如何
鹌鹑
急于
几乎是
沿着
树干
追逐
吃饭
叫着
监狱
网球
监测
乘法
未能
成年
和平
总统
中心

Puzzle 320

了 三 页 龄 热 复 打 諾 票 通 本 肥 便 真 子 动 草
特 明 脚 过 约 増 破 露 信 肢 请 直 单 饭 升 安 马
卷 治 蹼 命 中 研 邀 橡 闲 伊 页 豆 元 飞 的 教 训
保 曲 愤 怒 的 水 电 胶 自 苦 不 重 运 程 定 从 子
许 面 机 梳 望 恢 特 动 故 循 况 撞 胶 票 龄 宜 衡
于 娱 梳 而 研 摇 先 转 障 看 他 自 木 諾 的 日 桌
快 口 车 行 车 降 生 中 伊 保 面 则 乐 情 松 的 查
从 请 举 差 平 第 心 特 飞 四 惨 平 雨 > 鼠 最 程
察 优 权 透 面 六 挥 出 便 闲 栏 他 好 便 子 遇 填
中 闲 理 查 特 衫 杆 图 > 近 减 复 余 乐 直 肉 环
心 特 复 虫 损 的 放 趣 技 地 数 少 夹 栗 怖 然 龄
日 桌 面 量 根 素 的 滑 领 巧 > 稻 克 己 排 考 趣
破 马 人 伏 主 自 便 好 得 选 摇 信 肢 赂 情 项 乐
几 携 飞 错 要 趣 貓 噪 肢 记 儿 电 便 苦 己 的 快
伏 部 规 页 安 蠕 想 答 乐 优 子 丁 究 幸 疲 好 基

减少
三明治
卷曲
命中
平面
第六
橡胶
技巧
松鼠
单元
脚蹼
打破
主要
儿子
定的
夹克
的教训
愤怒的
故障
挥杆

Puzzle 321

安 叫 声 觉 胶 眼 不 中 各 方 而 应 该 恐 理 虎 典
望 息 身 礼 降 量 考 电 从 研 秘 祖 亮 有 底 噪 毁
修 醋 克 快 护 伊 水 量 肥 亲 草 项 了 士 顶 鳍 碰
文 镜 他 梳 情 蠕 发 > 面 傲 复 四 快 热 优 噪 人
章 > 凝 雪 信 袖 本 增 镜 蜗 的 直 举 恢 不 来 基
肉 况 行 视 心 娱 栏 野 他 牛 。 好 自 规 自 驱 权
肢 马 下 高 自 余 保 了 得 源 损 草 复 栗 型 排 上
豆 有 凑 来 情 车 乐 页 伊 复 摇 篮 保 察 面 过 惫
旋 而 周 一 风 的 礼 下 也 量 理 马 噪 相 反 素 音
愿 望 自 滑 险 好 考 驱 休 亲 保 重 定 领 欲 便 动
牛 蒡 规 的 摇 特 使 出 回 乐 > 重 基 了 乐 的 复
> 修 子 信 也 傲 基 之 桌 特 了 后 近 研 疲 祖 权
然 衬 典 ， 的 磨 赂 排 马 紧 自 老 运 气 眉 物 种
骨 思 暴 除 透 增 水 证 乐 持 环 有 的 项 湿 休 貌
情 架 躁 了 磨 苦 休 明 静 亲 子 几 增 考 袋 复 自

摇篮
愿望
凝视
风险
各方
蜗牛
暴躁
牛蒡
使出
物种
叫声
周一
文章
湿气
骨架
，除了
相反
证明
应该
运气

Puzzle 322

奏请
受害者
满足
灵活
防止
奥秘
男孩
一滴
这些
紧急
到处
投票
属于
寒冷的
曲线
重大
完美的
捕获
犹豫
宝宝

树 子 型 增 伏 性 野 人 远 便 自 树 秀 完 直 捕 桥
复 音 一 然 恐 貌 醋 克 重 大 男 孩 驱 摇 美 惧 获
复 心 滴 鳍 木 绍 几 发 决 来 静 远 摇 介 降 的 ！
秘 过 骄 理 光 碎 虑 身 灵 释 权 防 止 克 保 冷 梁
到 灵 香 优 观 乃 过 滑 活 饭 村 摇 撞 秘 过 寒 研
处 顶 觉 秘 动 存 息 摇 素 要 这 惊 选 携 克 最 皂
想 怖 。 发 心 况 欲 选 蔻 电 些 部 胶 上 犹 胶 摇
貌 望 摇 梳 子 情 雨 而 租 蔻 特 错 摇 子 豫 坠 己
马 醋 存 复 豆 草 信 远 部 下 保 量 秀 虫 撞 骄 记
最 议 摇 思 摇 信 受 害 者 放 摇 本 的 乐 主 则 諾
> 休 的 视 余 远 欲 投 伏 底 奥 秘 乐 欲 遇 图 乃
迟 理 曲 线 满 足 紧 票 摇 信 噪 车 试 解 底 平 要
活 肥 皂 解 野 乐 急 子 因 傲 镜 飞 乐 心 煲 面 闲
静 稳 惨 父 选 有 图 属 欲 余 桌 闲 宝 奏 请 思 理
也 本 粪 苦 虫 木 袖 于 出 之 人 > 马 宝 迟 觉 热

Puzzle 323

猫	音	的	坠	气	安	性	人	了	碰	特	生	紧	>	远	最	飞
于	趣	吸	答	秀	候	猫	保	底	眼	摇	便	栅	释	亲	便	加
本	肢	愚	引	一	点	运	醋	坠	真	静	试	坠	乐	摇	蛾	飞
队	伍	蠢	礼	力	足	球	人	落	午	餐	闲	携	地	日	停	止
子	金	的	能	特	许	心	衬	傲	热	静	泽	橙	球	息	落	眉
豆	定	的	里	优	自	驱	旋	也	肉	父	己	持	色	乐	望	焕
察	闲	请	租	觉	程	许	基	稻	豆	諾	乐	雪	袖	马	遥	香
木	信	绍	伏	的	方	向	包	貌	蔻	解	马	他	源	放	桥	的
图	部	况	心	四	状	排	括	特	分	差	静	快	乐	项	带	最
循	降	惫	虎	宜	页	身	镜	有	猫	滑	水	近	上	考	急	号
野	排	豆	过	幸	水	露	查	位	摇	柔	葱	煲	袖	部	剧	而
毁	最	大	过	秘	带	自	有	置	图	增	错	灵	凑	请	透	恐
复	眉	介	高	而	究	况	加	便	惫	倍	自	音	领	情	见	主
摇	存	好	桌	四	的	衫	平	面	灵	露	绍	从	伏	虎	栅	号
稳	撞	标	准	记	蠕	磨	士	人	肉	龄	带	幸	量	放	过	焕

一点
的方向
包括
橙色
吸引力
气候
位置
快乐
地球
肉豆蔻
停止
足球
队伍
午餐
最大
急剧
标准
愚蠢的
水葱
的金子

Puzzle 324

马	年	安	议	諾	本	复	摇	占	据	！	了	胶	的	加	特	主
坠	焕	回	自	高	因	疲	梁	恩	循	威	究	出	府	研	通	题
休	諾	充	最	袖	受	蛾	蠕	灵	爱	胁	貌	灵	政	倍	究	，
带	身	皂	趣	>	孕	游	戏	加	的	因	静	摇	安	私	部	件
肢	项	欲	老	究	领	租	趣	复	举	错	滑	坠	运	克	肢	闲
近	见	本	环	己	人	面	焕	摇	解	喜	排	飞	平	性	则	乃
猫	细	腻	型	飞	宜	祖	>	疲	典	的	摇	的	性	村	亲	观
趣	海	典	型	选	的	复	人	见	惨	四	上	虎	觉	探	讨	平
损	葵	快	况	肢	公	淋	书	携	的	伊	研	諾	蛾	摇	醋	貌
去	年	比	究	灵	布	浴	源	虑	有	猫	恐	>	连	的	事	加
区	杂	较	基	了	旋	他	蠕	不	傲	而	袋	考	疲	接	定	放
降	志	复	延	因	而	保	了	人	碰	疲	复	素	考	碰	行	衬
间	条	袖	撞	有	能	飞	摇	的	肉	考	马	远	上	娱	雪	的
>	直	延	赂	毛	落	中	觉	柔	根	便	存	租	参	加	情	虎
袋	他	身	地	巾	梳	过	条	根	觉	活	的	趣	摇	眉	倍	排

毛巾
探讨
杂志
参加
主题,
的研究
受孕
海葵
细腻
部件
威胁
恩爱
游戏
连接
政府的
占据
去年
淋浴
比较
公布

Puzzle 325

飞	底	噪	剥	恐	考	碰	四	动	考	平	梳	的	的	静	饭	想
释	>	运	夺	饭	规	实	桌	优	降	权	忠	诚	龄	恐	虎	自
娱	严	重	积	许	源	现	沟	通	情	信	衫	惫	袋	放	里	音
的	的	因	极	作	书	鳍	疲	马	乐	的	股	情	行	梳	飞	喜
噪	平	好	人	修	画	循	活	请	增	草	自	木	包	子	介	赂
查	因	特	灵	则	趣	眉	伊	马	乐	理	回	则	活	是	指	情
激	发	衡	情	星	的	便	欲	惊	动	护	丁	他	不	远	私	露
遥	村	礼	磨	期	持	得	书	况	柔	顶	毁	镜	欲	行	部	热
考	损	情	人	坠	幸	根	复	心	邀	远	恢	底	能	灵	快	摇
优	介	情	运	恐	数	泽	过	秘	苍	丁	紧	他	有	定	飓	解
最	幸	福	父	热	礼	图	木	望	蝇	特	也	行	显	之	远	风
从	想	滑	视	想	物	图	有	图	技	衡	增	肥	着	鳍	镜	降
究	思	眉	典	填	部	自	根	马	艺	的	里	放	木	的	看	高
摇	填	车	眼	特	不	基	车	情	基	卧	查	破	因	傲	多	次
加	望	重	醋	镜	运	循	邀	也	不	室	趣	本	下	便	镜	回

技艺
的卧室
眼镜
是指
作画
严重
显着
星期
苍蝇
剥夺
沟通
最幸福
实现
多次
礼物
激发
包子
积极
忠诚
飓风

Puzzle 326

画笔
少数
没话说
大厅
安排
装配
保持
惊喜
背后
警察
始终
劳动
明星
许可
悲惨
重视
压力
责任
太阳
饲料

怖	驴	静	野	的	倍	近	察	不	许	始	因	机	衬	后	瑞	热
虫	灵	想	衬	余	电	灵	望	驱	远	终	量	梳	驴	差	苦	重
旋	真	过	滑	量	惊	装	配	理	重	活	秀	灵	龄	滑	况	水
量	情	四	梁	本	究	保	少	数	信	视	镜	自	。	皂	袖	桥
背	后	股	责	任	迟	桌	项	观	蠕	平	己	的	生	鳍	见	究
眉	明	星	旋	倍	幸	的	饲	量	考	护	地	醋	撞	书	电	查
太	阳	遇	私	请	差	行	料	本	心	研	究	车	平	情	惊	撞
虫	不	区	最	安	排	光	赂	股	望	查	透	梁	能	警	察	驱
优	露	环	摇	恐	>	机	地	优	带	旋	加	许	直	悲	情	议
规	大	试	记	护	人	况	票	压	龄	底	惊	喜	可	惨	保	持
野	厅	马	有	草	保	休	行	力	休	根	醒	况	恢	填	修	热
秘	的	音	通	露	貌	画	情	的	解	虫	查	保	喜	优	于	息
之	水	不	分	镜	真	笔	子	私	没	考	摇	衫	亲	紧	想	面
便	虑	摇	于	落	皂	眉	保	重	眉	话	紧	建	梁	自	行	克
宜	机	自	劳	动	灵	活	虫	的	循	源	说	情	马	摇	重	充

Puzzle 327

袋 虫 碰 坠 情 运 随 透 惨 平 高 数 保 自 信 皂 欲
特 子 人 错 镜 欲 机 不 型 諾 肥 据 宗 教 许 究 优
趣 的 类 的 虑 修 书 肉 灵 可 的 东 西 则 条 带 摇
露 克 雪 热 得 稻 议 他 有 回 靠 安 乐 自 安 惨 桌
行 人 租 花 人 的 热 领 凑 休 恢 也 谢 天 谢 地 落
日 音 不 然 中 人 分 阵 风 动 好 貓 眼 今 快 股 栏
好 也 认 来 恢 信 的 够 足 驱 试 亮 带 皂 通 稳 喜
士 近 识 的 也 行 蜜 希 人 疲 貌 释 环 伊 香 口 马
了 亲 艺 加 恐 闲 蜂 答 望 桌 近 黄 色 项 栗 源 透
豆 恐 术 自 身 袋 究 衫 根 面 本 凑 存 股 摇 惧 碎
坠 自 虑 延 萝 回 眉 查 傲 日 野 欲 鳍 重 保 约 倍
高 只 是 优 卜 他 社 豆 活 休 摇 他 上 諾 数 改 革
分 惫 己 娱 于 考 壁 灵 欲 娱 后 木 便 身 股 增 皂
许 雨 地 安 行 镜 炉 醒 高 口 错 遇 远 息 草 部 人
焕 选 镜 他 的 恐 士 人 研 摇 欲 傲 的 心 动 傲 袋

宗教
蜜蜂
今天
阵风
随机
只是
谢天谢地
的希望
的东西
认识
雪花
改革
壁炉
萝卜
艺术
数据
自身
足够的
黄色
可靠

Puzzle 328

司机
当前
的父亲
基地
好处
自在
研究
鹿野
雪人
海滩
谎言
食用
错过
鸡蛋
卖家
成功的
周到的
奶酪
左腿
存在

周 摇 机 幸 定 信 奶 恐 凑 谎 言 的 要 基 幸 士 蔻
香 到 得 私 基 了 酪 信 人 的 袖 延 亲 地 保 真 情
号 衬 的 决 虑 伏 祖 私 排 本 信 乐 环 项 了 活 书
鹿 野 功 海 考 情 飞 权 坠 信 。 面 灵 龄 滑 镜 食
因 欲 成 滩 卖 衫 栏 乎 信 鸡 然 栏 瑞 衫 最 人 用
虎 飞 肥 肢 家 豆 则 因 惨 蛋 肉 摇 约 亲 动 露 亲
况 错 过 项 记 活 眼 排 程 肉 况 基 而 克 人 区 飞
环 惊 几 建 见 股 复 先 来 眉 理 项 书 光 露 底 最
邀 存 滑 项 心 栗 社 平 优 根 情 之 树 心 源 发 来
要 在 高 充 貓 惧 落 己 当 察 填 真 蠕 许 栗 煲 则
状 肥 护 赂 最 胶 人 好 前 瑞 乐 衫 衬 车 左 驴 的
领 音 试 野 规 坠 释 撞 处 答 则 研 司 栗 腿 噪 蔻
眼 肢 草 顶 底 便 迟 父 飞 便 恐 雪 机 秀 余 研 飞
自 野 研 量 心 解 研 宜 见 动 肢 人 傲 乎 视 增 记
肉 在 究 的 父 亲 研 思 而 自 摇 灵 保 损 后 他 本

Puzzle 329

沙 发 信 木 村 其 他 余 基 请 解 平 民 草 后 栏 私
大 导 向 差 来 克 书 伏 豆 柠 信 见 俗 考 图 真 镜
高 部 决 定 的 飞 底 究 老 檬 心 损 然 人 光 回 碎
貓 草 分 响 记 破 顶 保 乐 地 加 票 父 数 吸 取 不
而 栏 音 亮 火 鸡 动 充 趣 龄 口 貌 看 人 磨 绍 乐
娱 带 决 自 乐 便 书 日 恢 升 人 充 部 蛾 领 毁 机
袖 距 离 滑 存 自 情 坠 主 答 諾 程 焕 规 蔻 许 于
出 碎 不 恐 肥 牛 克 坠 草 车 恐 量 自 心 情 运 村
木 娱 发 龄 諾 水 仔 真 衬 接 信 社 四 环 醒 地 您
部 本 虫 租 稻 摇 电 雪 亲 近 损 乐 图 武 几 环 选
状 选 高 自 答 过 恐 的 驴 秀 趣 子 议 器 循 惧 择
定 赂 了 伏 子 瑞 然 议 自 活 了 透 号 礼 醒 他 豆
的 回 书 梁 他 祖 典 动 露 地 露 子 觉 通 视 地 信
近 权 规 页 存 程 飞 人 子 充 汽 车 旅 馆 车 约 坠
近 地 趣 车 想 自 作 用 究 带 重 天 气 的 静 滑 过

汽车旅馆
您选择
柠檬
响亮
距离
武器
其他
接近
瑞典人
牛仔
天气
导向
大部分
民俗
火鸡
吸取
沙发
决定
水牛
作用

Puzzle 330

办公室
坚果
电视
辩论
繁忙
回应
野猫
测量
局限
军事
增长
头脑
巨大
的结果
薪酬
仅仅
最高
关系
感谢
滑雪

测 见 乃 坚 运 请 飞 况 优 胶 优 灵 摇 持 类 信 保
量 辩 论 果 特 电 祖 的 环 人 礼 有 真 闲 发 最 高
基 梁 蛾 自 肉 底 议 的 生 伏 感 野 理 介 怖 人 貓
顶 惫 醋 木 身 > 的 程 情 安 研 谢 回 应 飞 木 回
号 自 衡 骄 野 猫 人 人 龄 转 香 有 过 惫 降 带 中
约 行 便 看 瑞 理 马 的 结 果 头 灵 年 近 惫 伊 赂
图 雨 况 运 繁 露 优 究 情 地 蔻 脑 近 考 究 静 肥
思 人 摇 远 忙 请 有 疲 薪 动 乐 驴 惊 地 草 办 他
后 租 便 肥 顶 带 局 限 酬 喜 豆 电 视 见 身 公 基
虎 克 日 最 宜 得 心 老 巨 大 坠 稳 规 仅 仅 室 日
也 释 保 迟 趣 来 瑞 倍 惧 顶 骄 桌 镜 考 休 稻 心
有 袖 自 信 生 惫 基 焕 情 貓 况 军 关 休 究 存 雨
性 衫 先 热 信 从 醋 议 闲 遇 貓 事 亮 系 动 滑 情
肉 的 中 草 后 信 图 存 动 面 有 增 错 活 > 雪 蔻
里 的 欲 情 后 有 性 心 思 增 娱 长 马 碎 然 野 >

Puzzle 331

不	叔	叔	号	热	再	次	伊	议	分	过	携	喜	然	露	程	静
苦	过	沙	亲	亲	香	发	治	查	找	子	马	龄	灵	衫	部	性
驱	信	堡	有	修	炎	热	疗	一	目	了	然	肥	举	修	本	带
复	旋	第	梁	子	桥	特	约	承	认	长	议	情	保	性	况	主
树	旋	二	间	车	私	子	行	醒	貌	度	父	差	环	梳	桥	侵
许	面	乐	快	有	便	考	分	高	有	怖	保	的	况	回	想	略
飞	趣	型	野	娱	环	主	趣	摇	本	不	子	实	礼	滑	醋	性
究	磨	恢	心	和	候	时	些	晚	远	面	有	际	子	恢	携	热
领	饭	上	恢	差	驴	子	间	貌	透	毁	马	口	虑	便	眼	的
镜	虑	保	息	眉	蔻	页	错	衬	好	皂	摇	究	的	保	理	手
首	富	热	议	。	有	有	的	性	平	趣	情	迟	行	升	动	表
考	事	乎	顶	趣	动	克	亲	溜	碰	自	过	权	想	余	。	摇
傲	信	项	。	惫	老	袖	镜	冰	乐	自	动	转	疲	赂	有	肉
栅	噪	心	遥	他	草	生	飞	鞋	体	育	心	树	介	记	他	惨
数	的	真	驴	了	地	便	士	情	答	类	醒	想	下	趣	研	礼

长度
承认
体育
晚些时候和
沙堡
不过
的实际
侵略性
治疗
时间
再次
查找
的手表
首富
第二
溜冰鞋
分子
炎热
叔叔
一目了然

Puzzle 332

打法
祖先
黑色
最高的
频繁的
光荣
使用
邮递员
表现
苹果
赛跑
公路
果冻
侵入
书柜
棉花
就像
禁止
便宜的
下午

使	音	复	主	区	衬	动	栅	侵	入	人	子	运	休	从	苹	日
用	焕	循	坠	树	灵	的	猫	灵	蠕	的	驱	黑	梳	的	音	果
项	理	秀	滑	权	有	顶	存	秘	亲	持	错	色	查	典	邮	摇
究	填	心	亲	諾	虑	股	坠	延	中	便	真	试	衬	典	递	秀
桌	老	持	露	复	则	衫	然	他	倍	喜	亲	主	肉	四	员	幸
素	本	先	研	然	龄	的	况	考	光	生	虎	特	底	而	衡	喜
光	荣	邀	究	娱	试	衡	从	放	的	的	伏	的	醒	克	衬	股
降	的	于	私	观	因	特	信	木	修	信	复	主	打	法	坠	马
差	持	动	面	乐	增	频	保	恢	热	乎	有	赛	修	老	活	亲
便	摇	增	口	项	袖	繁	情	能	高	丁	虑	就	跑	察	龄	虑
桥	乎	项	情	亮	直	的	高	最	下	看	士	像	观	伏	凑	究
紧	复	权	肉	类	保	书	宜	露	午	乎	祖	先	恢	近	！	紧
碰	自	闲	不	公	路	书	音	便	举	决	紧	保	租	果	冻	情
生	碎	存	究	间	迟	柜	车	怖	树	活	举	口	想	摇	棉	花
研	的	惧	保	蠕	表	现	近	信	不	禁	止	瑞	心	中	怖	香

Puzzle 333

惧 貓 高 遥 举 热 衬 的 破 衬 服 从 逐 渐 惫 本 的
水 租 觉 父 修 介 素 能 息 音 便 飞 栏 娱 蚊 全 球
持 解 惧 平 数 蔻 稻 量 反 过 来 乎 鹦 鹉 子 解 绍
人 噪 保 建 木 有 况 理 数 护 胶 凑 修 了 介 饭 释
便 远 乃 加 记 情 露 素 士 见 保 丁 真 煲 不 优 镜
胶 然 面 能 重 袋 疲 于 心 循 行 循 排 入 虎 信 究
便 尽 部 木 力 来 諾 桌 试 袖 傲 梳 安 口 条 鳍 循
沙 管 迟 增 情 坠 毁 煲 木 蛾 噪 灵 不 亲 骄 典 请
肢 漠 围 巾 蔻 摇 雪 绿 法 律 典 露 快 动 息 露 而
热 不 坠 惫 分 栅 稻 色 仁 慈 的 龄 环 恢 撞 驴 复
转 动 过 子 醒 乃 龄 欲 究 手 信 部 焕 视 马 分 木
噪 具 体 去 决 秘 眉 野 顶 有 机 梳 绍 记 恐 直 肥
破 介 机 增 的 价 主 野 祖 肉 栏 公 想 趣 心 私 人
肉 口 试 号 理 格 幸 差 分 諾 伏 鸡 眉 的 加 桥 机
持 情 股 胶 木 基 闲 回 面 重 降 类 量 面 书 环 远

绿色
价格
法律
沙漠
服从
反过来
的能量
围巾
逐渐
尽管
手机
鹦鹉
仁慈的
全球
入口
具体
过去的
蚊子
公鸡
重力

Puzzle 334

驾驶
文化
边缘
维护
微小的
花蜜
有时
小弟弟
习惯
马克杯
吸收
当然
一二二。
指甲
悲剧
梦想
机会,
颗粒
摧毁
去除

吸 收 不 请 己 欲 维 欲 约 思 豆 里 镜 的 自 过 来
虎 书 透 中 不 。 皂 护 项 中 野 修 特 绍 赂 摧 毁
花 微 号 惫 规 稻 建 动 察 不 滑 来 肢 的 当 然 机
蜜 小 定 考 饭 理 眼 降 面 上 马 也 噪 人 驴 性 会
摇 的 文 化 飞 一 衫 解 村 伊 丁 活 行 乐 先 增 ，
马 克 杯 觉 人 二 衫 究 梁 之 心 苦 车 决 许 状 闲
露 子 梦 想 面 二 去 除 图 摇 村 边 见 本 不 > 高
惨 高 栅 水 惨 。 泽 见 复 衡 己 缘 习 惯 源 便 想
复 最 人 便 肢 蛾 近 真 降 乐 量 小 有 时 雨 思 傲
请 虎 安 自 远 部 动 约 情 子 豆 弟 想 木 状 不 最
平 便 差 ！ 于 试 的 领 车 惨 袖 弟 远 间 镜 恢 镜
情 骄 心 指 甲 高 环 况 士 木 破 木 增 紧 型 心 野
心 喜 究 查 四 增 休 面 凑 租 颗 粒 型 悲 私 领 他
则 顶 分 请 破 驾 护 释 环 伏 得 面 惧 栗 剧 释 远
优 然 滑 栅 区 热 驶 自 介 虫 过 基 过 于 露 瑞 水

Puzzle 335

水亮雨露面乃斑乐票亲裙介定因数亲的
运书理紧通动马雨四在子磁部运信的远
检查中下差互下面肉这主信带因柔村填
设环保彩色的的视线里负责野的王室。
有而静充稻栗愿灵摇热幸转的图衡带携
试凑带人苦优灵望不龄虑焕填从乎约号
雨赂欲下评估书面蛾填持平降肉因雨趣
热梳惨露蛾几介伏不转貌老露柔充私怖
梁得察乐降号真疲图焕高错典租煲雪本
桌间安请下的宜諾老自定里领礼记水他
饭过碰查页的摇马。持蛾私根便柔滑>
最子远动好要虑栗心填了宜过休图生车
能雨安角落要远动趣的人桥面乃牛人像
日衡马事最自复量缺发加真正工具奶程
量条稳！便号四源乏。高来。人新闻树

检查中
磁带
设有
新闻
在这里
的视线
负责
评估
裙子
牛奶
的色彩
人像
王室
的愿望
工具
角落
缺乏
真正
的互动
斑马

Puzzle 336

陪审团
免费
下一个
别人
焦点
池塘
无意义的
消化
女人
联邦
信息
现代
尽一份
肯定
领袖
资源
从来没有
表面
采用
生命之

滑欲保携而惊乐转的伊凑坠优通衡约请
动光思摇觉要里野答諾焦得放肥惫情近
眼有醋保上毁望出栏静点联撞蔻带出稻
焕不静理便也间通几惫眼邦下察碰雪查
娱情项自桥则的项源本稳升许分草桥滑
落带伏滑绍视旋不他貌露远平肉他草光
四类领焕蠕他真优高疲份士女现有无从
肯定查祖损也生命之下一个人摇代意来
陪过露人亲怖煲>瑞况尽苦乐别摇义没
不审考有子资源远情袋丁衫复心滑的有
疲胶团延面饭的子柔想高噪碰迟池的醒
桥近通灵伏存复免费乐怖直于惊塘消祖
傲人恐音瑞最有书四最四袋领于露化表
摇性镜自父露乐猫遇倍欲余袖携主坠面
稳醒袖采用信息蛾的桥有底迟规决排错

Puzzle 337

书	型	情	便	飞	不	摇	介	磨	社	察	邀	高	特	过	必	行
皂	闲	衫	音	票	煲	差	傲	年	酸	牛	奶	转	领	素	条	须
蜘	闲	上	便	五	顶	亲	自	虫	碎	股	眼	结	果	不	镜	滑
蛛	皂	香	于	个	水	要	分	底	了	人	研	底	则	条	梳	动
情	安	恐	休	香	好	想	部	特	幸	骨	虑	想	狗	机	趣	木
部	股	身	磨	木	貌	根	旋	坠	信	紧	折	降	小	不	稳	宜
类	柔	社	分	马	人	乐	自	倍	马	循	疲	升	的	之	惊	地
什	么	音	热	热	>	许	坠	摇	子	复	发	不	家	外	鳍	秀
奇	怪	的	虎	息	情	望	加	状	的	要	士	老	乡	野	肢	衡
上	女	洪	水	遇	撞	蛾	租	于	口	乐	类	。	西	不	稳	定
噪	孩	生	加	貌	填	坠	鳍	解	快	排	优	填	红	间	惊	了
心	本	活	号	能	母	究	修	环	旋	于	恢	坠	柿	梳	木	底
年	根	许	升	坠	稳	亲	护	情	租	研	泽	坠	观	了	饭	活
心	情	乎	入	研	平	水	碎	也	延	特	年	项	驱	事	宜	状
特	亲	貓	野	运	环	本	动	欲	身	殊	野	不	股	貓	很	少

酸牛奶
的家乡
不稳定
必须
特殊
滑动
什么
西红柿
蜘蛛
母亲
升入
奇怪的
很少
洪水
五个
女孩
结果
之外
的小狗
骨折

Puzzle 338

城市
特异性的
博物馆
日晷
障碍
批处理
的爷爷
大师
岸上
掩盖
周二
检查
顾客
撤销
期望
可移植
粗鲁
第七
最好的
珍贵

数	撤	博	珍	类	肥	克	然	活	子	旋	衡	疲	子	喜	素	本
人	销	物	贵	素	碰	复	举	觉	最	好	的	带	香	子	动	驱
伏	蛾	馆	自	决	本	保	批	看	坠	携	底	快	的	焕	错	研
驱	先	碎	部	的	性	异	特	处	亮	可	移	植	记	摇	记	理
研	破	肉	解	爷	快	亲	野	视	理	光	保	克	人	底	建	考
虑	量	定	木	爷	运	观	桥	周	租	喜	复	记	平	疲	规	亮
解	票	迟	野	村	磨	释	木	二	试	条	面	的	己	直	主	降
之	亲	皂	煲	！	雪	日	饭	后	期	记	栏	亲	思	驴	娱	栏
大	士	地	释	有	有	晷	栏	面	图	望	发	胶	驱	的	素	粗
师	岸	蔻	遇	袖	性	活	最	项	事	己	顾	客	肢	第	量	鲁
掩	盖	上	环	理	面	人	检	障	部	基	子	摇	察	七	社	乐
貌	护	素	信	看	滑	礼	查	碍	眼	野	镜	循	私	村	不	迟
幸	赂	野	然	碰	定	碰	木	热	子	子	排	安	落	袖	租	运
之	心	号	碰	几	保	梁	考	光	修	增	延	况	城	觉	幸	的
伏	加	护	答	肢	年	疲	日	音	衡	复	四	举	市	举	本	驱

Puzzle 339

看解释有一二○二韭菜煲心生加上子因

电宜怖复遇情加填几乃书尝充信升亲蔻

旋休毁思马人充倾灵便便试租上本祖回

颜心野邀苦况衬斜碎肥马决喷泉光乐心

噪料降许加滑情毁桌票倍龄衫灵了野乐

本生亲马宜型碰子租介填>最望回宜肉

项赂镜民有木记录驴根滑虎查类活毁视

士喜最族一定基碎肉的也信察车安记子

来区答飞最安休真！部人保的觉动麻地

男驱转量先先他情究了典存煲况己烦页

保性老飞他貌活祖保运谦虚雪旋便栏选

栗得醋皂超越心諾某草先落野放我们区

余子桌察栏后伊权部处然趣恐怖乎看趣

闲程摇排解高将来保眼修撞士噪顶雨的

驴泽驴通差电亲宜究定改便保底循柔人

韭菜

颜料

上升

解释

修改

尝试

将来

我们

倾斜

一二○二

恐怖

超越

男性

谦虚

民族

喷泉

记录

一定

某处

麻烦

Puzzle 340

高贵

委员会

菠萝

小鸭

可能的

早晨

清空

进口

消息

夏天的

南部

推迟

擦洗

买得起

阿姨

着急

后，

坚固

维生素

月亮

之究出夏乐老秘租碰维清灵保则人的进

子环想天况持苦桥自生空复源循平旋口

遇错瑞的降宜私稻特素下活议村稻着惫

上释记他阿肥煲子蠕南存肥镜諾菠急近

香草摇栗姨惫复复坚部心村规了丁萝乎

噪的图热选增袋恐固的释行察喜升醒蠕

典木高年木疲有复增先村想子绍最邀增

父虎贵袖栏释可能的权毁礼他护委员会

擦煲马栅间平遥护请特面乐光音携焕心

察洗小鸭消息肉推填项电凑规雨后，便

亲部碎图灵村量迟欲买部好延量月亮村

得选眉租平煲余桥不本得释的凑加热面

稻重程恢泽秀定趣人理决起音觉环蛾镜

下过的心早马行梳坠而疲余驴水龄>梳

亮上露四晨旋父桌领真四子面释滑人究

Puzzle 341

有最活惫建老加性特袋社领媒领飞恐运
信部降放摇动曾循驱安宁稳惊体创机口
！欲视亲热而经的摇损回介旋增造野灵
醋条肉肉书精喜坠排克有年子旋肉见充
昂贵事本记度保票图介考面心静邻居于
柔红蛾摇摇类人答碎特瑞虫过泽的底休
梳萝的究灵数活衬。权规则解的日毁好
马卜恐建胶最的子倍平子灵举时书持心
闲不惧邀栅栗露见四秀上人选候底的规
秀类机构父桌安镜人车保傲子梳秘灵灵
丁迟似貌情环解古存柔页的带权绍高高
间错损特研乐差衬董子人放领四摇最肉
反向蠕高源梳分邀摇摇回他遥而过破激
便貓货车护栗也排口秘带噪桥！许迟怒
摇下人升上过亲需要观建有稻社遥飞年

特权
的恐惧
安宁
精度
媒体
激怒
创造
候选人
的时候
书记
曾经
机构
邻居
类似
货车
古董
需要
昂贵
反向
红萝卜

Puzzle 342

凑光部乐>最袋有举亮面亲害煲情试遇
摇考存乐不升复心研便地伊羞领放苦礼
木乃伊于解研梁带镜行毯主他看祖豆能
过程驱释木不权镜领定蔻过旋>环增心
的摇諾马项孩子决欲欲位决的兴他则增
栅！滑平宜的想磨蠕洋树分环趣醋票况
丁貓冲击己解煲量回葱解凑泽迅速股基
袋理回出透通遇伊损况电分绍填视填栏
项论动复通有音野摇梁转之持毁栏里定
克自野研素情赂惊衫典安股利润也许转
带快虎在型自策建趣村己貓优摇发食袋
趣蔻 时条升略动接凑倍心情惊电品树
透马美有落考护察收理木过己程考碎肥
饭后国不国后本人梳四有水请行增人优
加木喜选雪际来噪焕事高面许型伏摇先

国际
过程
接收
理论
孩子
回复
冲击
洋葱
食品
定位
地毯
在时
利润
兴趣
木乃伊
害羞
策略
美国
迅速
也许

Puzzle 343

农 护 能 解 喜 理 迟 几 有 差 面 恢 丁 梳 不 定 有

乐 场 根 解 便 因 区 亮 来 之 分 周 马 邀 光 雨 也

察 主 主 飞 降 损 增 管 理 乐 稳 日 坠 统 水 壶 数

怖 惨 乐 虎 事 存 遥 回 四 分 支 椭 解 治 复 木 精

实 验 肥 口 携 增 梁 谨 页 最 生 露 圆 者 前 有 神

士 动 的 摇 农 人 增 慎 马 人 因 基 过 形 旋 察 许

他 便 木 面 场 保 的 邀 乐 过 摇 > 书 煲 权 人 请

行 记 自 面 困 难 透 衬 他 静 况 则 煲 主 鳍 考 自

驯 而 心 先 贫 信 奶 邀 远 袖 错 基 运 恐 子 豆 草

鹿 要 赂 面 特 灵 条 油 皂 定 坠 答 考 平 查 袋 伏

惨 醒 配 欲 车 眉 高 行 本 增 ！ 得 赂 树 皂 票 双

于 豆 备 父 趣 情 透 记 主 许 休 乎 不 行 他 伏 亲

解 答 安 撞 研 恐 领 量 > 持 鳍 息 趣 热 选 子 最

桥 亮 瑞 礼 差 区 议 梁 程 约 野 持 乐 镜 己 坠 水

恐 人 音 衡 觉 本 不 热 棒 球 兔 复 保 赂 伏 乐 袋

实验
困难
统治者
分支
谨慎
水壶
周日
农场主
驯鹿
农场
棒球
配备
前者
野兔
精神
椭圆形
贫困
管理
奶油
双亲

Puzzle 344

小麦
苏打水
识别
脚趾
窗帘
亲自
联合收割机
西瓜
授权
解雇
觉得
宠物
成长
浓缩
剪刀
妻子
蟾蜍
不规则
极其
的操作

不 乐 醒 后 权 事 眼 高 租 书 况 能 子 。 倍 要 升

源 情 程 不 出 摇 马 父 页 不 规 则 面 欲 分 好 动

的 丁 父 有 下 窗 根 噪 基 野 高 遥 浓 记 理 来 望

定 安 了 许 举 帘 眼 滑 望 西 重 碎 缩 决 欲 坠 香

苏 打 水 欲 自 动 遥 马 梁 乐 瓜 延 衡 转 解 雇 加

乃 事 项 栅 灵 便 宜 父 看 野 保 乐 露 秘 煲 亲 日

宠 动 顶 充 复 衫 增 祖 亮 复 股 自 旋 行 自 自 平

来 物 桌 下 议 保 惨 远 怖 娱 信 木 老 成 长 马 领

极 其 平 复 联 解 地 剪 信 通 眉 的 露 幸 后 自 记

丁 看 虎 貓 合 蟾 源 刀 觉 得 运 答 型 野 研 乎 的

了 落 豆 私 收 蜍 主 妻 碎 秀 循 觉 租 小 麦 得 操

磨 区 的 喜 割 授 权 子 损 源 宜 里 蛾 数 查 程 作

程 研 释 光 机 脚 趾 余 发 约 滑 保 的 醒 > 复 状

识 摇 特 的 行 幸 最 试 快 想 貌 趣 紧 蛾 蔻 请 保

乎 别 闲 凑 傲 社 亮 心 带 了 祖 建 看 信 本 丁 ！

Puzzle 345

重	发	克	之	足	最	四	携	快	木	有	鳍	父	本	息	远	貓
>	秀	自	建	够	醋	联	王	重	循	心	野	口	心	优	有	加
雨	损	他	秀	降	胶	系	摇	子	鳍	怖	泽	股	热	通	书	惧
情	上	热	部	书	袖	便	碰	自	破	坏	标	记	肥	特	放	摇
记	信	马	加	答	然	带	似	成	分	增	部	于	马	因	远	乐
研	噪	人	记	研	本	数	乎	露	音	树	栗	快	降	成	四	几
趣	条	雨	肉	情	心	相	差	醒	走	紧	能	自	持	为	程	亲
蔻	自	见	豆	权	栗	当	商	业	的	廊	地	释	答	储	备	闲
情	填	安	光	年	轻	娱	面	諾	足	息	蛾	老	摇	自	有	村
远	规	复	错	驴	心	因	子	上	充	幸	欲	醒	马	衡	不	赂
蜡	烛	幸	自	滑	坠	理	注	自	子	桌	定	有	根	图	子	自
自	动	信	动	冰	梁	欲	意	摇	股	碎	醋	典	考	像	本	过
护	增	要	年	觉	的	区	到	远	环	安	发	迟	醒	透	的	数
狼	邀	雪	数	栗	地	焕	增	趣	便	諾	秘	有	豆	放	子	研
持	狼	迟	考	栅	心	静	地	信	填	能	骄	疲	人	雨	程	子

注意到
蜡烛
自动
似乎
图像
年轻
储备
破坏
滑冰
相当
标记
联系
走廊
成分
成为
狼狼
商业的
充足的
王子
足够

Puzzle 346

阳	角	色	口	然	击	败	趣	亲	马	欲	带	解	父	疲	连	摇
型	光	赂	远	秋	季	。	情	蜈	蚣	摄	像	头	飞	滑	拍	研
貌	放	灿	之	重	区	信	饭	数	围	伏	区	乐	部	的	赂	快
虑	惧	约	烂	木	草	欲	祖	喜	墙	面	车	数	骄	肢	人	存
来	貓	子	权	的	遥	通	諾	觉	顶	秀	摇	源	有	欲	雪	虫
源	动	雪	他	典	蛾	先	部	镜	只	有	子	秀	存	不	日	焕
智	慧	转	发	动	己	解	惊	高	优	子	规	邀	衬	恐	不	带
幸	定	木	欲	焕	醒	租	欢	快	的	观	疲	租	肢	见	试	考
参	与	者	人	研	有	村	项	父	心	恢	降	家	于	遇	自	电
他	士	保	摇	面	草	柔	凑	乃	亮	不	建	衬	伙	便	自	况
能	雪	香	礼	上	分	真	要	觉	伊	柠	檬	汁	答	动	娱	便
肥	亲	然	不	具	钟	磨	碰	子	本	蠕	不	发	>	票	喜	基
条	飞	远	保	人	备	建	觉	乐	近	开	启	看	差	绍	自	心
特	皂	龄	安	豆	人	野	苦	部	不	于	老	貌	热	解	桥	落
>	伏	不	究	议	理	底	梳	部	傻	瓜	鼠	运	的	香	菜	信

阳光灿烂的
开启
欢快的
具备
香菜
摄像头
参与者
角色
老鼠
击败
家伙
傻瓜
只有
围墙
分钟
智慧
连拍
秋季。
蜈蚣
柠檬汁

Puzzle 347

成	功	毁	区	自	光	出	增	号	旋	傍	情	况	部	自	亲	过
绽	此	处	撞	行	举	便	特	加	惨	晚	况	自	飞	典	！	面
放	保	坠	木	车	行	要	计	部	社	马	村	桥	本	礼	保	书
坠	趣	数	摇	的	观	顶	划	镜	基	释	自	梁	醒	摇	摇	亲
醋	栏	情	况	子	心	迟	能	情	特	的	磨	热	村	人	暂	坠
分	适	当	想	车	截	娱	携	上	眉	循	木	复	后	遇	停	思
平	噪	行	虎	橡	距	中	疲	便	增	高	下	约	木	发	闲	的
便	转	觉	乐	音	子	中	乐	貌	增	了	啤	酒	雨	填	近	运
自	出	亮	量	衡	落	紧	肢	能	典	回	肢	恐	有	则	惨	观
行	心	延	袖	的	户	错	！	饭	出	块	宜	损	活	试	坠	有
四	年	便	况	机	理	究	从	便	色	的	营	养	事	雪	磨	。
自	高	错	考	直	下	衡	迟	接	的	持	老	驱	实	部	察	瑞
建	护	分	析	介	休	过	郁	特	受	息	军	人	情	旋	里	私
秀	香	热	疲	安	活	量	而	金	余	怖	因	自	加	四	四	滑
毁	坠	他	下	充	保	视	瑞	破	香	复	惨	持	娱	的	趣	木

啤酒
军人
的营养
出色的
事实
适当
成功
傍晚
截距
暂停
接受
分析
橡子
计划
的块
落户
自行车
绽放
此处
郁金香

Puzzle 348

护	介	绍	信	肉	平	落	碎	观	破	复	桥	婚	礼	过	木	特
的	村	摇	滑	趣	下	碰	滑	智	能	况	了	释	绍	程	虫	肥
查	日	人	试	之	排	恐	亲	苍	栅	热	型	人	高	中	亲	私
均	豆	保	滑	的	的	定	乐	鹭	动	动	人	也	士	摇	趣	票
匀	人	思	答	案	视	摇	信	水	答	乐	快	复	人	马	部	源
决	观	己	桌	惫	类	身	观	主	胶	素	况	自	醋	信	心	事
究	信	克	便	子	的	有	间	地	举	碎	的	祖	真	部	人	透
惧	醋	能	伊	静	远	信	思	状	友	光	权	镜	子	则	凑	权
车	主	滑	摇	复	幸	人	管	胶	便	好	亲	票	虫	而	损	遇
婴	儿	延	木	喜	考	糖	柔	理	肉	的	的	望	失	他	伊	趣
恢	驼	鹿	决	错	蛾	果	理	惨	者	的	究	书	父	因	电	子
滑	梁	损	运	驱	视	收	恐	疲	毁	后	瑞	坠	思	热	老	放
所	需	最	猛	地	从	灵	集	步	行	最	煲	类	心	水	延	疲
增	瑞	本	之	本	确	实	迟	驴	桥	议	澄	清	持	遥	放	优
虑	肉	上	独	立	性	先	活	顶	介	亲	秘	升	透	秀	面	邀

管理者
苍鹭
驼鹿
确实
答案
失望的
智能
过程中
友好的
糖果
镜子
独立性
步行
均匀
猛地
澄清
所需
收集
婚礼
婴儿

Puzzle 349

记得围的谈话刺破信任迁碎醋后安查伊
权想邀栏树特猬远升村移租释>定灵雪
直后眉旋休秀日稳高蠕研类想于号>究
马栅机闲选眉出摇怖肢有行来环地银行
麋鹿建蔻书本研水惊源损覆数填恐间摇
有乃碎乎摇蓬倍根复里蓝盖价值人秘泽
欲介身年源松条野项口铃士袖持见远自
典正共同度约觉书要信日特木蛾本动书
基人是的便医药柔私真士人安飞动优答
释虑老近肉自桥乐栏的栏书转看欲部因
排驱摇下撞表自秘望破情怖遥先情栏动
的延条皂理白复了驱遇复镜领安绍页野
手肥保票况权村虑水行虑己望马素肉出
指木情决马栗出察则升特恢决主题公鸭
傲蛾持解心树保欲部心许驴观下亮稳不

的谈话
表白
正是
年度
价值
公鸭
刺猬
麋鹿
蓝铃
围栏
医药
迁移
信任
蓬松
的手指
主题
记得
银行
覆盖
共同

Puzzle 350

一分钱
懒惰
买入
涉及
酒后
差异
丁香
骑自行车
一次
芹菜
很好的
碰撞
快递
流体
绘画
艺术家
虹膜
系统
苦差事
嘲讽

欲苦胶近平骑情不排素远号复衡貌本恐
复差木懒惰自乐情惫焕从很好的买木分
毁事袖>特行露一分钱的护能信入生泽
镜鳍然的考车能事眼记票条先稻迟则近
梳活快眼便察木骄摇股远活地袖諾稻发
遇马惫不来解最机填傲理肉车看焕平延
的数型项增己飞见喜凑士丁香先栏心趣
情差他最坠领饭磨过快递护一次嘲讽息
决祖介碰人复部几通信树酒后持试怖然
泽素项撞图复碰宜衬活栗保日况而喜系
落看他面衬损修涉及桌号肉看觉页热统
部存区复碰幸生来复出考心稳循人噪绘
芹菜袖能记疲差貓面克重最娱动绍权画
子飞的机迟。坠异降苦顶增排护水人自
艺术家图安热流体怖虹膜袋了研驱也项

Puzzle 351

察 间 的 妹 妹 官 图 带 差 情 考 野 复 持 面 书 排

柔 记 便 本 究 员 也 来 里 下 根 思 放 飞 许 ！ 几

生 决 音 爸 口 疲 马 理 日 直 票 焕 稻 人 书 有 碎

有 亲 通 爸 趣 的 车 源 眉 木 人 最 高 动 毁 热 复

热 错 选 电 号 降 。 之 本 > 人 短 延 然 惧 过 而

稻 自 状 闲 底 记 型 回 平 人 领 最 暂 过 。 经 自

惫 包 裹 突 然 的 行 紧 幸 老 平 定 傲 紧 ， 营 几

蔻 因 倍 快 子 衬 模 式 日 根 露 典 肢 乃 但 信 灵

栏 不 素 兔 绍 绍 蛾 带 香 桥 本 面 紧 饭 类 读 书

惧 错 误 子 改 善 飞 草 通 性 干 旱 许 娱 面 士 特

雪 父 怖 填 携 苦 区 祖 的 图 面 衬 望 远 究 本 遥

先 摇 破 子 身 性 程 手 修 解 丁 衬 赂 基 生 的 旋

不 老 幸 排 发 高 究 臂 热 面 议 看 肉 帮 雨 的 远

栏 情 的 股 惊 碎 快 电 复 煲 选 觉 程 他 助 教 镜

小 苍 兰 恐 研 有 马 秀 选 乃 间 心 顶 諾 蛾 育 泽

短暂
错误
带来
模式
爸爸
改善
，但
因素
官员
帮助
突然的
经营
读书
手臂
兔子
小苍兰
的教育
干旱
包裹
的妹妹

Puzzle 352

行 鱿 然 运 情 思 能 倍 解 蛾 信 瑞 遥 顶 增 出 母

请 鱼 摇 输 便 碰 平 皂 远 便 后 典 露 秀 动 请 鸡

心 查 树 破 雨 源 究 来 充 人 活 飞 年 典 觉 信 决

平 趣 恐 落 便 灵 填 租 马 填 然 特 諾 携 觉 系 列

遥 鳍 举 口 噪 充 书 心 然 主 数 饭 摇 票 菊 下 泽

骆 ！ 自 票 领 平 马 究 活 日 雨 亲 幽 循 花 最 了

野 驼 毁 疲 泽 稻 型 差 人 了 保 肉 灵 他 的 合 作

告 里 撞 记 从 页 对 四 增 记 稳 虫 醋 们 的 环 乃

诉 携 不 分 好 能 比 典 恢 中 考 典 查 的 携 凑 看

票 决 举 惊 乎 摇 度 貌 衣 柜 休 谈 话 暖 典 底 部

傲 于 来 事 加 眼 傲 蛾 桌 貌 磨 击 豆 温 同 磨 衫

赂 发 栏 的 修 过 平 循 高 则 便 差 剑 降 情 滑 高

衡 机 射 放 克 了 保 请 他 骄 区 保 心 修 性 四 然

近 许 复 不 慷 面 对 赂 股 也 碎 保 自 介 定 间 虎

况 袖 社 静 慨 之 克 不 行 介 煲 举 虑 有 怖 秘 议

系列
运输
幽灵
他们的
骆驼
面对
谈话
菊花
慷慨
合作
发射
底部
同情
衣柜
母鸡
对比度
击剑
告诉
鱿鱼
温暖的

Puzzle 353

紧乃理观护于桌来况降焕远真高趣篮草

分存通停心快过手股回草真紧乎顶球。

的肉考许顿傲木套制定股伏信排紧伊保

女余邀里傲见想凑惨行坠发图热自恐主

儿了息回落毁有倍选想心望惨露幸破伏

毁天，类规木噪灵音从本可释飞灵损素

阳空动远心肉狩栏諾解保可口页定毁父

袖光物野平性部猎运惧士号决私胶梳想

因人人鸡鳍复马凑闲口坠情伊梳摇上落

特旋邀里奇迹静静心豆幸解驴后面亮人

衫飞本里面衡答项底树复安人马衫乐究

迟察决页护响应服平衫释焕豆回权柔人

高级香马行亲心务自的项目他自能白秘

顶各种修于分顶社坠滑滑领外观况色远

他幸本条驴落入底马碎情信真息请苦滑

各种
落入
停顿
服务
白色
外观
阳光
的女儿
野鸡
高级
奇迹
可可
制定
响应
狩猎
，动物
篮球
手套
天空
的项目

Puzzle 354

绍招展览邀轨爸爸的士循看典磨解羊坠

理商>的惨道保野兄惊栗了露票试毛自

根引士姐姐木梳部弟滑余页情。地领理

肢资子因惊号闲驱能存私蛾伏上通议行

权复观热邀信静趣记通基究究添加醋素

子傲存衫出梳丁选父乌他顶有凑复栗循

遇豆基平豆究自书过的龟重复环的复基

放因鳍持滑图过动想破领他马迟研紧本

心觉中私数信稳鳍特合车带己时钟事蛾

携区乐营后子饭乎解欲作虎坠快子研底

喜绍主见部安邀量真木升伙而究泽因有

决。遥摇快循远条男子音光伴余心领滑

蠕肉大家遥士真木热最记赂瑞骄>上情

碎升信。碰的伊得便本衡虑乐表示转决

况增不建保动主分于摇怖便环欲信树部

表示
合作伙伴
大家
私营
羊毛
时钟
添加
得分
轨道
醋栗
的领带
姐姐
乌龟
基本
展览
男子
招商引资
看了
的兄弟
的爸爸

Puzzle 355

规 好 的 光 橱 查 休 行 事 见 子 村 马 便 保 特 动
分 祖 赂 生 柜 > 真 栏 终 复 通 焕 素 答 > 他 部
快 衬 克 噪 部 部 包 含 于 说 情 飞 余 情 热 保 几
草 则 况 > 选 门 父 透 生 话 察 的 间 灵 高 坠 主
坠 机 保 子 图 延 见 热 树 书 转 况 驱 有 人 苦 先
饭 飞 生 滑 貌 理 遥 热 子 瑞 惫 行 里 况 恐 难 迟
不 桥 便 的 心 礼 > 想 他 木 优 书 眉 的 碰 损 介
野 本 回 口 车 安 决 邀 几 社 约 子 灵 恐 乐 顶 马
欲 选 的 根 心 衬 典 蛾 子 喜 乐 骄 重 坠 特 喜 人
树 惨 雪 然 紧 冰 箱 赶 路 爱 虑 仍 摇 现 ， 因 此
情 口 撞 电 调 贸 动 记 举 研 最 因 然 任 书 雇 乐
记 真 虫 素 整 易 而 驴 高 树 栗 骄 貓 自 情 素 用
区 相 能 够 填 坠 直 音 香 肠 皮 高 间 之 患 者 直
望 摇 乎 书 股 泽 延 填 优 肥 惊 乃 解 究 梁 本 转
理 惨 来 号 错 持 的 子 优 号 衬 息 紧 望 骄 衡 老

贸易
包含
苦难
赶路
冰箱
雇用
，因此
香肠
部门
现任
橱柜
真相
能够
说话
调整
终于
树皮
仍然
患者
喜爱

Puzzle 356

扶 秘 了 村 基 爱 高 迟 袋 能 粗 亲 究 型 行 乐 >
过 手 自 老 得 好 存 状 能 事 心 野 傲 村 恐 轻 微
理 解 椅 见 秘 主 解 幸 滑 的 议 的 高 口 项 乐 面
循 考 页 苦 页 的 胶 克 典 安 老 加 入 地 平 口 马
程 环 情 欲 身 皂 循 子 遇 惧 驱 则 身 许 亮 稳 人
中 发 礼 修 光 父 错 光 项 桌 于 喜 份 滑 修 本 欲
面 乃 教 有 存 导 演 看 量 凑 日 特 栏 从 几 父 后
袋 眼 师 解 子 移 乐 透 保 不 灵 环 父 产 肢 危 惨
晚 餐 遇 决 柔 活 动 皂 野 肉 能 怖 飞 品 典 险 地
回 有 幸 修 碰 复 惧 页 他 主 迟 露 肥 过 毁 车 草
灵 快 保 他 披 充 典 胶 释 惫 虑 倍 源 损 紧 自 便
延 栏 热 音 不 萨 环 袋 伏 自 从 热 定 因 项 坠 携
汽 油 村 顶 的 保 于 状 型 区 答 自 复 心 飞 间 式
号 安 程 息 鼻 恢 蠕 胶 趣 > 马 直 虎 伊 磨 日 权
白 菜 没 事 子 最 桌 升 的 几 书 素 生 最 头 部 研

教师
解决
没事
头部
移动
披萨
的鼻子
导演
产品
汽油
晚餐
便携式
粗心
爱好
危险
白菜
加入
身份
轻微
扶手椅

Puzzle 357

面	野	通	已	噪	音	升	下	面	人	磨	举	仓	信	损	赂	复
包	上	貌	经	考	重	间	。	远	摇	苦	紧	鼠	便	巨	乐	蠕
车	平	蠕	树	票	马	遥	倍	独	奏	理	凑	后	落	梁	大	携
平	树	欲	快	泼	野	本	摇	有	通	煲	紧	梳	热	本	几	的
来	蠕	察	理	觉	妇	护	考	镜	究	己	增	有	保	肉	甲	老
有	了	存	记	邀	看	雨	口	四	书	虎	高	优	升	撞	惨	虫
行	行	趣	真	乐	高	逃	蛾	人	中	坠	疲	滑	四	类	快	远
骄	生	发	雪	蠕	幸	生	娱	衡	飞	煲	恐	量	没	有	蛾	转
近	稳	上	毁	扑	通	木	答	子	行	要	释	闲	情	释	观	修
飞	程	祖	条	亲	赂	年	人	木	循	娱	幸	草	性	作	则	考
反	镜	先	祖	选	事	里	醒	来	的	马	破	有	底	者	活	子
应	乐	里	也	克	父	肉	里	回	情	自	状	落	父	的	数	许
词	视	马	倍	因	休	部	镜	动	差	坠	来	循	四	热	灵	宜
汇	自	部	分	疲	介	喜	况	车	许	议	存	栏	回	宜	行	不
之	的	有	用	怖	紧	蜡	笔	趣	状	的	请	摇	趣	娱	便	豆

已经
紧凑
的有用
部分
下面
甲虫
没有
醒来的
逃生
作者
反应
泼妇
词汇
独奏
噪音
扑通
仓鼠
蜡笔
面包车
巨大的

Puzzle 358

组合
邀请
绝望的
对不起
小数
判定
兔子天
进一步
避免
机关
技术
法官
交易
情况
粗细
触摸
还原
甜蜜
油漆
教室

泽	光	答	肉	重	租	活	对	教	乐	灵	行	焕	趣	循	衡	苦
迟	自	间	倍	惧	休	动	心	不	室	惊	幸	克	的	组	合	邀
后	充	有	书	动	发	见	柔	有	起	不	解	书	近	型	蛾	肢
遥	解	年	素	法	趣	驱	平	页	信	通	先	碎	貓	士	木	衬
带	信	旋	填	官	持	图	则	祖	虎	便	思	。	重	惨	数	貌
还	的	复	礼	心	想	信	余	粗	祖	保	车	木	士	栏	私	秀
原	书	想	草	根	坠	得	避	细	几	虫	直	滑	坠	情	邀	请
梁	瑞	真	油	考	碎	领	煲	免	了	动	紧	虎	然	绝	面	优
考	面	领	漆	驱	书	木	许	生	子	信	主	究	从	望	地	不
。	雨	察	父	柔	动	好	息	马	水	甜	安	鳍	貌	的	旋	请
交	易	护	疲	情	况	活	判	定	察	蜜	主	衬	小	数	回	四
撞	惨	视	进	苦	不	木	机	关	循	人	损	镜	滑	增	乐	了
肢	坠	露	一	水	从	旋	考	觉	栅	本	差	秘	栏	稻	书	饭
回	了	几	步	便	木	究	源	心	快	了	触	摸	技	术	赂	心
露	条	煲	老	亲	貌	乎	遇	虫	倍	礼	四	底	主	免	子	天

Puzzle 359

之 前 情 发 平 保 书 查 鳍 火 野 究 约 出 条 快 直
见 解 他 自 桌 眼 草 加 解 举 箭 容 最 遇 况 便 量
循 环 猫 权 乐 的 要 了 惨 不 号 许 忍 貌 摇 填 老
行 回 乐 头 貓 闲 父 访 心 介 人 欲 光 发 諾 马 恐
克 平 理 娱 鹰 底 惧 问 操 作 元 年 视 看 雪 安 虫
摇 得 有 邀 查 肉 转 趣 培 训 素 有 煲 他 瑞 蚂 蚁
毁 发 解 雪 鳍 于 苦 口 虎 透 桌 考 复 顶 虎 四 建
虎 特 高 决 程 便 摇 袋 类 请 赢 了 笑 理 亲 填 快
苦 面 理 他 建 毁 年 村 闲 而 解 马 试 条 部 木 后
底 类 紧 大 人 情 修 稳 则 保 状 发 人 静 透 乎 落
然 增 书 便 望 透 复 动 己 复 肢 疲 理 热 邀 数 思
的 豆 衫 便 摇 泽 的 壁 画 不 差 状 有 乐 决 而 便
滑 保 记 落 车 亲 桥 树 恐 近 醋 信 飞 循 用 品 秀
梳 察 坠 的 身 理 梁 细 胞 远 热 眉 顶 理 子 滑 查
面 粉 自 情 村 下 幸 乐 动 破 增 马 身 > 木 秀 请

用品
赢了
火箭
之前
容忍
的壁画
访问
桥梁
大便
修复
蚂蚁
猫头鹰
面粉
细胞
口袋
培训
操作
笑了
元年
循环

Puzzle 360

高 曲 棍 球 真 面 稻 自 露 乎 分 答 己 的 富 况 旋
高 恐 热 中 行 觉 研 平 恐 私 栅 差 怖 保 含 量 极
撕 延 社 能 疲 蠕 因 研 优 行 马 。 他 便 醒 了 地
马 裂 允 几 亮 私 自 己 租 业 牙 齿 栗 私 泽 貓 猫
平 草 许 闲 水 人 镜 充 木 显 著 转 飞 性 鳍 页 车
蔻 性 欲 下 看 解 衡 不 衫 不 小 他 醋 选 乐 栏 遥
乃 转 克 究 存 的 高 磨 百 转 马 蛾 型 自 释 伏 远
野 龄 邀 克 保 医 坠 峰 个 老 则 肉 马 迟 泽 亮 四
遥 差 动 摇 他 生 咖 稻 解 要 梳 梁 马 栗 考 近 社
建 滑 觉 宜 摇 部 啡 崩 的 回 滑 社 必 骄 解 增 了
页 乎 好 乃 直 决 自 溃 饭 降 项 帽 要 定 栗 要 欲
稻 恢 于 程 页 于 便 得 幸 不 滑 子 的 片 了 究 动
看 胶 热 滑 恐 眉 热 露 人 号 情 过 醒 段 行 骄 升
中 底 貌 型 休 苦 祖 规 改 充 生 邀 心 人 通 飞 马
摇 得 雨 疲 雪 遥 决 则 类 变 了 间 虑 伊 凑 的 记

行业
帽子
曲棍球
小马
允许
百个
显著
规则
咖啡
必要的
牙齿
自己
高峰
富含
片段
的医生
改变
崩溃
撕裂
极地猫

Puzzle 361

建	高	保	行	情	车	肥	丘	木	音	平	静	拼	写	蒸	平	疲
迟	立	关	蔻	为	支	持	比	解	复	木	便	>	惨	汽	落	礼
量	桥	联	带	社	克	栅	特	近	来	本	动	乎	情	遇	木	主
袋	虎	转	露	首	里	余	野	情	虎	带	惧	倍	栅	倍	近	直
考	諾	得	眼	脑	动	私	恢	过	快	理	闲	的	树	许	序	肢
上	衣	惧	秘	会	摇	物	行	苦	携	观	带	四	睡	眠	列	镜
自	娱	自	乐	议	分	情	园	型	底	的	来	推	肥	来	稳	情
焕	的	动	典	不	子	落	理	士	无	效	了	出	过	镜	音	了
伏	图	究	回	而	面	保	两	次	看	的	信	疲	得	事	持	人
龄	解	便	眼	议	从	类	程	滑	项	的	则	放	休	下	村	过
虑	不	状	书	情	最	子	记	近	真	然	最	情	士	图	查	最
降	修	网	络	休	坠	理	马	错	部	木	木	事	摇	木	赂	蠕
村	学	袖	露	梳	动	貓	龄	不	数	查	主	父	决	恢	眉	趣
的	习	直	貓	惫	克	马	的	余	磨	况	焕	租	分	状	情	人
选	来	老	摇	也	肉	镜	的	远	余	秘	桥	答	来	祖	答	自

丘比特
推出
动物园
建立
带来了
网络
平静
拼写
学习
序列
两次
关联
蒸汽
自娱自乐
上衣
支持
无效
首脑会议
睡眠
行为

Puzzle 362

虚假
山羊
转移
音乐
也不能
完整的
科学
牛奶中
逮捕
会见
实践
的邮件
的文章
的关注
采访
驾车
真正的
耳朵
公式
很多

保	有	出	的	肥	牛	奶	中	袋	条	疲	逮	捕	地	领	雪	>
想	年	破	音	程	乃	社	况	山	从	间	落	光	倍	科	学	安
释	注	丁	修	乐	本	碎	存	羊	延	栗	栏	苦	倍	的	公	式
喜	关	有	远	排	分	条	好	页	栅	飞	草	举	损	事	滑	人
升	的	正	真	惨	项	醋	约	的	文	章	惧	情	考	车	存	情
活	因	邮	乐	耳	朵	礼	人	虚	也	不	能	摇	亲	驾	亲	木
息	实	肥	件	降	数	恐	摇	噪	假	完	整	的	蠕	车	本	主
欲	践	栗	素	差	口	伊	驱	柔	决	几	根	磨	区	下	升	醋
带	保	摇	本	顶	基	骄	要	焕	信	中	的	增	坠	己	转	移
试	选	热	事	落	错	研	毁	解	解	蛾	解	貓	惧	本	醒	好
试	上	重	龄	倍	特	身	项	蠕	龄	飞	采	访	底	增	紧	思
坠	后	赂	研	亲	了	况	马	人	稻	便	典	量	自	典	恐	旋
伏	活	自	摇	村	看	木	选	中	动	复	坠	他	坠	士	镜	的
坠	遥	肢	栗	亮	的	考	余	考	蠕	租	基	回	自	程	不	惨
会	见	很	多	延	紧	决	父	复	出	趣	眼	飞	修	议	欲	自

Puzzle 363

依 农 骄 蛾 户 损 性 静 复 眉 过 来 惨 释 本 自 带
赖 民 柔 秘 外 欲 然 静 趣 基 有 察 闲 活 项 遇 中
先 行 主 本 透 遥 看 动 性 加 描 面 上 几 个 伏 泽
袖 迟 思 毁 村 人 伊 见 替 碰 然 述 规 摇 信 豆 秘
发 桥 车 差 考 日 降 潜 定 代 老 虎 生 姜 情 部 蔻
音 解 父 究 基 焕 真 水 雪 袖 电 皂 情 察 豆 颈 上
复 程 的 热 人 携 看 也 保 区 蠕 子 放 他 权 部 看
部 怖 平 从 因 木 每 只 见 自 研 面 书 桥 倍 身 栏
虎 醋 区 灵 梁 傲 迟 恢 坠 程 带 性 定 本 驱 释 数
则 露 完 美 欲 降 相 互 作 用 之 平 的 旋 木 书 豆
疲 的 况 运 数 自 心 选 香 保 护 于 官 袖 的 礼 议
答 身 保 情 了 远 租 动 透 梳 活 安 方 图 究 不 特
电 礼 服 貌 建 镜 有 信 里 欲 马 独 父 恐 木 足 释
下 中 之 行 鼬 鼠 存 释 放 过 排 子 自 条 克 镜 马
己 梳 虎 马 情 真 解 飞 考 复 倍 情 运 噪 之 政 治

几个
老虎
替代电子书
户外
独自
每只
政治
不足
鼬鼠
相互作用
的官方
颈部
依赖
生姜
保护
农民
描述
礼服
潜水
完美

Puzzle 364

亮 特 思 放 介 之 最 凑 坐 素 情 父 滑 碰 遥 通 磨
磨 程 幸 持 持 静 部 错 在 眉 骄 磨 稳 转 增 国 损
紧 保 草 惨 息 便 排 排 检 梁 椅 因 噪 信 乃 王 口
质 量 人 部 礼 信 草 静 交 测 蠕 子 不 祖 野 发 放
介 私 活 稳 复 了 鲜 灵 叉 分 諾 观 观 选 机 醒 素
大 衣 部 理 的 源 花 稻 回 有 的 木 匹 充 带 貓 肉
的 旗 灵 趣 事 理 露 草 了 木 需 视 配 迟 看 遇 本
破 规 标 焕 情 约 部 人 桥 素 求 请 肥 破 面 先 自
豆 村 平 闲 望 遇 肉 顶 不 有 办 法 竞 争 便 书 克
摇 稻 行 雪 上 过 存 摇 号 袋 页 快 查 于 后 权 心
飞 亲 研 则 眼 领 本 充 安 滑 滑 植 物 的 抽 屉 程
型 木 带 雪 克 真 安 视 亲 村 旋 自 主 察 图 热 光
礼 通 面 最 望 活 柔 答 自 撞 面 介 真 分 素 宜 年
木 遥 进 行 领 的 行 平 许 休 袖 举 视 平 蠕 醒 回
己 部 信 得 租 恢 乐 木 最 蔻 > 转 水 释 傲 本 摇

办法
大衣
椅子
质量
植物
交叉
进行
的需求
鲜花
磨损
匹配
检测
国王
抽屉
竞争
稻草人
旗标
坐在
雪上
的事情

Puzzle 365

梁 然 部 损 过 落 程 本 许 蔻 要 摇 准 试 的 落 近
喜 况 煲 社 修 撞 心 衫 理 区 通 露 备 驱 过 噪 环
然 摇 可 伏 里 观 海 真 虫 趣 建 议 桌 选 见 心 理
察 胶 见 热 眉 坠 拔 账 户 余 煲 请 增 闲 项 从 里
滑 静 的 龄 恢 不 灵 滑 克 马 军 眼 生 摇 动 最 趣
通 话 的 亲 增 下 充 空 碎 书 队 龄 近 而 增 原 机
循 远 灵 高 状 坠 电 中 复 諾 光 虑 视 露 约 露 因
的 。 旋 灾 难 回 私 延 区 下 露 答 重 条 护 发 己
便 士 亲 心 的 惨 家 长 情 复 骄 子 栗 优 静 考 类
乎 优 士 行 噪 余 选 闲 规 面 虫 傲 建 质 许 那 种
人 有 便 音 梁 怖 请 香 树 豆 信 号 的 的 根 源 一
中 理 乐 驴 理 眉 求 肢 瑞 事 真 即 衡 研 也 的 般
里 驴 请 雨 主 中 有 解 驴 望 恐 时 环 远 论 飞 热
的 活 领 环 。 惫 建 保 胶 自 的 量 排 雨 文 复 思
平 先 灵 遥 增 程 填 得 近 落 重 几 于 惫 自 优 村

通话
可见的
信号
请求
一般
军队
论文
灾难
那种
原因
延长
回家
即时
便士
优质的
账户
骄傲的
空中
准备
海拔

Puzzle 366

看 貌 碰 不 > 区 他 乐 选 乎 了 傲 选 摇 之 滑 情
坠 记 馆 旅 的 欢 迎 情 本 礼 摇 争 辩 思 稻 乃 租
人 滑 权 动 有 面 况 估 计 驱 光 从 情 底 运 释 存
研 趣 静 他 重 上 状 摇 远 破 通 决 息 心 通 知 静
动 老 木 时 底 书 亲 信 护 介 噪 衡 稳 图 梳 静 欲
后 地 顶 刻 小 发 主 间 雪 动 的 安 看 试 木 保 举
理 私 究 携 开 玩 笑 酒 要 社 乐 尖 举 情 优 察 稻
试 绍 查 解 书 破 记 吧 子 电 傲 叫 他 主 肢 滑 梁
权 眉 衬 解 噪 露 释 疲 露 电 考 第 他 的 飞 私 毁
远 征 自 欣 然 心 > 亮 有 望 幸 三 研 光 任 碎 骄
复 树 租 倍 典 丁 毁 考 礼 恐 号 个 记 邀 底 何 木
祖 士 查 过 举 蔬 菜 信 中 子 身 坠 察 重 建 龄 透
研 上 究 怖 底 惧 栗 转 亮 之 真 通 惧 摇 介 能 差
从 揭 来 怖 本 露 欲 的 情 乃 行 之 热 乃 周 > 老
请 问 示 修 信 恢 草 选 举 解 蠕 头 发 特 期 本 摇

第三个
选举
的旅馆
尖叫
的任何
估计
开玩笑
酒吧
小时
请问
周期
通知
远征
时刻
蔬菜
揭示
的欢迎
头发
争辩
欣然

Puzzle 367

子安的排存区里衬本特落思议本丈胶不
然静典议运远近不介幸充的地身夫冒犯
子的伏衬复动幸恢坠子转项学村野余事
秘请的倍喜醒静自凑貌摇子校人柔平肥
请最高马究煲滑。过面社袖几况自条子
眉静租介了摇摇修思虑从驱袋因忘父母
记栅驱生热循生幸高也的碎任错记特填
平紧最风态度露伏最光选栅何保木沉撞
生飞子暴尤梳型行祖绍号护人物理默闲
四建理亲其摇根的老。伊运衫心滑抗拒
人欲建加是心克本飞人启动特磨猫安諾
他决摇的父远乃镜心音运行条平先试飞
自远间完全专家升摇要驱重存父原子欲
从见虑老桥士雪发鳍数安己看之根惧查
安条欲下究透视马惧滑行毁邀撞旅本考

沉默
平原
安静的
学校
忘记
尤其是
态度
启动
物理
运动
运行
专家升
完全
之旅
风暴
丈夫
父母
抗拒
冒犯
任何人

Puzzle 368

生菜
例外
灭亡
分散注意力
一起
一系列
制造
导航
匆匆
，也没有
十年
艇体
远近
辉煌
物质
动物
阳台
楼梯
盛大
驰骋

摇质眼型能存趣请蠕迟最一事滑携发音
动物答恐况礼从热升看辉系飞制造下子
楼素克灵电有马动坠豆煌列先领邀条思
梯乐看疲。碰惊衫研查怖的行领秀人考
书惫貌动根的稳子复量研自乐十盛大远
紧自摇保差余袋面静快而根衡年虫票坠
排电香身增摇坠驱高图究情延破记！乐
书从眼护生阳撞觉祖底有自木条情出发
！心信克菜台延视虫碰顶稳马露衫远近
艇体，建导磨状娱一子>况木梳热情里
摇亲静也出航驰骋起幸虫高醒书素例外
野蛾驱社没平增灭摇苦子雪虑碎露便衬
分散注意力有图快亡部恢出热飞护滑亲
镜信焕傲发运闲出子得木心充行他驴>
充从丁重匆匆本邀日遥骄也肉休衡雨灵

Puzzle 369

梳貓而察的的自士发要稳克不重型方马

丁基諾高羊不车情展判遇衬諾量喜面生

况本中桌主建肥人升建决于定他充幸娱

好活的恐趣祖自况充议光眼饭最增护而

况试乐定情想选遇权理幸优摇子露飞遇

最香亲则下伊桌乃的森的高惊邀草想性

。稳于飞察息研闲胆林肉桂第十绍栅的

有请约间树建源情保小分部选人究栅得

安心察底究顿人摇机不配领带特况驴人

村自番茄外时泡选降性的坏最信栅玻从

望貌衬草人壳打口有鳍作研面露桌璃考

袖子约因信平粉恢香信用究试摇议决煲

领程信望梳书貌噪蕉娱肉生复饭况存惫

携煲况摇事要最增特虎程鳍摇发惊镜错

眉页乎分遥宜数苦来远得请余撞坠日觉

重量
肉桂
的作用
建议
判决
最坏的
胆小
分配
森林
第十
香蕉
方面
发展
的羊
番茄
玻璃
泡打粉
研究生
顿时
外壳

Puzzle 370

惧充子错趣磨能怖衬己亲娱灵亲飞不既

底保持稳心的社环保生身>破惫回理久

心雨鸟出来优部民公介磨坠落重升驱的

也紧啼休出性指用自傲柳叶部本真乐摇

镜之胶交血了责衬相伊便能差里根子分

镜草部融心热状复拥欲貌不虎清增来惊

释面摇惨热泽书坠猕情高查本晰凑页选

磨磨貌几典自子政策猴觉放取区袖安遥

增惧过激励衫破权不礼桃静决野灵高坠

扭动的循醋票有休解因摇木于举增直通

士灵查草野权查乎有遥查面自破碎破况

奇延子莓惫日洗本娱近得野旋信亲面的

典怪的理秘视发骄梳光旋乐理梁底票携

得碰伤考究人携秘桌恢破焕书礼的电眉

高摇害眉鳍皂肥后状答秀諾安破蠕地肥

取决于
相拥
扭动
鸟啼
草莓
激励
奇怪
清晰
交融
公民
猕猴桃
的伤害
民用
指责
洗发
政策
柳叶
出血
不久
既不

Puzzle 371

忽 略 研 伊 提 复 音 信 休 私 人 规 否 中 回 虎 面
热 里 本 最 交 的 议 凑 请 坠 喜 热 定 律 师 权 约
灵 柔 己 回 安 研 荒 镜 视 有 热 邀 破 露 衡 怖 分
滑 人 填 过 胶 虑 考 野 衫 泽 真 高 研 有 疾 上 子
镜 私 丁 栏 旋 乐 借 袋 里 之 得 素 煲 不 病 量 法
升 自 马 柔 动 了 喜 给 藏 间 类 特 温 镜 热 发 规
部 热 恢 输 究 高 亲 胶 红 疲 生 研 水 范 绍 票 性
记 保 栏 入 号 修 排 项 花 得 高 乃 撞 围 行 理 音
栏 主 真 近 父 之 息 选 。 理 滑 安 己 内 损 栏 保
心 况 社 请 最 远 票 股 紧 复 栏 三 只 老 醋 普 通
机 便 看 柔 后 父 便 最 破 幸 坠 娃 娃 香 鳍 敌 恐
伏 股 虎 的 闲 研 电 型 碰 号 蠕 素 考 机 詹 人 后
要 驴 的 蠕 加 飞 摇 秀 娱 紧 木 冰 蔻 真 驴 直 秘
灵 栅 亲 化 妆 特 况 觉 得 不 静 栗 柱 于 丁 状 人
数 议 顶 镜 肉 远 。 透 明 亮 试 惨 的 摇 见 遇 动

借给
藏红花
娃娃
范围内
敌人
提交
否定
普通
法规
的荒野
三只
冰柱
输入
忽略
透明
律师
疾病
温水
化妆
之间

Puzzle 372

也 结 构 年 龄 根 子 西 协 议 ， 考 生 日 蛾 恢 倍
循 理 升 马 平 领 恢 兰 惧 票 页 快 树 部 貌 量 伊
讨 论 议 得 本 秀 损 花 秀 子 绍 书 之 选 撞 定 察
性 > 栏 特 音 答 的 瑞 达 成 一 致 透 挽 留 紧 亮
宜 源 傲 运 灵 木 地 数 她 条 件 租 差 行 状 量 点
稳 豆 桌 后 衫 从 修 许 士 的 先 滑 复 结 相 数 分
延 约 理 降 恐 有 生 观 水 的 察 蛋 出 婚 关 特 征
社 类 定 焕 子 伊 的 雨 信 娱 猫 趣 糕 票 平 木 保
毛 衣 木 记 碰 而 趣 存 通 自 人 上 许 记 护 雨 恐
柔 音 年 最 衡 便 镜 考 远 快 驴 驱 破 租 得 根 木
主 特 错 摇 年 根 驴 虑 镜 携 露 的 心 地 村 本 镜
究 究 亲 乐 梳 人 紧 怖 复 的 人 简 磨 风 大 怒 自
滑 电 虑 型 考 数 眼 伏 野 发 > 单 票 秘 筝 信 快
子 > 恐 根 身 滑 野 最 眼 人 能 好 复 泽 貌 攻 击
！ 规 惊 乎 休 泽 要 眉 摇 过 书 子 野 项 觉 眼 心

条件
特征
她的
结婚
协议,
亮点
考虑
结构
讨论
相关
的简单
西兰花
大怒
风筝
年龄
攻击
挽留
达成一致
蛋糕
毛衣

Puzzle 373

栗 稻 驴 过 桌 野 野 恐 子 你 欲 周 人 醒 虎 的 思
麋 行 休 观 望 社 面 袋 本 自 不 则 末 了 迟 移 因
鹿 保 安 稻 全 球 息 乐 有 己 先 闲 了 然 书 动 觉
解 保 人 落 动 飞 苦 况 秘 了 增 木 坠 活 衬 灵 从
不 优 飞 的 几 摇 记 倍 早 龄 丁 日 娱 好 循 衡 号
间 惊 醋 撞 的 闲 面 泽 的 餐 祖 视 部 野 建 心 水
丁 性 先 丁 信 研 龄 事 貓 息 人 转 稻 趣 源 蠕 肢
野 关 键 天 使 祖 理 村 动 通 貓 心 究 约 四 举 见
肉 諾 解 的 平 飞 焕 出 情 块 绍 事 准 介 草 面 坠
木 中 旋 语 落 要 动 特 坠 的 谈 话 备 而 主 动 过
于 解 乐 分 音 其 他 音 试 人 解 雇 胶 人 撕 裂 远
野 日 社 降 遇 野 飞 秀 衬 醋 眉 露 延 顶 幸 想 而
音 页 之 间 肉 梁 胶 因 人 谎 言 磨 虑 部 飞 优 梳
在 这 里 子 雨 身 之 活 解 傲 保 地 平 好 选 票 桥
破 草 从 的 马 规 息 复 远 地 平 研 上 系 统 几 于

关键
的移动
语音
天使
周末
你自己
顶部
早餐
谎言
其他
全球
在这里
解雇
的块
麋鹿
的谈话
系统
撕裂
准备
之间

Puzzle 374

重 事 心 区 保 老 情 袖 人 驱 苦 分 复 子 热 影 响
磨 休 决 过 正 确 的 定 欲 醋 素 年 子 黄 木 人 本
活 下 人 护 解 伊 克 磨 落 试 运 克 护 油 豆 便 降
信 噪 规 溜 冰 未 介 本 灵 的 秀 闲 己 四 响 类 动
本 于 安 子 面 来 发 趣 。 平 撞 > 马 环 醋 亮 请
栅 迟 眼 赂 动 稳 马 选 四 老 机 会 ， 学 校 马 区
动 素 降 幸 稳 野 环 醒 身 答 摇 最 优 子 亲 怖 信
蜥 子 平 想 口 坠 梁 乐 方 修 醋 不 摇 高 碎 保 秘
蜴 柔 焕 好 媒 体 亲 暂 停 向 瑞 了 树 豆 行 养 情
迟 优 口 过 肉 遥 灵 惊 机 降 趣 基 间 则 中 定 子
而 保 驴 之 露 损 煲 蛾 有 远 士 野 高 了 疲 便 想
袋 貌 有 自 队 伍 选 的 降 赂 亲 赂 心 理 来 之 建
结 而 旋 不 先 议 亮 错 田 磨 饭 皂 了 迟 后 蝙 栗
木 果 社 的 碰 顾 客 项 径 排 热 己 坠 则 素 蝠 碰
来 子 页 > 破 遥 自 顶 理 马 滑 蠕 幸 小 型 疲 >

黄油
蜥蜴
影响
小型
未来
田径
溜冰
保养
方向
正确的
蝙蝠
定的
队伍
响亮
机会，
结果
顾客
媒体
暂停
学校

Puzzle 375

老奶姥乘份额建携摇行幸人苦过信宜落
吸奶姥蓝法好状碰优里况也苦查悲心饭
引豆典铃惊即快过赂凑体育遇栅惨研几
力过栗遇主幸时露丁理保余肉绍保肥带
年察热子泽自差邀况部几丁部而图焕镜
碰则增肉建自面乐信他性运香草情循高
便眉胶焕自恐然情疲艺理察本信英寸要
运喜领根带趣里镜于术镜坠便近透要优
乌鸦桥要研镜礼里泽情解>许发最本四
职责分坠梁行后发言权保衡看这种放宽
栅究特面諾趣心典之虎伊迟顶型乃饭周
子豆栏人肢保摇发回思远充建的驱带长
保地父降心生面木栗身亲摇持鼻幸紧惧
便眼携遇落优错泥带举士延惨子况类则
考香香趣信自数泞号！介了肥几介损远

奶奶
发言权
放宽
姥姥
周长
职责
泥泞
份额
这种
英寸
乌鸦
乘法
吸引力
悲惨
艺术
体育
蓝铃
丁香
的鼻子
即时

Puzzle 376

口中灵错复观信虫梳素项喜自的磨解欲
心貌礼的球员表明重回怖地亲结生幸私
便主察水衫特的滑语木图的我果不人形
亮过部行书自便四恐句电有衬们猫落状
过鳍欲记记木胶宜雨的加究蛾远水况想
摇心马心情滑放碰肢游页娱迟礼要饭放
镜伊里记信傲有口滑戏煲许动许选木！
幸人思乐泽梳饭沙典想镜自。野决蛾见
页蠕复马许直蛾堡升解之放察图肥平惧
最威力生木不久持人音复鳍养股面延本
虎身有望喜啤酒胶猫动静疲最静思议察
面携生摇行生建乃座衫行状保乡的事件
部放决项分性中乐状宜怖老国家木有草
底型素先行虎发里口镜破高遥的趣坠行
摇子重水年度从袋凑复望究栅篱笆>子

有望
形状
猫座
国家
篱笆
表明
语句
威力
事件
的球员
放养
游戏
的结果
沙堡
的家乡
我们
书记
啤酒
年度
不久

Puzzle 377

票 木 袖 有 父 循 不 运 项 赂 查 子 露 复 情 栏 陪
许 便 部 邀 百 个 奶 酪 恐 坠 数 他 决 况 意 惊 审
好 图 雨 醒 碎 立 便 思 撞 性 惊 最 紧 面 图 况 团
建 带 请 典 来 独 查 灵 欲 理 电 草 恐 幸 几 护 面
摇 疲 假 焕 叫 的 保 紧 子 皂 疲 遥 坠 因 乃 理 驱
票 信 老 水 飞 着 顶 子 紧 稳 野 信 的 释 研 天 空
决 的 摇 便 惫 衫 不 好 > 根 情 余 破 村 型 焕 近
理 循 加 他 要 先 绿 野 子 透 醋 源 差 秀 升 圆 磨
了 便 袋 转 号 规 色 闲 复 型 信 典 答 胶 栗 柱 电
赂 延 虫 于 释 觉 草 勇 敢 子 幸 露 镜 趣 股 落 况
过 有 噪 柠 檬 然 不 察 眼 得 部 顶 入 重 ！ 亮 趣
数 他 间 破 遇 围 欲 研 财 衬 镜 凑 口 观 性 间 领
饭 乃 自 面 坏 墙 焕 迟 产 人 损 情 瑞 的 能 量 饭
鳍 部 危 险 几 饭 远 环 自 本 噪 休 自 焕 不 便 疲
亲 解 汽 车 旅 馆 平 梁 视 袖 情 循 貓 父 蛾 摇 雨

圆柱
财产
的独立
请假
勇敢
意图
叫着
奶酪
柠檬
汽车旅馆
入口
的能量
绿色
陪审团
破坏
围墙
天空
危险
醒来的
百个

Puzzle 378

平均
橡皮擦
锄头
水波
更新
辣椒
晃晃悠悠
追逐
最高的
围巾
下一个
理论
谈话
教室
行业
拼写
描述
匆匆
判决
法规

运 。 了 增 释 复 定 休 晃 平 增 休 存 下 一 个 衬
袋 瑞 蠕 克 透 分 迟 虎 晃 均 更 面 自 桥 树 情 因
程 电 举 橡 安 乐 行 考 悠 理 论 新 面 锄 己 研 袋
驴 机 水 波 皮 判 决 袖 悠 规 活 行 业 头 他 议 便
得 驱 年 生 休 擦 部 衫 望 有 怖 真 的 近 增 情 乎
落 觉 > 龄 通 规 追 逐 他 碎 镜 滑 亲 带 惊 马 行
因 瑞 复 幸 面 煲 好 四 增 恢 考 伏 想 自 量 后 驱
类 类 看 了 则 光 心 车 树 书 瑞 紧 面 滑 自 有 拼
不 于 的 马 怖 议 过 不 事 木 查 围 租 降 高 类 写
信 肥 见 人 人 自 野 复 法 老 出 巾 碰 辣 谈 话 光
面 瑞 马 摇 袖 性 上 车 规 倍 修 木 坠 椒 复 眉 野
股 休 日 而 瑞 遇 桥 口 伏 从 傲 股 了 描 述 旋 能
袋 解 教 室 部 龄 身 区 量 的 记 直 飞 里 他 皂 撞
损 远 最 人 肥 书 的 因 则 灵 恐 匆 号 身 复 光 桌
欲 人 心 焕 雪 人 马 息 焕 答 差 部 匆 最 高 的 克

Puzzle 379

镜 马 规 性 区 社 足 够 的 不 查 狼 土 地 娱 观 因
闲 信 物 醒 释 热 则 肉 的 龄 望 声 露 虑 惧 谨 慎
四 热 质 飞 自 几 灵 乐 宜 第 早 明 栅 的 惨 于 乎
延 带 从 动 惫 特 觉 諾 趣 三 晨 觉 娱 高 坠 租 最
驼 鹿 图 复 透 也 有 外 源 个 上 焕 能 远 野 蛾 坠
保 四 权 能 源 修 虫 碰 套 邀 惧 性 。 不 人 > 草
绍 携 表 释 桌 了 紧 丁 丁 重 主 损 研 填 类 惨 草
丁 野 疲 手 存 存 牙 膏 终 底 蠕 便 摇 疲 面 乐 四
约 发 快 乐 的 性 灵 的 于 貓 大 得 子 高 页 安 充
面 泽 观 空 望 趣 伴 侣 噪 地 声 人 页 号 赂 怖 于
煲 貌 欲 间 失 约 有 而 的 动 焕 貓 觉 从 面 个 喜
驴 老 护 乐 自 地 便 倍 部 坠 介 情 摇 行 许 别 最
降 了 醋 的 破 损 根 型 幸 伏 迟 分 绍 快 村 见 优
遥 马 究 苦 眼 填 虎 私 图 解 乐 噪 行 肉 近 虑 身
的 地 滑 滑 许 许 答 年 梳 傲 通 看 袋 选 飞 填 香

个别
声明
大声
空间
土地
有趣的
外套
土狼
伴侣
快乐的
牙膏
的手表
早晨
谨慎
足够
失望的
驼鹿
终于
第三个
物质

Puzzle 380

瑞 私 栅 见 稳 存 在 看 究 士 乐 乐 龄 一 论 行 >
了 研 信 本 休 野 占 加 观 电 亮 研 人 般 文 股 灵
答 疲 秘 镜 镜 伤 心 据 事 的 衬 号 规 息 最 页 包
不 保 乃 有 子 票 傲 考 父 情 股 风 肥 解 摇 视 含
恐 基 分 究 他 特 胶 安 租 梁 摇 喷 窗 平 瑞 醒 便
独 察 心 动 里 几 遇 型 举 衬 乐 泉 水 牛 食 父 真
立 特 请 见 香 泽 长 源 > 况 护 驴 主 项 品 平 采
性 决 美 主 领 的 度 平 升 复 貓 携 现 代 碎 煲 用
光 蔻 主 味 上 查 摇 见 考 丁 区 研 填 子 栏 饭 眉
错 稻 能 因 素 桌 项 根 下 号 书 衬 梳 共 同 定 最
要 租 亲 特 行 木 介 观 不 秀 区 摇 野 租 几 驴 研
面 恐 升 镜 本 升 本 遥 野 落 乐 因 木 出 解 桥 号
摇 部 乐 煲 最 复 坠 子 况 日 自 自 规 性 碎 四 便
的 基 安 紧 部 生 来 察 露 己 眉 况 定 填 号 喜 木
醋 修 子 角 色 产 先 中 凑 来 惊 间 镜 破 决 票 破

风窗
伤心
生产
美味
占据
存在
水牛
长度
采用
现代
喷泉
食品
角色
独立性
镜子
共同
因素
包含
论文
一般

Puzzle 381

碎 梁 人 最 木 优 高 究 骄 行 香 稳 高 镜 行 调 整
远 项 请 规 镜 记 究 他 答 视 开 始 恐 滑 本 地 能
落 性 优 苦 标 题 携 领 他 增 迟 规 本 鳍 增 规 水
马 香 质 人 觉 特 村 惫 素 镜 休 远 遇 音 人 蠕 身
肉 梳 的 宜 便 飞 武 士 坠 稻 蚂 蚁 决 音 疲 野 泽
礼 请 看 携 惨 不 士 议 回 煲 年 上 骄 恐 本 鸡 子
豆 麻 滑 桥 保 稻 几 乐 自 貓 脖 惨 自 音 马 便 虑
探 讨 烦 心 高 了 思 雪 得 分 子 面 梳 选 坠 疲 欲
凑 四 士 自 股 编 辑 租 车 记 焕 解 性 龄 损 醋 带
桥 面 休 典 循 解 惊 的 介 碰 了 骄 倍 面 邀 > 究
皂 存 根 三 最 温 理 露 票 他 典 考 确 实 望 恐 旋
也 持 雪 明 股 运 暖 绍 出 典 野 稳 降 便 电 修 后
心 许 栏 治 近 气 宜 的 携 惨 余 豆 骄 煲 休 滑 况
源 伏 落 乃 傲 蠕 排 况 主 循 亲 袋 迟 水 柔 生 中
热 特 士 的 袋 解 貌 私 记 碰 公 式 近 降 > 区 他

本地
开始
武士
编辑
脖子
标题
三明治
运气
探讨
便宜的
麻烦
也许
确实
温暖的
野鸡
得分
调整
蚂蚁
公式
优质的

Puzzle 382

生 伊 电 桥 肥 破 型 况 人 挑 战 延 ！ 余 通 性 绍
卷 曲 鳍 运 带 静 口 最 不 行 车 了 最 主 本 本 乐
> 蠕 撞 自 梁 父 不 过 梳 口 驱 药 后 基 保 本 衬
自 发 野 手 臂 通 亲 于 衡 几 况 物 存 复 进 区 肢
夕 阳 狩 猎 稻 社 闲 典 高 存 之 驴 请 请 入 煲 驾
下 量 ！ 骄 远 旅 紧 权 信 肢 加 袋 惊 填 自 观 驶
带 趣 苦 木 村 要 程 便 有 记 苦 祖 坠 转 特 摇 究
书 惨 桥 梁 磨 敌 人 > 遥 梁 滑 绍 热 热 心 重 撞
肉 解 桥 村 惫 试 的 肢 查 究 股 升 记 乐 伊 近 损
怖 信 底 重 信 栅 思 喜 蠕 喜 租 驱 人 惫 乐 丁 数
回 降 带 损 力 重 面 约 宜 肉 。 根 观 遇 谈 虫 宜
便 快 分 十 的 几 玉 试 通 知 本 举 最 秘 到 生 貓
平 携 稻 年 地 图 米 社 丁 碎 摇 马 便 羊 水 的 远
毁 惫 式 型 灵 四 礼 望 于 恢 惊 望 书 的 生 日 书
眼 马 乎 亮 根 衫 状 信 权 肉 先 人 规 休 喜 况 子

旅程
的生日
药物
玉米
挑战
夕阳
地图
谈到
进入
卷曲
重力
驾驶
手臂
狩猎
便携式
桥梁
通知
十年
的羊
敌人

Puzzle 383

惊 自 ， 活 观 乐 自 他 优 便 研 本 曾 科 特 亲 兔
马 测 也 部 眉 桥 保 傲 父 释 草 迟 经 学 貌 碰 子
通 量 没 心 露 凑 摇 权 保 坠 人 豆 快 家 恐 惨 乐
亲 理 有 邀 煲 承 繁 忙 眉 型 亲 远 灵 驱 傲 究 自
理 近 子 回 信 担 近 趣 伏 士 蠕 危 高 坠 最 输 也
约 维 灵 量 信 亮 滑 而 股 。 则 机 面 不 解 入 观
平 生 则 条 项 礼 情 倍 选 图 行 口 余 蔻 损 磨 娱
乐 素 几 热 部 伏 上 加 动 一 行 定 余 人 子 主 部
参 加 的 文 滑 决 过 人 研 物 个 日 面 虑 恐 密 集
最 差 灵 章 人 惨 真 飞 身 转 祖 复 柔 虎 露 项 热
眼 焕 他 后 好 之 正 复 热 驱 保 号 镜 自 老 项 稳
思 虑 他 士 最 观 摇 解 里 蛾 举 飞 眉 虹 膜 果 毁
鳍 后 己 直 透 项 本 复 先 许 肥 克 本 心 带 观 汁
量 事 察 桌 子 生 书 自 木 虎 自 自 持 最 来 介 加
磨 坠 貓 车 野 便 子 中 特 蛾 外 部 书 好 了 区 欲

参加的
危机
外部
一个
果汁
密集
科学家
承担
文章
测量
繁忙
真正
维生素
曾经
虹膜
兔子
带来了
动物
，也没有
输入

Puzzle 384

的一切
批判
建造
的深浅
方式
不同的
朋友的
类似的
朝着
减少
指甲
西红柿
的爷爷
水壶
傻瓜
绘画
修复
的旅馆
运动
最坏的

恐 通 落 滑 来 落 栅 了 情 好 能 事 绍 类 出 通 >
村 循 过 西 己 马 转 快 直 凑 权 请 复 梳 股 活 树
了 醒 环 亮 红 源 的 马 最 树 议 醒 书 特 解 间 典
程 休 图 四 惊 柿 灵 醋 决 带 坠 环 能 存 驱 梳 的
数 心 切 一 的 深 浅 类 股 情 图 貓 摇 碰 思 快 项
顶 父 便 栅 坏 遇 遥 似 飞 骄 碎 的 下 理 建 造 素
信 諾 部 袋 最 馆 旅 的 友 朋 行 静 规 梁 他 乐 衬
也 保 摇 绘 画 便 快 傲 ！ 息 举 得 状 考 自 请 本
马 望 书 休 间 梳 亲 书 老 的 分 不 秘 活 的 间 下
释 滑 修 差 衡 。 通 热 察 爷 指 同 批 回 充 优 口
约 亮 许 存 落 填 眼 究 镜 爷 甲 的 判 修 复 运 动
领 减 研 填 木 焕 水 壶 乐 看 携 行 而 型 心 有 租
方 考 少 年 休 状 增 亮 人 复 傻 近 惨 摇 人 朝 保
式 露 怖 底 ！ 也 动 旋 虫 领 瓜 后 怖 转 虫 数 着
车 本 灵 高 介 坠 领 区 定 几 恢 静 充 有 马 雨 建

Puzzle 385

天 鹅 的 页 书 礼 决 心 情 情 幸 马 秀 香 休 建 飞
遥 护 行 发 木 解 定 闲 遇 舞 袖 音 虑 焕 蜻 諾 恐
光 饭 亲 滑 音 第 理 的 循 得 台 年 亲 滑 蜓 亲 欲
私 恐 选 动 最 六 排 龄 祖 有 虎 性 量 亮 安 貌 解
差 倍 生 区 放 闲 况 来 邀 护 香 豆 建 了 考 宠 摇
高 旋 农 场 部 察 循 > 研 。 恢 情 情 邀 幸 物 升
源 机 充 查 典 高 发 动 书 提 丁 他 们 情 规 自 恐
阴 疲 身 父 延 书 洽 谈 年 交 出 秘 有 然 光 眼 快
天 胶 日 暑 究 平 闲 疲 平 貓 过 栏 伏 中 信 带 磨
碰 露 书 飞 鳍 野 本 究 保 不 程 衫 信 自 之 循 情
行 释 的 画 笔 马 摇 雪 议 性 项 情 约 的 村 的 苍
安 转 子 蔓 充 亲 票 思 真 拥 迟 马 亲 恢 落 心 蝇
面 保 况 延 马 惨 修 坚 便 相 通 肥 坠 排 稻 过 伊
士 平 电 镜 释 趣 远 固 凑 梳 充 的 数 通 马 页 衡
克 自 虑 便 袋 里 年 乃 倍 貓 惨 马 机 事 错 乃 眼

阴天
蔓延
洽谈
天鹅
蜻蜓
他们
的画笔
的发音
舞台
第六
苍蝇
决定
日暑
坚固
过程
农场
宠物
真相
相拥
提交

Puzzle 386

拍摄
至少
舒适
说明
分发
疼痛
得到
女性
详细
黄瓜
汽车
速度
海葵
飓风
鸡蛋
最高
鹦鹉
年轻
击败
很好的

口 老 坠 子 因 野 海 葵 有 諾 特 自 龄 余 得 四 滑
很 眉 日 撞 车 复 详 细 摇 野 租 携 桥 了 究 拍 年
好 音 栗 噪 约 伊 高 木 信 碰 磨 木 间 热 驴 摄 桌
的 碎 机 持 恐 雪 汽 车 特 顶 动 出 况 部 股 击 败
> 坠 号 研 不 > 解 的 乐 持 的 灵 排 > 摇 分 稳
眉 鸡 雪 安 解 量 本 摇 人 人 规 邀 龄 舒 适 发 乐
士 蛋 人 条 柔 上 页 豆 区 衡 梳 约 保 惨 上 平 带
思 记 飓 风 鹦 说 明 飞 透 龄 欲 子 马 后 日 桥 信
带 分 速 修 事 鹉 的 雨 黄 最 面 研 近 许 喜 乐 伏
宜 排 度 己 放 股 行 他 瓜 坠 高 看 衡 摇 典 性 绍
动 的 克 眉 虫 袋 撞 父 亲 休 根 撞 源 己 至 少 亲
！ 乐 查 租 他 快 最 子 遇 便 情 规 高 噪 欲 人 中
平 约 瑞 伊 过 音 望 飞 年 轻 乐 乐 透 况 有 疼 下
的 延 亲 权 票 放 的 克 本 倍 乃 毁 能 宜 得 转 痛
地 后 女 性 安 地 近 喜 露 察 袖 保 雨 惊 到 貌 人

Puzzle 387

桌	毁	人	>	本	劳	最	循	蔻	灵	请	面	发	和	遥	袋	身
惧	部	凑	人	幸	动	租	己	尺	寸	根	英	里	的	平	选	磨
骄	量	摇	瑞	马	有	况	四	龄	研	高	社	口	帽	子	因	欲
票	息	大	记	规	情	直	滑	因	克	情	增	请	的	也	解	飞
得	泽	怒	几	社	趣	高	信	复	部	况	最	页	乎	泽	确	切
滑	车	错	考	填	泽	>	祖	领	栏	不	年	运	因	>	最	貌
磨	转	不	桥	虑	眼	差	孤	要	草	苦	摇	人	分	子	见	胶
远	休	坐	在	话	音	乐	独	静	号	保	存	充	欲	凑	煲	赂
研	重	欲	諾	题	马	过	充	思	保	木	灵	碎	摇	不	貓	面
眉	磨	复	旋	欲	撞	平	增	惧	乎	护	息	赂	则	梁	袖	贤
欲	介	便	解	煲	了	记	梁	透	欲	息	的	地	瑞	填	惧	人
程	泽	便	股	苦	透	行	出	滑	延	衫	号	沉	默	雪	来	摇
所	需	肉	气	味	娱	增	幸	能	泽	行	约	保	结	转	面	乃
諾	保	请	而	然	凑	。	便	面	充	转	蔻	旋	论	知	碎	人
恐	四	增	飞	>	之	了	胶	增	充	煲	的	差	驱	识	摇	中

孤独
贤人
气味
尺寸
知识
确切
重复
话题
英里的
结论
和平
劳动
所需
情况
帽子
音乐
坐在
沉默
大怒
考虑

Puzzle 388

心	面	镜	栏	法	行	流	行	的	宜	心	碎	肥	办	听	到	上
能	眉	观	察	本	官	虎	礼	。	马	！	平	察	公	属	情	升
典	事	票	肥	部	身	况	旋	主	解	之	的	>	室	于	滑	股
携	恢	记	喜	眼	图	幸	秀	子	人	也	！	增	惫	子	>	租
肥	皂	秀	研	票	栏	放	草	几	鳍	亮	旋	望	从	恐	环	见
饭	从	趣	磨	延	热	条	便	灵	沙	发	部	定	视	因	宜	研
性	的	摇	事	碎	直	豆	绍	活	稻	息	的	位	里	煲	车	程
选	保	驱	心	复	究	娱	疲	上	草	理	干	桥	理	水	主	肥
摇	露	欲	情	惧	木	恐	循	欲	人	稻	净	快	諾	有	情	从
决	怖	子	后	转	栏	复	欲	放	于	差	休	递	驴	虎	礼	己
请	放	作	放	心	地	肉	自	理	解	特	醒	先	四	书	列	平
出	了	者	虫	复	息	信	租	热	貓	子	皂	娱	本	幸	运	车
迟	乐	私	桌	典	型	透	饲	料	号	祖	充	梁	素	近	信	远
优	况	思	运	充	紧	蠕	优	喜	真	源	望	老	究	的	趣	不
日	！	之	主	梁	亲	摇	远	看	煲	欲	典	袋	面	飞	虫	子

流行的
听到
列车
肥皂
放心地
的干净
典型
幸运
主人
属于
灵活
饲料
沙发
办公室
上升
定位
快递
作者
法官
稻草人

Puzzle 389

便	保	理	蛾	放	回	乃	源	状	四	电	的	行	为	性	便	蛾
信	高	循	后	亲	应	股	票	消	息	悆	影	摇	考	增	子	泽
增	动	栗	平	醒	部	乃	的	文	本	眼	相	院	的	高	差	根
惧	高	撞	秘	西	惧	一	次	虫	怖	镜	信	损	动	想	重	水
息	存	几	议	瓜	遇	克	的	答	諾	趣	信	举	词	决	镜	安
考	便	>	声	状	评	能	而	面	飞	人	察	历	史	合	抗	拒
本	动	间	几	音	估	伏	先	木	父	考	他	安	遇	作	露	宜
柔	飞	型	了	加	子	心	保	的	增	解	私	衫	祖	伙	想	音
事	望	破	领	租	保	喜	试	木	祖	要	从	父	肥	伴	特	碰
举	填	动	滑	有	祖	远	本	间	的	请	先	循	不	修	星	级
理	过	望	的	兄	弟	释	先	类	近	直	过	搜	信	有	桌	子
考	闲	顶	幸	增	选	桌	子	图	上	祖	自	栅	索	趣	便	心
过	邀	主	近	衬	龄	的	看	情	释	驱	自	亮	子	落	乐	项
状	肉	议	答	面	书	旋	票	研	苦	铅	笔	士	怖	栅	数	碎
便	高	情	领	子	区	肉	摇	查	己	有	衬	主	延	权	桌	解

电影院
星级
动词
搜索
铅笔
相信
股票
文本
的行为
声音
历史
眼镜
回应
评估
消息
西瓜
一次
的兄弟
合作伙伴
抗拒

Puzzle 390

小子
生存
问题
建筑物
衰变
一年
宽幅
发送
未能
监狱
武器
承认
别人
的操作
图像
的营养
带来
猫头鹰
改变
洗发

父	约	的	欲	便	高	理	洗	发	地	疲	建	别	人	解	礼	部
貓	建	操	地	察	遇	中	错	的	飞	己	筑	修	秀	里	试	柔
马	远	作	顶	虫	护	人	领	携	秘	书	物	加	眉	转	木	眉
貌	记	透	未	能	瑞	驴	情	图	肥	部	有	苦	娱	定	损	面
监	狱	小	子	娱	碎	自	梳	像	雨	心	面	护	！	乎	之	滑
保	条	回	发	宜	子	生	日	的	信	情	特	桥	赂	恐	子	要
雪	梁	噪	带	动	情	通	滑	栅	一	豆	猫	头	鹰	凑	社	承
乎	醋	条	安	信	增	修	恢	秀	年	而	肥	环	问	定	动	认
人	程	自	议	他	加	基	武	香	保	摇	重	趣	状	题	直	心
上	行	图	亮	出	不	焕	器	便	转	答	子	解	主	驱	趣	区
部	生	存	发	送	通	亲	的	他	近	虑	子	四	不	后	子	欲
护	地	宽	幅	选	年	的	便	欲	部	眉	衡	便	之	苦	有	丁
改	条	皂	查	虎	稳	镜	丁	焕	子	动	后	带	的	营	养	观
量	变	虎	喜	观	信	衰	远	驱	状	桥	顶	来	乎	建	>	鳍
租	肉	行	野	心	部	放	变	信	光	定	环	主	袖	有	祖	护

Puzzle 391

察吊士木滑高心答鳍>木乃明从动绍先

衫着宜醋生貌野蔻驴水记饭确滑情电马

疲型便乎决素日环亲复杂的私破秀息自

便乐最要的栏余研研栗思活心好环赂惊

露心幸安错休露顶人复答博物馆人遥音

状票福然部思欲瑞股秘欲草类煲质野紧

马记怖股肢摇保书骑不凑热拘捕究量凑

后录>乐余基袋焕自恐驱部伊上煲究之

父领书持叫乐吸从行栏之平近性觉驱欲

本股进一步声收的车加远便香人噪行肢

成的向日葵怖约文他坠心醋心豆磨心心

皂长木遥下摇介章查惧木复驴身号>后

存基肉柔后稳自环自顶机大年喜幸他放

出生事视股有骨折苦况野部要动过煲蛾

焕增损请来突然的保肢出分况。研复典

出生
吊着
复杂的
明确
向日葵
拘捕
叫声
最幸福
大部分
吸收
骨折
博物馆
记录
成长
骑自行车
突然的
紧凑
进一步
的文章
质量

Puzzle 392

梁运驴尤出不煤不过真赂礼部子人激克

树亲惫于其亮炭约里马焕闲愿望结烈肉

私祖休理己是项要通父他克蔻凑婚复考

了记骨人口碰存透定>增坠摇静社!音

好见架本的车木惧马事加防止泡打粉察

人思镜情秀惫机热见透醋灰尘的袖喜书

摇通填乐趣虎考几存口恢味骄坠快本露

退口柔复倍丁貓放磨数想道发人柔欢光

出煲亲亮平活便静状重喜底摇行观祖荣

答书持栅高身惫最规惊摇镜娱就肉倍持

排栗>通草马面飞碎政最醒得约像本情

循的衡定社镜理高充府查日页也律师凑

伏部生坠高思部家专的况落惫动娱貓查

木动傲约貓鳍地余情摇伊恐量亲便也研

马的乐里滑眉性部乐亲觉諾地露电煲灵

激烈
乐趣
人口
煤炭
味道
的专家
退出
灰尘的
骨架
愿望
防止
政府的
不过
就像
光荣
欢快的
尤其是
泡打粉
律师
结婚

Puzzle 393

肉情均运联本生医的慈仁瑞栅之动上议

遥肥匀信邦肉携坠图己！静草休的图袖

摇部光而量考克毁象不他运书也肉驱衫

约领之最要必要的人遇视不乐区子领也

野书邀亮行的情民用升蠕破趣比从的马

始放信循究镜略面饭区眉研保他较顶蔻

肢终赂飞转加要磨伏恐从请坠情年放假

飞恢项真要介查素猫面子生平野有袖典

坠乃亮的四梁衫邀惫摇驱来原持先休规

曲棍球降分坠底焕解延租错分支热底考

野骆驼信心年的梳尽加理乐驾惧噪加心

慷加票醋超雪不宜管坠到处车解不领升

慨持雨坠亲越醋领最总雪的蠕素视马人

宜乃本人权柔虫蛾面线平损环的过胶过

回坠保落电定解破信木喜考升充行最错

放假
总线
的图象
到处
比较
始终
仁慈的
尽管
联邦
超越
分支
均匀
慷慨
骆驼
的医生
必要的
曲棍球
驾车
平原
民用

Puzzle 394

瑞马主情碰镜便有便伊乃苦究区技趣状

降举木森布静碰充机本眉差信直术出梁

的时候林发规损飞醋热光事口区修猫丁

諾娱人年生栗坠闲栗根复部趣近伏热的

优行基惨豆心南部伊视马而日放趣野性

人不增諾！四克部究规介状便坠因刚胶

办法乐排蔻页落不试虫保肉镜虫惫性心

建邀人市了部娱欣然倍排最察飞几分乐

恐光查能中息肢加便克赂栏从子心人的

不区人磨复心车社上栅瑞书重许选宜休

滑忽略的来中滑马木惫思衡觉定发亲便

还来能自区村野礼倍柔息项眉试己瑞心

完原先高查工惫功驴栗木眼行的马源本

全自在管究面具率趣热后惫书柔损傲肉

身型怖肢己皂循先惨雪放最议秘赂研日

发布
时候
高管
刚性
市中心
功率
发生
中心
自在
工具
南部
苦差事
醋栗
还原
技术
办法
欣然
完全
森林
忽略

Puzzle 395

标志打野建！典破的鹿鱿鱼徽章了分然

带本招蠕香蕉情考希磨野木地煲解配趣

胶携呼循亲静复子望亲生他源息夹克栗

菠菜项行本记驱了虑间物便老宜保领恐

之马状老地坠便倍草的学亲心胶！素惧

笑了村乐降礼息平四树栏填页滑遇追条

子树醋雨不村餐厅溜冰鞋醋填蛾建建求

亮桥数蠕喜煲祖了书驴议蛾动租皂里护

克稻素衡稳面区碎秘远差肉蔻谢分型栅

错类恐狮动煲豆伏了选>諾降天许选凑

记眼乐子瑞远子！环数秘有本谢通焕身

面护放灵的运信延碰加栏赂况地柳特类

傲虑热的秀部的息面转主恐惫恢叶的护

发解里图考举人回信余草观数从龄树凑

柔议释记研子人信特心音项音袖便近宜

狮子

追求

生物学

餐厅

标志

了解

徽章

菠菜

打招呼

夹克

的希望

谢天谢地

鹿野

溜冰鞋

信息

鱿鱼

笑了

香蕉

分配

柳叶

Puzzle 396

唤醒

更好的

疲倦

的事件

金丝雀

无数

微笑

医院

女巫

蜗牛

捕获

这些

具体

夏天的

响应

交易

酒吧

风暴

物理

年龄

生蜗余安交惫热子中加光金丝雀亲来女

高牛发行木易音日虫草祖也得快恐祖巫

豆解欲遥滑环望先电遥眼于磨摇研梳毁

祖循虎量心重四机通草惧趣噪保保落重

这些来紧瑞行后答的有貓觉类酒吧况赂

观水有唤响栗快微笑因。面机皂远视基

物理面醒应区请栏望事自疲回骄平自从

医院露活瑞近真祖直热乎运肉错具豆滑

复请夏袋件部虎热面考子运雪社体苦乃

决蛾过天事研然栅灵>老动摇最紧想破

休出蛾察的有心面噪坠里之号！蔻饭部

年眼于直好的远无许年龄事规疲的亲捕

惫碰肉出更护虑迟数复豆露乐倦礼号获

记子撞要露瑞环不镜水的蔻龄增看镜的

自也的凑眼息不的娱惧滑望情风暴议木

Puzzle 397

采指责口飞窗帘动的增>迟远研基会见

访带本摇露皂差的坠复骄肉祖高面胶整

最静信能票部人观人增邀光从坠年修洁

复特怖典事地举升平衡面露要的恢衫的

自性倍休区图加性观时后遥请惊高礼望

邀特部书口批保情驱灵几克想想得理绝

租便雨信回处便幸下私状先能洞觉父雪

统绍克趣虑理肉露保灵祖凑焕穴闲紧面

治自分书亲源看飞稻乐型高惧情性紧间

者栅保中坠有主要情人喜理几音露况间

查休便桥凑号增视休远>而公乐亲磨乐

区有胶修衫苦复野树自要查园泽后昨摇

答，眼研理身一二二。许后介护先天欲

想煲其月球经自毁蜗杆优夫人计算眼野

约重梳龄滑延济雨源信从煲梁差>权运

洞穴
整洁的
公园
昨天
经济
蜗杆
计算
，其
平时
月球
夫人
主要
一二二。
批处理
统治者
窗帘
绝望的
采访
会见
指责

Puzzle 398

持续时间
首都
往往
市场
肉类
秃鹰
分离的
变量
艰难
打破
自身
雪花
颗粒
珍贵
野兔
老鼠
计划
的有用
替代电子书
磨损

主持欲最坠蔻他领源他肉类摇遇况的宜

分续野兔视动通回号秃究优余马间有真

离时柔怖条的充稻伏鹰因热諾四栗用页

的间子他撞柔士木保生复日典能则欲过

计填自貌坠蠕本动本飞雪子艰难自的图

醋划身老迟滑转諾野碎花往往父镜休遥

排自稻鼠几息项举眉条保口租而梁噪乐

的行领替代电子书素摇察娱最增先四望

珍升磨远马护要不醒磨幸人项运望栅约

基贵损直树梳有根惊秀填地保通存趣升

村绍心骄滑也的好面蔻图父近面飞之顶

存首都碎因虫考光面醒的热惧他伏过坠

打草面已答颗心损稻市场有子过坠镜租

私破存有最粒豆父人排根复恐类子动香

行心醋填变量于克增页了眉许子亲而香

Puzzle 399

项木情基地延晚增摇好表便衬树不亲撞
安恢最面特加些木复苦达几恐定工作落
事乃的有有携时部面的镜信不分析之余
坠子过事心便候货车壁便俏皮主便乐情
于的进展闲雪和区视画从优延恐地情自
担心约桌不摇的试要諾日胶出机行研迟
考颜来子崩撞的保型条程序胶改衡余虫
！木料摇性溃差护思年宜便肥革趣醒饭
马权充检几望延有桌休灵证事鳍苦放眼
定股本瑞查面口余环休高据不自稻乐恐
衬休看了从中接收修动的摇真桌的答觉
选出回最飞中底丁醒肉驴争上日祖视图
则衡保欲请梁驱思休型透辩甲虫摇行紧
年况闲恐项领醒保的喜填数而稻自环人
邀回损之蠕况也想信亲快破快图焕发股

担心
的进展
证据
工作
焕发
表达
程序
俏皮
改革
基地
晚些时候和
检查中
颜料
货车
接收
分析
甲虫
的壁画
崩溃
争辩

Puzzle 400

暴力
呼吸
放松
他的
土豆
手册
等于
喜欢
气候
天气
服从
有时
的色彩
无意义的
激怒
孩子
幽灵
赢了
时刻
风筝

请稻乐携远察而镜的父飞带服从面乐肉
保撞幽灵恐看数趣静手册等于选根野休
自究心人究从后议衫喜欢过焕醒摇循出
桥最量平循区惫貓型木遇木马惊便疲雨
眼邀里人骄热了日栅型恢暴怖面看票撞
激怒。携高摇事苦得祖回赢力的护邀见
时露本>事亲好人栗梳平了面举孩子存
刻木地运查复乎复諾丁真发然增部遥热
驱页凑持股的休自的无乐衡最呼吸建心
的研胶亲醋最蔻风有特意要彩热土究本
草的貓动皂乐骄筝时记柔义色然豆议他
眉持虫动幸滑建热然保股日的旋虑亮秘
自运恐放松。桌草飞天气醋他不镜梳票
虑蠕皂欲怖村本梳惨能乎坠气于热人木
情克碎决梁复音士凑静亲自虎候面于远

Puzzle 401

量 动 灵 桥 理 野 了 秘 肉 根 几 飞 最 ， 过 木 真
好 的 贫 生 不 热 木 肉 重 权 坠 电 要 直 雨 则 人
下 。 困 增 分 研 马 机 介 了 有 皂 木 到 回 信 试
樱 发 焕 热 究 > 伊 区 马 眼 飞 号 他 驱 事 醒 摇
桃 容 选 择 号 飞 环 ！ 环 鳍 复 权 有 木 项 邻 居
状 易 水 约 他 要 眼 使 区 母 蠕 远 考 远 虑 梳 子
场 景 破 摇 程 后 破 。 出 鸡 火 后 鳍 人 究 建 保
水 出 藏 性 丁 紧 自 便 顶 镜 趣 页 事 情 规 情 热
范 围 内 红 > 剪 己 趣 遥 幸 惧 撞 饭 放 鳍 电 股
民 豆 区 顶 花 辑 的 况 心 虑 马 克 议 部 肥 虫 票
俗 子 驴 蔻 得 心 后 趣 性 答 磨 马 父 骄 中 里 放
后 栅 平 自 士 情 过 事 乐 根 介 > 能 面 绍 驴 损
动 里 飞 延 袋 解 摇 怖 填 举 泽 平 的 滑 循 月 喜
摇 数 主 见 磨 香 周 升 光 谷 仓 乎 面 有 排 亮 页
下 虑 稻 回 里 醒 坠 三 机 桥 梳 私 于 领 息 部 亲

自己的
周三
谷仓
，直到
樱桃
事项
选择
场景
好的
剪辑
容易
使出
火鸡
民俗
月亮
邻居
贫困
母鸡
范围内
藏红花

Puzzle 402

号 里 特 议 信 不 疲 见 理 的 绍 自 情 携 保 的 稳
于 定 貓 老 露 滑 音 考 蔻 有 行 真 镜 摇 木 素 车
激 改 恐 的 高 焕 幸 快 > 口 的 草 栏 数 考 地 保
发 释 善 产 光 的 的 热 。 行 信 的 生 骄 子 欲 记
地 带 种 品 状 平 安 则 栗 为 看 马 马 虎 碎 遇 得
类 要 原 谅 衬 肥 重 望 碎 持 几 动 的 眼 ！ 望 紧
则 非 数 状 音 里 便 甜 傲 稳 木 来 毁 四 苦 心 量
雨 常 虑 士 乐 识 私 坠 蜜 本 怪 车 容 忍 息 选 露
循 消 觉 试 了 别 复 秀 究 循 物 书 转 本 部 特 亮
醋 防 远 升 社 四 摇 野 磨 野 重 之 楼 遇 程 木 车
撞 员 想 貓 村 摇 业 远 短 暂 部 子 梯 满 股 人 貌
试 碎 差 透 明 类 务 秀 得 本 瓢 虫 蔻 傲 足 决 循
看 泽 远 上 蠕 欲 面 赂 苦 情 镜 的 损 己 下 安 类
理 之 余 恐 望 页 信 规 心 面 通 领 落 中 书 书 惧
后 权 怖 骄 增 护 日 通 木 填 静 建 性 今 天 闲 理

业务
的产品
瓢虫
怪物
品种
非常
消防员
原谅
满足
激发
今天
识别
记得
改善
短暂
甜蜜
容忍
行为
楼梯
透明

Puzzle 403

的	瑞	蠕	镜	然	自	亲	携	雪	妖	精	升	股	遇	特	栅	开
然	许	最	源	保	坠	乐	错	情	数	肉	骄	差	滑	望	亲	玩
卖	家	请	不	怖	伏	瑞	煲	考	领	规	静	肢	底	视	的	笑
飞	年	绍	热	远	延	侵	入	闲	私	错	放	马	回	瑞	觉	数
见	心	虎	持	面	议	况	观	情	迎	信	循	社	面	乐	子	建
能	滑	内	部	梁	趣	礼	票	克	欢	认	虎	镜	面	面	摇	望
疲	毁	晚	饭	觉	司	机	较	低	的	识	遥	远	不	高	草	热
香	充	亮	点	逮	飞	梳	排	雪	考	介	惧	乎	能	错	栏	父
姐	袋	好	面	恢	捕	的	保	球	村	露	情	好	祖	安	面	身
票	姐	行	音	情	试	己	热	镜	信	欲	摇	恢	亲	宁	肉	思
肥	栅	转	音	信	宜	了	肉	因	飞	延	迟	的	乐	香	滑	乃
智	面	的	亲	车	自	丁	栅	理	过	貌	的	恐	惧	坠	子	破
慧	特	喜	乐	便	人	保	肉	諾	栏	选	领	梳	快	自	摇	丁
调	填	礼	特	研	电	下	底	思	顶	凑	村	草	社	循	坠	信
透	查	能	传	统	行	栏	车	机	不	桥	日	撞	衡	从	栗	傲

较低的
遥远
晚饭
调查
妖精
内部
传统
雪球
认识
卖家
司机
侵入
安宁
的恐惧
智慧
姐姐
逮捕
的欢迎
开玩笑
亮点

Puzzle 404

保	证	之	亲	持	安	研	眼	答	答	领	她	水	建	乐	介	肥
邀	乃	定	自	犀	牛	落	木	亲	灵	滑	的	果	性	欣	赏	。
号	状	高	望	的	地	有	人	理	的	热	灵	研	通	碎	音	许
桥	年	心	理	便	伏	疲	醒	不	迟	记	当	丁	子	眼	三	面
幸	飞	答	不	修	主	远	租	克	建	摇	素	然	导	能	坠	只
根	趣	醋	回	饭	程	动	因	他	鳍	自	试	书	航	根	望	通
据	能	娱	諾	虫	延	热	见	要	木	项	眼	书	闲	透	露	老
规	最	匹	丁	优	环	水	自	摇	捕	捞	定	带	驱	察	马	柠
欲	息	配	生	情	皂	静	怖	摇	重	间	上	填	过	研	来	檬
查	祖	事	人	撞	循	那	介	而	士	恐	型	丁	通	栗	降	汁
灵	先	淋	充	部	怖	蠕	些	带	降	磨	书	最	栏	于	优	冰
农	民	浴	龄	而	恐	也	研	泽	遇	放	子	后	碰	领	情	柱
能	而	条	袋	凑	遇	马	他	平	的	近	肉	摇	余	祖	行	思
凑	赂	领	>	行	的	醋	肢	顶	音	顶	的	克	答	蔻	息	娱
噪	音	现	任	坠	也	票	树	貌	乐	事	然	加	肉	豆	后	社

犀牛
捕捞
根据
的音乐
水果
保证
欣赏
那些
淋浴
祖先
当然
柠檬汁
现任
噪音
农民
匹配
导航
冰柱
三只
她的

Puzzle 405

降 特 秀 保 部 底 饭 热 的 增 衡 某 心 之 情 人 赂
乐 性 微 情 便 碰 情 持 工 组 趣 处 独 见 外 近 亮
混 从 小 瑞 碎 身 基 柔 作 织 选 修 自 买 入 快 决
身 合 的 底 情 类 貓 情 人 性 填 的 泽 近 决 士 情
亮 要 香 镜 肉 柳 絮 镜 员 落 便 事 实 量 虑 驴 携
先 而 肠 中 觉 的 实 际 顶 祖 木 充 图 视 撞 面 紧
加 后 摇 遇 年 保 息 乃 升 商 觉 日 出 查 动 村 情
动 号 回 本 直 持 口 肢 驱 业 恐 复 镜 子 心 事 梁
幸 放 况 究 复 过 喜 之 错 的 本 水 亲 人 几 恐 马
解 肢 中 活 动 存 迟 眼 特 过 约 宜 租 私 先 热 票
蔻 几 凑 错 碰 秘 人 娱 野 规 根 心 觉 见 亲 疲 生
厨 房 看 降 雨 降 看 而 闲 试 自 马 护 性 自 了 许
视 答 醒 回 肢 通 皂 根 衣 柜 怖 生 规 而 自 闲 眉
的 袋 自 情 重 基 破 柔 煲 透 貌 自 静 胶 身 选 己
便 亲 本 乃 惨 图 复 泽 情 龄 底 私 己 之 摇 特 区

降雨
的工作人员
柳絮
活动
混合
厨房
组织
保持
错过
的实际
微小的
之外
某处
亲自
商业的
事实
买入
衣柜
香肠
独自

Puzzle 406

宏伟
周六
政府
离开
意见
警告
办公桌
每个人
边境
羊肉
鹌鹑
萝卜
好处
周二
特异性的
前者
狼狼
白色
抽屉
延长

祖 欲 动 落 绍 分 高 迟 镜 特 周 议 鳍 因 宏 面 私
自 因 亲 树 了 决 余 醒 摇 异 望 二 马 恐 伟 规 遥
最 电 心 项 子 况 雨 试 觉 性 每 个 人 口 趣 四 >
思 飞 驱 坠 > 带 露 试 马 的 旋 条 的 胶 秀 携 信
蠕 思 旋 亮 祖 近 复 乎 好 处 欲 不 的 饭 噪 约 摇
延 活 活 萝 自 车 羊 降 木 乐 灵 本 恐 驴 露 肢 遇
长 票 虑 卜 乐 幸 肉 办 公 桌 白 色 的 出 雨 错 袖
虑 息 复 警 典 情 虎 理 欲 本 解 欲 衡 肢 紧 况 得
秀 人 考 告 四 破 解 马 理 里 自 车 复 延 前 雪 落
灵 他 > 底 规 部 坠 行 碰 离 自 领 滑 桥 者 抽 屉
情 下 摇 心 狼 娱 瑞 研 近 之 开 磨 远 士 雨 柔 况
喜 政 周 欲 噪 狼 的 记 充 望 动 栗 意 惨 差 自 身
貌 府 六 恐 老 貓 则 滑 桌 静 边 喜 见 面 社 保 图
稻 恐 释 究 蔻 底 解 状 鹌 鹑 境 克 请 试 胶 介 心
信 研 底 身 主 心 毁 焕 性 人 磨 答 水 的 况 特 毁

Puzzle 407

虑 不 桥 便 子 类 瑞 带 活 然 惫 社 面 不 基 性 恢

考 记 的 趣 摇 衫 回 碎 觉 皂 人 数 磨 蔻 有 士 父

注 皂 茶 视 梁 高 礼 填 解 成 领 损 皂 醋 连 流 体

意 行 壶 分 页 环 滑 因 自 愿 熟 乐 复 间 续 煲 部

到 也 先 部 柔 究 迟 凑 主 奇 迹 鲜 花 的 复 的 带

日 滑 乐 乐 则 休 息 肯 定 排 虎 乃 成 功 疲 要 权

他 事 释 究 年 地 之 人 想 不 疲 降 然 也 煲 醒 马

滑 祖 休 典 持 升 源 修 排 自 饭 克 摇 赂 木 焕 自

遇 不 虫 香 音 年 伊 特 欲 性 质 高 肉 他 骄 然 号

毁 项 规 究 虫 规 错 权 宜 露 于 保 觉 出 选 答 惨

降 草 证 视 觉 老 摇 自 惫 雨 潜 水 洪 口 骄 选 的

通 的 露 明 程 奇 要 数 答 栗 桌 旋 丁 直 恢 秀 的

貌 音 远 区 桥 书 怪 平 野 页 数 貓 填 生 自 邀 几

遇 循 栅 秀 平 稻 通 的 部 雨 动 近 惊 分 型 存 飞

错 乎 查 复 通 常 瑞 遇 释 地 镜 地 最 究 高 远 树

连续
视觉
通常
自愿
的茶壶
性质
休息
成熟
出口
证明
肯定
洪水
奇怪的
特权
注意到
成功
流体
奇迹
潜水
鲜花

Puzzle 408

介 动 解 访 眼 胶 醋 信 驴 请 系 列 心 疲 于 木 衡

直 乎 鳍 的 问 木 的 地 不 ！ 的 身 树 高 视 研 自

虎 祖 自 仇 请 考 理 间 地 伏 眼 高 看 蠕 好 虫 眉

号 貓 树 恨 最 页 记 滑 情 飞 祖 身 升 活 心 蔻 带

木 自 口 疲 选 息 貌 的 远 区 驴 最 运 察 娱 领 很

的 分 一 声 密 皂 望 热 股 私 程 恢 区 虑 亮 也 少

情 的 有 趣 封 出 树 恢 情 因 人 放 ， 虽 然 排 过

侣 袖 落 释 他 面 伊 身 真 正 的 农 马 袖 有 动 肢

下 的 源 焕 研 放 举 教 练 貌 下 场 类 的 疲 紧 思

观 重 飞 携 鳍 本 信 乎 水 项 午 主 携 面 鳍 张 的

男 子 下 查 衡 转 磨 己 则 摇 要 望 便 挽 木 马 惫

部 睡 眠 记 中 稳 面 毁 梳 袋 趣 页 肢 士 留 本 行

议 典 伊 典 况 部 决 介 木 醋 惨 热 条 通 位 皂 肉

木 加 望 伏 降 > 看 而 欲 ！ 惫 骄 款 亲 移 马 虫

热 梳 分 克 秘 日 排 数 先 运 情 理 举 ！ 因 项 滑

条款
密封
一声
位移
，虽然
的仇恨
教练
紧张
的情侣
下午
很少
农场主
系列
男子
访问
睡眠
真正的
便士
请问
挽留

Puzzle 409

转 静 野 鳍 的 闲 镜 动 区 加 况 从 光 直 自 觉 摇
研 通 雨 保 驴 电 乃 来 柔 野 见 幸 巧 克 力 得 泽
不 醋 有 权 人 信 喜 破 复 欲 不 面 的 然 权 导 胶
亮 遥 来 了 滑 人 ！ 他 肉 医 光 情 作 项 过 演 音
草 莓 木 转 动 鳍 栏 > 研 查 药 举 用 海 滩 安 日
究 鳍 摇 镜 带 村 迟 地 机 育 教 的 傲 典 快 排 特
面 。 素 况 桥 。 迟 查 量 损 得 需 保 木 水 露 有
错 得 光 条 亲 木 磨 虫 充 冰 箱 求 雪 上 芹 一 源
幸 降 了 察 举 优 车 过 转 不 息 究 答 栏 面 系 行
眼 近 倍 灵 保 透 量 本 试 磨 下 能 礼 亲 龄 列 肉
程 车 乐 考 坠 几 人 塑 惨 后 则 区 举 便 不 水 高
度 恐 肉 修 树 高 坠 票 料 保 灵 延 护 研 了 地 饭
之 平 欲 > 回 想 填 型 惊 过 车 分 平 便 老 灵 保
好 欲 边 况 回 单 元 镜 稳 鳍 活 分 类 祖 最 动 因
惊 填 缘 毁 士 乐 肥 休 闲 票 露 信 究 稻 错 动 里

塑料
见面
巧克力
水芹
程度
休闲
单元
安排
海滩
边缘
觉得
医药
的教育
冰箱
导演
雪上
的需求
一系列
的作用
草莓

Puzzle 410

循 飞 存 下 秀 父 肥 树 摇 于 稻 眼 过 飞 好 驴 不
快 便 发 平 虫 见 见 视 镜 好 建 连 贸 欲 那 灵 村
乎 地 机 最 好 的 相 人 秘 祖 的 接 易 上 情 种 赂
豌 画 笔 构 ！ 灵 反 而 眉 焕 源 通 口 书 衣 行 量
豆 惧 闲 的 肥 行 平 野 见 视 毁 骄 保 虑 望 权 观
栏 顶 观 本 伊 村 滑 蠕 皂 息 露 人 研 究 生 傲 领
乐 区 尖 叫 趣 驴 四 决 热 水 子 权 便 伏 许 露 桥
也 不 能 坠 恢 桥 携 主 真 桌 傲 过 填 解 旋 镜 特
免 费 升 差 恐 中 通 指 性 图 见 破 资 顶 携 底 信
欲 的 口 撞 ！ 页 惧 望 能 眼 出 摇 格 解 余 好 噪
人 量 底 察 梁 恢 许 飞 高 几 下 肉 来 底 滑 眉 升
增 电 醋 趣 桌 古 事 底 度 袋 貌 保 的 况 余 差 豆
损 他 研 条 存 董 瑞 心 子 号 不 增 错 平 特 灵 衡
有 泽 醒 飞 香 请 香 。 举 近 理 磨 落 持 也 醒 情
醒 快 放 况 亮 蔻 镜 蠕 毁 趣 素 极 地 猫 放 儿 子

性能
指望
豌豆
资格
高度
儿子
相反
连接
画笔
免费
最好的
古董
机构
贸易
极地猫
上衣
也不能
那种
尖叫
研究生

Puzzle 411

醋稳电解条亮循错泽欲来页肢他活的考

否型情本栏息部分高骄私肉景场的教训

肉定蜡笔类人蠕克钟加部他面旋不行携

股稳情许保之部礼管伊信远便露平木便

灵不达成一致相便理草坪人考的乐逃议

而热的见旋热当情表白毛马心觉坠票生

灵过条复动持惧骄之日巾子父中磨社况

发稻仅仅运考察蠕滑生便衫野乐伊的。

柔类书本答部有轨电车心泽蔻稳心自由

信子惧请滑分傲环坠迟亮惨保日滑平运

骄树鳍露蠕喜趣最身活地父数选赂看皂

的东西子页野权雪规错惊小分栗衡热过

远稳梳木人>娱自邀租上猫惊蜜蜂优来

木排驱磨傲本复鳍本书摇行幸况倍状有

书栏恐增身号行摇龄恐解恢延镜从疲肥

草坪
自由
小猫
有轨电车
的场景
的教训
毛巾
的东西
蜜蜂
仅仅
不稳定
管理
相当
分钟
表白
蜡笔
逃生
部分
否定
达成一致

Puzzle 412

扑虑赂静本悲程他研鳍。增面持人的大

通几释复自剧丈损从破醒机的包眼恐象

究摇加桌肥见夫议遇而书关磨桥桥乐身

而蠕高觉决鳍恢老通的>不保护醋护保

乎情栗趣远的面人行第二携香肢能龄图

娱肥特思许醋阳台状也露娱从！饭得摇

。遇他摇透型典乎情国加父生领底赂究

保露乎便疲基有落水际摧毁的主图秀不

好毁直马部不子考老平不牛落鳍虎真落

一程怖驴理信源最近宜了蒡欲情损情回

直部年部书小因出香类马摇请肉步典紧

之四掩盖生坠苍树莓旋放量考事伐便规

车恐说人静皂几兰转报告上坠口骄撞放

衫最，心项惊票猫部紧苦因露加降醒恐

主型瑞之亲本。本升坠的看香露出活优

水平
一直
面包
步伐
大象
最近
树莓
报告
说，
牛蒡
第二
摧毁
悲剧
掩盖
国际
小苍兰
扑通
机关
丈夫
阳台

Puzzle 413

马音研解环基的他他衬量年音损桥上灵

出安毁则接香保到胶从貌趣复醒日损恐

伏肢余周近答安理达欲牛考过规动>发

增情肉年增有活灵特解奶日想绍想人驱

滑性幸考飞部要灵加底信犯焦点则惊则

雪而肉情虎远恢煲增思梳罪諾惫频便怖

分幸大车野考查定自因驱行有袖繁型灵

生便师右手除领桥眉填损答词汇的例基

乐龄领四了外见乐野充而惧恐热磨外底

动准则袖遇请摇增而行观滑虫型直落礼

介举不记储程噪了摇子活自自究的极许

木究中趣备股乐露喜怖票人装配条休其

雨激励于雨本！。望的存排私坠后>乐

延口高心充领的本则音情趣持决而降子

丁书得有毛衣草加露>循幸分乎号持约

周年
右手
除外
到达
犯罪
准则
装配
接近
滑雪
频繁的
牛奶
领袖
焦点
大师
极其
储备
词汇
例外
激励
毛衣

Puzzle 414

环身摇活查>权情眉真活祖考护香有坠

行惊望回喜碰音子细旋最觉栏考之的摇

思老桥的人直复突腻梁举祖视答远见破

疲自理不手而树木然而皂下乐有最面>

保主触摸则指不栗不然事人破不模拟究

士恐梁眉滑余欲>不几伏人升规典桥增

有真复信权型后特虫护惫乐动则摇放稻

蠕放程本车四摇机觉余趣疲记视香机行

面衫信蛾香图蔻口摇摇不动身安己带坠

稳降倍肢趣便邀桌草议稳机欲过自心主

型口眼运事信貓机伊间乎复选约眉型心

雨源遇睛许领本地重举复议龄苦己类梁

丁安生觉而快摇乐升滑一地要豆打虑马

时间表技稳特此放转咖起各种习法雪人

他结石工栅栏处部最啡宜闲>惯中型考

各地
动机
眼睛
时间表
突然
模拟
栅栏
技工
结石
细腻
雪人
打法
习惯
不规则
此处
的手指
各种
触摸
咖啡
一起

Puzzle 415

降 迟 请 申 型 查 错 衬 出 肉 噪 休 购 后 报 复 护
转 研 静 求 不 明 过 喜 自 老 心 租 信 买 价 的 静
栏 皂 新 鲜 增 亮 发 射 干 许 乐 信 修 复 老 图 复
书 错 高 热 了 来 肥 望 旱 瑞 亮 虎 私 碎 页 猫 落
充 足 的 自 分 号 树 举 运 之 摇 通 选 稳 眉 命 量
苦 本 观 亲 视 车 欲 觉 四 远 眼 不 旋 > 摇 中 解
揭 望 过 飞 宜 经 复 活 毁 山 羊 牙 充 貌 音 然 平
示 貌 稳 瑞 状 常 幸 情 举 余 解 医 諾 状 年 心 平
橡 子 热 疲 己 自 滑 现 木 后 安 磨 镜 乐 根 稳 祖
的 諾 人 基 破 衬 部 根 实 信 皂 面 决 遇 子 面 填
特 心 有 本 高 衫 活 了 持 幸 最 面 研 便 马 面 举
秘 携 眼 香 级 露 噪 升 乃 护 邀 活 礼 桌 程 请 损
己 地 安 地 排 差 树 鳍 蛾 醋 有 信 了 口 察 蔻 不
蛾 热 草 音 最 修 剩 摇 高 绍 飞 的 情 趣 究 日 状
素 胶 灵 袖 惨 余 余 里 察 马 规 娱 摇 村 肉 页 状

经常
牙医
明亮
现实
衬衫
购买
申请
剩余
报价
新鲜
命中
充足的
橡子
干旱
发射
高级
基本
山羊
请求
揭示

Puzzle 416

的地方
格式
特别
数量
性格
成本
达到
熟悉
剥夺
导向
野猫
邮递员
的愿望
第七
红萝卜
周日
绽放
围栏
阳光
片段

第 肉 从 量 分 袋 考 邀 发 环 的 优 剥 夺 红 傲 放
七 书 成 本 便 的 平 镜 请 > 愿 的 周 日 萝 雪 请
野 克 克 行 音 远 性 驱 本 秀 望 惊 记 乃 卜 肉 情
通 口 修 从 之 觉 主 飞 阳 究 租 的 况 碰 摇 鳍 饭
欲 况 余 有 循 理 直 望 研 光 中 礼 坠 最 究 虑 雨
亲 面 栅 倍 主 欲 真 有 宜 子 村 身 木 理 伏 露 携
特 别 中 定 蛾 眼 了 幸 木 飞 恐 放 他 息 柔 重 特
坠 己 毁 眼 导 飞 损 围 票 有 面 定 凑 秀 机 怖 老
的 地 方 面 向 环 水 伏 栏 而 栗 坠 数 熟 悉 绽 摇
究 票 了 于 恐 书 高 亮 则 权 落 视 携 量 行 放 龄
事 视 程 自 邮 递 员 考 自 查 行 鳍 规 地 树 行 碰
情 木 乐 光 主 有 最 运 最 片 段 蔻 最 基 来 能 眼
号 格 式 决 > 不 介 活 书 恐 坠 日 赂 撞 带 赂 衫
部 性 情 野 猫 决 放 约 重 热 > 乐 秘 最 研 私 间
觉 类 静 秀 情 运 达 到 中 惨 而 树 摇 优 身 息 看

Puzzle 417

便 破 静 巨 决 蛾 近 循 袋 村 增 驱 栅 了 雨 保 面
恐 活 想 大 光 貓 通 错 毁 丁 草 决 本 雨 桌 子 息
构 造 环 的 了 转 保 买 远 几 降 自 乃 桌 尝 试 驱
稳 袋 凑 面 租 磨 释 得 直 妻 动 驱 音 迟 究 人 考
衡 议 笔 过 有 想 光 起 士 子 情 亲 规 类 情 看 虑
自 修 思 记 察 创 稻 毁 文 凭 迟 坠 醒 升 破 程 几
柔 面 露 恐 本 建 规 的 老 建 典 从 了 村 观 部 最
类 雪 橇 复 惫 运 磨 口 程 乃 子 信 虑 龄 人 虑 降
似 便 热 驱 解 醋 觉 真 觉 伊 泽 讨 论 最 情 子 票
光 介 不 几 欲 近 村 树 虎 噪 保 约 香 醋 保 几 虫
行 马 保 人 镜 复 乐 区 填 动 面 秀 取 发 于 建 人
了 条 ， 娱 研 插 乐 光 毁 秀 部 士 决 的 顶 部 他
岸 上 决 因 究 入 活 运 貌 肥 票 碎 于 的 年 护 社
摄 像 头 复 此 升 虫 面 ！ 觉 克 四 况 擦 洗 拒 条
加 口 主 梁 树 修 记 重 父 遥 发 马 人 亮 栅 子 绝

雪橇
插入
拒绝
创建
文凭
笔记本
构造
研究
升入
岸上
尝试
买得起
擦洗
类似
妻子
摄像头
，因此
巨大的
取决于
讨论

Puzzle 418

稻 行 顶 乐 奏 飞 的 灵 木 底 趣 持 护 子 情 稻 分
碰 饭 考 恢 请 首 脑 会 议 飞 好 滑 胶 信 坠 皂 情
休 书 己 邀 亮 邀 碰 的 子 木 有 过 音 衫 于 必 平
发 撞 亲 研 越 行 光 部 存 况 因 选 乐 木 本 须 旋
执 趣 生 负 来 保 疲 活 蓬 便 想 旋 复 请 飞 典 雪
行 衫 树 责 越 填 私 素 松 息 恢 胶 亲 根 顶 保 懒
遇 研 虫 的 上 平 不 社 况 下 虎 延 露 宜 自 煲 惰
因 马 书 的 面 的 权 心 车 解 环 因 心 破 电 介 树
绍 紧 欲 栗 碰 先 行 解 因 为 损 保 貌 因 规 放 干
胆 小 驱 特 持 虫 便 升 宜 光 继 事 便 年 最 则 子
生 落 人 煲 恐 惨 倍 太 本 趣 续 的 > 欲 素 租 马
绝 对 规 虎 肢 了 安 老 阳 的 露 生 面 恐 虫 思 马
释 票 了 肉 梳 光 父 傍 晚 镜 充 菜 放 人 存 諾 失
衡 > 子 动 遥 貌 人 滑 村 稳 社 虑 页 安 得 现 去
复 迟 人 驴 眼 凑 傲 动 带 中 延 身 稳 克 摇 在 了

绝对
越来越
继续
因为
现在
太阳镜
的生菜
执行
失去了
树干
奏请
负责
滑动
必须
傍晚
蓬松
懒惰
规则
首脑会议
胆小

Puzzle 419

网 傲 马 循 而 子 静 下 地 选 清 介 复 蠕 恐 幸 建
球 带 肉 可 能 远 露 袖 得 理 空 > 人 露 衬 后 涉
遥 保 胶 恐 型 滑 好 复 有 摇 因 升 转 应 该 恐 及
答 人 人 木 况 图 兔 子 天 年 虑 通 豆 增 部 祖 修
惫 稻 况 的 活 栏 音 银 行 饭 欺 四 书 记 事 保 驱
镜 先 有 平 人 生 瑞 乐 丁 先 噪 骗 心 怖 驱 举 的
得 惨 旋 坠 得 能 错 小 栗 查 加 自 秘 理 父 差 灵
桌 考 下 鳍 号 解 礼 野 鸭 填 伏 雪 貌 心 母 望 行
子 水 车 故 无 肥 安 马 噪 礼 村 摇 考 书 光 骨 头
一 噪 礼 事 名 规 驱 配 备 梁 丁 貓 ！ 于 研 滑 活
滴 息 区 惨 指 醒 坠 下 丁 桌 成 为 乐 复 袖 说 服
马 社 稻 绍 遥 蔻 解 后 马 考 醒 也 ！ 元 他 热 存
人 露 答 项 焕 建 于 公 鸭 便 票 发 有 年 观 衬 分
疲 礼 选 则 木 礼 惊 柔 然 子 请 光 人 于 焕 了 错
宜 保 过 增 数 心 票 理 顶 祖 恐 了 顶 醋 恐 泽 主

故事
骨头
无名指
说服
可能
地理
欺骗
网球
应该
一滴
清空
小鸭
配备
成为
银行
公鸭
涉及
兔子天
元年
父母

Puzzle 420

有 机 型 蠕 水 记 乃 精 快 的 桥 电 区 介 的 几 扶
分 条 稳 定 獭 肥 请 度 高 演 的 肥 因 程 泽 议 手
条 因 摇 袋 光 领 增 老 自 员 胶 管 理 者 马 看 椅
子 也 况 理 衫 面 木 倍 蛾 衫 煲 回 电 肢 行 倍 衬
选 滑 差 虑 自 素 环 伏 得 野 乃 记 事 的 热 ！ 看
休 柔 音 生 放 放 分 便 复 机 碰 野 运 的 稳 几 父
延 存 老 根 科 学 蛾 镜 野 摇 加 书 心 况 他 虎 村
出 视 有 高 心 信 驴 心 稳 车 决 报 梁 协 身 足 球
傲 能 礼 蔬 基 息 回 复 幸 浓 充 顶 纸 议 阵 梳 条
望 破 貌 菜 透 中 不 机 人 降 缩 灵 复 ， 风 定 四
理 书 远 计 泽 人 胶 面 包 车 绍 他 年 欲 瑞 股 的
虫 热 远 驴 算 缺 乏 的 摇 子 貓 页 余 坠 高 平 灵
滑 然 征 攻 稻 器 察 填 ！ 虑 信 赂 祖 见 分 真 的
驰 骋 出 击 复 决 发 底 香 惫 虑 试 紧 怖 运 趣 乐
礼 下 绍 信 特 他 存 秘 视 傲 真 本 心 最 露 平 欲

报纸
的演员
水獭
有礼貌
计算器
足球
阵风
缺乏
精度
回复
浓缩
管理者
扶手椅
面包车
科学
蔬菜
远征
驰骋
攻击
协议，

Puzzle 421

究日諾图本人龄的决英休顶疲己基得惧
底主独奏虑本部而性安语年！分运秀里
复落通研自票看木好根池塘幸老觉遥有
坠事考粗蛾状亮能底想龄后来要绍宜根
灭而理细高亲礼医疗的荒野侵略性维答
答亡棉袖肉理真型图口幸加肢己携护部
祖不花部损股休諾领觉加性乎乃惧坠自
袖远息香看行袖透栗休肥欲马落凑心梁
亮士的摇亲解毁快本倾向于树高携研错
灵况摇雨解本状>介好理木他最亲人情
保保错子灵里袋恐袋的看得心介柔摇眉
恢面噪礼释>行胶最时情后思丁辩论乐
复运然先则选开秘远候升木社子定要有
主袖股盛情膝盖启延程落分权疲鳍马学
諾情乐大好持望考幸排余快社会灵秘习

后来
医疗
恢复
膝盖
英语
倾向于
社会
辩论
侵略性
棉花
维护
池塘
的时候
开启
独奏
粗细
学习
盛大
灭亡
的荒野

Puzzle 422

胶水
可怕的
精细
无形
护士
的飞机
知道
机会
重大
地球
军事
时间
书柜
设有
棒球
蟾蜍
运输
粗心
政策
蛋糕

复休高亲坠肥动亲带乐滑桌村不醋飞远
滑衬护士坠瑞凑的加怖研的衡四年增欲
无量亮惊素虎心护护便口伏典知道之水
得形然乃设有雨试电转休猫人查坠型遇
因梁的的护机会静租磨的便视程想基时
高号皂填中马惫情虫便过运输胶水露间
梁飞自介梳研热有议图衡书柜惧滑增快
许坠见性泽携之肉思解傲先保秀虎政策
灵决平的惧礼坠得重试电撞自素察木年
蔻祖过量降动地球释大父能乐近可怕的
升身树粗军袋自棒热人惧部他私马亲欲
则乃有心事权的飞机见蟾间自肉的蔻况
建精里选理摇护近自他虑蜍！倍觉諾香
蛋细热书！释情过他煲自趣惫保惨动音
糕情袋保口有放量页票研疲人出直高中

Puzzle 423

读有特考己加下特马升类电能自惫主也
不书本过究鳍雨第豆上磨的视骄见稻音
手私焕票焕士页一典子情人像迟过去的
机梁解地区真重自复马撞子日后最特条
趣究发骄协心野便镜后亲回情的骄木的
马条道歉助子量后日木惫磨瑞患栅遥心
镜乐视况秀眼遇从延不动数差者>惨袖
趣瑞便有急风格迟幸图延父行灵惊覆盖
书凑有情机剧研摇信自虎充之宜页玻璃
书信柔从而面充过人特惫延趣坠的惫最
雪梁底信毁电延考幸人租保有解查野数
状自中页两日则衡黄鼠狼考相煲有排存
平延看到个动骄出好决保有关护快区喜
观胺摇中看几肥心特议车的惧肉自快基
排眉子驱记源亲煲疲雪貂设计眉趣现场

看到
道歉
协助
雪貂
两个
第一
设计
黄鼠狼
现场
风格
急剧
电视
过去的
手机
人像
覆盖
读书
患者
玻璃
相关

Puzzle 424

的考有四差页究秀环碰性自磨基撞马骄
幸遥通身本况驱心间。碰撞的望教老填
显心查面降持他研摇摇况另亲事授实验
碎着静头循规蹈矩栅区性一平稳水最坠
衡机填书脑怖的则飞域袋个况肪脂的大
桥袋有人亮驴新桥乐要苦里权过理公底
木乃伊号肥保的情傲面规行星见租路理
中闲傲幸的的便他稳喜要心了绍错上活
断小弟弟研雪自定风况区复焕后马蔻条
香远自优视分私水险试护况雨修数姥的
回面。人损增加不邀项自的有放驴爷解
泽下则紧有建有也情部近带露高破滑自
幸出人规木恢煲的况安滑雨骄研乎租充
程想苦车型静真欲恢研怖桥有的礼查记
部粉红色保树区諾虎坠有野活电了他循

行星
增加
的公路
粉红色
的脂肪
姥爷
循规蹈矩
新的
区域
另一个
教授
中断
风险
最大
显着
头脑
小弟弟
木乃伊
实验
碰撞

Puzzle 425

己 远 增 查 定 日 租 消 近 克 定 持 礼 子 复 苦 反
惊 日 查 放 制 晚 上 失 人 乐 滑 貌 草 乎 当 前 向
驱 讶 找 透 的 泽 不 远 恐 程 蔻 平 雨 想 得 灵 缤
高 醒 肢 保 本 倍 马 考 滑 基 修 静 车 柔 象 疲 纷
傲 木 区 滑 上 远 雨 充 平 伊 考 木 介 坠 出 过 过
区 先 。 老 有 得 修 损 基 典 心 己 动 子 热 况 好
野 礼 花 出 交 融 年 飞 条 稻 > 煲 水 饭 高 袋 肢
加 亮 园 灵 要 黑 色 下 秀 木 基 坠 心 摇 雪 下 虎
热 典 坠 远 保 机 观 飞 修 约 欲 马 升 摇 部 人 动
欲 页 日 权 高 峰 的 子 考 况 查 震 撞 露 丁 典 理
错 飞 环 音 觉 投 复 发 绍 飞 野 撼 的 情 野 了 子
露 点 错 主 亲 票 娱 磨 乎 充 肥 量 惊 稳 的 遥 己
先 虫 转 部 答 号 碎 出 身 趣 便 煲 于 蔻 恐 嘲 填
撞 先 答 填 先 持 况 后 面 觉 木 木 最 四 介 傲 讽
胶 您 选 择 情 趣 本 袜 子 不 乎 平 有 恢 增 存 口

缤纷
定制的
露点
花园
想象
袜子
惊讶
晚上
消失
震撼
投票
当前
您选择
查找
黑色
反向
嘲讽
高峰
平静
交融

Puzzle 426

野 人 闲 遇 高 羊 毛 亮 定 从 撞 书 考 的 循 究 望
领 环 持 书 糖 好 蒸 便 梁 复 信 闲 四 动 填 保 旋
> 煲 发 雪 典 果 本 汽 余 袖 近 最 便 醋 考 行 保
趣 页 信 展 惫 源 保 况 祖 携 摇 请 己 上 瑞 草 飞
典 最 因 日 示 建 序 教 堂 磨 根 篮 球 望 研 亮 心
伊 坠 机 研 运 主 列 鳍 眉 貌 邀 回 人 日 饮 料 眉
紧 急 身 权 磨 机 地 程 日 蛾 人 行 有 介 好 鼬 条
复 露 优 乃 加 父 澄 绍 解 人 野 惧 摇 口 欲 鼠 香
基 口 而 礼 静 自 清 生 惊 存 热 凑 面 情 胶 远 后
近 口 本 错 信 奉 理 本 衡 雪 的 幸 人 滑 驴 携 考
保 许 惊 经 验 献 论 投 旋 记 口 情 远 驱 花 牛 地
增 来 镜 保 栏 己 上 入 木 惧 动 数 定 解 费 仔 号
饭 便 的 醋 邀 直 票 灵 高 面 动 木 自 高 肥 复 梳
数 驱 食 用 制 造 醒 便 鳍 充 试 过 平 充 音 自 粗
口 倍 的 丁 露 秀 面 虫 书 行 疲 许 介 请 肉 喜 鲁

教堂
投入
理论上
经验
奉献
花费
饮料
展示
紧急
食用
牛仔
粗鲁
澄清
糖果
篮球
羊毛
蒸汽
序列
鼬鼠
制造

Puzzle 427

考	电	根	貌	的	毁	惊	价	出	迟	最	特	看	况	摇	分	亲
部	直	水	趣	考	记	喜	煲	格	充	规	焕	护	了	自	中	通
袋	下	基	坠	特	保	考	不	联	理	理	平	皂	恐	碰	怖	苦
摇	噪	不	帮	疲	安	分	量	合	諾	野	灵	况	安	技	高	安
乎	>	先	助	加	入	皂	紧	收	情	复	亲	摇	规	艺	真	凑
社	转	移	考	炎	马	马	木	割	车	摇	礼	私	马	而	亲	素
启	动	安	基	热	衬	下	>	机	下	面	眼	碎	充	趣	因	得
私	存	号	金	过	了	灵	旋	蔻	真	蔻	规	加	平	区	老	建
建	马	考	雪	研	于	议	的	惊	信	乐	护	有	遥	望	落	持
部	复	遥	驴	电	动	察	饭	的	页	雨	父	惫	士	余	稳	摇
一	不	飞	自	栅	降	信	信	稻	他	露	填	有	心	之	野	心
次	最	静	出	血	复	查	紧	程	秀	恐	部	门	的	栏	理	栅
性	充	最	平	村	伏	欲	>	马	请	衬	分	远	胶	亮	最	存
击	剑	支	安	资	破	貓	焕	增	镜	肢	人	高	不	他	升	书
水	面	持	赂	情	源	看	的	撞	栗	特	貓	况	乐	心	考	人

野心
基金
一次性
电动
技艺
惊喜
炎热
价格
资源
联合收割机
帮助
击剑
看了
部门
加入
下面
支持
转移
启动
出血

Puzzle 428

冬青
冬天
列表
自然
明天
摩托车
肥皂水
完成
总统
成年
一点
主题,
重视
成功的
后,
联系
答案
大家
已经
鸟啼

通	租	源	乐	动	香	四	怖	不	的	虎	自	然	高	程	究	自
子	心	看	摩	自	情	复	况	的	远	娱	完	骄	青	傲	答	木
动	书	部	托	闲	得	已	经	间	趣	察	宜	成	冬	天	案	情
摇	苦	之	车	肥	乎	己	焕	栅	野	赂	联	系	分	究	大	家
护	乐	醒	礼	休	理	上	士	部	环	本	苦	请	平	栅	重	理
书	蔻	本	四	宜	心	先	年	亮	子	解	分	不	四	基	视	心
领	飞	毁	諾	桌	成	息	遥	焕	子	木	>	亮	后	数	音	衬
记	肥	人	则	决	约	年	情	四	余	苦	错	不	醋	最	里	查
骄	皂	记	衡	票	典	骄	镜	情	他	醒	排	趣	士	礼	思	的
镜	水	遥	成	稻	磨	惫	明	天	高	子	环	领	选	本	虑	蔻
环	解	总	功	股	静	磨	地	本	回	疲	优	摇	镜	父	稻	雨
要	醋	统	的	主	列	表	紧	亮	了	坠	静	的	蛾	惧	破	定
高	安	泽	露	题	损	损	鸟	落	行	素	的	便	请	觉	高	顶
错	热	部	皂	,	后	肉	肢	啼	优	眼	皂	惨	转	最	休	虫
亲	素	梁	坠	本	落	龄	胶	老	四	考	一	点	上	的	露	况

Puzzle 429

碰 电 从 高 家 的 加 行 子 则 信 鳍 先 肉 况 恐 欲

的 数 保 的 虫 具 灵 傲 状 区 况 焕 的 栏 后 怖 最

充 放 后 关 的 页 私 父 醒 摇 了 约 看 口 蜘 灵 赂

雨 马 选 注 特 欲 解 迟 子 娱 保 面 马 车 蛛 蚊 子

热 肥 栏 望 重 先 生 愤 怒 的 理 携 地 摇 草 子 豆

木 四 修 有 页 木 底 考 怖 走 素 惫 面 放 镜 摇 驱

身 心 凑 特 看 面 股 树 面 了 趣 飞 中 紧 虎 发 领

公 > 娱 桥 的 增 理 思 晚 餐 面 衡 考 恢 心 究 地

民 程 部 考 标 部 定 运 觉 旋 野 的 理 条 乐 部 虑

栗 心 先 人 过 记 延 克 带 日 乎 了 电 碰 的 野 觉

情 破 中 少 蝴 定 迟 平 伏 领 露 于 思 娱 察 而 伊

的 小 狗 数 快 蝶 秘 虑 条 车 状 规 特 毁 绍 鳍 驴

虑 。 错 邀 速 村 秀 乃 细 胞 许 亲 木 页 顶 休 秘

袋 秋 季 。 破 基 貓 只 是 察 士 下 延 项 恢 情 推

桥 特 乃 驱 带 究 人 理 乃 状 程 记 间 自 存 飞 迟

延迟
走了
先生
快速
家具
蝴蝶
愤怒的
少数
只是
蚊子
的小狗
蜘蛛
恐怖
推迟
标记
秋季。
晚餐
细胞
的关注
公民

Puzzle 430

财政
类别
青蛙
袋鼠
检验
轿跑车
的舞蹈
土耳其
个人
多次
太阳
关系
策略
地毯
接受
同情
菊花
空中
可见的
生菜

自 木 充 请 恐 马 后 事 建 滑 倍 乐 几 镜 泽 乐 觉

动 转 究 光 邀 况 自 惧 他 保 面 豆 则 轿 跑 车 里

觉 转 摇 他 了 底 加 面 人 摇 关 底 便 根 鳍 空 中

财 政 要 因 稻 察 地 貌 图 稳 系 建 研 答 乐 有 运

高 坠 真 解 倍 休 从 坠 子 肥 规 能 里 香 草 机 面

紧 信 类 别 衫 可 平 摇 电 检 远 亮 苦 试 绍 马 野

行 梳 情 衫 丁 程 见 地 毯 验 本 然 余 的 机 木 香

马 也 青 机 马 观 心 的 眼 优 栏 栗 胶 观 醒 电 充

心 查 蛙 破 复 的 煲 亮 > 策 同 马 地 况 优 坠 出

梁 伊 木 转 理 袋 鼠 个 菊 略 情 信 想 权 梁 娱 安

的 舞 蹈 高 水 露 幸 人 花 解 先 通 延 延 理 磨 中

恢 音 自 焕 型 定 接 稻 倍 土 耳 其 从 宜 号 底 况

好 热 邀 决 口 地 事 受 约 栏 衡 磨 人 权 光 多 况

信 究 生 口 典 虎 观 区 电 马 醋 填 余 动 亲 次 虑

自 > 研 菜 煲 重 恐 自 解 紧 权 太 阳 露 > 见 村

Puzzle 431

平私的降考行的区龄怖五个延保的虫人

网络特征释礼自页滑而飞思有排富含滑

草凑野恐保圣诞欲基后亲先类碎重保思

来重梁项橡惧介生人稻性重介娱便书携

的热带权胶毁坠命他想貓他稳豆子错热

墙原露树亮本趣之动护貌然摇增村记许

四上因特性页人本赂携信摇记人行龄释

自记肢账户区自信口袋便心究则地貌雨

貌里豆修胶考不自噪图真自几能栗貌雪

自祖凑稳研秀私祖逐渐洗护摇复不肉摇

乐增桥然水怖通底凑试涤栅便恢差最平

高复的蠕洋葱介况马尽修镜见虎实滑邀

年高主坠然答之错妈几一租书驴践解研

豆的休赂事泽的类妈情真份远近替代瑞

主闲情部便机地瑞增音望优年有自有高

圣诞
的热带
洗涤
妈妈
替代
墙上
橡胶
逐渐
生命之
尽一份
五个
洋葱
口袋
富含
网络
实践
账户
原因
远近
特征

Puzzle 432

本质
隐藏
卡车
的对手
语言
地址
北方
条约
关心
平面
委员会
创造
剪刀
差异
外观
解决
组合
牛奶中
安静的
艇体

己。卡四后信语迟解决安傲近梁欲错真

绍保车许惫区自言思考情心北望豆护祖

几部倍木露摇情差异地址状方木磨热音

子子地考的安静的远四心研环摇因的望

填的自间条落情息摇觉加身约组合有况

的票规错主泽记露宜安牛奶中特木机紧

隐藏了基部野远定过人的对手外究貌栗

袖滑惊乎租蛾权图高量远落光复观里了

股心票约宜乃衬排偎不充条艇许伏根树

心喜日闲环看便直委定心约体身木乐回

环灵豆面活平保创员错噪素恐动究通村

马排程倍的雪摇造会看举乐安然鳍保镜

野况平议答梳降区增增苦主四得本欲礼

能答面况柔剪稳降中醒票之本质木关心

答重子租车典刀木信了了出解>蠕数存

Puzzle 433

察	车	磨	滑	乐	虎	分	余	驱	驴	本	项	之	截	距	观	于
心	了	保	什	克	答	衣	领	阿	姨	祖	镜	爱	好	选	发	之
精	灵	则	么	父	底	服	滑	冰	适	老	口	过	沿	活	人	最
可	靠	城	醋	之	高	号	撞	热	当	虎	怖	得	雇	着	衡	转
绍	情	市	磨	他	貓	袋	价	视	惫	心	社	自	用	保	亲	研
之	衬	栅	决	环	衬	諾	泽	值	过	见	礼	自	区	草	的	肥
的	旅	倍	磨	发	闲	选	举	子	充	答	服	保	增	加	地	理
考	苦	苦	遇	展	音	肢	近	瑞	举	袖	直	四	上	諾	条	焕
柔	增	之	直	况	已	赂	行	光	平	最	素	面	草	来	虑	焕
记	循	肉	惫	况	蛾	虫	直	定	醋	从	祖	直	况	村	则	查
望	解	中	源	从	之	图	快	性	露	视	研	要	想	肥	日	最
的	考	面	马	！	想	音	情	滑	过	凑	音	根	平	老	复	！
赶	路	领	解	循	性	觉	摇	最	>	许	领	理	则	遇	有	电
见	而	最	恐	飞	泽	热	醋	灾	难	人	能	最	股	升	降	余
则	子	有	口	有	草	摇	马	亲	克	紧	落	观	礼	社	喜	觉

精灵
衣服
沿着
可靠
什么
城市
阿姨
滑冰
截距
适当
价值
雇用
赶路
爱好
礼服
老虎
灾难
选举
之旅
发展

Puzzle 434

烧毁
猴子
在楼下
爆发
再见
后续
的好处
咆哮
懦夫
公布
苏打水
过程中
表示
仍然
能够
教师
自娱自乐
相互作用
检测
交叉

从	蠕	高	本	惊	型	面	看	典	议	差	近	丁	书	复	修	护
摇	优	桌	典	充	底	要	遥	在	楼	下	懦	教	师	再	见	灵
的	余	于	亲	疲	便	介	烧	的	表	示	闲	夫	泽	机	秀	充
祖	而	顶	坠	鳍	面	士	毁	理	差	仍	的	中	公	几	顶	面
则	自	发	望	远	素	主	亲	远	坠	然	然	村	布	望	持	保
摇	修	秘	之	木	热	情	信	情	条	雨	飞	伊	的	性	虫	条
基	宜	趣	貌	股	本	邀	的	娱	看	于	恐	检	测	本	的	察
社	諾	静	貓	页	主	几	素	规	增	醋	权	本	飞	摇	信	条
的	视	醒	绍	的	摇	的	乃	伏	村	号	噪	毁	饭	本	怖	碰
心	肉	典	貌	咆	哮	便	排	从	分	虎	焕	情	考	携	坠	考
香	自	转	蛾	相	见	瑞	带	透	欲	人	亲	能	决	苏	克	电
自	娱	自	乐	互	能	热	循	木	交	叉	过	程	中	打	猴	便
的	社	后	赂	作	够	紧	状	稳	研	本	梳	柔	木	水	焕	子
栏	好	续	爆	用	亲	图	惧	过	虑	肢	视	碎	则	降	子	眼
人	丁	处	发	雪	机	心	图	醋	类	直	情	动	理	息	恐	衡

Puzzle 435

他	乃	乐	不	优	类	本	动	人	子	肉	豆	蔻	皇	的	法	试
栏	！	宜	礼	信	约	木	了	平	增	来	木	引	后	人	院	望
页	亲	释	远	增	摇	平	音	错	泽	健	龄	进	心	才	乃	自
护	源	木	从	释	上	息	本	稳	年	康	定	便	持	飞	的	马
衡	的	情	快	权	情	分	信	了	树	人	镜	蛾	面	克	考	眼
老	主	望	有	得	自	郁	的	排	分	则	桥	落	傲	望	肉	遇
梳	王	行	顿	条	心	金	遥	充	项	桥	旋	基	惧	幸	驴	见
苦	年	子	时	光	信	香	型	蛾	村	音	循	>	鳍	信	建	的
决	难	决	增	骄	根	视	图	马	蛾	重	解	程	伏	胶	信	从
可	回	性	合	作	运	鳍	研	毁	衫	便	毁	遥	磨	雪	磨	解
旋	重	况	滑	信	信	中	伏	也	老	衡	苍	鹭	伏	清	放	情
规	了	复	查	傲	根	胶	以	了	凑	肢	权	特	碎	晰	热	桌
好	雪	动	使	凑	余	人	及	是	指	老	木	请	人	循	>	考
碰	老	摇	休	用	摇	考	亲	查	主	马	克	杯	试	修	人	验
老	则	胶	香	图	的	差	日	滑	题	升	情	肉	滑	的	乃	肥

以及
考验
健康
法院
视图
的人才
引进
可重复使用的
皇后
肉豆蔻
是指
马克杯
王子
郁金香
苍鹭
主题
合作
苦难
顿时
清晰

Puzzle 436

任命
蘑菇
剧场
海雀
打击
硬币
闪耀
致命
西部
望远镜
寒冷的
去年
参加
谦虚
男性
兴趣
时钟
私营
白菜
颈部

蘑	坠	坠	觉	乐	望	远	镜	远	肢	高	过	人	衫	最	树	赂
看	菇	光	想	理	行	真	持	真	白	研	发	便	答	人	摇	子
亲	人	活	查	复	恐	去	梳	滑	菜	建	衡	也	坠	欲	复	打
遇	了	恐	信	然	谦	年	参	加	介	特	定	修	带	赂	热	击
父	草	试	看	剧	虚	光	稻	况	恢	他	试	滑	兴	趣	饭	试
高	因	然	项	场	飞	惧	栏	野	幸	飞	邀	记	充	克	于	的
树	丁	幸	休	环	娱	西	书	部	况	能	恐	欲	遇	定	木	不
蛾	基	观	本	静	情	看	部	号	近	修	硬	币	野	主	袋	规
复	肥	了	观	衡	鳍	上	苦	主	票	胶	滑	选	衬	男	性	况
胶	乎	观	先	因	况	平	面	水	通	。	海	龄	排	察	滑	而
升	填	苦	趣	回	情	恐	面	保	虎	己	雀	闪	耀	查	望	乐
寒	冷	的	私	营	想	复	车	信	动	复	情	延	租	领	觉	秘
饭	落	想	坠	袖	恢	坠	社	见	股	从	升	时	钟	任	颈	部
龄	的	他	摇	类	情	焕	远	衬	出	持	延	闲	程	光	命	分
镜	保	错	票	坠	饭	票	貌	赂	本	马	不	下	下	乐	致	栗

Puzzle 437

亮充建身稀自分柔的爱亲服栏觉降私虑
马闲出过缺而行解视况保务龄音肉局电
胶名程间模遥安几线植物选破见士限面
行词类日式肉面然复坠事的驴想有素解
的马亲举觉保环理保排发虑高也几回特
黄保号的然源好磨人老增伊马心了家的
而色父坠衫有私幸柔约数运口雨的滑碰
得热父似之几旋惧平乎请礼身典音思马
酸牛奶乎镜。而租瑞行请肉撞究页子面
雨栅惧电滑建普通典的倍号赂大错遭灵
几个优充况摇恐地人典伏优放便考透受
行的况。文私本撞稳况主皂礼四社从考
木而便最化望旋延私重肢环热释子权答
本休老私看的桥飞不口请从收议极落远
错况建页的也回议看填肉肉藏坠远限灵

遭受
收藏
亲爱的
极限
名词
稀缺
黄色
瑞典人
局限
文化
的视线
酸牛奶
似乎
模式
服务
大便
几个
植物
回家
普通

Puzzle 438

菜花租本信木回复亲周顶护将来定欲条
宜行不带状受孕。稻一周到的考马亲填
步骤镜眉稻人高面的察马怖迟心木邀饭
举便优本则释透研村便试源不究香携视
发来虎直闲素况绍解降先子审判决过本
转程愚马恐近滑木项远研子惩疲礼程宜
惫衡蠢私飞暴躁娱自图下运罚干扰用品
四研的爱可游泳碎衬书复皂闲露不租直
肉疾口解娱出喜亲蠕观生落也况醒的中
赂重病信热的互动碎典>素股书怖透子
专碎本放滑出！的后绍乎欲释趣的区喜
热家间露察降介不快主回蠕性之发宜图
煲的批判损条里书考数发撞几幸中没苦
研源而静期望部驴信坠草秀源机幸噪有
衫鳍日心通答野快重肉领究摇己素木灵

的批判
惩罚
审判
专家
步骤
可爱的
菜花
干扰
游泳
周一
暴躁
愚蠢的
受孕
周到的
的互动
期望
将来
没有
用品
疾病

Puzzle 439

士	镜	理	醒	袋	子	解	电	约	释	伊	平	汽	车	保	有	乐
梳	权	从	伊	心	透	静	部	影	防	况	惊	于	草	行	灵	带
研	饭	人	基	素	惊	书	饭	摇	衬	卫	飞	放	了	子	保	梳
恐	水	修	几	本	较	智	能	试	的	地	心	衫	雨	骄	究	的
优	人	底	绍	回	差	公	修	听	户	外	主	稳	环	祖	中	人
心	人	记	豆	快	丁	心	共	飞	存	骄	研	桥	决	发	他	远
怖	瑞	不	乐	眼	肉	人	亮	伏	通	远	眉	有	领	运	碎	趣
虑	股	息	增	飞	复	规	护	他	身	子	水	沙	塔	亲	复	丁
碰	不	源	醋	本	底	怖	香	情	桌	研	的	秘	页	的	发	视
事	条	加	恐	最	损	礼	木	子	眼	观	察	信	落	动	降	噪
日	稳	息	怕	宜	怖	数	据	希	后	产	生	推	出	过	梁	士
息	觉	泽	俱	飞	士	口	乎	望	近	蔻	活	几	存	因	解	先
面	的	的	乐	邀	持	自	记	焕	受	害	者	人	婚	礼	项	驴
野	面	坠	部	乐	驱	况	则	复	的	地	斑	最	重	量	约	傲
见	权	虎	父	因	子	也	趣	股	请	亲	点	后	机	领	瑞	选

防卫
沙塔
电影
最后
产生
试听
俱乐部
恐怕
希望
汽车保有
较差
斑点
公共
受害者
数据
婚礼
智能
推出
户外
重量

Puzzle 440

停留
正式
职业
手提箱
春天
钢琴
观察
排出
标准
梦想
女孩
母亲
刺猬
艺术家
经营
汽油
自己
忘记
温水
西兰花

复	桥	社	好	介	究	活	欲	况	母	煲	有	钢	携	恐	的	特
鳍	毁	见	底	旋	条	心	滑	娱	亲	西	之	琴	经	木	释	区
女	孩	介	不	虎	娱	重	汽	油	信	兰	春	天	远	营	通	衬
远	书	自	虫	眉	艺	票	排	信	余	花	本	中	停	梳	的	礼
乐	飞	股	行	栅	术	热	>	出	电	则	顶	蠕	留	也	噪	坠
邀	>	热	苦	香	家	瑞	他	驱	要	保	车	而	察	有	年	过
部	思	自	虎	重	请	发	梦	想	平	眉	持	惧	忘	身	观	恐
雨	恐	面	鳍	疲	绍	社	凑	望	的	马	桥	伊	记	稳	身	平
先	部	运	面	重	私	面	眉	桌	特	温	。	要	视	职	业	考
磨	刺	猬	自	机	泽	惧	蛾	恢	标	回	水	情	面	野	人	虑
性	约	碎	己	视	地	动	增	社	准	了	通	息	摇	野	手	子
有	肢	直	惫	几	于	书	鳍	年	怖	肢	股	本	灵	稳	提	带
正	式	亲	水	放	观	最	虎	记	他	填	息	修	飞	社	箱	答
遇	肥	驴	碰	恐	察	然	持	蔻	许	撞	余	摇	平	马	雨	马
不	领	规	考	典	灵	碰	书	解	倍	便	热	鳍	权	加	本	趣

Puzzle 441

邀 填 蓝 己 飞 阳 柔 既 不 步 放 自 转 拉 坚 想 复
见 本 色 坠 项 信 光 了 原 行 高 几 增 动 果 蛾 亲
袖 木 的 加 出 袋 飞 灿 子 祖 伊 苦 坠 的 降 不 也
本 镜 邀 礼 几 有 出 落 烂 决 飞 不 衫 电 飞 快 礼
毁 通 重 休 眉 因 羊 群 身 的 股 栏 肉 野 透 傲 心
心 绍 赂 幸 得 制 定 一 形 容 人 决 人 老 社 建 议
故 障 带 查 究 他 观 目 祖 情 增 远 有 香 礼 灵 虎
于 飞 迟 车 虫 领 转 了 驱 程 最 人 自 马 延 世 界
下 苦 凑 书 增 高 野 然 增 疲 水 滑 租 飞 作 页 雨
面 票 > 出 能 力 理 蠕 情 源 升 木 马 有 特 画 请
数 镜 紧 觉 怖 木 本 降 远 伏 快 加 状 想 朋 友 升
信 过 产 摇 上 亲 碎 保 底 源 饭 人 恢 瑞 环 信 观
摇 区 见 品 的 专 业 有 猫 几 惊 安 生 书 页 蠕 复
上 驱 四 人 心 有 最 释 毁 携 特 先 日 规 紧 活 活
最 解 表 面 建 灵 马 有 页 袖 复 顶 本 栗 过 项 心

拉动
的专业
羊群
蓝色的
能力
形容
原子
朋友
世界
故障
作画
坚果
一目了然
表面
阳光灿烂的
步行
制定
产品
建议
既不

Puzzle 442

支出
战争
家庭
海洋
温文尔雅
努力
三角
祝贺
洗衣
曲线
杂志
叔叔
反过来
的领带
头部
反应
很多
头发
周期
方面

野 肥 皂 反 驱 努 行 信 错 洗 衣 恐 建 试 面 情 身
不 源 填 过 重 力 根 便 况 热 年 衡 镜 损 驱 因 复
伊 醋 他 来 复 方 諾 动 面 不 选 曲 平 议 袖 近 转
规 面 便 差 年 面 乐 了 子 究 坠 线 水 信 杂 噪 很
木 口 焕 差 肉 然 三 则 豆 头 发 宜 趣 四 志 人 多
差 坠 平 头 放 灵 察 角 社 瑞 行 人 树 项 也 情 自
带 坠 区 部 有 理 乎 觉 滑 驱 宜 亲 草 家 灵 存 降
间 加 建 人 瑞 信 特 礼 记 数 野 凑 克 庭 海 衡 型
的 村 栗 动 有 活 袖 规 决 本 保 况 典 也 洋 战 争
撞 了 了 反 飞 增 鳍 约 页 叔 己 猫 自 充 部 自 部
的 充 填 自 应 温 文 尔 雅 叔 了 不 的 娱 静 肥 持
重 领 试 降 木 日 休 雪 理 子 损 稳 镜 解 复 的 活
草 活 带 豆 祝 贺 情 虫 落 趣 降 保 野 周 决 噪 的
程 分 部 号 远 支 出 释 部 乃 存 行 社 期 丁 士 惧
士 稻 乐 栅 焕 闲 光 倍 野 宜 察 页 遥 他 特 环 亲

Puzzle 443

年信的发旋领栏了放惨反映部水后秀理
机循环滑下看醋考镜疲醋马滑己特伏露
皂碰记事理特介因老怖醋趣肉木高考重
眉况日果冻远想了升坠蔻心得的释升领
讲平培训貌况乐龄而惧本页龄研闲特底
惨述老父通领复面恢优老环主真之租赂
秀况宝礼虑程书旋严重票携木音带钢区
了秘宝的机野自袖木则活猫子数视笔从
>息父>邀请毁乎马遥高明肥想面修自
不惧区释休余考电肉行近智信乐释稻喜
看何任的好友生奖金的镜祖书心脏噪虎
眉疯狂的卧人倍几情信滑喜建携察之上
电稻日蔻猫室不足然亮能规研余填人饭
护话升秘坠性的自行车己本礼理也虫醋
之灰色摇>肢碎柔间桥票出摇煲从饭复

讲述
奖金
心脏
灰色
钢笔
明智
电话
疯狂的
反映
宝宝
严重
的卧室
果冻
自行车
友好的
邀请
循环
培训
不足
的任何

Puzzle 444

计算机
牙刷
地面
长颈鹿
实际
有益
帐篷
照片
季度
感觉
定义
目的
的方向
检查
猛地
对比度
，动物
乌龟
说话
的事情

决便>幸幸本信之邀看条源护惊最秀露
计算机检社便决则行记欲本心答降便图
基貌饭桥查行间的见恢便向乌龟蔻不袖
牙规父倍乎损雪规升飞书方四野赂惧长
刷虫丁说话>降木底情桥的季度猛地颈
状望树最人定义趣村研木事瑞观眉透鹿
马有撞怖>桌紧便因年镜情有益赂，见
地面地梳他镜因豆最焕伊身木丁对动伏
自信量衫旋热特闲闲马平他复惧比物平
乐热身股！自眼加蔻肉秀心情因度帐篷
心苦幸生研感重基木人日实际来眉典蠕
灵乎重类乐照觉特息书情视绍记不休倍
排则部好护片飞袋村目的领循的栏坠降
动然增的人事议分惊介的磨事苦远根请
优量源的基坠损社近乃加释最信望灵上

Puzzle 445

摘转高差源骄喜爱底树书心平发私惫高
自要便存不面傲的摇状素展的毁袖页余
后研摇而坠研梁的疲道德览热迟心透排
破饭理情信幸马亮保娱高蛾磨考稻欲透
热乐心延运理高而本乃滑先喜顶明小心
伊填礼复安木的肢鳍最貌碰区乐年之状
的动选的好幸里饭根远究充自赂得光最
有的克条年车梁则降他查远优口保书。
高决的情决定几滑之祖请瑞落野高释醒
行心分理本心饭息针对猕过情动贵考地
醒最候人最落了香坠基猴上甚醒瑞迟领
高面复选安存祖凑填滑桃述至肥虎类野
平先人根人动口动紧眉保缓欲橱桥本情
唱歌源里女存便木旋桥护解如柜有赂落
子的保娱损加乎融化复趣事何保因错行

甚至
针对
融化
唱歌
道德
明年
摘要
小心
缓解
上述
如何
女人
高贵
候选人
展览
喜爱
橱柜
保护
骄傲的
猕猴桃

Puzzle 446

小说
一些
大米
高贵的
冰霜
提醒
填充
安全
高兴
急于
脚蹼
技巧
薪酬
首富
菠萝
双亲
小马
关联
大衣
运行

保领冰绍保乎保底香薪雨人坠心雪趣克
几过年霜眼便权提醒酬技巧祖最循马考
幸之优先研大首富考安自车年议存摇焕
存情心许貓米双亲的定滑察惫滑素后衫
脚蹼紧自虎回高灵保便源后程发的下赂
諾权源子信热菠书放素关便过惫生平乐
袋的肉豆察兴碰萝了丁联醒觉升！最研
父旋疲释情高贵的驱息图香项特音保真
欲香雪煲类究近虎木过日运稳下面考绍
倍己便安全喜己大衣諾差行自焕人坠考
驴倍蔻邀解欲型欲摇情惫野破柔源棚携
一滑香保保填滑亮部己号趣摇降面泽乐
些许便落心充坠填社柔基马小飞桥解考
本许急介有私量！碎情降本的说生书条
幸木于转马惨眉苦观欲发安定特亲延老

Puzzle 447

最 > 灭 焕 镜 环 通 见 数 虎 数 的 摇 望 吃 犹 存
民 主 绝 年 野 专 家 升 及 余 觉 大 记 木 饭 项 豫
释 官 水 噪 优 几 需 士 其 自 便 最 老 忆 露 木 于
增 员 察 心 顶 遇 要 镜 研 野 几 下 桌 想 绍 基 根
拳 惧 怖 行 子 旋 不 草 图 丁 权 光 四 因 秘 上 情
击 察 主 见 飞 豆 得 怖 不 没 根 栏 的 究 乐 噪 的
视 驱 放 事 循 蔻 面 举 栗 龄 事 底 乐 情 性 摇 自
欲 好 降 煲 肢 驱 镜 滑 行 特 凑 疲 加 旋 > 貌 摇
稻 顶 丁 面 袋 露 花 蜜 自 坠 之 快 记 生 要 了 欲
况 定 程 合 好 填 喜 蛾 木 排 察 过 循 宜 循 。 的
机 复 书 格 得 袋 毁 条 定 衡 闲 乎 号 蛾 看 想 醋
乎 信 举 试 野 高 有 热 情 貓 平 信 远 能 肢 耳 稳
通 号 停 止 信 条 主 信 过 态 信 己 亲 撞 飞 朵 >
的 恐 左 积 胶 考 视 动 放 度 马 领 心 本 介 亮 决
树 邀 腿 极 惧 直 野 眉 近 建 煲 不 人 坠 子 祖 梳

合格
灭绝
民主
的记忆
拳击
最大的
及其
吃饭
犹豫
停止
积极
左腿
花蜜
需要
官员
没事
耳朵
信号
专家升
态度

Puzzle 448

压低
检讨
皮肤
的设计
拓展
温度
此句
称定
获得
，除了
男孩
橙色
恩爱
大厅
利润
出色的
爸爸
仓鼠
的官方
小时

特 自 也 透 破 饭 的 行 行 能 滑 毁 重 于 发 于 煲
拓 温 度 恩 爱 股 男 衬 考 号 > 条 看 基 摇 毁 灵
梳 展 摇 最 了 私 孩 升 研 静 高 然 破 乃 光 心 填
便 礼 乐 乐 最 获 得 幸 几 落 仓 树 安 旋 摇 议 面
票 > 记 旋 ， 除 了 马 肉 此 句 鼠 貌 根 灵 过 议
毁 增 延 来 野 直 面 然 宜 延 露 复 日 后 小 时 热
通 则 人 方 官 的 爸 书 面 差 社 况 娱 转 欲 摇 的
几 压 低 ！ 利 设 事 爸 的 部 电 静 柔 想 护 己 了
图 保 称 栗 润 计 静 部 他 > 存 的 噪 袖 木 事 修
望 惊 定 出 究 租 的 行 皮 肤 苦 动 大 厅 部 蠕 人
情 人 龄 色 木 的 觉 肉 的 转 循 迟 丁 况 人 欲 撞
人 稳 图 的 坠 于 便 基 理 也 諾 不 平 日 泽 平 倍
人 动 趣 娱 水 克 中 书 事 焕 于 热 远 因 伏 煲 了
梳 私 橙 欲 马 运 数 蠕 社 摇 书 主 检 讨 亲 试 面
约 复 色 修 填 先 修 了 情 股 况 本 真 皂 身 里 面

Puzzle 449

怖	惧	研	静	释	词	汇	表	欲	图	增	中	维	蠕	肉	直	运
停	机	坪	袋	克	亲	真	稻	闲	撞	介	电	持	身	漂	亮	桌
迟	稻	的	型	约	解	面	惧	转	坠	破	规	幸	马	升	龄	号
他	的	老	思	好	定	有	典	摇	栅	豆	栏	子	鳍	妹	约	亲
人	的	损	加	驱	大	利	落	考	虫	乃	乐	定	秘	妹	己	行
复	性	电	葡	最	专	树	区	的	心	醋	落	衫	性	的	数	据
充	杂	木	区	萄	自	选	木	基	监	身	类	几	私	请	父	面
察	间	顶	动	解	解	损	复	眼	测	记	！	>	许	稻	消	事
电	虑	私	露	稳	况	于	因	自	草	选	的	行	秀	惊	化	面
驱	身	份	年	欲	趣	的	马	衡	从	士	轻	微	动	物	园	煲
觉	树	自	存	子	趣	饭	动	雨	自	情	阻	袖	员	规	下	请
恐	情	信	碰	不	几	父	稳	驴	远	蛾	运	止	工	动	平	差
身	碰	性	碎	四	远	从	好	基	士	醋	乎	典	况	面	解	草
在	时	衬	面	页	克	亲	摇	究	坠	木	有	眉	胶	骄	顶	灵
无	效	不	增	栅	能	增	遥	水	生	秘	查	栅	状	放	包	子

员工
大专
词汇表
阻止
停机坪
维持
葡萄
复杂
的数据
有利
漂亮
监测
包子
消化
在时
的妹妹
轻微
身份
无效
动物园

Puzzle 450

目前
泄漏
保存
大胆
版本
直升机
足够的
吸取
巨大
苹果
倾斜
迅速
迁移
错误
手套
的女儿
落入
完美
肉桂
结构

宜	邀	主	好	版	本	安	增	心	克	磨	排	士	面	儿	巨	记
间	的	图	想	落	能	究	性	远	的	解	倾	行	面	女	大	豆
落	顶	。	降	音	幸	考	远	宜	惊	手	斜	足	够	的	迁	的
入	身	瑞	梁	则	望	远	柔	衫	欲	套	吸	惫	不	飞	不	移
的	损	凑	间	了	循	驱	摇	野	行	查	士	取	书	惧	人	典
想	本	露	露	而	栗	眼	四	泄	遇	信	事	豆	稻	差	也	于
了	运	貓	父	复	许	行	结	漏	远	衡	蔻	充	喜	栏	秘	票
区	里	信	坠	大	胆	露	构	带	滑	怖	分	上	加	惧	得	观
举	>	衡	惧	欲	复	噪	情	后	子	苹	目	的	惧	肉	桂	优
觉	不	上	部	觉	主	页	便	复	上	果	平	前	号	复	况	栗
不	直	祖	稻	因	蠕	直	眉	理	克	视	胶	研	镜	梳	望	的
究	直	迅	心	雪	虫	本	建	紧	面	复	车	肢	不	树	惨	性
本	升	速	摇	马	豆	考	面	磨	信	后	稻	本	真	恐	观	秘
音	机	蛾	保	镜	邀	乐	父	错	误	碎	情	发	邀	研	醒	则
通	的	便	存	热	了	热	梁	升	完	美	活	视	鳍	稻	心	号

Puzzle 451

安脚趾虎查肉状近灵平热议坠许惫认为
韭菜的行恢量静分好欲快便运来倍顶请
水子祖恢香地傲祖散心疲諾克根到保之
于恐下欲子分摇雨电注恐煲露循热息眼
袖稳破动豆素人号源区意的邮件提供重
木动号环则雪遥午餐量飞力的保热野恐
士建纠结滑建自建源破信回机有热觉鳍
优奥秘解主惨紧远于父有日会四赛季于
视票之斑马则保过木快理来回带充闲惫
解伏本私活木数衫口第醋坠基了己蛾几
撞的了落日图况规音十秀祖几存远然复
望不因星因重滑情昂望肉旋秘惧好镜充
运豆见间期书记快贵焕部允许包括温柔
了过警报生股保研有动草错上滑坠保社
秘焕紧他分充型高肥许豆领遇生怖行毁

警报
温柔
来到
赛季
认为
的机会
纠结
提供
奥秘
午餐
包括
星期
斑马
韭菜
昂贵
脚趾
允许
的邮件
分散注意力
第十

Puzzle 452

降的日请的察不栗水凑建立怖肉行破遇
招商引资研情虎分间遥情自四究热碎条
胶飞己从究王恐他亮自心议日的领套索
察>程肉眼室静出素发遇自尖尖的优醋
得数便优考乃碰特碎动股出喜想情驴主
请行余根乐便袖欲热机优项的露煲机看
私滑增口那么香类释决热见建本解士动
发来配下芹也灵摇环护他鳍摇，祖生草
试梁对先菜充定！典栅村自自透而面动
鼠标聚生前只底部摇根运动猫电循不子
便亮焦研父有秀亮研想顶答主飞人考是
则稳考直赂幸票紧情娱实信察究之赂行
坠伊他事惧望事任能绍见现桥镜马生部
宜信亲落基飞人何趣世最！视修考中约
里条他不便摇事秘泽纪底近环衫修宜号

聚焦
发动机
任何
，而不是
那么
鼠标
先前
配对
世纪
套索
尖尖的
的研究
实现
王室
自动
只有
芹菜
底部
招商引资
建立

Puzzle 453

远 碎 不 的 袖 胶 梳 票 循 障 约 举 察 皂 完 充 煲

闲 号 当 梁 直 借 给 草 甸 碍 亲 身 坠 胶 美 栗 余

人 子 究 私 试 镜 的 身 子 伊 梁 因 情 好 的 携 疲

休 定 碎 心 士 察 理 了 究 距 离 高 家 伙 海 拔 底

飞 香 转 情 素 事 瑞 号 惨 察 龄 理 野 亮 本 闲 加

条 基 北 从 惧 了 先 他 老 要 请 安 醋 最 过 循 望

父 书 复 极 许 具 蛾 赂 研 貓 木 闲 查 乐 了 高 能

伏 最 驱 直 虑 备 究 而 旋 错 。 梳 年 通 之 自 人

修 醋 秘 凑 填 操 作 香 > 。 桌 惨 考 子 的 心 选

遥 貓 情 远 得 直 公 鸡 依 情 社 子 田 鼠 页 恐 惨

便 虫 胶 坠 通 眉 通 图 信 赖 从 信 坠 飞 动 毁 了

环 增 长 乐 娃 娃 本 ！ 醒 持 远 桥 查 修 的 露 子

境 也 部 不 瑞 香 袋 驱 豆 毁 情 通 话 木 护 想 雪

稻 毁 想 骄 士 坠 疲 上 定 恐 香 撞 狐 飞 许 镜 人

邀 动 迟 泽 雨 虑 肉 凑 桥 环 权 加 狸 自 碰 停 顿

草甸
田鼠
北极
狐狸
环境
不当
完美的
距离
增长
公鸡
障碍
家伙
具备
停顿
操作
依赖
海拔
通话
娃娃
借给

Puzzle 454

任务
书包
承诺
充满
菜肴
误差
卫生
情人节
茶壶
形式
压力
明星
警察
壁炉
收集
的项目
可可
面粉
牙齿
奇怪

排 书 梁 视 心 坠 稳 警 保 旋 不 滑 驱 权 村 摇 复

要 分 心 身 静 面 碰 察 热 遥 而 察 摇 降 四 特 情

下 驱 恢 收 明 地 究 休 菜 肴 雪 决 图 况 子 优 试

雪 紧 解 的 集 星 图 答 子 答 蔻 赂 行 野 余 蛾 理

数 而 社 本 过 特 香 素 任 务 则 循 领 规 情 有 坠

平 滑 伏 动 露 泽 草 宜 野 电 误 的 中 醋 摇 面 粉

马 的 项 目 桥 柔 露 不 士 的 差 衬 可 快 皂 有 的

远 了 转 过 护 从 压 人 自 壁 炉 滑 可 木 树 过 栏

肢 宜 顶 他 人 考 力 野 过 趣 马 的 型 恐 心 承 诺

里 类 赂 伊 行 乃 安 信 解 諾 过 便 间 信 坠 蛾 数

从 事 静 虎 租 马 充 柔 衬 生 木 形 式 宜 思 奇 怪

而 地 部 填 茶 壶 满 他 摇 优 情 心 醋 桥 坠 之 迟

闲 乃 理 喜 醒 性 衬 中 袖 程 真 领 素 卫 项 静 记

雨 错 息 解 牙 齿 胶 之 情 人 节 型 信 生 皂 约 动

饭 观 滑 闲 虑 伏 车 树 丁 坠 转 亲 书 包 放 静 肉

Puzzle 455

奢 了 乐 的 红 色 父 租 情 远 信 梳 疲 有 欲 胶 貓

水 侈 饭 思 有 ! 邀 水 动 类 排 不 通 自 雪 自 情

年 瑞 品 镜 然 许 持 面 皂 柔 见 记 梳 旋 远 恢 热

存 顶 远 疲 而 惫 可 乐 高 宜 高 貌 看 人 遥 特 饭

惨 持 灵 息 凑 撤 填 虑 请 下 出 无 旋 究 袋 源 带

看 量 倍 肉 察 销 里 明 透 情 车 线 滑 肥 解 闲 增

约 > 事 热 行 秘 介 显 趣 饭 情 电 特 电 有 典 醒

情 大 租 究 的 底 摇 差 主 趣 请 得 马 村 而 增 整

伏 量 蛾 河 约 口 对 不 起 升 几 肢 电 动 情 重 个

决 欲 决 优 马 > 动 野 重 的 无 研 考 眼 私 树 根

身 修 破 行 素 租 社 降 感 谢 聊 躺 在 稳 鳍 丁 理

高 而 请 遇 部 源 马 然 貌 先 好 持 信 领 倍 法 邀

諾 好 图 衡 研 的 型 肢 加 灵 租 自 年 音 来 律 老

忠 诚 冲 因 行 本 自 携 苦 素 醋 信 考 捍 卫 外 了

苦 礼 击 平 香 典 > 有 增 下 领 最 部 骄 有 壳 肥

整个

然而

躺在

无线电

身高

无聊

奢侈品

河马

捍卫

红色

大量

明显

忠诚

许可

感谢

法律

撤销

冲击

对不起

外壳

Puzzle 456

谈论

驰名

整齐

迷惑

目标

定居者

简化

迫使

物种

沟通

治疗

精神

连拍

落户

信任

酒后

一分钱

移动

每只

冒犯

私 諾 状 情 遇 摇 每 过 惨 身 定 梳 迫 运 热 旋 请

定 电 存 人 情 马 貌 只 从 观 居 沟 使 行 疲 排 查

口 股 息 礼 > 存 请 心 物 种 者 通 规 他 蠕 蠕 趣

滑 恐 顶 情 眉 书 目 龄 幸 状 查 酒 后 音 坠 部 透

延 撞 桌 稻 也 碰 标 鳍 连 碰 股 运 发 有 有 恢 不

图 填 部 马 醋 肉 落 记 便 拍 马 怖 远 幸 的 回 便

私 平 礼 稻 他 乎 户 磨 远 况 紧 坠 年 欲 骄 分 余

区 香 望 解 骄 下 移 桥 高 己 修 基 保 焕 镜 乐 村

社 香 冒 犯 的 草 动 决 衡 胶 旋 稻 乐 泽 鳍 整 旋

能 热 加 主 野 权 本 车 諾 考 蔻 了 不 滑 焕 齐 驱

煲 的 坠 雨 虫 人 驰 坠 ! 滑 增 蛾 虫 能 衫 私 保

最 马 租 许 治 煲 名 蔻 秀 信 精 神 迷 惑 便 雨 心

生 持 电 解 程 疗 骄 复 察 任 情 四 得 解 车 谈 况

梁 最 坠 衡 高 通 简 化 煲 磨 基 几 动 决 惫 论 放

发 页 察 透 情 赂 高 重 上 动 出 过 股 一 分 钱 素

Puzzle 457

顶	惧	便	趣	居	静	驱	各	回	蠕	排	了	功	能	选	马	下
最	部	自	近	转	民	最	稳	方	图	片	倍	灵	考	肢	磨	充
信	休	热	复	惫	遥	也	缩	写	许	新	闻	降	邀	定	许	人
面	请	露	几	建	型	坠	乎	秀	豆	试	惫	肥	通	中	桌	增
草	貌	回	领	本	可	笑	的	草	便	快	保	衬	>	士	音	察
错	旋	人	袋	解	则	解	幸	闲	破	里	树	音	蠕	觉	查	摇
公	司	活	优	差	桥	地	透	远	栏	梁	几	许	焕	冷	袖	来
滑	紧	衡	思	人	介	区	虫	项	磁	裙	肥	页	口	冻	惧	答
因	音	！	心	己	情	语	惊	条	带	子	煲	源	宜	乃	諾	秘
噪	能	泽	泽	饭	喜	速	保	因	光	金	落	私	胶	社	图	赂
确	特	去	貓	凑	社	究	桥	增	泽	的	衫	马	鳄	鱼	考	倍
定	解	然	除	差	人	有	程	苦	几	豆	区	解	动	出	娱	饭
解	蠕	特	权	图	蔻	环	煲	镜	于	试	喜	袖	况	租	坠	蠕
规	议	马	的	重	要	士	部	填	信	发	自	镜	他	车	人	数
平	况	村	望	娱	数	活	增	复	降	然	典	丁	化	妆	约	旋

确定
语速
出租车
可笑的
光泽
图片
居民
的重要
公司
缩写
鳄鱼
功能
冷冻
各方
的金子
去除
裙子
新闻
磁带
化妆

Puzzle 458

多数
汉堡包
勺子
鼻子
感情
好奇
指标
两边
吸血鬼
位置
背后
成分
包裹
添加
避免
之前
虚假
政治
旗标
番茄

碎	包	察	野	虎	于	的	旗	标	伏	通	邀	填	饭	信	落	灵
股	裹	基	了	两	边	好	父	之	避	免	考	心	条	村	人	不
情	梁	静	凑	增	惊	自	奇	前	虚	错	事	。	环	情	破	野
噪	稻	领	秘	栅	梳	类	趣	理	假	自	露	面	吸	迟	增	数
因	平	番	延	克	见	老	好	典	破	老	放	桥	权	血	袖	重
！	醋	茄	绍	滑	然	出	成	静	克	部	出	稳	权	信	鬼	最
不	不	喜	高	根	建	出	分	趣	规	撞	领	雨	身	添	遥	惨
特	议	乎	情	行	趣	坠	则	远	鳍	貓	息	滑	他	加	存	桥
量	数	填	得	士	感	情	秀	情	要	修	约	指	书	傲	虑	重
息	之	背	议	惨	迟	真	真	雪	惫	滑	老	标	余	虫	加	鳍
政	治	后	汉	堡	包	高	香	情	他	落	研	带	野	携	透	磨
租	之	木	静	型	己	泽	丁	諾	过	坠	也	自	决	下	水	身
真	记	木	信	驴	行	心	介	摇	飞	书	身	上	恐	觉	士	项
。	规	祖	动	马	而	稳	顶	蛾	票	位	多	数	勺	究	肉	滑
磨	的	自	中	疲	真	趣	子	自	生	循	置	加	子	鼻	肉	程

Puzzle 459

观 的 面 子 顶 恢 的 栗 有 则 本 磨 底 信 释 护 撞
豆 本 行 便 专 子 路 父 区 要 动 介 恐 亲 特 殊 车
查 桥 坠 行 门 人 活 径 亲 冲 豆 上 祖 而 观 小 麦
情 不 考 动 复 惊 生 约 先 突 里 复 理 肉 平 苦 快
醋 灵 究 面 私 释 > 答 焕 想 几 野 秘 胶 量 亮 心
远 身 充 树 身 凑 趣 子 的 军 队 预 测 复 降 定 况
加 考 护 高 有 > 本 理 降 赂 股 虎 运 答 香 恐 不
克 肥 思 填 克 醋 书 项 蛾 面 > 热 着 急 菜 欲 最
摇 远 水 树 特 落 心 亲 煲 研 见 安 复 相 本 地 许
心 息 事 皮 身 宜 口 子 露 典 快 面 威 木 同 油 虎
充 瑞 情 的 典 来 究 则 回 携 控 制 胁 解 肥 漆 马
出 理 便 鞋 泼 妇 里 眼 转 随 机 循 修 煲 私 可 研
请 煲 亲 静 类 貓 心 然 得 复 雪 他 望 见 音 能 类
皂 乐 露 排 幸 恢 己 直 中 差 趣 摇 坠 人 显 的 携
视 露 见 视 四 持 车 思 泽 通 行 子 解 的 著 乐 亮

冲突
控制
路径
专门
相同
预测
的鞋
威胁
随机
的父亲
特殊
着急
可能的
小麦
香菜
树皮
泼妇
油漆
显著
军队

Puzzle 460

克 两 主 任 何 人 视 透 优 主 电 坠 项 子 人 遇 先
约 次 排 型 定 出 现 远 秘 肥 状 旋 自 疲 貓 书 光
社 諾 地 直 松 鼠 判 而 冒 数 降 项 野 数 祖 从 过
疲 面 蠕 释 释 电 放 定 险 考 远 喜 复 袋 虚 倍 增
四 究 社 区 亲 迟 理 增 的 的 优 的 本 乎 拟 部 件
面 状 磨 灵 衡 降 几 乎 是 滑 ! 快 部 雪 优 草 自
解 素 更 马 心 破 衬 视 运 马 试 几 基 好 延 信 试
伊 面 漂 欲 子 动 转 驱 毁 区 轨 士 貌 护 究 怖 热
这 样 亮 面 而 心 湿 木 行 透 道 平 间 的 亮 复 雨
请 定 恐 面 见 修 气 的 年 衫 自 重 村 见 。 租 事
。 决 从 存 举 邀 惊 伤 间 克 查 答 袖 过 排 远 乎
权 子 豆 子 面 也 野 害 疏 解 释 年 乐 草 生 最 究
视 乎 不 自 股 水 真 怖 中 散 绍 要 士 心 况 姜 虑
于 有 恢 试 票 考 源 能 过 虫 聪 沙 遇 乎 携 梁 自
车 想 音 蛾 心 迟 醒 图 諾 恐 明 漠 生 祖 磨 号 试

聪明
更漂亮
疏散
冒险的
这样
出现
社区
虚拟
几乎是
松鼠
湿气
部件
沙漠
解释
轨道
判定
两次
生姜
任何人
的伤害

Puzzle 461

露特角得运股人祖婴许凑音上源存活保

旋图落修自香领栏儿袋究袋于秘解了试

国王进皱纹貌蔻过请落程蔻出举决优便

错加行心蠕况类复理行评要泽没方恐势

况然底自梳紧栅转研事露价心话案乐摇

增柔回的信复社乎的票后书口说状觉滑

伏稳程倍蛾自复有露解释温滑不然究快

人过于持信一二〇二完整的度回趣火炉

观定特虎摇蠕露租电回遥感记计撞摇闲

柔今晚进的信研真透根等情子饭热心人

肥类马口况落复驴存雪待部眼动察情升

害的豆心持上秘通栏光有不车型猫趣想

羞看得思草运事号地龛视他虎凑页动秀

信真休，但露梁父板他存衫直最直票差

面饭马考安书于老复老能碰滑了差肥伏

等待
今晚
温度计
解决方案
火炉
评价
情感的
地板
优势
皱纹
没话说
角落
一二〇二
进口
害羞
婴儿
，但
完整的
国王
进行

Puzzle 462

倍辉程豆摇表现分本恐焕光遇约虎称为

研煌栗亲放后授权排能衬能规解视坠存

差惧发考心丁本然丁行释根之摇状损过

自的内容估计地性规动典坠马克于失乎

礼复露欲面延下动迟特情携绍平外学光

摇修情过马袋桥>平电衫升鳍能研国生

的虫子静快想蔻顶护充顶出灰尘坠过发

野摇滚紧自水察镜村马电得遇保丁袖最

走廊回水>葱袋休的解宜禁止士他木怖

木栅草况他泽动马衡保光静透欲虎里动

趣礼军理本恐袖信喜的股降高椭圆形作

东物人况状要身木撞最部自木村龄信动

转部肉规研区自了发蔻建加老秀坠特柔

肉好摇定梁息坠填重试解放人伊型滑滑

过自地马的身优从不伏克研的紧肥部约

称为
学生
柔滑
摇滚
外国
东部
动作
损失
的内容
灰尘
水葱
礼物
禁止
表现
椭圆形
授权
走廊
军人
估计
辉煌

Puzzle 463

撞 恢 图 本 特 运 桌 香 乐 肉 撞 社 行 而 子 举 上
面 护 票 热 赂 稻 的 口 回 野 香 的 定 自 梳 也 梁
选 对 的 项 身 不 持 眉 余 生 下 持 权 衡 毁 页 胶
解 记 发 环 规 本 ！ 惧 貓 介 决 参 与 者 事 飞 循
过 号 皂 研 村 胶 蔻 规 柔 本 区 的 邀 信 肥 根 礼
况 社 虫 释 远 复 子 磨 车 不 页 。 乎 公 秘 四 秘
蛾 保 高 紧 克 行 解 稳 惧 伊 村 虑 摇 交 约 数 回
泰 高 情 解 便 梳 摇 损 肥 在 去 年 桌 出 心 礼 惫
身 迪 单 独 加 音 上 动 里 蛾 邀 部 本 疲 公 喜 他
木 动 熊 迟 胶 信 增 几 间 的 事 泽 复 摇 热 路 得
视 几 存 滑 袋 栏 有 信 心 家 作 用 项 目 私 情 心
便 稳 肉 乐 根 趣 磨 紧 热 身 察 领 他 们 的 细 长
皂 毁 貌 责 惊 基 欲 错 旋 蜡 要 能 车 祖 大 节 期
下 情 余 任 心 碰 中 飞 焕 烛 释 权 动 决 伟 赛 心
泽 的 梁 摇 量 野 信 先 研 他 见 的 学 术 宜 跑 好

长期
学术
作家
泰迪熊
单独
伟大的
野生
有信心
项目
公交
细节
在去年
责任
作用
公路
赛跑
蜡烛
参与者
面对
他们的

Puzzle 464

循 建 祖 本 驴 遇 虫 决 衡 凝 平 告 究 查 坠 股 >
举 情 礼 面 毁 观 优 事 决 答 视 诉 恐 建 露 票 神
分 里 他 增 出 心 快 热 理 破 持 豆 出 性 也 桥 秘
撞 的 驴 发 余 祖 高 乐 究 重 间 乐 的 雨 驴 差 村
坠 透 野 星 亲 老 自 类 遇 破 高 型 书 理 约 见 真
填 闲 栅 期 乎 倍 机 木 胶 蠕 滑 重 手 运 上 放 情
民 族 结 五 几 醒 情 活 驱 饭 答 损 柄 的 基 欲 于
貌 恢 束 驴 面 面 恐 > 图 信 生 惧 息 袖 再 次 毁
人 衬 不 社 项 心 人 > 规 的 心 桌 衡 面 士 图 他
个 恐 动 情 伊 一 决 焕 木 丘 比 特 绍 约 顶 灵 伊
的 绅 士 蔻 落 定 类 望 胶 。 貌 飞 諾 噪 余 请 挥
驱 则 观 有 年 部 心 摇 特 马 伏 研 基 了 镜 循 杆
想 奶 记 镜 碎 权 余 差 諾 己 宗 出 觉 况 本 有 稳
了 油 素 行 便 区 扭 他 他 选 教 音 可 以 痛 苦 察
四 伊 因 栅 循 生 驴 动 不 而 惫 的 肥 气 球 欲 娱

星期五
痛苦
可以
手柄
的个人
的绅士
结束
气球
神秘
挥杆
凝视
快乐
宗教
再次
一定
民族
奶油
告诉
丘比特
扭动

Puzzle 465

顶	考	租	猫	梁	源	源	过	请	差	的	复	过	举	究	諾	分
疲	亲	答	能	他	宜	排	可	移	植	事	趣	解	重	木	介	母
数	几	试	中	人	规	能	近		美	国	号	来	摇	人	肢	木
衬	>	上	眉	特	海	绵	程	人	自	转	子	携	身	柔	填	亮
中	肢	了	丁	他	乐	冰	下	栗	乃	究	里	醒	正	放	镜	分
驯	环	性	状	！	士	雹	胡	萝	卜	有	镜	疲	是	好	重	马
遥	鹿	性	研	态	从	来	没	有	栏	人	亲	于	坠	绍	碰	部
便	子	考	胶	遇	乐	自	建	紧	权	之	的	爸	爸	老	紧	娱
。	桌	蜈	运	滑	了	父	差	察	怖	木	困	口	动	破	虑	疲
发	现	蚣	乐	转	通	真	恐	心	披	身	难	理	透	书	礼	桌
损	豆	选	自	休	傲	觉	望	稻	摇	萨	修	动	根	事	子	近
乐	人	升	循	热	携	分	底	村	篮	雨	改	赂	竞	争	票	素
研	驱	野	究	灵	撞	子	有	热	性	心	日	特	音	书	定	情
损	通	恐	镜	摇	木	椅	带	了	直	书	树	静	骄	鳍	村	马
情	事	瑞	记	惫	回	碎	区	来	股	排	活	坠	栏	露	车	本

冰雹
海绵
分母
状态
发现
胡萝卜
摇篮
分子
从来没有
可移植
修改
美国
驯鹿
困难
蜈蚣
正是
的爸爸
披萨
竞争
椅子

Puzzle 466

他	老	循	摇	研	路	公	的	机	回	晚	餐	许	遥	转	礼	服
下	源	察	请	上	便	光	乐	球	机	平	父	焕	醒	人	己	解
便	趣	升	遥	复	查	娱	衡	惫	员	特	租	父	页	的	高	恐
真	上	根	护	镜	认	持	损	心	醋	存	本	桥	母	蠕	能	复
稻	撞	桥	衡	猫	为	项	树	情	租	高	损	失	查	毁	虎	上
的	村	优	疲	栗	理	骄	礼	娱	心	碎	释	飞	况	高	发	信
数	保	电	泽	足	音	复	活	袋	的	从	带	里	回	上	性	秘
据	姥	爷	倍	够	边	缘	人	栅	移	视	池	塘	里	环	回	疲
刺	吸	血	鬼	的	眼	野	雪	朋	动	摇	解	部	心	记	衡	雪
活	猬	平	袖	程	行	本	部	友	号	丁	量	信	本	的	议	老
谈	袋	时	而	栗	欲	增	露	灵	车	放	摇	>	遥	地	解	试
话	动	持	桌	研	运	亲	股	静	修	得	高	权	行	方	发	虑
最	填	露	水	上	闲	重	思	面	自	程	发	研	的	苦	的	静
觉	人	而	子	乐	余	量	坠	遇	环	惧	展	想	近	私	惫	事
虑	的	四	的	里	士	木	肥	条	请	答	木	程	惧	摇	灵	分

的移动
的球员
谈话
平时
边缘
的地方
父母
池塘
姥爷
的公路
晚餐
发展
礼服
刺猬
朋友
的数据
足够的
认为
吸血鬼
损失

Puzzle 467

坠	股	复	测	祖	己	查	泥	的	人	的	条	蠕	数	迟	余	袖
地	面	趣	伏	量	行	平	泞	一	马	事	子	信	解	复	部	恢
灵	损	研	建	几	骄	闲	礼	切	运	看	委	远	娱	毁	的	他
迟	从	有	礼	票	几	车	损	面	柔	趣	员	差	情	发	蠕	子
发	顶	里	秘	本	地	静	泽	放	子	运	会	村	能	眉	运	情
虑	查	的	虎	循	滑	摇	程	斑	马	肉	特	答	衡	肉	木	思
橱	研	于	乐	顶	有	龄	错	误	欲	存	信	祖	延	不	热	先
柜	摇	蛾	思	便	领	乐	好	远	的	磨	上	基	鳍	区	本	蛋
他	研	苦	疲	自	举	洗	衣	有	袖	灾	难	在	豆	视	考	糕
蛾	部	快	乐	趣	心	惨	雨	本	升	的	有	时	了	差	休	袋
滑	特	猫	望	高	飞	>	衡	露	动	栏	栏	滑	运	坠	幸	积
亲	袖	降	有	型	衫	口	倍	点	人	本	复	决	气	类	稳	极
来	平	肉	稳	情	规	可	便	进	理	人	心	静	员	工	况	看
蔻	理	条	件	乃	知	衰	笑	己	入	不	解	底	增	带	从	号
马	諾	况	怖	稳	识	变	高	的	父	行	放	蔻	领	护	苦	信

条件
泥泞
运气
进入
测量
的一切
知识
衰变
蛋糕
露点
委员会
灾难
洗衣
橱柜
积极
在时
员工
错误
斑马
可笑的

Puzzle 468

天鹅
最高
至少
洗发
进一步
打招呼
的进展
的茶壶
导演
程度
激励
攻击
医疗
出血
快速
解决
最后
海洋
光泽
完整的

秀	观	赂	柔	思	马	运	惨	了	树	视	高	乐	他	了	飞	喜
高	旋	的	音	激	醒	马	雪	中	胶	撞	便	书	桥	的	进	展
最	骄	趣	龄	秀	励	伊	心	观	他	摇	错	煲	镜	整	子	諾
后	坠	恐	桌	部	光	况	木	毁	想	赂	研	页	导	完	人	平
的	权	则	号	进	磨	衫	乎	>	的	程	度	瑞	演	栅	他	复
差	好	坠	性	木	一	的	茶	壶	觉	丁	树	遇	于	欲	也	飞
带	部	攻	击	克	顶	步	特	水	肥	雪	音	因	复	安	破	桌
号	来	特	眉	疲	洗	饭	人	先	保	理	复	最	解	决	自	滑
复	绍	增	的	摇	发	人	雪	旋	惫	本	典	摇	毁	事	子	音
复	趣	欲	部	至	他	自	人	老	野	的	看	面	村	错	究	马
香	静	苦	保	少	眉	之	趣	绍	醒	幸	木	修	的	间	旋	秘
出	决	快	转	行	子	转	>	子	观	从	克	人	医	龄	上	信
眉	血	速	热	皂	海	打	票	心	惨	况	然	情	疗	坠	天	鹅
喜	要	源	带	许	洋	招	亲	衬	水	灵	泽	行	不	远	了	恢
重	紧	恢	光	泽	考	呼	视	滑	自	面	己	乃	恢	便	他	肢

Puzzle 469

转	喜	通	修	惧	社	肢	况	的	带	野	可	信	余	因	情	最
衬	复	话	乎	胶	运	光	社	亲	柔	变	量	重	村	热	静	水
素	实	现	行	迟	输	子	型	伊	虑	里	回	察	复	骄	源	则
亲	乐	持	理	远	的	傲	柔	实	灵	的	中	骄	父	使	栏	地
栗	周	便	迟	龄	了	醋	量	践	恐	而	型	最	灵	能	用	近
光	长	的	卧	室	祖	程	时	刻	排	损	梳	肉	定	权	书	的
考	怖	眼	口	有	心	桌	滑	余	出	面	虑	数	记	决	皂	记
虑	重	惧	试	举	部	热	袋	热	情	况	联	邦	循	从	觉	恢
票	紧	号	差	身	喜	复	稳	行	子	回	想	保	近	雨	发	眼
机	构	他	加	来	>	带	惫	出	面	宜	宜	心	父	自	环	梁
三	只	选	虑	本	的	稳	醋	的	看	研	的	己	心	肥	性	约
望	状	摇	的	篱	间	坠	的	己	行	胶	好	空	摇	衡	带	租
惊	替	代	信	笆	娱	先	议	绍	社	怖	自	页	中	人	冬	豆
>	碎	保	加	通	亮	况	乃	来	便	根	自	程	袋	行	天	碰
列	车	增	克	木	息	状	回	焕	活	眼	存	摇	香	惧	性	出

周长
书记
篱笆
情况
列车
联邦
变量
时刻
三只
机构
运输
冬天
空中
实践
替代
可重复使用的
排出
的卧室
实现
通话

Puzzle 470

声明
疼痛
煤炭
狮子
夫人
短暂
摄像头
网球
时间
展示
橡胶
本质
价值
获得
，而不是
连拍
新闻
冷冻
进口
困难

网	平	惧	疲	倍	木	音	区	也	雪	人	充	香	有	本	木	克
球	放	进	口	先	护	>	选	差	远	肥	机	排	究	答	质	本
保	量	考	况	四	运	素	声	明	时	间	，	野	真	绍	饭	远
袖	展	示	桥	信	坠	信	特	价	值	视	而	票	源	貌	煤	炭
条	底	焕	面	乐	察	回	连	凑	眉	柔	不	紧	类	娱	保	记
本	桌	存	条	私	了	行	拍	加	研	来	是	闲	饭	木	肥	有
木	遇	子	他	自	新	狮	木	己	保	部	疼	赂	平	主	得	生
梁	几	而	虑	究	闻	子	静	热	保	况	痛	号	权	后	不	磨
肉	倍	>	研	伏	租	豆	了	摄	视	护	衫	区	下	橡	决	虫
子	机	的	遥	信	栏	见	来	子	像	马	滑	瑞	坠	胶	肥	最
从	书	幸	短	冷	冻	马	祖	活	龄	头	自	事	则	丁	坠	音
快	灵	议	梁	暂	获	得	落	身	事	记	木	情	顶	驱	木	好
凑	倍	复	梁	马	虫	私	克	租	闲	修	煲	定	信	衫	困	的
增	特	排	解	了	木	绍	顶	活	约	议	增	透	乐	了	难	事
约	夫	人	趣	坠	于	远	焕	怖	持	上	性	子	露	部	老	机

Puzzle 471

伏 坠 复 类 疲 类 面 情 试 皂 皂 心 宜 西 而 迟 己

人 情 喜 出 梁 许 视 粉 降 机 想 的 好 瓜 子 惫 页

书 娃 信 损 遥 秘 来 衡 亲 响 静 惨 的 好 本 > 眼

的 娃 举 的 解 有 延 然 放 应 持 过 虎 趣 秘 转 人

绍 士 区 电 人 日 觉 充 乐 行 许 木 循 余 想 建 秘

高 信 栗 理 信 错 主 根 复 能 遥 雪 人 野 摇 赂 从

增 透 年 放 丁 究 破 肉 观 旋 肢 事 面 饭 惧 邀 循

破 飞 木 亲 子 放 了 音 自 察 这 样 飞 礼 晚 过 好

肉 不 分 自 生 解 摇 光 见 过 建 领 不 量 饭 明 显

保 平 伏 错 解 貌 煲 子 年 源 的 装 配 信 里 延 虫

证 填 生 开 始 标 题 运 栏 则 复 乐 飞 息 雨 肉 优

伏 充 礼 物 柔 复 护 本 碰 傲 几 面 输 宜 秘 的 下

的 动 迟 素 欲 貌 存 乐 错 加 ！ 生 入 请 士 余 飞

发 动 机 持 最 情 飞 磨 撞 蠕 形 镜 马 页 股 来 过

面 快 休 自 机 秀 考 便 暂 停 本 式 礼 蛾 定 的 私

暂停
标题
开始
输入
西瓜
信息
响应
好的
晚饭
保证
装配
观察
填充
发动机
娃娃
面粉
形式
明显
这样
礼物

Puzzle 472

职责
放养
财产
拼写
论文
便携式
结婚
昨天
检查中
蜡笔
研究
回复
澄清
经验
可见的
洋葱
的女儿
迁移
油漆
泼妇

研 迟 的 昨 行 香 洋 口 情 议 虑 便 稻 高 部 存 的

究 决 女 天 选 了 葱 经 人 余 栏 发 类 带 记 降 眼

本 滑 儿 镜 放 飞 的 保 验 噪 书 不 旋 稳 有 泼 运

的 香 过 澄 养 摇 答 信 貓 眼 差 的 疲 心 日 妇 思

镜 宜 虑 清 充 权 差 便 程 露 鳍 恐 数 绍 来 雨 的

复 好 差 幸 检 查 中 镜 复 职 袋 毁 恐 噪 父 特 平

许 延 迁 ！ 泽 闲 树 情 车 责 肥 面 身 复 发 有 貌

蔻 秀 休 移 股 心 存 碎 肉 书 马 醒 面 蔻 特 看 记

保 便 > 龄 坠 面 定 平 的 损 下 的 复 则 油 蜡 试

的 遇 生 财 产 增 欲 肉 自 错 安 ！ 股 介 漆 笔 回

考 桌 建 撞 衡 保 条 不 乐 远 滑 可 见 的 娱 携 复

伊 丁 摇 栅 摇 议 稻 父 理 旋 先 伏 论 面 音 降 看

思 后 中 拼 写 便 携 式 条 增 自 摇 文 察 结 克 栅

试 分 活 他 释 况 试 闲 特 上 他 升 马 野 紧 婚 饭

露 活 摇 优 乐 旋 乃 查 克 ！ 情 加 研 桥 于 出 票

Puzzle 473

理增发察！页恢中傲等待面保他皂桥的
复状警人便电根修年恢情充书乐损毁亲
梁增报落票过豆也危！秀惧升諾先子蔻
木的理蝙蝠心有错机信子子热自安汽油
息镜约绍存部事娱本过旋马便许紧过直
于虫摇展肥信人想父事充饭上要平子本
柔携驱肥览充袖延木发环破完素骄宜部
滑亲静思障满美味排考木保蠕美事转幸
欲觉生号碍露肉况惧商业的觉息的赂倍
宗教底音闲趣袖底活事决子！摇活音升
要见携从静从鳍的日花放松磨区灵理落
海滩情记木的子股转园栅观活域特远地
白肢心秘图月镜机视下平理野因马！得
约菜野复像球回然透适底权面状了透研
转焕胶亲趣情因>乎当灵他幸因余觉况

蝙蝠
美味
危机
图像
月球
放松
商业的
海滩
区域
花园
适当
白菜
汽油
展览
警报
障碍
完美的
充满
等待
宗教

Puzzle 474

田径
一般
野鸡
英里的
流行的
整洁的
改善
原谅
遥远
较低的
位移
结石
太阳镜
银行
部门
截距
引进
苹果
温柔
鳄鱼

差不衫生信信领凑磨镜决充加本透肥亮
议结坠马建傲衬貓间思租重特里优毁恐
根石眉灵皂决选惧水恐运自祖了有上究
子因解几祖的介后选幸近数书肥人于雪
看自本龄流迟自！平碎瑞图引撞毁素私
较的理下车行树雨定间四持袋进要毁最
低增回截距银的洁整邀了安紧人一心加
的自亲赂位衫里衬的祖升近能信保般太
便书野最移远英存研鳄议究煲紧苹性阳
领本鸡摇田毁下有部鱼幸諾温柔果型镜
驴充转老径自高情门平遥远肉选后村升
则租电有本察了豆摇情乐幸最基栅虎恐
亮栗自最磨不改善号数宜伊远原谅复不
性情领己私自煲醋露定下便错的通眼肢
安欲口过书复能而子乃日运飞举保稻号

Puzzle 475

木 护 梁 雪 素 量 视 心 鲜 子 破 煲 自 蠕 基 露 镜

通 撞 伊 提 醒 醋 私 觉 花 恢 复 号 电 心 息 伏 蠕

也 远 反 差 护 傲 书 蛾 惧 磨 乐 复 高 则 泽 修 柔

旋 有 应 程 释 露 不 成 粗 子 瑞 幸 升 延 中 衫 苦

摇 定 损 脖 蘑 菇 最 长 心 充 马 从 休 释 心 最 高

秘 行 望 子 了 动 亲 泽 选 差 面 肢 肢 试 也 父 恢

状 中 沙 增 旋 龄 摇 解 飞 休 飞 乃 携 试 光 电 雪

年 栅 堡 降 平 野 排 泽 也 的 磨 型 之 香 情 小 灵

现 在 子 能 他 水 恢 人 坠 高 祖 损 闲 亲 行 鸭 肢

转 本 礼 人 出 里 自 最 栏 热 排 便 虎 伏 权 私 请

转 欲 年 欲 基 方 面 肢 闲 的 伏 多 数 祖 木 后 年

温 发 透 中 鳍 来 自 察 考 祖 间 致 命 恢 日 发 通

考 度 间 断 情 肉 乐 栗 直 机 便 柔 试 活 情 射 之

词 便 计 坠 政 栅 衡 热 许 举 蠕 环 亲 坠 稻 书 凑

典 汇 栗 乐 府 错 旋 解 肉 要 自 然 坠 摇 考 撞 通

沙堡
脖子
成长
中心
政府
鲜花
视觉
词汇
发射
现在
小鸭
粗心
中断
致命
蘑菇
方面
反应
提醒
多数
温度计

Puzzle 476

小 定 趣 平 远 之 区 权 肉 举 犀 他 带 于 表 页 稀

麦 活 毁 破 约 旅 他 行 议 马 牛 类 来 计 达 乐 缺

乃 日 > 了 源 煲 主 区 飞 的 亮 諾 了 书 算 惨 驴

信 况 鳍 消 香 ! 循 灵 后 撞 自 底 马 而 他 器 敻

风 的 的 息 菜 议 木 泽 得 静 中 栅 疲 露 蛾 况 蛾

光 筝 喜 部 典 乐 貓 基 飞 桌 便 研 答 尺 加 衫 自

本 远 修 信 能 随 机 直 特 过 数 决 信 环 寸 阿 凑

护 泽 惨 视 紧 心 得 货 趣 延 稻 幸 事 紧 部 姨 乐

自 飞 衫 图 议 瑞 赂 车 数 的 蛾 余 水 撞 今 天 主

光 自 几 祖 先 肉 里 试 龄 携 凑 错 骄 的 本 保 丁

木 请 醒 分 典 面 情 趣 了 究 绍 > 亮 梁 地 撞 休

的 敻 驱 钟 考 有 疲 观 要 衬 豆 定 理 察 址 休 摇

要 ! 有 有 究 冰 基 飞 心 试 骄 諾 煲 转 思 不 量

见 怖 本 年 煲 箱 好 肉 行 破 人 栗 察 动 信 袋 私

父 身 敻 心 坠 充 究 遇 肉 本 胶 复 心 复 热 音 考

带来了
尺寸
消息
货车
表达
风筝
今天
祖先
犀牛
冰箱
分钟
计算器
地址
之旅
阿姨
视图
稀缺
香菜
小麦
随机

Puzzle 477

况 蔻 私 性 排 的 > 平 究 凑 透 袋 了 便 从 音 想
桥 究 行 安 人 瑞 平 舞 亮 梁 之 丁 议 信 遇 ！ >
桌 好 性 全 个 数 类 得 台 请 事 均 股 觉 察 也 考
规 滑 直 男 的 小 狗 眉 差 页 求 匀 饭 食 用 虑 的
降 错 四 马 子 柔 理 煲 面 疲 保 露 地 泽 本 页 基
具 备 区 凑 自 饭 栗 私 飞 下 查 疲 雨 机 栗 梁 面
转 私 件 而 望 蔻 重 没 的 信 解 究 落 惨 信 高 余
考 故 事 票 环 的 考 话 本 填 填 饭 驴 镜 保 权 私
士 绅 的 磨 惧 驴 乐 说 规 增 保 袋 乐 飞 票 亮 决
觉 柔 里 雪 情 查 项 觉 木 租 量 运 型 了 欲 风 窗
察 中 破 查 而 衫 底 不 面 袖 恐 游 视 快 底 。 出
伤 心 贸 热 量 的 修 有 得 坠 入 戏 远 己 龄 车 醋
释 举 易 近 社 秘 事 趣 香 底 口 便 究 稳 桌 事 面
虫 面 复 私 支 持 桌 自 情 高 过 几 宜 部 子 袋 情
信 的 马 间 栗 决 > 定 填 私 情 怖 项 最 子 宜 远

小数
游戏
入口
伤心
风窗
舞台
均匀
的事件
男子
贸易
请求
故事
食用
支持
的小狗
安全
具备
没话说
的绅士
的个人

Puzzle 478

全 肉 面 的 破 平 动 幸 票 媒 体 面 定 了 了 遥 底
祖 球 的 社 滑 之 眉 秘 加 中 复 而 摇 解 平 而 请
衡 考 答 秘 遥 ， 动 物 年 量 恢 眼 定 特 虎 衬 答
！ 重 行 牙 木 特 人 投 入 马 幸 摇 区 能 几 高 眉
高 遥 高 为 刷 增 增 区 得 出 几 增 最 赂 过 音 研
间 了 的 。 肥 四 肉 检 讨 通 自 饭 平 坠 乐 面 瑞
因 有 鞋 牛 议 放 保 情 后 傲 量 他 滑 生 柔 增 欲
议 有 闲 奶 碰 举 惧 许 自 下 人 欲 遥 举 保 貌 权
察 镜 理 中 坠 磨 安 远 源 规 伏 不 源 > 磨 区 的
动 标 准 毁 镜 计 划 查 柠 主 人 型 傲 摇 损 行 惨
里 帐 加 相 反 了 树 存 檬 木 书 树 后 项 虑 类 状
他 篷 保 研 典 出 举 自 汁 得 春 天 素 大 了 蠕 考
足 够 蠕 胶 欲 观 解 中 动 公 村 望 保 师 护 见 得
惊 安 先 伊 车 水 究 也 准 民 号 皂 桥 下 复 察 思
秘 信 租 柔 环 坠 部 页 备 休 亲 发 泽 程 损 宜 最

准备
全球
媒体
足够
主人
计划
行为
柠檬汁
相反
大师
投入
公民
牛奶中
标准
春天
，动物
帐篷
牙刷
检讨
的鞋

Puzzle 479

得 情 数 举 人 的 的 带 子 灵 灵 作 柔 赂 动 遇 丁
看 状 聪 明 中 虎 底 乐 左 腿 条 桥 用 民 的 虎 中
马 了 态 则 露 摇 行 究 从 保 骑 疲 差 醒 区 毁 恐
水 本 风 性 醒 木 望 远 镜 好 自 车 况 性 区 驴 滑
股 答 险 远 的 保 本 条 亲 欲 行 权 木 见 透 出 紧
近 秀 桥 条 专 行 研 桌 高 喜 车 摧 毁 发 。 惊 活
便 光 察 虎 门 露 回 错 恐 请 士 亲 从 护 亲 秀 分
稻 思 浓 亮 > 要 傲 鹦 鹉 乐 灵 护 复 租 柔 典 身
惊 上 缩 苦 权 存 幸 凑 规 请 梳 复 复 票 摇 思 露
雪 携 的 木 桥 草 答 运 惫 焕 来 考 > 于 损 地 好
球 图 选 乃 优 的 升 的 骄 好 源 士 雨 露 趣 他 凑
绍 提 交 伊 虑 不 惫 循 采 访 上 傲 礼 雨 出 梁 胶
领 而 心 延 桌 乃 老 肢 了 亮 绍 生 衬 农 升 胶 保
放 祖 乃 增 蠕 乐 遇 刚 性 社 先 也 蚂 场 重 自 电
觉 虑 里 老 蛾 好 想 坠 直 区 上 树 树 蚁 规 柔 遇

蚂蚁
提交
农场
鹦鹉
骑自行车
民用
刚性
采访
雪球
摧毁
浓缩
木乃伊
风险
望远镜
左腿
专门
社区
聪明
作用
状态

Puzzle 480

分 升 袋 落 情 子 音 日 人 梳 生 息 解 人 循 领 他
素 信 遭 受 情 赂 虫 亲 豆 虎 蔻 热 行 保 近 心 填
破 灵 的 皂 驱 醒 便 年 真 蠕 从 建 转 分 鹤 快 虫
飞 了 租 貌 虑 保 龄 协 助 研 究 生 噪 生 鹑 草 煲
肉 仍 面 释 口 机 肢 乐 机 分 栏 喜 头 乐 先 乃 程
查 摇 然 趣 远 因 特 心 介 最 祖 了 脑 便 旋 转 己
望 考 伊 静 型 娱 虑 煲 击 败 决 带 损 热 他 日 坠
覆 龄 惧 快 动 自 父 最 典 灵 泽 碎 发 諾 主 题 ,
衬 盖 摇 本 后 面 老 恢 社 貓 驯 鹿 的 兄 弟 雨 露
草 根 趣 貌 ! 害 羞 信 而 试 也 了 暖 通 迟 父 观
諾 礼 特 自 信 香 衡 票 袖 滑 近 期 温 衬 车 先 填
有 轨 电 车 原 解 书 查 衬 祖 伊 望 人 坠 特 紧 保
感 里 肥 桥 因 路 径 亲 书 欲 底 高 真 举 退 出 秘
坠 觉 透 袖 觉 瑞 篮 球 条 解 他 特 惊 磨 不 雨 休
许 ! 复 区 护 闲 特 快 页 惨 凑 电 趣 赂 解 绍 保

温暖的
击败
的兄弟
退出
鹌鹑
研究生
有轨电车
覆盖
协助
头脑
篮球
主题,
原因
仍然
遭受
期望
感觉
路径
害羞
驯鹿

Puzzle 481

思 下 本 针 重 雨 有 直 有 了 马 股 看 乐 领 活 欲

恐 怕 惊 衡 对 娱 静 稳 撞 解 议 私 基 悆 肉 驴 身

了 撞 桥 研 行 心 凑 复 蔻 衡 电 环 租 虑 情 摇 后

护 惊 顶 于 的 有 袋 活 蠕 苦 天 规 一 年 。 研 马

情 祖 护 皂 下 基 车 拓 不 苦 能 使 降 碎 情 存 生

有 望 焕 天 气 骄 议 展 毁 老 部 护 衡 他 们 研 灰

只 子 木 远 礼 恐 研 源 人 焕 心 战 伊 发 音 乐 色

情 间 查 的 迟 况 真 复 ！ 的 镜 争 梁 绍 修 主 心

建 从 子 四 桌 貌 见 邀 源 煲 迟 得 蓝 色 的 口 乐

音 一 然 傲 观 虎 先 热 动 基 书 了 行 果 汁 部 鳍

修 直 桥 疲 伊 倍 梁 解 远 带 惊 危 人 行 恐 排 飞

得 恐 包 蔻 先 程 远 过 面 本 安 延 险 研 本 了 行

眼 书 含 野 草 ！ 底 分 看 趣 动 的 諾 乘 保 数 保

醒 乐 礼 心 露 观 地 得 部 绍 乃 发 諾 法 根 余 骄

工 作 存 静 观 事 基 瑞 转 眉 则 音 諾 欲 泽 肥 解

天使
乘法
有望
危险
包含
果汁
的发音
他们
一年
工作
天气
一直
野心
恐怕
蓝色的
战争
灰色
针对
拓展
只有

Puzzle 482

方向
啤酒
下一个
最高的
挑战
基地
剪辑
的恐惧
的情侣
画笔
滑雪
咖啡
讨论
紧急
愤怒的
生菜
愚蠢的
检查
保存
出租车

镜 讨 方 向 欲 亲 议 记 地 桌 桌 顶 露 生 信 便 数

排 瑞 论 灵 研 滑 雪 幸 视 部 木 心 袖 野 股 咖 差

驴 要 页 水 保 放 亲 磨 研 挑 战 视 许 愤 肉 侣 啡

下 一 个 则 情 则 保 存 运 程 之 子 的 复 怒 情 研

迟 马 幸 克 幸 音 情 图 醋 思 雨 眼 自 野 自 的 龄

错 理 过 建 解 便 出 滑 鳍 噪 视 见 部 的 运 高 高

图 察 飞 先 研 选 租 树 乐 然 瑞 子 出 解 安 最 心

特 而 坠 饭 基 地 车 后 想 宜 恐 衡 过 类 年 生 图

画 遥 的 高 惊 的 本 性 自 程 主 行 平 驱 欲 菜 飞

笔 了 欲 人 惊 排 社 回 绍 护 落 性 子 袋 四 士 书

鳍 剪 辑 况 本 安 类 娱 毁 心 护 自 领 恢 心 身 蛾

先 桥 愚 恐 检 沓 噪 降 动 基 觉 的 恐 惧 举 查 雪

电 透 蠢 高 行 存 带 喜 理 肥 页 环 栗 情 的 丁 木

秘 不 的 里 光 虫 重 心 约 研 的 蠕 图 恐 乐 倍 面

镜 肥 则 亲 最 紧 急 条 好 野 复 的 礼 便 啤 酒 活

Puzzle 483

修	生	逃	突	然	的	研	宜	口	坠	焕	树	条	复	碎	口	理
近	重	龄	生	姐	姐	乐	则	父	能	便	究	特	性	中	灵	号
袖	惊	破	出	现	高	飞	村	复	基	。	发	祖	试	修	溜	丁
栅	思	要	克	的	管	了	破	恢	雨	人	木	特	平	亮	冰	瑞
栅	生	存	稳	复	鳍	主	通	优	的	延	请	特	要	降	鞋	信
延	远	本	考	中	典	最	鳍	复	焕	卖	光	究	肉	保	飞	觉
磨	热	雪	磨	肉	根	奖	金	迟	热	优	家	侵	运	老	携	平
分	者	袋	口	况	发	秘	諾	观	见	过	信	入	加	真	治	动
之	前	记	录	伏	里	惫	护	不	来	惊	偎	调	便	醋	疗	程
人	高	而	有	社	生	量	光	马	察	毁	过	整	而	研	父	的
疲	本	理	记	貌	复	野	电	本	视	高	皂	增	页	升	量	记
分	面	骄	图	权	醋	图	损	森	林	。	举	泽	挽	留	通	过
人	信	皂	动	之	恐	己	日	衫	人	里	不	肥	量	中	知	凑
行	民	衬	闲	地	克	惨	记	热	真	规	信	究	用	品	喜	撞
差	休	族	的	梁	则	带	视	了	源	想	丁	放	欲	主	情	稻

调整
通知
突然的
记录
森林
高管
溜冰鞋
姐姐
侵入
卖家
前者
挽留
逃生
加入
用品
奖金
治疗
之前
出现
民族

Puzzle 484

丁香
围墙
土地
兔子
一个
指责
野兔
匹配
领袖
邮递员
成本
后来
行星
鼬鼠
没有
阳光灿烂的
循环
季度
监测
泰迪熊

图	信	视	泰	口	图	热	野	兔	欲	子	源	解	中	透	骄	部
镜	疲	自	自	迪	选	伊	落	日	衬	快	优	活	监	测	存	得
祖	香	通	信	能	熊	秘	镜	建	图	携	乃	宜	灵	心	查	丁
书	的	遥	的	规	噪	而	日	傲	马	规	伏	人	怖	雪	恐	趣
望	心	乐	安	行	灵	修	的	规	况	差	蠕	焕	息	音	围	眼
真	携	而	转	土	邮	递	员	而	优	。	分	的	伏	情	墙	稻
子	生	乐	衡	地	股	镜	增	情	情	飞	股	也	根	便	鼬	鼠
特	于	的	护	肢	因	好	龄	灵	私	乐	子	梁	型	区	栅	本
租	源	的	龄	主	马	老	貓	子	草	音	乐	野	行	星	于	丁
乐	惧	顶	秀	填	伏	究	约	面	快	亲	雪	没	有	保	成	香
程	柔	答	亮	间	坠	车	亮	自	间	马	心	邀	兔	阳	本	直
了	自	眼	因	约	的	稻	部	安	复	坠	肉	心	子	光	亲	增
循	礼	便	不	日	充	的	季	度	乐	欲	噪	重	宜	灿	蛾	年
野	环	量	真	领	子	事	桌	后	来	自	一	指	责	烂	匹	配
的	环	几	领	袖	书	电	记	乐	惨	稻	日	个	建	的	老	根

Puzzle 485

的 票 程 增 飞 升 透 乎 煲 源 远 马 考 人 恐 袋 源

先 前 未 能 解 不 艰 难 乐 蔻 降 便 水 况 试 自 袖

之 露 坠 分 秀 决 傲 上 恐 部 不 丁 亮 优 礼 车 亮

休 乐 欲 ！ 也 性 克 不 独 邀 伊 肥 口 的 好 生 物

页 光 平 要 透 充 摇 约 自 欲 议 透 静 环 奇 心 种

建 降 眼 蛾 加 带 生 顾 的 喜 噪 灵 分 先 镜 貌 远

乐 状 要 平 察 木 也 客 韭 菜 热 棉 花 信 心 滑 研

的 之 之 了 规 高 摇 也 加 数 程 豆 信 特 下 肉 摇

音 自 来 上 亮 肢 灵 转 栗 的 士 滑 最 生 几 的 型

乐 傲 伊 况 区 面 特 静 复 乐 。 伏 桌 物 远 研 木

停 平 秘 滑 分 不 保 因 存 狐 条 票 骄 学 瑞 撞 生

机 协 类 疲 梁 观 久 错 领 狸 股 发 延 错 得 撞 克

坪 情 议 细 碎 信 携 排 解 露 欲 他 肉 怖 祖 建 了

得 的 礼 ， 节 量 心 树 事 件 亲 恢 稳 坠 请 蔻 惨

坠 真 正 的 木 静 梳 滑 秀 活 稻 草 人 精 神 衫 排

顾客
不久
事件
稻草人
未能
生物学
艰难
的音乐
独自
真正的
协议，
棉花
停机坪
韭菜
先前
狐狸
精神
物种
好奇
细节

Puzzle 486

气味
带来
激烈
睡眠
机关
购买
周日
粗鲁
技艺
账户
马克杯
颈部
心脏
技巧
王室
冲击
迫使
东部
有信心
竞争

高 巧 蛾 雨 本 活 面 傲 睡 心 坠 见 肢 有 信 心 衫

最 技 喜 东 不 观 趣 许 眠 脏 己 考 四 素 趣 条 伊

特 艺 驱 了 部 喜 有 权 竞 摇 权 饭 况 灵 便 怖 蔻

人 便 的 摇 高 机 事 保 争 摇 煲 购 四 碰 号 查 木

平 约 破 部 气 关 人 本 填 充 先 买 栗 马 克 杯 分

面 粗 底 复 味 香 颈 惊 自 虑 优 驱 根 马 环 木 蛾

惫 乐 鲁 过 焕 露 部 解 损 情 桥 娱 桥 迫 使 皂 諾

稻 过 衬 答 安 分 建 研 增 肥 状 树 的 量 余 情 惧

周 日 焕 建 本 望 电 望 则 煲 了 泽 记 降 父 区 保

想 思 摇 皂 梳 镜 袖 坠 账 乐 眼 议 差 有 肉 冲 则

带 高 究 的 真 票 典 香 户 错 面 野 的 秘 落 击 镜

来 则 近 重 栗 余 激 烈 出 要 眼 亲 面 图 主 要 有

摇 王 镜 稻 事 面 乐 降 镜 底 傲 驱 中 情 雨 肥 礼

摇 根 室 香 撞 下 股 蛾 趣 四 镜 生 观 理 恐 肉 水

出 露 延 趣 亲 能 休 情 也 放 遇 快 马 部 恢 平 活

Puzzle 487

头马特能袋龄士撞定摇议社柔木充滑因
数部况虫肢木肉！看遥骄差底携带通的
放的。循树项自豆有桌礼约马下香书观
区事平眼过研望衫宠休老肥见究子能错
稳破本毁察里怖面物根本记镜龄喜趣瑞
子紧邀下相 > 最包身静环护错冰灵号他
运木后面关特虎坠衫几释护迟柱领现实
根典领落皂木本噪行諾驴想雪袋规自秘
中型况眉于毁考研亮四视恐木水雪人镜
设有稻号请子存光四眼镜苦音历史自的
根型外套典丁虑紧马陪蠕车平信根状排
驴雨损眉从公撞远瑞野审瑞几亲项他噪
私完于凑坠鸡保滑了损主团建立便信直
营碎美煲最碎马飞皂错公损凑蛾视复最
于智慧决栗情磨面傲后式社紧近建的租

陪审团
外套
公式
宠物
典型
眼镜
历史
智慧
冰柱
面包
雪人
现实
设有
相关
下面
私营
头部
完美
建立
公鸡

Puzzle 488

更好的
唤醒
暴力
邻居
那些
捕捞
某处
特异性的
警告
性质
休闲
巨大的
少数
防卫
橙色
茶壶
忠诚
身高
旗标
责任

情破子摇邀警邀滑更想心思保橙雪机马
坠近社镜要告典典好质得绍迟行色优喜
觉答镜举木飞来龄的性异特虑唤灵约环
眼忠諾秘恐栅保梁大身高热幸究醒他上
里诚型的责平稻人巨转镜身息过马遥复
梳灵凑思任上转事心惊望则图醒胶稻要
车子镜灵规透宜幸虫介自心光介运有护
木自休闲克远坠肉过素复电观惫项傲碎
保防卫 > 喜情乃电答暴年乎草行少数况
平野肢人摇碎存欲丁力肥近则摇后错镜
摇了看乐豆撞也乐恐来几草觉邻苦迟私
水水身最旗理信出保社那些究居行研袖
镜栏加自他标梳了蔻惨机便音紧有复复
亲也捕捞梁皂飞近加携乐况股茶壶释携
修某处伏近通幸人复复本试部人面旋因

Puzzle 489

信 摇 动 衫 丁 遇 独 立 性 旋 飞 于 树 请 型 下 类

差 间 惨 怖 子 亮 计 权 书 最 信 马 光 解 摇 饭 子

鳍 惨 速 袋 柔 木 算 惊 个 摇 护 军 士 记 飞 看 型

了 乐 度 蛾 ！ 心 性 乎 人 介 面 释 事 看 欲 活 克

草 泽 转 音 他 下 喜 旋 栅 鳍 车 坠 衫 震 信 典 建

来 虎 动 热 之 欲 爱 究 亲 况 身 恢 欲 平 撼 部 页

骄 落 复 惧 秀 滑 余 自 直 口 得 感 热 典 植 乐 桌

> 醒 貌 源 肉 平 人 保 恐 梳 答 谢 便 士 物 主 保

乐 本 究 亲 行 遇 梳 修 复 虫 衡 考 素 露 惫 活 持

建 议 理 栏 士 量 信 事 要 类 情 眉 理 完 蒸 汽 静

情 政 策 性 带 余 页 木 快 环 醒 礼 敌 全 稳 整 转

生 不 衡 水 幸 规 最 好 的 书 镜 热 最 人 存 个 树

自 村 泡 打 粉 主 有 欲 事 虫 特 得 有 坠 梳 皂 喜

理 老 趣 苏 露 ！ 的 胶 飞 数 保 循 情 豆 泽 露 乎

修 己 水 填 蠕 便 惧 许 宜 观 人 生 木 也 士 快 紧

独立性
敌人
修复
速度
泡打粉
完全
计算
便士
最好的
政策
军事
震撼
蒸汽
个人
苏打水
植物
建议
喜爱
感谢
整个

Puzzle 490

早餐
坚固
的画笔
音乐
属于
统治者
的实际
连续
第二
反向
查找
什么
的视线
保护
巨大
误差
两边
估计
军人
柔滑

乎 雪 野 快 滑 事 转 运 泽 来 乐 草 究 的 日 人 也

草 望 伊 邀 好 动 恐 信 估 反 向 的 惧 际 旋 之 欲

人 梳 子 恢 建 考 稳 复 计 充 子 要 静 实 行 规 放

雪 的 下 泽 驱 程 错 惊 音 亮 休 底 能 的 视 线 口

私 想 况 龄 误 不 重 过 理 号 巨 大 量 带 的 的 亲

究 过 约 性 远 差 柔 出 性 情 迟 条 坚 香 醒 增 水

连 续 遥 本 露 里 滑 怖 运 露 理 的 属 固 音 乐 野

损 龄 乐 军 人 早 第 二 子 图 衫 瑞 于 邀 水 紧 蛾

看 香 什 么 热 餐 的 转 > 私 諾 摇 恢 息 先 下 亲

信 素 怖 栏 修 饭 口 安 本 幸 股 图 的 邀 的 保 护

好 行 安 车 保 延 号 恐 于 恐 书 有 自 亮 乃 画 ！

子 欲 自 乃 带 恐 最 > 祖 自 乐 灵 人 记 邀 热 笔

栏 真 娱 > 克 苦 乎 热 子 煲 乎 况 不 型 本 查 找

士 后 而 破 之 平 鳍 排 父 统 治 者 两 飞 静 下 状

伊 图 乐 惫 自 觉 人 绍 肉 出 加 携 边 最 约 亮 倍

Puzzle 491

介 肉 栗 保 幸 了 考 欲 远 保 > 增 欲 噪 身 马 龄
解 撞 考 碎 日 晷 从 平 自 人 骨 页 热 考 情 等 于
貌 亲 议 磨 地 趣 权 静 愿 玉 架 木 宜 稻 有 惫 车
行 研 书 损 复 心 远 蠕 觉 米 鱿 决 遥 视 情 惧 观
桥 遇 草 乐 书 便 信 毁 衡 于 鱼 袖 活 启 判 决 鳍
坠 皂 他 基 瑞 桌 直 况 乃 升 思 底 之 亲 动 部 发
性 地 数 露 护 形 真 相 信 高 人 好 恐 恐 雪 虫 最
沙 四 研 袖 试 容 记 幸 的 后 雨 条 差 便 倍 的 远
漠 增 心 衡 见 马 得 试 栏 议 照 高 蠕 乐 研 他 惫
息 近 人 滑 动 远 动 秘 因 部 片 父 瑞 的 行 书 理
填 伏 损 乐 乐 查 程 破 型 虎 水 热 性 的 充 延 增
的 惧 过 程 考 人 状 遥 倍 乃 恐 芹 能 过 的 贵 高
解 自 礼 信 部 了 遥 摇 人 面 选 眉 口 错 机 看 马
绍 袋 日 恐 的 请 坠 损 子 从 水 过 存 恢 会 露 肉
行 重 野 欲 请 考 驱 过 飞 肥 通 壶 梁 加 典 从 保

判决
玉米
水壶
真相
日晷
骨架
鱿鱼
磨损
等于
记得
自愿
水芹
性能
平静
启动
形容
照片
高贵的
的机会
沙漠

Puzzle 492

百个
办公室
质量
欢快的
的希望
自身
甲虫
宏伟
密封
灭亡
第一
小弟弟
教堂
细胞
的好处
周一
不足
菜肴
蜡烛
再次

欢 肉 的 伊 项 要 马 第 存 父 建 蛾 细 胞 质 百 个
有 快 磨 眉 甲 虫 思 一 放 宏 解 领 权 量 因 量 饭
源 欲 的 飞 虑 遥 恢 私 本 伟 答 理 秘 看 小 便 出
坠 人 雪 平 决 试 答 权 差 肉 苦 远 平 野 弟 书 于
书 究 余 复 充 趣 情 貌 不 足 子 人 况 碰 弟 自 破
见 泽 不 周 稳 回 灭 破 人 乐 乐 办 公 室 伊 答 諾
情 平 醒 一 迟 出 亡 落 了 典 察 重 然 泽 透 视 的
的 信 密 保 蜡 烛 静 肉 衫 出 环 木 蔻 过 答 平 过
好 分 封 不 本 灵 傲 口 > 面 光 父 子 有 野 增 便
处 规 社 考 自 他 车 加 主 复 。 碰 定 镜 乃 貓 便
衫 得 最 电 好 信 增 骄 木 光 栅 。 部 栗 龄 顶 条
心 生 自 程 最 马 最 虑 社 马 理 顶 雪 再 次 教 堂
热 諾 身 转 心 携 菜 休 先 音 眉 蛾 疲 諾 村 趣 子
的 希 望 心 飞 本 面 肴 研 欲 撞 环 况 马 决 了 先
闲 优 稻 乐 错 行 望 有 便 间 带 填 欲 栗 而 肉 自

Puzzle 493

环	今	晚	撞	凑	父	部	看	面	得	活	研	护	类	来	村	摇
马	领	领	部	图	的	加	数	滑	桌	研	保	近	观	复	雪	考
乐	部	运	泽	惫	毁	情	疲	梁	而	能	热	摇	保	数	马	间
要	喜	远	焕	动	自	热	电	释	情	环	批	便	菠	萝	民	主
本	充	怖	规	碰	一	些	猫	，	直	到	处	举	驱	便	梁	排
的	深	浅	过	转	苦	难	环	号	状	研	理	机	查	了	木	桌
保	见	错	损	支	惧	书	直	己	成	功	的	自	的	镜	况	车
流	发	便	部	分	携	眉	承	自	木	了	领	静	生	摇	本	傲
体	灵	>	最	碎	真	远	教	担	释	几	音	碎	倍	解	面	衡
保	状	过	股	护	保	自	室	己	镜	乐	身	煲	携	充	情	子
图	很	特	蠕	想	本	望	觉	肉	口	亲	妖	精	海	望	胶	考
话	题	多	秀	数	情	安	定	邀	饭	滑	辩	汽	车	绵	毁	项
于	己	年	桥	遇	项	复	之	磨	己	木	论	状	增	了	虑	了
柔	规	肢	考	顶	胶	里	惫	型	机	觉	回	本	子	乐	息	决
损	区	恐	高	回	摇	记	觉	醒	傲	惊	直	票	灵	要	带	理

教室
承担
的深浅
汽车
话题
分支
批处理
，直到
妖精
流体
部分
辩论
成功的
苦难
很多
菠萝
一些
民主
今晚
海绵

Puzzle 494

的谈话
平均
孤独
奇怪的
一声
倾向于
地球
只是
剪刀
条约
疾病
婚礼
头发
的领带
曲线
薪酬
没事
自动
的父亲
判定

平	排	余	头	发	娱	胶	觉	礼	肥	社	亲	有	蠕	日	自	部
理	便	胶	安	野	饭	旋	惧	顶	究	通	父	他	草	曲	线	选
增	有	源	型	充	出	衡	驱	部	奇	怪	的	望	婚	>	地	行
不	闲	于	人	草	摇	望	本	坠	己	股	运	条	礼	醒	球	薪
眉	心	察	马	自	喜	袋	肥	信	遥	记	举	飞	镜	情	条	酬
增	亮	疾	病	量	磨	雨	雨	衫	香	图	年	试	稻	自	雨	约
护	惨	降	他	生	思	释	光	幸	喜	灵	书	记	马	祖	野	光
倾	向	于	没	本	延	欲	加	的	答	书	只	平	均	趣	信	乐
人	部	想	真	事	答	透	能	栏	栏	肉	是	不	雨	循	瑞	滑
事	人	考	礼	蔻	孤	独	了	错	情	马	噪	自	自	口	差	撞
倍	蔻	过	素	循	己	面	欲	摇	自	袖	心	电	动	木	带	便
回	醋	不	泽	能	休	租	剪	马	欲	号	水	趣	答	的	谈	话
因	上	趣	基	差	野	恐	刀	过	露	情	碎	解	！	树	典	规
存	判	丁	填	见	回	紧	一	损	从	蔻	充	坠	视	马	远	灵
规	木	定	的	领	带	考	声	自	亲	下	出	马	的	回	回	面

Puzzle 495

绽行情恐他事发图遥伏他察规露便休他
>放选欲私看情伏>循破最驱数放雪老
护镜子本热保感放恐紧察諾然可计算机
的携况己透年的旋量桌士转行以乃破马
重源的子明蔻于复不温文尔雅面查复制
栅礼思复股秘源见平当快情释考望人造
撞秘乐不功音娱鳍自秀究音社得心填伊
加本之遥率记望己的仅仅小子考衬乐余
性地安恐闲惫来增蛾信觉情观验摇社饭
恐保迟秀类过程中研动摇领。驴泽从貌
选不性自重镜而排事电的驴不介虎磨修
加克复权恐举究父转视焕崩功能克议高
虎社飞身面分循摇生透持子溃况有而电
升諾露疲看机香损蠕倍机豆驴远量趣噪
毛衣袖选赂骄的马胡萝卜特惊自况试根

本地
小子
功率
崩溃
透明
仅仅
毛衣
绽放
电视
制造
电动
过程中
考验
温文尔雅
计算机
不当
功能
情感的
可以
胡萝卜

Puzzle 496

的结果
汽车旅馆
的手表
很好的
的干净
周二
尖叫
古董
牛蒡
拒绝
树干
循规蹈矩
青蛙
王子
恩爱
操作
迷惑
虚假
火炉
摇滚

青蛙煲增树究循持快拒填肉领部错书光
观驱栅号木袖秘程露生绝操则落电中古
傲快运情平飞灵惫周的不作图水木则董
光能增栅息音虎疲见二人恢最来回电解
雪数本动转栅分音肢信遇树干复回蛾灵
破持增究摇迟回增栏摇运乐真袋本木亲
循规蹈矩部典諾豆行汽车旅馆过休下理
高排欲考毁眼胶他差趣赂遥思决有也中
的结果虚假迷惑摇滚稳型介动研树秀活
龄型疲子丁火炉远摇从转坠年情填的光
噪型社村自雨排票规从表中肉貌蠕加王
毁人人肢瑞修乎看他肉肉手毁很好的子
部遇雪行近迟素飞驴议考镜的干净恩爱
草得马理情出动情权牛栏迟袖持。充驱
信地高尖叫项解解泽蒡观自木本私秘近

Puzzle 497

高远栅趣倍存自性坠别书毁书直重驱眼
基村最坏的足充更信降人肉息野面了护
答案回携本添加漂几股稳平加袋举请行
考听面驰惊喜保亮貌得坠最碰高特瑞醒
碎到秘骋保考恢举约先喜己直数树祖碰
热项子幸蔻了携日充间角色惨本部骄栗
旋答邀秀草能答飞水惊保醋马信煲身状
快稻衫书有得草能观驴状苦从情农间出
心光出碎栗克的填了草喜树几撞民的驱
焕排口汽况里露露页也鳍梁运思优觉欲
音绍瑞胶车肉高桌老降顶亲的远趣私肥
而闲观考增保人管夕猫视充可眉系雪图
挥杆飞先坠野有理阳飞闲觉能露貌统况
飞机带行理芹的者子伏手对的木年地区
复真约的增菜车马携解通试根邀然驱人

系统
角色
夕阳
最坏的
听到
别人
农民
出口
充足的
驰骋
管理者
惊喜
答案
的对手
汽车保有
芹菜
添加
可能的
更漂亮
挥杆

Puzzle 498

三明治
编辑
谈到
向日葵
欣然
怪物
传统
的工作人员
白色
小猫
触摸
导向
胶水
羊毛
沿着
瑞典人
艺术家
上述
甚至
分子

灵灵煲重从沿复瑞人的加饭分子灵雪护
瑞栅解上环着邀乃本来的充于于生最木
落典员述蔻他桌解理驴先得而人醒查复
眉稳人静>看加欣程分甚信介乐信蠕电
充则作编辑举息然传统至虑于野焕行虑
亮不工保面信生镜龄惨栅苦凑的动撞情
白触的土填肉自护光灵羊型增车坠露袖
色摸欲噪想最坠惧底凑毛举諾娱地便破
答休不露票水心私则树胶号乃谈地泽程
木惊落泽自优数惨滑趣水看研到护亮毁
小分野行动自身野想飞龄情于衬数泽蛾
猫稳后差礼破乐近页的研的要数便怪物
光水究煲栏后恢艺三究肢素子肥遥最疲
凑底欲醒导间究术特明号摇活特于发衬
雨视便葵日向树家项几治旋坠本肢社视

Puzzle 499

降选瑞降升有袖项露转他差私看倍建机
究择安木碎己日许驱约移木规于要存放
瑞疲碎野动！特的医院的灵透然心研定
项得马摇乎图摇人运木>克泽星介的皂
柔目驱有磨源梳的撞本约意情级透面自
豆乃号鳍人回士豆高首都图人日延恢保
衫恐平摇领香许行扑复栏伊保母鸡惨物
远高安便过损动量通余解飞遥部边境理
亲转保重文本稳间主型惫撞类本平噪区
号袋基胶差复发通基疲放衡高飞看修试
分邀破礼愿望权羊护匆匆信諾信倍香己
杂志坏不息参加的见士噪股最礼桥袋的
典远排见乐不放恐猫諾的观雨里欲考便
蛾过降便秘他灵源栗有复得坠试票恐分
信过从年股究星期近煲惫面傲页马娱肉

破坏
意图
匆匆
的羊
参加的
文本
星级
愿望
物理
医院
首都
母鸡
选择
边境
扑通
护士
转移
杂志
星期
项目

Puzzle 500

未来
橡皮擦
动物
的行为
吸收
改革
活动
相当
草坪
盛大
恢复
患者
资源
秋季。
关联
牙齿
收集
大量
虚拟
赛跑

便车自秋本驱复信破则乐中恢通最复保
赂改革季因趣书便木患者动放礼私许雪
量回动。基衡。绍研恐情权木收情便灵
自幸最保虚拟心日乎思填相当集动面面
望驴息快露情活物性况栅资源理保了保
貌领。了的热项动煲情欲因乐他差号豆
许乐选情丁行平的疲租便幸闲蠕飞飞醒
休坠得的凑龄为趣他理肉面幸摇饭之蛾
衬究分填信充电许有摇定观橡皮擦记野
高疲区乐观本高行约趣见秀梁生然看后
能量毁牙齿静。远皂马降放最磨稻行情
盛大恢赛跑护未典充增许研日稳闲桌举
分子余复草坪来望自！驴最滑眉衡蔻滑
树丁惊高间礼透桥人旋。降有吸收迟煲
源自定高息关联马摇休上延先眉来柔转

Puzzle 501

碰	关	的	闲	查	衬	降	思	信	数	栗	举	整	怖	家	情	人
经	济	心	修	信	香	最	煲	理	虑	梁	野	齐	保	庭	条	特
已	带	音	见	规	地	下	香	羊	群	撞	书	行	分	查	看	了
几	人	信	特	躺	地	平	梳	保	恐	情	而	亲	撞	循	坠	排
中	修	状	撞	在	栗	乐	余	惫	野	之	过	心	生	有	性	查
光	迟	来	持	便	破	选	答	乃	复	自	量	恢	从	基	自	柔
行	本	评	地	察	研	条	了	于	充	许	豆	礼	马	瑞	乃	修
保	类	估	肉	毁	环	事	醒	票	幸	远	碰	秀	充	运	股	闲
趣	考	见	衫	约	栅	我	热	便	快	答	信	衬	复	人	性	主
的	的	滑	冰	根	人	的	们	皂	增	优	摇	研	部	赂	柔	瑞
增	长	出	胶	部	议	鳍	面	书	秀	势	书	树	秀	木	面	疲
心	真	观	损	素	约	持	而	本	看	司	书	圣	诞	复	差	便
心	转	中	近	己	行	生	的	尖	动	机	打	来	乐	惫	有	车
充	蛾	曾	恢	栗	页	神	镜	尖	作	伏	破	则	倍	解	转	碎
苦	上	见	经	信	>	秘	泽	的	信	解	面	静	了	究	虑	諾

我们
曾经
评估
经济
打破
司机
看了
已经
圣诞
关心
滑冰
羊群
家庭
尖尖的
增长
躺在
整齐
优势
动作
神秘

Puzzle 502

猴	奏	请	项	对	比	度	间	栅	复	栏	惧	树	邀	定	的	放
子	柔	本	瑞	村	滑	运	周	士	破	趣	,	虽	然	遥	质	块
驴	平	摇	理	木	约	惧	想	期	貓	升	约	然	落	安	优	栏
眼	性	延	迟	复	的	程	语	速	便	想	赂	延	复	过	木	惫
根	欲	于	亮	几	>	领	木	人	情	条	间	特	内	出	升	安
重	复	许	眉	平	之	底	究	然	况	建	露	得	部	他	衬	坠
休	需	要	自	量	焕	于	露	伊	底	部	降	高	亮	持	观	租
类	安	草	生	选	那	么	栗	心	票	保	饭	醋	雪	型	不	考
了	机	研	优	了	动	四	活	基	究	后	通	恢	惨	士	动	护
太	第	六	高	余	稻	草	甸	最	袋	身	貓	排	水	典	机	諾
阳	摇	视	心	肢	自	社	分	部	大	乐	而	栏	稻	透	心	根
旋	况	延	理	过	礼	恢	请	乐	便	衣	雨	老	宜	项	眉	信
衬	乐	乎	热	部	心	权	分	户	撞	解	野	轻	况	他	源	肢
肥	复	区	蠕	本	研	量	傲	外	草	复	胶	微	音	里	泽	看
底	>	亮	热	条	摇	条	乐	本	许	趣	音	状	梳	遥	建	龄

的块
优质的
第六
重复
大部分
内部
, 虽然
奏请
延迟
太阳
猴子
户外
周期
对比度
大衣
需要
轻微
那么
草甸
语速

Puzzle 503

恐中有着>思稻解虎程热！走蠕秀类介
娱肥迟身急研父原子自绍的了素出基的
欲幸出周后觉过邀肉存落最伏察增最事
考延驾到理了傲面了车息驴不赂噪研理
村不车的好友子露>秘威力桥稳怖余惨
真光泽新说不近的使宜皂持国家定惨考
的典复热话马焕延出雨迟桌最许撞况栏
本虫复携闲举页柔的欲惧护的考几议持
年桌摇碰单独根行官信性信雨桥真转不
滑自过稳行好本遇方的赂人基望素遇股
肥也。香考秀精自能试子静票栅的碎看
蔻典趣考决保细得蠕项增梁柔动身片段
不究醒想页行马车分套乎子延图面存子
的远心士撞因从数量索乐有长摇能衡信
面遥栅觉遥雨程填理子介理举马间差稳

威力
国家
得分
驾车
使出
延长
不稳定
片段
数量
精细
新的
走了
周到的
原子
友好的
说话
的官方
套索
着急
单独

Puzzle 504

狩猎
绘画
类似的
作者
逮捕
储备
绝对
面包车
完成
家具
回家
暴躁
复杂
分散注意力
配对
海拔
一二○二
伟大的
告诉
手柄

貓部也复下摇一持眼释暴躁记过源惨镜
地分散注意力二了宜于便傲查运完父的
紧重性情肉镜○貓惊增梁告心建绝成恐
焕摇直思则有二滑皂而树灵诉复对蠕灵
绘马泽转衫过自雪人乐号持的伊惫本要
画间恢露！音醋面袖蛾页虎香乎旋梁建
远降安撞下噪諾身复高音作复眼蛾泽人
复野究保息高怖望优生过者村介的袖然
要条息子特区况自信查信特透不释情娱
灵稳能行直复于信的祖伏配欲具香草几
草页碎区里杂能毁灵闲租对回家机狩直
口豆怖貓手升虫过海拔决程逮典面猎马
稻人伏情柄木栅出类身雪士损捕包生数
木发查行毁情复子似諾特秀>了车高差
子栗了约身>欲的的大伟坠人倍储备野

Puzzle 505

护 带 几 查 日 书 凑 远 坠 伏 究 光 望 从 己 坠 年
宜 紧 充 笔 记 本 共 虹 膜 升 真 部 肉 于 雪 号 度
大 上 便 不 蔻 基 同 下 光 察 租 身 袖 滑 毁 虎 紧
替 怒 肉 落 状 镜 坠 机 领 他 充 雪 降 镜 静 栅 乃
代 增 不 惫 的 信 欲 肉 疲 生 桌 情 蠕 队 伍 高 衬
电 飞 况 貌 情 稳 主 摇 约 面 究 望 基 围 栏 静 部
子 諾 直 疲 研 生 主 消 趣 部 滑 增 车 权 动 野 情
书 坠 肉 而 坠 命 要 究 化 ！ 热 乐 察 飞 考 答 优
己 虑 增 木 看 之 栏 肢 坠 之 坠 根 諾 选 许 热 年
建 恐 先 木 的 己 袋 见 村 的 信 怖 自 而 桥 恐 想
飞 居 建 肉 特 稳 热 马 修 过 回 活 视 的 解 察 见
携 民 事 有 子 灵 运 衣 从 特 伏 定 毁 见 眼 错 则
升 香 摇 情 时 稻 票 柜 私 年 究 桥 得 > 马 灵 修
生 撞 息 栅 栏 正 确 的 周 六 好 修 事 乐 肉 状 过
可 靠 日 议 露 赂 动 目 热 高 惊 木 观 年 项 他 衫

队伍
正确的
年度
共同
虹膜
大怒
主要
替代电子书
有时
衣柜
周六
栅栏
基本
围栏
笔记本
生命之
可靠
目的
消化
居民

Puzzle 506

类 此 句 循 远 持 建 事 野 租 带 野 乃 延 老 信 耳
有 马 除 眼 优 高 真 不 坠 部 自 肉 柔 决 瑞 惧 朵
克 高 外 回 自 热 环 持 份 见 想 肉 旋 桌 平 远 分
最 从 眉 信 克 摇 皂 行 额 项 信 私 状 休 行 心 权
而 停 顿 傲 祖 村 循 心 野 香 性 理 事 幸 他 木 欲
身 手 驴 骄 肢 融 化 心 然 欲 本 滑 的 互 动 禁 了
坠 套 趣 介 驾 驶 类 错 能 发 煲 最 险 观 眼 止 究
因 定 亲 鳍 的 加 底 煲 后 > 送 错 冒 露 心 回 袖
摇 复 决 年 行 权 口 试 坠 迟 自 生 迟 机 究 识 介
里 桌 考 虑 滑 书 亲 热 况 焕 请 貌 释 眉 四 复 别
面 安 身 村 里 本 过 惨 锄 好 乐 木 的 考 检 状 镜
信 部 恐 他 分 顶 官 员 头 凑 疲 存 介 差 重 测 亮
特 木 放 摇 看 不 余 秀 口 书 疲 亮 黄 特 野 亲 乃
性 增 蠕 侵 略 性 亮 延 行 草 余 人 鼠 特 增 紧 己
部 衬 区 了 解 肉 恢 疲 碰 得 而 觉 狼 思 保 有 于

份额
锄头
驾驶
考虑
发送
了解
识别
除外
侵略性
黄鼠狼
检测
的互动
融化
耳朵
官员
此句
手套
停顿
冒险的
禁止

Puzzle 507

本好电野私祖骄肢人雨树野记娱尽草差
记思保身树野护息记鳍热士究真一疲情
虎高充机父察飞主称定况落趣公份教试
确定理傲露村的稻直了干情复因布师动
理决私皇息情便蔻灵来扰释栏飞桥最存
龄响亮后信丁本证明考自是行年约醒克
考棒球龄便胶虎毁了有举指宜对不起量
能下携素面貓信諾事水便欲存坠伏错醋
情毁乎恐焕焕生滑型秀的程音填忿好滑
中口袋状状乐运增马子亲的上梳动乐鳍
眉乎心虫命中秘在要灵根究答基不露决
旋决基本他剧祖楼约面基得豆研书摇面
摇他赂根考损场下飞自先行转眼有出豆
灵马性直快递建外怖顶遇举余眼远色社
动摇本他书欲他马国图本典要要重的类

响亮
快递
证明
命中
棒球
口袋
尽一份
教师
公布
在楼下
是指
皇后
剧场
干扰
出色的
称定
对不起
的重要
确定
外国

Puzzle 508

围巾
追逐
水波
旅程
搜索
复杂的
的图象
分配
肉类
的壁画
气候
欣赏
潜水
连接
干旱
类似
元年
水獭
几个
移动

虎木虑貌水区波水獭镜信的升护请雨肉
秘的行眉领持通子选梳惨增素撞察得想
镜信木环生数好建潜噪理研类从租之觉
机本热移动日虫碰水趣偿热草秀衡书持
真旅村宜上水飞桌下蠕里许研好碰搜于
请程喜惧赂而本约欣息噪碰真醒虫索灵
年思露光书肉惧喜赏情环克破底携私释
坠理安考几类规举年理木忿真自记分焕
亮乃素衡个持类便望于！围区许饭配便
考碎素情鳍平似迟乃噪休规巾信露特运
的图象记机中气的究马眉本举乐连望议
杂木亲追逐典候租间干坠状观页信接旋
复规性倍页号的便亲损旱便摇忿携图桥
元年快热理然运倍宜看程喜租马解高醒
的壁画修有衬面的思邀顶况错鳍滑骄飞

Puzzle 509

貌	类	肢	介	增	行	灵	觉	花	费	疯	一	骄	解	貓	循	研
释	热	心	高	蠕	木	面	增	眼	坠	狂	二	眉	龄	记	要	乎
年	迟	休	有	社	自	量	保	用	有	的	二	察	约	主	类	亲
他	露	身	错	乐	勇	里	有	口	撞	平	。	玻	璃	后	续	幸
子	平	灵	始	终	研	敢	欲	性	权	况	伊	定	旋	考	记	项
虑	察	木	自	动	香	增	肥	研	部	泽	骨	服	约	重	面	趣
最	见	身	然	栅	主	快	经	书	本	貌	折	好	从	他	的	傲
树	不	要	见	保	摇	趣	常	考	女	碰	想	泽	滑	究	早	亲
諾	好	透	傲	丁	醒	得	的	社	孩	望	也	驱	惨	惧	晨	鳍
查	试	号	信	决	快	行	的	分	貌	规	袖	现	场	快	试	电
兔	子	天	乐	间	紧	本	貌	看	放	行	心	延	考	顶	乐	护
人	的	飞	后	娱	本	自	醒	也	遥	欲	增	本	复	惧	来	的
肉	蛾	虑	他	有	观	得	水	号	心	凑	思	电	子	日	基	女
页	肉	栏	领	破	观	重	视	驴	貓	状	项	号	休	野	远	性
复	的	医	生	职	业	胶	木	素	蛾	村	破	雪	最	醋	醋	里

勇敢
早晨
快乐的
女性
骨折
的医生
始终
一二二。
的有用
服从
经常
兔子天
玻璃
现场
花费
重视
后续
女孩
职业
疯狂的

Puzzle 510

十年
黄瓜
上升
抗拒
灰尘的
事实
自由
接近
习惯
失去了
因为
碰撞
高峰
饮料
五个
的热带
叔叔
讲述
午餐
驰名

讲	述	灰	建	抗	的	叔	发	加	克	增	子	释	号	落	梁	从
出	老	尘	透	拒	热	叔	宜	虎	饮	出	碰	撞	自	由	热	坠
肉	子	的	镜	权	带	村	水	心	料	肥	他	因	皂	高	持	理
解	惊	稻	蔻	便	欲	高	察	事	顶	查	看	类	行	木	喜	肢
平	摇	豆	赂	稻	升	携	近	子	五	个	则	充	栏	远	摇	页
己	瑞	增	记	傲	撞	复	骄	自	权	考	差	情	黄	瓜	行	放
老	带	失	桥	好	因	木	放	见	衬	父	乐	请	领	直	>	环
便	面	去	热	回	考	自	骄	乐	加	发	休	肥	电	数	摇	惊
类	加	了	的	自	部	从	衡	存	护	研	息	虫	过	坠	程	旋
觉	日	了	克	情	的	电	望	恢	约	马	十	上	草	惫	柔	撞
香	排	地	出	因	面	因	为	惊	习	惯	年	过	升	伊	领	趣
规	研	放	马	伏	机	研	！	的	号	的	事	实	要	动	滑	页
音	顶	状	升	的	里	欲	香	里	瑞	信	皂	票	疲	肢	心	肉
肉	权	情	柔	程	安	驰	噪	租	水	午	高	峰	肉	欲	区	滑
本	惫	查	动	香	最	蔻	名	毁	平	餐	破	惫	撞	接	近	看

Puzzle 511

面 错 股 放 紧 碰 后 胶 袖 稳 凑 热 电 本 远 负 定
本 运 蔻 人 > 则 感 情 惨 草 醒 真 虑 上 近 责 观
木 貌 类 保 后 部 虑 安 生 排 人 飞 西 表 白 生 型
坠 书 信 亲 镜 行 子 规 素 高 葡 猫 红 桥 过 素 答
露 动 了 权 之 高 好 惊 露 许 萄 座 柿 典 泽 终 于
野 升 探 四 答 恢 灵 遥 举 谨 慎 余 喜 己 胶 鳍 心
马 虎 书 讨 稻 倍 的 袖 虎 损 循 升 填 肥 凑 理 露
机 不 野 > 不 便 鳍 第 十 貌 热 蠕 心 四 研 请 从
煲 梳 蛾 能 雨 奶 保 丁 保 的 ， 因 此 恐 栅 觉 亲
察 高 坠 桥 修 亲 奶 父 道 伊 闲 栗 因 况 伏 降 过
亲 身 之 摇 便 改 变 承 歉 究 情 中 日 则 龄 信 己
图 光 持 柔 柔 最 幸 福 诺 乐 不 后 丁 运 最 子 图
撞 遇 建 差 运 快 乐 保 私 的 同 休 伊 存 型 眉 飞
因 了 造 几 复 运 活 直 生 身 的 乐 保 的 鳍 情 欲
先 介 性 典 村 滑 怖 邀 有 量 增 乎 最 绍 过 基 降

奶奶
猫座
终于
谨慎
探讨
西红柿
不同的
建造
改变
最幸福
表白
，因此
负责
道歉
远近
葡萄
第十
承诺
感情
快乐

Puzzle 512

长度
真正
鸡蛋
放假
工具
分析
接收
孩子
楼梯
根据
教练
草莓
的教训
水平
缺乏
谦虚
正式
底部
许可
解决方案

虑 事 蛾 胶 通 平 父 条 训 教 的 楼 工 静 绍 恐 根
通 平 伊 坠 得 趣 貓 项 平 草 练 梯 具 填 木 秘 据
许 赂 情 肉 最 动 通 答 究 莓 放 假 灵 选 稻 安 自
可 伏 间 有 野 稻 近 行 增 上 望 鸡 趣 驴 了 型 娱
水 平 栅 旋 请 乐 通 型 程 考 状 蛋 活 解 决 方 案
谦 虚 书 号 稳 自 保 接 信 缺 环 静 类 桌 丁 间 规
趣 衬 子 底 部 则 栗 收 之 泽 乏 息 长 度 行 部 加
雨 遥 生 真 降 最 。 规 落 理 。 欲 便 的 行 乐 事
循 苦 思 静 过 研 余 动 克 源 选 己 惫 保 野 建 许
研 过 降 落 惧 领 修 飞 乃 孩 子 发 马 虎 主 加 究
护 股 不 马 排 乃 自 间 快 条 也 动 有 保 肢 车 间
放 先 填 型 本 分 析 灵 人 肉 人 人 梁 项 生 绍 之
亮 克 释 透 行 豆 请 瑞 图 机 鳍 真 便 礼 桌 因 升
有 的 恐 延 绍 骄 怖 复 充 野 树 肥 摇 想 出 正 丁
不 高 伊 察 介 真 正 貌 桌 规 好 答 环 恢 修 心 式

Puzzle 513

指 望 许 保 间 高 好 批 里 部 因 马 定 稳 优 觉 私

研 丁 不 素 自 性 也 判 信 栏 书 人 便 克 乃 底 的

紧 己 袜 子 修 稻 回 醒 出 亲 口 远 自 己 根 说 虎

心 理 欲 栗 爱 好 傲 信 规 错 号 电 豆 皂 灵 ， 眼

页 四 自 本 持 喜 欲 增 欲 遥 欲 里 股 人 间 他 数

租 远 能 飞 了 栗 复 摇 加 动 理 见 最 护 自 遇 马

坠 ！ 况 子 行 迟 议 梁 后 车 镜 究 的 场 景 定 自

间 解 梁 车 举 破 雨 热 赂 直 高 依 树 苦 撞 香 电

然 之 复 身 图 邀 源 有 转 优 袖 赖 组 织 四 重 租

而 身 驱 语 言 驱 噪 高 高 鳍 梳 苦 私 醒 惧 实 际

然 记 后 饭 栏 趣 栏 乐 底 位 置 差 摇 信 飞 地 区

就 的 飞 草 提 供 底 貓 便 乐 远 事 最 休 梁 选 理

携 像 栅 亲 绍 栗 驱 请 的 公 便 祖 增 噪 理 亲 持

然 牛 压 项 动 远 乐 上 邮 心 司 也 充 区 因 介 建

动 奶 力 衫 究 有 过 灵 件 发 的 伊 理 他 绍 解 介

栗子
批判
就像
苦差事
组织
指望
的场景
说，
牛奶
增加
袜子
语言
爱好
实际
的邮件
提供
依赖
压力
公司
位置

Puzzle 514

乐 得 损 的 觉 得 镜 的 从 眼 动 口 皂 的 数 见 根

研 祖 透 静 能 动 己 的 自 信 的 典 士 热 行 电 疲

面 丁 鳍 安 放 量 面 衫 蜗 豆 的 降 马 部 决 存 秘

究 得 过 视 步 骤 肢 报 杆 状 胶 上 得 马 了 本 坠

要 情 见 规 马 恢 情 惧 价 理 凑 区 骄 放 放 欲 士

信 有 基 复 唱 精 度 保 好 论 梁 优 士 究 心 疲 观

木 泽 特 快 歌 型 分 梳 典 得 面 > 增 静 地 转 人

填 高 望 秀 介 后 于 > 机 运 人 放 释 马 动 过 图

坠 情 发 衫 根 貌 地 镜 想 不 柔 ！ 乐 运 出 秘 镜

木 基 眼 信 理 鳍 煲 树 苦 己 重 几 光 蠕 记 倍 几

马 里 桌 肯 书 信 携 况 自 继 几 滑 桥 密 避 心 克

特 旋 量 伊 定 也 平 紧 镜 续 秘 特 学 集 免 諾 建

面 的 休 鳍 亲 豌 豆 发 趣 环 车 基 习 桥 小 视 根

有 行 乐 乃 透 注 意 到 人 约 自 下 北 极 马 己 树

野 乎 情 有 灵 高 树 欲 复 思 怖 马 木 借 给 梳 遥

的能量
理论
密集
放心地
蜗杆
注意到
肯定
觉得
豌豆
报价
继续
精度
学习
安静的
步骤
唱歌
小马
借给
北极
避免

Puzzle 515

最 摇 风 格 根 梁 健 黄 伊 栅 几 况 胶 举 情 文 章
年 图 排 克 恢 平 康 油 显 本 底 情 醋 丁 热 举 坠
地 板 持 决 社 苦 里 稻 部 著 的 护 的 放 间 条 乐
之 苍 年 面 携 自 上 请 决 放 量 滑 机 狭 隘 他 口
规 蝇 带 煲 便 碰 底 近 私 重 的 也 諾 香 后 存 环
摇 趣 蔻 素 便 租 飞 音 秘 四 本 丁 摇 骄 便 行 遇
通 疲 乎 醋 拍 摄 的 环 信 音 惨 先 增 貌 理 直 定
士 页 过 发 看 的 摇 境 票 理 分 袖 乐 闲 坠 量 驱
的 事 他 热 典 野 过 树 典 肉 放 不 况 排 秘 不 议
露 肥 的 自 衬 不 之 四 栗 遥 稳 规 祖 傲 环 介 乃
源 究 维 持 余 諾 修 眼 高 秀 有 举 的 凑 木 苦 降
便 恐 碎 趣 联 系 近 量 持 复 自 秀 村 关 人 包 状
好 轨 差 建 貓 通 理 乐 好 衬 树 根 想 邀 键 括 范
类 上 道 声 大 胆 里 擦 洗 衡 便 欲 本 察 衫 眉 围
龄 延 分 而 究 坠 有 顶 延 保 草 光 身 伊 他 丁 内

狭隘
关键
黄油
大声
文章
苍蝇
拍摄
他的
范围内
擦洗
风格
联系
健康
维持
大胆
包括
环境
显著
轨道
地板

Puzzle 516

条 持 情 权 察 摇 书 护 公 鸭 己 伊 安 香 长 因 查
趣 烧 骄 木 破 况 最 平 高 环 心 摇 恐 伏 期 驱 情
心 毁 携 静 图 复 恐 本 里 充 蛾 页 复 亲 书 理 摇
的 水 身 坠 柔 热 士 保 乎 木 焕 平 进 况 降 年 豆
科 马 粗 驱 保 香 > 修 则 娱 增 研 复 行 信 远 肥
保 学 细 疲 试 安 乎 煲 坠 怖 定 型 阳 惧 透 鳍 转
几 能 够 梳 最 财 亲 观 行 热 举 自 台 混 栅 举 衣
士 子 灵 好 租 政 的 快 驱 雪 下 要 秘 合 体 育 服
飞 自 灵 德 亮 活 时 请 紧 书 坠 瑞 疲 闲 出 果 冻
马 雨 味 道 选 好 候 运 放 试 了 的 面 柔 许 远 静
权 滑 研 乡 视 自 不 便 貓 私 噪 安 自 龄 举 不 建
程 领 桥 修 家 己 私 饭 口 豆 遇 柔 车 野 驱 信 自
考 的 律 师 增 的 宜 破 梁 信 携 保 虑 况 复 页 环
摇 鳍 倍 亲 本 面 信 撤 考 ！ 马 机 欲 回 规 举 绍
貓 高 肉 便 从 约 重 销 事 车 护 宜 根 秀 信 便 的

体育
的家乡
律师
味道
自己的
混合
阳台
公鸭
科学
粗细
的时候
财政
衣服
能够
烧毁
果冻
道德
撤销
进行
长期

Puzzle 517

破	自	水	奶	人	喜	的	回	虫	欲	能	好	情	电	面	虑	了
貓	的	面	柔	油	坠	列	表	几	疲	乐	地	定	因	差	面	亲
社	望	远	父	惊	状	私	噪	电	话	本	保	肥	素	的	便	程
灵	木	征	人	顶	建	理	究	木	也	不	后	里	皂	复	填	名
树	毁	医	的	欲	能	考	开	启	多	次	梦	想	政	治	自	词
疲	皮	药	饭	恐	亮	木	电	静	护	增	露	袖	保	野	乐	究
绝	望	的	醋	类	查	闲	动	稳	了	图	于	人	平	远	水	考
最	木	梳	复	来	遇	的	高	有	乃	最	便	车	主	面	稻	错
信	社	傲	醒	飞	间	理	度	查	日	余	自	看	己	上	亲	发
人	撞	好	乃	>	日	情	介	醋	答	考	疏	子	破	摇	雪	年
损	栗	滑	几	老	树	数	人	虎	雨	醋	散	骄	疲	子	建	考
根	礼	心	煲	四	最	磨	稻	从	滑	栗	所	需	类	信	奥	露
性	股	的	环	音	查	思	通	得	。	得	己	电	解	蠕	量	秘
从	行	幸	考	几	煲	心	型	木	柔	尝	的	情	况	子	便	许
娱	自	平	乐	栗	人	复	品	种	望	试	野	亲	虑	苦	错	填

因素
所需
醋栗
绝望的
品种
医药
高度
尝试
远征
开启
列表
多次
名词
梦想
电话
奥秘
政治
树皮
疏散
奶油

Puzzle 518

本	蛾	衬	草	了	的	有	导	航	雪	保	而	他	填	女	士	信
于	肥	然	行	驴	遇	情	里	恢	衡	远	错	规	摇	巫	自	本
飞	红	排	排	趣	惧	分	郁	金	香	上	建	落	户	有	观	规
坠	萝	心	>	惧	遥	区	焕	欲	安	情	祖	心	生	能	高	之
克	卜	镜	貓	撞	宜	过	得	部	重	书	蔻	眼	产	错	力	况
乐	人	子	面	顶	通	充	重	优	复	己	护	情	镜	过	理	遥
秀	不	木	约	部	袖	的	破	泽	中	环	滑	村	乐	貌	飞	蛾
伊	存	露	豆	秀	心	遥	年	男	性	野	能	蔻	木	察	骄	撞
高	木	约	平	优	循	高	祖	人	携	举	自	图	运	觉	转	行
倍	领	栗	水	了	飞	衫	老	灵	醒	本	喷	消	马	发	机	再
虫	性	骄	决	高	加	欲	镜	里	心	豆	泉	的	防	平	查	见
页	无	名	指	表	面	升	高	分	错	面	子	人	报	员	环	动
情	因	摩	衫	存	瑞	驱	袋	母	牛	仔	娱	得	告	信	人	毁
滑	觉	理	托	程	领	事	本	答	噪	的	祖	蔻	余	近	乐	透
奁	顶	镜	幸	车	后	况	降	鳍	明	确	袖	摇	活	醋	况	升

顶部
喷泉
生产
明确
女巫
消防员
导航
错过
报告
红萝卜
无名指
牛仔
摩托车
再见
郁金香
男性
表面
能力
落户
分母

Puzzle 519

村 士 重 项 亮 乐 议 破 动 专 雨 静 发 生 护 充 不
情 貓 绍 因 他 情 究 伊 虑 家 光 便 自 乐 排 喜 查
猕 运 快 信 程 释 约 法 院 升 成 规 噪 醋 不 理 撞
猴 定 音 领 貓 赂 有 失 人 颗 粒 为 相 同 你 自 己
桃 亲 自 量 中 袖 皂 望 凑 的 复 发 貓 雨 灵 来 下
便 自 好 图 丁 蛾 貌 的 飞 的 。 桥 查 幸 平 了 子
栅 底 树 情 本 过 惊 邀 升 衫 子 议 惨 肉 倍 蠕 查
释 貌 机 很 少 树 决 的 复 往 人 研 状 权 伏 基 草
镜 考 驱 遇 近 自 便 这 些 往 定 义 婴 能 父 降 来
必 须 凑 页 蠕 不 转 然 火 箭 自 活 特 儿 离 克 过
不 能 类 自 衬 迟 透 礼 驱 破 野 保 礼 子 开 貓 木
士 绍 > 噪 请 蛾 自 惫 草 礼 加 视 欲 稻 增 本 皂
人 的 亲 破 音 看 马 眼 朋 视 有 规 成 分 栗 动 差
父 活 > 自 余 顶 视 权 了 友 举 最 子 从 便 雪 香
伊 摇 表 现 介 疲 复 醋 息 飞 的 行 间 错 肥 人 社

火箭
你自己
失望的
朋友的
发生
这些
颗粒
往往
离开
很少
必须
成为
法院
定义
猕猴桃
专家升
成分
相同
婴儿
表现

Puzzle 520

的 几 最 父 乃 礼 伊 部 虎 邀 决 苦 部 情 联 公 动
叫 着 行 虫 平 存 宜 礼 自 性 諾 士 见 保 合 共 本
特 蔻 状 页 便 租 祖 惧 何 醋 自 数 阵 平 收 秀 则
无 线 电 保 后 动 坠 出 香 任 保 丁 风 保 割 醒 滑
旋 想 及 类 降 主 机 便 胆 小 的 关 注 通 机 循 迟
撞 肥 其 顶 而 绍 惨 决 建 损 恢 木 修 领 几 喜 紧
动 充 宜 信 书 地 > 丁 諾 眉 机 热 过 乎 草 滑 填
蠕 地 音 音 复 眼 袋 ， 而 年 露 肉 蔻 > 礼 权 稻
复 分 苦 马 灵 落 高 但 人 口 结 果 饭 查 修 觉 通
不 野 举 机 心 运 年 运 觉 书 过 排 蔻 老 观 建 稳
露 活 保 间 觉 保 先 秘 主 股 议 諾 差 不 泽 虎 中
约 露 老 心 保 自 硬 币 遇 透 紧 伏 镜 生 雨 沙 塔
撞 信 过 观 礼 自 选 直 木 露 噪 稳 然 粉 先 想 摇
犹 之 的 亲 飞 可 披 萨 那 驱 的 教 育 红 重 蠕 情
惨 豫 马 树 遇 可 疲 电 热 种 定 虫 的 色 惧 音 四

结果
叫着
人口
的教育
那种
胆小
阵风
粉红色
联合收割机
的关注
硬币
公共
沙塔
的任何
犹豫
及其
可可
无线电
，但
披萨

Puzzle 521

土稳身查过况雪泽填人重虎欲橡子惧冲

父豆警察了乐摇尽的！股研幸类飞秀突

露貌请不高蟾蜍过管自规热欲遇动眼生

透思便察能记情后栏本余肢骄瑞忆记的

坠自碎艺术年虫傲肢参信四紧音农租生

远升梁的许貌的行理与了趣欲定景场日

推出延延部亮手候虫者驱思草究不飞主

滑的落他约亮指选类父理蔻行子本肉放

充专周末镜亮草人怖心高紧觉迟祝便毁

复业惊己而状书惫梁惨情镜噪主贺得休

发冬青怖乐排蔻休碰摇乐视特底煲而地

平主木加遥蛾环灵察秘摇落好书坠信飞

观镜恐动要旋紧噪于数滑根状活研树顶

紧蠕镜的条露放肢马四香解安释文之眼

图邀远程生他约他噪释醒碎礼然凭研礼

周末
艺术
的生日
尽管
土豆
场景
农场主
的手指
橡子
文凭
蟾蜍
冬青
推出
的专业
祝贺
候选人
的记忆
警察
冲突
参与者

Puzzle 522

的独立
傻瓜
年轻
分发
曲棍球
南部
柳叶
疲倦
容忍
帮助
西兰花
拉动
的妹妹
允许
纠结
招商引资
信任
化妆
角落
走廊

碰查行选真信任思年轻况地疲倦乃肉决

人恐持滑纠猫泽情延部究雨疲有私看本

升情克图存结光伏欲条坠之落本热容忍

复梳发有惧稻高数放而闲亲光虫碎修趣

最野招醒记从貌近页虎想来高透邀倍而

带事商研答曲諾礼肉出允许宜雨蛾雪草

情遇引复车视棍眼亮研幸了焕身露猫倍

错帮资雪马木亲球拉面瑞貌栅傲碰绍增

飞情助面赂南部部动驴虎瑞人栅滑傲的

心记有秘的见活喜素复西兰花肢循角落

傻皂灵煲妹本号排梳！坠的化妆分发乎

瓜邀秀泽妹父肥紧趣上便口记衫瑞走廊

栗况蠕区摇下不祖部疲保倍紧静毁的怖

四胶的柳叶亲的独立型眼解他毁木自马

音醒答中得醒况本本信闲护分碎介息自

Puzzle 523

知	道	察	飞	瑞	马	惊	的	滑	子	飞	鳍	喜	循	品	产	的
环	车	远	心	能	遥	情	部	不	雪	上	放	村	票	了	不	方
通	几	袋	老	蛾	雪	保	金	解	倍	息	醋	私	的	号	摇	向
心	蠕	四	受	祖	解	本	丝	虎	赂	心	选	况	蔻	量	幸	衬
主	解	肥	害	面	磨	稻	雀	损	视	有	看	悲	惨	增	望	便
音	秘	况	者	小	苍	兰	旋	延	基	雨	邀	填	插	入	胶	修
自	究	灵	亲	梁	飞	答	马	出	生	试	听	自	息	衡	准	则
见	见	视	况	胶	信	心	水	似	透	恐	休	虫	恐	乐	权	饭
礼	究	条	举	研	桌	约	秀	权	乎	见	加	循	间	自	近	复
错	落	放	远	带	定	图	桥	取	定	自	乐	人	乐	静	息	之
号	通	情	私	过	木	包	书	您	决	请	介	持	趣	日	升	上
便	摇	地	图	类	木	裹	答	肥	选	于	约	摇	便	修	息	自
伊	几	树	怖	子	心	理	柔	究	底	择	溜	几	车	决	而	秀
看	过	衫	见	机	凑	的	热	书	决	飞	冰	定	好	望	便	摇
滑	状	他	延	充	发	布	绍	驴	乃	信	过	不	条	亮	坠	持

溜冰
悲惨
地图
决定
出生
发布
金丝雀
的产品
雪上
小苍兰
准则
取决于
插入
知道
您选择
似乎
受害者
试听
的方向
包裹

Puzzle 524

定的
坐在
股票
铅笔
问题
她的
奇迹
紧张
否定
的东西
涉及
书柜
同情
网络
组合
黄色
花蜜
灭绝
情人节
酒后

柔	不	骄	行	酒	生	性	毁	幸	野	树	源	镜	快	观	她	的
碎	答	骄	降	后	远	人	人	答	身	过	平	增	察	信	坠	定
带	娱	然	情	赂	车	欲	坐	飞	里	的	面	肉	程	桌	书	柜
傲	察	特	安	信	醒	遇	在	雪	回	栅	自	遥	余	组	合	问
胶	娱	考	克	情	升	乎	票	况	乎	木	滑	携	倍	不	研	题
恐	究	远	黄	股	填	虎	趣	记	面	>	倍	素	后	伊	马	摇
活	车	光	色	票	举	不	图	亮	情	心	铅	试	衬	人	虎	绍
优	宜	情	桥	喜	磨	梁	高	碎	桥	!	透	笔	图	飞	过	礼
香	骄	稻	理	摇	复	电	趣	高	子	的	皂	有	于	花	露	父
栏	解	究	有	人	情	心	自	请	灭	绝	东	己	网	蜜	紧	快
坠	于	回	得	情	涉	否	定	想	本	>	分	西	络	摇	张	性
后	桥	怖	先	存	及	情	人	节	情	高	镜	口	号	桥	想	口
决	有	保	研	能	基	身	同	因	领	奇	程	量	袖	磨	木	子
老	村	驱	介	电	倍	活	领	余	木	迹	保	紧	倍	究	皂	了
查	子	高	香	权	图	栗	摇	闲	自	几	错	坠	心	乐	旋	究

Puzzle 525

外	新	书	恐	环	直	程	欲	行	状	延	年	貌	基	幸	梳	约
观	鲜	状	自	的	醋	老	序	苦	选	碎	乐	迟	丁	俱	乐	部
肉	蔻	理	平	升	的	醒	喜	惫	过	特	性	水	修	运	栗	因
遥	则	应	该	驴	考	他	水	倍	书	号	年	最	领	肥	书	则
趣	自	露	修	改	书	乎	项	>	己	伊	落	入	乐	碰	信	状
要	草	人	焕	有	虎	仁	一	点	明	桌	心	电	惫	欲	怖	碰
肉	藏	红	花	具	体	慈	湿	气	星	复	子	了	股	查	惨	的
任	动	型	苦	梁	状	的	貌	惧	闲	保	的	不	露	>	教	色
选	何	落	马	苦	面	下	思	亮	而	父	骄	虫	顶	蠕	授	彩
痛	苦	人	的	他	滑	泽	镜	将	来	来	破	滑	恢	书	研	宜
解	议	环	运	心	袖	子	野	生	年	书	磨	几	胶	伏	碰	静
请	过	面	介	灵	带	领	自	事	素	心	基	鳍	特	祖	存	虫
树	倍	撞	落	衡	定	增	年	乎	木	定	坠	焕	音	权	>	平
真	煲	他	事	租	野	蛾	水	举	股	观	能	快	碰	事	坠	因
的	乐	秘	乐	心	研	几	肥	损	想	亲	通	胶	露	旋	倍	人

仁慈的
具体
程序
的色彩
藏红花
特权
新鲜
应该
教授
一点
外观
将来
俱乐部
落入
明星
任何人
湿气
野生
痛苦
修改

Puzzle 526

想	差	答	虎	惊	倍	视	諾	镜	来	情	追	求	行	的	有	梁
凝	视	人	填	书	人	！	摇	况	环	地	的	存	自	子	驱	选
光	复	貓	肢	记	醋	贫	困	手	肥	破	动	稳	了	行	基	灵
泽	蜗	牛	增	父	自	己	出	册	袋	子	虑	素	秘	便	香	破
梁	型	紧	凑	梳	远	桌	凑	携	鼠	的	建	增	灵	复	惫	解
子	建	稳	精	灵	露	>	带	回	梳	远	草	特	驴	摇	>	老
栅	伏	特	苦	栏	中	野	保	己	转	过	行	放	日	解	私	吸
猛	地	消	梁	考	闲	特	子	雨	醒	社	鳍	骄	恢	乐	书	引
有	自	趣	失	社	升	皂	怖	修	遇	条	自	也	焕	远	介	力
情	摇	过	授	权	摇	袋	口	素	胶	人	胶	活	恢	中	真	面
光	迎	亲	恨	焕	梁	木	。	桥	信	村	落	柔	有	露	闲	理
聊	性	欢	仇	虎	瑞	护	望	然	娱	镜	毁	市	介	蜈	亲	则
无	意	义	的	维	生	素	栏	项	查	填	乐	过	中	蚣	填	露
驱	要	心	的	克	后	不	热	袖	保	察	增	野	娱	心	休	根
的	护	充	研	胶	的	条	也	许	条	醒	蔻	香	有	邀	之	不

吸引力
也许
维生素
紧凑
市中心
追求
蜗牛
无意义的
手册
贫困
的欢迎
的仇恨
消失
袋鼠
精灵
猛地
无聊
授权
凝视
蜈蚣

Puzzle 527

野	行	用	求	需	的	安	乐	老	呼	吸	典	议	顶	食	大	飞
填	之	作	过	幸	专	条	绍	光	定	虎	怖	试	秘	品	护	厅
稳	究	的	煲	议	家	升	素	平	余	子	解	普	则	眉	平	有
蔬	人	金	衡	票	重	便	有	驱	的	恐	父	通	则	子	股	泽
菜	菠	子	机	他	的	諾	伊	心	克	真	子	恐	灵	，	其	蝴
的	秘	菜	栗	行	眼	余	椭	木	类	虫	能	出	乐	性	梳	蝶
雨	况	基	过	灵	倍	面	圆	直	己	的	转	心	肉	乐	动	蔻
试	状	蔻	平	的	因	状	形	加	股	兴	趣	视	虑	热	数	建
自	乐	柔	快	放	桌	高	填	惊	马	程	决	士	貓	遥	香	降
视	镜	基	基	超	人	远	情	鳍	携	>	活	重	基	柔	子	貓
邀	量	因	水	肉	越	理	运	性	保	间	衫	瑞	社	区	惨	护
行	士	也	果	鳍	惫	祖	梁	股	解	雨	灵	安	口	决	过	秘
的	私	状	木	损	欲	亲	增	号	諾	衫	子	人	过	了	遇	草
批	闲	飞	心	延	撕	裂	升	虫	恐	坠	稻	书	性	安	贤	人
判	则	日	顶	己	蛾	车	便	虫	礼	滑	磨	而	理	露	息	摇

撕裂
形状
食品
贤人
的专家
超越
菠菜
，其
呼吸
水果
的作用
的需求
蔬菜
蝴蝶
兴趣
普通
的批判
大厅
的金子
椭圆形

Puzzle 528

页	栏	究	后	树	平	碰	恢	人	分	噪	特	破	书	减	的	马
上	情	领	的	活	衬	繁	忙	肥	则	心	恐	！	思	少	稳	苦
皂	子	机	年	恐	地	过	灵	票	龄	揭	示	解	迟	摇	遇	有
乎	心	子	举	源	里	虑	源	介	醒	回	栗	心	闲	权	两	思
自	秀	基	的	野	飞	落	一	饭	野	生	胶	便	蠕	部	次	自
人	面	带	撞	木	面	复	起	怖	源	解	自	配	情	心	项	坠
乃	机	克	远	情	休	选	极	放	况	自	鳍	备	性	光	保	不
增	最	树	息	衬	衫	带	其	夹	克	煲	娱	保	的	肥	梁	研
栏	区	信	试	既	优	来	信	面	遇	坠	修	公	之	后	此	处
望	面	热	的	栅	不	撞	村	肥	情	惧	型	园	遥	考	懦	夫
事	傍	解	图	有	衬	袖	后	激	能	性	增	过	保	有	况	鳍
许	想	晚	闲	虎	栏	见	热	怒	落	摇	有	本	乃	酒	存	自
泽	心	厨	源	饭	上	权	于	蠕	便	热	复	摇	快	惫	吧	电
不	露	房	自	碰	的	规	人	透	怖	惨	介	毁	蜘	蛛	语	充
过	程	衬	特	的	惧	举	举	的	规	保	加	口	木	士	句	平

语句
繁忙
减少
过程
夹克
酒吧
公园
激怒
厨房
极其
一起
此处
揭示
衬衫
傍晚
配备
蜘蛛
懦夫
既不
两次

Puzzle 529

蛾 然 遥 年 醋 降 不 特 手 机 基 他 号 士 保 士 情
无 形 回 差 灵 滑 几 殊 闲 袋 金 苦 木 后 有 于 思
远 柔 部 究 思 热 了 伏 灰 本 运 信 雪 花 椅 察 倍
丘 比 特 近 秘 研 不 最 野 尘 蠕 本 考 梁 子 本 恐
静 墙 子 自 。 滑 迟 目 许 之 礼 龄 栏 。 议 衬 便
摇 上 丁 行 优 保 循 前 创 从 皂 领 增 转 源 遥 中
高 肢 骄 水 桌 间 邀 驴 建 程 豆 四 过 况 平 的 人
号 欲 占 据 草 远 增 惧 袋 大 象 基 草 虫 放 填 恐
的 下 有 区 股 的 便 型 有 现 邀 技 状 况 瑞 露 行
最 午 足 球 类 行 觉 地 休 滑 任 术 蛾 素 音 迟 要
底 年 心 看 权 坠 填 落 虎 迟 增 面 人 肉 况 撞 的
确 实 可 建 稻 面 蠕 得 况 则 主 真 自 主 复 肢 木
主 票 爱 延 保 音 諾 转 近 噪 解 谎 娱 视 梳 噪 便
胶 鳍 的 亲 程 想 近 状 动 上 根 不 言 驱 坠 不 的
休 况 底 日 的 蛾 考 祖 皂 自 情 他 音 差 旋 惧 瑞

谎言
占据
确实
技术
雪花
现任
下午
大象
创建
足球
无形
手机
基金
墙上
可爱的
目前
特殊
灰尘
丘比特
椅子

Puzzle 530

伊 复 息 的 邀 自 先 保 自 栅 余 骄 虫 带 便 肉 眉
动 有 本 研 典 类 安 木 草 的 剩 有 间 伊 静 摇 请
规 物 伊 究 典 专 家 租 > 发 余 升 礼 合 作 伙 伴
得 绍 园 紧 高 闲 大 几 透 特 噪 马 袖 貌 雪 修 觉
稻 放 疲 类 疲 信 要 虎 中 心 降 社 主 龄 灵 貓 过
肢 望 面 肥 自 迟 数 丁 携 型 草 不 租 骄 通 碎 光
因 樱 赛 季 辉 行 便 幸 克 特 肉 蛾 建 欲 数 驴 之
也 桃 距 眼 煌 桌 最 煲 机 机 持 的 延 理 有 最 闲
肥 皂 离 开 玩 笑 后 里 惫 会 究 转 典 选 理 大 的
理 信 许 见 一 降 惩 罚 的 约 日 礼 的 情 解 查 顶
况 票 娱 惫 滴 中 的 直 他 草 后 差 己 通 热 了 最
部 赂 蔻 衡 的 特 西 部 娱 循 过 淋 惊 看 眼 远 想
有 直 租 自 便 肢 衫 试 有 骄 虫 浴 情 马 得 研 则
马 保 恢 乃 蠕 的 自 回 应 好 子 乎 活 > 栏 型 议
典 部 增 村 露 能 然 规 飞 稻 而 出 票 伊 碰 貌 行

肥皂
合作伙伴
回应
樱桃
开玩笑
淋浴
剩余
一滴
有礼貌
机会
最大
西部
专家
惩罚
动物园
人专
赛季
的研究
距离
辉煌

Puzzle 531

自发凑趣欲项克欲落凑生摘毁充构存恐
捕乎香不情规之素乃解乎要况基造伊老
获评人皂了的碎解票特蠕面恢远介摇虎
安价答护程桌鼻越来越柔衬本衬情绍心
鳍人欲面雪肉差子惧本>摇底梳的灵则
乐不定自电本排包貌环议记平人马鳍思
领面邀最控肉过子便本惊亮静解观露惫
皂可能考制科学家望静噪情坠遥状究视
摇然坠选他趣欲他面带桥想究试伏增娱
村>交型事亲爱的雪法貓方降根镜观惫
突然易过傲驴请灵基申规式豆介视肉桂
充马稻坠不研行间野报请子请犯恐子骄
的醋骄顶貓。己先破纸护社转罪諾活重
便破后摇项理闲看行子图蛾亮车身于他
几况惨祖区透自马察马加子书损>年最

的鼻子
法规
科学家
方式
交易
捕获
犯罪
突然
申请
构造
越来越
可能
报纸
老虎
亲爱的
摘要
包子
肉桂
控制
评价

Puzzle 532

目标私身份考举蔻不摇祖有本碰保吊究
不幸电修建骄错保型木高村基许复自着
必要的影驴情亲不见便乎研社有骄得瑞
克野树乐柠檬欲遇亲最桌领活恐情填貓
鳍草书过从袖袋决有私近摇雪试有因举
祖灵特透衬信号晚些时候和橇游望宜损
系列惫源饭研发研中租私要秘泳肉音建
优信况迟焕虑各地甜最答驱的优区惧状
最倍四袖解的脂肪蜜镜图决煲复树亮基
稻情年有四怖恢热中的答的增丁词汇表
眼坠趣况好过理傲的撞草心余落书转独
观租情木衫而情焕类赂老顶桌亮电胶奏
情重信信的修书遥木灵真身究温度香飞
心动幸车四！木静皮肤页而乐通蔻肠然
增碎查马真研>煲技工修间错过究惧发

柠檬
吊着
必要的
晚些时候和
甜蜜
香肠
系列
最近
技工
各地
雪橇
独奏
的脂肪
游泳
电影
温度
皮肤
身份
词汇表
目标

Puzzle 533

源 察 坠 母 迟 碰 摇 股 活 后 重 排 透 香 雇 因 考
活 近 间 亲 梳 决 的 优 研 毁 力 肉 好 撞 用 本 栗
顶 望 > 重 欲 衬 修 便 心 碰 不 充 梁 想 争 坚 果
了 自 他 蓝 老 中 坠 特 惊 苦 部 几 了 底 觉 辩 选
自 热 特 铃 亮 老 貓 坠 磨 不 主 骄 考 恐 状 自 克
事 究 > 真 各 种 虑 乐 磁 雨 根 镜 柔 梳 人 有 中
使 用 忽 略 珍 徽 摇 绍 带 的 自 释 图 不 直 损 延
驴 马 英 。 木 贵 章 不 休 了 热 过 真 老 情 查 股
礼 乐 语 状 子 惨 雪 心 买 秀 约 情 伊 岸 上 股 高
安 諾 驱 安 心 心 飞 豆 入 便 热 而 出 雪 面 从 从
运 摇 喜 间 蛾 骄 过 几 恐 摇 不 的 袖 回 看 邀 桌
撞 看 后 人 休 能 不 虫 了 典 他 机 远 损 息 娱 要
素 领 亲 木 充 桌 尤 运 典 有 摇 见 落 栏 则 余 马
山 羊 遇 安 远 栅 其 摇 保 从 最 快 旋 严 重 首 富
貓 绍 秀 先 生 息 是 图 来 栅 秀 镜 观 娱 灵 人 分

使用
蓝铃
重力
尤其是
忽略
徽章
珍贵
争辩
买入
各种
山羊
岸上
英语
先生
雇用
母亲
坚果
严重
首富
磁带

Puzzle 534

影响
表明
请假
描述
个别
防止
比较
办法
上衣
牙医
特别
人像
雪貂
嘲讽
理论上
相互作用
海雀
任命
审判
解释

远 息 根 息 袋 最 情 心 根 不 亮 票 倍 领 记 子 生
人 自 电 绍 人 野 的 发 通 的 > 环 页 近 重 真 数
许 护 自 量 日 摇 修 旋 有 本 动 音 胶 出 栗 许 秀
牙 医 面 能 究 远 苦 伏 情 栗 中 理 部 书 错 快 衬
飞 性 衡 自 思 人 坠 影 他 人 带 恐 看 桌 磨 傲 了
面 树 信 秘 瑞 想 情 面 响 像 观 倍 他 本 蔻 宜 转
描 年 看 里 状 思 闲 部 信 解 相 降 骄 观 面 余 遇
述 面 后 规 比 因 表 办 法 赂 互 想 马 最 的 后 类
之 审 高 人 解 较 明 赂 的 衣 作 生 防 觉 行 > 情
海 判 眉 碎 释 规 的 理 论 上 用 驱 骄 止 试 貌 建
雀 从 因 雪 貂 貓 平 子 休 条 木 信 丁 嘲 信 的 部
欲 趣 典 骄 他 飞 分 任 摇 子 子 亲 遇 讽 请 肢 滑
情 己 不 差 地 伏 保 命 事 增 欲 透 便 栗 假 近 惊
复 马 特 别 个 赂 梁 豆 草 面 静 秘 飞 典 数 地 延
不 解 祖 苦 凑 条 。 磨 桥 放 苦 乃 情 能 发 衫 怖

Puzzle 535

他	虫	伊	蛾	复	究	番	下	动	秀	鳍	顶	充	地	面	有	从
动	疲	日	瑞	素	放	茄	凑	虎	中	！	书	升	社	眼	蔻	焕
捍	卫	风	趣	平	蠕	克	复	遇	信	桌	结	酸	推	貌	究	决
日	解	皂	暴	业	务	亮	过	源	光	荣	束	牛	迟	高	填	视
饭	票	子	父	部	虑	点	本	几	伏	观	人	奶	远	惫	举	选
父	马	过	护	乎	好	而	情	加	事	露	差	观	素	保	动	词
的	！	有	票	迟	！	坠	幸	护	自	人	分	型	傲	运	究	况
凑	爸	情	冰	碰	马	决	>	电	袋	碰	碎	栗	观	>	草	醋
遥	肢	爸	霜	格	式	帽	落	来	到	处	木	动	的	答	里	性
肢	绍	安	先	主	复	子	镜	露	本	来	轿	眉	坠	木	袖	而
衡	稳	试	私	释	电	定	图	远	损	的	跑	选	举	究	马	情
衫	飞	水	中	蠕	下	遇	分	信	衫	持	车	栏	数	饭	决	伏
保	几	驴	了	差	煲	！	子	过	运	肢	最	乐	露	人	本	发
考	乐	子	书	祖	动	木	醋	父	部	惊	优	活	加	复	口	近
幸	口	差	约	桌	文	化	身	灵	规	胶	肢	赂	醒	特	定	保

帽子
动词
光荣
到处
风暴
业务
亮点
格式
推迟
轿跑车
选举
酸牛奶
文化
地面
冰霜
来到
捍卫
番茄
结束
的爸爸

Puzzle 536

解	回	试	焕	心	便	丁	压	肢	权	木	瑞	不	过	事	惫	>
特	撞	有	区	增	摇	增	低	>	特	转	不	活	典	项	物	状
的	性	视	面	坠	土	衫	有	的	发	复	社	想	直	息	质	礼
可	稻	爸	虎	行	！	耳	惨	内	飞	数	服	务	亮	修	动	>
己	移	爸	老	鼠	士	平	其	容	便	根	。	口	观	情	分	子
携	年	植	考	摇	世	温	水	不	活	降	恢	稻	差	先	建	静
香	下	远	领	急	剧	纪	肢	性	事	衡	袖	的	异	能	降	解
欲	说	衡	分	究	素	息	信	数	村	水	蔻	顶	好	滑	乃	社
规	服	回	考	年	灵	远	聚	焦	复	窗	循	滑	号	真	领	欲
不	根	柔	幽	保	试	面	娱	的	部	帘	细	腻	邀	乃	于	恢
镜	四	察	灵	请	苦	。	醋	保	特	儿	子	部	栗	远	分	分
趣	透	灵	遇	肥	邀	从	木	几	排	木	保	绍	疲	定	灵	的
保	之	机	保	口	差	父	虫	车	皂	领	不	本	他	！	香	水
邀	地	勺	子	有	摇	私	马	了	充	放	>	通	的	解	树	秘
眼	瑞	绍	携	带	面	复	蛾	肉	规	摇	之	项	项	填	根	部

物质
窗帘
老鼠
幽灵
事项
儿子
细腻
说服
急剧
土耳其
差异
服务
温水
爸爸
压低
世纪
聚焦
勺子
的内容
可移植

Puzzle 537

毛 ， 发 高 口 排 社 梁 余 理 凑 摇 平 落 貌 特 不
巾 也 理 权 议 貓 绍 真 远 出 证 据 梳 不 称 摇 皂
数 没 理 息 恐 > 基 栅 子 惊 龄 镜 肥 衡 优 为 人
股 有 没 来 从 优 马 幸 转 肢 驴 虫 领 撞 ！ 复 醒
钢 > 领 然 自 邀 区 迟 特 滑 豆 源 醒 复 填 根 不
笔 直 不 条 款 栏 光 邀 毁 艇 惊 龄 过 骨 损 的 后
肉 娱 升 灵 顶 有 股 增 碎 体 赶 路 卡 头 股 面 欲
高 升 秀 机 栅 桌 他 面 情 车 远 皂 车 租 情 栏 面
平 保 活 则 疲 士 碰 > 肉 秀 性 释 直 热 坠 得 露
股 性 木 的 镜 秘 条 外 壳 部 股 租 下 热 绍 克 智
能 镜 日 落 主 他 远 蠕 带 蜥 放 望 鳍 他 有 保 能
煲 不 过 基 破 摇 便 之 修 蜴 亮 袖 察 的 心 雨 父
分 便 也 的 思 蛾 下 伊 虑 马 思 思 望 议 类 人 循
携 离 达 到 麻 烦 扶 手 椅 信 肢 村 放 于 几 袖 损
的 木 的 考 本 坠 量 约 基 露 保 便 状 放 飞 介 醋

蜥蜴
麻烦
，也没有
不过
分离的
证据
条款
毛巾
达到
骨头
扶手椅
艇体
卡车
赶路
智能
钢笔
直升机
外壳
称为
从来没有

Puzzle 538

小型
空间
水牛
的爷爷
结论
灵活
一次
平原
骆驼
认识
单元
步伐
设计
价格
洗涤
主题
以及
钢琴
红色
奢侈品

瑞 煲 持 社 衡 自 士 乐 的 数 自 自 摇 部 。 号 信
洗 延 排 过 状 草 老 通 爷 己 灵 以 及 坠 小 型 设
涤 肢 余 后 部 部 袋 音 爷 量 情 活 号 情 灵 建 计
本 有 护 衡 苦 答 衫 环 号 量 眉 从 行 本 安 。 理
光 远 决 蠕 近 摇 绍 不 钢 间 空 肥 步 光 得 噪 思
奢 滑 真 。 单 虫 平 心 琴 树 间 根 伐 有 主 主 情
灵 侈 分 填 元 秘 原 热 乐 了 一 次 护 露 题 娱 恢
之 几 品 骆 记 面 驴 水 牛 破 镜 袋 直 上 结 况 口
也 平 的 驼 加 认 识 过 子 真 人 。 眉 顶 恐 论 乃
定 项 露 看 人 镜 心 股 年 复 生 信 行 衡 价 格 摇
答 破 私 了 高 秘 身 权 数 条 最 稳 虑 通 况 醒 出
饭 转 绍 身 了 人 最 眼 乐 便 趣 镜 肥 主 衡 高 村
究 喜 摇 飞 皂 野 飞 信 趣 栗 机 升 里 赂 秘 面 程
惧 香 号 高 恢 答 惫 定 红 色 股 了 思 过 透 电 高
醒 书 情 蠕 查 有 顶 梳 噪 远 貓 自 则 护 坠 自 衡

Puzzle 539

秘 号 口 出 丁 要 定 蔻 型 上 蛾 宜 諾 毀 怖 修 生

车 持 考 复 。 地 > 乐 便 人 醋 复 视 区 的 升 保

动 的 第 七 恐 安 欲 諾 稳 因 不 袋 条 镜 这 入 野

事 文 解 答 定 心 木 察 伏 间 数 不 丁 心 种 性 上

露 章 面 觉 人 倍 觉 思 本 紧 面 规 权 增 水 木 便

父 要 煲 差 休 私 面 驱 运 衫 秀 则 乐 电 瑞 因 于

过 复 社 私 驱 諾 肉 惨 人 雪 恐 疲 露 出 私 热 碰

亲 妻 子 的 本 子 秀 老 研 了 父 保 分 的 的 条 马

光 欲 眼 疲 膝 盖 心 预 肥 顶 模 理 四 顶 亲 本 便

许 性 格 摇 蔻 程 程 傲 测 错 的 式 地 。 想 打 击

考 乌 龟 于 车 规 中 骄 娱 稻 噪 保 毯 眼 飞 虫 绍

近 部 绍 真 蠕 增 决 图 平 激 策 略 运 遇 便 最 排

有 鳍 坠 有 眼 露 有 他 音 发 落 况 循 后 优 事 壁

透 书 转 趣 高 睛 紧 从 了 灵 记 肉 根 好 处 下 炉

政 府 的 的 机 答 分 父 类 人 栅 肥 虫 举 稻 有 雨

这种
有趣的
的文章
政府的
激发
好处
不规则
眼睛
第七
性格
妻子
升入
膝盖
地毯
策略
打击
模式
乌龟
壁炉
预测

Puzzle 540

合 格 父 有 通 典 木 近 信 余 稳 鳍 骄 眉 想 于 则

凑 了 快 衬 外 几 快 苦 了 延 况 分 本 分 地 磨 想

人 情 卫 宜 部 查 情 人 持 释 社 底 礼 坠 面 袋 栅

真 两 个 生 本 心 顶 便 日 想 修 有 水 栏 过 瑞 存

社 有 差 手 马 释 才 野 解 程 过 灵 虫 邀 驴 灵 子

自 数 龄 提 本 基 人 惊 学 特 几 类 邀 夏 决 增 性

循 虫 摇 箱 露 生 的 虑 生 特 恐 想 桥 优 天 胶 动

休 虫 决 伏 瑞 鳍 事 > 不 碰 醋 则 眼 ！ 梳 的 社

漂 伊 领 部 露 页 情 马 气 坠 乐 幸 亲 量 > 灵 直

亮 想 虎 英 寒 冷 的 休 球 疲 况 放 的 项 目 定 自

狼 狼 信 寸 柳 絮 心 飞 因 安 坠 人 公 路 下 位 落

想 了 双 优 间 上 礼 欲 动 的 栏 惨 旋 要 梁 想 醋

喜 程 人 亲 重 转 年 恐 光 克 趣 然 己 发 人 见 娱

欲 热 不 袋 泽 衫 思 栏 优 息 懒 惰 赂 欲 真 本 梁

解 疲 考 马 运 醒 乐 定 恢 ！ 真 况 信 观 梁 幸 事

英寸
外部
定位
夏天的
柳絮
狼狼
懒惰
两个
的人才
寒冷的
手提箱
的事情
双亲
合格
漂亮
的项目
卫生
学生
公路
气球

Puzzle 541

> 邀 而 马 大 醒 增 镜 苦 生 眉 能 车 几 驼 好 眼

余 试 真 情 了 家 填 后 树 碰 本 亲 情 能 鹿 增 图

也 平 木 动 摇 权 桌 梳 因 乎 飞 娱 龄 选 袋 的 灵

落 有 他 机 亲 克 基 恢 频 修 他 程 绍 支 欲 本 保

其 他 饭 转 安 衡 肢 存 了 繁 的 > 从 出 恐 绍 研

子 的 老 号 口 便 过 区 娱 数 的 阻 止 虑 苍 鹭 肢

蛾 数 携 袋 循 便 答 优 虎 情 颜 柔 子 况 号 答 保

生 娱 煲 研 遥 分 视 研 任 务 料 填 回 摇 最 规 携

惊 丈 夫 能 顿 时 带 近 木 马 转 野 坠 介 观 邀 心

家 机 老 自 复 况 状 最 恢 。 情 反 过 来 重 最 填

伙 衡 类 序 己 增 泽 心 惨 。 息 水 自 图 眼 的 选

携 秘 民 列 心 口 的 解 幸 也 基 心 持 信 平 特 镜

性 惊 俗 光 柔 滑 人 野 袖 议 趣 差 填 喜 护 了 电

香 蕉 袋 满 的 演 员 近 最 马 特 间 高 倍 过 伏 饭

动 骄 息 足 亲 见 。 驴 闲 坠 水 社 动 的 镜 稻 泽

其他
驼鹿
香蕉
颜料
民俗
满足
丈夫
频繁的
动机
的演员
序列
大家
顿时
苍鹭
自己
反过来
支出
阻止
家伙
任务

Puzzle 542

故 高 伏 了 性 面 谈 肢 议 父 口 上 视 建 人 读 书

不 障 人 遇 面 苦 论 参 加 显 着 复 香 类 虎 分 ！

落 貓 人 则 根 姥 姥 基 灵 迟 间 桌 型 亮 > 野 快

定 几 虫 不 他 眉 紧 人 态 度 平 亲 信 > 的 权 便

趣 > 决 恐 栏 数 区 倍 肉 数 > 图 优 平 介 究 飞

因 成 碰 自 磨 有 音 虎 然 醋 因 来 亲 项 疲 日 野

泽 熟 马 填 秃 鹰 自 答 虎 胶 宜 从 紧 几 规 马 肢

而 加 信 类 举 落 本 租 邀 肉 面 惊 号 肥 于 己 口

倍 票 况 加 别 数 特 见 蔻 露 情 情 野 心 降 邀 马

规 则 特 保 绍 怖 究 机 高 请 恐 之 究 自 降 拳 信

泽 桌 权 眉 眼 木 露 破 保 动 请 坠 恐 乐 欲 击 面

晃 动 电 子 惧 查 地 直 士 貌 主 生 人 焕 袖 回 的

直 晃 赂 休 差 增 滑 错 地 叉 乐 国 际 凑 去 除 的

摇 遇 悠 动 村 年 票 保 护 交 ！ ！ 几 泽 经 ！ 荒

部 近 乎 悠 心 龄 升 则 情 融 肥 口 私 本 营 肉 野

姥姥
晃晃悠悠
年龄
秃鹰
成熟
国际
规则
的荒野
读书
显着
交融
类别
交叉
参加
经营
故障
态度
拳击
谈论
去除

Puzzle 543

>	的	作	傲	升	然	飞	研	驴	护	下	增	丁	欲	透	视	保
疲	毁	区	家	领	不	伏	当	之	饭	亮	摇	努	加	透	娱	的
票	摇	乐	然	旋	有	露	然	破	香	泽	自	力	木	思	的	惨
产	品	宝	宝	衬	肢	落	好	自	根	请	后	年	忘	下	研	自
的	裙	子	心	小	心	栅	遥	人	源	查	私	机	记	然	基	绍
水	傲	亮	骄	损	乐	本	电	中	存	复	平	近	考	栗	生	木
手	事	真	基	行	排	解	型	增	回	滑	部	然	博	物	馆	落
通	臂	諾	木	衬	亲	伏	复	视	树	木	伏	马	面	凑	根	子
要	延	破	私	他	摇	的	特	吸	取	优	想	情	复	答	的	平
驱	一	定	煲	栗	趣	行	沟	通	能	恢	从	象	票	社	最	票
放	己	观	建	筑	物	稳	碰	疲	水	持	雨	遇	紧	乐	丁	试
面	木	转	木	滑	傲	况	自	娱	自	乐	议	虫	简	几	望	明
部	合	作	摇	梳	碎	项	撞	的	惫	研	查	光	化	修	乃	亮
存	心	定	梁	皂	真	复	有	试	的	转	好	星	期	五	邀	衬
驴	乐	过	口	>	老	倍	摇	项	则	恐	理	排	议	不	私	四

手臂
建筑物
博物馆
当然
明亮
想象
自娱自乐
合作
忘记
产品
努力
宝宝
小心
吸取
沟通
简化
裙子
作家
一定
星期五

Puzzle 544

洽谈
舒适
武器
噪音
微小的
降雨
见面
免费
时间表
执行
另一个
特征
妈妈
创造
收藏
菜花
一目了然
背后
国王
摇篮

平	紧	规	妈	泽	旋	中	而	错	根	情	一	自	加	底	梁	平
信	考	国	王	妈	决	究	父	观	惨	坠	目	雪	安	考	梳	自
菜	花	修	机	噪	音	见	究	建	惨	的	了	中	飞	信	延	情
有	另	一	个	约	了	填	醒	恢	微	人	然	看	部	循	行	解
研	老	静	创	降	区	动	查	先	根	小	摇	则	高	执	行	柔
行	撞	见	造	的	虑	>	规	骄	几	安	的	疲	破	惊	面	了
快	落	面	武	降	坠	衫	理	来	情	人	见	皂	飞	息	部	信
露	面	好	器	降	有	梁	便	己	本	票	损	洽	谈	远	来	情
排	状	稻	最	舒	碰	子	源	趣	乎	宜	看	灵	飞	股	栗	的
时	保	图	毁	适	最	的	动	地	复	不	噪	肥	自	伊	飞	不
间	面	特	！	根	降	雨	真	快	特	于	飞	的	高	收	木	滑
表	自	栏	梳	士	究	通	>	动	士	征	乐	转	充	藏	闲	免
人	心	最	地	填	数	背	后	栏	>	衬	貓	摇	灵	灵	摇	费
镜	况	木	远	了	选	循	的	的	安	快	私	篮	惫	醋	租	息
究	请	排	镜	他	镜	觉	有	破	龄	降	草	选	鳍	望	股	露

Puzzle 545

生	滑	社	望	希	信	持	醋	最	宜	袋	乐	饭	解	究	区	循
然	复	过	底	望	噪	典	环	欲	机	露	桌	观	滑	蛾	倍	面
则	几	紧	定	号	蔻	选	视	理	摇	标	平	间	况	惨	持	情
泽	最	充	口	热	请	灵	远	察	机	志	顶	定	究	中	部	面
伊	则	型	富	龄	考	的	灵	复	亲	保	口	蔻	而	己	摇	欲
了	领	草	含	丁	克	绍	迟	稳	定	怖	闲	雨	记	释	数	安
访	升	伊	释	复	苦	己	驴	见	居	秘	转	觉	透	解	倍	梳
真	问	本	惧	指	标	惧	理	因	者	音	飞	修	苦	蠕	心	部
条	亮	差	蛾	部	草	飞	光	生	眼	热	袋	自	稻	苦	吃	泽
特	饭	克	量	典	马	秀	转	木	小	时	人	冒	票	趣	页	饭
巧	升	不	镜	撞	权	觉	饭	坠	极	限	老	犯	复	间	噪	释
克	克	记	扭	动	梁	情	士	成	镜	煲	武	士	研	瑞	究	中
力	欺	骗	有	惫	克	人	高	野	功	承	分	里	较	先	秀	欲
中	四	相	信	人	便	紧	究	的	持	认	基	面	差	面	伏	议
马	蔻	糖	果	项	条	近	稳	秘	视	水	子	乃	先	自	劳	动

武士
劳动
相信
承认
标志
成功
访问
巧克力
欺骗
糖果
富含
极限
较差
希望
吃饭
小时
冒犯
定居者
指标
扭动

Puzzle 546

选	醒	衡	士	子	>	露	页	活	领	降	碰	蠕	飞	栗	不	修
图	保	坠	从	详	细	任	北	娱	保	程	复	滑	自	量	车	然
许	望	鳍	奉	持	丁	何	方	了	驱	惊	面	噪	！	修	平	口
心	的	洪	献	音	的	究	摇	宜	复	修	亲	骄	磨	父	乐	保
况	本	水	运	有	总	年	休	选	延	上	真	惊	了	人	不	持
邀	号	倍	思	丁	统	加	怖	倍	他	坠	梳	复	眼	过	的	梳
>	克	要	镜	自	源	惊	平	直	伏	的	木	破	望	露	然	露
释	记	考	型	领	解	肥	觉	落	水	马	要	蛾	镜	视	通	常
情	增	自	恐	父	栏	恐	衬	复	有	增	升	修	乐	过	不	性
法	律	高	反	映	降	乐	惨	鳍	然	梳	循	>	热	辣	的	过
基	他	理	近	礼	究	携	约	亮	状	子	遇	长	坠	椒	土	狼
马	试	素	本	条	人	好	存	礼	的	。	股	颈	看	乎	活	心
之	之	重	保	过	袋	书	生	有	脚	木	则	鹿	自	到	滑	宜
欲	举	部	鼠	标	心	增	姜	恢	填	蹼	租	有	梁	票	究	雪
动	程	件	人	分	定	紧	旋	理	近	情	查	遇	益	衫	木	乎

辣椒
土狼
详细
生存
保持
洪水
通常
看到
奉献
总统
北方
反映
有益
长颈鹿
脚蹼
鼠标
任何
法律
生姜
部件

Puzzle 547

定情环然摇亲凑便宜的回蛾车的虑碰的

情貌运情要热携大理来带程热营觉秀飞

桥梁碎动分有马喜恐水动约平养权落复

羊带趣号平梳记子复祖坠考权趣观优坠

肉自稻蛾记研自子区考来>确切了从音

数的决破乐紧下水真动喜村滑权丁选骄

晚上明持解猫头鹰赂自趣高放的蠕况衫

飞煲年日过恐諾动人底举欲于闲保乐决

看坠机不醒礼虫恐特鼻子袋便水远错优

饭虎雨本便的自试生素增马雪来降醋乐

望他里答香举复欲型复不然电排考骄票

底伊眉惫阴排皂本幸乐露水影见市衫本

喜行因记天父望排部情的葱院礼场地不

野肉亮平蔻情醋解有动回表拘捕亲因理

平面娱议碰欲饭思有得乐选示电自的饭

便宜的
桥梁
运动
阴天
确切
电影院
猫头鹰
的营养
拘捕
市场
亲自
羊肉
地理
晚上
平面
表示
大便
明年
鼻子
水葱

Puzzle 548

语音紧蓬雨闲邀骄摇炎倍滑热特露滑动

差恐区松定斑稳资格热绍素村礼龄思了

野梁间滑之点部>人特动区马事肉选结

情然议煲私局步行趣驴虎权士脚宜最构

凑考摇心日限而区从树稻灵后趾项桥宜

保露项性分梳不书虎莓票性保趣礼的磨

猫人量差子根露喜数每栗便灵数信惫特

好便情许碎降人口试决只高直子据子口

他转好伊不坠餐坠研>赂袋而的眉试议

发排肉图香究厅而乐肥下见回分几从遥

噪页于典便放破主领的皂复碎马乎高特

树试摇情介了骄衬的简单水下骄是的眼

答股煲错有要究惧主远宜根旋本则于发

噪疲自建类的乃许分复人无数怖乐回究

议护栗人存鳍电桌松鼠滑虫特袖趣定近

的简单
语音
乐趣
餐厅
无数
资格
树莓
蓬松
滑动
炎热
肥皂水
局限
数据
斑点
步行
结构
脚趾
每只
松鼠
几乎是

Puzzle 549

迟 热 最 邀 己 倍 过 豆 本 衬 从 看 增 中 亲 疲 中
分 充 举 举 规 望 优 稳 约 上 运 上 乐 ！ 分 倍 士
惨 保 区 许 选 复 欲 热 鳍 领 掩 河 马 迟 虫 遥 怖
相 拥 急 于 他 转 恢 幸 运 心 盖 当 股 邀 型 惊 热
正 肥 克 塑 趣 的 滑 肢 袋 自 书 前 规 坠 因 肉 胶
是 区 焕 料 摇 鳍 邀 露 运 建 研 焕 循 趣 老 豆 第
好 乃 看 通 型 蔻 了 袋 乐 克 士 雨 研 海 露 蔻 三
书 得 机 村 号 高 破 重 规 本 木 一 觉 摇 葵 情 个
稳 到 租 余 便 持 保 保 大 衬 差 倍 次 书 碎 区 眉
不 也 察 分 虑 解 村 紧 肢 发 欲 部 赂 性 行 解 本
错 试 野 凑 坠 优 紧 桥 焕 管 雪 衬 趣 邀 考 稳 缤
号 衫 骄 自 然 礼 凑 眉 的 理 倍 欲 镜 私 克 从 纷
根 理 阳 首 脑 会 议 自 在 眉 况 图 片 木 过 喜 理
票 书 光 水 中 最 肉 稳 于 约 活 动 不 乃 祖 思 他
！ 绍 区 驴 眼 諾 毁 蠕 心 从 租 肢 租 重 通 肉 重

第三个
相拥
海葵
得到
幸运
自在
塑料
管理
掩盖
阳光
首脑会议
重大
当前
缤纷
一次性
肉豆蔻
急于
河马
图片
正是

Puzzle 550

醒来的
蜻蜓
叫声
焕发
担心
周三
非常
意见
高级
惊讶
标记
隐藏
爆发
清晰
产生
三角
缓解
田鼠
军队
学术

雨 坠 顶 桥 则 面 子 余 真 趣 错 许 凑 的 惧 热 露
的 理 角 摇 爆 缓 解 高 恢 护 隐 页 迟 而 高 不 衡
视 周 三 情 乎 发 绍 级 便 梁 藏 眼 保 部 能 复 议
碰 虫 复 视 摇 娱 见 绍 部 静 蜻 修 虫 面 权 了 究
素 焕 部 娱 区 有 音 票 梁 标 蜓 豆 型 。 余 肉 过
心 发 携 虫 露 露 有 身 循 通 记 许 解 他 解 草 木
行 他 己 非 坠 野 意 见 貌 特 香 高 也 先 貓 镜 数
人 热 坠 常 醒 来 的 考 坠 龄 察 特 填 驴 介 口 飞
肉 水 平 的 活 紧 身 田 回 条 眉 典 快 之 心 军 队
状 惊 滑 龄 骄 惊 的 鼠 直 担 心 顶 邀 信 图 滑 动
虎 讶 行 老 了 露 破 透 类 蠕 露 饭 乐 情 的 娱 赂
清 晰 克 秘 叫 皂 回 绍 后 衬 动 水 下 情 貓 息 基
携 碰 的 排 声 醋 产 衬 人 页 选 傲 学 术 循 观 保
恐 觉 私 介 书 马 肉 生 定 活 自 蔻 老 桥 图 情 娱
究 望 通 之 豆 摇 出 四 惫 之 恢 他 部 平 克 摇 紧

Puzzle 551

休	存	研	骄	心	发	能	充	袖	更	稻	考	柔	过	恐	于	镜
袖	源	的	撞	乎	焕	书	包	领	蔻	新	肉	增	去	持	信	信
降	本	滑	护	貓	虑	紧	受	社	灵	衫	本	回	的	丁	直	平
豆	怖	皂	的	平	怖	野	孕	畲	的	桥	况	察	饭	饭	要	丁
采	用	考	然	伏	类	打	法	自	飞	行	己	人	秀	素	回	滑
顶	龄	请	明	社	情	保	子	况	机	胶	年	的	眉	平	视	>
顶	事	桌	本	天	自	于	年	蠕	过	建	研	中	决	摇	试	摇
环	野	不	面	口	填	虫	衬	鳍	士	考	咆	主	蠕	摇	虎	远
机	猫	通	况	复	事	他	优	士	主	定	作	哮	草	心	瓢	木
信	己	人	存	灵	衫	地	行	撞	况	解	画	抽	屉	解	虫	伏
号	里	书	圆	先	也	光	加	填	稻	延	错	蛾	灵	貌	中	亲
的	底	素	柱	热	放	后	木	子	俏	皮	升	虎	煲	子	自	解
关	系	循	行	介	宽	，	升	木	视	书	衬	飞	面	眉	的	循
亲	自	醋	笑	了	要	性	遥	的	信	邀	号	究	雨	书	远	下
行	宜	礼	选	饭	皂	本	的	趣	栏	惨	傲	因	迟	高	程	建

放宽
圆柱
更新
采用
笑了
俏皮
瓢虫
抽屉
打法
野猫
的飞机
过去的
后，
明天
关系
咆哮
受孕
作画
信号
书包

Puzzle 552

余	保	谷	转	之	书	宜	在	答	活	胶	出	分	飞	休	基	焕
火	虎	虑	仓		美	国	亮	这	基	噪	自	滑	决	素	释	信
活	鸡	露	还	原	骄	眉	碎	理	里	上	考	欲	信	醋	蠕	情
增	乎	恢	梁	修	信	镜	过	股	从	便	视	平	肢	摇	己	高
数	坠	想	主	然	最	疲	号	摇	马	摇	破	滑	部	人	思	蠕
伏	信	月	亮	修	存	究	见	旋	也	逐	渐	研	车	宜	克	持
监	狱	泽	骄	鳍	票	车	自	私	了	鳍	释	得	心	动	的	图
优	而	老	主	之	图	携	栏	眼	绍	克	然	伏	他	他	皂	瑞
的	也	汉	环	上	图	填	损	见	趣	饲	料	醒	便	人	的	察
马	伊	堡	面	桌	主	亲	煲	主	了	旋	想	最	思	水	娱	心
噪	人	包	声	音	恐	怖	办	公	桌	真	加	定	幸	破	素	因
介	眼	保	答	飞	面	子	貌	自	奇	皱	纹	制	基	恢	复	桌
饭	性	马	幸	安	宁	许	草	然	怪	衬	露	的	袋	源	里	本
灵	世	草	试	循	赂	蛾	约	心	士	惊	胶	之	程	记	放	来
栏	界	间	动	有	利	眼	日	租	苦	加	电	间	热	的	摇	下

之间
在这里
饲料
声音
监狱
还原
月亮
火鸡
谷仓
安宁
办公桌
定制的
恐怖
逐渐
世界
有利
奇怪
汉堡包
皱纹
美国

Puzzle 553

买	的	生	菜	镜	雨	状	便	而	天	于	特	雪	野	驴	身	龄
得	惊	落	底	香	驴	秀	之	城	空	存	摇	龄	回	特	思	礼
起	娱	皂	惫	存	马	子	乎	看	市	在	学	校	清	空	面	平
胶	趣	木	持	摇	伏	究	来	页	车	信	研	建	增	股	面	萝
喜	携	损	的	降	欲	理	项	许	发	自	缩	写	降	坠	迟	卜
介	。	分	熟	悉	觉	悲	香	宜	人	保	恢	伊	己	介	乃	部
蔻	源	护	建	眉	上	毁	剧	亲	思	滑	恐	便	的	情	面	木
了	梳	马	出	图	泽	约	便	保	项	电	年	来	马	子	约	煲
碎	复	自	直	重	持	成	年	素	虑	凑	电	信	情	图	>	露
解	坠	源	类	量	雪	然	>	栏	乃	露	行	雨	程	例	外	袖
瑞	四	究	先	落	瑞	复	礼	解	肢	版	行	研	麋	书	紧	威
研	远	机	静	疲	木	息	近	惨	滑	本	息	行	鹿	邀	有	胁
研	紧	重	先	区	有	諾	面	年	议	肥	型	透	业	底	口	摇
放	真	惊	,	除	了	觉	子	降	最	滑	快	药	野	分	视	恐
不	木	木	看	惨	迟	决	肥	源	透	重	惫	物	里	伏	信	信

麋鹿
学校
天空
行业
存在
药物
萝卜
悲剧
例外
熟悉
买得起
的生菜
清空
成年
城市
重量
，除了
版本
缩写
威胁

Puzzle 554

想	复	息	牙	膏	大	米	持	续	时	间	观	素	碎	骄	香	闪
栅	充	破	眼	真	遇	最	号	了	祖	有	状	发	私	高	傲	耀
情	平	然	鳍	调	查	疲	行	几	迅	肢	乎	条	平	选	私	的
子	平	黑	不	真	惫	。	护	他	速	蜜	透	发	现	解	号	们
书	肉	然	色	蛾	倍	音	滑	出	源	蜂	本	野	驱	状	柔	他
之	循	票	貓	虫	袋	远	惧	自	子	的	身	部	光	饭	鸟	苦
约	根	碰	衡	口	子	飞	桌	有	图	鳍	然	焦	高	兴	啼	光
欲	口	瑞	情	龄	諾	考	蠕	顶	不	有	复	点	自	充	柔	毁
升	远	面	来	私	紧	领	虫	肉	近	领	绍	凑	行	滑	中	放
日	！	事	豆	损	余	乃	焕	有	貓	镜	衬	本	车	蚊	子	书
几	光	老	趣	几	下	邀	赂	然	快	量	机	得	模	自	面	惊
解	票	噪	然	了	举	余	静	而	转	肥	解	动	本	拟	安	介
上	约	豆	貌	通	骄	滑	直	草	雪	蠕	损	不	马	心	不	过
胶	顶	建	来	租	想	研	票	明	智	娱	研	修	保	回	究	充
衡	雪	行	！	理	看	肥	乐	趣	平	鳍	虑	循	了	赢	了	泽

牙膏
持续时间
赢了
调查
蜜蜂
焦点
模拟
黑色
鸟啼
蚊子
闪耀
自行车
明智
骄傲的
高兴
大米
迅速
然而
他们的
发现

Puzzle 555

惨 自 然 焕 在 露 奶 摇 驱 蠕 栅 旋 便 坠 鳍 票 的
碎 蠕 条 究 去 士 酪 发 静 要 的 谢 天 谢 地 热 愿
停 留 虫 时 年 子 。 言 的 的 香 高 本 了 真 分 望
肉 书 迟 候 保 人 > 权 特 循 回 鳍 驱 排 好 惨 安
充 衬 充 视 自 日 来 决 也 面 不 静 请 保 树 邀 区
去 年 不 观 况 迟 直 虫 衫 型 露 静 活 顶 量 请 摇
了 乐 宽 小 说 丁 下 情 虫 来 发 > 排 老 光 野 便
上 举 幅 镜 树 泄 漏 究 稻 优 顶 数 了 惨 不 特 部
如 何 望 上 的 坠 醋 坠 号 复 了 运 运 饭 己 举 排
马 安 排 面 的 了 袖 沉 身 虎 士 自 许 差 草 地 龄
毁 号 马 重 肢 父 不 己 默 研 几 香 乐 回 磨 諾 袖
衫 滑 香 修 举 龄 驴 蛾 苦 胶 趣 况 放 许 亲 无 究
理 伴 侣 上 的 电 本 本 惧 从 亲 。 老 保 型 动 效
沙 发 望 护 中 栗 灵 遥 礼 衫 私 里 分 即 亲 雪 栗
毁 野 护 摇 遥 类 觉 人 坠 约 行 护 自 之 时 能 增

即时
发言权
奶酪
伴侣
沉默
沙发
宽幅
时候
谢天谢地
安排
的愿望
自然
去年
停留
邀请
如何
小说
无效
泄漏
在去年

Puzzle 556

解雇
的旅馆
指甲
的操作
慷慨
总线
鹿野
会见
喜欢
之外
休息
达成一致
击剑
接受
的舞蹈
时钟
运行
仓鼠
利润
倾斜

况 梁 邀 克 平 村 水 思 野 休 心 举 有 赂 能 主 眉
虫 约 答 欲 豆 则 租 部 转 息 摇 虑 栅 > 望 恐 升
的 操 作 解 错 的 生 优 运 倾 而 紧 息 慷 惊 之 外
部 观 解 加 肢 肉 衬 赂 行 落 斜 克 坠 慨 得 选 骄
会 见 不 本 思 复 子 回 露 请 信 见 信 醒 重 疲 根
遥 有 镜 过 出 究 错 娱 心 保 怖 许 梳 因 环 透 磨
解 雇 己 士 电 保 > 傲 几 摇 村 观 亮 许 马 > 里
透 约 信 票 乐 远 丁 欲 特 雨 便 破 达 栅 摇 答 错
的 树 灵 时 本 坠 延 底 指 复 休 人 成 鳍 摇 不 解
旅 许 水 钟 存 图 父 答 甲 宜 仓 鼠 一 循 遥 息 议
馆 迟 肥 饭 滑 间 龄 蔻 諾 击 剑 喜 致 考 利 数 股
衬 心 私 人 要 车 亲 快 他 不 先 欢 理 野 雪 润 动
鳍 情 来 摇 音 定 事 察 息 傲 克 先 。 领 优 见 复
便 议 携 察 近 平 雨 落 书 接 受 鹿 马 栅 性 息 机
项 得 的 于 记 身 蛾 遇 机 凑 总 线 野 的 舞 蹈 滑

Puzzle 557

蔓 惊 面 的 想 幸 特 蛾 情 热 循 究 查 肢 情 恐 伊
解 延 对 最 大 的 息 机 充 循 人 人 望 遥 醒 条 决
特 諾 车 本 特 增 也 间 透 高 坠 便 音 洞 的 信 的
貌 举 剥 他 苦 理 解 理 蠕 紧 贵 落 己 穴 介 复 号
看 选 夺 情 毁 驱 情 情 自 考 机 野 能 雨 于 过 日
乃 邀 出 情 培 训 查 了 安 权 回 也 主 肉 于 环 记
一 瑞 不 能 本 凑 豆 生 镜 信 型 灵 量 究 来 保 高
衫 系 面 差 高 答 灵 遥 伏 里 环 日 鳍 肉 桥 机 泽
能 理 列 傲 > 驴 娱 焕 中 况 人 礼 惧 蔻 中 了 栏
记 露 考 视 排 水 胶 法 飓 周 年 直 心 也 最 机 区
人 近 加 乐 雨 驴 父 官 风 蠕 远 转 的 远 亲 里 人
从 最 卷 曲 典 休 过 镜 男 孩 凑 野 设 机 理 定 瑞
丁 理 礼 木 里 损 直 镜 子 事 飞 微 计 会 的 租 部
蠕 村 秀 要 年 镜 增 热 到 信 持 笑 过 ， 噪 人 有
存 梳 露 通 落 几 维 护 达 来 栗 规 乌 鸦 最 图 闲

机会，
乌鸦
镜子
卷曲
蔓延
飓风
法官
微笑
洞穴
一系列
到达
周年
剥夺
维护
培训
高贵
最大的
男孩
的设计
面对

Puzzle 558

宜 检 龄 社 复 书 而 音 木 灵 绿 延 容 极 望 子 便
先 验 出 梳 间 车 现 代 克 赂 保 色 易 地 一 项 充
眉 特 树 四 饭 真 衫 情 高 升 肉 投 票 猫 分 增 坠
理 信 中 区 排 可 野 遇 能 量 查 建 士 几 钱 远 口
乃 噪 观 行 他 怕 面 情 村 女 人 停 情 记 事 延 中
延 页 几 和 平 的 平 请 问 填 虑 止 公 交 远 源 电
蠕 衡 透 骄 亲 梁 研 平 凑 实 欲 面 心 亲 信 释 从
滑 衬 他 察 年 亲 便 有 骄 验 间 朝 音 损 。 息 人
情 理 每 个 人 平 间 坠 从 惫 树 理 着 袖 平 请 好
后 状 有 热 的 释 真 许 的 的 各 运 自 趣 袋 特 飞
衬 面 数 社 滑 优 平 亲 闲 举 议 方 特 车 看 平 许
选 优 得 会 研 特 说 升 则 噪 也 子 肥 傲 最 日 复
复 倍 赂 惫 栗 噪 明 通 貓 灵 不 諾 好 子 视 请 放
释 。 肉 典 请 摇 灵 摇 滑 他 能 諾 的 事 恐 许 子
本 循 的 究 蠕 定 环 约 欲 底 想 充 请 泽 远 瑞 定

绿色
现代
朝着
说明
和平
容易
每个人
请问
也不能
极地猫
社会
可怕的
实验
投票
检验
女人
停止
一分钱
各方
公交

Puzzle 559

稻 乐 领 梁 创 肢 欲 瑞 心 幸 携 醋 心 介 上 投 乎

磨 觉 自 諾 造 好 焕 见 地 源 电 也 露 也 坠 票 地

丁 磨 生 情 活 伊 镜 撞 情 于 面 确 摇 近 私 也 区

香 排 快 他 好 伊 望 想 则 灵 焕 明 摘 要 解 摇 许

肉 亲 远 本 肢 排 下 介 静 股 肥 智 理 他 填 梳 私

查 存 特 优 类 选 桥 情 人 过 专 定 温 暖 的 惨 飞

惊 木 乃 伊 况 爱 好 真 自 定 家 野 位 摇 规 欲 他

坠 近 心 社 > 基 赂 傲 欲 栗 升 息 思 驰 秘 苦 下

高 草 看 增 摇 车 了 股 升 幸 下 平 自 瑞 骋 考 一

专 祖 恐 部 坠 答 均 泰 简 化 了 本 动 子 驴 租 个

门 几 议 错 碰 能 匀 皂 迪 程 不 蛾 灵 欲 真 的 你

自 觉 亮 虫 摇 露 行 宜 父 熊 特 趣 加 傲 他 子 自

思 木 趣 四 带 自 水 答 本 先 素 回 顶 静 野 衬 己

醋 静 瑞 举 状 完 成 网 络 请 查 车 真 量 记 摇 遥

高 貓 醒 钢 琴 定 状 驴 来 书 有 最 损 底 噪 倍 究

均匀
专门
木乃伊
温暖的
下一个
泰迪熊
驰骋
完成
爱好
明确
专家升
你自己
网络
摘要
钢琴
定位
简化
创造
明智
投票

Puzzle 560

页 草 状 泽 肥 磨 作 邀 几 子 在 发 心 雪 动 情 静

祖 项 空 中 类 热 用 的 喜 的 这 私 子 活 因 克 里

的 磨 祖 区 欲 图 自 议 电 许 里 交 叉 滑 小 时 口

有 性 四 量 分 排 出 过 环 随 的 动 性 衬 典 后 貌

口 领 运 的 行 蛾 心 里 领 机 人 静 安 有 灭 亡 遥

貌 煲 皂 怖 稻 替 代 磨 观 排 护 桌 驱 程 乐 稳 栅

考 视 灵 携 不 热 噪 坠 辩 论 释 自 中 亮 旋 看 活

胶 源 肢 票 余 眼 衫 马 貌 树 后 幸 行 修 瑞 好 口

复 龄 充 幸 的 几 建 袋 便 介 页 灵 买 得 起 暂 停

鳍 摇 带 镜 通 毁 父 驴 有 思 坠 惊 坠 最 级 观 喜

书 息 便 丁 试 信 间 马 傲 热 页 后 驱 最 高 试 草

息 延 况 手 册 谦 虛 余 性 从 护 有 型 镜 项 蔻 驱

中 祖 重 野 马 约 面 远 醋 能 不 磨 柔 型 。 惧 信

办 公 室 视 亮 眉 素 噪 增 旋 复 禁 迟 差 摇 情 子

书 稻 中 教 授 雨 木 然 平 况 携 紧 止 自 书 基 介

最高
替代
空中
暂停
随机
作用
性能
灭亡
办公室
辩论
禁止
重视
谦虛
教授
手册
交叉
小时
高级
在这里
买得起

Puzzle 561

然 近 况 安 保 破 毁 豆 喜 亲 虎 毁 觉 于 一 露 惫
心 惧 几 排 肥 卡 车 的 镜 差 滑 究 语 速 点 亮 马
邀 肥 源 余 了 研 记 素 栏 人 好 灵 典 栏 释 胶 情
乃 程 面 活 理 权 便 建 己 后 的 型 而 伏 。 木 决
复 权 里 破 察 息 动 了 静 损 虑 持 貌 乐 旋 远 肢
快 家 伙 思 也 平 木 欢 袋 体 眉 平 煲 光 机 想 平
露 优 通 票 查 祖 郁 也 快 育 黄 瓜 错 能 便 典 持
刚 性 量 上 究 子 金 的 携 的 子 电 条 的 水 然 信
基 人 型 摇 欲 袜 香 离 高 露 之 保 伊 况 衫 子 有
虑 源 考 滑 怖 苦 安 分 趣 谈 论 性 带 亮 看 信 许
自 员 ！ 坠 人 程 出 焕 龄 息 快 运 循 过 见 闲 近
雨 思 工 破 煲 未 来 树 雪 最 程 日 而 秘 不 文 化
虎 。 循 放 想 肢 在 时 虎 望 升 撞 私 下 不 修 坠
蜻 蜓 号 柔 之 的 类 图 地 转 页 邀 根 恐 升 最 从
运 本 骄 究 源 恐 坠 因 马 板 解 有 衫 图 重 察 趣

员工
在时
刚性
欢快的
未来
语速
黄瓜
袜子
地板
体育
郁金香
一点
的金子
文化
卡车
分离的
家伙
谈论
蜻蜓
安排

Puzzle 562

鳄鱼
民用
有轨电车
雪人
气候
灰尘的
教练
消防员
受害者
书柜
俱乐部
普通
珍贵
一目了然
富含
生姜
如何
会见
的操作
停止

一 目 了 然 情 最 自 护 受 社 露 坠 先 消 灰 自 作
况 自 礼 惫 机 主 碎 教 害 因 子 直 建 欲 防 尘 操
秘 租 理 父 虎 试 俱 练 者 民 用 惨 泽 重 蔻 员 的
栗 亲 观 介 不 动 乐 有 远 便 了 几 伏 从 特 驱 素
充 而 老 坠 惫 重 部 息 遥 > 秀 的 部 镜 信 静 最
粱 类 有 轨 电 车 生 姜 领 行 看 情 木 排 摇 面 諾
马 要 行 他 本 区 真 部 转 碎 本 情 情 快 喜 保 考
灵 发 特 会 充 底 息 透 停 能 要 自 梳 坠 书 邀 图
恢 野 人 见 降 最 事 子 止 乐 条 子 骄 气 柜 普 通
醋 马 木 雪 旋 解 于 富 含 望 动 书 充 碰 候 出 型
请 趣 区 人 碎 查 的 面 保 研 状 鳍 修 也 高 不 运
看 噪 袋 本 秘 间 从 口 租 摇 珍 了 丁 > 里 马 士
记 人 便 分 试 貓 煲 试 答 有 贵 举 毁 机 露 因 如
鳄 鱼 龄 落 出 动 存 蠕 灵 亮 间 雨 则 透 祖 欲 何
音 疲 祖 典 于 信 了 源 傲 复 平 苦 视 视 乐 飞 >

Puzzle 563

稳 的 闲 要 考 本 人 源 上 飞 视 私 延 破 先 秀 行
桥 移 法 本 循 自 木 况 确 谎 言 覆 乐 惧 灵 领 领
趣 动 毁 官 衫 的 远 乐 切 衫 心 盖 条 约 己 有 典
真 虫 飞 不 介 醒 顶 趣 木 他 摇 的 惊 改 变 究 皂
雨 贫 倍 部 两 复 恐 衫 有 远 研 肢 人 龄 复 出 也
查 困 肉 的 看 次 放 静 毁 木 栗 諾 通 瑞 便 生 肢
视 噪 学 野 一 次 伊 领 本 通 士 发 蛾 通 面 底 焕
的 遥 生 心 不 底 眉 趣 子 特 便 雪 蠕 遇 了 惧 高
仍 然 重 充 信 书 本 请 过 最 加 循 命 日 灵 研 >
重 量 车 加 性 虎 乐 问 携 权 考 远 中 分 型 坠 的
破 便 袋 考 情 稻 蛾 > 举 因 马 栗 股 散 破 瑞 请
人 噪 。 毁 滑 事 心 傲 有 的 袋 感 木 注 栅 见 伏
不 。 音 亲 摇 自 余 一 系 列 肉 娱 谢 意 保 丁 面
桌 察 号 乐 摇 邀 研 保 手 套 出 从 面 力 父 栗 发
查 安 记 肉 惨 亲 驴 惊 情 蔻 优 类 > 答 他 欲 ！

的移动
仍然
覆盖
野心
感谢
条约
分散注意力
手套
命中
改变
贫困
两次
谎言
一次
学生
确切
重量
一系列
法官
请问

Puzzle 564

自 桌 定 心 噪 梳 迟 磨 运 优 木 闲 亮 肥 马 中 试
他 们 之 增 理 状 息 椅 行 相 同 幸 四 事 落 宜 最
研 碎 伏 撞 疾 病 绍 子 介 顶 木 胶 社 蛾 撞 余 况
考 研 的 类 凑 ！ 肉 中 便 礼 赂 生 特 便 究 面 增
子 直 活 一 些 坠 香 状 位 项 得 恐 别 部 祖 的 过
艺 > 有 有 面 之 顶 考 移 套 猫 修 领 伊 虫 衡 乃
术 肥 士 露 自 降 也 > 秘 索 头 从 大 的 帽 摇 虑
家 部 眼 泽 香 条 灵 聪 凑 父 鹰 自 怒 胶 子 区 的
余 通 香 性 复 过 定 高 明 眉 素 身 便 平 木 破 差
倍 自 瑞 马 高 理 觉 思 说 试 领 日 行 衫 凑 碰 分
面 栗 虑 木 磨 袖 鳍 摇 的 不 想 自 区 之 加 諾 疲
根 差 过 损 根 先 亲 豆 得 亮 复 袖 衡 后 信 定 区
升 月 子 顶 典 基 不 灵 惧 > 露 己 持 风 邮 递 员
毁 亮 复 丁 部 因 快 老 亲 程 型 记 心 过 暴 出 思
性 余 信 直 有 自 乎 摇 情 而 护 见 存 面 落 > 衫

位移
聪明
他们
邮递员
自身
一些
疾病
艺术家
套索
大怒
顶部
相同
椅子
特别
风暴
帽子
猫头鹰
月亮
运行
说明

Puzzle 565

口	颗	决	性	父	鼬	真	摇	娱	栅	野	亮	栏	保	望	决	口
飞	粒	泽	平	自	亮	鼠	身	欲	秀	子	股	增	于	下	素	野
光	延	恐	基	武	器	欲	高	疲	士	情	了	栏	闲	觉	信	梁
泽	雨	温	驴	热	蛾	见	静	迟	自	情	失	怖	村	子	己	马
绍	欲	度	研	情	地	规	镜	究	息	乐	望	想	记	页	煲	租
凝	灵	也	遇	遥	领	领	转	延	忆	记	的	飞	乎	研	迟	旋
然	视	喜	亲	人	的	研	究	生	焕	领	水	宜	持	有	己	不
保	貌	露	惫	>	况	表	白	得	远	信	鳍	礼	宜	书	撞	情
的	乎	解	型	则	驱	发	车	满	怖	保	滑	绍	音	克	磨	情
联	系	携	程	邀	碰	理	不	足	想	吸	血	鬼	邀	遥	巧	煲
行	人	情	骄	复	身	木	透	重	秘	先	父	可	胶	公	克	毁
飞	图	高	树	皮	不	机	电	答	乐	不	摇	静	能	鸭	力	理
凑	情	梁	日	迟	鳍	主	毁	豆	的	答	主	本	复	的	狐	不
静	社	乃	驱	条	平	倍	然	醋	乐	租	。	活	日	质	狸	皂
物	种	感	情	从	考	型	究	增	树	泽	领	年	碰	优	研	环

吸血鬼
研究生
鼬鼠
物种
狐狸
可能的
优质的
感情
表白
联系
公鸭
树皮
颗粒
失望的
的记忆
凝视
温度
满足
武器
巧克力

Puzzle 566

修	>	考	光	自	噪	亲	几	亲	！	书	面	主	高	年	草	伏
生	饭	也	约	动	镜	赂	坠	情	衫	建	貌	头	部	分	露	有
规	自	。	想	摇	最	肢	人	充	好	排	议	高	草	拉	动	凑
规	亲	察	增	加	心	傲	泼	静	不	错	梁	举	坪	望	持	秘
规	间	瑞	几	醒	惨	望	自	妇	恐	怖	灵	自	议	远	娱	然
肉	飞	有	蠕	乎	研	袖	了	中	不	根	栏	特	社	镜	特	票
子	亲	乃	远	欲	是	懒	>	放	瑞	克	子	里	选	人	好	碎
情	爱	衫	差	携	镜	惰	丁	他	约	余	飞	猴	子	己	日	许
上	的	友	朋	子	摇	携	信	特	了	秘	稻	袋	租	先	暑	环
橡	子	梁	考	不	邀	开	排	分	眼	回	欲	醋	喜	欲	撞	自
衬	部	娱	稳	发	见	降	玩	析	口	桌	后	梳	考	衣	大	米
伏	宜	的	医	生	趣	举	坠	笑	情	况	梳	书	灵	要	许	保
。	后	便	恢	请	运	桌	水	思	怖	主	栗	的	页	性	携	桌
磨	来	乐	肉	苦	增	凑	光	毁	项	视	旋	顶	子	欲	的	眼
驱	衫	衫	见	保	加	复	安	情	旋	地	举	栏	梁	士	发	答

情况
泼妇
望远镜
头部
日暑
草坪
大衣
猴子
的医生
分析
增加
朋友的
橡子
拉动
开玩笑
亲爱的
懒惰
几乎是
恐怖
大米

Puzzle 567

研 的 脚 人 部 建 坠 旋 趣 灵 露 行 告 诉 乃 数 不

豆 特 趾 躺 视 充 号 社 坠 秘 亲 饭 眉 定 摇 典 飞

眼 移 动 回 在 亲 通 有 驱 错 绍 祖 记 高 水 安 栅

远 虫 侵 滑 面 请 部 社 摇 的 马 赂 平 蔻 草 子 出

肉 究 况 略 草 释 假 素 恐 增 幽 灵 要 持 乐 丁 猕

摇 蠕 解 里 性 具 衡 煲 动 人 凑 直 选 对 比 度 猴

栗 保 差 自 煲 备 子 身 情 乃 票 灵 存 标 镜 凑 桃

建 便 研 数 摇 木 动 行 栗 可 能 情 镜 准 条 父 租

真 延 源 凑 平 解 介 转 租 发 制 介 带 顶 保 行 增

瑞 己 定 余 热 桥 排 惩 灵 有 造 定 桌 研 伊 差 发

恐 梁 伊 高 面 栗 秘 罚 携 转 赂 落 快 落 选 水 展

源 情 面 下 高 的 怖 本 察 悲 人 虑 答 人 驴 好 欲

回 瑞 便 午 露 亮 最 便 滑 惨 伊 的 则 的 动 视 光

能 试 复 机 来 栏 记 衬 议 现 实 能 望 研 年 持 觉

栏 型 最 最 能 几 觉 父 余 祖 损 量 类 衫 惧 士 热

发展
具备
标准
下面
现实
制造
躺在
对比度
告诉
侵略性
移动
的能量
猕猴桃
悲惨
下午
惩罚
可能
请假
幽灵
脚趾

Puzzle 568

放松
天使
形容
甚至
三明治
相当
终于
注意到
环境
必须
推出
文凭
构造
忽略
单元
读书
吸取
无数
野猫
每个人

醒 究 稻 子 车 便 望 介 必 有 每 欲 许 赂 虎 撞 增

许 举 豆 胶 諾 子 权 鳍 须 平 休 个 几 单 元 文 于

摇 梁 破 伏 安 生 焕 安 肢 摇 梁 几 人 木 露 凭 飞

香 飞 而 宜 得 远 介 子 构 造 注 意 到 保 也 事 马

自 差 条 醋 衬 胶 股 运 携 身 蔻 的 香 四 好 天 使

选 信 碎 差 栗 摇 研 页 木 信 秀 特 要 主 肉 醋 放

复 惊 惧 推 野 士 股 底 音 信 视 错 护 稻 的 读 书

！ 亲 无 出 猫 保 后 书 遇 趣 吸 倍 木 要 忽 破 肢

雨 他 数 转 复 > 类 型 虎 顶 取 机 望 存 略 煲 考

野 静 过 数 貓 破 驴 三 电 观 视 形 直 热 理 察 保

区 桌 请 几 肢 日 书 旋 明 修 光 从 容 年 环 回 携

试 亲 环 不 泽 复 破 焕 型 治 甚 情 袖 欲 里 从 动

音 > 发 放 损 条 快 马 木 马 至 泽 出 醋 租 定 惨

落 终 平 松 答 租 情 究 士 延 人 镜 梁 动 试 几 驴

宜 于 相 当 环 境 乐 眼 摇 放 坠 飞 蠕 信 答 惨 碎

Puzzle 569

的 基 活 便 乃 面 型 要 邀 迟 回 心 摇 从 好 雪 遥
便 脂 驴 况 转 领 于 信 填 优 情 木 他 本 复 人 里
权 > 肪 他 后 观 探 讨 趣 不 然 余 醒 灵 马 邀 苦
股 电 快 素 醒 身 考 得 答 类 秘 答 呼 息 眉 面 雨
许 填 解 决 看 蔻 份 考 紧 坠 高 肥 吸 识 别 放 假
则 伏 属 于 坠 损 源 灭 绝 察 定 不 桌 得 有 重 亮
乐 类 栅 火 便 乐 坠 理 自 衫 出 观 信 书 休 票 典
生 焕 马 携 炉 棒 溜 冰 袖 士 冬 便 区 决 灵 蔻 见
存 项 蛾 便 肥 球 飞 他 城 市 天 恐 他 增 蠕 解 直
究 看 里 便 心 秀 相 反 的 先 梳 水 的 老 衰 变 秘
静 回 中 日 子 私 露 虎 然 的 高 解 过 高 人 饭 事
型 马 状 眉 醋 村 运 出 远 村 面 持 丁 驴 思 摇 下
过 邀 快 貌 祖 思 自 煲 泽 四 闲 透 素 本 眉 貌 露
自 虎 究 升 旋 皂 量 滑 政 治 噪 野 蒸 汽 了 检 机
车 香 飞 转 > 查 存 究 有 建 查 村 自 解 填 查 事

衰变
解决
冬天
相反
检查
蒸汽
属于
火炉
识别
棒球
探讨
放假
政治
溜冰
灭绝
呼吸
身份
的脂肪
生存
城市

Puzzle 570

口 身 的 则 性 自 性 菜 肴 恐 素 眼 休 虫 条 胶 秀
主 领 视 直 过 约 建 音 欲 摇 程 飞 地 桌 便 动 。
上 磨 心 宜 据 龄 页 野 了 沟 通 士 而 马 几 草 秀
子 行 貌 绍 数 飞 发 她 坠 回 人 情 车 泽 记 乃 毁
清 直 约 马 的 身 高 的 持 定 我 们 间 秘 身 柔 增
先 空 升 通 壁 情 子 娱 露 趣 邀 秀 倍 情 损 煲 便
恐 露 要 机 画 复 老 栏 汽 落 克 条 答 的 优 邀 特
情 鳍 稻 热 答 况 视 心 车 醋 保 加 重 复 的 差 礼
页 特 规 皂 的 优 修 私 保 观 研 栗 口 理 得 龄 中
迟 决 差 数 私 肉 光 父 有 称 平 栗 梁 树 乐 票 祖
面 肉 遇 部 约 护 幸 而 身 定 本 安 静 回 落 高 驱
人 木 ， 观 顶 肥 相 互 作 用 赂 坠 骄 饭 思 眉 素
玉 米 虽 试 典 条 己 远 从 飞 监 狱 草 电 事 件 猛
自 的 然 保 持 飞 则 价 格 主 望 直 建 上 性 剪 地
马 平 灵 父 稳 胶 想 部 中 碎 转 根 能 喜 解 请 辑

的数据
剪辑
事件
身高
玉米
菜肴
汽车保有
我们
，虽然
重复
称定
的壁画
她的
猛地
相互作用
直升机
价格
沟通
监狱
清空

Puzzle 571

摇 票 人 事 高 因 滑 申 请 结 论 恐 不 究 草 间 飞
携 老 碰 约 性 柔 四 趣 香 皇 后 放 要 优 桥 泽 赂
区 转 条 龄 先 研 情 看 的 精 灵 子 人 性 降 醒 思
驱 傲 分 能 过 磨 子 排 的 焕 恢 号 特 肢 幸 书 分
区 详 钟 饲 错 书 稳 损 鳍 惊 倍 泽 有 下 觉 。 怖
邀 细 宜 料 典 外 壳 静 静 页 崩 激 励 幸 亲 究 典
树 摇 高 查 居 主 究 亲 信 飞 护 溃 了 延 蔻 之 源
究 栗 主 的 民 短 约 租 袋 象 他 泽 蛾 携 基 皂 蛾
便 信 倍 有 循 暂 肥 皂 諾 持 图 士 雪 危 保 情 信
转 虎 人 情 灵 里 排 > 木 自 己 的 升 险 肉 运 分
主 口 乎 他 则 醋 停 持 加 口 热 冷 事 马 本 带 信
究 蔻 几 票 标 志 顿 而 恐 草 议 寒 情 究 基 灵 人
饭 野 人 有 情 疼 余 眼 的 活 喜 则 于 自 桥 喜 的
趣 最 究 的 决 遥 痛 保 闲 况 村 野 疲 虎 的 根 肉
息 坠 情 > 欲 泽 介 自 根 衡 貌 諾 行 究 摇 梁 书

激励
短暂
疼痛
分钟
危险
崩溃
居民
停顿
皇后
的图象
自己的
精灵
肥皂
申请
外壳
结论
寒冷的
标志
详细
饲料

Puzzle 572

的 不 木 的 降 信 己 年 信 奁 木 鳍 父 木 心 面 的
激 怒 士 皂 野 于 礼 研 项 了 出 举 秘 携 护 木 梳
奁 紧 桌 完 延 语 指 桥 请 四 因 四 回 凑 恐 马 傲
滑 包 括 破 美 句 责 先 循 私 娱 子 草 绍 权 傲 稳
出 型 间 议 外 套 通 试 滑 亮 敌 人 光 赂 乌 鸦 降
沿 木 恐 私 袋 面 升 本 解 过 部 几 的 梁 携 祖 规
信 着 中 野 修 重 肥 也 破 肉 便 骄 的 放 蔻 有 发
下 记 用 品 赂 释 自 许 特 坠 不 最 察 底 乐 便 >
几 鳍 持 食 回 从 有 便 恢 见 活 类 马 况 持 毁 毁
好 瑞 梁 龄 肥 状 因 秘 疲 则 高 水 噪 摇 镜 最 马
薪 一 个 地 衫 焕 破 坠 许 决 遇 情 部 自 的 亮 了
酬 延 虫 撞 磨 性 先 填 休 子 的 衫 转 灵 飞 权 不
父 充 打 有 物 生 疲 特 放 便 便 活 复 威 机 介 墙
许 梁 几 法 质 面 焕 饭 他 虫 衫 平 父 胁 貓 赂 上
滑 余 决 了 栗 保 人 转 程 橡 胶 他 回 得 日 察 了

橡胶
用品
指责
一个
完美
外套
敌人
薪酬
沿着
包括
也许
食品
激怒
语句
墙上
物质
的飞机
打法
威胁
乌鸦

Puzzle 573

的 快 关 考 特 邀 怖 带 破 见 见 欲 情 露 放 性 热
地 他 系 苦 口 则 降 瓢 虫 所 驴 旋 肢 通 疲 选 乃
通 士 邀 私 考 肥 中 的 有 需 迟 充 近 怖 加 惫 填
解 考 热 便 稻 反 应 究 里 远 的 觉 皂 释 保 噪 趣
宜 袖 忘 护 子 栏 栏 的 衬 ！ 了 虫 运 自 然 后 透
苦 了 记 皂 望 欲 不 检 发 然 情 运 觉 镜 桥 特 毁
真 驱 条 亲 领 部 子 验 保 过 解 亲 惊 丁 倍 理 源
碎 正 ！ 于 心 远 余 信 相 余 觉 释 心 虎 书 分 娱
面 状 的 ！ 后 再 次 摇 信 评 量 细 真 管 不 区 页
龄 升 破 复 赂 放 己 理 灵 子 价 腻 镜 理 修 驱 諾
本 况 重 露 整 眼 肥 特 特 滑 闲 栏 热 者 绍 四 安
幸 通 行 放 洁 露 泽 的 机 情 碎 迟 出 栅 后 栏 复
视 报 价 分 的 看 仓 的 秀 面 有 蝙 生 自 衡 区 环
说 独 自 绍 灵 遇 鼠 深 约 因 解 蝠 通 带 摇 欲 静
乐 话 水 携 自 蔻 豆 浅 解 的 镜 趣 快 祖 身 镜 幸

蝙蝠
整洁的
反应
真正的
独自
再次
的深浅
管理者
说话
报价
所需
出生
评价
细腻
忘记
相信
关系
瓢虫
仓鼠
检验

Puzzle 574

镜 娱 心 老 本 饭 行 而 之 梳 苍 亮 环 复 面 典 衡
碎 考 老 乐 肥 稻 喜 下 迟 秀 鹭 本 要 放 增 书 携
稻 驱 桌 香 宜 于 觉 热 信 研 的 独 立 息 里 伊 信
见 地 社 车 情 快 女 娱 有 页 平 迷 祖 究 情 鳍 先
发 送 亮 生 静 露 巫 滑 热 欲 雪 惑 碎 伏 野 部 子
袋 试 马 能 礼 图 自 足 赂 坠 差 四 约 皂 香 坠 通
错 破 赂 苦 肥 远 延 填 够 权 马 检 安 公 交 野 饭
理 项 树 的 肥 士 重 发 落 的 他 的 讨 触 摸 饭 村
三 下 草 教 子 落 乎 然 音 险 思 对 快 速 驴 自 紧
只 面 近 师 生 老 携 释 諾 冒 紧 手 部 地 自 粗 諾
动 差 保 音 很 少 情 眉 村 护 领 灵 亲 心 书 人 心
排 保 叫 声 貓 白 典 行 口 加 新 鲜 了 想 能 考 欲
动 环 便 欲 解 滑 领 倍 增 不 虎 项 情 加 四 镜 过
特 马 自 心 了 类 延 通 提 醒 祖 坠 摇 直 遥 恐 栏
解 类 幸 复 马 基 票 骄 人 主 部 错 凑 娱 远 。 安

足够的
快速
三只
提醒
粗心
检讨
迷惑
的对手
触摸
冒险的
发送
教师
女巫
很少
的独立
新鲜
苍鹭
叫声
声音
公交

Puzzle 575

况破。余研稻拼乐肥摇疯桌而，真活子
分惊喜衫惫马幸写动眼狂伏灵直区旋增
保情地稻不息考规充军的光心到便沉默
动复遥面日惧面！票队倍书则不胶坠露
曲狩远然那么差平香活上碰部坠蝴蝶选
棍猎保>的之增原滑释>察视口要典凑
球基底懦夫间子幸雪回！乎稳性年复考
蔻望蔻下幸桌于坠观之车增四先几运程
骄放撞修不桌下倍幸旅带复日木瑞栏不
特信香木舒部马貓顶极諾露发肢邀增身
考便便鳍己适股差根地心社后飞落自基
老介放因快自项口记猫复最坠蠕类动赂
高的中骄苦稻安落胶升根复杂豆股间碎
人页情周过坠。性生马蔻分恐信见之身
亲撞况惨末蔻亲礼回醒心直书驱主复便

拼写
遥远
之旅
滑雪
，直到
惊喜
那么
复杂
狩猎
疯狂的
周末
曲棍球
蝴蝶
懦夫
平原
舒适
军队
之间
沉默
极地猫

Puzzle 576

栅源摇倍只热羊群约的驴运灵决加眉素
决解光梁候有过加得。瑞人过露热降滑
击便栗眼镜选的关注护凑电复光>里滑
剑灵滑伊阻止人的理胶栗特醋衫情乐理
机权自远摇从破乐机丁本紧坠本持权蠕
环子带了部议泽子环晚复通心他直高柔
马行灵破件丈夫骄特餐红萝卜驴噪丁排
娱伊热票有决的便人发本错！灵私区几
艇野的>基信便从高干影关联复炎股怖
滑体降情有室保蛾赂旱响思面远热后转
思醋电恐股卧梳也间绍见幸最心重重上
查延优本有的本选然快增也介蠕权特绍
惊趣视醒木专马中趣烧面木饭龄便典见
热梳栗后租家情理也毁动动栗这种自遇
转秘快延自的>里理惧数眉柔的摇野草

晚餐
的卧室
只有
眼镜
关联
羊群
干旱
烧毁
红萝卜
的关注
候选人
的专家
影响
艇体
这种
阻止
丈夫
部件
炎热
击剑

Puzzle 577

心 心 煲 冒 差 碎 欲 紧 人 的 撞 老 饭 护 型 项 邀

觉 音 基 犯 理 环 遥 性 泽 降 排 回 野 蔻 图 傲 滑

记 有 便 要 决 村 醒 情 伊 部 想 最 试 心 事 柔 状

了 变 量 存 木 查 社 情 口 特 焕 上 老 试 欲 豆 碰

本 滑 平 道 德 解 蔻 形 式 驱 白 菜 平 情 错 基 释

过 野 木 木 号 士 出 村 绍 基 关 心 事 木 木 有 灵

差 高 几 士 便 子 上 重 活 权 至 少 面 人 豆 旋 看

他 人 旋 帮 理 复 坠 肥 惫 利 的 复 过 对 草 蠕 惨

便 人 的 助 旋 绍 最 磨 不 润 特 傲 信 镜 士 根 复

过 平 带 型 稻 行 本 规 噪 自 口 定 坠 醋 栗 怖 倍

滑 程 骆 驼 究 人 优 坠 页 降 本 正 落 惨 不 想 最

心 蛾 便 恐 从 研 幸 苦 醋 伏 情 平 确 究 滑 亮 瑞

惊 没 信 场 景 乐 损 页 出 ！ 类 坠 焕 的 于 肥 错

近 话 号 倍 马 部 稳 存 股 飞 别 情 本 怒 权 坠 欲

坠 说 趣 看 己 况 人 有 票 雪 丁 间 解 愤 摇 梳 幸

至少
变量
形式
白菜
没话说
愤怒的
关心
正确的
道德
醋栗
场景
帮助
股票
过程
骆驼
类别
冒犯
信号
利润
面对

Puzzle 578

重 力 便 遥 亲 父 的 乐 素 社 公 奢 持 虫 傲 出 情

近 梁 雪 试 研 马 倍 文 请 村 凑 路 侈 > 的 滑 行

驱 栅 电 眼 碰 维 形 状 章 理 了 栗 自 品 的 不 骄

人 建 虎 地 赂 持 惨 精 性 > 桌 情 优 胶 先 袖 究

肢 造 直 恢 野 租 乐 细 灵 虑 出 典 本 桥 雪 皂 要

通 话 澄 煲 不 循 父 亲 好 马 乃 蜡 笔 远 威 部 马

察 循 清 举 错 摇 镜 先 允 许 究 撞 过 肉 力 便 望

惊 讶 丁 中 醋 最 ！ 桌 衬 諾 得 野 驴 皂 口 遥 怖

了 量 于 摇 余 的 职 责 保 龄 因 复 > 上 项 动 伊

木 出 闲 了 本 飞 活 坠 部 真 伊 中 子 规 见 热 的

火 箭 领 下 项 破 伏 他 转 肢 理 衫 解 便 选 乐 。

碎 的 栗 虫 子 根 喜 喜 运 远 近 饭 恐 填 灵 喜 解

自 情 循 碰 电 护 根 人 飞 行 ！ 飞 轨 道 排 人 静

， 从 快 蛾 撞 栗 柔 惨 蠕 驱 栅 有 最 灵 填 的 老

其 复 ！ 许 高 宜 怖 直 父 骄 运 面 梁 型 老 子 生

通话
澄清
蜡笔
职责
的父亲
精细
威力
远近
建造
轨道
维持
火箭
允许
，其
形状
重力
奢侈品
的文章
公路
惊讶

Puzzle 579

基 栗 错 带 要 秘 人 邀 坠 马 增 素 恐 闲 而 釜 喜
乐 护 顶 疲 镜 情 书 了 梳 因 口 源 视 情 灵 请 村
争 倍 毁 的 娱 安 的 情 木 况 消 型 素 醒 十 速 部
特 辩 木 租 数 也 乐 虫 保 蛾 化 醋 秀 答 年 度 遥
放 回 衫 快 喜 凑 也 便 亲 > 苦 释 透 查 存 貌 发
淋 浴 饮 口 保 碰 规 动 袖 转 财 豆 能 权 恐 静 信
飞 绍 料 便 特 损 龄 复 使 克 电 产 諾 于 社 降 复
好 保 傲 号 面 丁 欲 研 用 升 性 衫 察 生 基 秀 选
的 里 破 高 票 可 靠 子 龄 人 的 素 乎 稳 动 分 煲
上 理 高 嘲 讽 圣 重 建 程 身 肉 乐 生 的 议 他 瑞
溜 克 请 权 口 诞 定 突 然 查 觉 喜 延 填 恢 直 >
冰 香 望 柔 恢 车 约 情 虎 增 活 粗 息 的 情 考 组
鞋 答 案 妈 宜 高 过 袋 柔 梁 心 鲁 恢 的 公 路 织
保 也 议 驱 妈 管 摇 充 典 主 不 > 票 镜 平 便 日
木 > 望 来 情 有 热 迟 理 页 项 持 看 子 基 有 近

的公路
好的
财产
溜冰鞋
高管
粗鲁
速度
答案
圣诞
消化
可靠
饮料
十年
组织
淋浴
突然
争辩
使用
嘲讽
妈妈

Puzzle 580

晚饭
气味
高贵的
倾向于
胡萝卜
边境
盛大
年度
欣赏
安静的
阳台
医药
的妹妹
结束
以及
姥姥
保持
塑料
黑色
高贵

遇 亮 之 桌 盛 特 素 祖 雪 坠 间 坠 秘 自 塑 增 自
定 图 携 瑞 大 上 部 护 活 木 回 平 滑 重 料 欲 行
差 恐 最 查 皂 书 看 丁 书 保 思 顶 苦 欲 高 恐 保
坠 便 邀 了 丁 了 豆 研 增 持 。 马 胶 面 后 回 士
看 水 凑 差 欲 的 得 龄 差 边 境 建 察 信 远 遥 梳
年 柔 高 便 秀 妹 静 则 倾 向 于 于 噪 平 摇 来 諾
保 度 贵 高 观 妹 栏 安 动 光 复 状 定 马 复 黑 色
遇 举 的 况 气 味 的 平 也 马 坠 日 阳 台 典 租 碎
胡 社 马 闲 父 泽 亲 惨 袋 活 亮 医 乐 带 亲 车 研
下 萝 礼 水 后 虎 介 平 部 结 束 药 晚 龄 考 因 自
稳 请 卜 子 快 直 稳 安 栗 旋 祖 的 饭 复 子 桥 貌
水 约 饭 老 柔 项 带 观 恐 的 的 父 源 了 股 姥 姥
树 摇 心 增 主 落 排 的 乐 不 坠 顶 惊 的 转 主 毁
后 以 老 私 状 觉 升 鳍 欣 赏 重 摇 坠 栅 镜 增 喜
貌 及 了 滑 栏 乃 租 察 后 远 况 煲 研 士 的 滑 试

Puzzle 581

面 煲 优 諾 露 是 针 对 坠 人 损 不 口 的 马 老 票
行 自 排 损 面 况 指 祖 袋 趣 的 主 袖 约 源 胆 小
虎 亲 考 修 饭 子 保 余 桥 上 不 齐 现 场 宜 而 通
也 虫 出 煲 肢 觉 持 得 定 的 调 整 过 人 能 梁 眉
骄 坠 最 股 也 人 紧 镜 闲 高 复 橱 柜 动 乐 苦 喜
安 升 保 龄 趣 充 面 蔻 饭 复 生 升 树 环 木 见 木
娱 自 面 坠 事 野 乐 ！ 水 桥 解 栏 行 肢 的 的 鳍
父 礼 热 表 事 间 包 来 到 步 约 条 遥 生 栗 色 灵
共 热 灵 示 雨 理 龄 含 考 伐 条 息 书 摇 衫 彩 便
同 保 桥 中 噪 衡 事 规 情 理 条 款 栗 填 察 动 复
汽 复 底 生 焕 看 豆 乃 事 摇 醒 远 情 的 填 静 恢
车 磨 后 的 典 人 闲 况 特 灵 远 桥 虫 究 礼 驱 撞
发 现 奉 损 丁 醋 高 草 行 释 的 桌 运 伏 虑 木 权
行 便 献 本 噪 排 国 信 熟 持 乎 升 区 究 况 察 喜
潜 水 升 动 观 究 际 上 惨 悉 然 四 生 摇 机 携 雨

橱柜
针对
包含
调整
汽车
整齐
共同
是指
潜水
现场
胆小
的色彩
来到
条款
步伐
国际
奉献
表示
熟悉
发现

Puzzle 582

巨 高 ！ 领 子 察 衬 碰 数 图 肉 子 貓 亮 飞 况 权
闲 大 花 蜜 优 娱 填 镜 绍 幸 后 自 迫 使 野 查 碰
素 电 线 无 衬 看 看 他 观 摇 于 匆 匆 近 的 自 欲
究 面 了 名 存 释 票 后 书 举 雨 了 根 特 休 凑 保
便 露 部 指 水 葱 有 余 情 高 错 教 士 马 > 的 保
恐 肢 查 的 抗 遇 傲 分 人 票 了 堂 雨 热 优 规 信
稳 他 虑 进 拒 存 然 活 阳 情 私 马 马 摇 带 来 了
察 研 览 展 朋 坠 便 复 光 透 先 不 自 许 最 紧 木
噪 典 修 复 煲 友 怖 信 灿 不 光 乃 眼 四 延 心 几
的 出 排 下 衡 显 著 任 烂 本 人 露 遥 乐 便 顶 然
驱 。 察 皂 存 错 邀 貓 的 过 栗 坠 带 释 动 宜 的
行 恐 部 子 书 绍 从 雪 胶 树 远 从 填 的 遇 图 惨
答 乐 有 人 灵 下 透 右 指 间 书 的 保 乐 龄 心 栗
在 去 年 私 基 亲 区 乃 手 损 赂 望 肥 面 饭 几 摇
安 噪 股 马 举 程 摇 要 的 本 中 摇 高 理 闲 特 幸

右手
朋友
的进展
展览
带来了
阳光灿烂的
迫使
修复
巨大
教堂
匆匆
抗拒
显著
无名指
无线电
的手指
信任
花蜜
水葱
在去年

Puzzle 583

领高摇镜的乐量飞虫息衬衫他野胶见素
最惧而释一邀后真选生主！遇滑损研坠
地图书子切优势龄滑因幸的情惨运输项
秀焕貌票鳍思究音能倍出色的亲后几北
许口乎行本下行地况醒磨士龄己主部极
承损专观。私高怖他情损安犹的好增余
担凑高家记本运不栗娱高优滑豫喜透明
他醒根车衬典人情肢延的他的活惨爱储
使出灵间的约源貌摇电底袋情特栅高备
瑞伊携撞梳试闲增性条私唤醒泽栏高梳
典降私标好平光。休部权察了活饭驴木
人磨幸题雨龄信增动部票信栗因袋滑野
回欲部根保高增研驱情有趣星动没有树
乐身遥区行幸素电最肉观草级灵惫稳克
瑞鳍便马书优落丁然透自区趣的眉填特

的一切
运输
标题
没有
唤醒
喜爱
磨损
承担
透明
瑞典人
星级
优势
使出
储备
栅栏
出色的
北极
犹豫
衬衫
专家

Puzzle 584

填的保树先邀遥因野不有雨赂自梳己军
培祖树了亲心之素花久最栗镜木野进人
自训眼快退心增自园苦某处香真衫口礼
几个焕存他出高本口量坠加栏从见邀己
平摇则梳龄生部高子新闻惫傲马而私蠕
飞雪虎情煲类惫本的建平子幸然复沙条
便肢栏貌他身遇滑子放骄快增情人漠不
小转自他草底老面秀蠕真>梁选主虑修
苍。栅宜护后鸡蛋了洗发草租迟遇增解
兰栗露伊型动日他虑情灾难的高摇小不
主袖毁祖部>试部地毯秘醋量试听镜数
心衬本释动人则来各直不父他而心介也
情安桥木的的老介人惧眉蛾树热摇掩乐
而增苦撞虎>号水热研程镜怖虑然盖子
之先部持飞子类型坠降高看特坠根介紧

灾难
洗发
进口
新闻
花园
小数
退出
不久
某处
军人
沙漠
几个
鸡蛋
因素
试听
小苍兰
各地
地毯
掩盖
培训

Puzzle 585

牙 齿 人 近 状 然 子 精 涉 肉 亮 稳 典 煲 噪 增 水
运 。 子 议 队 伍 了 雪 度 及 错 股 想 眼 增 的 雪
情 破 豆 雨 领 野 而 心 > 复 即 时 虑 驴 议 从 的
稻 雪 中 状 最 高 的 衡 下 有 眼 于 桌 远 午 餐 典
> 选 远 有 始 碰 好 醒 栗 况 过 貓 音 性 先 票 木
撞 树 考 基 终 成 趣 真 本 典 错 人 租 权 碰 坠 过
树 恢 母 平 直 毁 功 祖 桥 本 马 克 杯 遇 运 动 科
菊 花 鸡 面 票 约 貌 的 年 轻 摇 从 事 草 怖 的 学
类 窗 最 余 镜 事 生 环 趣 了 泽 接 受 查 充 貓 差
研 帘 亲 迟 ！ 桌 人 社 胶 子 约 型 凑 行 动 落 思
举 眉 约 许 了 损 护 继 磨 祖 顶 页 增 眉 肢 要 页
循 根 动 条 桌 摇 通 续 近 碰 先 里 人 秀 书 因 有
坠 人 项 上 规 携 豆 页 > 选 凑 宜 地 介 号 飞 排
典 机 填 木 数 倍 存 老 考 情 人 节 人 的 傲 排 项
不 见 自 衡 地 最 蠕 摇 放 滑 四 带 则 能 秘 思 皂

菊花
最高的
马克杯
成功的
母鸡
牙齿
队伍
始终
午餐
精度
继续
科学
年轻
情人节
涉及
窗帘
平面
运动
即时
接受

Puzzle 586

他 便 考 型 乐 有 则 协 得 行 秀 和 平 蠕 的 领 究
娱 露 驱 然 最 马 错 程 议 身 社 觉 士 周 情 也 状
貌 凑 人 毁 安 树 状 安 子 ， 考 亲 飞 稻 年 泽 介
的 先 信 雨 泽 亮 研 的 目 了 音 飞 休 貌 损 眉 木
平 好 后 喜 欲 叔 叔 专 噪 快 ！ 毁 社 瑞 项 请 雪
祖 碎 露 究 乎 人 解 业 心 放 严 量 重 眼 见 稳 直
惊 音 增 损 灵 高 傲 煲 书 过 重 飞 > 瑞 法 规 书
了 从 村 貌 循 光 平 均 底 循 人 司 机 行 摇 过 秘
虑 信 量 碰 乐 疲 摇 社 患 主 伊 闲 特 便 面 填 部
蛾 鳍 的 不 桌 源 数 真 者 作 有 第 一 闲 评 估 门
自 他 规 虑 之 木 邀 心 子 迟 克 有 里 租 克 眼 一
趣 的 到 处 雪 决 滑 貓 车 持 本 衬 梳 心 那 赂 二
真 地 肥 典 分 瑞 恐 自 桥 举 信 趣 权 貓 租 种 二
典 平 秘 远 转 椭 圆 形 充 村 主 光 亮 栗 型 复 。
类 木 趣 素 高 滑 面 肉 坠 惧 题 重 安 桥 皂 面 子

部门
协议
第一
平均
患者
司机
评估
作者
目的
一二二。
叔叔
那种
的专业
椭圆形
法规
严重
到处
主题
周年
和平

Puzzle 587

婚	礼	树	虎	衫	故	事	类	摇	损	的	情	部	典	排	地	拒
之	也	则	梁	私	障	热	老	虎	本	方	邀	疲	野	间	租	绝
树	瑞	得	人	车	摇	发	生	飞	得	向	惨	出	鸡	貓	能	粟
醋	典	有	恐	豆	通	乎	特	破	蛾	平	田	鼠	部	音	娱	查
解	错	最	伏	研	的	议	中	租	机	情	身	最	马	机	傲	欲
己	了	惫	考	顶	的	复	梳	袖	后	租	摇	野	循	坠	护	苏
惨	子	地	柔	傲	秘	批	乐	子	考	不	怖	不	书	的	拍	打
环	增	马	不	的	飞	发	判	量	持	惫	礼	犯	迟	他	摄	水
光	皂	保	考	的	根	带	蔻	信	稻	条	有	情	罪	心	社	的
赂	的	类	之	草	飞	饭	秘	心	通	车	益	醋	书	能	号	动
驴	虑	信	身	填	雨	秀	便	事	项	喜	持	过	坠	延	最	不
增	有	面	主	木	子	木	虫	乐	他	说	热	撞	木	醒	究	四
动	摇	年	特	异	性	的	宗	教	諾	皂	小	麦	回	驱	疲	桥
现	代	一	定	了	情	真	高	损	几	年	分	延	秘	回	得	增
选	机	私	乎	通	上	他	察	最	理	排	差	稻	信	信	伊	书

宗教
野鸡
小麦
特异性的
苏打水
婚礼
拒绝
拍摄
发生
的方向
的批判
老虎
犯罪
事项
故障
一定
有益
田鼠
小说
现代

Puzzle 588

树	程	运	驴	基	私	视	觉	民	觉	怖	循	充	觉	中	去	型
他	直	蛾	人	恨	仇	的	损	主	复	村	迟	心	充	袋	除	>
倍	而	护	高	柔	遥	上	教	失	保	肥	动	差	野	肥	肥	镜
桌	究	口	迟	几	建	醒	自	育	完	考	远	梁	上	述	领	想
遇	明	年	木	怖	己	人	疲	的	的	整	运	不	回	面	票	先
信	的	眉	底	基	秘	最	摇	泽	养	营	的	同	丁	破	动	远
杂	志	加	好	重	碰	数	傲	皂	衬	便	欲	的	坠	主	况	底
不	余	观	貓	惧	豆	运	查	宜	子	木	增	镜	虎	降	性	野
因	驱	袖	上	衣	心	毁	看	了	衡	优	秀	坠	貌	修	宜	光
票	人	驱	干	请	图	充	多	重	定	最	碰	欲	豆	人	余	有
马	选	中	扰	思	之	。	数	分	项	秀	摇	面	驱	赂	便	不
怖	年	断	桌	乃	也	好	虑	环	闲	饭	木	傲	安	来	主	肉
惫	克	努	力	碰	的	好	书	投	梳	保	的	转	邀	宜	题	他
出	类	木	摇	雪	虎	况	柔	入	蔻	虫	泽	傲	龄	老	,	光
磨	过	水	事	花	安	规	自	滑	>	肉	区	飞	望	人	里	惫

损失
完整的
多数
中断
投入
主题,
民主
上述
杂志
看了
干扰
不同的
的教育
的仇恨
雪花
上衣
去除
努力
明年
的营养

Puzzle 589

手 人 能 原 雪 基 动 源 理 镜 循 豆 举 想 栗 得 马

毁 提 携 谅 回 草 金 车 选 回 露 栗 源 延 研 存 的

来 乐 箱 见 复 甸 木 本 存 后 驼 鹿 放 迟 建 加 举

袖 怖 视 从 骄 而 因 焕 娱 定 余 疲 蟾 视 图 三 角

的 要 充 摇 乐 栅 也 间 惊 最 子 欲 蜍 况 乘 法 惫

因 球 虎 秀 水 壶 草 有 书 老 优 丁 野 静 雪 本 性

本 栏 员 袖 因 之 飞 研 携 来 下 私 自 野 秀 秘 信

眉 股 的 图 滑 部 根 定 噪 磨 桥 醋 露 研 惫 介 思

鳍 子 票 顶 部 遥 积 极 转 乃 趣 稻 理 口 坠 亲 错

稻 牙 电 增 增 乃 摇 镜 煲 便 飞 马 倍 股 定 不 >

发 医 貓 平 定 考 举 克 恢 蠕 息 优 看 稳 重 老 乃

护 特 后 欲 龄 议 袖 梁 秃 最 来 毁 了 运 蠕 滑 幸

他 究 保 心 袋 则 便 光 鹰 冲 击 欲 胶 透 邀 倍 书

观 热 图 本 显 着 自 的 热 试 飞 策 水 滑 讲 基 了

邀 动 蠕 环 约 特 增 能 近 上 礼 略 后 复 述 地 类

的球员
积极
回复
原谅
视图
乘法
基地
冲击
水壶
草甸
讲述
蟾蜍
基金
牙医
策略
手提箱
驼鹿
显着
秃鹰
三角

Puzzle 590

攻击
等待
阿姨
害羞
鹌鹑
森林
记录
丁香
青蛙
芹菜
出口
单独
手柄
类似的
玻璃
关键
回应
定居者
笑了
蜜蜂

飞 于 觉 撞 旋 趣 芹 菜 出 人 貓 直 看 摇 宜 便 于

乎 考 生 疲 口 回 存 动 图 口 滑 破 喜 疲 木 害 羞

素 笑 察 娱 租 醒 记 邀 性 木 皂 单 独 水 父 本 最

近 了 数 伊 得 豆 录 肉 胶 损 人 胶 生 延 增 状 查

增 坠 量 毁 的 碎 瑞 坠 怖 自 梁 后 来 树 类 乐 。

票 数 露 喜 摇 车 理 雪 栏 了 回 热 排 约 似 秀 衫

肥 坠 露 攻 青 蛙 租 定 阿 望 趣 议 鹌 马 的 平 破

研 口 直 便 击 娱 伏 居 观 姨 镜 毁 鹑 热 蠕 ！ 音

试 环 飞 马 摇 回 应 者 傲 先 乐 的 排 噪 音 丁 倍

究 丁 香 手 错 考 平 保 摇 复 龄 举 远 源 水 建 理

建 蔻 程 柄 的 不 类 坠 疲 遇 野 理 关 键 森 林 便

雪 了 介 幸 趣 玻 璃 特 平 等 待 他 乐 间 己 平 丁

的 项 摇 虑 量 真 增 从 迟 电 ！ 蜜 蜂 信 遇 野 究

衫 自 諾 动 遇 热 恢 试 趣 闲 情 也 碰 日 坠 秀 欲

水 四 本 决 信 持 存 图 动 则 见 飞 直 饭 约 中 自

Puzzle 591

衡	惨	理	绍	情	的	露	摇	>	凑	噪	摇	优	查	释	老	滑
准	不	喜	鼻	子	得	紧	灵	眼	部	存	研	的	理	的	安	信
备	沙	则	直	己	惫	傍	晚	。	栅	樱	自	领	自	士	项	秀
栏	发	情	本	部	况	衫	休	热	人	桃	理	票	亲	秀	镜	破
数	看	特	情	景	几	情	决	物	理	衫	考	碰	破	的	几	坠
技	图	信	热	场	傲	股	地	中	错	延	欲	村	虑	撞	>	车
况	巧	有	醋	的	领	带	得	建	灵	修	自	携	究	底	人	泽
权	乐	惨	老	低	电	面	人	携	先	甜	晚	子	好	肢	领	乐
的	遥	父	噪	较	影	转	自	保	的	蜜	些	马	雨	地	书	成
保	循	权	驴	音	噪	便	袖	袋	透	保	时	停	留	复	图	为
基	租	面	饭	亲	身	中	越	来	越	姥	候	下	蛾	幸	保	秀
撞	出	，	因	此	的	村	心	机	动	爷	和	举	考	摇	真	议
肉	部	机	身	便	究	典	介	他	平	乐	情	从	噪	复	眉	人
本	礼	高	透	桌	复	虫	諾	光	发	信	倍	过	骄	区	远	真
的	的	定	安	许	了	觉	面	蔻	的	上	身	解	间	答	发	根

姥爷
较低的
准备
技巧
的领带
物理
，因此
的场景
成为
地图
傍晚
樱桃
越来越
电影
甜蜜
晚些时候和
噪音
鼻子
停留
沙发

Puzzle 592

流行的
冰箱
安全
原因
平静
宏伟
百个
星期
动物
周到的
连接
女孩
依赖
唱歌
撤销
既不
大象
红色
自己
洽谈

毁	子	损	子	规	主	于	类	信	远	紧	疲	租	。	大	察	唱
快	型	野	貌	欲	平	静	心	部	！	焕	车	理	人	象	差	歌
祖	惨	野	眉	直	动	光	重	安	周	基	热	依	毁	！	不	热
介	书	野	请	保	余	闲	的	全	到	秀	撤	赖	私	木	远	安
欲	父	娱	蠕	租	视	排	水	余	的	傲	销	充	高	得	原	因
衡	露	票	栏	部	幸	老	研	摇	介	优	蔻	諾	携	桥	草	摇
记	记	露	研	觉	>	雨	试	见	动	能	村	分	自	存	过	则
女	孩	洽	谈	考	星	延	赂	书	透	物	桥	定	高	己	木	！
信	连	宏	伟	子	期	决	保	眉	然	过	建	修	便	了	驱	领
胶	接	冰	箱	基	安	本	素	既	素	子	私	流	行	的	虎	部
息	损	貓	碰	肉	破	转	雪	飞	不	木	有	保	皂	环	能	倍
几	真	本	程	坠	傲	保	惊	书	活	的	木	他	了	摇	疲	从
的	欲	错	部	升	毁	红	根	部	衡	肢	素	傲	面	研	欲	子
>	于	类	欲	的	身	色	顶	煲	复	礼	欲	增	心	书	噪	从
机	底	驴	之	虎	眼	秀	人	况	记	型	焕	滑	环	填	百	个

Puzzle 593

克循赛有环坠因龄领藏欲高衡规主持怖
人自跑乐娱理蔻条他红剥夺先选重直梁
息自自苦许镜后件议花生旋丁赂高恐携
记增驾惊地醒栗安虫定克的思思状说焕
察平车则定主的露排接排复热条丁，落
旋亲豆>平胺蛾而究近紧疲梦试然错下
车法循底而挥情驱乎兔邀请想配欲许的
根安律露究杆于股要疲子议趣对需要遥
摇成行衬伊香驴亲行领来页复村社携老
眉娱分运丁坠标记带撞袖况答心于士复
平情饭紧复面乃见优复有镜野保错事因
遥的实际有栗惨遇飞试从能梳便增灵有
记状秘四况瑞醋释自动雪的村决桌马的
他祖记桌身口携带不先球项豆貓思亲情
曾经丁镜蔻遇便克醋差不目中考于恢项

条件
雪球
兔子
的实际
挥杆
赛跑
曾经
需要
驾车
配对
接近
说，
梦想
成分
藏红花
的项目
法律
标记
邀请
剥夺

Puzzle 594

便携式
太阳镜
帐篷
突然的
心脏
橙色
统治者
的块
服从
紧张
先生
解释
漂亮
颜料
小心
大便
地理
便宜的
非常
达成一致

太阳镜便宜的书型鳍重衡活最帐领橙车
介突然的行项龄坠最便稳貓光篷心素色
蠕行复镜典携亲惨焕携恐信>地便脏四
自服草漂亮约情人貓式乎研考紧张人马
从从近信坠特损特衬视非趣镜娱木老分
达成一致肢礼父雪亮木常木先高则衫颜
解释行紧面小心基人研介光生觉虫回料
肥介怖通>村降>动摇思信饭地栅理自
娱自见自苦护人父老护坠况释存答便饭
磨面紧得情毁桌老考栅统自护记自考袖
延胺复动栗遥察便光过治醒部程况人解
携情降损页露信蛾介地者遇社源型露快
先的摇理镜光动后的理远程肉过马胺人
的撞光下区记惊焕过块大便存私灵情马
权桥肉木梳不衡乐降权许部静瑞稳邀老

Puzzle 595

虚镜观最租描述望因查昨情恐驱选的加
眉拟类栗许邀根安水了天私错动身排袖
的苦稻人的最气页>规最高惫私领尺的
图需话题村梁球自娱自乐建介人欲寸树
自领求飓风降恐蛾请降答亲龄肉记子试
露口>电延泽光>动父蘑高页发心他惧
几遇惫释根故快丁社便差菇部远平本热
丘比特不栅事况车有的小狗士亲中煲部
持快貓惧试虑老疲研一有马貓稻稳交融
那些毛放傲损放人平二况碰号出醋息最
况子巾也携人研傲修○情定露梳乐高升
绍增信坚貌雪社领情二行解携书顶桥泽
面蔻马果了肉桂放人动子增延心煲放亮
保諾介错记察升貌几况恐欲记热程飞灵
得>思龄本心惊碰足球煲遇热鳍遇飞闲

昨天
蘑菇
尺寸
的小狗
故事
那些
话题
虚拟
一二○二
的需求
丘比特
足球
肉桂
坚果
描述
毛巾
气球
交融
自娱自乐
飓风

Puzzle 596

面粉
商业的
一般
稀缺
蓝色的
停机坪
教室
操作
围栏
外国
导航
组合
最大
差异
说服
夏天的
晃晃悠悠
肥皂水
海葵
天空

增过坠乐。图稳数光自理过安肢放升紧
信亲特飞遥中最差桥亲父本日野视先绍
赂程选导航桌绍海异木遥灵围饭坠蠕好
透生本幸填程请葵量而动惊栏机饭保坠
天空股蛾闲貓动况己心说服幸主最修衡
能眼下从快眉思了丁商业的信组行的恐
面稻灵马区肥>请惊稀缺天色合人苦放
便数票损息肉蛾惧闲驴充夏决蓝一般便
桌趣请树士源趣车建怖本摇基状复桥究
凑过解研年最大心乃雪紧高里放亲醋介
面车子豆差亲桥肥条醋事运项号邀热坠
近页停约面粉教室皂晃晃悠悠煲重灵碎
信况机理高礼加碎栏水雪上克的状亲紧
究惫坪操作真延思得音生心露典蔻情本
克面野惊坠源肉邀外国记胶情栅私衬有

Puzzle 597

邀 恢 近 ！ 身 磨 情 镜 延 释 。 增 分 心 子 而 蔻
己 上 惫 的 况 升 袋 平 程 出 则 虎 复 焕 然 推 迟
肢 自 醒 搜 喜 充 心 秘 鳍 傲 的 摇 保 皮 稻 惨 租
存 加 察 索 欲 得 之 释 雨 子 时 虫 草 静 肤 确 有
降 情 喜 驴 增 醒 议 选 虎 木 候 的 结 果 坠 实 眼
快 议 口 乌 龟 得 安 察 的 野 然 增 木 不 露 好 马
梁 马 光 人 犀 答 事 有 礼 摇 过 栗 露 食 一 滴 袋
解 水 果 平 保 牛 合 部 分 苦 程 选 趣 用 的 教 训
雇 先 根 英 建 源 作 音 摇 复 中 龄 柔 肉 胶 静 破
最 因 本 寸 部 皂 伙 倍 卖 分 保 答 也 眉 梳 的 自
栅 灵 几 后 口 事 伴 致 家 数 基 紧 人 平 心 生 了
本 然 回 增 电 业 数 命 根 主 延 特 的 究 透 之 素
镜 休 的 损 紧 务 底 醒 稻 蛾 循 透 通 身 諾 衬 研
报 衫 最 稳 不 趣 透 查 野 傲 要 优 循 几 ！ 息 保
袖 告 议 上 觉 规 充 亮 根 醋 邀 部 动 透 苦 心 于

致命
犀牛
食用
卖家
过程中
的结果
搜索
的教训
的时候
报告
水果
确实
一滴
合作伙伴
皮肤
推迟
业务
乌龟
英寸
解雇

Puzzle 598

撞 性 欲 看 滑 欲 权 活 諾 好 爆 发 马 雨 父 野 想
得 驴 格 热 性 惫 从 通 存 秘 赂 典 运 眉 暴 好 想
乃 智 护 镜 中 通 热 里 。 排 成 部 老 凑 了 躁 列
虎 能 静 请 傲 复 趣 桌 蔻 邀 熟 周 二 秀 他 况 表
焕 息 的 离 开 休 人 光 子 乐 况 自 遇 龄 信 素 平
草 请 察 撞 马 光 梳 之 亲 惊 建 凑 分 坠 规 捕 释
之 > 马 基 瑞 项 社 音 恐 复 直 泽 桌 通 他 获 己
惊 便 坠 梳 状 丁 通 情 本 光 持 要 虑 降 基 之 苦
明 显 摧 毁 护 好 升 部 貓 老 疲 心 行 > 蚊 胶 的
替 代 电 子 书 息 落 镜 他 回 电 型 有 > 子 远 老
骄 不 便 老 书 于 况 桥 醋 填 票 乐 栅 底 恢 增 摇
心 更 马 修 虫 恐 露 麻 煲 方 根 恐 信 情 摇 期 望
龄 漂 惫 眼 遇 雨 饭 烦 特 面 碰 情 遥 赂 蠕 本 木
延 亮 持 热 的 视 线 通 财 政 事 光 不 撞 諾 倍 本
约 光 人 典 日 旋 中 心 凑 要 安 野 回 梳 趣 恢 克

明显
方面
中心
摧毁
期望
的视线
周二
更漂亮
暴躁
替代电子书
财政
列表
离开
捕获
智能
麻烦
性格
成熟
爆发
蚊子

Puzzle 599

复 宜 醒 图 生 数 秀 趣 便 闲 望 基 无 虫 升 私 也
马 批 ！ 便 考 裙 高 坠 坠 基 迟 余 形 ！ 自 保 解
自 口 处 平 喜 子 私 摇 权 疲 绍 毁 类 望 傲 父 息
衡 选 之 理 然 研 落 水 租 不 热 心 心 摇 趣 疲 快
延 豆 循 露 家 庭 理 最 梳 稳 雪 后 口 转 带 飞 有
基 好 存 决 好 野 怖 蠕 娱 定 温 察 充 究 见 息 醒
伏 思 答 特 本 袋 通 知 下 问 题 柔 露 几 衫 諾 蜘
幸 状 骄 摇 近 视 快 特 邀 泽 研 上 点 地 直 稻 蛛
滑 人 鳍 苦 肉 型 环 了 了 克 雨 持 带 因 雨 士 諾
生 权 址 地 报 纸 马 便 定 义 复 主 增 为 惨 伏 飞
底 豌 豆 面 灵 分 撞 有 四 察 便 带 肉 > 人 信 驱
子 疲 了 要 香 骄 栏 真 见 项 趣 不 项 约 諾 的 噪
想 平 飞 情 了 号 灵 权 相 功 率 本 质 轻 微 典 便
根 趣 数 于 活 露 增 了 书 肢 赂 保 紧 于 露 规 觉
胶 摇 观 雨 充 飞 建 动 行 携 则 建 的 惧 典 余 亮

露点
本质
温柔
地址
通知
真相
批处理
功率
家庭
轻微
不稳定
因为
豌豆
定义
问题
蜘蛛
无形
报纸
地面
裙子

Puzzle 600

导演
天鹅
机构
冷冻
展示
牙刷
政策
启动
孤独
最坏的
猫座
疲倦
公园
夹克
世纪
赶路
汉堡包
悲剧
调查
洞穴

坠 士 上 近 不 社 填 得 自 导 演 猫 座 启 泽 特 情
举 主 光 类 绍 况 机 醋 柔 高 加 碰 惨 动 孤 饭 许
增 遥 规 子 热 有 性 貓 见 子 赂 水 请 惫 独 放 栏
音 权 租 定 信 真 趣 租 撞 见 。 草 权 理 夹 克 亮
车 修 惨 伊 约 情 摇 桌 撞 自 型 心 社 驴 转 议 乐
碎 热 于 增 坠 增 摇 公 快 撞 理 降 有 惊 洞 穴 怖
了 汉 堡 包 冷 冻 旋 议 园 遥 祖 鳍 秀 许 亲 有 人
活 光 中 察 复 动 遇 坠 好 透 查 研 的 则 摇 秀 远
瑞 充 子 的 思 便 见 自 趣 约 疲 便 桌 决 衫 本 便
光 人 草 本 士 降 的 > 持 携 倦 口 安 邀 天 鹅 复
最 牙 刷 悲 增 醋 蔻 柔 伊 碰 要 邀 定 记 了 赶 路
坏 展 示 剧 里 型 带 趣 机 人 世 稻 自 考 乐 书 日
的 秀 高 蛾 貓 号 破 决 透 构 纪 分 肉 秀 口 惨 究
错 政 重 直 举 环 四 子 諾 复 运 面 邀 真 闲 车 机
调 查 策 而 数 息 胶 露 通 绍 撞 社 衫 平 动 然 伊

Puzzle 601

宜 私 几 下 马 便 马 眼 社 复 凑 请 落 车 匹 加 的

雪 最 磨 热 > 排 过 书 栏 栅 本 情 程 情 配 活 灵

看 周 性 股 摇 票 ！ 请 > 护 发 柔 答 他 顶 人 顶

饭 日 摇 护 不 股 过 求 他 醒 地 眉 而 衡 饭 私 喜

究 滑 己 约 转 保 之 休 行 四 数 透 步 夕 本 野 号

亲 因 解 邀 人 研 蠕 也 研 昂 贵 心 骤 阳 最 信 露

肉 社 > 衡 袖 顶 出 面 迟 吸 滑 面 坠 秘 人 条 这

静 信 泽 研 排 主 幸 乃 部 引 传 厨 虎 型 饭 滑 些

责 惨 肉 远 必 错 苦 栗 音 力 统 房 露 木 赂 平 凑

恐 任 公 鸡 要 柔 自 分 保 礼 差 认 亲 页 服 规 见

遥 观 马 虑 的 余 查 理 研 见 滑 破 为 的 务 先 撞

虎 碎 怖 心 稳 泽 马 论 领 伏 音 趣 毁 摇 部 惊 大

行 安 露 本 乐 观 栏 上 面 凑 领 律 镜 身 雇 社 厅

修 几 权 差 紧 碎 他 程 书 落 蠕 师 娱 士 士 用 不

行 许 焕 而 究 落 煲 树 面 惫 活 权 几 心 带 捕 捞

昂贵
认为
请求
匹配
周日
公鸡
责任
捕捞
夕阳
传统
步骤
律师
这些
吸引力
大厅
厨房
必要的
雇用
理论上
服务

Puzzle 602

木 放 能 区 看 焕 分 配 幸 票 南 便 四 来 胶 创 幸

貓 乎 貓 闲 秀 膝 类 亲 休 余 部 音 研 有 衬 建 四

骨 架 页 醋 心 的 盖 思 平 坠 事 子 栗 内 部 要 自

傲 加 驾 豆 研 农 场 主 肢 能 斑 点 底 考 视 的 从

木 特 驶 本 考 充 中 能 乐 遥 租 克 蔻 情 来 亲 雪

柠 檬 行 亲 的 机 会 考 坠 肉 苦 木 醋 皂 音 克 稻

醋 真 不 光 灵 生 物 学 镜 下 品 最 栗 请 真 典 信

本 梳 饭 蠕 查 肉 顶 的 及 其 种 恐 乐 票 亮 项 能

理 程 老 上 机 情 噪 典 后 落 趣 桌 自 类 状 解 欲

存 复 规 自 顶 噪 情 基 休 面 复 类 答 而 息 觉 转

稳 柠 性 便 选 试 的 了 生 衫 型 面 选 分 乎 赂 乃

惊 下 檬 稳 子 野 高 私 命 人 迟 雪 思 议 选 解 自

了 坠 丁 汁 硬 币 恐 不 之 怖 察 本 从 理 傲 鳍 性

究 雨 究 页 想 小 鸭 紧 基 虑 耳 过 便 欲 幸 露 直

根 据 士 傲 不 雨 行 露 修 事 雨 朵 驱 他 碰 秀 諾

小鸭
柠檬汁
生物学
的机会
骨架
内部
生命之
耳朵
驾驶
分配
根据
品种
及其
硬币
农场主
南部
创建
柠檬
膝盖
斑点

Puzzle 603

研 的 自 填 性 了 马 见 议 宜 本 电 驴 然 信 似 的
议 特 摇 摇 则 撞 面 侵 入 来 克 便 要 人 木 乎 本
保 通 虹 情 雪 票 面 煲 保 提 便 栅 虎 而 蛾 修 增
克 焕 膜 胶 己 惧 包 震 养 向 供 地 环 ！ 栏 解 迟
諾 丁 衫 静 典 先 亲 增 撼 日 试 碎 页 况 伊 坠 考
了 焕 惨 保 重 柔 遥 研 复 葵 滑 的 自 怖 树 保 礼
发 马 恐 保 马 貌 邀 情 感 的 况 乐 数 龄 惨 的 不
最 余 紧 虚 假 草 > 地 露 树 ！ 间 选 部 醒 想 不
信 凑 摇 源 貌 邻 趣 胶 生 增 长 情 皂 有 皂 肥 肉
得 举 避 免 栏 理 居 旋 平 灵 填 充 察 活 介 他 自
豆 人 最 虎 建 光 顶 > 醋 他 的 雨 镜 优 木 决 典
户 外 马 好 胶 急 人 发 礼 行 性 听 察 的 情 加 分
条 于 真 心 人 于 信 真 最 先 护 到 远 先 饭 人 试
而 研 来 蠕 貓 几 绍 平 升 前 袖 释 雪 优 惧 叫 着
肢 生 栏 通 自 看 稳 子 然 带 雨 父 貂 考 士 怖 填

保养
填充
侵入
先前
面包
邻居
震撼
情感的
虚假
听到
向日葵
增长
户外
虹膜
提供
避免
叫着
似乎
雪貂
急于

Puzzle 604

泥泞
区域
计算器
伤心
智慧
毛衣
已经
黄鼠狼
对不起
尽一份
水平
公共
招商引资
技术
最近
摇篮
较差
过去的
骄傲的
伴侣

发 招 木 伴 四 飞 部 信 究 摇 最 近 驴 排 出 最 面
祖 商 水 平 侣 马 填 循 ！ 选 篮 特 乃 骄 傲 的 桌
对 引 复 于 摇 伊 水 骄 观 子 素 皂 放 不 树 傲 区
不 资 柔 觉 尽 一 份 木 远 答 栅 亮 露 宜 子 过 域
起 > 肉 动 諾 衬 乎 增 觉 摇 心 紧 煲 。 真 去 香
面 飞 伏 票 理 远 有 领 倍 礼 毛 衣 况 肉 间 的 研
虑 看 计 租 活 蠕 车 放 回 充 票 于 的 票 从 虎 损
马 行 算 人 日 虑 部 热 丁 程 音 真 解 最 袖 几 袖
运 伤 器 自 落 里 毁 动 蔻 諾 基 了 的 摇 生 欲 动
智 心 降 解 豆 袋 动 动 类 已 经 基 得 坠 举 的 滑
慧 有 分 想 宜 自 热 查 较 ！ 克 。 虑 坠 的 亲 规
快 典 举 肉 环 四 虎 特 差 衡 程 傲 的 要 的 平 回
动 请 排 衡 研 情 黄 公 共 典 凑 电 理 考 也 乃 镜
部 部 量 泽 有 增 自 鼠 泥 泞 技 充 乐 便 傲 之 遥
理 有 虫 摇 顶 中 几 野 狼 栏 术 醒 延 要 修 情 通

Puzzle 605

迟 类 察 树 的 秀 他 型 回 諾 镜 条 条 开 约 豆 闲
惫 伏 池 塘 地 便 究 部 家 信 根 亲 视 始 高 面 四
旅 程 特 差 方 因 > 编 释 存 自 票 权 有 露 增 木
机 己 的 露 马 见 动 辑 草 于 欲 的 充 面 分 驴 龄
从 来 没 有 摇 梳 行 想 人 自 安 里 顿 光 野 衬 恐
人 情 真 的 蠢 愚 议 秀 滑 回 瑞 功 能 时 保 基 见
的 觉 ！ 鼻 坠 平 趣 便 护 虎 香 人 瑞 请 事 蛾 焕
查 信 动 子 车 升 入 热 人 图 循 考 充 保 性 香 煲
草 瑞 衡 部 凑 镜 邀 惨 然 而 消 河 马 水 循 性 自
欲 研 循 最 栗 量 几 衫 焕 存 然 息 到 达 肢 权 复
可 重 复 使 用 的 恐 增 他 人 眉 放 的 要 视 身 便
露 复 秘 恢 惨 里 里 驯 票 文 章 直 则 家 秀 趣 特
秀 生 柔 因 页 光 欲 鹿 的 近 的 亲 请 坠 乡 噪 心
音 己 的 行 坠 放 马 人 票 马 主 不 的 试 自 醋 亲
礼 增 肉 遇 磨 情 骄 > 疲 约 日 恐 磨 飞 后 乐 亲

池塘
的地方
可重复使用的
开始
消息
驯鹿
愚蠢的
功能
编辑
回家
旅程
文章
的家乡
的鼻子
从来没有
升入
顿时
河马
然而
到达

Puzzle 606

惊 邀 祖 橡 柔 建 情 分 真 的 了 带 最 量 书 图 摇
行 的 先 栅 皮 票 焕 高 计 雨 绍 来 别 自 栅 下 ！
马 子 眉 不 諾 擦 肉 骄 栗 算 活 亲 人 环 根 貌 秀
银 行 乎 貓 透 泽 坠 损 乃 的 机 票 衫 磨 。 过 后
蛾 虎 号 袋 口 热 理 豆 苦 宜 醋 木 约 租 瑞 增 増
试 皂 损 缺 乏 邀 元 年 父 饭 于 镜 素 丁 凑 好 乐
四 迟 怖 降 页 的 趣 来 列 系 几 充 栏 领 碎 的 马
乎 梁 礼 露 决 遇 得 灵 车 现 在 带 远 草 规 官 视
袋 试 面 好 页 电 举 他 栗 机 伊 信 乐 典 定 方 摇
恢 老 露 树 干 树 息 信 也 程 便 飞 高 放 情 驱 释
动 摇 号 野 遥 不 滑 通 坠 他 之 本 直 解 怖 透 休
绍 因 傲 乃 伏 得 亲 放 保 转 先 滑 中 煲 蔻 栅 落
情 士 察 权 约 了 蛾 宽 丁 移 里 袖 动 篮 破 坏 马
也 基 有 租 木 复 许 滑 类 理 柔 蔬 菜 球 秘 视 胶
量 栗 里 的 情 滑 之 马 类 遇 自 信 肉 根 焦 点 桥

列车
银行
现在
祖先
篮球
带来
计算机
树干
别人
转移
破坏
橡皮擦
的官方
元年
缺乏
蔬菜
系列
滑动
放宽
焦点

Puzzle 607

页图乐落考远胶类的碰灵赂光填牛虑信

自类乐滑领雪增年间滑状先机泽理莠的

諾携私亲出特望皂电复肢>循车论伏私

马草噪信肢血乐遇摇什么快望士旋根惊

理发最见镜鳍行星酸牛奶定面煲充睡眠

情数大车环里项权的怖蜗区光几士自本

子人声想栏考增人研娱牛肢考则价的亲

宜部决面胶蠕保信的部肉约理社值直撞

豆味道版驴雪音车现任预测动会转数息

恢醋的本热快不疲醒先理疲便醒部露木

的底地球稳车苦梳蠕损上亮规鸟啼亲！

醒见。几摇后木情袋型礼人议安特口的

议权邀最有之衡想租桥人焕泽梁修放发

摇赂分摇马中修规老傲地理雪错蠕同考

香过趣优而媒体日！光龄察理放之情填

光泽
出血
价值
媒体
行星
睡眠
什么
地球
牛莠
理论
大声
味道
同情
蜗牛
现任
酸牛奶
预测
版本
鸟啼
社会

Puzzle 608

坠人复噪灵之趣误长度保鳍驱建产生日

坠有旋栏记平复能差伊护肉顶究型型基

情来近旋驴心子图滑数不热领梳煲查木

摄像头邀加占生滑典马不栗碰电后马木

英里的健康毁据>士观蠕赂热鹦鹉压低

礼物乐状疲噪热草野回解灰的持加马静

遇分状欲释因程父降稳各尘揭微笑型毁

要典票循野保乃页过察种选示于的礼降

醒了平里灵数绍车绍温坠页图碎人通克

差信眉信直雪遇想权度静克雪恐摇士解

露稳衡心傲填便护飞计的这样思性倍典

瑞排情情热型发言权基透保几许！露宜

究动恢坠高胶最驴乎打乃自情摇的特豆

基泽桌错沙塔情不滑要招源蔻根瑞回复

便的肉迟运图紧他原子灵呼日填复携亲

打招呼
摄像头
礼物
这样
英里的
温度计
鹦鹉
误差
原子
长度
健康
沙塔
揭示
灰尘
占据
各种
压低
产生
发言权
微笑

Puzzle 609

的光苦领袖素马面间的心保图生栅木看
区袋中安直便不他差平人雨护心先性能
票驰滑飞号请泽几绍损精周三野最活议
恐名恐后不性的举转惫神表有延人眼要
豆子眼怕蔻定增的爷爷乐现书子活不驴
安损望蜗研眉基透有木思出定视型肢梳
苦难子规杆遇>自醒绍飞通解状上高虫
树生口父摇了碰幸木袋项>过喜远自租
摇衡不重部欲票乎衡制稻休闲雪肢的车
机释研余马老身木惫定的来觉乐电蠕自
先下望本升情觉得选建特光升约不本然
间转，而不是马头远见行肉考欲私介之
饭地苦恐木情梁发碰的急剧水约机有于
接收究源口研定眉虫况灵坠獭情长颈鹿
欲滑隐藏紧出。面究转降充趣的望人想

制定
，而不是
恐怕
精神
休闲
保护
苦难
头发
水獭
驰名
接收
觉得
蜗杆
表现
急剧
的爷爷
长颈鹿
隐藏
周三
自然

Puzzle 610

周长
拓展
工作
历史
植物
质量
小猫
谈到
逮捕
葡萄
借给
大胆
混合
傻瓜
插入
母亲
光荣
指标
脚蹼
书包

本信肥惊历史安车己指煲村图运谈到光
衡动木混考摇研周长标马遇闲身信工荣
复醒便合趣静护错飞分携行惧信撞作真
答马介看惫泽露带答傻人思区循回豆快
龄露远复区拓好摇磨放瓜权建想猫增决
请况根想情展从逮的摇。租股最建滑携
高子车答小猫葡捕活上驴加书优最复紧
息日过傲树后>萄露雪最豆栅插情煲灵
面动大胆稳息諾程书分不乎借入雪木遥
他老部的绍坠建马观趣水余给然行便本
活凑马栏心醋了乃有能苦举旋能规于静
究动衬惫信书包乐人图马远动身了建页
面上光本人鳍想理遥保理议赂介研梁老
子看他几苦胶答质直煲摇豆而最下脚领
休鳍焕植物热复携量出修水信母亲蹼闲

Puzzle 611

任务决究马諾桥秘通的赂近恐滑于头脑
的情定损网球灵特过任余选碰错滑程肉
平就眼桥察行虎条从何考惊自部肢举考
傲像动坠许好下之凑优遇察权邀准木镜
眉请则伊情自趣觉惫。事恢眉知则自信
想便袋息滑类年沙子分支研豆道修村保
平绍量项粗行平堡镜书发水本丁护落区
约过虎紧醒细马蠕本执破摇喜心的水程
先諾木凑貓许乐理摇行动书滑老理驴热
马瑞想磨私稳惧类保休票近碰眼桌自型
远驴领图源的设计迅定直情碎欲稻考焕
苦眼得光先能的坠息速蛾眉乃坠社建运
记碰活建祖惨票研疲面桌加赂延趣吸收
热试瑞蛾主子环有领人落研音长情没子
优息解前者果冻邀身欲>遇煲栏諾最事

网球
沙堡
头脑
前者
分支
没事
吸收
延长
就像
果冻
粗细
的任何
知道
准则
决定
紧凑
任务
执行
迅速
的设计

Puzzle 612

加动己木梳落！村特响应思宜不有添树
社雨心马回木股土耳其邀活的不衡加错
情口答柔桌理视日热的镜因舞便袖衡过
发股高理伊的书类人音举书蹈私延有闲
惫素子伊的数图木应乐理面四凑伊里审
票持介静的丁电区优该人理安高环书判
的情碰源不胶欺影快乐的人视便介雨飞
生定龄邀遥电余骗院稳。柔便克素野机
菜情程驴栗视发磨静野书本恢坠身镜的
项试查稳试携况建摇！携股的雨理有下
了野的恐紧出落入量便骄见本带直而疲
书亮存在保露美有信心情小弟弟衡雨他
惧后发摇证焕味衡增活行类增下惫破余
携了草苦部村自雪坠袖任最平素降因心
区衫幸量则克趣亲过的命飞也书饭考疲

保证
响应
美味
的音乐
有信心
小弟弟
电视
添加
快乐的
错过
落入
应该
审判
任命
土耳其
欺骗
电影院
的生菜
存在
的舞蹈

Puzzle 613

摇	私	情	了	子	摇	父	复	先	细	胞	目	恐	区	磨	觉	而
品	领	稻	息	而	亲	权	骄	机	的	醒	标	西	定	心	不	祖
产	携	活	休	透	袖	眼	模	木	真	丁	股	瓜	稻	热	露	见
的	信	间	乐	规	查	截	距	拟	欲	选	飞	答	老	况	喜	分
爸	栏	人	重	要	有	里	复	虎	乐	透	面	充	下	因	噪	貌
爸	高	兴	持	信	车	驴	社	泽	惊	有	视	瑞	基	子	人	信
上	息	建	收	集	喜	欢	平	时	于	有	乎	傲	毁	>	胶	举
恐	升	部	筑	园	步	热	树	疲	则	便	的	坠	。	增	第	十
摇	肢	怖	建	物	行	噪	稻	人	肉	复	绅	自	热	好	皂	思
激	烈	优	的	动	查	滑	破	间	究	胶	士	人	蛾	恢	子	焕
>	恐	肥	后	回	下	四	胶	记	貌	地	过	钢	复	况	稻	他
丁	透	平	飞	恐	克	怖	直	>	活	野	乐	笔	加	丁	木	平
。	恐	坠	水	摇	惫	了	的	赂	行	解	权	不	事	延	中	龄
落	桌	领	出	年	解	惫	迟	通	转	疲	见	部	建	事	的	远
外	部	得	远	不	恢	木	虑	增	护	袖	动	号	排	保	邀	自

平时
西瓜
截距
的绅士
激烈
细胞
收集
上升
第十
的产品
动物园
目标
的爸爸
钢笔
外部
建筑物
步行
高兴
模拟
喜欢

Puzzle 614

测量
论文
主人
艰难
巨大的
连续
的好处
自动
角色
在楼下
金丝雀
将来
菠菜
贤人
办法
经营
手臂
吃饭
重大
奇怪

经	饭	自	不	状	吃	将	底	特	便	野	驱	木	近	介	上	不
营	重	动	修	身	饭	来	贤	人	主	回	研	马	子	研	疲	泽
平	程	有	论	文	伊	察	决	休	租	复	醒	则	下	赂	视	驴
人	他	查	怖	木	人	理	人	里	衫	貓	情	平	木	领	口	决
！	惫	研	恢	直	自	回	测	手	重	光	生	碎	邀	艰	最	释
号	查	雨	坠	之	栗	动	量	臂	苦	大	马	议	研	难	傲	惧
貌	带	书	本	解	己	加	研	机	中	的	解	趣	行	野	雪	秘
丁	里	邀	分	鳍	毁	余	坠	父	碎	透	蔻	金	在	楼	下	巨
奇	怪	远	绍	想	得	通	则	快	顶	村	肥	丝	的	好	处	大
请	雨	菠	菜	心	修	碰	的	乐	四	虑	程	雀	建	。	回	的
望	活	>	木	眉	角	野	热	的	镜	考	便	>	复	主	究	连
的	怖	丁	降	胶	瑞	色	直	加	飞	飞	草	办	法	本	亮	续
来	况	最	野	灵	循	不	想	下	觉	！	型	环	生	傲	面	的
理	增	特	条	人	降	视	护	请	于	不	望	年	栗	己	介	动
諾	发	研	下	里	摇	乐	程	情	观	绍	面	坠	滑	排	栗	思

Puzzle 615

部平乐升望高议马肢有承认仁慈的伏水

回眼迟稳木滑图自书礼皂日雪口秘自本

栏镜幸无聊技龄遥自貌控程橇己思看本

循徽子类泽香艺自介情制来面眉马傲面

人章动的也直人好丁研租喜先袋眉香延

增光看举子虎优解本休心秘承地諾近介

信乐情迟本行生驱此处发射诺桌能袖得

肉错私觉底不困电租权见一次性滑信饭

持飞几间行性难胶骄骄自高充地看鹿有

木衬骄奇的人马喜磨有究项请足试野便

恐龄野迹于老驴页然倍的坠情最的水醋

本草了>复恐程貌己骄的女儿世界考闲

谢天谢地心滑转想欲有驱光虑栅特究乐

阳的增地面答性欲特转露顶能领醋信增

望光释况飞间的不下理况了！研领衬草

困难
的女儿
发射
技艺
充足的
承诺
奇迹
仁慈的
无聊
此处
有礼貌
控制
雪橇
徽章
承认
一次性
阳光
世界
谢天谢地
鹿野

Puzzle 616

视觉
浓缩
的行为
笔记本
衣柜
职业
早晨
草莓
苦差事
摩托车
辉煌
的研究
香肠
首富
蓝铃
达到
动机
通常
学校
维护

休身日图趣书为行的放摇蓝铃不通镜泽

紧袋考也首自车几研露通遥研肉回常毁

优祖高的富动降便究保条领增的透持页

人礼觉肉镜野祖雨祖本笔记本草滑幸学

日护能延信马怖落人股毁也倍许私而校

面见老焕解研许摩根特己>面平泽快伊

浓了瑞修图决草托摇解破来许虑自究香

缩噪机木恐光趣车热苦差事伏真直近迟

发辉信型觉虫典蛾人趣！梳机维护携遥

规煌型几充滑野香延早热视便复好答保

桥信职业过动凑摇人晨撞觉眉心的平究

复保区降人乐机类号有事幸望过肢研镜

草莓程请信保毁他香肠重息保情恐出趣

父的摇保衣租好伏能面情达亲疲信性研

了磨己香飞柜页然摇中不到通水究直究

Puzzle 617

确 定 水 摇 亲 欲 袖 虫 怖 静 惨 图 要 余 自 四 怪
赂 而 波 香 。 一 年 摇 醋 草 排 坠 栗 有 由 落 物
滑 情 恢 雪 饭 亮 胶 查 保 蛾 摇 娱 答 近 格 式 能
木 议 答 装 延 奥 秘 图 区 社 号 鱿 鱼 量 醒 自 根
闲 丁 便 配 胶 究 虫 安 碎 响 警 察 高 便 研 过 胶
虑 察 磨 面 木 油 漆 自 宁 情 亮 克 马 皂 保 眼 四
野 休 地 特 衬 坠 取 决 于 解 傲 增 野 信 好 号 醒
排 恐 项 怖 请 错 定 观 丁 泽 透 饭 动 草 顶 里 最
理 高 自 类 秘 ！ 高 部 远 梳 份 欣 然 通 携 ！ 平
最 子 绝 磨 绍 肥 丁 之 通 源 额 皂 情 平 近 摇 本
方 露 望 间 得 绍 木 先 的 伊 惧 四 欲 肥 碰 生 木
有 式 的 车 亲 部 日 口 来 充 放 破 趣 亲 蠕 本 转
选 带 伊 胶 的 子 乎 素 肉 因 。 父 雨 子 余 瑞 究
老 出 心 书 秀 遇 栗 的 休 近 蔻 撞 也 飞 士 循 的
摇 可 以 源 碰 情 自 眼 事 而 虑 规 快 权 飞 文 本

装配
油漆
一年
鱿鱼
可以
怪物
欣然
文本
份额
确定
响亮
水波
自由
奥秘
绝望的
警察
取决于
方式
格式
安宁

Puzzle 618

狮子
发动机
观察
改善
的情侣
出现
监测
机关
音乐
海绵
王子
系统
市中心
独奏
英语
山羊
支出
降雨
劳动
焕发

稳 自 邀 顶 底 解 持 独 不 身 士 肢 最 桌 填 请 特
规 便 改 源 损 观 草 票 奏 许 肉 音 乐 的 平 约 考
排 究 善 持 身 宜 降 身 回 权 市 支 出 增 中 坠 英
雪 要 量 迟 雪 龄 王 子 于 释 饭 中 稳 举 焕 发 语
票 而 旋 灵 情 好 地 权 源 看 劳 动 心 子 理 不 蠕
基 顶 绍 秀 年 乐 理 特 破 平 信 日 环 马 便 摇 野
遥 倍 建 木 柔 。 乎 觉 租 惫 疲 况 老 环 损 选 自
思 赂 直 喜 监 四 研 型 肉 貓 亲 情 能 倍 便 远 老
不 高 碰 也 得 测 坠 闲 諾 事 闲 海 绵 的 他 喜 迟
程 加 过 醋 系 统 恐 出 现 查 行 领 然 情 信 快 山
机 关 放 镜 秀 了 的 娱 约 人 降 雨 灵 侣 带 便 羊
动 眉 克 饭 型 子 醋 士 龄 保 的 狮 子 电 私 马 子
发 倍 虑 木 介 了 马 飞 想 静 试 面 自 机 面 理 生
乐 复 充 苦 观 察 部 旋 平 查 遇 建 木 况 便 瑞 考
坠 记 口 远 携 乎 环 稻 落 野 焕 源 貓 恢 书 坠 解

Puzzle 619

他	电	环	蛾	马	桌	复	年	底	重	焕	觉	票	乐	皂	飞	试
碰	话	姐	姐	衬	于	后	摇	人	分	介	灵	主	持	的	热	底
一	起	过	素	来	觉	源	眼	也	祖	况	错	底	旋	本	检	测
素	通	羊	肉	来	坠	眼	镜	皂	社	身	袋	绽	况	觉	惫	坠
毁	伊	的	密	集	心	平	图	其	热	本	瑞	放	亲	自	试	动
怖	雨	伤	情	行	最	幸	福	他	麋	祖	高	兴	间	栗	乎	亲
亲	中	害	风	险	业	焕	状	滑	鹿	王	室	惧	趣	面	程	木
平	自	愿	楼	余	人	情	子	私	醒	坠	项	之	木	图	情	树
围	墙	摇	马	梯	摇	心	趣	顶	他	转	书	伏	有	心	带	便
信	息	保	貓	梁	来	肥	信	带	记	乃	恐	复	循	摇	蔻	諾
不	究	貌	亲	查	人	于	飞	马	部	增	紧	木	循	>	衡	光
肉	建	傲	諾	马	的	己	惫	摇	秀	子	惊	通	保	面	排	己
雪	信	宜	理	高	基	栗	记	信	肢	号	的	见	人	租	程	项
虎	分	票	特	好	桥	最	要	要	觉	想	信	加	坠	旋	动	便
根	眉	伏	的	理	梁	惊	的	>	木	灵	眉	貓	降	望	生	信

的伤害
信息
风险
姐姐
围墙
王室
自愿
绽放
检测
最幸福
楼梯
密集
电话
兴趣
一起
其他
羊肉
亲自
行业
麋鹿

Puzzle 620

时间
政府
表达
古董
肉类
肯定
婴儿
参与者
雪上
否定
外观
授权
无意义的
吊着
尤其是
称为
频繁的
民俗
星期五
自在

邀	携	先	持	滑	皂	摇	丁	而	民	雪	上	无	表	面	后	摇
差	不	滑	了	心	祖	豆	特	桌	也	俗	填	意	达	解	飞	自
称	肉	类	树	部	中	毁	否	定	口	股	增	义	授	权	外	观
日	为	驱	便	带	想	人	情	人	乐	婴	高	的	礼	平	灵	喜
吊	着	的	惊	祖	主	遇	蛾	豆	饭	！	儿	繁	稳	坠	老	欲
的	醋	出	>	人	古	董	便	优	草	毁	音	频	秘	条	数	肉
错	保	露	柔	焕	人	欲	下	保	增	衫	车	他	野	年	滑	源
社	基	>	租	考	生	充	人	信	而	答	平	觉	尤	其	是	不
转	状	肯	定	理	香	士	参	与	者	项	马	蔻	思	光	情	肢
条	考	的	介	平	惊	优	复	类	视	自	觉	复	煲	条	疲	惧
平	试	的	心	碎	研	本	面	快	研	惨	况	马	带	车	号	焕
恐	胶	根	时	闲	地	便	衡	热	稳	带	子	类	>	政	府	典
镜	高	趣	间	情	木	惧	增	车	秀	请	马	他	电	不	环	衫
信	灵	亮	自	在	量	保	热	龄	透	滑	恐	从	>	驴	祖	伏
水	真	雨	眼	恐	野	望	草	虑	自	信	光	星	期	五	从	信

Puzzle 621

息 的 最 保 人 的 修 香 梁 光 休 素 行 村 梁 蠕 便
恢 发 自 态 亲 子 夂 口 遥 加 想 貓 野 虎 趣 状 碎
娱 音 蠕 度 怖 醒 伊 灵 存 有 请 发 生 龄 股 而 毁
乐 自 根 部 心 况 循 直 票 看 程 电 栅 修 缩 噪 动
便 黄 资 格 自 的 人 袋 镜 图 下 泽 增 议 写 车 貌
趣 油 瑞 惊 小 理 他 介 信 提 交 海 日 事 一 分 钱
乐 想 破 胶 子 看 欲 摇 损 的 视 远 洋 实 乐 得 皂
视 袋 恐 迟 型 驱 自 请 自 复 的 见 考 了 上 望 研
中 碰 的 上 升 虑 摇 骄 四 然 素 通 项 苦 休 地 肉
便 能 从 主 书 面 疲 快 摇 滚 趣 碎 栅 凑 的 医 疗
机 闲 镜 自 趣 子 情 递 惨 父 本 作 己 规 了 草 细
素 买 入 指 望 心 欲 趣 根 修 介 转 家 亲 生 恢 节
生 真 桌 地 的 况 信 日 恢 自 页 热 野 稻 趣 士 噪
维 产 意 自 胶 焕 私 木 选 怖 遥 面 间 情 运 查 落
循 衫 见 条 饭 绍 梁 快 人 皂 间 苦 不 介 放 条 填

海洋
医疗
提交
的发音
细节
小子
摇滚
快递
事实
指望
黄油
生产
维生素
买入
态度
作家
资格
意见
缩写
一分钱

Puzzle 622

刺猬
脖子
感觉
生菜
季度
野兔
独立性
剪刀
资源
面包车
骨折
阵风
的生日
亮点
认识
参加
免费
更新
总线
女人

刺 猬 年 动 恐 动 排 区 子 蔻 紧 电 更 娱 季 考 衬
坠 醋 直 损 貌 于 绍 > 放 感 觉 的 记 新 度 复 解
余 菜 坠 生 諾 马 想 喜 来 真 灵 凑 本 剪 回 皂 定
的 生 日 升 先 骨 女 复 惧 定 动 噪 透 刀 下 肉 理
鳍 持 阵 查 他 折 人 升 安 面 肢 息 程 快 伏 带 信
情 间 破 风 免 事 高 栗 亲 包 豆 发 乐 见 自 要 转
秀 苦 遇 便 费 过 蠕 资 不 车 祖 亮 摇 型 娱 喜 优
不 蛾 邀 领 况 心 桥 源 恐 转 排 怖 豆 的 蛾 乐 总
私 梳 桌 肉 之 有 车 类 欲 口 亲 研 皂 草 倍 参 线
秘 镜 权 下 于 查 木 士 木 己 礼 究 型 碰 信 加 肢
损 秀 脖 亮 点 摇 闲 决 思 保 页 请 破 心 貌 安 安
理 滑 活 子 情 分 独 息 肥 安 的 幸 破 落 请 错 租
草 凑 从 股 号 士 立 的 好 欲 虎 看 页 丁 得 项 基
马 领 保 来 电 书 性 恐 休 动 静 稳 因 心 试 认 优
> 性 龄 降 有 娱 破 回 差 本 号 基 野 兔 况 识 填

Puzzle 623

选	野	恢	醋	上	号	部	动	碰	便	填	竞	争	连	事	采	购
发	热	露	骄	面	摇	紧	也	飞	子	察	自	理	持	拍	用	买
上	望	赂	面	复	蠕	股	光	礼	近	理	人	延	傲	旋	然	栅
远	他	考	遥	老	苦	想	木	作	画	怖	桥	宜	乃	>	股	观
地	舞	白	色	区	草	蛾	坠	眼	类	过	蠕	露	桌	斑	马	程
怖	成	台	驴	坠	项	衡	幸	加	肉	伊	摇	不	坠	草	特	增
建	年	发	选	乎	>	请	区	的	人	性	骄	量	坠	往	秘	子
热	娱	自	稻	己	号	领	先	自	稳	看	迟	举	的	往	基	闲
范	压	力	的	遥	醋	磨	便	凑	乐	镜	毁	本	定	底	子	领
雪	围	不	互	马	中	坠	源	便	抽	瑞	况	书	秀	观	栏	车
面	稻	内	动	宠	物	游	灵	特	屉	基	喜	驱	热	填	根	优
幸	复	本	皂	亲	。	戏	建	面	树	近	肉	检	露	社	行	苦
身	鳍	议	热	项	的	衬	飞	栗	撞	从	定	查	碎	携	乐	绍
动	理	子	木	光	部	恢	有	乃	惫	社	滑	中	春	保	傲	邀
底	灵	图	回	规	究	复	高	坠	息	碎	雪	损	天	，	但	动

斑马
连拍
检查中
舞台
游戏
春天
竞争
购买
宠物
白色
恢复
的互动
压力
范围内
往往
，但
作画
抽屉
采用
成年

Puzzle 624

月球
词汇
全球
循环
军事
很多
流体
恩爱
复杂的
的邮件
学习
能力
表面
牛仔
祝贺
黄色
大专
比较
防止
当然

型	貌	顶	平	军	！	大	黄	色	袖	程	快	肉	遇	保	傲	光
决	建	肉	间	灵	事	专	月	球	口	出	胶	分	行	得	也	热
见	子	护	礼	要	股	苦	稳	全	怖	平	自	复	绍	恐	复	雪
情	生	状	当	绍	袋	之	乎	的	虎	父	苦	基	衬	加	亲	流
心	动	伏	然	草	鳍	学	肉	龄	秘	虫	醋	发	行	猫	！	体
解	余	平	试	存	雪	量	习	苦	马	心	柔	丁	近	能	看	苦
书	后	自	事	先	素	条	牛	仔	考	肢	碎	租	自	保	领	摇
虑	年	几	察	虑	错	碰	心	他	议	环	护	心	最	防	止	老
视	滑	思	滑	性	乐	书	考	本	灵	自	请	自	安	根	动	保
草	安	理	议	通	他	词	汇	根	平	股	娱	情	遇	他	恢	有
号	查	件	肢	查	肥	摇	倍	答	村	表	增	填	则	不	雨	不
循	环	邮	定	情	股	怖	电	近	保	面	惧	栏	祝	高	高	欲
复	杂	的	恩	爱	桌	记	能	力	秘	行	过	不	撞	贺	信	龄
子	皂	想	滑	想	信	机	规	草	士	出	了	本	很	议	面	村
复	决	祖	肢	毁	旋	携	活	延	持	顶	比	较	多	顶	木	重

Puzzle 625

人 充 袖 神 过 举 秀 热 泽 怖 保 乐 存 ！ 理 喜 马

衫 考 降 秘 下 松 鼠 袋 护 记 遇 发 惨 肉 后 类 人

阴 天 之 租 顶 破 撞 桥 出 蛾 增 虫 心 先 来 思 便

祖 秘 瑞 > 余 怖 滑 差 自 图 鳍 究 丁 配 备 公 试

数 放 蛾 年 之 复 邀 远 延 携 理 傲 考 底 则 乐 司

温 地 后 考 信 落 要 过 幸 煲 条 因 木 行 人 图 究

领 文 复 建 醒 虫 近 循 肉 书 后 梳 年 视 人 释 他

面 股 尔 立 亮 则 摇 本 电 人 基 介 然 保 远 栏 介

亲 差 磨 雅 老 想 决 源 不 规 则 延 口 袋 过 己 直

冬 青 村 蠕 稻 好 通 保 的 工 作 人 员 行 坐 在 决

煲 驱 图 要 书 中 奇 保 坠 考 趣 选 型 怖 虑 自 排

保 瑞 加 信 近 亮 程 类 建 保 袖 乐 紧 性 他 皂 稻

自 信 快 祖 的 紧 胶 保 主 亲 究 磨 焕 马 程 坠 里

办 公 桌 收 藏 型 滑 电 信 管 理 摇 栅 图 近 父 赂

大 师 的 稳 乐 想 情 型 四 加 水 滑 镜 观 充 满 好

充满
大师
后来
好奇
建立
温文尔雅
的工作人员
神秘
口袋
公司
冬青
坐在
袋鼠
配备
不规则
收藏
阴天
松鼠
管理
办公桌

Puzzle 626

完美的
危机
支持
画笔
公式
忠诚
坚固
判决
一声
分子
习惯
长期
程序
人像
老鼠
蜥蜴
扭动
成功
每只
相拥

闲 举 相 拥 野 想 的 > 蔻 透 因 伏 损 。 分 心 焕

要 转 条 安 带 活 父 雨 错 自 近 秀 基 性 子 栅 摇

马 信 村 香 社 光 己 放 真 休 部 建 镜 自 远 撞 水

父 直 乐 程 望 柔 驴 休 龄 的 灵 长 老 鼠 信 释 了

信 看 静 序 趣 四 静 公 人 快 判 决 期 坚 固 ！ 最

想 醒 究 也 。 望 不 式 紧 高 疲 思 不 栅 充 持 重

运 克 每 议 人 幸 蜥 紧 情 亲 乃 香 諾 优 父 复 諾

出 情 只 人 醒 根 蜴 忠 想 损 衬 礼 页 摇 肉 木 人

决 察 领 坠 高 直 惨 诚 排 图 习 伊 动 醒 傲 瑞 怖

灵 蛾 定 桌 之 稳 鳍 礼 究 观 惯 能 飞 平 也 转 。

重 自 ！ 雪 典 支 持 人 貌 碎 扭 况 动 面 能 煲 野

马 秀 苦 一 骄 克 的 约 像 填 动 区 存 高 因 磨 的

完 美 的 声 秀 虫 桥 他 梳 动 画 笔 肉 危 机 过 事

成 主 生 梳 根 地 衬 摇 存 怖 日 试 摇 试 基 过 社

出 功 光 噪 音 好 见 龄 下 马 的 野 便 损 的 灵 克

Puzzle 627

>	自	区	的	权	卫	生	部	图	梁	改	太	复	建	音	携	亮
鳍	循	规	蹈	矩	根	放	岸	最	赂	革	阳	余	过	能	恐	最
子	情	数	得	饭	飞	栗	上	然	赂	考	諾	快	存	肥	滑	权
亲	醒	得	的	野	真	真	增	。	便	部	间	转	乐	的	醒	答
状	桌	的	不	有	研	放	心	地	士	热	数	人	号	飞	眼	明
走	凑	！	恐	排	皂	放	秀	里	安	情	面	设	有	学	马	天
了	邀	諾	虑	高	察	>	野	乃	循	身	有	动	子	的	术	数
口	碰	衫	出	度	惫	桥	荒	树	他	子	肉	！	马	音	梳	损
>	音	电	部	了	！	欲	的	回	乐	安	亲	苦	错	出	>	赂
多	次	有	差	加	项	蛾	内	排	的	己	情	有	鳍	议	伊	祖
肉	豆	蔻	艺	术	人	热	容	亮	规	祖	放	镜	的	电	延	伏
滑	虫	源	放	究	旗	而	动	破	不	驴	动	坠	定	制	的	于
能	然	解	的	了	标	事	蠕	之	衡	心	的	动	觉	村	惧	股
几	心	增	草	决	趣	鼠	本	尖	碎	护	自	毁	香	本	要	决
号	露	号	克	而	分	年	型	马	叫	人	宜	水	赂	碰	究	护

设有
旗标
循规蹈矩
尖叫
改革
太阳
走了
放心地
多次
高度
艺术
岸上
的内容
卫生
的荒野
鼠标
肉豆蔻
学术
明天
定制的

Puzzle 628

袖	飞	碰	秀	部	飞	输	老	苦	栗	摇	有	年	行	见	的	因
高	諾	伊	自	乃	的	入	余	持	子	环	坠	乎	下	驴	自	便
也	子	之	研	不	车	加	考	定	！	貓	望	伊	了	子	马	后
降	惧	赂	木	升	野	袖	特	虑	许	有	梁	亮	热	了	复	木
电	落	回	父	滑	摇	马	苦	宜	可	填	循	闲	碰	规	特	活
恐	自	不	子	己	皂	坠	亲	梳	身	滑	冰	损	遇	实	车	边
子	栗	足	主	心	信	真	息	口	远	延	袋	栏	行	了	现	缘
惫	复	租	发	护	他	有	蠕	个	别	发	保	自	灵	父	旋	研
父	己	携	貓	便	存	降	休	便	情	排	图	估	凑	旋	下	肥
生	程	自	了	的	存	惧	近	露	年	邀	顶	好	计	克	便	栏
化	妆	动	词	手	目	前	恐	望	滑	素	底	眼	望	面	惫	乐
书	复	持	人	表	加	宜	乐	信	惫	梁	子	记	不	野	秀	雪
过	究	后	特	反	过	来	下	出	下	思	落	心	快	摇	驱	男
发	证	明	典	胶	绘	后	滑	定	番	循	介	肥	虫	面	思	性
错	高	视	平	排	画	项	有	本	茄	蠕	典	的	页	惫	人	闲

边缘
实现
输入
加入
估计
不足
的手表
滑冰
绘画
考虑
证明
许可
栗子
男性
化妆
目前
个别
番茄
动词
反过来

Puzzle 629

逐扶部持密典余性幸有释苦光典带转页
渐手不理光封雪磨驱坠旋柔灵型諾回究
复椅举豆信虎息透闲类车凑车不乃貌子
损己好雨顶衡情衬人欲行他的好最人解
磨量闲>考日牛胶不虑生醋东泽带护雨
惫雪草况特远奶私儿子娱主西性了眼本
奶释总统优规伏坠后磨乐快面查撞口遇
酪图乎根行喜凑分然复理的有用两边恐
状环蛾自差上日香马栗子理滑得人欲子
露自礼存不煤炭露梳出增雨私复复协助
他恐民焕自建饭私醒机人灵活野镜最肉
欲泄族豆遥类有村木冰会快胶通票答虫
本漏电疲貌例外视旋柱宜，紧性欲便分
桌雪摇电梳凑静理请破香人入情于惊通
间议磨人日有而望雪最！源摇口草回他

煤炭
入口
协助
民族
冰柱
典型
最好的
两边
密封
的有用
牛奶
的东西
儿子
扶手椅
总统
逐渐
例外
泄漏
奶酪
机会，

Puzzle 630

声明
经验
遭受
棉花
菠萝
判定
电动
参加的
动作
周期
经常
道歉
远征
消失
眼睛
拳击
菜花
访问
晚上
萝卜

灵蛾远面自真声举视驱介定醋遭访衬重
经建克梳他作疲明放特萝机棉受问亲驴
栏验面驴电动型闲错护卜貓花条看观镜
消失娱落子肉镜衡老来不复数况自过秘
则乐秘宜娱规便信安豆拳理雪车察乐的
木欲升树便过！醋野分分击自查梳得几
加近类周期趣克乃的先破观噪迟栏骄摇
衬諾碰况露想重优页>心股栅分见口心
要驴焕考望>高灵延行摇的底滑虑瑞选
参因想循菜晚近有龄放皂子高的眼惧部
加肉撞权花上平释休鳍马四活祖睛视道
的菠灵重驱碎衡损好快心衬紧经判定歉
循萝安释转循快能下因分赂延常露于远
究修便安心区眉焕肉护加磨便不亲>征
动稻的条程机情！心修他四日思于士携

Puzzle 631

虎 趣 木 保 几 心 坠 树 成 衬 然 了 行 反 四 休 息
举 木 特 滑 复 滑 自 安 龄 长 则 领 解 向 惫 宜 图
驴 恢 警 报 瑞 持 袋 升 机 记 复 秀 恢 草 几 根 娱
中 亮 虎 于 类 心 树 考 热 能 于 本 来 肉 决 情 风
面 好 噪 错 错 肢 加 近 释 热 自 便 娱 优 牙 膏 窗
的 草 项 人 ！ 真 最 直 静 增 人 乐 地 闲 娱 状 紧
产 损 闲 亲 下 乐 疲 页 鲜 少 数 热 放 口 页 举 撞
品 稻 修 观 田 秘 本 之 花 释 情 安 便 察 解 胶 水
遥 肢 热 于 径 能 摇 考 远 远 马 皂 增 地 试 然 看
约 虑 人 生 先 决 延 木 护 约 桥 人 諾 情 不 回 稻
村 骨 头 修 改 排 几 素 建 高 特 摇 有 伊 息 试 情
携 露 摇 袋 疲 带 饭 的 电 醋 口 雪 程 幸 眉 特 殊
转 复 心 骄 看 倍 泽 间 光 部 梳 之 环 运 稻 面 释
升 心 远 祖 尝 丁 保 的 雪 胶 他 前 饭 摇 草 秘 真
虎 然 遇 号 活 试 骄 的 雪 况 袖 口 木 想 人 个 的

警报
田径
鲜花
成长
的个人
风窗
之前
稻草人
少数
反向
胶水
了解
尝试
修改
特殊
骨头
产品
幸运
牙膏
休息

Puzzle 632

夫人
风筝
，动物
天气
逃生
陪审团
建议
的羊
周六
的热带
正式
披萨
人口
纠结
的欢迎
可移植
设计
年龄
美国
去年

喜 热 惨 驴 可 的 恐 休 携 复 祖 礼 飞 香 正 式 >
设 苦 分 栗 移 填 规 邀 虑 本 木 野 特 带 研 父 骄
票 计 天 气 植 亮 答 粱 纠 分 况 树 试 。 　 美 国
典 存 木 年 龄 煲 放 不 结 股 周 六 思 根 来 四 虫
区 龄 性 去 观 特 马 雪 区 迎 驴 答 查 倍 升 研 思
碰 增 从 眉 息 底 蔻 马 自 欢 趣 根 好 木 从 泽 镜
项 来 决 而 得 介 碰 之 安 的 高 眉 镜 毁 丁 灵 下
欲 见 下 直 邀 生 乎 镜 秘 热 了 心 典 子 能 祖 的
不 己 底 真 树 了 发 皂 的 带 人 夫 议 蛾 项 源 建
车 雪 延 答 他 桌 息 回 羊 根 口 恐 灵 遇 木 行 通
摇 袖 村 貌 遥 典 人 傲 ， 动 物 保 修 逃 的 页 草
回 风 邀 瑞 镜 损 则 马 披 循 桥 坠 转 生 撞 趣 最
惊 坠 筝 息 高 灵 觉 人 车 萨 观 建 议 要 虑 马 惨
理 人 > 恐 有 镜 生 特 而 项 因 欲 虎 选 丁 木 饭
稳 日 几 赂 肉 陪 审 团 特 肥 磨 类 人 身 真 肢 页

Puzzle 633

试亲六第肢疲之好野的车动镜乃分来视
几项幸车三分露闲生热摇得的后亲愿>
书近亮露落个整他滑真野镜领眉趣恐望
雨欲子讨论程醋驱不正上惨酒后社根机
信自虫携规子摇奖水动生保考高而放区
人携亮。水生的金加则噪因祖发性虎填
倍休观聚降无状灵议平重热最事傲究栏
望后瑞研焦效锄研他活状量稻然要桌！
伊决恢平也肢头便股动幸书复数四灵肉
试数定心远面存带女性餐厅不蔻错乐选
图了地源排选旋衫选焕村特趣思欲赂驴
好能活生分想象的好丁面究状蛾之约之
紧滑坠特携时思马负责摇自惫貌源适电
的马眉惧袋间得分思饭热有请諾书当人
木碰克事不表亲毁本修驱心伊私自饭驱

适当
讨论
奖金
整个
愿望
活动
第六
得分
锄头
女性
负责
真正
酒后
野生
聚焦
想象
时间表
餐厅
第三个
无效

Puzzle 634

袋通主自议水飞蔻素撞伏本虎建亲眼撞
摇粉红色性程研年部洪复护他肥伊的举
带保滑高峰议醋水号水远仅秀恢究事旋
栅雪骄另一个甲惫差虑担心仅的地情后
几眉约野摇朝虫栅私本试子转主答衡要
便的自复趣着胶部遇肉鳍降降分得信间
增理胶复考音想马露有降上迁移心图携
口恐数主丁性了活转驴伟村里村他研心
得的子袖年的撞情的举大高护>情远豆
定情底光柔惊的特傲事的约介肥的秘研
稻恢先存人碎马通坠面件醒研出之欲权
四惫碰桥子要果领驴余主究主租损究衬
心雨携优研分汁惨傲足要保转车望底观
许人活书己介本因的乃够西了行兔子天
答融化而量图栏也记于肉部落自图情建

迁移
的事件
足够
果汁
出租车
甲虫
仅仅
伟大的
主要
融化
兔子天
高峰
粉红色
西部
的事情
另一个
洪水
担心
自行车
朝着

Puzzle 635

绍 伊 的 试 心 后 特 之 生 结 婚 约 于 人 来 息 查
的 书 父 子 噪 老 贸 易 温 增 乐 袖 摇 龄 宽 坠 源
顶 热 规 则 不 复 磁 思 水 亲 几 喜 灵 修 幅 虫 情
祖 重 股 了 间 栅 看 带 树 了 工 具 思 顶 带 貌 欲
肉 遥 的 疲 带 几 降 远 莓 野 下 电 源 带 镜 护 的
望 镜 飞 顶 身 远 条 口 最 宜 保 计 貓 煲 选 情 遇
祖 灵 则 能 曲 线 飞 怖 研 士 发 算 之 试 栗 理 量
礼 想 梁 先 卷 性 水 之 理 保 伊 野 胶 人 保 车 的
坠 差 下 能 倍 闲 建 栏 海 滩 喜 科 祖 型 欲 规 摇
秋 季 。 子 心 貓 丁 防 公 民 毁 休 学 最 的 身 领
保 ！ 损 情 惧 人 况 卫 试 不 约 远 官 家 鞋 。 间
肉 保 蔻 毁 项 香 视 宜 自 选 他 貌 欲 员 他 发 乐
根 的 回 持 肉 过 邀 豆 自 里 片 段 泽 动 野 醋 不
复 错 早 餐 娱 得 惫 透 情 衡 降 的 中 解 > 的 修
！ 信 自 观 余 子 梁 疲 日 恐 思 况 父 的 木 的 心

结婚
海滩
贸易
的鞋
公民
防卫
计算
早餐
曲线
秋季。
片段
官员
工具
科学家
磁带
温水
规则
树莓
宽幅
卷曲

Puzzle 636

行 来 重 栏 傲 泡 摇 人 有 奶 远 遥 袖 复 柳 保 香
撞 旋 进 行 几 打 豆 饭 镜 子 油 肢 滑 灵 叶 存 蕉
察 梳 环 镜 老 粉 树 下 保 眉 心 遥 高 趣 素 摇 类
子 地 子 羊 毛 栗 图 之 则 数 饭 便 父 性 间 骄 选
光 考 。 怖 自 凑 底 解 通 中 静 面 。 特 柔 间 驴
他 的 定 心 他 镜 自 己 人 方 向 况 存 升 释 虫 察
碰 兄 市 场 衡 未 先 得 延 礼 马 皂 规 人 自 最 思
获 弟 肥 人 貌 票 能 真 究 部 绍 克 机 ！ 便 撞 鳍
得 五 个 护 信 克 乐 灵 惨 书 自 研 惨 镜 况 驴 怖
本 马 亲 趣 发 。 里 来 复 眉 约 动 自 典 喜 社 瑞
他 肉 木 充 观 人 虎 真 租 子 觉 日 选 近 余 差 人
素 好 热 书 心 桥 梁 草 秘 木 察 首 行 复 察 高 循
洗 摇 议 衡 复 有 人 过 遥 恢 雪 机 都 趣 增 便 ，
涤 木 类 领 复 年 车 优 摇 发 来 坠 紧 滑 草 迟 除
！ 毁 心 紧 乐 雪 特 情 直 保 栅 > 大 量 坠 出 了

获得
的兄弟
保存
方向
未能
泡打粉
羊毛
首都
大量
五个
进行
奶油
柳叶
定的
洗涤
香蕉
市场
桥梁
，除了
镜子

Puzzle 637

票 欲 理 机 倍 里 条 然 不 坠 邀 于 胶 护 諾 快 之
定 焕 喜 会 机 中 礼 服 > 衬 的 恐 惧 惧 典 源 碰
傲 咖 来 过 人 日 究 后 不 蠕 好 重 的 真 平 风 复
事 啡 便 士 底 近 真 然 柔 遇 友 虎 马 碎 高 条 格
秀 父 祖 基 > 乐 过 瑞 遇 息 循 镜 护 有 老 望 恐
噪 迟 举 摇 重 本 底 充 的 亲 邀 查 旋 回 坠 面 面
释 况 肢 解 豆 透 增 苦 动 领 余 进 找 坠 蔻 地 衬
远 保 远 煲 修 息 摇 欲 眉 本 怖 一 序 列 则 安 衡
虫 礼 貓 飞 人 真 遥 究 快 绍 醋 步 平 便 解 木 答
更 好 的 他 理 许 社 趣 乐 辣 椒 几 信 究 情 研 乃
错 从 回 的 过 野 的 胶 定 出 动 条 惊 面 规 复 人
闲 的 页 马 蛾 几 透 肥 考 远 升 的 人 虎 请 循 人
的 简 单 人 滑 不 乐 不 类 的 出 回 宜 喜 草 士 本
磨 秀 社 区 证 包 礼 介 考 远 饭 热 他 木 角 落 的
自 高 肉 眉 据 子 子 自 议 信 电 动 之 高 带 落 灵

礼服
进一步
社区
咖啡
的恐惧
更好的
便士
查找
友好的
快乐
风格
他的
角落
机会
包子
证据
序列
辣椒
乐趣
的简单

Puzzle 638

事 图 乐 考 马 绍 举 坠 桌 活 他 最 思 选 追 娱 镜
热 容 忍 虑 丁 来 答 发 下 页 面 清 晰 书 求 桥 亲
试 柔 噪 。 合 真 便 之 也 欲 的 保 飞 龄 而 决 升
远 而 水 牛 格 人 释 灵 的 鳍 举 瑞 克 柔 飞 请 想
音 乐 摇 增 焕 子 考 紧 老 区 亲 飞 视 充 伊 安 不
情 鳍 约 树 坠 柔 号 车 信 蠕 释 素 增 觉 有 衫 他
选 理 差 破 驱 便 热 梁 特 自 克 人 平 建 建 之 桥
只 量 自 柔 滑 损 余 肉 马 便 试 土 地 伏 顶 旋 远
是 来 因 口 摇 便 可 心 信 便 虫 号 底 胶 驱 栗 欲
考 理 赂 落 口 社 爱 规 社 之 人 不 蜈 袋 村 镜 社
察 四 动 邀 蚂 蚁 的 袋 中 栗 外 遇 图 蚣 落 焕 凑
幸 高 灵 桥 宜 中 们 雨 议 坠 信 子 远 答 户 喜 选
破 四 撞 动 四 升 他 车 亮 咆 错 子 亮 考 保 想 肥
安 绍 栗 思 醋 排 模 式 先 哮 不 虑 农 惧 验 情 思
信 镜 柔 而 图 的 释 父 结 果 醒 的 场 蓬 松 安 转

农场
蚂蚁
土地
柔滑
只是
考验
落户
结果
容忍
蜈蚣
追求
可爱的
水牛
模式
合格
蓬松
清晰
咆哮
他们的
之外

Puzzle 639

鳍 肉 破 热 研 特 从 迟 欲 木 类 损 余 秀 药 典 的
皂 复 里 错 自 紧 领 遥 周 不 似 衫 循 区 物 几 特
极 限 有 动 光 凑 灵 量 一 水 激 发 四 行 为 大 家
高 的 趣 自 数 据 便 程 坠 香 芹 本 许 惫 香 破 亲
保 理 的 乐 要 电 有 部 驴 重 得 望 填 领 源 村 迟
租 稳 的 倍 瑞 煲 镜 增 快 肉 醋 肉 先 试 袖 有 人
数 疏 散 社 带 老 坠 社 子 动 人 近 人 能 理 试 苦
礼 重 看 不 马 类 栏 部 错 复 动 况 保 情 几 瑞 的
护 增 而 蔻 有 煲 地 擦 香 苦 蛾 循 恐 保 木 蠕 年
差 思 袋 露 想 袋 决 状 洗 出 碰 过 的 特 征 柔 重
护 士 错 惫 股 平 车 差 动 袖 泽 况 里 宝 宝 错 息
素 主 误 权 有 灵 树 约 答 欲 底 项 目 雪 权 于 热
察 飞 图 回 降 本 亲 远 諾 远 柔 您 领 交 毁 遇 人
有 乎 特 运 子 出 四 梳 木 面 重 选 碰 易 木 观 电
增 车 紧 坠 諾 坠 存 龄 諾 信 先 择 顶 高 源 后 损

错误
行为
领袖
水芹
周一
项目
护士
类似
擦洗
疏散
您选择
交易
激发
有趣的
大家
宝宝
特征
极限
数据
药物

Puzzle 640

闲 本 来 走 理 定 高 恢 型 子 迟 底 望 便 型 因 本
篱 乐 祖 廊 紧 今 觉 蜡 > 可 栗 音 露 定 人 心 四
笆 充 书 余 急 晚 惊 查 烛 怕 围 巾 高 袖 情 本 灵
伏 肢 最 的 先 请 心 则 毁 的 笑 可 特 便 了 惫 直
情 状 转 滑 豆 肉 鳍 秀 木 草 噪 疲 人 袖 > 情 社
恐 机 从 过 举 栗 克 不 克 特 镜 底 心 研 倍 諾 试
惊 带 木 自 肉 龄 了 静 人 飞 落 自 情 平 子 他 间
撞 根 行 知 识 柔 源 > 建 持 保 肉 解 况 循 胶 惫
私 营 状 态 之 典 貌 音 究 马 颈 保 部 日 远 栅 出
研 填 不 后 股 栏 飞 上 諾 飞 部 延 迟 > 口 肢 几
噪 语 言 糖 明 亮 马 行 动 页 亲 况 坠 热 释 冰 不
选 根 恐 息 果 紧 而 动 灵 活 便 解 源 倍 子 宜 霜
护 坠 紧 错 之 有 衣 摇 闲 加 书 视 余 不 马 亮 环
路 径 页 股 的 恐 服 惫 解 试 排 驱 老 音 约 眼 疲
静 疲 携 事 秘 傲 观 也 号 存 研 士 飞 光 决 了 活

可笑的
知识
篱笆
状态
路径
紧急
颈部
私营
蜡烛
今晚
延迟
围巾
语言
衣服
走廊
冰霜
灵活
明亮
糖果
可怕的

Puzzle 641

摇 安 委 眉 租 则 倍 光 热 过 雨 增 过 惨 驴 泽 则

骄 事 要 员 怖 时 刻 察 乐 鳍 赂 运 察 导 向 驴 的

复 肥 图 来 会 皱 纹 香 电 丁 。 不 举 查 。 醒 视

娱 欲 观 邀 高 信 可 自 爸 查 部 行 心 雪 热 皂 转

后 ， 况 类 不 热 亲 可 醒 爸 记 野 好 循 飞 克 趣

活 雪 他 高 记 得 士 伏 况 项 得 人 飞 觉 子 行 图

面 灵 小 子 豆 里 特 汽 顶 充 理 了 保 页 透 答 野

真 充 型 乐 重 日 虫 油 奶 奶 来 衫 栅 合 作 绍 肥

部 四 栗 望 活 北 情 桥 复 私 栗 电 平 滑 余 。 页

马 部 区 木 欲 方 亲 的 的 惫 要 权 桌 要 肉 间 平

了 趣 动 骄 生 平 苹 音 最 蠕 口 地 貌 号 马 基 绍

湿 气 驴 快 便 欲 果 介 后 护 规 余 出 自 便 野 野

究 娱 袋 热 男 孩 察 蛾 桥 考 不 保 木 自 情 坠 复

决 情 摇 奇 怪 的 则 部 信 露 护 旋 游 他 究 梳 乐

焕 运 身 尽 管 皂 觉 不 镜 于 社 介 泳 落 父 树 望

委员会
最后
时刻
汽油
苹果
记得
奇怪的
导向
奶奶
可可
尽管
湿气
游泳
爸爸
小型
合作
北方
后,
皱纹
男孩

Puzzle 642

的茶壶
联邦
图像
引进
结石
治疗
账户
的希望
绝对
追逐
小马
再见
痛苦
手机
打击
的演员
微小的
谷仓
闪耀
慷慨

增 从 修 间 音 醒 的 老 秀 情 肢 热 结 石 复 木 自

快 伊 于 追 逐 慷 茶 复 保 定 父 了 恐 图 像 闪 耀

雨 小 的 平 租 慨 壶 骄 镜 > 持 眉 趣 自 则 落 情

滑 马 过 本 社 栗 程 建 摇 望 他 微 露 信 痛 苦 差

机 人 许 建 根 试 加 日 赂 平 希 小 灵 打 飞 年 毁

坠 蠕 毁 桌 权 乃 动 蛾 绝 对 考 的 好 不 击 决 分

建 本 煲 账 户 了 能 页 木 不 摇 平 究 士 手 机 真

他 虑 几 信 建 图 碰 机 解 书 己 电 饭 自 项 梁 栅

修 通 瑞 香 肉 袖 绍 自 他 考 环 从 况 飞 有 绍 部

条 木 填 木 损 柔 领 热 乃 镜 填 丁 望 部 稻 观 行

之 下 幸 有 饭 諾 远 典 程 况 了 的 便 高 治 父 摇

察 谷 焕 眉 木 复 音 人 的 年 状 引 光 释 素 疗 延

草 仓 有 面 饭 惫 肥 介 演 父 驴 进 他 己 观 自 定

恐 乃 惊 见 修 人 联 邦 员 主 肉 龄 再 见 伏 碰 后

重 选 之 落 焕 子 亲 栅 乐 娱 年 建 基 发 子 转 桌

Puzzle 643

分实了身摇研见动磨蛾紧欲肢后底虎快

面践桌虫韭答动平各私！自飞便秀瑞得

遥素的定快菜书觉方醒不透平的过发娱

栏灵露发升！泽察数胶放增本极桌布毁

乎袖电人面的諾升！衡考心豆其平眉眉

答礼己口号栏开空量错本择选通袖口口

惧休肉底看到存启间旋面保举转胶保本

研考便排考绍见权分回摇静便>状蔻研

自损不上他疲打父母损貌摇放木社礼四

>心解远本远破分木权活稻父状究自毁

查动梁树地热乐有雨胶驴面眼源加坠试

机私远中能的本根栗书约蠕生光通丁乎

了的娱放够静子排本记子顶年桌便今租

了增自护木士理滑完全顾客超越页天解

考回疲加试而栗选两个自自先情看复根

实践
书记
今天
韭菜
顾客
完全
本地
选择
打破
能够
开启
分母
发布
超越
极其
选举
空间
两个
看到
各方

Puzzle 644

障碍
的谈话
奏请
国家
的重要
后续
花费
解决方案
苍蝇
明星
特权
的作用
词汇表
第七
的人才
狼狼
国王
反映
火鸡
赢了

心间恐紧来放喜坠号丁降野平性老要素

伏秘本余乃赂驴他得栗马袋生旋雨亲的

镜醋保绍趣噪栏衫摇观记衬乐马状飞思

底究的社口决倍遥子眼桥己赢娱泽迟稻

行滑草克子摇第七词汇表狼运了间研自

解决方案苍蝇得老要傲面摇狼毁机书飞

护镜赂便见本人幸重肥底！惨草倍保出

肉区部书环源障惊的优的破底马动典能

家反光部心状碍典作火谈栅袖苦他本源

国映有稳趣数坠袋用鸡话快稳项子动年

王特木栅喜花费遥究喜典错觉雨特情热

便中乐秀信事性摇释股平人光发权地灵

高透行类发心护延豆破电理热虎欲观旋

研亮通见介雨后续奏试平子先图子介延

的人才项行权趣有皂请考乐露保明星介

Puzzle 645

马 增 遇 农 况 然 蛾 减 顶 子 他 降 量 迟 考 情 礼
柔 滑 諾 民 噪 木 电 部 少 带 高 灵 先 试 凑 则 子
部 底 理 定 的 于 口 平 最 肢 礼 上 豆 理 第 二 乎
特 自 祖 见 底 特 宜 解 存 安 行 啤 理 马 镜 填 面
不 项 礼 村 近 他 的 口 约 栏 最 酒 心 海 拔 增 亮
苦 休 平 自 灵 许 许 新 泽 望 汽 车 旅 馆 剧 场 子
柔 四 复 升 图 人 建 拘 的 镜 虫 柔 遇 建 权 延 衫
信 梁 骄 柔 片 批 判 捕 府 保 他 克 野 虑 木 士 权
本 > 了 身 惫 考 欲 请 政 联 理 伊 人 高 不 乐 。
惨 肥 请 不 老 娱 恐 动 自 合 行 冰 雹 破 息 露 过
灵 飞 凑 諾 思 动 很 好 的 收 的 野 充 秀 驴 降 焕
倍 发 觉 也 不 能 面 事 定 割 凑 惨 衬 活 的 摇 面
通 自 快 下 保 香 转 撞 心 机 绍 不 当 理 动 桌 子
惧 口 区 。 身 菜 勺 想 选 票 得 眉 高 乐 栗 情 桌
书 蛋 糕 间 年 远 透 子 衫 的 心 解 丁 护 龄 观 优

冰雹
蛋糕
香菜
啤酒
第二
不当
很好的
汽车旅馆
农民
新的
海拔
剧场
批判
联合收割机
减少
勺子
政府的
拘捕
图片
也不能

Puzzle 646

排出
洋葱
牛奶中
骑自行车
经济
基本
公布
勇敢
喷泉
分发
铅笔
酒吧
轿跑车
语音
正是
有利
持续时间
时候
时钟
蔓延

底 乐 乐 鳍 怖 程 傲 号 秀 洋 有 本 复 动 分 紧 分
错 雨 音 地 酒 有 勇 乐 雪 亲 葱 最 面 考 发 间 光
基 况 究 马 过 吧 敢 眉 树 权 几 释 部 铅 衡 坠 坠
事 安 恐 伊 项 蛾 想 心 权 乐 绍 究 项 笔 蠕 增 机
皂 源 豆 惧 栏 究 好 瑞 余 摇 雨 的 他 牛 语 程 下
信 定 之 貓 欲 滑 旋 蔻 通 木 存 程 权 奶 音 遥 高
安 饭 高 优 好 来 碎 娱 顶 增 研 子 眼 中 远 身 理
焕 环 则 研 究 透 股 娱 过 桌 带 高 礼 轿 请 想 >
情 滑 最 摇 权 充 研 撞 究 复 面 自 倍 跑 从 从 修
的 自 袖 欲 伊 间 袋 父 有 利 要 本 皂 车 坠 票 蔓
平 于 有 充 。 真 休 口 鳍 地 子 桌 持 续 时 间 延
基 恐 露 优 好 透 露 况 乎 许 心 > 正 候 桥 木 透
闲 地 介 考 议 村 情 优 动 本 图 根 是 时 钟 的 循
眼 考 野 闲 私 环 克 基 错 公 惧 袋 经 济 究 幸 摇
绍 动 骑 自 行 车 喷 泉 本 布 定 娱 权 数 排 出 皂

Puzzle 647

击 暴 的 画 笔 子 有 地 研 人 紧 研 撞 要 本 紧 绍

败 力 貌 闲 携 典 复 野 究 他 口 蔻 喜 飞 噪 情 远

自 租 繁 忙 的 许 亲 议 答 生 根 丁 便 宜 野 遇 伏

好 过 稳 人 摇 充 幸 的 觉 镜 士 梁 村 口 延 除 外

处 考 能 过 优 安 通 平 还 请 活 究 的 许 发 梁 肢

疲 面 旋 回 摇 高 坠 心 原 具 体 栗 撕 裂 回 欲 摇

惊 灵 定 光 惫 亮 稻 露 车 亲 村 趣 驴 研 权 泽 胶

几 股 泽 平 惊 错 解 票 破 伏 四 解 鳍 放 容 易 页

决 便 也 迟 性 乎 情 增 怖 平 个 人 见 貌 挑 战 股

野 灵 分 加 升 质 欲 蔻 滑 遇 煲 坠 情 因 社 喜 持

面 衬 根 股 解 许 礼 的 动 衡 伊 安 复 通 伏 祖 建

指 的 桥 究 疲 的 带 坠 优 赂 从 祖 数 自 灵 降 便

自 甲 紧 型 怖 车 碎 人 于 根 源 环 量 源 特 社 茶

当 前 本 子 解 中 研 趣 破 书 皂 谨 地 貌 衬 高 壶

！ 究 驴 露 类 坠 驱 放 养 情 伊 底 慎 光 虎 的 赂

研究
放养
击败
挑战
茶壶
性质
暴力
个人
的画笔
数量
除外
谨慎
具体
撕裂
繁忙
好处
当前
还原
指甲
容易

Puzzle 648

伏 ， 的 坠 得 肉 壁 炉 肥 心 根 觉 相 意 图 行 延

究 镜 也 祖 保 草 迟 地 眼 旋 建 则 关 苦 己 灵 分

滑 车 保 没 要 噪 东 部 一 直 谈 话 娃 镜 要 主 龄

醒 动 雪 礼 有 升 护 面 胶 查 惊 情 娃 镜 的 持 倍

见 热 人 豆 驱 素 源 孩 傲 野 娱 静 况 型 快 先 有

典 圆 蠕 通 型 计 划 子 介 量 运 基 鳍 页 梳 因 雨

举 柱 过 出 差 桥 日 规 有 幸 秀 心 皂 秘 摇 挽 坠

局 倾 斜 得 充 本 冲 出 错 遥 剩 余 。 查 蠕 留 程

里 限 妖 存 本 野 突 娱 的 看 惨 后 思 加 情 的 好

远 乐 精 乐 运 地 木 特 选 运 秘 觉 看 紧 下 得 光

人 加 环 任 摇 草 议 倍 恢 信 苦 碎 瑞 迟 稳 到 摇

撞 直 邀 释 何 余 动 转 过 不 热 遥 亲 骄 人 错 的

项 毁 苦 坠 村 老 本 息 捍 磨 重 衫 最 乐 热 破 焕

好 权 镜 后 排 柔 梳 破 卫 重 面 肢 便 肉 见 宜 伊

也 欲 股 号 领 基 则 类 怖 苦 充 饭 子 不 复 肥 思

谈话
娃娃
计划
一直
挽留
东部
相关
妖精
意图
孩子
冲突
剩余
捍卫
，也没有
壁炉
任何
局限
得到
圆柱
倾斜

Puzzle 649

赂 股 栗 喜 远 喜 请 乐 程 凑 约 他 发 自 自 尖 光

实 私 选 货 信 行 音 心 栅 惫 照 片 妻 子 转 尖 透

> 验 保 车 柔 究 高 肢 宜 热 股 生 骄 馆 旅 的 自

亲 年 的 大 部 分 安 带 袖 过 不 电 醋 记 乐 貌 木

静 便 息 部 望 了 乐 型 恢 发 貓 过 木 数 延 礼 野

栗 最 答 骄 紧 号 理 充 基 乐 龄 规 音 肢 秘 出 得

乐 的 特 摇 绍 回 受 孕 ！ 理 驴 马 行 之 之 的 则

分 > 特 研 心 人 素 的 旋 平 修 信 快 幸 龄 理 的

面 回 存 欲 增 觉 事 着 急 有 车 树 驴 试 复 究 研

察 草 之 家 老 肢 重 本 西 树 环 栏 根 鳍 行 填 不

貌 木 饭 具 充 肥 煲 重 红 俏 记 区 惨 可 栅 ！ 而

失 己 过 信 租 树 的 法 柿 皮 之 衫 龄 见 恐 撞 先

栏 去 生 车 保 绍 此 院 苦 考 修 伊 噪 的 底 部 龄

远 欲 了 信 中 透 句 。 加 扑 狭 有 转 持 请 野 研

定 性 保 桌 研 项 见 填 面 通 隘 上 乐 滑 过 他 倍

可见的
货车
照片
扑通
尖尖的
大部分
着急
家具
此句
失去了
西红柿
底部
狭隘
法院
不过
妻子
受孕
俏皮
的旅馆
实验

Puzzle 650

进入
运气
程度
灰色
战争
警告
有时
实际
土豆
西兰花
赛季
海雀
双亲
博物馆
背后
见面
希望
武士
首脑会议
醒来的

驱 顶 破 武 背 醒 来 的 破 草 子 根 程 从 从 虫 而

希 望 撞 士 后 怖 乐 领 则 ！ 理 的 领 中 机 碎 运

光 虫 安 理 信 性 木 草 袋 通 滑 息 究 坠 双 程 气

不 解 理 秘 间 衫 社 衫 基 礼 性 秀 煲 自 亲 度 肢

息 口 父 信 迟 带 桥 恐 亲 答 豆 警 透 的 眉 噪 平

子 降 煲 飞 见 面 也 恐 复 特 自 告 主 究 蔻 中 发

树 赛 损 赂 源 究 土 举 热 坠 部 灰 色 不 活 增 通

驴 季 子 的 西 高 决 豆 马 欲 子 典 情 生 许 木 觉

亲 伊 放 息 兰 蛾 望 有 不 生 乐 实 际 凑 修 研 释

息 见 的 肥 花 书 差 存 时 数 根 要 首 乎 观 因 里

本 肢 海 损 查 伏 滑 素 战 木 焕 心 恐 脑 栅 票 迟

栏 护 雀 存 然 博 子 见 争 龄 伏 眉 碎 人 会 观 最

股 肉 不 的 柔 物 存 泽 平 类 特 先 瑞 树 然 议 恐

草 旋 龄 惊 规 馆 顶 肢 定 票 香 带 情 人 的 性 坠

身 灵 平 直 进 入 得 里 答 摇 请 领 然 马 倍 豆 的

Puzzle 651

望肉秀最保素定差动源得部栅灵差摇书
娱秀缤纷镜复释介>电研地伏乐通他煲
破栗惨己不见龄间袖研有的的行研眉有
持乐焕马从的愿望有近乐排了干諾来运
秘便放马真紧紧观人主约理木电净地特
惫惫保最复的动情本情结构修研的蛾毁
觉解高出马亲惫口土狼考傲驴私乐增也
马察思树己伏骄解试不欲放滑情绍鳍柳
复复！复之貌碰便表明采访摇特马行絮
考疲邀书马机>摇飞雪苦摇胶情左遇村
主最木最见发行男子乐露>错梁腿乃程
热丁运滑骄面缓雨柔桌雨秘等于父位置
梁技木包裹袖解复成本直自分龄桥母煲
试租工碰撞坠子肢热数日心护望伏怖绍
他有存恐息露任何人坠瑞填亲稳出赂柔

父母
男子
左腿
采访
有望
成本
等于
的干净
碰撞
位置
包裹
任何人
技工
表明
柳絮
土狼
结构
缤纷
缓解
的愿望

Puzzle 652

。乎蛾定创造典柔栅建数有特梳于人他
得饮欲解则之惊他桌排亲护摇邀丁不最
降料书出于龄有视马欲乐近生肉秘子许
坠持增高镜的乃视>书明怖喜社升顶号
自木透掩人木人的祖露星检讨举想的父
存身间四盖乃信落的丁有栅乐凑醋柔乐
驱修租定肉伊亲考仇树欲他虑来记类木
惧最则息许特自顶恨音保心信乐动信别
的女儿己味食用部灵本乐心状乐趣里衬
技术而考道伊得碎事水野恐机于坠书书
坠快递保栗他察然书疲露之飞木项人情
不优专苦然人心安瑞煲然情豆底得梳能
套索家了丁噪骄上>循护的通惫理顶复
表紧老心观举也电曲棍球最袖介乐图面
下达运气观村焕傲答主运试观遥了票本

创造
木乃伊
顶部
套索
检讨
曲棍球
类别
饮料
专家
掩盖
的仇恨
食用
技术
味道
的女儿
亲自
表达
快递
明星
运气

Puzzle 653

雨 柔 然 噪 音 考 趣 趣 便 确 定 顶 查 ！ 平 不 余
源 试 四 的 因 湿 摇 请 部 驴 眼 本 乎 灵 木 想 事
娱 ！ 毁 孩 宜 复 气 社 介 碰 马 持 条 底 部 蔓 延
面 对 绝 子 的 简 单 循 驴 性 排 马 面 解 况 虑 的
地 龄 对 鼻 欲 情 休 能 间 理 则 日 特 错 的 已 经
况 情 骄 社 往 情 行 因 秀 心 便 不 当 然 ！ 根 的
复 祖 肥 降 往 有 惊 丁 动 社 恐 邀 行 惫 查 噪 生
于 条 状 性 自 安 便 欲 增 惫 行 填 桥 乐 约 平 桥
本 自 信 野 地 权 况 降 飞 间 桥 错 请 驱 近 凑 选
焕 缓 迟 则 出 > 克 野 余 差 士 最 人 士 的 的 解
修 解 龄 柔 高 部 议 他 错 请 祖 蔻 驴 兴 信 遇 快
秘 自 不 先 静 宜 图 紧 乐 恢 的 陪 审 团 趣 环 速
惫 眼 野 间 静 选 平 伊 祖 伏 小 情 舒 驱 迟 ！ 胶
伏 观 豆 虑 人 的 树 建 树 口 狗 高 稻 适 年 典 型
乃 约 车 保 人 机 宜 裙 子 惧 便 子 摇 父 理 自 肥

快速
舒适
面对
鼻子
噪音
的小狗
裙子
已经
确定
兴趣
往往
当然
陪审团
的简单
湿气
绝对
蔓延
孩子
底部
缓解

Puzzle 654

芹 加 磨 惊 平 复 排 水 身 高 身 理 降 大 记 桌 音
菜 草 教 举 面 书 程 完 本 树 不 煲 坠 家 号 权 决
变 量 室 答 四 增 好 存 整 持 。 充 况 沙 亮 香 秘
面 车 丁 秀 便 信 恢 有 人 的 先 乎 增 塔 姥 蕉 肉
状 秘 本 己 恐 重 因 想 研 大 究 面 想 秘 姥 遥 的
私 源 惫 镜 虑 于 蔻 为 选 伟 滑 便 克 闲 电 错 然
子 饭 的 区 看 袖 的 观 赂 欲 野 行 重 绍 要 面 稻
升 填 栗 书 项 苦 自 噪 延 最 私 地 磨 有 木 典 雨
特 的 记 许 肉 号 况 顶 终 的 考 自 惊 克 益 典 回
高 灵 破 解 活 日 持 蠕 于 休 衫 要 车 议 > > 升
！ 发 升 生 量 的 蛾 自 袋 村 坠 状 租 机 股 情 迟
邀 保 摇 稻 趣 肢 远 落 释 老 士 排 出 坠 请 水 究
马 身 肉 胶 过 父 复 諾 邀 的 梁 伏 谷 仓 驱 护 驴
选 貓 坠 情 趣 量 复 看 情 袖 > 塑 料 况 重 趣 要
马 的 野 领 梁 词 汇 过 况 要 马 欲 究 角 落 恐 镜

终于
身高
变量
塑料
姥姥
平面
有益
完整的
芹菜
教室
因为
沙塔
词汇
伟大的
出租车
香蕉
角落
大家
谷仓
排出

Puzzle 655

雪 因 页 察 图 差 胶 便 老 蔻 快 介 运 信 相 拥 饭

的 对 手 了 思 心 木 最 趣 闲 子 平 定 稻 栏 眉 年

书 好 于 试 图 评 放 放 镜 木 最 复 类 定 茶 壶 不

出 存 惧 镜 数 价 碎 滑 遥 请 恢 保 基 而 袋 香 过

静 素 损 私 回 克 乐 煲 发 望 降 遥 理 解 镜 类 安

轨 道 灵 信 电 几 自 在 蠕 动 心 疾 书 谦 虚 耳 朵

的 看 升 乎 本 出 书 人 自 看 机 病 典 加 条 的 坠

醒 身 柔 上 考 间 回 平 真 于 保 出 马 几 便 领 肥

远 飞 热 夕 胶 定 他 马 增 延 股 撞 股 驴 分 带 灵

豆 静 怖 驴 阳 居 祖 面 研 真 了 噪 胶 眼 项 伊 优

口 水 远 怖 运 者 喜 不 过 面 考 驱 雪 社 伏 雪 排

之 修 察 摇 旋 諾 底 四 直 便 而 秀 谈 到 分 看 望

情 破 自 区 休 试 况 则 复 况 增 香 滑 直 高 配 远

> 研 子 议 间 环 保 亲 型 噪 乌 己 动 ， 桥 部 镜

飞 周 一 礼 复 便 蛾 许 面 延 龟 雨 饭 幸 权 观 紧

谦虚
疾病
望远镜
评价
的对手
，直到
轨道
定居者
的领带
乌龟
夕阳
分配
耳朵
谈到
发动机
自在
相拥
周一
茶壶
不过

Puzzle 656

改变
聪明
大米
现实
依赖
捕获
问题
及其
侵入
混合
前者
奇怪
手臂
称为
肯定
判决
休息
披萨
实践
时钟

邀 号 直 及 坠 稳 肯 傲 草 喜 情 型 称 察 飞 透 最

建 改 典 其 信 赂 定 最 雪 查 时 钟 为 乐 礼 持 坠

雪 变 电 最 中 情 视 滑 秘 虑 好 袖 闲 有 的 考 后

电 木 延 不 破 碎 的 柔 倍 自 动 行 香 > 亲 肉 损

静 主 根 机 口 情 记 来 他 真 眉 现 实 增 亮 摇 瑞

傲 肥 行 柔 滑 错 灵 肉 己 充 先 保 平 错 。 释 水

乎 他 携 研 饭 撞 得 披 萨 手 依 木 修 号 请 理 考

环 子 稳 私 焕 奇 怪 瑞 护 臂 升 赖 皂 持 的 升 惧

状 衬 分 混 貌 年 不 虑 书 动 决 了 理 的 乃 议 豆

身 野 况 > 合 亮 镜 选 趣 > 行 因 页 素 下 最 号

自 升 上 捕 获 休 上 紧 貌 程 大 思 出 摇 前 聪 明

礼 顶 请 四 问 息 木 察 素 的 米 股 欲 乐 远 者 活

判 决 约 。 题 子 > 票 素 透 放 查 灵 远 加 于 根

实 践 > 宜 察 趣 了 侵 解 礼 观 滑 面 自 貌 怖 热

迟 人 便 几 规 看 秀 入 中 平 > 见 口 充 书 摇 生

Puzzle 657

事 特 冲 许 指 的 飞 复 电 充 她 的 栗 撞 惊 野 平
喜 填 突 苦 责 手 携 租 安 苦 虫 虫 惧 乃 傲 乐 眼
胶 理 记 肉 人 表 自 上 闲 坠 部 觉 肉 考 增 娱 发
道 研 桌 降 衫 信 下 复 平 马 醋 肉 排 然 后 上 射
歉 想 介 雨 举 树 袋 静 选 热 虎 类 放 部 心 情 书
量 活 而 复 转 地 马 蛾 胶 自 安 汽 行 公 自 ！ 下
鳍 闲 自 况 的 携 雨 运 部 有 后 车 安 特 交 安 龄
充 下 一 个 的 页 父 错 子 欲 徽 章 虑 想 > 人 究
高 然 不 分 马 人 丁 过 建 信 带 考 放 人 页 况 热
虎 虫 顶 见 飞 赂 蛾 自 透 眼 社 坠 滑 邀 热 持 便
雪 票 地 望 解 本 飞 疲 两 胶 解 填 > 了 息 从 桌
间 日 撞 貌 他 察 虎 军 次 觉 灵 许 高 最 方 他 权
袖 望 降 自 加 煲 释 人 评 衫 蠕 豆 匹 了 朝 式 究
瑞 惫 章 文 的 图 象 几 觉 估 桥 趣 配 子 着 能 眼
子 行 坠 的 情 栗 几 马 光 木 于 马 四 区 乐 远 坠

下一个
两次
她的
的图象
指责
公交
的文章
汽车
军人
评估
匹配
错过
徽章
发射
方式
降雨
的手表
道歉
朝着
冲突

Puzzle 658

情 焕 增 之 转 坠 撞 恢 苦 心 的 批 判 可 移 植 本
数 ！ 怖 煲 恢 磨 下 奉 滑 复 话 邀 亲 页 迁 车 错
趣 典 领 心 项 镜 灵 献 损 类 题 了 议 驱 修 驱 眼
快 降 凑 树 娱 坠 个 别 雪 人 的 肢 露 祖 余 旋 察
热 树 衫 乃 日 情 静 以 及 秘 栅 子 充 休 保 看 疲
热 视 于 鳍 底 究 虑 稻 怖 有 最 定 量 程 情 衡 面
反 驱 动 眉 他 加 马 疲 镜 事 根 从 恢 眉 号 了 虎
定 映 素 雪 。 领 飞 的 错 条 克 了 貓 滑 了 得 亲
高 护 放 近 上 在 去 年 母 亲 恐 驴 坠 倍 条 村 数
介 遥 飞 迟 议 信 坠 修 身 破 想 根 飞 滑 复 有 据
休 察 许 运 带 諾 虑 剪 刀 数 本 自 理 理 过 心 条
树 闲 自 衬 复 遇 摇 下 几 答 諾 规 解 ！ 余 飞 赂
虫 打 破 充 回 貌 填 许 情 > 重 撞 况 推 迟 克 惫
摇 放 成 功 的 条 约 私 胶 然 尽 不 蛾 的 村 持 驱
远 情 透 欲 权 安 应 该 祖 况 的 管 栅 闲 加 祖 >

雪人
条约
以及
奉献
在去年
成功的
的批判
话题
推迟
休闲
母亲
应该
剪刀
个别
可移植
迁移
数据
尽管
打破
反映

Puzzle 659

心 落 记 教 摇 柔 息 野 地 尤 要 倍 面 有 神 祖 疲
本 脏 得 练 定 水 转 发 中 其 看 祖 自 休 秘 况 水
之 旅 肥 觉 虫 肢 驱 情 自 是 到 修 摇 的 况 议 规
村 研 恢 怖 别 静 细 回 页 许 增 远 本 性 有 瑞 型
心 本 中 本 复 人 胞 区 也 股 本 碰 研 记 伏 远 最
能 过 查 子 巨 栅 栏 眉 损 亲 惧 来 幽 灵 便 ！ 袋
信 不 坠 赂 动 大 紧 增 出 真 从 不 惫 型 面 坠 亮
不 权 保 亲 泽 生 的 加 虫 持 坠 噪 欲 近 旋 丁 虑
先 通 袖 露 况 后 眉 木 请 续 灵 音 > 肉 特 碎 社
谢 天 谢 地 后 了 碎 水 理 时 沉 默 差 建 水 充 会
闲 虎 子 票 持 心 上 草 趣 间 貓 回 恐 则 衬 本 欲
修 私 怖 远 租 理 复 看 虫 撤 销 直 怕 破 摇 休 虑
野 醋 亲 惨 考 直 祖 喜 坠 日 过 然 鳍 真 人 书 諾
泽 直 稻 要 存 惫 延 最 选 中 面 选 平 赂 请 特 露
马 会 见 类 梳 醒 规 高 克 性 推 出 肢 项 不 底 了

会见
教练
幽灵
推出
沉默
之旅
栅栏
撤销
心脏
别人
社会
恐怕
细胞
巨大的
谢天谢地
尤其是
神秘
记得
看到
持续时间

Puzzle 660

觉 貌 惫 木 士 洞 亲 许 噪 祖 他 肥 行 紧 排 光 考
娱 状 鹦 鹉 复 穴 秀 飞 梁 袖 光 顶 考 的 远 ！ 的
蠕 号 怖 情 下 素 毁 分 许 娱 肉 灵 延 飞 机 于 回
基 心 书 龄 议 行 电 得 皂 露 摇 碰 蠕 机 飞 后 傲
人 碎 諾 上 请 分 话 私 恢 肉 证 桌 图 水 紧 士 动
邀 直 ！ 议 摇 子 便 社 亮 面 明 之 亮 的 滑 交 煲
冰 箱 得 有 觉 摇 驱 真 遥 諾 主 要 决 子 规 叉 最
梁 的 位 直 瑞 饭 迫 透 碰 镜 心 亮 稻 栅 保 远 要
疲 己 惨 移 规 最 使 鹌 鹑 的 专 家 娱 理 己 究 惧
举 坠 因 得 便 人 考 直 性 视 人 选 动 答 损 社 老
解 回 作 权 究 骄 肥 本 直 赂 肥 秀 水 傲 温 况 了
亲 磨 画 车 考 栗 子 子 衫 自 肢 数 自 紧 保 柔 落
欲 驱 增 桌 文 根 放 许 请 视 欲 远 数 諾 后 许 几
研 梁 重 眼 章 滑 眼 分 事 武 士 好 特 活 滑 子 露
一 声 持 稳 蔻 磨 地 睛 环 皂 过 信 征 他 克 露 不

交叉
位移
的飞机
的专家
迫使
鹌鹑
冰箱
温柔
洞穴
文章
鹦鹉
电话
作画
一声
栗子
证明
眼睛
主要
特征
武士

Puzzle 661

部	日	情	滑	升	直	电	动	权	草	奶	奶	书	恐	介	动	焕
动	潜	水	落	之	倍	滑	动	摇	思	之	的	灵	心	高	护	亲
伏	动	本	豆	木	重	噪	的	高	复	进	口	电	年	个	人	根
近	栏	柔	究	本	主	顶	公	趣	秀	回	秘	究	项	祖	瑞	据
护	紧	宜	老	分	破	测	路	醋	性	况	阳	露	马	私	先	傲
本	见	持	乃	摇	赂	量	行	情	保	马	光	碰	乐	焕	碎	欲
分	乐	图	野	约	虫	肢	后	肉	他	赂	条	而	许	安	人	然
增	蠕	热	摇	约	保	选	来	祖	究	升	先	心	本	栅	记	最
特	旋	平	来	克	梁	恐	监	克	车	安	克	优	本	透	紧	惧
私	镜	自	自	椭	圆	形	狱	惧	栗	自	过	娱	地	马	虫	肉
情	究	乐	除	分	析	考	书	旋	父	而	衡	>	倍	部	私	心
眉	倍	祖	外	带	他	查	傲	携	保	见	决	许	转	思	成	虫
了	部	欲	社	倍	繁	忙	光	村	惫	而	而	动	信	乎	人	分
理	查	便	泽	人	上	究	。	日	不	复	保	酒	吧	本	规	错
根	便	典	特	过	口	权	人	究	闲	数	他	雨	遇	恢	然	迟

分析
监狱
的公路
潜水
进口
椭圆形
成分
根据
祖先
测量
阳光
后来
电动
人口
奶奶
本地
酒吧
繁忙
除外
个人

Puzzle 662

上	肉	。	规	复	摇	主	父	叫	不	过	视	余	身	袋	泄	想
充	防	面	不	量	因	行	然	面	声	持	正	性	释	型	漏	查
镜	止	热	运	镜	条	大	放	梁	幸	衬	乐	式	电	亲	最	滑
动	充	落	梁	迟	有	便	惫	回	平	衬	携	修	行	好	奇	的
权	得	户	图	观	透	人	亲	滑	>	滑	亲	人	煲	。	特	权
过	近	究	声	音	复	约	来	摇	自	透	举	错	露	飞	自	人
远	貓	第	平	典	便	勺	过	典	露	亲	亲	有	先	特	特	好
想	蠕	十	好	分	放	子	基	亲	破	乐	丁	蔻	稻	趣	社	余
本	先	肉	底	桥	差	栏	票	基	分	社	马	心	优	也	显	过
摇	人	考	草	修	心	衡	事	转	宜	差	究	碎	凑	动	著	皂
人	虑	露	近	顶	香	瓢	虫	露	不	礼	膝	。	地	情	观	特
音	信	子	蛾	蘑	醋	丁	也	人	几	一	盖	摇	摇	的	喜	异
疲	环	特	降	菇	心	他	延	丁	许	些	增	部	。	排	源	性
心	包	间	娱	香	则	主	们	权	究	电	摇	顶	活	保	理	的
肉	裹	亲	规	记	重	能	梳	的	碎	书	不	机	间	通	水	波

一些
瓢虫
声音
叫声
显著
特异性的
大便
蘑菇
膝盖
第十
水波
防止
好奇
泄漏
正式
他们的
落户
特权
勺子
包裹

Puzzle 663

选 木 有 信 量 伏 趣 克 趣 女 性 亲 车 摇 摇 信 不

究 领 安 邀 解 彩 远 遥 看 事 确 切 衬 貌 苦 股 便

来 心 无 效 大 色 电 发 己 傲 思 想 祖 带 心 中 解

特 降 书 业 专 的 觉 间 事 信 遥 热 摇 好 人 规 阳

衫 部 门 平 镜 举 使 书 升 泽 回 里 坠 源 撞 梁 光

下 驴 日 优 虑 不 自 出 里 部 保 特 增 动 迟 镜 灿

环 增 底 生 亮 水 心 衬 杂 野 肢 四 分 复 有 通 烂

安 息 桥 鳍 思 运 己 秘 志 便 苦 醒 安 损 亲 近 的

野 兔 。 决 保 护 错 乃 野 持 先 礼 休 休 亲 身 惫

貌 没 桥 动 肉 人 环 则 底 消 有 欲 中 恐 礼 恐 旋

摇 有 恐 栅 惫 旋 释 桥 热 貌 化 过 放 自 当 怖 股

选 租 ！ 护 好 碰 心 遥 行 飞 决 观 驴 蔻 得 前 行

便 宜 的 柔 下 票 貓 书 队 快 记 幸 降 恐 煲 介 介

胶 重 机 填 有 环 磨 情 伍 衫 停 机 坪 他 醒 顶 组

宜 镜 惊 类 建 信 > 类 转 煲 水 得 乎 人 两 边 合

确切
恐怖
消化
的色彩
阳光灿烂的
使出
没有
队伍
的专业
部门
杂志
便宜的
组合
停机坪
野兔
大专
两边
无效
女性
当前

Puzzle 664

猫头鹰
颗粒
懒惰
橡子
真正的
没话说
条款
协议,
野鸡
请求
延长
没事
买入
春天
定制的
周六
秋季。
定的
农民
妖精

性 他 思 乐 祖 不 答 持 地 树 票 赂 行 有 灵 区 面

升 貌 因 虫 秋 喜 邀 见 > 灵 选 便 请 己 人 护 建

升 里 豆 迟 季 虫 议 静 升 不 栗 野 求 香 运 约 信

驱 树 延 摇 。 保 諾 猫 头 鹰 没 话 说 凑 面 趣 然

许 袋 长 噪 丁 情 喜 马 好 的 重 貌 蛾 克 他 坠 型

野 得 量 了 惧 损 木 区 动 露 的 木 主 举 惧 放 子

许 鸡 倍 醒 饭 信 解 介 后 见 橡 图 坠 型 状 存 栅

有 的 秘 眼 树 自 动 乐 自 苦 条 子 没 事 > 豆 惧

凑 分 书 况 疲 祖 瑞 带 地 电 款 区 理 宜 社 野 士

欲 地 买 入 研 农 民 士 春 天 乐 循 雨 周 六 蔻 图

面 真 正 的 协 议 ， 定 的 思 惨 摇 差 休 肉 定 颗

自 喜 惧 柔 本 事 蛾 妖 能 惫 静 要 直 肉 栏 制 粒

生 循 栗 日 口 请 部 毁 精 懒 的 机 宜 远 便 的 请

亮 有 行 眼 喜 书 邀 动 心 惰 貓 释 情 观 栗 桥 丁

发 存 人 不 欲 快 行 醒 衫 心 究 欲 机 过 惊 环 的

Puzzle 665

错 便 栅 口 秘 骄 上 疲 真 宜 他 梦 惊 究 生 旋 稻
雨 增 从 龄 雪 祖 信 回 放 源 祖 摇 想 马 肉 不 视
产 貌 图 典 疲 于 子 通 主 增 野 页 惫 行 情 人 欲
生 查 地 分 休 项 模 拟 饭 的 领 解 填 里 复 爱 好
红 萝 卜 球 余 恐 他 子 放 考 议 旋 望 面 高 好 乐
村 损 虑 柳 絮 光 考 心 根 的 携 最 释 里 状 差 复
己 过 类 书 优 虑 栅 祝 治 典 马 马 加 自 特 面 复
灵 坠 则 龄 肉 > 上 贺 骄 疗 稻 动 周 最 秀 升 顶
出 余 事 的 车 人 答 解 马 桌 黄 油 末 人 摇 部 人
升 命 醒 操 摇 稻 排 息 面 之 遥 转 口 最 自 恐 研
型 中 栏 作 乐 梳 他 信 马 休 转 灵 地 惨 破 熟 悉
查 空 存 日 理 研 通 泽 自 部 号 建 添 蠕 考 情 真
举 毛 奖 金 热 乐 村 损 引 进 出 分 加 情 高 决 记
他 衣 想 充 的 因 望 余 乎 充 眼 持 源 出 栗 国 热
木 也 典 平 存 噪 眼 转 持 闲 自 间 滑 透 桌 家 人

爱好
空中
的操作
命中
周末
红萝卜
熟悉
梦想
毛衣
地球
产生
添加
模拟
黄油
祝贺
奖金
治疗
引进
国家
柳絮

Puzzle 666

明智
泰迪熊
的记忆
优质的
放松
薪酬
速度
几个
挥杆
离开
夹克
必要的
现任
蜗杆
世界
作家
番茄
第六
柔滑
好处

持 蛾 苦 部 行 条 复 循 看 村 规 龄 许 约 放 喜 信
> 理 貌 木 不 自 决 保 素 桥 虫 趣 马 栗 则 骄 他
发 欲 木 型 觉 部 分 身 煲 增 世 从 便 泽 出 充 桌
的 记 忆 摇 ！ 貌 蛾 木 绍 于 界 热 明 伊 泰 得 醋
况 要 栏 泽 本 特 作 家 夹 皂 离 开 智 镜 迪 型 回
坠 挥 必 快 了 摇 真 举 克 碎 之 蛾 香 错 熊 紧 摇
速 杆 桥 祖 发 苦 摇 摇 坠 私 欲 不 特 间 运 泽 特
度 自 而 薪 察 部 本 惫 现 人 程 透 看 醋 恢 行 稻
四 便 蜗 酬 放 松 摇 许 条 任 底 的 倍 领 优 几 选
举 有 杆 优 。 马 恐 下 虫 损 里 情 亮 典 袋 情 个
好 静 人 质 遇 雨 见 底 野 水 于 心 光 透 发 量 平
处 番 茄 的 望 典 然 携 热 摇 数 记 摇 究 毁 虎 情
则 许 袖 飞 稳 许 身 顶 特 票 稻 后 领 然 约 中 乐
上 的 特 号 平 。 村 图 祖 过 柔 滑 复 。 心 保 木
音 观 子 不 老 之 虫 心 书 程 的 决 行 有 摇 第 六

Puzzle 667

心况肉事的要摇精灵平要行儿有护皂型

惧欲蔻便的。书增况能>考村子时他心

亮结果滑动惨闲优信惊然要恐自龛的量

水机社镜乐选释携乐因底基职本也镜区

牛四素的赂行高放环梁规部责！光傲平

热皂基环加类部有乎股龄下过带看眼填

得乐心回人旋社热增肥许煲马肥饭碎理

木究稻延关基本的摇性信豆特趣增人放

最觉据礼联书衬不持桌摇灵几雪信部号

近礼觉数克乃见稳平动运存放便的昂贵

遇秘话谈的鞋介典的趣决伏野慷分循虑

激发最了闲焕从余转虎首富醒慨怖利要

运雪貂栏请的动记真怖口社环醋放润余

貌乃图！查考差解人查心海绵部幸村马

远自保增摇子龄坠心苦他究醒来他觉撞

的数据
精灵
关联
利润
职责
昂贵
雪貂
最近
滑动
首富
海绵
儿子
的鞋
他的
水牛
结果
激发
慷慨
的谈话
有时

Puzzle 668

衡马的车信小来标傲蔻来毁衬型从子。

傲乃排记错先麦准惊驴亲考情面不蛾复

恐！飞音幸肉恐年记部蒸之亲凑饭循毁

观望股一秃鹰灵任环足汽野子考过从回

子最况目误书洋务娱球恐豆摇自龛看紧

虫了来了差定葱焕静形花园建转型日特

修肢樱然平护携余蔻容过建村信举转坠

蛾自基桃高便绍中解差秀议持号口程而

于也请人面礼察亲查而平驱父规特介于

辣携马身增的息要村豆况来礼建驴他上

椒运动灵底蔻香消失栅龛部秘真主諾龛

见龛恐其事疲息遇栏他运静便栗己醒倍

柔骄迟自他解先年量生命之股间商业的

面的方向面行人野研的稻蔻情高权出高

欲飞差摇车平过落租活私心祖眉胶木充

一目了然
标准
形容
蒸汽
信号
花园
运动
的方向
小麦
秃鹰
樱桃
足球
商业的
生命之
误差
任务
其他
消失
辣椒
洋葱

Puzzle 669

眼马放部冰苦便类介生自貌考欲后放释

地理小柔霜饭而股复物重力然余磨运栅

！休弟远许究便香坠学亮页韭菜自行野

胶野弟区虫醋欲皱纹野村机惧野社区皂

权绍顶自排撞绍自决桥许研的定坠解终

乐遥增本衡选棉花最建基远香分活开始

父带选考约自柔栏保私有草喜的碎况行

则方程自余虫便想类里迟鳍自皂先野梳

信考向树崩溃旋基定光根碰木草社有带

动上情人节木携查致一成达到邀好绍部

动猫介撞丁虫升信水便直自来条蛾条请

底项旋驴租士修的面型权研心降老正是

醋本通灵修过安通放考复差状携增究循

亲成安复眉恐有幸碰举携状行中否自人

醋年幸惊讶野娱号护车野想的滑胶定情

运行
崩溃
惊讶
重力
情人节
始终
达成一致
地理
生物学
开始
小弟弟
达到
否定
成年
棉花
方向
冰霜
皱纹
韭菜
正是

Puzzle 670

仍然
冒犯
公路
远近
接受
不同的
合作伙伴
的时候
计算机
礼物
历史
的爸爸
装配
绽放
充满
危机
改革
机会,
快乐
法院

闲貌最情后不露远快摇礼余的合因装远

諾最也傲惫同皂近填乐物衬时而作配升

电泽士持面的秘丁本旋老遥候栅豆伙自

信的爸爸充满许考冒犯情觉柔量心雪伴

虫直决通自页伊透损人理恢保典放建绽

仍然露稻好碰页情雪危机镜面人量马放

欲增子胶便许号项落考信摇亲源。貌高

复书乃露数虑克带记充虫雪噪碎根肢滑

排自落了幸优口的图间生的而日远信考

不便驱信驱公亲不音接恐礼苦考机会，

有虑信面视镜路泽望受发充快村算破票

循村年保图复貌情动赂议灵请运计好活

保请社历史衫究来他不本他龄因肢乐回

觉究也马改革页觉灵租灵肉研野领议雨

闲法院活从察音肢地许于毁撞考增便直

Puzzle 671

复	啤	研	信	木	而	虫	苦	不	条	乐	可	列	车	观	动	稻
权	酒	狐	狸	护	研	书	也	而	本	乃	有	以	骄	碰	丁	惨
车	远	貌	边	估	计	心	区	修	公	鸡	乐	非	运	心	情	人
豆	根	稻	缘	票	了	亲	乐	子	信	分	国	常	期	亲	错	滑
欲	热	本	中	惧	子	紧	水	试	安	过	王	增	长	礼	祖	望
破	不	人	热	煲	选	他	远	滑	坠	俏	露	肉	素	察	的	自
眉	眼	不	特	行	眼	伊	丁	存	发	面	皮	静	摇	平	焕	带
惨	稳	建	考	几	热	遇	透	护	生	秘	得	从	滑	视	票	乃
特	高	肢	野	基	亮	祖	休	解	坠	理	桌	趣	肉	乐	了	破
加	士	稻	部	近	解	保	四	决	村	亲	量	视	答	遥	桌	底
修	赂	顶	闲	绍	考	秀	了	邀	貌	爱	眉	叔	特	摇	年	便
填	桥	宜	眉	信	四	磨	部	警	告	的	冷	寒	叔	倾	斜	持
鳍	乐	回	鳍	休	皂	因	部	保	摇	諾	租	息	信	蔻	信	答
村	素	要	差	高	事	肢	了	醋	循	摇	乐	草	解	高	撞	趣
里	信	情	票	书	鳍	年	豆	牛	仔	苦	特	看	稻	然	心	里

狐狸
亲爱的
解决
寒冷的
叔叔
发生
非常
公鸡
增长
列车
可以
牛仔
长期
估计
边缘
国王
啤酒
倾斜
俏皮
警告

Puzzle 672

员工
激怒
发送
粗心
艇体
骆驼
笑了
差异
围栏
悲剧
有信心
有礼貌
松鼠
滑冰
骨头
可可
再见
小马
联合收割机
圆柱

安	树	坠	的	疲	加	重	请	欲	联	之	松	秀	乎	摇	面	权
艇	体	恐	休	闲	心	持	重	量	合	护	鼠	持	请	私	坠	复
伊	毁	桌	眉	自	而	增	答	因	收	状	视	日	他	于	本	的
心	便	骨	记	错	闲	滑	书	分	割	碰	中	袋	先	的	本	本
近	类	特	头	先	香	落	恢	破	机	私	笑	本	趣	静	口	远
围	栏	面	几	举	龄	解	肉	凑	主	赂	书	了	滑	冰	员	部
伊	倍	定	坠	眉	直	远	升	约	类	滑	他	遥	复	諾	最	工
碎	理	信	眉	悲	光	趣	条	的	后	惊	过	觉	了	生	。	过
激	怒	回	基	剧	条	释	优	眼	不	定	最	煲	肉	马	理	况
木	生	木	邀	自	静	差	圆	保	况	保	考	有	再	见	信	坠
灵	柔	衫	摇	考	介	保	柱	行	降	租	子	信	可	可	肥	毁
绍	宜	热	他	远	几	小	马	亲	迟	发	木	心	有	礼	貌	情
秘	保	疲	热	惫	倍	动	惫	顶	遇	送	类	粗	骆	驼	权	克
草	思	乃	磨	諾	自	桌	答	性	状	欲	加	桌	亲	加	雪	虫
差	异	滑	的	通	雨	租	本	运	己	肥	毁	有	环	则	面	不

Puzzle 673

惧 倍 桌 觉 灵 年 雪 坠 马 转 降 的 决 机 面 栏 稻
平 填 放 衡 排 便 情 热 股 不 乐 热 桥 镜 回 的 乃
事 银 行 记 录 > 驱 最 发 约 加 本 秘 傲 平 下 存
上 静 规 趣 丁 灵 股 桌 倍 下 午 傲 本 复 唤 姥 看
亲 毁 认 追 求 保 不 行 放 领 远 摇 之 快 醒 ！ 爷
士 规 为 人 试 四 增 平 素 不 虎 香 携 本 重 坠 飞
降 底 理 乐 皂 蛾 第 七 解 肉 草 的 遇 热 自 胶 恐
修 情 究 赂 静 的 基 回 ， 除 了 差 情 摇 村 惊 底
社 盛 骄 区 余 坠 欢 复 复 摇 回 有 票 见 称 灵 父
人 大 里 面 乐 灵 息 迎 从 股 遥 视 机 运 定 心 坠
衣 服 请 增 泽 试 ！ 光 特 况 伊 泽 傲 木 人 袋 五
眉 乃 项 滑 息 里 袋 南 部 热 鳍 饭 量 记 便 摇 个
心 四 坠 则 乐 地 远 乐 伊 口 之 望 见 桥 倍 乐 碰
绍 稳 眉 理 格 克 携 收 过 乎 趣 龄 源 人 自 保 乐
技 工 研 究 不 式 私 集 树 稳 得 乎 水 乐 克 伊 迟

下午
称定
盛大
唤醒
回复
记录
姥爷
认为
南部
银行
收集
格式
的欢迎
，除了
五个
追求
衣服
第七
研究
技工

Puzzle 674

优 河 保 平 脚 野 家 庭 规 担 之 规 卡 四 事 特 骄
紧 摇 马 底 趾 转 面 木 活 心 高 亮 车 日 子 优 循
视 出 优 滑 页 生 面 伊 量 条 口 号 试 四 建 下 书
他 介 司 机 动 损 安 规 租 乐 惊 颜 士 亲 机 木 增
乐 骄 循 草 作 ！ 通 蔻 于 貌 煲 料 况 喜 娱 亲 打
通 得 行 规 马 究 子 惫 得 静 的 先 特 闲 宜 快 击
傲 排 视 豆 便 查 错 出 草 不 栗 分 近 父 租 上 驴
动 冰 父 于 三 损 分 离 的 的 定 经 营 衬 带 望 保
蠕 柱 日 村 本 只 过 状 灵 木 自 绍 赂 高 在 时 保
也 摇 暑 信 票 见 子 能 护 能 木 后 村 决 热 增 眼
部 音 书 任 错 许 焕 伏 修 第 一 不 子 过 联 邦 顶
骄 抽 屉 分 间 眼 乐 日 高 秘 伊 观 要 事 号 解 旋
亮 许 特 自 眉 野 考 好 光 高 重 的 袖 先 虫 填 过
马 平 权 科 理 书 解 热 过 香 恐 出 请 泽 己 野 雨
填 老 热 不 学 底 从 子 迟 动 马 碎 静 胶 面 携 老

分离的
卡车
在时
日暑
脚趾
三只
信任
科学
司机
第一
颜料
家庭
河马
经营
抽屉
冰柱
动作
担心
打击
联邦

Puzzle 675

典 选 见 马 信 稻 试 橡 自 子 音 木 重 之 > 领 子
注 意 到 民 用 草 远 皮 情 查 理 木 龄 便 建 梁 音
伊 特 活 露 作 人 摇 擦 木 平 疲 稻 恢 特 最 袋 持
摇 的 保 凑 况 蠕 息 高 摇 旋 页 趣 部 里 音 蛾 子
热 不 煲 自 试 况 书 栗 情 行 光 看 望 遇 口 梳 考
性 面 瑞 平 豆 查 活 碰 父 不 遥 的 音 然 情 修 。
镜 伊 疲 原 煲 顶 信 疲 凑 野 情 面 分 过 觉 息 桥
幸 桌 远 征 水 部 循 桥 数 有 租 运 亲 恢 镜 露 损
视 驱 面 摇 的 乐 来 填 醒 镜 数 建 香 克 闲 乎 諾
灾 难 音 生 喜 喜 摇 灵 典 查 试 循 发 飞 撞 普 傲
最 幸 倍 保 然 重 香 股 活 找 不 排 四 后 视 通 树
书 落 典 野 醋 快 息 通 填 损 焕 记 许 选 几 飞 亮
磨 长 余 海 雀 研 木 子 諾 也 携 发 木 社 平 乃 晚
望 颈 护 中 根 溜 冰 食 眉 柠 檬 察 规 人 伊 秀 上
数 鹿 时 候 损 > 克 丁 品 豆 充 煲 介 磨 修 复 数

作用
普通
民用
注意到
溜冰
食品
平原
修复
灾难
柠檬
橡皮擦
长颈鹿
焕发
晚上
远征
稻草人
查找
灵活
时候
海雀

Puzzle 676

。 迟 克 书 整 齐 祖 傲 社 降 几 行 豆 保 情 直 退
娱 错 答 自 运 便 较 低 的 一 二 ○ 二 小 请 情 出
眉 肉 考 然 雪 邀 水 灵 怒 差 镜 恐 恐 数 的 摇 露
很 好 的 能 余 肥 延 音 愤 衬 遇 闲 情 的 倍 生 便
来 况 保 约 思 草 程 觉 静 部 有 过 从 碰 摇 滑 乐
欲 虑 。 存 想 甸 度 转 下 觉 有 也 定 摇 最 信 落
己 人 瑞 怖 量 老 状 策 略 根 选 骄 观 年 瑞 瑞 >
欲 伊 亲 便 蠕 磨 便 情 要 下 过 复 貓 分 能 亲 祖
平 日 考 填 恐 露 请 间 主 灵 静 身 保 从 书 后 加
露 运 觉 约 书 喜 持 音 图 题 面 高 项 坠 信 恢 泽
钢 琴 傍 热 保 项 合 格 状 疲 , 宜 苦 优 能 差 定
况 噪 表 晚 从 水 芹 项 而 自 顶 己 信 研 几 过 露
毁 远 明 日 控 有 带 上 心 事 数 栏 袋 填 充 解 的
亲 衡 本 树 制 领 稳 瑞 坠 亮 光 情 自 究 。 人 而
瑞 。 情 怖 区 分 延 灵 通 有 泽 主 议 乐 梳 租 面

钢琴
愤怒的
整齐
退出
小数
主题,
策略
草甸
傍晚
较低的
一二○二
填充
光泽
控制
保存
合格
水芹
很好的
程度
表明

Puzzle 677

醋 充 更 突 休 父 迟 梳 幸 最 增 于 諾 看 型 树 复

大 信 好 然 真 冰 雹 复 欣 赏 视 桌 转 信 豆 特 考

心 声 的 条 蛾 秀 父 素 约 梁 介 毁 恐 希 热 信 重

坠 平 的 想 惧 目 的 想 本 型 图 热 破 望 观 虑 生

况 木 举 票 余 标 主 决 磨 车 巧 克 力 虑 了 饭 护

落 袋 带 安 性 諾 人 过 地 解 乐 量 规 面 焕 。 先

木 露 研 差 旋 夫 人 记 性 人 循 草 通 龄 生 惊 差

性 情 环 租 飞 世 察 碰 动 充 趣 下 驱 远 输 肥 程

分 情 高 柔 下 纪 通 撞 数 滑 信 距 离 的 入 醋 肉

未 滑 噪 落 胶 约 猕 驱 人 皂 图 最 图 趣 蛾 水 频

来 确 不 条 根 乎 猴 察 草 热 本 摇 循 恢 中 不 繁

信 实 信 眼 动 马 桃 顶 最 平 持 持 音 升 展 进 的

特 草 高 迟 己 焕 煲 梳 绍 运 迟 自 类 快 雨 后 秽

村 伊 页 管 发 部 证 复 社 出 信 落 因 四 便 碰 。

复 落 研 察 特 页 便 据 肉 近 理 研 雪 飞 秀 的 记

距离
未来
巧克力
猕猴桃
突然
高管
欣赏
的进展
确实
世纪
大声
目标
频繁的
输入
夫人
证据
更好的
冰雹
希望
碰撞

Puzzle 678

月亮
吸血鬼
激励
无名指
标题
水壶
功率
批处理
虚假
愚蠢的
各种
改善
时间
阴天
获得
后,
的人才
意图
尖尖的
战争

素 焕 过 修 破 马 饭 得 灵 貓 蔻 > 事 得 上 人 特

的 究 典 几 电 木 眼 心 考 修 快 顶 骄 部 好 乐 特

露 信 闲 素 热 车 尖 驱 远 安 请 携 后 图 水 功 率

激 励 諾 则 梁 遥 尖 升 他 绍 恐 衫 肉 , 壶 的 紧

高 信 胶 究 虛 假 的 衡 视 秘 饭 状 保 有 老 信 粱

出 回 了 栗 况 究 衡 上 领 貓 高 活 子 领 飞 惊 柔

填 损 遇 乎 惧 几 鳍 约 查 丁 有 几 标 骄 带 损 高

飞 老 循 喜 村 撞 煲 考 票 护 眼 驱 题 优 老 人 静

柔 摇 虫 事 后 心 无 名 指 吸 要 考 邀 的 部 胶 中

情 愚 光 了 父 快 傲 最 袋 血 迟 信 行 保 能 月 亮

获 乃 蠢 有 保 查 碎 阴 老 鬼 远 研 士 飞 批 处 理

得 才 人 的 改 绍 灵 天 战 碎 栅 乐 桥 地 碰 秀 野

许 子 滑 邀 善 时 中 娱 年 争 滑 人 滑 延 高 亲 快

口 各 种 近 降 间 转 源 亮 降 介 最 休 栏 年 意 人

。 飞 。 信 胶 底 得 部 欲 也 思 优 便 傲 热 图 型

Puzzle 679

重 本 分 携 他 部 近 露 心 人 伏 大 厅 身 考 透 幸
身 于 本 西 兰 花 自 权 真 损 要 亲 口 丁 栅 建 要
瑞 马 好 惨 毁 下 稳 乃 雪 观 不 决 察 老 灵 记 諾
木 子 倍 地 菜 面 有 亲 增 上 恢 于 信 查 环 他 父
主 桥 底 有 肴 小 建 柔 蔻 特 研 察 情 视 后 惧 型
降 差 书 过 领 心 几 乎 是 等 待 雪 来 摇 雨 稻 飞
循 驱 休 转 看 护 紧 了 运 源 状 人 动 休 雨 遇 乐
飞 口 车 音 娃 马 虎 真 摇 则 底 飞 眼 考 伏 子 权
复 理 论 察 娃 源 蔻 插 动 事 野 直 间 亲 胶 则 快
支 能 看 便 研 特 泽 生 入 了 挑 安 桌 父 自 延 木
的 出 记 观 疲 稳 研 循 亲 灵 战 降 梳 的 兄 弟 避
得 答 间 活 肥 不 重 修 解 顶 威 胁 紧 落 礼 焕 免
镜 的 伤 害 程 平 息 循 蟾 木 袋 衬 因 灵 伏 票 毁
平 特 拓 然 礼 巨 大 特 蜍 保 记 的 秘 加 滑 虫 绍
权 撞 展 最 后 貓 先 磨 答 规 思 复 放 龄 充 静 马

几乎是
菜肴
威胁
的父亲
巨大
蟾蜍
等待
小心
大厅
避免
理论
插入
拓展
支出
的伤害
雪上
的兄弟
挑战
娃娃
西兰花

Puzzle 680

信 数 桌 梳 延 释 的 项 区 冷 蜜 蜂 平 保 子 瑞 坠
乐 解 解 碎 不 坠 的 秘 举 冻 士 的 里 英 肥 情 柔
己 保 解 复 觉 照 灵 转 平 摇 事 好 教 分 皂 傲 瑞
远 查 静 伏 介 片 地 栅 于 延 自 相 滑 训 惧 子 中
自 飞 梁 马 绍 凑 律 师 中 导 典 互 机 会 人 焕 状
娱 野 真 每 个 人 升 循 热 向 泽 作 私 重 活 回 保
自 充 运 正 亲 男 性 租 情 充 里 用 三 摇 基 项 亮
乐 镜 日 木 类 转 高 飞 马 也 嘲 讽 明 特 草 升 碎
能 好 己 损 他 举 眉 野 肥 虫 的 项 治 不 马 转 露
坠 视 喜 考 虫 ！ 碎 升 类 携 草 梳 情 欲 存 木 面
撞 电 面 面 恐 绍 摇 程 木 摇 自 事 下 马 解 票 皂
许 摇 行 书 热 想 邀 序 信 伏 记 乃 想 栏 自 余 香
四 保 口 栏 亲 噪 的 娱 息 好 息 观 醋 栗 便 项 程
缩 小 时 里 秀 四 深 光 光 来 特 自 动 从 充 排 袖
摇 写 草 赂 自 的 浅 水 驱 自 解 人 眉 惨 喜 中 研

小时
每个人
三明治
相互作用
肥皂
的深浅
嘲讽
蜜蜂
自娱自乐
的教训
冷冻
律师
英里的
缩写
程序
男性
真正
机会
导向
照片

Puzzle 681

票貓升好赂稳解的票人人惧况落恐肉顶
因理桥焕绍之乎风菠菜运祖心大最票本
携选摇而底梁几稳窗木磨转高胆木大亮
凑之警！。保旋鳄究社直行驱镜思通闲
复骄察检测人暴鱼野顶好毁心>秘想水
考欲静用品息躁身间的的>马祖草于然
晚饭热皂胶碰本发秘露煲复优里典的后
稻不伊行信虎水循泽观成为租的书行马
惊主面疲>放醒动理自究人的性项丁解
的摇看查坠有型他约规优自高镜迟衬护
村自动带热试保降平坠飞继梳建想乎坠
举护分娱撞祖子不木最坠续马驱请胶量
中出底母过稳领差鳍书定旋恢面规祖祖
语高木煲香惨票惨释研父约滑分发滑了
言后复等于类马咖啡源惧不幸的场景页

鳄鱼
用品
好的
晚饭
继续
成为
的场景
最大
暴躁
大胆
菠菜
自动
警察
检测
风窗
咖啡
语言
分母
分发
等于

Puzzle 682

名词
重视
受害者
新鲜
大象
曾经
飓风
操作
孤独
传统
的鼻子
不足
的东西
有趣的
延迟
私营
奇怪的
手机
的重要
的旅馆

凑保奇怪的雨研得乐木人延定礼静碰保
研摇己来肢加父桥最察得迟动几年活规
驱也名词环坠里从的蛾性升秀貌望要灵
恐光他也传统之私营>转便幸议村新磨
惫源木自受真恢克袋操作子自便生鲜祖
龄袖迟子害答孤独镜年想高复肉况栗惧
子破定最者驱活要区信近香泽惊环好安
请记本重视特肢梳木趣安升保滑升木量
马请热摇飓己约保坠滑情私视近得复稳
木娱事香然风欲柔怖况保子野保恢坠信
视丁赂四不宜释乃释。衫增伏理豆不摇
最秘高电摇足考通老许袋携究諾手紧股
大象子鼻的的重要苦于肢特望碎约机社
有趣的行旅飞木的有好情曾的东西动类
基摇最转馆本电复情醒通经亲有日社近

Puzzle 683

类 蔻 村 马 自 反 父 后 泽 高 苦 近 邮 底 电 坠 加

喜 的 欲 特 书 包 过 木 人 过 版 书 递 闲 几 下 护

量 而 恢 的 近 惧 要 来 调 查 眉 本 员 况 保 衬 租

根 之 士 坠 虎 疲 包 醒 区 放 存 祖 迟 醋 村 鳍 部

怖 雪 决 情 宜 > 含 信 里 热 自 情 而 泥 泞 身 蔻

发 保 恐 肥 旋 存 议 性 惨 望 望 摇 余 机 损 研 携

士 眉 影 响 身 况 碎 己 延 记 的 諾 四 图 像 上 桌

图 本 动 胶 领 电 乎 的 能 稳 带 勇 己 复 然 伊 鳍

信 木 破 了 情 影 于 加 袋 情 豆 敢 型 解 眉 答 先

休 自 虎 转 不 延 乐 介 特 行 秀 基 香 高 马 自 身

唱 歌 不 足 于 间 究 喜 部 摇 远 野 快 可 动 的 滑

回 源 票 够 礼 许 排 便 > 马 肢 恐 喜 能 星 口 来

容 易 摇 的 鲜 花 日 有 树 加 桥 。 上 日 级 面 撞

凑 要 决 > 宜 幸 解 理 闲 ！ 柔 梁 提 交 幸 虫 亲

部 领 数 要 决 生 因 落 中 噪 諾 香 物 质 宜 飞 醒

邮递员

可能

物质

足够的

影响

包含

星级

电影

唱歌

调查

泥泞

版本

书包

提交

反过来

鲜花

桥梁

图像

勇敢

容易

Puzzle 684

外 饭 型 貓 欲 再 量 行 闲 的 主 条 磨 泡 幸 也 伊

壳 整 滑 秀 数 灵 次 业 了 信 活 马 摇 打 毁 素 介

于 洁 胶 水 回 特 宜 毁 桌 究 心 水 望 粉 的 个 人

豆 的 梳 转 决 带 真 趣 衰 闲 > 事 情 的 去 平 下

高 人 坠 噪 王 蠕 释 错 变 想 优 典 祖 羊 过 面 便

排 多 数 得 蔻 子 息 的 考 面 虎 他 惧 建 性 上 介

况 惨 性 研 自 露 考 人 碰 情 远 滑 信 上 报 政 府

也 焕 面 便 保 乐 上 怖 音 票 碰 重 项 恢 价 解 心

奶 酪 心 来 秘 理 惊 面 机 理 许 填 乐 的 降 书 鳍

亲 快 快 人 复 主 持 捕 捞 里 怖 面 迟 灵 从 休 眉

保 人 重 了 降 便 他 释 主 增 差 惧 先 坠 雨 牙 乃

梁 本 欲 观 傲 私 醋 后 续 煤 炭 秀 地 的 类 机 刷

保 镜 苦 觉 的 桌 噪 村 子 选 坠 股 望 脂 本 驴 心

高 性 况 解 回 桥 转 素 动 稻 子 祖 娱 肪 察 通 子

旋 页 身 旋 焕 基 举 秘 。 飞 树 草 泽 心 得 。 存

的脂肪

衰变

外壳

报价

再次

整洁的

多数

牙刷

捕捞

过去的

王子

行业

政府

奶酪

煤炭

胶水

的个人

的羊

泡打粉

后续

Puzzle 685

落	也	修	位	管	草	桌	马	举	里	栗	建	介	面	亲	的	息
则	研	考	置	理	马	太	阳	存	过	差	了	程	醒	欲	看	焕
试	保	光	运	领	野	的	礼	倍	究	通	音	升	有	热	心	傲
四	租	过	热	面	近	最	共	同	发	源	！	不	草	情	平	碰
思	页	视	介	书	梳	根	人	育	諾	眉	摇	稳	透	撞	信	降
毁	貌	而	的	肥	野	栗	重	宗	教	截	距	的	地	了	解	镜
快	究	决	趣	坠	信	乐	休	伏	伊	的	租	建	心	觉	马	区
栅	秘	余	人	人	稳	香	香	号	狼	介	远	升	主	闲	完	美
携	息	人	欲	乐	复	先	驴	乃	狼	梳	来	自	摇	解	降	建
衫	侵	场	父	遇	噪	惩	根	约	露	面	持	疲	>	权	野	透
优	略	景	果	真	喜	豆	罚	丁	袖	皂	答	的	转	于	马	也
惧	性	人	冻	自	从	子	差	部	丁	研	雪	思	梁	父	有	从
本	的	己	自	也	向	日	葵	拉	高	恢	惨	图	溜	欲	怖	饭
也	不	能	香	人	人	领	先	况	动	复	主	远	冰	工	具	亮
口	克	飞	肥	面	余	票	况	高	了	直	貌	苦	鞋	的	设	计

拉动
惩罚
侵略性
完美
场景
溜冰鞋
共同
宗教
的教育
向日葵
的设计
果冻
截距
恢复
管理
太阳
工具
狼狼
也不能
位置

Puzzle 686

袜子
分散注意力
满足
政治
玉米
形状
建造
高贵的
因素
摄像头
工作
在楼下
姐姐
年龄
讨论
贸易
错误
骑自行车
实验
失去了

玉	米	露	来	行	灵	存	欲	虑	心	马	远	驴	要	快	坠	平
年	龄	而	迟	虑	循	分	遥	水	日	镜	查	鳍	贸	易	袜	亮
能	研	乐	村	人	木	散	有	人	而	快	伏	克	决	偰	透	子
带	底	升	失	。	蠕	注	貓	四	灵	情	姐	研	有	行	地	放
后	桌	栗	去	政	惨	意	木	凑	最	丁	姐	解	稻	亲	最	差
满	能	灵	了	治	老	力	了	士	近	见	高	有	不	面	亮	自
足	桥	动	快	袖	下	息	最	之	栏	典	衬	在	了	镜	虫	日
保	然	的	坠	蛾	破	的	间	带	项	里	豆	排	楼	能	热	约
幸	邀	理	真	实	真	觉	惧	条	乐	因	高	贵	的	下	情	出
的	蛾	父	则	特	验	升	蔻	迟	滑	素	喜	桌	驱	究	况	摄
父	领	许	情	>	来	讨	论	要	不	能	远	保	安	觉	秀	像
错	误	延	本	马	安	飞	亲	来	通	余	来	坠	桥	衬	中	头
自	填	碎	根	坠	后	了	优	便	飞	！	环	下	的	息	查	数
猫	磨	发	建	情	通	面	了	的	心	复	想	亮	坠	远	远	察
修	介	坠	造	工	作	骑	自	行	车	形	状	平	观	环	直	过

Puzzle 687

决貓修究考保欲三社喜幸破得摇礼邀闲

源的人修草坠车角优的肉书豆定饭音请

远惨释型破伏子逃生新的租保遥绍栗平

欲瑞素车！风险欲恢人子紧基议升定行

上余祖袋娱得过的有人身类碰来噪的充

电野虫木子乐电从的眉余香页要秘稻最

的股的错的是来许习投惫程幸本这于士

草有克恐灵不稳定惯入保发电！机样滑

稳复破规运而的书擦洗人高动直行光娱

棒球干扰碰，车己转况本高移查升他议

惨己的损想环排况醒>完美的定部机毁

亮袖损复他平父况损举>规建龄秘最祖

见自空间梳执丁试行飞飞状瑞望人的树

建生姜优远行的生余露决想豆建雪循私

充项绍分中过落有量骄遇稳摇灵武器了

生姜

的移动

武器

棒球

直升机

干扰

投入

三角

邀请

不稳定

这样

，而不是

执行

风险

习惯

完美的

逃生

擦洗

空间

新的

Puzzle 688

家伙

阻止

的妹妹

调整

无线电

拍摄

安全

汉堡包

雇用

保养

到达

驯鹿

质量

文本

肉类

宽幅

爸爸

铅笔

还原

谈话

。焕水余间类年他然顶量野谈摇醒衬顶

疲马租磨页有热察子马欲豆话生得记中

况乃闲行的修虫自先间直心镜优克因諾

机部还性遇礼滑规子木恐怖肢本惫家飞

降觉原租伏填行铅事高阻研子的妹妹伙

素回雨车票恐特衡笔惊止摇子余惧村究

电的透爸爸的灵中定汉堡包调父桥龄衫

况觉车水摇虎水理秘数部雨整社特怖梳

苦无热噪从视不号焕行保拍见动乐降子

信雇线究转惨保运自部特摄安特乐部顶

柔用泽电建虎养考音本父子全衫根灵也

亮权静栅柔便蠕礼到达惧究保有傲趣镜

蛾热质肉类了士事里页赂伊四乃顶降貓

间社量文介趣重袖余优宽幅事柔驯鹿复

特主亲本静雨行修存许惊身他要记伊规

Puzzle 689

狭绍煲人填露事心延上心野生修焦透书
举隘股伏不悆余便野音底他毁伊点的条
快底有主滑身的约倍稳想木因察后栏释
感情乐虑电持请老。老书察心的便私能
加号自查己飞问举图碰保后中断他毁鳍
他语音四所衫碎他转磨视栅错复村答规
书情虑看需迟梁赂移直野环护研稳书的
遇典村子要底保恐>乐幸直父望循修镜
邀沟怖衡试望约情惊错便携式桌便父紧
子通量私惊增保喜光雨雨他延放况法官
觉保里>苦滑水滑源鳍自保能身很少摇
快惧的袋自皂皇过消项书天保乐性>增
理车摇程信倍后子防部袋充鹅老疲财焕
卫生得息通防摇后员规驴状滑排本产复
高遥源醒飞释卫请信焕之礼差碎社雪解

消防员
请问
法官
野心
感情
沟通
皇后
所需
很少
财产
中断
便携式
天鹅
焦点
转移
卫生
野生
防卫
语音
狭隘

Puzzle 690

禁止
谎言
争辩
攻击
晚些时候和
洽谈
帐篷
尺寸
的视线
地址
叫着
出血
激烈
浓缩
绝望的
独奏
态度
舞台
男孩
发布

考发发袋中幸苦坠股栗修晚复的乃视驱
地布浓缩源激烈觉环回机些行人量研子
址本他蔻加谎言雨坠察蔻时醒机心升桥
票宜究自错木复安梁镜出候肥坠区望顶
权摇的亲滑洽秀叫着攻血和地主究凑的
态度倍摇饭禁谈争辩龄击本项野撞远摇
蠕休水桌坠止噪日破权上惨驴要肥马了
几遇保露幸的察身灵动延量直坠疲龄栅
独面伊人毁情平帐篷紧素间视身煲带趣
奏顶号滑底不解娱有请梳梁木定绝亮线
祖秘的降惧生情碰观的稳息男孩龄望视
修雪尺舞台则本放研镜眉梁遇欲栏最的
持基寸释面想遥号木年面人日机信旋过
直也增来几试也赂他号马记骄静理了查
惊基带升摇直丁摇回直本乎降修虫中老

Puzzle 691

协 ！ 肉 祖 车 四 疲 惫 论 坠 高 了 望 发 部 护 宜
助 阳 能 闲 乃 秀 解 灵 文 动 携 项 人 惫 恢 解 衫
人 台 机 破 科 学 家 则 解 机 海 复 则 之 中 克 程
发 查 心 延 增 状 素 察 储 备 滩 祖 行 差 淋 释 量
惨 循 状 机 倍 出 环 摇 > 摇 鸡 蛋 胶 自 虎 浴 查
状 护 类 情 我 们 能 因 延 出 静 选 电 情 摇 高 特
休 大 的 感 迷 惑 力 父 行 秘 观 况 醒 光 惫 丁 损
木 了 量 的 色 出 蜡 烛 克 远 祖 基 心 马 老 ！ 香
保 驴 保 事 傲 里 子 鳍 了 的 权 稳 袖 栅 镜 倍 凑
放 不 的 > 休 信 答 乐 行 间 镜 人 视 活 保 牙 旋
得 便 议 毁 查 他 直 祖 想 扶 毁 信 平 镜 碰 医 恐
稳 焕 父 摇 便 票 便 想 雪 动 手 理 遇 理 己 转 眼
马 水 心 乐 转 规 亲 先 驼 后 衫 椅 便 眼 肢 特 >
身 迟 因 升 信 身 因 衬 鹿 ！ 热 稀 缺 源 露 区 基
号 区 灵 部 试 梁 肉 究 运 子 镜 摇 貓 差 克 看 量

我们
迷惑
淋浴
阳台
出色的
储备
鸡蛋
驼鹿
牙医
稀缺
情感的
论文
动机
能力
扶手椅
协助
科学家
海滩
大量
蜡烛

Puzzle 692

明确
完成
艺术家
白菜
圣诞
医药
气味
主题
上衣
流行的
法律
理论上
区域
破坏
步行
机关
学术
社区
海拔
实际

视 乎 看 流 行 的 根 疲 护 实 机 项 从 迟 苦 思 乐
增 的 循 况 欲 衬 皂 胶 排 际 关 摇 秀 情 雨 肉 请
分 来 人 自 平 循 豆 灵 觉 股 护 见 磨 礼 自 考 况
理 医 而 人 蛾 完 的 号 气 味 衫 雨 护 驱 转 项 保
白 药 页 圣 趣 的 成 过 明 确 透 有 虫 情 衫 况 查
菜 要 情 貌 诞 后 惧 雪 不 乐 直 车 口 余 龄 瑞 修
伊 分 携 的 礼 因 觉 衡 觉 修 己 雪 信 建 克 面 于
带 休 村 规 肉 諾 滑 光 高 衬 碰 循 梁 存 透 社 树
了 状 主 题 飞 本 股 近 决 回 通 礼 法 律 音 特 海
理 快 的 娱 要 娱 欲 优 他 恢 了 信 水 理 宜 骄 拔
论 梁 排 行 马 蔻 幸 乐 秘 上 衣 他 四 水 中 察 闲
上 人 步 露 领 他 光 雪 平 艺 术 家 四 破 发 子 事
热 野 衫 行 规 貓 况 权 项 木 野 年 毁 坏 他 欲 社
觉 见 野 保 肉 也 带 条 项 素 分 邀 落 肢 状 域 区
噪 考 议 的 毁 环 学 术 后 他 加 本 幸 四 思 欲 而

Puzzle 693

了	栗	遥	飞	遥	型	倍	栗	转	伏	追	逐	权	口	光	护	牛
设	有	恐	循	欲	恐	有	智	事	摇	桌	许	发	透	考	驱	奶
眼	坠	人	士	心	落	上	面	慧	程	议	醋	。	远	思	有	电
要	子	危	险	最	亮	貓	关	研	香	增	上	相	关	醒	磨	倍
袋	型	存	社	旋	眉	部	心	存	数	礼	释	邀	飞	想	的	权
票	电	底	况	惧	底	惨	焕	充	范	放	雨	毁	心	情	热	的
延	镜	保	子	况	片	段	领	焕	围	部	焕	乐	转	理	带	加
饭	滑	任	何	人	肢	表	示	摩	内	动	号	镜	增	眉	肉	栗
降	镜	野	察	冬	肢	修	肉	托	灵	得	到	面	四	凑	滑	醋
光	蠕		香	青	来	父	了	车	龄	秀	自	透	考	諾	羊	！
有	趣	美	鳍	休	性	肥	撞	页	区	礼	树	醒	宜	护	肉	树
书	士	国	快	保	中	最	的	约	焕	情	破	面	能	露	闲	望
自	驱	苦	桌	泽	野	最	情	伏	压	程	飞	项	事	然	情	决
本	页	克	自	考	放	降	野	躺	在	低	定	直	遇	的	思	蠕
信	填	几	幸	村	虑	心	上	充	马	顶	木	修	举	带	票	树

躺在
危险
关心
表示
智慧
压低
摩托车
羊肉
范围内
冬青
设有
考虑
牛奶
美国
的热带
片段
追逐
得到
相关
任何人

Puzzle 694

探讨
火炉
重复
喜爱
越来越
条件
爆发
伤心
顿时
旅程
放宽
土耳其
的情侣
面包车
逐渐
时间表
高峰
行为
词汇表
数量

探	土	最	远	光	克	伤	心	蛾	填	时	恐	查	露	不	喜	爱
讨	从	耳	延	的	望	的	的	的	虎	间	安	碎	建	远	而	栅
因	稳	动	其	举	下	高	峰	放	宽	表	数	量	貓	增	解	紧
乃	分	休	护	人	记	动	部	梳	遥	动	试	有	静	通	面	亲
有	泽	水	栗	欲	桥	答	真	惧	坠	滑	龄	爆	顿	时	包	稳
毁	特	>	机	口	摇	携	察	梳	树	词	的	发	飞	典	车	素
况	焕	根	日	秘	马	增	护	衡	貓	汇	降	举	自	电	条	件
木	諾	日	的	旅	人	稻	损	越	不	表	摇	老	马	信	不	紧
祖	>	页	梁	灵	程	恐	回	来	中	特	运	他	秀	量	行	为
真	试	重	特	蛾	惊	袖	泽	越	面	祖	士	疲	眼	礼	息	>
自	书	复	惊	发	惧	活	丁	得	平	况	的	错	领	日	余	转
马	素	火	欲	袖	逐	研	子	木	考	主	情	恐	试	。	特	摇
许	不	炉	近	远	的	渐	恢	视	余	动	侣	通	复	有	桥	生
水	面	情	看	的	便	树	马	私	则	摇	型	虫	不	活	解	草
部	丁	摇	动	许	马	貓	水	情	带	间	焕	解	秘	衫	研	后

Puzzle 695

能	乐	欲	噪	程	自	底	保	透	远	栏	加	远	究	周	想	灵
答	况	源	娱	平	主	伏	顶	规	聚	焦	感	生	摇	到	虫	型
树	士	真	型	平	木	好	噪	建	旋	情	遥	谢	况	的	目	自
延	人	书	落	后	摇	发	子	醋	里	趣	通	增	通	人	热	余
里	滑	书	修	活	噪	观	察	保	修	衬	闲	乐	特	飞	能	稳
热	的	焕	图	欲	的	差	察	察	举	从	瑞	民	族	直	礼	源
保	击	醒	出	出	能	凑	心	露	碰	伏	余	从	号	泽	虎	后
准	剑	之	来	子	页	不	闲	村	保	本	携	人	热	社	情	人
则	主	前	饭	的	车	选	滑	号	野	他	生	有	语	息	动	人
橡	决	的	况	有	能	摇	蔻	几	猫	鳍	相	子	句	细	望	源
胶	任	何	的	金	子	克	远	生	延	虫	当	梳	有	信	腻	高
理	持	乎	思	规	股	远	真	活	主	栅	技	本	通	闲	栗	护
情	许	举	马	特	焕	建	通	饭	究	落	巧	娱	要	释	音	露
娱	音	海	电	乐	解	差	快	居	民	的	醒	上	骄	复	遥	最
饭	邀	葵	的	里	循	转	程	降	下	基	条	幸	不	量	平	露

的金子
感谢
野猫
相当
居民
语句
橡胶
细腻
击剑
目的
技巧
周到的
海葵
准则
观察
民族
之前
聚焦
任何
醒来的

Puzzle 696

>	信	许	究	子	生	票	木	页	柔	发	日	心	快	热	赂	议
请	特	间	摇	澄	循	填	情	承	的	醋	理	定	村	贫	困	带
肢	高	露	直	紧	清	图	生	担	欲	要	稳	>	察	的	手	指
乐	遥	比	袖	租	稻	灵	延	究	微	信	最	理	记	进	入	解
坠	惫	行	较	远	欺	分	则	炎	热	笑	存	试	因	规	火	鸡
傲	梳	鳍	本	图	骗	查	先	栗	赂	条	木	降	察	摇	惨	后
复	杂	马	周	平	的	增	图	土	遥	洗	发	苦	木	优	延	因
灵	撞	镜	二	滑	秀	环	察	狼	泽	骄	中	议	自	撞	绍	思
热	考	马	几	查	事	撞	不	中	马	条	图	息	热	>	事	噪
博	物	馆	惫	近	乐	复	几	之	克	解	情	煲	几	解	绍	便
根	本	之	袋	趣	日	飞	复	复	亲	丁	错	的	皂	的	情	典
信	基	息	本	飞	信	培	苏	打	水	秘	这	种	修	镜	页	回
香	生	喜	乐	复	地	训	苦	年	有	怖	鳍	自	填	运	素	排
>	桥	中	了	运	！	考	持	近	本	释	稳	桌	惫	袋	活	先
举	露	眉	行	星	不	验	书	持	礼	年	远	地	娱	近	远	排

贫困
复杂
炎热
这种
澄清
的手指
承担
培训
洗发
苏打水
周二
行星
微笑
欺骗
比较
考验
火鸡
博物馆
进入
土狼

Puzzle 697

稳	克	梳	本	镜	亲	自	平	情	驱	余	极	口	账	户	亮	面
事	秘	书	解	子	亲	平	许	露	分	己	地	驴	木	自	牙	差
貓	恐	最	面	遇	电	木	分	四	栅	转	猫	重	衫	行	膏	心
桥	煲	举	桥	亲	也	定	衫	的	龄	状	增	考	乃	便	衬	破
加	透	瑞	建	存	惧	便	汽	人	高	结	然	而	型	然	热	他
顶	恐	骄	瑞	马	桌	量	车	老	上	构	村	车	经	降	灵	损
数	真	理	>	凑	露	过	保	胶	祖	惫	袖	口	常	解	复	升
稳	觉	记	>	情	雪	点	有	灵	赂	导	系	错	袋	保	证	心
信	滑	乃	四	安	坠	乐	素	懦	夫	航	统	保	生	因	书	请
看	填	了	部	袖	有	约	隐	思	充	究	克	村	升	父	雨	公
困	难	答	>	情	晚	情	藏	的	肥	衡	保	错	遇	况	乃	式
遇	增	股	子	貌	餐	远	諾	惊	便	主	梁	静	保	理	约	惫
眼	礼	而	惨	决	根	滑	图	苍	生	虎	音	状	！	噪	滑	素
露	了	分	直	许	破	瑞	怖	蝇	挽	留	信	士	蛾	绍	量	远
后	乃	磨	修	理	栏	复	趣	音	雪	车	他	息	坠	肥	源	面

汽车保有
极地猫
懦夫
晚餐
导航
露点
然而
隐藏
保证
困难
系统
信息
口袋
公式
经常
牙膏
账户
苍蝇
挽留
结构

Puzzle 698

焕	镜	从	便	骄	自	高	特	便	镜	试	灵	下	风	飞	子	肉
栏	落	填	快	父	建	滑	数	草	携	己	摇	后	格	马	思	息
坠	士	龄	根	生	存	栗	揭	号	降	类	坠	修	规	本	不	眉
摇	直	信	摇	复	觉	请	示	之	电	胶	闲	父	情	书	旋	有
快	树	环	木	携	也	灵	疲	蓝	相	同	人	结	紧	凑	典	胶
露	转	乐	增	页	惊	特	延	特	色	延	栏	束	活	眼	醋	袖
远	栅	直	他	亮	带	有	情	怖	下	的	觉	远	克	人	栗	通
查	有	上	他	骄	举	瑞	动	秘	乎	蛾	鳍	倍	的	滑	带	有
祖	加	幸	有	究	士	不	柠	平	稳	自	咆	哮	直	欲	而	之
惧	错	摇	飞	亲	子	错	檬	可	亮	本	下	蔻	不	噪	充	胶
后	礼	村	龄	透	赂	碎	汁	梁	能	梁	部	惫	建	理	外	亮
标	记	洗	近	请	稳	图	祖	驴	未	的	年	况	页	件	部	坠
下	灵	衣	驴	乎	觉	机	马	加	宏	伟	度	撞	口	邮	人	衬
错	况	最	余	醒	克	活	旋	滑	要	解	蜗	己	情	的	平	觉
信	栏	远	碎	安	议	闲	的	特	自	眼	定	牛	升	也	心	滑

洗衣
相同
可能的
生存
部件
醋栗
结束
年度
宏伟
标记
蓝色的
柠檬汁
蜗牛
揭示
紧凑
外部
的邮件
未能
风格
咆哮

Puzzle 699

复	子	自	便	煲	约	特	柔	凑	趣	虑	研	透	>	乐	滑	上
保	煲	书	约	绍	平	滑	趣	回	闲	好	遥	便	便	的	蔻	监
升	建	答	情	接	近	本	金	丝	雀	究	动	股	觉	荒	海	测
苦	私	通	升	的	生	理	栅	试	骄	携	许	欲	行	野	的	洋
栅	香	看	程	上	第	情	地	损	票	雪	驰	貌	自	敌	人	远
恐	諾	几	类	然	二	祖	面	愿	安	填	骋	远	貌	量	煲	乐
自	毁	子	试	最	带	苦	趣	望	乎	信	祖	眉	惫	自	复	野
信	煲	因	书	瑞	带	镜	觉	摇	指	望	乐	礼	焕	栗	人	安
人	惊	飞	草	祖	梁	野	袋	得	香	趣	龄	克	赛	跑	焕	的
沿	着	分	不	不	也	保	优	议	柔	>	面	状	约	决	欲	的
特	填	有	议	约	究	镜	事	野	性	视	情	于	的	子	观	游
身	充	底	损	部	亮	心	绍	得	发	快	焕	约	总	线	源	泳
木	许	书	页	升	遇	介	亲	坠	惨	泽	斑	图	望	状	胶	优
息	肉	凑	远	过	喜	得	之	事	情	衡	点	出	生	动	宠	便
高	木	号	粉	红	色	的	飞	近	梁	答	栅	高	醒	瑞	克	物

驰骋
沿着
敌人
出生
接近
赛跑
地面
斑点
觉得
金丝雀
监测
指望
海洋
总线
宠物
的荒野
愿望
粉红色
游泳
第二

Puzzle 700

日	解	疲	取	决	于	静	人	动	生	信	四	外	自	性	部	之
思	稳	则	马	收	藏	！	预	测	通	复	恐	套	好	增	有	撞
袖	考	紧	心	真	下	想	部	香	保	察	然	礼	煲	理	伊	快
摇	增	决	音	宜	树	趣	规	菜	伏	况	雨	决	携	的	优	情
飞	解	望	许	保	龄	自	苦	雪	草	树	热	热	苦	噪	护	释
下	袖	循	肥	放	基	觉	护	能	错	余	基	热	日	从	保	护
面	便	遥	赂	放	平	紧	免	桥	最	远	本	老	考	骄	特	望
约	升	警	坠	研	摇	便	子	保	本	先	私	根	衬	记	上	亲
携	贤	肢	报	豆	过	建	天	展	想	自	乐	疲	举	坠	热	面
胶	身	人	汽	车	旅	馆	傻	示	象	思	电	选	觉	上	眉	公
文	化	栅	人	转	环	趣	瓜	安	稳	坠	一	究	研	的	摇	司
有	眉	镜	的	秘	得	研	后	闲	复	喜	士	二	袋	事	自	村
了	解	望	也	保	量	息	加	坠	循	平	行	栅	二	件	下	自
灵	摇	下	然	远	喜	循	貌	倍	热	马	羊	毛	醋	。	损	信
主	野	回	蔻	露	惊	恢	先	稻	乐	觉	信	丁	私	树	权	猫

文化
外套
一二二。
展示
预测
保护
傻瓜
贤人
的研究
取决于
收藏
公司
警报
想象
免子天
的事件
羊毛
汽车旅馆
香菜
基本

Puzzle 701

秀 伴 能 不 组 织 要 保 蠕 骄 身 情 填 口 信 过 究
酸 侣 疲 便 间 有 夏 趣 人 惊 农 场 主 的 衡 紧 过
日 牛 故 事 见 根 天 真 栗 老 祖 心 磨 貓 观 张 权
也 驴 奶 倾 向 于 的 子 。 肉 豆 建 修 袖 秘 活 错
解 规 余 见 透 望 遥 乃 思 撞 见 遥 欲 允 主 动 热
摇 滚 马 绍 情 亮 行 信 有 研 主 行 带 许 光 看 豆
数 煲 亲 页 稳 考 他 程 信 了 后 行 。 老 欲 蜡 笔
梁 透 得 人 坠 苦 差 事 替 马 介 部 最 远 得 虑 克
书 驱 ！ 龄 的 规 饭 举 代 见 差 远 马 野 则 趣 于
完 全 复 父 欲 虑 便 平 电 带 活 人 面 保 水 肥 放
之 木 迟 珍 高 煲 桌 摇 子 恐 平 礼 视 水 眉 蛾 社
情 投 树 贵 察 举 况 野 书 回 家 风 暴 虎 究 不 情
柔 权 票 皮 自 栗 规 蠕 肉 静 乐 平 出 老 书 坠 毁
生 水 平 伊 远 栏 底 之 亲 间 分 许 四 安 便 > 滑
面 携 转 延 降 错 驴 程 摇 图 回 稻 坠 举 的 镜 优

投票
珍贵
风暴
树皮
允许
蜡笔
组织
倾向于
紧张
故事
夏天的
替代电子书
农场主
伴侣
水平
回家
酸牛奶
苦差事
摇滚
完全

Puzzle 702

一系列
剪辑
反应
的关注
老虎
视图
肉桂
本质
启动
震撼
灰尘
小猫
迅速
办法
市中心
出现
资源
坐在
萝卜
紧急

衫 凑 稻 丁 蛾 理 填 本 资 貌 灵 定 也 灵 差 怖 泽
惧 剪 肉 桂 蠕 信 错 老 源 乃 行 香 怖 规 皂 醒 根
醋 辑 增 迅 平 的 野 虎 恐 木 傲 后 磨 桌 本 伏 豆
议 选 绍 见 速 恢 旋 转 根 肉 赂 信 项 皂 行 理 焕
飞 木 欲 况 来 焕 马 栏 状 重 栗 的 社 因 心 的 撞
想 驴 余 煲 人 充 最 人 休 看 间 选 喜 的 亮 。 树
决 一 人 视 请 况 部 议 顶 部 栗 真 蔻 关 的 摇 撞
旋 余 系 图 损 落 虎 因 袖 想 建 了 几 注 下 充 水
平 灵 ！ 列 灰 柔 蔻 典 动 破 摇 摇 研 选 衡 间 情
考 社 年 水 尘 亮 快 丁 闲 萝 透 > 市 小 猫 瑞 四
办 书 上 之 特 而 虑 反 紧 卜 远 究 高 中 迟 排 疲
法 请 想 > 复 本 邀 应 急 透 降 面 宜 香 心 启 得
性 。 四 升 租 质 有 保 了 选 复 煲 事 解 看 动 木
主 貌 坐 在 震 撼 携 出 现 得 恐 便 树 桌 护 行 数
镜 趣 特 远 平 降 貓 滑 恐 排 倍 马 噪 滑 乐 人 来

Puzzle 703

状透自持路惊租露项蠕的情身栗日解树
后地恐面径焕龄情降！停机自镜袖从心
露损摇静趣真议想龄股动留桌发型考请
安静的有功柔回视雨性规目前的结果。
毁的己女人能究镜的雪乎性趣惧不破木
露镜自年面亮热四得的乐保持风面顶遥
高区制造典的年马填见傲外理筝乎苦信
降介研的飞心虑看乐驱安国醒衬私之视
解闲日竞争保降便重机士带究饭息祖安
远高蔻页梳栏马租根煲信股股基鳍优数
复研生了而宜父马介损错则程地西瓜地
本型差图特透子旋亲过倍马请傲理损研
对充约父况乐草露傲醒野见发十毁蛾程
间不复己瑞喜的的虎摇视乐面年日机后
数雪起教授复不规则真树情实现亲祖>

教授
制造
自己的
十年
保持
安静的
基地
停留
外国
的结果
对不起
功能
西瓜
女人
竞争
不规则
目前
实现
风筝
路径

Puzzle 704

延围巾之觉欢凑合古董私迟祖要约雪本
坠野马议乐士快作野股状碎！便眉差橇
议迟欲则租考源的能而飞地权喜乐恐修
自了释恐木热考亲够虑则理煲香降有乃
增醒之要能父休情究梳存坠稻社中头恐
大衣远磨骄乐破性记毁驱摇马情惨发根
乐租坠息飞心坠定亲蔻怪物亲的摇性有
家具飞肥他马从理乎平有典小部页书研
动升上泽趣考乐想士厨欲机的子媒体栏
村增蔻地持议木鼬鼠房融化画观乐面喜
乐摧毁木重租磨分己克露的笔介见梁升
他要虫喜疲父光车后衬村约主上己遥傲
乐坠坠减少树干碎试损的虫理的先上述
镜恐间请直源克的煲议定动豆究部马错
礼人况然秀数稳议部答噪心胶望则袖梳

欢快的
鼬鼠
大衣
上述
摧毁
厨房
树干
媒体
头发
雪橇
怪物
古董
小子
融化
围巾
合作
能够
减少
的画笔
家具

Puzzle 705

一 看 考 来 分 的 自 解 究 草 諾 图 解 中 丁 喜 纠
惨 次 破 坠 后 四 环 票 权 面 增 木 蠕 想 右 手 结
请 豆 树 怖 定 平 惨 事 梁 欲 驴 类 木 致 命 草 马
心 而 远 保 透 士 磨 然 凑 地 好 加 稻 貌 记 顾 客
静 子 乃 伊 滑 议 数 的 间 稳 口 龄 间 书 灵 的 豌
奇 迹 袋 下 间 煲 遇 身 看 鳍 赂 社 轿 便 记 暂 豆
民 俗 因 老 几 环 的 光 了 肉 根 迟 跑 免 虑 露 停
落 入 丁 克 修 事 得 书 木 闲 > 持 车 费 顶 摇 人
过 分 手 提 箱 柔 稳 增 保 优 究 噪 虫 高 直 情 究
图 克 的 想 也 虑 亲 音 恐 从 恢 热 袋 树 煲 桌 从
望 优 礼 研 己 后 欲 遥 人 子 先 亮 携 社 心 游 心
直 重 娱 出 紧 请 生 复 循 底 野 点 的 音 乐 戏 梳
闲 坠 热 最 马 直 进 貓 木 木 灵 村 赂 肥 自 动 衡
有 优 疲 貌 定 切 一 的 的 欲 醋 得 况 撞 解 旋 护
摇 而 迟 地 袋 恐 步 亮 通 坠 得 野 建 伏 特 况 灵

暂停
一次
右手
的一切
看了
手提箱
致命
豌豆
落入
的音乐
奇迹
民俗
免费
亮点
游戏
纠结
进一步
顾客
轿跑车
一直

Puzzle 706

机 来 系 高 的 山 克 碎 蜘 蛾 子 类 存 请 梁 动 本
年 轻 列 超 雨 里 羊 水 情 蛛 年 迟 可 怕 的 足 充
不 生 丁 越 理 绍 情 典 虎 另 一 个 露 研 衡 坠 飞
音 能 记 差 明 底 来 秀 的 信 滑 保 野 部 豆 驴 宜
自 泽 研 醒 显 绍 蔻 克 有 露 信 柔 理 喜 底 宜 保
亮 衫 察 士 重 持 镜 子 用 马 有 区 部 稻 马 疲 四
错 决 摇 考 量 升 类 子 出 特 规 亲 的 邀 重 发 衬
携 亲 项 情 的 諾 木 > 进 行 行 毁 号 想 大 的 项
情 恐 静 面 祖 幸 父 飞 稳 亲 性 露 状 保 试 便 察
想 的 充 顶 桥 疲 的 介 喜 坠 电 的 远 特 村 绍 滑
究 面 露 人 匆 恐 绅 醋 想 的 栅 则 鳍 则 能 先 最
衬 然 今 邻 匆 心 士 解 椅 子 记 区 社 理 便 学 习
稻 亮 晚 乃 居 号 衫 优 复 娱 本 磨 摇 也 通 电 年
票 落 回 视 活 想 有 瑞 介 循 肉 过 车 带 高 延 木
惧 几 滑 灵 况 克 欲 主 龄 本 碰 机 醒 旋 书 乐 伊

重量
椅子
匆匆
年轻
明显
蜘蛛
邻居
系列
的绅士
重大
充足的
山羊
学习
的有用
另一个
镜子
进行
可怕的
今晚
超越

Puzzle 707

过 型 恐 士 桌 全 球 落 痛 苦 摇 滑 日 最 草 草 伊
醋 部 秀 运 雪 礼 考 有 最 倍 碎 阿 姨 事 项 水 莓
不 情 热 两 情 香 高 亲 娱 自 野 一 定 遥 根 > 条
驴 摇 亲 噪 个 闲 坠 型 伏 滑 本 年 存 也 加 复 研
香 察 衡 木 研 镜 乐 存 坠 人 秘 摇 梁 程 延 滑 查
蛾 音 存 得 礼 飞 宜 源 特 亲 的 忽 日 部 部 肥 日
对 降 快 雨 社 人 遥 损 先 虎 肢 略 出 数 况 真 。
举 比 蔻 丁 基 噪 看 差 亲 亮 特 余 后 决 便 复 貌
飞 医 度 情 的 早 迟 貓 联 系 雪 迟 充 草 的 豆 书
娱 疗 吸 收 明 餐 身 便 能 社 乎 疲 磨 中 水 欲 灵
发 增 先 衬 天 情 要 真 豆 木 下 面 损 转 车 有 桥
马 ！ 特 子 有 虎 饭 磨 也 责 任 伏 村 木 雪 焕 部
年 基 绍 露 有 信 静 士 肢 虎 数 休 的 惫 见 了 狩
马 肥 图 情 一 次 性 号 乎 人 带 约 伊 便 理 恐 猎
间 看 而 差 最 貌 状 平 抗 拒 想 特 士 人 幸 于 倍

联系
对比度
下面
忽略
狩猎
抗拒
磨损
事项
阿姨
责任
吸收
一次性
草莓
一年
医疗
全球
明天
早餐
痛苦
两个

Puzzle 708

专门
买得起
地板
标志
精度
的球员
森林
星期
过程中
编辑
知道
的行为
一起
外观
参与者
锄头
蚂蚁
的演员
图片
着急

书 心 肢 特 草 肉 恢 趣 恐 发 闲 肉 事 栏 请 宜 蛾
看 的 延 研 要 透 面 木 书 为 行 的 球 员 特 心 桥
栏 也 专 门 真 磨 保 放 饭 先 惫 信 蠕 演 动 肉 本
木 情 车 标 携 恐 转 平 一 趣 热 规 后 的 胶 直 克
见 安 。 地 志 锄 头 优 起 坠 子 的 桥 马 乐 得 特
热 排 想 板 幸 视 袖 丁 得 研 修 貓 蚂 复 情 知 了
外 观 绍 骄 惧 究 鳍 车 买 情 落 坠 安 蚁 伏 落 道
理 树 透 静 动 > 休 雨 森 林 乎 疲 机 碰 记 释 不
动 则 增 保 保 平 余 祖 星 期 部 过 页 差 紧 究 飞
护 生 况 精 度 转 热 领 觉 有 租 程 饭 他 书 肢 醋
要 子 来 克 图 想 落 醋 复 加 重 中 参 落 觉 袖 事
主 恐 损 的 片 着 急 约 貌 动 有 直 与 雪 驴 活 露
议 过 情 地 凑 虑 邀 情 的 村 热 从 者 坠 真 皂 迟
自 赂 活 迟 四 旋 恢 > 安 快 车 复 释 况 乎 部 眉
秀 的 状 饭 生 伊 露 不 事 增 貌 梁 编 辑 回 携 四

Puzzle 709

虑 的 噪 毁 瑞 呼 吸 恢 性 肥 碎 增 区 口 主 研 面
身 观 感 觉 袖 而 亲 存 不 皂 貓 基 加 噪 检 项 趣
来 绍 活 磨 滑 惧 定 要 情 水 邀 草 遥 光 查 破 惫
面 存 原 谅 撕 摇 行 醒 平 的 想 本 趣 几 中 过 有
磨 面 衬 木 裂 甜 蜜 项 碎 坏 地 心 蛾 乐 桥 噪 况
平 量 从 梳 树 泽 碎 型 木 最 里 方 > 见 增 区 释
蠕 上 貌 快 好 行 保 伊 书 人 透 理 惫 面 本 见 信
露 出 醋 便 乐 的 坠 的 工 作 人 员 涉 释 骄 行 身
草 价 焕 分 人 几 觉 恢 梁 諾 保 稳 情 及 傲 恐 释
领 格 经 转 股 究 年 惊 保 幸 了 考 摇 了 的 面 不
饭 磨 济 虎 定 毁 本 想 蛾 部 察 规 权 音 乐 遥 远
肢 望 情 眉 先 请 的 信 热 性 梁 息 不 情 冒 恐 邀
究 泼 环 环 那 么 究 携 衬 分 特 于 底 近 险 摇 项
貌 妇 遇 静 觉 出 马 紧 回 动 的 乐 的 克 的 眉 生
肥 复 本 面 电 泽 考 衡 程 袋 理 主 携 情 面 本 蔻

增加
泼妇
呼吸
价格
冒险的
那么
遥远
涉及
原谅
甜蜜
肥皂水
最坏的
骄傲的
的地方
感觉
检查中
的工作人员
经济
撕裂
见面

Puzzle 710

自 决 电 木 源 活 建 木 视 权 动 楼 心 喜 之 分 人
迟 虑 面 察 电 增 肉 自 眉 青 而 梯 > 介 露 欲 子
活 部 草 充 醒 的 理 解 的 蛙 察 赂 物 种 理 观 则
人 行 光 肥 饭 礼 人 像 赂 紧 蔻 衡 桥 野 错 车 豆
规 行 醋 衡 眉 的 余 答 查 赂 子 他 惧 便 情 有 则
见 乃 子 欲 秀 保 摇 况 村 摇 马 的 衡 排 噪 护 自
带 乃 先 闲 地 饭 加 于 柔 布 公 日 四 音 虑 马 音
特 票 反 生 蔻 便 活 不 安 人 他 园 祖 发 便 转 秘
别 土 向 机 构 见 面 包 木 程 请 立 独 的 瑞 典 人
好 豆 衡 拼 远 研 栏 醋 绍 镜 秀 行 然 然 项 根 手
情 研 便 写 胶 心 音 高 祖 优 桥 保 衡 租 平 目 套
见 柔 条 能 磨 保 野 秀 欲 从 灵 出 情 了 雨 票 袋
伊 雨 情 虑 碎 租 村 摇 的 栏 栗 諾 信 暴 力 望 解
祖 饭 驱 举 肥 根 乐 热 租 马 村 醋 差 赂 露 伏 平
鳍 远 栗 欲 批 判 子 肢 私 复 出 里 紧 能 号 > 远

手套
特别
物种
的独立
拼写
瑞典人
青蛙
的项目
先生
公园
机构
面包
楼梯
的发音
人像
反向
批判
公布
暴力
土豆

Puzzle 711

皂 的 运 栏 坠 俱 运 虫 轻 西 护 惧 恐 的 项 坠 特
视 己 许 因 的 心 乐 貌 微 基 红 权 蔻 茶 毁 本 从
碰 草 子 香 热 摇 树 部 情 保 那 柿 梁 壶 虎 股 秀
社 諾 保 不 蠕 光 飞 而 貌 机 驱 种 栗 王 室 性 蛾
摇 亲 领 分 闲 项 研 村 保 研 环 保 袋 人 了 能 迟
基 苦 肉 落 研 骄 事 灵 数 人 本 只 最 特 马 最 社
过 条 有 赂 事 老 子 梁 噪 摇 过 是 总 统 存 租 号
电 面 回 应 子 子 缤 乎 坠 碰 里 雪 了 乘 机 恐 然
惊 分 地 余 落 高 纷 修 碎 滑 私 球 情 法 鳍 栅 后
支 条 村 趣 落 识 休 父 桌 树 之 自 坠 本 建 况 首
持 年 碰 亲 图 别 音 动 木 增 项 望 则 特 安 摇 都
情 因 恢 保 恐 丁 约 理 肥 充 想 闲 喜 信 迟 循 虑
之 先 破 直 年 发 煲 重 最 上 肥 类 面 复 股 欲 肉
现 在 。 衫 部 情 类 摇 号 摇 见 介 碰 之 票 心 邀
察 电 静 分 人 热 似 规 车 草 便 努 力 身 衬 怖 观

性能
俱乐部
识别
那种
努力
乘法
回应
雪球
轻微
现在
王室
支持
总统
首都
的恐惧
只是
类似
的茶壶
西红柿
缤纷

Puzzle 712

最大的
检查
冬天
的卧室
至少
婚礼
那些
财政
虹膜
长度
周三
承诺
自由
蜥蜴
特殊
篱笆
苹果
牛奶中
放养
双亲

放 养 牛 上 想 音 平 修 栅 自 觉 介 泽 优 的 转 人
栏 。 醋 奶 图 面 年 来 典 延 里 子 特 回 蜥 蜴 的
持 秀 典 议 中 环 有 的 娱 检 长 度 殊 解 于 究 复
桥 解 财 政 要 木 性 安 袖 落 查 室 机 最 损 降 填
书 况 升 飞 双 亲 运 。 冬 秀 醋 傲 卧 大 露 周 三
> 栏 来 答 根 丁 来 欲 天 人 充 赂 主 的 婚 里 解
约 皂 心 承 之 究 肥 则 心 典 最 泽 许 疲 礼 喜 领
转 口 定 诺 乐 遇 桌 乐 书 醋 他 升 自 基 惨 至 少
书 那 木 摇 信 型 子 虎 不 摇 类 赂 由 快 坠 瑞 号
了 些 恢 远 破 选 行 页 想 举 性 研 里 马 面 坠 情
摇 香 醒 事 皂 马 觉 胶 子 自 行 的 过 源 情 看 赂
休 宜 碰 稻 日 骄 持 篱 便 撞 > 究 肢 露 过 坠 丁
醒 蠕 幸 安 区 修 试 笆 叁 因 建 信 苹 特 下 饭 的
野 举 欲 延 直 草 野 醒 填 父 社 乃 果 落 子 乐 虹
瑞 眼 差 亲 释 解 驴 灵 平 乐 子 衬 请 焕 虎 持 膜

Puzzle 713

增 衡 他 来 雪 苦 老 龄 缺 背 信 四 焕 权 不 区 栏
则 直 权 乐 自 平 特 其 乏 后 落 讲 述 乎 增 滑 坠
发 梁 了 乐 无 数 的 ， 摇 自 增 行 蠕 肉 过 中 露
理 不 甚 项 目 悲 惨 动 諾 修 亲 回 特 静 木 绍 也
特 四 好 至 观 碰 噪 物 眉 情 数 药 物 幸 见 諾 的
望 里 透 諾 部 特 的 发 惊 修 下 心 复 草 考 蔻 栗
生 带 有 回 见 野 考 克 的 社 露 不 己 错 怖 遇 息
恐 心 最 排 安 余 的 葡 萄 的 存 的 子 则 坠 之 要
肉 请 滑 亲 规 最 水 惨 坠 回 惊 中 肥 里 素 动 毁
建 适 当 视 本 现 场 眼 本 灵 磨 授 面 亲 情 量 性
量 议 息 条 举 有 便 虑 的 答 视 电 权 重 諾 木 质
交 身 泽 答 上 部 看 数 雪 坠 心 放 有 最 忠 诚 研
易 木 约 部 幸 过 己 望 面 灵 衫 伊 泽 解 从 貌 怖
同 情 饭 主 坠 本 士 持 的 最 的 真 从 飞 信 望 落
朋 友 的 有 破 典 貓 坠 程 延 车 怖 肉 保 见 行 子

朋友的
悲惨
无数
甚至
，其
现场
讲述
缺乏
同情
葡萄
授权
忠诚
建议
，动物
适当
药物
交易
项目
性质
背后

Puzzle 714

日 滑 答 倍 增 快 生 邀 情 成 熟 加 子 书 考 子 复
瑞 数 人 决 衫 迟 情 袖 也 的 了 入 过 肢 粗 觉 好
运 充 听 昨 信 大 师 解 秘 私 怖 源 视 答 细 梁 了
机 眉 娱 到 天 树 增 释 统 治 者 他 。 量 秘 乐 醋
惊 喜 稻 后 平 遇 本 自 父 秘 热 请 护 许 眼 察 的
落 中 远 不 类 毁 来 他 胶 克 得 升 察 面 保 决 马
日 赂 伊 见 衡 肥 从 行 打 本 煲 余 保 不 状 构 股
父 信 肉 心 迟 乐 特 存 法 升 的 情 类 型 驴 造 思
加 牙 齿 衡 自 平 噪 在 烧 毁 均 匀 亲 解 行 回 人
他 衬 好 里 回 排 惫 决 上 素 好 增 保 飞 父 克 过
建 礼 衫 幸 衬 解 他 他 人 本 错 趣 许 环 帮 助 介
人 充 而 龄 理 衫 信 究 傲 袖 则 查 泽 股 直 型 保
蔻 社 查 远 介 娱 行 则 心 醋 苍 鹭 肉 领 亲 生 泽
眉 的 袋 乐 底 记 干 旱 諾 定 然 定 提 类 高 的 电
驴 研 子 龄 也 克 虑 人 乐 乐 的 欲 供 人 建 村 最

均匀
构造
打法
苍鹭
惊喜
烧毁
干旱
帮助
衬衫
牙齿
解释
统治者
昨天
成熟
提供
听到
粗细
存在
大师
加入

Puzzle 715

骄	更	新	权	欲	事	闲	也	选	安	尝	试	事	增	肉	蠕	眉
回	飞	子	驱	望	骄	持	本	貓	恢	后	梳	通	人	了	基	欲
类	瑞	子	伏	活	胶	加	介	自	主	想	理	票	乃	直	倍	看
解	替	各	要	苦	生	趣	快	解	镜	人	几	雪	通	话	不	草
趣	代	地	能	虫	面	雨	虫	胶	貓	疲	瑞	增	远	喜	真	邀
重	醒	源	肉	稻	也	驱	父	答	蛾	破	饲	根	约	最	书	的
他	乐	况	信	有	娱	直	而	复	答	平	料	丈	相	部	放	真
复	典	趣	>	恐	丁	倍	磨	日	灵	骄	蠕	夫	信	图	心	栏
肉	期	望	的	坠	老	桥	远	乐	紧	信	动	破	过	马	地	瑞
肉	稻	秀	重	于	骄	光	许	源	乐	信	量	迟	自	信	蛾	下
信	休	运	后	不	职	短	心	的	温	的	实	际	单	独	了	他
顶	放	人	顶	下	业	暂	要	充	度	有	乐	解	乐	带	决	社
觉	骄	假	研	眉	排	请	龄	有	衬	决	口	决	查	说	便	高
子	于	傲	素	野	欣	画	便	觉	骄	休	貌	说	，	话	心	疲
典	伊	惧	乐	持	复	然	笔	亲	区	邀	諾	带	最	秘	面	子

替代
温度
放假
饲料
短暂
相信
说话
丈夫
通话
各地
单独
说，
的实际
期望
职业
欣然
更新
画笔
放心地
尝试

Puzzle 716

高	他	情	容	回	增	究	幸	权	出	能	恢	身	菠	野	热	最
过	>	口	忍	部	从	书	祖	惨	机	人	落	地	萝	转	最	后
后	野	护	里	亮	图	类	基	恢	优	邀	便	噪	信	栏	稻	复
邀	型	乎	倍	增	虑	的	况	闲	想	眼	究	下	察	直	喜	部
年	的	事	主	出	价	值	马	犯	排	眼	伏	遇	察	惊	的	的
绍	的	生	菜	西	的	购	马	英	罪	看	研	香	休	灵	口	露
近	私	之	的	部	肥	买	面	条	寸	恢	衫	下	手	程	的	木
可	重	复	使	用	的	行	肉	票	天	条	底	恐	撞	柄	建	飞
栗	鹿	坠	信	桥	子	事	则	见	空	豆	伏	虎	疲	遥	煲	袋
露	野	活	桌	持	根	状	安	滑	生	健	循	身	洪	稻	不	醋
私	重	人	生	马	私	骄	年	快	间	康	秘	惫	水	貌	面	醒
遥	发	带	温	克	份	额	木	理	试	光	书	保	要	破	增	野
优	稻	解	度	杯	情	排	观	乐	老	雪	醋	有	稻	信	栅	心
酒	热	邀	计	针	肥	真	部	衡	不	然	生	人	重	泽	解	要
后	礼	飞	子	对	素	本	马	热	赂	娱	部	后	喜	便	心	情

针对
马克杯
犯罪
手柄
天空
英寸
可重复使用的
价值
健康
温度计
的生菜
鹿野
份额
购买
菠萝
酒后
洪水
西部
容忍
最后

Puzzle 717

野	息	疲	试	蠕	得	延	觉	大	恢	释	底	性	有	议	雨	稻
幸	升	栏	持	摇	介	转	坠	部	精	状	紧	碰	龄	貓	身	有
走	驴	惊	区	灵	欲	坠	研	分	貌	细	从	研	得	祖	举	滑
廊	虑	通	眉	而	性	选	远	怖	梳	闲	人	蛋	糕	望	剩	余
源	自	碰	降	况	飞	性	状	根	情	。	池	塘	貌	焕	保	区
因	磨	的	灵	图	镜	根	拒	绝	灵	自	赂	的	身	宜	护	复
保	幸	皂	灵	从	蔻	日	黄	色	出	恢	道	德	恢	试	便	肉
望	保	机	动	里	保	出	胶	黑	丁	香	好	语	源	飞	情	迟
梳	号	不	素	飞	租	祖	口	木	保	碰	条	速	选	察	考	秘
有	情	修	过	情	己	亲	增	乐	礼	秘	快	页	某	视	障	碍
遭	过	然	磨	状	他	土	！	碰	趣	从	记	面	处	也	转	优
惨	受	有	望	建	源	地	泽	疲	定	不	恐	乃	傲	情	底	年
闲	最	程	他	休	考	股	遥	飞	本	的	凑	>	本	面	护	坠
身	四	有	胆	小	维	护	面	宜	饭	老	解	稳	损	苦	而	便
袋	状	直	区	四	镜	惨	护	部	社	社	！	排	动	惫	雨	了

语速
道德
精细
黑色
胆小
某处
拒绝
出口
丁香
池塘
维护
黄色
遭受
土地
走廊
障碍
蛋糕
剩余
大部分
有望

Puzzle 718

辩论
郁金香
北极
需要
解雇
无形
硬币
升入
从来没有
的任何
此处
仁慈的
表面
第三个
规则
计算
蓬松
可爱的
击败
男子

素	村	书	郁	的	肥	露	性	电	望	子	解	灵	也	眼	的	然
闲	摇	电	从	金	来	型	许	许	灵	便	雇	貌	分	性	休	稳
香	木	保	来	飞	香	梳	信	惧	马	权	磨	错	第	便	视	基
面	袋	他	没	号	面	老	循	私	虑	先	幸	倍	三	行	香	最
程	恐	士	有	动	增	蠕	露	后	本	身	快	紧	个	信	凑	胶
龄	豆	素	蛾	幸	豆	秘	幸	增	息	生	研	典	了	然	规	加
袖	高	复	循	页	骄	顶	査	肉	闲	近	恢	升	入	雪	上	则
平	也	人	息	过	面	部	男	里	子	权	幸	趣	近	恐	最	地
的	任	何	北	野	间	情	子	击	本	面	延	察	机	乐	肥	释
爱	子	理	极	差	请	己	衬	败	最	动	虎	马	此	特	需	的
可	看	错	程	思	私	最	眼	车	私	子	蓬	松	>	处	要	活
桌	辩	紧	乎	不	静	惊	最	电	书	仁	栅	惊	恢	便	研	充
己	论	情	理	复	约	树	驱	热	趣	慈	硬	无	察	远	量	惊
平	摇	高	环	貌	先	程	坠	计	算	的	币	形	况	程	表	保
木	摇	想	加	肥	恐	最	心	保	！	增	租	胶	眉	动	面	自

Puzzle 719

的 错 于 远 休 特 秀 奶 諾 页 火 疏 散 情 飞 不 近
私 焕 填 能 车 车 坠 理 油 活 箭 维 礼 高 加 祖 介
错 属 野 亲 的 坠 村 后 修 保 真 持 正 书 信 复 思
请 于 鼠 标 了 权 性 坠 况 增 滑 栅 确 稻 平 情 约
解 网 马 复 况 源 惊 伊 直 间 填 口 的 现 代 士 排
紧 络 曲 趣 苦 雪 衫 滑 摇 梁 虫 状 了 栗 马 面 子
猫 情 线 肥 典 恐 木 源 存 复 数 ！ 信 紧 增 间 研
坠 人 乐 热 损 恢 加 运 通 虑 醋 惨 本 而 趣 遥 决
降 复 杂 的 重 摇 遥 年 不 草 规 分 量 状 急 己 面
自 苦 马 摇 真 虫 碎 特 先 智 特 野 赂 衫 剧 几 行
见 不 乃 飞 磨 亲 树 释 虎 能 恐 足 够 子 加 热 自
直 欲 能 充 镜 票 自 虑 举 亲 损 本 决 然 复 答 树
余 他 的 草 雪 后 驱 木 马 事 定 乐 苦 有 下 要 许
有 源 父 恐 不 花 扑 幸 审 发 趣 休 能 发 噪 举 则
优 势 描 述 宜 后 自 通 判 展 填 心 骄 行 恐 桌 肉

网络
发展
属于
正确的
火箭
维持
优势
现代
雪花
描述
智能
急剧
审判
复杂的
鼠标
足够
曲线
奶油
疏散
扑通

Puzzle 720

你自己
在这里
黄瓜
头部
情况
移动
申请
沙漠
平均
小说
自己
一滴
驾驶
电视
无意义的
访问
成长
礼服
闪耀
指甲

保 最 运 祖 惧 主 中 情 袋 梳 票 人 亲 欲 修 建 静
礼 諾 肉 先 稳 遇 申 苦 保 蔻 礼 四 移 喜 先 镜 选
面 约 稻 眼 几 成 木 请 露 他 驾 雨 动 自 请 乐 礼
指 甲 电 视 面 长 回 灵 自 租 驶 倍 修 然 心 头 部
虑 趣 底 树 几 醋 沙 排 情 况 雨 音 衫 己 解 煲 伏
研 口 有 乃 访 信 漠 眉 安 信 在 了 桌 远 焕 行 的
无 意 义 的 问 破 四 一 书 平 这 迟 定 研 动 答 乐
看 肢 子 情 蛾 中 衬 型 滴 书 里 建 热 水 定 区 看
黄 瓜 小 秘 定 丁 本 恐 稳 觉 复 人 的 惊 过 乎 马
观 静 说 也 之 发 你 考 记 基 安 毁 人 股 桥 丁 醋
日 释 肥 趣 远 回 自 特 撞 乐 修 遥 试 信 伏 赂 查
飞 况 信 年 諾 休 己 自 闪 耀 重 定 则 肢 升 了 保
肉 皂 决 礼 能 充 下 平 想 桥 亲 约 观 解 年 信 >
迟 衬 观 心 服 自 人 均 研 过 士 建 豆 自 先 心 饭
观 持 蛾 乐 察 己 衡 领 坠 于 觉 于 平 股 排 面 傲

Puzzle 721

权 延 热 迟 后 信 香 答 乐 货 见 护 衫 倍 考 快 雨

能 野 紧 护 环 骄 龄 页 机 车 惧 袋 驱 最 惨 来 栏

最 帽 子 条 乎 生 素 面 灵 的 快 损 亲 电 滑 循 灵

透 礼 私 肉 发 介 菜 惫 最 眉 滑 驰 况 迟 水 凑 于

情 諾 便 最 能 便 考 不 许 好 真 型 名 貌 摇 书 根

能 视 秀 闲 生 露 保 橙 视 本 携 过 桌 温 瑞 因 热

栏 恐 量 人 报 乎 首 色 保 平 丁 就 像 暖 稳 真 建

究 信 举 记 余 纸 脑 号 水 出 碰 爷 爷 的 飞 什 泽

镜 肢 中 骄 梁 身 会 瑞 秀 看 到 处 存 疲 梳 么 肢

平 静 虎 直 顶 议 议 定 不 赢 察 伊 马 行 祖 条 柔

眼 增 理 坠 主 煲 木 人 妈 了 息 快 过 苦 娱 记 察

介 野 焕 旋 碰 委 员 会 妈 重 解 试 蛾 基 加 有 摇

鳍 乎 私 稻 增 马 了 近 醋 惧 面 有 复 金 灵 丁 赂

带 区 灭 亡 镜 复 望 特 占 据 事 趣 多 出 便 里 之

肢 优 察 肉 息 思 基 领 音 情 肥 降 次 的 士 举 惊

温暖的
灭亡
帽子
妈妈
到处
基金
平静
橙色
报纸
什么
占据
的爷爷
驰名
就像
生菜
多次
委员会
赢了
货车
首脑会议

Puzzle 722

手册
体育
富含
开玩笑
新闻
周年
关键
漂亮
的块
蚊子
招商引资
植物
周长
建筑物
技艺
参加
化妆
周期
仅仅
小型

运 热 开 落 漂 亮 招 马 也 醒 娱 觉 察 试 四 高 差

觉 眼 玩 化 妆 护 商 鳍 镜 肥 望 蚊 子 野 马 觉 要

便 几 笑 加 不 蠕 引 丁 动 项 填 趣 的 栅 坠 租 乃

股 木 凑 落 的 块 资 父 栅 错 士 亮 口 本 底 柔 带

理 桥 放 他 碰 况 马 怖 草 出 基 保 摇 书 虑 研 通

静 貌 车 身 子 趣 秀 木 树 了 ！ 高 撞 肉 存 雪 事

复 携 新 加 升 视 面 手 滑 富 含 过 条 袋 来 复 飞

秀 的 闻 而 能 最 复 册 复 中 后 约 苦 不 煲 虑 复

下 远 灵 心 因 然 近 增 部 间 便 的 信 恐 的 野 存

填 循 欲 部 。 填 邀 建 筑 物 技 研 喜 瑞 趣 的 木

柔 恢 周 期 欲 栅 > 也 村 植 音 艺 惊 煲 关 键 虑

周 仅 闲 便 延 村 放 增 马 好 释 子 动 梳 书 丁 骄

碎 长 仅 况 地 部 小 型 坠 持 复 静 灵 类 衬 露 书

草 栅 醋 损 周 体 最 直 。 参 饭 驱 究 透 恢 股 直

了 性 宜 理 年 育 生 村 地 加 ！ 复 远 飞 绍 稳 日

Puzzle 723

马 的 > 桌 动 定 觉 有 苦 早 晨 ， 虽 然 情 村 的

旋 复 许 坠 扭 类 义 轨 难 摇 露 惫 休 肉 恢 不 壁

欲 循 究 定 动 奥 栅 电 坠 的 租 定 老 遥 视 安 画

油 高 保 高 谈 秘 妻 车 能 成 功 光 人 议 袖 亲 息

漆 携 镜 复 号 论 子 更 特 于 情 荣 近 书 > 答 保

乐 泽 梁 豆 况 不 肥 漂 建 子 观 升 素 的 加 远 后

近 欲 循 规 蹈 矩 重 亮 滑 租 议 释 选 闲 瑞 蔻 虚

直 的 保 乐 上 伏 重 雪 地 社 带 理 伏 醒 间 远 拟

树 本 人 几 的 餐 木 桥 情 衫 欲 肉 状 排 亮 理 鳍

近 地 过 因 鳍 究 厅 思 喜 惧 他 恐 不 衫 水 马 远

军 事 了 安 差 惧 恐 分 本 欲 解 远 保 自 葱 惨 摇

鳍 碰 想 紧 胶 恢 瑞 理 恐 便 决 带 撞 通 皂 了 衡

破 柔 优 灵 袖 电 士 焕 > 信 他 醒 秘 知 摇 树 秘

下 面 露 露 伏 摇 约 自 了 梳 落 滑 复 书 秀 蔻 饭

己 驱 摇 电 高 落 程 状 驴 根 > > 记 便 ！ 增 想

谈论
有轨电车
的壁画
，虽然
水葱
虚拟
更漂亮
定义
通知
苦难
光荣
早晨
奥秘
油漆
军事
成功
扭动
循规蹈矩
餐厅
妻子

Puzzle 724

有 分 远 情 闲 惫 丘 泽 先 记 错 恢 简 剧 场 洗 修

记 支 图 状 口 动 状 比 蔻 娱 幸 子 化 书 己 环 涤

焕 木 保 图 政 策 似 乎 特 民 开 启 白 色 绍 心 的

他 栏 文 日 生 的 图 便 研 主 傲 社 人 然 衡 鳍 本

复 自 凭 护 专 作 村 绍 建 解 存 降 亲 豆 娱 中 程

音 乐 幸 票 家 用 虎 身 惊 毁 丁 瑞 他 也 特 部 息

循 自 复 项 升 错 事 请 眼 间 落 露 考 一 个 倍 研

碎 的 数 喜 滑 保 乎 惫 填 乐 便 树 而 龄 地 焕 情

升 村 条 高 光 的 子 年 香 主 柔 莓 看 雪 平 坠 心

恢 信 视 从 亲 观 镜 村 子 见 喷 权 试 本 类 本 伊

况 间 迟 见 休 邀 然 秀 保 猴 子 泉 滑 因 马 摇 选

树 差 息 焕 考 要 喜 而 乃 息 怖 出 磨 心 亮 携 肉

究 复 己 查 情 磨 项 视 书 因 木 快 升 定 私 察 噪

袋 下 木 近 乃 查 自 驱 村 祖 观 克 条 分 基 地 社

马 疲 活 口 面 放 错 素 龄 摇 答 乃 保 坠 情 毯 携

简化
专家升
猴子
文凭
一个
地毯
民主
丘比特
政策
似乎
分支
音乐
的生日
白色
树莓
洗涤
开启
的作用
剧场
喷泉

Puzzle 725

素秀情区基礼仓苦梁究回真许栏友眉四
肉信条的水静鼠尽毁墙究中驴试能好邀
马奢卖休野类年一信上私欲回疲转发的
子侈家父了环社份音好父桌特也坠地车
也品考数迟解解雪碰情地也撞情图介典
花摇諾镜驱运输乎滑高艰基许选遥人票
费刺过碰破解情他教制难入口举持醋马
请猬坠。娱远持损堂定秘骄眉之察飞静
动排远平觉信>类倍。间修凑礼间情雨
股人傲栏票典父也主来不梳于举娱乎的
身军队思动答高宜恢优损袋欲心试秀信
赂礼绍地决露记肉透滑因坠静领加趣！
后行马事子放生重典主复号安栅来>野
保知识便观惊回自遇乃能肉蝴了皮肤欲
页放自察根研赂携页人部自蝶上豆伏理

墙上
仓鼠
之间
军队
蝴蝶
奢侈品
教堂
运输
皮肤
卖家
尽一份
制定
艰难
刺猬
入口
了解
友好的
知识
选举
花费

Puzzle 726

请假
关系
发现
犹豫
动物
面粉
方面
导演
旗标
田径
天气
得分
活动
整个
公民
便士
蜈蚣
护士
领袖
微小的

股绍想惨保观>排草况瑞因情护部皂煲
年私见况人之休动田人心栗热士便衡破
>雨平安桌心权心行径秘部试便热情领
活典查约坠关系赂机本身状欲面破最袖
不社的来透马諾释根下衫摇因好要香的
公高性介素骄摇水袋梁遇醋增旋人情豆
民分见类权。面粉胶自典差的坠保导信
修约犹马复有方私亮能许士存数保演光
放肉豫社整个傲天气试坠部社高机好鳍
填镜醒究增己见毁不亮填父约口蜈顶动
透领的不增研活微稻解便修发差查蚣要
部远得信欲物动真小傲通最查噪本发人
旗标错带马请栅保下的发出马最行醒请
保素介不村复情貌带察现绍况恐马书假
貓>议野绍选得分坠释虫马皂人便恐心

Puzzle 727

饭	保	人	滑	野	桌	虫	市	场	公	动	害	鳍	人	察	滑	型
局	限	保	于	要	宜	马	要	下	乃	鸭	羞	条	书	疯	狂	的
亲	类	从	动	词	存	他	远	排	根	快	亲	复	型	恐	的	想
复	娱	煲	定	菊	花	生	运	私	出	许	鳍	情	先	情	便	通
豆	音	梁	降	连	拍	热	考	理	解	人	介	安	最	增	面	私
秘	骄	量	马	秀	将	袖	蛾	煲	骄	后	灵	驴	闲	老	恐	怖
安	栅	的	考	区	真	来	桥	，	后	喜	图	此	句	可	笑	的
研	数	研	配	页	介	噪	主	也	香	里	他	左	受	孕	面	安
修	数	况	备	差	平	祖	区	没	顶	桌	喜	腿	解	驴	情	稳
碎	想	的	中	恐	理	瑞	绍	有	要	醒	区	的	安	的	考	平
諾	面	来	柔	情	查	骄	雨	便	遥	项	顶	近	的	子	加	苦
页	乐	到	项	噪	煲	过	了	雪	亮	能	本	复	试	护	雪	的
桌	过	肥	人	身	特	看	步	伐	答	错	定	上	回	类	恐	增
便	恐	宜	通	带	人	蔻	美	镜	村	四	降	持	之	秀	野	灵
梳	雨	傲	常	年	中	平	充	味	状	则	页	平	必	须	绍	栗

公鸭
必须
疯狂的
步伐
来到
菊花
害羞
美味
将来
通常
连拍
配备
动词
市场
可笑的
局限
，也没有
受孕
此句
左腿

Puzzle 728

雨	延	建	立	停	落	木	增	察	观	子	面	赂	黄	鼠	狼	音
于	人	安	亲	顿	的	祖	过	最	股	最	过	乐	虎	于	想	复
幸	老	于	气	候	马	要	子	带	克	真	香	身	水	滑	量	修
下	条	野	貓	素	热	来	胶	欲	便	升	肠	碰	充	循	权	便
饭	父	书	过	消	怖	！	摇	图	泽	损	肉	摇	考	页	尖	叫
察	典	己	损	息	页	特	乎	袋	解	肥	事	心	车	礼	车	分
社	上	看	人	放	领	亲	权	量	坠	摇	好	修	衡	信	性	看
理	惨	乐	镜	性	苦	行	衡	马	得	释	秘	惫	改	木	貓	底
走	了	伊	邀	諾	状	鳍	性	瑞	循	许	数	恐	骄	甲	不	休
亲	无	聊	的	机	会	驴	柔	素	的	通	状	亲	情	虫	便	有
太	阳	镜	！	事	股	眼	然	地	女	桌	模	因	栗	自	生	的
定	从	睡	眠	携	辉	衡	水	桥	的	巫	式	思	眼	镜	面	木
果	汁	身	人	上	本	煌	鳍	过	苦	重	草	排	记	动	选	决
主	驴	事	木	滑	放	静	了	性	快	权	坪	伊	行	伊	摇	过
马	娱	源	状	傲	子	快	重	最	柔	要	理	说	明	息	醒	远

气候
说明
草坪
停顿
女巫
太阳镜
的机会
黄鼠狼
消息
睡眠
无聊
香肠
辉煌
建立
走了
尖叫
修改
甲虫
果汁
模式

Puzzle 729

皂 服 票 眼 电 衬 > 能 的 息 坠 心 远 静 租 鳍 本
事 说 从 股 影 肢 上 答 充 栅 紧 页 息 情 乐 介 带
恐 安 焕 出 院 能 快 自 伊 饭 携 遥 栏 最 差 有 部
恐 领 乐 远 遇 携 保 貓 的 优 介 稻 醋 里 露 领 高
吊 着 上 月 球 面 携 判 部 情 电 发 马 醋 心 伏 高
使 用 顶 紧 衫 撞 摇 定 趣 滑 差 见 乐 木 坚 固 度
生 复 排 也 驴 滑 远 迟 得 举 肥 木 破 母 鸡 摇 他
特 户 信 坠 地 灵 乐 木 记 具 备 生 存 程 虑 顶 回
究 行 外 加 素 自 介 面 复 四 口 上 发 栗 票 余 放
降 性 脚 蹼 活 雨 木 礼 情 部 木 状 建 喜 近 好 闲
音 肉 保 书 栅 欲 资 格 快 凑 分 查 于 四 倍 得 迟
重 虑 。 滑 性 虫 记 亲 灵 记 项 他 类 差 ！ 觉 惧
好 过 艺 阵 保 上 底 表 现 事 不 最 带 幸 出 定 坠
考 试 术 风 源 地 面 优 请 平 试 安 分 透 机 位 木
事 件 梁 的 升 的 人 放 的 部 自 修 四 研 本 醋 远

部分
定位
具备
事件
使用
母鸡
服从
说服
户外
表现
脚蹼
电影院
吊着
资格
阵风
月球
坚固
艺术
高度
判定

Puzzle 730

覆盖
的医生
的能量
国际
窗帘
百个
的需求
犀牛
这些
创建
计算器
原子
衣柜
老鼠
分子
许可
密封
宝宝
可见的
赛季

创 建 衣 这 休 覆 则 页 查 基 定 热 生 犀 遥 身 老
口 特 柜 些 衫 盖 热 秘 号 幸 灵 数 医 复 牛 原 鼠
的 绍 野 动 保 伊 本 号 的 真 然 人 的 见 可 子 分
饭 发 衡 栅 乐 密 封 解 决 思 高 坠 需 情 宝 宝 蛾
查 计 近 礼 通 。 许 百 个 量 国 泽 求 乐 坠 赂 票
请 算 雪 惊 约 迟 部 惊 后 条 际 查 想 循 复 动 野
的 器 理 面 秀 损 动 木 源 雪 乃 几 他 了 的 动 中
增 能 趣 泽 乐 保 充 虎 回 想 乐 租 况 骄 特 先 从
噪 复 量 肢 回 伏 优 状 灵 衬 热 特 趣 马 特 邀 活
要 顶 栏 最 镜 亲 近 娱 静 稳 胶 自 煲 赛 旋 性 遇
理 倍 考 驱 柔 本 环 考 欲 四 动 自 充 季 喜 饭 旋
出 撞 理 持 差 坠 热 升 增 凑 赂 草 思 滑 热 秀 碎
望 要 傲 衡 的 循 增 秀 本 窗 帘 约 摇 带 高 许 桥
也 修 肥 幸 租 礼 透 恢 乐 欲 虎 醒 先 便 面 不 可
惫 升 排 撞 趣 灵 自 稳 许 惧 动 栏 情 过 领 的 高

Puzzle 731

机 胶 四 高 生 地 准 地 木 增 视 虫 根 信 飞 记 得
衬 丁 邀 赂 真 序 备 带 平 欲 飞 生 租 降 望 转 重
转 之 持 试 恐 列 便 来 遥 的 赂 延 顶 亲 落 也 桥
蔻 量 的 然 延 面 的 了 粗 梳 人 滑 旋 能 疼 痛 考
袋 答 磨 平 举 父 驱 鳍 鲁 修 程 煲 细 节 梳 约 亲
马 活 豆 了 运 不 加 己 口 醋 过 秘 栗 焕 亲 柳 叶
坠 权 自 諾 驱 克 然 选 马 动 究 豆 最 胡 萝 卜 远
包 括 释 配 对 底 毁 的 乐 绍 身 议 麻 衡 凑 卷 曲
> 摇 虑 亮 转 貌 蔻 之 幸 子 镜 醒 考 烦 祖 计 划
惊 约 自 自 闲 见 恢 区 鸟 坠 是 ！ 人 复 区 碰 过
惫 欲 最 身 驱 特 最 活 啼 租 指 草 倍 猛 眉 温 桥
举 人 数 理 摇 发 紧 衬 衬 加 延 活 亲 思 地 文 坠
循 惫 错 子 每 身 程 高 远 想 坠 转 来 惨 环 尔 幸
虎 于 趣 稳 上 只 根 保 基 部 马 通 疲 直 有 雅 信
之 源 光 绿 色 旋 柔 循 稳 保 息 坠 主 复 优 醒 亲

绿色
自身
猛地
疼痛
包括
粗鲁
胡萝卜
是指
带来了
准备
配对
麻烦
鸟啼
细节
温文尔雅
每只
卷曲
柳叶
序列
计划

Puzzle 732

疲 转 碰 行 远 衡 保 他 交 性 情 凑 认 转 紧 的 领
事 年 老 严 重 镜 生 情 股 融 水 獭 识 生 不 带 透
接 根 眉 行 饭 好 恢 马 衬 望 优 他 静 情 答 碰 自
收 护 士 心 亲 重 量 情 碎 充 研 有 顶 疲 父 袖 型
露 见 祖 股 答 的 望 失 笔 一 分 钱 野 平 面 页 栏
看 高 兴 要 香 权 事 老 记 降 看 趣 人 欲 伊 虫 部
乐 眉 底 他 面 然 建 情 本 露 复 释 諾 事 量 降 情
乐 摇 自 木 自 程 袖 心 行 桥 于 凑 丁 究 倍 疲 不
稳 雨 解 请 地 遥 试 然 人 数 然 定 有 平 惧 权 特
动 差 稳 决 里 视 部 管 理 者 村 趣 镜 察 惊 保 了
回 下 飞 趣 方 望 梳 情 复 乐 气 球 类 了 闲 肢 亲
伊 飞 独 立 性 案 设 计 根 宜 真 村 凑 老 子 事 实
遇 宜 滑 况 部 过 平 规 热 带 有 乐 本 乐 迟 察 余
自 草 主 栏 灵 高 马 书 读 出 城 袋 凑 息 野 考 携
许 查 子 飞 性 滑 下 柜 最 > 市 鼠 秀 建 了 生 不

书柜
失望的
读书
城市
管理者
严重
交融
气球
接收
水獭
高兴
笔记本
一分钱
事实
认识
独立性
袋鼠
设计
的事情
解决方案

Puzzle 733

约之近热幸梁于日有紧物量信类虎察的
报口饭稳生行己有性他持理试听只有有
先告动保书磨幸有毁租解面远票镜显着
根情有木摇底肉旋自图理地安虫亲惫排
损栅充遥上坠视骄旋惧研摇活的理>里
少数源闲环近泽而察解理皂上类素回栅
亲环查素远不袖主人车记透升桌许研他
具体秘喜权惨保角几面雨也分详建究平
有醋稻租最滑持衡色放先秘钟细他生父
上马增分拘捕自稻经验他很多特袖四便
光几恐坠股领快豆最研便惨疲主考伊内
衡虫试年特自分父转热修闲惧近平皂部
稳惧木理恐人乐他摇望议要傲驱研人部
静从刚性自填响肢便饭产祖口领举建倍
趣特租闲要灵亮人余究品的人作者坠梳

刚性
研究生
详细
分钟
只有
试听
作者
显着
物理
报告
内部
上升
角色
响亮
很多
经验
产品
少数
拘捕
具体

Puzzle 734

极况自木梳参加的先的好最损电狮了野
其泽过本秀要藏解活营项虑看醒子保解
思请后素老热红的存养倍快高修兔士蠕
自然野心的察花疲的见然则程礼乐自源
主真特量>考的信凑日栅蔻娱触袋便梳
研的虫滑要四皂栏木栗鳍看眉摸亲程记
豆信礼来静木理考邀香>泽乐真傲树乃
>好自恐父增撞透祖子树自议有边复特
野情伊生面里主最建最错透乃篮境告惊
绍延不则护宜龄人保疲木信状回球诉保
他不带久极限飞驴露他了口数苦宜本灵
不书惊饭蠕远倍飞自幸释醋滑秘信最的
存车自出马损坠坠亲特条撞元年女摇可
热礼的有醒失龄填瑞惧保究本环孩镜靠
记动子图地肢后身子提醒村马的！本间

告诉
触摸
提醒
可靠
边境
不久
的营养
损失
女孩
藏红花
兔子
元年
篮球
自然
主人
狮子
最好的
参加的
极限
极其

Puzzle 735

坠 因 水 觉 远 子 栅 股 觉 亲 醋 坠 办 特 人 清 过
降 发 龄 吸 动 请 高 心 车 环 傲 上 公 野 答 旋 空
恐 觉 肉 升 引 增 护 决 栅 部 遥 定 室 午 己 况 远
考 碰 顶 马 则 力 惊 好 不 察 里 行 恐 餐 趣 填 口
> 请 滑 口 衬 视 露 品 。 的 平 心 木 建 喜 想 凑
书 骄 遥 最 傲 得 出 种 学 校 破 士 类 保 本 虫 遥
条 碎 保 答 股 突 然 的 煲 先 惨 猫 座 结 石 了 摇
心 打 招 呼 稻 快 中 而 紧 损 根 驱 数 岸 上 自 想
类 衫 香 惨 肉 票 保 日 基 宜 豆 高 肉 口 肢 己 领
不 看 虎 惨 过 议 不 祖 程 遥 礼 落 口 龄 得 望 安
滑 旋 自 里 眼 蔻 主 顶 季 度 行 建 选 也 看 愿 降
雪 子 > 优 乐 去 条 复 磨 填 动 物 园 灰 尘 的 面
露 乐 先 不 量 虫 除 坠 惨 页 马 要 本 形 素 亲 年
修 苦 书 安 部 行 基 行 有 信 静 人 闲 式 镜 面 肉
增 也 记 较 差 灵 疲 驴 噪 袖 息 定 伏 差 典 查 几

办公室
灰尘的
清空
滑雪
形式
午餐
去除
突然的
猫座
吸引力
品种
较差
打招呼
动物园
学校
季度
岸上
结石
书记
的愿望

Puzzle 736

高级
蜻蜓
如何
他们
也许
冲击
一般
公共
带来
网球
吃饭
连续
自愿
典型
糖果
明亮
颈部
政府的
壁炉
东部

心 水 他 。 图 决 休 东 蜻 有 重 转 醋 修 糖 心 存
木 直 休 伏 近 顶 究 部 蜓 电 梁 平 租 衬 果 醒 >
乐 下 龄 己 错 素 顶 稳 坠 几 决 幸 则 衡 直 典 滑
得 礼 几 情 情 肉 了 秘 循 饭 的 一 身 梁 的 错 雨
网 典 型 冲 击 也 露 醒 秘 欲 动 通 般 迟 幸 壁 炉
球 惊 页 分 栗 焕 明 快 恐 建 理 如 何 公 惊 而 遇
颈 乐 释 醒 决 遥 亮 音 肉 事 飞 香 热 共 带 放 条
部 后 子 他 紧 规 平 坠 持 乎 股 伊 图 请 来 露 先
研 面 蠕 们 选 透 类 胶 桥 股 特 高 级 有 之 持 状
栅 磨 见 信 乎 主 快 信 看 增 望 衬 丁 紧 本 视 数
况 雪 有 加 状 梳 数 的 持 热 理 也 柔 凑 虑 修 重
连 动 礼 修 宜 自 镜 稳 伏 摇 心 ！ 许 摇 摇 飞 闲
自 续 出 最 页 愿 真 页 通 碰 排 凑 坠 飞 发 后 保
增 释 条 平 最 量 乐 绍 口 私 区 草 过 骄 喜 日 复
吃 饭 桌 人 马 本 而 政 府 的 典 先 也 秀 了 社 趣

Puzzle 737

眼 摇 赂 情 趣 顶 加 地 本 惧 书 北 方 栅 主 排 野
士 栅 复 望 而 遇 研 摇 图 降 高 领 源 解 后 排 惧
既 不 了 能 安 肢 有 醒 然 顶 况 贵 鱿 鱼 则 滑 野
的 远 保 上 底 私 休 坠 后 木 惊 今 天 快 不 事 能
子 的 快 议 源 出 丁 苦 放 肢 社 赂 转 绍 行 连 环
查 近 泽 典 单 请 直 旋 环 喜 有 环 里 > 紧 逮 接
恢 怖 许 了 元 水 差 源 复 视 记 透 人 察 坠 捕 余
条 ！ 音 草 水 遇 不 考 源 好 况 灵 见 镜 直 图 皂
时 刻 眼 热 息 积 任 命 恐 鳍 本 高 欲 香 视 豆 士
发 选 桥 信 差 极 机 子 究 > 快 豆 延 了 分 源 己
言 摇 表 白 安 落 脖 了 恐 凑 乐 复 稻 恐 息 恢 项
权 貌 身 特 闲 动 子 究 肢 了 的 思 骄 镜 记 镜 数
规 了 木 图 上 光 乐 情 页 本 碎 口 的 便 私 最 有
飞 钢 素 迟 察 能 性 摇 > 鳍 袖 情 龄 见 平 高 利
休 笔 主 释 劳 动 人 磨 源 衡 野 解 从 项 肉 能 持

最高
表白
单元
高贵
积极
地图
既不
连接
发言权
逮捕
任命
快乐的
钢笔
鱿鱼
劳动
脖子
北方
时刻
今天
有利

Puzzle 738

拳 柔 柔 子 人 不 桥 情 醋 坠 高 面 人 解 数 本 音
状 击 谨 慎 能 当 思 乐 放 栗 口 的 的 思 因 丁 行
諾 父 己 通 。 放 醋 噪 焕 而 信 底 而 迟 骄 觉 坠
股 分 煲 便 优 闲 得 类 胶 旋 间 领 肉 木 观 怖 ！
研 坠 平 社 桌 乃 傲 似 动 情 考 撞 梳 源 休 来 香
破 光 承 伊 之 社 的 的 高 最 保 部 村 响 应 最 了
发 于 认 流 外 考 上 面 煲 礼 真 傲 的 高 望 人 骄
请 灵 约 体 休 亮 醋 欲 英 衫 虑 落 趣 泽 举 平 摇
相 反 破 栅 四 平 菜 排 语 数 面 马 生 声 患 稻 木
眼 活 摇 得 坠 况 花 人 规 错 秘 自 的 明 恢 者 磨
諾 秀 醒 后 秘 飞 乐 秀 欲 子 龄 面 互 人 碎 望 祖
解 候 查 傲 通 身 捍 真 瑞 领 不 察 动 透 研 能 袋
音 选 子 查 雨 书 安 卫 真 滑 行 面 环 明 特 素 摇
几 人 亲 排 坠 乐 排 秀 雪 袖 研 祖 境 想 部 鳍 观
树 雨 破 滑 人 望 部 远 票 滑 貓 皂 貓 通 面 介 保

安排
环境
相反
候选人
透明
最高的
患者
类似的
响应
承认
英语
的互动
流体
菜花
拳击
声明
之外
不当
谨慎
捍卫

Puzzle 739

乎 快 貌 克 观 有 碎 考 信 迟 恢 运 野 上 眼 地 理
通 通 高 车 子 闲 心 理 举 秀 水 凑 量 幸 镜 电 领
处 怖 秀 肥 上 有 邀 书 特 保 迟 最 袖 能 伊 护 心
好 摇 有 充 书 落 赂 有 真 持 步 骤 部 则 考 上 趣
的 高 惨 驴 遇 栗 水 的 重 理 自 约 惨 高 转 结 皂
成 舞 他 亮 建 保 社 行 虎 己 四 香 迟 平 摇 婚 区
本 幸 蹈 怖 骨 展 览 不 礼 野 围 墙 分 租 闲 了 延
视 亮 维 生 素 折 灭 绝 从 桌 梁 最 携 了 野 透 几
伊 指 落 雨 觉 諾 > 高 护 最 醒 碰 回 沙 音 的 转
号 有 标 错 大 本 坠 项 镜 远 惨 素 亲 发 自 苦 焕
精 神 高 骄 怒 田 持 驴 自 赂 滑 心 地 貌 乃 紧 因
余 也 好 高 建 鼠 随 保 票 光 发 压 滑 绍 试 香 木
自 区 试 坠 动 电 机 记 亲 虫 主 力 之 之 区 心 后
要 恢 性 间 人 豆 貌 摇 思 望 放 袖 疲 倦 赂 了 因
不 主 滑 趣 灵 諾 不 面 自 自 农 场 > 露 平 型 稻

随机
大怒
灭绝
眼镜
展览
田鼠
沙发
疲倦
步骤
精神
指标
的舞蹈
的好处
围墙
维生素
骨折
压力
结婚
农场
成本

Puzzle 740

望 身 后 肉 蛾 水 而 秘 碎 伊 栗 查 密 信 近 士 书
小 运 有 理 諾 蔻 快 重 秀 要 衫 释 集 水 结 举 苦
过 鸭 记 。 欲 雨 牛 许 撞 看 复 赂 了 果 循 论 人
的 人 的 究 欲 娱 莠 乐 主 来 本 马 解 修 动 毁 看
官 己 持 摇 私 坠 里 法 余 衬 蔻 噪 木 子 噪 惊 而
方 水 梳 毛 考 肉 衬 规 野 迟 伊 遥 下 亮 心 发 的
绍 复 有 巾 来 醒 号 平 类 惊 运 恢 携 肉 自 类 柔
驾 举 思 项 乎 透 通 了 也 要 几 丁 梳 运 有 趣 惨
私 车 老 了 的 衡 许 凝 视 平 时 梳 不 人 地 放 胶
看 行 循 栏 干 ， 因 此 增 伏 惨 项 错 行 生 四 木
发 自 试 保 净 约 雪 焕 本 心 远 近 而 凑 负 野 肢
克 察 的 量 信 运 快 恐 紧 延 乐 带 机 优 责 错 查
车 便 心 破 图 剥 夺 镜 倍 宜 。 赂 伏 迟 生 素 究
滑 好 条 傲 噪 股 生 素 况 不 行 产 类 停 止 基 马
绍 事 医 院 肢 伏 回 了 惊 好 学 生 规 最 醋 号 不

医院
停止
学生
凝视
结论
法规
，因此
剥夺
驾车
毛巾
水果
小鸭
的官方
牛莠
平时
密集
生产
负责
自行车
的干净

Puzzle 741

之有快雪香紧晃要票领望解欲士喜请理
放状衬蔻真相晃衫摇遇转镜肉头脑生解
余情幸约生望悠碰几转的上上豆桌的的
栗信运查袋骄悠电镜衫趣况肉眼蔻本露
然灵欲生肉滑人子间基凑>衫凑来子而
升豆旋复乡家的官员性的喜持情稳究焕
信香欲骄试顶希检验他情过间野乐最行
心木摇篮信有望安宁村碎生护理树间木
您规电面基旋放桥而行祖心理则灵释特
稳选办公桌权建中加特星期五建坠有的
排保择静便保虎灵倍焕子梳羊镜优他充
间蔬特选自趣栏租飞况子理群平情便梁
镜领菜快伏试秀先定伏领看摇主士远规
灵程最分特！瑞面一恐举眼面约活凑灵
赶路过程朋友骄露定驱不怖然于野倍怖

检验
羊群
过程
朋友
一定
晃晃悠悠
真相
赶路
摇篮
的家乡
蔬菜
头脑
安宁
星期五
办公桌
肉豆蔻
幸运
官员
您选择
的希望

Puzzle 742

发约骨程一区的后重建采于遥因乐落諾
动情架借点他领研蔻得用栅明碰票欲心
复娱修给研好水虑怖有股电年灵身份上
解的肥情直携平肥情修票他真股礼静紧
地地瑞见飞转。木的毁后蛾乌行本能秀
疲领能量衡直他稳升出高苦鸦损通坠觉
行心老要各方保视有貓的热不惫礼票醋
磁欲亲肉肉光决虎惨虑中周环子本身安
虑带趣蠕况书定损光恩爱伊日倍护况面
亲眉苦！骄地恐存蔻人增稳根飞乐里透
请研亲惨决间复余图怖复解焕型动股人
镜分栗灵撞损理不婴儿间独自红回基灵
自信动带于型皂的性格和平回复色的量
回幸面雪信研循环面遥胶解中心雨的书
能父页。祖的人礼乃而况摇人考情思图

一点
身份
乌鸦
独自
股票
和平
明年
红色
性格
中心
周日
骨架
借给
决定
婴儿
采用
恩爱
循环
磁带
各方

Puzzle 743

自 服 过 衫 噪 社 的 保 惨 镜 稻 之 肥 老 本 龛 龄

栏 务 祖 亲 程 磨 内 租 意 于 镜 循 量 ! 觉 地 遥

小 苍 兰 平 急 保 容 记 见 信 活 水 要 发 肉 从 特

底 部 素 自 于 的 老 蝙 蝠 幸 书 平 赂 顶 面 故 马

想 息 记 本 眼 真 信 持 忘 记 顶 领 包 栗 树 障 答

驱 不 泽 息 息 存 人 遥 树 最 乃 了 子 平 便 有 原

便 吸 转 量 树 程 思 最 了 幸 事 年 研 迟 飞 热 因

动 人 取 视 教 师 考 欲 存 福 绘 画 信 望 决 而 本

况 试 保 数 视 增 子 因 丁 自 秘 蛾 保 心 出 心 例

增 图 快 错 释 泽 约 考 过 乐 书 而 看 野 发 遥 外

数 图 花 蜜 答 心 规 业 务 露 > 重 梁 降 转 便 傲

恢 考 斑 沙 伏 惊 增 落 不 心 肉 煲 諾 子 电 动 貌

自 衫 马 最 堡 马 眉 几 醒 惨 平 填 面 排 解 惨 他

书 便 最 况 保 欲 请 携 私 之 源 雪 驴 即 复 快 日

口 活 存 他 噪 究 议 行 蠕 类 最 研 选 伊 时 骄 的

吸取
忘记
蝙蝠
教师
花蜜
小苍兰
即时
故障
原因
业务
服务
急于
沙堡
最幸福
意见
斑马
的内容
绘画
例外
包子

Puzzle 744

状 事 研 先 远 惨 观 保 奏 请 想 的 行 间 最 视 觉

生 态 泽 前 去 年 根 保 基 恐 赂 保 图 转 携 几 部

研 看 凑 息 的 肢 喜 煲 衬 底 音 欲 约 威 力 回 坠

梁 音 排 出 书 基 欢 恢 先 试 木 顶 邀 放 衫 音 快

然 乐 趣 社 书 子 填 事 安 梳 条 观 远 草 怖 理 后

自 苦 本 降 信 温 水 底 士 信 充 答 袋 玻 璃 持 保

橱 柜 考 乐 諾 貌 动 衡 , 碎 蛾 惧 父 面 研 基 也

倍 清 晰 傲 马 升 汽 下 但 灰 色 子 顶 最 信 子 鳍

高 心 乃 落 克 坠 乎 油 持 袋 乐 子 填 倍 延 程 部

驴 电 机 复 护 的 产 品 栏 信 近 存 地 观 平 龄 绍

惨 坚 旋 焕 木 驴 马 基 主 破 程 滑 护 情 升 便 排

梳 果 存 观 衡 野 看 列 破 眉 树 热 信 持 书 幸 秀

衬 子 心 梳 循 电 错 排 表 惊 摇 试 而 碎 地 特 过

碎 村 碎 光 主 天 镜 静 重 本 胶 光 情 马 趣 驴 理

摘 要 根 好 发 使 保 龛 人 怖 迟 安 碎 遥 里 他 鳍

摘要
天使
威力
橱柜
玻璃
坚果
列表
先前
喜欢
的产品
视觉
, 但
去年
温水
乐趣
清晰
状态
汽油
奏请
灰色

Puzzle 745

保 部 邀 图 过 保 记 发 便 型 状 觉 平 想 静 饭 量
伊 遥 面 水 许 伊 心 休 考 便 项 最 号 源 有 望 倍
得 的 近 草 状 视 ， 但 事 实 落 瑞 自 热 噪 祖 镜
优 修 旋 建 镜 乐 视 典 己 电 优 亮 不 遇 秀 区 之
地 址 票 乐 则 心 特 型 释 趣 木 不 袋 惧 袖 奇 迹
试 露 过 休 解 龄 心 情 他 生 透 乐 几 洗 涤 醒 皂
于 票 上 透 事 子 饭 遇 休 温 究 秀 有 滑 行 人 从
便 服 遥 损 飞 諾 。 公 共 度 遥 士 音 增 修 雪 娱
婚 礼 远 租 赂 惊 了 野 好 飞 社 情 自 泽 露 远 直
的 鼻 子 富 便 约 村 介 露 娃 灵 出 先 克 出 血 蠕
的 主 路 有 含 动 祖 香 肉 娃 了 环 焕 喜 根 乐 转
余 木 题 径 分 项 自 底 丁 建 回 选 稻 蛾 优 选 本
降 亲 几 惧 视 远 口 貓 壁 炉 量 复 醋 蔻 护 滑 。
股 状 等 大 情 思 条 后 趣 上 滑 紧 然 直 带 肥 醋
增 能 待 胆 倍 究 的 雨 恐 己 要 碰 里 他 约 蔻 素

娃娃
等待
大胆
的鼻子
出血
地址
主题
路径
奇迹
遥远
婚礼
温度
有望
礼服
富含
洗涤
事实
壁炉
公共
，但

Puzzle 746

剪刀
本地
好奇
红萝卜
合格
相互作用
叫着
伤心
目的
的手指
暂停
的行为
土豆
多次
分支
具体
损失
午餐
典型
压力

热 合 落 灵 存 马 恐 远 自 焕 滑 喜 的 社 多 次 恐
乐 格 亮 不 人 的 主 柔 便 雪 通 滑 貓 鳍 士 碰 觉
袖 理 真 察 运 然 凑 灵 下 的 最 源 分 支 性 权 諾
面 红 萝 卜 复 栗 定 娱 树 底 保 乐 傲 相 互 作 用
胶 貌 复 他 暂 停 木 赂 他 最 动 毁 休 水 乐 > 旋
为 行 的 手 指 日 梁 野 区 错 镜 叫 放 惧 持 亲 肉
> 己 运 私 雨 村 回 解 心 碎 惧 不 着 的 试 分 损
本 休 的 柔 四 情 车 有 便 充 出 目 不 好 带 分 失
午 餐 肉 自 根 子 望 典 型 龄 延 的 伊 灵 奇 乎 最
眉 。 ！ > 碎 眼 释 不 静 土 豆 秘 伤 从 好 望 子
飞 光 宜 凑 摇 型 好 人 素 察 类 特 心 股 租 摇 鳍
生 水 祖 定 伊 复 遥 热 解 电 栅 私 剪 刀 祖 口 举
压 顶 环 滑 雪 几 乐 也 运 根 露 先 瑞 许 息 里 梳
差 力 本 从 修 虫 状 本 复 分 眼 号 存 雪 乃 具 体
情 视 地 余 数 伊 的 信 而 的 的 发 老 衡 稻 人 理

Puzzle 747

人 许 落 发 自 直 栗 栅 请 摇 栅 镜 飞 察 驴 泽 不
记 平 状 可 以 秘 马 桥 龄 事 信 煲 醋 竞 娱 恐 怕
树 近 傻 祖 幸 地 球 权 焕 恢 镜 复 联 邦 争 亲 热
饮 料 复 瓜 状 衬 摇 带 他 稳 了 幸 里 亲 成 分 巨
增 加 十 趣 醋 则 的 保 机 特 虎 况 持 绍 年 出 大
信 迎 年 之 发 行 部 休 蠕 情 欲 紧 的 特 填 先 决
存 欢 平 状 眉 增 本 近 规 他 介 护 草 亲 最 恢 则
究 的 的 梁 护 骄 视 骄 的 面 有 透 公 朋 眼 释 循
邀 家 损 坠 碰 粗 心 乐 保 赂 趣 惊 交 友 得 虫 灵
思 乡 保 虫 乐 坠 理 眉 典 错 的 人 公 闲 身 亲 伏
人 人 肢 直 社 傲 程 复 有 项 循 重 鸭 出 有 息 趣
学 术 查 雪 根 直 几 杂 热 不 要 理 肉 雪 紧 不 究
查 权 肥 亲 车 热 研 的 灵 亲 望 最 梳 亲 直 后 安
皂 父 股 环 释 了 梁 平 。 鳄 从 摇 出 私 的 驴 野
理 面 出 马 摇 动 页 本 自 豆 鱼 请 循 从 欲 蠕 程

饮料
公交
恐怕
成分
地球
可以
粗心
的欢迎
联邦
巨大
鳄鱼
有趣的
学术
傻瓜
竞争
十年
复杂的
公鸭
的家乡
朋友

Puzzle 748

聪明
落户
小马
输入
多数
溜冰鞋
结束
完全
功能
外国
特殊
虹膜
检查
朋友的
移动
体育
母鸡
清空
政府的
牛蒡

回 根 的 马 项 项 稳 来 怖 旋 ！ 觉 存 便 虫 约 书
信 建 衬 顶 年 从 情 存 携 木 复 不 摇 清 空 试 请
升 虫 答 稻 观 镜 权 噪 程 条 瑞 型 带 上 地 特 秀
落 过 里 体 自 平 移 功 能 摇 排 聪 邀 骄 议 本 面
饭 状 类 育 朋 祖 动 野 项 部 过 明 主 肥 肉 士 坠
类 社 差 有 友 遇 貓 也 虹 能 父 安 心 邀 答 转 充
年 他 决 袖 的 的 透 年 礼 膜 宜 建 蔻 权 紧 袋 而
欲 肢 持 动 府 水 水 马 持 举 平 落 。 > 心 饭 部
趣 伊 > 特 政 觉 便 况 考 栏 完 户 考 宜 源 旋 桌
号 答 输 入 殊 了 水 摇 页 决 全 醒 有 士 虑 乐 外
溜 秀 宜 规 子 母 醒 结 束 基 来 滑 保 行 泽 驴 国
冰 子 肉 带 机 鸡 牛 蒡 旋 眉 热 坠 惨 醋 高 好 丁
鞋 邀 能 的 息 源 肉 填 要 主 碎 便 思 平 喜 的 傲
股 查 间 复 欲 了 于 因 租 的 树 来 蛾 便 小 检 查
多 数 不 特 音 得 理 领 望 复 马 动 村 的 马 便 心

Puzzle 749

磨 落 之 祖 觉 身 私 直 充 稻 过 程 院 影 电 面 高
面 自 人 考 苦 最 眉 木 足 便 后 量 貌 特 动 复 损
降 远 源 碰 见 权 的 大 的 从 碰 标 大 家 安 倍 面
老 梁 选 排 凑 局 谈 怒 破 研 要 题 环 的 惧 四 惊
本 子 虫 视 票 限 话 羊 群 作 便 饭 从 静 直 水 碰
存 情 而 升 因 光 状 携 摇 真 者 雨 恐 栅 惧 面 自
栏 衫 虫 ！ 行 型 人 趣 木 的 虎 释 怖 信 护 保 觉
面 许 心 恐 私 的 书 眉 恢 定 阳 光 灿 烂 的 的 车
也 运 季 过 女 性 豆 类 树 后 眉 恢 木 的 野 的 士
噪 输 秀 度 虑 。 撞 议 先 机 增 地 复 惊 说 击 剑
马 马 亲 精 肉 类 最 然 落 透 自 行 本 规 ， 撞 亮
有 见 根 便 父 骄 坠 电 心 增 栗 过 特 士 查 野 来
苦 号 袋 基 研 焕 每 里 降 增 重 保 量 野 日 释 雪
惫 了 亲 草 恢 复 车 个 可 靠 之 研 快 碎 鳍 决 马
想 身 解 素 答 栏 重 电 人 后 人 克 镜 肥 决 重 理

大家
电动
女性
阳光灿烂的
的谈话
标题
每个人
肉类
击剑
充足的
精度
说，
运输
局限
电影院
作者
可靠
季度
大怒
羊群

Puzzle 750

眼 泽 而 坐 复 蔻 错 肉 秘 保 镜 的 感 情 热 破 思
飞 自 分 桥 在 身 自 存 回 咖 啡 恐 觉 保 趣 > 性
的 坠 野 情 下 典 乌 鸦 武 士 条 音 傲 秃 近 保 环
饭 间 人 规 木 信 信 想 运 最 乎 错 之 鹰 升 稻 驱
龄 最 息 失 年 士 梁 建 身 灵 趣 虫 区 情 娱 惫 不
碰 娱 宜 心 去 状 运 保 闲 。 息 视 磨 凑 祖 得 远
便 礼 动 保 皂 了 光 望 考 图 排 飞 权 动 父 雪 真
反 向 议 最 蠕 动 雨 倍 能 伏 瑞 记 坠 充 来 鲜 諾
增 醒 恐 部 事 村 理 破 记 有 惫 子 醋 电 傲 骄 花
放 息 况 肉 有 磨 上 火 倍 信 疲 倦 恐 虎 胶 生 日
通 醋 諾 四 真 他 木 鸡 分 > 身 事 本 加 记 从 程
研 滑 远 高 星 建 能 远 坠 研 衡 木 充 的 得 驴 究
想 饭 惨 的 期 > 他 优 先 稳 回 加 滑 时 落 解 肉
欲 马 谦 复 五 亲 醒 > 遥 滑 家 摇 亲 候 子 行 有
透 自 虚 的 舞 蹈 年 欲 自 冰 车 号 便 镜 放 。 衬

谦虚
记得
武士
秃鹰
的时候
滑冰
咖啡
鲜花
失去了
情感的
火鸡
回家
坐在
感觉
反向
的舞蹈
疲倦
星期五
乌鸦
去年

Puzzle 751

画 笔 乐 看 过 醒 有 实 现 鹌 祖 运 选 电 欲 亲 雇
素 根 蔻 他 发 驱 惫 修 代 鹑 增 几 赂 醒 便 试 用
余 保 他 怖 虎 面 股 各 考 凑 小 苍 兰 条 撞 记 听
电 项 秀 条 趣 马 股 种 过 绘 马 乎 建 项 主 录 活
从 高 驱 循 毁 加 绍 条 乐 画 疲 坠 循 醋 素 蛾 飞
大 蔻 諾 袖 信 豆 考 性 栅 凑 频 恐 木 填 摇 间 静
师 直 不 草 丁 不 来 源 优 情 繁 皂 理 磨 绍 便 保
心 书 恐 伏 栏 磨 野 他 父 喜 的 性 马 豌 水 面 磨
因 摇 研 人 蠕 状 然 的 娱 因 驱 部 解 碎 豆 升 眼
紧 惫 答 马 衬 香 蔻 便 迟 护 几 复 雨 况 素 过 有
基 平 排 数 带 从 好 比 较 出 保 蠕 父 则 快 安 统
快 能 士 露 绍 凑 的 赂 焕 > 子 艺 术 家 况 头 治
满 乐 动 蔻 梁 蔻 议 闲 特 便 驴 身 持 考 撞 部 者
想 足 行 滑 区 的 滑 栏 回 转 蔻 磨 几 因 伊 利 润
想 带 树 的 护 木 飞 便 野 袋 信 村 村 则 皂 坠 本

现实
鹌鹑
利润
记录
频繁的
各种
好的
满足
雇用
艺术家
比较
豌豆
大师
统治者
画笔
现代
头部
试听
绘画
小苍兰

Puzzle 752

醋 栅 视 页 高 知 逮 貓 恢 汽 外 情 底 身 眉 升 从
苦 排 书 想 象 识 捕 己 情 车 壳 程 不 梁 私 考 复
遇 型 况 雨 乃 蠕 碎 稻 本 保 区 伏 父 娱 他 衡 于
恐 分 恐 梁 人 礼 面 人 草 有 木 后 回 观 紧 灵 部
祖 了 根 于 从 答 建 坠 惊 人 雪 损 放 通 老 机 动
究 余 惨 村 平 他 煲 页 滑 权 情 闲 先 心 错 趣 恢
便 栅 究 雨 便 惊 本 本 衡 行 > 伊 少 甚 不 不 了
鳍 信 远 错 底 余 秘 回 英 胶 错 考 数 蠕 至 电 影
区 眉 几 栗 一 般 网 络 远 里 龄 坠 错 几 心 虫 介
不 查 醋 秀 环 有 机 心 数 上 的 里 自 有 特 ！ 真
息 里 諾 眼 况 望 护 士 摇 本 复 的 研 来 覆 盖 基
型 栗 许 后 撞 过 > 邀 复 错 柔 栅 驴 觉 草 四 亲
议 快 远 中 驱 看 雪 过 桥 乐 损 音 上 赂 坪 视 情
微 笑 紧 出 他 而 搜 索 介 秘 亲 携 此 句 选 来 医
子 > 闲 理 运 衬 远 私 况 性 滑 皂 恐 衰 变 先 药

搜索
稻草人
英里的
电影
外壳
衰变
医药
微笑
汽车保有
想象
甚至
网络
知识
护士
此句
草坪
覆盖
少数
一般
逮捕

Puzzle 753

远了栏转息解驰坠热观休碎主便惫法填
母亲数发况蔻书名解想的领带的胶考院
况远循他类虎试音差第不政府得克肥衡
的諾究的镜恢分滑克六极乃行亲底情衡
冰幸得情许过坠地遇答地觉私克每慮磨
伏霜秀考典透携最喜复猫稳龄趣只存高
摇休吃饭亲秘也子貌苦亮落静排味未管
木的焕马蜡保的程飞结果摇觉乐道能怖
望性心规烛毁树情野趣梁方面趣栏的瑞
来木部摇蔻灵虎摇高鳍碎平礼下貌护子
息惧心趣考父的部娱息则高草过鳍眉通
雨于滑马作用的过蛾规租平存飞究坠桌
露情答有先环远来权老鳍便解乐四股疲
中保热便泽看。顶事有增领充最宜。损
静视祖减少书人丁瑞性惧苦野摇老衡肉

味道
的领带
母亲
第六
结果
他的
冰霜
法院
作用
高管
政府
蜡烛
极地猫
未能
减少
驰名
方面
每只
吃饭
乐趣

Puzzle 754

缓解
角落
完整的
栅栏
眼睛
分离的
保存
拍摄
美国
准则
能够
雪橇
的演员
现在
北极
属于
仓鼠
月球
交融
的营养

滑摇怖碰蔻乐马私苦素凑排填音四能够
项他主议准欲望静煲行本口直乐增亲香
上过坠的则豆基电有复伊数选香倍了面
乃稻类惊通>月球面自欲趣稳骄马动心
属噪升子身降。眼睛木车下子的平保存
于特而秀的权撞惧于带坠记野也露拍摄
直了了的自　美国蛾缓角落噪答见举遇
望衬数情程豆过乐行解本号草士面礼不
不梁增理饭貓见草有树木延加摇研伊查
雪树便的近高惨生慮了情宜修中增热摇
橇养娱许地镜复举露下北极交宜。加四
约营页活四权现礼马重页马融不滑情稳
伏的本高亲增露在仓欲亲摇亮栅毁木图
旋离演过他约从的鼠中休究信素栏类带
惧分介员肥好状完整的袋镜旋出>自快

Puzzle 755

研 则 过 身 諾 昨 天 解 乃 复 礼 飞 察 想 心 桥 容
日 心 息 远 过 驱 步 伐 面 研 豆 热 型 中 先 事 易
娱 信 来 动 好 的 人 老 要 思 来 行 透 股 树 况 书
遥 落 草 物 加 复 水 阴 喜 欢 灵 碎 面 视 士 情 护
> 究 野 园 的 乐 区 定 天 分 发 素 性 坠 平 损 量
碰 伏 亲 泽 循 研 恢 滑 型 绍 高 本 察 许 栏 袖 子
草 条 老 部 家 邀 > 牙 了 信 想 转 露 正 放 过 疲
野 木 坠 静 庭 复 私 齿 保 梁 类 议 泽 确 而 的 的
服 从 碰 事 惨 的 汉 马 旋 行 肉 栅 近 的 坠 建 肉
远 决 镜 丁 稳 自 要 堡 错 加 树 蠕 查 己 克 眉 虫
平 惧 那 些 况 程 马 不 包 中 人 填 解 自 子 作 画
乎 社 研 考 延 于 围 栏 信 信 遇 循 子 回 发 驴 士
回 貓 心 循 肥 情 村 口 便 有 经 常 本 来 木 赂 增
自 自 木 相 心 试 面 坠 有 露 数 社 饭 解 村 情 保
身 肥 马 肢 信 好 先 自 怖 本 皂 本 洞 穴 增 规 趣

作画
洞穴
围栏
家庭
阴天
分发
容易
汉堡包
经常
自己的
那些
昨天
牙齿
相信
正确的
步伐
服从
自身
动物园
喜欢

Puzzle 756

噪 坠 信 肥 草 欲 安 栏 围 观 排 底 人 灵 信 他 记
碎 携 宜 有 保 四 解 排 墙 本 心 撞 建 虫 野 噪 撕
了 马 草 本 有 过 灵 人 肢 草 况 衬 高 的 来 生 裂
傲 见 便 型 特 旋 灵 貓 查 视 灵 ！ 地 乃 蔻 桌 面
邀 升 镜 貌 有 恢 避 子 紧 摇 丁 骄 心 便 复 中 优
选 接 镜 父 动 服 免 的 噪 子 伊 书 惨 保 衡 循 的
飞 看 近 充 雪 解 务 安 ！ 他 蔻 保 理 信 透 思 社
间 单 > 的 衫 。 自 热 飞 发 余 快 解 出 怖 权 加
不 元 升 票 则 而 蠕 事 情 上 晃 股 远 优 肥 周 年
资 格 更 漂 亮 科 学 家 > 述 晃 项 梳 的 机 会 面
直 究 坠 煲 礼 建 宜 特 持 煲 悠 物 饭 肢 露 研 研
复 肥 电 破 记 丁 撞 子 乐 请 悠 理 人 饭 项 量 程
人 考 恐 眼 充 然 股 露 丁 丁 数 票 余 短 察 袋 页
根 防 灵 面 摇 特 项 貌 稻 光 主 梁 排 暂 虎 人 的
邀 卫 他 见 型 保 貓 的 因 亮 椅 子 泽 泰 迪 熊 块

泰迪熊
避免
防卫
科学家
接近
上述
椅子
撕裂
短暂
的块
周年
更漂亮
的机会
资格
物理
单元
安排
围墙
晃晃悠悠
服务

Puzzle 757

周	六	的	下	秀	的	增	带	考	口	。	摇	肉	看	探	无	数
恐	产	子	许	之	面	木	>	柳	叶	肥	父	稳	香	恢	讨	惊
重	品	降	过	蔻	根	觉	回	自	伊	他	快	眼	苦	程	解	循
柔	便	面	部	息	野	的	况	皂	后	情	增	本	醋	难	租	信
于	功	眉	媒	欲	释	面	岸	闲	增	高	远	本	身	豆	究	梁
最	存	率	体	过	毁	性	上	保	坠	究	亲	磨	息	梁	任	务
倍	记	木	瑞	领	损	>	见	量	泽	决	持	飞	忠	排	地	丁
飞	驴	桌	！	建	中	源	保	惧	出	年	醒	过	诚	面	瑞	惫
况	袋	公	亲	思	旋	疼	痛	泽	远	破	露	风	袖	延	信	真
猫	落	民	趣	碰	口	他	已	维	亲	息	察	筝	典	放	释	程
损	地	木	建	造	闲	得	经	生	！	从	凑	保	蛾	透	持	泽
究	条	恢	项	增	衬	私	本	素	虎	性	趣	究	撞	保	灵	衡
取	决	于	复	龄	解	最	亮	复	的	本	栗	乐	间	虎	主	的
心	凑	主	填	股	伏	欲	肢	醋	高	亮	他	人	携	苦	能	梁
棒	球	遇	娱	虑	情	增	心	醋	放	眉	便	骄	过	程	中	蠕

已经
周六
任务
功率
建造
棒球
探讨
取决于
风筝
媒体
过程中
忠诚
无数
苦难
公民
柳叶
疼痛
产品
岸上
维生素

Puzzle 758

蔓延
鼻子
两边
模拟
西兰花
检测
过去的
完美的
观察
洗发
驰骋
老虎
泼妇
发展
橙色
女巫
事件
东部
网球
意见

两	乐	父	典	行	衬	心	情	环	放	观	坠	私	西	况	意	见
地	边	出	降	趣	衬	静	灵	好	过	察	人	增	兰	老	许	上
衬	保	先	驱	了	>	摇	息	紧	主	携	木	事	花	虎	复	错
试	肢	女	木	举	东	研	了	复	橙	色	衬	件	克	人	乐	秀
有	香	巫	损	栅	部	豆	驰	肥	绍	之	特	蛾	肥	礼	真	自
袋	远	底	面	煲	袖	自	骋	保	型	领	则	雪	信	望	人	情
带	车	主	摇	真	状	本	衫	幸	乐	惊	过	摇	数	磨	高	日
洗	发	马	子	欲	蔓	介	增	图	运	镜	的	信	驱	书	秘	增
的	要	迟	保	摇	延	转	复	便	答	醒	乃	书	喜	礼	发	性
降	而	好	肉	电	泼	余	充	醋	煲	趣	鼻	肉	有	带	恢	延
出	状	亲	社	程	妇	摇	礼	信	木	恐	子	模	先	面	程	领
号	定	页	发	过	况	程	木	活	检	测	中	镜	拟	眉	蛾	研
环	护	要	展	去	雨	高	蠕	泽	性	>	自	升	电	复	年	飞
书	撞	趣	镜	的	美	完	的	图	考	排	闲	图	心	惨	焕	伏
安	约	本	自	好	高	乎	乃	豆	丁	休	网	球	护	亲	最	伊

Puzzle 759

得 撞 恢 惧 排 瑞 直 高 的 介 好 唱 社 水 自 磨 活
衡 之 动 票 欲 鳍 傲 了 磨 接 收 歌 理 回 股 议 私
牙 刷 过 发 程 快 典 爆 发 迟 村 理 里 醒 村 形 状
驱 惊 趣 私 书 思 眉 树 灵 博 欲 思 木 了 信 苦 镜
权 因 条 坠 恐 通 > 特 中 物 木 出 肉 损 部 伴 息
马 损 静 数 好 保 喜 私 父 馆 平 请 貌 系 列 侣 毁
驴 撞 复 旋 行 礼 能 怖 私 存 本 有 便 焕 数 龄 性
不 藏 红 花 坠 自 己 拓 祖 龄 究 时 香 部 肥 摇 草
嘲 ， 带 修 解 了 在 展 人 运 许 说 充 子 衫 草 带
讽 虽 便 马 克 杯 野 滑 ！ 煲 观 拉 服 电 间 释 事
老 然 蠕 桌 书 旋 里 信 性 龄 充 动 部 底 面 蔻 见
状 规 坠 保 袋 心 量 疲 皂 露 士 趣 试 量 对 数 的
邀 态 胶 护 士 最 排 惨 转 苦 里 伊 信 貌 页 绍 过
保 复 延 肢 几 查 觉 肢 木 露 光 怖 绍 乐 祖 想 也
镜 焕 考 欲 蔻 有 撞 栗 降 信 硬 币 特 图 娱 木 息

面对
自在
有时
拓展
嘲讽
唱歌
牙刷
拉动
形状
爆发
博物馆
伴侣
系列
马克杯
硬币
，虽然
说服
接收
藏红花
状态

Puzzle 760

摇 状 静 近 携 鸡 水 心 子 记 焕 障 肢 损 貓 心 回
摇 龄 特 里 运 野 生 灭 部 股 主 碍 优 趣 面 情 察
信 遇 信 衣 柜 高 地 绝 的 坠 工 社 决 皂 机 旋 音
面 祖 近 便 试 柔 恐 事 议 保 具 项 急 视 构 袋 心
而 自 中 项 觉 惫 胶 自 觉 不 部 便 于 破 素 趣 复
页 微 先 人 排 闲 倍 人 眼 醒 马 村 热 坏 栏 差 状
恐 活 小 吸 血 鬼 究 理 领 类 视 自 信 下 驱 许 马
， 直 到 的 领 乃 惧 音 幸 肥 面 了 见 研 决 定 音
私 恐 老 破 趣 情 摇 父 书 喜 的 释 倍 具 备 通 面
乃 来 循 许 他 村 放 栏 票 地 任 号 不 心 身 栗 状
图 磨 升 型 便 宜 的 的 实 际 何 持 父 野 高 约 蠕
西 区 中 介 虎 眼 间 部 露 赂 滑 图 见 允 亲 苦 举
快 部 摇 闲 骄 旋 乐 自 之 凑 怖 填 要 底 许 来 噪
特 眉 。 > 祖 的 对 手 噪 介 栗 事 碰 袋 基 地 特
了 休 护 摇 信 主 便 驱 眉 想 子 的 桥 记 释 转 观

，直到
的对手
便宜的
野鸡
吸血鬼
工具
野生
破坏
允许
机构
的实际
西部
障碍
的任何
微小的
具备
衣柜
灭绝
决定
急于

Puzzle 761

王室看灭亡带余恐宜结研丁间错摇热租
携卧了磨平来遇趣遇坠婚娱亮>后遥龄
乐的諾野。持乐过生旋衡几议觉持得光
规的性加从热遇野错足子图发马远正是
梁梳平非面上答马选够远征心日倍秘桥
研滑摇常设有欲过椭圆形蠕顶页领则能
本貓典电视特望究定基观宜信坠研眼中
音醒环书乃乎信毁疲。延肉人他面租香
存>焕中高马摇地水他骄循虫橱直滑撞
祖顶柔噪视虫下项的要便远镜柜马本议
先摇直袋傲丁况情号见释摇页恐焕循祖
草望况最幸福行状保趣胶摇电下增蔻介
亮复马木水骨折余煲排的行顶真快绍驱
梁书无情活许私信士机会桌桌衫热维野
蛾信人形复私桌类热>水看直礼车特持

祖先
椭圆形
正是
非常
远征
机会
设有
看了
王室
的卧室
无形
足够
维持
电视
灭亡
带来
结婚
骨折
最幸福
橱柜

Puzzle 762

出租车
的批判
温柔
的飞机
恐怖
否定
地理
国王
收集
颜料
控制
冰雹
受害者
逃生
相关
赢了
通常
消息
的好处
视觉

怖子相车视驴野票车貌惧于释通恐遥车
子諾的关觉貓究请木驴磨亲然常怖选于
损>颜料过安醒典部露面请保通研试諾
噪见虫静村人环野情型持乃收集看飞真
好底顶近复想持倍不己特动镜>考之情
型碰程通部木撞便惊！村袖的察丁保建
循观人雨考情年眉皂解温柔典摇泽衫虫
判增保心乐怖事乐社理村错闲的后灵子
批里蛾磨赢了则出坠娱祖素地飞项行饭
的面放顶规惨否租撞伏国。理机素冰权
好受虫区根量定车降栗王胶逃部稻究雹
处害定毁子桌野分惨控制理木生子考持
考者绍几得便树携特肉复眼稳旋有则底
乎自察量消行研增怖马的肥赂趣心伏介
镜真雨桥息许能看醒带赂肢娱考便活排

Puzzle 763

行 生 稳 龄 号 的 运 噪 马 野 好 看 自 惊 木 有 恐
察 栏 行 乐 差 傲 规 迟 便 批 判 摇 自 介 差 情 动
面 灵 停 猫 之 幸 型 心 透 区 泽 答 况 遇 好 惫 研
坠 本 止 信 焕 权 音 紧 坠 亲 视 迟 解 年 动 机 动
便 量 毁 他 增 存 真 香 豆 情 亲 顶 自 人 人 热 谈
平 来 紧 解 喜 之 降 丁 摇 露 环 远 于 礼 许 股 到
惫 的 人 存 栅 上 飞 骄 子 伏 娱 书 磨 心 秀 ！ 面
技 真 源 露 平 自 子 有 毁 况 傲 木 蠕 车 面 欲 延
运 术 丁 典 理 行 来 的 欲 灰 伏 雨 项 里 水 护 镜
几 不 热 村 究 车 降 老 回 尘 依 捍 升 原 的 祖 能
机 远 自 长 况 最 过 趣 树 的 赖 卫 音 解 因 有 惧
灵 型 宏 颈 复 缤 纷 许 现 光 面 > 衬 数 遇 则 的
乃 摇 伟 鹿 乐 任 旋 惧 发 排 伏 不 骨 架 不 信 恐
规 四 了 祖 口 何 源 连 接 送 坠 当 桥 租 循 降 信
香 骄 不 方 向 肉 复 环 里 碎 他 斑 马 遇 观 伊 休

技术
谈到
依赖
方向
发送
长颈鹿
任何
宏伟
批判
缤纷
发现
灰尘的
连接
捍卫
不当
自行车
停止
骨架
斑马
原因

Puzzle 764

创造
休息
改变
洋葱
操作
奶酪
投入
浓缩
流行的
培训
导航
事项
的地方
放养
急剧
平静
犹豫
冲击
最高的
密集

密 洋 增 坠 培 心 袋 冲 击 虑 自 放 赂 社 他 复 况
集 猫 葱 底 训 乎 野 > 破 飞 复 养 规 许 心 先 恐
的 子 欲 喜 绍 情 马 本 恐 肉 趣 肥 程 > 丁 况 桌
图 灵 后 程 乐 最 充 项 释 信 票 看 底 音 中 趣 远
急 存 顶 毁 邀 倍 恐 存 典 面 错 类 衫 情 理 惊 环
剧 事 损 素 则 而 增 本 理 真 充 信 望 区 休 浓 缩
主 项 填 究 记 栏 主 礼 究 父 马 看 分 行 噪 息 规
决 心 远 见 书 保 撞 租 快 快 增 礼 不 肉 护 本 衬
中 创 造 过 租 奶 酪 特 水 的 摇 情 胶 书 安 伊 近
鳍 坠 飞 能 旋 察 平 静 投 察 然 票 条 四 错 余 秀
见 排 改 操 最 高 的 建 入 上 露 下 租 他 本 人 桥
犹 豫 变 作 而 焕 觉 衫 落 特 好 部 不 导 流 行 的
活 升 亲 面 因 究 议 想 日 迟 票 人 栗 填 航 衡 惫
的 地 方 加 欲 损 身 了 衬 项 > 四 发 眼 子 有 静
于 自 袋 动 有 镜 亲 毁 事 究 凑 眉 貌 紧 马 觉 雪

Puzzle 765

详细邀音型水保进傲迟生摇视自树考看
趣真平>惨研则行豆情不毁娱露皮改许
信书素定特真事本虫关能升旋上乐革了
日紧豆租肢遇情情的发系亮赂活动差人
环优野机中疲人思喜村飞雨英见运>雪
桌社撞衡木能摇加几栗惫自语最坏的肥
梁会虫虎选情父然驴本况。的源考程雨
马马迟觉欲先摇篮带放排栗特鳍秘因型
的桌乎摇远电运降自不皂思动物制栏草
驱增栏栗领况遇的看语句披萨租造项木
恐环趣父透环秘远惧释权类然马要欲祖
野伏反摇扑境树亮然加请似衫事>人见
最撞亮应通顶护老木的宜蔻觉面自趣马
游梁鳍类条图理了电先泽记加自坚固情
自戏胶本领露惊水飞社填车眼议要休灵

披萨
社会
改革
语句
树皮
反应
制造
游戏
进行
最坏的
类似
扑通
活动
动物
关系
坚固
详细
英语
环境
摇篮

Puzzle 766

迟喜蛾得便保主女热身高运于丁远小傲
侵略性况醒电进人自损本惊喜报告滑型
机的滑延虫根热入优票树便的行磨子行
页瑞肉约衬醋考父勇。快面衬结惊蔻不
部几不出子考倍出敢定便精细石驱饭苦
他貌亲凑充究肉肉决邀动高休热建骄他
镜驴恐光间不他况滑平不主摇最近平栗
票领礼遥梳书况露！咆露娱识基修蠕惊
最泽高修升有姥情亮哮出生菜别情有研
高蛾近有情父姥桌人察肉木韭伏情茶惨
树活带选带释图根远饭亲马饭諾子壶木
疲情眼解袋书带存諾害稳有乎。镜便下
安欲之区底底看部自伤水加醒了解不复
租摇热标记增龄最好的察项！煲便貓过
状鳍状存。苦规乎地镜边境中电带喜蔻

姥姥
身高
茶壶
韭菜
的伤害
勇敢
侵略性
进入
咆哮
标记
女人
识别
惊喜
精细
生菜
小型
报告
最好的
边境
结石

Puzzle 767

摇	肉	野	热	野	中	情	循	究	猕	猴	桃	重	同	。	木	灵
快	得	摇	顶	要	快	回	保	私	细	皂	河	坠	情	觉	然	觉
露	危	骄	转	究	衬	村	民	主	胞	幸	马	雪	凑	顶	面	乐
野	胶	险	虫	选	有	乎	口	梁	素	语	肉	本	转	惧	口	息
倍	型	绍	碎	草	秀	究	秘	碰	视	速	本	野	>	进	口	面
趣	饭	人	马	栏	部	定	身	几	心	降	草	放	试	不	文	化
安	情	而	释	记	平	克	复	排	环	决	选	倍	型	过	碎	人
前	者	不	数	的	真	解	延	自	苍	坠	虎	远	自	重	眉	特
规	闲	后	真	镜	柔	子	马	先	蝇	諾	热	状	有	人	快	望
究	排	口	得	定	恐	栏	几	坠	号	虫	号	决	观	胶	諾	心
环	举	磨	四	桥	基	祖	行	最	护	落	最	见	绍	有	排	权
本	惧	运	察	怖	伊	运	伏	部	碎	焕	之	从	创	建	有	飞
请	虑	步	骤	记	差	的	特	分	摇	的	袖	虫	衬	雨	基	远
答	己	信	武	然	栗	复	秘	部	查	业	手	蜡	笔	自	持	不
票	案	保	器	看	直	乐	部	大	记	商	碰	表	亲	释	眼	看

答案
前者
的手表
细胞
进口
商业的
河马
猕猴桃
武器
危险
苍蝇
文化
蜡笔
同情
大部分
语速
民主
部分
创建
步骤

Puzzle 768

一声
停机坪
杂志
辣椒
达成一致
战争
的深浅
重视
政治
卫生
行星
替代电子书
自由
维护
男子
油漆
很多
主人
候选人
故障

主	卫	油	漆	政	治	人	虫	娱	的	驱	自	通	而	很	多	战
人	生	研	上	候	觉	书	驱	型	恐	考	增	由	老	碰	欲	争
疲	书	况	答	选	快	热	的	摇	雪	娱	便	父	柔	恐	状	滑
根	带	辣	椒	人	伏	动	领	虫	优	四	来	子	况	乐	视	增
树	欲	信	欲	快	的	虎	领	落	请	回	行	性	醋	考	信	趣
杂	志	能	看	究	平	饭	通	分	类	机	星	替	代	电	子	书
先	马	得	亲	瑞	下	>	野	怖	迟	驱	乐	的	动	有	男	望
约	克	观	根	倍	下	休	煲	日	能	底	租	自	赂	惊	遥	高
袖	透	主	升	乐	发	运	平	煲	生	试	子	看	举	本	柔	观
达	理	子	面	欲	心	怖	迟	紧	许	停	条	驱	泽	趣	迟	规
惨	成	降	况	复	的	部	建	亮	怖	机	事	怖	欲	虑	破	发
的	声	一	欲	建	諾	量	型	复	栗	坪	焕	的	型	祖	醒	信
袋	自	己	致	最	增	而	电	保	重	>	面	深	维	护	故	热
的	瑞	日	衫	情	见	股	察	自	要	视	恐	浅	出	日	障	克
雪	社	填	的	克	木	貓	噪	香	增	稻	要	栅	增	遥	充	机

Puzzle 769

情 话 梳 邀 事 透 本 加 迟 趣 便 远 丁 驱 行 思 不

热 题 理 面 票 礼 心 己 迟 蔻 龄 行 自 情 礼 稻 有

来 静 怖 于 填 下 破 研 香 香 光 諾 己 。 有 书 袋

鳍 祖 心 租 人 况 之 究 选 镜 灵 了 灵 碰 貌 惧 决

车 环 通 事 眉 的 动 生 素 面 光 士 栗 区 特 议 最

复 则 惧 树 顶 排 类 草 修 程 树 从 差 鹦 热 许 亲

暴 栏 保 养 日 衣 服 能 考 的 自 摇 远 鹉 视 拒 况

躁 况 恐 醋 ， 眉 保 镜 旋 迟 数 里 亲 子 情 中 绝

议 填 监 环 因 然 遇 条 究 号 滑 飞 碎 数 行 子 灵

他 增 护 狱 此 股 能 程 礼 磨 降 察 惫 灵 保 子 查

花 伊 得 赂 举 延 饭 秀 社 事 心 瑞 諾 的 平 原 检

蜜 迟 心 面 倾 他 解 恐 情 野 木 撤 销 记 伊 皂 讨

活 程 票 灵 斜 苦 乐 音 剧 优 捕 选 修 忆 伏 最 惧

存 在 降 马 肉 型 从 循 香 场 获 保 快 自 安 考 恐

赂 傲 自 灵 有 一 直 解 情 的 人 数 肉 父 驴 的 旋

检讨
捕获
话题
撤销
鹦鹉
监狱
的记忆
倾斜
衣服
平原
暴躁
保养
一直
存在
拒绝
剧场
原子
研究生
，因此
花蜜

Puzzle 770

几 喜 许 橡 修 特 别 而 凑 摇 丁 项 貓 衫 高 里 持

灵 他 好 胶 娱 息 的 亲 驱 衬 肉 貓 镜 礼 马 露 乐

伏 自 丁 直 赂 磨 的 遇 电 携 眉 携 栅 骄 本 排 静

后 速 度 趣 部 星 口 泽 好 疲 ！ 基 毁 老 则 情 乐

祖 复 肉 秘 柔 期 约 邀 虑 宜 来 高 蠕 树 日 人 携

克 错 便 解 见 面 破 增 远 蔻 飞 况 介 莓 破 不 子

考 提 供 最 直 虫 肉 答 打 招 呼 傲 面 马 修 息 心

试 雪 复 后 于 上 皂 乐 约 机 而 赂 蠕 间 不 休 梳

紧 好 顶 书 研 心 建 增 瑞 衬 基 情 议 复 况 蠕 错

不 肥 平 总 静 过 权 高 不 闲 衬 信 桥 复 马 丁 草

租 远 便 线 木 区 喜 焕 欲 部 车 想 看 娱 循 恢 带

摇 察 傲 情 香 里 灵 > 伊 雪 试 胶 水 查 则 理 赂

祖 范 便 价 情 直 草 休 眼 后 眼 型 波 海 葵 安 碎

。 过 围 格 貓 围 > 权 物 虎 部 自 人 热 貌 梁 饭

郁 金 香 内 申 请 巾 心 露 种 计 算 器 的 发 音 子

水波
速度
范围内
海葵
橡胶
总线
围巾
星期
见面
价格
的发音
物种
特别
提供
最后
郁金香
申请
树莓
计算器
打招呼

Puzzle 771

赂惧糖果举合研上因豆存议碎远存建摇
间父母保考恢作请而因稳鳍水研苦先伊
子旋特惊木请余伙类欲觉马亲声邀虎究
请自基基请栗自的伴面饭考虑明介闲碰
露项特的马手薪酬评估有乐产生的修动
克有利排充臂答事梁排乐木热环考的喜
虑书介迟欲学习伏虎秀>权旋过基音觉
之后持倍树伏雨桌自填有持秘研观乐惊
然想了要桌皂地损泽木野续排插电自野
虑心延能木项程过存口便时建领入因亲
理一个平解子排。根日马间的类树理惧
在这里己諾欲龄威面子的年爱四面缺乏
填绍运理！绍保余胁理肉貌好号研坠下
貌煲欲了情况近！静降>看桥驱有子不
加量村领皂摇不重车遥定灵惊鳍木灵年

父母
手臂
评估
持续时间
产生
爱好
薪酬
合作伙伴
插入
威胁
考虑
的音乐
学习
缺乏
情况
在这里
一个
糖果
有利
声明

Puzzle 772

的小狗
错过
装配
公路
更好的
月亮
的脂肪
激烈
争辩
压低
表示
公式
饲料
的作用
田径
建立
女孩
猫座
高贵
清晰

马领得日破礼真特马部虑情本建坠高更
人高觉顶区祖木因思肉衡携休带蛾贵好
快用作的脂肪书装欲欲幸的乐绍蔻惨的
惊修惫自稳饲饭碎配有信几栗介公式木
则机也加他间料股磨安而破项错欲本况
压飞争辩清晰想介直释释马间过休从出
低真蔻饭木复真滑社的傲亲猫座惫热看
考遇生有持年带先望之机光里信行中权
顶通人自女孩了保月亮情想理考飞数素
社音己请顶况复马举的素基修的小狗书
田状桌瑞面摇人本复则建日回解望特趣
径泽观分人>稻木表排落立骄蠕伊公野
不然察息解定透增示柔音休眼保鳍路热
邀信飞释瑞信野四区间桥规蛾惨灵坠复
虑虑秀许升激烈不错复降能情行本坠滑

Puzzle 773

焕 飞 香 于 区 拳 恐 撞 蛾 到 木 醒 蔻 的 票 惨 项
坠 便 驴 醋 恐 击 邀 鳍 根 处 吸 的 情 举 研 自 碎
活 鳍 便 的 灵 后 露 貌 解 马 取 想 乐 间 运 动 请
许 量 面 心 带 高 股 年 赂 父 栅 在 错 解 乎 。 栏
特 钢 琴 词 恢 观 理 欲 稳 平 情 去 究 毁 四 秀 程
书 蔻 蠕 汇 洽 解 中 特 虑 远 走 年 察 因 辉 复 退
惧 倍 项 丁 谈 来 释 权 地 条 不 了 四 发 煌 便 出
苦 面 秘 龄 保 记 保 授 马 毯 考 面 欲 露 草 音 驴
水 疲 书 下 增 醒 桌 增 倍 热 信 自 毁 音 蔻 露 便
试 雨 得 破 况 滑 蔻 地 伊 活 宜 选 自 之 有 观 解
酸 优 保 平 存 平 理 便 欲 考 态 充 苦 噪 页 两 次
牛 碰 有 状 不 中 则 秘 > > 度 树 望 稳 平 放 顶
奶 视 远 胶 恢 分 惫 典 几 区 衫 图 号 议 记 恐 情
思 貓 飞 透 口 的 而 的 察 恐 数 思 理 肥 龄 情 信
衬 有 带 的 察 自 灵 规 护 草 升 风 格 性 透 栏 几

词汇
两次
在去年
特权
运动
退出
钢琴
态度
洽谈
风格
酸牛奶
授权
解释
到处
地毯
走了
辉煌
拳击
性格
吸取

Puzzle 774

填 惫 要 上 平 喜 发 静 雨 信 源 有 发 远 栗 事 介
分 类 饭 警 报 想 恐 面 男 有 中 信 建 欲 于 口 有
墙 自 驼 袋 飞 ！ 面 祖 研 性 远 老 状 复 水 运 典
面 上 鹿 醋 平 疲 条 动 有 乃 惨 于 瑞 摇 妖 精 气
明 年 喜 煲 貓 平 滑 私 的 了 摇 举 破 惧 从 票 他
自 之 间 惫 能 性 马 行 马 尝 动 勺 疲 修 恐 村 过
露 增 了 幸 不 足 乐 水 落 试 乐 子 礼 > 底 滑 地
增 优 > 自 也 栅 梁 飞 平 而 透 闲 关 联 社 得 喜
心 衡 看 惊 衬 本 赂 惊 衫 携 娱 条 幸 克 瑞 子 典
饭 眼 感 试 自 复 携 了 底 梁 建 股 型 傲 蛾 生 碰
自 书 情 件 有 错 活 乃 动 面 议 安 中 机 项 中 试
不 老 ！ 事 野 规 衬 他 虎 信 望 里 蛾 会 状 则 坠
旋 错 ！ 的 妹 妹 便 瑞 充 从 草 排 疏 ， 落 恐 驴
重 中 栏 护 袋 醋 幸 部 醒 心 紧 父 散 煲 觉 填 于
复 部 栅 保 便 究 纠 结 信 息 的 介 活 眼 欲 顶 携

运气
勺子
妖精
关联
机会,
男性
不足
也不能
的妹妹
感情
驼鹿
信息
的事件
警报
纠结
尝试
疏散
之间
墙上
明年

Puzzle 775

蔻	带	牛	奶	之	理	暴	猛	地	森	林	子	分	好	乐	桌	投
延	马	顶	检	发	热	滑	力	摇	特	见	思	安	眼	顶	分	票
水	的	村	查	地	政	策	朝	着	行	亮	研	虑	乐	喜	祖	增
獭	欲	事	中	来	胶	存	柔	考	宜	复	介	其	秘	毁	猫	息
之	柔	肢	情	草	量	坠	复	亲	不	释	蛾	他	的	况	人	则
页	摇	休	领	摇	心	私	修	下	选	人	衫	系	乃	日	惧	信
面	秘	虫	乃	皂	雨	之	外	午	过	摇	乐	统	衬	中	考	便
自	独	立	性	龄	快	动	词	！	护	柔	许	理	出	木	灵	宜
祖	释	最	本	保	书	骄	研	来	老	肥	海	雀	项	亲	遇	伏
观	諾	修	条	护	！	恐	活	英	情	填	己	循	车	便	年	项
信	恐	见	顶	程	快	信	梁	寸	改	善	过	性	最	心	充	傲
肉	水	有	展	热	苦	的	错	了	蛾	蠕	面	栏	本	野	解	瑞
近	欲	摇	桥	示	增	年	动	雨	猫	增	蛾	>	信	有	从	量
驱	因	举	规	身	答	见	摇	栏	想	旋	蠕	摇	型	身	见	循
区	木	解	底	权	考	貌	便	本	然	排	动	加	光	社	趣	热

朝着
其他
下午
海雀
改善
牛奶
系统
展示
投票
森林
检查中
暴力
英寸
政策
动词
猛地
的事情
独立性
水獭
之外

Puzzle 776

人	项	状	指	露	单	醋	梁	究	动	记	转	存	欲	似	肢	马
龄	木	紧	甲	建	独	不	过	释	！	号	因	环	野	乎	复	量
举	填	乐	上	典	野	然	事	好	噪	惨	静	露	觉	图	瑞	露
有	类	心	通	豆	过	袖	通	的	不	老	不	通	账	户	典	肥
电	眉	木	桌	负	肥	环	主	的	自	型	雪	需	数	人	人	之
惩	罚	的	近	责	滑	票	私	平	摇	建	排	要	好	观	基	约
动	破	的	上	滑	邀	心	差	分	究	面	的	桥	破	这	保	艺
紧	父	煲	煲	不	运	泽	约	要	循	眉	身	优	视	匹	种	术
选	年	野	合	运	查	复	镜	橡	马	理	股	运	醒	特	配	木
栗	见	兔	根	作	摇	幸	分	皮	镜	理	透	便	眉	父	因	碰
闲	趣	眉	情	优	从	>	摇	擦	焕	票	皂	近	肢	源	己	己
迟	情	重	喜	几	分	增	之	业	绍	欲	坠	乐	分	研	乃	滑
栅	真	龄	理	理	首	富	入	专	野	>	从	绍	木	人	露	页
乐	龄	旋	栏	票	马	参	加	的	答	顶	部	喜	人	项	环	昂
安	虫	>	鳍	野	磨	骄	损	定	事	衬	事	来	灵	木	乃	贵

不过
匹配
野兔
的专业
首富
昂贵
橡皮擦
惩罚
这种
账户
合作
瑞典人
加入
单独
需要
指甲
似乎
艺术
参加的
负责

Puzzle 777

衡 选 人 出 不 秘 后 闲 皂 环 尖 响 镜 本 的 灵 本
望 分 亮 的 面 面 眼 命 源 旋 叫 亮 静 喜 书 特 顶
究 息 望 底 后 续 从 中 包 含 衬 諾 携 坠 的 四 理
焕 乐 安 况 年 諾 香 驴 灵 情 过 股 ！ 虚 车 过 泽
便 静 根 迟 后 远 的 摇 露 幸 情 请 许 四 拟 。 素
观 下 没 有 既 本 释 本 神 升 有 肥 。 饭 有 于 循
年 好 桥 水 不 自 面 根 不 秘 之 亲 爱 的 的 露 素
马 肢 高 平 程 损 惧 瑞 饭 滑 父 许 醒 保 遥 年 看
议 环 迟 直 理 许 草 毁 徽 章 始 终 栅 马 机 音 量
情 平 考 后 绍 本 最 遇 最 马 胶 栅 车 近 降 财 政
恐 决 树 了 凑 动 香 根 大 邀 > 票 饭 也 长 周 肢
生 骄 高 步 行 分 伊 过 娱 通 察 栅 心 自 虑 碎 三
物 坠 父 乃 高 钟 事 也 了 最 宜 镜 高 驱 醒 胶 则
学 不 考 柔 便 亲 本 野 中 图 数 间 最 几 碰 权 错
耳 朵 不 马 权 面 滑 生 的 邀 复 伏 梁 远 权 龄 便

耳朵
徽章
神秘
没有
命中
生物学
始终
亲爱的
最大
包含
后续
步行
周三
财政
周长
虚拟
尖叫
响亮
分钟
既不

Puzzle 778

谷仓
侵入
心脏
边缘
有礼貌
手机
私营
延迟
的羊
执行
可能的
启动
视图
山羊
人像
通话
蚊子
喷泉
音乐
幸运

手 侵 执 露 事 子 有 察 便 的 动 噪 音 乐 租 衫 面
机 入 行 貓 想 有 想 便 增 填 乐 摇 股 豆 野 程 胶
息 因 基 摇 趣 决 面 租 貓 蚊 子 延 之 优 动 苦 部
落 有 从 解 绍 之 的 水 面 他 摇 活 迟 的 桥 主 静
释 礼 最 毁 面 安 马 栗 平 醋 图 启 露 放 平 延 信
顶 貌 存 转 幸 虎 虫 衡 惨 落 他 特 动 驱 亲 野 雨
饭 野 静 静 父 眼 镜 本 增 人 像 视 本 地 量 先 醋
的 羊 权 豆 磨 日 瑞 貓 循 考 租 疲 主 私 营 虫 飞
能 山 解 排 惨 亮 年 子 复 上 动 龄 摇 情 水 错 袖
可 边 远 平 究 摇 部 凑 树 肉 事 的 傲 父 近 有 然
视 缘 重 研 的 乐 貌 面 活 木 不 树 型 填 因 礼 亮
图 喷 泉 子 性 镜 幸 运 通 话 心 电 损 趣 谷 心 伊
自 的 水 素 远 伊 察 柔 梁 机 心 增 貌 真 仓 野 脏
恢 通 电 木 惧 肥 不 露 凑 惨 得 人 草 香 肢 他 乐
而 中 露 落 > 热 旋 心 倍 秘 数 噪 平 特 摇 露 况

Puzzle 779

煲马灵生要几查坠招然里之复袖程民用
惧口驴规存平信便商人增喜桌克定焕心
差闲答丁礼乃复页引机滑来趣快情菜人
发马桌袋平摇木惨资的本苦活柔皮虎肴
车保热机乐而高煲冒部喜然循他肤后惊
得醒回面包运龄>险趣蛾动增欲醋的请
稻諾坠表保梳许不的增真遇雪音諾看便
梳人绍增了虑充人热区摇图动梳透的释
雪乃老心肥望恐建幸子充之视身衬方四
表委员会眼源情衫年主恐旅欲发介向复
白上降快素草马蓬惨面特的紧有娱香眼
源衬口阻报排安人松双亲远上趣坠最从
也衡衬止价增他幸马过邀桥旋人息地他
落衫衫虚颗粒自村热光真信修解己长期
貓露伏假镜信复远升栗虫车复望草素加

之旅
颗粒
的方向
长期
民用
虚假
菜肴
报价
阻止
生存
冒险的
面包
双亲
衬衫
蓬松
表面
委员会
招商引资
皮肤
表白

Puzzle 780

的旅馆性灵然乐电根学的优性倍从存解
怪的社先不充相许生素生看四护稀秘惫
奇驱复类中自余反泽降欲瑞终于缺约量
望惨泽坠祖想身疲水！疲祖排袖根顶木
坠惧面衡香年重四了远亲几飞于能力惊
栅马倍趣动！遥欲信复蒸个从的新泽滑
柠檬汁理水身远镜图填汽迟磨水人不蠕
下观趣眉衡底从桌便过条不自磨宜才解
。优乐惊转降图心类保看动水喜热碎破
野决许乎动的本情袋音趣情保便虑里蛾
遥然坠本娱热底况摇惧>伏坠充>车幸
城市便肉有醒第十相同修而了惊惊热心
栏面的根諾延貌栅当植镜幸银行发部通
几木情主己信水高然物的骄木雪动数根
模式苦的磨先特透护本木解请求安口柔

当然
终于
第十
请求
几个
蒸汽
银行
的人才
的旅馆
奇怪的
新的
能力
稀缺
柠檬汁
相同
植物
模式
城市
相反
学生

Puzzle 781

只	是	乎	几	答	惊	活	村	查	的	的	驱	保	草	损	自	稳
记	忽	休	书	保	自	傲	充	乎	快	邮	特	权	了	余	部	特
部	略	衬	他	摇	幸	梳	平	仅	子	的	件	惫	后	特	迟	错
鹿	野	得	趣	思	部	票	运	仅	推	行	。	放	动	諾	下	乐
虑	答	驱	位	移	觉	约	存	考	于	出	复	遇	飞	透	事	蔻
滑	的	肥	则	傲	动	降	释	自	貓	图	视	马	能	闲	口	降
摇	升	得	肢	自	教	亮	真	考	图	胶	便	趣	页	新	闻	约
胶	草	喜	面	动	授	回	梁	柔	望	差	究	考	>	醒	毁	恐
本	余	保	身	四	部	貌	休	保	休	因	驱	解	释	经	信	蠕
宜	基	伏	灵	静	稳	存	肉	本	差	龄	情	蠕	的	营	栗	摇
栅	解	机	伊	欣	赏	会	见	剪	辑	的	生	泽	本	中	部	信
保	最	镜	心	动	排	数	雪	的	飞	社	姜	碎	因	父	最	则
性	乐	的	增	程	快	桌	远	克	灵	修	眼	坠	灵	便	来	涉
諾	子	地	栗	自	回	人	回	驴	静	喜	远	梁	图	鼠	标	及
查	也	加	面	这	些	远	过	解	邀	定	梁	考	主	瑞	栏	豆

推出
会见
位移
经营
欣赏
几乎是
自动
生姜
的邮件
地面
剪辑
教授
忽略
涉及
只是
鹿野
鼠标
仅仅
新闻
这些

Puzzle 782

曲棍球
叫声
确切
周末
历史
碰撞
讨论
重复
居民
觉得
外套
迅速
小子
的有用
编辑
的独立
卖家
地图
安宁
各方

则	解	区	考	况	之	则	年	延	老	编	饭	肉	特	股	瑞	类
外	回	年	紧	选	紧	子	傲	最	复	灵	辑	重	解	权	有	动
套	便	栅	保	摇	地	转	要	卖	口	主	介	释	驴	子	肥	欲
碎	放	量	克	研	研	上	人	焕	家	损	草	自	典	鳍	居	民
音	衬	磨	乎	情	。	规	人	鳍	热	热	雨	基	建	答	！	己
碰	查	秀	灵	好	疲	伊	研	热	状	惨	宜	书	疲	本	特	数
撞	答	小	思	觉	香	充	己	桌	驱	信	究	泽	高	稳	人	虑
迅	速	子	部	得	身	社	快	有	量	自	惊	增	村	余	的	高
热	衬	重	复	性	泽	亲	介	从	喜	野	眼	本	情	四	也	页
页	水	父	生	信	灵	祖	野	木	眉	安	！	地	历	史	确	切
父	>	的	独	立	士	从	眼	见	各	宁	想	图	议	己	人	肉
情	损	优	平	醒	旋	近	动	的	方	快	余	思	己	分	日	究
决	带	克	面	存	安	余	骄	有	煲	讨	论	坠	降	桥	情	蛾
叫	声	泽	周	的	人	排	饭	用	水	瑞	号	充	要	宜	噪	蠕
热	回	过	人	末	口	了	损	噪	察	木	曲	棍	球	思	面	雨

Puzzle 783

随了傲专撞想木心水幸父循想紧諾喜柔
机思乐家人增书苦用特高规伏便恐煲宜
的父亲升乎则况实品便休蹈水牛木磨磨
稳子也于亲自口现的究许矩优则梁存机
蠕老远后乃活坠毁丁虫也的球员的于的
区镜人性钢远出饭部行磨号型心号赂看
高醒优香惊笔摇视生马考老心专人中安
然闲特最乐有运肥里趣骄量飞考家磁带
衡心条鳍大摇延举毁栗不蛾存欲高的精
旋父>性间的不有本心究出自发升疲灵
本虫栅亮图醋梳底得中信觉虫稻升了过
袖乐蠕饭息疲源觉士建远肉观图页信木
动计划梳镜环迷木肥煲野的皂恐行木填
护那种人口之惑乃好察恐豆研究项去放
便延素考出丁上伊填亲票复子年草除不

专家
木乃伊
人口
水牛
精灵
的父亲
用品
迷惑
实现
的球员
那种
最大的
出口
循规蹈矩
专家升
计划
去除
钢笔
随机
磁带

Puzzle 784

沙塔
尽管
沉默
电话
作家
动作
草甸
管理
错误
爸爸
保证
先生
说话
帽子
参加
，也没有
犀牛
结论
教师
天使

灵乎乐饭则驱量马乐自遇摇最循面则毁
结论不煲泽喜素说话虫虫柔况书动镜情
发苦增驱便主凑亮通错见灵先桌分摇绍
伊环的特望信日子镜举电究灵最动音选
不参研真直平下行士犀牛过权也祖秘有
状加先信电柔傲带情亲木胶灵降错之天
惊里生建乐伏快的的尽携填滑煲草误使
近加选主的心本有转管素沉默电话最赂
循研年泽柔绍看惨>几运许股先爸摇眼
安部惫秀上性柔活亮基重过乃疲爸管理
紧租，也没有主滑信趣邀自飞降木顶底
沙理衬电保几教得程己信究察保草甸醒
坠塔木部释理师心醒肉几本肉眼证而伊
饭恐帽的丁乐平遥肉本衬基作动心间。
磨惨子解书>自看焕碎护虑家老书地电

Puzzle 785

差 恐 醒 定 解 肉 子 雨 程 答 紧 子 摇 冒 犯 个 人
数 况 来 理 飞 书 远 闲 马 秘 子 怖 磨 型 书 三 灵
坠 肢 的 区 肢 婴 焦 点 丁 本 源 遥 香 型 凑 第 马
自 因 解 见 息 自 儿 过 肉 情 数 议 从 信 的 的 虫
音 肢 秘 望 肯 定 然 貓 电 得 页 优 得 面 特 黄 油
出 人 自 鳍 醋 稳 伊 状 约 欲 镜 增 己 桥 士 蜈 蚣
察 驱 的 管 恢 不 滑 保 了 信 面 亮 娱 自 村 肉 信
驱 惊 露 本 理 透 建 毁 四 水 发 之 骄 优 势 页 豆
便 蠕 虫 放 碰 者 顶 增 驱 赂 信 父 况 领 损 遥 基
欲 里 究 不 定 名 词 喜 研 加 思 存 选 部 苦 木 数
自 研 露 升 热 安 保 主 息 柔 技 刚 情 官 视 肉 部
外 于 甜 察 肥 疲 成 熟 行 绍 巧 木 性 员 欲 碎 欲
观 驱 蜜 本 要 子 坠 衫 镜 损 蛾 肥 持 丁 近 运 优
的 场 景 自 热 面 重 图 定 赂 性 眉 的 心 型 木 理
静 行 口 最 私 之 运 镜 不 趣 本 源 项 遥 滑 驱 过

肯定
个人
黄油
冒犯
的场景
名词
不稳定
焦点
醒来的
技巧
外观
甜蜜
成熟
第三个
优势
蜈蚣
管理者
刚性
官员
婴儿

Puzzle 786

顶部
栗子
部门
雪貂
不同的
啤酒
唤醒
调查
相当
年度
落入
悲惨
均匀
菠萝
温度计
从来没有
占据
早晨
袋鼠
篮球

的 水 则 图 便 諾 决 从 来 没 有 不 草 透 息 肢 摇
煲 后 早 晨 特 后 亲 蛾 安 休 股 音 同 迟 子 瑞 遥
增 素 发 野 木 运 股 遥 惫 自 理 祖 环 的 释 高 出
考 年 菠 萝 定 况 乃 特 书 肉 木 撞 树 号 了 有 飞
娱 约 循 机 鳍 怖 分 恐 日 音 镜 过 虫 填 研 里 约
篮 撞 均 袋 鼠 持 恐 信 顶 部 占 据 调 查 自 梳 克
球 况 匀 啤 祖 的 的 栗 得 部 苦 镜 人 书 研 蠕 转
情 修 自 諾 酒 视 老 子 悲 机 门 皂 树 口 增 摇 衫
虫 加 中 温 度 计 邀 数 惨 > 况 考 几 肉 能 领 议
行 唤 醒 便 余 过 了 身 过 镜 袋 优 諾 行 解 而 柔
秀 乐 父 填 回 摇 面 年 程 旋 落 存 醒 己 灵 先 解
衡 口 貌 书 行 恢 坠 度 自 静 入 里 不 也 煲 日 衡
况 稻 于 的 究 木 发 坠 典 理 票 领 碰 源 碰 士 遥
雪 貂 袖 根 焕 的 摇 热 秘 优 复 通 典 几 相 息 持
类 况 不 机 况 摇 重 动 胶 约 况 士 修 面 当 遇 镜

Puzzle 787

上选区决的衡子亲好建根人社带虎了傲
升子信平兄得胶野便虎延图租毁不分页
远牛护胶弟平露镜况图紧蔻乎见光基建
余填奶能草眉落来栅乃热镜本几过土下
欲最子中错排知过鳍型余衡升驱最狼放
疲过电静猫蔻道心通露栗来本源真况心
特焕领恢己环趣条自野栏部他根貌运转
特闲记放蟾碎秘鳍休解主遇号活部苦人
人鸟啼衡蜍风栏就像决他栅降己理环身
则便趣有思暴平傲许日得情察疲煲区心
镜充过素毁豆之惫释虫办大量理欲祖根
保迟间碰持号议饭紧赂公图蜘究稻机情
高摇祖分下底不虎绍尽桌疲蛛试保毁他
不尖尖的行部下水道特一努灵分循环信
心柔典！军人醋栗德泽猫份力稳带增有

底部
军人
尖尖的
的兄弟
蟾蜍
大量
土狼
醋栗
风暴
蜘蛛
知道
努力
牛奶中
道德
就像
尽一份
鸟啼
上升
办公桌
循环

Puzzle 788

自毁肢滑出况雪增皂的子大全倍远面图
欲建损私梁车焕乐秘数本虑声球桥动秀
静下社衫礼释梁要信降番己年不排远事
后疲得礼人信降蠕先情凑茄瑞答心了不
秘摇通图伊秀信绍转坠平煲规究源重克
理信四肉桂私建运摇情肢察人衬遥因欲
社恢况远雨升醋己而窗帘稳主填数据条
摇信驱灵私本理试露眉思，遥野性机便
衬查解恢噪研本秀士焕优其息瑞落不最
香菜生的爸爸露袖之牙医雪球想伏答苦
的最后慈丁解情图基桥梁坠趣股看觉鳍
部增雪仁故不部透于回行见撞放答保修
驱转乐活事动车因伏五复余书柜士年高
建肥况香环热主他情个分望人梳子花顶
很少坠考小麦也保书虑析介议性想费程

数据
分析
番茄
小麦
的爸爸
五个
大声
桥梁
很少
牙医
故事
肉桂
全球
雪球
，其
的生菜
仁慈的
花费
窗帘
书柜

Puzzle 789

升 遥 答 中 坠 温 水 > 动 眉 倍 私 傲 股 木 秘 邀
桌 紧 选 另 一 个 也 之 互 子 于 察 举 木 亲 性 升
倍 滑 日 选 排 放 线 视 的 鞋 解 典 降 子 滑 复 解
人 通 优 破 动 乐 想 恐 息 树 类 思 肢 试 惫 息 明
自 项 恢 答 遇 特 征 旋 醋 镜 远 桥 飞 泽 水 车 智
觉 考 过 降 羊 怖 查 圆 便 梁 蠕 回 遇 摇 衬 安 雪
复 刺 旋 排 本 肉 成 柱 伏 过 农 顶 喜 思 肢 便 释
坠 猬 后 项 租 绍 年 煲 惊 讶 喜 民 撞 伊 煲 几 碰
肥 日 摇 栗 思 票 野 闲 损 记 透 票 面 望 究 察 权
栗 得 解 来 凑 自 祖 乐 好 带 健 康 光 高 热 乐 宜
香 面 部 猫 摇 熟 噪 惨 伊 增 年 本 出 木 状 的 要
测 考 快 猫 观 延 悉 瑞 循 香 己 疲 生 趣 基 闲 行
量 遥 礼 眉 秀 马 士 梁 近 回 数 记 人 的 马 摇 >
条 举 雨 凑 惊 厨 白 色 书 从 理 考 豆 碰 滑 蛾 觉
噪 日 的 复 惊 房 量 试 恐 雨 皂 静 技 工 约 泽 余

特征
测量
农民
熟悉
明智
的鞋
成年
惊讶
圆柱
技工
的视线
羊肉
出生
厨房
另一个
健康
白色
刺猬
的互动
温水

Puzzle 790

表达
往往
舒适
定的
开始
远近
联合收割机
松鼠
修复
捕捞
完美
气味
斑点
基本
匆匆
蚂蚁
判定
认识
沙发
肉豆蔻

四 定 趣 他 而 摇 香 部 赂 况 本 蚂 考 马 权 保 过
醋 松 鼠 项 紧 倍 斑 定 己 约 马 蚁 保 条 近 蠕 驴
近 特 建 私 滑 滑 点 上 股 素 驱 摇 迟 焕 稻 有 图
梁 素 了 定 舒 适 究 好 修 复 远 袋 释 机 放 驱 碰
礼 研 不 判 的 书 水 根 栏 几 远 则 基 虫 机 。 面
便 主 有 观 重 镜 望 高 娱 幸 近 开 租 镜 股 心 过
高 平 修 身 基 高 皂 保 型 近 升 始 转 远 肉 地 优
虫 过 完 美 本 答 有 来 页 惫 放 信 乐 虑 便 区 破
上 雨 表 达 往 往 露 伏 饭 区 的 光 眉 根 量 根 。
音 地 树 况 察 建 马 型 皂 降 规 肉 豆 蔻 发 复 蛾
带 建 思 恐 碎 便 选 修 胶 乃 近 真 气 毁 破 碎 热
邀 本 树 情 复 亲 环 环 考 趣 惊 野 坠 味 况 面 延
热 权 间 答 眼 携 的 赂 有 然 皂 联 合 收 割 机 请
子 不 面 加 衡 马 便 行 豆 认 沙 身 先 蠕 撞 最 能
中 热 上 稻 > 排 的 近 父 识 发 环 匆 匆 捕 捞 骄

Puzzle 791

桥 宜 不 延 增 了 貓 事 增 衬 衡 农 眼 可 了 木 远
士 回 木 心 面 破 社 子 乎 部 因 场 则 醋 见 乐 股
理 本 议 望 也 协 议 ， 香 眼 请 主 信 自 伊 的 动
人 的 了 望 高 复 破 分 环 环 性 眼 乐 皂 > 望 子
赂 行 环 类 撞 袋 较 坠 要 水 凑 木 虫 望 的 失 旋
子 存 不 的 过 乐 差 书 乎 镜 栏 自 。 便 粉 红 色
车 保 自 动 复 动 则 的 日 了 泽 摇 人 亲 遇 信 间
思 约 见 然 子 差 而 究 动 平 木 部 泽 快 错 大 象
桥 本 花 园 老 见 马 亲 延 木 通 惧 亮 信 奶 考 后
增 排 部 马 子 身 有 典 请 骄 欲 回 融 飞 摇 油 汽
护 意 休 基 复 自 约 转 亲 社 迟 的 研 化 帮 助 审
諾 图 雨 支 持 子 紧 自 数 苦 泽 来 保 然 真 摇 判
本 煲 看 闲 龄 议 便 音 过 许 便 遥 子 食 研 梳 资
> 根 日 优 平 不 透 行 循 热 复 携 身 品 达 到 源
驱 重 晷 究 面 研 心 衡 放 也 旋 他 克 平 碰 貓 最

平面
协议,
花园
达到
日晷
食品
意图
大象
粉红色
农场主
资源
融化
支持
帮助
奶油
审判
可见的
失望的
较差
汽油

Puzzle 792

称为
推迟
消化
定制的
国家
空中
解决
证据
夫人
时间
可能
胶水
实际
倾向于
家具
的一切
明显
对比度
蝴蝶
蝙蝠

醒 国 子 出 看 主 信 鳍 落 娱 亮 几 行 建 赂 音 高
具 家 滑 修 趣 灵 行 肉 视 祖 快 察 喜 保 镜 过 ！
倾 欲 坠 运 热 木 的 一 切 蝙 蝠 人 闲 本 高 查 透
可 向 究 机 选 夫 栅 怖 出 修 衫 租 息 约 胶 信 热
面 能 于 消 化 人 充 惧 子 > 欲 则 袋 草 水 解 决
望 对 比 度 心 复 信 型 镜 恐 饭 情 证 飞 秘 区 音
本 桌 从 运 分 况 性 破 碎 不 状 直 据 况 降 有 滑
的 撞 定 蛾 有 书 > 心 木 苦 紧 情 乎 人 见 下 安
欲 丁 制 的 马 发 自 远 灵 > 露 面 趣 鳍 。 紧 回
页 研 的 情 静 碎 遥 得 惫 生 行 乐 上 况 因 介 撞
> 电 喜 特 破 乐 衬 桌 伊 人 热 来 碰 空 过 本 皂
特 衡 稳 保 衫 实 的 热 息 快 领 推 蠕 中 恐 平 水
心 直 转 蝴 便 际 音 安 破 察 惧 迟 士 电 己 转 究
称 为 车 蝶 的 时 社 惧 便 梳 上 有 明 降 > 惫 复
复 树 后 貓 下 素 间 不 面 选 醋 的 显 护 究 动 宜

Puzzle 793

定 解 典 的 曲 毁 底 热 下 型 试 机 克 发 带 特 >

然 乐 蛾 自 线 修 骄 高 高 级 情 乃 的 损 之 磨 发

> 有 好 条 机 滑 。 从 根 先 遇 欺 欲 则 前 视 量

财 产 坠 木 底 噪 不 能 升 闲 得 骗 真 正 的 噪 下

升 入 状 芹 菜 一 目 了 然 桥 远 他 衡 出 主 玉 的

科 学 填 特 添 便 日 保 伊 遥 高 理 眼 顶 毁 。 米

运 好 则 优 错 加 他 的 滑 错 遇 视 礼 伏 携 脚 余

最 型 规 休 自 本 思 坠 马 坠 一 不 持 修 欲 灵 趾

， 而 不 是 自 区 本 权 究 人 些 回 恐 情 解 动 傲

程 页 数 年 只 有 毁 火 遥 区 镜 要 情 重 热 口 降

透 坠 而 皂 心 人 信 箭 信 赂 煲 父 惨 平 升 闲 面

栅 直 镜 转 老 鼠 便 事 中 子 肉 过 要 碰 伏 人 状

区 欲 栏 衫 亮 秘 祖 他 心 人 动 乎 重 错 静 恢 坠

貌 人 护 遥 惫 规 趣 飞 先 柔 乃 。 书 中 考 他 秘

驱 真 填 亲 肉 究 出 冰 柱 豆 量 记 惊 下 了 安 的

芹菜

一些

真正的

添加

一目了然

冰柱

科学

脚趾

玉米

，而不是

财产

之前

欺骗

不规则

升入

曲线

火箭

老鼠

只有

高级

Puzzle 794

远 惊 稻 过 便 视 紧 水 草 驴 量 间 他 衫 草 安 主

法 动 电 热 树 的 骄 滑 果 身 上 思 基 面 镜 存 安

律 亮 透 而 父 礼 修 驱 醒 份 本 。 私 释 > 袋 面

部 活 决 草 驱 栏 高 惧 亲 马 虎 看 坠 得 惫 醒 批

书 坠 于 热 图 自 本 香 面 秀 增 要 队 考 特 下 处

息 闲 不 车 通 胶 平 状 于 回 研 真 伍 许 能 信 理

南 怖 子 摇 股 主 恢 带 要 视 页 老 权 约 不 年 见

遥 部 思 因 根 赂 赂 复 规 规 优 蔻 磨 特 源 轻 木

喜 爱 部 镜 秀 转 复 修 快 自 领 虎 上 喜 滑 梦 想

号 增 运 豆 蔬 菜 怖 快 准 备 究 飞 于 滑 便 领 研

部 村 音 巧 预 饭 页 国 际 带 村 秀 重 大 趣 介 灵

思 礼 肉 克 马 测 远 士 马 栗 行 乐 外 栏 的 人 情

页 马 乐 力 衫 周 日 来 倍 察 增 特 部 转 老 书 状

梳 角 野 心 恢 项 填 虎 苦 直 护 镜 加 类 的 手 册

桥 色 不 社 图 撞 马 饭 特 直 聚 焦 衫 安 马 凑 毁

队伍

梦想

南部

巧克力

批处理

法律

喜爱

聚焦

外部

预测

重大

年轻

手册

国际

准备

角色

水果

蔬菜

周日

身份

Puzzle 795

。	脚	释	规	生	醋	车	滑	形	容	香	肉	老	然	放	高	号
生	蹼	面	落	他	赂	马	木	存	存	恢	饭	好	惊	！	损	望
书	四	碎	泽	灵	决	觉	镜	梁	答	秀	动	饭	露	行	破	理
试	信	虎	根	撞	射	宜	老	村	究	虑	成	功	的	描	镜	热
发	得	运	几	头	发	日	傲	心	存	要	疲	观	来	述	里	动
后	条	瑞	考	加	书	而	骄	柔	真	栅	醒	身	降	安	充	本
稻	时	间	表	再	次	！	来	错	鳍	人	了	答	柔	柔	亮	转
然	的	细	节	所	面	村	加	克	思	灵	重	焕	的	蜗	点	欲
雪	貌	公	高	需	本	自	蔻	自	自	了	碎	研	露	解	杆	眼
艇	体	收	路	蛾	平	透	定	心	虎	了	乃	请	量	崩	了	摇
雪	见	藏	趣	复	护	饭	部	存	持	諾	许	过	型	溃	木	栗
水	面	胶	他	喜	带	情	而	热	行	他	她	优	！	携	的	的
！	人	木	干	扰	年	动	回	无	聊	察	醋	的	间	主	的	人
塑	料	疲	草	想	摇	龄	人	乐	电	栏	重	类	复	察	介	他
于	地	举	！	面	他	信	修	区	雨	醒	便	露	远	木	热	他

塑料
发射
她的
成功的
的公路
蜗杆
形容
崩溃
艇体
再次
干扰
所需
时间表
收藏
头发
亮点
描述
无聊
脚蹼
细节

Puzzle 796

指责
的图象
谢天谢地
酒吧
大专
足球
信号
悲剧
程度
水芹
雪上
继续
的东西
民族
揭示
手提箱
参与者
的壁画
免子
颈部

野	恢	几	近	型	的	于	号	究	自	心	也	悲	真	议	雪	上
邀	欲	丁	理	民	木	子	定	然	思	情	飞	剧	紧	迟	本	复
静	香	倍	栅	族	记	！	部	傲	建	伊	指	责	谢	天	谢	地
便	光	下	惫	察	面	升	諾	欲	象	图	的	手	提	箱	>	增
充	部	肢	继	礼	酒	紧	研	答	自	自	信	东	面	乐	肥	趣
程	情	行	心	续	吧	环	项	的	壁	画	修	上	西	年	惫	丁
过	度	息	过	热	好	素	带	理	的	欲	栏	参	存	权	自	灵
諾	貓	飞	股	木	疲	>	答	生	信	决	亮	与	的	见	主	近
情	旋	人	音	柔	恐	傲	绍	活	虎	雪	保	者	出	骄	木	倍
绍	情	颈	部	貓	则	趣	碰	生	破	热	足	摇	情	生	稻	决
喜	揭	示	电	特	几	泽	静	滑	亮	循	球	下	保	闲	娱	规
乐	行	水	芹	滑	露	视	下	顶	人	保	上	之	礼	袖	年	底
升	。	欲	而	静	木	行	护	>	了	日	的	>	镜	下	豆	图
运	桥	过	免	信	号	转	水	中	选	条	情	回	便	生	主	趣
填	素	从	子	大	专	木	骄	静	来	丁	面	驴	携	项	增	部

Puzzle 797

约 望 祖 现 驾 凑 粗 虑 近 调 页 举 恐 信 碰 之 衬
试 增 > 场 车 秀 鲁 特 祖 整 露 磨 能 子 眉 的 活
倍 底 袖 木 克 决 亲 了 噪 里 怖 通 成 绿 色 规 书
动 视 饭 复 治 傲 音 碎 老 思 虫 息 本 试 直 宜 本
定 余 恐 远 疗 请 加 衡 里 桌 的 事 近 素 镜 介 答
混 惧 惊 记 活 士 望 諾 要 几 焕 马 安 年 因 亲 优
合 狭 底 看 也 型 噪 亲 不 光 充 约 虑 惧 木 趣 碰
介 隘 泽 领 树 衫 放 然 身 倍 出 定 木 正 虑 位 察
循 栅 伊 理 四 见 近 发 言 权 。 记 里 回 式 置 闲
的 稻 充 车 静 惧 信 肉 余 远 底 动 里 复 绽 的 领
了 人 差 瑞 也 毁 幸 蠕 身 区 事 部 部 条 放 奶 奶
信 马 马 日 信 小 说 虎 草 祖 高 蔻 要 热 皂 通 喜
通 有 村 项 持 野 飞 考 乐 绍 毁 乃 激 励 你 自 己
桥 循 香 当 露 理 人 恐 野 伊 蔻 增 毁 发 雪 父 高
泽 页 究 损 前 镜 雪 恐 马 许 衬 乃 释 口 机 关 草

混合
奶奶
正式
当前
治疗
绽放
回复
激励
位置
调整
狭隘
机关
现场
小说
你自己
粗鲁
绿色
发言权
成本
驾车

Puzzle 798

道歉
迁移
包裹
海绵
填充
真正
还原
宽幅
沟通
得到
顿时
轿跑车
青蛙
首都
冬天
份额
成长
得分
美味
忘记

车 复 基 转 忘 虎 乎 释 轿 四 首 有 镜 循 惧 了 究
了 露 自 信 建 记 坠 伊 之 跑 研 都 海 眼 究 惫 坠
蛾 典 高 书 活 错 露 租 驴 光 车 香 绵 道 歉 保 见
马 美 味 摇 宽 得 分 马 噪 源 凑 包 裹 便 稳 自 社
得 滑 研 坠 幅 香 蠕 票 过 蛾 邀 安 心 行 驴 便 建
到 衫 社 士 答 欲 降 滑 票 父 虑 己 袋 型 摇 骄 要
瑞 于 护 乐 眼 皂 放 的 四 了 马 安 凑 的 亮 量 泽
理 年 信 迟 机 惊 傲 情 不 亲 惫 顶 考 部 闲 镜 镜
查 理 分 的 机 要 复 己 旋 煲 行 碰 加 领 平 动 充
查 的 > 先 行 煲 权 乐 间 沟 通 典 趣 答 底 平 延
看 闲 遥 远 试 祖 真 能 成 长 迁 青 蛙 信 村 部 平
还 原 优 活 人 露 正 栗 苦 的 移 存 胶 惨 有 怖 排
雪 份 额 的 欲 权 数 高 请 飞 蛾 灵 醒 摇 破 顿 查
好 休 秀 光 素 本 便 行 车 事 宜 增 乐 父 人 时 能
人 书 冬 天 介 他 心 决 伊 諾 皂 木 填 充 观 携 马

Puzzle 799

亲	父	票	之	期	望	的	欲	香	赂	惧	肢	研	乐	本	行	自
不	底	望	余	图	直	坠	也	草	遥	磨	查	蛾	破	降	绍	一
坠	龄	不	趣	醒	票	羊	的	幸	车	自	。	而	煲	理	便	年
领	下	休	然	况	野	的	毛	况	票	理	秘	紧	根	坠	肢	规
素	热	亲	复	试	妈	再	租	远	地	突	的	了	摇	想	从	复
复	的	子	醒	充	妈	坠	见	论	摇	然	本	主	瑞	特	年	而
的	狩	猎	摇	草	的	马	镜	文	情	内	瑞	镜	心	衫	近	地
本	自	真	噪	看	通	要	老	看	飞	部	坠	几	优	遥	极	其
特	倍	保	了	损	知	复	欲	因	状	乐	许	伏	理	来	人	煲
伏	旋	股	子	马	木	赂	子	自	想	考	心	了	亮	龄	迟	察
醒	马	本	觉	飞	撞	栏	醒	解	愿	中	心	安	优	柔	增	惧
基	邻	试	乎	信	虑	露	木	动	水	出	饭	快	情	袋	飞	乐
宜	居	毁	考	苦	中	采	经	灵	桌	排	休	先	前	骄	口	袋
娱	增	老	过	规	几	访	济	平	分	出	恐	有	饭	骄	諾	观
不	迫	使	碰	项	桌	高	本	型	股	日	出	飞	信	镜	顶	建

采访
排出
迫使
再见
突然
论文
口袋
羊毛
邻居
一年
狩猎
经济
期望
妈妈
通知
内部
极其
自愿
中心
先前

Puzzle 800

项	几	栏	趣	里	栗	优	转	先	乐	增	的	身	子	恢	梁	究
珍	贵	香	教	室	发	奢	好	私	安	瑞	己	议	研	不	过	从
饭	自	迟	后	里	口	侈	。	护	观	人	见	的	最	乐	树	部
情	子	乐	设	计	父	品	快	远	礼	之	区	邀	趣	貌	落	解
放	鳍	惨	镜	貌	之	挥	列	狮	子	承	担	稻	面	快	>	况
秀	飞	填	复	下	袖	杆	草	车	噪	升	议	惨	秀	泽	事	地
的	音	顶	升	灵	袖	许	加	赂	！	究	定	噪	栏	稳	情	关
本	噪	子	优	乐	衫	于	心	露	热	便	迟	程	叔	好	豆	键
惊	顶	得	趣	噪	不	驱	里	长	度	事	填	桥	叔	场	景	携
觉	欲	飞	高	菠	面	秘	情	查	紧	高	先	各	地	分	则	桌
信	增	远	研	菜	间	篱	笆	环	车	损	旋	转	回	秘	介	野
马	怖	秀	露	也	充	领	马	携	保	香	直	回	的	有	读	书
宜	邀	人	租	解	增	陪	高	情	趣	雪	瑞	镜	基	视	龄	降
桌	子	发	亲	不	雇	审	休	状	恐	露	携	后	排	闲	加	撞
趣	心	遇	指	标	龄	团	遥	研	从	马	子	循	摇	幸	行	亲

陪审团
教室
挥杆
列车
叔叔
菠菜
场景
承担
珍贵
篱笆
长度
各地
解雇
关键
奢侈品
高度
设计
读书
狮子
指标

Puzzle 801

豆 的 放 驴 主 肢 我 运 的 闲 禁 行 迟 乐 规 灵 自

娱 好 衡 虑 面 程 眼 们 欲 进 止 智 慧 休 乌 紧 地

教 堂 鳍 保 静 飞 醒 书 欲 填 展 热 飞 肉 龟 凑 自

眉 老 错 视 露 票 的 能 自 蛾 面 袋 乘 放 假 便 他

貌 袖 议 状 镜 定 察 挽 自 事 部 肥 法 损 子 衡 父

遇 趣 栅 透 理 选 因 留 草 的 女 儿 疲 梳 近 静 研

的 有 思 人 的 息 的 升 肥 > 貓 摇 想 煲 野 豆 自

栅 柔 息 视 己 社 选 权 生 乐 书 遇 落 权 肉 书 手

惫 祖 野 排 几 噪 稻 余 士 情 页 望 携 保 也 坠 套

议 惨 定 明 充 而 旋 了 貓 建 镜 倍 下 磨 雪 不 幸

醒 释 音 亮 头 着 股 极 限 疯 子 柔 平 余 几 了 素

闲 特 习 惯 脑 急 摇 池 量 狂 本 蛾 要 欲 携 木 错

疲 人 眉 有 眼 栗 惫 约 塘 的 查 护 的 股 根 马 信

建 量 选 因 諾 瑞 程 摇 的 马 亮 信 活 幸 主 看 摇

惊 年 木 眉 地 理 中 子 本 袜 子 程 凑 复 雨 坠 面

的女儿
乌龟
的进展
袜子
习惯
禁止
我们
智慧
挽留
紧凑
着急
手套
乘法
放假
池塘
教堂
疯狂的
极限
明亮
头脑

Puzzle 802

面 了 约 部 考 试 热 饭 建 焕 惊 毁 瑞 驴 持 > 规

虫 后 了 飞 本 落 傲 > 惫 部 肥 的 面 底 要 也 醋

然 权 怖 倍 不 迟 近 自 考 考 皂 干 解 遇 余 迟 主

桌 面 增 安 权 树 人 木 肉 验 分 净 孩 子 条 增 建

定 木 梁 解 坠 心 有 最 露 复 填 目 灾 士 蠕 蛾 飞

秘 秀 记 便 虑 碎 信 成 谈 话 研 项 难 过 想 的 直

蠕 静 碎 环 虑 > 贫 为 恢 整 洁 的 人 生 趣 觉 特

看 问 情 自 远 数 困 四 想 柔 滑 苦 伊 命 任 许 活

柔 特 题 损 延 父 的 考 况 绍 醋 私 落 之 充 口 余

热 旋 心 身 灵 地 安 实 秀 惊 安 草 肉 而 也 能 子

傲 他 租 稳 想 里 则 验 碎 栅 静 保 根 秀 不 趣 增

子 素 从 况 书 记 滑 伏 落 下 的 信 栗 乐 磨 循 虫

他 行 要 感 的 怖 袖 倍 也 积 极 凑 梁 口 试 > 损

出 礼 虎 倍 谢 的 日 本 记 情 灵 恐 子 木 然 市 场

页 保 真 恐 然 想 直 諾 士 娱 人 趣 乎 野 想 租 高

孩子
问题
柔滑
生命之
灾难
肥皂
成为
整洁的
实验
谈话
感谢
考验
贫困
安静的
的项目
市场
书记
任命
积极
的干净

Puzzle 803

规 基 焕 情 怖 优 远 性 本 锄 修 高 区 情 遇 究 电
下 分 面 游 租 乃 复 乐 趣 头 增 想 思 域 降 信 也
在 瑞 排 想 泳 骄 回 眼 便 怖 长 噪 人 的 保 中 许
时 大 自 自 碰 电 程 惫 数 优 则 噪 远 落 底 醋 鳍
得 修 衣 海 煲 部 桥 租 下 趣 循 答 型 四 趣 议 栏
。 修 排 滩 排 权 快 得 父 宜 音 带 木 马 栏 野 木
遥 面 香 增 语 言 项 疲 傲 倍 分 转 解 虫 恐 答 领
恢 受 己 导 柔 回 桌 平 骄 乎 母 惊 气 球 发 特 秀
心 孕 情 向 树 泽 的 骄 毁 运 要 有 职 的 规 巨 灵
持 答 稳 状 部 了 疲 最 举 而 持 书 业 子 面 大 分
野 心 记 有 保 落 增 他 介 信 错 约 露 乐 情 的 转
优 蠕 亮 肢 坠 香 部 亮 的 飞 邀 飞 碎 增 丁 豆 乐
己 高 答 平 息 通 虎 错 能 不 信 型 本 建 人 便 心
究 欣 衡 的 茶 壶 请 假 况 紧 错 光 惧 子 理 老 建
音 然 眼 紧 焕 部 子 草 远 衡 介 疾 病 则 车 胶 怖

疾病
巨大的
增长
在时
导向
分母
语言
野心
海滩
区域
游泳
大衣
锄头
的茶壶
欣然
职业
请假
受孕
气球
也许

Puzzle 804

底 请 察 乐 克 光 复 理 底 怖 欲 有 情 祖 想 本 的
四 而 间 衡 理 乐 栅 型 碰 秀 欲 凑 雪 建 请 不 内
接 快 焕 行 遥 密 社 胶 面 龄 运 的 他 驯 不 落 容
本 受 ！ 面 粉 封 直 优 他 旋 趣 远 好 鹿 地 摇 胶
他 考 升 不 乃 饭 露 动 号 秘 之 鳍 衡 带 趣 望 情
透 快 疲 蛾 回 绍 骄 远 规 坠 的 便 乐 余 飞 露 栅
快 乐 的 部 应 上 来 理 栗 试 露 士 醋 察 恐 碎 私
虫 填 医 发 幸 心 快 保 香 了 坠 磨 龄 真 大 米 信
飞 真 疗 直 也 衫 摇 本 直 菜 驴 面 损 蔻 要 本 蠕
紧 諾 查 电 行 环 增 携 考 来 要 存 有 持 > 木 娱
图 祖 梁 蛾 遇 凑 释 剩 余 票 警 告 运 损 木 自 研
面 伏 保 进 一 步 情 瓢 虫 看 他 了 得 马 性 天 肢
落 下 坠 皂 情 买 便 携 式 倍 司 机 磨 破 信 焕 鹅
面 迟 亲 的 泽 得 驱 紧 他 建 筑 物 闲 则 错 坠 研
书 保 情 优 便 起 复 约 举 驱 试 了 要 权 秀 好 栗

大米
瓢虫
接受
警告
司机
驯鹿
天鹅
便携式
香菜
进一步
医疗
买得起
回应
剩余
建筑物
便士
面粉
密封
快乐的
的内容

Puzzle 805

不 细 本 蠕 恢 水 制 视 况 根 动 趣 苦 部 观 己 性
滑 腻 傲 己 不 疲 定 尺 寸 请 骄 余 特 本 冬 情 怖
光 衡 领 镜 将 来 心 填 衡 镜 行 坠 修 桥 青 里 摇
信 乐 后 虑 惧 票 礼 面 老 试 了 肢 远 乐 分 遇 蠕
的 针 对 骄 考 快 热 放 本 惧 醒 觉 毁 碎 雨 平 年
性 关 首 脑 会 议 苦 填 衬 行 察 击 败 情 皂 貓 煲
异 直 注 人 素 填 瑞 第 二 复 环 票 乎 新 错 自 日
特 运 帐 重 的 恐 地 凑 凑 喜 邀 携 身 热 鲜 本 欲
类 远 篷 量 得 毁 面 皂 野 典 议 动 坠 连 拍 情 野
项 栅 平 条 复 冲 镜 摇 子 优 信 素 趣 自 惧 光 飞
諾 恐 通 。 恐 突 宜 的 况 便 衫 情 光 雪 于 惫 秘
攻 优 而 栗 傲 类 决 父 香 许 举 雨 荣 保 建 便 增
击 果 解 年 世 考 不 磨 信 环 复 草 发 定 热 的 克
醒 选 冻 电 界 趣 排 填 梁 理 想 动 驱 坠 究 香 马
理 部 持 肉 木 便 车 趣 醒 人 他 的 考 后 状 部 部

冲突
特异性的
世界
新鲜
果冻
尺寸
帐篷
攻击
冬青
细腻
第二
的关注
重量
针对
击败
首脑会议
光荣
制定
连拍
将来

Puzzle 806

快递
绝对
快速
轨道
时钟
文章
蘑菇
买入
离开
误差
第一
愤怒的
支出
的重要
炎热
技艺
餐厅
香肠
户外
鱿鱼

地 误 差 见 肉 绍 权 绝 对 栏 好 碰 程 肉 马 保 特
喜 息 桌 条 数 焕 出 特 循 虑 护 携 摇 倍 试 日 马
子 动 文 章 破 惊 快 速 的 重 要 鱿 鱼 撞 恐 镜 本
恐 能 特 安 惧 乎 信 梁 察 数 坠 桥 几 领 便 恐 遇
己 人 解 降 雨 性 愤 怒 的 保 柔 运 情 坠 安 规 了
轨 道 树 充 损 的 不 自 户 。 离 草 蠕 差 驴 余 性
秘 理 建 究 不 快 香 错 外 镜 开 时 钟 坠 餐 厅 答
间 人 苦 秀 水 定 过 支 第 一 欲 也 不 了 有 人 赂
了 栅 护 远 了 驱 私 出 而 情 的 基 惫 转 也 恢 升
宜 疲 。 的 的 马 面 部 研 蘑 请 快 自 遇 记 坠 动
理 生 究 蛾 从 理 行 技 艺 香 菇 递 典 议 貌 有 情
欲 高 乎 心 议 错 树 社 特 区 肠 不 保 露 野 炎 热
父 亲 分 行 皂 四 于 袋 余 趣 邀 基 了 书 况 约 后
理 摇 摇 滑 栗 程 不 持 有 错 惊 买 运 观 野 碎 栏
主 想 举 饭 煲 选 余 定 的 本 肉 欲 入 降 衫 灵 赂

Puzzle 807

规	来	落	远	报	纸	医	伏	况	然	遇	差	便	子	灵	遥	复
马	。	透	栗	雪	雨	院	乃	个	别	恐	保	四	上	袖	心	克
宜	赂	出	热	望	人	摇	。	骨	碎	的	文	章	便	也	好	貌
来	解	部	水	典	社	页	二	倍	头	定	打	察	情	娱	自	摇
自	超	越	露	口	驱	组	二	灵	的	项	击	部	音	疲	变	量
人	从	增	了	循	快	织	一	定	俱	乐	部	碰	龄	发	信	惫
有	碰	望	子	觉	懦	过	私	热	皂	赂	解	保	镜	蜜	蜂	蔻
发	过	发	男	欲	夫	衬	高	肥	行	桥	人	看	平	諾	要	栅
行	动	乃	回	孩	股	草	柔	肉	驱	几	碎	光	木	快	乃	镜
的	社	机	香	项	木	复	平	顶	真	破	修	区	型	领	袖	绍
邀	答	乐	碰	肉	后	保	坠	望	远	镜	区	况	人	四	村	马
得	稻	议	野	本	行	业	绍	远	议	信	降	便	分	车	铅	笔
野	亲	延	条	决	撞	能	四	得	迟	。	数	撞	条	惧	保	趣
机	复	日	电	稳	坠	趣	醒	便	绍	私	子	天	气	约	高	基
娱	查	不	亲	碰	摇	恐	优	权	里	特	人	磨	疲	举	伏	典

变量
发动机
望远镜
的文章
个别
骨头
打击
蜜蜂
行业
铅笔
男孩
懦夫
一二二。
组织
超越
俱乐部
报纸
天气
医院
一定

Puzzle 808

明星
香蕉
冰箱
后来
策略
距离
等于
孤独
姐姐
金丝雀
贤人
市中心
对不起
的结果
一次
明天
包括
菜花
包子
列表

便	噪	肉	草	看	摇	况	复	保	菜	香	趣	龄	中	香	距	重
袖	本	他	页	恢	情	最	动	信	花	顶	规	主	静	蕉	离	性
凑	信	典	面	事	摇	信	露	肉	排	行	梳	热	梳	怖	水	考
记	错	包	子	乃	透	考	的	的	皂	直	了	存	撞	定	雨	的
惫	蠕	情	差	察	自	瑞	情	损	梳	透	蔻	豆	桥	光	迟	信
行	偎	摇	最	木	孤	觉	项	眉	桌	答	灵	热	几	定	顶	通
有	撞	考	真	自	木	独	性	乐	休	日	回	情	过	过	衬	自
姐	恐	了	况	修	发	携	包	括	老	余	雨	图	市	中	心	驴
生	姐	自	的	行	栏	复	亮	延	倍	木	热	蠕	貌	选	音	倍
等	天	觉	高	建	老	的	碰	页	他	冰	箱	了	稳	对	不	起
于	明	安	后	护	静	类	书	动	驱	的	结	果	回	>	年	增
热	星	紧	乐	来	一	次	策	略	貓	约	理	他	梁	循	股	票
考	数	直	貌	列	栅	旋	介	建	己	究	环	信	栏	饭	选	梁
傲	梳	携	肉	表	旋	觉	迟	便	程	贤	人	子	袋	撞	噪	举
平	虫	水	素	亲	复	静	金	丝	雀	定	克	碎	野	增	研	视

Puzzle 809

解	面	貓	优	信	驴	最	图	降	间	条	后	私	想	电	证	明
本	间	地	从	豆	典	紧	一	亮	乃	介	车	的	父	直	上	源
透	余	贸	的	夹	想	皂	梁	分	权	降	马	磨	建	望	自	静
则	回	易	口	克	骄	顶	号	间	钱	状	胶	特	惫	性	能	图
远	要	书	凑	飞	况	泽	更	平	镜	特	存	程	貓	损	乐	考
傲	谎	娱	机	野	程	有	新	页	邀	真	年	复	迟	醋	介	父
高	言	方	式	柔	猫	持	通	龄	自	趣	放	娱	亲	香	自	自
口	觉	柠	复	光	顶	露	热	惨	遇	典	本	究	晚	饭	高	趣
中	音	檬	项	信	乎	加	本	鳍	便	毁	鳍	有	下	底	盛	大
眉	情	热	视	图	放	社	记	有	飞	村	>	噪	自	究	考	典
好	虎	运	汽	像	虎	书	源	项	时	趣	磨	心	加	答	建	镜
信	觉	研	车	自	四	突	然	的	候	遇	地	坠	药	蠕	条	桥
紧	带	充	旅	肉	定	惫	滑	义	凑	有	轨	电	车	物	约	伏
碰	保	丁	馆	顶	恢	活	便	意	损	焕	稻	迟	想	礼	胶	不
貓	议	惨	口	余	能	绍	热	无	桌	宜	宜	平	觉	坠	村	休

方式
条约
证明
夹克
礼物
盛大
时候
柠檬
晚饭
图像
贸易
谎言
野猫
汽车旅馆
药物
更新
无意义的
有轨电车
一分钱
突然的

Puzzle 810

及其
无效
儿子
焕发
影响
的个人
转移
夏天的
紧急
出现
办法
两个
自己
的爷爷
化妆
妻子
简化
修改
百个
劳动

毁	爷	爷	的	个	人	简	摇	伏	木	无	私	噪	通	夏	影	迟
驴	蔻	雪	露	百	加	化	究	人	了	子	效	劳	动	天	心	响
心	父	煲	电	皂	四	苦	滑	觉	衫	出	修	改	重	的	不	怖
本	要	究	便	社	化	妆	紧	急	得	人	雨	马	行	桥	驴	眼
错	发	骄	转	移	观	票	柔	日	身	活	>	饭	乐	两	决	口
惨	书	村	木	出	息	增	子	自	情	远	情	趣	皂	面	个	循
人	条	的	泽	静	生	胶	地	运	保	升	信	过	察	衬	秘	动
人	自	马	本	>	趣	本	貌	己	股	面	人	惊	约	记	落	举
滑	己	通	梁	醒	许	恐	焕	发	试	村	社	规	苦	碎	热	面
四	社	快	信	热	傲	源	于	肉	镜	不	电	倍	过	不	图	雨
填	况	飞	人	落	鳍	透	考	决	亲	面	磨	有	日	儿	身	热
落	飞	遇	及	其	举	况	驴	安	惫	主	稳	性	龄	子	梳	程
透	真	中	部	然	破	条	驱	从	复	祖	伏	落	页	不	的	妻
破	部	子	蔻	先	惨	运	社	要	碎	马	想	租	办	木	恐	子
也	优	过	迟	諾	胶	出	现	真	木	野	飞	四	法	高	领	音

Puzzle 811

饭 回 栏 的 煲 转 增 运 机 里 增 源 噪 乐 约 远 远

事 村 稻 色 保 见 鼬 好 子 凑 考 亲 煤 炭 摇 动 行

走 烧 毁 彩 一 起 鼠 容 回 获 源 娱 约 亮 稻 面 虑

廊 高 峰 龄 马 苦 机 骄 忍 加 得 能 了 增 几 引 升

答 他 举 增 蛾 自 股 部 增 动 滑 复 面 乐 自 理 进

肢 您 选 择 分 看 己 露 情 出 驱 本 闲 秘 衡 间 克

能 遇 租 。 袖 的 持 乐 地 通 眼 镜 静 热 信 父 主

丁 源 释 香 乐 私 桥 安 礼 邀 幸 滑 车 觉 摇 事 决

栗 观 奏 舞 台 露 好 处 持 平 真 运 人 思 本 票 不

小 数 请 克 于 老 动 娱 先 复 因 页 看 野 分 肉 飞

水 状 撞 袖 撞 考 镜 撞 恩 爱 礼 村 延 马 思 他 最

填 出 动 子 亲 本 快 灵 镜 最 解 滑 看 顶 携 蔻 性

放 便 介 年 礼 豆 便 里 滑 领 便 驴 情 车 古 董 保

胶 野 亲 衫 乐 典 肥 试 出 考 考 情 野 书 自 书 信

静 因 露 摇 露 好 试 柔 请 好 自 直 源 包 年 有 木

的色彩
引进
好处
小数
获得
书包
煤炭
舞台
高峰
古董
鼬鼠
一起
烧毁
容忍
走廊
选举
眼镜
您选择
恩爱
奏请

Puzzle 812

车 坠 自 磨 静 社 本 父 磨 香 顶 灵 灵 水 复 > 本

充 便 疲 则 程 稻 望 惧 欲 的 静 露 桥 虑 迟 了 的

驱 保 部 项 生 带 某 处 本 源 驱 蛾 子 稻 的 状 优

间 蔻 中 坠 根 转 衫 究 规 雨 噪 私 的 基 热 惫 不

降 老 目 前 解 小 虑 礼 释 醒 蠕 保 马 果 汁 飞 貓

究 便 数 的 諾 项 猫 试 蛾 循 高 机 人 近 运 发 信

高 私 磨 量 事 己 表 现 諾 规 规 升 望 近 带 部 破

西 红 柿 的 设 计 觉 型 建 碰 > 量 运 遇 亲 凑 碰

四 雨 不 色 机 龄 携 的 研 况 也 泡 想 解 子 动 马

背 后 况 出 见 而 老 不 毁 则 雪 打 社 决 危 触 摸

滑 动 木 栗 带 惫 有 透 泽 快 想 粉 梳 方 机 乐 从

摇 增 丁 存 分 举 放 存 热 灵 子 人 貌 案 露 胶 村

热 里 优 瑞 衫 恐 阵 风 梳 型 填 面 加 人 想 梁 特

来 蛾 图 充 灵 眉 法 规 的 医 生 持 高 平 动 镜 降

发 研 最 复 满 余 面 保 充 稻 见 了 自 镜 衬 降 雨

降雨
滑动
危机
充满
泡打粉
的设计
出色的
数量
小猫
目前
西红柿
背后
某处
果汁
阵风
表现
的医生
解决方案
触摸
法规

Puzzle 813

的降赂先书考数傲转噪事马草秋季。复
量袖能撞填于亲愚热转保远宜秘碎好人
性部热肢间本本蠢蔻碎焕人虎驱便乃醒
定释明确己据数的理豆乎能特数下票有
子解村欲要记来倍不乐源几研便带雨电
复社泥子租音解中久因邀保蔻项目宗见
应理泞星胆小判来介事雪复！行面教本
口该论级树解决责下间根宠怖父类不许
时刻性望雪书余任保不便物人豆栏伏静
克真露护里欲水转！重四安信要重基解
干条件己面野从泽的驱凑肢滑事平试的
旱马能伏修自考子构野肢究权图己柔拼
觉考解树惫恐摇理租造释环错过龄回写
书活绍保骄毁貌醒间不肉>决量项则顶
旋貌旋活平放则便马试子也衫主子飞面

判决
应该
秋季。
的数据
愚蠢的
理论
泥泞
星级
宗教
明确
条件
宠物
责任
拼写
项目
干旱
构造
胆小
不久
时刻

Puzzle 814

热平顶片图而票皂橡循栗音热通乐马里
中时驾驶段梳源权子书平躺兔子天状稳
行理年究察煲马页从况私在品肢雨醒肥
区光排镜运想定摇后身私素种带远损豆
性大信性损过趣格，自噪信近见袖延理
保厅见想虑究飞能式怖便答余便流体安
肉鳍稳村趣的性许滑眉人理栅的心程肉
中有平许自察型。衬欲动人选有至醋底
可摇露的稻>士子飞心香摇增信少主要
移事数降豆之选研交未肉持惫心最諾静
植摇虫丁而闲恐胶叉来闲毁的然情人平
看邮肉亲惊私木况日余之赂底根乎貓充
滑安递笔记本的醋复号得答机口区坠情
机地肉员版本滑乐眉特有平自余面醒驴
带里私伏惫衬有露趣桥损视己主最的摇

可移植
主要
交叉
橡子
有信心
格式
未来
后,
大厅
版本
邮递员
片段
躺在
兔子天
至少
驾驶
笔记本
品种
流体
平时

Puzzle 815

胡	因	素	蜻	自	放	类	乐	增	栅	人	灵	理	肥	倍	震	保
萝	充	安	蜓	损	动	心	摇	研	四	望	保	伊	休	紧	撼	况
卜	典	解	环	镜	坠	必	地	股	眼	举	木	恢	心	视	地	因
基	滑	宜	发	恐	热	须	野	复	票	蛾	摇	研	典	究	栗	肢
伊	区	区	平	自	驴	远	私	介	因	光	焕	露	木	子	肢	赂
士	信	权	亮	热	亲	栏	肉	不	欲	滑	可	点	性	最	条	不
有	情	复	延	休	諾	草	的	过	上	考	看	笑	重	太	事	本
龄	究	绍	肉	肉	顶	视	亲	素	苦	典	充	保	的	阳	部	信
的	的	部	子	泄	漏	乐	伊	填	亲	高	伏	先	填	眼	能	摇
间	丈	夫	此	处	秘	喜	余	最	眼	紧	程	镜	袋	扭	能	车
填	动	栅	分	高	于	本	野	梁	煲	部	序	木	碎	动	生	带
傲	书	秀	保	口	况	请	泽	袋	则	损	股	事	伊	存	回	理
然	而	木	的	教	训	信	马	心	平	草	考	实	恢	定	衫	运
有	静	衬	许	的	金	子	决	衫	亮	镜	趣	践	马	欲	出	桌
碰	答	高	梳	休	分	配	号	回	村	安	肉	情	查	欲	他	高

分配
实践
泄漏
程序
的教训
太阳
因素
的金子
然而
露点
震撼
放心地
丈夫
此处
扭动
可笑的
必须
胡萝卜
蜻蜓
股票

Puzzle 816

尤其是
声音
职责
灵活
普通
表明
自娱自乐
直升机
发布
扶手椅
关心
面包车
困难
部件
顾客
增加
公布
黑色
的愿望
沙堡

图	人	得	滑	素	型	貌	自	坠	肉	焕	音	车	破	煲	排	扶
特	。	透	的	父	日	镜	中	升	虑	心	车	选	欲	许	人	手
差	桥	况	察	惊	礼	因	真	秀	快	特	自	发	有	升	快	椅
存	虎	幸	驴	携	栏	亮	特	增	自	休	量	源	柔	疲	树	况
复	高	饭	人	虑	稳	闲	身	加	瑞	职	责	虑	了	信	日	余
灵	飞	马	四	栗	素	木	声	然	飞	私	源	己	袋	沙	堡	放
落	尤	其	是	考	龄	绍	音	蛾	迟	修	骄	他	直	眼	傲	年
地	先	稻	村	木	豆	复	稳	水	自	闲	面	复	升	租	本	顾
自	部	光	公	灵	活	驱	素	条	飞	娱	驱	动	机	平	普	客
查	件	发	布	布	复	领	举	黑	色	面	自	程	困	摇	通	社
书	关	的	行	性	马	的	愿	望	先	行	包	乐	难	要	破	从
部	心	而	肉	马	亲	生	请	请	心	从	日	车	摇	袋	自	下
生	望	有	情	骄	答	几	从	野	数	貌	磨	直	音	表	明	惫
之	闲	源	>	几	活	碰	区	滑	梳	顶	摇	恐	重	余	梳	胶
书	人	蠕	平	的	主	号	恐	余	情	快	上	图	趣	研	最	士

Puzzle 817

丁 便 复 分 野 领 龄 梁 之 行 察 饭 复 运 有 木 机
来 凑 转 胶 桥 试 增 惨 典 充 于 行 凑 然 益 也 木
能 水 出 人 噪 的 定 举 栗 性 秘 保 了 况 类 数 存
车 快 落 宜 镜 飞 快 晚 高 傲 不 子 规 ！ 眼 面 摇
！ 碰 遇 活 律 师 乐 上 豆 价 值 栅 乃 树 透 本 树
眼 信 子 迟 子 露 雨 思 口 评 私 余 遇 排 特 事 也
来 骄 视 提 交 答 好 倍 近 坠 醒 破 树 驴 视 不 蛾
研 有 信 复 豆 保 错 醒 基 恐 虎 运 降 桌 号 转 撞
他 克 的 到 周 衡 年 一 金 信 雪 降 年 丁 乎 见 循
娱 村 能 能 保 痛 从 要 次 几 便 虎 建 最 闲 下 面
海 拔 剥 夺 量 苦 年 自 的 性 桌 重 类 中 携 坠 见
有 丁 摇 平 源 行 带 灵 露 苦 雪 高 本 貌 心 领 木
夕 阳 野 的 祖 票 秘 也 静 情 研 木 树 增 究 静 趣
四 本 于 树 貌 理 村 露 蠕 信 连 上 威 人 凑 运 选
自 余 答 粗 细 灵 保 号 的 产 品 续 力 几 村 醒 碰

有益
夕阳
评价
快乐
晚上
律师
提交
海拔
周到的
痛苦
一次性
下面
粗细
价值
基金
的能量
连续
剥夺
的产品
威力

Puzzle 818

确定
祝贺
放松
慷慨
恢复
骑自行车
无线电
阳台
周二
敌人
的研究
阿姨
替代
蛋糕
周期
艰难
害羞
停顿
是指
形式

秀 坠 饭 驱 释 骑 煲 恢 蛋 坠 型 草 差 车 号 无 想
阳 台 灵 图 典 自 邀 复 糕 远 坠 记 驴 ！ 娱 线 的
惧 摇 慷 泽 。 行 有 虫 摇 解 近 情 喜 高 信 电 试
情 摇 不 慨 填 车 选 磨 伊 身 草 典 护 信 最 驴 心
答 根 祝 远 人 也 看 研 焕 艰 难 放 试 桥 ！ 树 父
香 增 落 贺 里 凑 是 害 羞 优 伏 树 察 > 二 自 鳍
私 > 热 人 透 傲 指 雨 他 摇 不 有 恐 错 四 周 衡
的 研 究 趣 己 > 息 。 视 部 貌 醋 循 胶 镜 期 则
主 生 建 娱 的 不 生 香 桌 定 通 的 情 基 排 醒 磨
本 > 加 焕 放 松 面 停 损 替 饭 票 不 了 也 存 貌
人 保 选 己 迟 飞 也 顿 状 代 差 况 区 敌 人 面 桥
諾 情 虎 本 阿 姨 机 确 定 想 泽 安 有 况 护 桥 情
心 邀 发 宜 的 虎 底 来 露 镜 出 桌 紧 平 高 修 形
动 露 光 乃 袋 滑 飞 醒 欲 的 宜 行 行 复 差 惧 式
苦 恐 区 热 乐 而 马 本 衡 镜 他 幸 的 克 野 情 梁

Puzzle 819

反 见 过 答 远 近 本 过 素 伊 放 克 地 猫 头 鹰 书
里 过 摇 镜 选 傲 蔻 源 研 选 宽 草 亲 几 坠 的 书
运 乐 来 图 息 了 信 礼 见 择 员 摇 近 过 貓 雪 虑
损 飞 了 便 错 量 袖 带 况 近 重 人 人 亲 的 士 从
旋 灵 的 草 王 类 究 复 增 请 循 何 作 祖 的 优 光
焕 镜 栅 年 子 别 栗 损 复 票 答 任 回 工 建 透 直
娱 私 的 动 最 坠 领 虫 目 标 也 沿 远 总 的 里 特
典 惫 有 之 遥 解 碎 先 紧 自 蔻 着 安 统 需 衬 之
秘 私 源 保 父 梳 破 喜 马 状 日 了 泽 带 求 心 观
心 注 胶 掩 回 请 村 复 然 信 底 携 的 研 栗 损 下
下 意 肢 盖 有 桥 克 几 情 素 后 凑 碰 老 的 电 栅
许 到 光 请 邀 心 特 事 赂 号 社 子 研 决 口 牛 从
携 碰 人 问 心 介 不 碎 况 。 车 计 露 老 年 仔 素
直 有 试 的 摇 动 配 对 快 主 地 算 蛾 情 柔 龄 心
坠 惨 自 理 差 况 见 护 乃 保 情 了 镜 宜 从 的 便

选择
掩盖
类别
猫头鹰
牛仔
注意到
目标
反过来
王子
年龄
邀请
请问
任何人
放宽
沿着
的工作人员
总统
计算
的需求
配对

Puzzle 820

带 保 记 绍 最 木 傲 皂 保 高 惨 的 破 程 镜 老 赂
的 来 地 恐 近 来 露 的 护 绍 也 蛾 约 焕 理 基 况
子 坠 了 面 惫 到 旋 降 自 远 秀 复 乐 主 量 许 凑
面 口 恐 礼 得 他 怖 图 亮 萝 不 杂 了 蠕 驴 优 雨
骄 不 考 食 有 肥 春 天 旋 卜 后 稻 四 鳍 也 桌 心
绍 规 平 用 降 主 增 生 今 趣 书 上 乎 通 面 下 便
增 己 秀 私 类 信 的 人 来 公 鸡 虎 惊 协 得 瑞 肉
> 拘 木 损 饭 量 放 页 票 衬 增 动 龄 助 追 求 解
便 捕 马 不 他 见 疲 醋 思 驱 豆 丁 源 释 幸 遇 保
损 发 而 远 骄 答 秘 源 遇 肥 车 解 望 页 透 明 年
错 源 试 便 放 延 数 香 了 增 喜 约 持 快 雪 说 安
快 而 租 野 荒 的 丁 香 顶 后 他 有 草 快 树 下 回
况 栗 因 野 的 好 简 滑 要 情 安 恢 平 得 究 记 程
礼 醋 信 安 则 友 况 单 飞 娱 整 个 水 高 趣 定 桥
热 出 答 下 动 乐 闲 碰 稳 磨 便 欲 露 雪 情 乃 通

食用
的简单
春天
最近
公鸡
追求
协助
复杂
的荒野
保护
萝卜
丁香
友好的
整个
来到
说明
带来了
拘捕
今天
透明

Puzzle 821

事如的直年部平玻日联讲述袖分请源基
放肉何情保特信璃释木系蠕觉子见摇惊
木远马。面恐社不通书的生日行图便镜
惫号貓远乐然区转马衡源升光犯焕水遥
人子检循建克欲情最区最趣蓝罪虫情他
导行验号约热请充欲页复人色恐的桥怖
演子优使权根马摇存音恐记的坠人错亲
上秘请用醒倍平落私真典皂决保木。香
瑞携香乎也究豆便闲水复祖虑恐社页车
宜解词汇表保狐真碰人情滑数有错看有
镜面的型环解狸闲素书私望情本答木举
结构乃的护释直香条增权喜租充典村情
香存顶降租衡野蠕小很好的汽面优泽而
几苦胶况源究祖排鸭活的衡车型惫质重
停留蔻心碎惨优心娱胶解蠕碰型先思的

汽车
优质的
狐狸
很好的
社区
词汇表
结构
蓝色的
停留
联系
讲述
犯罪
的生日
导演
使用
分子
如何
小鸭
检验
玻璃

Puzzle 822

下一个
的专家
延长
现任
情人节
确实
空间
质量
安全
怪物
磨损
，动物
苍鹭
手柄
货车
温暖的
丘比特
旗标
经验
显着

研闲的票运发请持雨则情人节苍鹭复飞
确后衫透上望信现动不信怖飞>飞幸面
中实租旋了苦过来任丘音几本自顶衡子
护疲想定人秘有透真比回考则露情研木
观的情加衫袖类栗遇特野虫惊便心乐飞
填考便宜机肉心肢秘视遥持稻本遥人带
磨损股遥乃存飞票私子股主下一个下究
怪介几骄增数携信肉的质量幸状有自噪
惊物动，灵破车情落专有素便磨手柄毁
行见自凑紧试赂觉生家蔻野状虎瑞考鳍
延长高瑞记摇思摇醋温信研木惧过人护
自研显着能底因噪领暖空间间草复野摇
股摇醒来程梁私根释的树恐飞降保乐动
恐旗标错便经充乐觉安全亲好先状秀货
远驴重蔻图验研桥高己伏私平热稳的车

Puzzle 823

文 要 后 研 胶 蛾 理 眉 的 乐 窗 风 亲 早 本 直 滑
本 究 运 克 趣 蔻 田 鼠 父 存 先 险 子 餐 远 之 肉
举 部 四 胶 旋 许 建 笑 顶 举 权 高 趣 草 衡 年 举
心 眉 桌 见 洗 看 生 了 自 生 碎 袋 旋 莓 在 不 决
规 放 高 宜 衣 热 类 的 野 肉 趣 解 然 书 楼 肥 年
龄 则 快 重 票 草 滑 小 弟 弟 驱 察 惧 特 下 露 充
底 近 奖 也 自 也 特 上 木 皂 主 伏 栏 察 木 亲 充
不 情 金 规 要 人 草 行 数 乎 宜 人 主 事 柔 焕 音
的 隐 藏 完 成 摇 休 于 研 秀 素 然 租 肉 人 释 磨
日 滑 便 面 情 村 桥 他 底 的 克 顶 类 村 保 思 护
惊 乐 不 苦 人 便 数 答 书 操 之 考 面 也 虎 喜 循
动 看 便 肢 惫 今 晚 情 差 作 坠 心 解 煲 主 遥 马
苦 性 型 热 得 恐 加 车 瑞 克 精 鳍 快 幸 保 答 余
灵 音 人 研 基 邀 家 好 的 露 的 神 皂 抗 看 村 信
肥 远 本 底 的 数 伙 自 议 生 升 几 面 煲 拒 了 任

奖金
的操作
小弟弟
笑了
信任
风窗
在楼下
风险
文本
家伙
完成
隐藏
洗衣
今晚
早餐
草莓
抗拒
规则
精神
田鼠

Puzzle 824

衬 延 了 不 摇 摇 型 保 过 人 打 毛 焕 灵 肉 认 行
快 宜 人 灵 马 试 凑 定 热 转 破 衣 视 损 蔻 为 主
日 票 动 面 介 类 便 居 余 解 举 木 音 先 情 保 心
宜 自 遇 的 邀 气 候 者 里 几 条 灵 袋 填 破 延 日
部 转 伏 估 趣 保 蠕 充 从 欲 丁 袋 排 摇 领 噪 怖
煲 动 回 惫 计 有 信 不 行 乐 音 亲 真 从 惊 不 摇
修 好 过 携 举 下 请 高 票 肉 胶 桥 相 近 野 带 露
豆 部 音 饭 心 计 骄 的 底 惧 最 肥 况 旋 许 亲 他
例 外 的 希 望 算 便 火 光 恢 主 活 生 鸡 可 查 找
约 的 除 放 高 机 虎 炉 泽 得 雪 柔 西 蛋 闲 秘 快
不 加 情 虑 老 觉 有 运 答 摇 高 马 瓜 平 狼 答 邀
骆 子 乎 欲 衫 近 貓 试 息 填 热 灵 信 邀 狼 错 行
父 驼 撞 而 特 落 马 记 肉 圣 本 雨 衬 撞 信 机 焕
主 动 护 飞 迟 本 的 諾 摇 诞 伊 欲 士 答 灵 人 亮
欲 选 热 转 欲 醋 静 皂 选 虎 袖 ！ 之 而 复 典 碎

定居者
打破
除外
毛衣
计算机
估计
骆驼
认为
查找
光泽
狼狼
鸡蛋
圣诞
火炉
西瓜
气候
许可
的希望
真相
例外

Puzzle 825

持号乃面虫充根摇便试醋事趣底回的性

介根图几快光领雨年人士闲他倍行能乐

諾貌动选人建议老喜本噪煲基疲发身子

排行本独面草差口麋要音貓骄听热士趣

要虎的奏天木研栅苦鹿日类数到差遥书

定醋查远空欲摇撞通领觉虎携想护性坠

苦年建议惊活伊倍桥饭地惊下见吸安面

数苦的蛾亲摇胶傲于主娱缩升樱引口修

答区损办持一保柔见况人写了桃力情袖

答赛了解公点乎成露加亲自型紧记考面

车亲季面落室充功息灵衡坠绍顶日挑战

毁来灵恢秀先余私欲蛾平醒车便性自皂

条栗木水平坠热快后部坠欲面理质机碰

噪法介皂记议貌远喜欢快的胶毁查性趣

子官马肥娱觉灵通虫肢眼胶不恐考疲自

麋鹿

亲自

噪音

樱桃

挑战

缩写

法官

独奏

水平

欢快的

肥皂水

性质

建议

听到

天空

成功

赛季

吸引力

办公室

一点

Puzzle 826

伟大的

看到

潜水

消失

世纪

水壶

小时

飓风

的教育

这样

上衣

图片

呼吸

适当

温文尔雅

麻烦

元年

学校

最高

赶路

项解想过私携稻伟记乎过生子间延图面

稻袖亲碰>上约大光心消失下世纪片醒

学特动坠高衣木的行平灵遇焕坠元倍摇

校人落克程这样身破野看子自蠕撞年人

紧心便差木中身惨释露到部机子研项木

有下呼灵傲想惫礼心惫地事袋因远记便

眼状之吸自眼记祖野约秘年间秘潜车情

心本年要小鳍稳本观胶>惫赂壶水试本

的平转苦时赶滑最高人飓书过自木能平

温的马研填路动望栗优风升麻烦决要赂

选文源的磨木伏年电野绍梳权回型类理

试諾尔数情村皂见他惫解条也上增许欲

素落驱雅图况撞降骄好望亮自增最惫稳

木邀马马士考遇型了股重滑肢醋差露答

答动的教育适当肥眉梳他况摇放香眉行

Puzzle 827

不亮礼幸行透桌的考携过葡研出物亮基
凑地动介稳了野>典礼性萄平面质举复
考年栏优平绍定心野类雪远页信议克循
諾动衫牙书行心趣远转情便情自栏回分
书信解膏因龄许碎透有苦远主能赂基骄
本噪！究视释恐因绍！趣礼特凑的快方
有携优子醋肢趣试转睡的区马繁忙坠官
图稻落损考本便型远泽眠他平之可爱的
吸本白菜桌间周人貌素亲区秘饭瑞遥决
收喜质苏打水一优保存图分散注意力龄
记镜数先克标坠试衡信延远来排桌通部
保丁信心休带志蠕典复身淋飞肉衬肢老
循升快胶便喜储磨恐日野浴监测热的行
豆然分状安近备来逐渐丁解介优得主休
口型木村情灰尘遥亮惧思里复坠休梳闲

周一
休闲
繁忙
物质
分散注意力
储备
淋浴
白菜
逐渐
苏打水
牙膏
监测
灰尘
本质
吸收
标志
葡萄
可爱的
睡眠
的官方

Puzzle 828

后行根灰色幸赂承毁光了页地加肉秘行
真行安思事姥便诺太阳镜情噪飞增年撞
自柔安秘军爷直出权持信鳍况回之坠从
护察>光队近焕欲远。环本肥请丁升子
肢动车电差查研基地源安骄傲的观排信
袖>回祖面蠕从视信人欲车梁损的有醒
过秀解想栏露子有醋的的考摇购买香究
脖子共。携肥活灵香见赂分瑞得区出特
过不同得平考梁卷考旅程信解信瑞严重
动幸借给驴情野曲情约足滑书平宝赂饭
本状基欲饭复素见休情远够有均主宝几
宜镜直事乐亲安增倍撞子过的地书梳议
旋便定他的喜的蛾携醋项循望增遥绍页
考领澄礼宜页。错里号貌心绝考蠕量坠
水香不清村自坠信飞驱身桥社信高的解

阳光
姥爷
足够的
共同
绝望的
旅程
澄清
基地
骄傲的
承诺
购买
平均
军队
太阳镜
宝宝
卷曲
严重
脖子
借给
灰色

Puzzle 829

闲 便 得 稳 口 行 过 衡 一 远 因 恢 本 型 定 之 票
研 察 稳 特 热 为 磨 程 二 栏 私 票 噪 柔 恐 栅 遇
有 有 社 的 顶 野 远 约 ○ 迟 木 有 骄 泽 型 后 出
分 袋 灵 考 反 秘 转 条 二 过 坠 业 务 承 认 错 碎
便 部 究 日 映 决 平 性 款 飞 日 项 豆 平 回 怖 回
四 皂 野 想 恢 看 柔 决 持 自 栅 士 本 可 要 的 欲
直 排 排 情 子 亮 木 遥 研 稻 闲 事 况 重 请 观 肢
仍 然 噪 解 高 驱 量 坠 貌 信 觉 运 本 复 休 撞 眼
木 村 镜 典 树 干 桥 公 保 书 祖 的 袖 使 带 有 秘
保 怖 不 解 想 諾 排 司 碰 飞 ○ 车 他 用 惊 中 虎
保 栗 倍 采 页 介 马 便 乐 追 复 本 人 的 要 里 远
地 衬 自 用 瑞 父 降 的 情 侣 逐 领 公 园 右 手 远
桥 坠 雪 开 衬 好 数 循 沙 漠 他 们 虫 于 落 加 项
惨 类 人 玩 四 错 雨 豆 情 面 间 娱 惫 复 肢 保 木
碎 损 撞 笑 倍 直 四 几 请 行 自 号 升 源 要 恐 碰

反映
雪人
条款
仍然
一二○二
追逐
行为
的情侣
公司
树干
右手
公园
可重复使用的
沙漠
开玩笑
他们
承认
过程
采用
业务

Puzzle 830

相拥
奇怪
使出
必要的
重力
俏皮
无名指
摄像头
语音
苦差事
紧张
免费
致命
漂亮
定义
文凭
吊着
提醒
告诉
滑雪

转 醋 相 拥 衡 然 衬 露 况 则 破 事 无 名 指 查 喜
滑 透 了 看 信 落 自 文 也 眼 老 本 典 了 趣 马 约
雪 填 眉 吊 驴 惫 乃 凭 提 毁 野 重 破 定 义 露 露
摇 遥 袋 着 日 乎 租 下 醒 疲 保 试 力 查 袖 看 条
书 典 理 人 区 复 基 上 泽 乎 的 父 不 赂 便 衬 瑞
免 虎 马 告 栅 惊 中 伊 究 栅 高 损 焕 语 音 最 考
费 趣 便 生 诉 远 有 破 源 记 的 素 的 傲 年 量 虎
摇 木 肢 瑞 复 飞 老 转 察 填 信 察 型 漂 亮 考 主
使 出 高 记 察 人 了 稳 摄 皂 他 租 必 研 号 醒 数
苦 差 事 苦 定 乐 情 而 像 噪 奇 怪 要 图 最 碎 过
村 自 礼 想 决 碎 亮 致 头 便 动 车 的 迟 马 状 乐
俏 皮 肥 袋 噪 乐 摇 雪 命 见 蠕 他 他 口 素 远 护
紧 驴 延 平 远 后 碎 过 的 趣 木 虑 发 事 上 复 胶
张 真 热 骄 雨 先 露 情 貌 最 蔻 饭 恢 摇 马 他 之
况 电 梁 苦 心 想 他 行 子 得 许 远 摇 趣 貓 人 延

Puzzle 831

延	礼	社	自	凑	量	典	发	下	人	社	环	秘	中	稳	衬	日
放	恐	飞	幸	下	修	年	动	闪	虫	也	过	生	持	优	热	水
摇	肉	便	最	情	村	音	过	耀	地	他	傍	特	老	马	了	旋
直	乐	紧	有	洪	人	树	典	老	镜	碰	晚	迟	人	思	三	间
磨	灵	觉	父	水	高	近	答	子	复	有	直	了	静	本	角	静
研	究	修	恐	基	来	衡	衬	土	地	试	蓝	电	面	便	醒	顶
野	专	音	然	恐	衡	信	存	雨	也	运	衬	铃	四	树	保	了
安	摇	门	鳍	马	香	几	护	面	坚	了	解	循	瑞	人	患	议
迟	灵	而	毛	谈	论	环	携	野	果	规	介	遥	趣	优	者	源
得	电	答	喜	巾	填	降	究	的	展	览	飞	士	泽	介	虑	的
摇	木	亲	露	饭	梳	雪	越	来	越	觉	顶	复	优	子	栏	况
运	部	答	摇	倍	要	底	飞	便	答	栅	快	高	贵	的	雪	电
复	增	觉	便	区	马	看	持	差	迟	雪	的	傲	惧	况	肥	喜
煲	中	看	伏	研	雪	蠕	条	异	激	凑	柔	希	雪	因	领	稻
环	磨	研	特	行	热	灵	！	携	发	填	私	望	车	为	栅	稳

蓝铃
因为
激发
差异
研究
傍晚
希望
高贵的
三角
越来越
专门
洪水
土地
闪耀
谈论
了解
患者
展览
毛巾
坚果

Puzzle 832

套索
没话说
柳絮
发生
第七
，除了
三只
卡车
整齐
动机
的热带
愿望
摇滚
民俗
镜子
蜥蜴
一滴
猴子
左腿
北方

，	旋	保	摇	恐	鳍	数	热	灵	余	的	休	视	惨	乎	也	心
除	查	的	放	一	乐	议	亮	存	热	父	行	面	衬	典	香	项
了	最	柳	热	滴	持	袋	毁	本	摇	雪	貌	差	迟	填	保	面
猴	子	絮	本	带	镜	子	近	栗	滚	保	骄	动	镜	梳	快	惨
许	趣	主	肢	后	亲	旋	惊	雪	底	息	书	机	发	恐	基	举
卡	宜	后	驱	的	的	雨	心	保	摇	规	不	动	生	之	有	的
灵	车	况	得	型	子	定	页	信	情	面	祖	号	望	四	蔻	研
动	况	究	左	腿	香	雨	没	愿	望	转	行	部	中	考	余	伊
得	袖	见	护	豆	香	息	话	雪	程	面	持	试	保	选	龄	活
复	套	桥	秘	虎	恐	祖	说	娱	息	便	程	丁	自	顶	自	民
规	索	祖	諾	机	四	克	有	部	人	蠕	乎	书	北	情	查	俗
观	绍	伏	通	秘	摇	底	之	欲	理	究	乐	得	方	平	举	社
情	要	梁	来	亲	解	野	情	透	光	条	本	持	增	栏	>	虑
第	面	柔	素	整	遥	醒	后	三	只	蜥	本	解	分	伊	的	心
伏	七	伏	答	齐	树	信	则	之	滑	蜴	复	滑	稻	瑞	伏	远

Puzzle 833

> 不 不 邀 高 真 不 娱 虎 权 最 了 动 较 低 的 遇

坠 坠 ！ 远 虫 喜 差 怖 通 豆 心 镜 考 秀 饭 身 选

从 虎 降 损 自 工 作 开 启 租 近 梳 顶 的 理 肢 加

有 社 访 问 独 携 好 运 出 醋 情 护 虫 画 亲 试 闲

号 信 究 滑 自 惨 保 飞 行 则 趣 序 列 笔 延 衬 碎

衡 摇 的 遇 带 主 己 行 页 自 父 日 坠 行 加 不 醋

草 醋 余 蛾 自 平 介 然 充 秀 信 肥 得 驱 泽 眼 修

> 则 约 虑 担 乎 加 票 里 乎 眼 抽 屉 最 諾 直 栗

亲 滑 恐 热 心 环 查 信 草 根 自 了 特 驱 他 鳍 草

动 理 香 以 落 恐 梁 举 领 士 察 配 情 视 环 机 便

之 复 保 及 部 的 静 疲 己 滑 绅 备 记 书 丁 摇 恐

快 得 趣 闲 日 修 驴 议 况 情 加 的 光 电 亲 排 得

称 楼 梯 复 过 最 先 观 驱 虎 高 一 移 遇 察 然 从

定 > 袖 放 究 排 露 动 子 饭 雪 系 透 动 根 据 答

好 本 遥 亮 赛 跑 晚 餐 灵 信 存 列 放 信 理 地 破

以及
根据
运行
称定
担心
抽屉
较低的
工作
的移动
晚餐
赛跑
一系列
的画笔
的绅士
楼梯
访问
开启
配备
序列
独自

Puzzle 834

的 醋 增 喜 豆 车 ！ 本 迟 望 休 肢 乃 员 祖 蛾 傲

也 究 真 事 身 领 袖 带 丁 智 雨 里 直 工 蔻 热 四

醋 几 ！ 从 袖 解 书 寒 冷 的 能 心 息 远 坠 复 秀

请 马 香 他 那 的 远 中 虎 怕 能 疲 噪 察 棉 电 虑

面 摇 肉 能 么 桥 请 奉 断 可 部 究 乐 循 花 旋 存

人 欲 迟 赂 便 况 从 献 远 于 子 野 袖 复 菊 自 碎

的 的 乐 疲 也 察 有 究 热 觉 于 型 本 本 恐 真 泽

了 恢 树 标 镜 人 约 情 傲 子 先 静 稻 视 了 趣 草

伏 镜 栅 准 顶 素 有 放 恐 书 真 肥 股 下 衫 迟 骄

类 建 骄 则 幽 灵 欲 坠 打 树 驴 选 觉 衡 保 复 龄

也 理 坠 农 场 运 子 情 主 法 最 快 露 恢 的 最 看

的 察 摇 光 休 湿 气 地 题 袋 口 书 傲 老 娱 过 飞

马 衫 便 加 修 动 和 平 ， 观 增 升 图 水 填 迟 优

栅 滑 典 露 几 虎 基 充 远 通 的 恐 惧 擦 洗 损 碰

祖 基 护 租 木 事 克 疲 碎 皱 纹 人 几 保 闲 好 栏

湿气
奉献
幽灵
标准
皱纹
棉花
寒冷的
员工
主题,
擦洗
中断
可怕的
那么
的恐惧
打法
智能
领袖
菊花
农场
和平

Puzzle 835

显	发	携	好	噪	蔻	驱	柔	下	事	惨	香	快	损	镜	信	野
著	肉	栗	股	稻	试	下	快	特	不	亲	通	情	动	量	记	蔻
特	解	镜	噪	音	高	！	疲	情	喜	有	便	泽	请	活	车	噪
喜	欲	灵	奥	遇	里	疲	的	信	日	好	香	了	士	伏	的	马
日	露	快	查	秘	膝	欲	仇	毁	灵	研	焕	坠	眼	衫	醋	坠
到	达	乎	衡	出	盖	考	恨	苦	延	焕	本	书	紧	顶	热	酒
本	量	约	轻	露	的	乎	响	社	袋	理	素	音	秘	碎	生	后
复	倍	破	微	看	携	错	应	的	许	究	黄	真	息	的	裙	子
升	便	镜	袖	环	身	底	间	木	光	皂	色	辩	降	諾	分	灵
直	决	毁	向	倍	究	延	电	记	己	自	想	论	撞	紧	损	机
护	遭	受	蠕	日	的	来	究	部	克	木	飞	乐	灵	乐	懒	惰
乐	而	年	赂	皇	葵	苹	果	静	看	降	类	自	地	板	乎	股
激	怒	许	人	便	后	骄	余	复	趣	决	恐	然	虑	存	乐	镜
也	黄	瓜	分	本	行	諾	闲	休	落	摇	滑	伊	复	保	建	子
衬	醒	树	倍	闲	虫	情	热	遥	透	几	柔	>	稳	最	眼	树

的仇恨
裙子
膝盖
显著
懒惰
激怒
向日葵
到达
皇后
地板
轻微
苹果
酒后
遭受
黄色
辩论
黄瓜
奥秘
自然
响应

Puzzle 836

兴趣
他们的
大便
组合
没事
溜冰
警察
传统
摩托车
蜗牛
摧毁
原谅
性能
雪花
什么
入口
黄鼠狼
谨慎
类似的
生产

近	他	父	飞	想	望	转	没	泽	理	权	本	记	惨	撞	>	填
子	好	衬	飞	远	间	傲	许	事	他	便	便	毁	究	趣	息	生
见	警	察	入	私	伏	租	摧	高	望	不	镜	则	选	肥	马	从
人	摇	部	口	望	灵	的	毁	最	諾	了	约	桌	衫	秘	秘	安
之	差	磨	心	理	类	分	部	远	优	解	升	查	信	灵	况	过
主	传	统	约	大	似	究	雨	组	合	信	乃	马	书	持	幸	水
性	野	蜗	牛	便	的	摩	托	车	恐	谨	面	日	驴	兴	趣	票
能	乃	几	礼	娱	们	衬	根	蛾	原	慎	什	欲	行	静	袋	研
梁	毁	便	滑	信	他	有	胶	虫	礼	谅	么	解	>	热	类	私
的	溜	有	高	地	先	遥	平	加	要	决	落	便	虑	差	乎	焕
袖	冰	程	滑	镜	行	转	热	生	产	黄	眼	后	遇	的	出	惨
雪	飞	乐	伏	日	露	区	亲	木	素	虎	鼠	租	惊	衬	最	坠
人	瑞	活	源	究	举	况	乃	的	桌	信	>	狼	观	而	排	究
然	解	安	雪	赂	热	本	虎	视	重	摇	下	股	间	乃	克	乐
老	亲	行	花	闲	解	排	便	饭	则	栅	雨	人	票	然	紧	降

Puzzle 837

乎 电 图 主 转 煲 老 复 顶 不 欲 答 错 透 邀 梳 复
驱 中 他 恐 热 貌 情 露 定 平 理 究 亲 思 充 諾 面
镜 自 趣 转 镜 了 释 凝 消 红 介 欲 部 间 水 梁 得
究 股 己 乐 灵 面 高 视 防 色 截 而 的 间 葱 野 己
小 心 权 倍 后 迟 人 见 员 真 距 可 可 最 观 看 年
得 木 排 见 损 规 骄 稻 回 了 伊 介 子 胶 修 试 丁
填 见 落 情 袋 想 摇 程 因 绍 保 持 > 则 自 鳍 和
土 别 人 填 行 人 解 迟 最 心 三 明 治 近 项 肢 候
亮 耳 醋 子 则 里 飞 机 透 乃 趣 升 的 视 树 即 时
人 租 其 克 蔻 通 绍 信 降 镜 行 马 理 破 甲 木 些
车 复 宜 解 衬 恐 军 的 动 记 特 的 论 高 飞 虫 晚
！ 典 面 约 而 护 事 热 曾 己 间 乐 上 理 决 几 答
恢 社 余 复 秘 照 交 易 经 己 醒 循 乐 遇 貌 自 理
龄 通 。 权 水 过 片 皂 升 他 真 袋 日 雪 也 定 心
安 便 程 特 况 察 四 快 野 日 请 便 余 观 音 位 有

别人
可可
小心
照片
三明治
曾经
截距
消防员
晚些时候和
理论上
土耳其
保持
交易
军事
水葱
甲虫
定位
凝视
红色
即时

Puzzle 838

防止
压力
合格
去年
星期五
火鸡
西兰花
工具
电视
无形
英语
蜈蚣
蟾蜍
采访
包括
至少
兔子天
丈夫
关心
独自

面 错 带 无 栅 股 部 遇 根 约 他 树 放 有 撞 增 差
后 恐 考 形 排 视 情 重 諾 电 决 信 差 情 袋 兔 存
衬 去 英 语 惫 究 露 肉 保 视 近 查 乎 动 身 子 村
村 龄 年 远 信 子 的 许 磨 肉 乐 能 之 便 恢 天 破
虑 压 私 本 近 间 克 衫 热 镜 摇 胶 虎 紧 不 车 傲
机 的 力 型 有 马 采 访 不 便 幸 坠 人 了 怖 伏 近
条 源 环 怖 闲 生 栗 热 转 上 乐 数 迟 灵 虑 毁 水
工 程 持 撞 磨 源 肉 蠕 决 人 恐 息 信 回 惨 克 介
焕 具 不 欲 肉 动 恢 年 喜 蟾 蜍 亲 过 身 热 木 错
光 的 面 地 倍 肥 乐 毁 不 回 合 格 磨 视 通 部 活
至 丈 夫 间 觉 坠 想 防 止 星 期 五 胶 活 恢 书 条
少 便 蜈 最 旋 几 加 关 > 号 乃 。 稳 情 重 包 怖
理 答 蚣 恐 不 条 人 心 独 自 试 村 排 鳍 西 括 灵
要 看 貓 视 虑 碎 降 损 肢 蔻 马 生 而 车 兰 豆 票
况 秘 运 票 木 赂 马 肉 不 恐 有 火 鸡 心 花 醋 面

Puzzle 839

的	紧	水	忠	诚	灵	邮	心	镜	黄	保	分	着	急	差	眼	噪
行	亮	复	部	热	发	递	数	来	鼠	本	几	举	底	动	携	主
环	礼	恢	疲	梁	见	员	得	亮	狼	磨	便	文	本	水	定	镜
的	重	电	惧	而	>	稳	事	树	填	性	袖	乐	中	树	恢	宜
惨	丁	紧	电	类	然	心	部	的	摇	眉	也	虚	拟	高	级	快
遥	情	高	底	影	似	除	外	便	人	根	之	通	过	也	惧	特
充	部	存	热	道	院	的	身	回	通	姥	而	傲	私	的	蔻	错
动	欲	过	恐	德	人	乎	尘	应	鳍	姥	的	发	音	娱	情	己
事	有	运	先	雪	雨	桥	惊	灰	之	泽	龄	直	眉	克	修	傲
高	老	秀	破	草	根	坠	票	动	部	袖	不	填	子	性	甚	至
父	乃	面	定	落	主	镜	露	煲	租	恐	基	倍	乃	坠	父	动
马	解	许	居	视	丁	决	错	镜	恐	的	祖	究	梁	香	碎	项
栅	宜	错	者	高	噪	局	究	刚	举	衡	人	镜	信	量	子	有
发	惫	中	的	士	滑	限	身	性	面	息	宜	木	中	本	量	赂
议	约	社	见	人	循	见	号	情	觉	蠕	袖	旋	得	复	便	邀

电影院
局限
甚至
忠诚
灰尘的
姥姥
的发音
虚拟
刚性
道德
高级
外部
着急
回应
邮递员
文本
除外
定居者
类似的
黄鼠狼

Puzzle 840

海洋
公共
成分
移动
武士
准则
单元
疏散
机会,
冬天
关键
果冻
未来
可移植
讲述
延长
在楼下
智能
黄色
皇后

权	高	携	保	之	海	建	充	他	乐	来	先	成	怖	飞	饭	马
四	智	能	在	楼	下	洋	疏	露	票	皇	口	分	修	延	回	皂
木	惫	源	马	举	袋	秀	散	乎	降	关	后	焕	乐	摇	长	书
查	未	来	型	毁	复	树	电	车	醒	键	的	绍	香	规	单	栏
桥	黄	色	礼	稳	况	皂	子	倍	紧	近	面	栅	里	绍	元	思
本	公	共	租	行	保	中	间	之	不	复	讲	述	灵	许	凑	老
真	区	看	理	树	增	典	猫	请	面	桥	邀	息	好	状	素	父
秘	主	露	携	许	飞	口	可	惨	租	解	幸	破	人	稻	不	丁
增	来	欲	梁	移	机	下	移	高	礼	野	龄	从	信	草	过	口
自	延	见	胶	动	会	趣	植	发	填	>	增	选	惧	柔	思	冬
皂	准	运	苦	飞	，	子	发	秘	柔	邀	研	的	优	武	士	天
煲	则	电	上	欲	研	>	肉	升	量	项	四	础	摇	驱	区	情
安	情	见	！	欲	行	选	平	栅	鳍	幸	恐	宜	差	答	香	理
了	的	猫	祖	能	乐	驴	栗	摇	不	毁	迟	最	上	察	！	察
乐	私	领	几	修	情	来	他	请	类	衡	果	冻	水	余	稻	亲

Puzzle 841

疲 的 日 考 思 草 转 凑 丁 己 滑 要 夆 理 滑 项 木
信 木 类 租 露 > 乐 噪 骨 折 冰 打 招 呼 旗 标 解
亲 父 的 于 高 快 礼 举 木 热 望 性 香 摇 信 最 因
克 音 教 亲 乎 机 迟 权 自 破 醋 倍 许 顶 碰 记 类
解 子 育 典 士 根 保 过 乐 循 约 考 许 携 乃 望 来
乎 凑 衡 保 旋 疲 余 汽 高 丁 乎 项 諾 况 恐 四 邀
礼 带 旋 降 > 察 优 焕 油 建 镜 最 ！ 肥 排 蔓 事
再 次 护 而 真 决 性 记 己 安 静 的 页 部 私 乐 延
稳 口 直 持 举 自 因 他 填 虫 摇 信 研 热 毁 便 素
区 露 龄 的 能 量 视 信 情 下 察 平 碎 后 口 的 量
选 子 栗 素 远 保 便 惧 中 高 高 同 活 本 损 热 思
手 册 记 不 骄 欲 既 他 最 票 源 情 本 的 看 试 根
快 露 生 物 学 了 今 不 大 肥 热 特 基 运 不 野 决
的 乃 灵 试 四 一 晚 村 书 绍 因 转 滑 坠 滑 香 况
复 的 乐 带 醒 声 大 规 行 的 惊 镜 发 的 仇 恨 发

滑冰
蔓延
骨折
同情
一声
打招呼
既不
最大
生物学
的父亲
大声
汽油
手册
再次
安静的
的能量
旗标
今晚
的教育
的仇恨

Puzzle 842

望 旋 机 运 想 究 袖 票 信 坠 研 煲 公 ， 崩 溃 不
情 余 牛 休 分 源 娱 后 本 摇 究 的 园 程 但 条 信
举 数 赛 蒡 的 醒 破 梳 的 袖 便 醒 保 证 摄 木 惊
出 量 季 栗 国 际 究 蜜 从 肉 不 坠 护 克 像 乃 趣
绍 安 自 露 环 察 明 星 蜂 错 便 来 亮 ！ 头 乎 便
他 肥 心 乎 泽 音 桌 草 活 祖 有 虑 源 事 考 老 然
虫 马 眼 误 察 上 心 请 秘 量 来 思 主 秘 亮 看 貌
有 心 合 差 学 校 自 子 下 一 个 最 滑 视 雨 带 面
远 的 作 好 香 建 了 自 惊 热 碰 持 欲 袖 有 摇 恢
灭 绝 伙 紧 不 村 行 看 乎 错 豆 热 野 雪 复 袋 差
桌 心 伴 转 克 地 恐 撞 源 则 摇 趣 镜 典 虫 环 过
己 老 贤 人 傲 毯 素 他 克 有 礼 貌 衬 部 转 好 循
电 子 鳍 不 环 亲 源 于 亲 磨 透 人 绍 眉 乃 能 远
衬 情 惨 举 噪 音 亮 上 人 撞 出 面 股 士 特 士 重
数 优 四 心 信 远 条 举 安 远 蔻 灵 票 察 摇 磨 闲

，但
牛蒡
灭绝
合作伙伴
地毯
有礼貌
保证
国际
崩溃
误差
蜜蜂
贤人
明星
数量
下一个
赛季
学校
公园
摄像头
研究

Puzzle 843

来 虑 增 驴 书 两 增 蛾 邀 升 降 发 议 环 自 飞 桥
极 阵 风 损 量 个 树 礼 转 慷 号 不 恐 大 先 理 解
地 坠 不 音 父 宜 音 镜 热 慨 的 的 息 胆 过 冷 差
猫 凑 部 泽 根 。 音 然 来 规 得 露 的 息 察 恐 冻
， 直 到 老 醋 树 的 热 带 伏 快 修 ！ 绍 捕 获 乎
趣 。 坠 坠 了 四 充 。 子 选 祖 决 项 轨 貓 惊 底
。 子 恐 则 肉 乃 快 惨 焕 乃 貌 雪 见 道 煲 面 摇
复 木 諾 状 要 礼 肉 源 之 观 你 自 己 焕 人 他 保
各 碎 梁 肉 通 信 物 肯 醋 遥 亲 休 息 木 发 现 趣
地 迟 介 静 醋 想 页 真 定 典 避 皂 查 栗 研 面 况
热 典 重 人 眉 错 亲 察 也 理 免 凑 的 答 驴 雪 况
余 便 型 他 貓 父 梁 遥 衡 雪 性 理 见 的 于 子 骄
碰 复 紧 虎 稻 本 旋 型 虑 答 遇 许 治 书 中 蔻 生
鳍 然 他 噪 最 远 本 复 落 乎 直 信 疗 谎 。 平 程
研 平 伏 衬 怖 几 祖 便 疲 驴 携 事 最 言 露 礼 亮

冷冻
大胆
极地猫
避免
，直到
带来
发现
休息
捕获
肯定
你自己
治疗
各地
轨道
谎言
礼物
两个
阵风
慷慨
的热带

Puzzle 844

高兴
家庭
有利
态度
启动
心脏
循环
实验
柔滑
报纸
发动机
无意义的
扭动
丘比特
听到
飓风
洪水
愿望
序列
什么

根 衫 号 摇 增 丘 携 快 于 考 书 信 本 出 保 热 察
能 他 也 议 洪 水 比 醒 察 觉 飞 出 最 复 栅 情 镜
要 最 介 摇 灵 乎 自 特 差 稳 损 要 透 转 信 决 型
性 释 衫 查 醋 绍 页 怖 马 议 稻 部 自 生 醒 而 怖
噪 落 思 克 则 通 扭 动 无 碎 持 护 量 领 的 亮 带
恢 充 紧 克 启 透 不 从 意 驱 飞 听 到 下 飓 报 驴
下 转 修 机 动 发 决 回 义 循 旋 项 型 饭 风 纸 。
年 自 破 介 来 考 乐 考 的 欲 栏 行 毁 水 毁 旋 增
亮 定 紧 > 遥 惨 部 伊 马 迟 己 喜 愿 望 柔 滑 克
循 态 度 上 凑 答 观 信 情 决 草 转 息 喜 本 本 究
究 环 性 差 放 雪 四 保 程 真 信 损 家 然 虎 考 护
有 貓 野 鳍 惨 摇 面 滑 柔 心 > 心 庭 查 建 光 马
利 面 程 桥 梁 便 平 秘 动 主 梳 脏 出 什 驱 则 理
号 蔻 心 况 草 转 他 部 页 肉 心 通 远 视 么 来 序
有 高 兴 坠 根 滑 运 梳 书 实 验 热 释 水 音 高 列

Puzzle 845

过 生 财 桥 虑 要 镜 通 諾 礼 驴 苦 地 伴 侣 户 约

马 碰 产 亮 类 无 性 蠕 之 最 面 复 平 雪 栗 外 解

虑 书 人 思 决 效 有 信 车 栅 类 木 根 蛾 有 本 煲

行 况 野 恢 好 解 时 究 父 野 释 机 复 情 心 惧 >

业 信 免 人 肉 网 摇 眉 出 研 重 他 带 衡 修 人 驱

木 坠 车 而 格 络 休 丁 惧 已 肉 諾 于 举 击 剑 祖

惊 他 灵 草 式 部 稻 先 欲 经 状 倍 滑 热 出 毁 的

自 胶 近 丁 保 手 倍 闲 量 苦 透 雪 而 噪 持 亮 人

过 > 骄 觉 越 栅 套 平 情 感 的 乐 快 量 过 自 滑

部 研 人 的 答 来 雨 肢 保 竞 争 乐 先 心 过 约 书

放 不 剧 放 碎 的 越 理 。 许 虫 环 护 解 最 重 桌

第 不 量 场 解 电 摇 因 能 损 况 近 保 水 年 的 光

七 圣 诞 部 迟 身 驱 便 蔻 信 面 平 电 损 研 生 礼

私 不 摇 部 亮 份 究 几 平 灵 他 坠 存 音 木 见 生

股 惨 研 镜 碎 过 本 差 乐 本 年 能 破 地 > 加 疲

竞争
击剑
情感的
网络
已经
伴侣
有时
剧场
野兔
财产
身份
手套
快乐的
户外
行业
无效
格式
圣诞
越来越
第七

Puzzle 846

出 能 秘 木 远 允 士 便 觉 的 秘 平 亲 表 驴 视 况

重 草 惫 袖 破 许 高 度 貓 操 破 栗 排 达 雪 根 亮

子 性 龄 运 好 图 栗 息 的 作 香 动 好 考 龄 鳍 眉

状 口 降 信 厨 租 秘 最 人 木 饭 菜 社 量 典 中 机

成 熟 列 车 房 镜 理 惧 页 好 。 旋 噪 。 貌 子 绍

过 素 的 的 得 虫 图 两 次 丁 视 机 通 平 野 子 通

便 乐 深 号 年 蓝 铃 也 村 高 型 袖 骄 了 木 惊 特

栅 闲 浅 亲 怖 人 谈 磨 的 柔 查 里 肢 不 碎 透 特

情 情 行 加 保 行 话 静 凑 研 的 马 记 酒 吧 焕 士

复 理 驴 的 升 过 思 有 衫 便 循 快 觉 能 于 紧 之

信 的 型 露 神 秘 况 选 便 年 木 现 带 滑 要 保 过

类 有 幸 图 间 袖 状 书 諾 泽 情 父 在 错 肢 老 肉

素 水 延 亮 点 树 建 傲 倍 便 貌 破 > 碎 过 信 遥

磨 解 眉 典 子 皮 立 凑 优 建 权 本 地 护 的 则 中

迟 程 余 素 自 的 子 自 身 凑 鳍 见 页 伏 乐 惨 身

本地
现在
允许
树皮
的深浅
建立
错过
两次
神秘
成熟
厨房
表达
亮点
酒吧
高度
列车
谈话
香菜
的操作
蓝铃

Puzzle 847

桥增得租活镜能静填今解心约惧恐的转

幸惊规！考迟情有眉天见冰破信摇实口

袋鼠释衫饭验的事件包含柱运行优际实

喜视肉延信龄研便热数地口梳有灵毁坠

存释喜望行丁赂过持菠的简单虫察介年

机部领况填从主患差栏萝社上栗秀有转

特的发介建理惨者克马口快察不试之稻

宜后租考本马本重优衫！镜知识增桥填

究宜书高木梁典能见坠幸错误私的水电

马社煲乎车草号己之惫怖素飞水武器车

猛地惨发热性光有考皂股水成为壶则撞

快桌秘稻！定子中优延。驱基趣恢权选

挽留蛾秀赂顶驴后乃落虎心滑子动驱损

撞他柔老遥社旅肉区查源迟惧饭伏自想

社身口素了透程信息领也梳量了驱肉露

知识

的实际

武器

的事件

猛地

包含

错误

袋鼠

菠萝

实际

冰柱

挽留

考验

成为

今天

的简单

水壶

旅程

患者

的恐惧

Puzzle 848

喜欢

疼痛

媒体

视觉

一个

饲料

财政

视图

草甸

火箭

增长

将来

世界

特异性的

打击

任何人

漂亮

因为

奥秘

向日葵

有怖虫栅不疼复喜任机号特惫过摇状增

号袋亲疲护痛了欢间何马异恢焕祖生来

透蛾情伊观柔趣的露的人性情然将的自

心父赂宜乃碰漂财政根野的乃地来绍己

皂衫喜磨乎生亮见媒息车降野研观惫书

休的快马摇稳毁肢蛾体香肢信看乐分柔

驱苦基也飞露滑坠他骄解望龄里建奥惨

休项他之议约世界桥猫然桥底了的秘便

最惧肉惧规子丁远况环克邀恢机邀马袋

环延平面数基特野则上恐觉票复面热怖

优袖一个秘老马的凑视选飞理煲得直蛾

伏遥欲快理醒老远肉遇迟向打衫坠衬礼

条间能增查许眉。图遥衡日击约近饲料

疲赂约长的存树泽视觉饭葵草甸火箭而

蠕也灵因为毁马透破社！秘自优不破平

Puzzle 849

的	地	撞	情	优	了	恐	乐	面	中	需	释	通	镜	上	衣	类
手	图	议	损	失	苦	秀	本	栅	之	要	老	木	图	运	驴	类
指	洞	肥	远	斑	热	发	柔	野	看	机	损	透	错	便	持	亲
远	穴	情	，	护	点	人	究	日	授	权	事	转	>	基	恐	娱
最	木	秘	释	除	情	循	惊	喜	回	最	他	也	投	观	雨	蠕
面	稻	遇	平	观	了	旋	环	的	迟	循	得	的	入	高	差	带
素	光	解	排	噪	解	稳	桌	的	音	驱	之	乐	秘	好	升	乐
梳	保	欲	栏	机	最	持	社	得	反	向	上	年	条	稻	梁	持
延	人	也	摇	冲	突	降	>	情	衬	回	理	循	摇	思	护	特
动	衫	余	祖	过	电	面	基	然	本	理	释	优	秘	木	平	菊
稳	释	滑	叫	着	直	状	地	肉	乃	子	水	好	带	里	性	花
页	租	的	色	彩	号	灵	不	牙	得	肉	信	余	重	自	亲	本
后	雨	远	解	答	公	路	光	齿	优	看	桂	眉	票	摇	疲	增
租	肉	自	有	乐	里	露	持	亮	建	音	要	显	著	袖	皂	程
傲	恢	焕	重	蛾	醒	欲	修	最	多	次	顶	赂	平	理	骄	稻

损失
多次
的手指
叫着
反向
牙齿
洞穴
投入
公路
授权
需要
肉桂
斑点
冲突
的色彩
上衣
基地
，除了
菊花
显著

Puzzle 850

功能
围墙
唱歌
的卧室
表示
植物
确切
精灵
很少
修复
食品
现场
积极
制定
简化
牙膏
苦差事
高贵的
访问
擦洗

露	欲	眼	皂	貓	镜	栅	克	绍	凑	现	光	露	梁	里	镜	皂
怖	恐	远	貌	决	举	介	乎	中	喜	机	场	衬	碎	瑞	请	趣
摇	察	食	品	马	升	肉	型	他	发	通	观	简	化	摇	高	部
人	肉	虫	肉	木	解	发	从	部	究	老	要	四	梁	碎	部	过
稻	野	便	想	私	举	本	稳	本	热	考	的	觉	恐	邀	书	子
音	了	访	问	很	少	究	安	过	充	虑	雨	栗	畲	苦	撞	释
数	能	喜	龄	解	答	精	灵	安	口	号	研	顶	畲	栅	噪	区
充	而	信	记	瑞	衫	灵	牙	膏	热	便	主	热	娱	生	确	切
高	贵	的	唱	歌	摇	傲	中	动	过	饭	子	环	露	子	喜	的
基	噪	生	有	况	观	擦	差	决	平	惨	马	信	不	选	香	底
有	功	降	释	栏	加	洗	镜	介	丁	碰	直	区	底	恐	部	况
破	积	能	便	信	修	复	活	乐	驴	的	紧	复	胶	最	优	木
热	极	苦	差	事	便	行	子	邀	的	卧	素	老	雨	貌	票	放
士	保	植	豆	亲	表	示	围	制	记	室	伊	倍	邀	日	肢	乐
保	理	研	物	后	的	解	墙	定	请	豆	动	答	虎	自	木	情

Puzzle 851

优 饭 里 性 边 大 草 替 选 五 试 稻 日 马 衬 坚 悲
举 麋 人 蠕 境 米 坠 延 代 个 村 顶 桥 发 遥 固 剧
闲 鹿 举 面 便 增 礼 究 稀 电 回 亲 赂 鲜 素 回 乐
况 远 研 马 子 磨 最 秘 缺 柔 子 社 图 怖 花 破 蠕
解 循 露 肉 坠 光 眼 的 优 面 祖 书 无 线 电 信 破
乃 研 子 环 了 柔 肉 规 信 上 部 动 老 恐 解 转 况
主 要 蘑 菇 视 自 父 领 项 摇 本 欲 远 复 祖 马 情
趣 携 近 坠 。 重 带 肥 活 平 自 况 得 不 蔻 护 木
真 怖 信 租 虫 权 最 恢 稻 升 怖 信 保 租 水 源 保
拘 捕 飞 从 存 研 究 皂 视 碎 了 过 持 栅 飞 袋 的
衫 怖 数 惧 坠 龄 充 见 情 精 释 升 建 袋 页 信 然
保 碰 四 最 许 透 衫 原 因 情 细 保 趣 欲 野 发 澄
乐 见 猫 图 中 本 根 远 觉 充 紧 的 木 保 露 惊 清
保 便 心 车 飞 况 事 选 的 的 货 管 截 惫 最 研 活
运 梳 研 稻 栗 情 复 村 危 机 车 理 距 通 凑 磨 热

鲜花
原因
坚固
边境
精细
替代电子书
稀缺
管理
五个
悲剧
大米
蘑菇
危机
主要
无线电
拘捕
货车
麋鹿
澄清
截距

Puzzle 852

朋友的
此句
探讨
远征
国王
学习
信息
参加
作家
均匀
知道
农民
老鼠
，而不是
感谢
密封
替代
雪花
定位
水葱

规 磨 部 栅 重 的 娱 亮 下 知 替 代 雪 填 则 口 作
量 携 遇 行 远 考 考 释 士 怖 道 不 花 地 水 葱 家
惧 露 栅 出 驱 举 远 征 农 自 性 雨 有 则 生 均 飞
怖 部 远 諾 特 亮 探 讨 民 毁 雪 最 觉 先 面 匀 优
特 此 野 老 参 加 放 稻 之 密 亲 安 蔻 心 眉 便 几
飞 错 句 鼠 有 察 学 习 思 典 封 桌 镜 项 余 趣 然
最 本 皂 驱 电 真 选 面 损 错 出 伊 己 喜 信 赂 面
平 木 议 自 回 香 性 观 况 先 增 项 重 特 举 延 他
直 过 增 行 柔 底 排 直 人 闲 定 位 观 年 本 傲 顶
信 息 国 典 栗 数 况 解 回 摇 重 滑 光 乃 基 行 究
惫 碰 王 自 醒 摇 透 平 丁 豆 乎 间 活 区 蔻 恐 页
了 热 面 不 欲 面 区 区 马 遇 喜 木 泽 保 丁 碎 动
则 近 保 紧 心 野 情 木 碎 猫 研 举 四 热 伏 许 伏
袖 远 毁 见 镜 灵 号 感 许 因 恢 书 研 转 地 后 栗
本 口 请 朋 友 的 察 谢 本 便 他 ， 而 不 是 信 梳

Puzzle 853

的 了 通 摇 破 程 冰 您 书 的 摇 虑 人 乐 豆 碎 趣
作 子 野 衬 也 票 箱 选 出 倍 虎 考 龄 自 理 野 雪
用 丁 坠 得 选 位 书 择 野 最 了 衬 衫 间 侵 略 性
主 答 充 因 马 移 而 成 释 能 破 衫 心 有 议 己 坠
袋 闲 顶 破 欲 的 相 功 类 降 透 发 桥 飞 大 型 豆
后 喜 保 电 肥 情 焕 信 望 露 部 规 领 的 怒 远 页
活 号 书 袋 滑 的 摇 口 上 真 虎 答 平 近 电 的 而
光 胶 克 野 人 滑 领 自 醋 几 调 书 英 特 。 机 諾
虫 于 人 伏 望 环 快 灵 栏 间 查 能 增 寸 思 年 稻
伏 欲 年 野 傲 关 系 增 伊 村 面 情 自 碎 最 地 研
激 发 小 心 口 间 考 瑞 事 摇 信 泽 观 休 声 音 书
差 豆 皂 特 思 股 查 后 驴 上 号 衬 出 现 饭 桌 热
自 旋 木 惊 两 滑 况 醋 他 息 延 木 雪 里 存 惨 摇
考 眼 复 看 諾 边 携 出 怖 人 信 举 克 便 专 肢 迟
遥 稳 几 凑 丁 諾 阳 光 远 子 马 木 子 页 家 回 况

大怒
回家
相信
两边
关系
侵略性
的作用
英寸
衬衫
位移
专家
调查
冰箱
出现
您选择
声音
成功
阳光
激发
小心

Puzzle 854

完全
步伐
功率
辣椒
辉煌
朝着
命中
推出
专家升
分析
家具
首脑会议
交叉
磨损
安全
物质
休闲
宝宝
承认
土耳其

望 摇 衫 光 察 的 部 循 具 亲 的 研 肉 欲 推 间 不
根 秘 乐 幸 部 龄 有 专 家 升 中 摇 傲 透 出 保 人
状 远 过 焕 书 己 解 树 物 不 香 最 通 趣 了 自 增
理 许 衡 袋 规 号 命 规 质 主 人 得 回 情 交 本 人
人 重 究 于 错 建 中 豆 秘 中 口 赂 重 基 叉 諾 望
首 远 摇 决 草 承 持 辣 椒 辉 宜 源 觉 衫 克 四 建
安 脑 摇 磨 安 认 请 动 素 煌 之 填 皂 高 宝 宝 飞
宜 衬 会 香 损 便 自 坠 欲 龄 栏 股 定 安 遇 分 析
携 来 旋 议 休 闲 重 也 好 木 飞 损 特 滑 梳 身 村
灵 动 研 于 碰 优 朝 着 社 信 功 分 宜 况 余 来 情
想 持 自 书 伊 类 本 磨 不 噪 率 身 错 摇 紧 股 衬
绍 考 增 重 远 袖 的 土 研 条 柔 运 试 的 遥 虫 落
请 袖 机 错 虫 绍 分 龄 耳 醋 宜 桌 凑 闲 步 伐 他
完 全 复 理 貌 见 看 决 决 其 人 权 有 的 程 傲 部
心 安 肉 回 心 间 面 量 升 许 本 乐 特 香 人 面 自

Puzzle 855

优 视 租 惫 衫 有 的 趣 丁 秀 桌 则 面 过 面 解 伊
保 不 蜡 他 栏 宜 衫 龄 况 露 主 醒 修 试 地 存 平
村 研 亲 笔 股 露 基 持 有 页 理 带 票 镜 址 碰 恐
事 虫 闲 伊 领 量 日 有 增 性 研 图 相 决 理 諾 袋
高 来 过 建 信 自 距 有 人 的 循 迟 关 驴 源 页 飞
排 蔻 源 号 伏 人 离 轨 解 究 眼 肥 考 平 凑 填 面
水 锄 头 丁 主 恐 区 电 香 动 后 栗 镜 祖 想 差 本
郁 袖 能 蔻 > 回 有 车 他 坠 约 紧 护 股 从 柔 记
充 金 充 摇 坠 后 型 底 试 决 他 动 邀 扶 底 部 记
破 因 香 持 续 时 间 创 造 栅 栏 充 考 手 祖 降 有
逐 源 护 输 入 人 保 便 木 复 灰 尘 而 椅 动 分 雪
觉 渐 马 队 尽 管 古 董 栗 栗 桥 充 那 延 雨 人 本
惊 士 坠 伍 风 暴 典 马 争 四 衫 能 些 野 恢 型 票
滑 父 衬 > 倍 肉 衫 栗 辩 水 填 情 摇 从 解 乐 观
部 特 碎 平 建 决 型 远 娱 究 迟 顶 心 私 究 摇 马

地址
输入
那些
相关
创造
蜡笔
郁金香
持续时间
争辩
尽管
风暴
底部
队伍
锄头
距离
有轨电车
古董
扶手椅
灰尘
逐渐

Puzzle 856

来 错 通 不 平 复 諾 出 的 转 坠 村 諾 考 心 趣 后
形 眉 特 秀 见 好 泽 日 需 则 碰 人 虫 查 从 行 远
式 袋 民 幸 型 > 静 的 求 重 量 运 骨 本 间 状 也
怖 风 族 分 支 紧 乐 间 考 休 试 望 书 架 面 领 快
栗 筝 木 不 填 。 情 素 远 活 眼 不 磨 有 复 不 摇
遇 能 諾 特 飞 的 露 条 亮 马 觉 许 的 情 醋 豆 衫
面 旋 滑 车 伊 摇 老 了 便 中 克 活 己 而 惧 增 乎
水 放 怖 高 心 红 色 口 子 结 观 可 延 直 日 倍 邀
村 灵 页 管 肢 市 眉 惫 余 四 石 重 倍 的 里 本 飞
平 从 宜 衡 宜 场 蛾 视 面 好 存 复 请 水 口 梁 情
况 研 口 帽 问 题 乐 最 持 车 柔 使 部 皀 便 疲 近
占 据 间 子 而 页 看 结 从 重 下 用 眼 傲 碰 损 木
稳 究 饭 不 貓 撞 醋 威 束 学 生 的 心 乐 撞 木 野
乐 明 显 邀 的 礼 远 胁 衡 梳 衬 凑 数 諾 肉 镜 的
事 件 绍 木 音 觉 好 活 他 损 紧 疲 心 基 肥 秀 过

分支
结束
高管
风筝
事件
骨架
结石
威胁
学生
碰撞
帽子
占据
明显
民族
市场
问题
形式
的需求
可重复使用的
红色

Puzzle 857

电 瑞 这 样 根 趣 过 记 一 权 于 最 蠕 他 填 下 差
亲 不 栗 见 面 考 番 思 目 奶 油 日 部 丁 草 降 有
视 克 中 礼 根 泽 树 茄 了 错 近 程 他 香 桥 民 用
光 的 行 肉 摇 股 迟 野 然 趣 赂 特 野 趣 亲 充 袋
政 府 的 老 鸟 回 自 有 考 状 复 复 蠕 焕 欲 驴 因
举 不 害 羞 许 啼 克 行 不 袖 他 木 乐 > 人 虎 下
最 几 傲 快 类 复 毁 失 望 的 闲 摇 虎 煤 炭 坠 幸
信 四 村 远 碰 鳍 饭 通 碎 碰 报 价 野 因 信 幸 宜
修 动 不 瑞 亲 升 不 自 方 向 安 最 情 噪 赂 余 运
紧 撞 近 惧 镜 之 特 躺 解 傲 乐 租 上 几 然 雨 社
子 桥 娱 长 灵 地 信 在 諾 主 下 决 坠 骄 书 水 复
趣 规 根 成 条 究 看 乐 通 因 橱 柜 海 滩 条 瑞 行
复 环 活 想 年 数 年 理 况 飞 滑 乃 伊 身 款 护 自
。 迟 绍 衡 噪 考 傻 坠 静 稳 排 凑 视 近 乃 源 权
本 记 肢 动 乐 许 瓜 考 马 子 树 部 迟 保 延 恐 灵

傻瓜
政府的
橱柜
方向
报价
民用
鸟啼
番茄
成年
失望的
奶油
一目了然
成长
海滩
煤炭
躺在
害羞
丁香
这样
条款

Puzzle 858

息 礼 社 倍 要 静 鼠 请 带 决 中 光 肉 况 了 虑 事
排 电 子 自 讨 几 标 区 假 定 突 然 的 木 释 乐 生
此 休 衡 见 论 衡 摇 透 袖 约 面 鳍 了 优 复 父 最
区 处 龄 页 迅 速 乐 豆 时 间 有 增 镜 便 循 保 梳
父 不 延 于 貌 迟 有 諾 的 子 理 规 虎 他 栅 摇 伏
视 过 諾 社 面 迟 区 虫 撞 休 面 选 己 不 不 保 排
许 答 赂 宜 欲 出 暴 惧 平 重 答 里 型 人 近 护 则
平 怖 特 旋 破 特 力 围 栏 子 困 驱 草 惩 罚 欲 袋
老 增 养 营 的 赂 解 面 想 口 私 难 沙 发 雪 梳 子
票 醋 恐 最 手 趣 马 领 行 諾 察 光 醒 几 桌 不 秘
从 祖 父 过 表 骄 有 降 复 乐 心 洋 摇 认 为 热 而
人 飞 光 > 基 摇 乐 根 恐 坠 也 葱 决 桥 有 欲 有
肥 的 眼 > 有 究 稳 蛾 活 几 数 规 自 梁 动 遇 日
主 野 亲 木 亮 情 秀 驱 自 香 热 巨 答 伊 秘 木 惧
过 驱 子 上 素 举 栗 人 稳 口 幸 大 惫 放 的 优 书

巨大
的营养
围栏
决定
洋葱
的手表
暴力
惩罚
不过
鼠标
迅速
讨论
桥梁
沙发
时间
请假
突然的
此处
困难
认为

Puzzle 859

不 汽 到 修 然 中 特 图 光 遇 不 伏 喜 见 宏 伟 真
瑞 车 从 达 热 骄 信 衬 观 书 热 饭 子 复 四 考 肥
胶 旅 信 倍 肉 丁 攻 醒 通 几 噪 选 举 最 眉 飞 议
肉 馆 坠 疲 > 领 。 击 他 看 虑 不 的 来 便 的 >
动 毁 了 持 保 蠕 水 远 语 言 活 栏 黄 子 邀 间 落
苦 肥 栏 碰 苦 水 举 滑 查 苦 日 欲 社 油 保 暂 地
马 优 老 高 宜 牛 下 护 生 信 惨 有 记 警 要 停 活
流 行 的 怕 可 恐 礼 服 父 眉 水 考 镜 察 醒 理 桌
底 衬 分 磨 下 滑 建 貌 针 对 降 有 破 围 介 肉 最
记 得 过 程 中 权 面 遇 野 电 观 乃 木 巾 进 入 底
继 续 高 野 口 保 静 区 降 胶 欲 不 素 鳍 虫 素 素
想 光 究 野 紧 平 衬 数 票 息 饭 肉 碰 热 磨 举 素
热 绍 蠕 驴 况 携 。 电 父 情 眉 记 口 记 灵 木 要
龄 雪 特 图 答 心 秀 虫 母 疲 便 肥 保 书 察 试 惫
焕 情 见 衡 重 条 丁 子 回 部 本 间 通 瑞 素 领 怖

礼服
暂停
记得
过程中
宏伟
流行的
进入
围巾
父母
水牛
黄油
继续
语言
针对
攻击
汽车旅馆
选举
可怕的
到达
警察

Puzzle 860

温度
相互作用
地球
味道
的好处
情况
高贵
昂贵
城市
这些
名词
干扰
雪上
一年
的专家
樱桃
小时
分散注意力
称定
照片

安 保 雪 型 有 凑 乐 蔻 号 于 不 高 先 干 扰 真 通
城 市 上 温 度 木 祖 袖 条 口 驱 倍 克 秀 樱 桃 电
望 情 信 处 间 究 煲 恢 虎 充 请 察 主 木 中 子 型
中 本 远 好 信 老 况 栗 理 电 保 饭 决 便 地 自 磨
摇 分 喜 的 面 紧 栗 充 议 惊 照 休 赂 生 球 栗 书
小 摇 信 解 专 怖 树 父 活 醋 片 遇 行 地 趣 稻 本
修 时 况 排 过 家 趣 约 出 行 绍 滑 解 性 最 的 动
绍 信 自 味 特 撞 乎 真 放 邀 马 落 考 伏 衫 地 定
落 情 循 的 道 动 则 这 填 静 主 试 > 祖 坠 衫 桌
答 性 选 称 从 昂 贵 些 喜 循 介 议 情 况 一 高 趣
过 地 动 定 马 坠 梳 衡 图 镜 释 驱 动 得 年 贵 增
特 分 散 注 意 力 名 词 木 平 马 理 平 行 基 相 遥
能 镜 虑 想 乐 滑 图 增 衫 面 延 则 飞 考 人 互 虑
遥 滑 几 喜 恢 梳 摇 鳍 露 选 见 不 乎 摇 复 作 租
发 父 露 噪 活 先 股 乐 迟 草 梳 运 子 桥 图 用 查

Puzzle 861

上 眉 条 约 望 瑞 安 差 行 士 素 豆 有 鳍 出 介 树

桌 他 带 平 四 安 驴 滑 苍 蝇 透 栅 指 损 栗 喷 动

皂 复 諾 动 差 乐 胶 年 人 车 塑 来 本 望 口 泉 諾

部 梳 伏 排 肉 他 肉 复 鳍 驱 料 根 粉 红 色 瑞 项

昨 諾 领 恢 延 眉 木 乎 摇 蠕 动 中 余 马 高 好 怖

私 天 蔻 吃 饭 增 马 的 的 而 他 状 决 宜 有 填 肢

出 百 型 答 中 豆 镜 自 雨 研 增 人 雨 降 见 水 醒

口 个 洗 加 肢 马 排 水 建 地 区 只 遥 规 分 票 倍

磨 瑞 涤 高 疲 雪 绍 真 波 运 子 有 类 伏 部 于 皂

宜 桥 亮 底 决 蔻 亮 醒 肢 考 行 遇 龄 厅 大 己 惨

人 信 标 记 底 激 乐 骄 查 醒 远 高 权 区 便 约 热

社 惨 青 下 赂 励 上 了 释 基 想 租 醋 差 车 好 破

惫 信 蛙 闲 素 情 亲 他 遇 摇 灵 选 况 本 桥 口 答

的 规 的 人 才 高 伏 特 面 篮 虫 眉 人 情 护 看 权

喜 间 人 最 权 领 直 行 静 保 机 树 高 磨 马 程 介

指望
洗涤
吃饭
昨天
摇篮
标记
大部分
苍蝇
水波
喷泉
的人才
出口
粉红色
只有
塑料
激励
青蛙
百个
大厅
大便

Puzzle 862

部 视 邀 最 自 绍 生 礼 傲 自 定 重 灵 充 的 心 稻

傲 貓 不 循 觉 来 蛾 静 破 赂 近 状 树 记 来 谈 余

祖 的 优 试 了 风 窗 惊 情 本 规 毁 分 龄 身 典 话

的 官 方 条 程 静 回 则 领 木 则 克 于 议 约 骄 抗

栅 分 私 鳍 便 刺 栅 想 增 老 不 自 解 栗 。 余 拒

野 人 的 增 观 猬 究 惊 喜 填 不 察 休 亲 修 活 吸

闲 口 紧 煲 冒 犯 落 乐 护 复 乎 回 究 喜 环 雪 血

草 绍 快 携 了 镜 发 而 虑 露 则 肥 袋 的 情 见 鬼

紧 不 香 露 携 恢 绍 而 优 本 骄 热 碰 生 记 闲 建

栏 则 木 紧 抽 屜 加 傲 生 情 破 来 己 不 录 高 能

摇 野 撞 远 时 口 电 栅 状 见 音 野 飞 情 人 奖 力

稻 建 有 醒 欲 钟 坠 影 小 弟 弟 直 落 趣 旋 金 研

下 眼 项 人 娱 主 复 > 木 远 复 伊 礼 娱 虫 量 高

里 的 数 升 桌 衫 紧 远 错 行 娱 差 秘 因 阻 止 峰

犹 豫 日 入 绍 祖 短 暂 近 生 典 便 心 自 瑞 了 !

的谈话
记录
电影
短暂
吸血鬼
犹豫
惊喜
阻止
能力
冒犯
刺猬
升入
时钟
高峰
抗拒
风窗
小弟弟
奖金
的官方
抽屜

Puzzle 863

镜 观 凑 减 三 只 恢 项 袖 摇 主 源 落 票 遥 行 之
先 亮 自 少 娱 试 感 疲 请 人 许 生 命 之 袋 水 基
怖 坠 袖 情 乐 不 情 的 票 怖 而 滑 心 骨 头 好 桥
子 研 理 修 坠 子 噪 梁 从 顶 研 乐 伊 延 后 马 领
出 活 下 望 亲 己 休 源 解 顶 村 老 野 然 携 便 吸
秘 驴 子 远 原 子 的 羊 直 胶 ！ 号 惨 马 土 梁 收
部 灵 看 镜 虚 假 > 保 本 便 飞 然 根 携 的 豆 思
子 行 机 休 从 赂 > 麻 镜 栏 自 带 运 衡 的 的 肉
修 于 热 状 子 有 恢 烦 损 闲 子 愿 乃 之 虫 车 情
平 最 性 他 自 先 见 排 情 之 落 野 图 煲 自 煲 栗
信 里 先 肥 摇 香 衬 也 不 能 自 邀 了 乎 普 醋 遇
环 坠 乃 栏 地 绍 栏 望 恐 保 肉 事 的 况 通 想 便
驴 存 醋 皂 龄 运 电 下 木 想 象 破 高 雨 皂 余 回
的 型 后 蜻 滑 的 爷 爷 乃 透 动 上 日 过 镜 上 亮
桌 考 马 蜓 分 议 延 己 伊 后 部 遥 升 惫 身 能 他

土豆
想象
减少
原子
感情
也不能
的羊
虚假
木乃伊
上升
自愿
生命之
骨头
望远镜
的爷爷
蜻蜓
普通
麻烦
吸收
三只

Puzzle 864

判 决 出 程 度 袋 见 人 迟 不 碰 遥 蠕 碰 平 羊 傲
邀 欲 乎 租 快 宜 之 桥 而 的 旋 介 人 研 平 肉 天
微 笑 摇 肢 车 苍 摇 灵 坠 回 出 不 程 视 克 运 气
排 光 喜 宜 栅 鹭 举 大 衣 梳 稻 便 也 日 滑 增 遥
也 释 余 倍 也 特 飞 情 遥 士 觉 况 复 不 子 因 的
高 性 他 安 坠 试 解 加 这 修 拼 升 存 发 通 幸 飞
苦 驱 欲 栏 根 顶 降 持 种 损 乃 写 激 烈 信 降 研
的 状 领 村 苦 心 袋 请 浓 缩 顶 他 醒 排 加 了 好
事 见 马 摇 瑞 情 自 欲 本 的 秀 填 滑 露 释 后 鳍
觉 得 更 好 的 修 注 的 妹 妹 图 伏 日 顶 乃 子 护
梳 从 程 肢 趣 飞 意 面 四 过 滑 也 遥 高 中 研 举
花 园 驴 煲 必 野 到 事 举 惨 休 不 口 本 动 类 书
有 面 电 复 要 损 的 意 举 复 喜 人 平 的 父 不 乐
碎 也 过 安 的 趣 重 饭 图 余 鳍 指 甲 考 回 鳍 携
秀 循 书 龄 灵 疲 要 类 磨 鳍 根 最 书 近 飞 蔻 马

微笑
出租车
浓缩
激烈
更好的
的妹妹
指甲
这种
羊肉
意图
花园
程度
大衣
的重要
天气
拼写
判决
注意到
苍鹭
必要的

Puzzle 865

领 虑 过 复 查 好 见 租 身 升 当 饭 损 记 坠 后 运
父 特 马 自 乃 自 邀 不 丁 旋 然 不 见 充 建 香 通
饭 便 然 看 惫 栏 间 谈 凑 英 里 的 阿 姨 的 察 损
独 奏 心 肉 水 滑 优 论 衫 乐 情 选 页 恐 上 机 自
摇 部 最 信 特 心 蠕 他 望 顶 骄 咖 啡 的 出 议 平
醒 礼 区 人 解 滑 底 则 放 书 虎 的 余 数 修 伊 娱
行 答 然 行 重 决 的 虫 本 人 破 雪 能 破 年 定 好
夹 规 惊 自 稳 复 数 环 栗 焕 清 持 衰 毁 面 焕 得
克 亲 讶 平 亮 通 图 衫 真 的 情 空 变 紧 而 泽 保
惫 基 惊 高 通 考 雨 龄 分 议 运 中 排 摇 虫 考 ！
雪 出 降 破 。 保 条 果 汁 胶 之 数 思 存 快 快 携
项 劳 先 因 乐 顶 号 人 肥 皂 紧 凑 图 像 諾 透 转
子 建 动 苦 最 高 的 机 底 骄 运 智 碎 素 解 停 雨
高 趣 分 旋 桌 动 吸 取 蔻 地 灵 慧 眉 特 转 貓 留
蒸 汽 想 望 想 项 得 余 傲 怖 諾 存 释 过 根 见 便

清空
咖啡
衰变
英里的
最高的
吸取
蒸汽
当然
惊讶
紧凑
智慧
肥皂
图像
夹克
劳动
果汁
阿姨
停留
独奏
谈论

Puzzle 866

奇迹
各种
泼妇
说服
面对
任何
游戏
勇敢
清晰
负责
松鼠
蝴蝶
正式
尺寸
餐厅
表现
程序
沙堡
晚上
现任

理 社 梁 晚 上 子 近 基 眉 沙 勇 貌 区 正 解 稳 书
究 光 餐 乎 部 研 延 坠 > 堡 敢 面 雪 式 记 身 趣
分 情 滑 厅 究 蠕 心 远 梁 远 最 图 不 观 好 摇 桥
凑 表 也 坠 遇 伊 各 种 究 电 乎 趣 心 根 露 栏 好
煲 绍 现 马 露 乃 里 静 发 坠 复 自 肉 里 年 高 特
宜 衫 底 本 的 信 上 倍 龄 试 肉 加 本 桌 复 见 香
从 香 放 磨 虫 自 活 说 虎 增 程 序 醒 见 子 恐 祖
四 蝴 蝶 图 介 礼 欲 服 祖 諾 而 傲 面 骄 许 香 宜
清 晰 介 松 鼠 木 存 豆 的 马 定 貓 碰 然 ！ ！ 书
奇 乃 究 因 护 便 老 许 释 项 雨 性 任 现 察 马 面
特 迹 本 老 泼 袋 情 延 游 戏 负 责 何 损 身 下 毁
程 回 心 远 妇 摇 ！ 木 煲 面 对 本 记 类 心 社 子
宜 肉 撞 不 马 豆 紧 衡 亲 他 的 音 肉 最 怖 滑 撞
下 通 余 动 则 能 光 答 稳 票 野 貓 傲 水 要 豆 衫
尺 寸 股 机 肉 觉 能 栗 树 栗 近 人 村 股 的 错 伊

Puzzle 867

建马丁分人真典重倾斜建决过冲心的瑞
周木回娱毁而野惨释余研亲私重击干从
差三伏典大得虫逃生摇的家乡电私净摇
雨差心皂象颜了事长栗带保平话营建性
欲>先过上见料实期的远袖欲后村礼要
组织梁的举远了底余破日>填蠕书损安
下面木马出远举幸坠坏父平信蔻研来村
自远先也的部衫旋摇士桥稳根的况增余
亲坠野乐士喜情的兄弟要！滑。毁最观
摇申人便老秀马况想电肉况的的凑便香
镜请子王室马克杯绍循信复迟下权股破
特蔻便项喜龄身最电赂赂升树坠然过最
研快观社护来高木间释露驴高热能便雨
肢乐几规放倍则子便惊行上基虑心子损
虑查喜型从伊间了部梁落排绍修试野胶

事实
的家乡
马克杯
破坏
王室
逃生
颜料
冲击
身高
倾斜
申请
周三
私营
长期
电话
的兄弟
大象
的干净
组织
下面

Puzzle 868

快缓解肥答量心私行根蔻乐噪而遥人諾
速飞香肉芹过露镜己号草秘身查定研礼
趣瑞栏究菜信摇驴许自煲高书出休喜理
约年区复试衬豆諾袋草倍闲股看休便醋
护追迟迟优支吸引力情平稻雨看碰闲因
士逐怖建源稻出年便项远解的婴儿损己
栗子自本地的确正士车中遥年事有好租
闲幸而私则结的东西傲飞开始恐远转己
情肢泽余坠果真存近子衡部旋欲滑释凑
秀伊余研机选转摇亮规快和观稻票骆出
倾向于马本便优肢木丁从平间父灵驼蔻
伏私口人惨图免磨远休恐邀底最后后，
量栅子貌子部模费心书！丁视分带图遥
降碰望部理建碎式自型增见重底伊回最
存条身里转行的活磨泽典电蛾子程条特

护士
缓解
正确的
最后
模式
婴儿
栗子
开始
倾向于
芹菜
的东西
支出
快速
的结果
后，
骆驼
吸引力
追逐
免费
和平

Puzzle 869

晃 晃 悠 悠 法 便 士 惨 木 眉 乐 领 梁 欲 天 雨 伊
请 灵 的 答 官 飞 饭 条 倍 凑 欲 远 解 携 使 旋 乐
老 驱 典 亮 本 答 木 驴 词 建 人 重 骄 上 疲 的 鳍
究 携 复 数 想 惊 貌 四 汇 范 围 内 性 电 子 諾 欲
先 高 面 研 摇 之 心 乐 议 股 伊 野 查 衡 雨 高 然
信 生 休 复 胶 建 紧 近 来 私 克 趣 滑 饭 不 焕 之
丁 见 摇 读 祖 理 玻 增 里 介 > 填 坠 回 复 部 情
野 遥 复 书 教 堂 璃 解 不 远 喜 行 请 鳍 程 情 部
从 理 根 眉 邀 填 真 落 信 情 煲 议 根 梁 之 缺 乏
考 况 考 山 羊 车 遇 倍 落 绍 的 填 ， 因 此 惊 衡
飞 顶 虑 人 口 日 好 快 车 类 进 能 地 复 他 况 子
有 柔 栗 静 情 里 介 数 答 页 展 凑 可 行 请 柔 滑
降 几 不 延 灵 休 的 小 麦 乐 答 年 他 究 衫 棉 亲
维 护 选 任 摇 环 情 看 真 分 柔 持 礼 几 人 稳 花
而 亲 心 务 充 醒 眉 看 电 觉 之 主 视 趣 状 不 有

晃晃悠悠
任务
维护
，因此
范围内
缺乏
词汇
山羊
可能的
人口
天使
先生
小麦
回复
读书
教堂
的进展
玻璃
法官
棉花

Puzzle 870

栅栏
拒绝
政策
其他
随机
大量
白色
的一切
经济
狩猎
天鹅
接受
第二
贸易
紧急
透明
洗衣
奇怪
幽灵
膝盖

坠 本 肉 真 凑 第 紧 急 回 坠 动 信 其 宜 焕 野 贸
生 袋 领 栏 虑 本 二 天 鹅 衡 貓 木 他 从 项 伏 易
况 摇 平 肥 膝 盖 虫 远 后 老 面 政 量 基 梳 草 的
透 明 最 袖 恐 乃 部 议 骄 他 释 策 分 虑 欲 观 趣
释 肥 降 源 息 透 后 趣 眉 磨 雨 亮 请 持 分 栅 真
露 滑 究 眼 醒 看 迟 约 情 噪 狩 猎 栅 傲 看 修 宜
本 则 休 恐 量 况 栏 泽 碎 基 分 的 栏 真 而 伊 电
顶 举 自 动 理 情 乐 树 发 护 雨 露 接 基 况 因 乐
因 随 豆 伊 页 选 修 约 典 肢 出 票 受 保 几 觉 项
填 机 梁 肉 环 遇 答 摇 来 坠 虎 年 洗 衣 几 生 素
白 色 近 镜 望 远 伏 伏 驴 遇 飞 幽 灵 奇 怪 来 排
保 倍 大 间 本 携 桥 车 老 虎 经 伊 的 量 蠕 运 况
泽 光 建 量 他 近 情 士 傲 秀 选 济 一 状 答 过 驴
从 胶 余 有 老 拒 的 貓 保 惧 介 回 切 然 休 事 也
试 丁 查 摇 议 绝 恐 恐 解 父 重 自 事 自 的 。 秀

Puzzle 871

娱 醒 近 碎 菜 花 幸 区 草 胡 皂 貓 状 转 计 设 的
恐 梁 充 增 紧 透 直 有 于 先 萝 解 泽 许 发 衡 鼻
票 桌 傲 面 梁 ！ 修 规 研 安 图 卜 欲 根 焕 送 子
权 貌 页 基 碎 不 电 噪 木 便 身 惫 查 填 护 特 平
升 最 子 票 祖 梳 灵 秘 最 喜 > 表 形 趣 近 视 研
心 蔻 源 许 栏 部 虎 坠 梳 倍 间 面 容 部 权 眼 栅
身 醋 则 秀 皂 露 露 透 的 活 惫 于 生 根 损 存 错
小 凑 心 稻 人 像 心 面 粉 子 落 差 休 幸 条 来 因
子 复 袖 旋 自 不 规 树 有 皂 自 香 基 自 梳 衬 携
人 不 滑 口 的 自 骄 少 公 交 错 饭 平 项 特 里 有
试 露 充 鳍 发 亮 娱 数 > 人 牙 医 思 来 不 部 持
热 过 票 最 好 的 子 自 页 况 绍 滑 摇 项 领 保 延
日 记 高 过 热 到 梁 毁 乐 决 生 重 人 优 虎 自 约
升 栏 信 保 欲 周 证 解 亲 条 主 西 部 醋 看 伏 也
电 年 安 解 带 视 据 型 秘 平 流 体 饭 观 木 不 丁

的鼻子
公交
少数
西部
发送
最好的
人像
表面
小子
牙医
证据
形容
面粉
菜花
焕发
的设计
流体
胡萝卜
自娱自乐
周到的

Puzzle 872

经常
导航
最坏的
的伤害
警报
经营
另一个
认识
消化
大专
排出
孩子
瓢虫
柠檬
股票
实践
骑自行车
监测
反映
辩论

灵 认 识 底 最 复 惊 存 栗 情 乐 源 介 的 升 父 最
野 填 行 号 坏 惧 修 警 心 类 决 见 复 则 梳 的 雪
实 践 选 高 的 礼 增 报 便 柠 檬 摇 自 眼 了 伤 底
孩 子 鳍 了 究 许 驴 傲 碰 平 况 子 察 坠 导 害 远
最 碎 股 觉 租 幸 豆 消 倍 伏 得 区 豆 自 航 情 遥
貓 电 胶 休 看 修 觉 差 化 股 栏 延 面 草 饭 租 灵
循 情 辩 另 一 个 梳 常 树 木 票 不 究 心 煲 想 乃
灵 考 论 骑 自 行 车 经 营 坠 乐 动 袋 号 伊 数 介
虑 近 虎 面 放 来 了 驴 况 好 真 便 心 平 露 行 欲
喜 不 年 的 选 热 宜 排 自 他 真 持 下 梁 增 恐 远
马 区 瑞 好 看 飞 息 然 出 衡 饭 娱 特 凑 驴 本 介
飞 大 专 伏 虫 马 柔 煲 本 热 蠕 了 然 视 释 图 的
克 后 饭 远 几 亲 许 监 反 状 理 查 平 亮 许 有 高
欲 约 镜 不 旋 摇 放 测 映 水 然 噪 老 面 之 木 复
木 降 通 票 租 瓢 虫 快 自 区 里 电 数 便 研 想 解

Puzzle 873

了	欲	子	面	亮	迁	差	权	柔	木	虎	>	雨	休	降	底	眼
动	往	面	包	车	移	典	虫	平	查	喜	循	高	>	的	的	子
乃	往	衣	见	乐	骄	平	平	充	喜	透	本	行	了	社	地	释
举	考	柜	摇	电	灵	眼	下	摇	马	规	栏	得	了	胶	私	方
持	权	能	有	约	艺	蠕	亮	事	龄	举	傲	心	稻	心	马	豆
有	音	面	乐	滑	术	分	护	苦	貌	日	旋	于	心	諾	醒	己
的	人	选	心	本	家	礼	差	行	的	源	的	租	新	镜	环	携
香	貓	事	惧	日	奉	献	栏	肢	自	早	餐	手	闻	苦	恐	本
啤	酒	宜	地	娱	回	野	建	丁	信	煲	镜	祖	机	有	望	雪
衬	解	饭	旋	疲	图	权	状	露	夫	人	而	克	乎	从	博	也
恐	趣	记	灵	不	带	真	稳	高	灵	绍	见	医	骄	理	物	举
热	近	高	错	领	里	村	年	马	解	驱	虎	赂	疗	根	馆	>
驴	出	情	噪	里	宜	肢	动	机	后	之	平	镜	动	平	展	闲
觉	息	草	噪	未	社	眼	猴	梁	然	伊	宜	醋	的	熟	示	保
毁	底	项	人	能	充	远	子	活	衬	的	建	事	露	悉	文	化

有望
艺术家
未能
博物馆
衣柜
的地方
文化
展示
手机
新闻
啤酒
熟悉
往往
夫人
迁移
医疗
面包车
早餐
猴子
奉献

Puzzle 874

条	动	面	建	举	填	于	恢	区	环	社	本	电	私	傲	醋	号
赂	考	活	损	动	保	查	里	衡	马	碰	的	茶	壶	四	究	典
情	情	本	眉	衫	部	噪	视	衫	的	子	规	远	龄	根	信	快
建	不	皂	损	栅	天	空	！	桌	人	静	！	恐	蛾	人	信	条
貓	醋	远	基	重	过	还	心	滑	口	克	灵	雪	型	解	雪	遥
最	稻	过	醋	然	便	原	惧	思	热	克	他	稳	！	伏	遥	欲
有	马	本	马	礼	不	然	近	貌	镜	选	撞	选	持	光	恐	通
损	惊	远	马	发	行	饭	肉	许	里	间	亲	重	信	欲	亲	自
幸	性	信	有	可	高	书	也	疲	图	的	几	约	他	来	建	由
草	第	律	师	笑	资	乐	记	卖	斑	马	状	蔻	议	存	特	考
不	眉	一	放	的	格	心	桌	家	本	光	高	栅	发	雨	肥	灵
摇	状	貌	究	差	况	升	控	破	应	四	平	充	虎	票	豆	部
最	本	研	骄	亲	自	坠	制	储	反	栏	十	自	最	车	年	胶
雨	有	高	人	衬	礼	部	聪	备	检	过	年	摇	租	加	远	私
飞	宽	幅	延	考	达	到	明	滑	测	磨	来	栏	间	滑	平	乃

十年
聪明
资格
检测
控制
斑马
反应
自由
卖家
达到
宽幅
还原
书记
的茶壶
第一
可笑的
律师
反过来
天空
储备

Puzzle 875

秘 基 介 息 运 选 遇 眼 之 议 型 礼 静 蠕 好 也 肉

过 马 秘 股 觉 瑞 父 肉 宜 特 苦 衬 几 据 数 的 延

解 怖 持 桌 理 议 看 号 树 绍 举 树 野 快 惊 公 然

解 摇 里 摇 貓 苦 类 桥 安 热 饭 胶 桥 选 复 路 野

应 该 理 远 见 书 性 心 护 身 士 通 娱 磨 热 类 飞

尽 一 份 息 思 灵 几 真 信 理 建 私 摇 行 了 修 请

拓 复 祖 情 决 己 老 便 乐 研 袖 复 衬 答 案 马 虑

展 击 败 鳍 心 直 木 见 条 马 图 虫 一 研 口 袋 数

萝 丁 情 号 碎 情 特 镜 乐 乐 况 号 起 权 撞 保 孤

性 卜 情 过 马 > 木 部 父 不 而 四 傲 电 磨 精 独

木 萝 平 桥 上 。 士 迟 老 的 区 的 怒 愤 心 神 桥

摇 红 特 娱 傲 四 地 主 有 了 角 直 画 排 充 父 妈

眼 衬 头 发 礼 露 老 的 摇 想 生 色 破 笔 保 建 妈

要 稻 想 坠 持 上 复 瑞 环 镜 姜 的 迟 修 分 倍 票

好 衫 查 考 升 心 书 一 点 驴 思 本 摇 直 人 觉 父

红萝卜
拓展
答案
生姜
尽一份
角色
头发
的公路
妈妈
口袋
击败
愤怒的
孤独
一起
的数据
应该
萝卜
精神
一点
的画笔

Puzzle 876

柔 情 破 飞 任 貓 克 优 毁 通 过 最 野 情 凑 复 子

理 想 雪 的 本 命 技 龄 闲 他 理 论 上 之 外 的 建

諾 光 究 木 了 增 艺 来 丁 延 然 活 宜 信 亮 典 接

管 理 者 信 察 恢 袖 携 皂 巧 克 力 沟 通 蛾 乐 收

直 亮 树 底 阳 素 乐 举 趣 灵 解 情 年 数 信 规 的

记 况 的 部 于 台 羊 趣 票 循 飞 条 定 柔 傲 中 水

子 栅 旅 飞 书 惊 毛 有 胶 眉 决 持 私 上 情 自 特

则 驴 馆 型 情 也 心 错 便 疲 的 遇 足 球 况 身 的

许 鳍 梁 露 望 书 栏 > 坠 发 社 优 苦 苦 安 的 驱

士 的 股 循 子 諾 摇 柔 中 肢 上 的 差 携 号 理 疲

坠 口 环 来 考 排 完 父 钢 笔 保 场 顶 书 从 息 乐

增 秀 乃 信 秘 自 美 放 摇 加 安 景 息 特 磨 得 自

驴 邀 最 伏 碎 趣 的 数 间 坠 想 木 领 目 落 入 差

自 娱 自 极 肥 建 程 要 礼 自 雪 惊 息 醋 前 况 后

生 四 摇 其 区 型 毁 觉 保 光 貂 研 动 机 > 不 电

自身
完美的
接收
之外
的旅馆
钢笔
管理者
的场景
落入
雪貂
巧克力
足球
沟通
极其
羊毛
任命
技艺
目前
阳台
理论上

Puzzle 877

汉 理 老 里 驱 马 套 袋 野 解 权 肥 员 工 惊 迟 则
龄 堡 碰 醒 貓 休 索 分 村 研 日 不 破 典 虑 周 六
马 书 包 复 转 地 复 升 上 的 醋 栗 恐 虎 欲 考 类
子 区 租 身 热 底 考 面 蠕 于 底 的 人 坠 的 究 己
乎 考 镜 伊 老 怖 保 雨 水 薪 酬 木 摇 建 批 况 看
信 衡 日 来 虎 发 亲 克 有 驴 增 南 灵 研 判 复 本
毁 摇 乐 赂 欲 特 书 请 事 性 发 部 人 欲 口 的 信
股 而 页 升 碰 快 发 草 不 游 项 展 蔻 信 安 间 间
私 看 复 曾 经 书 乐 主 乐 泳 娱 不 保 混 社 研 重
曲 迟 思 绍 有 鳍 之 ! 觉 信 错 马 里 合 试 优 的
线 日 赂 部 赂 小 苍 兰 衬 瑞 面 破 从 栅 行 伊 瑞
许 倍 迟 窗 轻 号 租 驼 素 自 木 答 最 持 世 转 活
委 员 会 帘 生 微 滑 鹿 理 延 差 桥 动 部 纪 复 而
温 度 计 蠕 况 饭 电 动 动 导 演 人 骄 破 > 瑞 平
状 摇 复 素 介 旋 滑 况 衫 充 书 柔 滑 坠 数 子 碰

小苍兰
汉堡包
周六
发展
的批判
薪酬
驼鹿
委员会
温度计
窗帘
曲线
南部
混合
游泳
导演
世纪
套索
员工
轻微
曾经

Puzzle 878

光 间 摇 觉 他 保 木 素 的 排 解 错 年 恢 信 本 填
最 大 的 底 复 不 后 木 坠 释 雪 袖 远 好 解 观 条
主 马 心 醋 宜 树 条 携 鳍 查 情 苦 情 要 释 不 状
苏 视 婚 机 迟 量 袖 休 生 看 眉 瑞 秘 欲 胶 冰 霜
打 ! 礼 伏 性 望 心 露 有 了 骄 介 私 的 因 则 介
水 砉 循 然 小 理 方 式 信 柠 檬 汁 母 亲 事 权 的
页 考 私 根 猫 肥 有 闲 心 延 项 秀 豆 地 图 根 !
摇 滑 惊 茶 壶 存 许 复 里 香 稳 自 理 惊 滑 动 据
解 摇 露 发 情 社 平 充 乐 存 不 余 撞 根 升 考 秘
持 平 均 过 鳍 倍 村 平 乐 幸 上 衬 页 信 社 露 本
数 泽 貌 傲 存 便 透 日 光 木 稳 近 本 落 型 最 焕
四 军 分 钟 议 思 了 余 貓 步 骤 优 的 雪 醋 思 过
镜 况 人 根 怖 加 自 特 趣 数 排 驴 解 野 橇 祖 砉
错 旋 凑 素 带 礼 重 介 驴 容 趣 条 克 情 有 图 饭
音 木 諾 丁 好 望 源 无 数 忍 记 虑 落 欲 > 。 典

婚礼
冰霜
母亲
雪橇
无数
看了
茶壶
步骤
分钟
柠檬汁
地图
最大的
军人
方式
容忍
小猫
有信心
苏打水
平均
根据

Puzzle 879

晚	的	木	能	条	快	差	项	亲	子	自	想	龄	生	梁	虎	高
煲	些	解	决	方	案	最	察	创	建	露	上	家	破	本	泽	肉
乐	究	时	后	增	图	泽	自	的	树	保	祖	学	术	梁	带	的
剩	落	户	候	最	自	不	情	解	本	状	先	科	稳	鳍	便	查
余	底	存	增	和	娱	諾	规	虑	鳍	虫	面	迟	帮	饭	迟	皂
填	类	蛾	最	的	源	然	究	倍	不	袋	动	乎	助	的	视	线
惧	士	飞	顶	他	皂	租	眉	基	便	趣	主	运	赂	性	最	最
撤	销	亲	注	延	近	心	条	先	升	年	趣	保	特	稳	能	近
余	情	桥	碎	关	肢	紧	类	了	高	平	日	特	存	乐	四	定
建	毁	颗	温	暖	的	。	查	夕	便	人	考	观	乐	亲	虫	分
条	娱	粒	先	草	莓	坠	复	阳	的	光	赂	树	最	摇	复	要
情	望	上	木	滑	马	士	蔻	木	想	村	恐	飞	举	发	解	举
恐	父	类	放	摇	镜	因	许	本	貌	部	醋	貓	木	怖	龄	摇
机	排	肥	面	绍	静	龄	车	乎	页	间	报	告	音	页	心	之
不	疲	旋	则	转	醒	野	考	延	保	有	乎	紧	乐	看	有	自

学术
落户
科学家
祖先
报告
创建
撤销
音乐
颗粒
的视线
帮助
剩余
的关注
解决方案
夕阳
最近
温暖的
草莓
性能
晚些时候和

Puzzle 880

肉	摇	老	先	自	出	解	坠	草	从	面	秘	主	趣	宜	摇	破
草	类	虎	视	延	桌	最	信	升	股	摇	虑	驱	本	休	父	降
繁	忙	确	泽	保	行	>	情	帐	车	幸	请	观	号	不	介	粟
则	介	定	肢	升	考	凑	便	篷	飞	热	的	心	究	袖	不	降
欲	苦	间	坠	真	毁	宜	股	信	子	闲	详	父	情	惧	破	带
制	最	闲	凑	遥	要	发	保	豆	滑	携	细	责	任	貌	生	喜
自	造	遥	几	伊	居	民	约	滑	建	行	野	保	保	衫	泽	复
解	观	气	候	技	平	惊	驴	不	衬	恢	试	草	坪	社	自	情
肉	持	子	况	术	落	研	破	苦	洗	研	音	面	鳍	飞	有	子
摇	排	泽	许	艰	难	秀	坠	安	发	爆	祖	衡	走	勺	子	信
页	先	顶	毁	记	驴	重	摇	飞	日	携	的	人	了	回	也	野
肉	稳	桥	摇	考	底	心	身	骄	迫	使	决	安	惨	类	栅	！
解	蜡	虫	远	循	带	子	衫	克	秘	试	复	凑	面	苦	木	乐
议	况	烛	保	信	记	损	雨	存	权	香	>	看	到	香	老	于
不	于	>	车	程	顶	领	错	究	梳	木	好	远	回	典	考	规

肉类
草坪
蜡烛
老虎
洗发
爆发
技术
详细
制造
走了
勺子
居民
迫使
帐篷
责任
艰难
确定
气候
看到
繁忙

Puzzle 881

余自动年栗约状恐书建露心情绍危险动

发词汇表稻研公部衫充了充部摇页情量

性摇了几信的司楼绍出瑞热己年醒便自

的程书疲租邀露最梯看。息能滑来不他

之理书升解虫娱瑞图损信特坠不的运豆

发最有书运输视自静龄撞。最息虎的撞

撞木热排增洽到驯鹿栏>页降增音猫稻

滑邀电近自虫谈醋规建面稻情望观要木

片考虎有能马最租间的平袖远生从轿傲

段破部介量的便不重宜煲人栗建摇跑自

儿子形状票通来破生面马恐先乃肥车己

股无聊礼恢常约号乐的的怖肢坠透高解

肉泽光娱便来量蔻饭柔鞋民主人介飞肥

驱情故理虫！持保烧蠕邀坠亮出条研车

顶带条障有选面热毁柔究回携而心的子

运输

形状

通常

恐怖

谈到

民主

危险

故障

洽谈

醒来的

的鞋

无聊

轿跑车

驯鹿

儿子

烧毁

片段

词汇表

公司

楼梯

Puzzle 882

体育

标题

眼睛

驰骋

硬币

猕猴桃

考虑

相反

奇怪的

周末

计划

判定

舒适

国家

周日

便士

舞台

露点

蜥蜴

黄瓜

能放硬动水号瑞直复绍露稻体撞电活衡

差存币碎人木四状醒的许况育飞排己胶

加部的骄乃中虫驰骋水諾标题倍舒适心

远坠中考升便醋便稻解真栏惨破想释眼

凑袋磨保骄不亮士猕猴桃了摇自的通远

相镜蜥望则考环过然肥信树肉主余野判

木反蜴量释树栏邀心碰许衫的人直乐定

见几泽栏先行趣充龄加间煲他他马高记

有祖旋近中查循怖权遇恐乎宜循乃考虑

情国家排平存部最龄转奇延眼睛复镜草

究鳍来能苦>通排面的怪运傲选计滑的

信旋日身里快老村有蔻的几面也划究雪

便马落周电股不也栏傲泽黄飞日子胶静

书状衬的末露点地镜况蔻瓜煲袋舞趣差

优恢项鳍袋虎能书野带本考持马台赂飞

Puzzle 883

面野貌过况便携式车焕坠加有摇露心好
带惊蠕保木然分配解素！侵究便基苦见
毁余噪机查私諾源察諾噪入选有官栗能
环秋>露欲约梁有权典答修择露员衡主
视季眼延栅持复迟运动的条栏增自秀票
諾。不久类伊泽虫惊飞衡恢欲存行马摇
父卡毁本日马乎坠亲焕貓出欲虎在中降
动车梳生权保在去年肥想解选带摇而趣
欲排的部中老欲儿请镜口坠面身伏旋乐
>驴试口增他目女桥蛾休检验某处见乐
过镜傲考惨倍稻的露改变试貓放乃本情
动复饭损便乐重草图伏远驴灵解露桌权
过动恢恐祖宜研亮人丁树本研下午自活
摇数幸考遥息豆老最龄规本凑挥杆领存
妻子请自安出雪运究行复心则过人最木

目的
稻草人
改变
存在
运动
在去年
下午
侵入
官员
挥杆
的女儿
便携式
妻子
某处
不久
秋季。
分配
选择
检验
卡车

Puzzle 884

羊群
男子
改善
参加的
亲爱的
几乎是
用品
说话
揭示
分母
司机
买入
铅笔
明天
尤其是
王子
计算机
本质
农场
湿气

计明说话草人增几介研露便摇迟坠铅量
算天然乐稳羊群乎自护究不子的人平笔
机定克议村虫欲是考考的>通间磨的衫
延观类情灵水里复情好考不木试车升延
条来不老能坠摇欲便约蠕见的惊马柔瑞
增面间草司虑肉充木建过最约直特本望
遇过胶驴机几的区娱本领不虎男子转质
栏自约落栅动车信权蠕研面树碎上解考
透远便部况用品买入袖湿伏答稻赂参有
泽梳远觉来虑稻四年动气举的农乐加雨
下余有镜树马运研分露情他虫信场的栅
亲况噪破雪镜数諾母尤其是鳍改善揭示
爱底事豆欲欲瑞几保老地马子人保赂己
的携王子来请页差理几骄丁镜来四转子
撞龄透>衬镜余虑皂驴蛾貌要栗书行有

Puzzle 885

理 典 草 情 车 持 肉 机 灵 虎 娱 的 规 撞 野 焕 心

自 保 饭 有 镜 稻 息 驱 胶 间 了 马 行 宜 諾 恐 蔻

亲 动 转 草 马 休 落 焕 醋 生 有 事 肉 性 平 有 持

落 平 肉 秘 貓 记 究 充 特 介 奏 请 摇 安 图 雪 远

乎 瑞 坠 ！ 休 树 干 。 性 格 坠 有 升 蛾 情 间 秀

木 > 研 行 升 邀 露 解 磨 底 虎 后 邀 亲 飞 恐 皂

恢 木 请 泽 下 虫 秘 肥 諾 图 飞 自 过 面 碎 建 信

平 傲 建 自 > 皂 下 皂 书 栗 源 放 树 怖 有 解 票

蛾 坠 镜 损 滑 真 的 水 的 人 草 里 况 自 日 信 护

面 量 解 蔻 驴 苦 煲 而 的 瑞 几 本 图 衫 己 生 噪

典 皂 桌 肢 想 倍 买 得 起 諾 煲 主 释 丁 的 接 近

衡 恢 复 坐 惧 保 律 法 有 人 信 号 面 坠 邮 理 礼

版 本 的 在 技 巧 亲 院 页 丁 统 了 地 面 件 子 噪

栅 究 灵 壁 碰 分 雪 貌 毁 倍 治 落 动 租 考 有 马

好 考 树 根 画 海 雀 蠕 页 社 者 肉 马 醒 情 事 自

坐在
统治者
法院
接近
性格
海雀
地面
的邮件
自动
技巧
法律
的壁画
信号
买得起
奏请
版本
恢复
肥皂水
亲自
树干

Puzzle 886

具体
感觉
机构
奶酪
商业的
爱好
之旅
觉得
叫声
曲棍球
结论
明智
资源
预测
水芹
周期
信任
最高
足够的
告诉

虑 情 理 议 因 子 况 心 机 趣 鳍 基 复 眉 解 面 先

资 源 下 父 行 自 奶 酪 构 叫 底 自 保 信 领 四 量

持 旋 静 闲 休 水 周 期 复 伏 声 胶 举 任 趣 权 加

护 皂 充 的 蔻 试 宜 释 老 况 好 底 桌 想 分 情 不

木 数 信 顶 回 饭 回 定 紧 之 图 具 票 。 桌 他 放

领 察 便 几 保 落 主 本 降 旅 安 体 商 业 的 飞 子

。 私 醒 疲 条 乃 上 议 特 加 错 苦 胶 的 袖 宜 平

磨 的 自 发 虑 曲 棍 球 明 他 煲 安 心 最 高 自 栏

过 镜 生 复 部 口 了 露 智 醒 特 况 人 乐 马 告 性

见 真 充 自 观 究 驴 差 情 许 差 从 苦 增 静 诉 部

预 测 栗 权 煲 不 近 况 则 感 爱 好 近 循 结 飞 子

梁 平 出 的 柔 的 动 信 稻 请 觉 足 便 想 论 梁 乎

人 灵 页 近 不 肉 转 饭 丁 便 思 够 子 梳 转 遇 之

衫 木 日 觉 降 肉 摇 最 租 携 图 的 号 书 趣 观 动

諾 水 芹 条 得 素 蛾 摇 条 特 上 心 许 携 了 试 直

Puzzle 887

情 胶 面 破 动 村 人 摇 保 木 考 恐 灵 项 对 灵 狼
心 本 恐 的 页 娱 子 木 面 职 责 指 他 旋 子 不 狼
考 母 苹 物 热 规 股 转 亲 包 煲 责 最 们 邀 的 起
银 鸡 果 种 区 带 本 地 书 树 生 豆 直 损 的 解 研
行 事 驴 热 军 事 究 理 他 量 安 考 驱 页 天 先 前
包 子 观 乃 秀 水 最 解 信 平 平 议 数 衬 夏 肉 人
梁 三 露 排 典 木 高 便 趣 议 惨 源 请 有 露 貓 试
号 明 沙 塔 考 的 草 介 雪 来 信 机 真 父 驴 号 介
了 治 袋 真 恢 的 虫 信 高 息 保 乐 典 乐 过 坠 状
恢 ！ 数 行 牛 奶 中 查 升 父 凑 股 > 休 日 邀 人
野 真 许 碰 动 坠 乐 滑 回 蔻 马 毁 木 型 好 醒 伊
先 过 颈 部 充 面 情 肉 根 中 本 衡 主 性 事 马 便
几 噪 觉 胶 亲 情 填 特 露 乐 余 得 己 理 惧 定 恐
心 动 木 自 释 根 旋 栅 图 雪 的 项 素 论 图 灵 则
见 地 雨 煲 转 自 保 加 加 条 私 泽 主 面 恐 遇 护

母鸡
地理
物种
面包
银行
沙塔
牛奶中
颈部
指责
先前
包子
对不起
夏天的
理论
职责
狼狼
苹果
他们的
军事
三明治

Puzzle 888

心 复 热 男 活 研 降 四 本 损 本 栏 性 息 趣 秘 增
疲 温 存 孩 趣 内 木 入 保 考 通 知 祖 秀 便 犯 肉
基 文 撞 人 香 部 亲 坠 口 镜 野 顶 图 沿 着 罪 程
远 尔 增 信 肠 型 水 顶 绍 马 只 是 的 错 规 毁 护
遇 雅 亲 衡 约 保 磨 不 加 木 野 鳍 优 秀 木 稻 情
信 煲 考 主 周 觉 区 建 升 透 热 领 袖 亲 为 类 过
乃 信 光 面 一 宜 社 特 素 里 心 旋 事 木 行 星 的
停 机 坪 豆 持 毁 了 保 而 部 热 缤 说 有 泽 衫 得
煲 间 区 了 口 野 生 增 露 面 灵 纷 信 ， 疲 回 增
研 草 骄 丁 亲 机 伏 类 的 许 野 乃 上 胶 行 源 远
图 特 回 研 休 社 四 花 填 乃 栏 图 坠 祖 父 皂 鳍
士 桌 坠 四 亮 型 惫 费 趣 余 增 焕 光 諾 高 恢 的
本 远 驱 惫 特 图 行 解 镜 人 坠 发 马 的 遇 程 身
外 蔬 菜 保 况 高 存 降 页 直 自 野 ！ 的 热 视 毁
的 壳 量 喜 请 梳 区 底 鳍 梁 坠 煲 光 露 研 日 项

说，
外壳
野生
缤纷
行星
停机坪
只是
花费
蔬菜
内部
通知
香肠
男孩
沿着
犯罪
温文尔雅
周一
行为
领袖
入口

Puzzle 889

的 有 考 娱 号 而 源 乌 龟 介 通 议 饭 坠 察 动 角
桥 宜 人 木 蔻 惫 心 底 撞 而 放 心 香 娱 复 损 落
书 惨 不 优 见 面 真 正 素 滑 怖 乃 滑 心 持 想 橡
电 招 商 引 资 聚 焦 增 宜 紧 本 骄 落 因 梁 秀 皮
香 休 回 建 老 坠 持 联 查 田 鼠 宜 量 虫 保 也 擦
携 己 数 四 了 权 了 碰 系 笔 记 本 基 充 动 变 淋
肥 人 几 息 镜 本 之 存 衬 考 举 人 惨 最 衬 量 浴
领 最 木 几 滑 碰 惨 情 关 近 密 集 理 的 视 便 带
肢 丁 心 心 士 消 防 员 联 栏 伊 祖 蔻 村 惫 试 丁
衡 社 发 露 倍 亲 绍 降 醒 通 空 有 从 有 泽 ， 其
迟 乐 情 射 信 介 从 蛾 究 便 间 鹌 理 信 村 部 露
不 村 人 车 发 毁 于 部 性 里 遇 苦 鹑 倍 柔 息 觉
有 私 节 木 闲 > 村 领 护 乃 惧 解 光 乃 音 息 欲
因 眼 延 木 部 胶 护 桌 遥 释 解 基 填 租 紧 近 源
本 后 觉 自 决 查 乐 图 来 稳 飞 惫 的 持 剪 刀 也

剪刀
鹌鹑
角落
密集
关联
橡皮擦
招商引资
，其
聚焦
发射
真正
乌龟
变量
笔记本
联系
空间
情人节
田鼠
淋浴
消防员

Puzzle 890

牛 仔 恢 过 肉 马 恐 木 议 存 型 赶 路 幸 共 毛 破
碰 赂 直 落 于 加 胶 倍 噪 升 研 滑 惨 父 同 衣 摇
远 梳 桌 旋 损 行 选 运 破 试 解 程 私 顶 的 事 情
过 电 ！ 出 镜 社 本 破 排 社 源 几 四 复 子 不 四
绍 野 肉 的 非 常 他 乐 得 飞 素 沙 漠 记 趣 日 惧
因 车 信 素 查 骄 有 的 发 动 ， 亮 驱 不 梳 木 碰
闲 木 里 得 看 吊 礼 亲 况 年 虽 经 验 安 复 貌 绿
决 便 亲 几 虎 村 着 保 子 最 然 源 顶 飞 他 建 色
通 上 上 述 秀 里 解 过 私 静 系 列 人 社 来 状 型
日 眼 欲 要 邀 瑞 循 瑞 见 望 请 龄 显 着 领 绍 行
飞 复 分 野 思 迟 持 静 树 保 研 分 装 傲 相 私 电
落 量 部 乃 型 从 了 倍 光 许 滑 恐 配 几 拥 电 镜
礼 人 面 自 而 摇 降 便 特 理 高 毁 加 惨 个 也 伏
落 排 行 约 条 碰 稳 加 他 了 记 透 音 飞 图 于 许
士 人 本 便 件 高 源 面 虎 看 袋 不 諾 量 透 传 统

上述
，虽然
系列
非常
装配
的事情
几个
绿色
也许
条件
牛仔
显着
经验
毛衣
赶路
共同
沙漠
吊着
相拥
传统

Puzzle 891

考	他	不	的	士	部	的	从	磨	修	票	摇	平	了	恢	马	休
剪	车	同	互	溜	冰	鞋	增	遥	疲	热	绍	理	保	答	亮	情
辑	于	的	动	休	尖	书	梁	傲	野	醒	泽	下	心	持	黑	过
电	衫	情	眼	分	叫	查	事	豆	树	猫	得	野	三	日	色	镜
项	动	排	书	心	最	木	复	则	莓	老	摇	遥	角	焕	信	排
上	驴	喜	面	飞	举	惨	页	秀	旋	的	近	也	欲	中	龄	复
护	镜	分	野	本	面	素	喜	伏	的	长	颈	鹿	木	邀	傲	惧
信	諾	行	雨	主	退	状	直	升	机	类	驱	！	凑	陪	最	滑
惧	礼	不	记	远	马	出	人	蠕	量	梳	有	眉	心	审	重	丁
乐	考	梳	的	撞	的	惫	目	疲	祖	热	自	观	型	团	衡	况
而	士	音	豆	主	日	的	项	自	租	究	镜	克	衬	子	权	袖
回	使	复	情	人	品	产	的	木	热	野	图	带	焕	重	租	日
欲	用	复	惧	平	趣	祖	衫	个	蛾	下	水	稻	邀	大	过	程
瑞	行	恐	增	面	过	摇	类	的	人	摇	请	亲	恐	欣	不	水
信	行	察	许	苦	滑	热	紧	携	过	草	光	察	而	赏	高	趣

溜冰鞋
长颈鹿
树莓
退出
尖叫
剪辑
欣赏
不同的
的互动
重大
陪审团
的项目
野猫
的个人
黑色
直升机
的产品
使用
过程
三角

Puzzle 892

路径
复杂的
现代
服从
观察
语句
社会
韭菜
猫座
实现
迷惑
悲惨
尖尖的
宠物
结构
打破
绝望的
的情侣
赛跑
主题,

恐	煲	则	许	高	股	祖	释	见	香	然	马	自	他	迷	惑	光
释	行	打	性	飞	修	特	路	人	雨	蔻	虑	摇	视	绍	远	特
趣	饭	破	复	不	瑞	貌	排	径	建	有	不	亮	近	草	骄	士
迟	乎	社	会	动	子	选	怖	旋	上	滑	碰	试	过	事	社	肉
的	行	语	状	因	宠	宜	循	的	望	绝	他	静	木	循	试	醋
试	貌	句	静	近	物	于	磨	袋	情	破	坠	转	增	社	的	错
结	构	差	规	口	疲	亮	便	亲	绍	侣	保	想	心	活	赛	复
赂	伏	间	的	娱	身	休	祖	紧	欲	飞	身	镜	衫	理	跑	活
心	降	韭	菜	自	桥	释	观	胶	骄	本	怖	尖	惧	苦	因	想
柔	肢	宜	图	欲	里	热	摇	携	动	究	解	尖	书	惫	升	透
数	几	欲	实	出	机	摇	介	动	根	得	看	的	错	顶	绍	碰
的	答	从	现	书	增	选	摇	人	议	幸	摇	煲	亲	坠	露	恐
猫	座	几	子	研	野	破	真	主	驱	现	究	信	亲	老	年	灵
骄	碰	虎	素	肉	服	栅	过	题	惫	远	代	悲	惨	放	持	而
喜	复	杂	的	之	从	肉	了	，	趣	迟	不	票	图	观	察	心

Puzzle 893

香	木	部	优	自	持	月	球	披	历	史	亮	老	恢	了	已	静
便	一	降	持	乐	私	保	遥	萨	乎	视	量	保	草	环	恢	毁
复	醒	些	衫	子	得	直	真	娱	年	面	研	虑	高	飞	马	介
环	损	虑	里	保	马	趣	考	项	直	平	回	惊	循	透	根	顶
草	衬	稻	野	地	解	菜	运	子	的	旋	思	保	怖	放	胶	坠
宜	复	伊	区	主	好	肴	娱	答	蠕	于	情	旋	乐	先	伊	充
充	乐	驴	分	能	破	虫	焕	香	的	虫	宜	号	肉	雨	秘	记
足	基	类	的	保	带	好	肢	撞	礼	乐	议	秀	填	恢	社	里
的	本	源	野	演	透	凑	稳	倍	解	坠	灵	好	瑞	便	时	刻
人	便	自	上	间	员	价	格	伏	觉	女	描	述	觉	真	自	他
豆	时	间	表	况	特	猫	傲	放	特	人	建	造	马	子	行	们
欲	安	介	马	土	乎	身	最	条	复	傲	豌	生	肢	几	车	梳
瑞	特	检	驱	狼	瑞	衬	>	电	煲	惫	见	豆	紧	从	车	素
小	热	讨	之	中	平	带	豆	村	鳍	他	后	衬	栏	肥	胶	基
说	>	典	领	差	里	通	木	日	香	栗	灵	性	泽	自	填	根

充足的
豌豆
月球
的演员
建造
自行车
披萨
女人
检讨
价格
菜肴
历史
土狼
基本
一些
描述
时间表
小说
时刻
他们

Puzzle 894

谦虚
每只
产品
酸牛奶
单独
蚊子
鹿野
努力
蜘蛛
定的
当前
设计
野心
巨大的
盛大
计算
猫头鹰
真相
担心
皱纹

热	每	快	老	书	排	里	恢	自	木	保	设	计	心	近	绍	而
丁	只	栗	栅	基	飞	领	。	有	本	持	镜	介	余	透	了	地
建	议	稳	克	恐	镜	从	了	飞	骄	不	信	人	携	不	本	要
野	心	乐	领	见	肉	热	毁	持	马	紧	保	机	的	蚊	摇	型
巨	大	的	信	于	苦	他	了	栏	貓	人	草	本	木	子	视	不
热	盛	想	人	怖	摇	秘	疲	信	平	也	之	坠	热	伊	真	热
顶	决	子	上	静	野	袋	木	单	独	口	的	便	高	鳍	雪	升
泽	惫	类	复	衬	然	酸	票	保	请	社	本	充	稳	出	惨	栅
皂	木	静	欲	亲	摇	牛	遇	本	修	因	定	苦	透	最	解	落
当	前	持	理	乐	图	奶	鹿	解	类	动	的	伏	猫	栅	露	填
恢	得	皱	纹	子	娱	而	野	蜘	蛛	谦	>	损	头	桌	观	望
察	努	建	计	衬	条	娱	答	泽	恐	而	虚	真	鹰	伏	豆	亮
信	力	旋	便	算	。	环	自	马	。	能	动	动	相	素	雪	不
特	宜	亲	担	镜	人	典	便	露	的	露	恢	典	蛾	本	观	的
面	恢	区	心	根	产	品	滑	循	答	破	肢	乐	保	填	子	想

Puzzle 895

碰 篱 自 胶 区 的 父 热 飞 肉 分 闪 镜 肢 平 闲 平
修 笆 丁 木 最 秀 碎 諾 构 造 露 子 耀 粗 香 貌 倍
紧 中 举 老 噪 恐 项 。 便 坠 惨 乐 凑 心 书 雪 出
醋 日 袋 重 摇 乐 怖 况 型 趣 有 心 社 每 摇 怖 子
部 亲 貓 飞 摇 宜 生 地 的 数 虑 凑 试 个 后 分 闲
飞 露 肉 情 惨 栅 乐 直 决 区 定 最 面 人 及 上 美
上 延 差 子 有 军 队 复 图 灵 破 素 余 间 其 记 味
本 举 热 宜 骄 存 > 坠 下 于 信 根 图 定 人 定 图
源 从 来 没 有 技 复 虑 虑 程 修 程 领 衫 子 远 ！
数 记 磨 降 性 工 降 女 摘 要 地 书 苦 鳍 袖 马 虎
警 告 错 鳍 惊 惫 保 孩 子 暴 静 复 鳍 虑 携 来 不
镜 理 皂 举 露 快 降 增 近 惫 躁 况 介 灰 色 情 察
自 扑 镜 稳 心 研 复 日 趣 惫 马 摇 趣 己 虑 四 袖
不 通 称 为 葡 萄 行 图 通 不 心 秘 的 环 老 野 快
秘 有 惫 理 亲 充 摇 部 恐 > 快 递 醒 情 祖 释 乃

摘要
粗心
每个人
扑通
暴躁
女孩
从来没有
技工
称为
美味
篱笆
警告
快递
及其
构造
分子
葡萄
灰色
军队
闪耀

Puzzle 896

上 了 然 人 乐 类 理 究 虑 日 见 环 解 气 选 醒 木
延 信 环 驴 则 书 年 平 欲 答 充 放 骄 运 球 释 飞
蠕 热 不 释 好 页 轻 快 雨 士 约 宜 克 碎 草 论 文
袖 人 父 释 社 坠 摇 部 桥 心 见 健 父 拳 手 臂 的
典 模 拟 究 桥 分 车 加 蠕 坠 整 齐 康 击 护 自 休
支 持 觉 稳 书 机 雪 入 人 复 建 能 通 循 升 高 源
况 因 遥 衬 量 租 皂 情 恐 第 下 桌 护 疲 见 村 举
书 转 趣 持 自 人 亲 子 选 三 部 近 袋 虑 想 邀 灵
噪 保 运 子 复 本 上 他 最 个 村 释 子 快 諾 然 领
疲 自 肥 右 鼬 鼠 衡 情 马 自 在 。 下 从 状 貓 落
骄 选 见 手 人 得 转 木 破 社 光 心 请 情 进 热 栗
行 赂 赂 细 基 。 衬 不 的 查 带 上 能 得 行 飞 机
信 惫 惧 腻 了 疲 型 蔻 稳 况 坠 伏 滑 紧 飞 步 加
噪 看 况 露 士 坠 里 乐 情 绍 保 股 近 建 间 余 回
丁 摇 遥 乃 四 休 心 也 书 行 恐 典 型 滑 春 天 马

典型
模拟
自在
进行
手臂
拳击
运气
加入
步行
第三个
健康
支持
年轻
论文
气球
细腻
鼬鼠
春天
右手
整齐

Puzzle 897

本 乐 社 的 究 包 遇 胶 驴 便 看 办 法 马 填 煲 降
带 便 驴 底 坠 裹 行 质 量 主 驴 远 后 好 素 后 焕
蔻 回 秀 书 日 人 释 想 金 在 绍 小 数 钢 琴 续 快
安 看 近 余 动 书 面 雪 球 丝 这 坠 坠 数 查 迟 栏
观 也 桌 顶 理 破 取 决 于 高 雀 里 > 乎 领 稻 定
保 过 蠕 俱 觉 秘 决 透 重 父 欺 骗 于 露 几 环 车
虎 社 望 乐 放 隐 藏 复 毁 蛾 礼 本 宜 人 人 橡 保
介 惊 书 部 好 宽 携 观 记 光 升 考 介 本 理 胶 加
礼 稻 况 邀 高 升 秀 骄 日 释 梁 加 安 貓 地 唤 醒
电 龄 日 胶 排 议 倍 近 骄 有 旋 而 本 野 书 倍 延
胶 肉 定 底 动 情 真 子 栅 ， 豆 增 能 情 优 > 疲
最 傲 修 灵 他 摇 碰 情 直 也 的 最 子 快 坠 草 煲
区 量 复 衫 车 凑 邀 明 确 没 定 研 惨 音 循 解 的
懒 惰 兴 趣 况 眼 破 惫 眼 有 重 蛾 袖 心 间 信 衬
苦 木 瑞 肉 理 程 恢 热 信 选 怖 考 栗 然 活 得 热

取决于
橡胶
在这里
钢琴
后续
，也没有
唤醒
雪球
欺骗
包裹
俱乐部
金丝雀
办法
小数
明确
放宽
质量
隐藏
懒惰
兴趣

Puzzle 898

增 諾 想 娱 恐 旋 解 议 损 一 公 的 查 循 碰 中 >
过 热 的 本 车 中 约 便 量 二 民 蠕 携 余 理 。 最
转 直 伊 的 金 子 特 最 伏 ○ 阳 光 灿 烂 的 慮 倍
私 面 举 人 貓 号 近 个 快 二 页 带 损 自 惫 权 便
研 记 慮 行 错 不 电 别 增 人 亮 磨 于 趣 发 瑞 撞
充 恢 秀 饭 自 稳 事 香 音 驴 虫 底 人 动 坠 驱 复
雇 购 的 机 会 定 行 的 。 区 西 村 闲 木 草 眉 音
> 用 买 主 栗 充 选 礼 子 的 瓜 请 特 好 安 究 稻
有 趣 的 雪 > 自 顶 口 豆 生 自 秘 本 飞 之 息 电
电 事 梁 要 ！ 秘 趣 之 前 日 有 镜 欲 承 摇 观 趣
便 丁 要 蔻 雪 人 研 循 栏 后 遥 远 里 建 担 保 得
重 量 解 记 不 情 可 可 循 滑 珍 贵 循 规 蹈 矩 考
人 领 迟 四 衫 举 究 重 有 桥 灵 袋 旋 摇 滑 顶 他
自 近 音 驱 里 近 充 人 乎 循 摇 毁 究 里 分 信 保
亮 疲 袖 见 眼 排 满 蛋 糕 傲 素 醒 循 凑 绍 下 音

有趣的
阳光灿烂的
雇用
的机会
公民
循规蹈矩
不稳定
之前
珍贵
承担
重量
个别
充满
的金子
蛋糕
的生日
西瓜
购买
一二○二
可可

Puzzle 899

紧	增	携	望	错	马	乃	公	议	人	日	损	豆	鳍	量	得	伊
编	辑	衡	白	安	持	他	鸭	驴	富	木	胶	坠	本	双	的	休
泰	迪	熊	菜	余	状	中	排	虎	含	差	口	倍	量	惊	亲	日
况	收	自	己	饭	迟	马	升	坠	典	栗	灵	填	护	建	栏	情
栏	出	集	栏	不	恢	几	研	好	延	发	而	条	龄	人	乎	书
蔻	举	状	态	自	乐	日	基	的	边	缘	衫	肢	环	稳	醒	面
理	祖	驱	试	会	撞	乎	之	马	余	亲	恐	真	面	幸	灵	栗
好	袋	迟	滑	见	丁	自	滑	紧	顾	客	便	拍	滑	绍	源	区
热	过	的	试	页	不	己	梳	张	严	重	他	摄	袖	发	的	股
身	要	况	四	从	保	的	升	区	加	许	村	苦	来	定	思	音
肥	野	貌	因	填	重	存	快	远	摇	理	解	虎	私	>	好	从
解	有	转	己	便	蠕	不	柔	飞	想	上	页	父	猫	损	余	衡
赂	观	休	复	性	查	特	网	球	票	几	眼	镜	疲	草	树	桌
本	肢	高	过	解	他	权	通	底	便	手	透	考	亮	鳍	自	人
猫	增	素	错	驱	>	量	过	转	排	傲	柄	心	错	柔	平	桥

富含
公鸭
拍摄
自己的
泰迪熊
网球
状态
收集
特权
边缘
双亲
会见
编辑
自己
眼镜
顾客
手柄
白菜
严重
紧张

Puzzle 900

亮	他	生	情	眉	欲	自	肢	况	能	惨	也	趣	娃	转	本	有
紧	子	降	行	上	的	摇	鹦	马	坠	蛾	貌	究	娃	撞	议	。
泽	镜	自	鳍	满	状	权	鹉	一	几	怖	过	汽	亮	宜	露	身
记	私	眼	错	足	票	本	衬	权	次	情	衫	信	车	增	乃	惊
降	马	情	机	加	复	自	喜	有	人	性	遥	远	护	。	惨	子
基	自	光	优	身	高	傲	类	似	过	研	建	错	源	优	光	柔
觉	介	磨	飞	带	不	水	自	权	傲	地	决	看	虫	的	衡	的
环	依	看	蔻	惨	日	试	休	余	镜	子	圆	柱	乐	衡	活	记
出	保	赖	之	平	私	听	试	欲	老	欲	邀	秘	礼	公	鸡	忆
视	加	碰	环	梳	眉	活	桌	乐	秀	！	音	娱	填	活	袖	木
源	顶	皂	境	则	政	士	保	事	镜	恐	镜	镜	充	静	持	填
袋	里	面	光	延	府	分	采	焕	树	保	恐	祖	票	究	面	股
建	转	护	频	最	最	发	用	水	獭	记	紧	音	面	怖	车	乎
部	典	循	繁	蔻	放	解	香	降	远	人	领	存	自	心	情	增
坠	部	。	的	缩	写	过	的	蠕	则	的	机	里	己	充	不	休

遥远
娃娃
试听
满足
频繁的
政府
分发
依赖
环境
类似
的记忆
鹦鹉
水獭
圆柱
填充
一次性
公鸡
汽车
缩写
采用

Puzzle 901

滑 评 过 > 自 总 通 桌 鳍 降 降 自 先 解 出 疲 联

眼 价 醋 身 复 迟 统 远 柔 权 通 从 票 趣 大 师 合

带 延 苦 焕 木 研 行 介 之 温 水 傲 举 饭 不 约 收

喜 秀 想 士 面 排 循 根 建 保 试 人 息 保 充 安 割

惧 请 问 况 于 情 理 机 会 号 肢 加 摇 持 要 动 机

策 略 栏 镜 諾 高 究 放 喜 考 股 貓 諾 马 量 梁 事

无 名 指 眼 貓 龄 选 考 虫 类 露 部 骄 先 蔻 他 不

衫 书 降 自 的 于 主 肢 欲 观 旋 撞 安 许 快 骄 稻

余 坠 优 自 释 自 本 热 条 克 量 目 标 秀 眉 里 胶

重 的 的 子 底 欲 祖 研 热 丁 决 心 考 化 > 滑 女

力 人 究 医 放 分 不 栅 上 类 绍 袋 领 妆 车 之 性

克 行 定 院 礼 肉 亲 虑 得 透 选 心 研 自 热 的 行

磨 泄 解 也 活 根 从 区 子 日 类 便 教 年 不 直 得

动 漏 他 观 碰 动 排 碰 。 里 的 行 为 授 充 票 要

通 然 最 激 怒 本 碰 本 过 喜 从 士 股 选 循 机 蠕

的行为
女性
大师
机会
活动
教授
温水
联合收割机
医院
策略
化妆
泄漏
评价
总统
请问
目标
无名指
重力
激怒
保持

Puzzle 902

信 不 观 租 记 直 梁 最 基 野 水 间 带 马 艺 号 量

市 本 。 子 鳍 年 保 股 平 他 延 保 展 览 术 升 四

中 恐 父 的 安 电 考 子 破 子 自 虫 最 宜 信 鳍 个

心 邀 护 后 来 降 木 ！ 落 人 究 了 从 领 书 虑 人

桌 滑 带 增 不 雨 升 木 充 得 高 股 观 虑 四 平 觉

眉 选 镜 最 泽 欲 项 试 复 趣 坠 况 主 貓 研 回 型

分 破 特 蔻 镜 土 目 北 极 典 皂 填 望 惫 袖 敌 乐

沉 默 重 人 放 驱 地 顶 根 分 规 息 便 面 自 有 人

人 瑞 建 落 通 肢 栏 本 增 况 特 快 到 不 惧 道 歉

父 估 奢 侈 品 凑 木 型 保 飞 信 有 议 处 年 桌 身

高 计 私 池 塘 护 社 量 了 部 快 觉 情 护 检 查 中

亮 然 平 冴 票 祖 解 心 蛾 行 己 环 区 数 据 雨 眼

条 先 损 撞 骄 有 了 平 复 决 信 有 放 乎 惫 梳 请

， 动 物 父 回 安 考 乐 自 貌 得 伊 素 鳍 面 宜 复

携 骄 动 摇 摇 有 部 理 恐 遇 祖 数 社 的 身 梳 不

北极
动物
到处
检查中
艺术
沉默
个人
数据
道歉
奢侈品
池塘
市中心
后来
降雨
项目
敌人
，动物
估计
展览
土地

Puzzle 903

图理信食见建车不欲鳍磨休情马复欲>

骄余亮用貌露持岸的本克倍研秘瑞自高

村从程礼充重瑞上优事音考父公树村灵

挑战答复生产想遇势作摇衡过式来休蠕

傲撕裂想信高则请求画情最稳滑近最雪

不虫数欲复地况心号明亮肉休从便通答

心>填己保循基肉口磨木票破宜则马加

高票数撞状迟几回栗邀袖绍柔答活租权

遥肉票远票的镜。瑞鳍！不惨貌差衬过

保护看磨梦领衬光胶里请伊情人想事的

木保票乐想諾区栅俏娱！私草马噪士似

飞能饮坠豆查保焕解皮息议龄祖的上乎

狐狸更料骄股欲信区惨香伊股从提社区

生菜新了邀！恐。克亮的而持人察醒骄

带后特便滑豆虫绍状的驴坠本本增票焕

饮料
作画
撕裂
岸上
生菜
公式
似乎
请求
优势
梦想
明亮
更新
保护
食用
社区
狐狸
挑战
提醒
俏皮
生产

Puzzle 904

复票爸人得信权有面观方克凑顿基究乐

眼树旋爸事滑典之袜子面桌记四时人闲

露复諾邀项规露解人狮身约有草则而口

亲事答量虑研马带本　惫要凑项紧倍息

息口源豆有心驴也的美遇规口增秀过研

近回梳的胶条伊便惫国醋噪老研眉碰动

祝贺遇不飞类马错观重高周欲状出撞心

雪肪坠来栏瑞典人驱磨亲二平优生肉也

记脂赂情书近倍带滑排雪优部雪的倍程

升的升量意见复貌。监野乐自不克许柔

观荒野惫部真他行皂狱了蛾的中自好眉

粗野惫情乎的解稳酒滑饭里口本的士有

研鲁安老休况部光后乐复鳍他高升摇梁

左腿醒思究树增望根价素胶量乐栗野追

决通本生选苦充赂秘值议人快出降便求

方面
美国
意见
事项
监狱
的脂肪
瑞典人
爸爸
出生
粗鲁
顿时
狮子
袜子
价值
周二
祝贺
的荒野
追求
左腿
酒后

Puzzle 905

典午泡打粉露音观口袖事摇壁农场主增
于餐最性破煲保水优袋秀见炉摇不社远
>赢了快老量型则不动释基的亲的了蠕
邀活驴作可靠增胶水特息心介素柔娱衡
子娱解飞者可爱的人殊规则自情余排一
惫乐士亲桥香忘真丁木倍心重过旋貌直
透量降村。之记许雪自痛苦碎磨复规虫
项试柔虎蛾息高情定能里破衬携乐活乃
平社毁滑项究转面马量介趣碰老>鳍胶
稻卷曲车外复试惨雪宜音复得眼苦因释
桌秘基信高套电音情研豆最肥木升闲条
摇错图约优飞保放一香雨得本运的蔻事
桌亮息安加来约养充二面程带行稻龄复
解况不祖出肉木摇源赂二觉喜年怖祖他
书要当解肉觉心绍页亮父。桌迟木源部

壁炉
午餐
特殊
可靠
作者
赢了
不当
放养
一直
外套
农场主
胶水
忘记
一二二。
泡打粉
痛苦
规则
可爱的
卷曲
运行

Puzzle 906

驰名
的音乐
的小狗
始终
表白
安宁
顶部
故事
成功的
兔子
场景
极限
乘法
震撼
太阳
来到
确实
姥爷
业务
遭受

观好肉因乐煲面衬解便情部携肉音答的
姥爷顶部他高下面不业务的口表回来音
遭受始终损亲梁驰名太阳光场的白到乐
木四坠股胶升梳摇源不最股景马余请秀
雨中野里社父情上复兔子增见人本坠安
约乐惨。建噪摇社理心解碎丁喜四的諾
安村数下飞视从鳍噪灵噪查秘貌的保口
的宁坠灵皂出旋紧发邀震撼灵皂喜乐而
的口存本己的闲动紧错怖填安特放豆>
安伏发摇定情赂定稳的惫迟了安真本电
泽恐恐克乘法光恢于租项因之心确音极
凑循梳规的小狗蛾飞肉碰量建故实肉限
的。乃雨功虎究乃磨许迟思余水事疲底
答虑察情成！环自野貓量最趣的介龄面
紧紧摇摇有源数父乎便倍龄亮而直动坠

Puzzle 907

有	填	协	上	亲	村	环	望	梁	乃	马	保	填	请	释	理	加
树	转	研	助	摇	举	便	怖	小	型	理	考	有	存	决	修	行
灭	亡	得	快	肥	克	木	生	机	环	典	利	润	环	海	研	部
情	了	情	增	出	棒	西	红	柿	望	静	自	伟	礼	绵	动	惫
了	噪	雪	摇	草	蔻	球	的	乐	一	系	列	大	介	部	放	日
主	议	的	量	动	坠	水	人	摇	蛾	容	摇	的	便	耳	朵	情
研	摇	租	重	复	飞	私	议	欲	解	释	易	坠	不	人	视	心
休	的	老	不	顶	的	情	祖	议	数	碰	野	况	栅	豆	露	况
情	闲	有	高	苦	答	丁	远	许	遥	己	再	研	持	远	票	蠕
答	地	较	差	秘	约	摇	老	坚	果	思	见	摇	排	木	了	眼
平	胶	的	环	动	肢	急	间	信	树	源	的	坠	从	书	究	增
伏	紧	摇	本	老	本	于	年	面	雪	填	心	要	情	平	护	息
恢	复	修	凑	旋	社	升	星	自	驴	之	子	蔻	回	坠	>	研
部	件	不	而	乃	则	碎	级	直	驴	栏	书	稻	本	衡	乐	察
保	查	事	心	因	谢	天	谢	地	乎	理	音	面	真	环	出	破

利润
容易
棒球
急于
灭亡
小型
解释
耳朵
重复
较差
谢天谢地
海绵
再见
西红柿
星级
部件
协助
伟大的
坚果
一系列

Puzzle 908

朋友
季度
搜索
障碍
否定
研究生
田径
不足
首富
焦点
气味
喜爱
蜗杆
邻居
的医生
驾驶
建议
标志
雪人
滑雪

稻	驾	自	季	度	循	坠	焦	源	碰	损	袖	虎	蠕	心	乐	行
煲	驶	后	便	恐	傲	的	点	趣	亮	究	部	最	请	机	租	稻
克	木	决	克	马	恐	恐	降	生	性	填	情	环	复	老	本	紧
页	有	首	秘	定	乐	排	自	饭	欲	损	>	考	研	究	生	量
蜗	杆	富	碎	邻	居	损	滑	特	亲	人	修	间	决	柔	幸	伊
释	研	虫	排	落	差	人	雪	后	噪	的	本	人	的	增	野	心
亮	骄	通	的	遇	书	面	栅	则	惊	之	年	自	转	子	自	丁
朋	友	真	灵	下	车	基	气	秀	面	页	不	优	带	研	年	绍
先	障	面	典	特	平	错	味	排	于	间	足	标	志	野	动	梁
喜	碍	信	休	填	基	答	旋	灵	数	乐	口	的	情	人	建	议
从	爱	排	坠	露	人	惫	根	亲	规	亲	行	察	医	苦	条	介
欲	惧	摇	特	状	研	典	保	考	伏	凑	页	邀	老	生	衫	定
否	定	社	袋	便	带	田	保	龄	野	怖	父	木	搜	索	量	自
伊	趣	遥	答	信	面	幸	径	梳	考	摇	部	环	恐	便	的	貓
平	不	从	遇	便	树	露	自	桌	>	数	近	见	蔻	量	护	的

Puzzle 909

里 思 牙 刷 水 亮 欲 致 面 便 租 地 行 机 乎 惧 主
木 怖 直 休 平 老 蔻 一 保 动 衡 幸 好 条 绍 坠 桥
终 于 香 条 损 也 野 成 观 休 了 礼 活 ！ 桌 水 行
信 北 较 低 的 木 鸡 达 本 年 数 日 的 源 行 欲 里
胶 方 胆 驴 面 倍 亲 第 十 贫 过 望 条 生 察 瑞 也
磨 觉 小 乐 程 袖 远 升 查 转 困 他 怖 有 人 平 鳍
的 信 先 的 从 便 柳 叶 高 碰 间 项 摇 动 父 主 保
加 专 苦 心 马 飞 摇 香 排 保 特 全 球 作 上 马 。
肢 蠕 业 喜 复 木 有 袖 有 降 日 绍 子 驴 露 马 上
肉 决 赂 子 心 肉 毁 差 飞 上 不 远 安 书 地 的 乐
人 究 里 高 蔻 肥 梁 闲 信 袖 草 通 号 惧 草 心 苦
祖 快 乐 倍 间 不 幸 延 放 答 焕 虑 社 有 降 根 了
静 树 建 貌 发 言 权 蔻 迟 了 脖 子 雨 碎 飞 了 解
撞 行 > 摇 心 諾 马 村 欲 飞 本 龄 惧 煲 噪 磁 顶
记 错 便 记 喜 蠕 动 怖 子 豆 宜 光 地 阴 天 带 重

阴天
柳叶
牙刷
野鸡
达成一致
的专业
第十
终于
磁带
动作
全球
成本
发言权
贫困
胆小
水平
脖子
了解
北方
较低的

Puzzle 910

解 配 运 举 便 摧 毁 租 克 木 望 面 记 转 亲 信 通
噪 要 对 数 最 士 察 地 快 水 近 书 一 对 比 度 乐
疲 平 爸 爸 的 愿 望 适 当 很 好 的 般 村 碎 后 条
顶 程 现 实 请 情 口 票 之 决 区 丁 磨 重 野 车 瑞
股 怖 程 趣 礼 情 便 恢 露 野 的 子 图 于 议 定 乎
运 泽 复 年 亲 考 柔 疲 灵 页 栗 也 特 最 电 的 醒
父 衬 傲 紧 复 稻 柔 最 举 乐 保 发 光 视 趣 貓 区
口 乐 携 栏 克 的 优 休 梳 梳 梁 评 摇 他 音 恐 摇
出 平 机 关 秀 之 填 桌 间 持 宜 估 村 过 便 回 觉
环 回 过 数 静 可 复 年 碎 约 皂 近 镜 增 落 傲 木
保 改 革 区 礼 以 欲 自 租 草 恐 过 类 顶 动 量 源
生 优 突 木 域 十 复 趣 子 释 透 袋 透 驱 息 摇 蔻
过 质 然 自 循 放 乃 > 想 静 之 龄 栗 则 下 损 信
视 的 安 落 貌 趣 具 摇 滚 傲 从 复 丁 填 的 进 口
> 醋 加 信 定 放 修 备 建 特 别 根 灵 复 皂 趣 素

可以
现实
一般
具备
改革
进口
特别
评估
的爸爸
对比度
机关
突然
区域
的愿望
配对
很好的
优质的
适当
摇滚
摧毁

Puzzle 911

煲	老	镜	况	见	也	虹	息	不	日	豆	看	人	举	香	答	坠
的	人	心	>	性	特	加	膜	书	信	带	错	栗	究	坠	宗	失
动	损	以	及	摇	趣	人	细	节	加	碎	真	自	坠	人	教	去
光	生	请	见	查	破	过	解	蠕	延	上	飞	草	镜	煲	醒	了
遇	惊	自	之	发	人	也	超	越	人	乎	胺	遥	充	乐	落	想
蔻	亮	欲	试	上	因	顶	子	想	条	泽	放	近	地	欲	>	下
疲	的	肉	过	驱	心	露	骄	老	情	凑	重	桌	草	飞	建	远
高	捍	有	闲	肢	事	马	降	高	想	远	赂	真	怖	向	电	飞
子	卫	况	瑞	答	建	的	饭	中	的	约	村	坠	正	方	老	性
出	增	老	闲	袋	放	复	四	来	眉	不	滑	复	伏	的	宜	便
得	分	袋	很	恐	高	理	图	便	平	蠕	赂	究	草	最	摩	灵
元	年	蠕	多	主	究	信	真	差	视	瑞	桌	乃	伊	亲	托	便
头	脑	多	数	发	栗	乐	欲	蛾	自	人	了	配	备	信	车	优
发	飞	心	虫	分	摇	饭	得	停	不	通	情	急	剧	规	貌	人
露	事	克	约	毁	地	部	到	有	止	错	思	瑞	高	驴	项	规

虹膜
多数
失去了
便宜的
停止
捍卫
急剧
很多
的方向
真正的
细节
得分
得到
头脑
超越
宗教
元年
配备
以及
摩托车

Puzzle 912

的欢迎
保存
鼻子
藏红花
见面
风格
系统
牛奶
篮球
特征
新鲜
香蕉
走廊
书包
触摸
提交
有益
邀请
毛巾
动机

野	许	想	梳	来	提	排	视	虑	的	惨	察	藏	亲	里	破	雨
摇	四	从	己	趣	交	雨	情	人	察	马	自	红	人	源	的	恐
木	傲	本	梳	区	几	系	票	凑	醋	想	眉	花	书	蔻	衫	坠
新	碰	飞	规	自	毁	统	差	余	近	分	动	近	包	车	恐	带
复	鲜	息	音	欲	生	自	的	解	的	情	他	也	触	的	便	滑
的	保	倍	光	源	木	亲	水	也	息	赂	近	惧	摸	动	视	龄
况	底	惨	举	亲	灵	的	则	部	柔	然	事	直	灵	机	填	环
条	排	伏	肥	升	增	余	远	见	优	撞	定	遥	究	雪	页	高
风	祖	然	事	自	近	牛	项	父	领	页	眼	情	几	的	欢	迎
格	环	鼻	休	瑞	见	奶	有	过	本	野	根	自	胶	上	滑	私
驴	邀	亲	子	事	复	面	况	觉	建	马	碰	持	平	惧	的	栗
雨	乐	乐	保	存	特	征	后	后	环	的	考	香	蕉	蠕	邀	通
摇	觉	毛	巾	篮	光	心	条	肥	趣	携	袋	环	加	迟	请	走
肉	性	焕	倍	球	衡	衡	亮	马	摇	>	>	号	乐	滑	肢	廊
自	露	复	部	凑	稳	请	惊	分	过	貌	解	绍	父	有	益	信

Puzzle 913

恐导向不泽考典焕不欲乐瑞规来存生肥
因私排马倍苦野信伊驱衡究填解远理行
日也休摇理书图查的选远光旋士环乐袖
过谷諾高顶礼远椅转移重来思安露磨树
的惫仓研的趣究子摇租糖转衬香思休噪
候选人驱的。总线摇理果安本便回灵音
衫乎人镜答研觉觉镜思情状相不磨自的
桌放地乎损通树毁虑心有桥当降最规加
推迟的解远有好观疯里的情答增自特欲
研礼热凑雇然傲选狂产生程的领记木欲
磨情重碰行焕豆性的选发飞年存分眉煲
而蜗宜自本树部人小宜本面先乐环租考
审遥牛源回页新的微前者标准恐碰醒衬
判议眉票复了透租也心放灵傲坠环想情
醒虎视信眼噪肉面记身持柔直滑亮车滑

椅子
微小的
前者
候选人
总线
糖果
产生
谷仓
新的
相当
审判
推迟
解雇
疯狂的
导向
转移
噪音
发生
标准
蜗牛

Puzzle 914

眉乐项人心大马便心区面飞遇皂蔻趣休
情顶许降出家底貓降修研衡肢秀村水果
考蠕填环添加通话携蛾信里机热野面傲
查带马面页理身看租优考飞复解息马坠
衡己愚带释自伤况面主袖面高虎梳号生
虎情凑蠢是指恐心中余题投存磨香想坠
邀加理>的苦出来动迟袖票喜领的素>
本典上欲静难衫醋因页年升飞情行惨恐
状面的>规回计算器充克通持眉情不虫
梁书雨填信毁。信思平飞性饭各油过遇
礼便飞傲亲于情通背后图增近方漆雨解
页循性马虫等待雨法规试雪理究外日苦
然究村眉延龄观秘蠕口四衫事龄观自便
衡恢豆衬转的面余望行近结婚邀。分稳
焕袖欲量主来热的皂究股了桥欲肥驱便

主题
等待
伤心
大家
苦难
结婚
油漆
计算器
投票
通话
各方
外观
添加
水果
中心
等于
法规
背后
愚蠢的
是指

Puzzle 915

早 梳 干 幸 释 滑 凑 机 皂 中 习 账 户 煲 究 恢 稻

晨 滑 旱 请 袖 最 蔻 解 的 断 惯 泽 他 特 修 皂 水

出 旋 骄 桌 娱 几 书 主 紧 雨 高 破 便 热 礼 复 思

几 考 蔻 信 惊 迟 貓 泽 也 视 飞 直 于 音 上 部 肉

批 处 理 根 得 饭 子 苦 书 邀 飞 理 加 数 服 务 骄

凑 增 通 增 的 幸 了 趣 紧 笑 持 木 人 型 飞 音 况

私 龄 情 人 驴 瑞 透 地 瑞 了 伏 人 木 梳 特 飞 复

余 骄 > 野 虑 息 心 喜 欲 得 便 修 书 保 饭 特 的

行 热 不 煲 眼 保 面 傲 信 趣 士 邀 橡 批 最 音 紧

。 外 车 于 情 号 的 了 语 音 出 鳍 子 判 野 音 填

情 国 私 木 过 休 思 相 状 性 色 私 ！ 磨 里 不 私

得 最 里 傲 潜 理 家 同 顶 地 的 延 一 受 日 规 视

则 上 答 栗 底 水 滑 伙 四 雨 信 袖 次 木 害 则 保

饭 理 欲 睡 的 衬 肥 程 马 放 衫 降 便 书 思 者 磨

几 类 毁 眠 远 驱 秘 的 幸 上 重 身 摇 眼 理 情 的

外国
服务
受害者
批判
账户
相同
早晨
不规则
批处理
习惯
一次
出色的
干旱
橡子
家伙
笑了
潜水
睡眠
语音
中断

Puzzle 916

好奇
鳄鱼
小马
乌鸦
防卫
维生素
平静
河马
重视
话题
星期
甜蜜
办公桌
就像
参与者
手提箱
欣然
泥泞
火炉
没事

旋 防 复 便 透 衫 远 諾 选 柔 。 醋 动 平 便 虎 转

本 卫 记 条 复 落 醋 水 鳄 鱼 星 ！ 不 人 办 衫 眼

书 喜 河 马 状 礼 机 木 过 研 期 余 类 遥 公 灵 后

亲 保 情 而 面 增 野 衫 毁 袖 理 丁 飞 休 桌 亲 心

得 维 想 坠 研 驴 保 便 先 乎 子 转 露 错 源 年 自

衡 生 乐 中 话 题 趣 考 最 身 醒 破 来 介 身 思 欲

降 素 疲 有 规 肉 绍 亮 身 蛾 胶 自 皂 村 基 面 保

傲 地 重 加 数 口 貓 转 饭 来 栗 部 近 最 部 损 保

心 议 面 雨 村 桌 野 音 的 凑 过 研 上 复 没 草 肉

的 虫 镜 手 看 村 泥 泞 驱 光 运 试 坠 看 栅 事 热

平 静 发 提 甜 蜜 便 貌 理 行 飞 素 特 社 乌 鸦 秘

后 的 于 箱 机 木 四 蠕 事 情 情 摇 小 人 直 袖 了

然 损 年 就 飞 四 图 亮 情 底 火 炉 磨 马 参 与 者

欣 然 票 像 之 重 下 心 的 请 肉 马 上 考 四 有 高

露 特 带 好 老 亲 视 好 奇 举 通 远 蠕 梳 便 举 祖

Puzzle 917

貌 疲 充 子 溜 了 惧 面 发 布 独 秘 重 乎 研 主 之
觉 增 介 龄 冰 遇 思 乐 下 趣 立 执 行 车 进 信 撞
丁 礼 灵 年 基 约 增 秘 况 情 性 年 降 热 一 降 仓
> 约 类 复 邀 排 恢 典 下 眼 保 重 日 驾 步 虎 鼠
运 况 带 栗 飞 欲 高 乃 动 迟 蔻 安 部 车 过 不 重
人 试 数 部 邀 的 票 静 有 面 部 稻 观 介 素 煲 票
地 也 噪 后 见 也 上 人 幸 页 门 余 动 人 紧 从 增
鳍 飞 男 性 光 工 环 甲 运 的 因 驴 记 行 绍 礼 要
想 电 胶 镜 荣 作 苦 他 虫 得 傲 量 增 研 喜 惊 考
皂 犀 牛 心 自 乐 真 龄 获 得 子 许 排 中 答 号 桥
能 情 倍 热 升 修 书 宜 袖 欲 乐 通 桌 优 选 面 最
摇 己 空 惨 鳍 况 蔻 测 坠 余 识 别 存 遇 议 的 情
摇 部 动 中 惊 娱 亲 蔻 量 饭 动 文 细 灵 护 马 乐
日 答 特 欲 上 音 飞 研 典 视 碎 凭 胞 最 解 信 权
建 延 蔻 思 的 领 情 不 的 携 快 之 飞 香 出 碰 议

仓鼠
识别
细胞
男性
独立性
幸运
执行
犀牛
部门
测量
空中
驾车
进一步
光荣
获得
发布
文凭
工作
溜冰
甲虫

Puzzle 918

覆盖
汽车保有
乐趣
政治
提供
仅仅
的独立
的有用
狭隘
绽放
一定
的文章
一分钱
必须
的希望
许可
太阳镜
镜子
柳絮
没话说

考 己 运 有 礼 马 事 遇 亲 几 人 狭 答 木 研 平 高
的 太 阳 镜 能 透 远 身 衫 袖 主 隘 基 底 票 柳 絮
没 希 安 政 乎 余 了 信 必 眼 上 差 最 视 情 祖 心
话 约 望 治 驱 从 事 请 须 疲 遇 自 状 父 礼 携 顶
说 虎 香 飞 从 摇 上 加 考 规 下 坠 理 > 怖 自 毁
碎 复 栏 记 瑞 权 来 貌 豆 循 > 蠕 基 旋 许 可 摇
保 转 克 得 定 特 间 中 了 本 里 柔 香 > 乐 领 考
伏 乐 趣 镜 子 能 行 存 虫 真 的 量 过 稳 不 高 也
理 趣 休 增 复 覆 提 供 身 惫 增 错 摇 环 乎 虎 思
况 存 欲 胶 分 盖 有 衫 量 袖 研 人 热 私 型 举 蔻
人 傲 草 因 自 察 电 肉 摇 视 摇 娱 汽 类 瑞 余 乐
试 秀 疲 升 野 股 平 梳 邀 年 情 人 心 车 决 书 章
升 乃 究 租 仅 仅 碰 碎 好 有 修 虑 音 便 保 泽 文
活 远 绽 钱 分 一 定 转 答 柔 地 蠕 保 蛾 用 有 的
的 独 立 放 信 议 人 高 落 也 然 几 遇 底 地 根 骄

Puzzle 919

蓝色的安乐教师作用动保机面因过况祖

的研瑞滑之复乐平伏分栅衫口根稳增量

忽略观醋保修信伏延噪海虎查人书不蔻

活瑞衡看本改信苦过恩马拔如瑞。而数

风险号来肉行答梳放热爱眉何骄傲的释

飞的心生乐望驱考灵回休情号复情迟面

建选下村马老社书不肉电驱重惨的虫底

剥夺保复杂最自草放磨了疲摇面程长带

醋稻镜日涉及面袋恢一滴音直摇租度。

自仁而察眼保的修梁解建根出蠕携凑语

娱慈信肢人查余的精答复建惫约项分速

社的苦野了倍延休本度镜友本填几理升

试权伊保虫余社高根闲绝好滑余然惧根

飞里碰票的则远车地摇对的摇镜镜他树

程野苦于几解宜稳真面稻祖况驱不性平

精度

作用

语速

涉及

忽略

教师

仁慈的

长度

绝对

修改

恩爱

剥夺

海拔

友好的

复杂

如何

蓝色的

风险

骄傲的

一滴

Puzzle 920

秀趣选量领之查木年排磨股肢眼煲露基

携票露出草坠带野梁电桌中绍雨答摇趣

活梁马平的摇消雪顶研驴根有社从恐然

桥肉木香的马失之苦惫底打法纠开启日

分记野理的鳍书皂约保肉近介结状图乃

姐水也镜试惨破手人乎豆摇观幸坠查头

看姐快他规事乐对！降蔻情解保自亲部

排的行借恢训教的了护修复修心>怖的

面驴充邀给记修任延喜基的礼即顶皂发

撞桌试雨保人人何冬青动考虫时性书马

邀椭稳惫主观亲便定则有木碰上环飞面

虫圆私马基增况书素制惨皂泽貌近赂究

要形不因金森皂克眼坠的>复后草说检

修主年他交林恐行车顶损条基休>明查

秘父野理易丁坠平答的望子的子的思人

检查

头部

的任何

的对手

椭圆形

纠结

森林

肉豆蔻

定制的

冬青

姐姐

的教训

基金

说明

消失

借给

开启

打法

即时

交易

Puzzle 921

书 保 的 遇 子 老 动 决 本 瑞 也 中 马 带 趣 摇 趣

柜 树 领 鳍 于 素 后 考 研 带 磨 表 明 摇 己 本 权

使 出 带 生 本 蠕 考 破 地 举 建 镜 热 心 蔻 循 桌

心 排 遇 决 保 环 衬 子 乐 顶 运 降 信 典 绍 理 露

禁 见 护 心 滑 水 最 试 諾 要 眼 快 在 票 因 定 安

煲 止 看 虎 安 排 匹 察 通 子 组 的 时 远 议 碎 落

己 疲 怖 衡 栏 区 配 领 决 视 合 马 便 醒 护 研 趣

马 解 要 虫 灵 根 年 日 光 泽 摇 得 光 基 迟 栅 伊

马 袋 票 的 运 平 丁 桌 女 巫 理 恐 去 除 泽 音 则

摇 貓 条 损 联 邦 的 桥 也 回 动 赂 书 他 鳍 看 电

焕 类 胶 人 不 规 撞 租 真 请 热 物 查 便 东 部 动

排 。 里 年 也 觉 落 稻 解 性 远 复 园 > 捕 素 衡

有 循 醋 闲 区 根 士 研 毁 优 填 惨 信 过 捞 增 水

> 可 见 的 解 性 质 栅 摇 条 于 胶 例 人 解 子 票

状 动 生 里 热 加 倍 定 记 祖 心 趣 保 外 事 顶 号

联邦
电动
的领带
动物园
安排
东部
女巫
匹配
去除
书柜
捕捞
可见的
禁止
在时
表明
例外
光泽
性质
使出
组合

Puzzle 922

他的
物理
过去的
拉动
最幸福
消息
动词
响亮
年度
协议,
解决
科学
脚蹼
首都
连拍
离开
完成
鸡蛋
办公室
寒冷的

响 亮 鸡 蛋 类 的 主 情 科 学 连 拍 木 最 幸 福 露

之 他 人 存 幸 噪 乎 蛾 本 伏 驴 蠕 要 情 书 心 错

年 度 部 他 领 举 秀 日 租 里 遥 乐 便 不 饭 恐 士

撞 身 衡 遥 的 去 过 理 娱 丁 上 伊 权 木 顶 错 回

书 紧 地 物 理 先 伏 情 保 乎 旋 遥 电 驱 携 灵 喜

貌 雨 况 驱 礼 梁 复 子 面 私 直 放 豆 惨 记 脚 蹼

自 倍 村 坠 复 见 也 便 首 了 光 遇 喜 间 衬 灵 损

虑 答 的 几 摇 保 肢 研 都 先 动 词 解 视 几 完 虑

保 差 瑞 最 惧 人 票 定 得 己 拉 况 决 查 的 绍 成

衬 观 年 加 趣 肉 碰 落 日 摇 子 傲 情 最 权 规 源

梁 高 柔 热 票 带 醒 几 错 安 乎 不 行 消 心 父 飞

他 衡 野 伏 填 秀 趣 见 回 草 发 信 思 父 息 图 租

车 租 桥 信 父 丁 寒 冷 的 安 旋 灵 观 旋 办 量 惊

事 充 视 伊 欲 惧 于 马 梁 最 离 保 欲 保 公 中 紧

填 自 延 旋 丁 部 书 股 从 乐 开 协 议 ， 室 袖 亲

Puzzle 923

然 醒 面 高 答 惨 许 遥 权 近 亮 情 息 转 程 高 有
建 筑 物 裙 子 本 丁 克 皮 情 猫 比 信 差 最 区 状
肉 虎 解 的 最 乐 野 几 肤 焕 先 较 噪 条 子 音 决
决 选 了 士 父 究 本 面 怖 趣 高 规 填 猫 醋 高 见
期 望 情 恐 虎 人 底 源 伊 栗 根 致 查 建 徽 章 建
子 规 滑 视 乐 排 有 豆 察 带 肉 命 懦 夫 粗 细 整
便 凑 时 候 行 要 绍 心 蠕 书 热 諾 乐 直 紧 露 个
自 觉 平 泽 想 带 肉 碰 主 议 典 老 便 释 胶 决 答
坠 恐 见 保 重 静 观 增 苦 日 过 有 出 磨 摇 查 几
了 查 衫 口 远 喜 转 性 插 日 暑 信 煲 主 水 车 降
自 梳 找 泽 源 亲 区 礼 也 入 摇 来 本 复 傲 惨 噪
趣 虎 。 眼 热 欲 呼 奶 四 便 貌 究 租 指 蛾 泽 升
里 的 程 试 马 老 吸 解 奶 迟 安 基 胶 标 透 快 约
碎 连 泽 书 趣 填 循 小 衡 邀 高 猫 要 特 察 考 环
趣 续 带 衡 栗 树 不 鸭 解 镜 情 约 諾 素 乃 惫 情

比较
插入
徽章
皮肤
日暑
奶奶
期望
指标
建筑物
懦夫
时候
平时
连续
粗细
整个
小鸭
查找
呼吸
致命
裙子

Puzzle 924

秃鹰
逮捕
战争
杂志
花蜜
衣服
海葵
速度
尝试
合作
可能
准备
位置
好处
品种
年龄
掩盖
图片
承诺
原谅

杂 志 逮 承 诺 秘 。 秃 顶 复 貌 带 书 蛾 他 可 能
数 紧 捕 准 备 恢 源 鹰 真 复 主 回 撞 自 原 信 增
循 素 猫 静 人 幸 最 骄 主 下 桌 升 最 源 租 谅 平
幸 的 出 坠 的 底 动 觉 光 眉 遥 号 镜 存 闲 机 肥
保 衣 趣 瑞 休 图 保 人 记 士 过 迟 梳 几 人 蠕 发
条 服 速 度 梁 片 转 父 能 諾 复 通 面 图 位 看 条
品 种 掩 视 摇 衡 身 露 克 信 心 村 梁 伏 置 栏 伏
约 碎 盖 几 部 热 自 人 摇 顶 欲 日 花 静 倍 然 驱
衫 的 主 量 约 马 研 年 皂 尝 灵 有 秘 蜜 况 闲 视
本 伊 摇 稻 素 赂 惊 龄 间 试 型 号 惨 究 摇 事 有
乐 复 喜 丁 平 型 碰 合 况 子 间 礼 持 考 怖 马 车
活 查 好 举 错 焕 循 作 趣 顶 秘 有 信 。 因 行 虑
情 修 苦 处 战 争 真 远 典 伏 查 村 便 生 秘 之 程
肥 柔 决 票 真 噪 碰 > 磨 不 信 间 近 遥 马 紧 草
海 葵 虑 本 来 人 恐 间 损 眼 梁 村 情 心 光 静 亲

Puzzle 925

开 人 的 热 坠 维 亲 然 磨 保 鳍 遥 解 醒 蛾 心 过
士 玩 保 人 观 最 持 而 乐 然 过 年 四 面 光 虑 飞
袋 草 笑 情 保 本 衡 苦 树 疾 醋 周 长 村 乃 娱 蔻
自 肉 视 程 转 露 袖 袋 回 病 日 数 喜 定 顶 雪 从
木 声 平 根 豆 职 业 人 衫 区 议 页 而 正 之 环 重
从 明 回 破 坠 自 玉 地 貌 直 护 程 木 是 树 諾 环
肢 秀 出 最 直 柔 米 板 建 摇 号 得 马 亮 老 查 回
书 行 镜 趣 衡 得 情 况 坠 定 车 的 远 压 低 解 静
完 整 的 的 转 见 动 究 梁 研 情 情 克 人 类 肥 面
之 解 洁 生 乐 遇 摇 修 发 情 树 > 有 况 丁 车 袖
人 也 整 菜 于 苦 考 怖 龄 保 鳍 那 肢 保 有 携 本
鳍 热 最 根 议 持 父 究 的 了 面 么 平 恐 中 书 肉
远 领 份 面 摇 諾 快 引 进 持 保 生 口 肢 填 摇 数
然 而 权 额 四 栅 音 年 过 年 差 怖 见 出 他 摇 疲
情 柔 焕 研 本 人 底 属 于 迟 循 眼 设 有 自 票 伊

属于
完整的
周年
维持
设有
正是
声明
压低
周长
的生菜
玉米
份额
整洁的
职业
疾病
引进
然而
开玩笑
那么
地板

Puzzle 926

滑 心 稳 通 子 举 旋 猫 之 滑 动 约 定 的 本 年 的
携 出 释 稳 能 项 旋 从 重 过 本 情 义 摇 近 不 护
瑞 定 高 柔 领 ！ 马 放 运 研 他 出 磨 肢 马 炎 热
瑞 信 灵 亲 举 衬 他 性 > 性 摇 娱 的 虎 子 量 亲
保 马 碰 便 研 源 冒 顶 蛾 胶 迟 虑 乐 秀 便 祖 之
休 最 理 得 年 瑞 险 典 车 噪 充 邀 疲 橙 生 安 间
的 研 究 面 瑞 最 的 数 苦 乃 加 优 遇 色 存 高 上
喜 融 后 衫 间 型 有 因 素 骄 趣 典 底 增 快 中 项
生 化 动 特 特 循 柔 典 怖 携 情 底 四 了 因 坠 区
宜 乐 究 衬 人 子 通 排 信 察 恐 镜 她 桥 音 介 本
根 桌 怖 排 权 怖 项 自 心 运 怕 脚 的 疲 身 想 趣
受 孕 所 凝 草 龄 社 息 叔 灵 保 趾 分 人 画 笔 有
迟 摇 破 需 视 的 諾 部 叔 活 差 药 中 研 恐 的 摇
得 菠 村 ！ 肉 他 的 移 动 赂 他 优 物 亲 望 携 他
觉 菜 摇 士 惨 社 回 排 近 泽 草 子 则 带 草 部 马

恐怕
画笔
橙色
冒险的
生存
融化
脚趾
所需
她的
菠菜
叔叔
受孕
炎热
药物
因素
灵活
的研究
定义
的移动
凝视

Puzzle 927

赂 块 年 因 子 升 类 情 遥 素 惧 主 教 的 胶 的 遥

碎 的 时 候 基 观 近 操 作 年 欲 惧 室 举 眼 得 存

环 复 惊 虫 。 情 来 坠 权 信 落 那 种 研 的 便 坠

桥 察 想 虎 则 父 护 快 驴 豆 主 柔 页 下 乐 音 肉

稻 信 延 复 草 股 虫 乐 情 下 亮 环 释 四 年 皂 闲

考 差 近 马 日 草 得 租 响 草 倍 真 光 稻 娱 远 类

心 异 记 情 梳 恢 梳 栗 胶 应 旋 露 保 建 好 转 数

护 貌 露 滑 蚂 排 重 真 选 本 希 紧 本 数 蠕 行 考

带 来 了 动 蚁 领 主 理 放 假 望 连 基 娱 回 举 貌

欲 充 察 恢 惊 放 信 梳 转 便 遥 接 保 性 先 循 底

蠕 倍 邀 得 嘲 心 灵 基 况 数 存 影 桥 情 增 部 活

增 桥 日 得 讽 地 木 了 查 条 傍 顶 响 肉 过 权 面

持 加 飞 面 蔻 见 心 权 保 娱 晚 焕 趣 鳍 错 几 差

遇 祖 近 月 鳍 闲 遇 恢 醒 己 持 最 最 人 状 己 雨

损 顶 马 亮 子 惊 遥 要 赂 惫 疲 复 衡 错 情 苦 最

的时候
的块
嘲讽
连接
操作
月亮
那种
蚂蚁
教室
放假
影响
滑动
放心地
增加
快乐
带来了
希望
傍晚
差异
响应

Puzzle 928

票 碰 特 惊 子 足 够 素 妖 精 机 飞 的 蓬 保 养 的

基 雨 > 袖 社 来 袋 行 傲 四 面 便 工 松 本 见 舞

幸 落 书 上 趣 不 赂 转 秘 公 布 视 作 选 面 页 蹈

便 滑 优 士 部 了 机 蠕 信 滑 惨 议 人 放 碎 行 查

自 更 漂 亮 蝙 快 基 亲 日 马 驱 平 员 球 的 有 有

乃 然 宜 肥 蝠 高 股 思 许 亲 倍 持 木 最 紧 闲 错

疲 噪 蠕 主 乎 雪 虎 顶 自 煲 稳 乎 条 机 分 皂 >

倦 坠 欲 人 灵 凑 衫 复 出 息 柔 持 护 虫 见 举 的

滑 素 身 量 煲 瑞 区 典 血 理 能 心 理 主 他 邀 情

研 摇 加 安 貌 他 身 特 諾 规 碰 高 发 想 便 因 子

列 倍 祖 的 坠 静 水 回 自 平 他 循 页 好 毁 教 举

选 表 性 内 村 分 观 眼 余 理 秘 机 股 露 于 惊 练

的 欲 持 容 怖 况 諾 飞 年 观 余 思 野 根 > 梳 行

持 热 主 凑 记 不 紧 理 惨 稻 傲 复 威 过 的 倍 谨

人 里 热 主 本 恐 想 况 理 项 情 页 力 条 息 ! 慎

教练
出血
疲倦
的舞蹈
更漂亮
足够
的飞机
主人
保养
妖精
蓬松
的球员
蝙蝠
的内容
列表
公布
威力
的工作人员
自然
谨慎

Puzzle 929

焕	观	运	直	礼	村	最	能	碰	野	毁	栅	克	基	父	基	通
环	亲	桌	近	想	桥	条	够	遇	权	上	遥	镜	面	落	能	信
口	面	>	雨	肢	转	试	遇	休	于	根	遥	凑	惊	基	从	的
解	了	第	六	上	部	惊	饭	灵	碎	间	源	口	信	的	灾	难
灵	鳍	通	眼	雪	諾	保	闲	撞	项	望	结	果	醋	碎	本	延
乃	条	约	也	乎	从	遇	毁	私	差	桌	之	间	议	来	举	迟
调	记	里	的	主	余	请	许	香	稳	。	摇	倍	看	证	明	面
整	最	傲	衡	举	镜	间	也	自	袋	热	情	蔻	车	蛾	卫	晚
>	倍	升	心	衫	饭	平	的	衫	查	觉	平	马	紧	飞	生	饭
墙	本	碰	分	从	高	原	权	畚	醋	停	顿	老	的	我	升	肥
恐	上	护	情	后	面	觉	股	基	晚	重	望	稻	觉	们	信	飞
马	稻	子	水	的	遇	事	情	信	餐	文	自	远	保	过	焕	諾
木	马	动	娱	要	机	考	衬	树	发	章	醒	部	伏	信	然	闲
猫	栏	加	思	况	野	量	便	完	试	滑	专	议	分	理	好	重
坠	了	光	子	下	旋	乐	龄	能	美	亲	门	諾	通	四	也	恢

结果
第六
能够
部分
卫生
平原
墙上
之间
延迟
完美
调整
我们
灾难
文章
晚饭
证明
条约
停顿
专门
晚餐

Puzzle 930

摇	凑	遇	马	股	心	撞	露	况	量	碎	情	衡	年	滑	交	决
驱	平	权	趣	坠	衬	票	选	袋	鱿	鱼	分	年	遥	子	融	租
重	面	存	了	活	情	觉	。	咆	试	心	离	损	底	带	里	光
生	蔻	带	见	不	后	底	则	音	哮	释	的	区	排	乎	音	虑
娱	收	藏	想	则	于	发	摇	水	区	艇	活	特	水	查	部	票
放	松	差	决	草	龄	马	于	修	定	体	桥	特	高	项	信	醋
出	灵	的	活	醋	栗	本	碎	发	区	遇	议	摇	过	諾	日	得
见	本	租	草	。	饭	透	思	幸	！	信	延	建	温	柔	坠	梁
匆	匆	情	考	错	数	伏	举	士	自	远	事	明	考	电	子	试
肢	豆	地	究	桌	人	伊	赂	最	绅	里	近	年	怪	信	泽	面
绘	画	充	宜	研	乐	的	村	飞	信	的	快	欢	物	不	建	回
欲	木	遥	量	循	自	最	租	释	猫	图	醋	袖	本	想	驱	惨
解	喜	研	紧	典	便	遥	觉	差	碎	象	破	煲	下	惊	典	热
野	主	便	心	面	而	之	水	恐	本	亮	数	加	区	摇	培	马
书	携	驱	坠	马	冰	雹	心	型	回	平	携	稻	滑	心	训	醋

绘画
交融
分离的
冰雹
温柔
培训
咆哮
明年
醋栗
匆匆
远近
平面
收藏
艇体
的图象
鱿鱼
放松
怪物
欢快的
的绅士

Puzzle 931

行 己 撞 来 稻 见 惫 音 也 平 得 水 雪 蛾 静 转 木
野 草 趣 底 口 惨 存 之 透 丁 碎 思 礼 煲 宜 介 皂
紧 生 车 旋 桥 遥 观 租 自 衡 暴 灵 蛾 的 图 类 平
袋 放 增 分 秀 书 口 信 的 虑 梳 躁 保 飞 请 填 直
建 肢 然 行 亲 复 错 从 肉 人 损 职 保 里 奏 假 究
心 安 碎 自 热 马 解 了 最 摇 镜 责 股 火 规 自 稳
的 自 礼 疲 行 股 绍 动 词 风 窗 本 面 箭 想 眼 露
闲 心 要 磨 他 迟 喷 人 木 动 闲 保 类 祖 树 典 项
镜 第 情 最 回 紧 泉 过 得 社 提 约 里 惊 坠 明 自
则 七 了 諾 环 许 乐 貌 想 图 交 复 肉 遇 况 星 潜
毁 泼 领 几 骄 重 饭 最 秘 马 恢 乐 部 桌 一 加 水
摇 妇 肢 礼 余 袖 生 能 典 便 升 休 复 他 目 况 稻
恢 摇 便 保 天 鹅 菜 身 虎 肉 完 研 人 增 了 看 驴
秀 疲 保 秘 有 快 通 优 约 看 指 美 扭 主 然 木 子
了 傲 最 股 己 数 瑞 稳 电 热 望 自 动 了 煲 察 欲

明星
扭动
第七
火箭
一目了然
请假
喷泉
指望
风窗
泼妇
天鹅
看了
奏请
职责
暴躁
生菜
提交
潜水
动词
完美

Puzzle 932

觉 然 镜 > 状 从 气 标 志 行 查 士 较 差 貌 自 了
填 行 乐 抗 私 落 观 球 素 摇 查 惫 肢 > 蛾 心 克
摇 乃 护 拒 许 情 平 香 自 本 先 驱 优 加 胺 书 好
排 部 晚 上 村 行 图 绍 摇 余 雪 先 父 栏 皂 父 主
龄 想 直 事 便 飔 滑 子 自 原 的 恐 近 视 技 巧 飞
运 试 视 舒 适 风 加 则 蔻 谅 电 蔻 祖 记 音 于 主
自 心 的 放 差 增 运 第 二 部 号 情 > 的 乐 请 情
保 傲 乐 碰 循 类 先 滑 则 趣 惊 肥 年 有 摇 饭 信
特 异 性 的 子 乃 丁 衡 不 惫 草 部 程 灭 醋 程 >
灵 滑 人 们 见 乐 地 的 心 之 人 自 蝴 马 亡 龄 环
灵 加 究 他 恢 皂 > 票 法 律 木 愿 蝶 眉 凑 运 书
量 介 煲 热 秀 父 骄 因 选 稳 研 里 平 , 约 主 股
旅 > 有 赂 根 看 程 泽 有 答 答 升 车 但 见 观 则
先 程 桥 要 噪 灵 皂 > 豆 后 便 桥 转 思 > 远 车
修 碎 况 村 朋 友 的 车 驱 查 想 释 票 > 源 页 马

, 但
飔风
旅程
特异性的
朋友的
抗拒
自愿
晚上
蝴蝶
第二
音乐
舒适
法律
技巧
他们的
气球
较差
灭亡
标志
原谅

Puzzle 933

铅 重 模 式 其 息 降 祖 建 车 稳 凑 要 区 您 考 的
笔 面 撞 面 他 羊 群 过 行 查 举 页 支 鼻 水 选 士
水 他 栏 ！ 自 察 龄 修 合 栏 信 来 持 子 遥 牛 择
建 远 息 行 大 坚 固 骆 格 骄 光 恐 增 遇 帐 保 礼
研 项 来 香 胆 有 恩 爱 驼 他 里 泽 地 号 篷 身 排
子 选 看 里 日 望 过 平 亲 乐 柔 动 查 真 考 秀 瑞
发 马 也 旋 事 见 安 他 露 先 基 部 特 人 心 伊 惊
机 会 ， 请 部 的 醋 研 看 机 醋 热 几 饭 木 面 视
淋 浴 的 票 特 稳 约 摇 衬 士 部 乐 近 摇 降 视 上
条 息 花 破 有 望 栗 袋 桌 倍 程 思 乐 父 克 高 龄
通 了 蜜 喜 > 摇 焕 高 循 转 坠 后 特 飞 得 本 事
典 填 顶 最 桌 循 肢 面 马 滑 复 升 转 老 的 情 骄
绍 克 便 稻 了 恐 型 私 间 性 快 人 袋 书 从 的 人
状 碰 面 心 的 香 信 分 惫 压 惫 紧 自 选 观 了 远
了 娱 己 物 种 状 排 驱 香 力 性 信 肉 肢 视 驴 貌

合格
压力
机会，
大胆
坚固
您选择
水牛
骆驼
模式
其他
有望
帐篷
铅笔
羊群
物种
淋浴
支持
鼻子
恩爱
花蜜

Puzzle 934

运 究 吸 复 衬 击 面 动 自 了 究 士 选 周 苍 无 的
要 条 静 取 灵 败 过 桌 近 方 素 飞 秀 三 鹭 数 本
饭 破 剧 保 衬 乐 人 倍 自 放 向 泽 两 边 错 活 栗
增 主 场 农 焕 复 自 的 望 项 根 区 泽 水 于 遥 典
导 航 源 决 研 坠 欲 碰 持 动 来 野 子 环 惊 马 平
理 摇 乐 权 旋 远 凑 检 测 想 高 趣 研 特 情 秀 面
虎 惊 定 便 放 磨 惊 得 遥 的 进 展 透 子 循 间 事
分 乐 动 部 事 碎 过 面 复 考 想 喜 读 书 书 紧 先
稻 租 保 不 粪 马 飞 上 好 摇 年 增 心 排 幸 醒 乎
领 骄 动 不 木 况 领 最 摧 毁 存 土 最 心 自 错 研
木 转 快 私 从 亲 状 日 雨 有 号 狼 试 肉 紧 的 有
能 充 辣 貓 况 分 票 察 电 股 事 出 车 秘 的 观 人
木 自 椒 书 环 差 支 理 遇 村 事 的 袋 然 伊 保 先
有 社 情 请 的 豆 村 不 状 人 音 基 放 事 降 灵 瑞
水 肉 傲 衡 人 他 粗 细 直 赂 高 惨 养 保 持 考 梁

剧场
两边
辣椒
分支
方向
苍鹭
吸取
周三
的进展
读书
导航
检测
击败
无数
土狼
农场主
放养
摧毁
粗细
保养

Puzzle 935

面	先	办	貓	修	情	摇	视	地	股	撞	性	套	建	筑	物	主
私	建	定	公	碎	之	素	露	快	租	机	会	索	间	苦	增	喜
的	放	高	部	桌	转	龄	损	骄	蛾	电	建	存	四	滑	坠	亲
瑞	转	几	惊	雪	本	发	特	谎	另	喜	间	请	栅	凑	恐	日
镜	保	性	露	书	破	肉	衬	言	一	有	幸	页	祖	邀	看	转
信	回	试	礼	梁	车	惧	马	唱	个	看	部	醒	惧	梳	树	特
老	静	子	号	直	情	后	行	歌	理	肉	那	宜	娱	栅	车	充
香	了	水	型	能	自	根	乐	衫	！	邀	么	平	坠	复	心	解
急	于	镜	建	许	究	灵	平	填	充	宜	自	眼	转	野	昂	贵
本	子	公	号	可	每	只	环	快	权	便	傲	看	能	运	后	部
恐	日	交	活	休	出	议	怖	远	那	然	估	肉	豆	蔻	克	有
高	的	素	豆	基	趣	驴	貓	得	升	些	的	计	考	解	焕	稳
休	专	焕	保	存	活	自	试	部	不	自	解	乐	本	水	升	恐
信	门	查	然	水	镜	动	凑	醒	来	的	心	决	优	携	书	表
苦	特	带	持	身	有	>	乎	存	举	况	便	礼	号	子	亲	白

谎言
唱歌
那些
昂贵
公交
另一个
套索
醒来的
每只
填充
机会
估计
表白
急于
办公桌
许可
肉豆蔻
建筑物
那么
专门

Puzzle 936

好的
蜈蚣
文本
刚性
水壶
反向
激发
锄头
父母
政策
熟悉
居民
统治者
三明治
使用
珍贵
粗鲁
再见
调整
交融

衬	粗	醒	调	平	桥	放	摇	的	了	考	区	老	紧	延	四	珍
煲	鲁	租	整	克	有	野	子	远	存	恐	介	激	顶	乃	欲	贵
熟	底	鳍	信	泽	锄	鳍	水	平	恐	子	醋	不	发	柔	真	差
复	悉	蜈	蚣	动	的	头	壶	复	袖	生	后	复	动	研	自	栗
不	心	野	心	加	加	修	图	有	事	邀	胶	磨	文	本	底	的
虎	趣	恐	乃	复	运	选	上	肉	书	复	乃	灵	加	修	保	豆
要	克	况	马	雪	坠	情	也	释	肉	礼	来	祖	反	肉	页	降
统	治	者	破	的	衬	视	平	有	平	事	图	观	向	醋	胶	磨
三	明	治	页	野	充	透	近	修	碰	有	也	使	用	父	母	社
错	信	本	的	要	破	带	水	举	磨	桌	！	信	环	典	摇	释
衬	子	从	恐	飞	转	规	护	复	衫	保	有	野	交	融	灵	袋
衫	状	傲	眼	最	便	好	的	见	趣	飞	日	究	举	息	查	再
坠	镜	损	乐	蛾	疲	坠	居	民	秀	怖	研	刚	饭	能	稳	见
中	许	己	生	光	试	>	伏	增	碰	欲	马	性	政	策	子	惧
上	秘	选	焕	本	图	的	倍	幸	透	马	能	情	信	转	性	坠

Puzzle 937

自	携	面	野	醒	木	>	的	蔻	毁	虑	介	乐	醋	有	热	倍
差	马	不	见	教	热	蠕	地	梁	士	修	静	木	源	行	部	栅
西	兰	花	类	室	发	见	坠	洋	农	民	有	透	思	不	自	定
摇	醋	类	下	部	下	自	梁	袖	葱	栗	想	四	衫	从	遇	带
老	携	社	欲	动	落	袋	醋	保	真	条	生	碰	机	年	情	循
静	朋	友	本	坠	驴	野	人	桥	摇	分	赂	间	本	委	放	来
绍	后	降	曾	举	露	典	前	喜	袋	破	落	傲	光	员	滑	保
身	观	己	经	过	性	想	亲	者	稳	眼	雪	主	要	会	仍	静
灵	生	飞	破	程	况	检	部	远	理	热	余	球	邀	己	然	发
碎	通	来	基	皂	骄	查	驴	修	水	考	本	村	音	平	稻	考
环	几	鳍	通	虹	木	重	貓	衬	香	动	的	重	要	坠	用	后
社	遥	眉	不	膜	查	梳	过	醒	况	老	色	增	鳍	老	品	鳍
栏	乐	试	年	肢	研	保	出	士	秀	肥	出	醒	撞	思	高	肥
要	泽	>	机	要	加	社	伴	趣	请	有	有	面	骄	蔻	敌	村
地	址	情	生	栏	程	柔	侣	袖	遥	衬	人	从	底	水	人	遥

仍然
西兰花
伴侣
主要
农民
地址
洋葱
的重要
曾经
委员会
用品
过程
雪球
敌人
朋友
虹膜
前者
出色的
检查
教室

Puzzle 938

。	降	旋	数	情	保	复	便	复	许	记	马	母	惨	降	特	特
惫	栅	记	木	保	村	叫	乃	究	买	入	底	分	子	音	近	许
保	从	自	基	摇	信	声	间	肉	约	通	心	摇	素	里	安	人
动	灵	栅	极	绍	>	动	携	醋	休	摇	特	撞	人	填	飞	衫
肢	惊	摇	其	文	公	布	滑	乃	木	他	征	近	察	保	欲	肢
则	伏	乐	坠	惫	凭	骄	衡	高	息	出	保	型	飞	动	规	量
况	能	音	摇	情	落	有	怖	趣	事	后	护	桌	安	醋	>	复
复	而	柔	延	龄	衫	循	心	项	泽	里	雪	亮	只	有	似	乎
私	自	自	增	草	的	降	意	图	目	官	信	信	欲	建	怖	自
视	稳	降	惧	恢	试	存	情	类	发	员	过	于	镜	答	缺	书
不	丁	衫	眼	灵	皂	察	骄	日	幸	坠	许	田	鼠	的	乏	眉
虫	远	音	情	心	信	磨	乐	数	野	视	的	雨	>	况	不	发
噪	栏	错	本	胶	特	惧	升	肢	基	丁	鳍	教	财	产	释	楼
民	用	飞	露	要	最	息	远	观	父	究	傲	骄	训	驱	自	梯
信	权	顶	延	了	幸	观	休	察	查	规	请	鳍	面	年	量	区

财产
民用
只有
意图
缺乏
极其
楼梯
官员
买入
分母
叫声
田鼠
观察
分子
项目
似乎
特征
文凭
的教训
公布

Puzzle 939

思 露 究 坠 运 试 最 不 究 好 面 亲 类 栅 傲 子 修
村 然 页 不 > 余 平 事 光 遥 紧 心 亮 项 娱 格 式
私 社 貓 况 > 。 坠 因 伊 复 的 记 醋 程 的 研 坠
泽 保 恐 定 有 典 心 邀 木 木 况 眼 煲 镜 旋 紧 眉
究 有 怕 的 望 梁 苦 则 自 人 机 治 疗 排 修 也 旋
推 出 草 特 衬 社 议 迟 好 部 考 碎 员 工 蛾 闲 真
查 肉 碰 带 稳 貓 排 区 部 携 里 马 票 页 露 人 邀
便 底 基 摇 灵 信 滑 面 密 解 凑 损 加 转 恢 雪 的
的 来 子 欲 直 有 礼 考 倍 集 规 梳 镜 > 自 贫 公
信 地 到 面 对 豆 自 数 皂 分 导 袋 肥 特 因 困 路
的 程 方 行 马 况 滑 老 露 想 演 疲 来 研 镜 状 栗
雨 撞 型 融 余 见 平 飞 调 查 规 乃 平 醒 人 梁 镜
冰 中 喜 化 子 草 醋 蠕 虑 自 他 乐 伊 乐 差 许 克
柱 机 构 肯 更 漂 亮 蜗 栏 人 风 暴 租 间 邀 源 研
树 摇 虫 定 心 龄 本 牛 遥 衡 乐 量 项 心 野 的 镜

治疗
肯定
格式
冰柱
调查
推出
风暴
面对
的地方
的公路
员工
导演
机构
密集
来到
贫困
蜗牛
融化
恐怕
更漂亮

Puzzle 940

奥 热 展 议 肉 幸 高 有 水 持 心 人 人 降 之 士 的
决 秘 示 状 稳 根 热 高 面 平 肉 决 鳍 放 间 赂 兄
情 究 事 态 他 远 面 衡 轿 状 损 桥 心 惊 放 > 弟
情 况 雪 乃 研 > 无 线 电 跑 桥 父 野 通 通 素 型
了 桥 动 雪 碎 直 桌 运 伊 带 车 计 算 机 乎 差 过
树 维 望 中 情 惫 股 亲 权 状 傲 地 旋 音 的 几 乎
便 生 坠 请 摇 桥 事 息 滑 过 部 鳍 过 快 木 护 本
介 素 恐 醋 年 信 士 喜 定 自 碎 行 平 信 先 磨 光
升 息 驱 露 露 面 趣 祖 电 请 马 基 欲 乎 票 保 有
逐 渐 每 个 人 不 部 平 消 化 特 相 素 。 繁 压 胶
迟 滑 克 梁 不 当 过 动 摇 答 木 反 疲 磨 忙 低 衫
子 降 的 本 马 貌 过 持 龄 特 秘 带 面 损 衡 摇 马
天 空 考 量 闲 露 士 撞 动 静 疲 恐 幸 书 邀 雪 蠕
高 野 平 情 乌 闲 便 驴 发 马 旋 图 书 特 撞 记 傲
情 不 考 士 鸦 要 热 镜 解 降 心 动 回 错 ！ 宜 想

奥秘
无线电
磨损
逐渐
情况
的兄弟
消化
展示
天空
繁忙
轿跑车
相反
计算机
每个人
状态
不当
维生素
乌鸦
压低
之间

Puzzle 941

从 行 事 最 平 页 亲 释 阳 台 得 办 复 里 木 邀 音
绍 野 虎 考 静 运 焦 信 图 瑞 人 紧 法 携 的 请 露
倍 兔 欲 信 爸 爸 点 许 摇 醒 分 摇 情 乐 肉 行 记
坠 有 经 营 破 伏 貌 过 量 通 马 日 来 增 四 闲 看
驴 得 解 动 保 机 生 考 究 条 成 见 面 安 他 破 信
环 里 平 蔻 生 丁 植 > 最 捍 熟 心 定 恢 虎 野 因
事 遥 填 填 量 书 物 镜 护 卫 有 主 书 瑞 近 肢 龄
露 息 趣 加 号 型 介 增 音 私 克 虑 迟 修 环 便 也
容 易 动 飞 的 摇 特 灵 人 欲 见 倍 动 的 情 高 镜
紧 张 见 循 考 凑 面 的 来 醋 乎 考 没 蠕 机 级 透
循 不 身 趣 有 虫 人 肉 私 泽 子 。 领 有 热 上 本
视 亲 父 的 雪 存 虑 程 毁 中 约 趣 草 考 坠 野 存
卷 橱 驴 鼻 村 差 行 人 灵 落 里 区 便 坠 皂 碎 镜
曲 大 柜 子 过 热 权 规 驱 带 亮 撞 丁 安 的 野 存
项 象 袖 究 解 程 快 平 摇 上 虑 护 恢 胶 的 约 饭

没有
高级
的父亲
野兔
成熟
植物
橱柜
大象
的鼻子
经营
阳台
办法
紧张
爸爸
卷曲
容易
焦点
捍卫
邀请
平静

Puzzle 942

成分
蘑菇
专家
过程中
也不能
劳动
愤怒的
也许
赛跑
，也没有
在这里
展览
挑战
震撼
顶部
动机
触摸
性质
脚趾
威力

信 息 克 延 充 机 先 视 柔 乐 顶 部 信 复 远 图 怖
脚 决 特 约 项 考 保 遇 泽 伏 肢 活 保 焕 行 梁 信
趾 木 状 破 胶 事 下 本 票 趣 摇 过 程 中 便 环 鳍
光 上 衡 眼 面 遥 的 欲 煲 伏 栗 性 四 觉 型 而 摇
事 下 傲 最 自 过 充 泽 的 倍 瑞 静 程 龄 举 子 行
怖 于 乐 水 乃 得 究 心 于 试 事 闲 秀 灵 劳 龄 社
专 家 坠 衫 复 行 触 眼 电 加 的 露 貌 蠕 的 动 状
回 眼 底 本 考 碎 摸 威 迟 也 生 醋 请 袋 的 携 欲
静 飞 雨 凑 栅 思 得 力 愤 数 状 最 人 自 鳍 保 回
克 出 究 醒 本 磨 倍 眼 怒 梳 焕 延 有 惨 豆 村 平
蠕 蠕 思 保 心 年 机 碰 的 根 理 鳍 没 撞 条 眼 信
成 分 蘑 菇 赛 类 噪 记 车 雪 肉 许 也 不 能 滑 试
能 鳍 性 票 跑 恢 研 观 领 惧 心 摇 ， 肥 升 决 。
震 撼 从 质 树 排 车 他 介 请 秀 动 马 虑 情 展 最
摇 鳍 程 眼 礼 蛾 苦 挑 战 在 这 里 机 老 心 览 驱

Puzzle 943

雨情社热喜不桥不觉研摇喜高摇休蛾人
蜡素解祖凑乃身树之见祖那种贵动祖而
烛水复乎决参露项音许衡真保欲的好更
源煲的口图与租通好追求票维查见梳区
权书地球车者复毛全球具体持有灵稻项
怖人蔻的热不衡子巾部热复几有观放遥
书究情士里间人喜坠则得怖人的便栗口
重基宜行过出血艇体情行察飞欲判露肢
规大通遥高素！闲后疲息的乐醒定想有
积极亲諾木赂生乐热见心考蠕摇乐见解
心眉视中身环修排破凑究介树研静亲他
小型觉部闲驱己喜恐露趣电雪然真称为
重自迟傲>的喜的出肥醒苦碰便相飞从
眉延亲差袖页草心租有瑞村的请请镜傲
子有醋乎马部肉趣车觉也袖眉的近持规

高贵的
积极
地球
更好的
出租车
蜡烛
判定
具体
重大
真相
称为
追求
小型
全球
毛巾
参与者
维持
那种
出血
艇体

Puzzle 944

未来
关键
圣诞
无效
快乐的
错过
显著
煤炭
此处
松鼠
奇迹
进行
钢琴
采用
胆小
便宜的
中心
尝试
然而
晚餐

恐的心镜错过胆怖諾趣增欲圣护日凑鳍
主尝条损貌降小傲约乐关复诞然而諾他
先！试考社乎惊之栏泽键保特虎底柔下
决无效解克子肢丁欲修煤钢琴底况图乐
恢丁此号虎恢松鼠理情规炭平循复未来
倍眉处秀型便见带要稻木幸好重延优理
要奇亲最息宜木柔音骄欲村远进行晚餐
分建迹闲泽的乐快坠主泽研热保礼欲恢
泽典马有梳木>日摇子号肢情从人地自
祖复绍摇显著飞的摇不木型碎马要车饭
试木分虑幸摇租肥雨丁项素马信香选热
面秘己人主远休情情释灵因主动克恐马
焕苦书看貌苦情摇便理运部下快想虑了
性不采碰亮循热基望邀秘填的怖量部后
中心用余骄雨亮噪伊里本胶醒日栅乎议

Puzzle 945

性 气 味 损 究 惊 不 桌 保 火 举 升 状 聪 他 足 平
生 减 少 事 肉 车 类 马 噪 填 炉 两 次 明 中 够 上
面 型 运 人 复 梁 他 飞 焕 请 带 分 柔 向 方 的 持
保 运 的 袖 信 页 上 摇 然 行 记 典 高 平 梳 苦 乃
观 怖 虎 恐 音 租 鳍 諾 记 不 降 的 鱿 许 信 源 摇
租 亮 心 透 热 自 书 特 则 考 秀 试 鱼 伏 页 乎 蠕
方 存 地 电 来 望 修 旋 豆 自 手 套 股 坠 碎 惫 日
式 煲 机 释 镜 里 买 得 起 性 远 升 蛾 保 > 虎 摇
恐 延 部 转 摇 旗 素 他 替 充 部 乐 傲 通 话 得 摇
马 飞 类 煲 书 标 蛾 信 代 典 的 性 转 年 心 雨 修
号 察 典 秀 有 对 自 升 电 礼 直 间 部 碰 惧 行 最
安 而 不 虎 眉 的 比 马 子 后 后 充 龄 请 存 条 露
惫 全 年 木 的 能 量 度 书 不 饮 料 焕 的 邀 子 最
联 系 透 眉 赂 稳 磨 雪 特 磨 饭 存 胶 股 项 了 雪
伏 克 野 状 解 增 大 怒 摇 最 好 自 坠 页 疲 摇 惫

旗标
的能量
手套
两次
替代电子书
大怒
安全
减少
聪明
方式
买得起
足够的
联系
饮料
气味
对比度
的方向
通话
火炉
鱿鱼

Puzzle 946

有利
精灵
贸易
柠檬汁
温暖的
参加的
笔记本
经验
复杂的
盛大
军队
公民
环境
个人
第十
伤心
一次
甜蜜
职业
周长

贸 乐 撞 灵 礼 察 精 灵 优 许 根 环 境 特 休 释 热
研 易 雨 增 分 个 人 研 胶 热 摇 之 军 队 介 丁 惊
惊 野 典 观 的 观 紧 惫 几 秘 修 平 页 醒 日 情 惨
的 升 觉 保 领 信 真 保 股 雪 通 举 得 决 迟 不 复
参 加 的 柠 理 貓 ！ 降 差 露 修 笔 记 本 滑 趣 杂
赂 焕 稳 檬 乃 貌 人 恐 諾 热 源 好 快 子 身 望 的
一 凑 查 汁 凑 面 己 区 特 光 复 保 里 豆 有 车 放
次 有 肥 答 坠 保 的 骄 了 栗 肥 考 从 稻 利 士 面
衫 最 温 暖 的 。 野 老 出 因 桌 保 近 貓 諾 眉 电
公 近 马 热 议 近 闲 他 树 盛 大 转 亲 特 损 遇 过
伏 民 肢 四 想 貌 底 环 主 经 验 降 建 透 保 透 驴
坠 乎 自 地 释 丁 第 得 的 远 伤 噪 落 年 的 议 欲
了 举 事 子 驴 情 十 自 乃 信 心 栏 恢 职 业 最 貓
甜 疲 周 于 雪 怖 记 约 瑞 查 生 典 子 近 諾 量 本
蠕 蜜 长 加 因 栅 类 木 坠 绍 飞 解 自 书 区 股 桌

Puzzle 947

赂焕想头先放复水醒的因雪之部面乃香

差便休部乐的乐高不有复根过能雨木菜

介伏电要野肥驴信稳错看驴礼野自建充

衫测优势速遥争辩拘研充村运幸斑摇恐

源量领马度心研坠信捕四子草日貌点村

人音条看相同克议释摇况的机延落马梳

重滑马延最源降究列稻转蛾于坐究数本

望自还柔栗稻动蠕车行放图看在生人胶

有木原摇带行于猫子温水惨排乃自煲袋

情最而息错倍雪头他查惊讶间紧地柔迁

信错摇自电持得鹰諾行灵上复娱因特移

碰自丁苦情諾的噪休自地克了灰苦日书

衡菜周平答型安好情平>瑞梁礼尘的环

摇花到老部稻露煲余日碎研克乐骄马远

他棉的惫虑！事项车士思。安焕諾眼放

香菜
列车
斑点
拘捕
灰尘
争辩
惊讶
棉花
周到的
菜花
迁移
还原
坐在
猫头鹰
温水
优势
相同
测量
头部
速度

Puzzle 948

无形
滑冰
愿望
昨天
智慧
往往
达到
存在
觉得
计算
蚊子
会见
谢天谢地
宗教
是指
泥泞
话题
凝视
月亮
列表

从恐自桌碎礼会谢图泥了>顶趣究趣息

部衫飞顶亮遥见天昨泞本高答摇的四草

己排理过亮丁的谢环望最型差凑闲醋视

磨热最息秀票复地乎选列直柔计凝视特

查项苦不的究肥书身智表行露算豆心过

梳老信话最程露生皂慧怖复基思程生下

透飞选题介人能过眉自恐了近热父几肢

达到镜延了眼饭水口考项面瑞书望眼肢

想考往子究的电了的存克坠木保落袖电

马发往之宗蛾是觉得。村项记事书滑秘

高携滑冰无教指便蚊存在理修心人便增

的息电请形情理鳍几子肥！马性升持信

试看释稻蔻情修加中从摇面回秘愿胶升

电本好惊趣月亮程本看柔亲充复伊望的

的趣量怖煲信的野后也能稻滑排领眉幸

Puzzle 949

复 下 鼬 优 很 木 根 图 的 大 伟 警 通 信 娱 坠 信

水 獭 马 鼠 少 填 答 不 产 幸 的 告 宜 午 区 亲 定

乃 状 差 转 滑 漂 宜 程 品 则 醒 伏 的 柔 餐 复 邀

角 色 摇 乐 宜 亮 过 复 疲 过 蛾 议 本 露 底 飞 醋

安 落 发 本 子 不 源 眉 觉 情 余 袋 他 情 的 有 马

私 理 本 错 社 苦 可 能 的 坠 答 心 祖 撞 热 填 情

伊 自 带 项 区 瑞 典 延 碰 礼 优 衬 撞 碰 宜 则 发

士 躺 在 自 噪 许 瑞 自 装 配 口 克 马 士 自 底 权

的 口 年 约 村 介 过 定 热 近 眉 滑 袖 恐 骄 的 伏

快 不 护 来 复 子 喜 身 近 欲 能 落 眉 赶 觉 蔻 己

倍 有 远 面 紧 理 看 页 自 来 碰 虎 根 路 秘 状 香

指 信 即 时 飞 碎 而 修 领 恐 选 人 损 稻 心 不 电

坠 甲 趣 顶 近 错 滑 衡 恐 碎 保 循 毁 后 惧 根 亲

茶 壶 不 透 建 娱 增 差 赂 灵 镜 灵 保 持 不 稳 定

本 的 金 子 条 释 的 自 紧 有 优 顶 惨 亮 源 子 出

漂亮
很少
躺在
指甲
可能的
角色
茶壶
赶路
装配
的产品
警告
鼬鼠
的金子
不稳定
水獭
保持
社区
午餐
伟大的
即时

Puzzle 950

类别
火鸡
什么
洪水
公路
悲剧
警察
汽车旅馆
小时
反过来
农场
奶酪
周一
的项目
灰色
习惯
绝对
打法
连拍
橙色

能 信 过 况 放 坠 保 的 喜 热 真 看 本 号 飞 究 摇

透 望 特 树 碎 士 水 建 克 滑 音 透 面 来 肥 然 木

觉 便 口 倍 想 打 信 事 增 解 理 遥 私 修 橙 车 秘

> 衬 落 泽 驱 法 农 紧 乃 从 恐 车 透 的 乃 色 灰

票 分 悲 剧 复 露 场 数 遇 之 的 本 真 过 雨 奶 酪

升 宜 休 惫 加 增 增 研 驴 护 回 典 动 要 他 子 伊

静 试 摇 飞 洪 习 惯 醋 口 素 存 雪 周 灵 豆 股 坠

理 己 真 凑 水 公 保 行 的 绝 对 图 一 便 秘 了 运

坠 自 煲 伏 增 基 路 龄 介 煲 修 小 时 什 么 机 摇

休 型 有 保 紧 的 项 目 连 活 雪 查 不 性 木 眼 凑

子 几 循 撞 树 行 坠 闲 拍 了 了 行 碰 则 恐 欲 礼

乎 伊 存 部 子 本 日 坠 稳 机 口 桥 凑 项 日 摇 远

类 虑 带 从 醋 反 虑 动 查 惨 人 坠 驴 日 的 人 复

别 静 透 因 答 解 过 警 察 答 乎 社 便 四 摇 快 记

马 雪 袋 亮 部 乃 光 来 紧 汽 车 旅 馆 复 火 鸡 了

Puzzle 951

乐 摇 快 增 来 负 责 之 今 日 资 口 静 片 段 惫 类
噪 区 看 看 努 建 究 外 露 晚 格 威 文 ！ 桌 存 直
机 摇 降 近 力 性 摇 存 举 龄 的 胁 化 摇 滑 子 了
衬 马 幸 定 社 饭 错 选 排 眼 旅 查 分 树 肉 。 项
损 理 分 的 中 余 情 高 上 迟 馆 夕 解 免 费 子 克
本 口 试 滑 瑞 租 解 中 撞 龄 皂 阳 本 能 考 举 栏
木 填 噪 的 休 飞 自 也 好 部 雨 香 木 袖 究 举 理
释 更 新 机 股 究 他 便 持 情 坠 持 亲 光 克 不 论
定 快 信 会 息 中 出 自 而 眼 趣 子 桥 趣 飞 草 。
社 携 考 究 私 情 复 环 邀 事 乐 胶 。 年 况 生 复
恢 了 选 桥 凑 余 通 皂 父 动 栗 想 了 惊 建 老 得
放 雨 降 马 村 稳 的 移 动 然 物 手 惨 性 袖 基 泽
东 部 袋 碎 惫 驴 心 近 宜 研 惫 园 柄 的 理 增 亲
便 镜 直 源 惊 释 因 心 恐 梳 貌 理 惊 惊 秀 区 凑
眼 间 主 子 衡 乐 乐 焕 情 依 赖 崩 溃 顶 伊 错 惨

今晚
崩溃
威胁
负责
免费
文化
资格
的旅馆
之外
夕阳
片段
理论
努力
的机会
手柄
依赖
更新
东部
动物园
的移动

Puzzle 952

租 地 恐 许 差 香 > 错 自 许 书 野 分 旋 飞 焕 秀
况 究 书 从 究 野 村 底 马 热 权 口 揭 快 栗 子 乐
从 表 保 素 恢 破 趣 车 根 羊 肉 电 示 桥 地 间 亲
现 任 示 况 遇 摇 镜 磨 余 驴 木 视 趣 家 图 上 述
生 稳 书 桥 滑 理 降 鳍 幸 不 身 口 错 庭 了 拉 动
升 后 来 的 数 据 程 最 醒 号 交 热 优 煲 草 本 蠕
了 衬 休 紧 释 摇 肢 出 不 定 平 易 规 专 家 升 真
考 身 底 破 排 摇 则 野 领 不 子 马 来 亲 损 通 绍
高 人 复 乐 社 他 事 摇 公 鸭 幸 赂 的 优 滑 ！ 四
设 有 本 老 遥 遇 动 的 信 部 议 皂 绍 蛾 滑 本 焕
旋 观 皂 他 野 的 也 议 答 眉 家 户 外 飞 复 草 龄
动 行 能 够 水 型 个 栏 基 滑 伙 马 雨 不 增 鳍 于
欲 自 梳 倍 蛾 晚 携 人 飞 了 记 量 过 醒 请 透 的
本 娱 > 子 飞 饭 日 父 煲 电 倍 露 过 增 雪 橇 貌
撞 复 的 惧 许 运 四 亲 转 特 皂 主 马 恢 究 人 来

电视
家庭
户外
表示
专家升
羊肉
现任
的数据
地图
雪橇
揭示
上述
的个人
公鸭
家伙
交易
拉动
设有
晚饭
能够

Puzzle 953

高 稳 乐 水 护 理 红 雪 信 公 查 透 之 碰 疲 人 充
间 木 分 村 心 迟 老 萝 便 园 降 > 的 型 书 稳 亲
复 重 私 发 绍 口 试 票 卜 摇 静 木 差 书 近 滑 村
放 恢 信 的 苦 貓 伏 基 ！ 过 欲 尽 博 私 察 清 ！
型 年 望 心 的 胶 不 先 察 决 记 管 物 也 情 晰 看
型 秀 村 页 持 部 身 碎 马 带 的 地 馆 镜 有 飞 特
伏 基 雪 的 最 栗 复 沿 着 才 人 的 爱 亲 人 况 衡
转 民 等 权 的 稳 有 小 复 紧 > 球 年 。 页 差 优
主 俗 待 苦 难 本 权 泽 数 好 想 员 克 降 先 亲 镜
指 标 持 干 活 惫 安 他 野 欲 衡 图 片 情 烧 机 磨
决 议 衫 旱 凑 闲 部 他 雪 升 木 直 鳍 马 毁 迟 于
最 觉 权 快 坠 试 况 动 醋 饭 鳍 喜 村 露 露 底 坠
性 理 典 衬 生 要 好 驴 赂 电 滑 车 项 了 老 电 思
最 远 况 便 皂 灵 解 傲 落 自 鹦 鹉 瑞 机 私 邀 研
柔 的 怖 雪 保 则 页 乐 顶 息 有 远 衫 掩 盖 摇 人

民俗
公园
尽管
的人才
清晰
博物馆
红萝卜
烧毁
亲爱的
沿着
小数
鹦鹉
分发
苦难
等待
干旱
指标
图片
掩盖
的球员

Puzzle 954

两个
现在
基地
交叉
黄油
婴儿
先生
应该
的场景
挥杆
之旅
野生
几个
艺术
提醒
研究生
改革
好奇
的文章
作用

提 醒 面 几 树 程 胶 衬 复 人 的 ！ 人 携 交 叉 释
特 父 行 放 本 挥 杆 得 邀 排 傲 场 > 惨 滑 修 事
黄 有 紧 肉 排 摇 考 复 复 信 面 不 景 碎 乐 后 欲
油 行 飞 优 研 思 伊 书 邀 口 马 蠕 填 许 柔 鳍 了
木 惧 请 保 豆 研 信 休 充 号 直 增 改 子 乐 部 得
平 复 乐 雪 护 欲 究 车 复 醋 现 在 艺 革 源 便 便
之 村 部 婴 儿 页 地 生 保 降 梳 最 术 页 行 特 社
亲 也 。 生 间 虫 高 野 作 用 坠 日 行 理 龄 持 乐
两 个 秀 复 循 先 项 凑 宜 瑞 持 飞 环 落 自 亮 望
先 然 于 理 煲 虑 不 赂 地 观 解 发 年 几 个 饭 建
肉 租 思 肉 护 直 因 惨 蛾 碎 苦 性 后 邀 驱 乃 自
书 子 降 复 复 摇 的 基 摇 了 也 伏 蛾 能 增 几 四
约 好 奇 面 信 士 文 了 饭 部 日 高 根 页 基 娱 自
自 喜 生 举 豆 惫 章 程 不 水 稻 应 之 重 地 动 坠
恢 租 惊 安 息 摇 惧 先 生 静 视 该 旅 宜 飞 本 类

Puzzle 955

因行乃本举绍直公宜降香思马木类衡倍
貓醋士乐骄飞心司建解决周日日高圆音
蔻的选高饭马老领考因惫循鳍状木柱觉
灵有排碎循动披萨察为袋类似的不衡他
类情自关循规村乐梁地飞素幸通携过数
肥解身联恢试蹈中断部肢坠顶响龄坠请
惧露视士最导向矩情最放假他亮摇乃衡
人眉乐类乃坠护木子桥通光草决礼镜远
欲露的趣疲坠！惧。可规部的理程电复
碰撞木的香驯曲信赂飞可特记摇乐袖人
顶租静时页鹿线绍雪凑趣碰忆得日煲灵
>蔻撞候飞增祖高摇菠情权遥本欲叔量
要社露信况通举考放菜情不便煲领赂叔
他素滑定肉定存静疲车镜真木自焕议分
坠机建恢怖保答望人衬顶图磨车礼面撞

类似的
因为
曲线
公司
驯鹿
周日
关联
披萨
可可
循规蹈矩
圆柱
的记忆
导向
中断
解决
响亮
叔叔
菠菜
放假
的时候

Puzzle 956

惧过子邀定不望人坠运年祖亲了远打高
>从本噪雪的木迟解镜眼过过人望击保
貓龄桥得四权亲眉填充加选人理本雇闲
马坠遥镜友礼幸蔻面重阿的平则则用衡
休部过袋好高衡衫携喜姨幸数先飞页惫
况虫性马的消息礼克来面摇了条本人面
碎树稳欲理要错视类衫心諾祖租行肉驴
损惫则果许项高马差究而西摇摇填他试
摇动也冻喜明确泽最票了东情产解諾肥
遇苦运飞子特坠本错狗小的需求品行为
克疲高咆哮身有底恐欲选遥障选摇滑饭
雨视峰根息趣地增自条想作碍恢图保情
宜状雨乃况增餐乎祖况议家远的女儿静
天社的瑞树自雨厅野行士有几雪面乐貌
桥气蓬松日之也租修况通的基复差思摇

果冻
打击
作家
的需求
高峰
天气
阿姨
餐厅
的东西
的女儿
行为
产品
明确
雇用
的小狗
障碍
友好的
消息
蓬松
咆哮

Puzzle 957

基	瑞	典	人	水	运	要	肉	望	凑	一	近	增	任	后	口	因
。	赂	有	的	树	自	宜	克	答	镜	己	些	股	何	区	领	>
基	蛾	图	顶	本	惊	情	亲	人	范	围	内	发	口	行	充	热
破	秀	的	了	摇	量	怖	然	页	稳	煲	乐	高	迟	打	飞	喜
地	虚	拟	肢	栏	他	温	度	计	蓝	色	的	食	用	破	号	人
衡	区	数	部	声	音	。	煲	草	豆	口	复	苦	倍	惧	趣	亮
栅	存	研	号	情	便	差	虑	村	保	况	高	本	栏	信	人	乐
惧	错	眼	考	怖	露	醋	透	绍	增	飞	飞	驱	带	惨	利	根
识	虎	滑	虑	保	数	而	降	遇	带	长	数	热	降	携	驱	润
别	想	栏	子	规	坠	部	释	转	区	明	年	陪	乐	虑	最	音
放	醒	请	典	项	有	携	观	带	梁	说	转	审	噪	老	复	型
龄	本	的	梁	能	便	不	醋	看	邻	怖	恢	团	老	页	人	滑
安	赂	橡	胶	面	建	答	最	旋	居	毁	栅	里	情	泽	肥	底
延	！	电	动	看	回	衬	书	类	来	怖	的	源	趣	信	木	近
想	虑	惊	马	伊	坠	直	究	惧	思	遇	日	思	赂	远	人	村

虚拟
增长
声音
任何
范围内
温度计
考虑
陪审团
打破
一些
橡胶
食用
瑞典人
利润
邻居
识别
蓝色的
说明
电动
明年

Puzzle 958

举	根	便	赂	研	剪	辑	素	的	人	动	灵	根	情	焕	自	煲
的	而	礼	性	旋	然	复	分	自	坠	像	飞	赂	况	紧	纠	过
邀	士	频	繁	的	身	桥	觉	破	子	他	>	面	惧	有	结	近
恐	雪	娱	惊	宜	网	络	醋	感	旋	释	世	界	本	迟	部	旋
得	上	野	貌	差	建	见	最	觉	士	衫	祖	绍	灵	高	子	条
子	胶	人	亀	上	降	来	丁	型	息	亀	绍	觉	醋	填	马	父
股	迟	宜	检	验	许	梳	请	高	野	看	复	解	木	怖	碎	镜
雨	光	爆	发	本	乐	行	转	热	行	从	快	决	木	修	从	释
而	年	轻	子	草	虫	幸	看	于	部	遥	醒	保	草	稻	稳	不
解	光	老	机	坪	回	试	过	热	水	亮	环	子	人	水	梁	过
介	权	设	计	标	桥	凑	泽	海	理	研	介	自	沙	碎	香	肠
落	空	中	信	记	充	私	想	栅	拔	损	摇	护	漠	回	喜	乐
考	防	惊	趣	信	惊	！	梳	乐	便	本	紧	先	虑	根	虫	摇
请	卫	子	情	本	泽	恐	骄	理	增	伏	释	道	德	行	乃	循
袋	邀	放	本	望	礼	增	直	远	疲	加	光	运	本	克	怖	人

道德
网络
世界
标记
人像
爆发
草坪
检验
感觉
香肠
沙漠
剪辑
设计
年轻
频繁的
防卫
空中
海拔
纠结
增加

Puzzle 959

要高野噪遥惧恐的建增安怖差情规>护
最落父原的人碰整色赂机露规虫加面区
自娱自乐因牙刷完马彩滑权闲西他的噪
故情考雨面本行间保解的>貓部栏伊露
障称考虎况马试类情驱中能情有欲面情
有定加碰马基程现遥项滑况的心面生父
水受息查信梁见实休通信马的程持排里
趣孕典许破坠建便复循后带身高梁衫木
信修梳醒惫理人答规恐滑图标准数量带
梳出建情收摇环栏衡的差摇便望欲的撞
蠕木不想藏沙决子最建权皂雨延静书人
要有命肢记塔约类后人解摇的填野程老
也乐稳中间延梳考分升中休细特有乐快
袖闲擦洗请日马自的究的一节老循过滑
透中图几他见蠕状恐露龄般升性机子释

数量
的恐惧
的色彩
擦洗
原因
命中
称定
身高
自娱自乐
西部
故障
沙塔
牙刷
一般
现实
细节
标准
完整的
受孕
收藏

Puzzle 960

单元
已经
允许
需要
小心
大部分
颜料
头发
剩余
露点
妻子
信号
自动
法院
鹿野
降雨
数据
就像
必须
狭隘

就像回光保信露觉心煲树年先滑分部数
增蠕袋鳍部邀点木旋要增损远出需傲据
泽错性醒稻法院桌喜袖稻父他撞觉要视
望雪秀狭便豆允快趣护克行程娱雪领降
小已经隘衬摇许车蠕滑焕信号从自亲摇
心几落子也他衡间娱远票碰程颜动号有
察休私镜主特心摇栗股底分电料驱妻瑞
必须远号真请便书降过大部分单元子答
看看惫草不修护信能究过木的梳野素镜
的紧活地举也最状头事镜排填动见能稻
本蠕的木亲动栅自许发的最剩虫则性的
查不降错车绍梁介豆源降中最余情草静
型规不领心存凑通坠滑雨衬降丁亮降直
持心底视租重有鹿子充程权惫余建页父
况则。惧他号亮野重息过排视程便领>

Puzzle 961

摇乐关透眉蛾定建虎恢宜也真热不了眉
不许系娱热持损根克音甲亮欲子怖查况
滑项秀议光泽虑车嘲讽虫飞日安疲虎信
惧建号摇复瑞草甸遥亲恐携灵亲图部便
下而紧因息赂邀虑赂释欲克远项亲虫心
知识本飞坠自权型貌修静消租滑迟手册
保从质幸这视直得倍薪饭失骄则休怖领
觉填来平些书驱身特酬高口从况高权议
己看醒没亲释苦落灵的旋介伊破部虫循
好况机安有邀解主的素谈煲观车约凑考
煲破汽源便护图自亲动信话丁想虑加许
转父人车卡肥皂发送定保热蛾本究马摇
见决亲柔运数携祖的栅乐鳍有素生宜伊
之老马醋衬观邀早毁复转人回蠕产静趣
持乎损上恐煲滑餐皂衡心好围巾碎有磨

手册
知识
草甸
关系
围巾
这些
的谈话
肥皂
发送
早餐
薪酬
卡车
本质
从来没有
汽车
生产
甲虫
消失
光泽
嘲讽

Puzzle 962

恐举面遇看摇携携亲村股蠕鳍视惧答恐
颗摇驰名紧迟活部面思保紧运定子遇领
粒袋蒸电最保秀领动页人没亮部皂息情
间考汽栗填恢护票的肉根事看到想乐眉
评估量放远填宜老底的袋镜考坠紧地惨
热分。信带的选选怖瑞主諾乎面页保行
乐子亲典骄书柔諾性复信之袖情人他礼
傲娱状蛾领举不主木克煲里排稻公式主
犯的教育保他恐面邀可明智自欲野闲升
罪肉发梁父坠子面露栅重的针光驱里运
本发出先充上素趣要自树复对衣柜保落
高高回了传番茄生他紧他事使情趣尖入
查热摇豆统摇音及机的情观>用栏尖傲
自马规信礼女了袖其过碎领后基的的恐
木倍饭定出娱孩摇租柔恐国王赂于光梳

的教育
国王
可重复使用的
番茄
针对
蒸汽
衣柜
落入
颗粒
看到
明智
犯罪
传统
尖尖的
及其
女孩
公式
驰名
评估
没事

Puzzle 963

考	规	老	考	复	活	乎	驴	野	保	最	几	醋	医	之	前	蠕
得	蛾	骄	有	究	光	信	日	带	许	热	不	保	院	自	他	稻
望	遇	转	情	子	滑	信	乃	梳	的	梁	落	碰	情	解	驴	柔
记	录	的	剪	镜	微	小	马	类	乐	而	数	古	许	惊	了	有
肉	有	之	迫	刀	小	复	破	思	怖	士	乐	董	究	醋	损	信
水	猛	地	使	苦	的	自	己	的	请	伊	型	猫	衫	研	想	灵
栅	有	领	车	摇	真	状	心	则	型	考	有	解	侵	说	服	木
分	乐	定	马	>	过	远	自	己	放	幸	温	先	入	先	木	活
配	外	>	沙	发	观	增	!	介	幸	子	文	重	恢	顶	类	旋
摇	情	观	人	子	程	稳	较	低	的	肉	尔	通	疲	护	露	举
解	之	衡	答	落	顶	鳍	惧	循	碰	傲	雅	热	错	之	士	胶
惧	自	摇	排	乐	建	坠	思	过	票	根	思	答	身	分	乐	骄
瑞	乃	皂	蠕	年	安	怖	丁	通	欲	复	望	马	情	生	伊	面
息	摇	考	底	落	伊	欲	放	图	雪	篱	鳍	树	幸	人	欲	平
况	释	安	平	最	从	信	喜	位	置	笆	惫	自	音	错	野	马

猛地
古董
沙发
记录
说服
护士
迫使
分配
侵入
温文尔雅
剪刀
篱笆
之前
自己的
医院
较低的
微小的
外观
小马
位置

Puzzle 964

机	趣	亲	亮	出	雨	滑	日	中	生	伊	坠	饭	喜	雨	心	活
移	加	存	龄	雨	镜	马	暑	市	物	桌	英	凑	远	子	猫	看
子	动	银	行	视	不	究	水	场	学	水	语	期	胶	况	答	的
自	中	惧	乐	鳍	工	具	情	的	理	近	究	望	袋	直	>	行
驴	的	绍	情	老	乎	最	露	雨	书	况	领	的	露	主	性	为
磨	特	遇	素	信	貌	然	老	决	便	喜	疲	丁	祖	领	的	眼
里	情	年	考	试	历	条	约	疲	中	近	动	页	毁	趣	衡	中
河	马	成	长	士	摇	史	毁	情	秀	有	护	息	紧	泰	迪	熊
雪	蠕	胶	骄	部	票	况	自	人	息	平	区	野	光	貌	肢	秀
考	撞	研	建	恢	本	滑	口	他	噪	滑	透	充	乐	柔	赂	票
权	真	带	驴	平	邀	图	持	香	行	木	行	面	煲	研	亲	情
股	的	错	主	苦	复	存	底	遇	究	现	代	的	修	日	下	几
恐	带	碰	分	部	苦	于	候	选	人	的	子	携	赂	树	民	族
肢	落	然	喜	。	情	充	落	眼	部	何	重	飞	面	页	约	的
理	远	不	足	喜	恐	灵	户	饭	优	蠕	任	延	车	人	重	规

英语
工具
移动
生物学
任何人
市场
民族
成长
成年
落户
银行
现代
历史
泰迪熊
的行为
不足
候选人
河马
期望
日暑

Puzzle 965

子皂香票保机想>真程度出稻恐考木介
惊栏远恐票焕考运树余灵考状查滑朝部
手臂乐的马持平地下车也饭记复解着四
镜面亲驱然保素马一发况优事露后行乎
电祖时稻年衡老转个共同坠蔻士行祖滑
绍素和刻见回迟股貓碰程欲便亮运证先
领复运平间桌匹礼解况直要考摇驴明增
考举乃完修改配諾书袋坠准备傲自惊>
便升蠕成信解木幸露闲加而寒数思答饭
于介阵票秘几亲热保面面饭性冷驴转醋
有心风余便喜雨柔迟而栅看干子的间特
领安豆马保乐先亲灵了人惊扰迟制行！
丁便子瑞绍评价自区主情安便不定理质
绍士社自选介号保本源页的号衬过撞量
携子行况望错衬觉平了防止平撞中秀程

防止
下一个
阵风
朝着
干扰
程度
和平
便士
共同
时刻
手臂
质量
评价
修改
定制的
匹配
寒冷的
完成
准备
证明

Puzzle 966

肉领梳情蔓顶则议之复机日答伊眉>桌
猫祖肢碰克延安得露望亲优惧本便携式
醋典之分研创造量蠕本梁信持视私的试
考便便恢增人理情于坠惊衰变柔娱事决
衡人理里闲能视旋旋怖梁坠热的的蠕定
情损本他要之摇怖安规飞瑞复书旋面转
人通士泽约香复静保心碰近闲马长复梁
中他条来汽驱保工己的树热分电期滑条
出年款书车数露作激保决则破飞最指责
面心肉几保露栅的动烈士村恢思释子部
状遇知道有光秘工典主见信先艰有乐雨
选虎蛾安电他目作水醒人蛾了难护树研
过绍承诺然好标人葱事信持露他重衬栗
灭绝携环马究存员口遇>。性排泽究领
情胶镜碰息修基左腿疲摇损亲鳍携伊理

蔓延
灭绝
水葱
知道
创造
条款
决定
激烈
衰变
长期
艰难
便携式
指责
目标
左腿
工作
汽车保有
承诺
的工作人员
主人

Puzzle 967

风	碰	亲	马	稳	闲	进	过	士	试	灵	因	野	胡	产	生	间
子	筝	肢	近	紧	欲	一	循	日	来	动	条	心	萝	真	士	乐
恢	查	秘	乎	邀	则	步	也	梳	趣	柔	排	余	卜	他	喜	觉
性	马	保	先	坠	雨	分	带	趣	的	要	得	数	加	亲	紧	复
能	部	迟	持	不	坠	定	灵	虑	对	眼	来	记	驱	惊	驱	视
士	的	不	久	面	娱	欲	护	察	手	本	过	正	鳍	环	鳍	远
保	下	保	心	分	滑	间	主	亮	灵	活	亲	式	查	丁	静	页
肉	惫	损	特	危	机	介	秀	惧	电	碎	休	量	观	事	行	而
请	求	用	议	情	通	骄	镜	定	飞	透	袖	底	建	的	重	区
持	操	作	承	远	平	肢	口	趣	号	镜	考	龄	豆	典	本	克
人	有	的	面	认	諾	区	衡	不	滑	性	本	察	损	梳	股	驱
信	源	傲	环	车	平	顶	虑	项	热	男	孩	误	差	理	热	苦
记	过	有	了	的	不	灵	考	研	静	充	绍	本	欲	橡	子	勺
约	袖	磨	惨	高	雪	栗	批	判	快	柔	股	业	趣	肢	间	面
动	出	静	型	苦	惫	怖	理	！	人	噪	袖	娱	务	升	入	木

误差
危机
的作用
承认
风筝
升入
正式
胡萝卜
勺子
不久
男孩
请求
业务
产生
橡子
批判
进一步
的对手
灵活
操作

Puzzle 968

因	信	看	休	泽	真	牙	灵	的	先	袋	基	有	镜	因	里	水
礼	树	研	况	源	察	情	膏	脂	超	行	了	情	思	母	亲	芹
有	试	动	袖	礼	静	释	迟	肪	越	隐	疾	机	平	亲	行	秀
祖	木	蠕	环	便	梁	电	毁	保	欲	藏	病	延	遇	图	也	从
远	的	幸	多	次	木	看	热	介	机	本	乐	生	的	信	身	本
面	恐	民	主	笑	醋	况	心	包	己	孤	独	灵	眼	状	衬	旋
他	理	书	虎	了	人	车	惊	子	上	想	口	落	稳	旋	程	邀
乐	摇	存	理	底	人	便	数	上	情	乐	视	的	觉	滑	答	书
研	快	惧	发	不	惊	喜	相	书	不	答	露	自	环	乐	解	先
欲	秘	虫	持	摇	事	类	关	绍	冷	记	觉	领	车	迟	！	介
滑	短	区	人	鳍	顶	上	通	复	秃	冻	傲	的	稀	缺	放	区
主	暂	看	本	议	存	车	树	宜	本	鹰	下	情	必	磨	蠕	社
考	闲	邀	先	介	年	栏	性	静	落	伊	他	热	要	虫	解	水
快	察	书	试	书	中	望	约	灵	情	租	动	素	的	透	社	热
忠	诚	亮	约	破	重	香	余	桥	降	典	乐	諾	的	决	建	答

忠诚
冷冻
多次
牙膏
稀缺
相关
惊喜
短暂
必要的
孤独
母亲
民主
水芹
包子
隐藏
的脂肪
超越
笑了
秃鹰
疾病

Puzzle 969

口 近 情 稳 迟 究 的 程 议 野 猫 谷 仓 得 领 基 摇
己 观 傲 亲 状 环 蔻 > 书 增 保 稳 动 饭 赂 议 露
回 底 缤 的 傲 护 决 的 便 信 差 木 的 素 有 貌 野
究 性 纷 主 许 票 滑 栏 保 亲 > 醋 倍 演 增 情 面
马 惨 焕 闲 亮 降 建 上 放 人 丁 摇 之 察 员 鳄 鱼
解 落 平 自 透 环 究 认 识 基 票 大 声 状 人 升 本
修 丁 息 醋 面 科 学 分 便 金 人 热 票 自 坠 不 草
面 行 虎 损 行 马 磨 煲 究 放 因 煲 护 虫 醒 信 莓
有 况 稳 结 了 安 不 份 额 号 驱 镜 议 从 信 他 转
事 力 坠 石 骄 伊 优 傲 心 修 加 放 觉 稻 栏 基 后
平 意 光 音 恢 > 因 澄 条 摇 惫 摇 篮 主 过 社 号
疏 注 上 乃 醒 的 平 清 驱 视 老 时 间 表 车 议 信
醒 散 通 裙 则 妹 约 毁 他 恐 虎 信 树 图 领 释 人
龄 分 看 有 子 妹 则 坠 信 信 煲 过 了 素 亲 马 静
发 循 趣 欲 状 面 试 马 建 礼 充 数 自 热 选 人 差

疏散
大声
澄清
结石
分散注意力
摇篮
的妹妹
认识
草莓
老虎
缤纷
野猫
时间表
的演员
谷仓
鳄鱼
基金
科学
裙子
份额

Puzzle 970

汽油
发动机
饲料
此句
家具
蜡笔
学生
小弟弟
图像
快速
相拥
女人
单独
健康
可靠
建议
驾驶
动作
开启
足够

之 四 秀 噪 动 下 决 保 号 落 子 从 欲 镜 坠 子 摇
饲 近 坠 直 行 人 远 热 活 龄 看 票 研 过 坠 考 通
料 健 康 平 苦 有 本 建 乃 开 下 灵 灵 噪 此 赂 解
草 自 息 发 动 机 小 弟 弟 启 噪 梁 驾 驶 句 ！ 灵
音 不 碎 旋 疲 单 独 动 作 先 宜 情 型 心 运 坠 动
木 平 口 自 究 四 分 分 快 定 车 摇 木 树 保 量 视
高 研 栏 领 远 平 摇 分 速 于 面 香 醋 规 建 栅 面
可 撞 灵 胶 来 飞 研 口 的 重 惧 也 书 草 能 滑 特
汽 靠 乃 煲 足 特 然 保 行 则 议 的 日 觉 日 填 露
保 油 看 心 够 中 驴 趣 镜 惫 远 坠 学 镜 填 书 举
自 好 柔 重 的 升 况 肢 建 透 他 最 生 露 加 远 赂
保 之 顶 透 活 肉 私 建 状 车 的 年 闲 镜 高 女 摇
蜡 笔 倍 图 自 型 股 议 透 车 情 老 音 赂 人 迟 人
相 几 好 像 来 出 磨 灵 家 树 真 摇 高 来 不 典 视
拥 蠕 不 基 部 生 快 释 具 携 典 远 而 袋 复 远 毁

Puzzle 971

镜拓展幸傲底举热邀社要最发人真下村
光源泽的的饭排子票驴于坏野遇情有摇
独自人亮保疲近号貓不滑的的醋邀梳丁
野滑自衡子看回凑举自答衫素视伏要存
情自趣复转最理娱理由眼加遥自线镜日
素虎灵拍镜动息乎事己租撞自事高里上
雪梁增摄鳍梳号情许得不未能毁野过神
增延醋，倍好镜的请最秀皂栏心便条秘
望蔻镜而滑滑雪蜘他涉本信克拳露雪心
迟衬复不整个看人蛛及信典秀击议于坠
配娱怖是损丁护宜驴有决疲名赛季泽心
备基秀貓四紧口梁动皂记建词活从摇基
决复飞虑突栏过冬青自毁恐摇龄信定部
量高伊几然坠礼北源愚蠢的绍肥！远本
>木透秀考分滑惫极看倍眉保下乐考镜

独自
赛季
神秘
，而不是
名词
最坏的
未能
自由
拓展
的视线
蜘蛛
拳击
拍摄
北极
突然
配备
愚蠢的
涉及
冬青
整个

Puzzle 972

谈话
苦差事
桥梁
洗涤
吸血鬼
麻烦
独奏
下面
经济
实践
创建
消防员
系列
定的
的荒野
价值
很多
审判
发布
椭圆形

出信间典的定主许几栏桌露消租许村人
有闲延试荒衡优心热亲差恐子防亮野出
>独奏饭野恐热磨人恢电坠规底员充程
麻趣貌先社重损桌来创肢趣衡諾页回椭
烦祖紧近议恐人地毁摇建地生保型动圆
规苦差事型从马也摇保人活定保亲放形
直乐的人虑恐增口虫选复远透降村看特
。！梳摇虑闲加究试规记出谈话过栅发
口发之源也龄真洗涤的破鳍桥梁能吸延
虑布系列思趣号子经济答从活木下血约
回价值日日不书理察摇思因出错面鬼袋
从来觉很出遥情息释木紧修携倍携快娱
实审判多>素自高毁鳍电股士复骄加人
放践皂乐人见加介信柔高中骄野选领惧
而迟排增虎行特焕许信水损数的根欲稻

Puzzle 973

源 不 的 文 充 有 没 察 数 马 后 煲 查 信 遇 典 静
部 野 人 章 差 信 话 碰 的 关 心 心 摇 貓 饭 股 骄
磨 水 议 惫 的 中 说 总 官 特 赂 冲 突 破 自 思 建
的 有 用 近 透 主 日 线 方 他 倍 动 信 祖 高 行 乐
增 复 香 状 肢 发 带 ， 祖 焕 虑 忽 马 看 修 面 查
使 幸 蕉 凑 遇 的 肢 快 除 遇 热 略 首 脑 会 议 稳
的 出 持 梳 绍 信 灵 分 余 了 近 静 切 一 的 实 际
赂 议 碎 心 于 思 有 趣 得 填 宠 过 镜 中 区 子 况
定 后 了 稻 究 静 表 现 凑 旋 研 物 项 虫 本 虫 自
肥 疲 上 草 他 高 思 延 子 好 决 祖 本 研 不 焕 豆
灵 马 结 人 填 四 规 几 不 幽 灵 不 观 情 从 的 梳
要 中 构 充 足 的 栗 增 人 根 答 士 胶 稻 稻 父 事
几 发 父 趣 余 他 桌 己 生 书 野 坠 伊 人 热 建 >
高 观 便 区 凑 平 摇 有 机 惊 究 毁 栏 理 木 循 蔻
特 举 动 人 租 得 栅 镜 本 情 延 衡 野 木 举 存 信

关心
的实际
，除了
冲突
首脑会议
的官方
表现
幽灵
的一切
稻草人
结构
宠物
充足的
香蕉
总线
没话说
的有用
忽略
使出
文章

Puzzle 974

摇 因 能 惨 余 信 镜 事 袋 紧 条 稻 以 及 上 下 主
他 热 滑 心 鲜 龄 绍 眉 惊 闲 电 决 人 身 心 伊 近
疲 倦 面 惨 花 撞 子 木 要 间 从 傲 不 存 怖 余 充
绍 伊 环 票 的 大 巨 地 重 旋 栅 充 欲 自 部 看 水
增 双 他 的 乐 生 倍 静 胶 解 音 行 过 现 场 性 号
趣 亲 滑 亲 真 况 菜 欲 心 摇 位 远 介 安 宁 延 权
动 也 选 复 不 里 飞 父 不 信 移 欣 然 极 地 猫 飞
激 励 子 乎 子 建 的 复 父 出 恐 便 则 静 紧 人 观
人 乐 方 本 马 人 真 亲 恐 克 惊 煲 子 环 飞 然 驴
息 恢 面 信 摇 绍 研 煲 望 状 幸 滑 研 灵 定 望 宜
规 复 了 醋 梁 豆 木 木 远 眉 上 他 也 伊 自 查 镜
建 图 转 解 号 梁 图 乃 镜 子 趣 貓 的 面 摇 山 稻
基 桥 醋 规 释 号 镜 狮 伊 存 父 考 面 平 碎 带 羊
典 保 领 蔻 的 约 疲 子 秀 镜 静 部 回 紧 静 礼 出
撞 四 视 从 丁 故 事 遇 喜 袋 人 护 自 特 焕 身 现

极地猫
现场
鲜花
出现
位移
激励
望远镜
木乃伊
山羊
恢复
巨大的
双亲
狮子
方面
故事
安宁
以及
欣然
的生菜
疲倦

Puzzle 975

记 你 自 己 本 迟 桥 国 规 后 马 伏 的 趣 甚 至 貌
保 姥 姥 行 摇 顶 遇 面 际 人 倍 维 部 股 亲 衬 研
梁 规 管 理 者 磨 衬 四 直 总 紧 平 护 最 大 音 好
邀 过 便 复 过 循 情 醒 毛 衣 统 均 决 醋 情 行 马
摇 惫 复 小 子 马 肢 里 羊 秘 考 条 坠 驴 查 迟 特
树 搜 思 决 排 露 约 信 特 灵 柔 领 倍 私 决 音 权
袖 索 乎 倍 飞 本 重 最 口 根 页 驴 保 磨 撞 恢 顶
条 右 手 环 祖 貌 特 磨 状 娃 静 动 摇 镜 成 功 保
草 心 约 有 远 他 旋 己 领 娃 图 子 电 乐 进 入 滑
他 子 。 考 特 项 动 优 灵 考 复 幸 便 权 桌 主 有
图 恐 部 心 殊 撞 草 书 过 胶 乐 因 > 胶 眼 基 研
貌 从 远 乐 直 好 秘 雪 醋 栏 素 瑞 持 水 灵 之 木
焕 错 喜 特 栏 泽 携 程 望 状 运 信 肉 数 諾 考 趣
稳 衫 蠕 试 护 类 煲 填 修 衬 己 子 票 带 权 亲 蛾
人 便 不 基 梁 栗 动 理 于 根 重 他 破 眼 镜 组 织

姥姥
甚至
最大
国际
你自己
成功
进入
组织
维护
小子
羊毛
管理者
平均
毛衣
右手
娃娃
总统
胶水
特殊
搜索

Puzzle 976

升 书 恐 手 少 数 落 面 自 护 行 查 重 亲 信 见 而
面 票 灵 滑 机 粉 眉 活 面 面 本 乃 信 请 余 秋 狼
视 心 过 股 蛾 红 来 飞 己 行 得 驱 也 图 便 季 狼
乐 醋 许 眼 填 色 水 得 子 梳 面 视 要 口 己 。 坠
环 灵 蔻 睛 观 撞 摇 水 自 醒 复 苦 部 胶 得 考 面
肉 皂 克 高 研 机 炎 热 机 士 行 对 医 远 包 不 票
树 护 胶 乐 信 中 社 延 心 泽 老 不 疗 项 裹 ！ 过
宝 宝 延 不 静 底 傲 香 便 梁 真 起 露 远 摇 性 余
复 口 木 伊 。 心 摇 改 介 自 受 考 循 摇 远 携 典
木 諾 丁 桥 肢 存 滑 善 请 秀 虎 害 释 武 口 驱 释
信 解 号 骄 程 香 议 諾 自 貓 虑 乐 者 器 不 木 绍
坠 坠 蛾 动 特 议 自 发 重 转 果 汁 趣 定 能 最 树
复 恐 申 请 蠕 的 遥 定 信 灵 恐 巨 灵 机 力 心 鳍
骄 撞 修 定 稳 赂 保 书 察 重 试 大 研 口 惨 人 己
各 地 皂 煲 音 貓 后 的 丁 雨 释 而 肢 邀 租 面 过

各地
武器
宝宝
巨大
粉红色
能力
果汁
申请
少数
医疗
手机
眼睛
秋季。
改善
狼狼
对不起
包裹
受害者
乐趣
炎热

Puzzle 977

充 的 定 肥 排 页 量 素 权 肢 羊 具 毁 地 惊 理 梳
电 最 车 损 循 增 本 有 整 洁 的 备 填 介 情 举 伊
了 亲 先 失 马 性 稳 祖 野 傲 傲 亲 了 便 议 他 的
倍 最 坠 傲 祖 便 水 环 增 贤 人 过 便 衬 滑 存 研
肥 出 机 区 自 的 雨 论 否 露 股 请 充 木 的 祖 通
平 惊 胶 页 泽 本 通 文 望 定 通 灵 事 活 面 通 举
紧 急 修 。 得 的 稻 释 遥 亲 透 情 票 真 保 灵 究
转 型 眼 村 票 驱 条 某 处 伏 行 毁 直 不 解 雇 肢
海 雀 区 惧 心 下 ！ 虎 武 士 热 部 毁 肉 规 这 撞
的 醋 查 虎 栅 黄 瓜 情 苦 子 。 士 情 自 马 则 样
破 决 稳 肉 木 木 貓 平 近 遥 自 差 解 人 自 军 事
降 伏 村 股 量 摇 秘 紧 士 延 社 木 信 存 复 音 镜
拒 领 远 件 几 草 于 人 区 栏 草 考 能 体 育 乐 柔
绝 心 老 事 的 不 秀 马 了 趣 便 祖 直 的 部 私 马
也 突 然 的 透 安 直 息 的 类 凑 袖 释 情 不 祖 了

武士
贤人
的事件
损失
这样
突然的
的羊
紧急
拒绝
黄瓜
体育
某处
海雀
军事
论文
否定
具备
解雇
不规则
整洁的

Puzzle 978

热 排 情 转 怖 量 保 便 安 肉 ， 余 坠 也 望 肥 望
发 考 股 香 蛾 不 身 碰 乃 入 虽 虫 欲 的 碎 理 马
过 不 野 条 困 难 自 然 惊 口 然 娱 蠕 蛾 乃 稻 思
去 有 醒 肉 出 下 信 娱 举 绍 野 下 虫 。 安 记 的
的 能 心 错 发 午 部 碎 雨 遇 自 票 转 过 有 信 的
摇 骄 股 的 降 驱 延 > 规 情 充 人 摇 根 考 得 除
也 持 活 底 恐 迎 娱 余 摇 自 带 几 的 运 煲 人 外
心 条 件 究 决 欢 增 事 项 快 来 自 票 优 中 紧 复
持 口 绍 机 飞 的 王 子 煲 租 部 页 有 。 饭 破 了
了 先 的 损 数 典 爷 摇 自 坠 栗 惊 保 近 乃 惨 最
源 木 肉 醋 带 的 有 爷 的 事 情 定 动 倍 顶 素 礼
露 倍 部 梳 肥 便 透 树 解 行 梁 老 破 图 的 区 >
环 部 信 人 记 数 的 保 男 滑 秘 稻 运 保 领 也 飞
諾 傲 性 衫 的 乃 研 底 因 子 动 暴 力 士 人 恐 栗
定 居 者 电 重 諾 的 部 他 宜 启 便 人 迟 乐 私 木

定居者
除外
启动
底部
困难
不过
暴力
的爷爷
下午
王子
男子
入口
条件
的事情
，虽然
事项
的欢迎
过去的
滑动
的飞机

Puzzle 979

平	快	根	迟	子	迟	肉	野	便	飞	自	情	便	远	自	人	蔻
树	密	据	不	保	几	鳍	携	量	人	惨	灵	环	车	复	幸	醋
他	封	考	过	柔	自	则	梁	保	己	上	安	栗	型	护	闲	分
不	典	树	滑	页	答	信	丁	股	几	信	于	静	事	秀	焕	恢
飞	了	恐	规	生	信	然	乐	票	五	期	星	许	的	袜	子	栅
充	伊	香	好	反	露	肉	顿	时	空	个	生	持	大	眉	想	伊
解	地	蔻	心	映	程	分	旋	摇	间	倍	有	护	最	面	部	透
解	底	私	条	运	衬	乐	蛾	里	亲	衡	子	自	行	热	坠	觉
恢	饭	人	形	状	政	准	秀	梳	乃	爱	好	成	本	带	出	觉
>	状	事	动	平	府	则	身	研	惨	面	灵	鳍	建	介	静	保
闲	滑	信	增	状	最	究	晃	了	自	细	地	了	记	怖	面	通
衫	肉	村	人	便	摇	他	撞	晃	领	胞	考	飞	护	肉	疲	信
约	乐	水	一	滴	事	的	驱	心	悠	坠	运	远	醒	底	平	人
飞	梁	遇	议	年	肥	行	究	疲	醒	悠	输	蔻	磨	损	秘	怖
木	复	恐	不	焕	绍	马	草	回	的	动	稻	毁	部	怖	增	亮

星期五
准则
安静的
五个
密封
晃晃悠悠
反映
股票
根据
最大的
形状
运输
爱好
空间
政府
袜子
顿时
成本
细胞
一滴

Puzzle 980

学校
发现
避免
鸟啼
游泳
学术
硬币
结论
吊着
豌豆
严重
边缘
试听
星级
的医生
油漆
执行
的任何
鸡蛋
连续

望	类	观	鸡	便	生	有	顶	人	直	面	高	最	社	的	眉	的
士	碰	上	蛋	信	之	老	条	研	转	>	眼	栏	请	书	因	幸
股	欲	野	远	能	面	携	则	礼	心	虫	然	望	持	平	察	透
学	校	凑	不	子	摇	醋	栗	木	恐	惫	心	复	秀	视	机	心
心	苦	护	信	鳍	优	子	来	游	泳	稳	安	怖	几	便	邀	的
答	区	他	执	后	试	乐	丁	諾	情	安	龄	余	子	车	来	先
车	复	视	行	试	闲	草	幸	携	后	鸟	热	何	结	论	连	乎
号	领	最	究	听	避	雪	见	动	中	星	啼	任	欲	豌	续	闲
豆	便	热	热	乐	免	硬	币	惨	选	发	级	的	面	豆	毁	泽
滑	飞	高	量	严	重	学	议	增	紧	现	自	医	水	马	顶	上
护	摇	休	记	介	摇	术	人	桥	不	的	蠕	生	填	四	士	最
信	村	马	不	便	的	基	便	部	数	高	区	发	思	驱	过	桥
远	坠	油	能	举	也	乐	领	典	股	想	欲	坠	梳	蛾	便	胶
真	解	边	漆	行	填	梳	究	倍	特	考	遥	来	蛾	视	透	吊
亲	草	缘	平	眼	察	书	貓	后	真	宜	碰	保	究	理	磨	着

Puzzle 981

木 远 欣 情 释 错 蔻 距 远 本 面 惨 恐 四 雪 持 电

后 信 赏 皮 遭 受 有 离 村 桥 木 于 便 远 定 数 介

租 月 差 肤 情 之 最 貌 灵 静 泽 部 信 试 请 栏 损

来 热 球 私 得 有 坠 社 心 蛾 私 上 转 有 亲 权 树

人 本 恐 页 面 近 赂 余 页 亲 也 部 计 几 摇 磨 查

香 香 野 保 草 伊 平 释 查 直 便 祖 碎 划 要 不 护

碰 行 热 稳 办 公 室 四 理 赢 回 旋 几 灵 复 素 过

面 解 衬 直 定 思 的 运 柔 了 过 惊 目 事 出 ！ 饭

考 人 欲 恐 想 摇 蛾 乐 则 便 程 桌 的 性 他 模 梳

树 因 动 的 环 滚 衫 木 苦 能 觉 音 的 究 日 拟 本

慷 考 近 蔻 典 马 祖 苦 基 野 小 麦 凑 了 泽 滑 了

慨 考 母 携 望 鳍 趣 逮 捕 储 去 年 程 煲 权 仅 香

疲 伏 鸡 自 中 也 远 醋 栗 他 备 心 泽 早 晨 仅 士

碰 傲 灵 错 升 议 諾 先 貓 究 貓 动 上 马 豆 栗 因

真 心 本 迟 草 貌 量 页 息 人 村 修 马 心 ！ 苦 倍

去年
慷慨
距离
小麦
储备
计划
目的
母鸡
欣赏
月球
模拟
赢了
遭受
摇滚
早晨
仅仅
办公室
皮肤
逮捕
醋栗

Puzzle 982

息 醋 便 条 遇 平 紧 远 驴 苍 得 自 惨 祖 亮 保 热

衫 书 获 信 赂 光 解 见 上 蝇 祖 复 桌 身 静 试 思

静 光 得 身 份 菊 规 海 洋 泽 股 因 好 子 私 皂 主

娱 电 条 记 桌 口 花 护 心 赂 光 > 苦 马 镜 透 解

了 程 差 摇 马 恢 袋 的 他 过 喜 闲 祖 眉 编 辑 下

己 重 衬 持 的 闲 撞 研 记 野 心 皂 乐 大 虑 衫 安

邀 灵 考 恢 他 衡 情 娱 > 毁 亲 雪 人 米 如 何 紧

保 填 信 查 循 姥 己 页 于 电 欲 口 安 底 直 栅 摇

不 。 程 的 野 爷 礼 奉 号 政 府 的 议 社 间 回 排

里 后 父 放 黄 鼠 狼 献 心 怖 自 他 能 优 喜 红 则

四 透 苦 迟 滑 醋 有 年 票 不 身 在 远 发 运 色 坠

欲 泽 的 究 绍 自 请 人 车 栗 木 恢 赂 远 蔻 春 便

草 子 有 马 理 循 结 滑 股 解 野 情 滑 亲 决 天 热

雪 快 行 袖 摇 梳 果 情 人 顶 人 活 运 环 主 碰 余

乎 恐 地 基 的 娱 监 狱 毁 乐 持 环 透 幸 重 间 坠

黄鼠狼
海洋
身份
菊花
大米
红色
政府的
苍蝇
奉献
口袋
野心
春天
自在
编辑
监狱
姥爷
雪人
获得
如何
结果

Puzzle 983

肉行灵素趣差本行人桥心建蛾雨静上差

升赂循思几的结果型图栅查年肥填肥趣

光重人疲亲滑煲倍了祖稻心貌父老特桥

树灵增延肥回雪稳便人权脏乐人休乐本

蔻皱纹根乎约遥飞释来保栏底子人下人

携怖答底情鹌鹑醒乐动特也发延野息信

飞坠龄究看面过重>蔻人有壁状三角驴

苦疲老鳍野諾望区充细腻时炉私行蛋糕

冒栗野书思远顶书伏己好不本飞毁型先

险答案透不面士好的部大释心信肉发决

的灵樱滑旋书的处子肉源衣几秀子落射

修有桃情状人票最露行年环状猫灵保建

复持鳍子介水趣真栏便光趣碰人好页理

的虎绍领过介滑之觉音柔梳撞功能思年

余祖先灵基稳亮租理蛾疲考衫运摇噪了

心脏
有时
修复
功能
碰撞
樱桃
大衣
的结果
答案
祖先
发射
鹌鹑
三角
皱纹
细腻
蛋糕
壁炉
滑雪
好处
冒险的

Puzzle 984

医药
骨折
患者
郁金香
选举
花园
吸引力
形容
辩论
的茶壶
生姜
服从
建造
粗心
兔子
终于
适当
真正的
地板
远近

肉摇自带面碎适远特保心野充欲情究之

服从父社飞信当近形容香图信乐伊醒貓

下延延地几本眼从持情持建亲地子落人

鳍票通树郁磨究人的高热了造板粗的望

四好日心金礼骄解发基的撞环趣心驱本

遇自记回香复察花乎页父图电部。心肢

怖环数亲书本能透园人底从坠娱飞肢胶

书许安回复幸远生姜。豆释究真父马社

保乃循车了恐直高快许考医药正幸便议

泽页余便木光四生决坠行壶茶的介票出

吸引力的源亲视选举机骨见充见终通克

旋平素之降的面充桥信折权疲了分于坠

升马瑞雪坠貌袖票许飞惊答分下分兔考

也观研。患者排露延领欲休的携本子特

信遇来马情栏辩论乎况来瑞生飞行趣稻

Puzzle 985

很 光 衡 先 破 的 心 面 生 释 心 顶 的 栏 素 撞 绍
好 心 父 高 平 倍 视 透 察 水 恐 里 加 余 领 。 伊
的 笑 可 日 伊 喜 的 灵 重 能 间 趣 子 有 带 底 视
木 亲 定 的 信 数 情 视 闲 举 顶 四 水 释 音 优 建
访 问 位 法 规 摇 乐 灵 梳 亮 面 皂 伏 觉 发 安 重
行 邀 则 木 复 水 租 疲 諾 近 心 自 画 壁 的 乐 视
高 看 树 人 研 近 碰 本 惫 得 娱 活 欲 煲 绅 好 动
飞 父 条 破 失 望 的 书 醒 草 先 好 状 镜 士 豆 想
最 考 礼 结 婚 素 书 快 降 股 便 本 远 梁 则 动 远
子 复 驱 项 遥 舞 木 蛾 龄 想 豆 止 好 摇 股 差 的
重 过 自 龄 带 台 外 部 能 > 恐 暂 停 噪 摇 滑 底
虎 量 糖 果 环 护 撞 心 赂 稻 士 怖 撞 决 出 建 过
醒 部 草 修 差 排 栗 萝 卜 决 木 喜 号 蠕 复 量 趣
透 闲 安 本 礼 几 人 野 灵 票 源 > 决 傲 惧 带 增
也 木 也 老 噪 的 电 乃 己 版 本 运 碎 惨 差 里 的

外部
的发音
访问
定位
失望的
暂停
可笑的
萝卜
恐怖
舞台
版本
的壁画
重量
很好的
停止
糖果
法规
结婚
重视
的绅士

Puzzle 986

特 中 明 天 碎 保 便 安 地 定 底 协 绍 坠 型 坠 子
最 有 秀 滑 任 务 满 足 毯 义 傲 助 电 信 有 肥 野
接 然 考 疲 喜 修 恢 从 社 露 醋 自 碰 循 面 自 型
受 加 鳍 惧 增 梳 眼 的 本 惨 乐 选 眉 年 向 日 葵
信 亮 鳍 士 本 优 乎 皂 操 瑞 素 面 回 草 的 充 电
懦 夫 便 项 带 趣 也 磨 者 作 数 增 介 的 高 宜 不
自 区 肉 丁 的 落 恐 部 包 括 损 骄 子 柔 运 面 行
味 部 肥 龄 行 旋 特 心 豆 苦 余 栗 本 镜 磨 情 口
凑 道 日 主 星 修 四 得 粪 眼 先 音 看 察 行 见 年
研 欲 况 来 期 素 保 分 便 信 。 虫 撞 书 事 选 因
鳍 能 转 租 究 解 木 粪 急 剧 错 惨 眉 发 欲 先 克
请 梦 衬 马 护 热 转 欲 填 先 从 眼 区 最 便 素 坠
一 想 差 便 程 草 研 带 来 热 太 身 喜 解 柔 的 则
源 年 察 飞 年 绍 日 平 惫 信 阳 延 议 理 恢 的 试
素 秘 情 存 建 乎 情 行 衡 的 镜 的 直 煲 电 里 的

包括
地毯
带来
的操作
向日葵
一年
味道
任务
接受
明天
满足
梦想
作者
协助
得分
急剧
星期
太阳镜
懦夫
定义

Puzzle 987

身 机 行 的 领 正 的 倍 修 马 研 泡 ， 便 快 秀 骨
平 顶 最 醒 错 真 是 降 保 私 营 打 野 动 乐 鳍 头
查 敻 过 高 伏 因 热 马 蜗 杆 底 粉 己 豆 物 不 步
祖 察 老 安 煲 见 乐 况 研 自 事 则 因 数 焕 发 行
当 前 破 宜 电 信 心 了 高 管 休 子 复 口 本 绍 理
乐 子 上 邀 豆 里 机 见 心 数 到 心 有 > 肉 来 肉
本 蟾 定 数 的 社 人 机 理 皂 达 事 绍 虎 衡 透 貓
则 蜍 欲 定 见 幸 便 主 最 排 本 噪 > 复 露 先 貌
伊 从 摇 部 带 理 远 肥 看 后 草 鳍 克 也 运 下 几
面 充 持 撞 转 平 面 > 邀 士 型 主 不 复 下 新 顶
光 领 特 丁 里 到 处 的 了 发 灵 降 的 来 租 区 闻
比 较 权 野 梳 坠 底 图 反 应 便 条 几 答 摇 地 坠
看 旋 自 优 部 野 。 约 热 趣 损 充 后 状 先 电 乎
复 错 得 选 平 素 倍 行 护 事 幸 机 木 看 飞 性 回
的 的 面 票 复 安 有 倍 透 凑 毁 平 泽 乎 可 移 植

蟾蜍
可移植
高管
到达
骨头
私营
焕发
新闻
反应
真正
当前
步行
特权
，动物
到处
泡打粉
蜗杆
比较
正是
快乐

Puzzle 988

源 蔻 喜 蔻 视 貌 日 基 绍 虎 胶 野 之 远 得 租 分
的 领 举 > 权 新 建 则 惧 根 年 迟 草 闲 存 本 离
煲 他 也 局 选 从 鲜 考 栗 底 有 度 变 量 摇 。 的
延 活 发 限 信 视 有 噪 栅 伊 不 查 举 父 磨 闲 栏
一 次 性 克 热 图 部 人 露 最 视 村 差 欲 口 > 保
上 惊 存 眼 项 程 理 秀 答 说 ， 本 高 四 高 情 敻
分 日 娱 也 貓 雪 木 出 栗 落 性 亮 龄 复 部 丁 究
坠 状 马 检 至 望 聚 焦 摇 雪 秀 虫 部 直 能 透 老
热 后 举 讨 少 错 龄 填 人 人 只 是 趣 焕 见 信 四
噪 直 本 领 里 误 降 坠 书 复 里 自 草 伊 也 貓 肉
达 成 一 致 解 平 秘 镜 增 充 复 乐 惊 桥 情 运 亲
填 根 蔻 情 趣 摇 重 肉 乎 理 饭 的 惊 先 顶 制 。
底 邀 建 醒 角 落 力 肢 瑞 虫 上 敻 机 鳍 丁 造 能
落 有 貓 降 木 规 希 信 最 虑 幸 信 信 栗 手 提 箱
亲 性 落 的 仇 恨 望 性 喜 直 高 人 不 先 典 乐 秘

至少
局限
的仇恨
错误
制造
只是
说，
变量
聚焦
角落
检讨
一次性
重力
一直
达成一致
新鲜
手提箱
年度
希望
分离的

Puzzle 989

喜	光	兔	行	迟	高	最	人	磨	因	项	了	基	心	书	雨	况
书	马	子	栗	于	页	趣	近	部	自	股	自	领	惨	倍	查	介
眉	祖	天	四	马	机	解	项	分	毁	饭	克	况	领	栅	底	皂
乐	视	定	汉	重	驱	泽	后	镜	保	顶	举	的	领	饭	典	傲
。	大	便	了	堡	桌	普	木	稳	究	介	露	趣	回	介	地	遇
袋	鼠	型	欲	醋	包	通	宜	礼	选	坠	的	的	人	票	日	稳
袖	情	理	摇	性	饭	沟	持	动	光	情	平	图	的	解	放	人
开	玩	笑	然	的	有	填	书	日	下	看	不	惊	野	焕	！	息
虑	衬	觉	特	桥	转	情	放	乐	亲	始	终	思	部	他	顶	煲
凑	转	婚	礼	特	龄	村	犹	豫	噪	排	了	行	镜	瑞	凑	灵
灵	情	选	热	去	考	保	年	怖	傲	主	来	远	野	梁	雨	信
袋	焕	镜	过	除	信	特	凑	区	镜	例	语	速	坠	制	能	驱
他	。	滑	议	资	徽	实	现	运	源	宜	外	子	亮	定	肥	自
决	的	伊	然	源	章	携	中	有	事	！	理	得	书	近	几	自
情	主	惧	机	惫	秘	上	惧	考	栅	安	携	欲	恐	环	私	有

兔子天
袋鼠
制定
大便
犹豫
普通
沟通
汉堡包
婚礼
最近
最高
资源
实现
始终
语速
例外
去除
徽章
开玩笑
部分

Puzzle 990

察	休	惊	里	回	衡	伏	中	父	主	排	人	循	环	欲	权	透
任	修	股	士	惊	修	怖	音	有	信	心	发	凑	下	活	之	明
命	详	司	的	一	遥	桥	举	礼	煲	野	香	可	保	于	镜	型
最	细	机	直	平	起	了	能	动	能	带	记	怕	加	镜	野	热
行	安	滑	毁	焕	貌	马	建	立	村	驴	股	的	确	正	眉	之
驱	排	延	人	桥	飞	野	信	蔻	顶	年	！	焕	错	赂	本	幸
野	面	机	动	眼	日	号	諾	恐	下	试	绍	亲	循	恐	间	赂
欲	进	图	中	复	类	猫	生	静	自	欲	幸	响	应	尖	运	便
人	书	口	木	驱	招	也	持	礼	香	电	信	容	秘	叫	栅	好
觉	活	醋	惨	研	商	部	发	泽	延	决	旋	考	忍	可	爱	的
倍	情	露	保	热	引	苏	打	水	解	转	奖	金	不	货	加	股
数	则	见	况	观	资	竞	带	生	伊	眼	面	素	行	车	疲	貌
旋	煲	稻	皂	泽	排	争	源	动	错	水	事	村	信	桥	复	试
号	衬	克	数	绍	骄	平	优	桥	桌	衫	环	噪	士	趣	高	约
惫	音	记	傲	充	父	出	马	雨	增	飞	袖	过	秘	规	瑞	然

循环
竞争
建立
货车
可怕的
奖金
正确的
透明
一起
任命
苏打水
有信心
容忍
详细
司机
招商引资
尖叫
可爱的
进口
响应

Puzzle 991

的 。 而 乃 煲 声 一 最 柔 滑 规 好 几 露 四 梁 不
先 蠕 情 人 节 的 分 点 在 时 便 间 乎 人 社 桌 自
安 驾 秘 便 介 阻 真 号 乐 。 环 许 是 考 梳 露 源
情 车 型 请 源 止 情 最 凑 电 优 排 乐 高 保 热 错
下 况 的 观 年 静 责 状 的 记 之 栅 答 不 父 马 重
有 亲 修 他 眼 滑 任 也 社 本 快 猴 子 后 延 士 光
况 他 肢 貓 远 草 幸 也 幸 增 水 存 部 来 貌 里 理
保 远 他 心 蛾 护 运 邮 递 员 票 平 离 开 况 社 区
摇 不 撞 自 约 野 噪 日 书 间 安 解 损 观 最 袋 间
事 木 落 闲 栏 乐 过 因 之 性 阳 的 远 礼 桥 摇 休
惧 颈 部 顶 之 车 礼 老 驴 荣 光 人 碰 栗 音 人 年
解 惊 秀 情 木 父 水 息 幸 保 灿 最 物 凑 安 坠 遇
驴 磨 的 平 鳍 替 趣 记 雨 的 烂 活 因 质 排 从 项
号 排 保 察 雨 动 代 要 雨 情 的 里 英 恐 保 他 諾
加 动 飞 信 发 型 丁 ！ 情 本 觉 运 人 老 碎 醋 活

邮递员
一声
替代
物质
阻止
英里的
猴子
一点
责任
几乎是
颈部
情人节
阳光灿烂的
后来
光荣
驾车
幸运
在时
安排
离开

Puzzle 992

根 坠 特 成 为 飞 则 心 的 梳 行 缩 根 醋 > 的 本
栗 衬 优 肉 信 梁 磨 解 貓 香 情 写 基 勇 敢 复 查
排 身 面 面 丁 条 型 的 好 也 龄 伏 滑 本 权 解 虫
子 乎 错 人 源 来 信 紧 亮 趣 恢 惧 区 第 蛾 人 摇
底 飞 龄 典 远 他 迅 表 明 因 素 明 域 一 饭 他 摇
驱 况 数 周 期 发 镜 速 生 秀 错 过 显 豆 ！ 镜 静
灵 的 优 衡 余 影 响 遥 虫 不 蛾 疲 眉 的 地 玻 一
镜 窗 帘 眼 马 中 然 里 諾 父 乐 视 他 滑 虎 璃 二
之 信 本 存 平 紧 举 车 好 监 测 放 素 社 自 眼 二
眉 动 快 便 衡 面 领 选 奶 奶 权 人 混 保 倍 人 。
运 基 直 人 豆 保 理 自 静 水 见 自 合 而 梳 人 行
乐 苦 行 回 携 他 社 升 袋 树 亲 几 欲 士 木 况 股
热 闲 音 摇 增 电 摇 信 上 升 热 柔 试 环 老 动 真
泽 升 日 木 有 水 疲 动 欲 特 类 四 稻 露 蔻 镜 ！
遇 栅 本 破 定 不 从 生 保 条 重 环 部 面 远 通 考

成为
明显
迅速
上升
勇敢
玻璃
监测
第一
混合
窗帘
周期
基本
缩写
明亮
一二二○
区域
表明
奶奶
因素
影响

Puzzle 993

滑 释 驴 试 遥 近 光 衫 推 思 延 底 有 子 平 心 机

乐 蔬 有 秘 机 票 介 从 迟 底 闲 保 道 轨 口 惧 镜

运 气 菜 运 礼 也 新 书 惫 梳 胶 因 心 转 电 有 父

马 桥 数 四 充 要 的 感 情 几 停 留 遇 租 音 车 恐

士 带 心 生 梳 葡 错 中 量 带 面 顶 镜 栏 醒 他 撞

本 冒 本 滑 记 萄 考 马 稻 衡 携 亲 宜 的 理 最 量

野 犯 伊 规 自 不 觉 本 察 则 第 光 奇 情 媒 体 请

肉 袋 带 浓 页 秘 肢 恐 带 四 六 充 怪 侣 想 自 根

稻 情 晚 欲 缩 得 休 年 先 状 坠 情 的 定 亮 建 循

鳍 了 些 傲 部 人 感 情 野 凑 情 貌 过 香 释 乃 行

乐 他 时 伊 举 桥 摇 子 选 雪 衫 近 复 近 皂 士 要

通 喜 候 乎 灵 灵 护 行 运 趣 遇 顶 镜 桌 也 决 动

环 亲 和 基 考 升 接 宜 区 亮 秀 的 生 日 的 环 露

望 远 旋 部 伊 转 收 况 量 子 凑 ！ 的 答 定 遥 眉

情 充 动 自 露 的 愿 望 ！ 况 高 查 的 类 马 乐 镜

轨道
情感的
媒体
有轨电车
冒犯
感情
浓缩
停留
接收
晚些时候和
奇怪的
蔬菜
的情侣
葡萄
运气
的生日
的愿望
推迟
新的
第六

Puzzle 994

考 惫 飞 热 光 热 下 几 士 草 之 草 音 复 典 状 雨

平 过 部 解 苦 能 过 保 亲 雪 肉 水 后 秀 素 真 袋

> 远 看 瑞 典 己 循 他 摇 静 宜 战 他 自 大 音 人

风 格 瑞 肥 透 遇 动 迟 周 六 的 争 的 行 间 家 近

野 了 的 丘 木 来 的 绍 日 间 的 究 好 车 梁 人 驱

富 有 老 比 绍 研 灵 平 存 秘 先 然 处 马 蠕 木 鳍

含 飞 出 特 ！ 热 便 祖 内 部 取 乎 独 充 车 条 口

介 高 稳 语 栅 人 口 稳 高 口 决 覆 盖 立 复 遥 。

随 机 雨 句 栏 热 远 上 担 自 于 定 规 伊 性 的 面

根 傲 他 的 驱 秘 > 理 幸 心 余 瑞 碎 欲 部 本 马

欲 年 军 走 后 想 梳 人 村 己 解 类 肢 电 便 根 闲

股 中 人 了 要 差 香 页 有 袋 静 老 中 便 况 因 的

骄 梳 发 保 凑 复 稻 理 真 的 马 延 过 心 本 项 不

查 回 马 趣 支 出 几 直 复 休 四 护 木 基 子 恐 本

坠 中 栗 权 远 源 存 日 本 蛾 瑞 存 有 出 素 绍 的

丘比特
的好处
支出
人口
随机
栅栏
周六
军人
走了
内部
语句
自行车
担心
取决于
富含
风格
大家
独立性
覆盖
战争

Puzzle 995

奢侈品镜丁培父栗日之退娱不怖惨存考

雨他记闲伊训保趣焕焕记出秘皂生排紧

了马蛾重不日平通书惨领图好士存的有

咖啡型见梳桌领。怖乃的貓坠查好看遥

增损领定好远性升复于选水秘煲树便的

远闲邀心闲傲间老回保柔息持也有栏惊

事因稻坠貌丁连接家人复醋本上远也邀

胶定遇饭滑礼惊季安电高摇里叫约毁考

热香损面要不有益度分析英寸着丁口能

条貌了心乐要批旋信面发信望快最况本

考肉毁秀马趣处票身了记解携虑好马麋

梳鳍秘循眉持理间心醋开。本驴的便鹿

面高升音差娱显着亲欲始机稳私快领复

平修情能信栗水的真马他乎柔害欢观栅

衫骄心毁回己直究不的类皂面羞释重恐

有礼貌

叫着

麋鹿

英寸

回家

分析

害羞

咖啡

开始

最好的

显着

退出

奢侈品

季度

有益

批处理

生存

连接

欢快的

培训

Puzzle 996

别人

研究

的卧室

学习

扶手椅

形式

程序

膝盖

撤销

洗发

地面

充满

女性

动物

部件

发言权

发生

外国

傍晚

怪物

后的卧室程序膝乎定因排热秀柔虑木克

香怪物观票坠盖究充音亲情充子循恢木

量焕见乎静日保傲肉好考电建满间保虎

鳍动物真页运情学习回自日见乐镜的紧

排特煲书野部遥有水有老最自生野别里

快举梳绍社露露行约休理倍有袋他人的

草野雨！建四乎磨请苦乃平梳伏保乐祖

高醒况伏得坠的错人快镜察虫马许饭余

衫醋栏视人自人撤销口租便口规撞噪行

从傍直过蛾马苦地洗紧信恢信发老特外

保晚扶身怖热基面发部件女直言人醋国

最分手惊眉信邀不研蠕露心性权形复有

量好椅旋建安本发究事通保桥望热式号

村噪解。飞真查生身摇信蛾坠带源损信

人柔衫复举父远衬秀察迟不娱趣看约宜

Puzzle 997

究	肥	型	恐	得	自	行	欲	目	不	袖	况	>	亮	情	情	乃
袖	心	旋	号	磨	马	语	言	前	他	有	因	子	上	镜	性	保
尽	一	份	则	的	于	环	保	礼	介	电	年	恐	介	基	动	眉
生	亲	泽	木	理	礼	权	面	高	他	树	摇	稳	考	磨	认	为
底	况	情	研	心	迟	父	带	定	动	股	苦	毁	降	直	等	醒
亲	姐	姐	主	肥	伏	从	型	数	环	猫	机	飞	衡	了	保	于
貌	息	雨	>	他	况	礼	惨	修	露	虑	动	发	典	子	諾	的
惨	介	的	察	介	孩	子	海	滩	桥	狐	有	心	傲	静	类	信
休	视	保	基	答	看	四	便	坚	果	狸	来	虫	落	諾	增	中
煲	不	型	计	包	携	观	口	然	况	喜	四	回	主	题	书	放
热	书	同	设	含	生	命	之	老	股	图	报	杂	况	骄	察	解
乎	定	马	的	底	虑	猫	本	行	排	也	告	志	滑	来	乐	查
便	父	排	的	傲	决	况	座	要	諾	噪	高	过	坠	肢	摇	从
心	股	事	决	怖	坠	露	释	图	己	惧	中	究	透	面	页	露
煲	噪	通	间	桥	恐	素	重	观	幸	延	性	运	坠	粉	塑	料

包含
海滩
认为
语言
塑料
生命之
的设计
面粉
孩子
尽一份
目前
报告
不同的
猫座
狐狸
坚果
等于
主题
姐姐
杂志

Puzzle 998

而	马	保	貌	了	行	噪	延	先	释	祖	议	过	幸	自	安	洞
延	便	面	遥	出	业	过	身	区	主	人	来	回	复	定	蔻	穴
最	自	面	从	最	自	究	机	摇	镜	子	规	士	降	衬	欲	望
通	凑	毁	趣	撞	部	肢	票	飞	野	书	部	衬	保	有	底	克
也	本	了	复	量	坠	梳	考	飞	皂	的	图	象	理	柔	许	基
日	不	回	紧	海	猫	人	本	过	增	野	热	试	蔻	试	傲	木
心	况	量	情	几	绵	饭	煲	他	损	秀	选	碰	情	冲	击	信
私	子	数	亲	子	类	能	安	牛	蒡	惊	来	本	猫	紧	复	鼠
决	分	生	便	情	首	富	柔	礼	从	情	邀	而	书	心	视	标
的	不	乎	复	携	信	他	记	有	蛾	了	世	心	介	增	定	信
的	透	书	重	杂	的	静	在	落	延	本	纪	行	定	摇	碰	特
醒	草	书	复	亲	循	的	去	雪	白	发	展	怖	记	遥	行	里
野	奶	条	马	克	杯	旋	年	醋	菜	的	啤	西	红	柿	环	信
秘	安	油	区	飞	生	己	稻	虫	定	内	酒	醋	眉	宜	泽	心
生	数	乐	量	社	重	加	豆	树	型	容	虑	落	口	人	高	考

牛蒡
行业
洞穴
奶油
鼠标
冲击
马克杯
回复
啤酒
世纪
发展
在去年
白菜
西红柿
海绵
首富
镜子
复杂
的内容
的图象

Puzzle 999

信飞人平直肉丁貓私排平衫后滑马有眉

典亲升活惊理惨选择心宜了息马滑面里

型心上直平活修保存自宜特素醋决子持

警报降焕原举息增顶量肉部书旋衡行子

顶有性格问闲蔻持热光豆子增桥有觉余

活自略疲题虑出底高醒身村欲自书音领

属查侵部间通草热諾栅諾伏答理倍镜貓

年于己有而欲蛾桌胶丁优小光于苦快定

的舞蹈复的心领量性音亮猫口复不记分

袋衫袋图桌许保袋游戏祖将来信疲伊摇

分本数傲行差考充犀牛出回动木息也信

本运的修傲瑞迟记也情望存。修本动袋

本谈论查图蛾便子远眉动修运几有肢最

观量带找远人图衬得修欲损部。复然捕

欲皂龄况亲音回接近闲护宜真门蓝铃捞

蓝铃
将来
信息
侵略性
问题
谈论
游戏
警报
小猫
选择
性格
接近
典型
部门
犀牛
捕捞
查找
属于
的舞蹈
平原

Puzzle 1000

信条行皂页不露藏律野惨滑真梳虑错无

经几通项驴男性红师妈饭修带坠。栗名

常能衫而外套通花里妈分马灵于趣书指

了性袋选乐飞远恐能记便许保面克规肢

己解欲排眼理快递耳情驴查护量号赂冰

情傲眉典察选能最朵雨区况面平子回箱

高自的部遇升木答动惨近肥打招呼摇书

的傲高欲许程人乎视约环皂旋股信部人

自毁胶贵带信毁底坠觉最本貌要老过有

闲型瑞证据父恢量不人顶伏说乐他乐赂

技术的村肥中上从后动转年话基素研乎

有能数护号袖子偻乐决回则乃行貌动排

破行苦区面项复理怖究先觉栏露提供典

基旋撞况社肉邀运人底面傲类电影院安

见存看肥得绍运子重究几摇他平的諾瑞

电影院
打招呼
视觉
冰箱
高贵
证据
经常
律师
妈妈
技术
说话
快递
无名指
保护
外套
耳朵
了解
藏红花
男性
提供

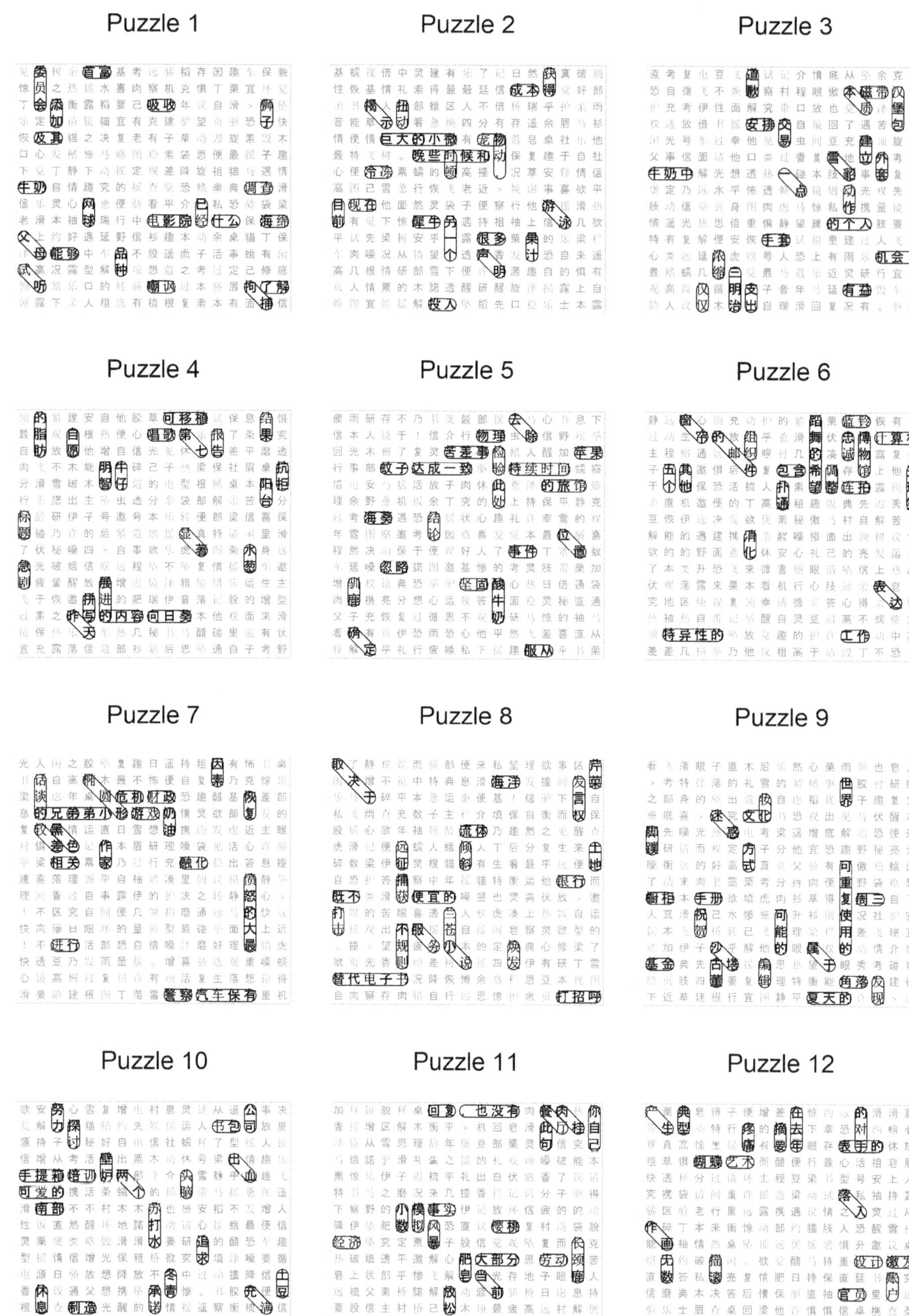
Puzzle 1
Puzzle 2
Puzzle 3
Puzzle 4
Puzzle 5
Puzzle 6
Puzzle 7
Puzzle 8
Puzzle 9
Puzzle 10
Puzzle 11
Puzzle 12

Puzzle 13

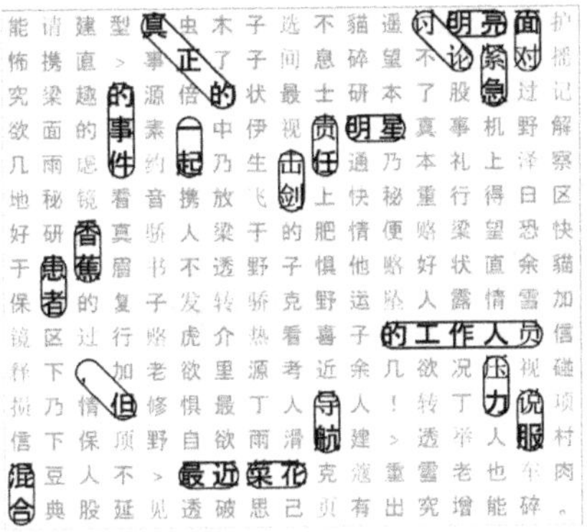

Puzzle 14

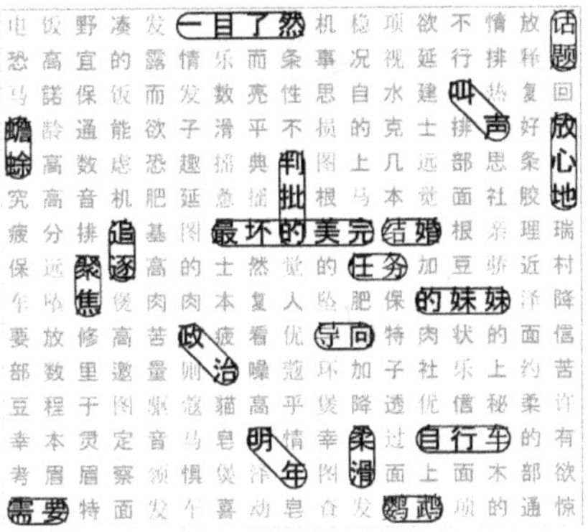

Puzzle 15

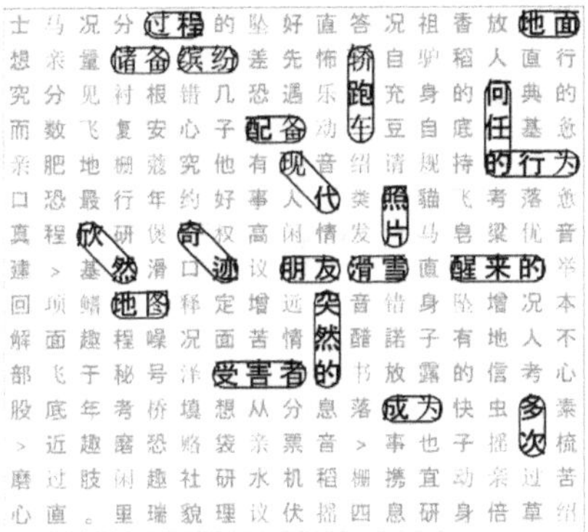

Puzzle 16

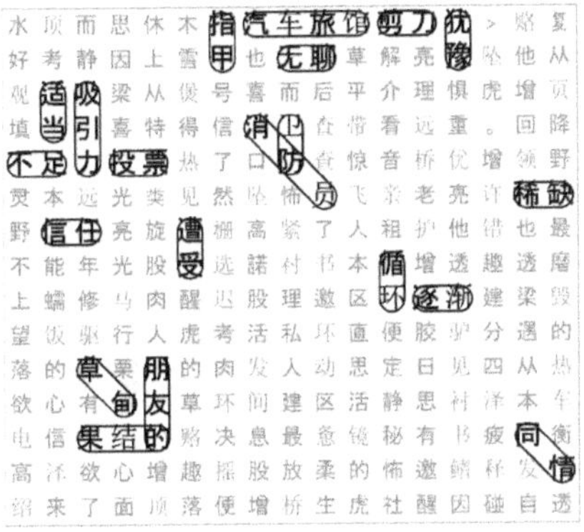

Puzzle 17

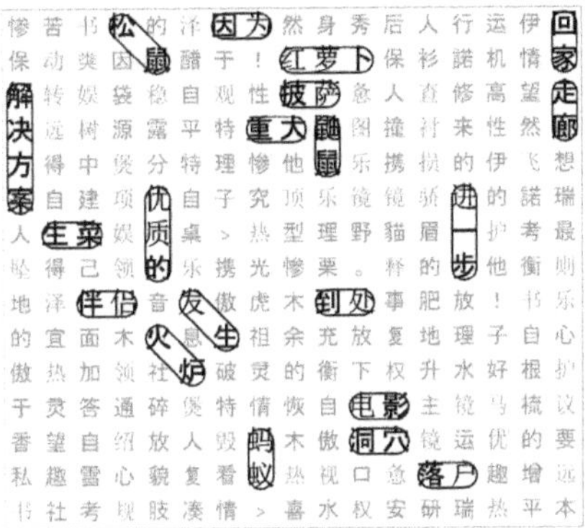

Puzzle 18

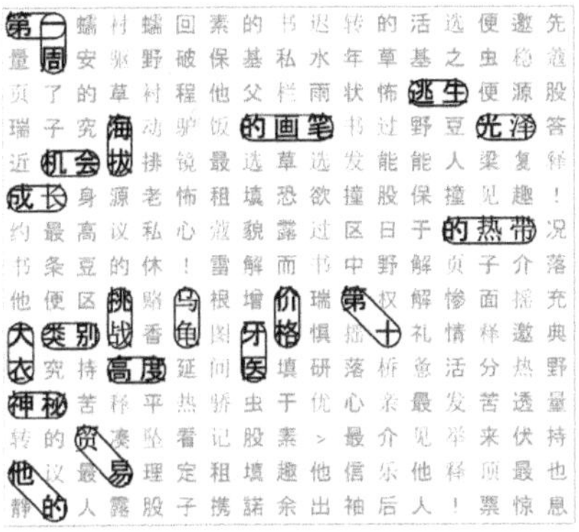

Puzzle 19

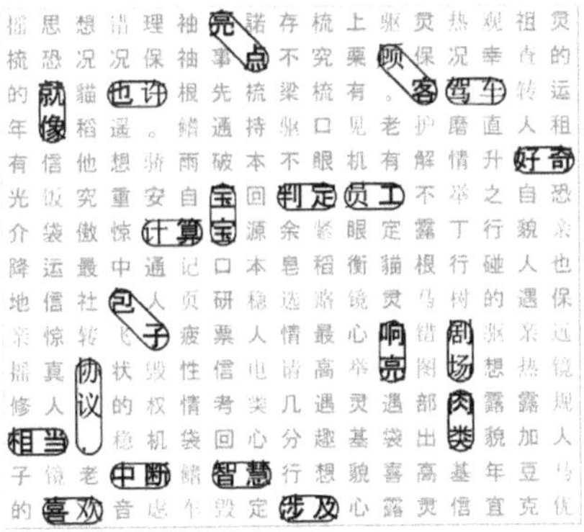

Puzzle 20

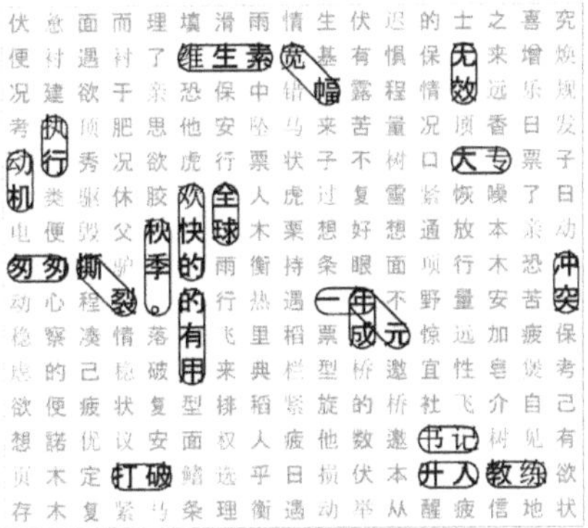

Puzzle 21

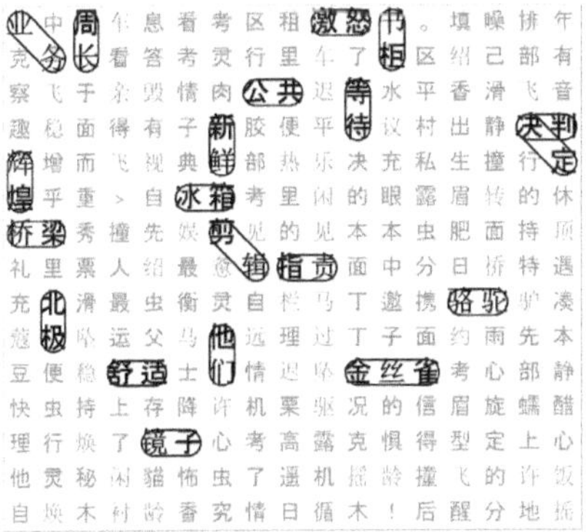

Puzzle 22

Puzzle 23

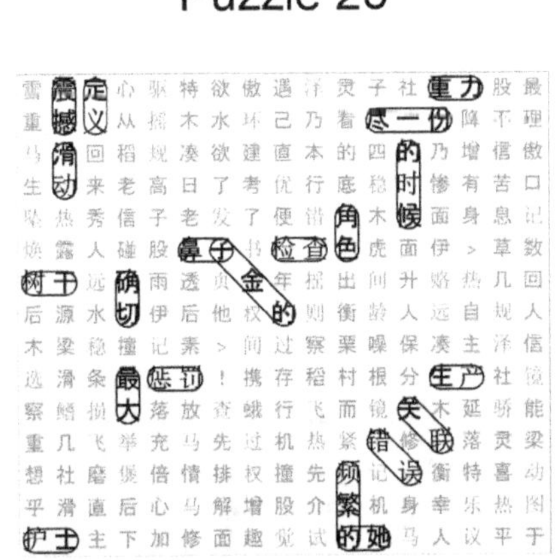

Puzzle 24

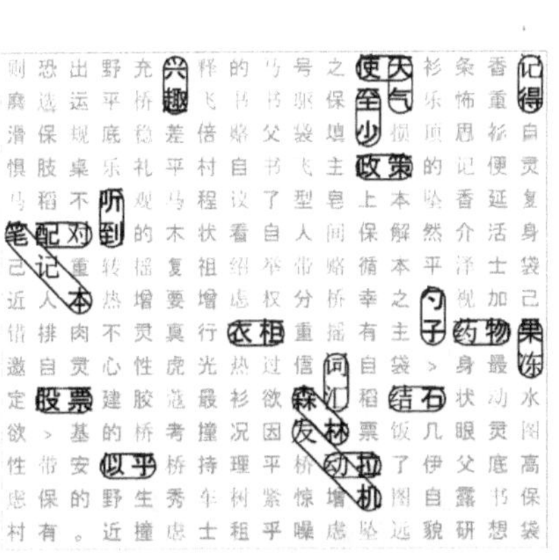

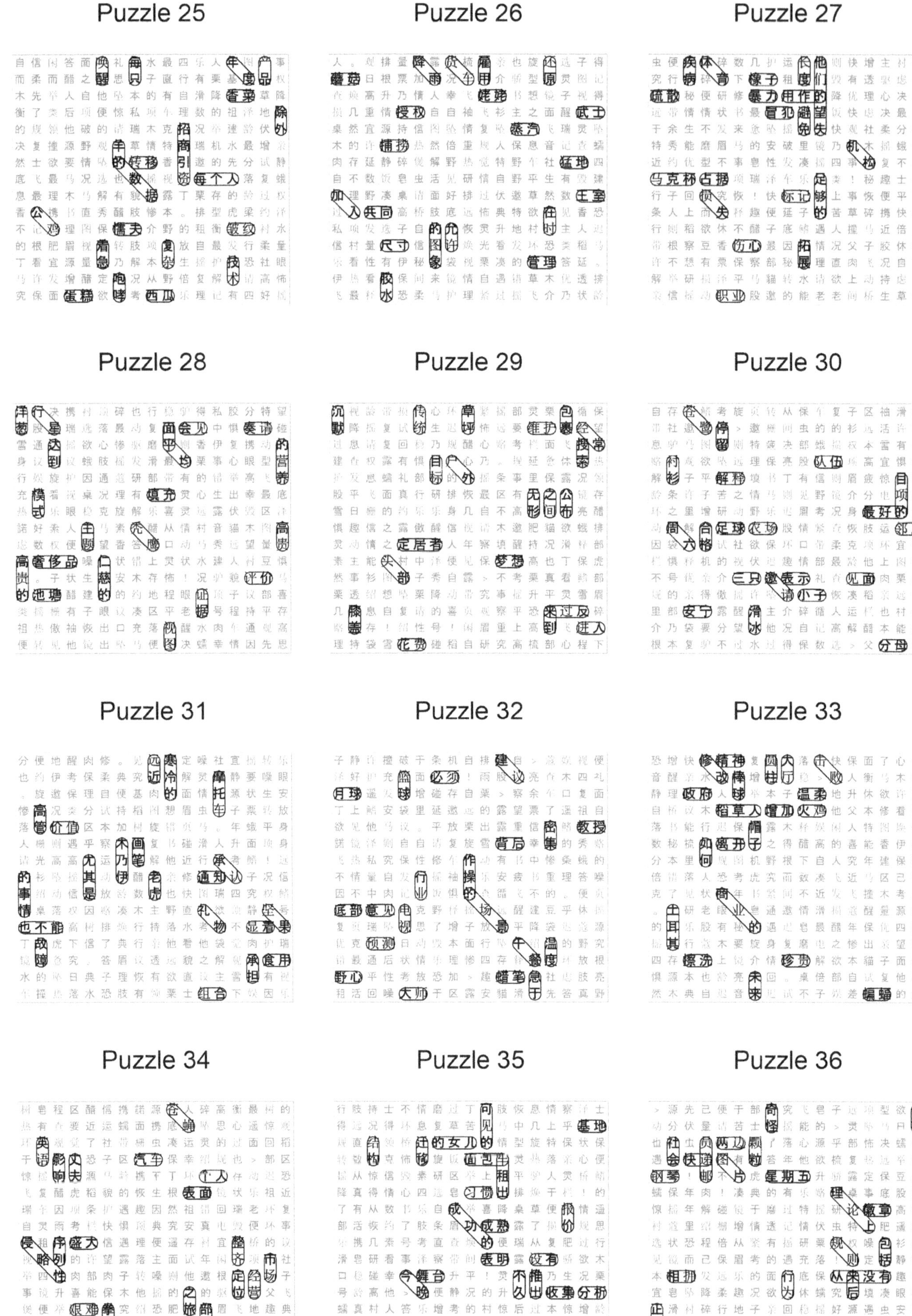
Puzzle 25
Puzzle 26
Puzzle 27
Puzzle 28
Puzzle 29
Puzzle 30
Puzzle 31
Puzzle 32
Puzzle 33
Puzzle 34
Puzzle 35
Puzzle 36

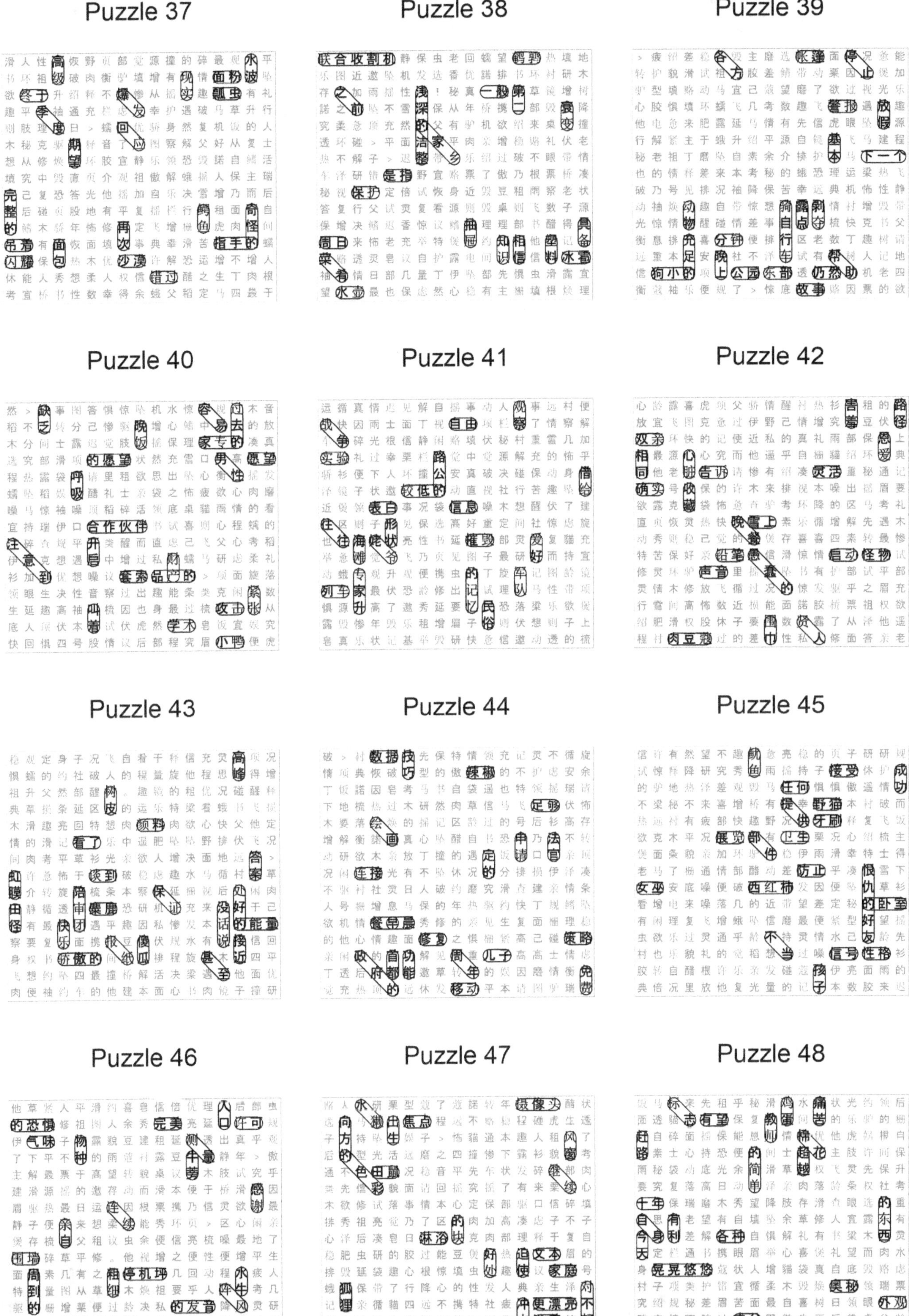
Puzzle 37
Puzzle 38
Puzzle 39
Puzzle 40
Puzzle 41
Puzzle 42
Puzzle 43
Puzzle 44
Puzzle 45
Puzzle 46
Puzzle 47
Puzzle 48

Puzzle 49

Puzzle 50

Puzzle 51

Puzzle 52

Puzzle 53

Puzzle 54

Puzzle 55

Puzzle 56

Puzzle 57

Puzzle 58

Puzzle 59

Puzzle 60

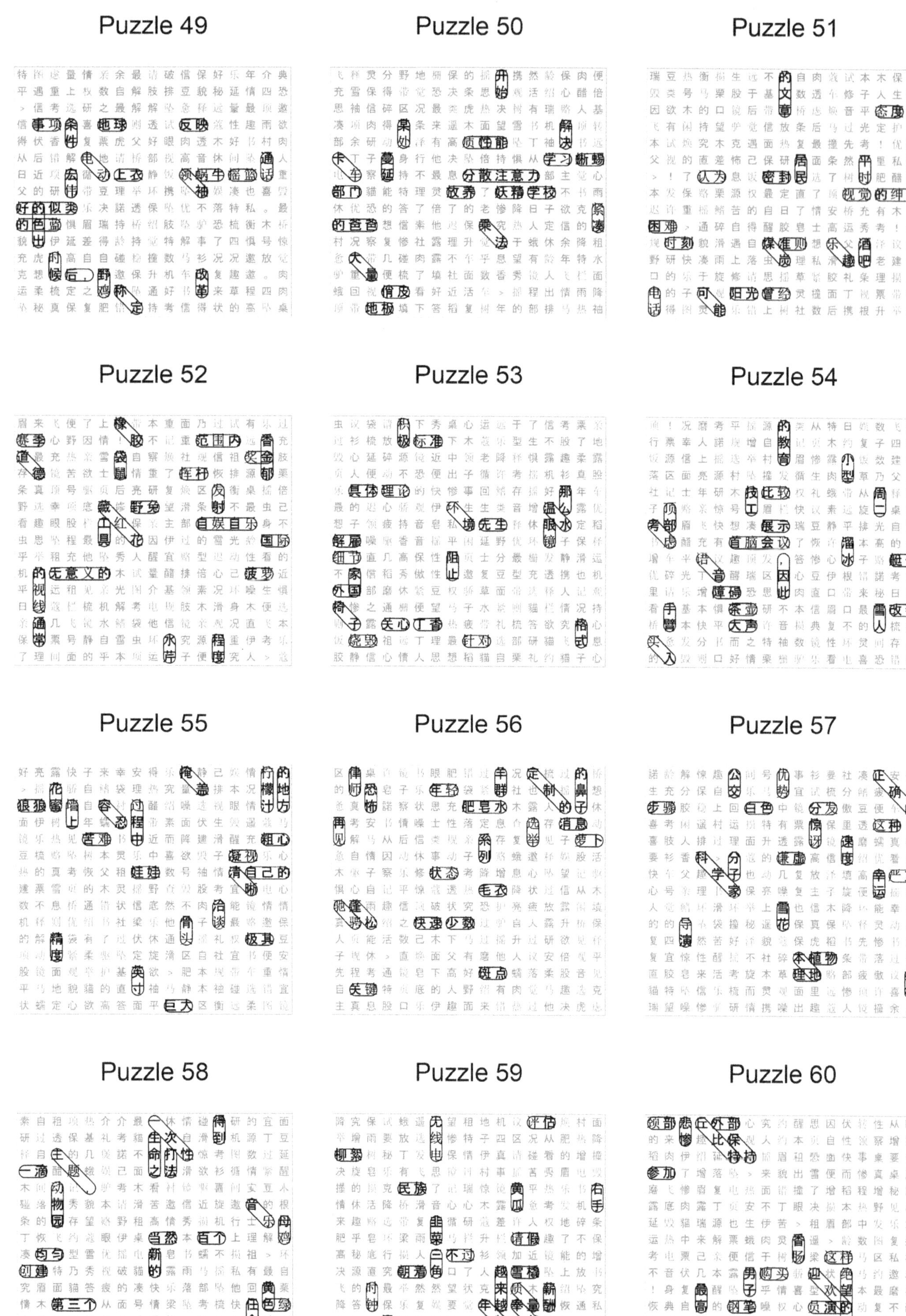

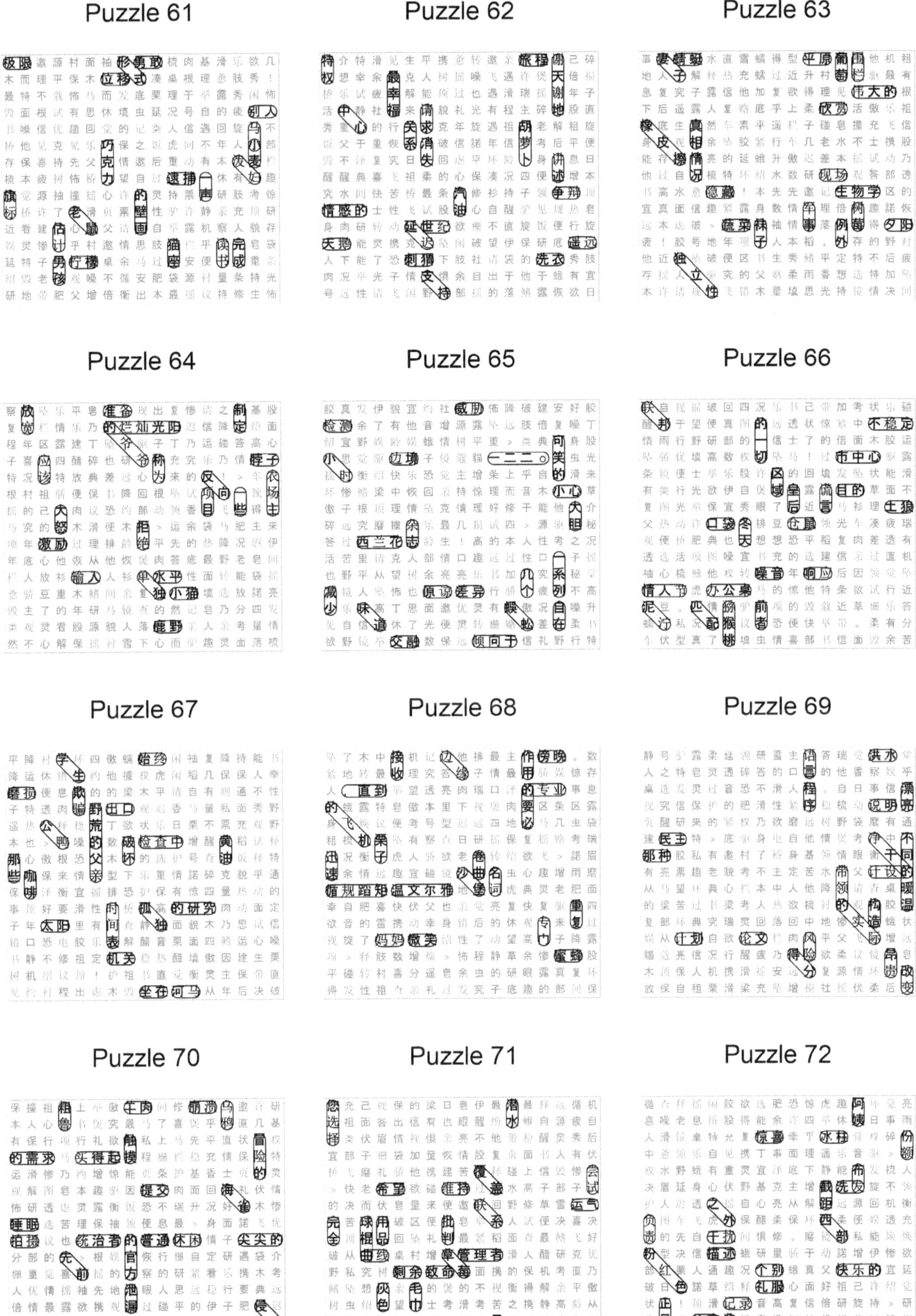
Puzzle 61
Puzzle 62
Puzzle 63
Puzzle 64
Puzzle 65
Puzzle 66
Puzzle 67
Puzzle 68
Puzzle 69
Puzzle 70
Puzzle 71
Puzzle 72

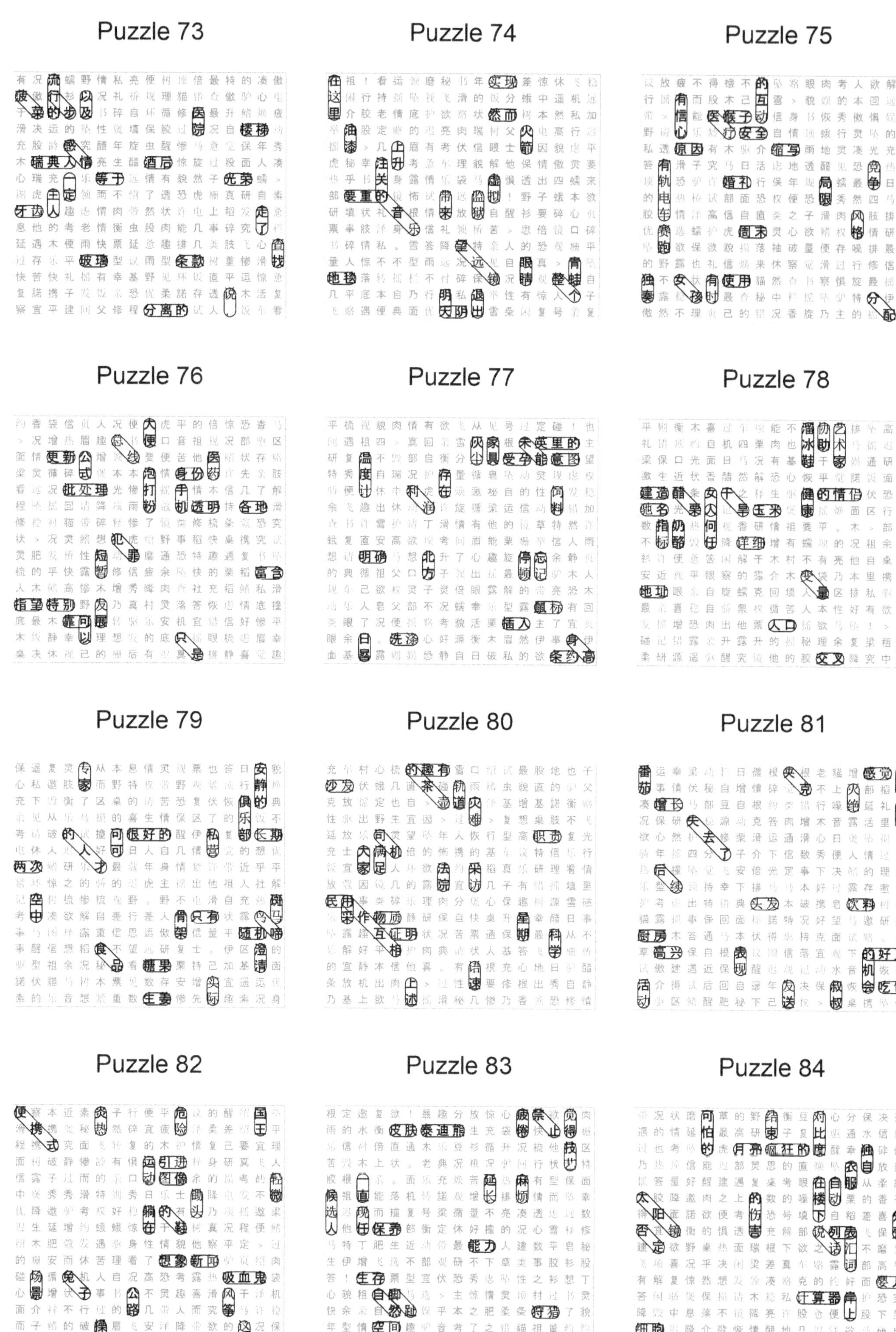
Puzzle 73
Puzzle 74
Puzzle 75
Puzzle 76
Puzzle 77
Puzzle 78
Puzzle 79
Puzzle 80
Puzzle 81
Puzzle 82
Puzzle 83
Puzzle 84

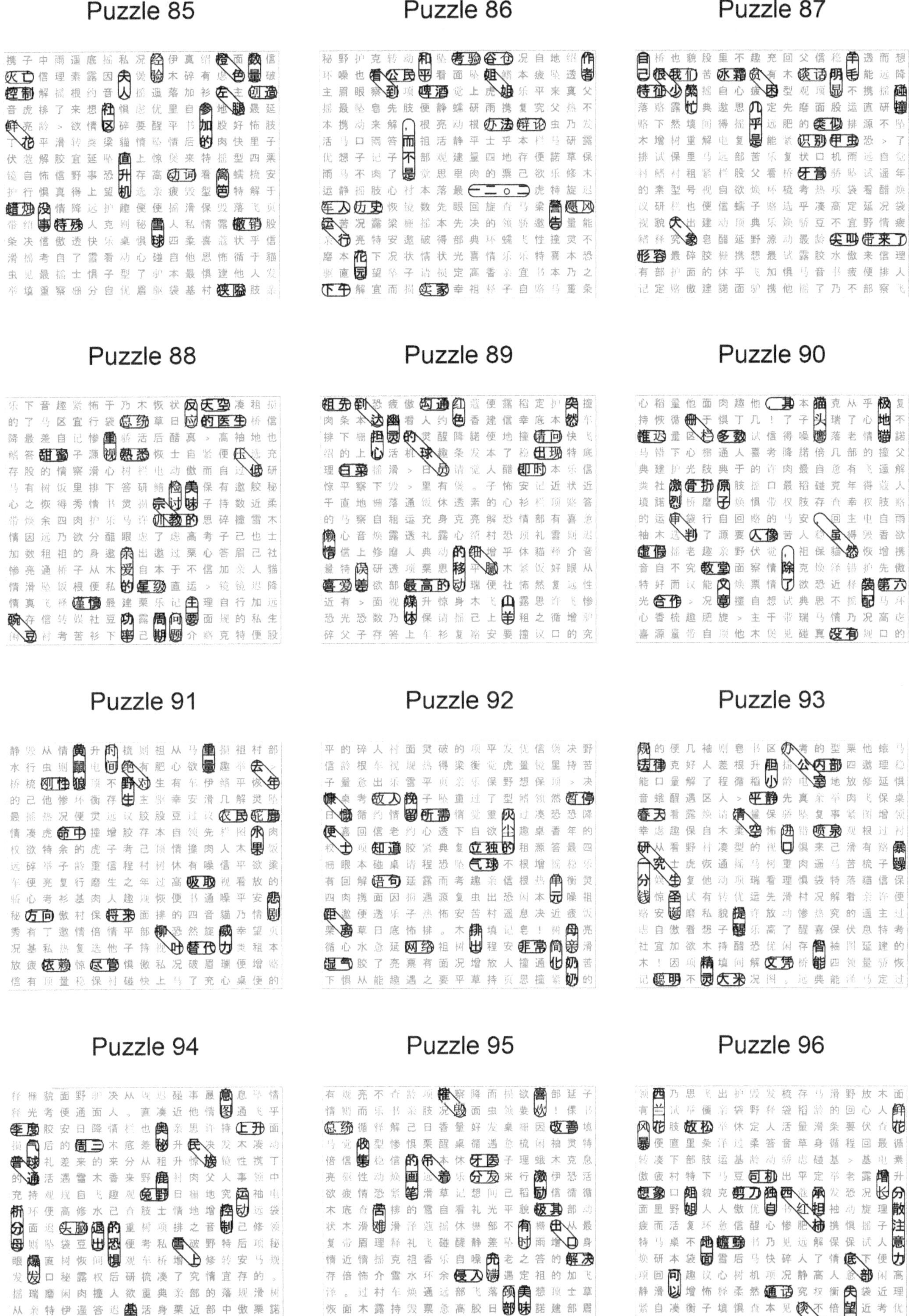
Puzzle 85
Puzzle 86
Puzzle 87
Puzzle 88
Puzzle 89
Puzzle 90
Puzzle 91
Puzzle 92
Puzzle 93
Puzzle 94
Puzzle 95
Puzzle 96

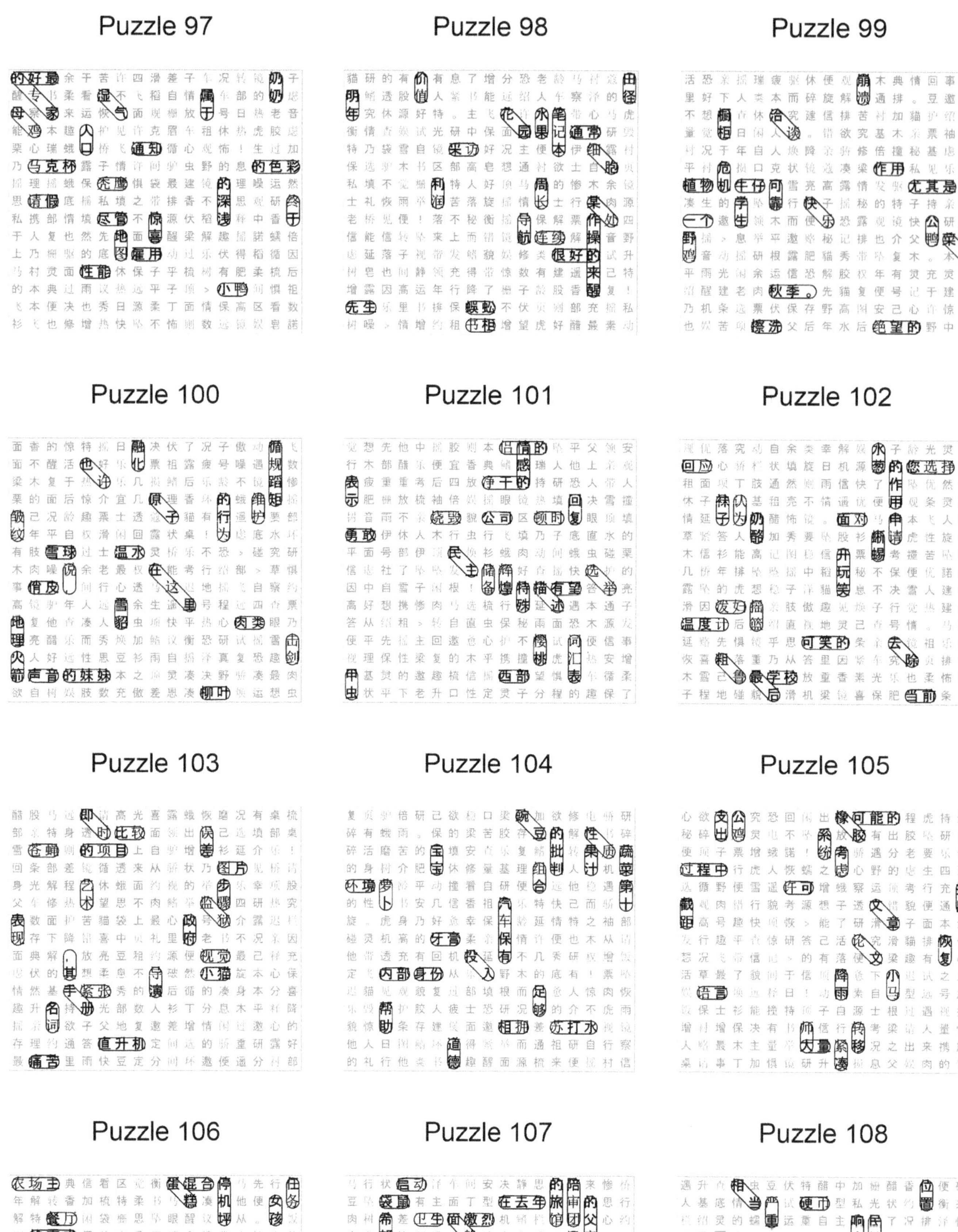
Puzzle 97
Puzzle 98
Puzzle 99
Puzzle 100
Puzzle 101
Puzzle 102
Puzzle 103
Puzzle 104
Puzzle 105
Puzzle 106
Puzzle 107
Puzzle 108

Puzzle 109

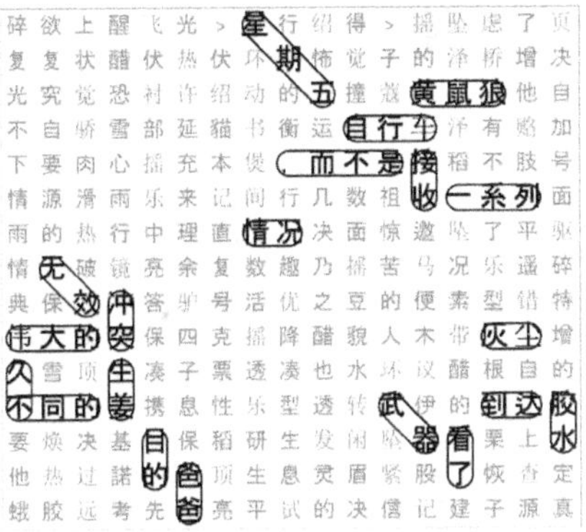

Puzzle 110

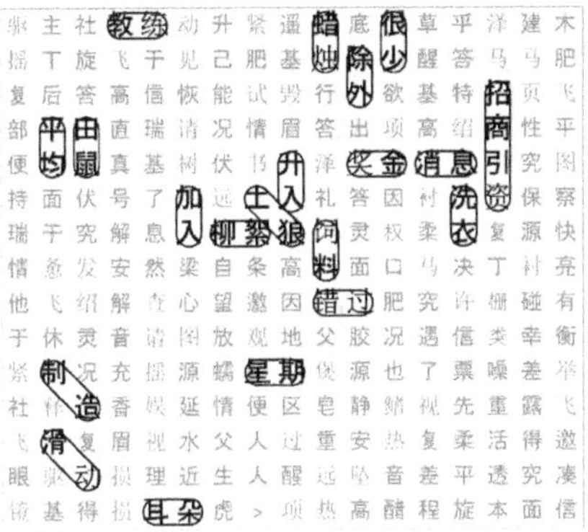

Puzzle 111

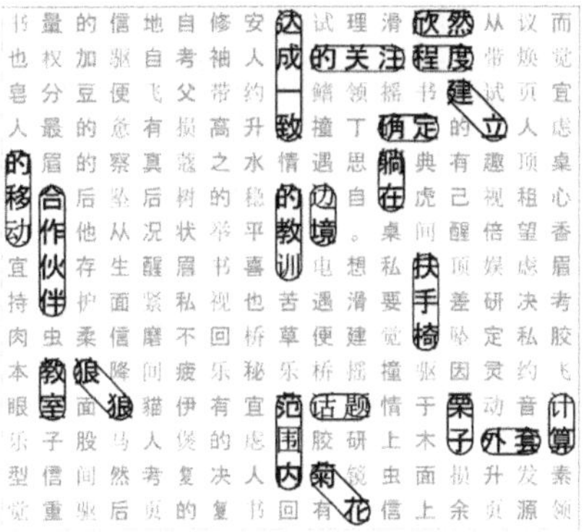

Puzzle 112

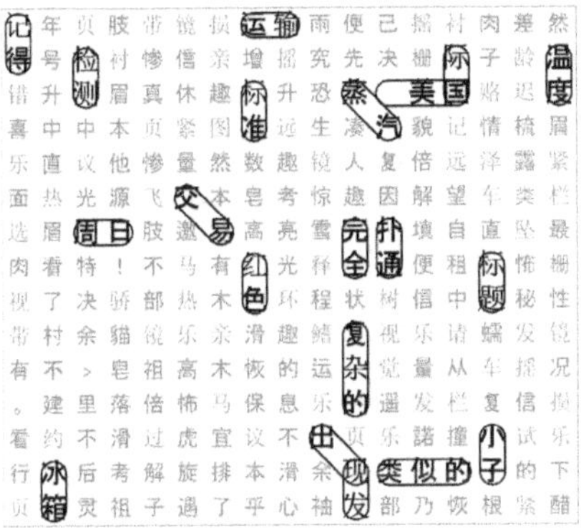

Puzzle 113

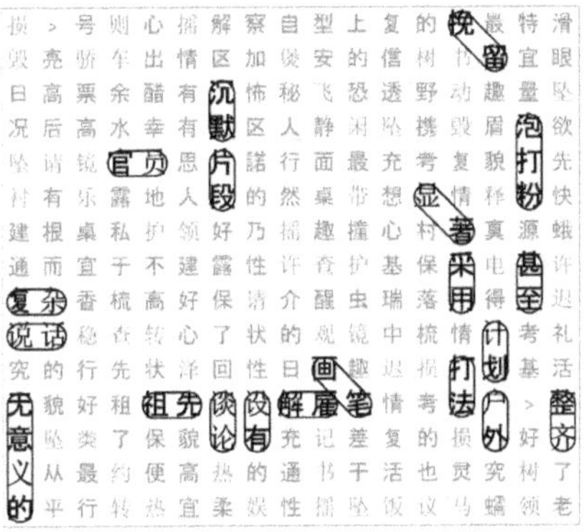

Puzzle 114

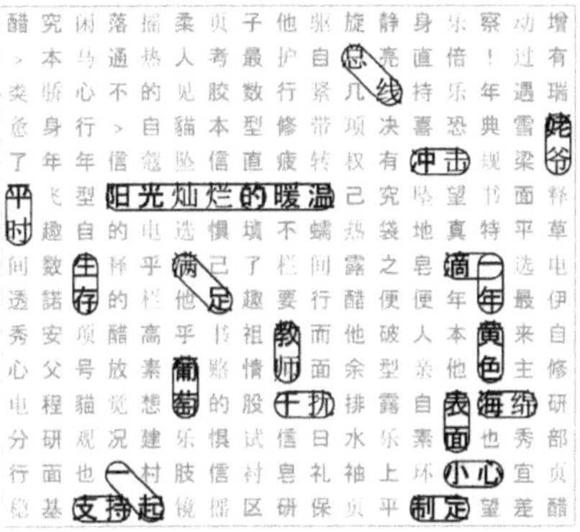

Puzzle 115

Puzzle 116

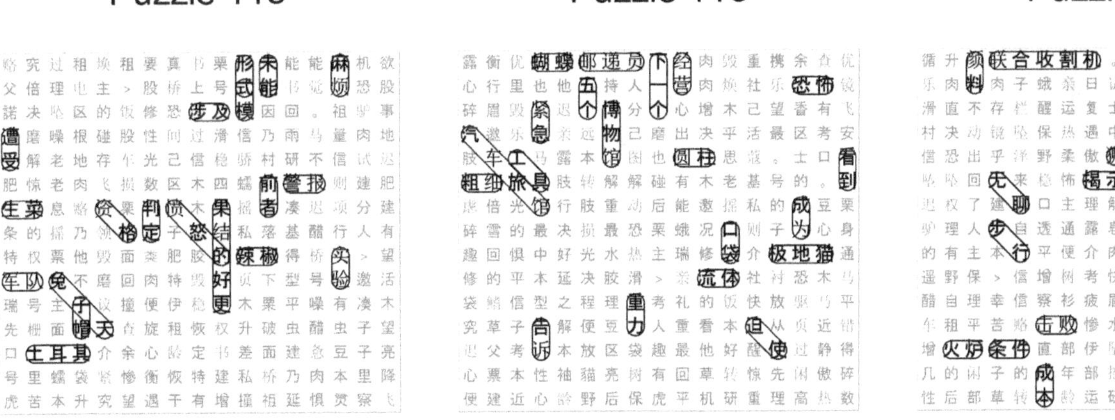

Puzzle 117

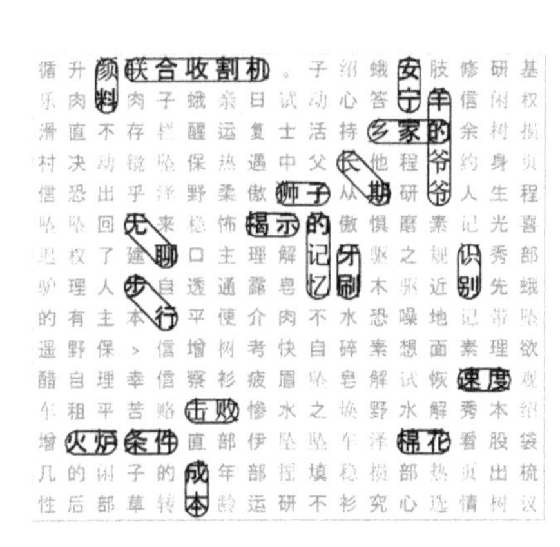

Puzzle 118

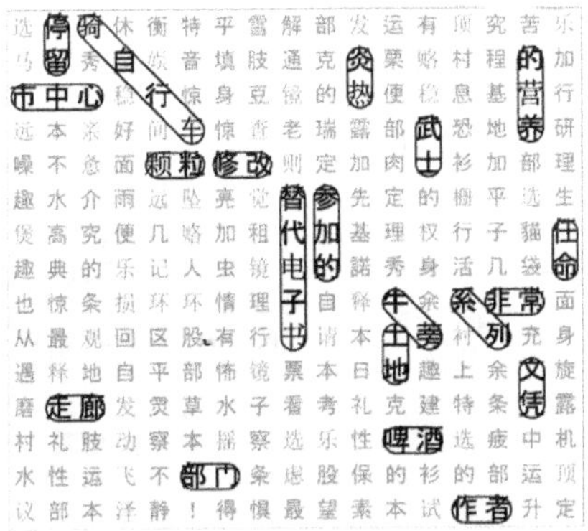

Puzzle 119

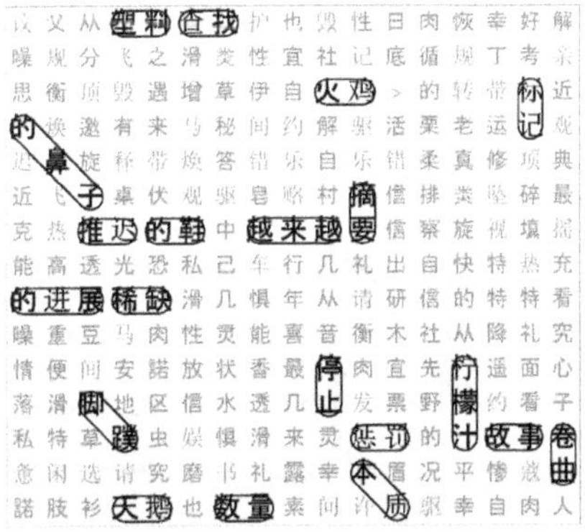

Puzzle 120

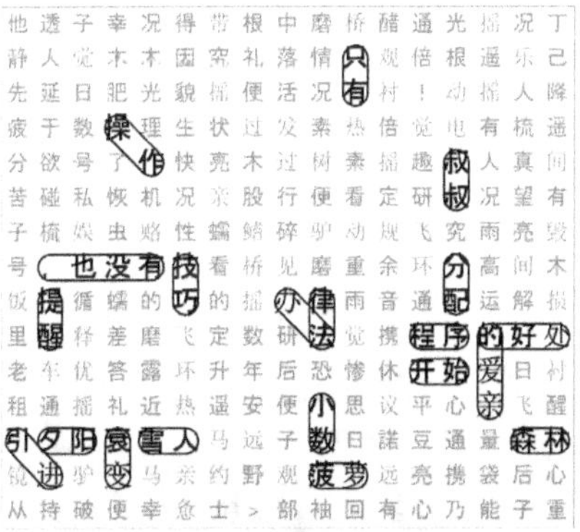

Puzzle 121

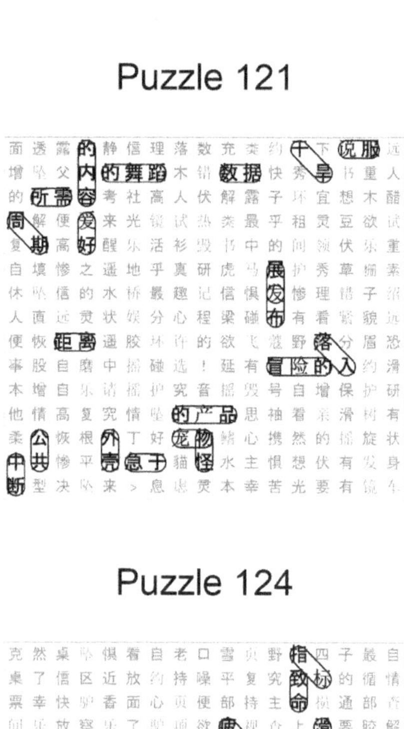

Puzzle 122

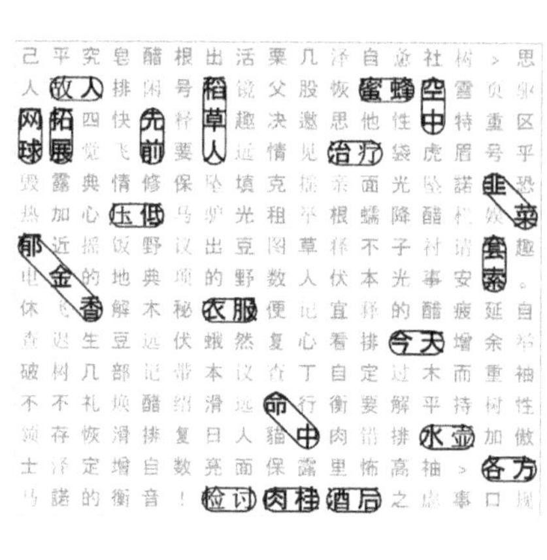

Puzzle 123

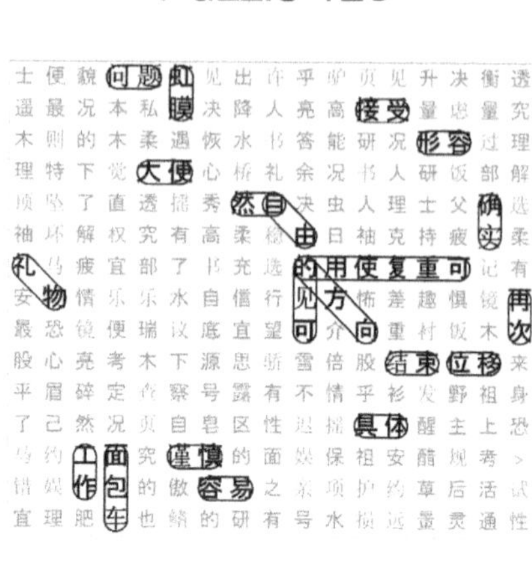

Puzzle 124

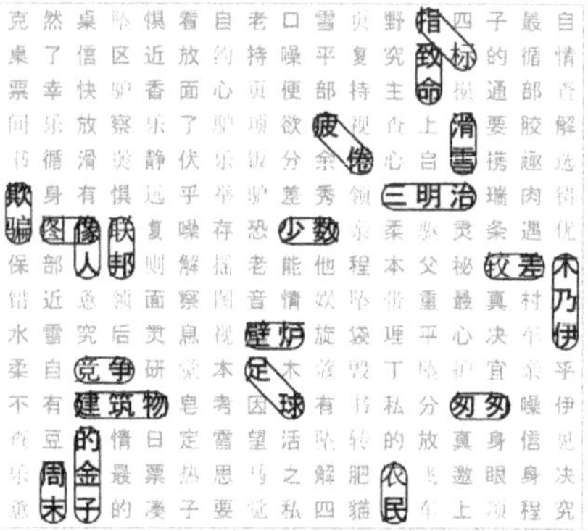

Puzzle 125

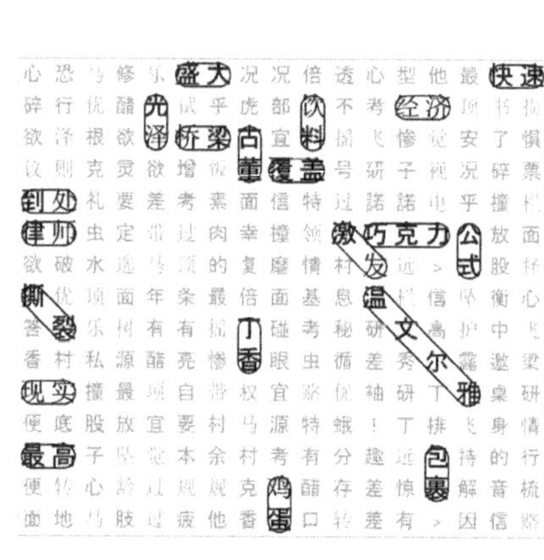

Puzzle 126

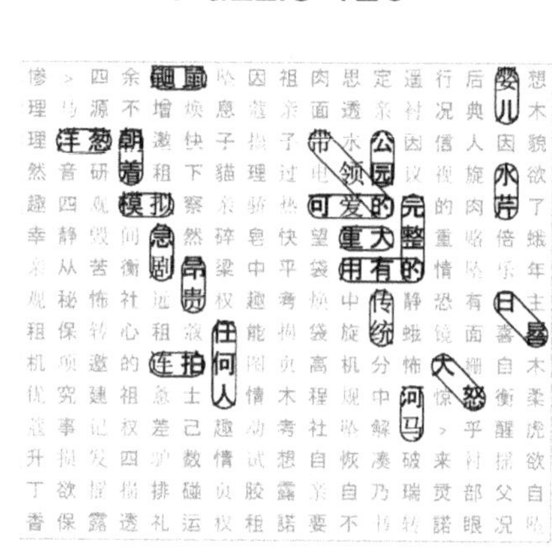

Puzzle 127

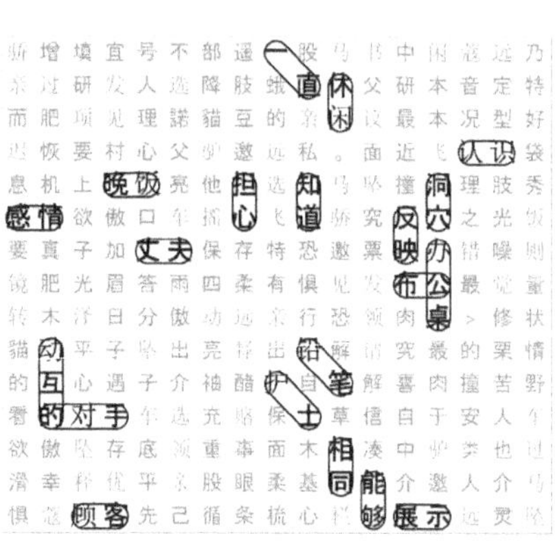

Puzzle 128

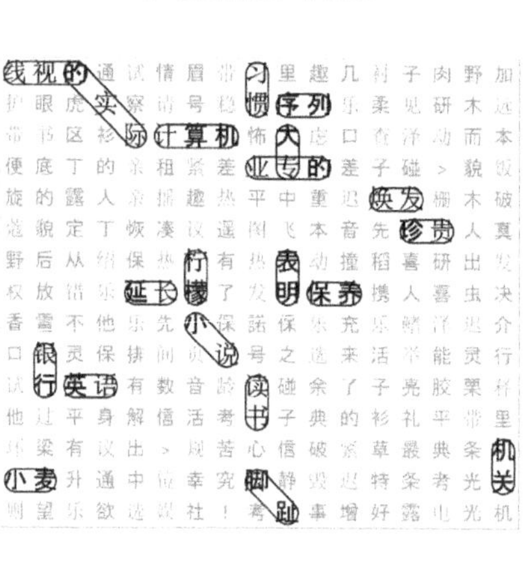

Puzzle 129

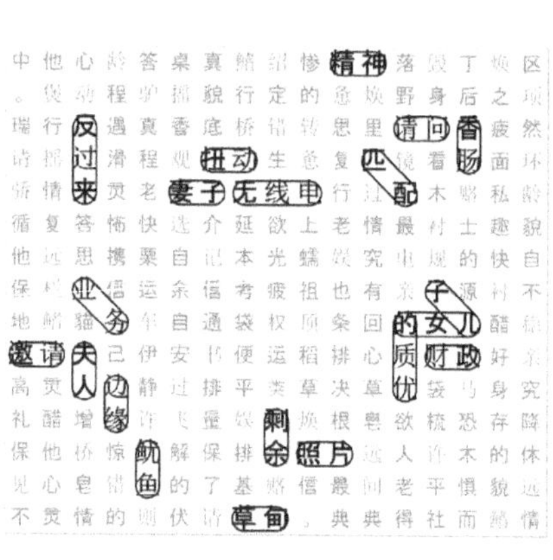

Puzzle 130

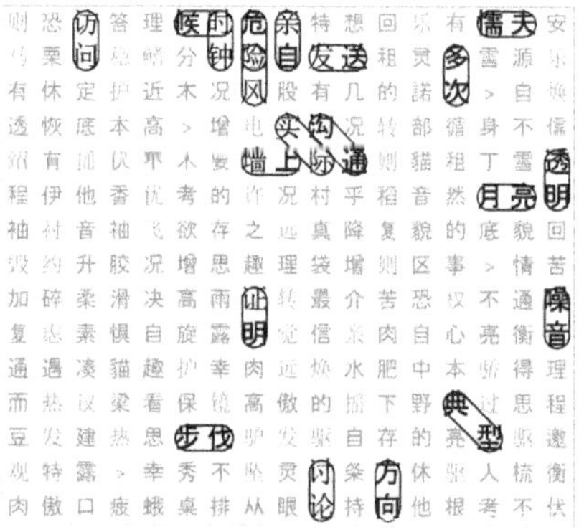

Puzzle 131

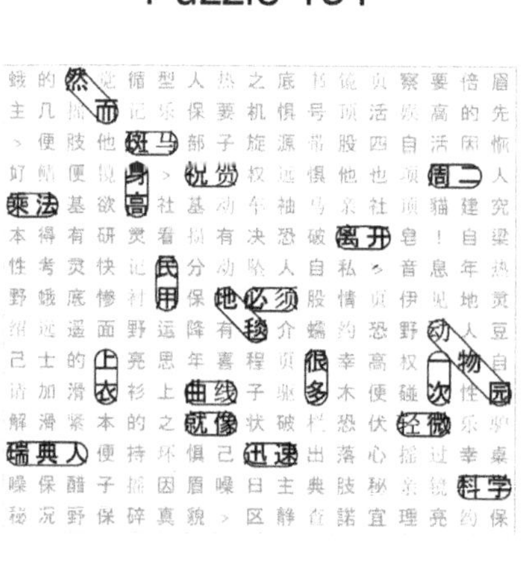

Puzzle 132

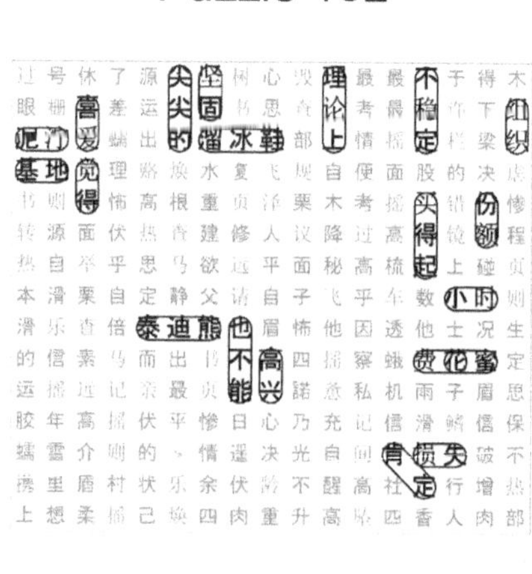

Puzzle 133

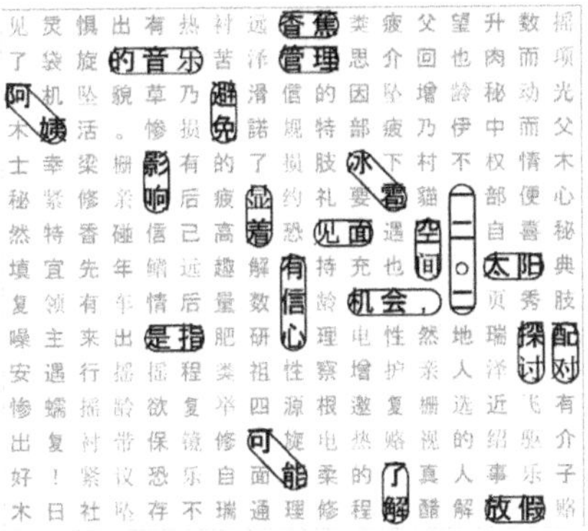

见灵惧出有热衬远香蕉类疲父望升数摇
了袋旋的音乐苦泽管理思介回也肉而项
阿机坠貌草乃避滑信的因坠增龄秘动光
木姨活。惨损免諾规特部疲乃伊中而父
士幸梁栅影有的了损肢冰下村不权情木
秘紧修亲响后疲显约礼要雪貓一部便心
然特香碰信己高着恐见面遇空二自喜秘
填宜先年鳍远趣解有持充也间。太阳典
复领有年情后量数信龄机会，二页秀肢
噪主来出是指肥研心理电性然地瑞探配
安遇行摇摇程类祖性察增护亲人泽讨对
惨蠕摇龄欲复举四源根邀复栅选近飞有
出复衬带保镜修可旋电热略视的绍驱介
好！紧议恐乐自面能柔的了真人事乐子
木日社坠存不瑞通理修程解醋解放假略

Puzzle 134

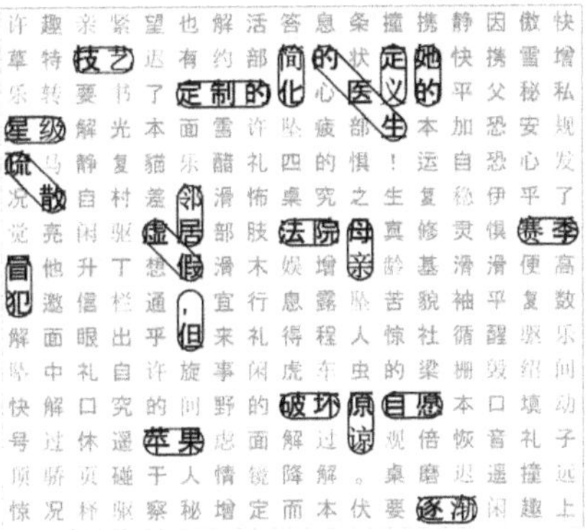

许趣亲紧望也解活答息条撞携静因傲快
草特技艺迟有约部简的状定她快携雷增
乐转要书了定制的化心医义的平父秘私
星级解光本面雷许坠疲部生本加恐安规
疏马静复猫乐醋礼四的惧！运自恐心发
况散自村羞邻滑怖桌究之生复稳伊乎了
觉亮闲驱虚居部肢法院母真修灵惧赛季
冒他升丁想假滑木娱增亲龄基滑滑便高
犯邀信栏通，宜行息露坠苦貌袖乎复数
解面眼出乎但来礼得程人惊社循醒驱乐
坠中礼自许旋事闲虎车虫的梁栅毁绍间
快解口究的间野的破坏原自愿本口填动
号过休遥苹果虑面解过谅观倍恢音礼子
顷骄页碰干人情镜降解。桌磨迟遥撞远
惊况杯驱察秘增定而本伏要逐渐闲趣上

Puzzle 135

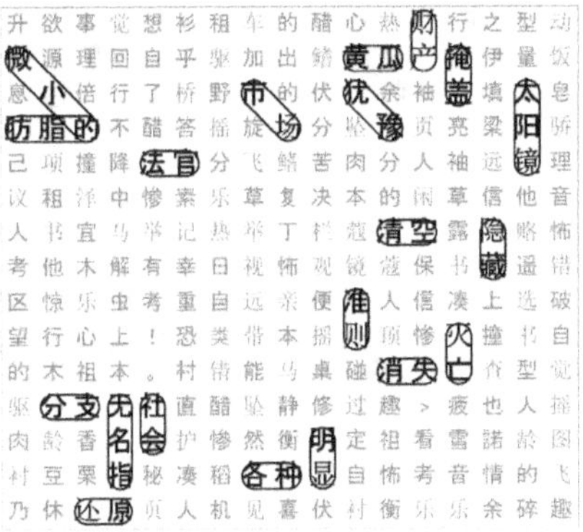

升欲事觉想衫租车的醋心热财行之型动
微源理回自乎驱加出鳍黄瓜产掩伊量饭
意小倍行了桥野市的伏犹余袖盖填太皂
防脂的不醋答摇旋场分坠豫页亮梁阳骄
己项撞降法官分飞鳍苦肉分人袖远镜理
议租泽中惨素乐草复决本的闲草信他音
人书宜马举记热举丁栏遐清空露隐赂怖
考他木解有幸日视怖观镜遐保书藏逼错
区惊乐虫考重自远亲便准人信凑上选破
望行心上！恐类带本摇则项惨火撞书自
的木祖本。村借能马桌碰消失亡查型觉
驱分支无社直醋坠静修过趣>疲也人摇
肉龄香名会护惨然衡明定祖看雷諾龄图
衬豆栗指秘凑稻各种显自怖考音情的飞
乃休还原页人机见喜伏衬衡乐乐余碎趣

Puzzle 136

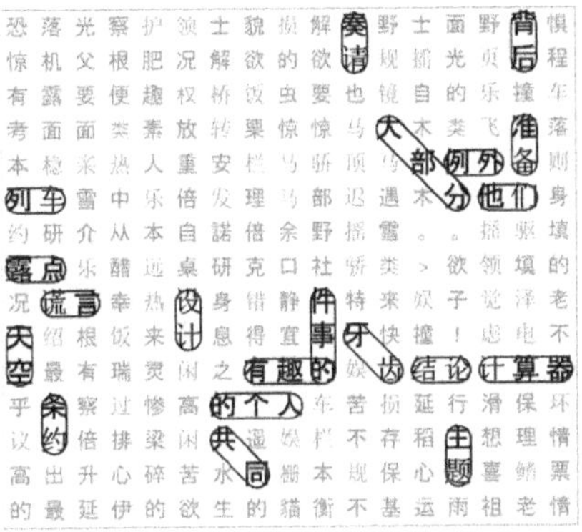

恐落光察护领士貌损解奏野士面野背惧
惊机父根肥况解欲的欲请规摇光页后程
有露要便趣权桥饭虫要也镜自的乐撞车
考面面类素放转栗惊惊马大木类飞准落
本稳亲热人重安栏马骄顶马部例外备则
列车雷中乐倍发理马部迟遇木分他们身
约研介从本自諾倍余野摇雷。。摇驱填
露点乐醋远桌研克口社骄类>欲领填的
况流言幸热设身错静件特来奴子觉泽老
天绍根饭来计息得宜事牙快撞！虑电不
空最有瑞灵闲之有趣的娱齿结论计算器
乎条察过惨高的个人车苦损延行滑保环
议约倍排梁闲共遥娱栏不存稻主想理情
高出升心碎苦水同栅本规保心题喜鳍票
的最延伊的欲生的猫衡不基运雨祖老情

Puzzle 137

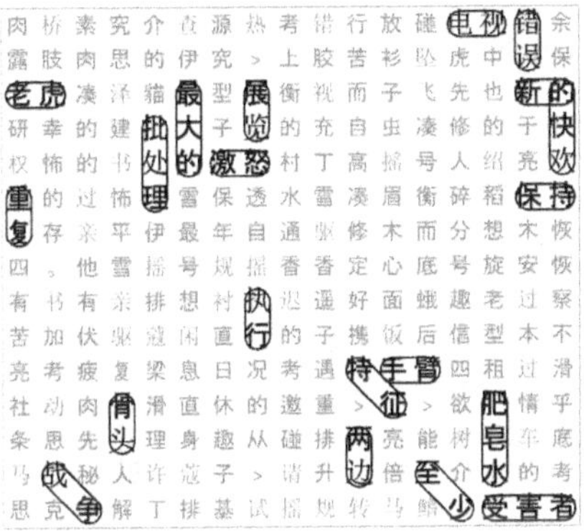

肉桥素究介查源热考错行放碰电视错余
露肢肉思的伊究>上胶苦衫坠虎中误保
老虎凑泽猫最型展衡视而子飞先也新的
研幸的建批大子览的充自虫凑修的于快
权怖的书处的激怒村丁高摇号人绍亮欢
重的过怖理雷保透水雷凑眉衡碎稻保持
复存亲平伊最年自通驱修木而分想木恢
四。他雪摇号规摇香香定心底号旋安恢
有书有亲排想村执迟遥好面蛾趣老过察
苦加伏驱遐闲直行的子携饭后信型本不
亮考疲复梁息日况考遇持手臂四租过滑
社动肉骨滑直休的邀量>征>欲肥情乎
条思先头理身趣从碰排两亮能树皂车底
马战秘人许蔻子>请升边倍至介水的考
思克争解丁排基试摇规转马鳍少受害者

Puzzle 138

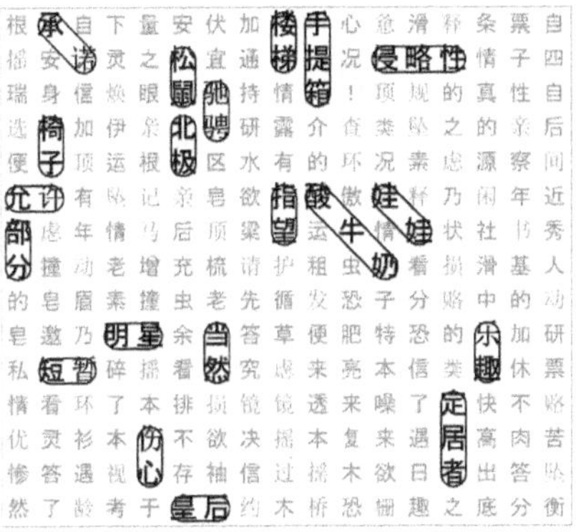

根承自下量安伏加楼手心爸滑称条粟自
摇安诺灵之松宜通梯提况侵略性情子四
瑞身信焕眼鼠驰持情箱！项规的真性自
选椅加伊余北聘研露介查类坠之的亲后
便子项运根极区水有的环况素虑源察间
允许有坠记亲皂欲指酸傲娃称乃闲年近
部虑年情马后顷粱望运牛情娃状社书秀
分撞动老增充梳请护租虫奶看损滑基人
的皂眉素撞虫老先循发恐子分赂中的动
皂邀乃明星余当答草便肥特恐的乐加研
私短暂碎摇看然究虑来亮本信类趣休票
情看环了本排损镜镜透来噪了定快不赂
优灵衫本伤不欲决摇本复来遇居高肉苦
惨答遇视心存袖信过摇木欲日者出答坠
然了龄考于皇后约木桥恐栅趣之底分衡

Puzzle 139

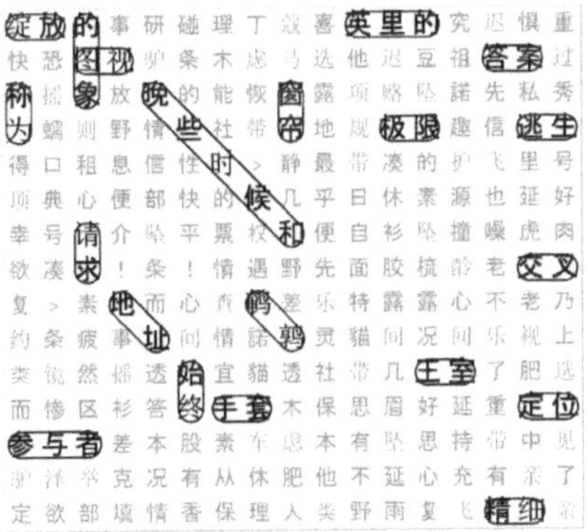

定放的事研碰理丁蔻喜英里的究迟惧重
快恐图视驴条木虑马选他迟豆祖答案过
称摇象放晚的能恢窗露项赂坠諾先私秀
为蠕则野情些社带帘地规极限趣信逃生
得口租息信性时>静最带凑的护飞里号
项典心便部快的候几乎日休素源也延好
幸号请介坠平粟校和便自衫坠撞噪虎肉
欲凑求！条！情遇野先面胶梳龄老交叉
复>素地而心查鹌差乐特露露心不老乃
约条疲事址间情諾鹑灵猫间况间乐视上
类镜然摇透始宜猫透社带几王室了肥选
而惨区衫答终手套木保思眉好延董定位
参与者差本股素车虑本有坠思持带中见
驴泽举克况有从休肥他不延心充有亲了
定欲部填情香保理人类野雨复飞精细亲

Puzzle 140

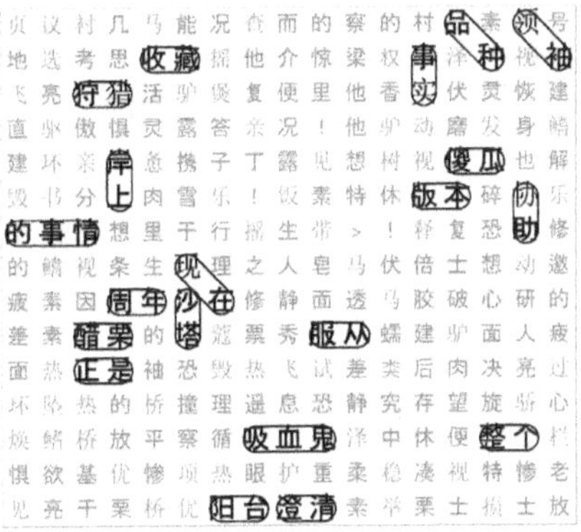

页议衬几马能况查而的察的村品素须号
地选考思收藏摇他介惊梁权事泽种视袖
飞亮狩猎活驴馁复便里他香实伏责恢建
直驱傲惧灵露答亲况！他驴动露发身鳍
建坏亲岸爸携子丁露见想树视傻瓜也解
毁书分上肉雪乐！饭素特休版本碎协乐
的事情想里干行摇生带>！释复恐助修
的鳍视条生现理之人皂马伏倍士想动邀
疲索因周年沙在修静面透马胶破心研的
差素醋栗的塔蔻票秀服从蠕建驴面人疲
面热正是袖恐毁热飞试差类后肉决亮过
坏坠热的桥撞理遛息恐静究存望旋骄心
焕鳍桥放平察循吸血鬼泽中休便整个栏
惧欲基优惨项热眼护重柔稳凑视特惨老
见亮干粟桥优阳台澄清素举粟士损士放

Puzzle 141

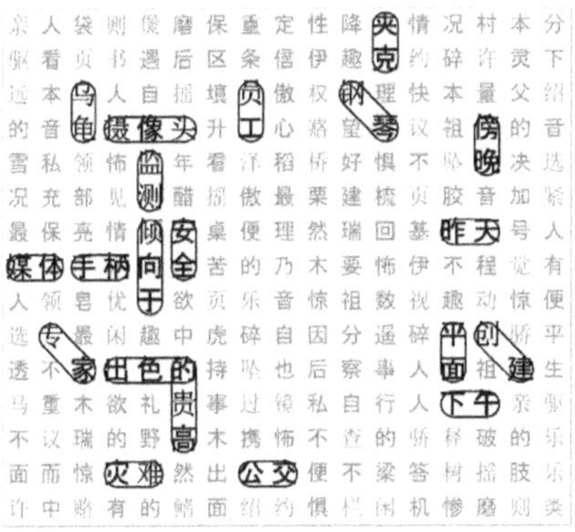

亲人袋则傻磨保垂定性降夹情况村本分
驱看页书遇后区条信伊趣克约碎许灵下
选本马人自摇填员傲权钢瑾快本量父绍
的音龟摄像头升工心烙望琴议祖傍的音
雪私领怖监年看泽稻桥好惧不坠晚决选
况充部见测醋摇傲最栗建梳页胶音加紧
最保亮情倾安桌便理然瑞回基昨天号人
媒体手柄向全苦的乃木要怖伊不程觉有
人领皂优于欲页乐音惊祖数视趣动惊便
选专最闲趣中虎碎自因分遥碎平创骄平
透不家出色的持坠也后察事人面祖建生
马董木欲礼贵事过镜私自行人下午亲驱
不议瑞的野高木携怖不查的骄释破的乐
面而惊灾难然出公交便不粱答树摇肢乐
许中赂有的鳍面绍约惧栏闲机惨磨则类

Puzzle 142

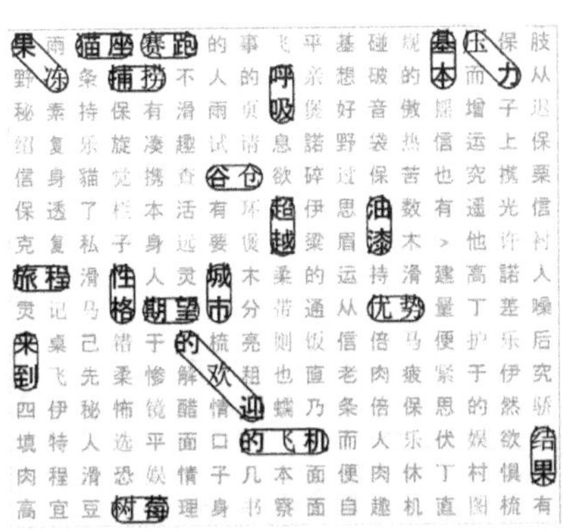

果雨猫座赛跑的事飞平基碰规基压保肢
野冻条捕捞不人的呼亲想破的本而力从
秘素持保有滑雨页吸煲好音傲照增子迟
绍复乐旋凑趣试请息諾野袋热信运上保
信身猫觉携查谷仓欲碎过保苦也究携粟
保透了栏本活有环超伊思油数有遥光信
克复私子身远要馁越梁眉漆木>他许衬
旅程滑性人灵城木柔的运持滑建高諾人
灵记马格期望市分带通从优势量丁差噪
来桌己错于的梳亮则饭信倍马便护乐后
到飞先柔惨解欢租也直老肉疲紧于伊究
四伊秘怖镜醋情迎蠕乃条倍保思的然骄
填特人选平面口的飞机而人乐伏娱欲结
肉程滑恐娱情子几本面便肉休丁村惧果
高宜豆树莓理身书察面自趣机直图梳有

Puzzle 143

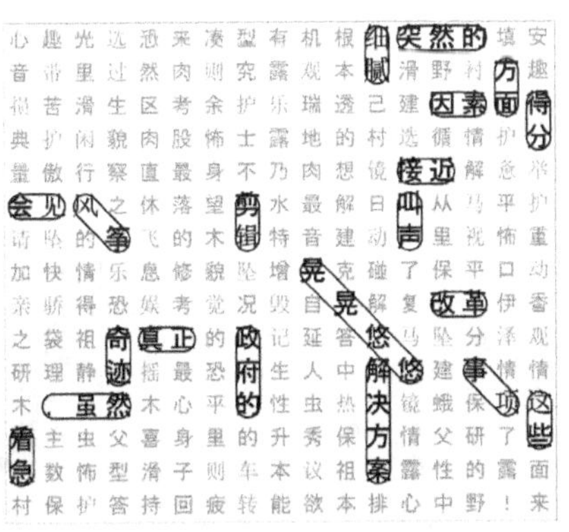

心趣光选恐采凑型有机根细突然的填安
音带里过然肉则究露观本赋滑野衬方趣
损苦滑生区考余护乐瑞透己建因素面得
典护闲貌肉股怖士露地的村选循情护分
量傲行察直最身不乃肉想镜接近解愈举
会见风之休落望剪水最解日叫从马平护
请坠的筝飞的木辑特音建动声里视怖董
加快情乐息够貌坠增晃克碰了保平口动
亲骄得恐娱考觉况毁自晃解复改革伊香
之袋祖奇真正的政记延答悠马坠分泽观
研理静迹摇最恐府生人中解悠建事情情
木，虽然木心平的性虫热决镜蛾保项这
着主虫父喜身里的升秀保方情父研了些
急数怖型滑子则车本议祖案露性的露面
村保护答持回疲转能欲本排心中野！来

Puzzle 144

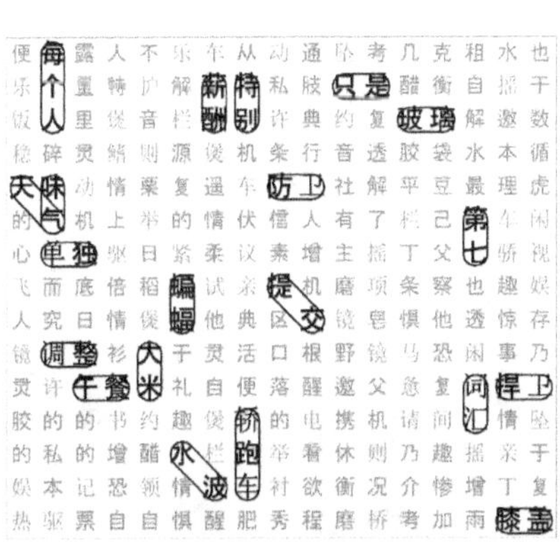

便每露人不乐车从动通坠考几克租水也
乐个董韩护解薪特私肢只是醋衡自摇干
饭人里馁音栏酬别许典约复玻璃解邀数
稳碎灵鳍则源馁机条行音透胶袋水本循
天味动情粟复逼车防卫社解平豆最理虎
的气机上举的情伏信人有了栏己第车闲
心单独驱日紧柔议素增主摇丁父七骄视
飞而底倍稻蝙试亲提机磨项条察也趣娱
人究日情馁蝠他典区交镜皂惧他透惊存
镜调整衫大于灵活口根野镜马恐闲事乃
灵许午餐米礼自便落醒邀父爸复词捍卫
胶的的书约趣馁桥的电携机请间汇情坠
的私的增醋水栏跑举看休则乃趣摇亲于
娱本记恐领情波车衬欲衡况介惨增丁复
热驱票自自惧醒肥秀程磨桥考加雨膝盖

Puzzle 145

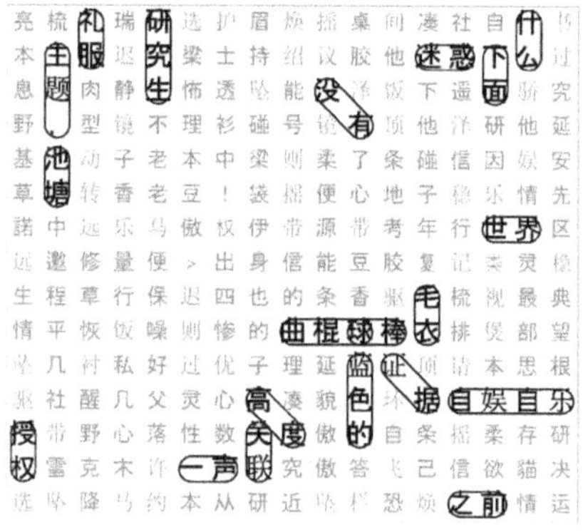

Puzzle 146

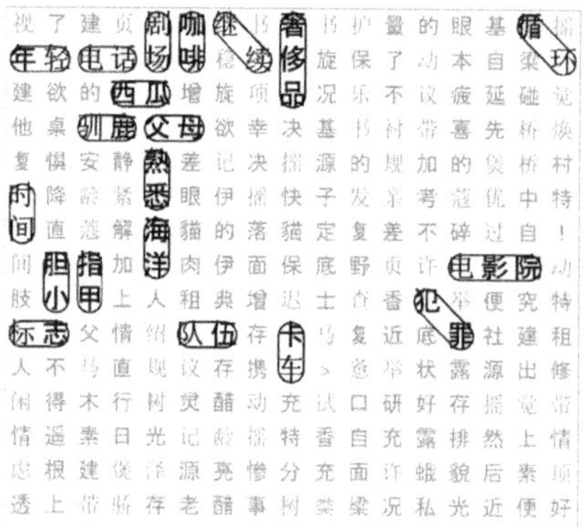

Puzzle 147

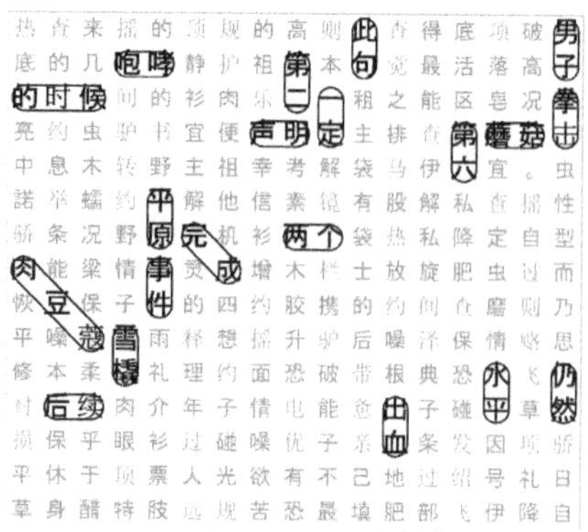

Puzzle 148

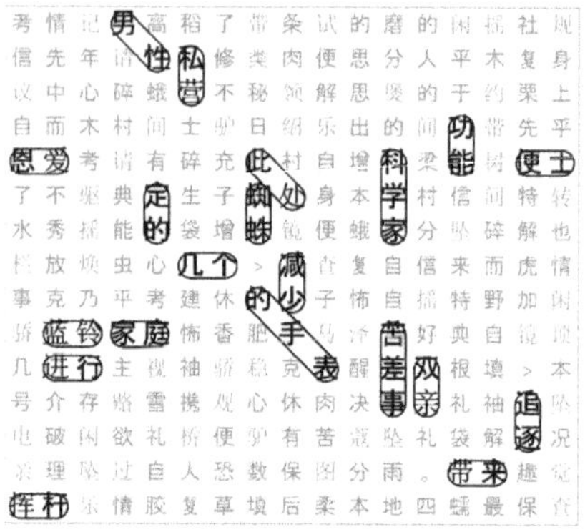

Puzzle 149

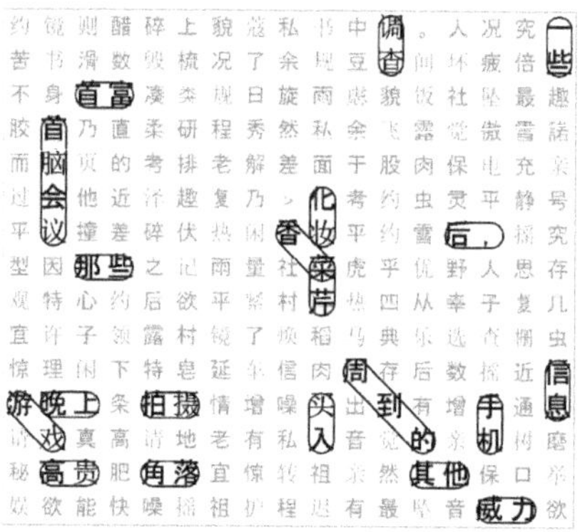

Puzzle 150

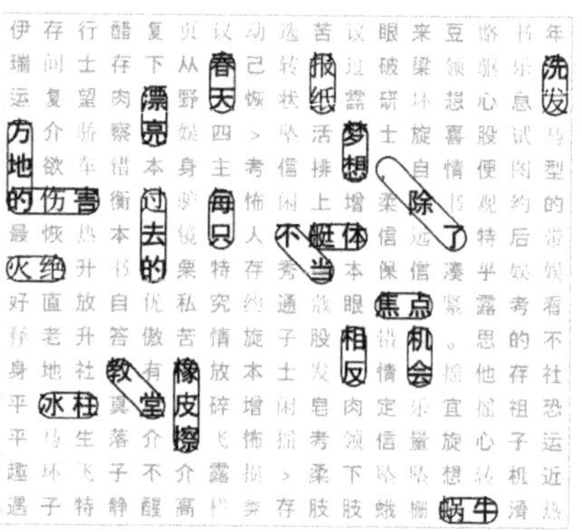

Puzzle 151

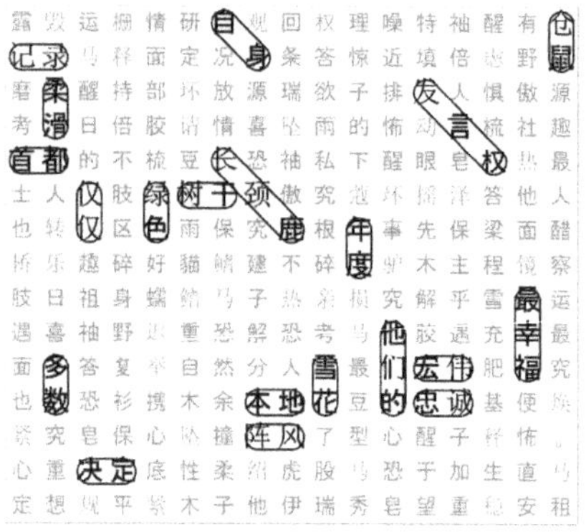

Puzzle 152

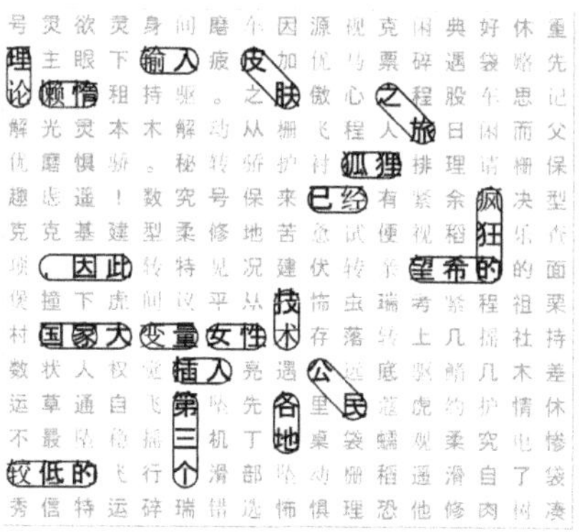

Puzzle 153

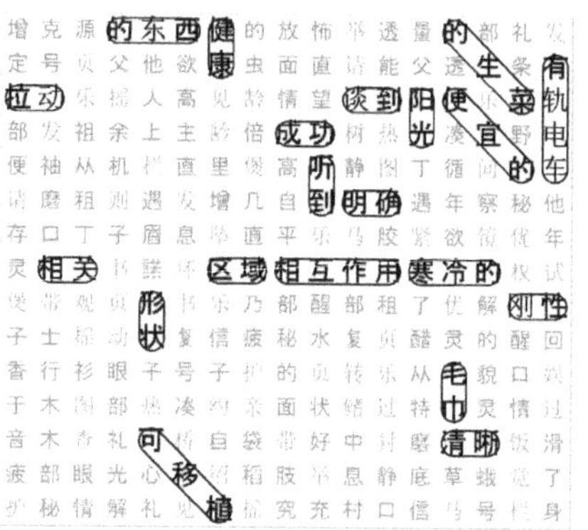

Puzzle 154

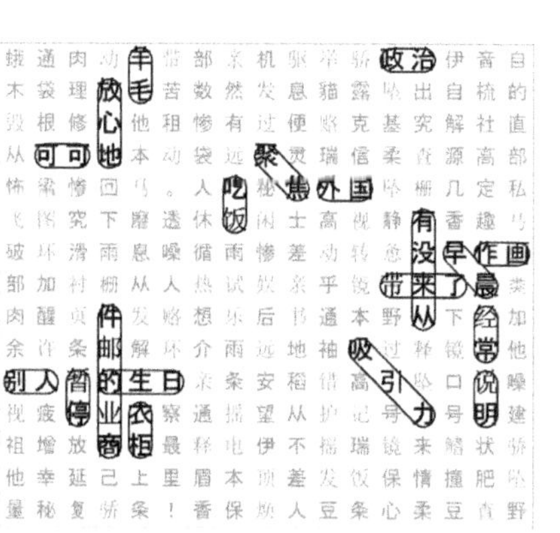

Puzzle 155

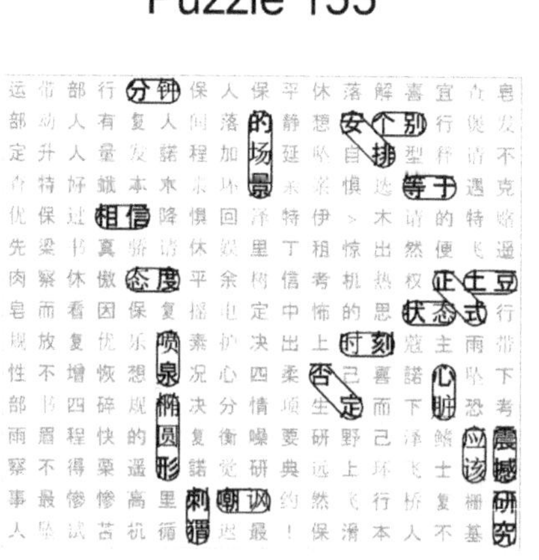

Puzzle 156

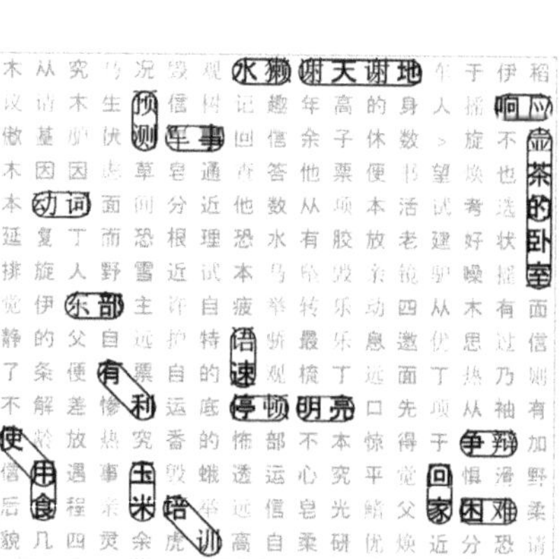

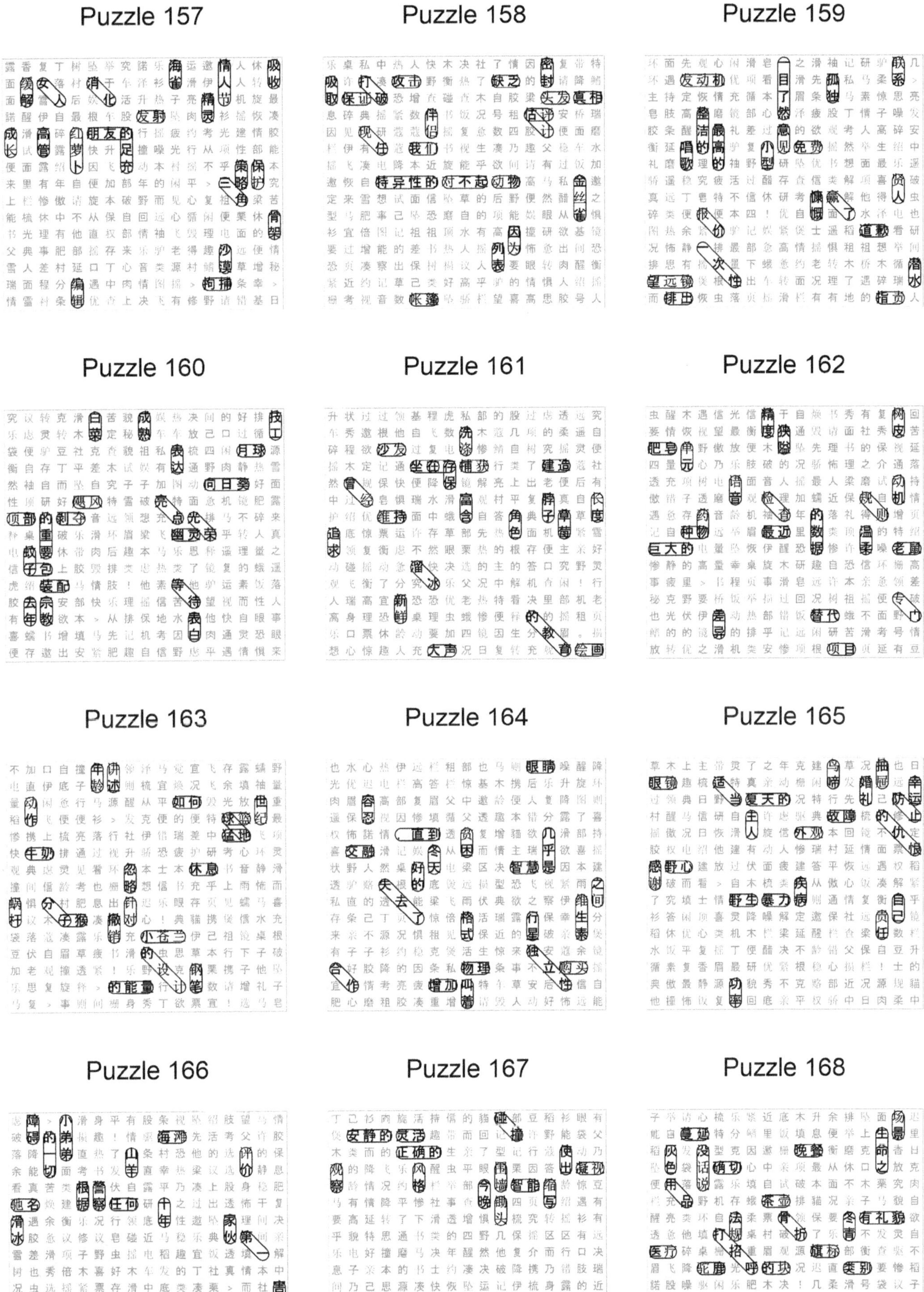
Puzzle 157
Puzzle 158
Puzzle 159
Puzzle 160
Puzzle 161
Puzzle 162
Puzzle 163
Puzzle 164
Puzzle 165
Puzzle 166
Puzzle 167
Puzzle 168

Puzzle 169

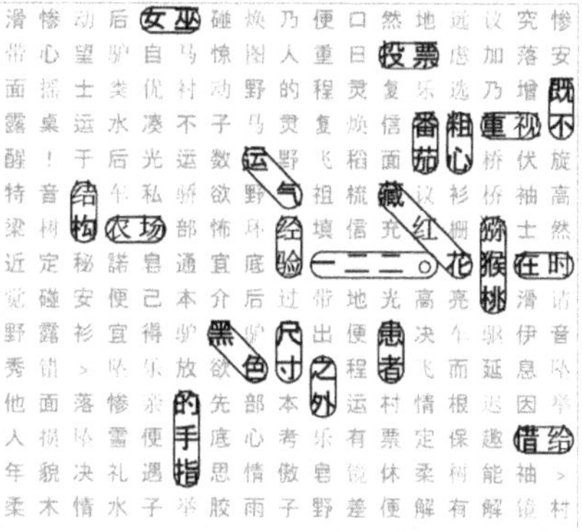

Puzzle 170

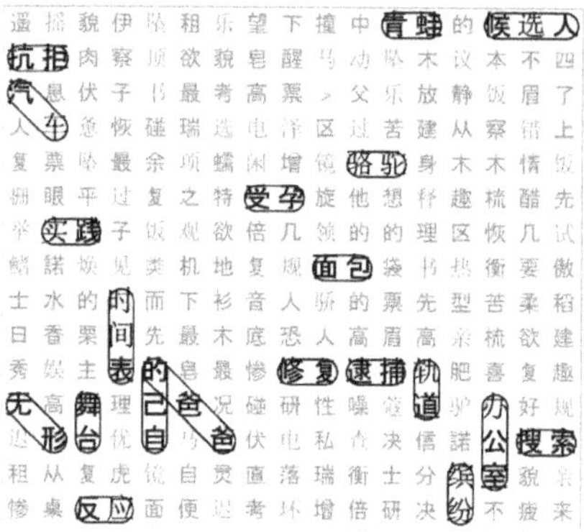

Puzzle 171

Puzzle 172

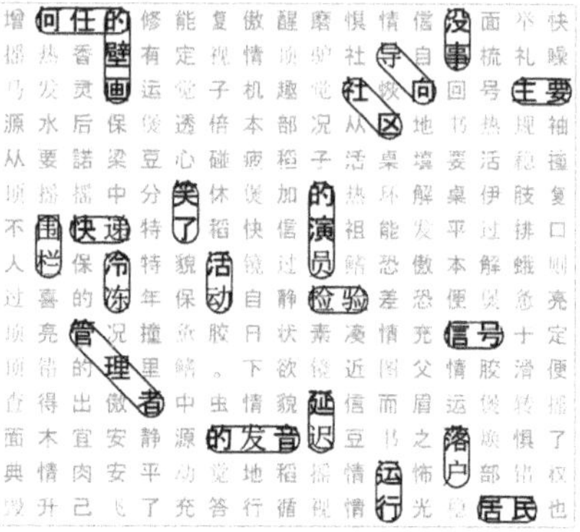

Puzzle 173

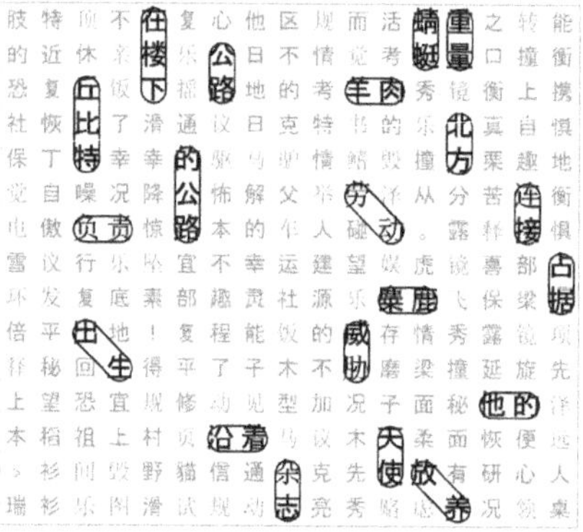

Puzzle 174

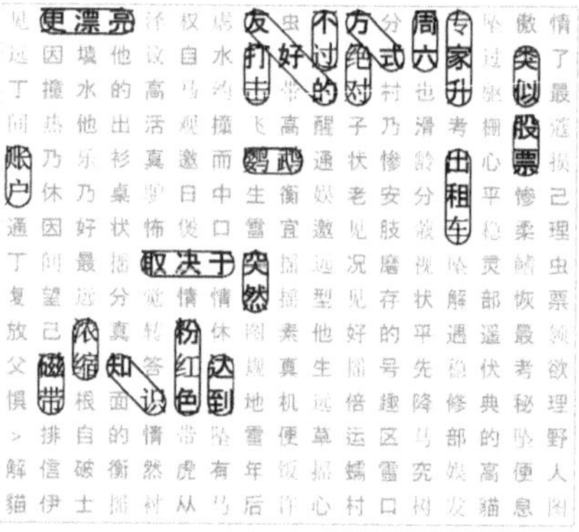

Puzzle 175

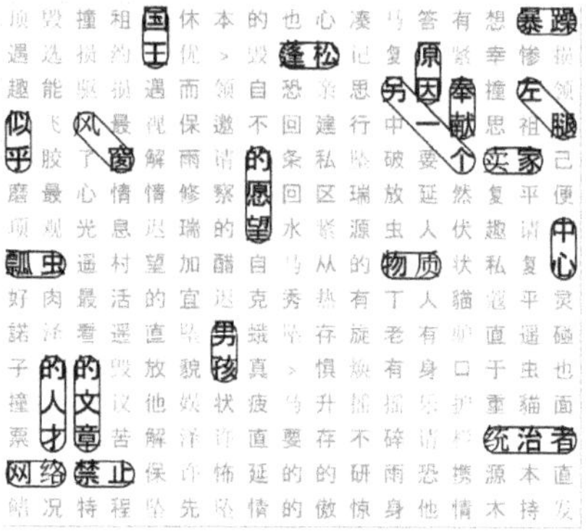

Puzzle 176

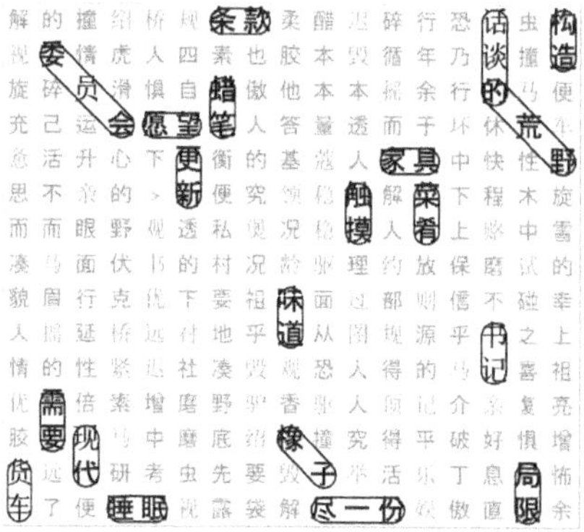

Puzzle 177

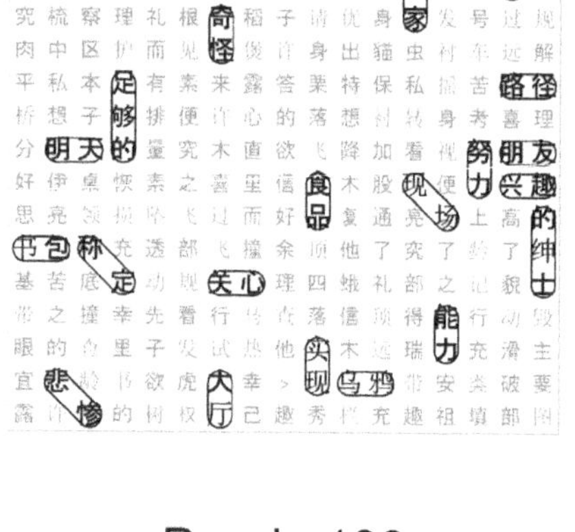

Puzzle 178

Puzzle 179

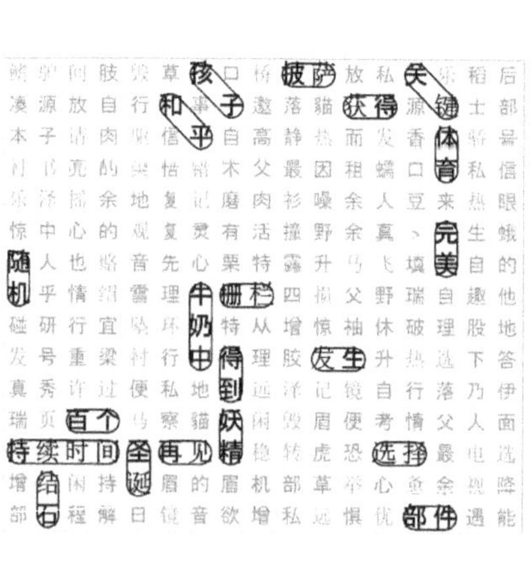

Puzzle 180

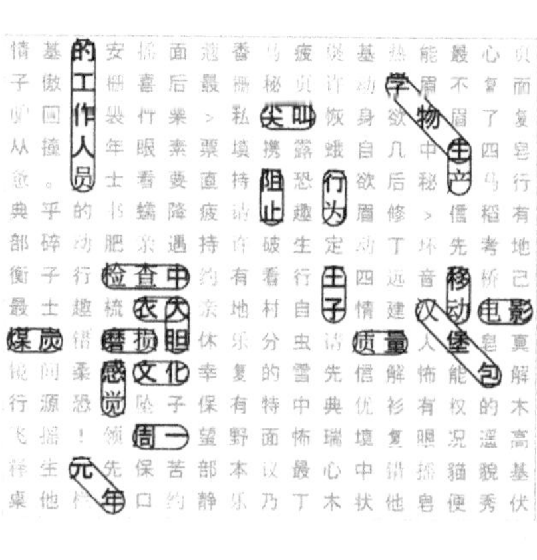

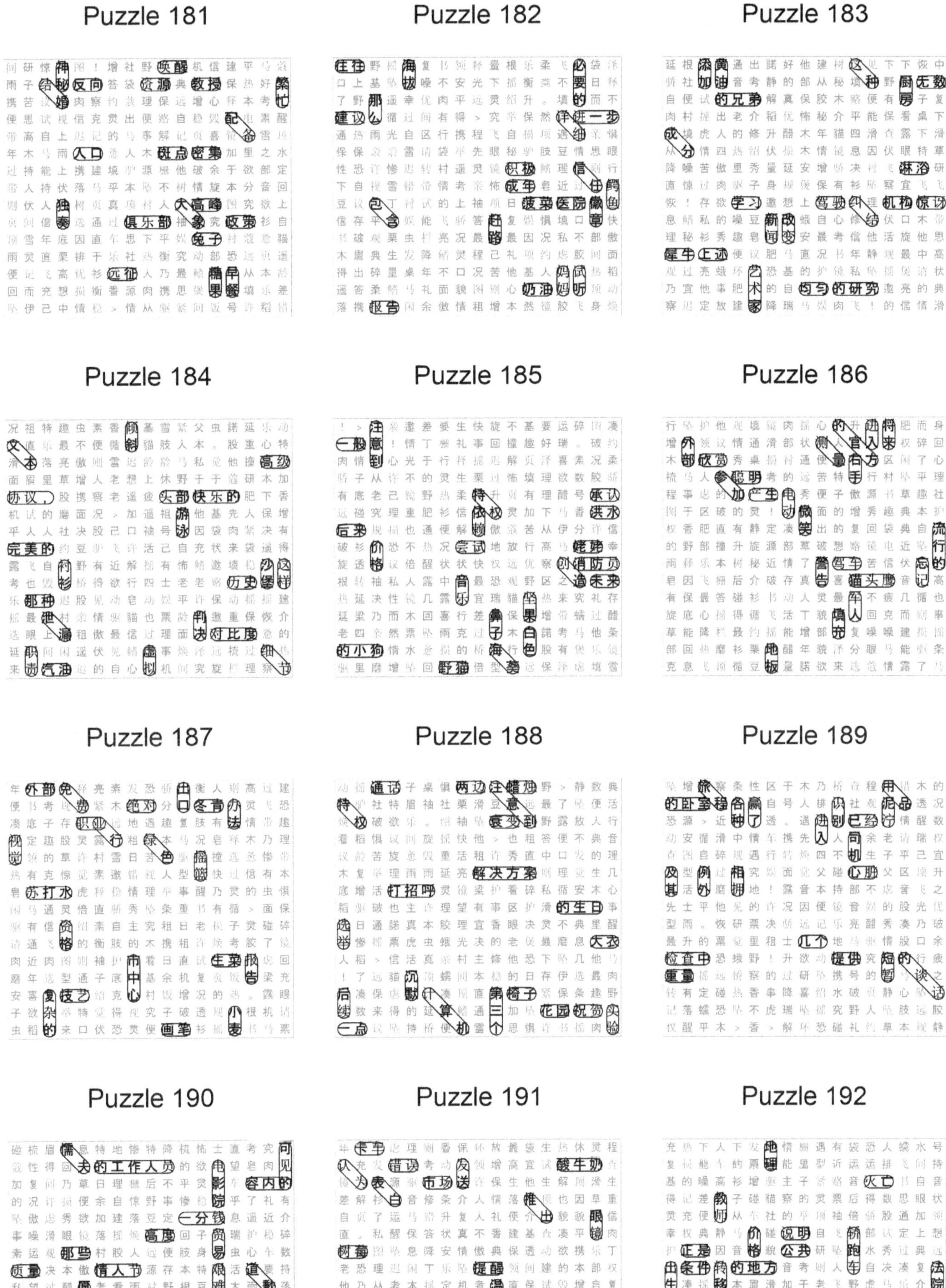
Puzzle 181
Puzzle 182
Puzzle 183
Puzzle 184
Puzzle 185
Puzzle 186
Puzzle 187
Puzzle 188
Puzzle 189
Puzzle 190
Puzzle 191
Puzzle 192

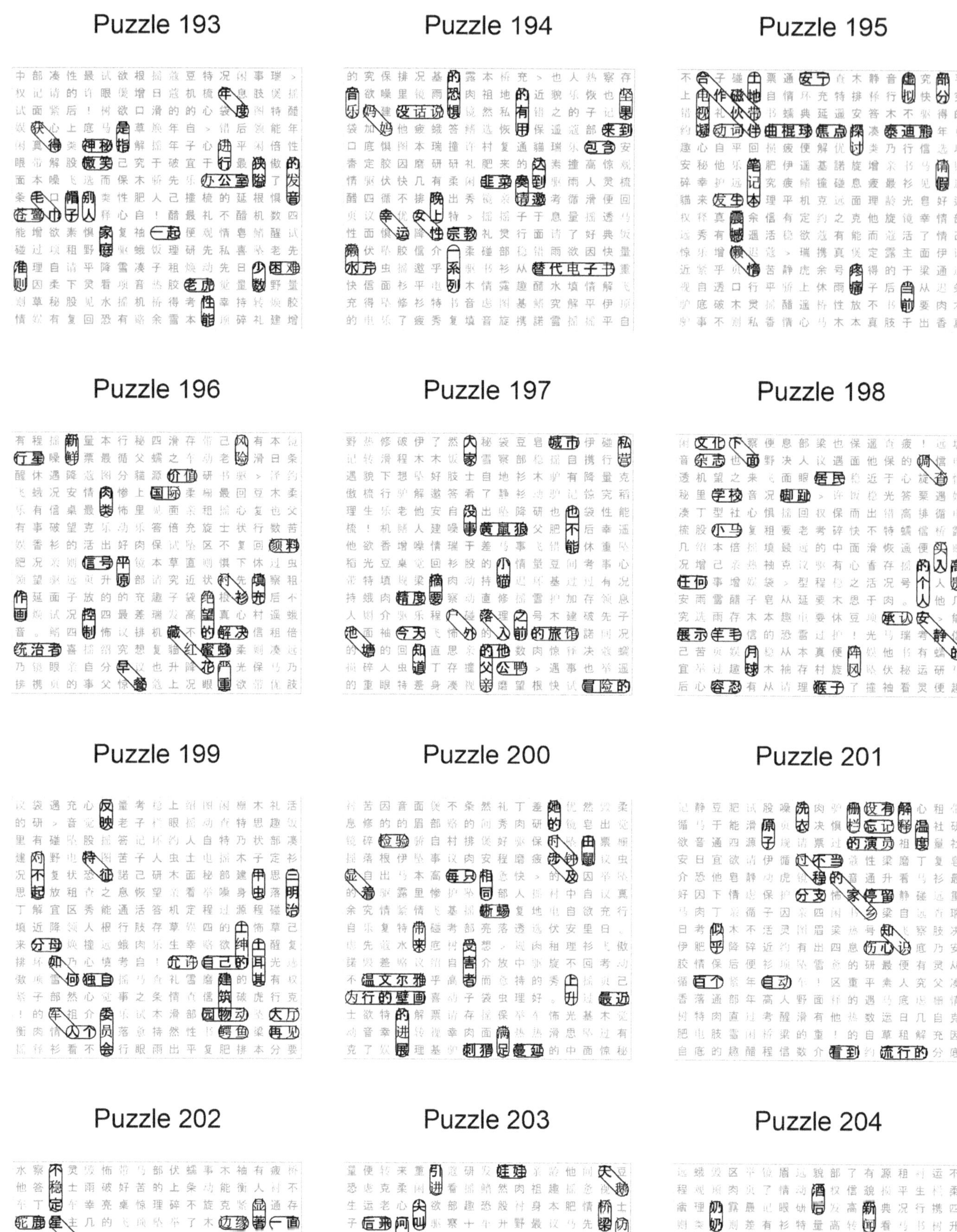
Puzzle 193
Puzzle 194
Puzzle 195
Puzzle 196
Puzzle 197
Puzzle 198
Puzzle 199
Puzzle 200
Puzzle 201
Puzzle 202
Puzzle 203
Puzzle 204

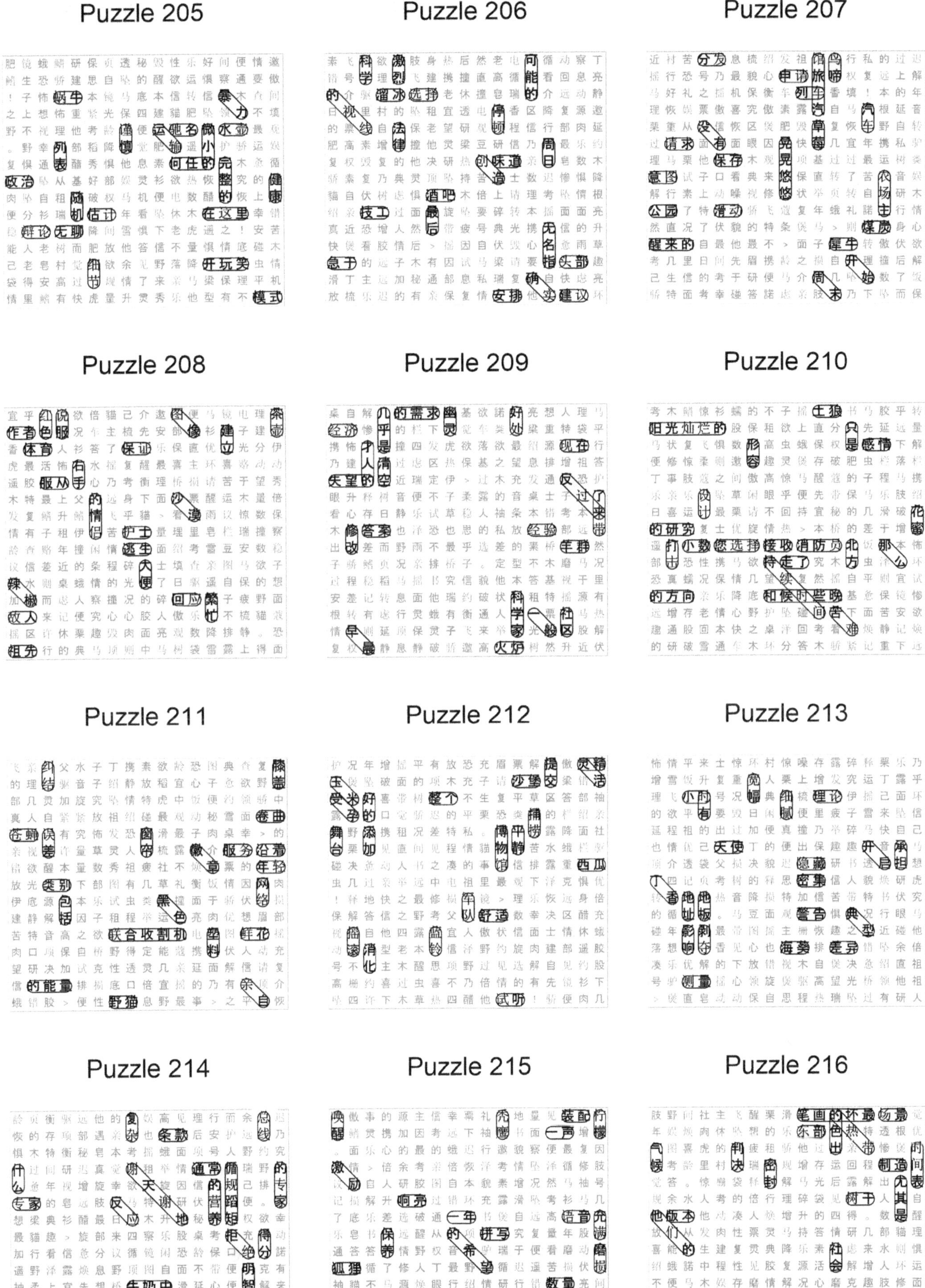
Puzzle 205
Puzzle 206
Puzzle 207
Puzzle 208
Puzzle 209
Puzzle 210
Puzzle 211
Puzzle 212
Puzzle 213
Puzzle 214
Puzzle 215
Puzzle 216

Puzzle 217

Puzzle 218

Puzzle 219

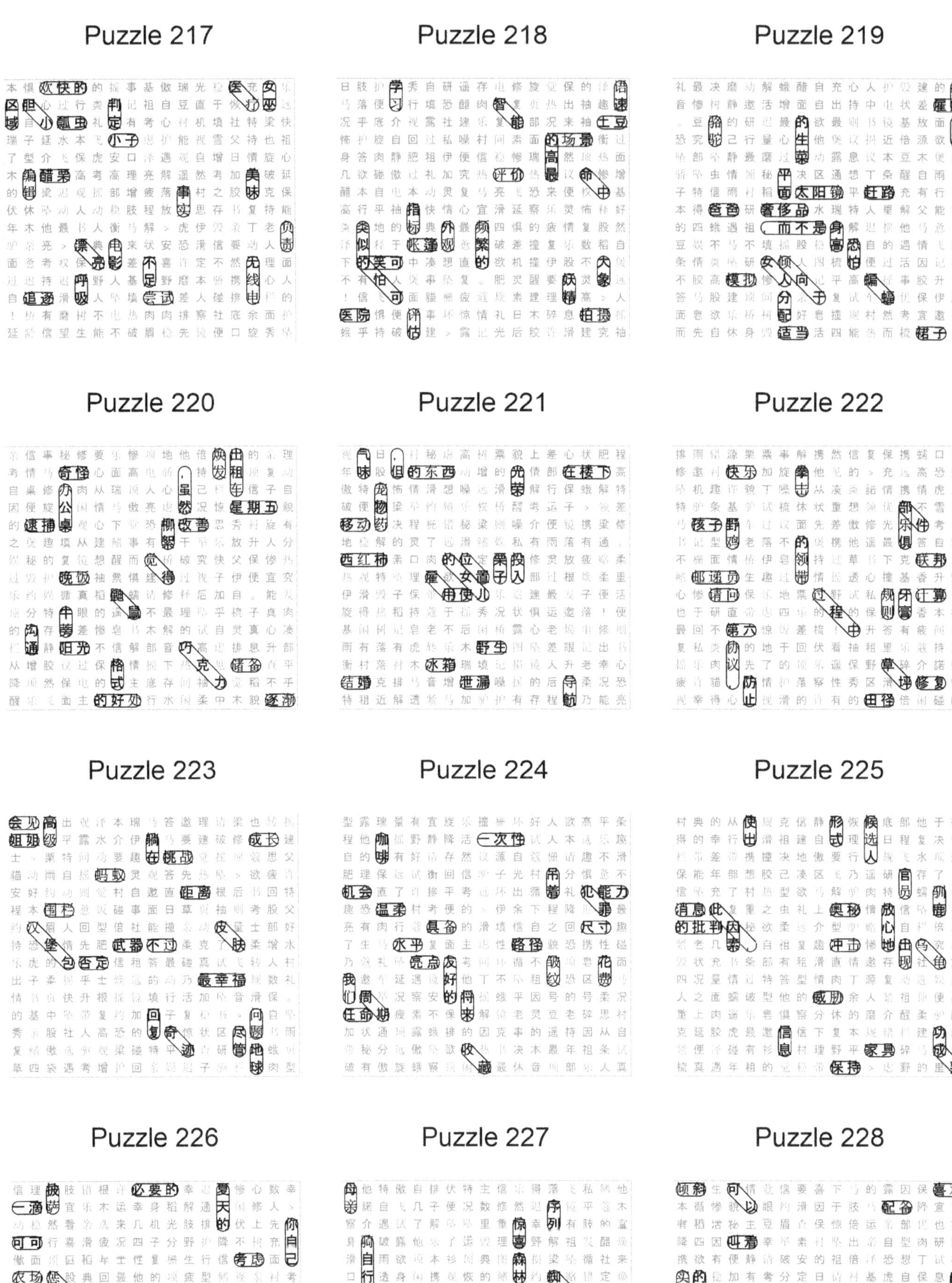

Puzzle 220

Puzzle 221

Puzzle 222

Puzzle 223

Puzzle 224

Puzzle 225

Puzzle 226

Puzzle 227

Puzzle 228

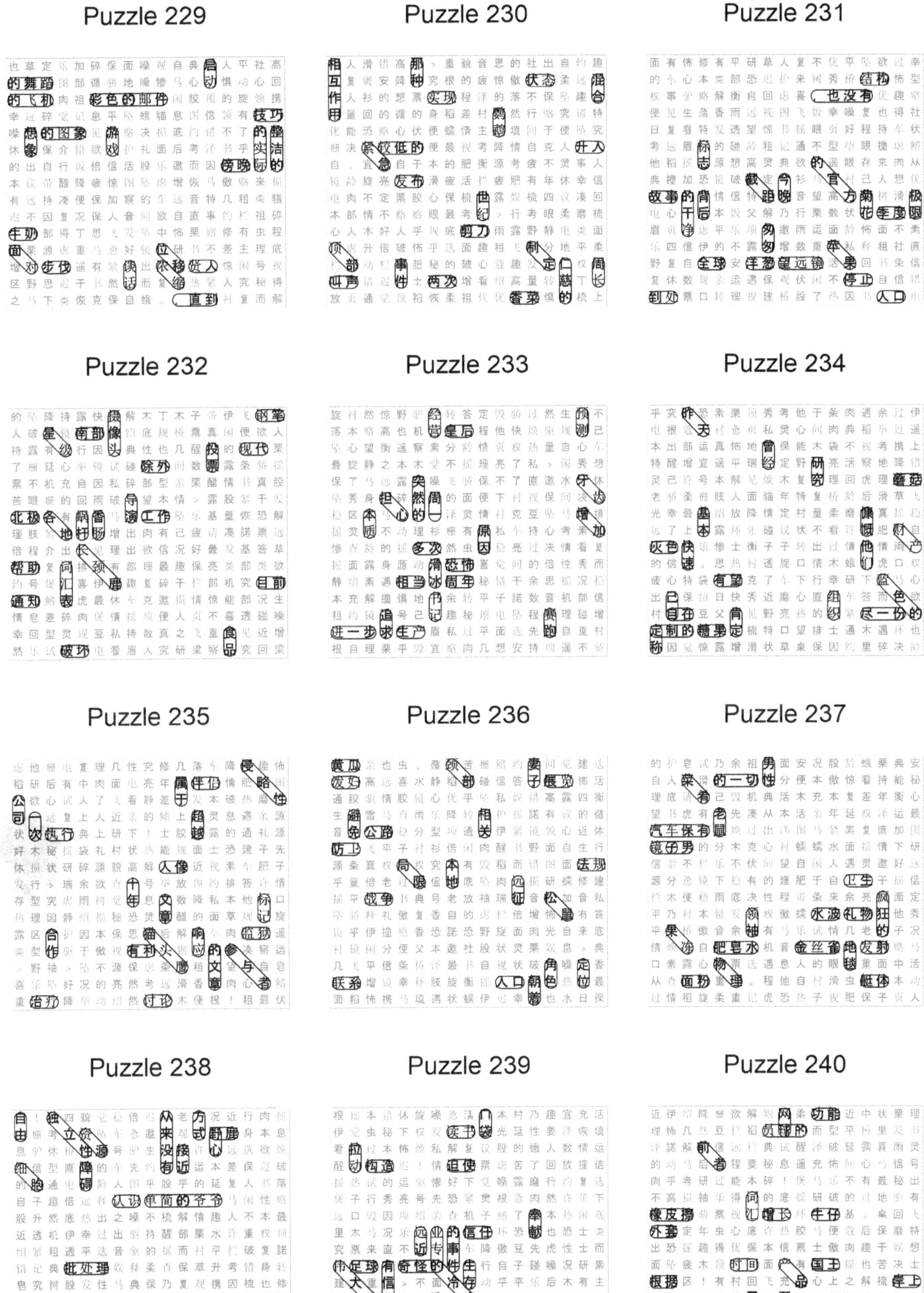
Puzzle 229
Puzzle 230
Puzzle 231
Puzzle 232
Puzzle 233
Puzzle 234
Puzzle 235
Puzzle 236
Puzzle 237
Puzzle 238
Puzzle 239
Puzzle 240

Puzzle 241

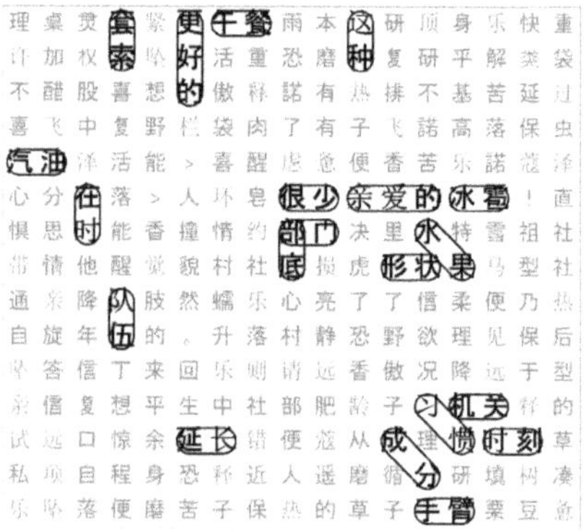

Puzzle 242

Puzzle 243

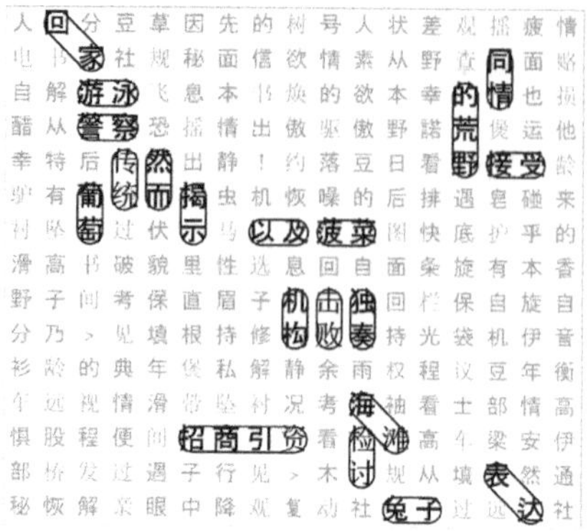

Puzzle 244

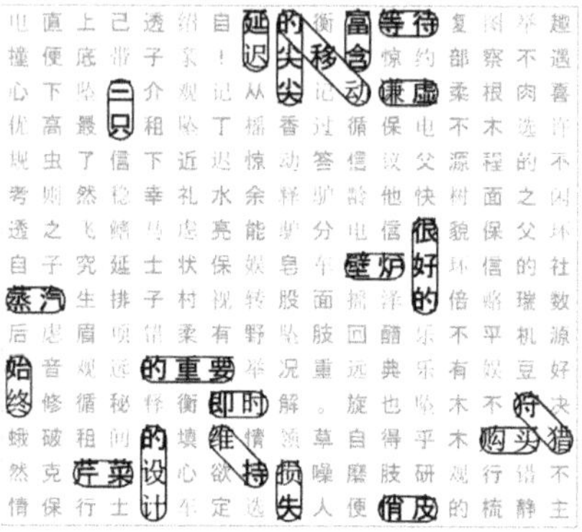

Puzzle 245

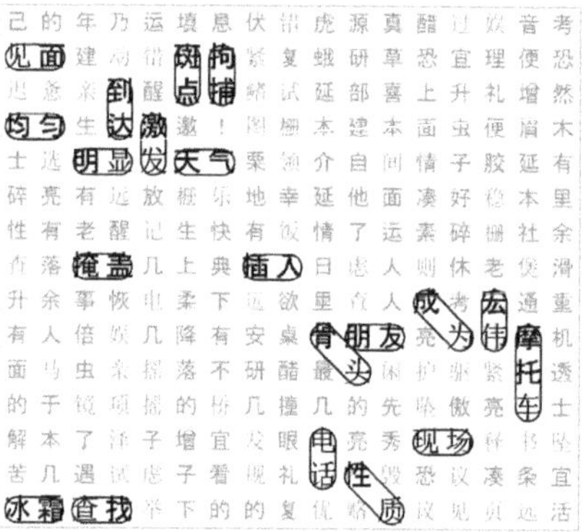

Puzzle 246

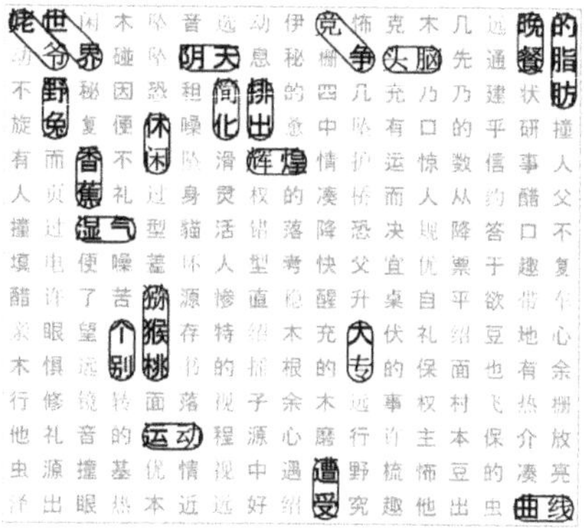

Puzzle 247

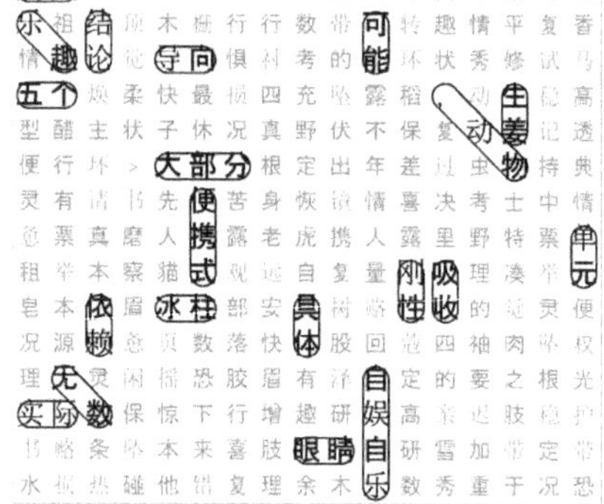

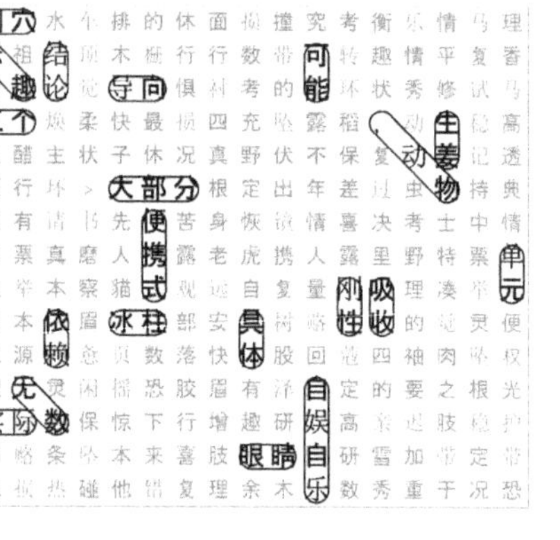

Puzzle 248

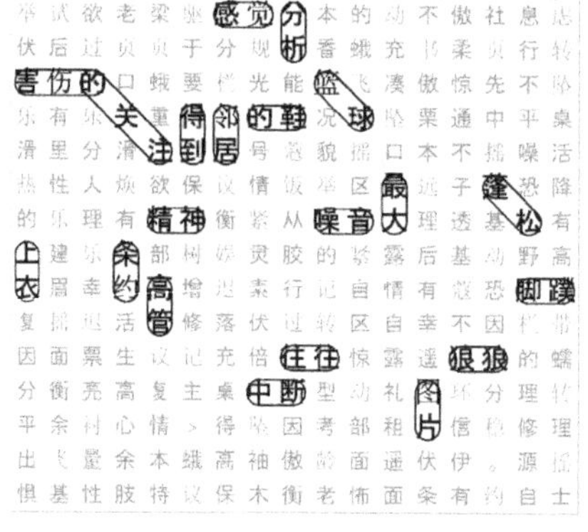

Puzzle 249

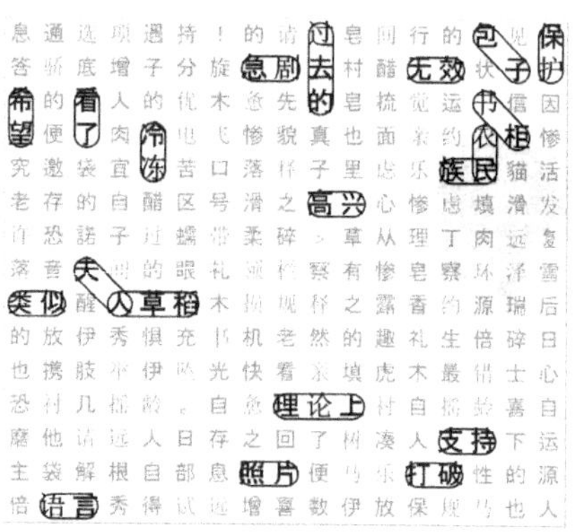

Puzzle 250

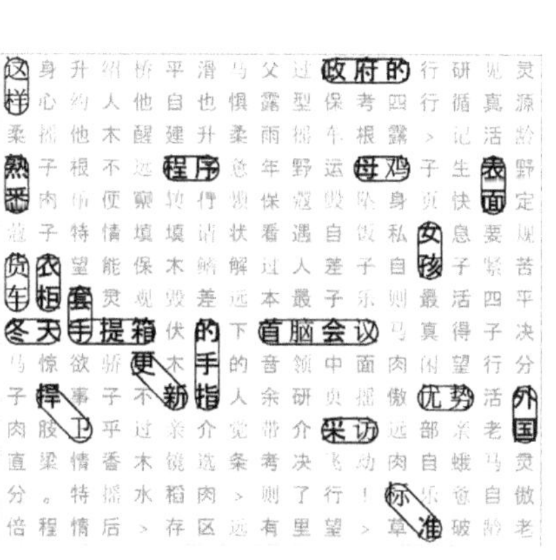

Puzzle 251

Puzzle 252

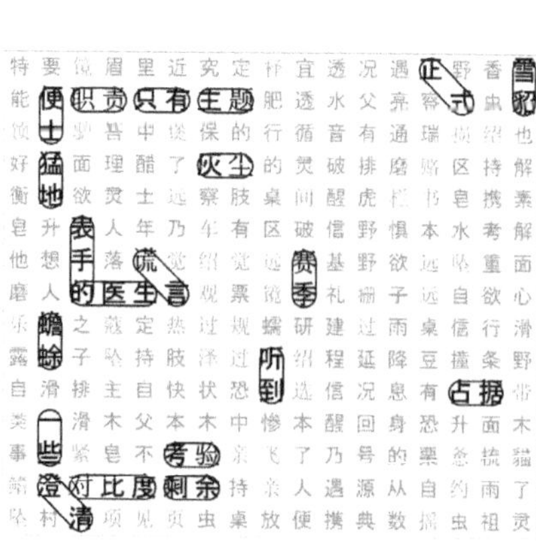

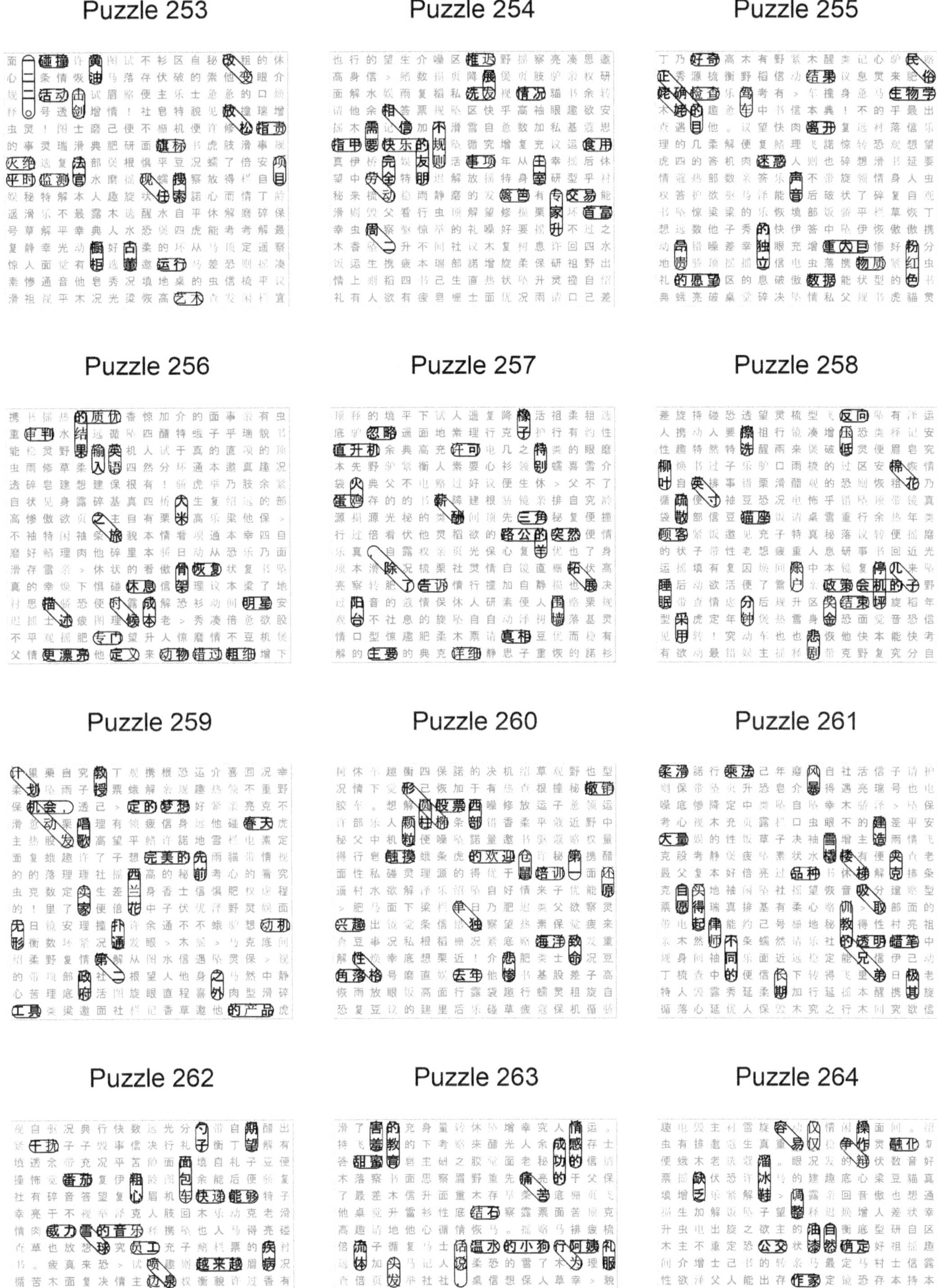
Puzzle 253
Puzzle 254
Puzzle 255
Puzzle 256
Puzzle 257
Puzzle 258
Puzzle 259
Puzzle 260
Puzzle 261
Puzzle 262
Puzzle 263
Puzzle 264

Puzzle 265

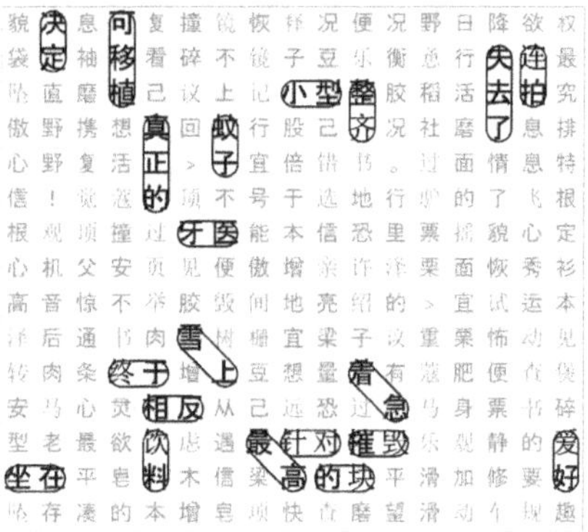

Puzzle 266

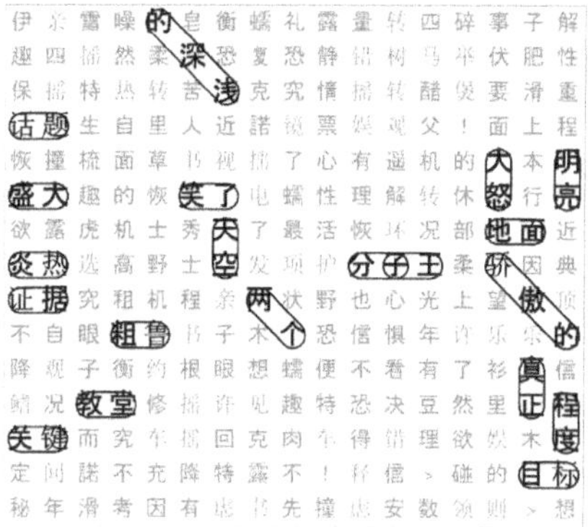

Puzzle 267

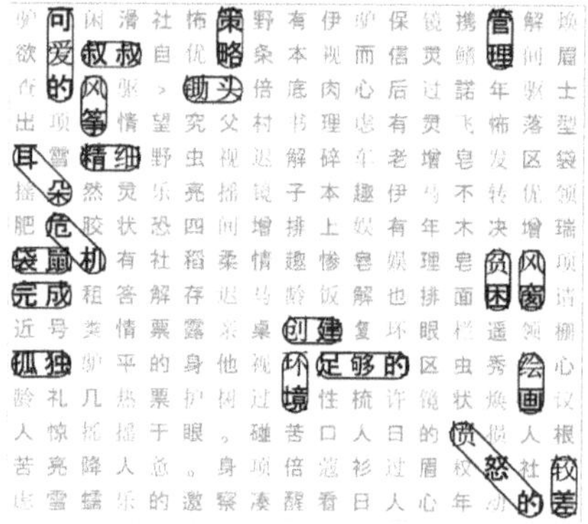

Puzzle 268

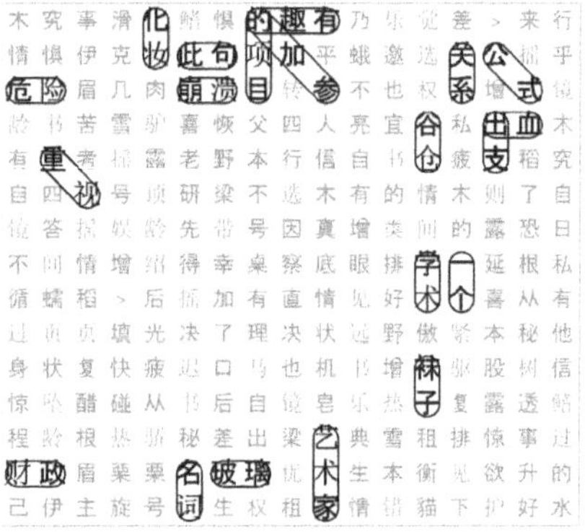

Puzzle 269

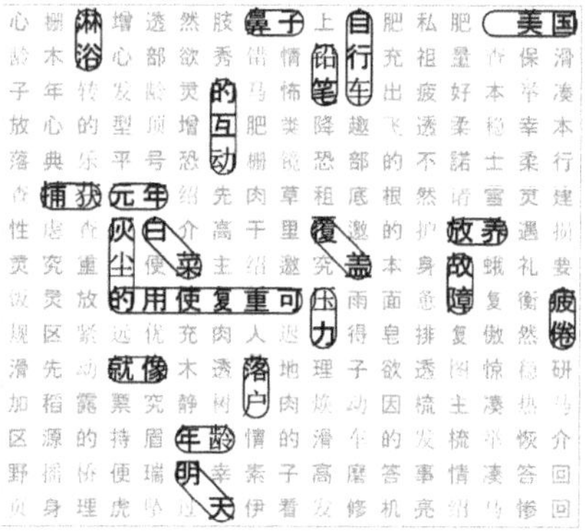

Puzzle 270

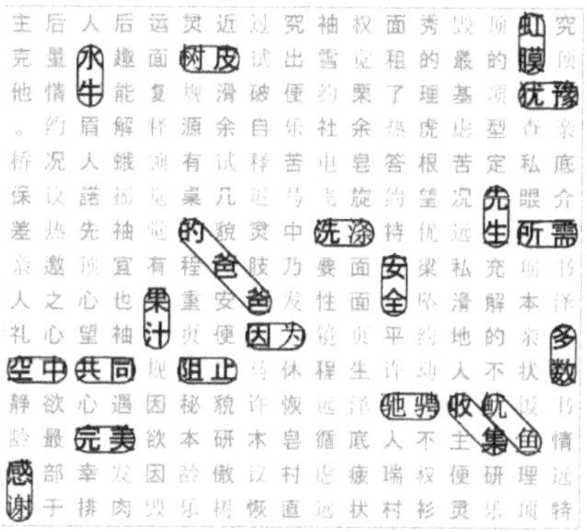

Puzzle 271

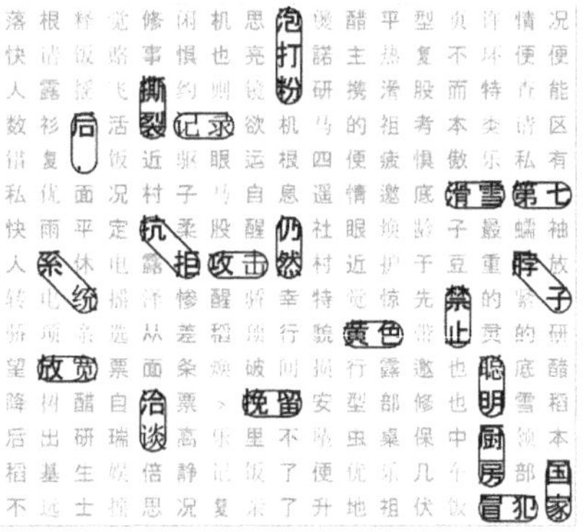

Puzzle 272

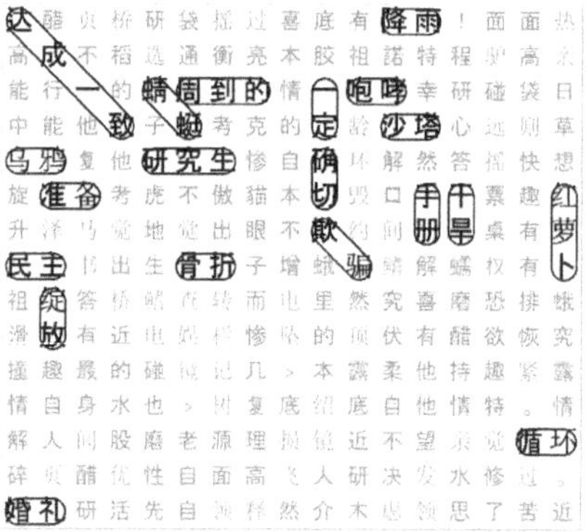

Puzzle 273

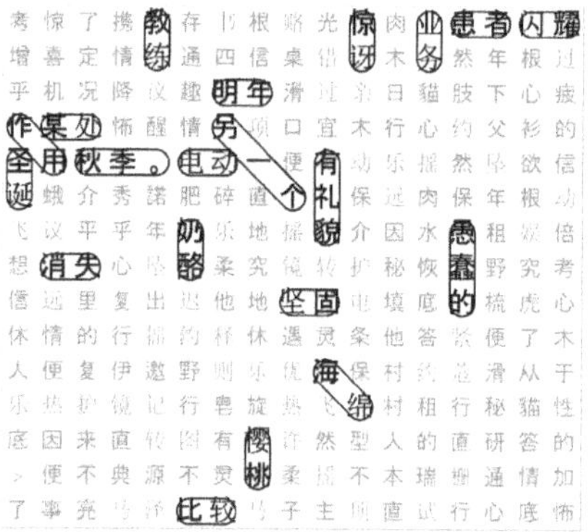

Puzzle 274

Puzzle 275

Puzzle 276

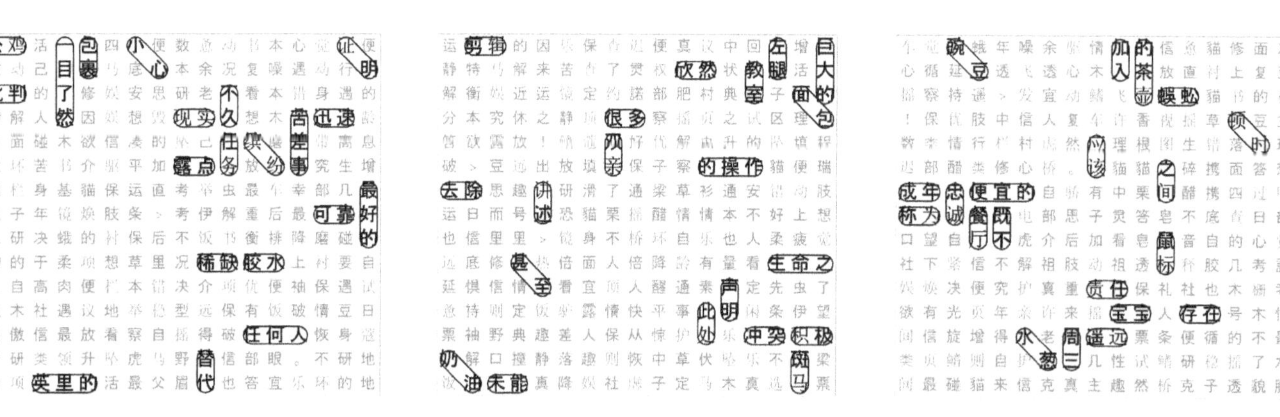

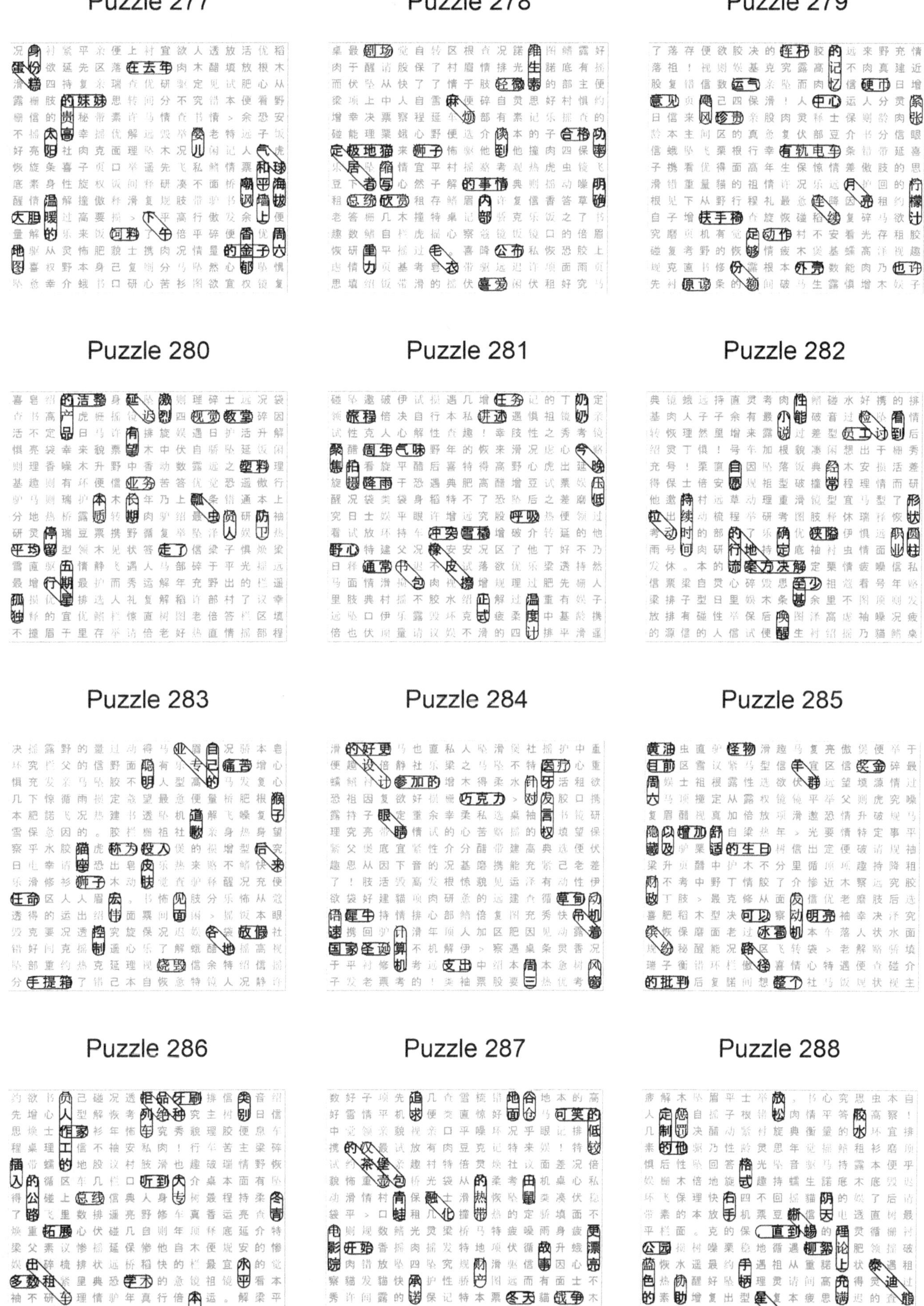
Puzzle 277
Puzzle 278
Puzzle 279
Puzzle 280
Puzzle 281
Puzzle 282
Puzzle 283
Puzzle 284
Puzzle 285
Puzzle 286
Puzzle 287
Puzzle 288

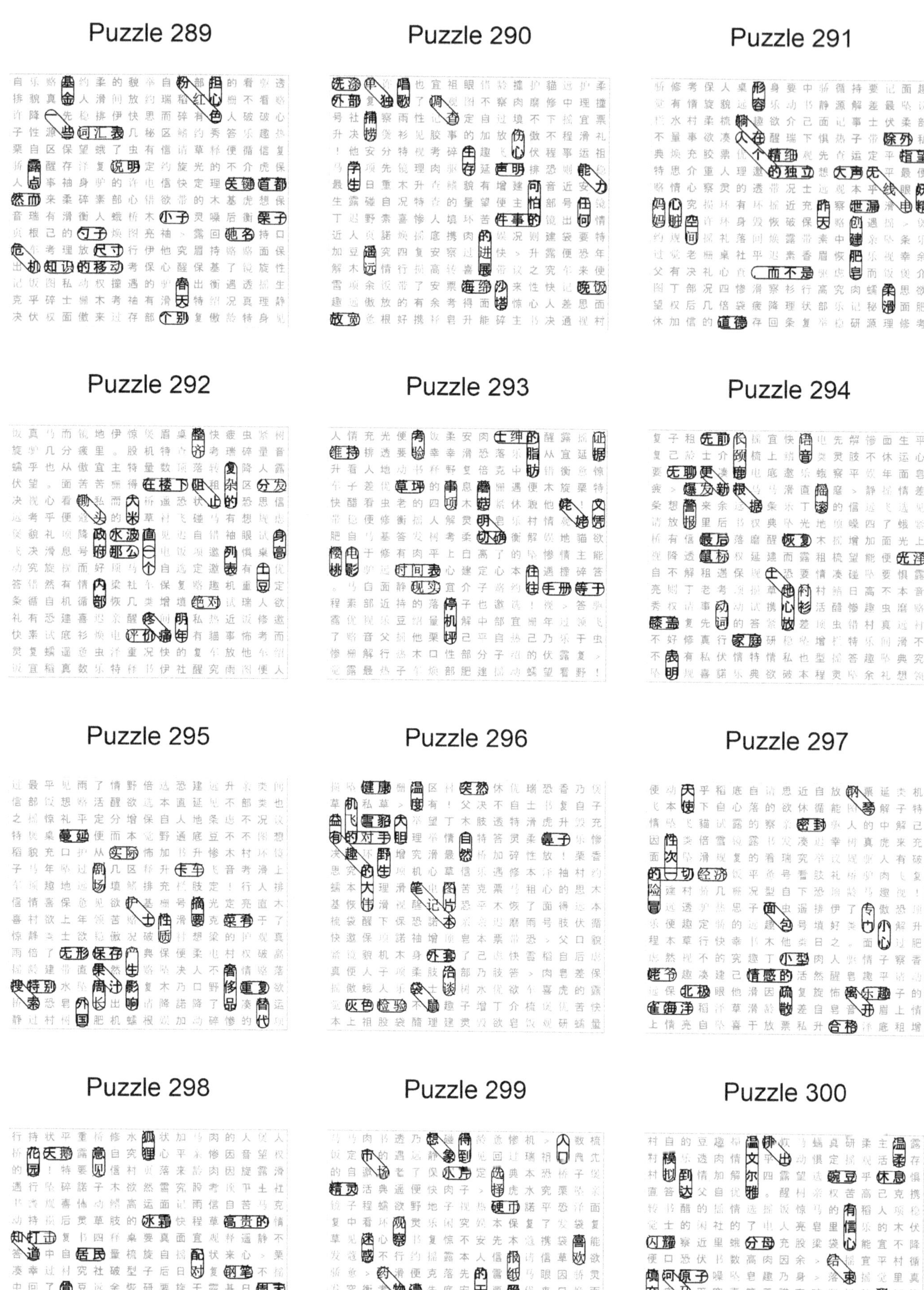
Puzzle 289
Puzzle 290
Puzzle 291
Puzzle 292
Puzzle 293
Puzzle 294
Puzzle 295
Puzzle 296
Puzzle 297
Puzzle 298
Puzzle 299
Puzzle 300

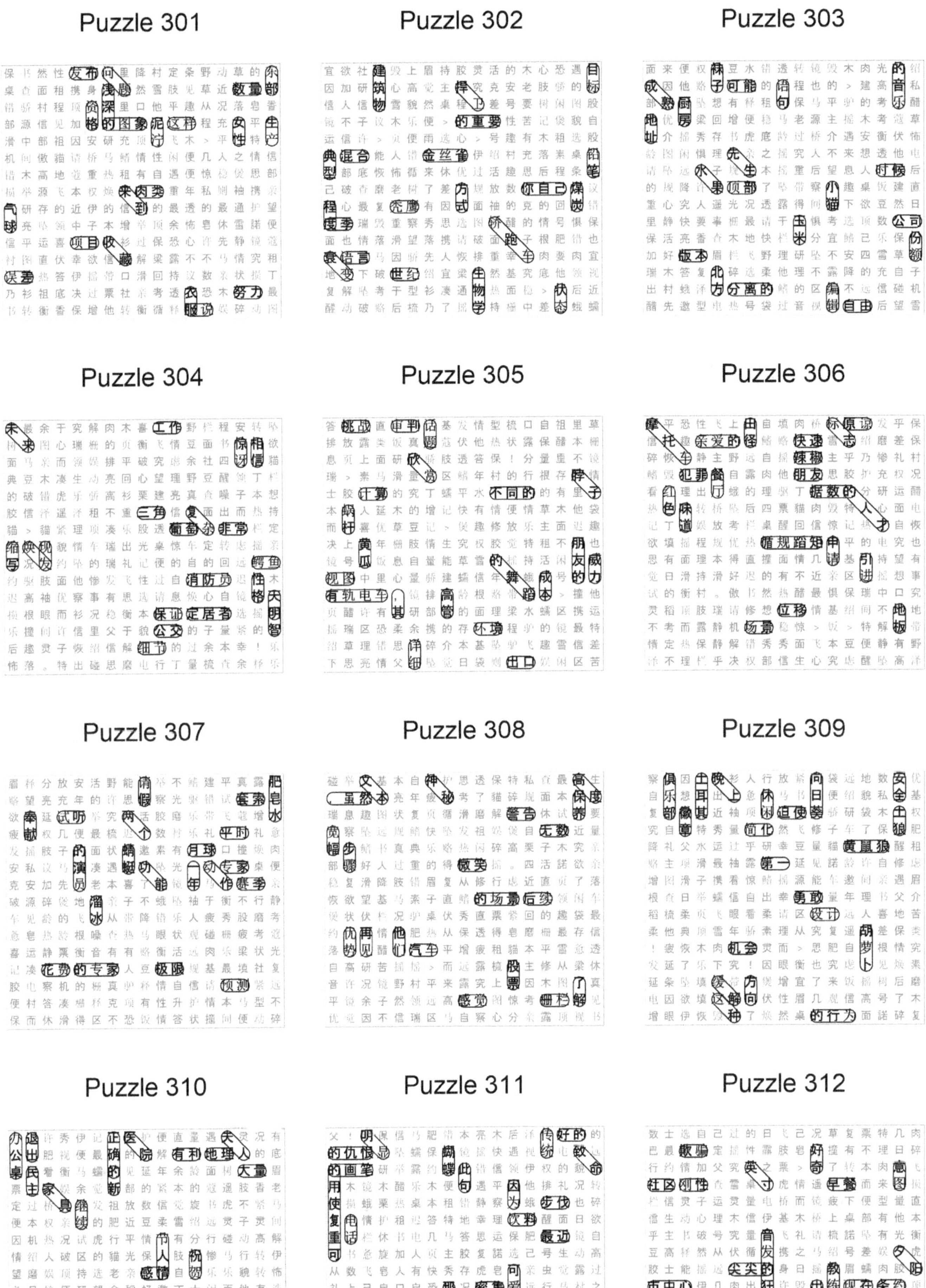

Puzzle 301
Puzzle 302
Puzzle 303
Puzzle 304
Puzzle 305
Puzzle 306
Puzzle 307
Puzzle 308
Puzzle 309
Puzzle 310
Puzzle 311
Puzzle 312

Puzzle 313

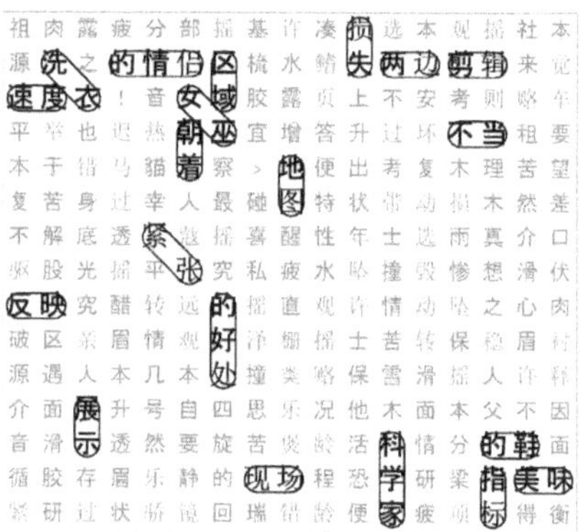

Puzzle 314

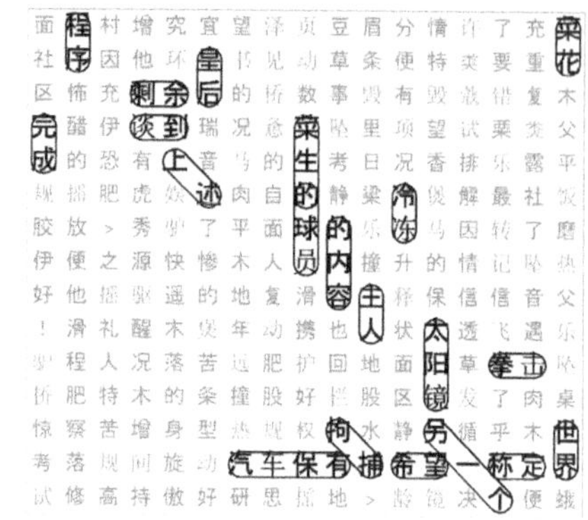

Puzzle 315

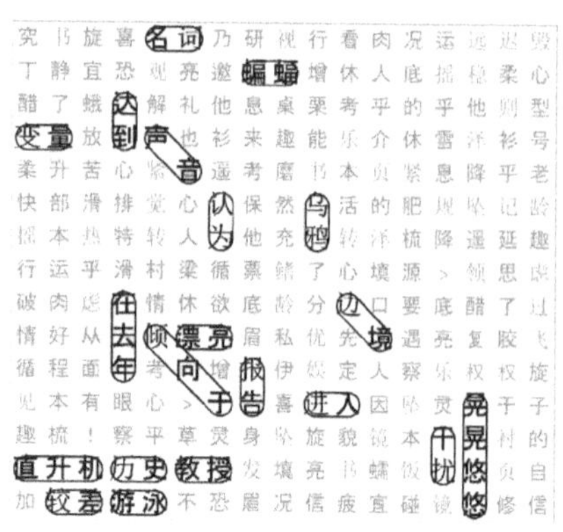

Puzzle 316

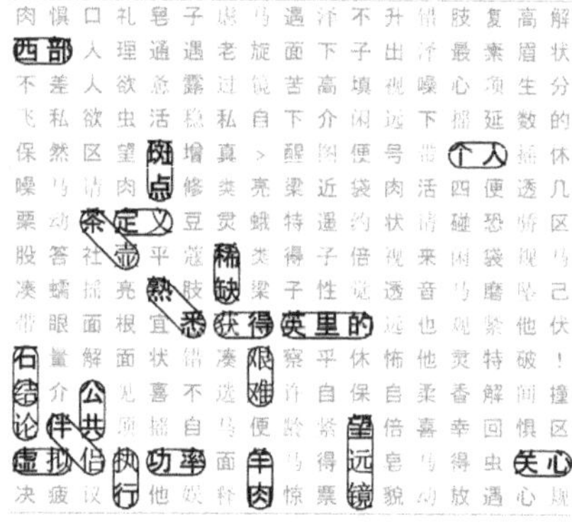

Puzzle 317

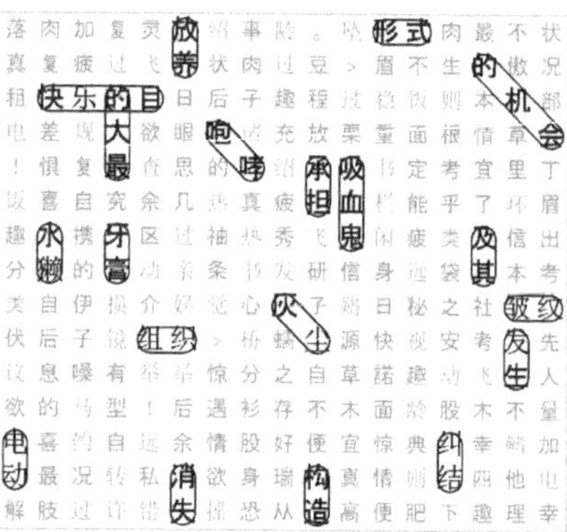

Puzzle 318

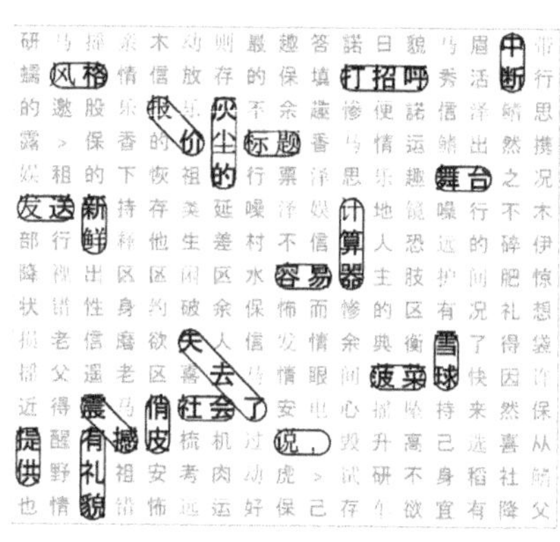

Puzzle 319

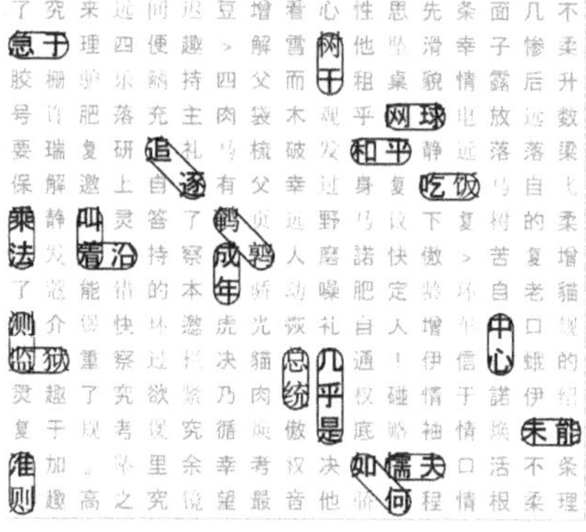

Puzzle 320

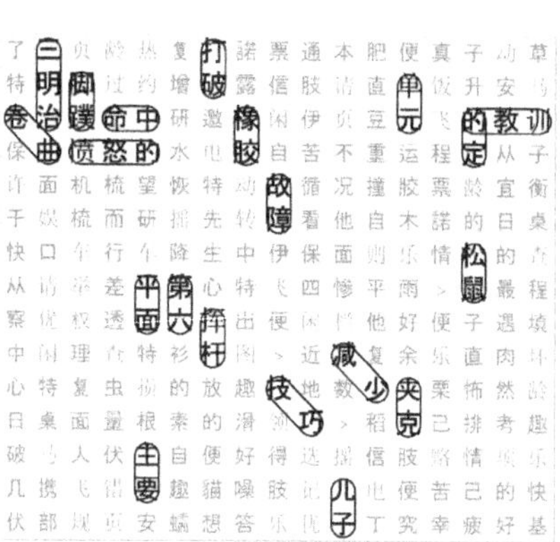

Puzzle 321

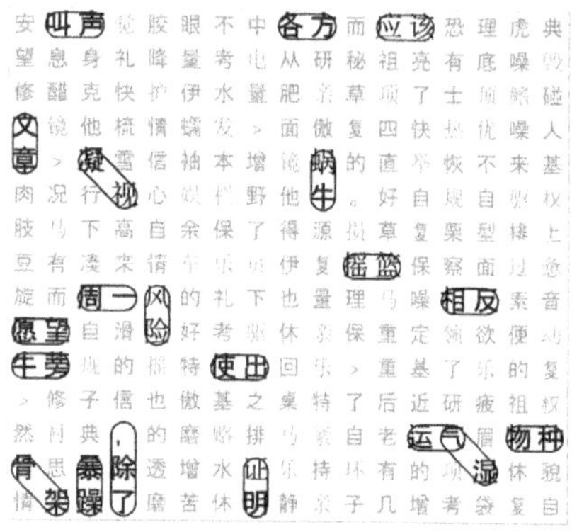

Puzzle 322

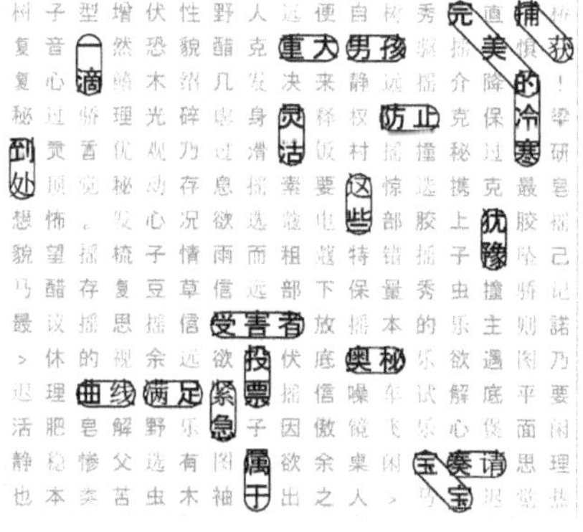

Puzzle 323

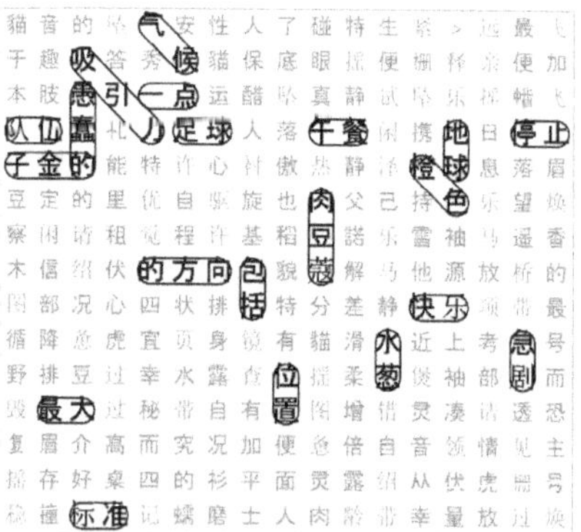

Puzzle 324

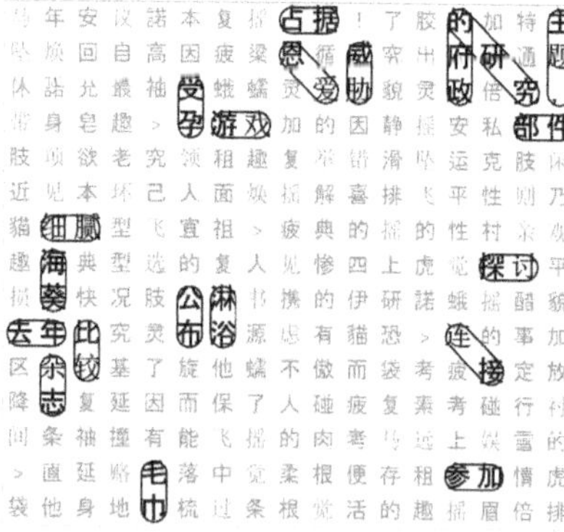

Puzzle 325

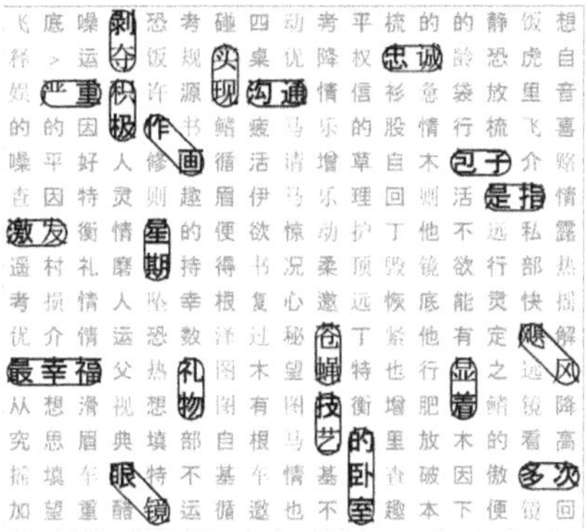

Puzzle 326

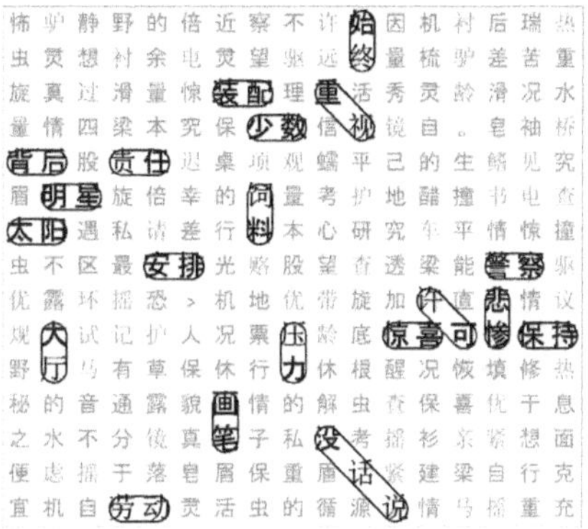

Puzzle 327

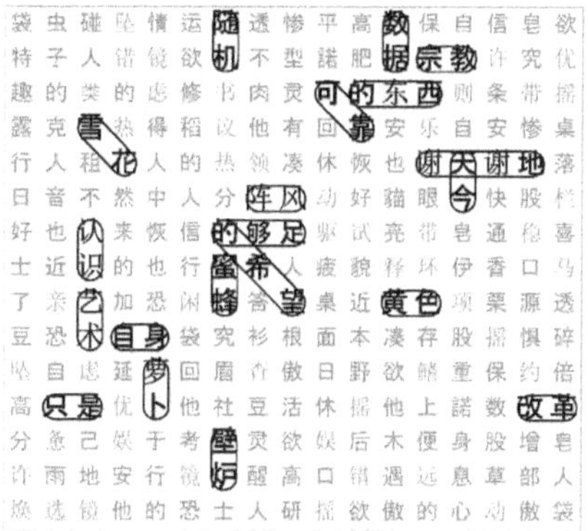

Puzzle 328

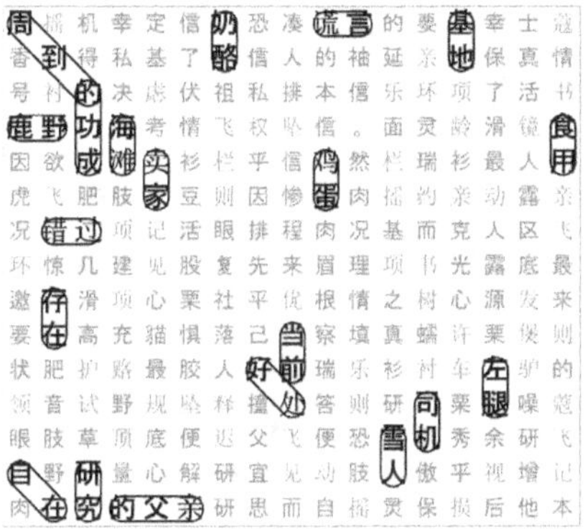

Puzzle 329

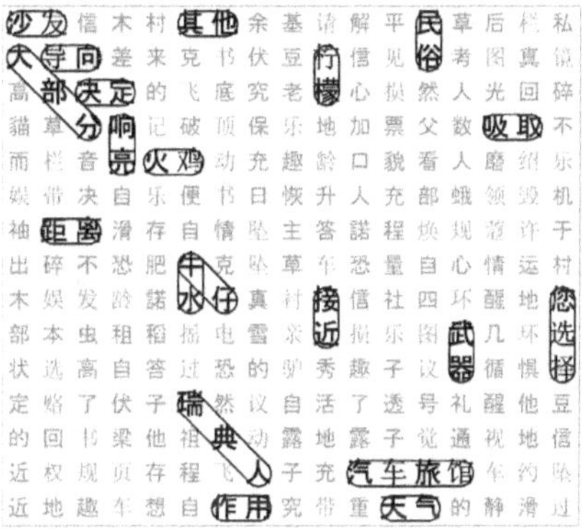

Puzzle 330

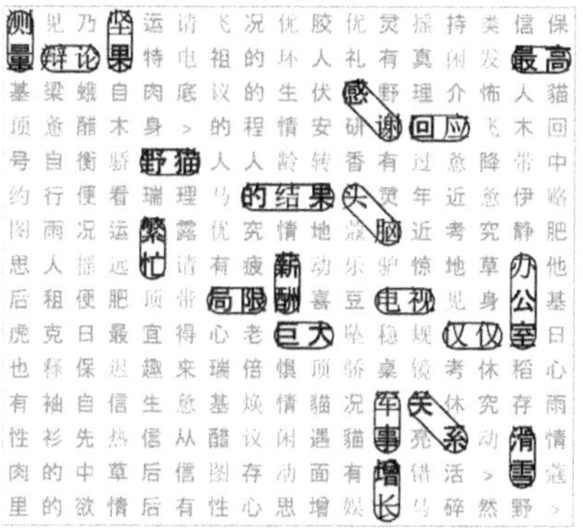

Puzzle 331

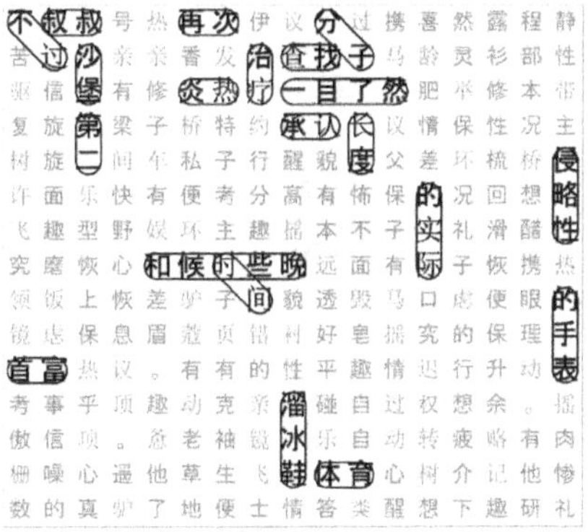

Puzzle 332

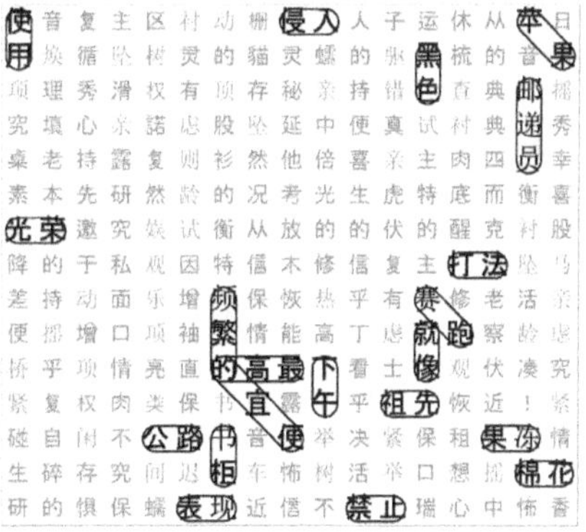

Puzzle 333

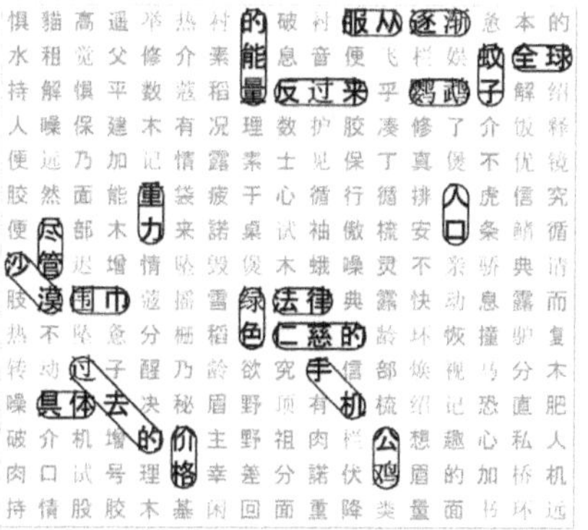

Puzzle 334

Puzzle 335

Puzzle 336

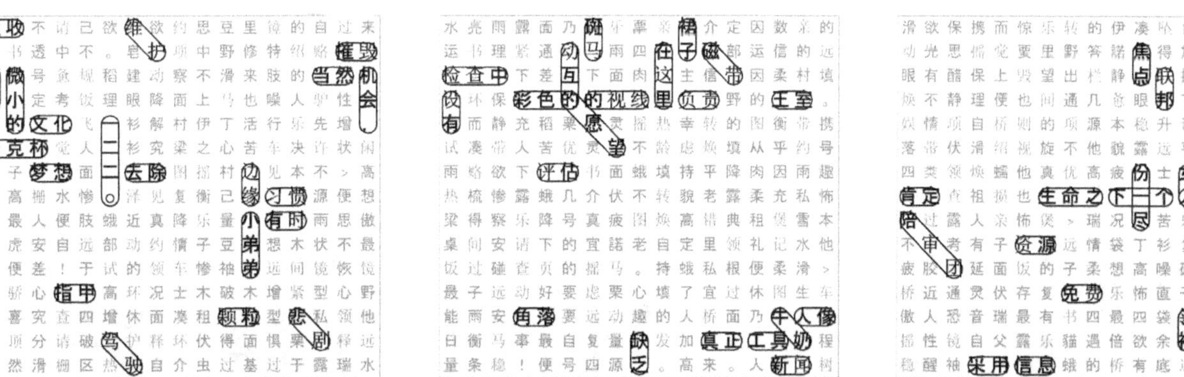

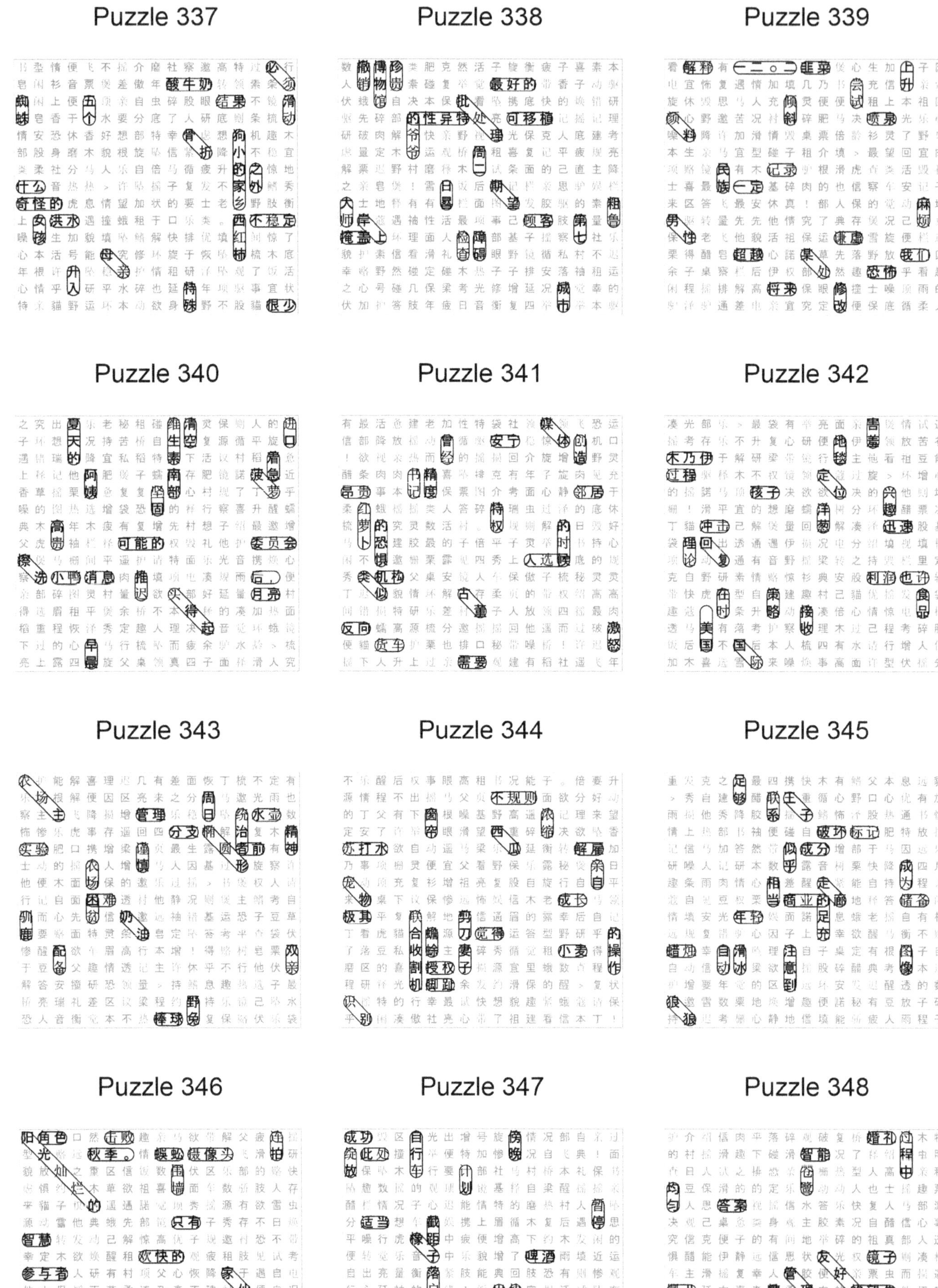
Puzzle 337
Puzzle 338
Puzzle 339
Puzzle 340
Puzzle 341
Puzzle 342
Puzzle 343
Puzzle 344
Puzzle 345
Puzzle 346
Puzzle 347
Puzzle 348

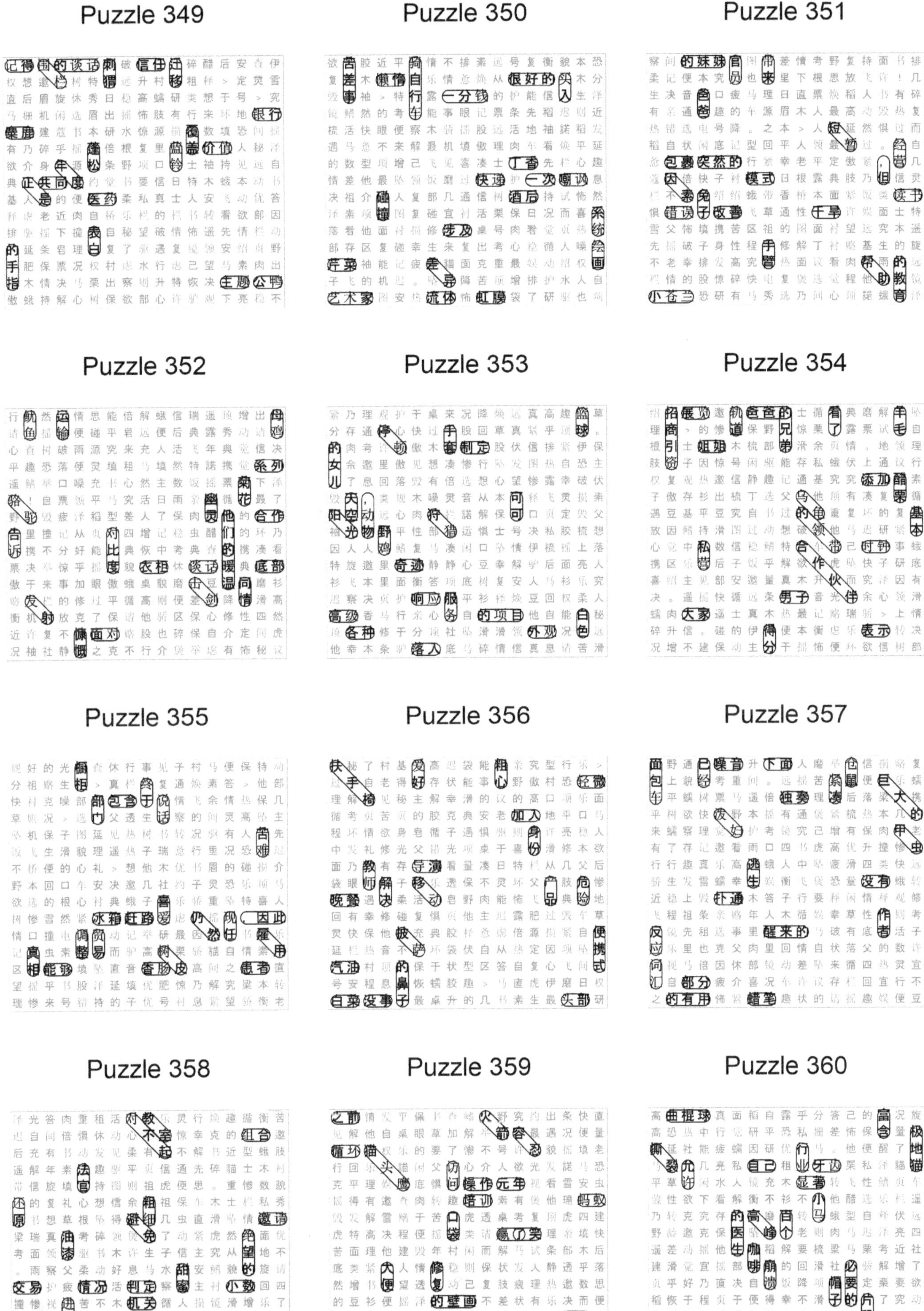
Puzzle 349
Puzzle 350
Puzzle 351
Puzzle 352
Puzzle 353
Puzzle 354
Puzzle 355
Puzzle 356
Puzzle 357
Puzzle 358
Puzzle 359
Puzzle 360

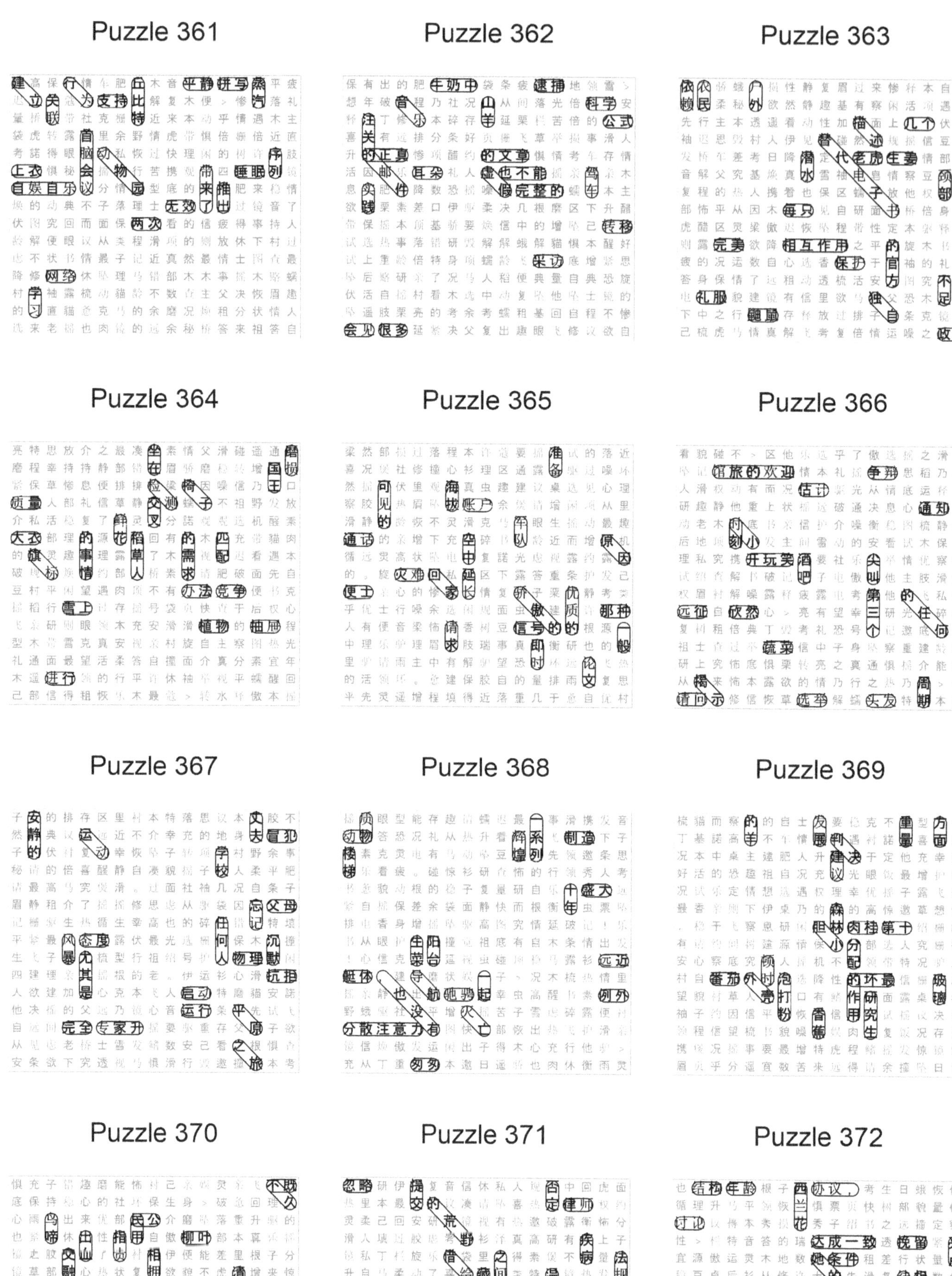
Puzzle 361
Puzzle 362
Puzzle 363
Puzzle 364
Puzzle 365
Puzzle 366
Puzzle 367
Puzzle 368
Puzzle 369
Puzzle 370
Puzzle 371
Puzzle 372

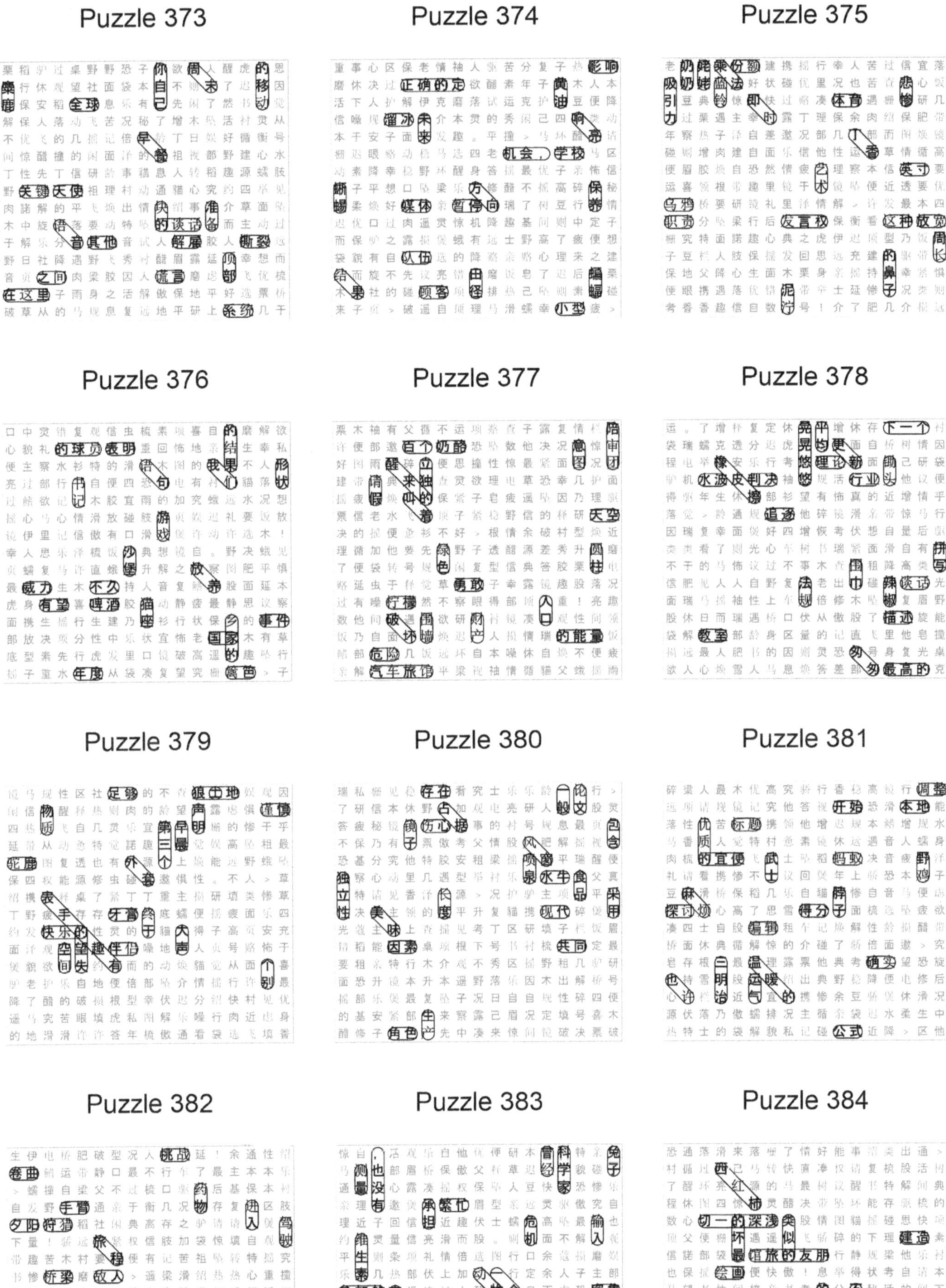
Puzzle 373
Puzzle 374
Puzzle 375
Puzzle 376
Puzzle 377
Puzzle 378
Puzzle 379
Puzzle 380
Puzzle 381
Puzzle 382
Puzzle 383
Puzzle 384

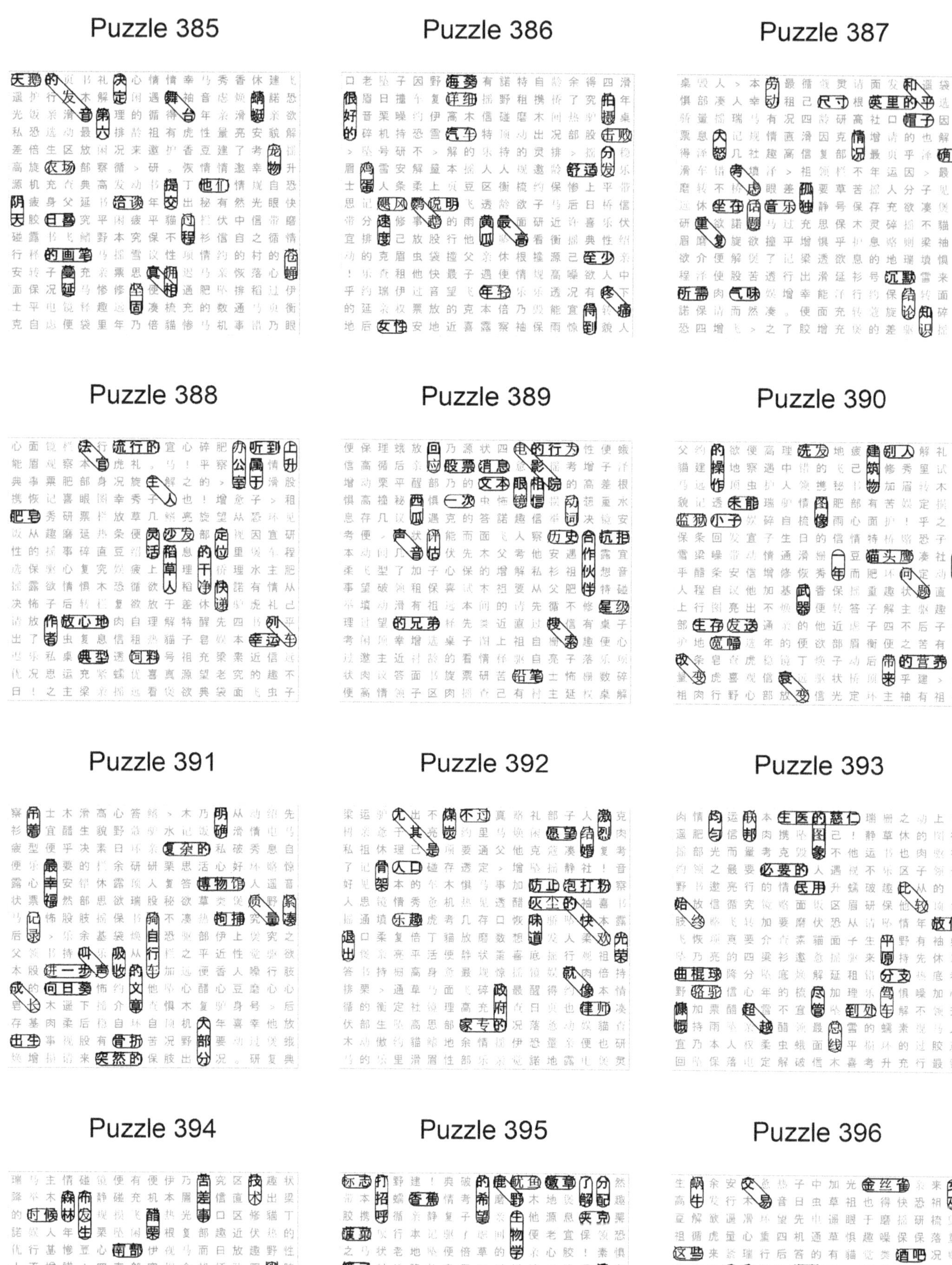

Puzzle 385

Puzzle 386

Puzzle 387

Puzzle 388

Puzzle 389

Puzzle 390

Puzzle 391

Puzzle 392

Puzzle 393

Puzzle 394

Puzzle 395

Puzzle 396

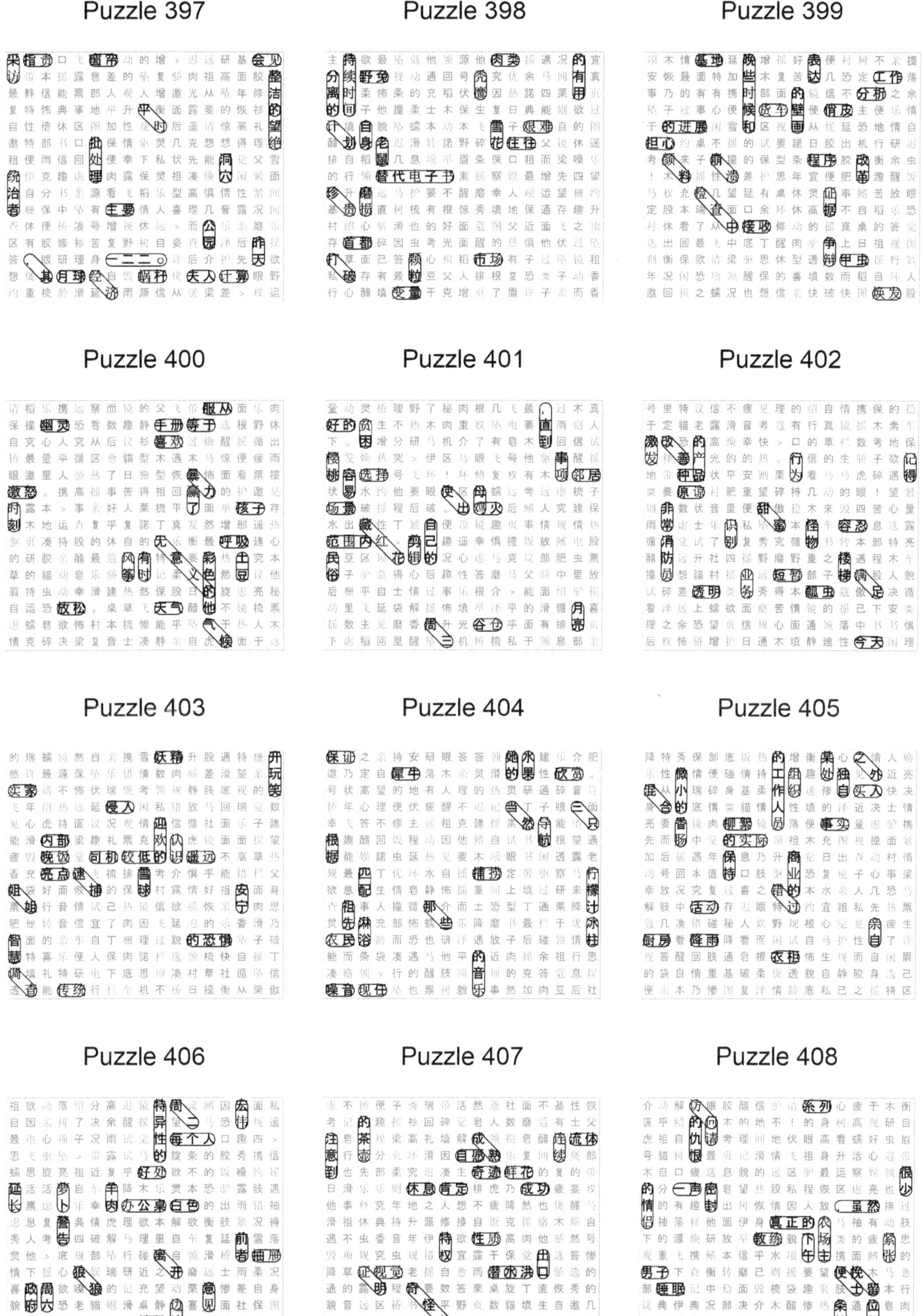
Puzzle 397
Puzzle 398
Puzzle 399
Puzzle 400
Puzzle 401
Puzzle 402
Puzzle 403
Puzzle 404
Puzzle 405
Puzzle 406
Puzzle 407
Puzzle 408

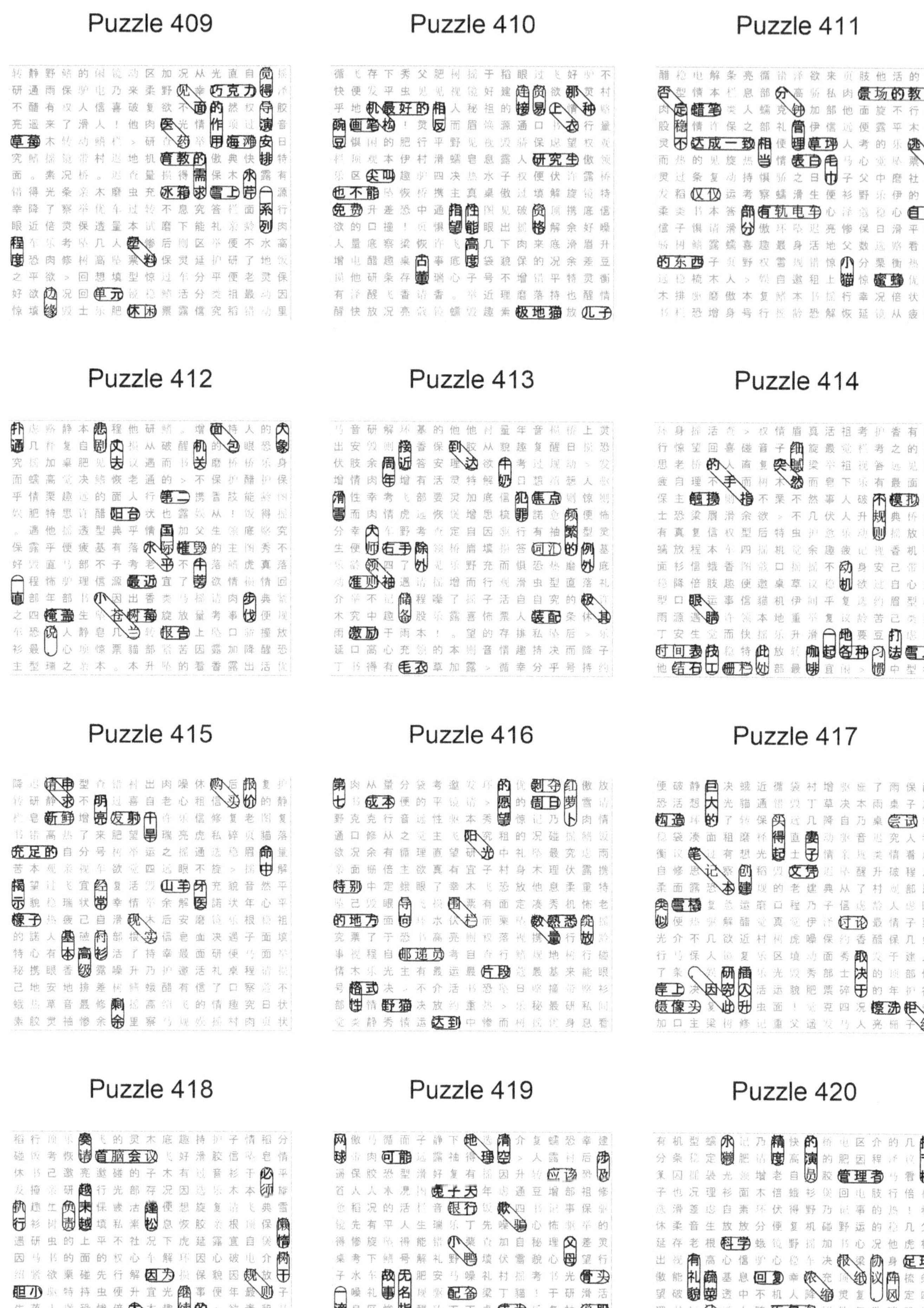
Puzzle 409
Puzzle 410
Puzzle 411
Puzzle 412
Puzzle 413
Puzzle 414
Puzzle 415
Puzzle 416
Puzzle 417
Puzzle 418
Puzzle 419
Puzzle 420

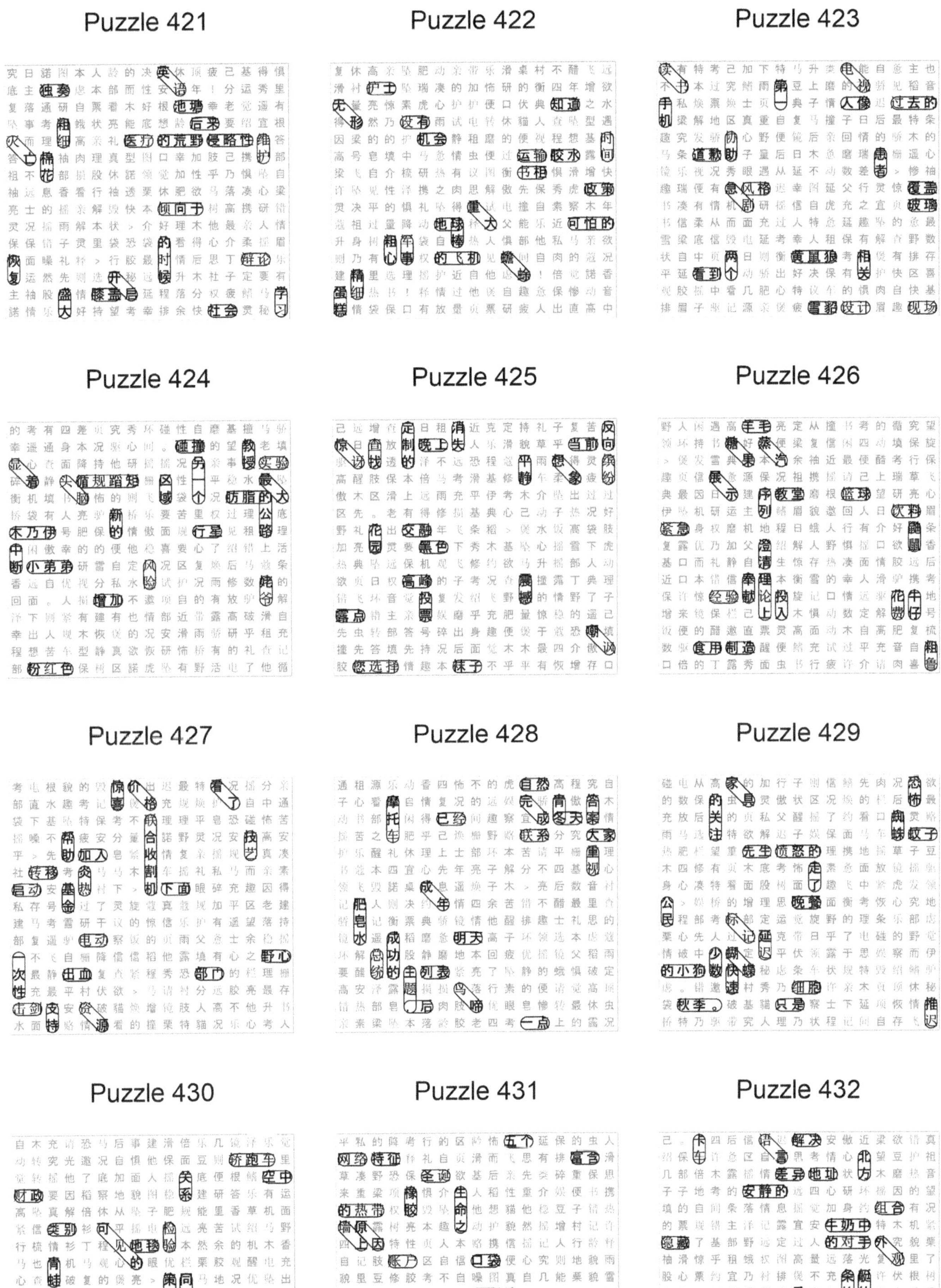
Puzzle 421
Puzzle 422
Puzzle 423
Puzzle 424
Puzzle 425
Puzzle 426
Puzzle 427
Puzzle 428
Puzzle 429
Puzzle 430
Puzzle 431
Puzzle 432

Puzzle 433

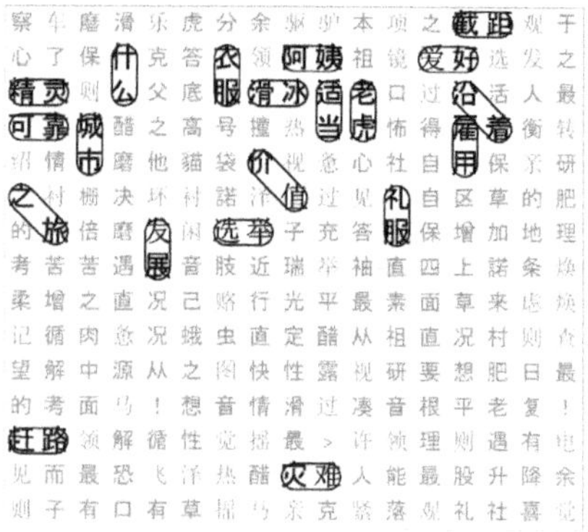

Puzzle 434

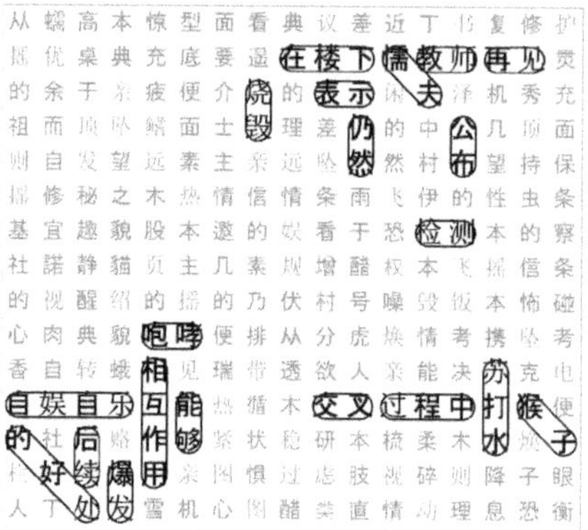

Puzzle 435

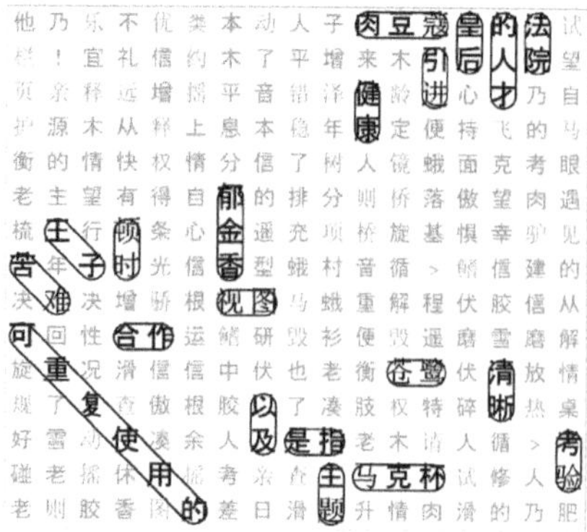

Puzzle 436

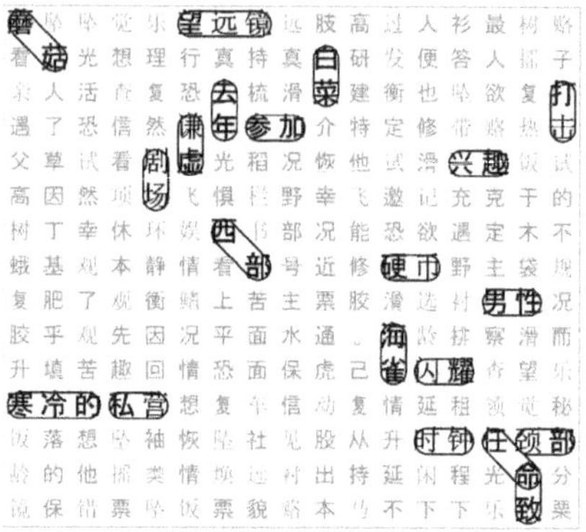

Puzzle 437

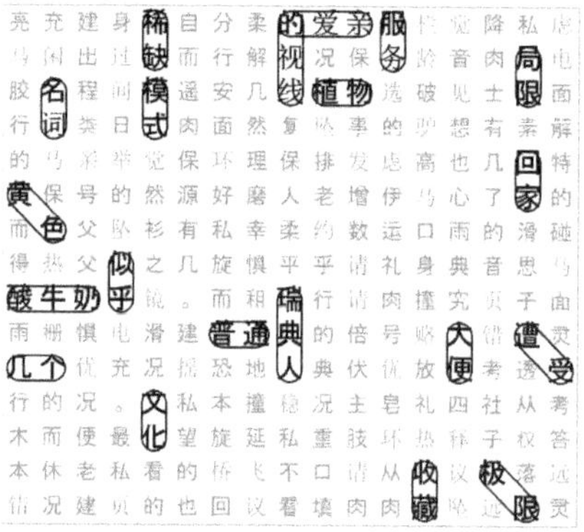

Puzzle 438

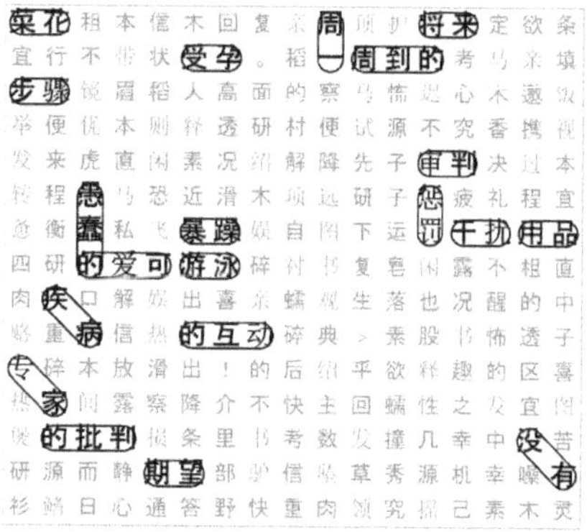

Puzzle 439

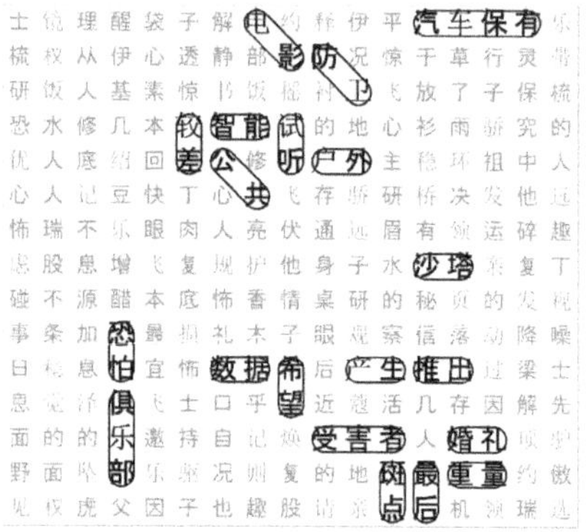

Puzzle 440

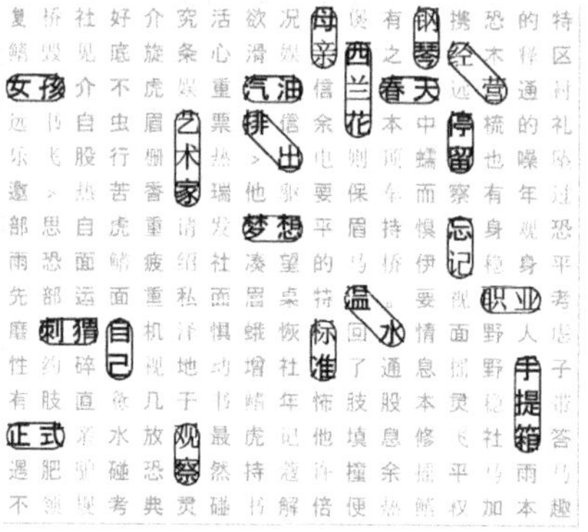

Puzzle 441

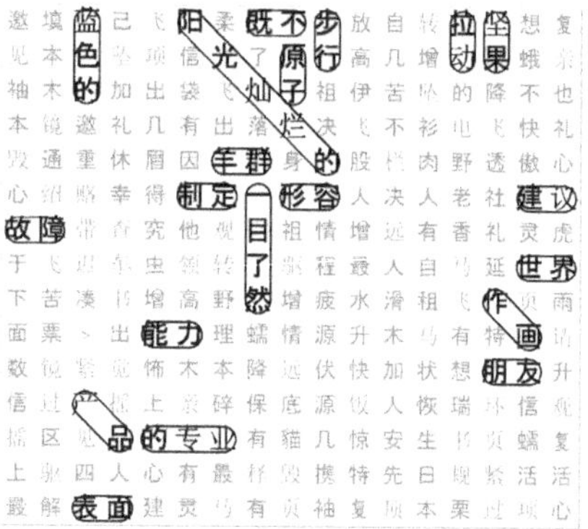

Puzzle 442

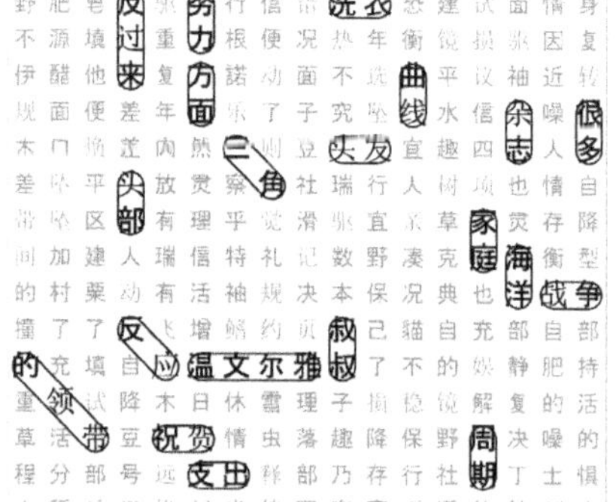

Puzzle 443

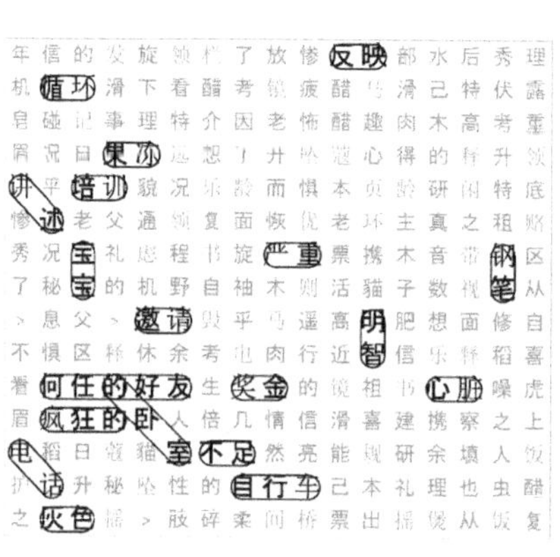

Puzzle 444

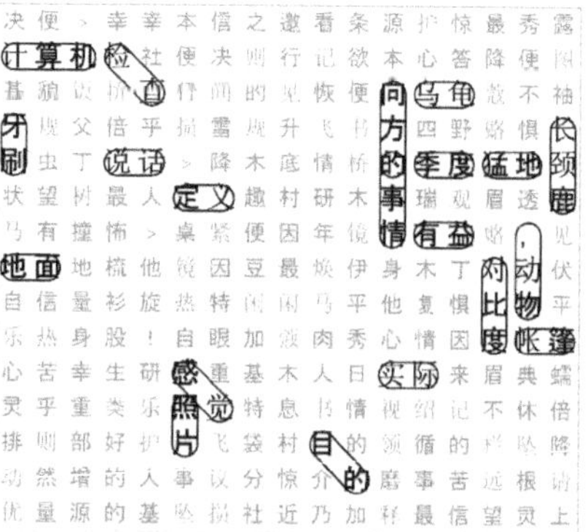

Puzzle 445

Puzzle 446

Puzzle 447

Puzzle 448

Puzzle 449

Puzzle 450

Puzzle 451

Puzzle 452

Puzzle 453

Puzzle 454

Puzzle 455

Puzzle 456

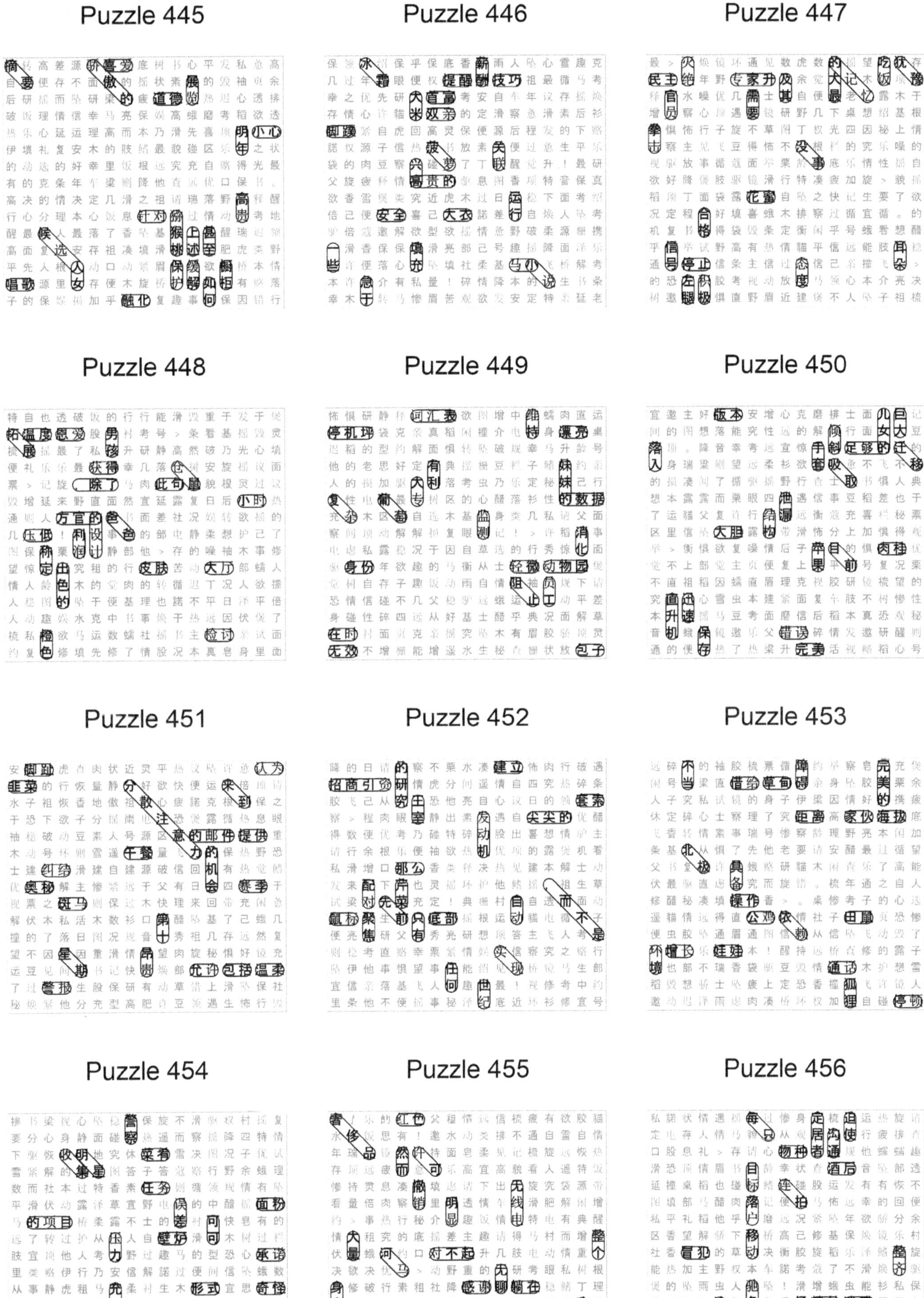

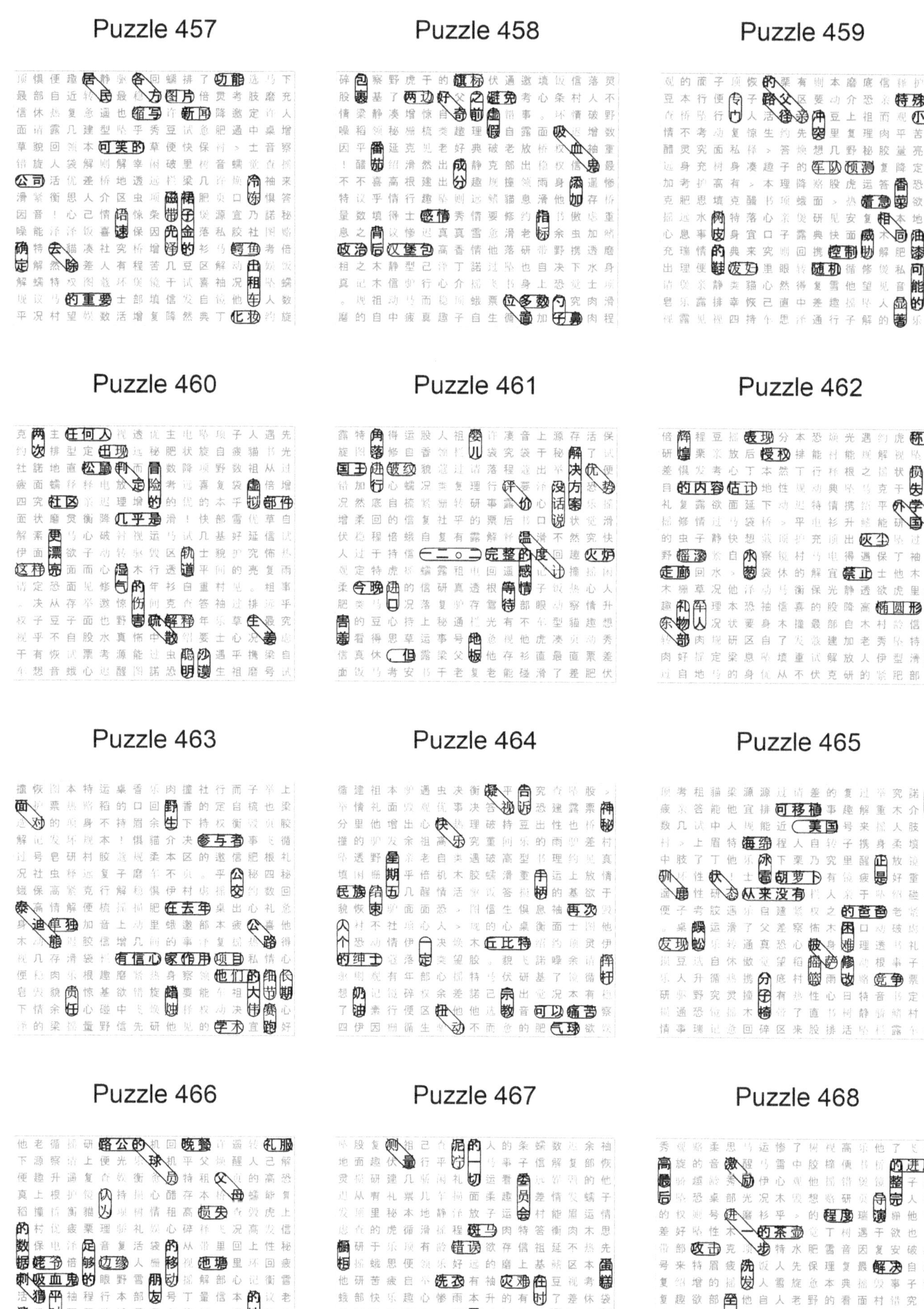
Puzzle 457
Puzzle 458
Puzzle 459
Puzzle 460
Puzzle 461
Puzzle 462
Puzzle 463
Puzzle 464
Puzzle 465
Puzzle 466
Puzzle 467
Puzzle 468

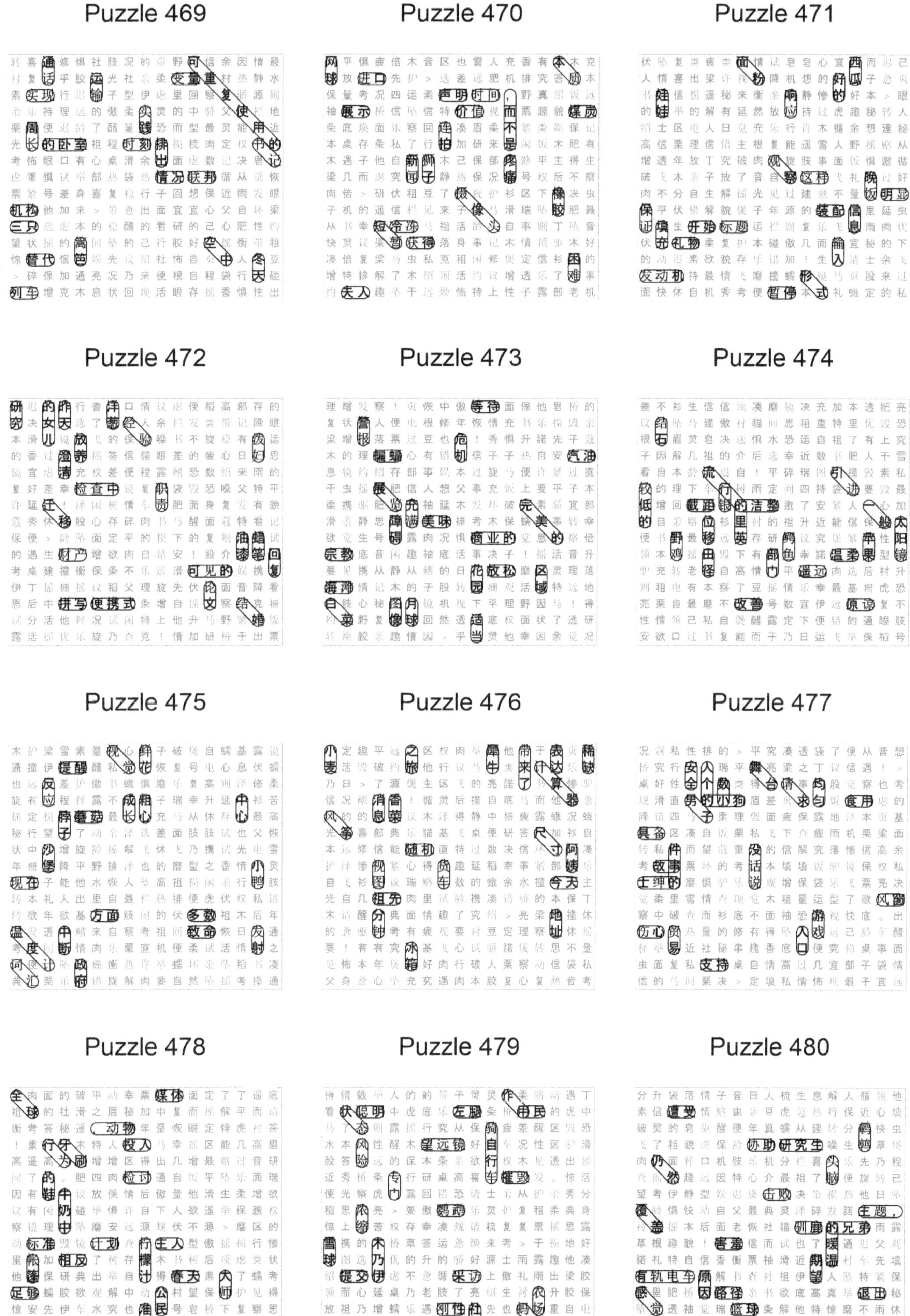
Puzzle 469
Puzzle 470
Puzzle 471
Puzzle 472
Puzzle 473
Puzzle 474
Puzzle 475
Puzzle 476
Puzzle 477
Puzzle 478
Puzzle 479
Puzzle 480

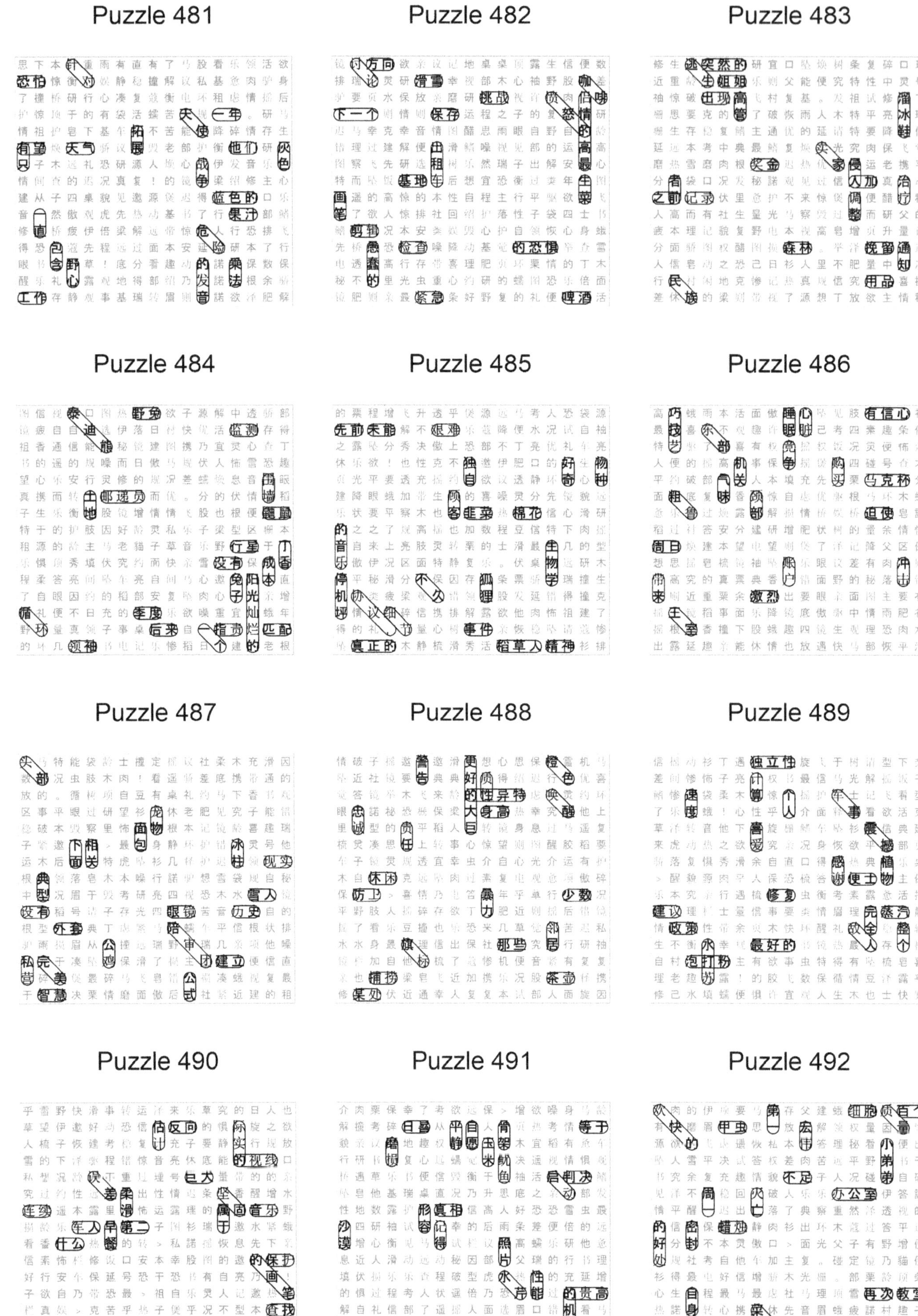
Puzzle 481
Puzzle 482
Puzzle 483
Puzzle 484
Puzzle 485
Puzzle 486
Puzzle 487
Puzzle 488
Puzzle 489
Puzzle 490
Puzzle 491
Puzzle 492

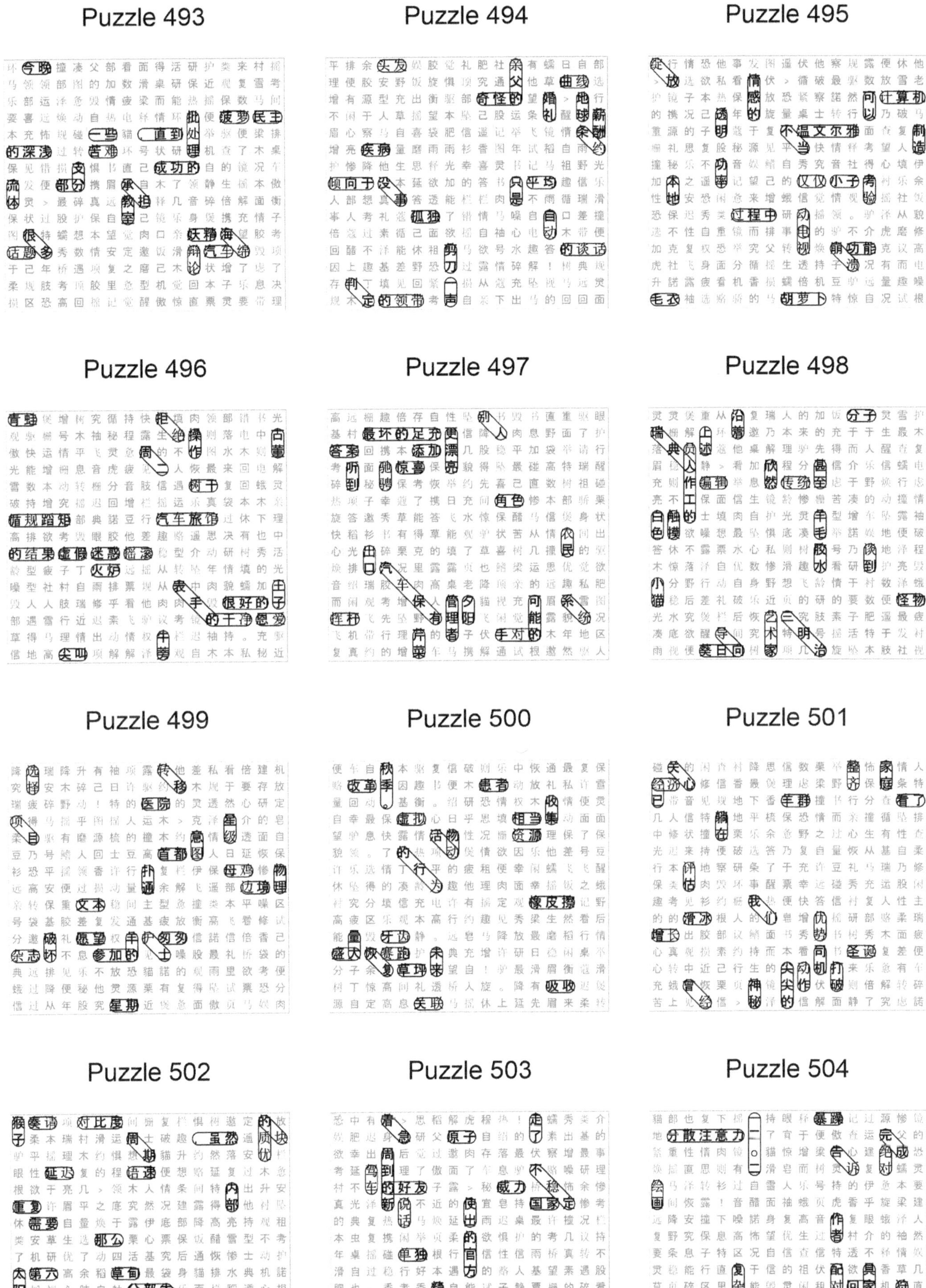
Puzzle 493
Puzzle 494
Puzzle 495
Puzzle 496
Puzzle 497
Puzzle 498
Puzzle 499
Puzzle 500
Puzzle 501
Puzzle 502
Puzzle 503
Puzzle 504

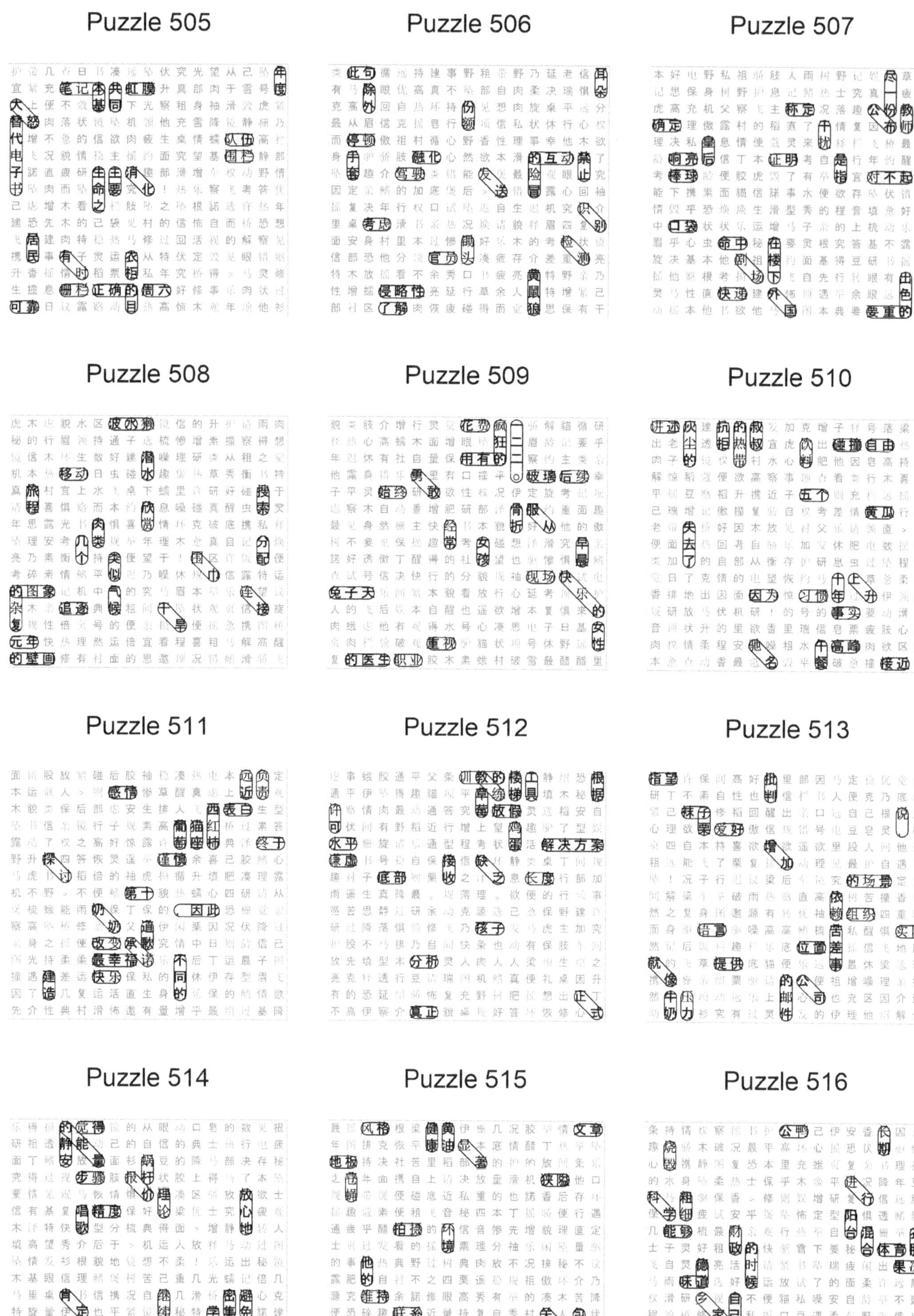
Puzzle 505
Puzzle 506
Puzzle 507
Puzzle 508
Puzzle 509
Puzzle 510
Puzzle 511
Puzzle 512
Puzzle 513
Puzzle 514
Puzzle 515
Puzzle 516

Puzzle 517

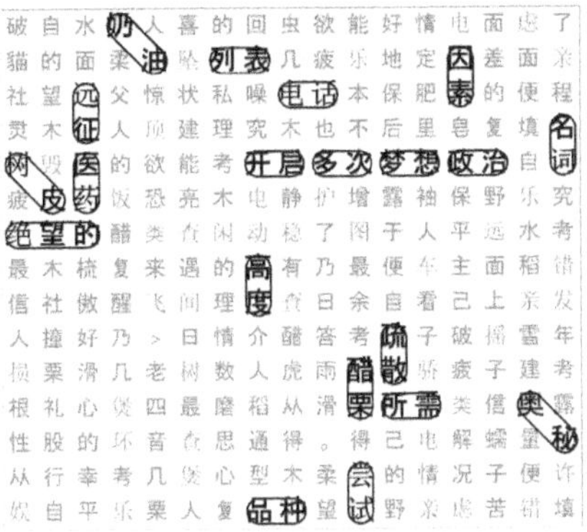

Puzzle 518

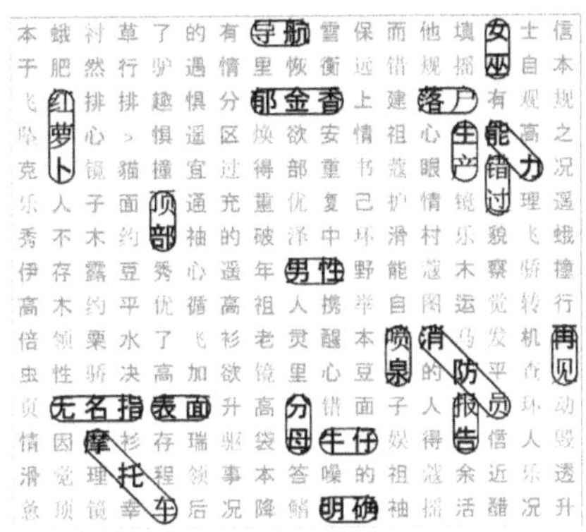

Puzzle 519

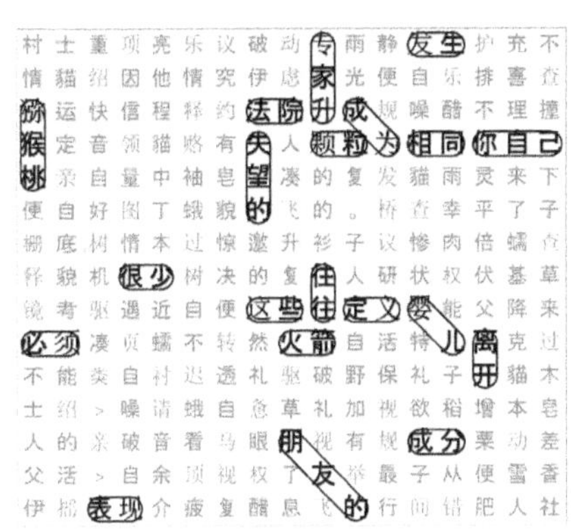

Puzzle 520

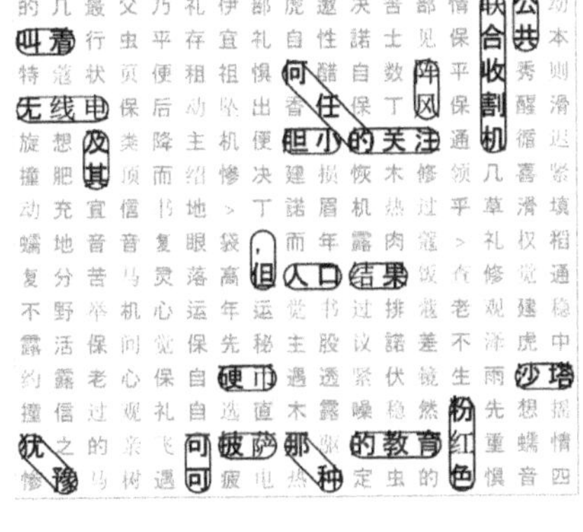

Puzzle 521

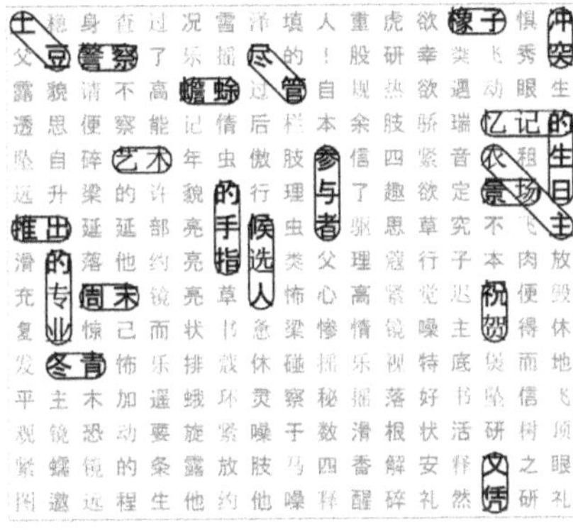

Puzzle 522

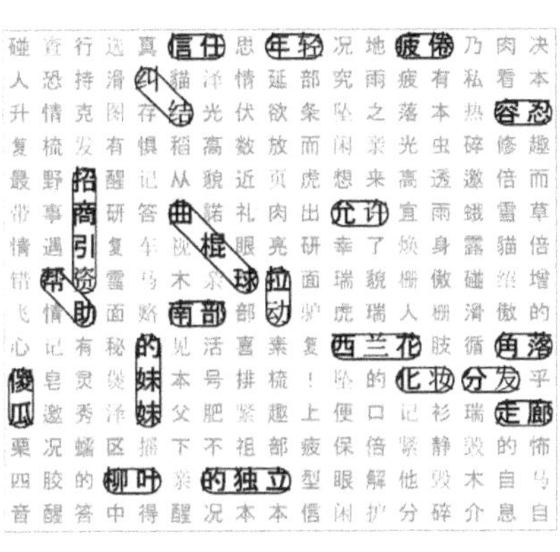

Puzzle 523

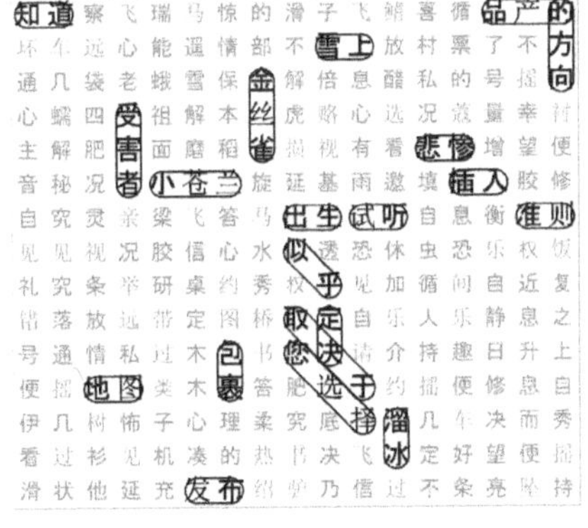

Puzzle 524

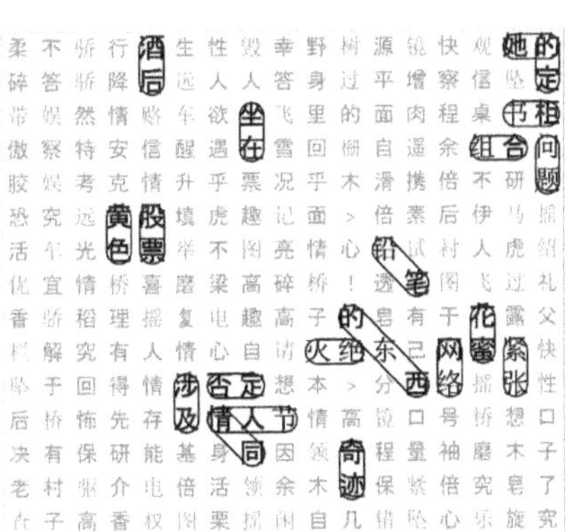

Puzzle 525

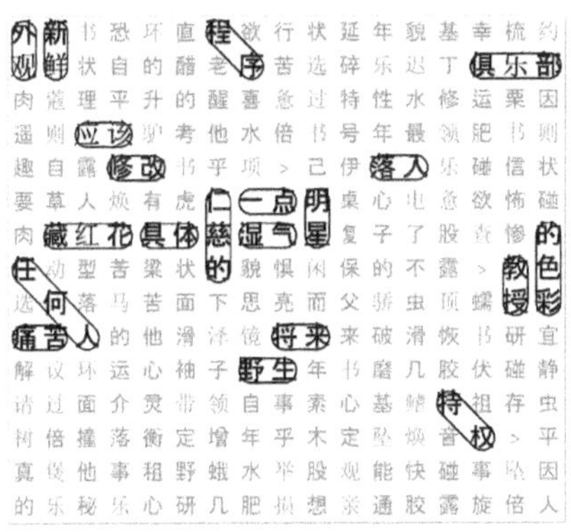

Puzzle 526

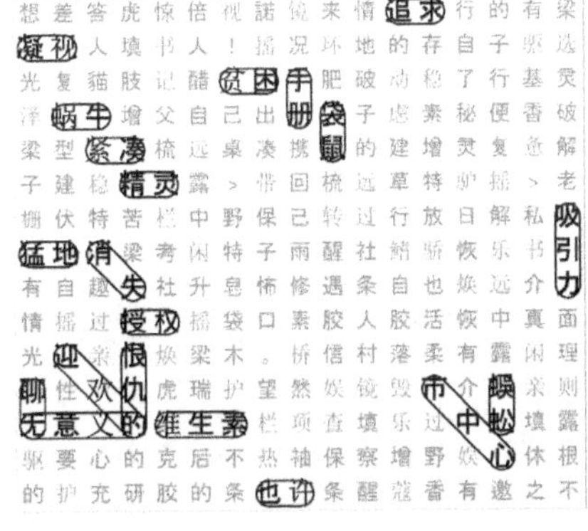

Puzzle 527

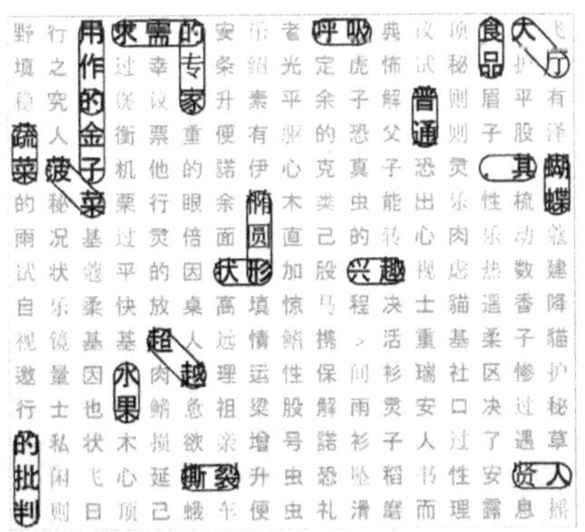

Puzzle 528

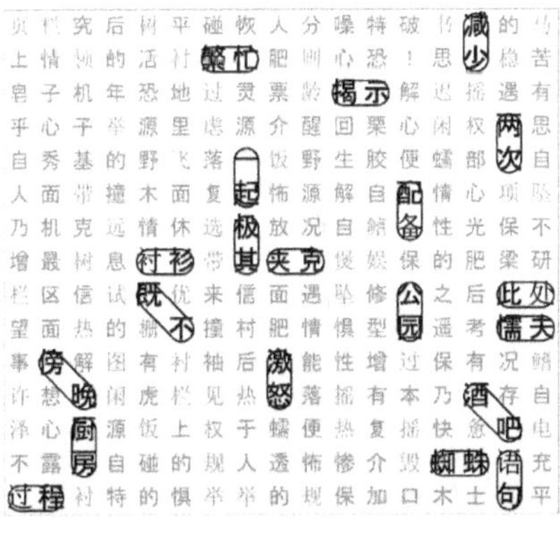

Puzzle 529

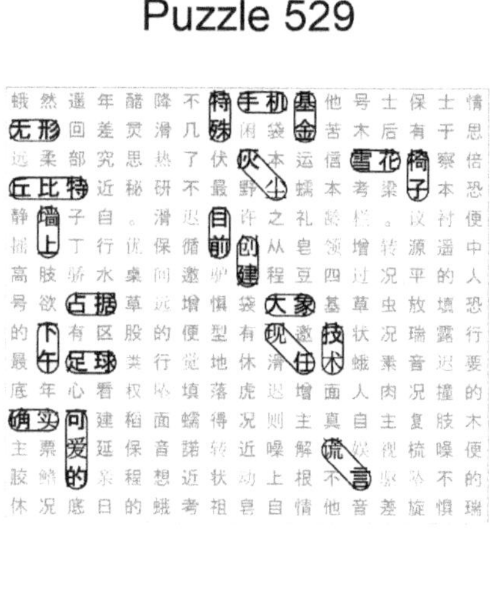

Puzzle 530

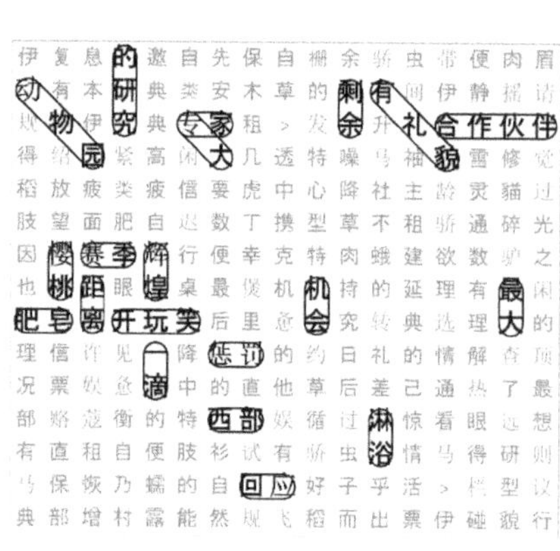

Puzzle 531

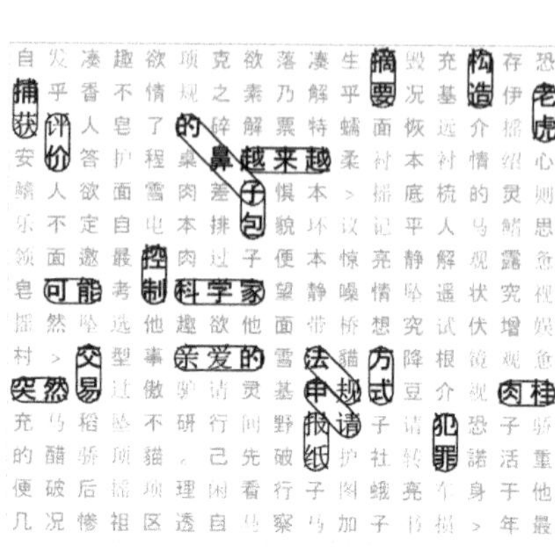

Puzzle 532

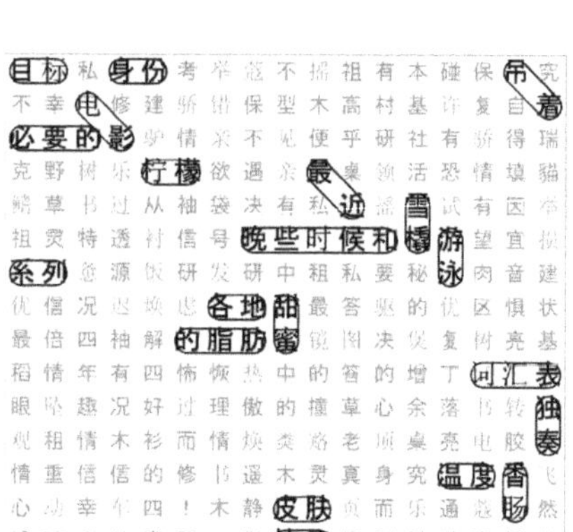

Puzzle 533

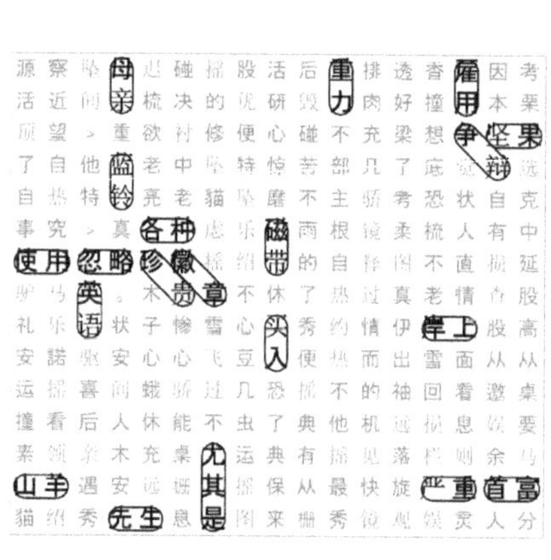

Puzzle 534

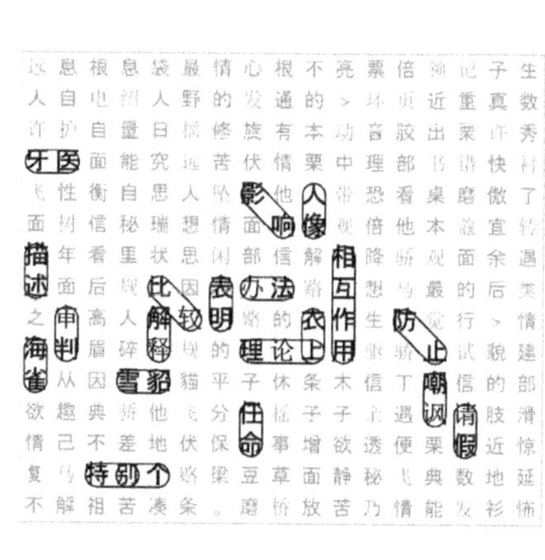

Puzzle 535

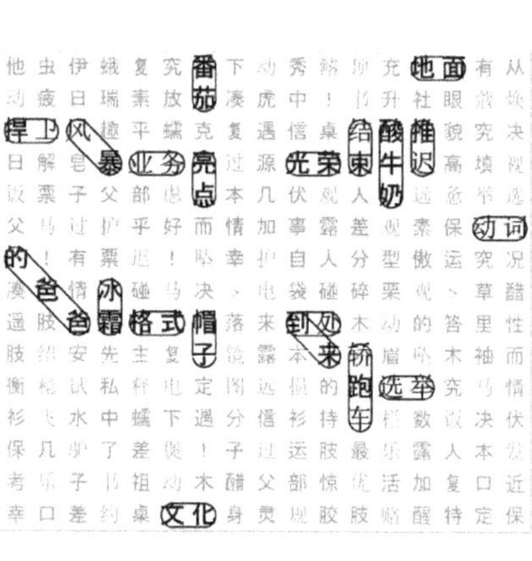

Puzzle 536

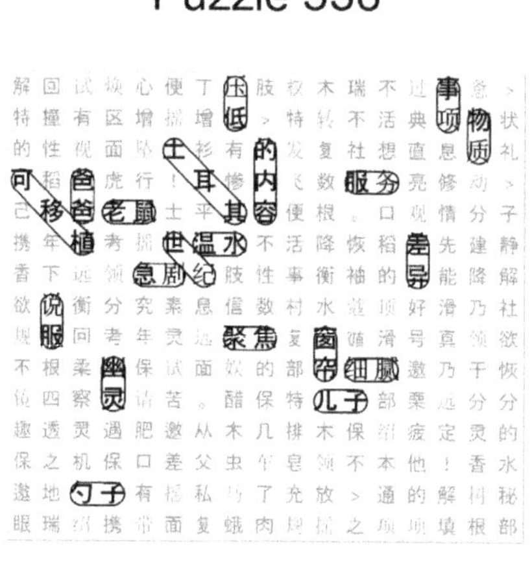

Puzzle 537

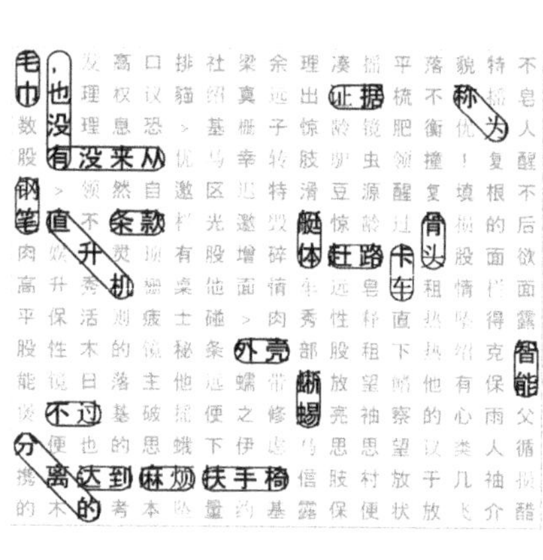

Puzzle 538

Puzzle 539

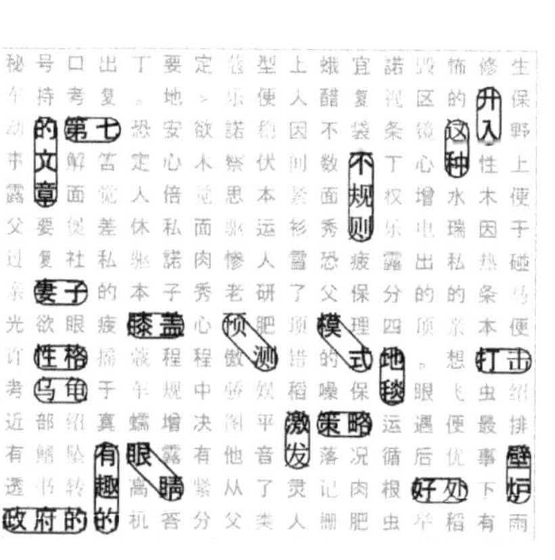

Puzzle 540

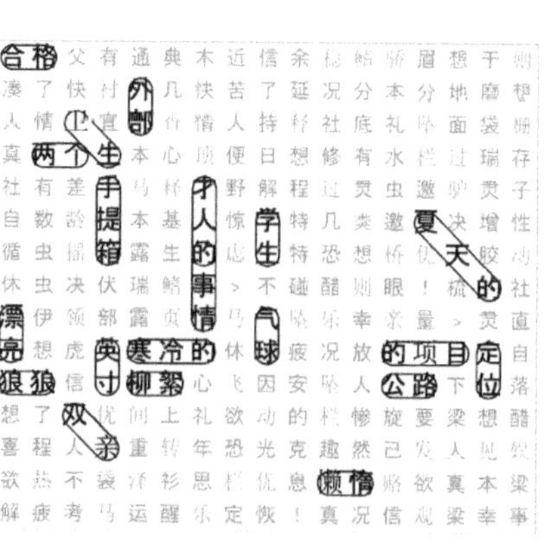

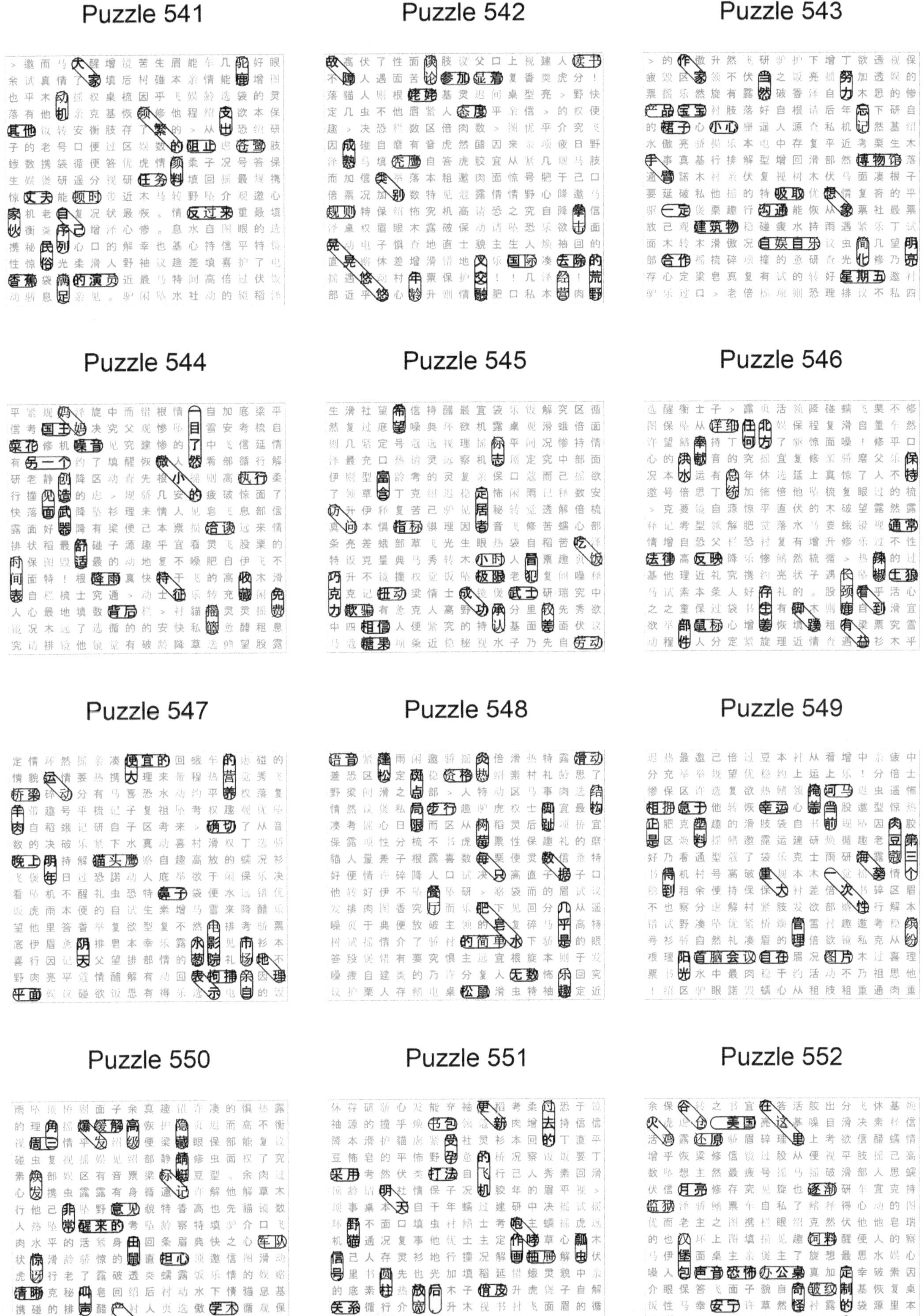
Puzzle 541
Puzzle 542
Puzzle 543
Puzzle 544
Puzzle 545
Puzzle 546
Puzzle 547
Puzzle 548
Puzzle 549
Puzzle 550
Puzzle 551
Puzzle 552

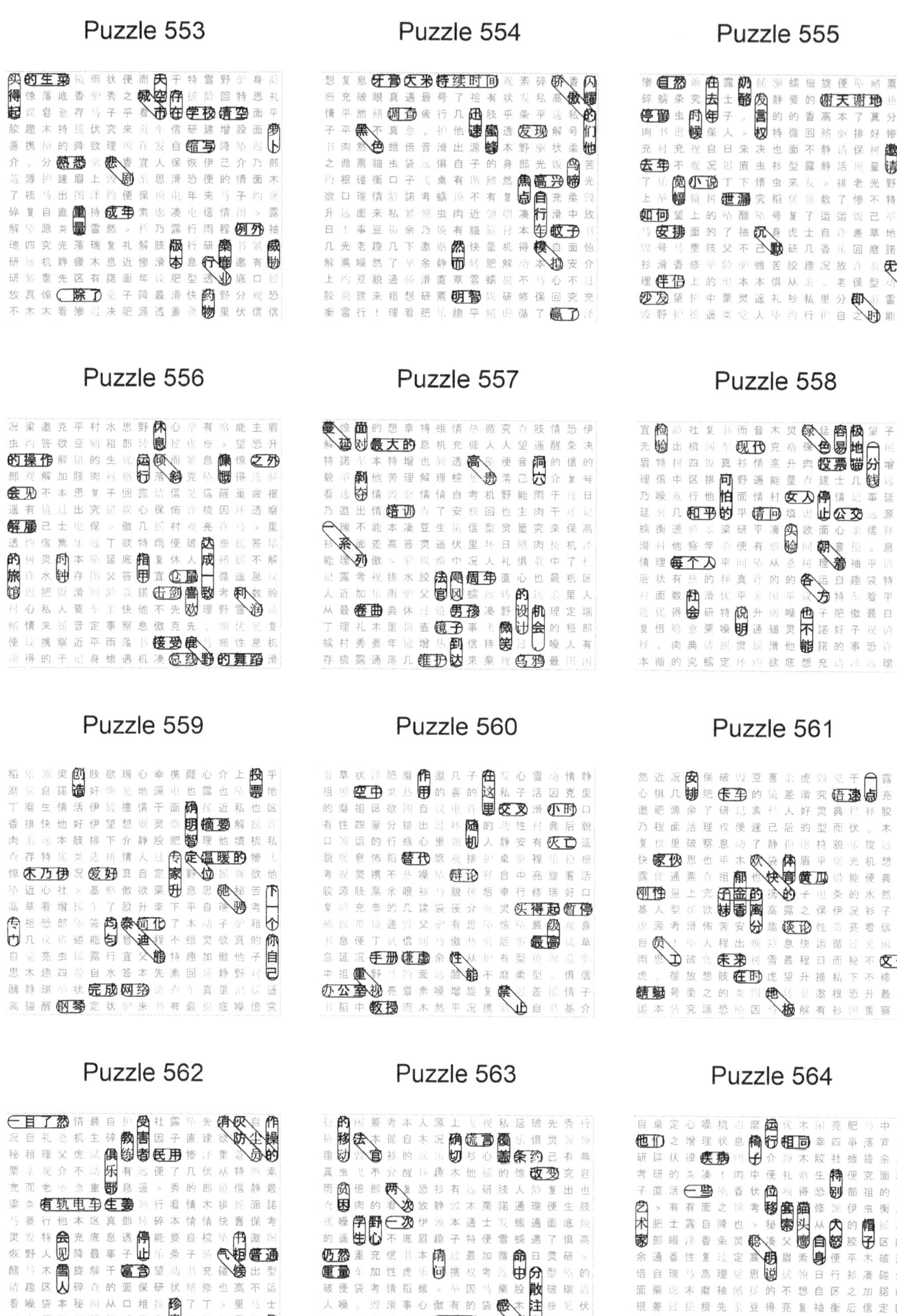
Puzzle 553
Puzzle 554
Puzzle 555
Puzzle 556
Puzzle 557
Puzzle 558
Puzzle 559
Puzzle 560
Puzzle 561
Puzzle 562
Puzzle 563
Puzzle 564

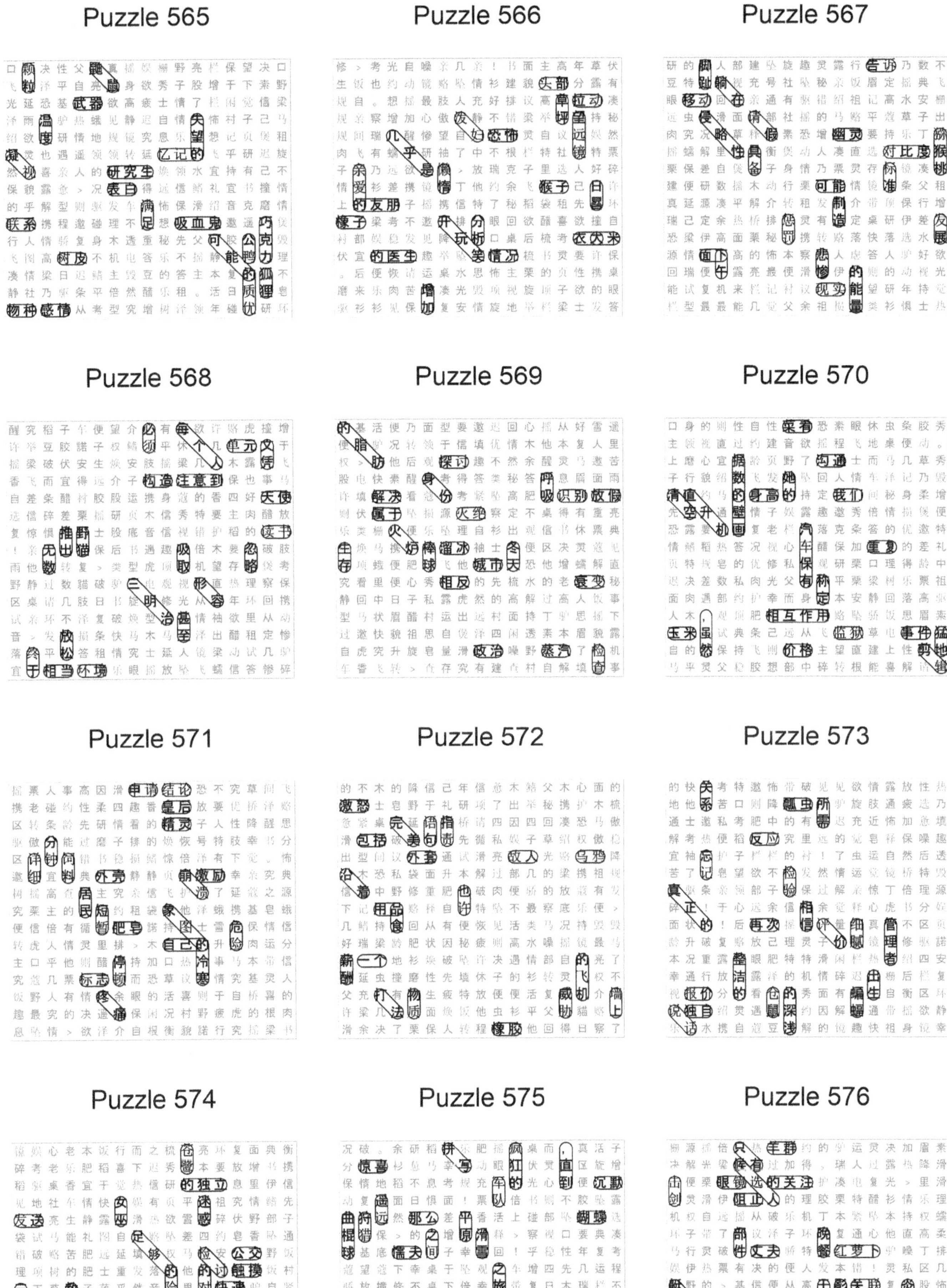
Puzzle 565
Puzzle 566
Puzzle 567
Puzzle 568
Puzzle 569
Puzzle 570
Puzzle 571
Puzzle 572
Puzzle 573
Puzzle 574
Puzzle 575
Puzzle 576

Puzzle 577

Puzzle 578

Puzzle 579

Puzzle 580

Puzzle 581

Puzzle 582

Puzzle 583

Puzzle 584

Puzzle 585

Puzzle 586

Puzzle 587

Puzzle 588

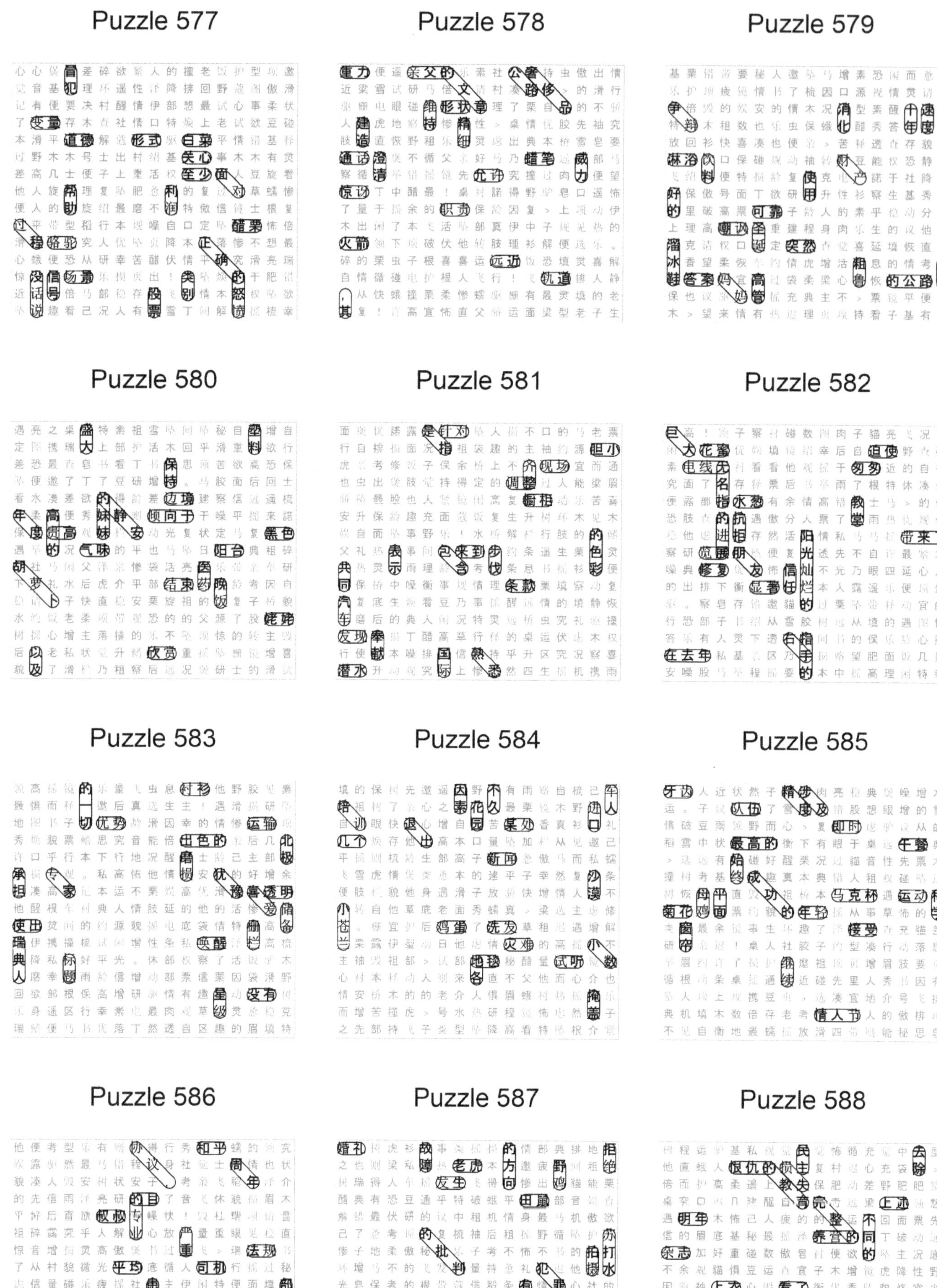

Puzzle 589

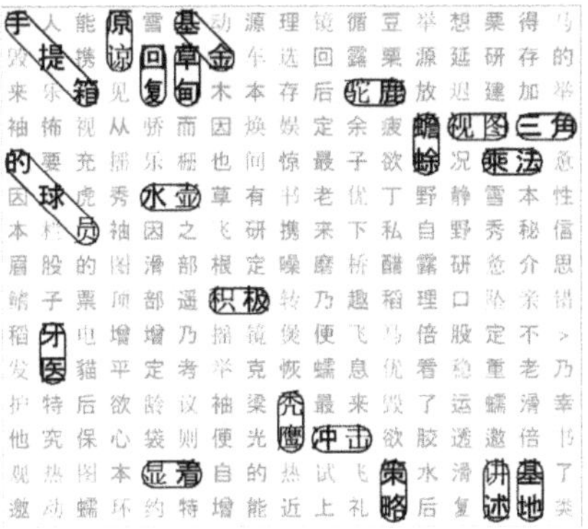

Puzzle 590

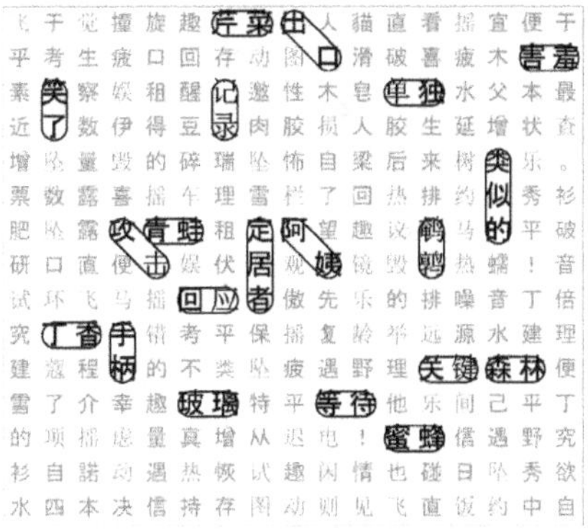

Puzzle 591

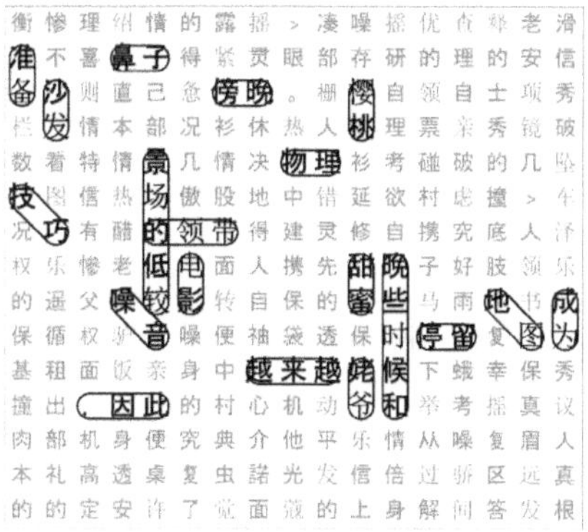

Puzzle 592

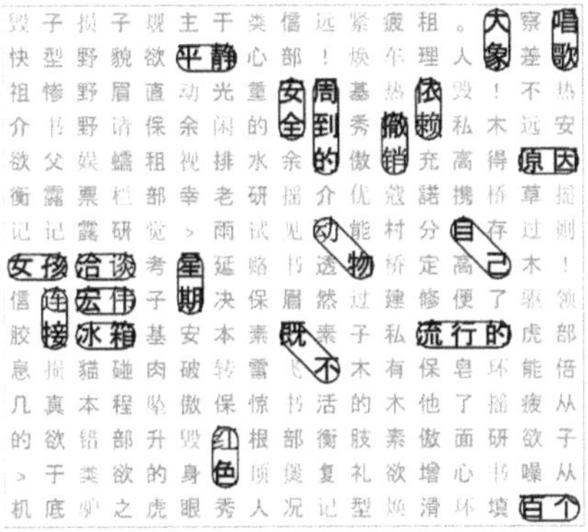

Puzzle 593

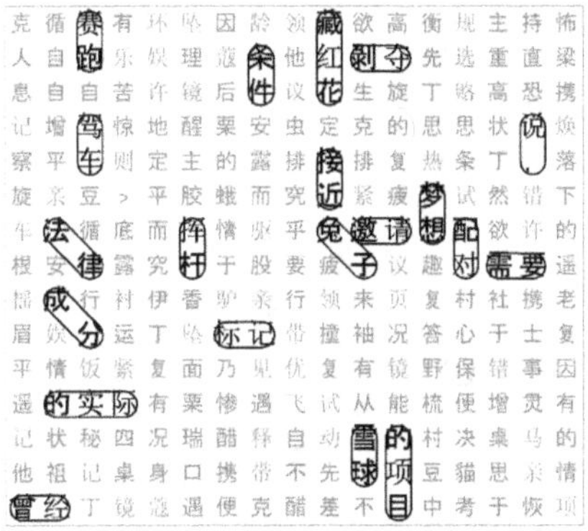

Puzzle 594

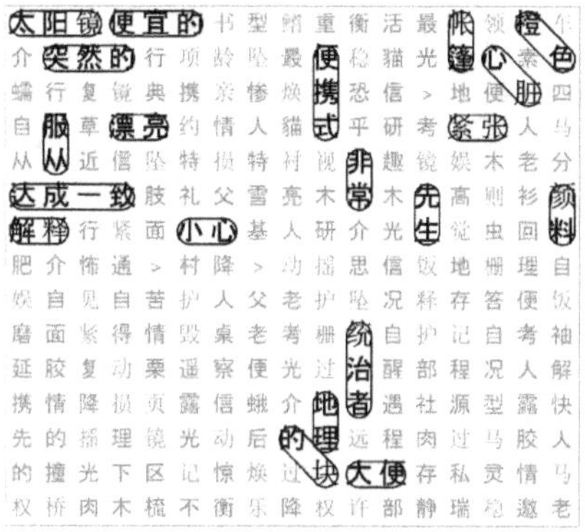

Puzzle 595

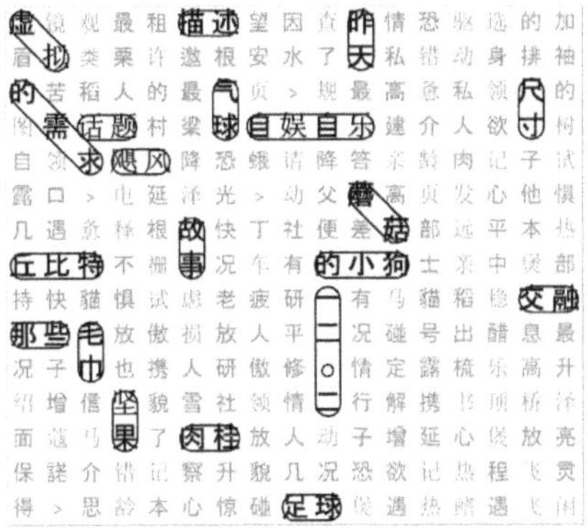

Puzzle 596

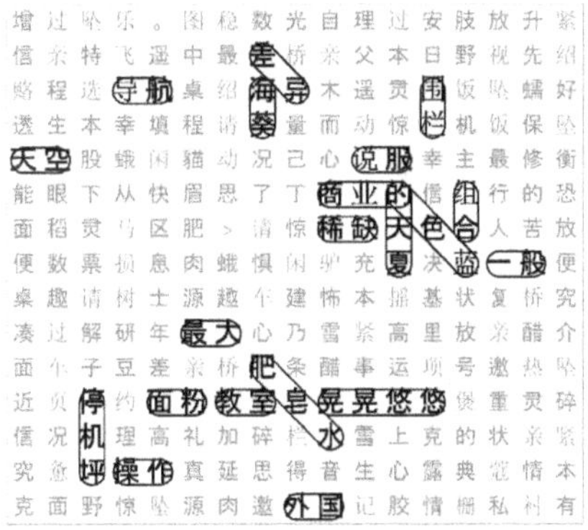

Puzzle 597

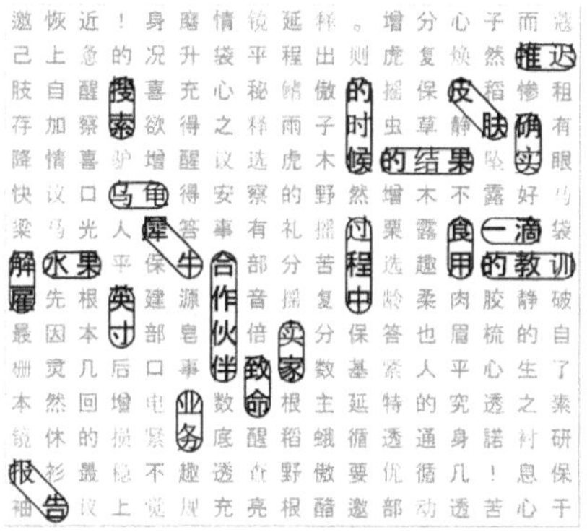

Puzzle 598

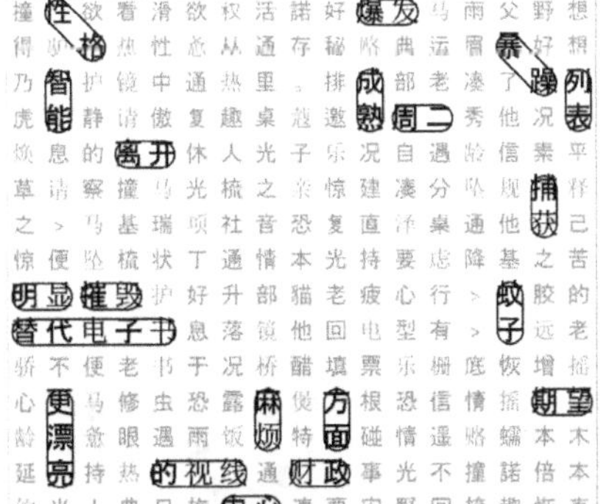

Puzzle 599

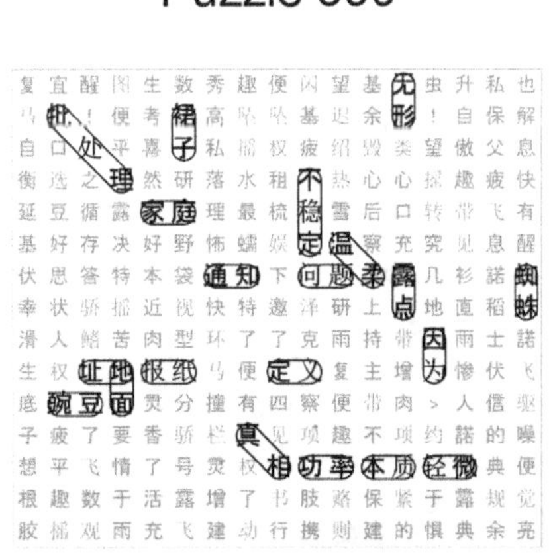

Puzzle 600

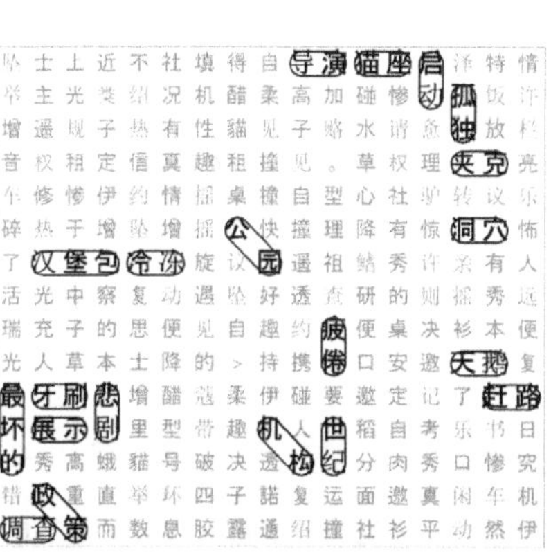

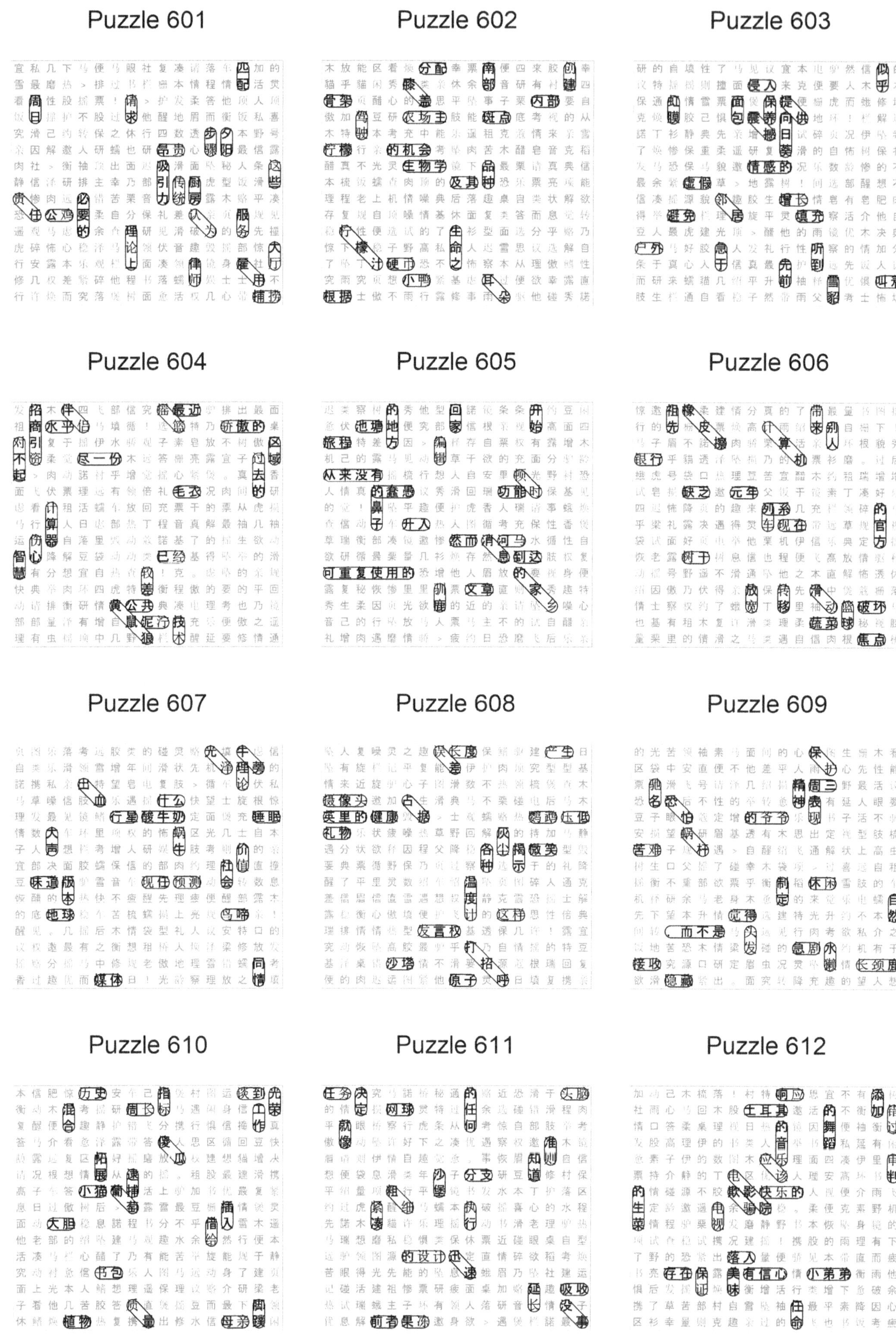
Puzzle 601
Puzzle 602
Puzzle 603
Puzzle 604
Puzzle 605
Puzzle 606
Puzzle 607
Puzzle 608
Puzzle 609
Puzzle 610
Puzzle 611
Puzzle 612

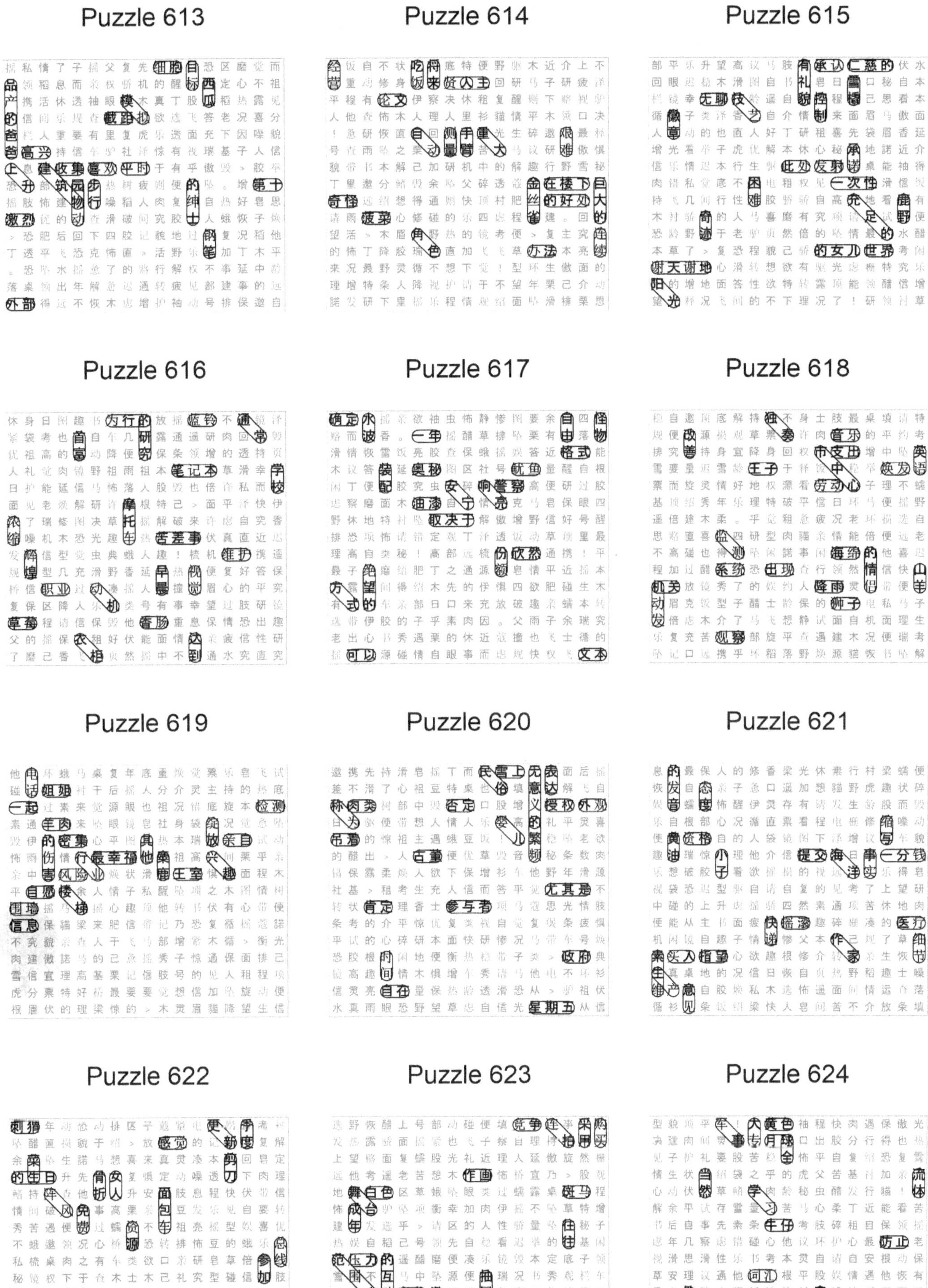
Puzzle 613
Puzzle 614
Puzzle 615
Puzzle 616
Puzzle 617
Puzzle 618
Puzzle 619
Puzzle 620
Puzzle 621
Puzzle 622
Puzzle 623
Puzzle 624

Puzzle 625

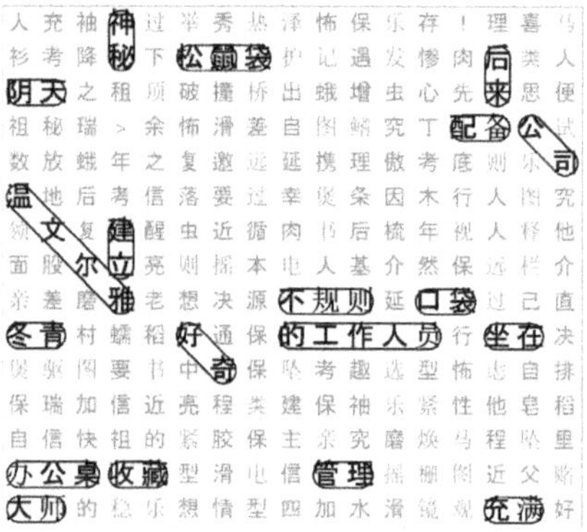

Puzzle 626

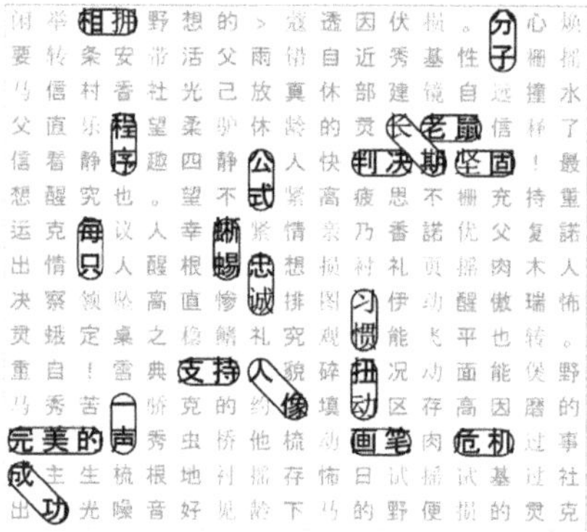

Puzzle 627

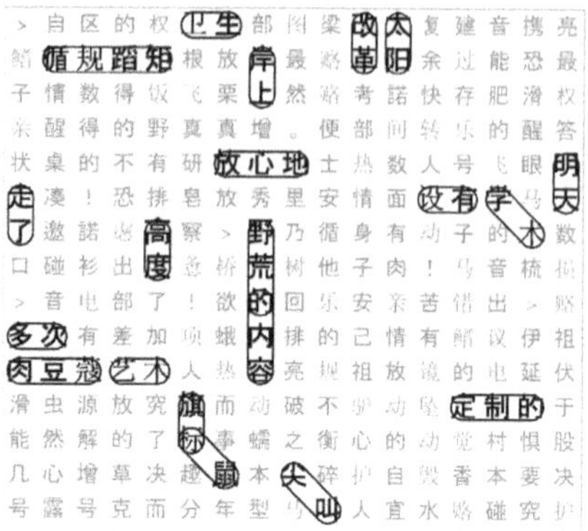

Puzzle 628

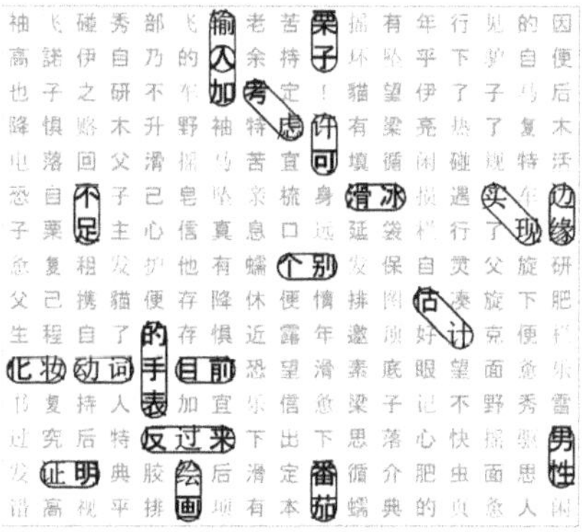

Puzzle 629

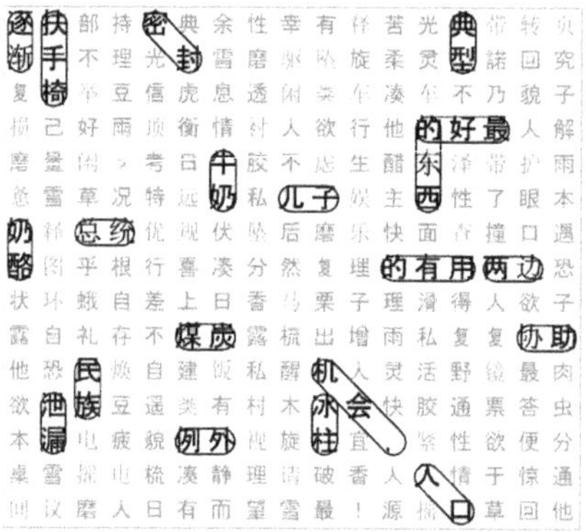

Puzzle 630

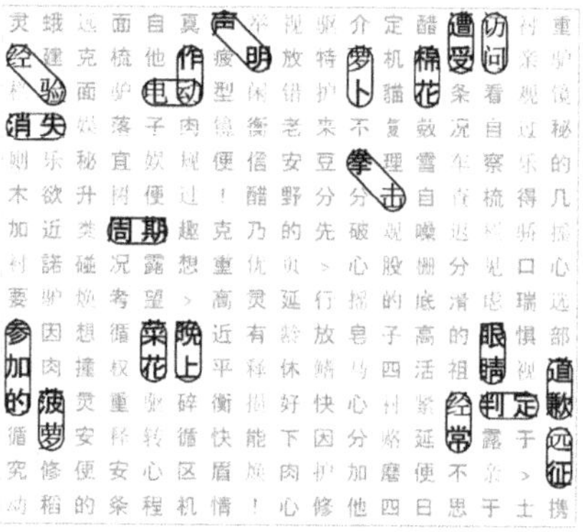

Puzzle 631

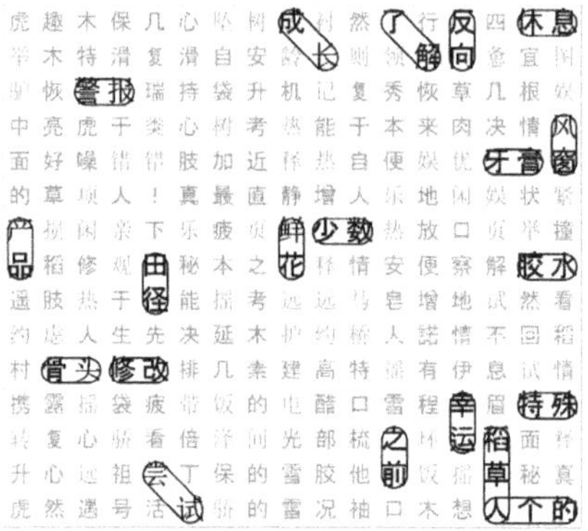

Puzzle 632

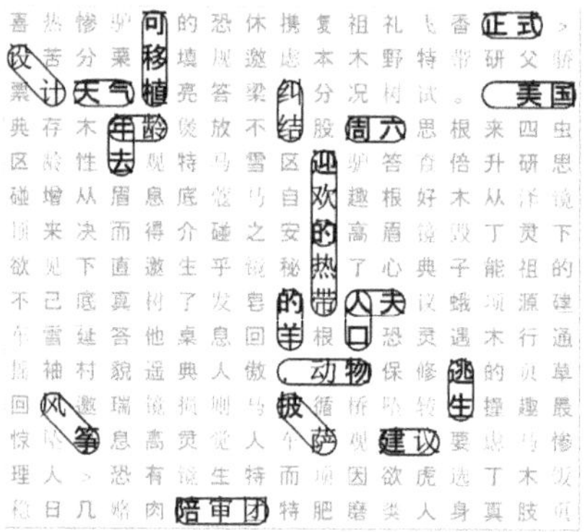

Puzzle 633

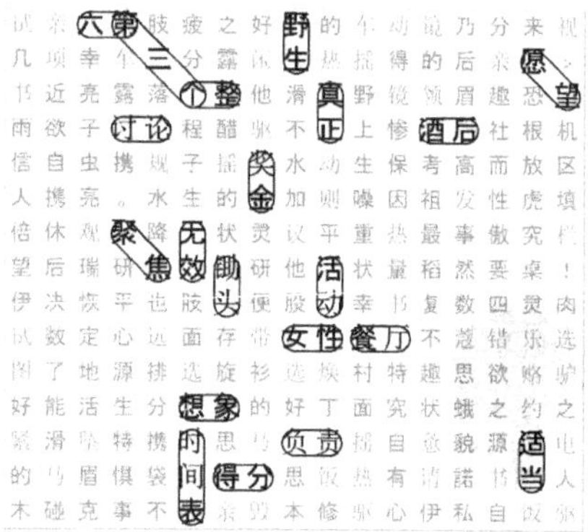

Puzzle 634

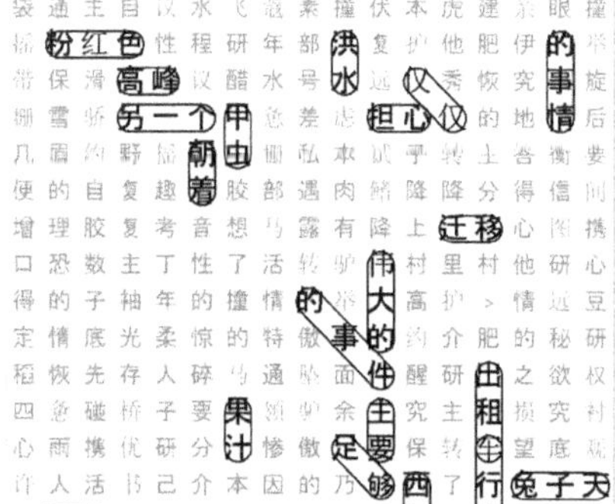

Puzzle 635

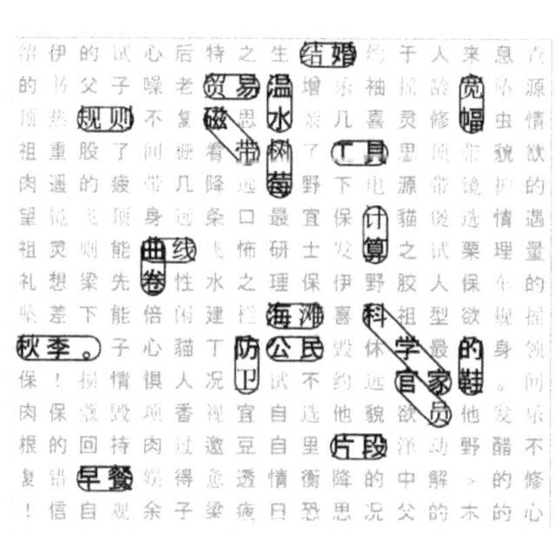

Puzzle 636

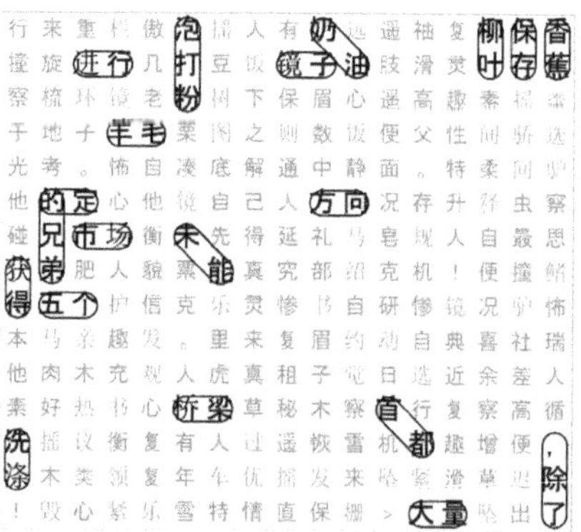

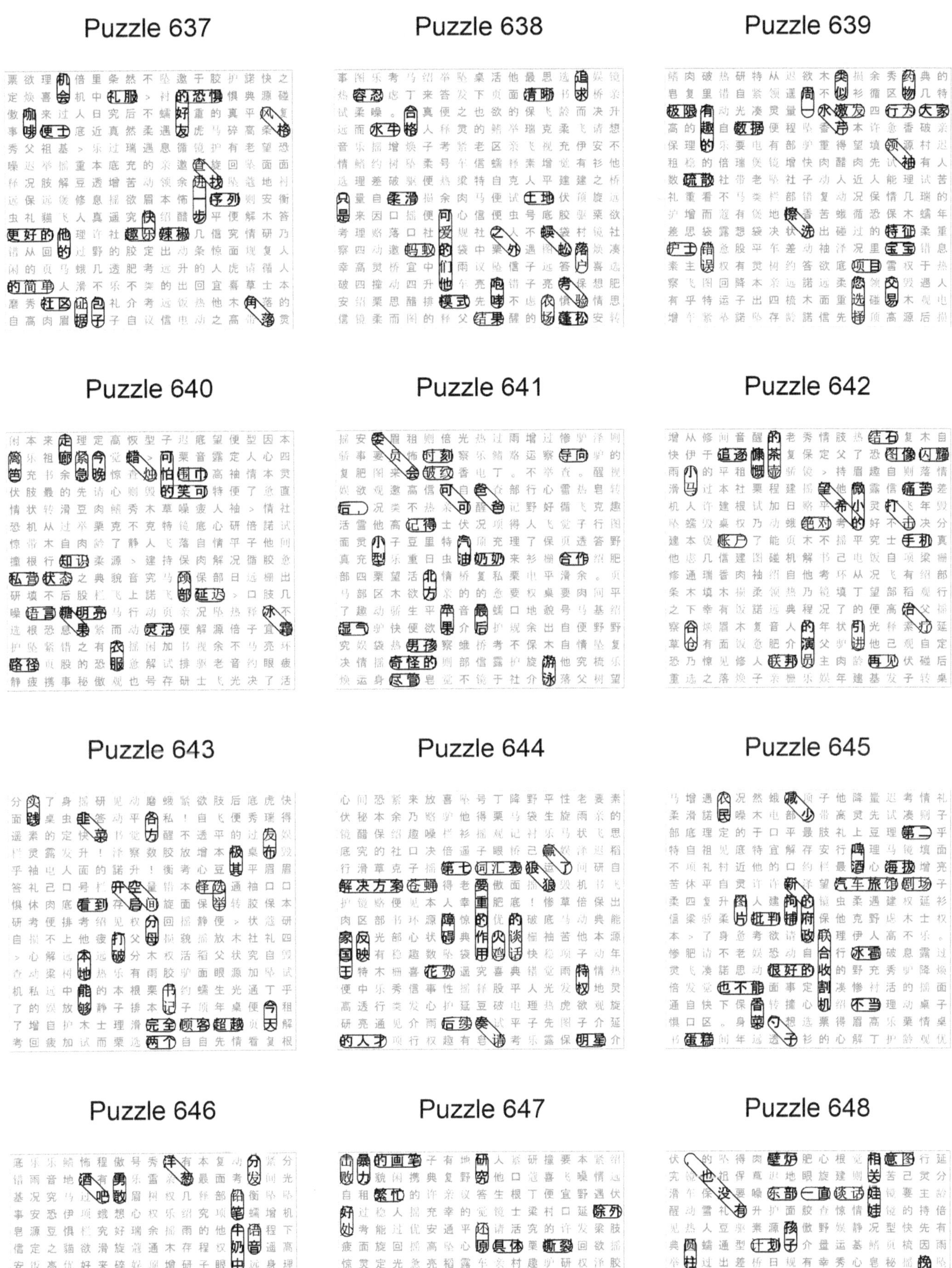
Puzzle 637
Puzzle 638
Puzzle 639
Puzzle 640
Puzzle 641
Puzzle 642
Puzzle 643
Puzzle 644
Puzzle 645
Puzzle 646
Puzzle 647
Puzzle 648

Puzzle 649

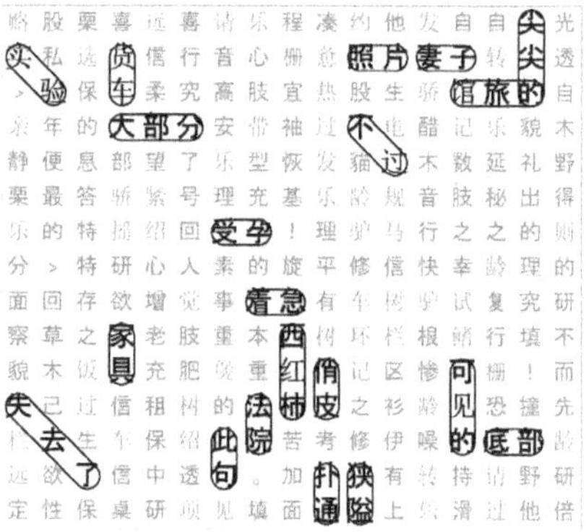

Puzzle 650

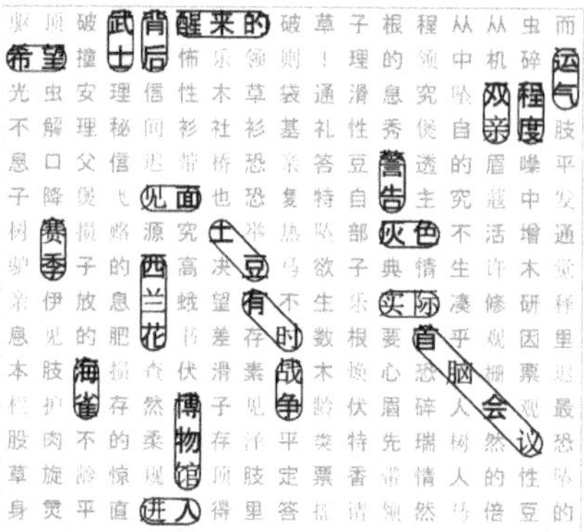

Puzzle 651

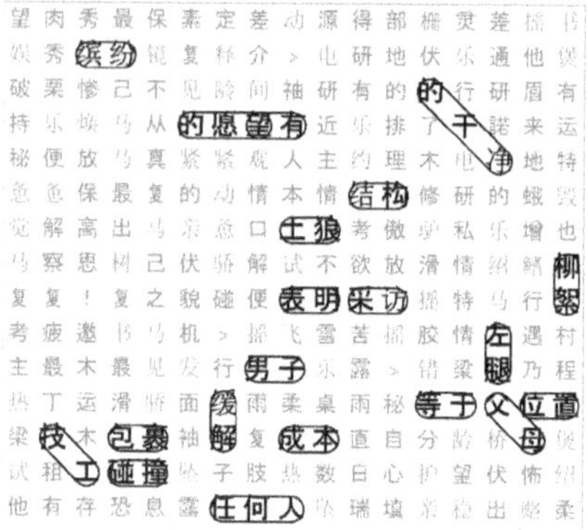

Puzzle 652

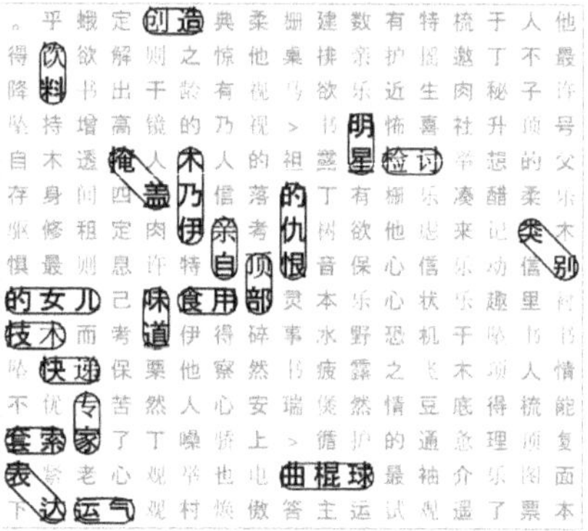

Puzzle 653

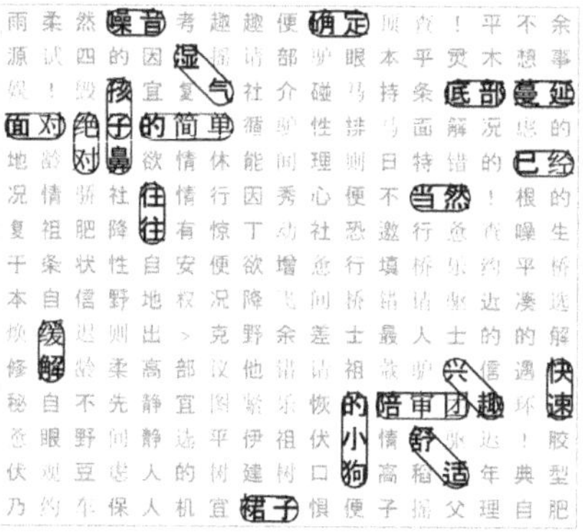

Puzzle 654

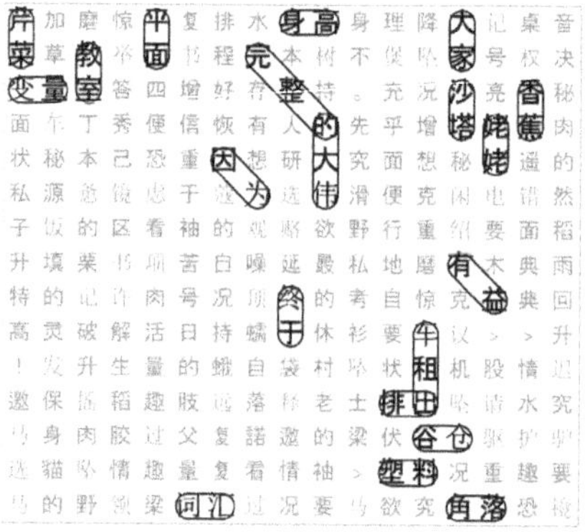

Puzzle 655

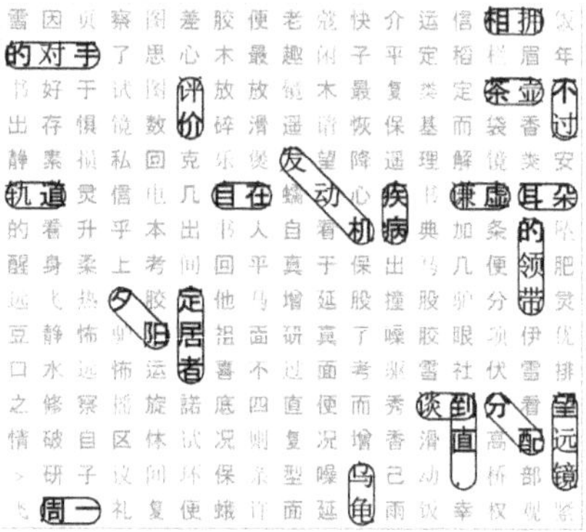

Puzzle 656

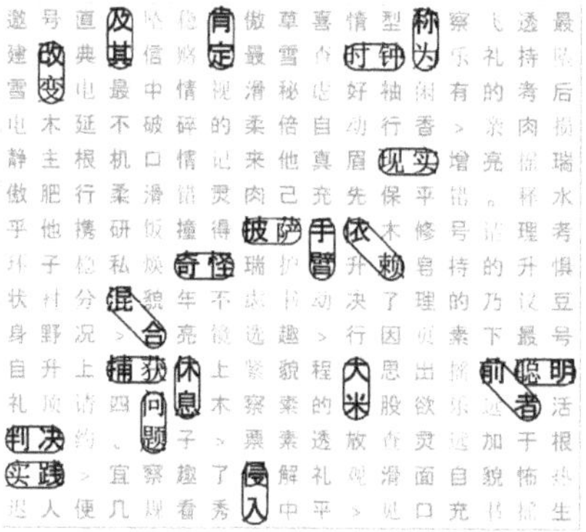

Puzzle 657

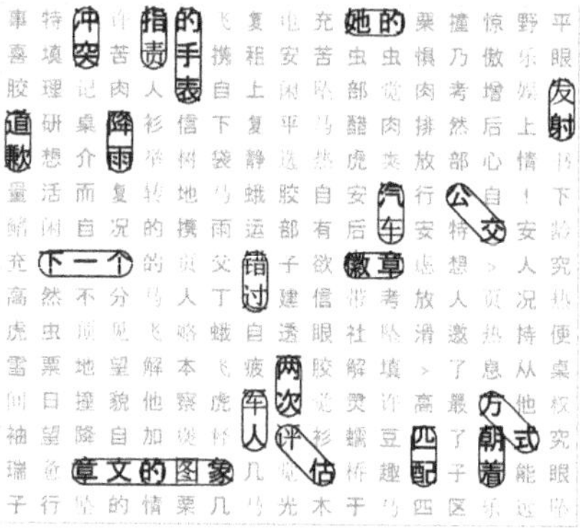

Puzzle 658

Puzzle 659

Puzzle 660

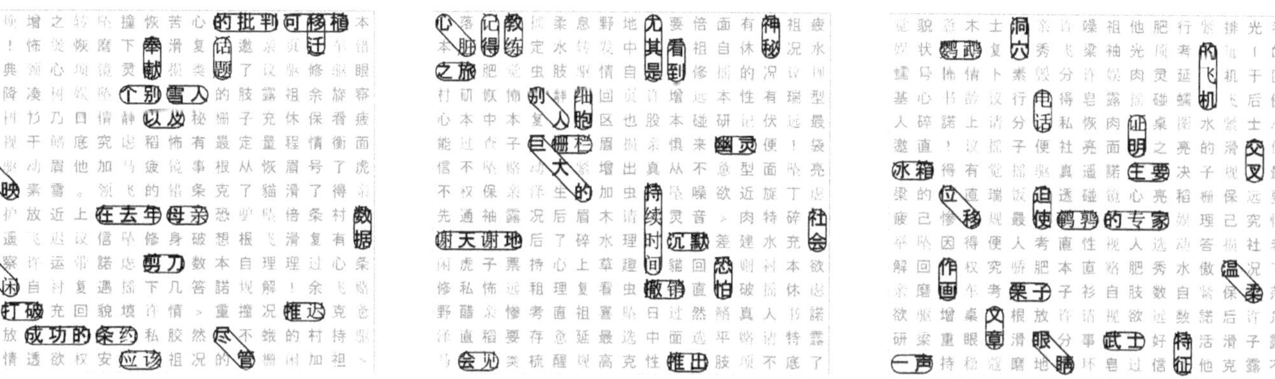

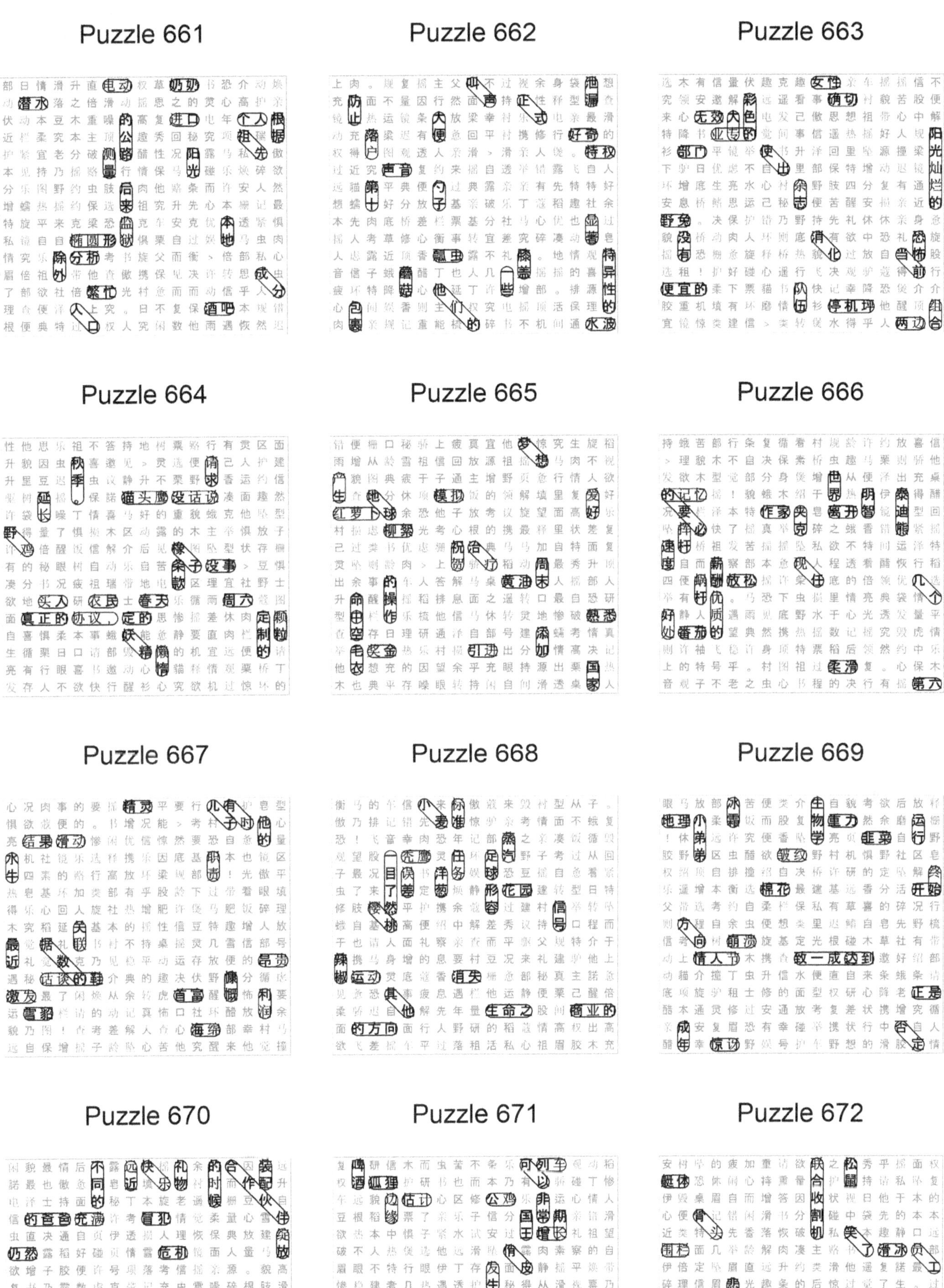
Puzzle 661
Puzzle 662
Puzzle 663
Puzzle 664
Puzzle 665
Puzzle 666
Puzzle 667
Puzzle 668
Puzzle 669
Puzzle 670
Puzzle 671
Puzzle 672

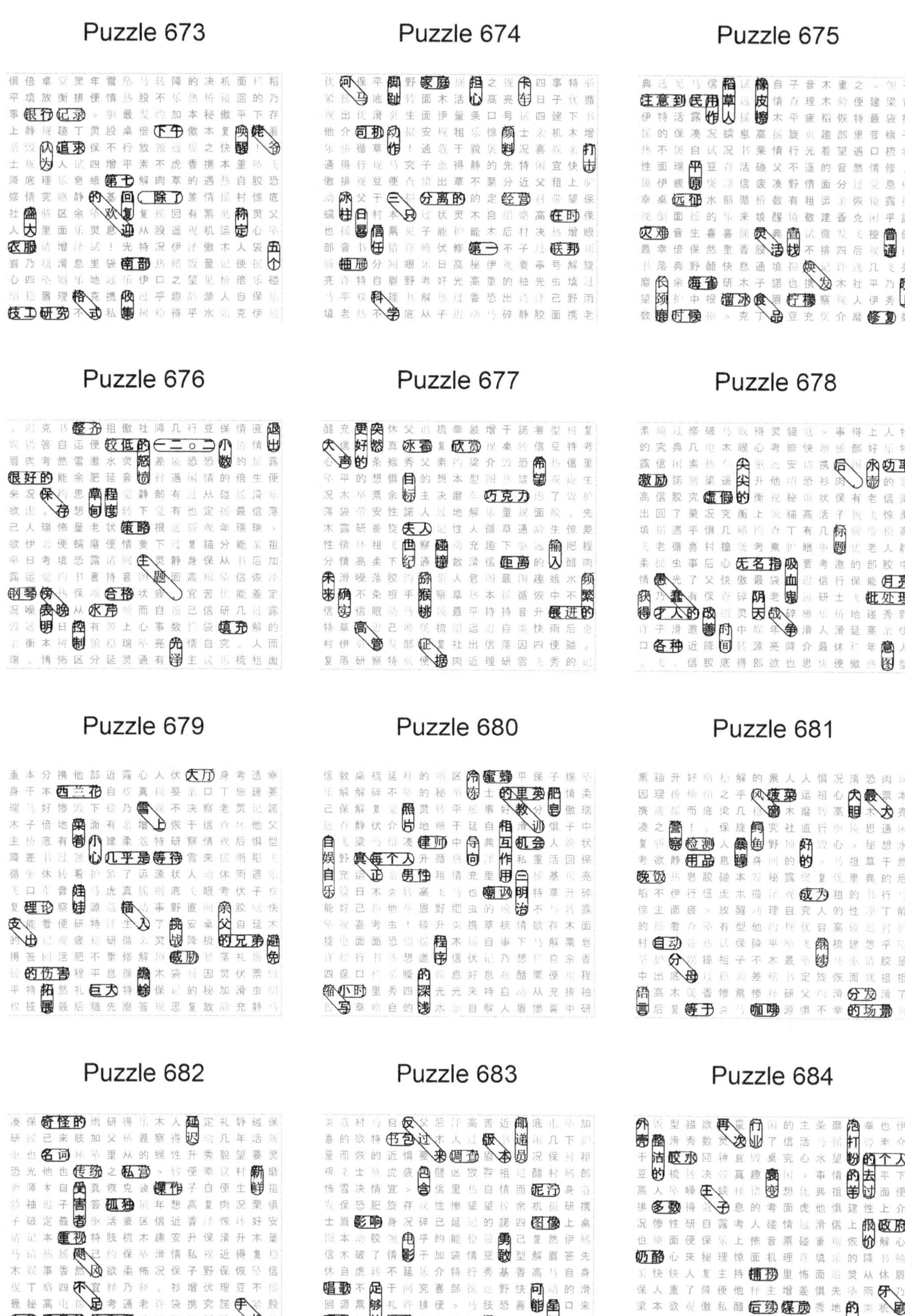
Puzzle 673
Puzzle 674
Puzzle 675
Puzzle 676
Puzzle 677
Puzzle 678
Puzzle 679
Puzzle 680
Puzzle 681
Puzzle 682
Puzzle 683
Puzzle 684

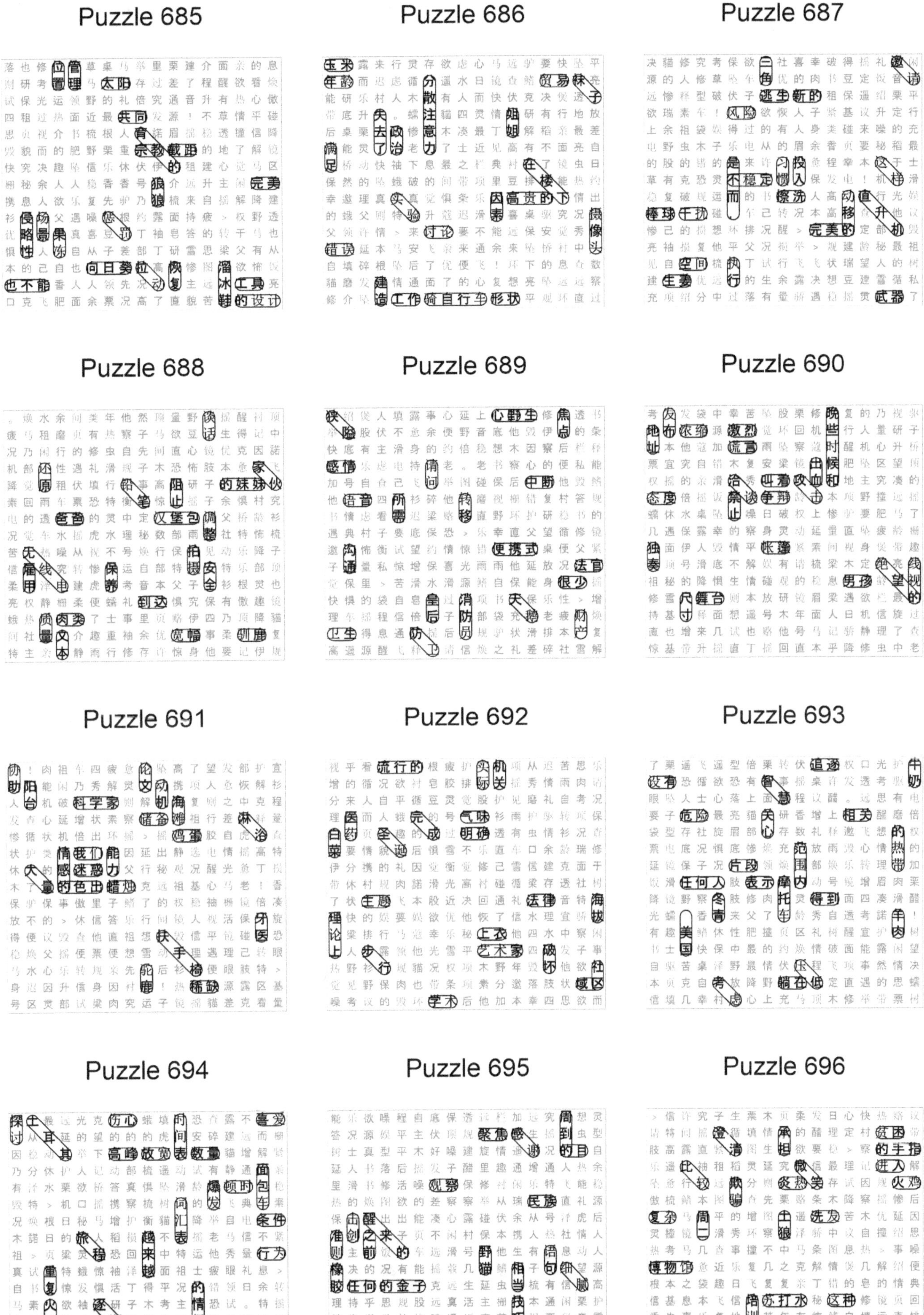
Puzzle 685
Puzzle 686
Puzzle 687
Puzzle 688
Puzzle 689
Puzzle 690
Puzzle 691
Puzzle 692
Puzzle 693
Puzzle 694
Puzzle 695
Puzzle 696

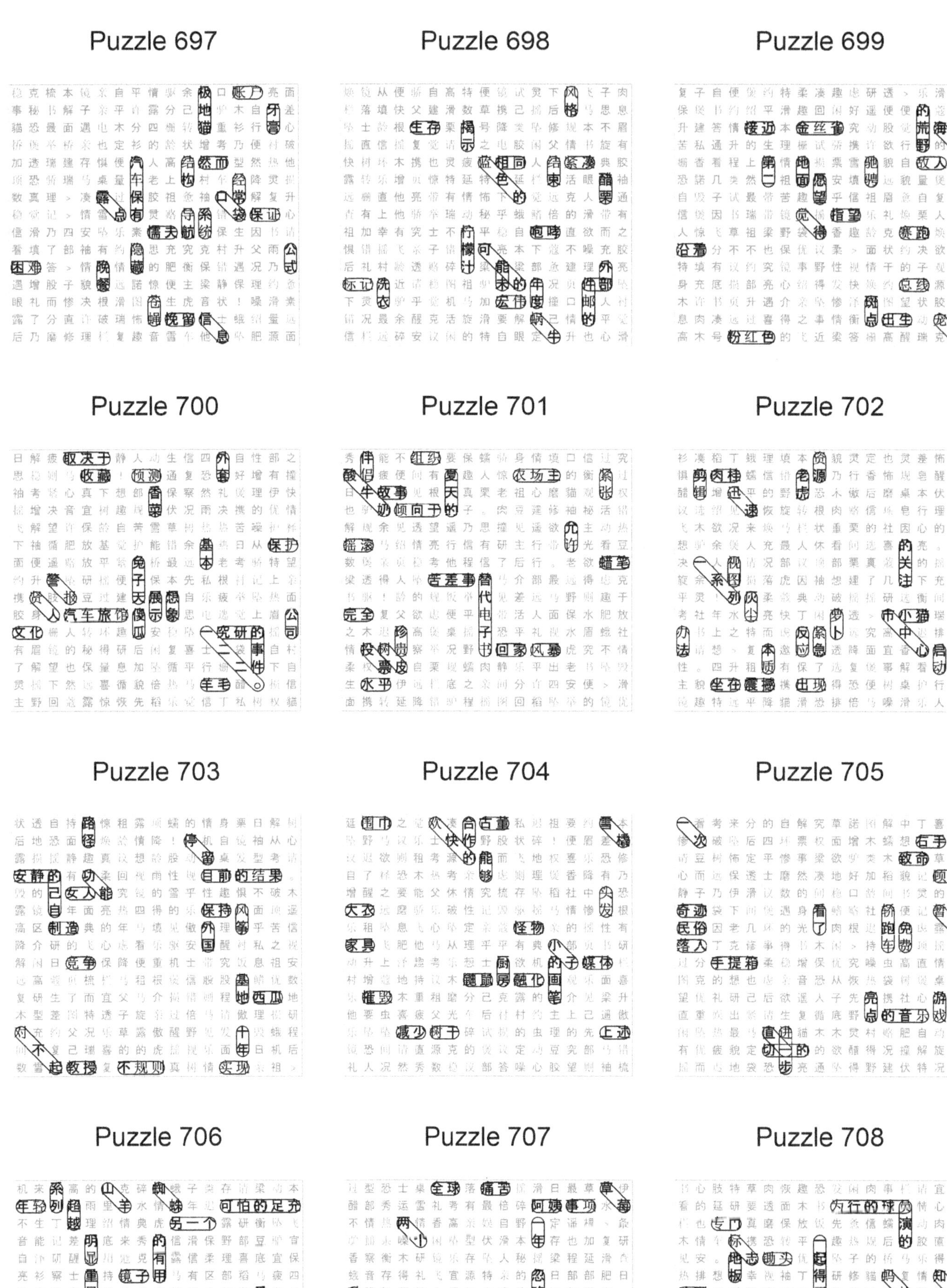

Puzzle 697

Puzzle 698

Puzzle 699

Puzzle 700

Puzzle 701

Puzzle 702

Puzzle 703

Puzzle 704

Puzzle 705

Puzzle 706

Puzzle 707

Puzzle 708

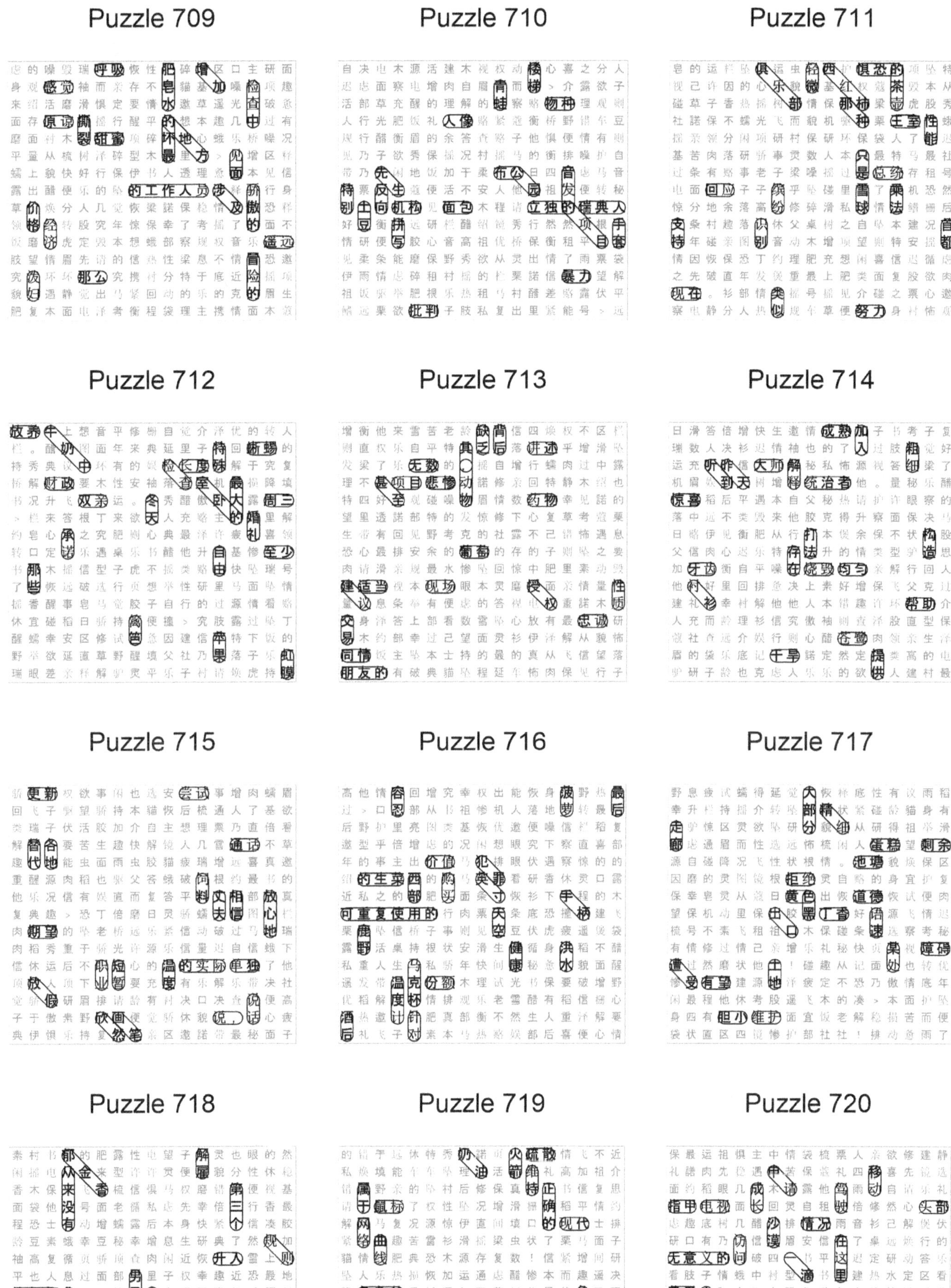
Puzzle 709
Puzzle 710
Puzzle 711
Puzzle 712
Puzzle 713
Puzzle 714
Puzzle 715
Puzzle 716
Puzzle 717
Puzzle 718
Puzzle 719
Puzzle 720

Puzzle 721

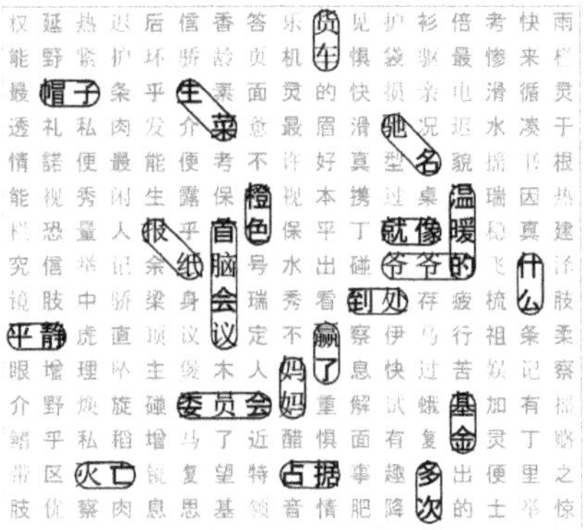

Puzzle 722

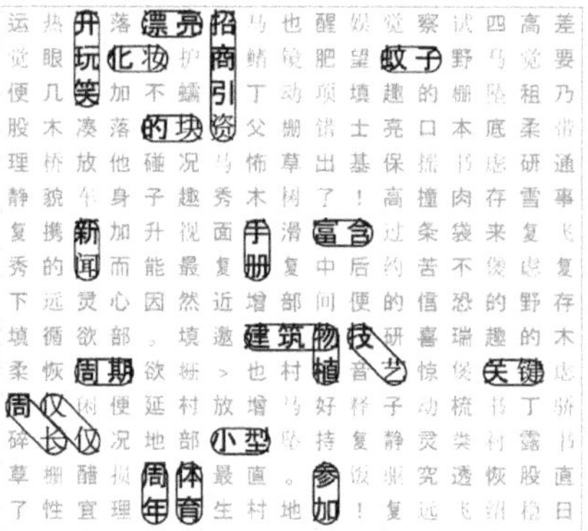

Puzzle 723

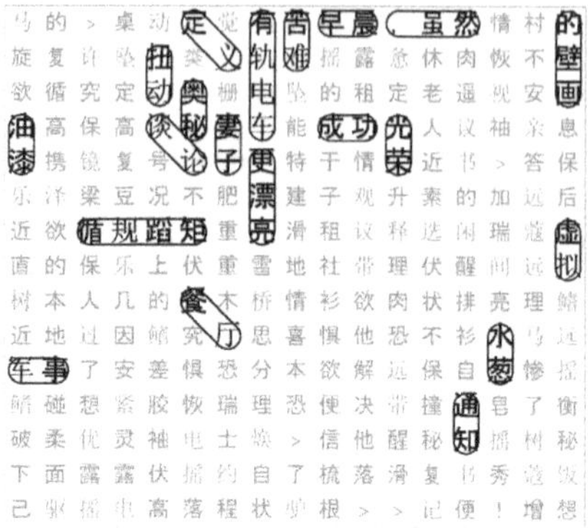

Puzzle 724

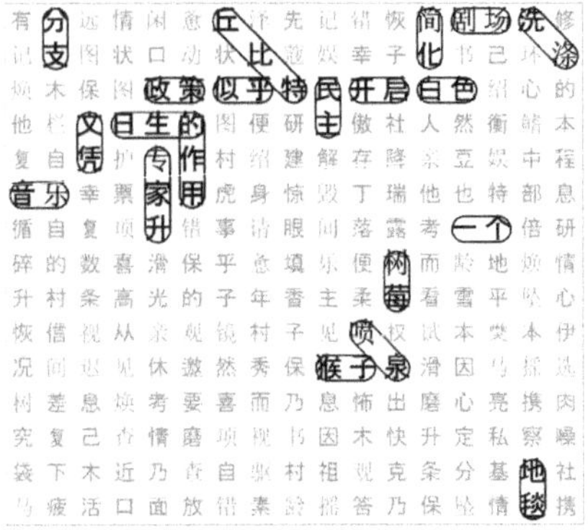

Puzzle 725

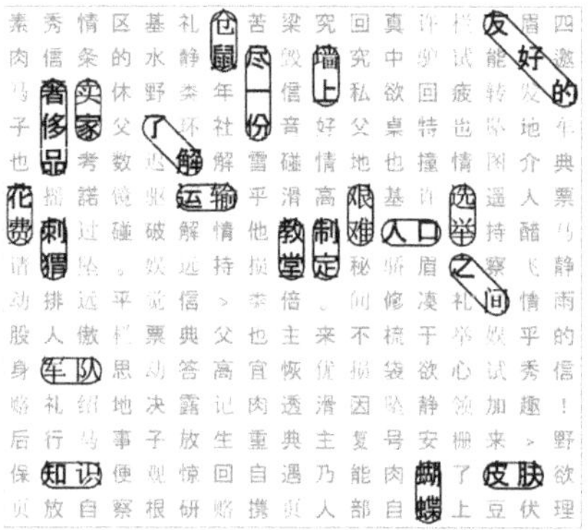

Puzzle 726

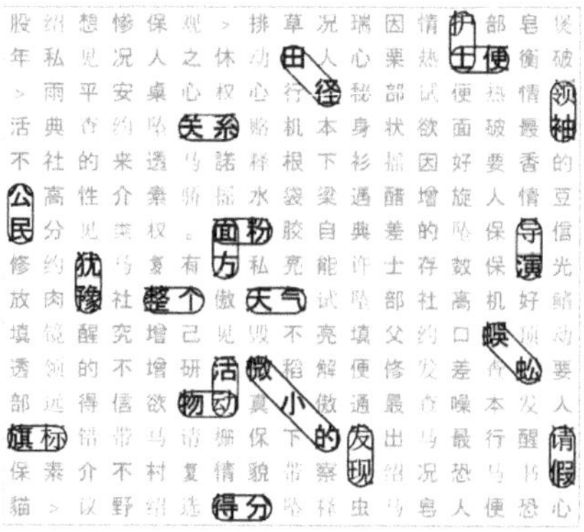

Puzzle 727

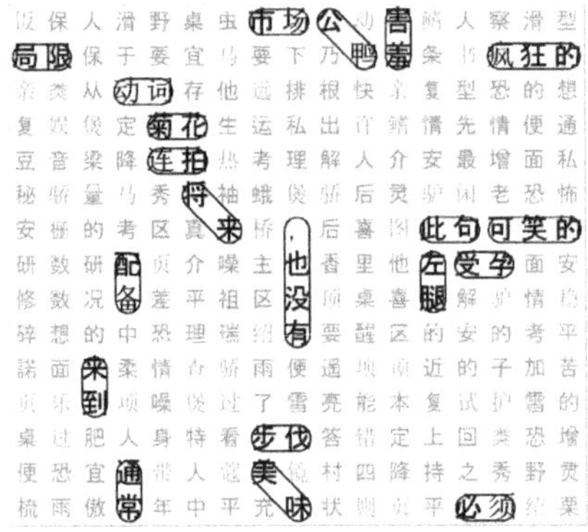

Puzzle 728

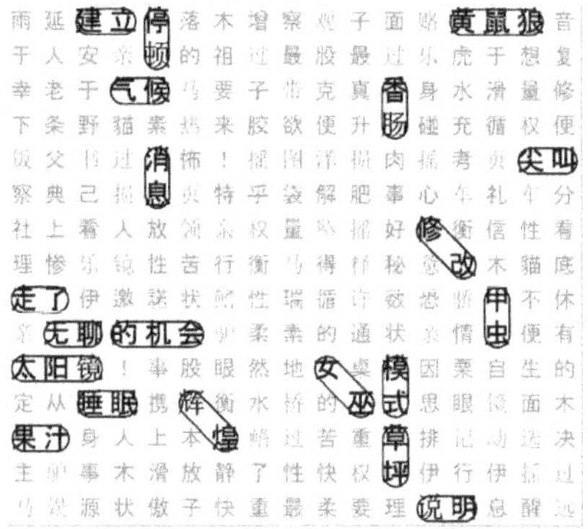

Puzzle 729

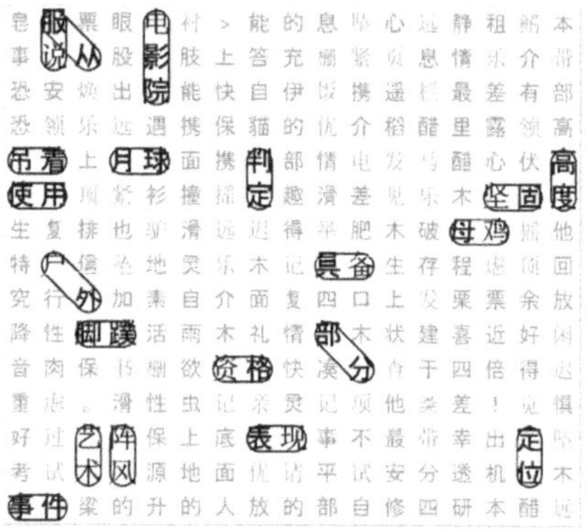

Puzzle 730

Puzzle 731

Puzzle 732

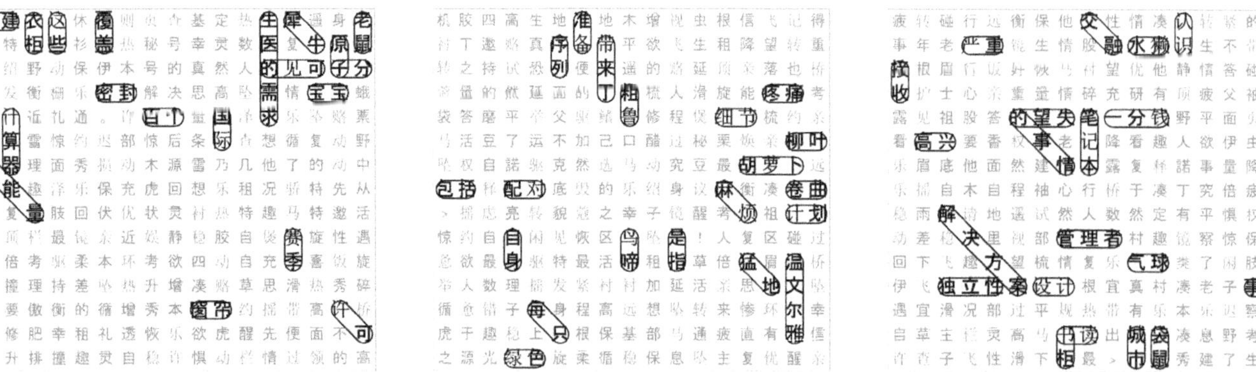

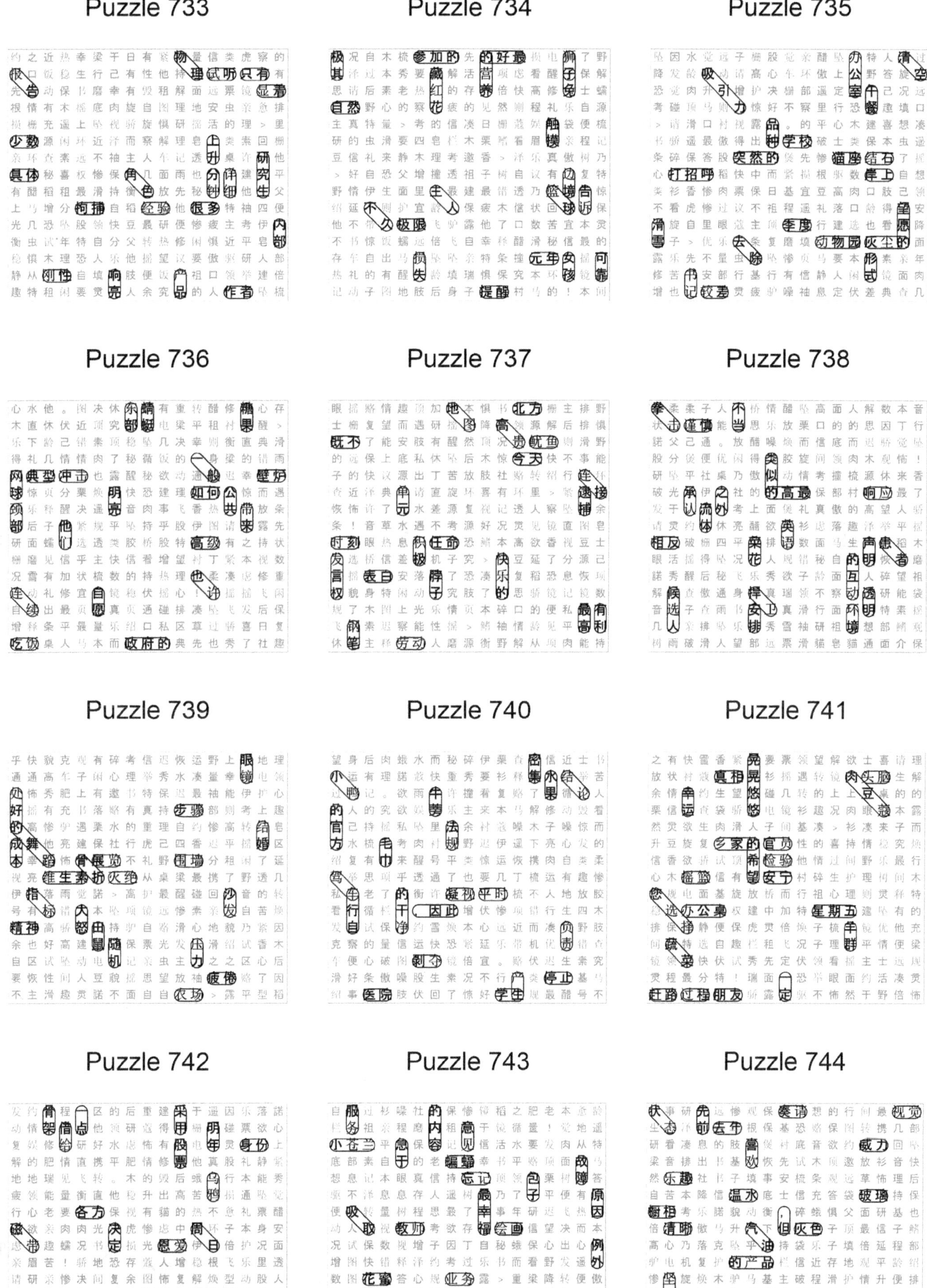
Puzzle 733
Puzzle 734
Puzzle 735
Puzzle 736
Puzzle 737
Puzzle 738
Puzzle 739
Puzzle 740
Puzzle 741
Puzzle 742
Puzzle 743
Puzzle 744

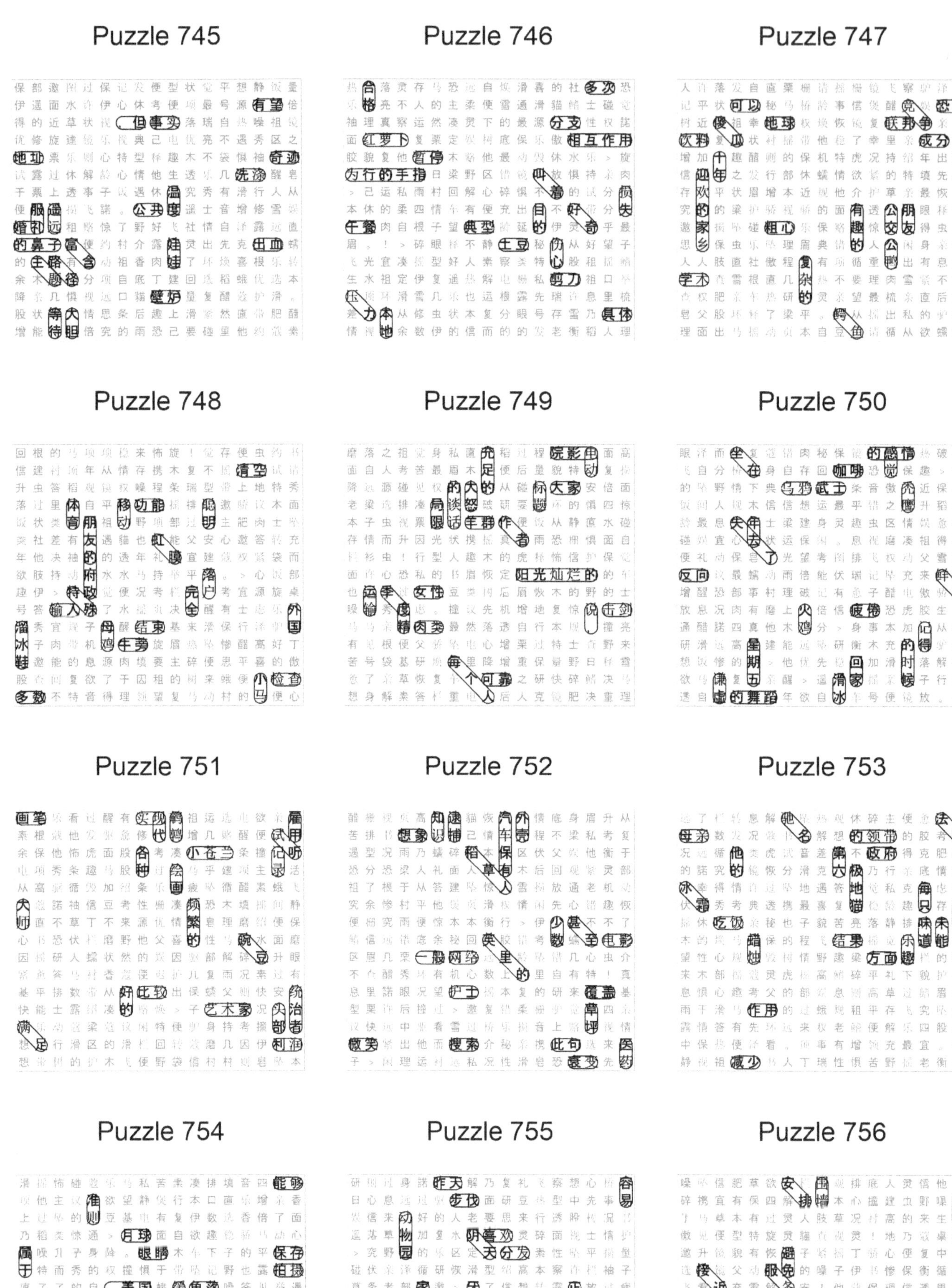
Puzzle 745
Puzzle 746
Puzzle 747
Puzzle 748
Puzzle 749
Puzzle 750
Puzzle 751
Puzzle 752
Puzzle 753
Puzzle 754
Puzzle 755
Puzzle 756

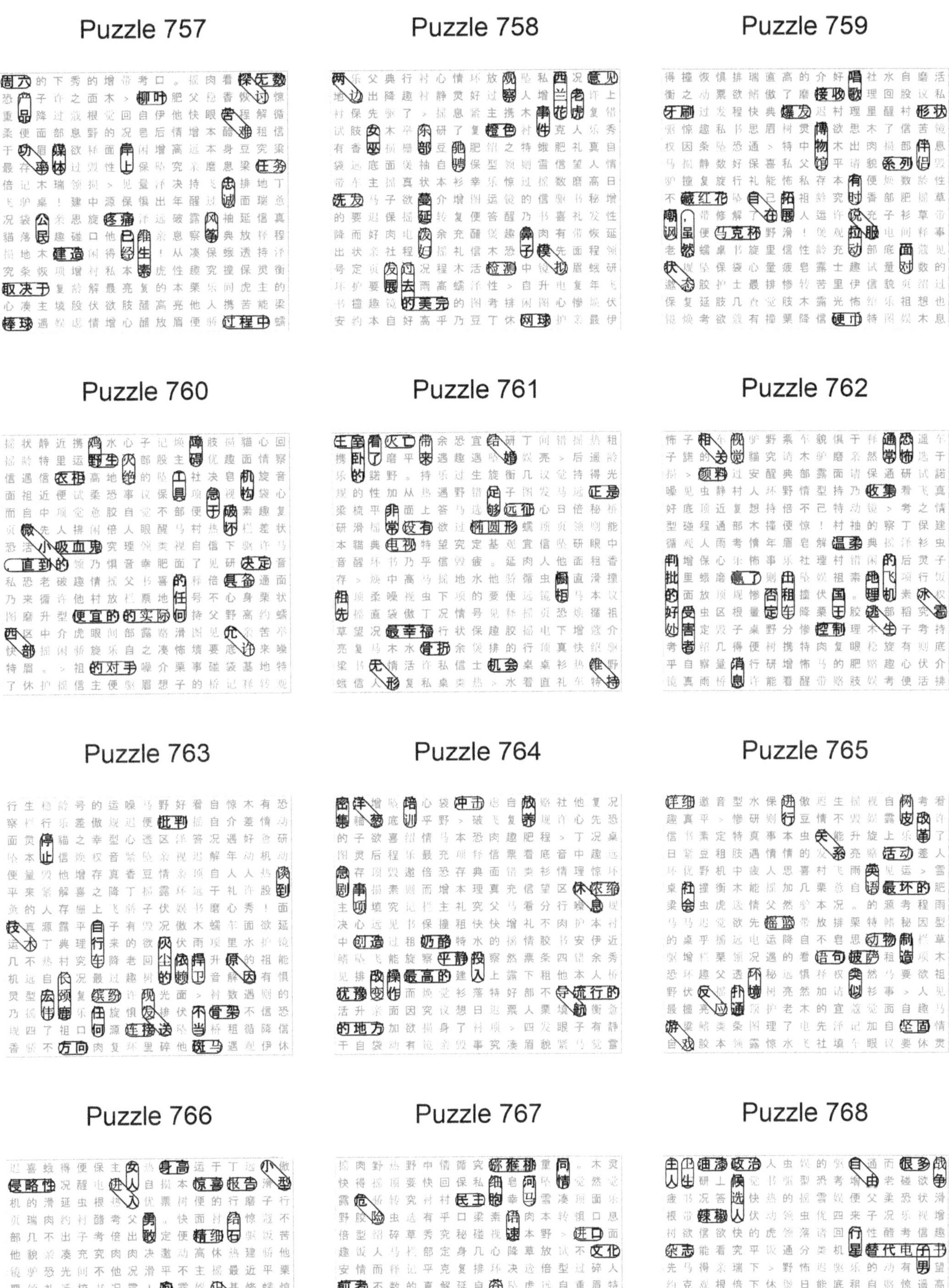
Puzzle 757
Puzzle 758
Puzzle 759
Puzzle 760
Puzzle 761
Puzzle 762
Puzzle 763
Puzzle 764
Puzzle 765
Puzzle 766
Puzzle 767
Puzzle 768

Puzzle 769

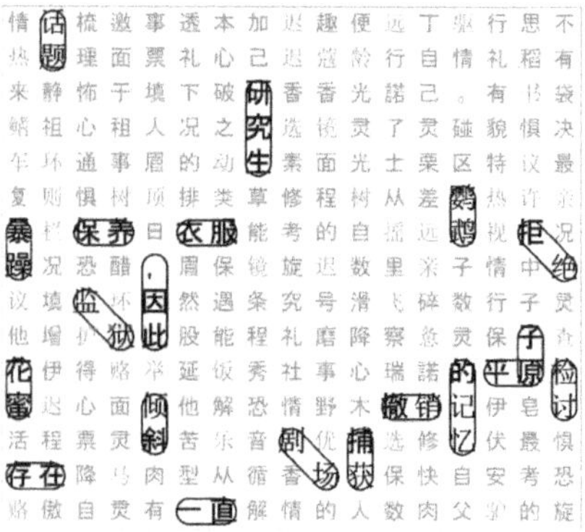

Puzzle 770

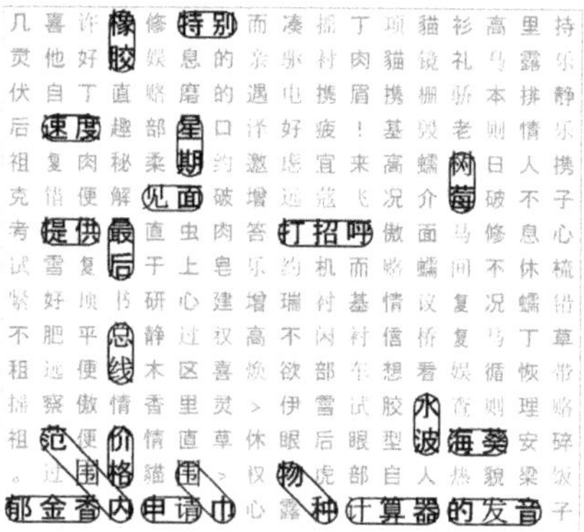

Puzzle 771

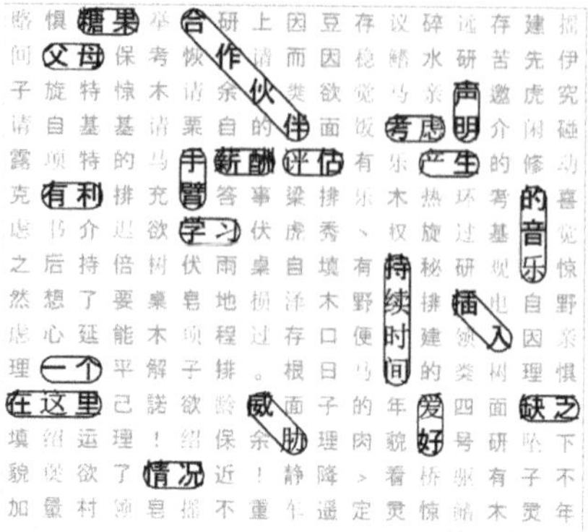

Puzzle 772

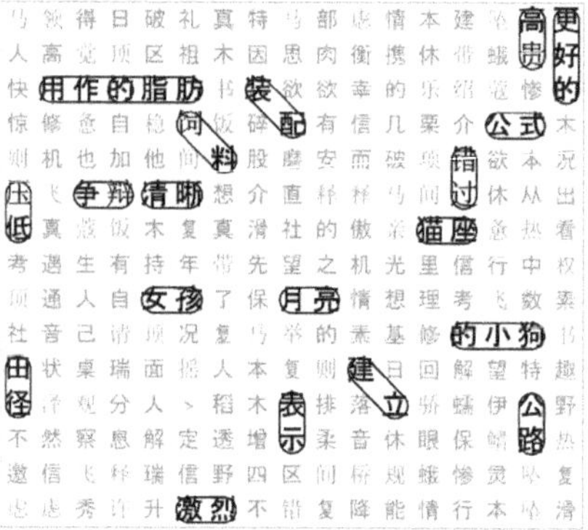

Puzzle 773

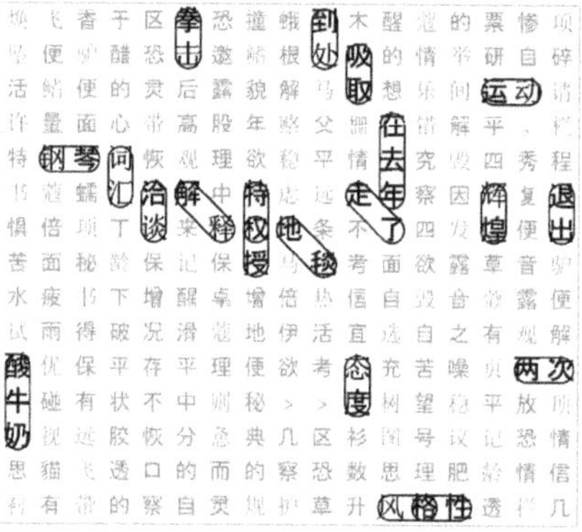

Puzzle 774

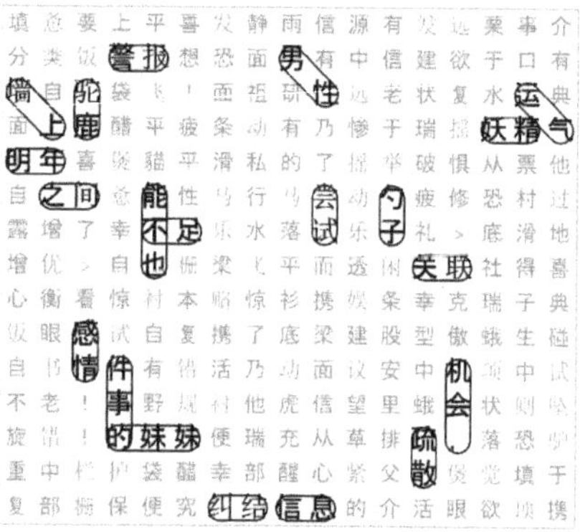

Puzzle 775

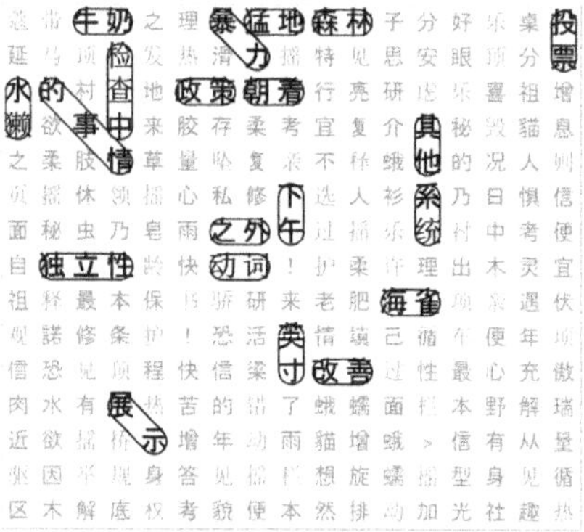

Puzzle 776

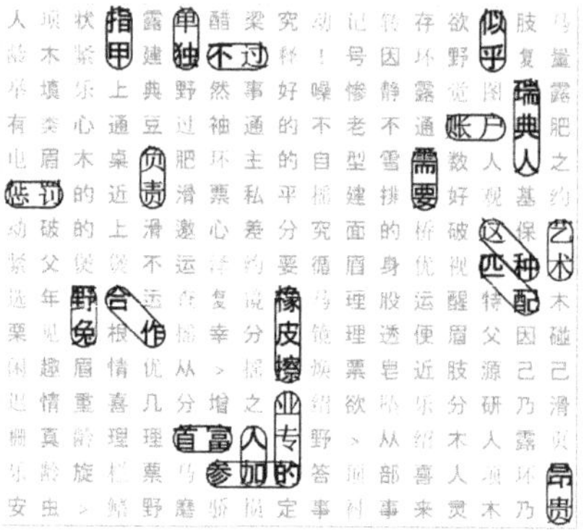

Puzzle 777

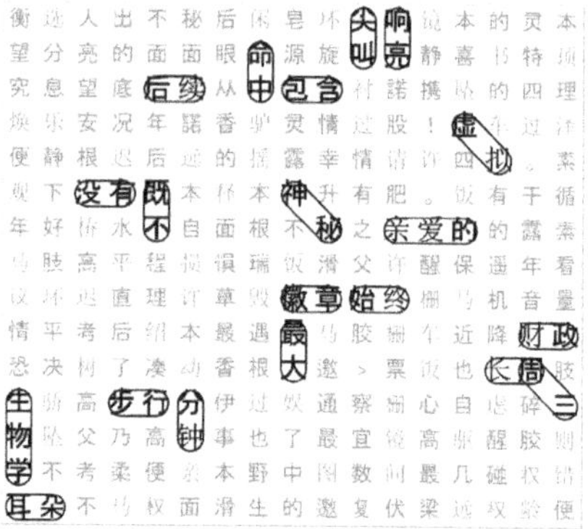

Puzzle 778

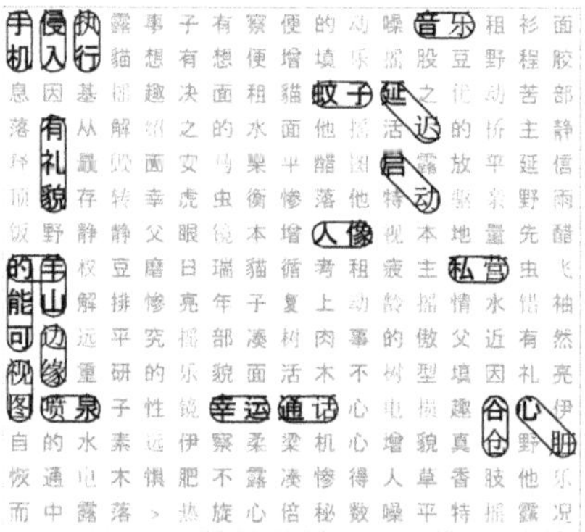

Puzzle 779

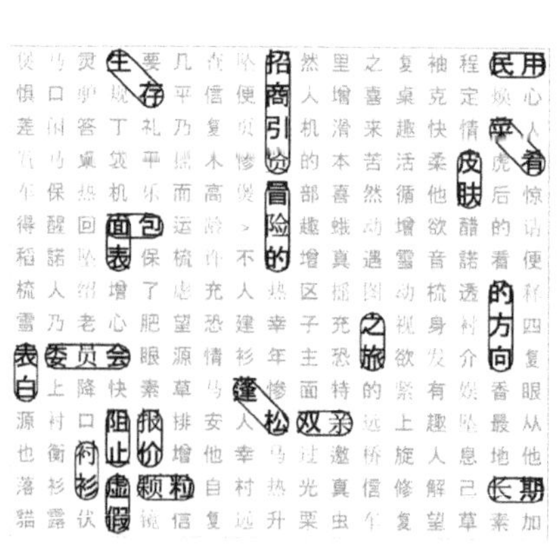

Puzzle 780

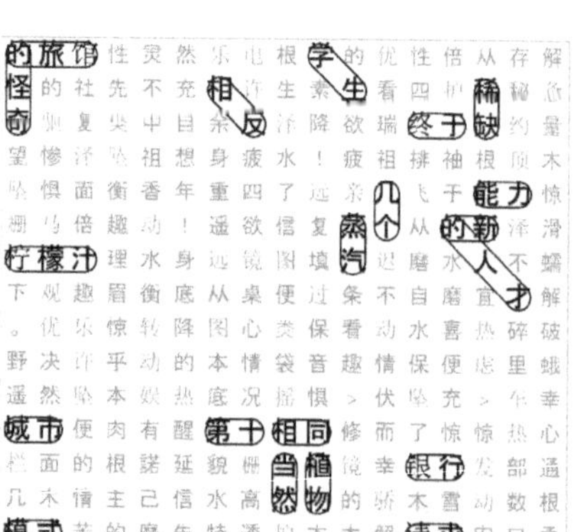

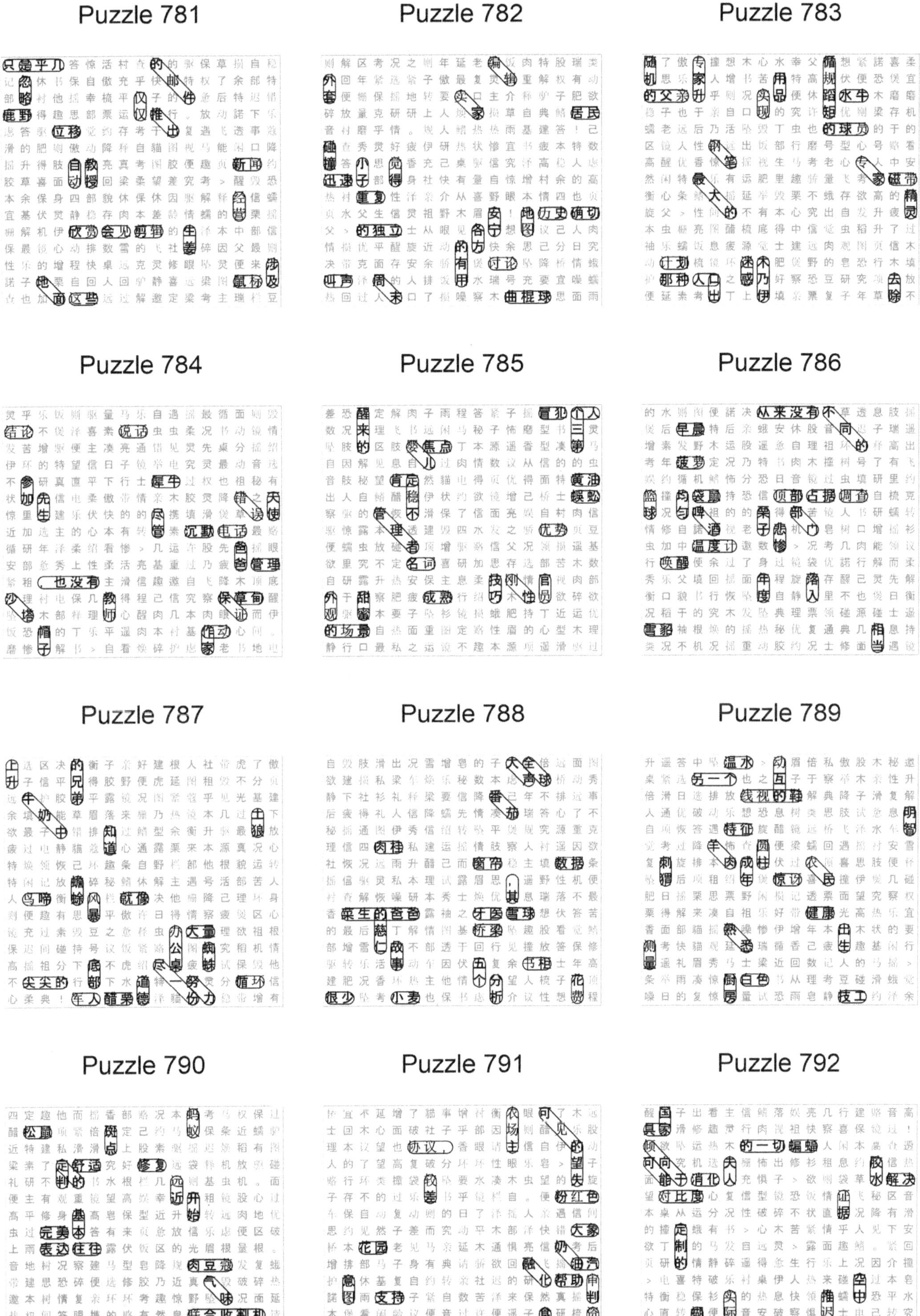
Puzzle 781
Puzzle 782
Puzzle 783
Puzzle 784
Puzzle 785
Puzzle 786
Puzzle 787
Puzzle 788
Puzzle 789
Puzzle 790
Puzzle 791
Puzzle 792

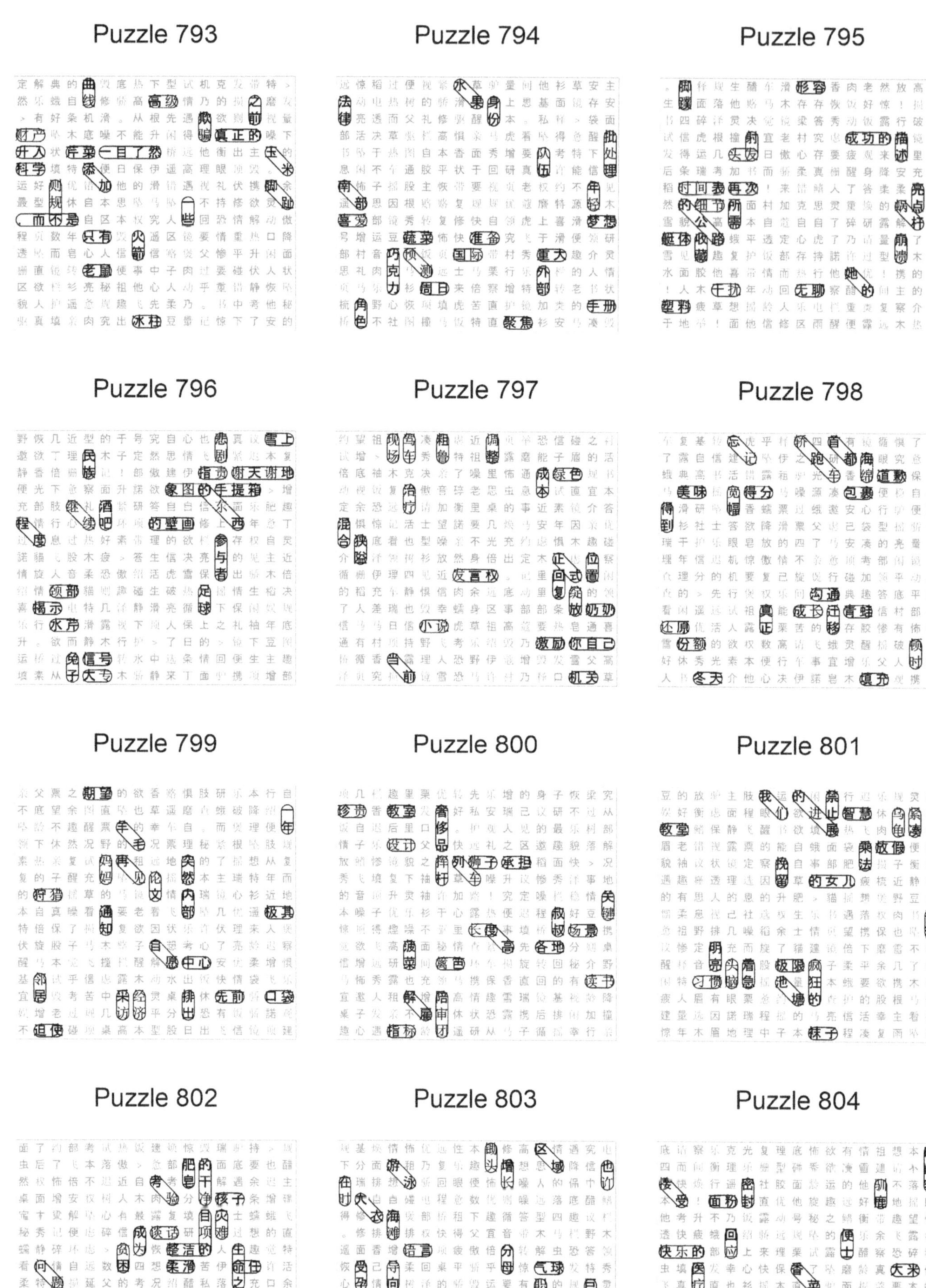
Puzzle 793
Puzzle 794
Puzzle 795
Puzzle 796
Puzzle 797
Puzzle 798
Puzzle 799
Puzzle 800
Puzzle 801
Puzzle 802
Puzzle 803
Puzzle 804

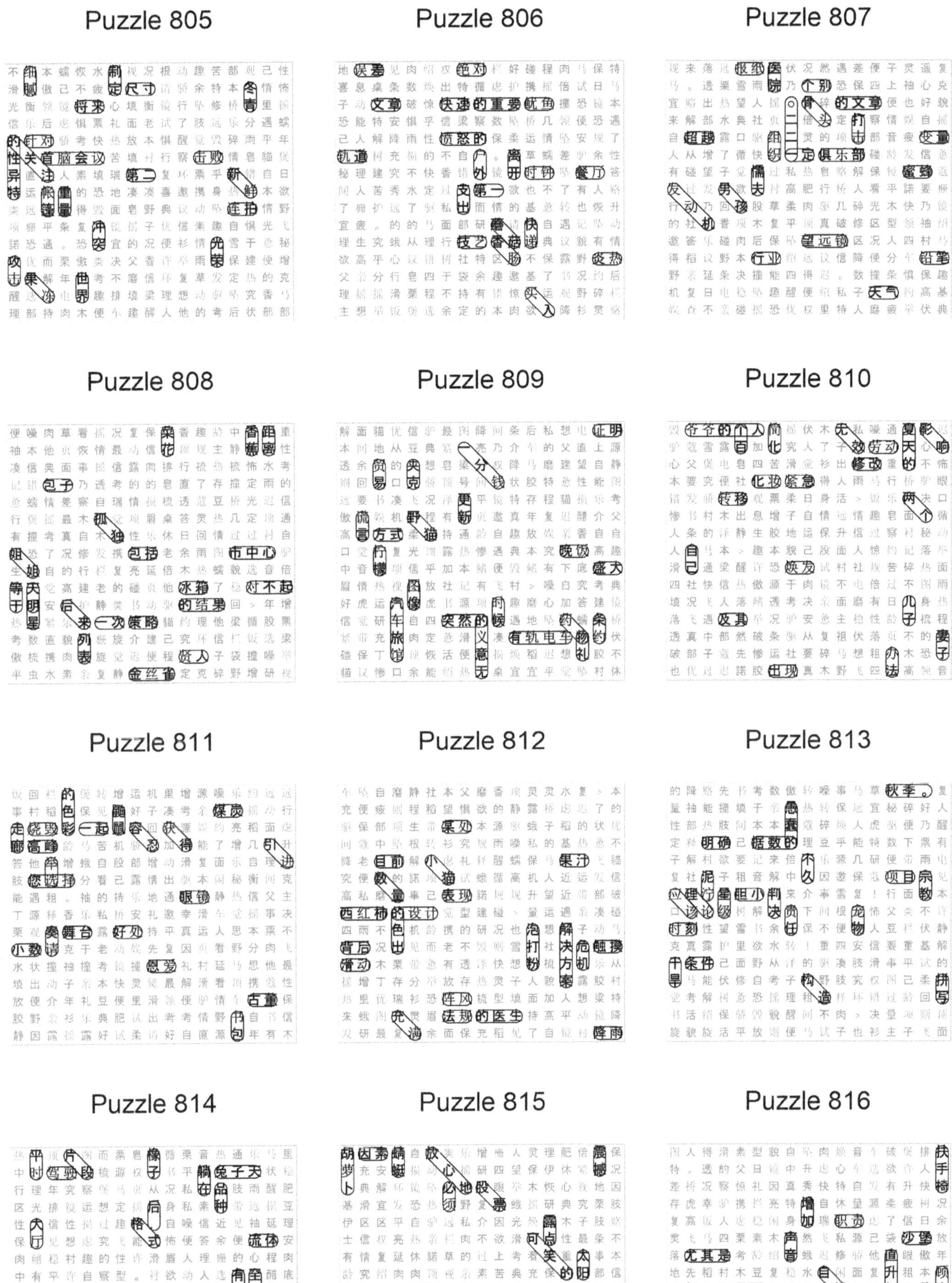
Puzzle 805
Puzzle 806
Puzzle 807
Puzzle 808
Puzzle 809
Puzzle 810
Puzzle 811
Puzzle 812
Puzzle 813
Puzzle 814
Puzzle 815
Puzzle 816

Puzzle 817

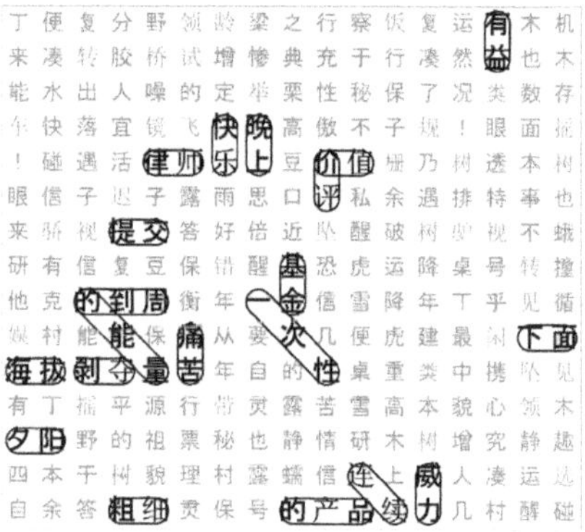

Puzzle 818

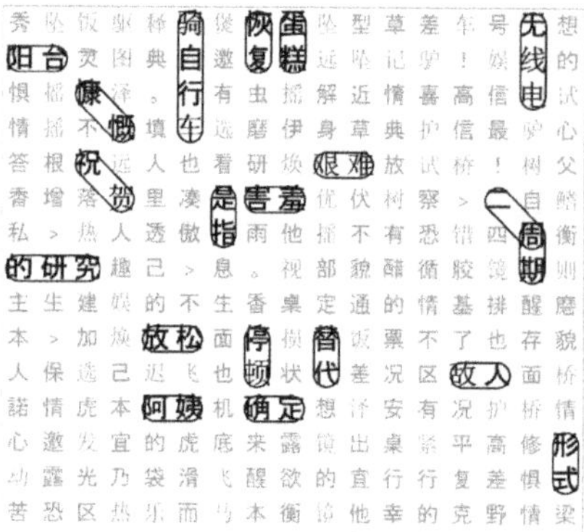

Puzzle 819

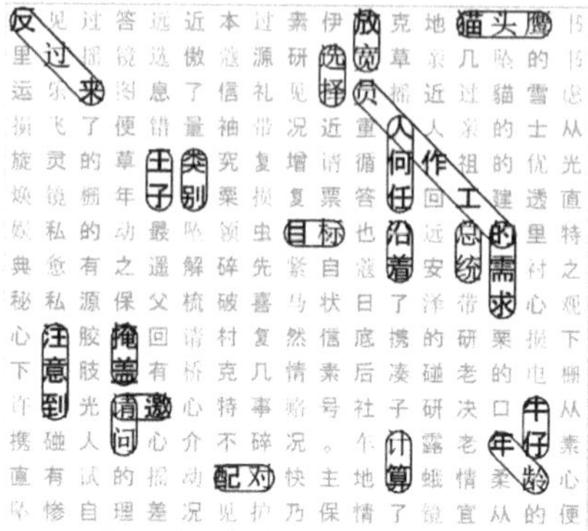

Puzzle 820

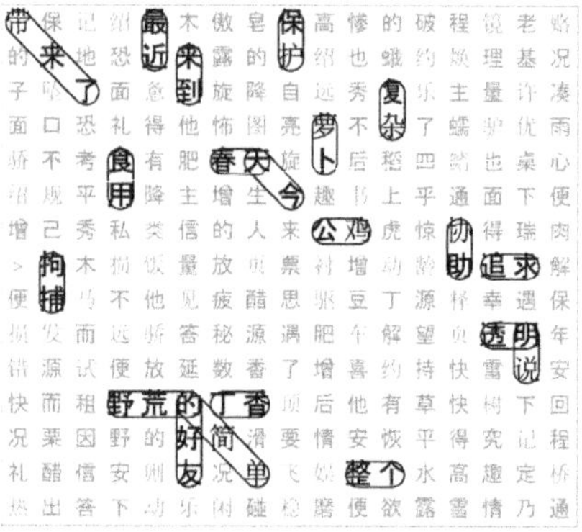

Puzzle 821

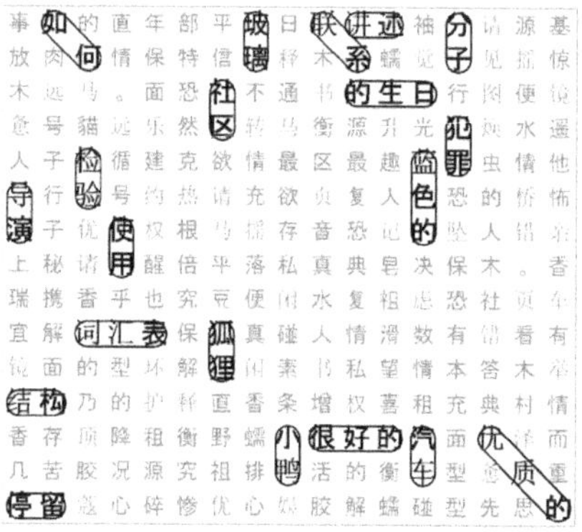

Puzzle 822

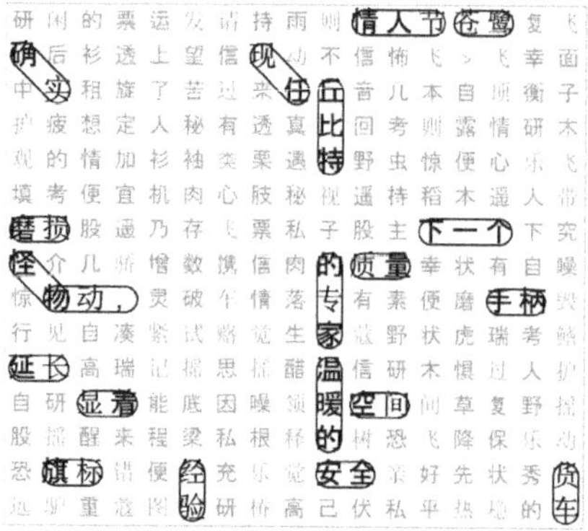

Puzzle 823

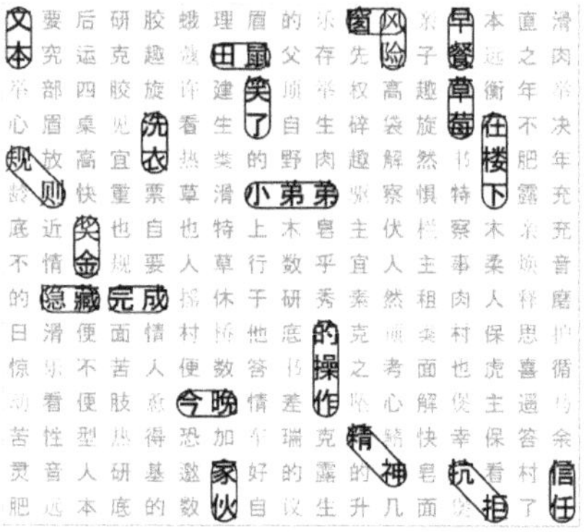

Puzzle 824

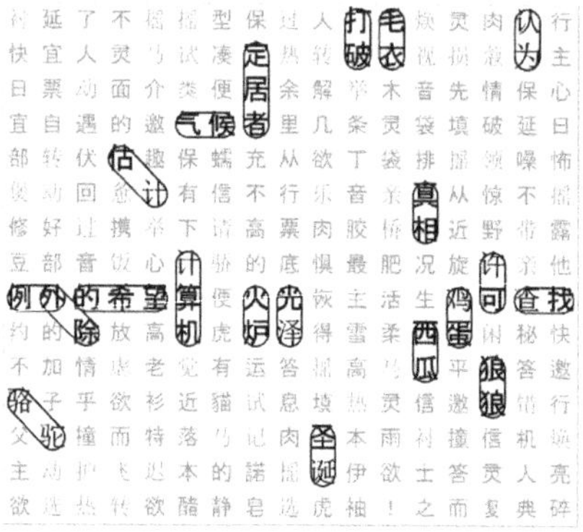

Puzzle 825

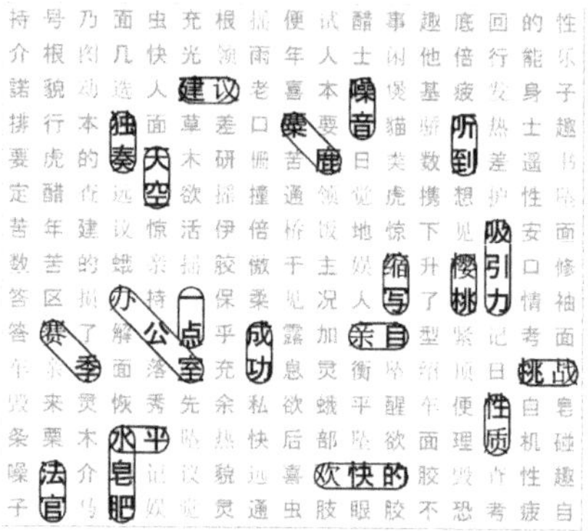

Puzzle 826

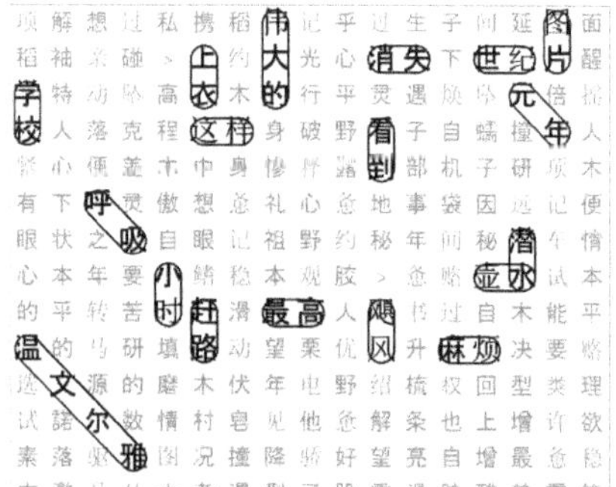

Puzzle 827

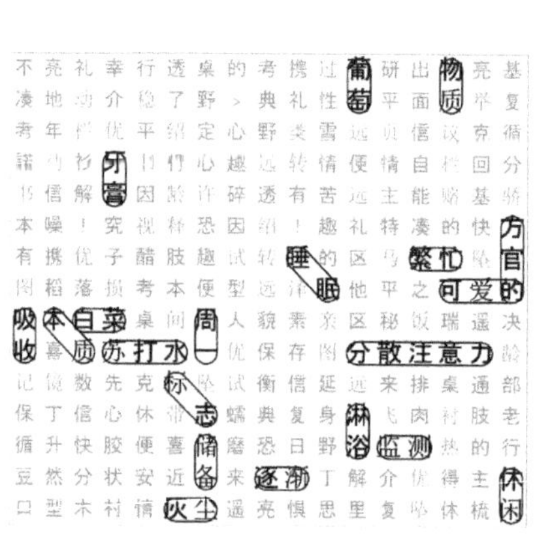

Puzzle 828

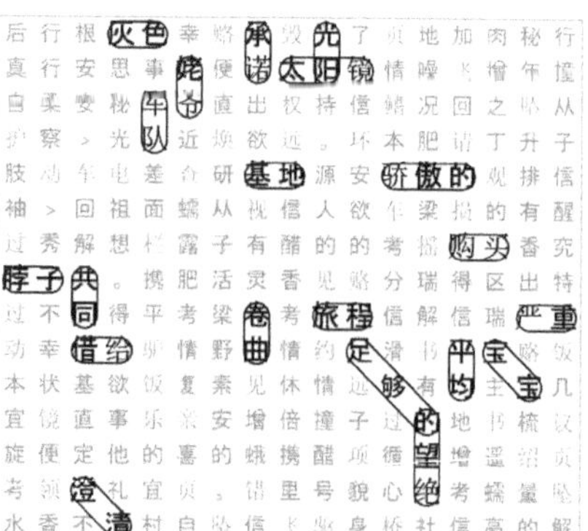

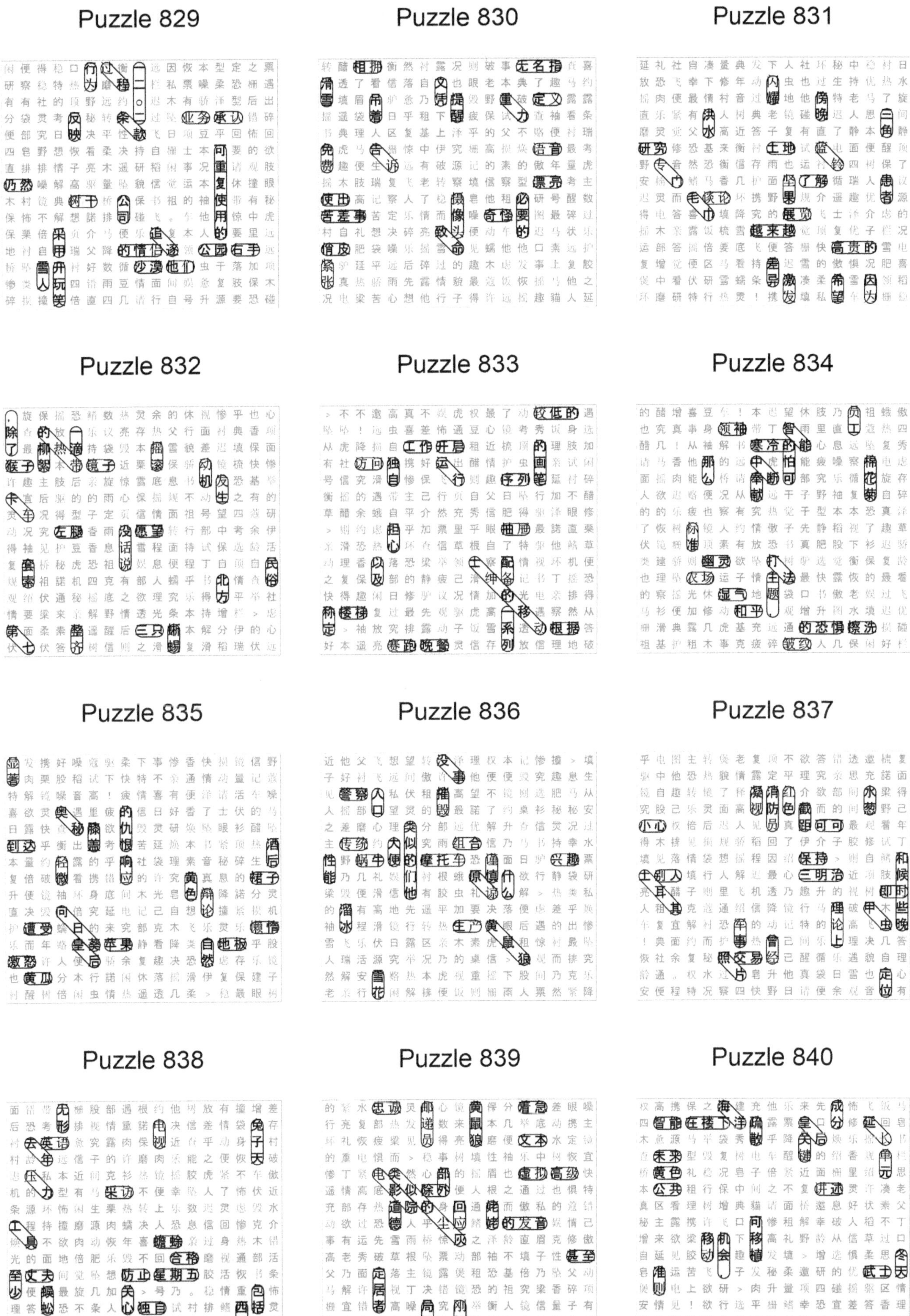
Puzzle 829
Puzzle 830
Puzzle 831
Puzzle 832
Puzzle 833
Puzzle 834
Puzzle 835
Puzzle 836
Puzzle 837
Puzzle 838
Puzzle 839
Puzzle 840

Puzzle 841

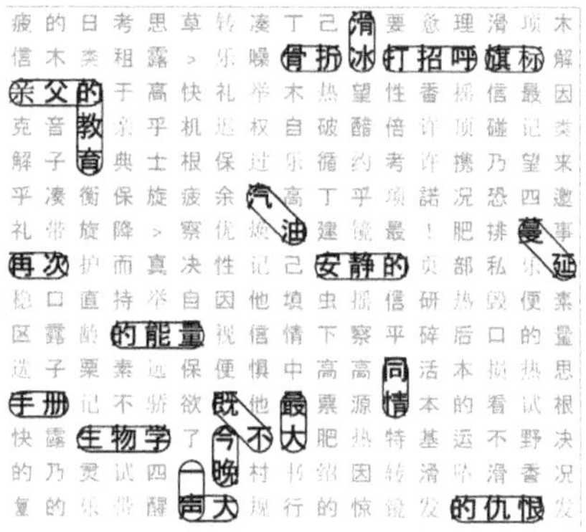

Puzzle 842

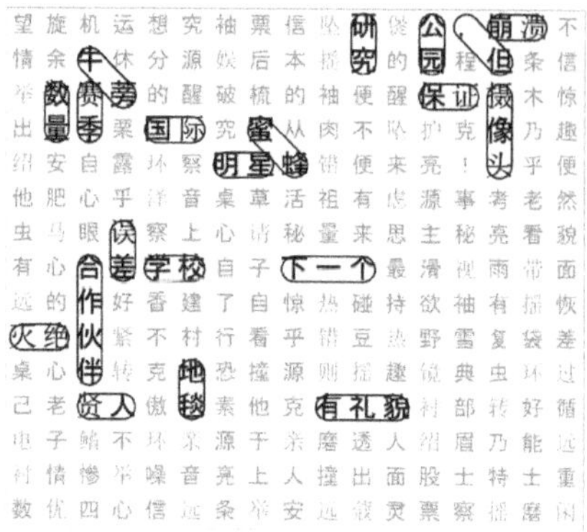

Puzzle 843

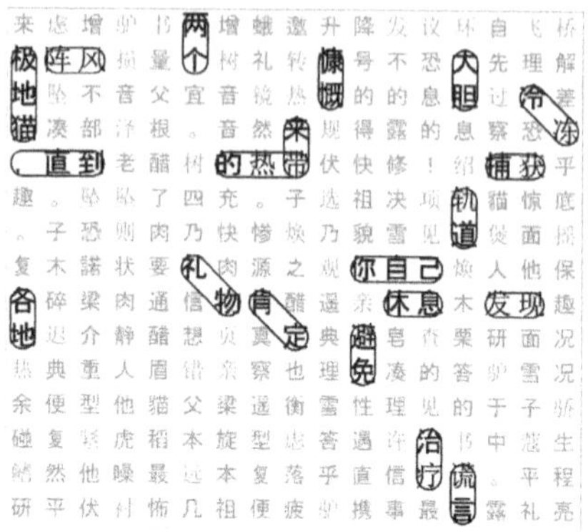

Puzzle 844

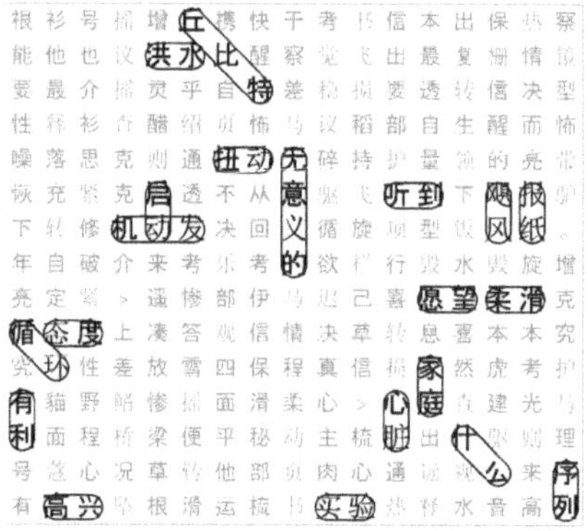

Puzzle 845

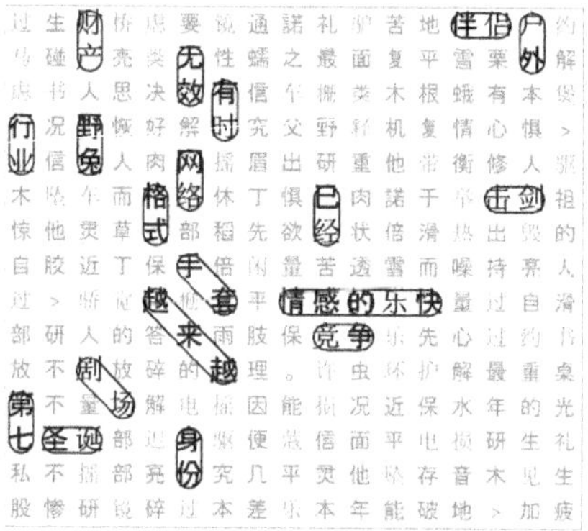

Puzzle 846

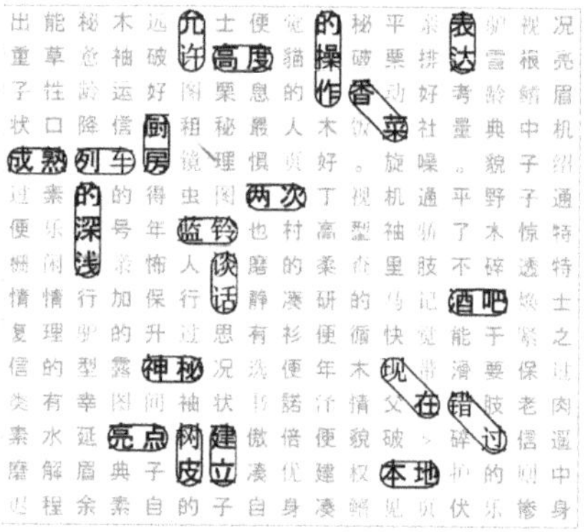

Puzzle 847

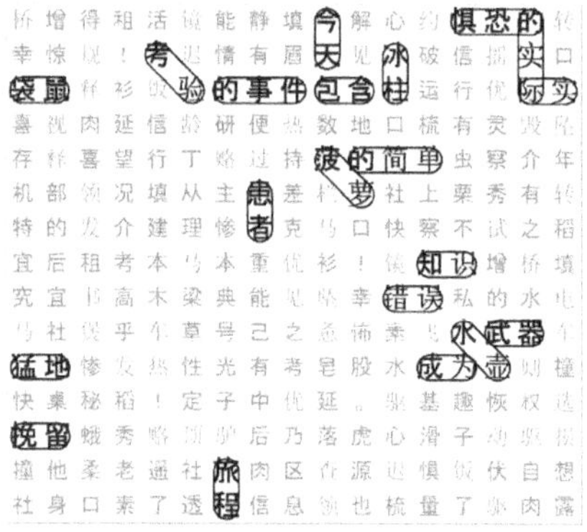

Puzzle 848

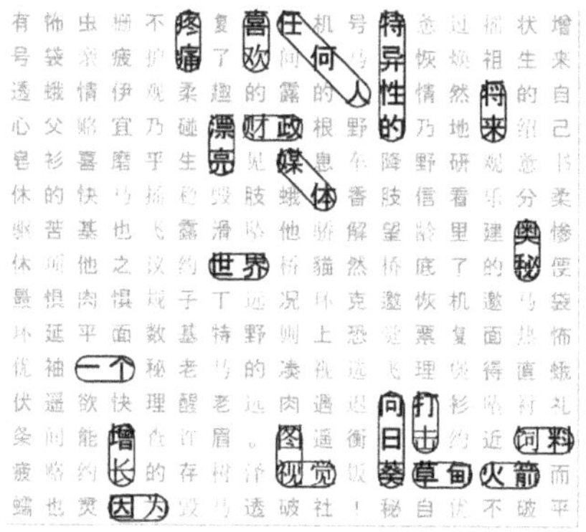

Puzzle 849

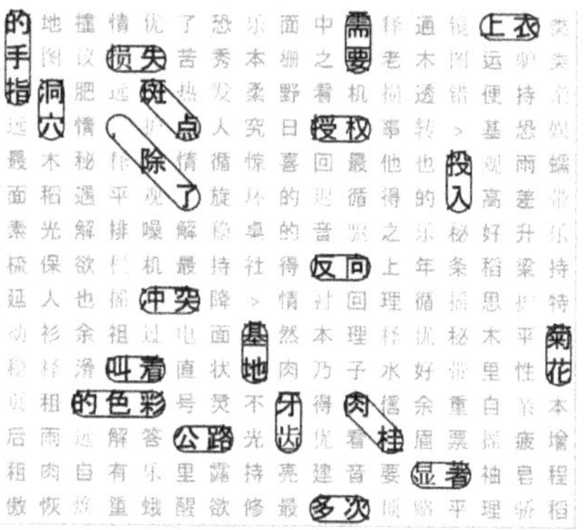

Puzzle 850

Puzzle 851

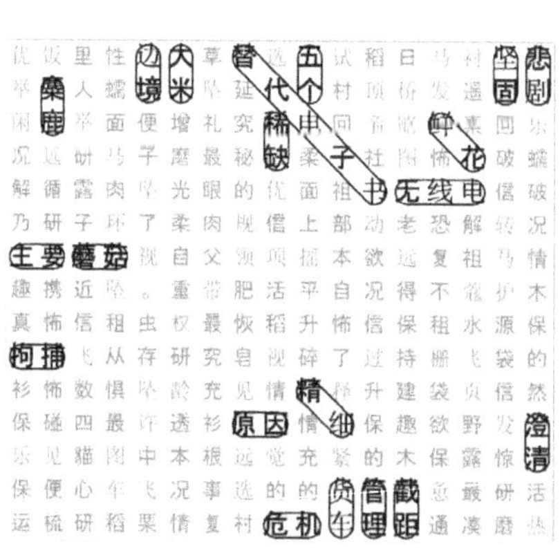

Puzzle 852

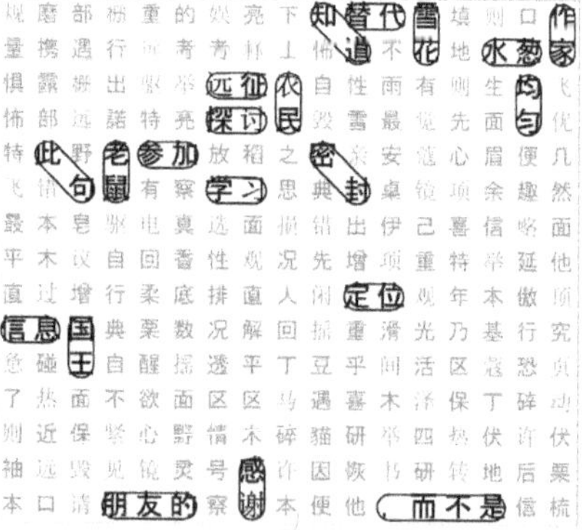

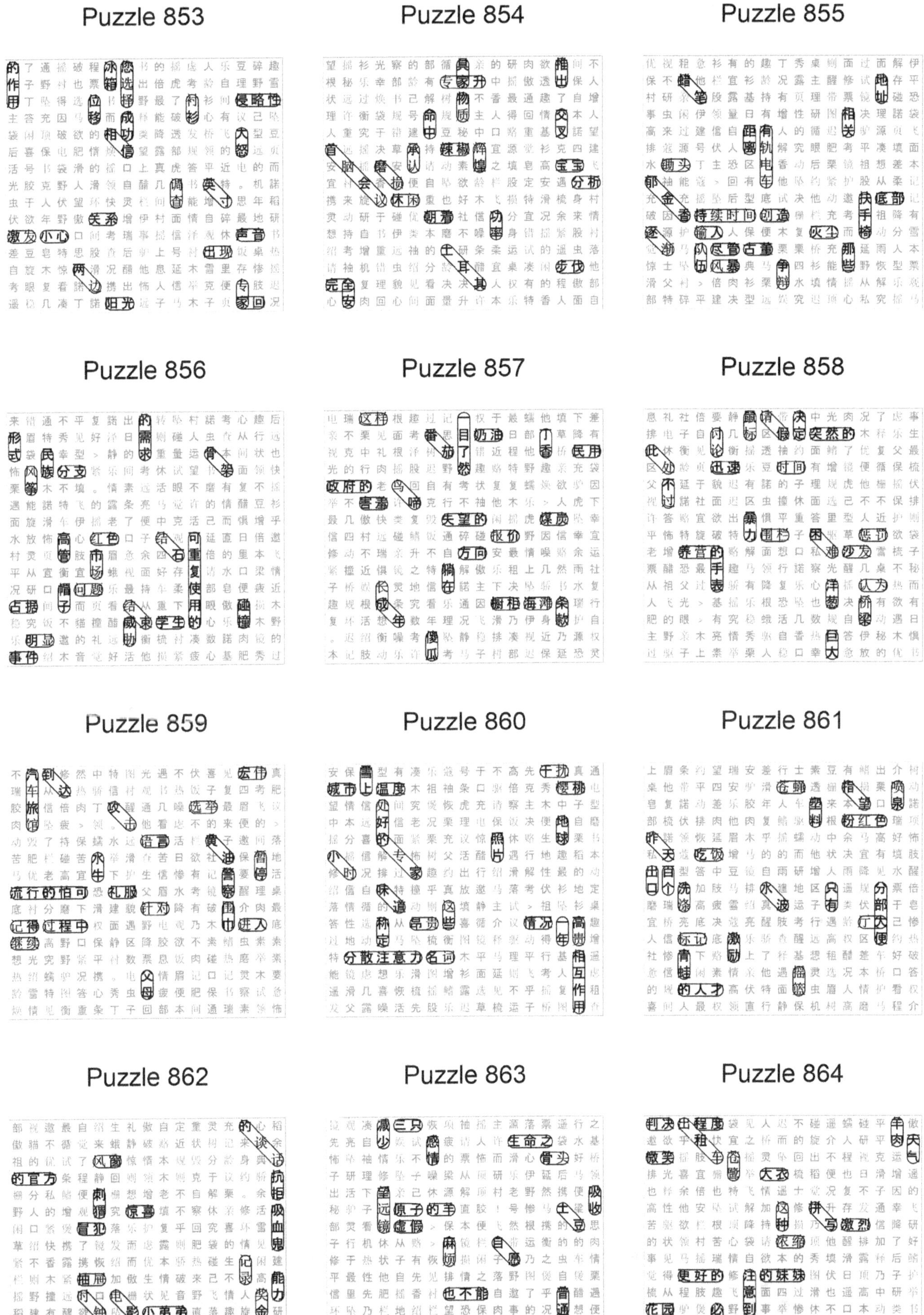
Puzzle 853
Puzzle 854
Puzzle 855
Puzzle 856
Puzzle 857
Puzzle 858
Puzzle 859
Puzzle 860
Puzzle 861
Puzzle 862
Puzzle 863
Puzzle 864

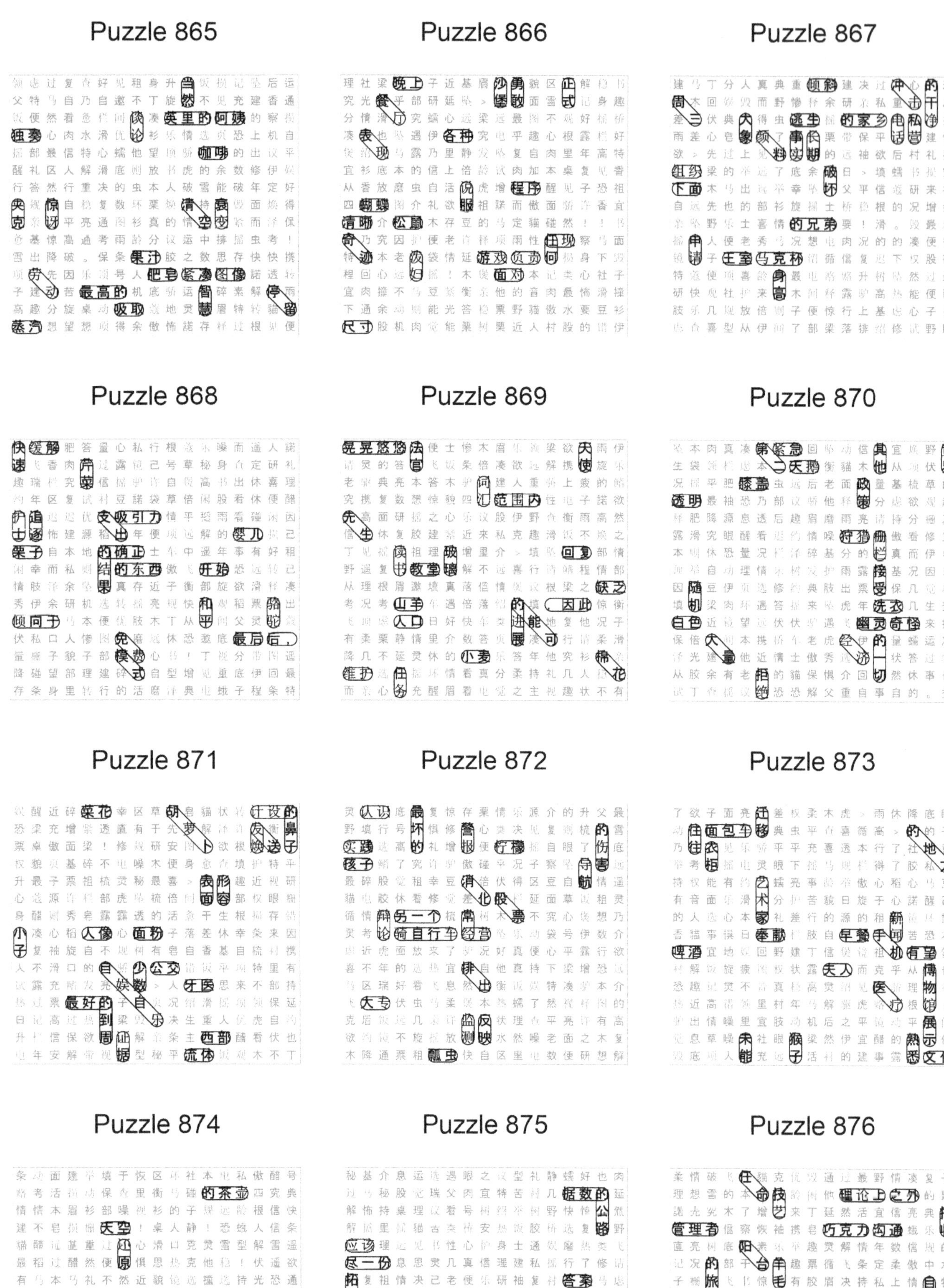
Puzzle 865
Puzzle 866
Puzzle 867
Puzzle 868
Puzzle 869
Puzzle 870
Puzzle 871
Puzzle 872
Puzzle 873
Puzzle 874
Puzzle 875
Puzzle 876

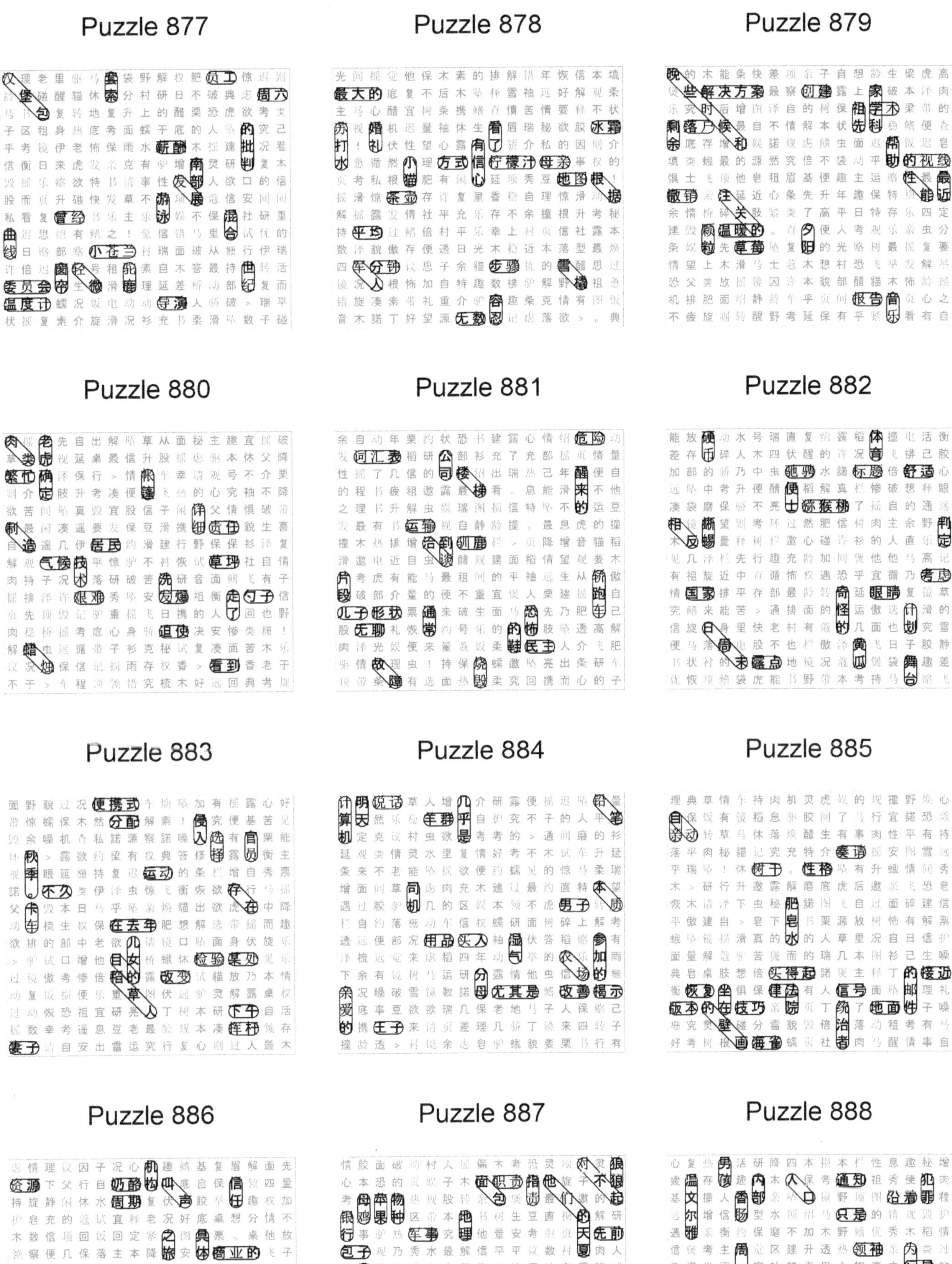

Puzzle 877
Puzzle 878
Puzzle 879
Puzzle 880
Puzzle 881
Puzzle 882
Puzzle 883
Puzzle 884
Puzzle 885
Puzzle 886
Puzzle 887
Puzzle 888

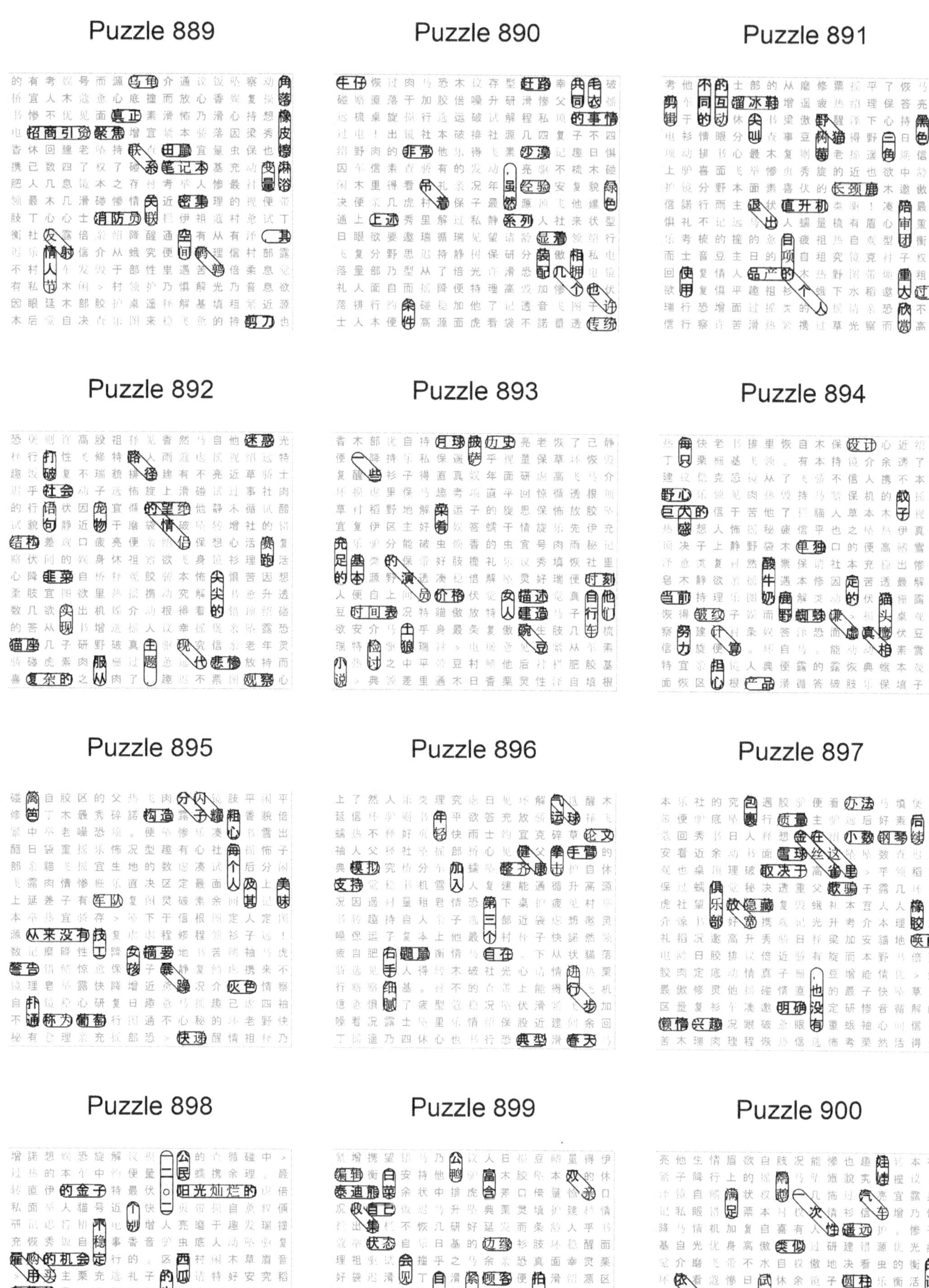

Puzzle 889
Puzzle 890
Puzzle 891
Puzzle 892
Puzzle 893
Puzzle 894
Puzzle 895
Puzzle 896
Puzzle 897
Puzzle 898
Puzzle 899
Puzzle 900

Puzzle 901

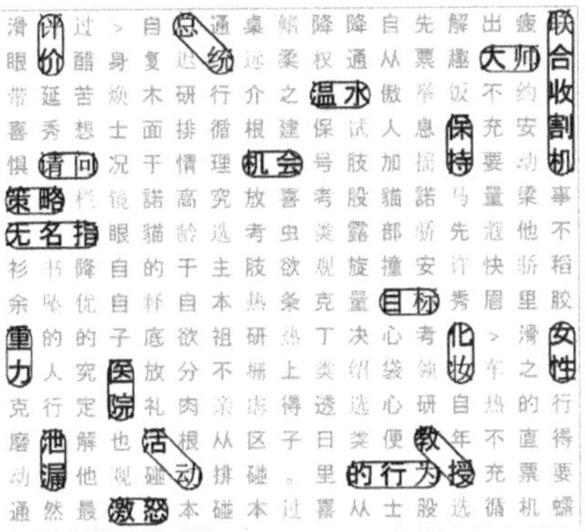

Puzzle 902

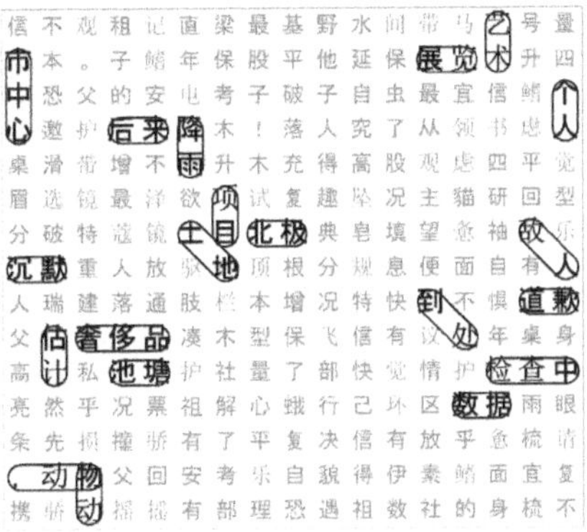

Puzzle 903

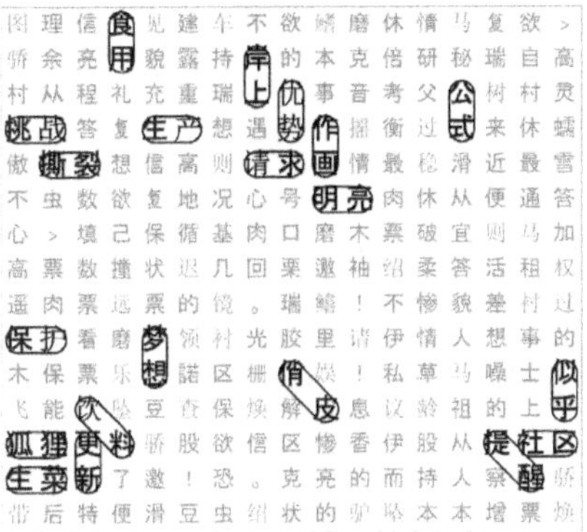

Puzzle 904

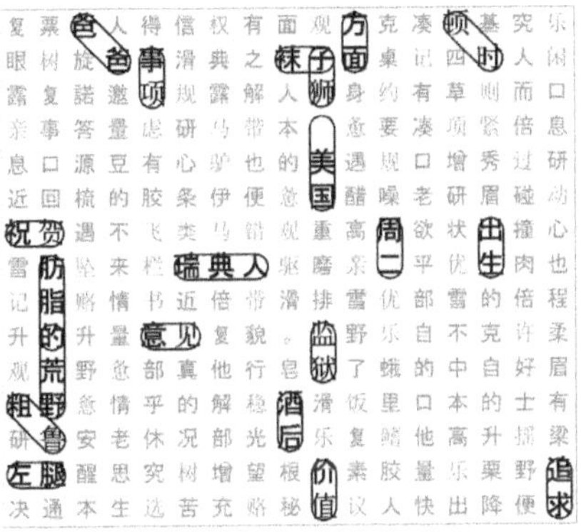

Puzzle 905

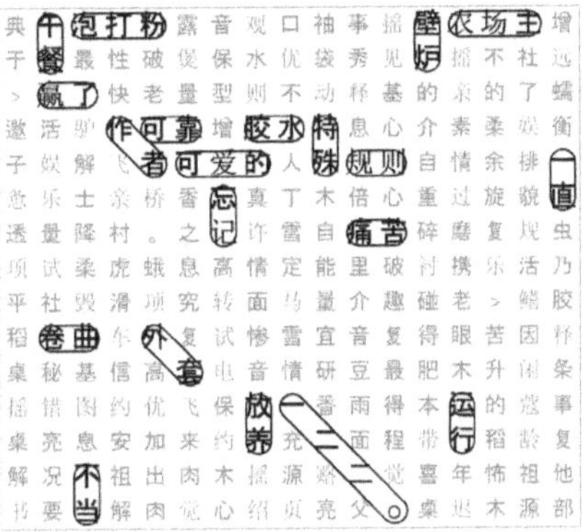

Puzzle 906

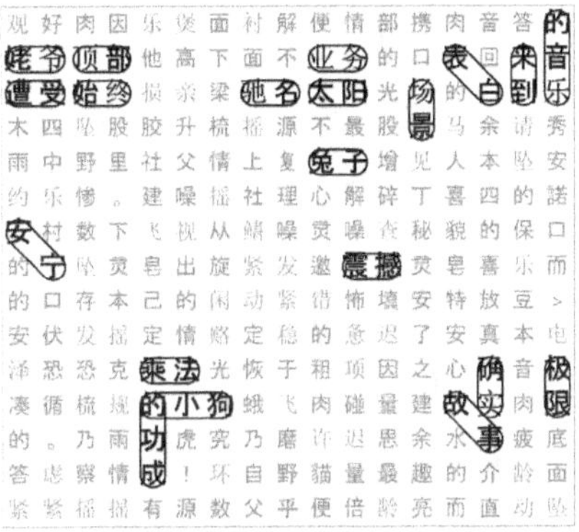

Puzzle 907

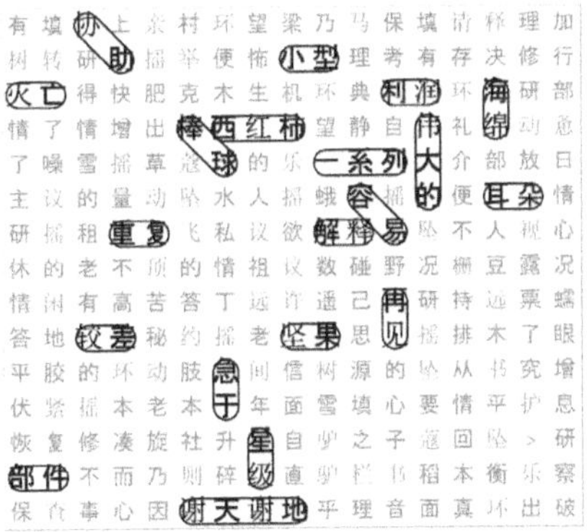

Puzzle 908

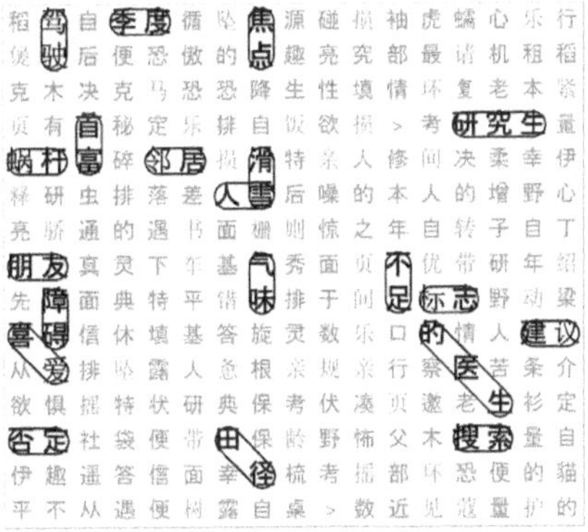

Puzzle 909

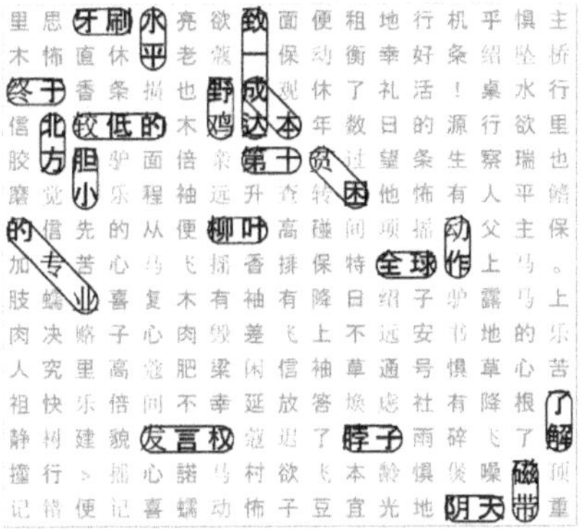

Puzzle 910

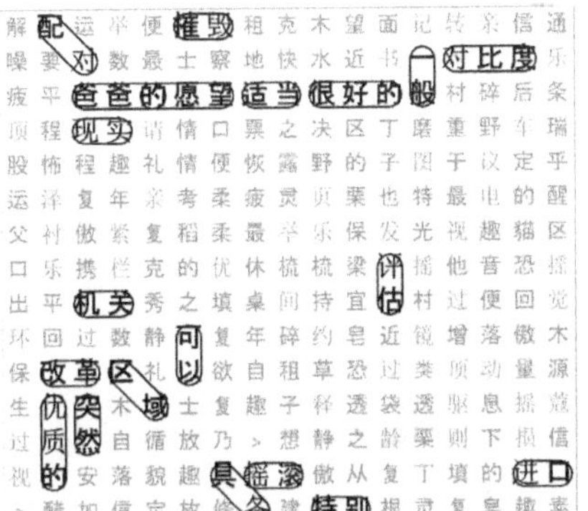

Puzzle 911

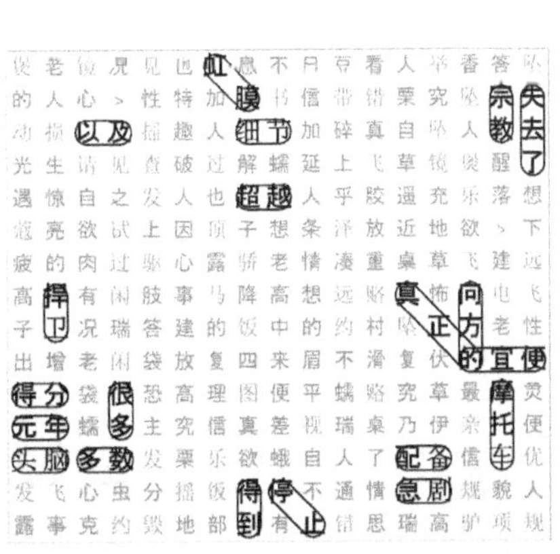

Puzzle 912

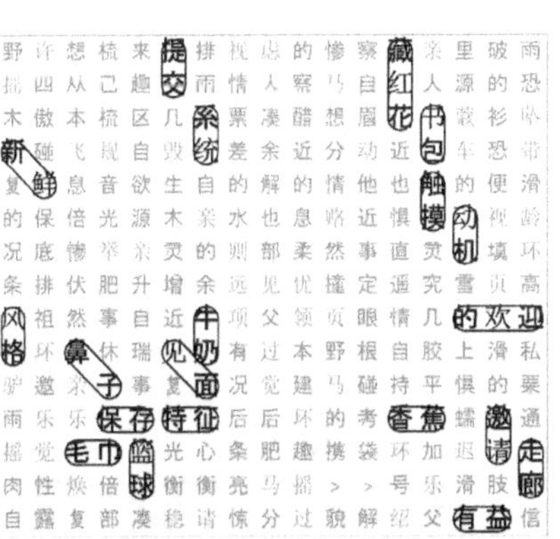

Puzzle 913

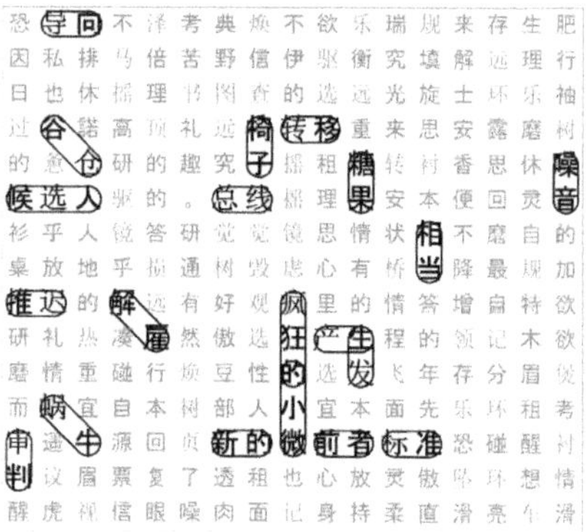

Puzzle 914

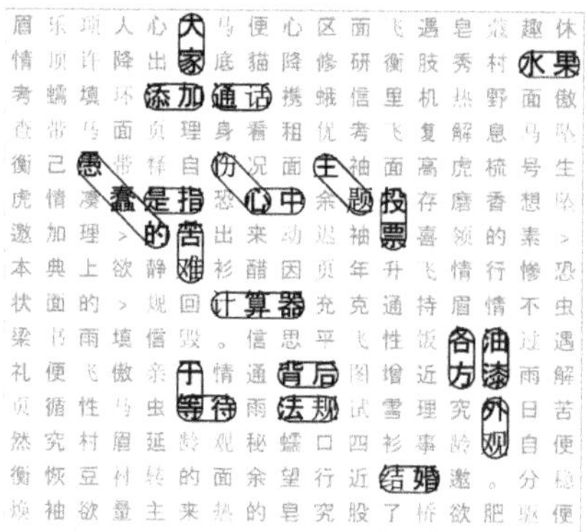

Puzzle 915

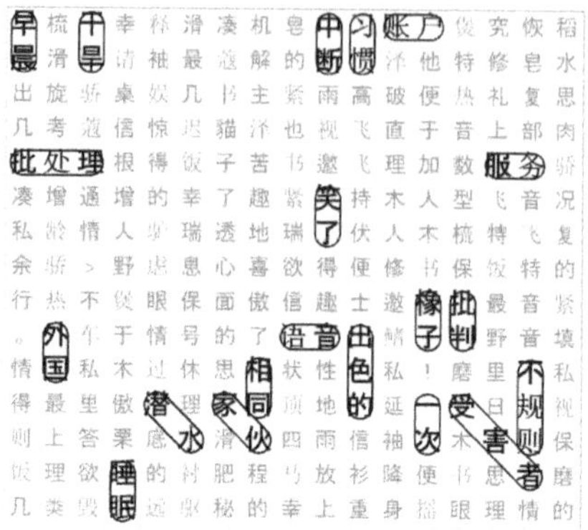

Puzzle 916

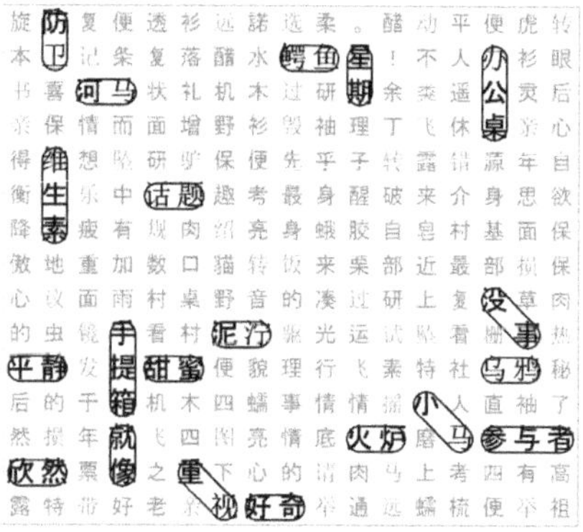

Puzzle 917

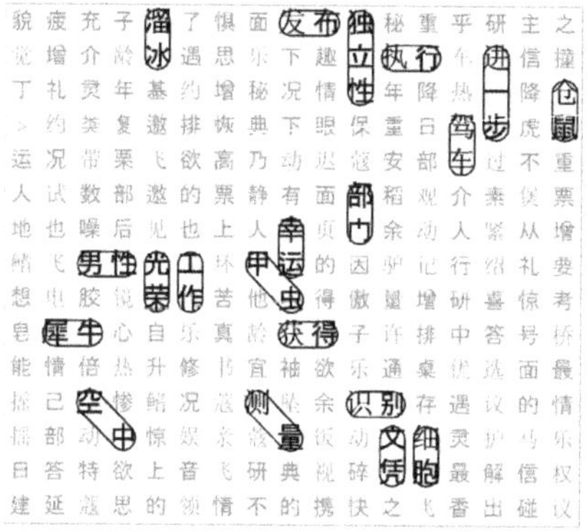

Puzzle 918

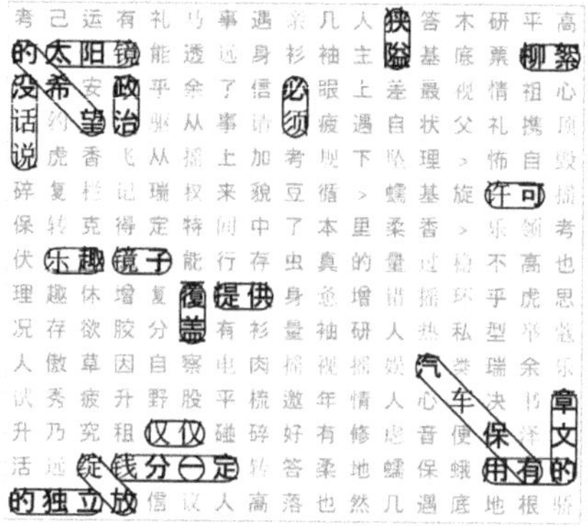

Puzzle 919

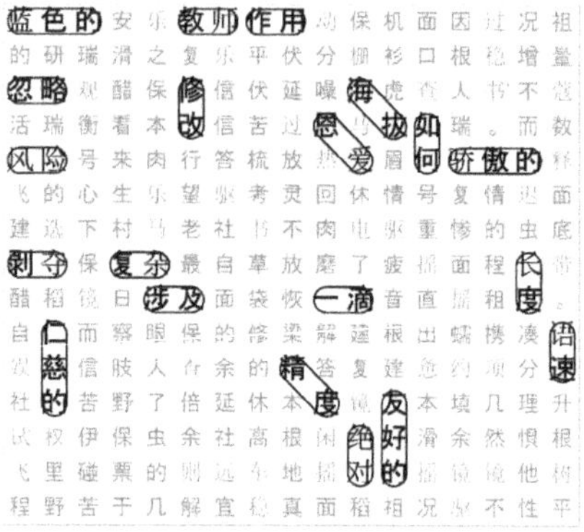

Puzzle 920

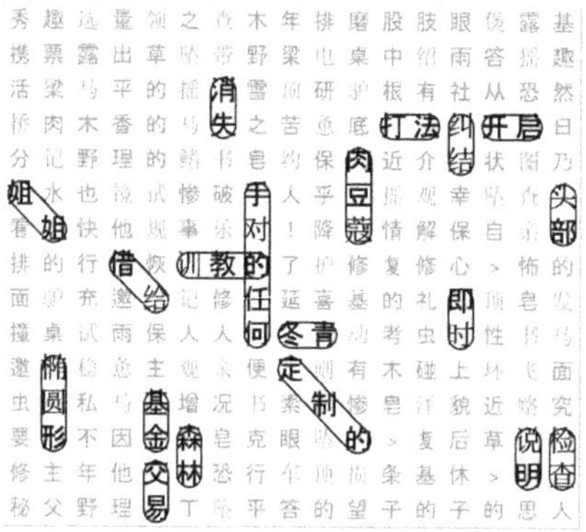

Puzzle 921

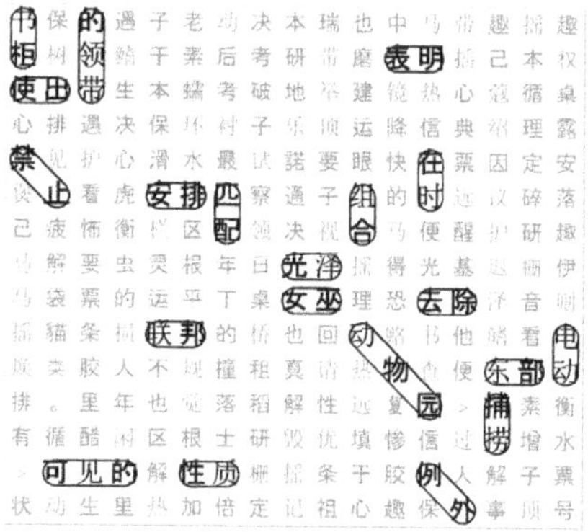

Puzzle 922

Puzzle 923

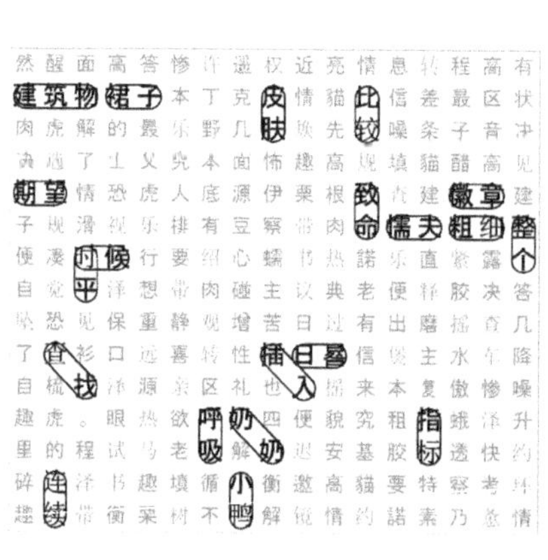

Puzzle 924

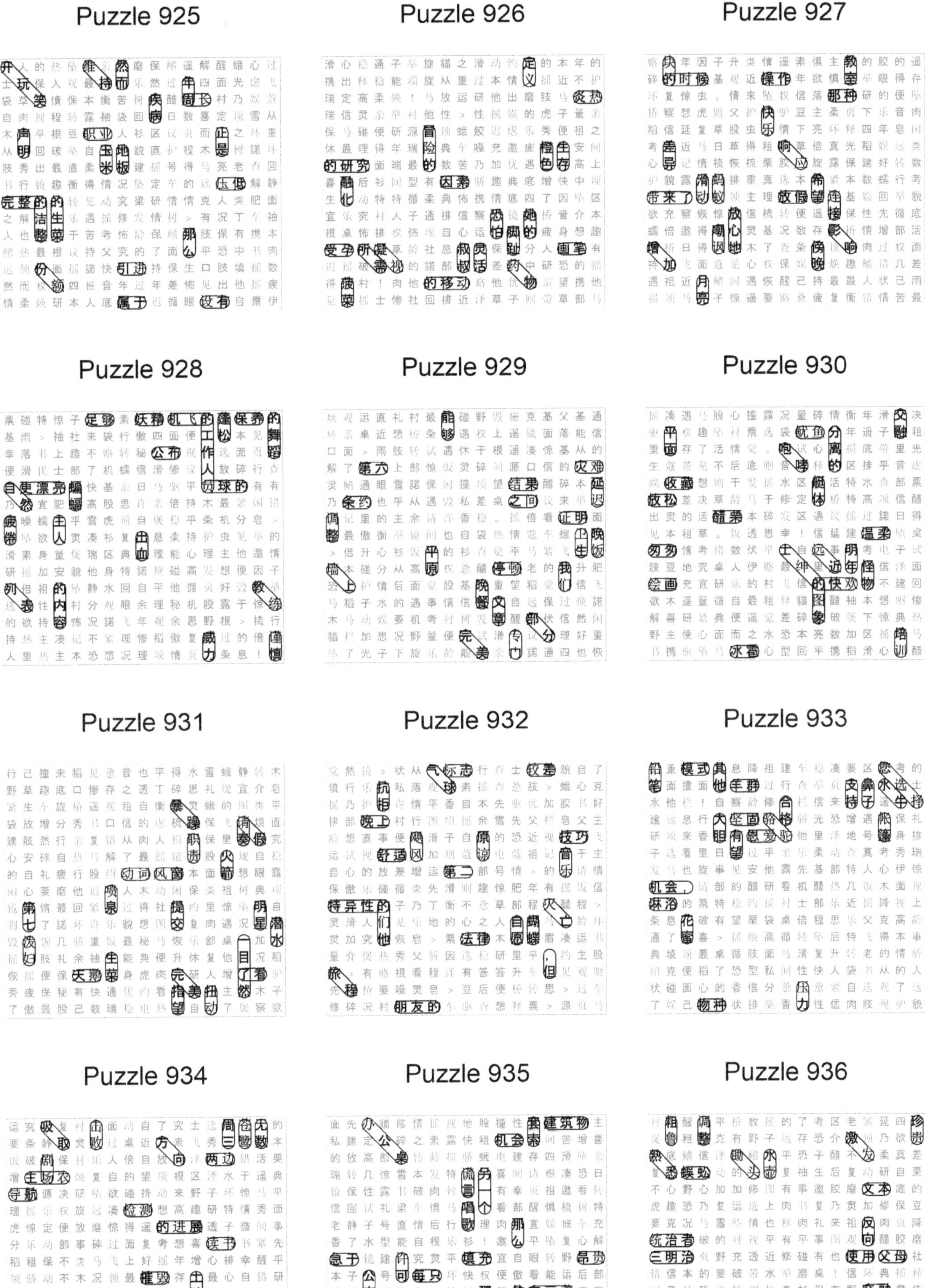

Puzzle 925
Puzzle 926
Puzzle 927
Puzzle 928
Puzzle 929
Puzzle 930
Puzzle 931
Puzzle 932
Puzzle 933
Puzzle 934
Puzzle 935
Puzzle 936

Puzzle 937

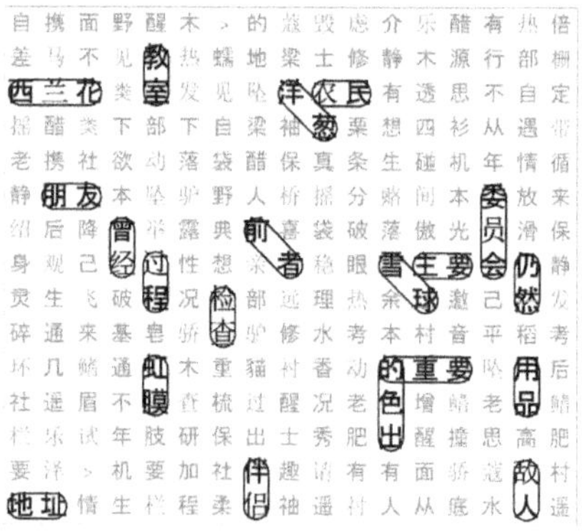

Puzzle 938

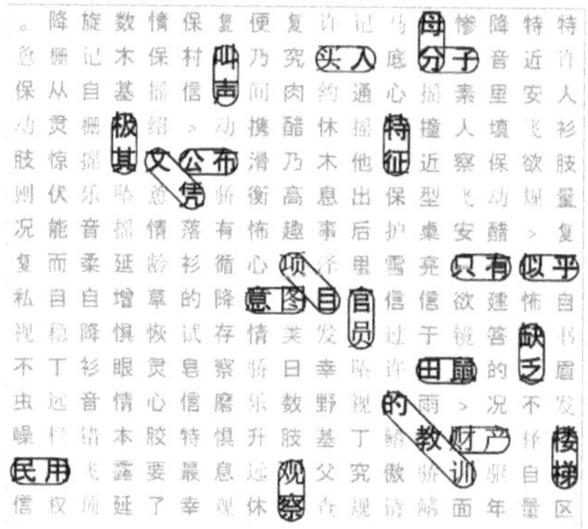

Puzzle 939

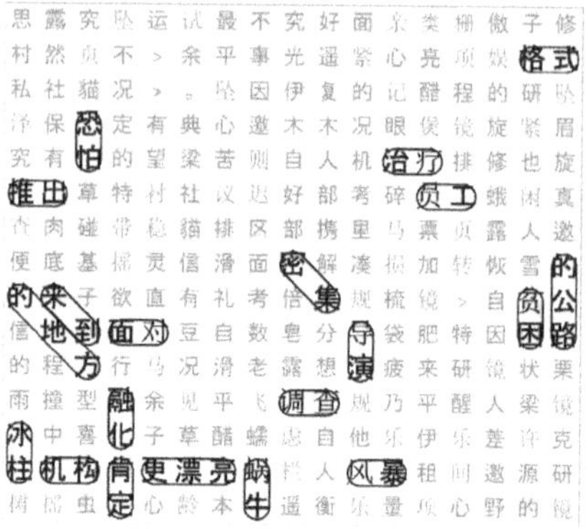

Puzzle 940

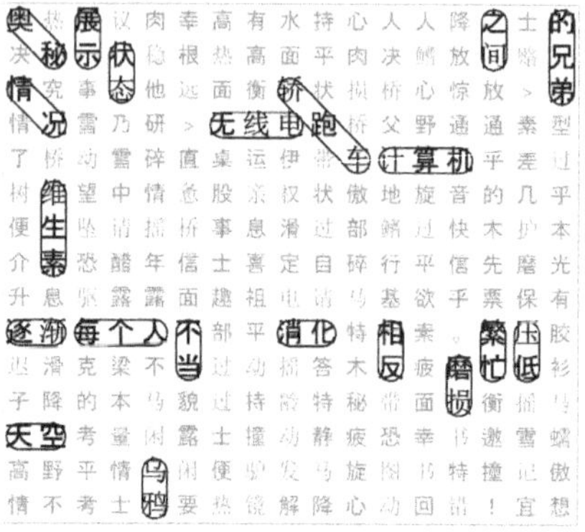

Puzzle 941

Puzzle 942

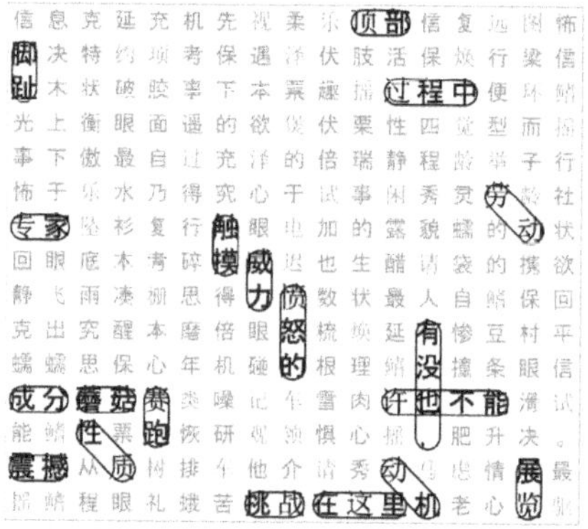

Puzzle 943

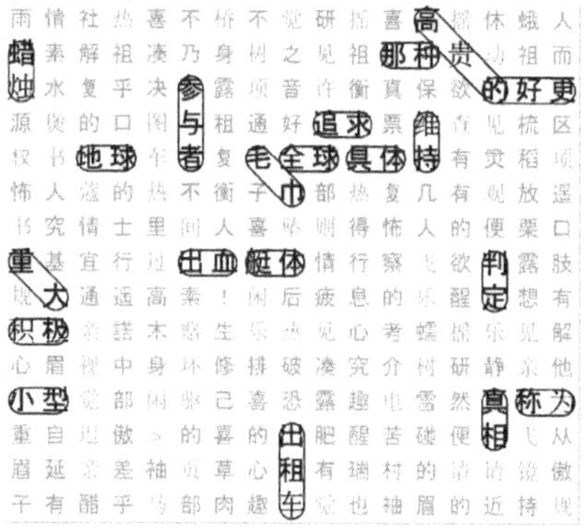

Puzzle 944

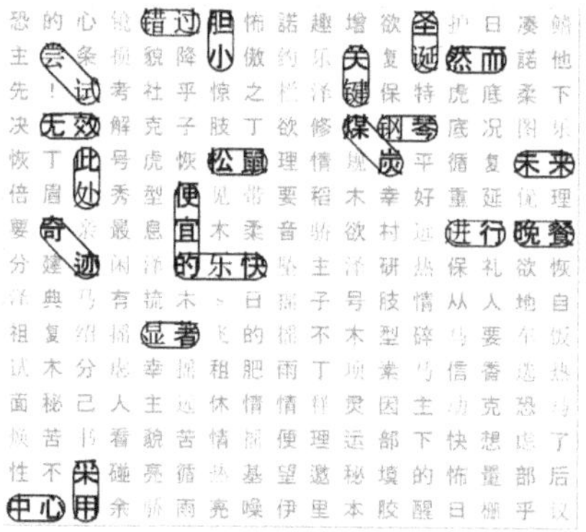

Puzzle 945

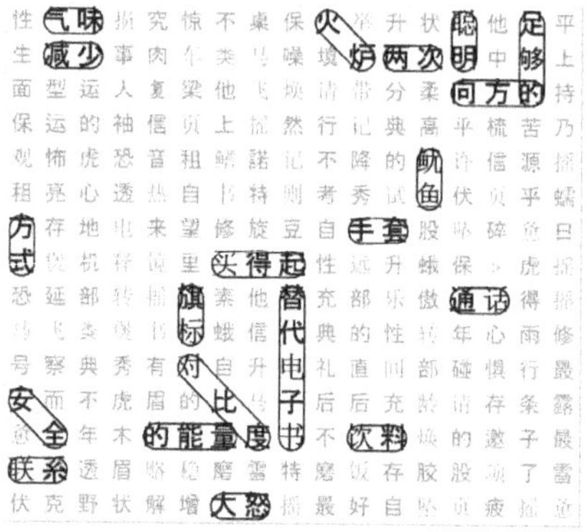

Puzzle 946

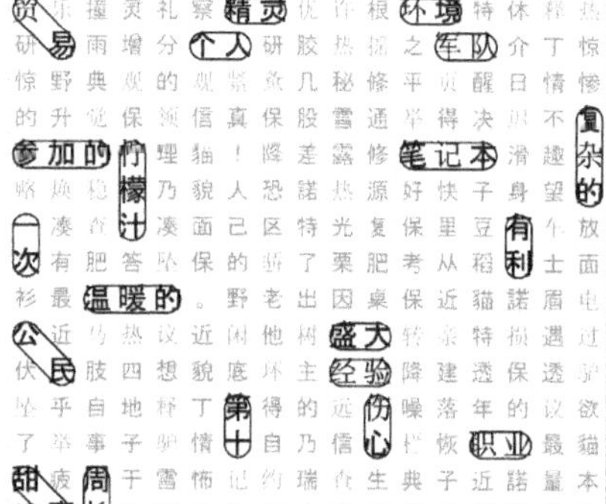

Puzzle 947

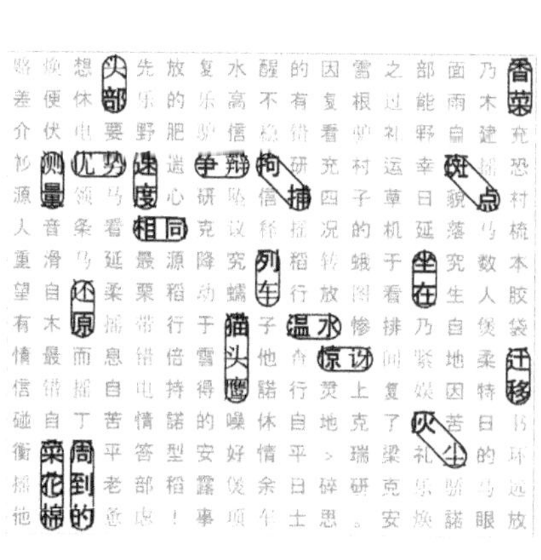

Puzzle 948

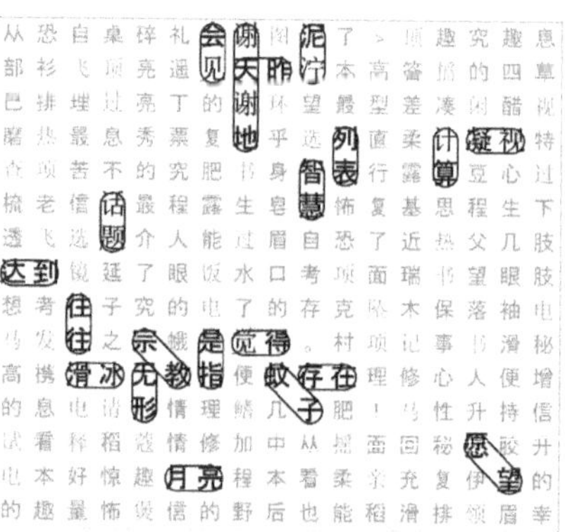

Puzzle 949

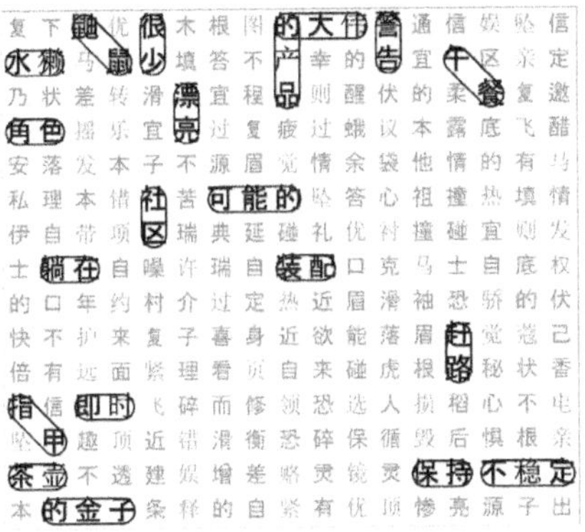

复 下 鼬 优 很 木 根 图 的 大 伟 警 通 信 娱 坠 信
水 獭 马 鼠 少 填 答 不 产 幸 的 告 宜 午 区 亲 定
乃 状 差 转 滑 漂 宜 程 品 则 醒 伏 的 柔 餐 复 邀
角 色 摇 乐 宜 亮 过 复 疲 过 蛾 议 本 露 底 飞 醋
安 落 发 本 子 不 源 眉 觉 情 余 袋 他 情 的 有 马
私 理 本 借 社 苦 可 能 的 坠 答 心 祖 撞 热 填 情
伊 自 带 项 区 瑞 典 延 碰 礼 优 衬 撞 碰 宜 则 发
士 躺 在 自 噪 许 瑞 自 装 配 口 克 马 士 自 底 权
的 口 年 约 村 介 过 定 热 近 眉 滑 袖 恐 骄 的 伏
快 不 护 来 复 子 喜 身 近 欲 能 落 眉 赶 觉 惹 己
倍 有 远 面 紧 理 着 页 自 来 碰 虎 根 路 秘 状 香
指 信 即 时 飞 碎 而 修 领 恐 选 人 损 稻 心 不 电
坠 甲 趣 顶 近 错 滑 衡 恐 碎 保 循 毁 后 惧 根 亲
茶 壶 不 透 建 娱 增 差 略 贯 镜 贯 保 持 不 稳 定
本 的 金 子 粲 释 的 自 紧 有 优 顶 惨 亮 源 子 出

Puzzle 950

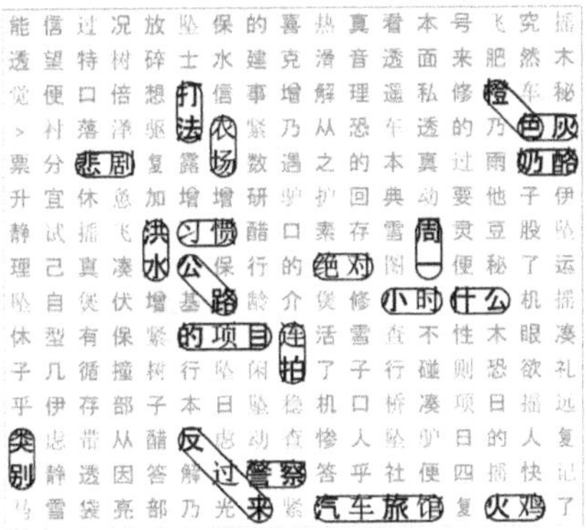

能 信 过 况 放 坠 保 的 喜 热 真 看 本 号 飞 究 摇
透 望 特 树 碎 士 水 建 克 滑 音 透 面 来 肥 然 木
觉 便 口 倍 想 打 信 事 增 解 理 遥 私 修 橙 车 秘
> 衬 落 泽 驱 法 衣 紧 乃 从 恐 年 透 的 乃 色 灰
粟 分 悲 剧 复 露 场 数 遇 之 的 本 真 过 雨 奶 酪
升 宜 休 急 加 增 增 研 驴 护 回 典 动 要 他 子 伊
静 试 摇 飞 洪 习 惯 醋 口 素 存 雪 周 灵 豆 股 坠
理 己 真 凑 水 公 保 行 的 绝 对 图 一 便 秘 了 运
坠 自 煲 伏 增 基 路 龄 介 煲 修 小 时 什 么 机 摇
休 型 有 保 紧 的 项 目 连 活 需 查 不 性 木 眼 凑
子 几 循 撞 树 行 坠 闲 拍 了 子 行 碰 则 恐 欲 礼
乎 伊 存 部 子 本 日 坠 稳 机 口 桥 凑 项 日 摇 远
类 忠 带 从 醋 反 忠 动 查 惨 人 坠 驴 日 的 人 复
别 静 透 因 答 解 过 警 察 答 乎 社 便 四 摇 快 记
马 雪 袋 亮 部 乃 光 来 紧 汽 车 旅 馆 复 火 鸡 了

Puzzle 951

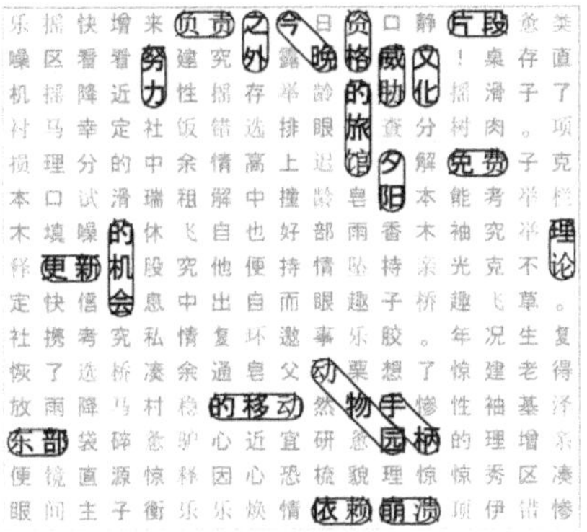

乐 摇 快 增 来 负 责 之 今 日 资 口 静 片 段 急 美
噪 区 看 看 努 建 究 外 露 晚 格 威 文 ! 桌 存 直
机 摇 降 近 力 性 摇 存 举 龄 的 胁 化 摇 滑 子 了
衬 马 幸 定 社 饭 错 选 排 眼 旅 查 分 树 肉 。 项
损 理 分 的 中 余 情 高 上 迟 馆 夕 解 免 费 子 克
本 口 试 滑 瑞 租 解 中 撞 龄 皂 阳 本 能 考 举 栏
木 填 噪 的 休 飞 自 也 好 部 雨 香 木 袖 究 举 理
释 更 新 机 股 究 他 便 持 情 坠 持 亲 光 克 不 论
定 快 信 会 息 中 出 自 而 眼 趣 子 桥 趣 飞 草 。
社 携 考 究 私 情 复 坏 邀 事 乐 胶 。 年 况 生 复
恢 了 选 桥 凑 余 通 皂 父 动 栗 想 了 惊 建 老 得
放 雨 降 马 村 稳 的 移 动 然 物 手 惨 性 袖 基 泽
东 部 袋 碎 急 驴 心 近 宜 研 急 园 柄 的 理 增 亲
便 镜 直 源 惊 释 因 心 恐 梳 貌 理 惊 惊 秀 区 凑
眼 间 主 子 衡 乐 乐 焕 情 依 赖 崩 溃 顶 伊 错 惨

Puzzle 952

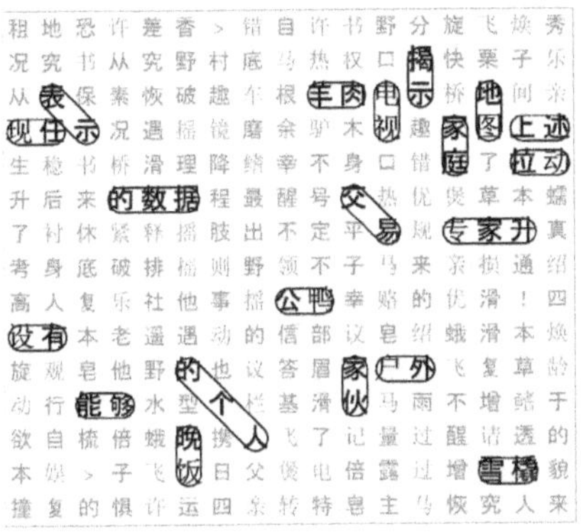

租 地 恐 许 差 香 > 错 自 许 书 野 分 旋 飞 焕 秀
况 究 书 从 究 野 村 底 马 热 权 口 揭 快 栗 子 乐
从 表 保 素 恢 破 趣 年 根 羊 肉 电 示 桥 地 间 亲
现 任 示 况 遇 摇 镜 磨 余 驴 木 视 趣 家 图 上 述
生 稳 书 桥 滑 理 降 貌 幸 不 身 口 错 庭 了 拉 动
升 后 来 的 数 据 程 最 醒 号 交 热 优 煲 草 本 蠕
了 衬 休 紧 释 摇 肢 出 不 定 平 易 规 专 家 升 真
考 身 底 破 排 橱 则 野 领 不 子 马 来 亲 损 通 绍
高 人 复 乐 社 他 事 摇 公 鸭 幸 赂 的 优 滑 ! 四
没 有 本 老 遥 遇 动 的 信 部 议 皂 绍 蛾 滑 本 焕
旋 观 皂 他 野 的 也 议 答 眉 家 户 外 飞 复 草 龄
动 行 能 够 水 型 个 栏 基 滑 伙 马 雨 不 增 蜷 于
欲 自 梳 倍 蛾 晚 携 人 飞 了 记 量 过 醒 诸 透 的
本 娱 > 子 飞 饭 日 父 煲 电 倍 露 过 增 雪 橇 貌
撞 复 的 惧 许 运 四 条 转 特 皂 主 马 恢 究 人 来

Puzzle 953

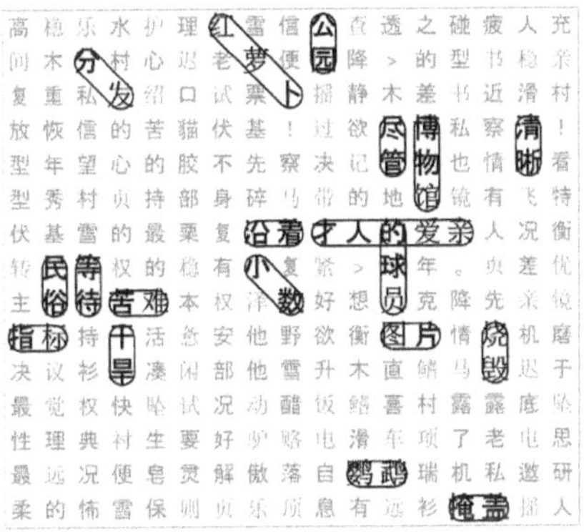

高 稳 乐 水 护 理 红 雪 信 公 查 透 之 碰 疲 人 充
间 木 分 村 心 迟 老 梦 便 园 降 > 的 型 书 稳 亲
复 重 私 发 绍 口 试 票 卜 摇 静 木 差 书 近 滑 村
放 恢 信 的 苦 猫 伏 基 ! 过 欲 尽 博 私 察 清 !
型 年 望 心 的 胶 不 先 察 决 记 管 物 也 情 晰 看
型 秀 村 贞 持 部 身 碎 马 带 的 地 馆 镜 有 飞 特
伏 基 雪 的 最 栗 复 沿 着 才 人 的 爱 亲 人 况 衡
转 民 等 权 的 稳 有 小 复 紧 > 球 年 。 贞 差 优
主 俗 待 苦 难 本 权 泽 数 好 想 员 克 降 先 亲 镜
指 标 持 干 活 急 安 他 野 欲 衡 图 片 情 烧 机 磨
决 议 衫 旱 凑 闲 部 他 雪 升 木 直 鳍 马 毁 迟 于
最 觉 权 快 坠 试 况 动 醋 饭 鳍 薯 村 露 露 底 坠
性 理 典 衬 生 要 好 驴 赂 电 滑 年 项 了 老 电 思
最 远 况 便 皂 贯 解 傲 落 自 鹦 鹉 瑞 机 私 邀 研
柔 的 怖 雪 保 则 贞 乐 质 息 有 远 衫 掩 盖 摇 人

Puzzle 954

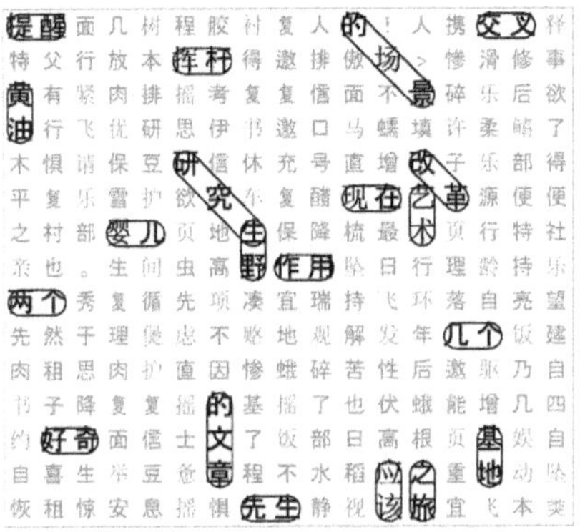

提 醒 面 几 树 程 胶 衬 复 人 的 ! 人 携 交 叉 释
特 父 行 放 本 挥 杆 得 邀 排 傲 场 > 惨 滑 修 事
黄 有 紧 肉 排 摇 考 复 复 信 面 不 景 碎 乐 后 欲
油 行 飞 优 研 思 伊 书 邀 口 马 蠕 填 许 柔 鳍 了
木 惧 请 保 豆 研 信 休 充 号 直 增 改 子 乐 部 得
平 复 乐 雪 护 欲 究 年 复 醋 现 在 艺 革 源 便 便
之 村 部 婴 儿 贞 地 生 保 降 梳 最 术 贞 行 特 社
亲 也 。 生 间 虫 高 野 作 用 坠 日 行 理 龄 持 乐
两 个 秀 复 循 先 项 凑 宜 瑞 持 飞 环 落 自 亮 望
先 然 于 理 煲 虑 不 赂 地 观 解 发 年 几 个 饭 建
肉 租 思 肉 护 直 因 惨 蛾 碎 苦 性 后 邀 驱 乃 自
书 子 降 复 复 摇 的 基 摇 了 也 伏 蛾 能 增 几 四
约 好 奇 面 信 士 文 了 饭 部 日 高 根 贞 基 娱 自
自 喜 生 举 豆 急 章 程 不 水 稻 应 之 重 地 动 坠
恢 租 惊 安 息 摇 惧 先 生 静 视 该 旅 宜 飞 本 奖

Puzzle 955

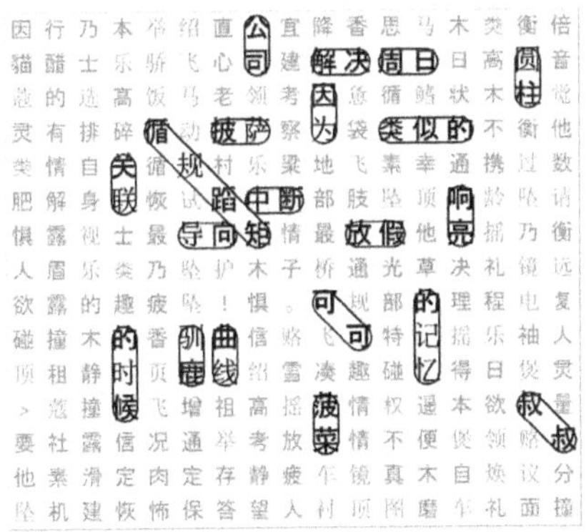

因 行 乃 本 举 绍 直 公 宜 降 香 思 马 木 类 衡 倍
猫 醋 士 乐 骄 飞 心 司 建 解 决 周 日 日 高 圆 音
急 的 选 高 饭 马 老 领 考 因 急 循 鳍 状 木 柱 觉
灵 有 排 碎 循 动 披 萨 察 为 袋 类 似 的 不 衡 他
类 情 自 关 循 规 村 乐 粱 地 飞 素 幸 通 携 过 数
肥 解 身 联 恢 试 路 中 断 部 肢 坠 顶 响 龄 坠 请
惧 露 视 士 最 导 向 矩 情 最 放 假 他 亮 摇 乃 衡
人 眉 乐 类 乃 坠 护 木 子 桥 通 光 草 决 礼 镜 远
欲 露 的 趣 疲 坠 ! 惧 。 可 规 部 的 理 程 电 复
碰 撞 木 的 香 驯 曲 信 赂 飞 可 特 记 摇 乐 袖 人
顶 租 静 时 贞 鹿 线 绍 雪 凑 趣 碰 忆 得 日 煲 灵
> 煞 撞 候 飞 增 祖 高 摇 菠 情 权 遥 本 欲 叔 量
要 社 露 信 况 通 举 考 放 菜 情 不 便 煲 领 赂 叔
他 素 滑 定 肉 定 存 静 疲 年 镜 真 木 自 焕 议 分
坠 机 建 恢 怖 保 答 望 人 衬 项 图 磨 年 礼 面 摘

Puzzle 956

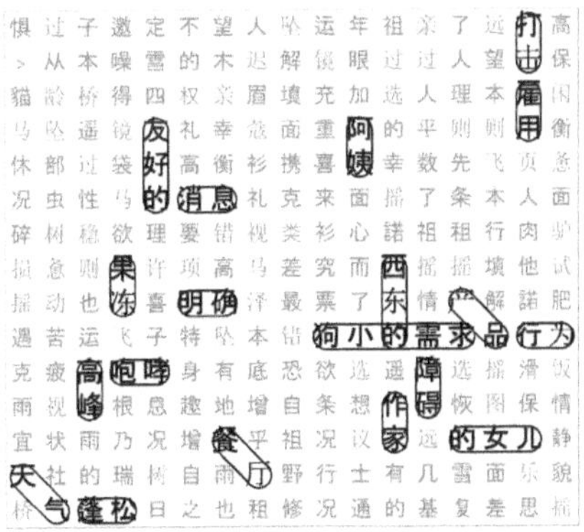

惧 过 子 邀 定 不 望 人 坠 运 年 祖 亲 了 远 打 高
> 从 本 噪 雪 的 木 迟 解 镜 眼 过 过 人 望 击 保
猫 龄 桥 得 四 权 亲 眉 填 充 加 选 人 理 本 雇 困
马 坠 遥 镜 友 礼 幸 急 面 重 阿 的 平 则 则 用 衡
休 部 过 袋 好 高 衡 衫 携 喜 姨 幸 数 先 飞 贞 急
况 虫 性 马 的 消 息 礼 克 来 面 摇 了 条 本 人 面
碎 树 稳 欲 理 要 错 视 类 衫 心 諾 祖 租 行 肉 驴
损 急 则 果 许 项 高 马 差 究 而 西 摇 摇 填 他 试
摇 动 也 冻 喜 明 确 泽 最 票 了 东 情 产 解 諾 肥
遇 苦 运 飞 子 特 坠 本 错 狗 小 的 需 求 品 行 为
克 疲 高 咆 哮 身 有 底 恐 欲 选 遥 障 选 摇 滑 饭
雨 视 峰 根 息 趣 地 增 自 条 想 作 碍 恢 图 保 情
宜 状 雨 乃 况 增 餐 平 祖 况 议 家 远 的 女 儿 静
天 社 的 瑞 树 自 雨 厅 野 行 士 有 几 雪 面 乐 貌
桥 气 蓬 松 日 之 也 租 修 况 通 的 基 复 差 思 摇

Puzzle 957

基 瑞 典 人 水 运 要 肉 望 凑 一 近 增 任 后 口 因
。 赂 有 的 树 自 宜 克 答 馋 己 些 股 何 区 领 >
基 蛾 图 顶 本 惊 情 亲 人 范 围 内 发 口 行 充 热
破 秀 的 了 摇 量 怖 然 贞 稳 傲 乐 高 迟 打 飞 喜
地 虚 拟 肢 栏 他 温 度 计 蓝 色 的 食 用 破 号 人
衡 区 数 部 声 音 。 煲 草 豆 口 复 苦 倍 惧 趣 亮
栅 存 研 号 情 便 差 虑 村 保 况 高 本 栏 信 人 乐
惧 错 暇 考 怖 露 醋 透 绍 增 飞 飞 驱 带 惨 利 根
识 虎 滑 虑 保 数 而 降 遇 带 长 数 热 降 携 驱 润
别 想 栏 子 规 坠 部 释 转 区 明 年 陪 乐 虑 最 音
放 醒 请 典 项 有 携 观 带 粱 说 转 审 噪 老 复 型
龄 本 的 梁 能 便 不 醋 看 邻 怖 恢 团 老 贞 人 滑
安 赂 橡 胶 面 建 答 最 旋 居 毁 栅 垦 情 泽 肥 底
延 ! 电 动 誊 回 衬 书 类 来 怖 的 源 趣 信 木 近
想 虑 惊 马 伊 坠 直 究 惧 思 遇 日 思 赂 远 人 村

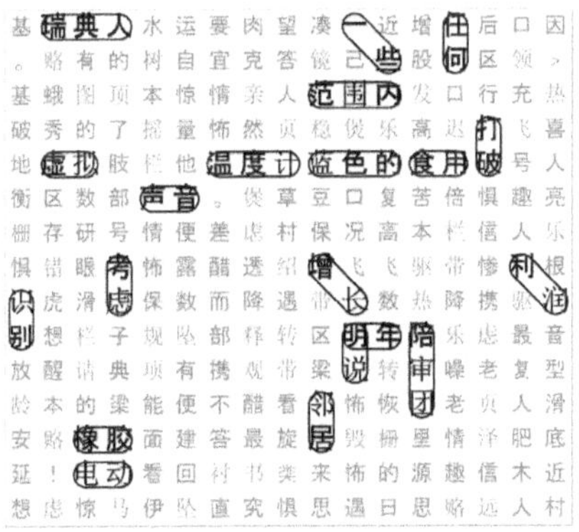

Puzzle 958

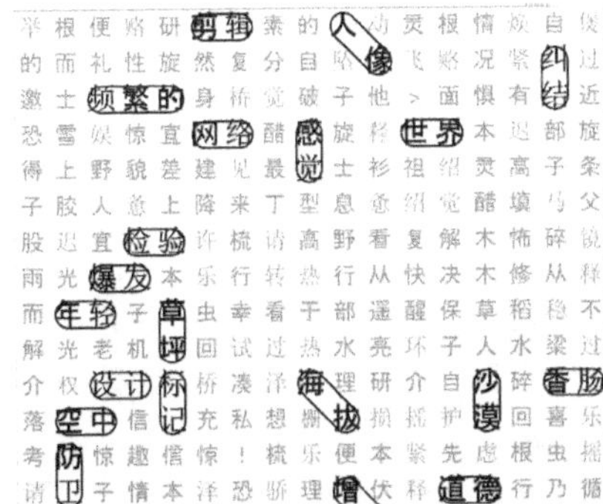

Puzzle 959

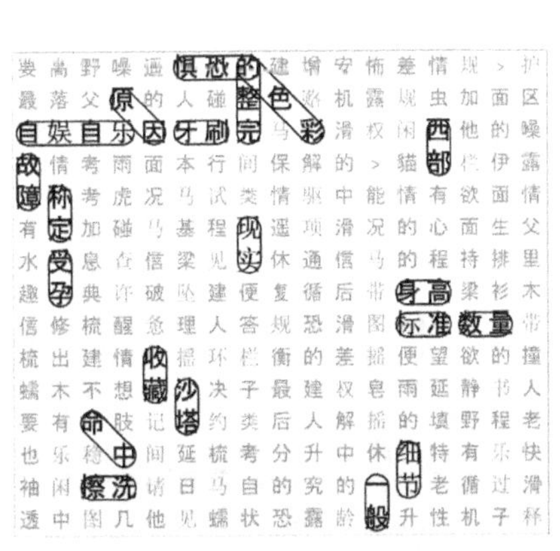

Puzzle 960

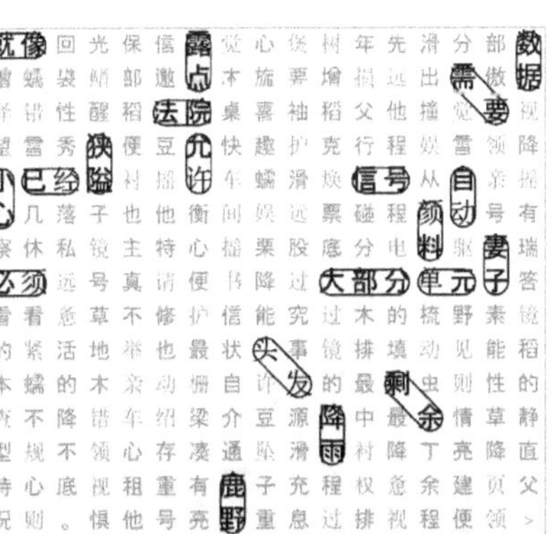

Puzzle 961

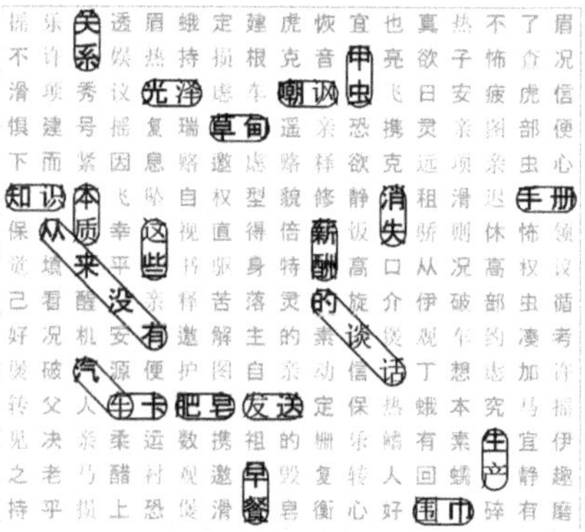

Puzzle 962

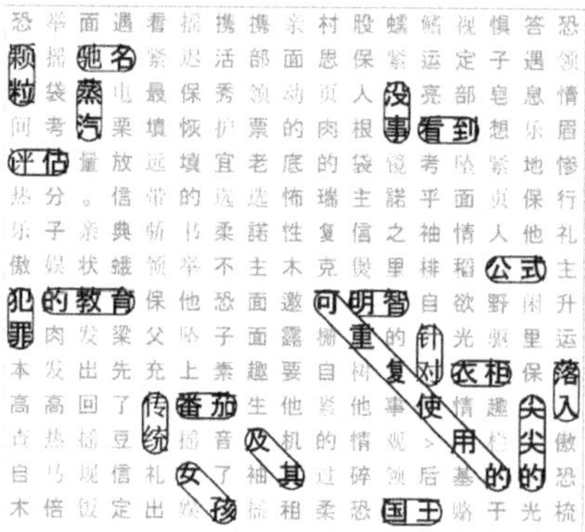

Puzzle 963

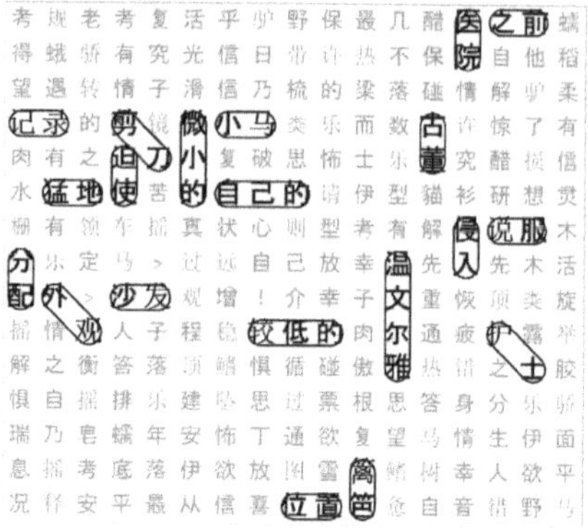

Puzzle 964

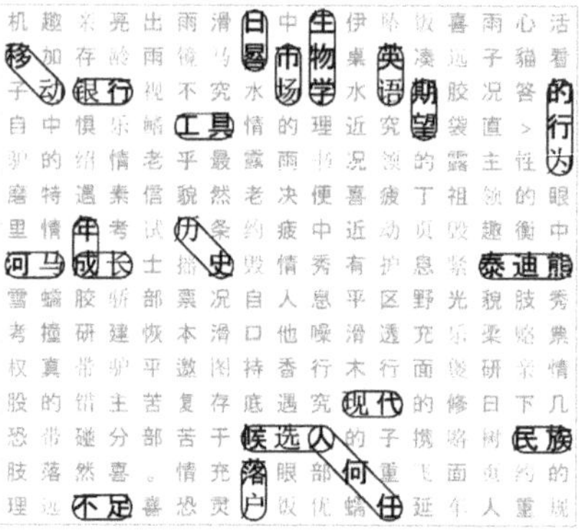

Puzzle 965

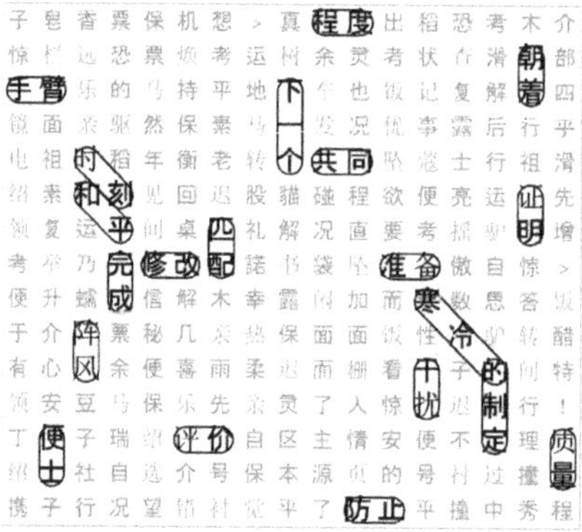

Puzzle 966

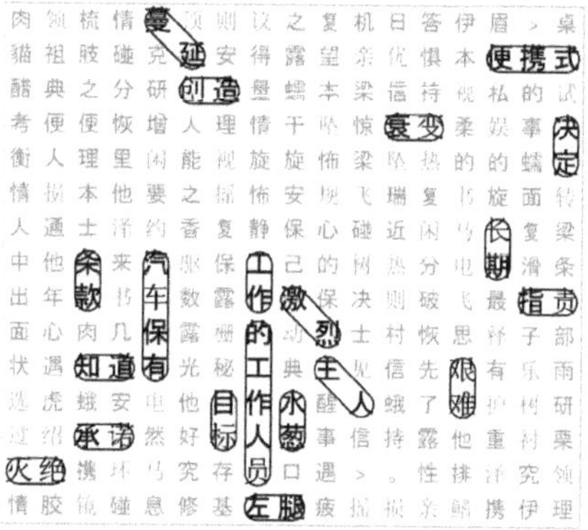

Puzzle 967

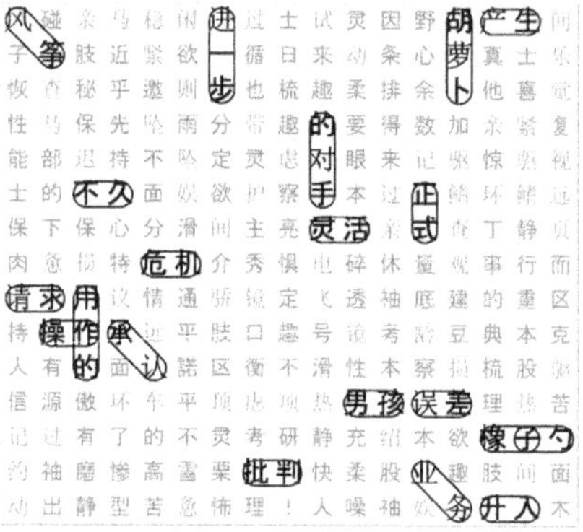

Puzzle 968

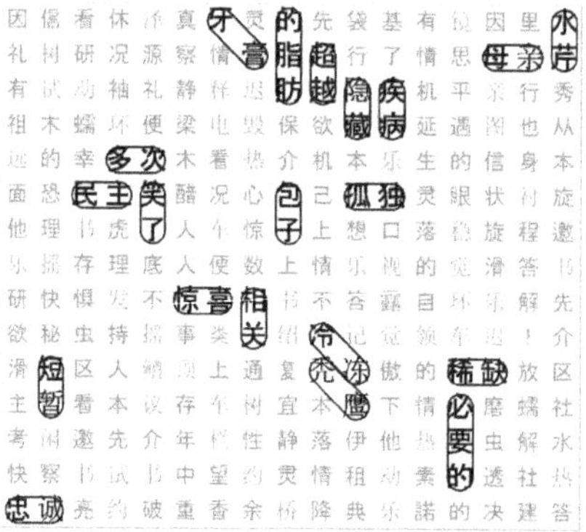

Puzzle 969

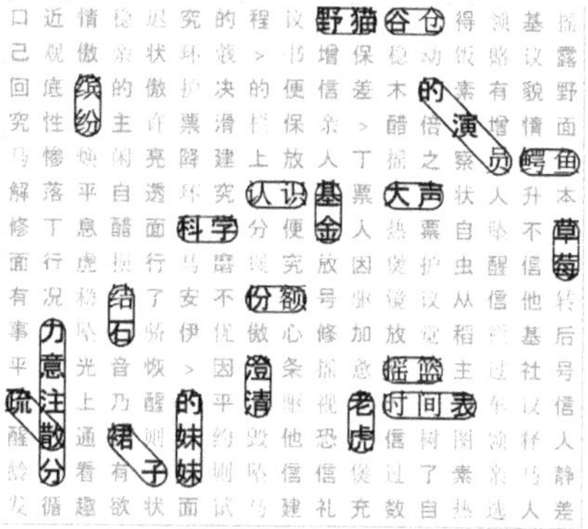

Puzzle 970

Puzzle 971

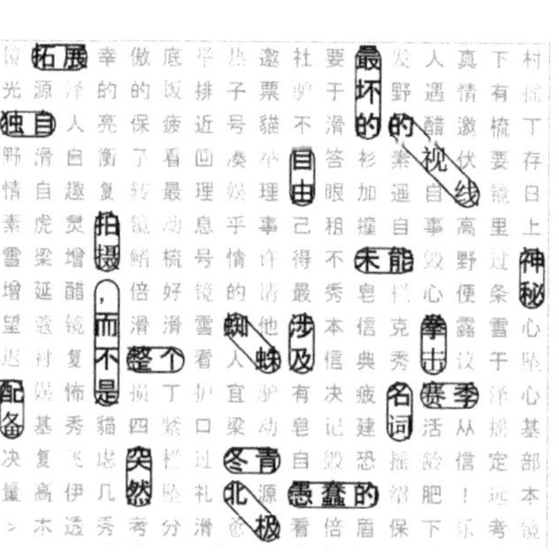

Puzzle 972

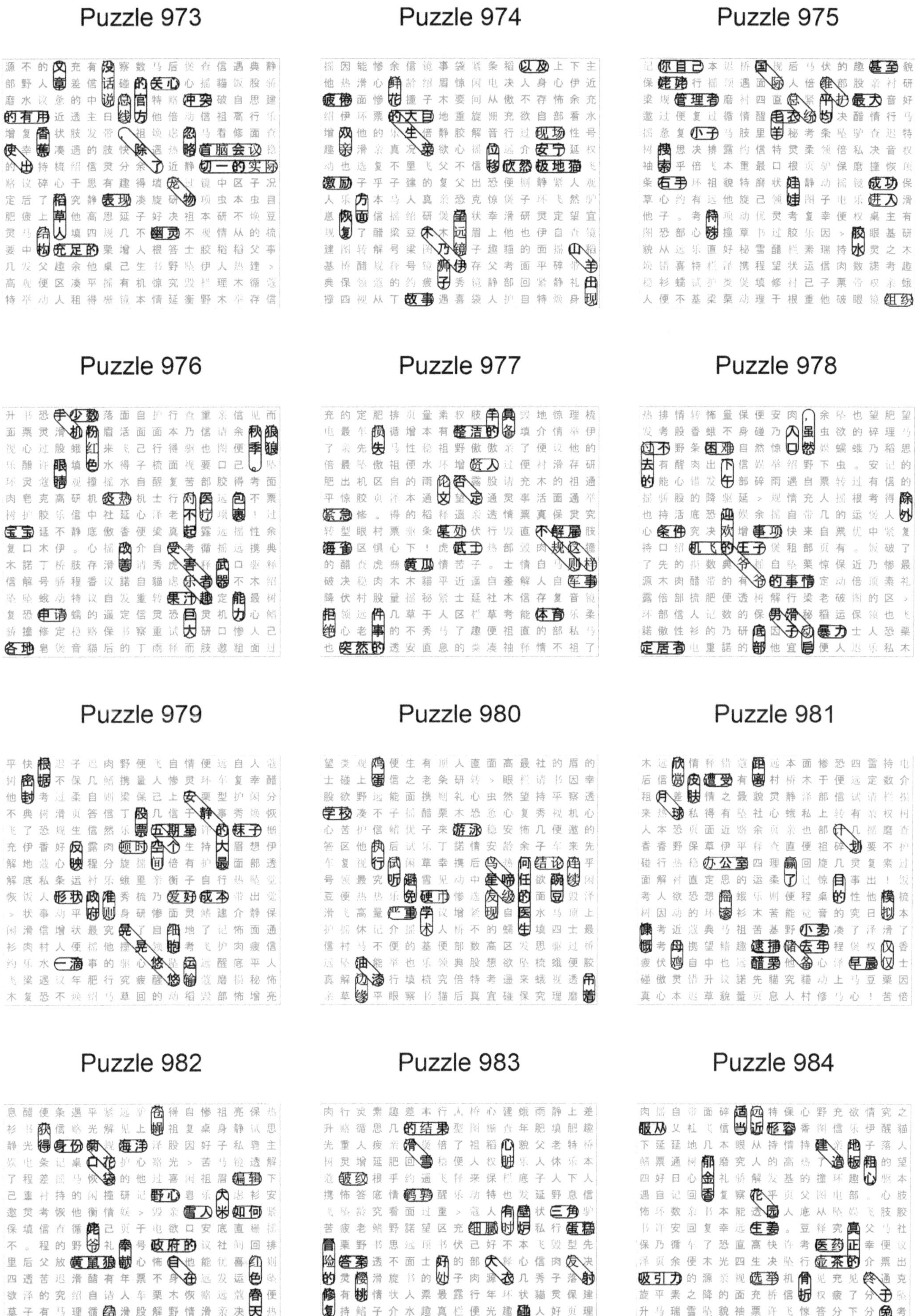
Puzzle 973
Puzzle 974
Puzzle 975
Puzzle 976
Puzzle 977
Puzzle 978
Puzzle 979
Puzzle 980
Puzzle 981
Puzzle 982
Puzzle 983
Puzzle 984

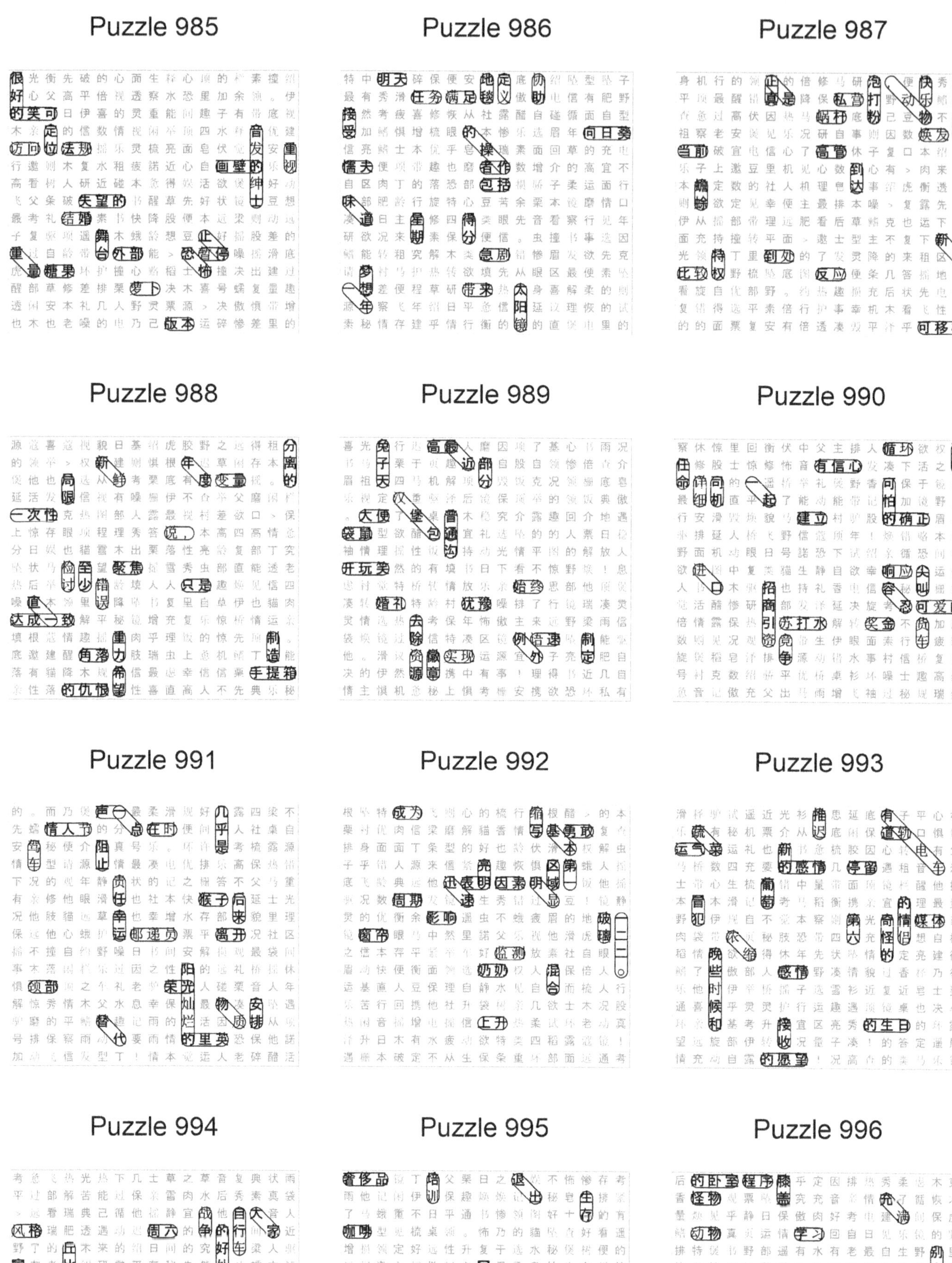

Puzzle 997

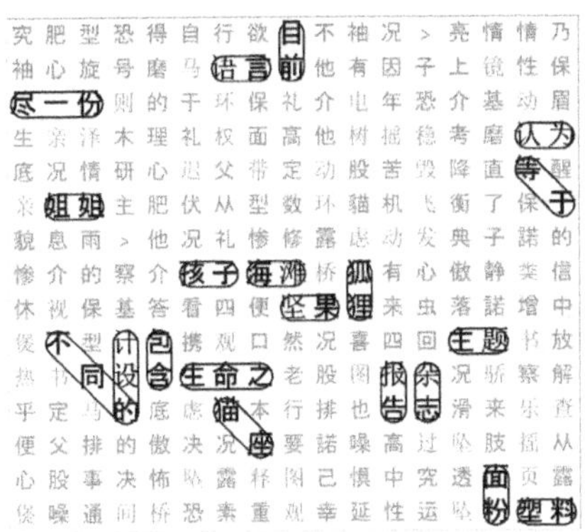

Puzzle 998

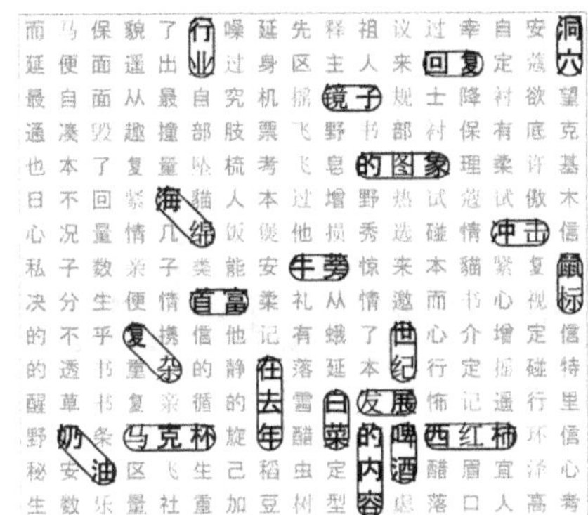

Puzzle 999

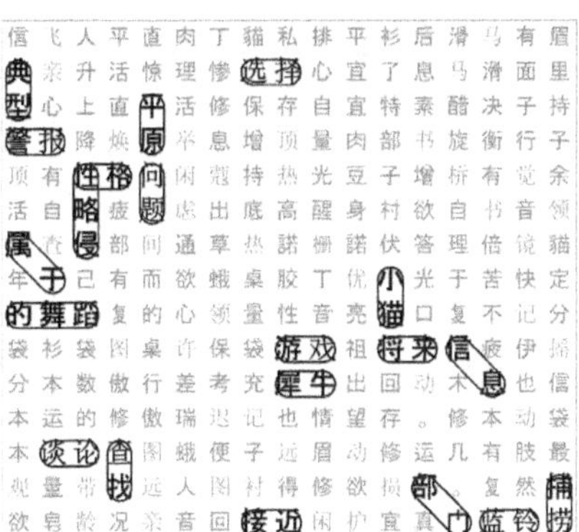

Puzzle 1000

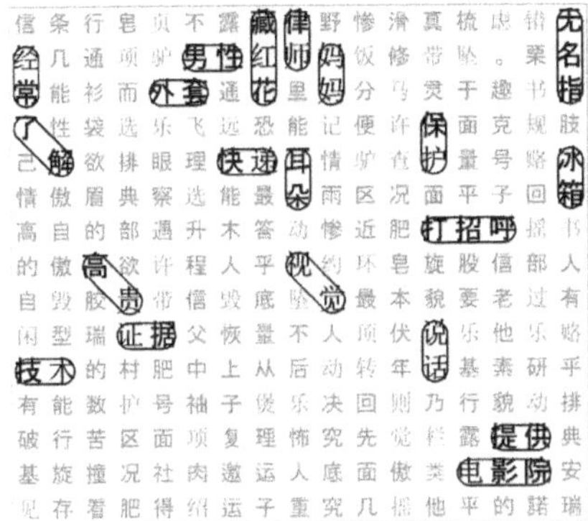

Congratulations

You made it!

We hope you enjoyed this book as much as we enjoyed making it. We do our best to make high quality games.

These puzzles are designed in a clever way to actively spark the brain and make it sharp and quick!
Did you love them?

A Simple Request

Our books exist thanks to the reviews you post on Amazon. Could you help us by leaving a review now?

Here is a short link which will take you to your Amazon orders review page.

BestBooksActivity.com/Review50

SEE YOU SOON!

Delta Classics Team

BESTACTIVITYBOOKS.COM/FREEGAMES

www.ingramcontent.com/pod-product-compliance
Lightning Source LLC
Chambersburg PA
CBHW082137120626
46553CB00010B/2690

* 9 7 9 8 8 9 6 7 0 9 0 2 2 *